BECK'SCHE TEXTAUSGABEN

Bayerische Bauordnung

www.beck.de

ISBN 978 3 406 76234 5

Wilhelmstraße 9, 80801 München
Satz, Druck und Bindung: Druckerei C. H. Beck, Nördlingen
(Adresse wie Verlag)

Umschlaggestaltung: Druckerei C. H. Beck, Nördlingen

Gedruckt auf säurefreiem, alterungsbeständigem Papier
(hergestellt aus chlorfrei gebleichtem Zellstoff)

Inhaltsverzeichnis

4. Freizeit- und Vergnügungsparks,
5. Stellplätze für Kraftfahrzeuge.

[4] Anlagen sind bauliche Anlagen sowie andere Anlagen und Einrichtungen im Sinn des Art. 1 Abs. 1 Satz 2.

(2) Gebäude sind selbständig benutzbare, überdeckte bauliche Anlagen, die von Menschen betreten werden können.

(3) [1] Gebäude werden in folgende Gebäudeklassen eingeteilt:

1. Gebäudeklasse 1:
   a) freistehende Gebäude mit einer Höhe bis zu 7 m und nicht mehr als zwei Nutzungseinheiten von insgesamt nicht mehr als 400 m² und
   b) land- oder forstwirtschaftlich genutzte Gebäude,
2. Gebäudeklasse 2:
   Gebäude mit einer Höhe bis zu 7 m und nicht mehr als zwei Nutzungseinheiten von insgesamt nicht mehr als 400 m²,
3. Gebäudeklasse 3:
   sonstige Gebäude mit einer Höhe bis zu 7 m,
4. Gebäudeklasse 4:
   Gebäude mit einer Höhe bis zu 13 m und Nutzungseinheiten mit jeweils nicht mehr als 400 m²,
5. Gebäudeklasse 5:
   sonstige Gebäude einschließlich unterirdischer Gebäude.

[2] Höhe im Sinn des Satzes 1 ist das Maß der Fußbodenoberkante des höchstgelegenen Geschosses, in dem ein Aufenthaltsraum möglich ist, über der Geländeoberfläche im Mittel. [3] Bei der Berechnung der Flächen nach Satz 1 bleiben die Flächen im Kellergeschoss außer Betracht.

(4) Sonderbauten sind Anlagen und Räume besonderer Art oder Nutzung, die einen der nachfolgenden Tatbestände erfüllen:

1. Hochhäuser (Gebäude mit einer Höhe nach Abs. 3 Satz 2 von mehr als 22 m),
2. bauliche Anlagen mit einer Höhe von mehr als 30 m,
3. Gebäude mit mehr als 1 600 m² Fläche des Geschosses mit der größten Ausdehnung, ausgenommen Wohngebäude und Garagen,
4. Verkaufsstätten, deren Verkaufsräume und Ladenstraßen eine Fläche von insgesamt mehr als 800 m² haben,
5. Gebäude mit Räumen, die einer Büro- oder Verwaltungsnutzung dienen und einzeln mehr als 400 m² haben,
6. Gebäude mit Räumen, die einzeln für eine Nutzung durch mehr als 100 Personen bestimmt sind,
7. Versammlungsstätten
   a) mit Versammlungsräumen, die insgesamt mehr als 200 Besucher fassen, wenn diese Versammlungsräume gemeinsame Rettungswege haben,
   b) im Freien mit Szenenflächen sowie Freisportanlagen jeweils mit Tribünen, die keine fliegenden Bauten sind und insgesamt mehr als 1 000 Besucher fassen,
8. Gaststätten mit mehr als 40 Gastplätzen in Gebäuden oder mehr als 1 000 Gastplätzen im Freien, Beherbergungsstätten mit mehr als zwölf Betten und Spielhallen mit mehr als 150 m²,

Abkürzungsverzeichnis

AG	Ausführungsgesetz
AGBGB	Gesetz zur Ausführung des Bürgerlichen Gesetzbuchs und anderer Gesetze
AllMBl.	Allgemeines Ministerialblatt
AMBl.	Amtsblatt des Bayer. Staatsministeriums für Arbeit und Sozialordnung
Art.	Artikel
BauKaG	Baukammerngesetz
BauPrüfV	Bautechnische Prüfungsverordnung
BauVorlV	Bauvorlagenverordnung
BayAbgrG	Bayerisches Abgrabungsgesetz
BayBO	Bayerische Bauordnung
BayBSVA	Bereinigte Sammlung der Verwaltungsvorschriften des Bayer. Staatsministeriums für Arbeit und soziale Fürsorge
BayBSVFin	Bereinigte Sammlung der bayerischen Finanzverwaltungsvorschriften
BayBSVI	Bereinigte Sammlung der Verwaltungsvorschriften des Bayer. Staatsministeriums des Innern
BayBSVJu	Bereinigte Sammlung der bayerischen Justizverwaltungsvorschriften
BayBSVK	Bereinigte Sammlung der Verwaltungsvorschriften des Bayer. Staatsministeriums für Unterricht und Kultus
BayBSVWV	Bereinigte Sammlung der Verwaltungsvorschriften des Bayer. Staatsministeriums für Wirtschaft und Verkehr
BayDSchG	Bayerisches Denkmalschutzgesetz
BayRS	Bayerische Rechtssammlung, Gliederungsnummer
BayStrWG	Bayerisches Straßen- und Wegegesetz
BayTB	Bayerische Technische Baubestimmungen
BayWG	Bayerisches Wassergesetz
Bek.	Bekanntmachung
BGB	Bürgerliches Gesetzbuch
BGBl. I, II	Bundesgesetzblatt Teil I bzw. Teil II
BGHZ	Entscheidungen des Bundesgerichtshofes in Zivilsachen
BStättV	Beherbergungsstättenverordnung
BVwGE	Amtliche Sammlung der Entscheidungen des Bundesverwaltungsgerichts
EG	Einführungsgesetz
EltBauV	Verordnung über den Bau von Betriebsräumen für elektrische Anlagen
FeuV	Feuerungsverordnung
FMBl.	Amtsblatt des Bayer. Staatsministeriums der Finanzen
FStrG	Bundesfernstraßengesetz

Abkürzungsverzeichnis

GaStellV	Verordnung über den Bau und Betrieb von Garagen sowie über die Zahl der notwendigen Stellplätze
GewO	Gewerbeordnung
GG	Grundgesetz für die Bundesrepublik Deutschland
GMBl.	Gemeinsames Bundesministerialblatt
GVBl.	Bayerisches Gesetz- und Verordnungsblatt
idF	in der Fassung
JMBl.	Bayerisches Justizministerialblatt
KG	Vollzug des Kostengesetzes
KVz	Kostenverzeichnis
LMBl.	Amtsblatt des Bayer. Staatsministeriums für Ernährung, Landwirtschaft und Forsten
LStVG	Landesstraf- und Verordnungsgesetz
LUMBl.	Amtsblatt des Bayer. Staatsministeriums für Landesentwicklung und Umweltfragen
LuftVG	Luftverkehrsgesetz
MABl.	Ministerialamtsblatt der Bayerischen Inneren Verwaltung
MB	Ministerialbekanntmachung
ME	Ministerialentschließung
Nr.	Nummer
PrüfVBau	Verordnung über die Prüfingenieure, Prüfämter und Prüfsachverständigen im Bauwesen
RGBl. I	Reichsgesetzblatt Teil I
S.	Seite
StAnz.	Bayerischer Staatsanzeiger
StGB	Strafgesetzbuch
SVBau	Sachverständigenverordnung – Bau
VAwS	Anlagenverordnung
VGH n. F. Bd. ...	Amtliche Sammlung der Entscheidungen des Bayerischen Verwaltungsgerichtshofes, neue Folge
VkV	Verkaufsstättenverordnung
VO	Verordnung
VStättV	Versammlungsstättenverordnung
WHG	Wasserhaushaltsgesetz
WVMBl.	Amtsblatt des Bayer. Staatsministeriums für Wirtschaft und Verkehr
ZustVBau	Zuständigkeitsverordnung im Bauwesen

A. Bauordnung und Vollzugsvorschriften

1. Bayerische Bauordnung (BayBO)[1)]

in der Fassung der Bekanntmachung vom 14. August 2007[2)]
(GVBl. S. 588)

BayRS 2132-1-B

zuletzt geänd. durch § 1 G zur Vereinfachung baurechtlicher Regelungen und zur Beschleunigung sowie Förderung des Wohnungsbaus v. 23.12.2020 (GVBl. S. 663)

Nichtamtliche Inhaltsübersicht[3)]

[1)] Überschrift geänd. (Fußnote aufgeh.) mWv 1.8.2009 durch G v. 27.7.2009 (GVBl. S. 385).

[2)] Neubekanntmachung der Bayerischen Bauordnung in der Fassung der Bekanntmachung vom 4. August 1997 (GVBl. S. 433; 1998 S. 270) in der vom 1. Januar 2008 an geltenden Fassung.

[3)] Amtliche Inhaltsübersicht aufgeh. mWv 1.2.2021 durch G v. 23.12.2020 (GVBl. S. 663).

Erster Teil. Allgemeine Vorschriften

Art. 1[1)] Anwendungsbereich. (1) [1]Dieses Gesetz gilt für alle baulichen Anlagen und Bauprodukte. [2]Es gilt auch für Grundstücke sowie für andere Anlagen und Einrichtungen, an die nach diesem Gesetz oder in Vorschriften auf Grund dieses Gesetzes Anforderungen gestellt werden.

(2) Dieses Gesetz gilt nicht für

1. Anlagen des öffentlichen Verkehrs sowie ihre Nebenanlagen und Nebenbetriebe, ausgenommen Gebäude an Flugplätzen,
2. Anlagen, die der Bergaufsicht unterliegen,
3. Rohrleitungsanlagen sowie Leitungen aller Art, ausgenommen in Gebäuden,
4. Kräne und Krananlagen,
5. Gerüste,
6. Feuerstätten, die nicht der Raumheizung oder der Brauchwassererwärmung dienen, ausgenommen Gas-Haushalts-Kochgeräte,
7. Einrichtungsgegenstände, insbesondere Regale und Messestände.

Art. 2[2)] Begriffe. (1) [1]Bauliche Anlagen sind mit dem Erdboden verbundene, aus Bauprodukten hergestellte Anlagen. [2]Ortsfeste Anlagen der Wirtschaftswerbung (Werbeanlagen) einschließlich Automaten sind bauliche Anlagen. [3]Als bauliche Anlagen gelten Anlagen, die nach ihrem Verwendungszweck dazu bestimmt sind, überwiegend ortsfest benutzt zu werden, sowie

1. Aufschüttungen, soweit sie nicht unmittelbare Folge von Abgrabungen sind,
2. Lagerplätze, Abstellplätze und Ausstellungsplätze,
3. Campingplätze und Wochenendplätze,

[1)] Art. 1 Abs. 2 Nr. 6 geänd., Nr. 7 angef. mWv 1.1.2013 durch G v. 11.12.2012 (GVBl. S. 633); Abs. 2 Nr. 7 neu gef. mWv 1.9.2018 durch G v. 10.7.2018 (GVBl. S. 523).

[2)] Art. 2 Abs. 4 Nr. 8 und 15 geänd. mWv 1.8.2009 durch G v. 27.7.2009 (GVBl. S. 385); Abs. 4 Nr. 7 Buchst. b neu gef., Nr. 8 geänd., Nr. 9 und 10 neu gef., Nr. 11 und 12 eingef., bish. Nr. 11–17 werden Nr. 13–19, bish. Nr. 18 wird Nr. 20 und geänd., Abs. 10 eingef., bish. Abs. 10 und 11 werden Abs. 11 und 12 mWv 1.1.2013 durch G v. 11.12.2012 (GVBl. S. 633); Abs. 4 Nr. 12 neu gef. mWv 1.8.2017 durch G v. 12.7.2017 (GVBl. S. 375); Abs. 11 neu gef. mWv 1.9.2018 durch G v. 10.7.2018 (GVBl. S. 523).

4. Freizeit- und Vergnügungsparks,
5. Stellplätze für Kraftfahrzeuge.

[4] Anlagen sind bauliche Anlagen sowie andere Anlagen und Einrichtungen im Sinn des Art. 1 Abs. 1 Satz 2.

(2) Gebäude sind selbständig benutzbare, überdeckte bauliche Anlagen, die von Menschen betreten werden können.

(3) [1] Gebäude werden in folgende Gebäudeklassen eingeteilt:

1. Gebäudeklasse 1:
   a) freistehende Gebäude mit einer Höhe bis zu 7 m und nicht mehr als zwei Nutzungseinheiten von insgesamt nicht mehr als 400 m² und
   b) land- oder forstwirtschaftlich genutzte Gebäude,
2. Gebäudeklasse 2:
   Gebäude mit einer Höhe bis zu 7 m und nicht mehr als zwei Nutzungseinheiten von insgesamt nicht mehr als 400 m²,
3. Gebäudeklasse 3:
   sonstige Gebäude mit einer Höhe bis zu 7 m,
4. Gebäudeklasse 4:
   Gebäude mit einer Höhe bis zu 13 m und Nutzungseinheiten mit jeweils nicht mehr als 400 m²,
5. Gebäudeklasse 5:
   sonstige Gebäude einschließlich unterirdischer Gebäude.

[2] Höhe im Sinn des Satzes 1 ist das Maß der Fußbodenoberkante des höchstgelegenen Geschosses, in dem ein Aufenthaltsraum möglich ist, über der Geländeoberfläche im Mittel. [3] Bei der Berechnung der Flächen nach Satz 1 bleiben die Flächen im Kellergeschoss außer Betracht.

(4) Sonderbauten sind Anlagen und Räume besonderer Art oder Nutzung, die einen der nachfolgenden Tatbestände erfüllen:

1. Hochhäuser (Gebäude mit einer Höhe nach Abs. 3 Satz 2 von mehr als 22 m),
2. bauliche Anlagen mit einer Höhe von mehr als 30 m,
3. Gebäude mit mehr als 1 600 m² Fläche des Geschosses mit der größten Ausdehnung, ausgenommen Wohngebäude und Garagen,
4. Verkaufsstätten, deren Verkaufsräume und Ladenstraßen eine Fläche von insgesamt mehr als 800 m² haben,
5. Gebäude mit Räumen, die einer Büro- oder Verwaltungsnutzung dienen und einzeln mehr als 400 m² haben,
6. Gebäude mit Räumen, die einzeln für eine Nutzung durch mehr als 100 Personen bestimmt sind,
7. Versammlungsstätten
   a) mit Versammlungsräumen, die insgesamt mehr als 200 Besucher fassen, wenn diese Versammlungsräume gemeinsame Rettungswege haben,
   b) im Freien mit Szenenflächen sowie Freisportanlagen jeweils mit Tribünen, die keine fliegenden Bauten sind und insgesamt mehr als 1 000 Besucher fassen,
8. Gaststätten mit mehr als 40 Gastplätzen in Gebäuden oder mehr als 1 000 Gastplätzen im Freien, Beherbergungsstätten mit mehr als zwölf Betten und Spielhallen mit mehr als 150 m²,

9. Gebäude mit Nutzungseinheiten zum Zweck der Pflege oder Betreuung von Personen mit Pflegebedürftigkeit oder Behinderung, deren Selbstrettungsfähigkeit eingeschränkt ist, wenn die Nutzungseinheiten
   a) einzeln für mehr als sechs Personen bestimmt sind,
   b) für Personen mit Intensivpflegebedarf bestimmt sind oder
   c) einen gemeinsamen Rettungsweg haben und für insgesamt mehr als zwölf Personen bestimmt sind,
10. Krankenhäuser,
11. sonstige Einrichtungen zur Unterbringung von Personen sowie Wohnheime,
12. Tageseinrichtungen für Kinder, Menschen mit Behinderung und alte Menschen, in denen mehr als zehn Personen betreut werden,
13. Schulen, Hochschulen und ähnliche Einrichtungen,
14. Justizvollzugsanstalten und bauliche Anlagen für den Maßregelvollzug,
15. Camping- und Wochenendplätze,
16. Freizeit- und Vergnügungsparks,
17. fliegende Bauten, soweit sie einer Ausführungsgenehmigung bedürfen, sowie Fahrgeschäfte, die keine fliegenden Bauten und nicht verfahrensfrei sind,
18. Regale mit einer Oberkante Lagerguthöhe von mehr als 7,50 m,
19. bauliche Anlagen, deren Nutzung durch Umgang mit oder Lagerung von Stoffen mit Explosions- oder erhöhter Brandgefahr verbunden ist,
20. Anlagen und Räume, die in den Nrn. 1 bis 19 nicht aufgeführt und deren Art oder Nutzung mit vergleichbaren Gefahren verbunden sind, ausgenommen Wohngebäude, die keine Hochhäuser sind.

(5) Aufenthaltsräume sind Räume, die zum nicht nur vorübergehenden Aufenthalt von Menschen bestimmt oder geeignet sind.

(6) Flächen von Gebäuden, Geschossen, Nutzungseinheiten und Räumen sind als Brutto-Grundfläche zu ermitteln, soweit nichts anderes geregelt ist.

(7) [1] Geschosse sind oberirdische Geschosse, wenn ihre Deckenoberkanten im Mittel mehr als 1,40 m über die Geländeoberfläche hinausragen; im Übrigen sind sie Kellergeschosse. [2] Hohlräume zwischen der obersten Decke und der Bedachung, in denen Aufenthaltsräume nicht möglich sind, sind keine Geschosse.

(8) [1] Stellplätze sind Flächen, die dem Abstellen von Kraftfahrzeugen außerhalb der öffentlichen Verkehrsfläche dienen. [2] Garagen sind Gebäude oder Gebäudeteile zum Abstellen von Kraftfahrzeugen. [3] Ausstellungs-, Verkaufs-, Werk- und Lagerräume für Kraftfahrzeuge sind keine Stellplätze oder Garagen.

(9) Feuerstätten sind in oder an Gebäuden ortsfest benutzte Anlagen, die dazu bestimmt sind, durch Verbrennung Wärme zu erzeugen.

(10) Barrierefrei sind bauliche Anlagen, soweit sie für Menschen mit Behinderung in der allgemein üblichen Weise, ohne besondere Erschwernis und grundsätzlich ohne fremde Hilfe zugänglich und nutzbar sind.

(11) Bauprodukte sind

1. Produkte, Baustoffe, Bauteile, Anlagen und Bausätze gemäß Art. 2 Nr. 2 der Verordnung (EU) Nr. 305/2011, die hergestellt werden, um dauerhaft in bauliche Anlagen eingebaut zu werden,
2. aus ihnen vorgefertigte Anlagen, die hergestellt werden, um mit dem Erdboden verbunden zu werden,

wenn sich deren Verwendung auf die Anforderungen nach Art. 3 Satz 1 auswirken kann.

(12) Bauart ist das Zusammenfügen von Bauprodukten zu baulichen Anlagen oder Teilen von baulichen Anlagen.

Art. 3[1)] Allgemeine Anforderungen. [1]Bei der Anordnung, Errichtung, Änderung, Nutzungsänderung, Instandhaltung und Beseitigung von Anlagen sind die Belange der Baukultur, insbesondere die anerkannten Regeln der Baukunst, so zu berücksichtigen, dass die öffentliche Sicherheit und Ordnung, insbesondere Leben und Gesundheit, und die natürlichen Lebensgrundlagen nicht gefährdet werden. [2]Anlagen müssen bei ordnungsgemäßer Instandhaltung die Anforderungen des Satzes 1 während einer dem Zweck entsprechenden angemessenen Zeitdauer erfüllen und ohne Missstände benutzbar sein.

Zweiter Teil. Das Grundstück und seine Bebauung

Art. 4[2)] Bebauung der Grundstücke mit Gebäuden. (1) Gebäude dürfen nur unter folgenden Voraussetzungen errichtet werden:

1. Das Grundstück muss nach Lage, Form, Größe und Beschaffenheit für die beabsichtigte Bebauung geeignet sein;
2. das Grundstück muss in einer angemessenen Breite an einer befahrbaren öffentlichen Verkehrsfläche liegen.

(2) Abweichend von Abs. 1 Nr. 2 sind im Geltungsbereich eines Bebauungsplans im Sinn der §§ 12 und 30 Abs. 1 des Baugesetzbuchs (BauGB) und innerhalb eines im Zusammenhang bebauten Ortsteils (§ 34 BauGB) nicht erforderlich

1. die Befahrbarkeit von Wohnwegen begrenzter Länge, wenn keine Bedenken wegen des Brandschutzes oder des Rettungsdienstes bestehen,
2. die Widmung von Wohnwegen begrenzter Länge, wenn von dem Wohnweg nur Wohngebäude der Gebäudeklassen 1 bis 3 erschlossen werden und gegenüber dem Rechtsträger der Bauaufsichtsbehörde rechtlich gesichert ist, dass der Wohnweg sachgerecht unterhalten wird und allgemein benutzt werden kann.

(3) Im Außenbereich genügt eine befahrbare, gegenüber dem Rechtsträger der Bauaufsichtsbehörde rechtlich gesicherte Zufahrt zu einem befahrbaren öffentlichen Weg.

Art. 5 Zugänge und Zufahrten auf den Grundstücken. (1) [1]Von öffentlichen Verkehrsflächen ist insbesondere für die Feuerwehr ein geradliniger Zu- oder Durchgang zu rückwärtigen Gebäuden zu schaffen; zu anderen Gebäuden ist er zu schaffen, wenn der zweite Rettungsweg dieser Gebäude über Rettungsgeräte der Feuerwehr führt. [2]Zu Gebäuden, bei denen die Oberkante der Brüstung von zum Anleitern bestimmten Fenstern oder Stellen mehr als 8 m über dem Gelände liegt, ist in den Fällen des Satzes 1 an Stelle eines Zu- oder Durchgangs eine Zu- oder Durchfahrt zu schaffen. [3]Ist für die Personenrettung der Einsatz von Hubrettungsfahrzeugen erforderlich, sind die dafür erforderlichen Aufstell- und Bewegungsflächen vorzusehen. [4]Bei Gebäuden, die ganz oder mit Teilen mehr als 50 m von einer öffentlichen Verkehrsfläche entfernt sind, sind

---

[1)] Art. 3 neu gef. mWv 1.9.2018 durch G v. 10.7.2018 (GVBl. S. 523).

[2)] Art. 4 Abs. 2 einl. Satzteil geänd. mWv 1.8.2009 durch G v. 27.7.2009 (GVBl. S. 385).

Zufahrten oder Durchfahrten nach Satz 2 zu den vor und hinter den Gebäuden gelegenen Grundstücksteilen und Bewegungsflächen herzustellen, wenn sie aus Gründen des Feuerwehreinsatzes erforderlich sind.

(2) [1] Zu- und Durchfahrten, Aufstellflächen und Bewegungsflächen müssen für Feuerwehreinsatzfahrzeuge ausreichend befestigt und tragfähig sein; sie sind als solche zu kennzeichnen und ständig frei zu halten; die Kennzeichnung von Zufahrten muss von der öffentlichen Verkehrsfläche aus sichtbar sein. [2] Fahrzeuge dürfen auf den Flächen nach Satz 1 nicht abgestellt werden.

Art. 6[1)] Abstandsflächen, Abstände. (1) [1] Vor den Außenwänden von Gebäuden sind Abstandsflächen von oberirdischen Gebäuden freizuhalten. [2] Satz 1 gilt entsprechend für andere Anlagen, von denen Wirkungen wie von Gebäuden ausgehen, gegenüber Gebäuden und Grundstücksgrenzen. [3] Eine Abstandsfläche ist nicht erforderlich vor Außenwänden, die an Grundstücksgrenzen errichtet werden, wenn nach planungsrechtlichen Vorschriften an die Grenze gebaut werden muss oder gebaut werden darf. [4] Art. 63 bleibt unberührt.

(2) [1] Abstandsflächen sowie Abstände nach Art. 28 Abs. 2 Nr. 1 und Art. 30 Abs. 2 müssen auf dem Grundstück selbst liegen. [2] Sie dürfen auch auf öffentlichen Verkehrs-, Grün- und Wasserflächen liegen, jedoch nur bis zu deren Mitte. [3] Abstandsflächen sowie Abstände im Sinn des Satzes 1 dürfen sich ganz oder teilweise auf andere Grundstücke erstrecken, wenn rechtlich oder tatsächlich gesichert ist, dass sie nicht überbaut werden, oder wenn der Nachbar gegenüber der Bauaufsichtsbehörde schriftlich zustimmt; die Zustimmung des Nachbarn gilt auch für und gegen seinen Rechtsnachfolger. [4] Abstandsflächen dürfen auf die auf diesen Grundstücken erforderlichen Abstandsflächen nicht angerechnet werden.

(3) Die Abstandsflächen dürfen sich nicht überdecken; das gilt nicht für

1. Außenwände, die in einem Winkel von mehr als 75 Grad zueinander stehen,
2. Außenwände zu einem fremder Sicht entzogenen Gartenhof bei Wohngebäuden der Gebäudeklassen 1 und 2,
3. Gebäude und andere bauliche Anlagen, die in den Abstandsflächen zulässig sind.

(4) [1] Die Tiefe der Abstandsfläche bemisst sich nach der Wandhöhe; sie wird senkrecht zur Wand gemessen. [2] Wandhöhe ist das Maß von der Geländeoberfläche bis zum Schnittpunkt der Wand mit der Dachhaut oder bis zum oberen Abschluss der Wand. [3] Die Höhe von Dächern mit einer Neigung von bis einschließlich 70 Grad wird zu einem Drittel der Wandhöhe, von Dächern mit einer Neigung von mehr als 70 Grad voll der Wandhöhe hinzugerechnet. [4] Die Sätze 1 bis 3 gelten für Dachaufbauten entsprechend. [5] Das sich ergebende Maß ist H.

(5) [1] Die Tiefe der Abstandsflächen beträgt 0,4 H, in Gewerbe- und Industriegebieten 0,2 H, jeweils aber mindestens 3 m. [2] Durch städtebauliche Satzung oder eine Satzung nach Art. 81 kann ein abweichendes Maß der Tiefe der Abstands-

---

[1)] Art. 6 Abs. 5 Satz 4 angef., Abs. 8 Nr. 2 einl. Satzteil geänd., Buchst. a neu gef., Nr. 3 angef., Abs. 9 Satz 1 Nr. 1 geänd. mWv 1.8.2009 durch G v. 27.7.2009 (GVBl. S. 385); Abs. 1 Satz 4 angef., Abs. 5 Satz 2 neu gef., Abs. 6 Satz 1 und Abs. 8 Nr. 2 Buchst. a und Nr. 3 Buchst. a geänd. mWv 1.9.2018 durch G v. 10.7.2018 (GVBl. S. 523); Abs. 2 Satz 3 geänd., Abs. 4 Satz 3 neu gef., Satz 4 aufgeh., bish. Satz 5 wird Satz 4 und geänd., bish. Satz 6 wird Satz 5, Abs. 5 neu gef., Abs. 5a eingef., Abs. 6 und 7 aufgeh., bish. Abs. 8 wird Abs. 6 und Satz 1 Nr. 3 neu gef., Nr. 4 und Satz 2 angef., bish. Abs. 9 wird Abs. 7, Satz 1 einl. Satzteil geänd., Nr. 1 neu gef. mWv 1.2.2021 durch G v. 23.12.2020 (GVBl. S. 663).

fläche zugelassen oder vorgeschrieben werden. [3]Für solche Regelungen in Bebauungsplänen gilt § 33 BauGB entsprechend.

(5a) [1]Abweichend von Abs. 5 Satz 1 beträgt die Abstandsfläche in Gemeinden mit mehr als 250 000 Einwohnern außerhalb von Gewerbe-, Kern- und Industriegebieten sowie festgesetzten urbanen Gebieten 1 H, mindestens jedoch 3 m. [2]Vor bis zu zwei Außenwänden von nicht mehr als 16 m Länge genügen in diesen Fällen 0,5 H, mindestens jedoch 3 m, wenn das Gebäude an mindestens zwei Außenwänden Satz 1 beachtet. [3]Abweichend von Abs. 4 Satz 3 wird die Höhe von Dächern mit einer Neigung von mehr als 45 Grad zu einem Drittel, mit einer Neigung von mehr als 70 Grad voll der Wandhöhe hinzugerechnet. [4]Die Höhe der Giebelflächen im Bereich des Dachs wird abweichend von Satz 3 und von Abs. 4 Satz 3 bei Dachneigung von mehr als 70 Grad voll, im Übrigen zu einem Drittel angerechnet. [5]Dabei bleiben auch untergeordnete Dachgauben bei der Bemessung der Abstandsfläche außer Betracht, wenn

1. sie insgesamt nicht mehr als ein Drittel der Breite der Außenwand des jeweiligen Gebäudes, höchstens jeweils 5 m in Anspruch nehmen und
2. ihre Ansichtsfläche jeweils nicht mehr als 4 m2 beträgt und eine Höhe von nicht mehr als 2,5 m aufweist.

(6) [1]Bei der Bemessung der Abstandsflächen bleiben außer Betracht

1. vor die Außenwand vortretende Bauteile wie Gesimse und Dachüberstände,
2. untergeordnete Vorbauten wie Balkone und eingeschossige Erker, wenn sie
   a) insgesamt nicht mehr als ein Drittel der Breite der Außenwand des jeweiligen Gebäudes, höchstens jeweils 5 m, in Anspruch nehmen,
   b) nicht mehr als 1,50 m vor diese Außenwand vortreten und
   c) mindestens 2 m von der gegenüberliegenden Nachbargrenze entfernt bleiben,
3. bei Gebäuden an der Grundstücksgrenze die Seitenwände von Vorbauten und Dachaufbauten, auch wenn sie nicht an der Grundstücksgrenze errichtet werden,
4. Maßnahmen zum Zwecke der Energieeinsparung an bestehenden Gebäuden, wenn sie
   a) eine Stärke von nicht mehr als 0,30 m aufweisen und
   b) mindestens 2,50 m von der Grundstücksgrenze zurückbleiben.

[2]Abs. 5a Satz 5 bleibt unberührt.

(7) [1]In den Abstandsflächen sowie ohne eigene Abstandsflächen sind, auch wenn sie nicht an der Grundstücksgrenze errichtet werden, zulässig

1. Garagen einschließlich ihrer Nebenräume, überdachte Tiefgaragenzufahrten, Aufzüge zu Tiefgaragen und Gebäude ohne Aufenthaltsräume und Feuerstätten mit einer mittleren Wandhöhe bis zu 3 m und einer Gesamtlänge je Grundstücksgrenze von 9 m; die Höhe von Dächern mit einer Neigung von mehr als 45 Grad wird zu einem Drittel, mit einer Neigung von mehr als 70 Grad voll der Wandhöhe hinzugerechnet,
2. gebäudeunabhängige Solaranlagen mit einer Höhe bis zu 3 m und einer Gesamtlänge je Grundstücksgrenze von 9 m,
3. Stützmauern und geschlossene Einfriedungen in Gewerbe- und Industriegebieten, außerhalb dieser Baugebiete mit einer Höhe bis zu 2 m.

[2]Die Länge der die Abstandsflächentiefe gegenüber den Grundstücksgrenzen nicht einhaltenden Bebauung nach den Nrn. 1 und 2 darf auf einem Grundstück insgesamt 15 m nicht überschreiten.

Art. 7[1)] Begrünung, Kinderspielplätze. (1) [1]Die nicht mit Gebäuden oder vergleichbaren baulichen Anlagen überbauten Flächen der bebauten Grundstücke sind

1. wasseraufnahmefähig zu belassen oder herzustellen und
2. zu begrünen oder zu bepflanzen,

soweit dem nicht die Erfordernisse einer anderen zulässigen Verwendung der Flächen entgegenstehen. [2]Satz 1 findet keine Anwendung, soweit Bebauungspläne oder andere Satzungen Festsetzungen zu den nicht überbauten Flächen treffen.

(2) [1]Im Eigentum des Freistaates Bayern stehende Gebäude und ihre zugehörigen Freiflächen sollen über Abs. 1 hinaus vorbehaltlich der bestehenden baurechtlichen, satzungsrechtlichen, denkmalschützenden oder sonstigen rechtlichen Festlegungen angemessen begrünt oder bepflanzt werden. [2]Den kommunalen Gebietskörperschaften wird empfohlen, hinsichtlich ihrer Gebäude und zugehörigen Freiflächen entsprechend Satz 1 zu verfahren.

(3) [1]Bei der Errichtung von Gebäuden mit mehr als drei Wohnungen ist ein ausreichend großer Kinderspielplatz anzulegen. [2]Art. 47 Abs. 3 gilt entsprechend. [3]Die Gemeinde hat den Geldbetrag für die Ablösung von Kinderspielplätzen für die Herstellung oder Unterhaltung einer örtlichen Kinder- oder Jugendfreizeiteinrichtung zu verwenden.

Dritter Teil. Bauliche Anlagen

Abschnitt I. Baugestaltung

Art. 8 Baugestaltung. [1]Bauliche Anlagen müssen nach Form, Maßstab, Verhältnis der Baumassen und Bauteile zueinander, Werkstoff und Farbe so gestaltet sein, dass sie nicht verunstaltet wirken. [2]Bauliche Anlagen dürfen das Straßen-, Orts- und Landschaftsbild nicht verunstalten. [3]Die störende Häufung von Werbeanlagen ist unzulässig.

Abschnitt II. Allgemeine Anforderungen an die Bauausführung

Art. 9 Baustelle. (1) Baustellen sind so einzurichten, dass bauliche Anlagen ordnungsgemäß errichtet, geändert, beseitigt oder instand gehalten werden können und dass keine Gefahren, vermeidbaren Nachteile oder vermeidbaren Belästigungen entstehen.

(2) Öffentliche Verkehrsflächen, Versorgungs-, Abwasserbeseitigungs- und Meldeanlagen, Grundwassermessstellen, Vermessungszeichen, Abmarkungszeichen und Grenzzeichen sind für die Dauer der Bauausführung zu schützen und, soweit erforderlich, unter den notwendigen Sicherheitsvorkehrungen zugänglich zu halten.

[1)] Art. 7 Überschrift neu gef., Abs. 2 eingef., bish. Abs. 2 wird Abs. 3 mWv 1.8.2019 durch G v. 24.7. 2019 (GVBl. S. 408); Abs. 3 neu gef. mWv 1.2.2021 durch G v. 23.12.2020 (GVBl. S. 663).

(3) Bei der Ausführung nicht verfahrensfreier Bauvorhaben hat der Bauherr an der Baustelle ein Schild, das die Bezeichnung des Bauvorhabens sowie die Namen und Anschriften des Bauherrn und des Entwurfsverfassers enthalten muss, dauerhaft und von der öffentlichen Verkehrsfläche aus sichtbar anzubringen.

Art. 10 Standsicherheit. [1] Jede bauliche Anlage muss im Ganzen, in ihren einzelnen Teilen und für sich allein standsicher sein. [2] Die Standsicherheit muss auch während der Errichtung und bei der Änderung und der Beseitigung gewährleistet sein. [3] Die Standsicherheit anderer baulicher Anlagen und die Tragfähigkeit des Baugrunds des Nachbargrundstücks dürfen nicht gefährdet werden.

Art. 11 Schutz gegen Einwirkungen. Bauliche Anlagen sind so anzuordnen, zu errichten, zu ändern und instand zu halten, dass durch Wasser, Feuchtigkeit, pflanzliche und tierische Schädlinge sowie andere chemische, physikalische oder biologische Einflüsse Gefahren oder unzumutbare Belästigungen nicht entstehen.

Art. 12 Brandschutz. Bauliche Anlagen sind so anzuordnen, zu errichten, zu ändern und instand zu halten, dass der Entstehung eines Brandes und der Ausbreitung von Feuer und Rauch (Brandausbreitung) vorgebeugt wird und bei einem Brand die Rettung von Menschen und Tieren sowie wirksame Löscharbeiten möglich sind.

Art. 13 Wärme-, Schall- und Erschütterungsschutz. (1) Gebäude müssen einen ihrer Nutzung und den klimatischen Verhältnissen entsprechenden Wärmeschutz haben.

(2) [1] Gebäude müssen einen ihrer Nutzung entsprechenden Schallschutz haben. [2] Geräusche, die von ortsfesten Einrichtungen in baulichen Anlagen oder auf Baugrundstücken ausgehen, sind so zu dämmen, dass Gefahren oder unzumutbare Belästigungen nicht entstehen.

(3) Erschütterungen oder Schwingungen, die von ortsfesten Einrichtungen in baulichen Anlagen oder auf Baugrundstücken ausgehen, sind so zu dämmen, dass Gefahren oder unzumutbare Belästigungen nicht entstehen.

Art. 14 Verkehrssicherheit. (1) Bauliche Anlagen und die dem Verkehr dienenden nicht überbauten Flächen bebauter Grundstücke müssen verkehrssicher sein.

(2) Die Sicherheit und Leichtigkeit des öffentlichen Verkehrs darf durch bauliche Anlagen und deren Nutzung nicht gefährdet werden.

Abschnitt III.[1] Bauarten und Bauprodukte

Art. 15[1] Bauarten. (1) Bauarten dürfen nur angewendet werden, wenn sie für ihren Anwendungszweck tauglich sind und bei ihrer Anwendung die baulichen Anlagen bei ordnungsgemäßer Instandhaltung während einer dem Zweck entsprechenden angemessenen Zeitdauer die Anforderungen dieses Gesetzes oder auf Grund dieses Gesetzes erfüllen.

(2) [1] Bauarten, die von Technischen Baubestimmungen in Bezug auf die Planung, Bemessung und Ausführung baulicher Anlagen und ihrer Teile wesentlich

---

[1] Abschnitt III (Art. 15–23) neu gef. mWv 1.9.2018 durch G v. 10.7.2018 (GVBl. S. 523).

abweichen, oder für die es keine allgemein anerkannten Regeln der Technik gibt, dürfen nur angewendet werden, wenn für sie

1. eine allgemeine Bauartgenehmigung oder
2. eine vorhabenbezogene Bauartgenehmigung

erteilt worden ist. [2] Art. 18 gilt entsprechend.

(3) [1] Anstelle einer allgemeinen Bauartgenehmigung genügt ein allgemeines bauaufsichtliches Prüfzeugnis, wenn die Bauart nach allgemein anerkannten Prüfverfahren beurteilt werden kann. [2] Art. 18 gilt entsprechend.

(4) Sind Gefahren für die öffentliche Sicherheit und Ordnung, insbesondere Leben und Gesundheit, und die natürlichen Lebensgrundlagen nicht zu erwarten, kann die oberste Bauaufsichtsbehörde festlegen, dass eine Bauartgenehmigung nicht erforderlich ist.

(5) [1] Für jede Bauart muss bestätigt werden, dass sie mit den Technischen Baubestimmungen, den allgemeinen Bauartgenehmigungen, den allgemeinen bauaufsichtlichen Prüfzeugnissen für Bauarten oder den vorhabenbezogenen Bauartgenehmigungen übereinstimmt. [2] Unwesentliche Abweichungen bleiben außer Betracht. [3] Art. 21 Abs. 3 gilt für den Anwender der Bauart entsprechend.

(6) Hängt die Anwendung einer Bauart in außergewöhnlichem Maß von der Sachkunde und Erfahrung der damit betrauten Personen oder von einer Ausstattung mit besonderen Vorrichtungen ab oder bedarf die Bauart einer außergewöhnlichen Sorgfalt bei Ausführung oder Instandhaltung, gilt Art. 22 entsprechend.

Art. 16[1)] Verwendung von Bauprodukten. (1) [1] CE-gekennzeichnete Bauprodukte dürfen verwendet werden, wenn die erklärten Leistungen den in diesem Gesetz oder auf Grund dieses Gesetzes festgelegten Anforderungen für diese Verwendung entsprechen. [2] Auf Bauprodukte, die die CE-Kennzeichnung auf Grund der Verordnung (EU) Nr. 305/2011 tragen, finden die Art. 17 bis 22 Nr. 1 und Art. 23 keine Anwendung.

(2) [1] Im Übrigen dürfen Bauprodukte nur verwendet werden, wenn sie gebrauchstauglich sind und bei ihrer Verwendung die baulichen Anlagen bei ordnungsgemäßer Instandhaltung während einer dem Zweck entsprechenden angemessenen Zeitdauer die Anforderungen dieses Gesetzes oder auf Grund dieses Gesetzes erfüllen. [2] Dies gilt auch für Bauprodukte, die technischen Anforderungen entsprechen, wie sie in den Vorschriften anderer Vertragsstaaten des Abkommens vom 2. Mai 1992 über den Europäischen Wirtschaftsraum enthalten sind.

Art. 17[2)] Verwendbarkeitsnachweise. Die in Art. 16 Abs. 2 Satz 1 genannten Anforderungen sind für Bauprodukte, die für die Erfüllung der Anforderungen dieses Gesetzes oder auf Grund dieses Gesetzes nicht nur eine untergeordnete Bedeutung haben, durch eine allgemeine bauaufsichtliche Zulassung, ein allgemeines bauaufsichtliches Prüfzeugnis oder eine Zustimmung im Einzelfall (Verwendbarkeitsnachweise) nachzuweisen, wenn

1. es keine Technische Baubestimmung oder allgemein anerkannte Regel der Technik gibt,

---

[1)] Abschnitt III (Art. 15–23) neu gef. mWv 1.9.2018 durch G v. 10.7.2018 (GVBl. S. 523).

[2)] Abschnitt III (Art. 15–23) neu gef. mWv 1.9.2018 durch G v. 10.7.2018 (GVBl. S. 523); Art. 17 Nr. 3 geänd. mWv 1.2.2021 durch G v. 23.12.2020 (GVBl. S. 663).

2. das Bauprodukt von einer Technischen Baubestimmung in Bezug auf die Leistung von Bauprodukten wesentlich abweicht oder
3. eine Rechtsverordnung nach Art. 80 Abs. 5 Nr. 5 es vorsieht.

Art. 18[1)] **Allgemeine bauaufsichtliche Zulassung.** (1) Eine allgemeine bauaufsichtliche Zulassung wird auf Antrag erteilt und nach Gegenstand und wesentlichem Inhalt öffentlich bekannt gemacht.

(2) [1] Der Antrag ist zu begründen. [2] Soweit erforderlich, sind Probestücke vom Antragsteller zur Verfügung zu stellen, durch sachverständige Stellen zu entnehmen oder Probeausführungen unter Aufsicht dieser sachverständigen Stellen vorzunehmen. [3] Art. 65 Abs. 2 gilt entsprechend.

(3) [1] Die allgemeine bauaufsichtliche Zulassung wird widerruflich und befristet erteilt. [2] Die Frist beträgt in der Regel fünf Jahre. [3] Die Zulassung kann auf Antrag verlängert werden. [4] Art. 69 Abs. 2 Satz 2 gilt entsprechend.

(4) Die Zulassung wird unbeschadet der Rechte Dritter erteilt.

(5) Allgemeine bauaufsichtliche Zulassungen nach dem Recht anderer Länder gelten auch im Freistaat Bayern.

Art. 19[2)] **Allgemeines bauaufsichtliches Prüfzeugnis.** [1] Anstelle einer allgemeinen bauaufsichtlichen Zulassung bedarf es nur eines allgemeinen bauaufsichtlichen Prüfzeugnisses, wenn allgemein anerkannte Prüfverfahren bestehen. [2] Art. 18 gilt entsprechend.

Art. 20[2)] **Zustimmung im Einzelfall.** [1] Ein Bauprodukt darf auch verwendet werden, wenn die Verwendbarkeit durch Zustimmung im Einzelfall nachgewiesen ist. [2] Die Zustimmung kann außer in den Fällen des Art. 16 Abs. 2 Satz 1 auch erteilt werden, wenn Gefahren für die öffentliche Sicherheit und Ordnung, insbesondere Leben und Gesundheit, und die natürlichen Lebensgrundlagen nicht zu erwarten sind.

Art. 21[2)] **Übereinstimmungserklärung, Zertifizierung.** (1) [1] Bauprodukte bedürfen einer Bestätigung ihrer Übereinstimmung mit den Technischen Baubestimmungen oder den Verwendbarkeitsnachweisen. [2] Unwesentliche Abweichungen bleiben außer Betracht.

(2) [1] Der Hersteller erklärt die Übereinstimmung, die er durch werkseigene Produktionskontrolle sicherzustellen hat, durch Kennzeichnung der Bauprodukte mit dem Übereinstimmungszeichen (Ü-Zeichen) unter Hinweis auf den Verwendungszweck. [2] Das Ü-Zeichen ist auf dem Bauprodukt, auf einem Beipackzettel oder auf seiner Verpackung oder, wenn dies Schwierigkeiten bereitet, auf dem Lieferschein oder auf einer Anlage zum Lieferschein anzubringen. [3] Ü-Zeichen aus anderen Ländern und aus anderen Staaten gelten auch im Freistaat Bayern.

(3) [1] Soweit in den Technischen Baubestimmungen nichts Näheres geregelt ist, kann in den Verwendbarkeitsnachweisen eine Regelung zur Prüfung der Bauprodukte vor Abgabe der Übereinstimmungserklärung oder deren Zertifizierung vorgeschrieben werden, wenn dies zur Sicherung oder zum Nachweis einer

---

[1)] Abschnitt III (Art. 15–23) neu gef. mWv 1.9.2018 durch G v. 10.7.2018 (GVBl. S. 523); Art. 18 Abs. 3 Satz 3 geänd. mWv 1.2.2021 durch G v. 23.12.2020 (GVBl. S. 663).

[2)] Abschnitt III (Art. 15–23) neu gef. mWv 1.9.2018 durch G v. 10.7.2018 (GVBl. S. 523).

ordnungsgemäßen Herstellung erforderlich ist. [2] Im Übrigen bedürfen Bauprodukte, die nicht in Serie hergestellt werden, nur der Übereinstimmungserklärung des Herstellers nach Abs. 2.

(4) [1] Dem Hersteller ist das Zertifikat für Bauprodukte zu erteilen, wenn sie den Technischen Baubestimmungen oder den Verwendbarkeitsnachweisen entsprechen und die Übereinstimmung durch werkseigene Produktionskontrolle und regelmäßige Fremdüberwachung sichergestellt ist. [2] Im Einzelfall kann die Verwendung von Bauprodukten ohne Zertifizierung gestattet werden.

Art. 22[1)] Besondere Sachkunde- und Sorgfaltsanforderungen. In der allgemeinen bauaufsichtlichen Zulassung oder in der Zustimmung im Einzelfall kann vorgeschrieben werden, dass

1. der Hersteller von Bauprodukten, deren Herstellung in außergewöhnlichem Maß von der Sachkunde und Erfahrung der damit betrauten Personen oder von einer Ausstattung mit besonderen Vorrichtungen abhängt, über solche Fachkräfte und Vorrichtungen verfügen muss und den Nachweis hierüber gegenüber einer Prüfstelle zu erbringen hat,
2. der Einbau, der Transport, die Instandhaltung oder die Reinigung von Bauprodukten, die wegen ihrer besonderen Eigenschaften oder ihres besonderen Verwendungszwecks einer außergewöhnlichen Sorgfalt bedürfen, durch eine Überwachungsstelle zu überwachen sind, soweit diese Tätigkeiten nicht bereits durch die Verordnung (EU) Nr. 305/2011 erfasst sind.

Art. 23[1)] Zuständigkeiten. (1) [1] Das Deutsche Institut für Bautechnik erteilt die allgemeine Bauartgenehmigung nach Art. 15 Abs. 2 Satz 1 Nr. 1 und die allgemeine bauaufsichtliche Zulassung nach Art. 18 Abs. 1. [2] Es kann vorschreiben, wann welche sachverständige Stelle die Prüfung durchzuführen oder nach Art. 18 Abs. 2 Satz 2 eine Probeausführung vorzunehmen oder Probestücke zu entnehmen hat.

(2) [1] Die oberste Bauaufsichtsbehörde erteilt die vorhabenbezogene Bauartgenehmigung nach Art. 15 Abs. 2 Satz 1 Nr. 2 sowie die Zustimmung im Einzelfall nach Art. 20. [2] Art. 6 Abs. 3 des Bayerischen Denkmalschutzgesetzes[2)] bleibt unberührt. [3] Die oberste Bauaufsichtsbehörde kann die Verwendung von Bauprodukten ohne Zertifizierung nach Art. 21 Abs. 4 Satz 2 gestatten.

(3) [1] Es obliegen die Aufgaben

1. der Prüfung nach Art. 15 Abs. 3 und 6, Art. 19, Art. 21 Abs. 3 Satz 1, Art. 22 Nr. 1 den anerkannten Prüfstellen,
2. der Überwachung nach Art. 15 Abs. 6, Art. 21 Abs. 4 Satz 1, Art. 22 Nr. 2 den anerkannten Überwachungsstellen und
3. der Zertifizierung nach Art. 21 Abs. 3 Satz 1 den anerkannten Zertifizierungsstellen.

[2] Die Anerkennung der in Satz 1 genannten Stellen erteilt die oberste Bauaufsichtsbehörde oder nach Art. 80 Abs. 5 Nr. 2 das Deutsche Institut für Bautechnik an private Träger, wenn die privaten Träger oder die bei ihr Beschäftigten nach ihrer Ausbildung, Fachkenntnis, persönlichen Zuverlässigkeit, ihrer Unparteilichkeit und ihren Leistungen die Gewähr dafür bieten, dass diese Aufgaben den

---

[1)] Abschnitt III (Art. 15–23) neu gef. mWv 1.9.2018 durch G v. 10.7.2018 (GVBl. S. 523).

[2)] Nr. **41**.

kehrungen zu treffen; das gilt für hinterlüftete Außenwandbekleidungen entsprechend.

(5) [1] Die Abs. 2, 3 und 4 Halbsatz 2 gelten nicht für Gebäude der Gebäudeklassen 1 bis 3, Abs. 4 Halbsatz 1 nicht für Gebäude der Gebäudeklassen 1 und 2. [2] Abweichend von Abs. 3 sind Außenwandbekleidungen, die den Technischen Baubestimmungen nach Art. 81a entsprechen, mit Ausnahme der Dämmstoffe, aus normalentflammbaren Baustoffen zulässig.

Art. 27 Trennwände. (1) Trennwände nach Abs. 2 müssen als raumabschließende Bauteile von Räumen oder Nutzungseinheiten innerhalb von Geschossen ausreichend lang widerstandsfähig gegen die Brandausbreitung sein.

(2) Trennwände sind erforderlich

1. zwischen Nutzungseinheiten sowie zwischen Nutzungseinheiten und anders genutzten Räumen, ausgenommen notwendigen Fluren,
2. zum Abschluss von Räumen mit Explosions- oder erhöhter Brandgefahr,
3. zwischen Aufenthaltsräumen und anders genutzten Räumen im Kellergeschoss.

(3) [1] Trennwände nach Abs. 2 Nrn. 1 und 3 müssen die Feuerwiderstandsfähigkeit der tragenden und aussteifenden Bauteile des Geschosses haben, jedoch mindestens feuerhemmend sein. [2] Trennwände nach Abs. 2 Nr. 2 müssen feuerbeständig sein.

(4) Die Trennwände nach Abs. 2 sind bis zur Rohdecke, im Dachraum bis unter die Dachhaut zu führen; werden in Dachräumen Trennwände nur bis zur Rohdecke geführt, ist diese Decke als raumabschließendes Bauteil einschließlich der sie tragenden und aussteifenden Bauteile feuerhemmend herzustellen.

(5) Öffnungen in Trennwänden nach Abs. 2 sind nur zulässig, wenn sie auf die für die Nutzung erforderliche Zahl und Größe beschränkt sind; sie müssen feuerhemmende, dicht- und selbstschließende Abschlüsse haben.

(6) Die Abs. 1 bis 5 gelten nicht für Wohngebäude der Gebäudeklassen 1 und 2.

Art. 28[1)] Brandwände. (1) Brandwände müssen als raumabschließende Bauteile zum Abschluss von Gebäuden (Gebäudeabschlusswand) oder zur Unterteilung von Gebäuden in Brandabschnitte (innere Brandwand) ausreichend lang die Brandausbreitung auf andere Gebäude oder Brandabschnitte verhindern.

(2) Brandwände sind erforderlich

1. als Gebäudeabschlusswand, ausgenommen von Gebäuden ohne Aufenthaltsräume und ohne Feuerstätten mit nicht mehr als 50 m³ Brutto-Rauminhalt, wenn diese Abschlusswände an oder mit einem Abstand von weniger als 2,50 m gegenüber der Grundstücksgrenze errichtet werden, es sei denn, dass ein Abstand von mindestens 5 m zu bestehenden oder nach den baurechtlichen Vorschriften zulässigen künftigen Gebäuden gesichert ist,
2. als innere Brandwand zur Unterteilung ausgedehnter Gebäude in Abständen von nicht mehr als 40 m,

---

[1)] Art. 28 Abs. 2 Nr. 1, Abs. 3 Satz 2 einl. Satzteil und Nr. 3 geänd., Nr. 4 aufgeh., Satz 3 angef., Abs. 6 Halbs. 2 geänd., Abs. 7 Satz 2 neu gef., Satz 3 eingef., bish. Satz 3 wird Satz 4 mWv 1.1.2013 durch G v. 11.12.2012 (GVBl. S. 633); Abs. 10 geänd. mWv 1.2.2021 durch G v. 23.12.2020 (GVBl. S. 663).

3. als innere Brandwand zur Unterteilung land- oder forstwirtschaftlich genutzter Gebäude in Brandabschnitte von nicht mehr als 10 000 m^3 Brutto-Rauminhalt,
4. als Gebäudeabschlusswand zwischen Wohngebäuden und angebauten land- oder forstwirtschaftlich genutzten Gebäuden sowie als innere Brandwand zwischen dem Wohnteil und dem land- oder forstwirtschaftlich genutzten Teil eines Gebäudes.

(3) [1] Brandwände müssen auch unter zusätzlicher mechanischer Beanspruchung feuerbeständig sein und aus nichtbrennbaren Baustoffen bestehen. [2] An Stelle von Brandwänden sind in den Fällen von Abs. 2 Nrn. 1 bis 3 zulässig

1. für Gebäude der Gebäudeklasse 4 Wände, die auch unter zusätzlicher mechanischer Beanspruchung hochfeuerhemmend sind,
2. für Gebäude der Gebäudeklassen 1 bis 3 hochfeuerhemmende Wände,
3. für Gebäude der Gebäudeklassen 1 bis 3 Gebäudeabschlusswände, die jeweils von innen nach außen die Feuerwiderstandsfähigkeit der tragenden und aussteifenden Teile des Gebäudes, mindestens jedoch feuerhemmende Bauteile, und von außen nach innen die Feuerwiderstandsfähigkeit feuerbeständiger Bauteile haben.

[3] In den Fällen des Abs. 2 Nr. 4 sind an Stelle von Brandwänden feuerbeständige Wände zulässig, wenn der Brutto-Rauminhalt des land- oder forstwirtschaftlich genutzten Gebäudes oder Gebäudeteils nicht größer als 2 000 m^3 ist.

(4) [1] Brandwände müssen durchgehend und in allen Geschossen und dem Dachraum übereinander angeordnet sein. [2] Abweichend davon dürfen an Stelle innerer Brandwände Wände geschossweise versetzt angeordnet werden, wenn

1. die Wände im Übrigen Abs. 3 Satz 1 entsprechen,
2. die Decken, soweit sie in Verbindung mit diesen Wänden stehen, feuerbeständig sind, aus nichtbrennbaren Baustoffen bestehen und keine Öffnungen haben,
3. die Bauteile, die diese Wände und Decken unterstützen, feuerbeständig sind und aus nichtbrennbaren Baustoffen bestehen,
4. die Außenwände in der Breite des Versatzes in dem Geschoss oberhalb oder unterhalb des Versatzes feuerbeständig sind und
5. Öffnungen in den Außenwänden im Bereich des Versatzes so angeordnet oder andere Vorkehrungen so getroffen sind, dass eine Brandausbreitung in andere Brandabschnitte nicht zu befürchten ist.

(5) [1] Brandwände sind 0,30 m über die Bedachung zu führen oder in Höhe der Dachhaut mit einer beiderseits 0,50 m auskragenden feuerbeständigen Platte aus nichtbrennbaren Baustoffen abzuschließen; darüber dürfen brennbare Teile des Dachs nicht hinweggeführt werden. [2] Bei Gebäuden der Gebäudeklassen 1 bis 3 sind Brandwände mindestens bis unter die Dachhaut zu führen. [3] Verbleibende Hohlräume sind vollständig mit nichtbrennbaren Baustoffen auszufüllen.

(6) Müssen Gebäude oder Gebäudeteile, die über Eck zusammenstoßen, durch eine Brandwand getrennt werden, so muss der Abstand dieser Wand von der inneren Ecke mindestens 5 m betragen; das gilt nicht, wenn der Winkel der inneren Ecke mehr als 120 Grad beträgt oder mindestens eine Außenwand auf 5 m Länge als öffnungslose feuerbeständige Wand aus nichtbrennbaren Baustof-

fen, bei Gebäuden der Gebäudeklassen 1 bis 4 als öffnungslose hochfeuerhemmende Wand ausgebildet ist.

(7) [1] Bauteile mit brennbaren Baustoffen dürfen über Brandwände nicht hinweggeführt werden. [2] Bei Außenwandkonstruktionen, die eine seitliche Brandausbreitung begünstigen können, wie hinterlüfteten Außenwandbekleidungen oder Doppelfassaden, sind gegen die Brandausbreitung im Bereich der Brandwände besondere Vorkehrungen zu treffen. [3] Außenwandbekleidungen von Gebäudeabschlusswänden müssen einschließlich der Dämmstoffe und Unterkonstruktionen nichtbrennbar sein. [4] Bauteile dürfen in Brandwände nur so weit eingreifen, dass deren Feuerwiderstandsfähigkeit nicht beeinträchtigt wird; für Leitungen, Leitungsschlitze und Kamine gilt dies entsprechend.

(8) [1] Öffnungen in Brandwänden sind unzulässig. [2] Sie sind in inneren Brandwänden nur zulässig, wenn sie auf die für die Nutzung erforderliche Zahl und Größe beschränkt sind; die Öffnungen müssen feuerbeständige, dicht- und selbstschließende Abschlüsse haben.

(9) In inneren Brandwänden sind feuerbeständige Verglasungen nur zulässig, wenn sie auf die für die Nutzung erforderliche Zahl und Größe beschränkt sind.

(10) Abs. 2 Nr. 1 gilt nicht für seitliche Wände von Vorbauten im Sinn des Art. 6 Abs. 6, wenn sie von dem Nachbargebäude oder der Nachbargrenze einen Abstand einhalten, der ihrer eigenen Ausladung entspricht, mindestens jedoch 1 m beträgt.

(11) Die Abs. 4 bis 10 gelten entsprechend auch für Wände, die an Stelle von Brandwänden zulässig sind.

Art. 29[1)] Decken. (1) [1] Decken müssen als tragende und raumabschließende Bauteile zwischen Geschossen im Brandfall ausreichend lang standsicher und widerstandsfähig gegen die Brandausbreitung sein. [2] Sie müssen

1. in Gebäuden der Gebäudeklasse 5 feuerbeständig,
2. in Gebäuden der Gebäudeklasse 4 hochfeuerhemmend,
3. in Gebäuden der Gebäudeklassen 2 und 3 feuerhemmend

sein. [3] Satz 2 gilt

1. für Geschosse im Dachraum nur, wenn darüber Aufenthaltsräume möglich sind; Art. 27 Abs. 4 bleibt unberührt,
2. nicht für Balkone, ausgenommen offene Gänge, die als notwendige Flure dienen.

(2) [1] Im Kellergeschoss müssen Decken

1. in Gebäuden der Gebäudeklassen 3 bis 5 feuerbeständig,
2. in Gebäuden der Gebäudeklassen 1 und 2 feuerhemmend

sein. [2] Decken müssen feuerbeständig sein

1. unter und über Räumen mit Explosions- oder erhöhter Brandgefahr, ausgenommen in Wohngebäuden der Gebäudeklassen 1 und 2,
2. zwischen dem land- oder forstwirtschaftlich genutzten Teil und dem Wohnteil eines Gebäudes.

---

1) Art. 29 Abs. 1 Satz 2 Nr. 3 geänd. mWv 1.9.2018 durch G v. 10.7.2018 (GVBl. S. 523).

(3) Der Anschluss der Decken an die Außenwand ist so herzustellen, dass er den Anforderungen aus Abs. 1 Satz 1 genügt.

(4) Öffnungen in Decken, für die eine Feuerwiderstandsfähigkeit vorgeschrieben ist, sind nur zulässig

1. in Gebäuden der Gebäudeklassen 1 und 2,
2. innerhalb derselben Nutzungseinheit mit insgesamt nicht mehr als 400 m^2 in nicht mehr als zwei Geschossen,
3. im Übrigen, wenn sie auf die für die Nutzung erforderliche Zahl und Größe beschränkt sind und Abschlüsse mit der Feuerwiderstandsfähigkeit der Decke haben.

Art. 30[1)] **Dächer.** (1) Bedachungen müssen gegen eine Brandbeanspruchung von außen durch Flugfeuer und strahlende Wärme ausreichend lang widerstandsfähig sein (harte Bedachung).

(2) [1]Bedachungen, die die Anforderungen nach Abs. 1 nicht erfüllen, sind zulässig bei Gebäuden der Gebäudeklassen 1 bis 3, wenn die Gebäude

1. einen Abstand von der Grundstücksgrenze von mindestens 12 m,
2. von Gebäuden auf demselben Grundstück mit harter Bedachung einen Abstand von mindestens 12 m,
3. von Gebäuden auf demselben Grundstück mit Bedachungen, die die Anforderungen nach Abs. 1 nicht erfüllen, einen Abstand von mindestens 24 m,
4. von Gebäuden auf demselben Grundstück ohne Aufenthaltsräume und ohne Feuerstätten mit nicht mehr als 50 m^3 Brutto-Rauminhalt einen Abstand von mindestens 5 m

einhalten. [2]Soweit Gebäude nach Satz 1 Abstand halten müssen, genügt bei Wohngebäuden der Gebäudeklassen 1 und 2 in den Fällen

1. der Nrn. 1 und 2 ein Abstand von mindestens 9 m,
2. der Nr. 3 ein Abstand von mindestens 12 m.

(3) Die Abs. 1 und 2 gelten nicht für

1. Gebäude ohne Aufenthaltsräume und ohne Feuerstätten mit nicht mehr als 50 m^3 Brutto-Rauminhalt,
2. lichtdurchlässige Bedachungen aus nichtbrennbaren Baustoffen; brennbare Fugendichtungen und brennbare Dämmstoffe in nichtbrennbaren Profilen sind zulässig,
3. Dachflächenfenster, Lichtkuppeln und Oberlichte von Wohngebäuden,
4. Eingangsüberdachungen und Vordächer aus nichtbrennbaren Baustoffen,
5. Eingangsüberdachungen aus brennbaren Baustoffen, wenn die Eingänge nur zu Wohnungen führen.

(4) Abweichend von den Abs. 1 und 2 sind

1. lichtdurchlässige Teilflächen aus brennbaren Baustoffen in Bedachungen nach Abs. 1 und
2. begrünte Bedachungen

[1)] Art. 30 Abs. 3 Nr. 3, Abs. 5 Satz 1 und Satz 2 Nr. 1 und 2 geänd. mWv 1.1.2013 durch G v. 11.12. 2012 (GVBl. S. 633); Abs. 5 Satz 2 neu gef. mWv 1.2.2021 durch G v. 23.12.2020 (GVBl. S. 663).

3. innerhalb von Nutzungseinheiten mit nicht mehr als 200 m² und innerhalb von Wohnungen,
4. innerhalb von Nutzungseinheiten, die einer Büro- oder Verwaltungsnutzung dienen, mit nicht mehr als 400 m²; das gilt auch für Teile größerer Nutzungseinheiten, wenn diese Teile nicht größer als 400 m² sind, Trennwände nach Art. 27 Abs. 2 Nr. 1 haben und jeder Teil unabhängig von anderen Teilen Rettungswege nach Art. 31 Abs. 1 hat.

(2) [1] Notwendige Flure müssen so breit sein, dass sie für den größten zu erwartenden Verkehr ausreichen. [2] In den Fluren ist eine Folge von weniger als drei Stufen unzulässig.

(3) [1] Notwendige Flure sind durch nichtabschließbare, rauchdichte und selbstschließende Abschlüsse in Rauchabschnitte zu unterteilen. [2] Die Rauchabschnitte sollen nicht länger als 30 m sein. [3] Die Abschlüsse sind bis an die Rohdecke zu führen; sie dürfen bis an die Unterdecke der Flure geführt werden, wenn die Unterdecke feuerhemmend ist. [4] Notwendige Flure mit nur einer Fluchtrichtung, die zu einem Sicherheitstreppenraum führen, dürfen nicht länger als 15 m sein. [5] Die Sätze 1 bis 4 gelten nicht für notwendige Flure, die als offene Gänge vor den Außenwänden angeordnet sind.

(4) [1] Die Wände notwendiger Flure müssen als raumabschließende Bauteile feuerhemmend, in Kellergeschossen, deren tragende und aussteifende Bauteile feuerbeständig sein müssen, feuerbeständig sein. [2] Die Wände sind bis an die Rohdecke zu führen. [3] Sie dürfen bis an die Unterdecke der Flure geführt werden, wenn die Unterdecke feuerhemmend und ein demjenigen nach Satz 1 vergleichbarer Raumabschluss sichergestellt ist. [4] Türen in diesen Wänden müssen dicht schließen; Öffnungen zu Lagerbereichen im Kellergeschoss müssen feuerhemmende, dicht- und selbstschließende Abschlüsse haben.

(5) [1] Für Wände und Brüstungen notwendiger Flure mit nur einer Fluchtrichtung, die als offene Gänge vor den Außenwänden angeordnet sind, gilt Abs. 4 entsprechend. [2] Fenster sind in diesen Außenwänden ab einer Brüstungshöhe von 0,90 m zulässig.

(6) In notwendigen Fluren sowie in offenen Gängen nach Abs. 5 müssen
1. Bekleidungen, Putze, Unterdecken und Dämmstoffe aus nichtbrennbaren Baustoffen bestehen,
2. Wände und Decken aus brennbaren Baustoffen eine Bekleidung aus nichtbrennbaren Baustoffen in ausreichender Dicke haben.

Art. 35 Fenster, Türen, sonstige Öffnungen. (1) [1] Glastüren und andere Glasflächen, die bis zum Fußboden allgemein zugänglicher Verkehrsflächen herabreichen, sind so zu kennzeichnen, dass sie leicht erkannt werden können. [2] Weitere Schutzmaßnahmen sind für größere Glasflächen vorzusehen, wenn dies die Verkehrssicherheit erfordert.

(2) Eingangstüren von Wohnungen, die über Aufzüge erreichbar sein müssen, müssen eine lichte Durchgangsbreite von mindestens 0,90 m haben.

(3) [1] Jedes Kellergeschoss ohne Fenster muss mindestens eine Öffnung ins Freie haben, um eine Rauchableitung zu ermöglichen. [2] Gemeinsame Kellerlichtschächte für übereinander liegende Kellergeschosse sind unzulässig.

(4) [1] Fenster, die als Rettungswege nach Art. 31 Abs. 2 Satz 2 dienen, müssen in der Breite mindestens 0,60 m, in der Höhe mindestens 1 m groß, von innen zu

öffnen und nicht höher als 1,20 m über der Fußbodenoberkante angeordnet sein. [2]Liegen diese Fenster in Dachschrägen oder Dachaufbauten, so darf ihre Unterkante oder ein davor liegender Austritt von der Traufkante horizontal gemessen nicht mehr als 1 m entfernt sein.

Art. 36 Umwehrungen. (1) In, an und auf baulichen Anlagen sind zu umwehren

1. Flächen, die im Allgemeinen zum Begehen bestimmt sind und unmittelbar an mehr als 0,50 m tiefer liegende Flächen angrenzen; das gilt nicht, wenn die Umwehrung dem Zweck der Flächen widerspricht,
2. Dächer, die zum Aufenthalt von Menschen bestimmt sind, sowie Öffnungen und nicht begehbare Flächen in diesen Dächern und in begehbaren Decken, soweit sie nicht sicher abgedeckt oder gegen Betreten gesichert sind,
3. die freien Seiten von Treppenläufen, Treppenabsätzen und Treppenöffnungen (Treppenaugen); Fenster, die unmittelbar an Treppen und deren Brüstungen unter der notwendigen Umwehrungshöhe liegen, sind zu sichern.

(2) [1]Die Umwehrungen müssen ausreichend hoch und fest sein. [2]Ist mit der Anwesenheit unbeaufsichtigter Kleinkinder auf der zu sichernden Fläche üblicherweise zu rechnen, müssen Umwehrungen so ausgebildet werden, dass sie Kleinkindern das Über- oder Durchklettern nicht erleichtern; das gilt nicht innerhalb von Wohngebäuden der Gebäudeklassen 1 und 2 und innerhalb von Wohnungen.

Abschnitt VI. Technische Gebäudeausrüstung

Art. 37[1)] Aufzüge. (1) [1]Aufzüge im Innern von Gebäuden müssen eigene Fahrschächte haben, um eine Brandausbreitung in andere Geschosse ausreichend lang zu verhindern. [2]In einem Fahrschacht dürfen bis zu drei Aufzüge liegen. [3]Aufzüge ohne eigene Fahrschächte sind zulässig

1. innerhalb eines notwendigen Treppenraums, ausgenommen in Hochhäusern,
2. innerhalb von Räumen, die Geschosse überbrücken,
3. zur Verbindung von Geschossen, die offen miteinander in Verbindung stehen dürfen,
4. in Gebäuden der Gebäudeklassen 1 und 2;

sie müssen sicher umkleidet sein.

(2) [1]Die Fahrschachtwände müssen als raumabschließende Bauteile

1. in Gebäuden der Gebäudeklasse 5 feuerbeständig und aus nichtbrennbaren Baustoffen,
2. in Gebäuden der Gebäudeklasse 4 hochfeuerhemmend,
3. in Gebäuden der Gebäudeklasse 3 feuerhemmend

sein; Fahrschachtwände aus brennbaren Baustoffen müssen schachtseitig eine Bekleidung aus nichtbrennbaren Baustoffen in ausreichender Dicke haben. [2]Fahrschachttüren und andere Öffnungen in Fahrschachtwänden mit erforderli-

---

[1)] Art. 37 Abs. 3 Satz 2 eingef., bish. Satz 2 wird Satz 3, Abs. 4 Satz 4 aufgeh, bish. Satz 5 wird Satz 4 mWv 1.7.2013 durch G v. 11.12.2012 (GVBl. S. 633); Abs. 4 Satz 5 angef. mWv 1.2.2021 durch G v. 23.12.2020 (GVBl. S. 663).

cher Feuerwiderstandsfähigkeit sind so herzustellen, dass die Anforderungen nach Abs. 1 Satz 1 nicht beeinträchtigt werden.

(3) [1] Fahrschächte müssen zu lüften sein und eine Öffnung zur Rauchableitung mit einem freien Querschnitt von mindestens 2,5 v. H. der Fahrschachtgrundfläche, mindestens jedoch 0,10 m² haben. [2] Diese Öffnung darf einen Abschluss haben, der im Brandfall selbsttätig öffnet und von mindestens einer geeigneten Stelle aus bedient werden kann. [3] Die Lage der Rauchaustrittsöffnungen muss so gewählt werden, dass der Rauchaustritt durch Windeinfluss nicht beeinträchtigt wird.

(4) [1] Gebäude mit einer Höhe nach Art. 2 Abs. 3 Satz 2 von mehr als 13 m müssen Aufzüge in ausreichender Zahl haben. [2] Von diesen Aufzügen muss mindestens ein Aufzug Kinderwagen, Rollstühle, Krankentragen und Lasten aufnehmen können und Haltestellen in allen Geschossen haben. [3] Dieser Aufzug muss von allen Wohnungen in dem Gebäude und von der öffentlichen Verkehrsfläche aus stufenlos erreichbar sein. [4] Haltestellen im obersten Geschoss, im Erdgeschoss und in den Kellergeschossen sind nicht erforderlich, wenn sie nur unter besonderen Schwierigkeiten hergestellt werden können. [5] Die Sätze 1 bis 4 gelten nicht bei der Schaffung von Wohnraum durch Aufstockung, wenn die Anforderungen nur mit einem unverhältnismäßigen Aufwand erfüllt werden können.

(5) [1] Fahrkörbe zur Aufnahme einer Krankentrage müssen eine nutzbare Grundfläche von mindestens 1,10 m x 2,10 m, zur Aufnahme eines Rollstuhls von mindestens 1,10 m x 1,40 m haben; Türen müssen eine lichte Durchgangsbreite von mindestens 0,90 m haben. [2] In einem Aufzug für Rollstühle und Krankentragen darf der für Rollstühle nicht erforderliche Teil der Fahrkorbgrundfläche durch eine verschließbare Tür abgesperrt werden. [3] Vor den Aufzügen muss eine ausreichende Bewegungsfläche vorhanden sein.

Art. 38[1)] Leitungsanlagen, Installationsschächte und -kanäle. (1) Leitungen dürfen durch raumabschließende Bauteile, für die eine Feuerwiderstandsfähigkeit vorgeschrieben ist, nur hindurchgeführt werden, wenn eine Brandausbreitung ausreichend lang nicht zu befürchten ist oder Vorkehrungen hiergegen getroffen sind; das gilt nicht

1. innerhalb von Gebäuden der Gebäudeklassen 1 und 2,
2. innerhalb von Wohnungen,
3. innerhalb derselben Nutzungseinheit mit insgesamt nicht mehr als 400 m² in nicht mehr als zwei Geschossen.

(2) In notwendigen Treppenräumen, in Räumen nach Art. 33 Abs. 3 Satz 2 und in notwendigen Fluren sind Leitungsanlagen nur zulässig, wenn eine Nutzung als Rettungsweg im Brandfall ausreichend lang möglich ist.

(3) Für Installationsschächte und -kanäle gelten Abs. 1 sowie Art. 39 Abs. 2 Satz 1 und Abs. 3 entsprechend.

Art. 39[2)] Lüftungsanlagen. (1) Lüftungsanlagen müssen betriebssicher und brandsicher sein; sie dürfen den ordnungsgemäßen Betrieb von Feuerungsanlagen nicht beeinträchtigen.

[1)] Art. 38 Abs. 1 Halbs. 2 einl. Satzteil und Nr. 1 geänd. mWv 1.1.2013 durch G v. 11.12.2012 (GVBl. S. 633).

[2)] Art. 39 Abs. 5 Nr. 1 geänd. mWv 1.1.2013 durch G v. 11.12.2012 (GVBl. S. 633).

(2) [1] Lüftungsleitungen sowie deren Bekleidungen und Dämmstoffe müssen aus nichtbrennbaren Baustoffen bestehen; brennbare Baustoffe sind zulässig, wenn ein Beitrag der Lüftungsleitung zur Brandentstehung und Brandweiterleitung nicht zu befürchten ist. [2] Lüftungsleitungen dürfen raumabschließende Bauteile, für die eine Feuerwiderstandsfähigkeit vorgeschrieben ist, nur überbrücken, wenn eine Brandausbreitung ausreichend lang nicht zu befürchten ist oder wenn Vorkehrungen hiergegen getroffen sind.

(3) Lüftungsanlagen sind so herzustellen, dass sie Gerüche und Staub nicht in andere Räume übertragen.

(4) [1] Lüftungsanlagen dürfen nicht in Abgasanlagen eingeführt werden; die gemeinsame Nutzung von Lüftungsleitungen zur Lüftung und zur Ableitung der Abgase von Feuerstätten ist zulässig, wenn keine Bedenken wegen der Betriebssicherheit und des Brandschutzes bestehen. [2] Die Abluft ist ins Freie zu führen. [3] Nicht zur Lüftungsanlage gehörende Einrichtungen sind in Lüftungsleitungen unzulässig.

(5) Die Abs. 2 und 3 gelten nicht

1. innerhalb von Gebäuden der Gebäudeklassen 1 und 2,
2. innerhalb von Wohnungen,
3. innerhalb derselben Nutzungseinheit mit insgesamt nicht mehr als 400 m^2 in nicht mehr als zwei Geschossen.

(6) Für raumlufttechnische Anlagen und Warmluftheizungen gelten die Abs. 1 bis 5 entsprechend.

Art. 40 Feuerungsanlagen, sonstige Anlagen zur Wärmeerzeugung, Brennstoffversorgung. (1) Feuerstätten und Abgasanlagen (Feuerungsanlagen) müssen betriebssicher und brandsicher sein.

(2) Feuerstätten dürfen in Räumen nur aufgestellt werden, wenn nach der Art der Feuerstätte und nach Lage, Größe, baulicher Beschaffenheit und Nutzung der Räume Gefahren nicht entstehen.

(3) [1] Abgase von Feuerstätten sind durch Abgasleitungen, Kamine und Verbindungsstücke (Abgasanlagen) so abzuführen, dass keine Gefahren oder unzumutbaren Belästigungen entstehen. [2] Abgasanlagen sind in solcher Zahl und Lage und so herzustellen, dass die Feuerstätten des Gebäudes ordnungsgemäß angeschlossen werden können. [3] Sie müssen leicht gereinigt werden können.

(4) [1] Behälter und Rohrleitungen für brennbare Gase und Flüssigkeiten müssen betriebssicher und brandsicher sein. [2] Diese Behälter sowie feste Brennstoffe sind so aufzustellen oder zu lagern, dass keine Gefahren oder unzumutbaren Belästigungen entstehen.

(5) Für die Aufstellung von ortsfesten Verbrennungsmotoren, Blockheizkraftwerken, Brennstoffzellen und Verdichtern sowie die Ableitung ihrer Verbrennungsgase gelten die Abs. 1 bis 3 entsprechend.

Art. 41[1)] Nicht durch Sammelkanalisation erschlossene Anwesen.

(1) Die einwandfreie Beseitigung des Abwassers einschließlich des Fäkalschlamms innerhalb und außerhalb des Grundstücks muss gesichert sein.

[1)] Überschrift neu gef. mWv 1.8.2009 durch G v. 27.7.2009 (GVBl. S. 385).

(2) Hausabwässer aus abgelegenen landwirtschaftlichen Anwesen oder abgelegenen Anwesen, die früher einem landwirtschaftlichen Betrieb dienten und deren Hausabwässer bereits in Gruben eingeleitet worden sind, dürfen in Gruben eingeleitet werden, wenn

1. das Abwasser in einer Mehrkammerausfaulgrube vorbehandelt wird und
2. die ordnungsgemäße Entsorgung oder Verwertung des geklärten Abwassers und des Fäkalschlamms gesichert ist.

(3) [1] Für die Einleitung von Hausabwässern aus abgelegenen landwirtschaftlichen Anwesen in Biogasanlagen gilt Abs. 2 entsprechend. [2] Die Vorbehandlung in einer Mehrkammerausfaulgrube ist nicht erforderlich, wenn durch den Betrieb der Biogasanlage eine gleichwertige Hygienisierung sichergestellt ist.

Art. 42 Sanitäre Anlagen. Fensterlose Bäder und Toiletten sind nur zulässig, wenn eine wirksame Lüftung gewährleistet ist.

Art. 43 Aufbewahrung fester Abfallstoffe. Feste Abfallstoffe dürfen innerhalb von Gebäuden vorübergehend aufbewahrt werden, in Gebäuden der Gebäudeklassen 3 bis 5 jedoch nur, wenn die dafür bestimmten Räume

1. Trennwände und Decken als raumabschließende Bauteile mit der Feuerwiderstandsfähigkeit der tragenden Wände und
2. Öffnungen vom Gebäudeinnern zum Aufstellraum mit feuerhemmenden, dicht- und selbstschließenden Abschlüssen haben,
3. unmittelbar vom Freien entleert werden können und
4. eine ständig wirksame Lüftung haben.

Art. 44 Blitzschutzanlagen. Bauliche Anlagen, bei denen nach Lage, Bauart oder Nutzung Blitzschlag leicht eintreten oder zu schweren Folgen führen kann, sind mit dauernd wirksamen Blitzschutzanlagen zu versehen.

Abschnitt VII. Nutzungsbedingte Anforderungen

Art. 45 Aufenthaltsräume. (1) [1] Aufenthaltsräume müssen eine lichte Raumhöhe von mindestens 2,40 m, im Dachgeschoss über der Hälfte ihrer Nutzfläche 2,20 m haben, wobei Raumteile mit einer lichten Höhe unter 1,50 m außer Betracht bleiben. [2] Das gilt nicht für Aufenthaltsräume in Wohngebäuden der Gebäudeklassen 1 und 2.

(2) [1] Aufenthaltsräume müssen ausreichend belüftet und mit Tageslicht belichtet werden können. [2] Sie müssen Fenster mit einem Rohbaumaß der Fensteröffnungen von mindestens einem Achtel der Netto-Grundfläche des Raums einschließlich der Netto-Grundfläche verglaster Vorbauten und Loggien haben.

(3) Aufenthaltsräume, deren Nutzung eine Belichtung mit Tageslicht verbietet, sowie Verkaufsräume, Schank- und Speisegaststätten, ärztliche Behandlungs-, Sport-, Spiel-, Werk- und ähnliche Räume sind ohne Fenster zulässig.

Art. 46[1)] Wohnungen. (1) [1] Jede Wohnung muss eine Küche oder Kochnische haben. [2] Fensterlose Küchen oder Kochnischen sind zulässig, wenn eine wirksame Lüftung gewährleistet ist.

[1)] Art. 46 Abs. 4 angef. mWv 1.1.2013 durch G v. 11.12.2012 (GVBl. S. 633); Abs. 5 angef. mWv 1.2.2021 durch G v. 23.12.2020 (GVBl. S. 663).

(2) Für Gebäude der Gebäudeklassen 3 bis 5 sind für jede Wohnung ein ausreichend großer Abstellraum und, soweit die Wohnungen nicht nur zu ebener Erde liegen, leicht erreichbare und gut zugängliche Abstellräume für Kinderwagen, Fahrräder und Mobilitätshilfen erforderlich.

(3) Jede Wohnung muss ein Bad mit Badewanne oder Dusche und eine Toilette haben.

(4) [1] In Wohnungen müssen Schlafräume und Kinderzimmer sowie Flure, die zu Aufenthaltsräumen führen, jeweils mindestens einen Rauchwarnmelder haben. [2] Die Rauchwarnmelder müssen so eingebaut oder angebracht und betrieben werden, dass Brandrauch frühzeitig erkannt und gemeldet wird. [3] Die Eigentümer vorhandener Wohnungen sind verpflichtet, jede Wohnung bis zum 31. Dezember 2017 entsprechend auszustatten. [4] Die Sicherstellung der Betriebsbereitschaft obliegt den unmittelbaren Besitzern, es sei denn, der Eigentümer übernimmt diese Verpflichtung selbst.

(5) Sollen Nutzungseinheiten mit Aufenthaltsräumen in bestandsgeschützten Gebäuden in Wohnraum umgewandelt werden, sind auf bestehende Bauteile Art. 6, 25, 26, 28, 29 und 30 nicht anzuwenden.

Art. 47[1)] Stellplätze, Verordnungsermächtigung. (1) [1] Werden Anlagen errichtet, bei denen ein Zu- oder Abfahrtsverkehr zu erwarten ist, sind Stellplätze in ausreichender Zahl und Größe und in geeigneter Beschaffenheit herzustellen. [2] Bei Änderungen oder Nutzungsänderungen von Anlagen sind Stellplätze in solcher Zahl und Größe herzustellen, dass die Stellplätze die durch die Änderung zusätzlich zu erwartenden Kraftfahrzeuge aufnehmen können. [3] Das gilt nicht, wenn sonst die Schaffung oder Erneuerung von Wohnraum auch unter Berücksichtigung der Möglichkeit einer Ablösung nach Abs. 3 Nr. 3 erheblich erschwert oder verhindert würde.

(2) [1] Die Zahl der notwendigen Stellplätze nach Abs. 1 Satz 1 legt das Staatsministerium für Wohnen, Bau und Verkehr durch Rechtsverordnung fest. [2] Wird die Zahl der notwendigen Stellplätze durch eine örtliche Bauvorschrift oder eine städtebauliche Satzung festgelegt, ist diese Zahl maßgeblich.

(3) Die Stellplatzpflicht kann erfüllt werden durch

1. Herstellung der notwendigen Stellplätze auf dem Baugrundstück,
2. Herstellung der notwendigen Stellplätze auf einem geeigneten Grundstück in der Nähe des Baugrundstücks, wenn dessen Benutzung für diesen Zweck gegenüber dem Rechtsträger der Bauaufsichtsbehörde rechtlich gesichert ist, oder
3. Übernahme der Kosten für die Herstellung der notwendigen Stellplätze durch den Bauherrn gegenüber der Gemeinde (Ablösungsvertrag).

(4) Die Gemeinde hat den Geldbetrag für die Ablösung notwendiger Stellplätze zu verwenden für

1. die Herstellung zusätzlicher oder die Instandhaltung, die Instandsetzung oder die Modernisierung bestehender Parkeinrichtungen einschließlich der Ausstattung mit Elektroladestationen,

---

[1)] Art. 47 Abs. 2 Satz 1 geänd. mWv 30.8.2014 durch V v. 22.7.2014 (GVBl. S. 286); Überschrift geänd. mWv 1.8.2017 durch G v. 12.7.2017 (GVBl. S. 375); Abs. 4 Nr. 1 geänd., Nr. 2 eingef., bish. Nr. 2 wird Nr. 3 mWv 1.9.2018 durch G v. 10.7.2018 (GVBl. S. 523); Abs. 2 Satz 1 geänd. mWv 1.5. 2019 durch V v. 26.3.2019 (GVBl. S. 98).

2. den Bau und die Einrichtung von innerörtlichen Radverkehrsanlagen, die Schaffung von öffentlichen Fahrradabstellplätzen und gemeindlichen Mietfahrradanlagen einschließlich der Ausstattung mit Elektroladestationen,
3. sonstige Maßnahmen zur Entlastung der Straßen vom ruhenden Verkehr einschließlich investiver Maßnahmen des öffentlichen Personennahverkehrs.

Art. 48[1)] Barrierefreies Bauen. (1) [1] In Gebäuden mit mehr als zwei Wohnungen müssen die Wohnungen eines Geschosses barrierefrei erreichbar sein; diese Verpflichtung kann auch durch barrierefrei erreichbare Wohnungen in mehreren Geschossen erfüllt werden. [2] In Gebäuden mit mehr als zwei Wohnungen und mit nach Art. 37 Abs. 4 Satz 1 erforderlichen Aufzügen muss ein Drittel der Wohnungen barrierefrei erreichbar sein. [3] In den Wohnungen nach den Sätzen 1 und 2 müssen die Wohn- und Schlafräume, eine Toilette, ein Bad, die Küche oder Kochnische sowie der Raum mit Anschlussmöglichkeit für eine Waschmaschine barrierefrei sein. [4] Art. 32 Abs. 6 Satz 2, Art. 35 Abs. 2 und Art. 37 Abs. 4 und 5 bleiben unberührt.

(2) [1] Bauliche Anlagen, die öffentlich zugänglich sind, müssen in den dem allgemeinen Besucher- und Benutzerverkehr dienenden Teilen barrierefrei sein. [2] Dies gilt insbesondere für

1. Einrichtungen der Kultur und des Bildungswesens,
2. Tageseinrichtungen für Kinder,
3. Sport- und Freizeitstätten,
4. Einrichtungen des Gesundheitswesens,
5. Büro-, Verwaltungs- und Gerichtsgebäude,
6. Verkaufsstätten,
7. Gaststätten, die keiner gaststättenrechtlichen Erlaubnis bedürfen,
8. Beherbergungsstätten,
9. Stellplätze, Garagen und Toilettenanlagen.

[3] Für die der zweckentsprechenden Nutzung dienenden Räume und Anlagen genügt es, wenn sie in dem erforderlichen Umfang barrierefrei sind. [4] Toilettenräume und notwendige Stellplätze für Besucher und Benutzer müssen in der erforderlichen Anzahl barrierefrei sein. [5] Diese Anforderungen gelten nicht bei Nutzungsänderungen, wenn die Anforderungen nur mit unverhältnismäßigem Aufwand erfüllt werden können. [6] Die Anforderungen an Gaststätten, die einer gaststättenrechtlichen Erlaubnis bedürfen, sind im Rahmen des gaststättenrechtlichen Erlaubnisverfahrens zu beachten.

(3) Bauliche Anlagen und Einrichtungen, die überwiegend oder ausschließlich von Menschen mit Behinderung, alten Menschen und Personen mit Kleinkindern genutzt werden, wie

1. Tagesstätten, Werkstätten und stationäre Einrichtungen für Menschen mit Behinderung,

---

[1)] Art. 48 Abs. 1 Sätze 2 und 3 neu gef. mWv 31.7.2008 durch G v. 22.7.2008 (GVBl. S. 479); Abs. 1 Satz 2 eingef., bish. Sätze 2 und 3 werden Sätze 3 und 4, Abs. 4 Satz 10 geänd. und Halbs. angef., Abs. 5 Satz 1 neu gef. mWv 1.8.2009 durch G v. 27.7.2009 (GVBl. S. 385); Abs. 1 Sätze 1–3 neu gef., Satz 4 geänd., Abs. 2 Satz 1 neu gef., Satz 2 einl. Satzteil geänd., Sätze 3 und 4 eingef., bish. Satz 3 wird Satz 5 und geänd., bish. Satz 4 wird Satz 6, Abs. 3 neu gef., Abs. 4 aufgeh., bish. Abs. 5 wird Abs. 4, Satz 1 geänd. mWv 1.7.2013 durch G v. 11.12.2012 (GVBl. S. 633).

2. stationäre Einrichtungen für pflegebedürftige und alte Menschen

müssen in allen der zweckentsprechenden Nutzung dienenden Teilen barrierefrei sein.

(4) [1] Die Abs. 1 bis 3 gelten nicht, soweit die Anforderungen wegen schwieriger Geländeverhältnisse, wegen ungünstiger vorhandener Bebauung oder im Hinblick auf die Sicherheit der Menschen mit Behinderung oder alten Menschen oder bei Anlagen nach Abs. 1 auch wegen des Einbaus eines sonst nicht erforderlichen Aufzugs nur mit einem unverhältnismäßigen Mehraufwand erfüllt werden können. [2] Bei bestehenden baulichen Anlagen im Sinn der Abs. 2 und 3 soll die Bauaufsichtsbehörde verlangen, dass ein gleichwertiger Zustand hergestellt wird, wenn das technisch möglich und dem Eigentümer wirtschaftlich zumutbar ist.

Vierter Teil. Die am Bau Beteiligten

Art. 49 Grundpflichten. Bei der Errichtung, Änderung, Nutzungsänderung und der Beseitigung von Anlagen sind der Bauherr und im Rahmen ihres Wirkungskreises die anderen am Bau Beteiligten dafür verantwortlich, dass die öffentlich-rechtlichen Vorschriften eingehalten werden.

Art. 50[1)] Bauherr. (1) [1] Der Bauherr hat zur Vorbereitung, Überwachung und Ausführung eines nicht verfahrensfreien Bauvorhabens sowie der Beseitigung von Anlagen geeignete Beteiligte nach Maßgabe der Art. 51 und 52 zu bestellen, soweit er nicht selbst zur Erfüllung der Verpflichtungen nach diesen Vorschriften geeignet ist. [2] Dem Bauherrn obliegen außerdem die nach den öffentlich-rechtlichen Vorschriften erforderlichen Anträge und Anzeigen. [3] Erforderliche Nachweise und Unterlagen hat er bereitzuhalten. [4] Werden Bauprodukte verwendet, die die CE-Kennzeichnung nach der Verordnung (EU) Nr. 305/2011 tragen, ist die Leistungserklärung bereitzuhalten. [5] Wechselt der Bauherr, hat der neue Bauherr dies der Bauaufsichtsbehörde unverzüglich in Textform mitzuteilen.

(2) [1] Treten bei einem Bauvorhaben mehrere Personen als Bauherr auf, so kann die Bauaufsichtsbehörde verlangen, dass ihr gegenüber ein Vertreter bestellt wird, der die dem Bauherrn nach den öffentlich-rechtlichen Vorschriften obliegenden Verpflichtungen zu erfüllen hat. [2] Im Übrigen finden Art. 18 Abs. 1 Sätze 2 und 3 sowie Abs. 2 des Bayerischen Verwaltungsverfahrensgesetzes (BayVwVfG) mit der Maßgabe entsprechende Anwendung, dass eine Erklärung in Textform ausreichend ist.

Art. 51 Entwurfsverfasser. (1) [1] Der Entwurfsverfasser muss nach Sachkunde und Erfahrung zur Vorbereitung des jeweiligen Bauvorhabens geeignet sein. [2] Er ist für die Vollständigkeit und Brauchbarkeit seines Entwurfs verantwortlich. [3] Der Entwurfsverfasser hat dafür zu sorgen, dass die für die Ausführung notwendigen Einzelzeichnungen, Einzelberechnungen und Anweisungen den öffentlich-rechtlichen Vorschriften entsprechen.

(2) [1] Hat der Entwurfsverfasser auf einzelnen Fachgebieten nicht die erforderliche Sachkunde und Erfahrung, so hat er den Bauherrn zu veranlassen, geeignete Fachplaner heranzuziehen. [2] Diese sind für die von ihnen gefertigten Unterlagen,

---

[1)] Art. 50 Abs. 2 Satz 2 geänd. mWv 1.1.2013 durch G v. 11.12.2012 (GVBl. S. 633); Abs. 1 Satz 2 neu gef., Sätze 3 und 4 eingef., bish. Satz 3 wird Satz 5 mWv 1.9.2018 durch G v. 10.7.2018 (GVBl. S. 523); Abs. 1 Satz 5 und Abs. 2 Satz 2 geänd. mWv 1.2.2021 durch G v. 23.12.2020 (GVBl. S. 663).

die sie zu unterzeichnen haben, verantwortlich. [3]Für das ordnungsgemäße Ineinandergreifen aller Fachplanungen bleibt der Entwurfsverfasser verantwortlich.

Art. 52[1)] Unternehmer. (1) [1]Jeder Unternehmer ist für die mit den öffentlich-rechtlichen Anforderungen übereinstimmende Ausführung der von ihm übernommenen Arbeiten und insoweit für die ordnungsgemäße Einrichtung und den sicheren Betrieb der Baustelle verantwortlich. [2]Erforderliche Nachweise und Unterlagen hat er zu erbringen und auf der Baustelle bereitzuhalten. [3]Werden Bauprodukte verwendet, die die CE-Kennzeichnung nach der Verordnung (EU) Nr. 305/2011 tragen, ist die Leistungserklärung bereitzuhalten.

(2) Jeder Unternehmer hat auf Verlangen der Bauaufsichtsbehörde für Arbeiten, bei denen die Sicherheit der Anlage in außergewöhnlichem Maße von der besonderen Sachkenntnis und Erfahrung des Unternehmers oder von einer Ausstattung des Unternehmens mit besonderen Vorrichtungen abhängt, nachzuweisen, dass er für diese Arbeiten geeignet ist und über die erforderlichen Vorrichtungen verfügt.

Fünfter Teil. Bauaufsichtsbehörden, Verfahren

Abschnitt I. Bauaufsichtsbehörden

Art. 53[2)] Aufbau und Zuständigkeit der Bauaufsichtsbehörden, Verordnungsermächtigung. (1) [1]Untere Bauaufsichtsbehörden sind die Kreisverwaltungsbehörden, höhere Bauaufsichtsbehörden sind die Regierungen, oberste Bauaufsichtsbehörde ist das Staatsministerium für Wohnen, Bau und Verkehr. [2]Für den Vollzug dieses Gesetzes sowie anderer öffentlich-rechtlicher Vorschriften für die Errichtung, Änderung, Nutzungsänderung und Beseitigung sowie die Nutzung und Instandhaltung von Anlagen ist die untere Bauaufsichtsbehörde zuständig, soweit nichts anderes bestimmt ist.

(2) [1]Das Staatsministerium für Wohnen, Bau und Verkehr überträgt leistungsfähigen kreisangehörigen Gemeinden auf Antrag durch Rechtsverordnung

1. alle Aufgaben der unteren Bauaufsichtsbehörde oder
2. Aufgaben der unteren Bauaufsichtsbehörde für
   a) Wohngebäude der Gebäudeklassen 1 bis 3,
   b) Gebäude der Gebäudeklassen 1 bis 3, die neben einer Wohnnutzung teilweise oder ausschließlich freiberuflich oder gewerblich im Sinn des § 13 der Baunutzungsverordnung (BauNVO) genutzt werden,

   einschließlich ihrer jeweiligen Nebengebäude und Nebenanlagen im Geltungsbereich von Bebauungsplänen im Sinn der §§ 12, 30 Abs. 1 und 2 BauGB.

[2]Das Staatsministerium für Wohnen, Bau und Verkehr kann die Rechtsverordnung nach Satz 1 auf Antrag der Gemeinde aufheben. [3]Die Rechtsverordnung ist aufzuheben, wenn die Voraussetzungen für ihren Erlass nach Satz 1 und Abs. 3 Sätze 1 bis 4 nicht vorgelegen haben oder nicht mehr vorliegen. [4]Werden Auf-

---

1) Art. 52 Abs. 1 Satz 2 neu gef., Satz 3 angef. mWv 1.9.2018 durch G v. 10.7.2018 (GVBl. S. 523).

2) Art. 53 Abs. 2 Satz 1 Nr. 2 abschl. Satzteil geänd. mWv 1.8.2009 durch G v. 27.7.2009 (GVBl. S. 385); Abs. 3 Sätze 2–4 neu gef. mWv 1.1.2012 durch G v. 20.12.2011 (GVBl. S. 689); Abs. 1 Satz 1, Abs. 2 Satz 1 einl. Satzteil und Satz 2 geänd. mWv 30.8.2014 durch V v. 22.7.2014 (GVBl. S. 286); Überschrift geänd. mWv 1.8.2017 durch G v. 12.7.2017 (GVBl. S. 375); Abs. 1 Satz 1, Abs. 2 Satz 1 einl. Satzteil und Satz 2 geänd. mWv 1.5.2019 durch V v. 26.3.2019 (GVBl. S. 98).

gaben der unteren Bauaufsichtsbehörde nach Satz 1 übertragen, ist für die Entscheidung über Anträge nach Art. 63 Abs. 2 Satz 2, Art. 64 Abs. 1 Satz 1, Art. 70 Satz 1 und Art. 71 Satz 1 als untere Bauaufsichtsbehörde diejenige Behörde zuständig, die zum Zeitpunkt des Eingangs des Antrags bei der Gemeinde zuständig war; das gilt entsprechend bei der Erhebung einer Gemeinde zur Großen Kreisstadt. [5]Die Aufhebung eines Verwaltungsakts der unteren Bauaufsichtsbehörde kann nicht allein deshalb beansprucht werden, weil er unter Verletzung von Vorschriften über die sachliche Zuständigkeit zustande gekommen ist, wenn diese Verletzung darauf beruht, dass eine sachliche Zuständigkeit nach Satz 1 Nr. 2 wegen Unwirksamkeit des zugrunde liegenden Bebauungsplans nicht begründet war; das gilt nicht, wenn zum Zeitpunkt der Entscheidung der unteren Bauaufsichtsbehörde die Unwirksamkeit des Bebauungsplans gemäß § 47 Abs. 5 Satz 2 der Verwaltungsgerichtsordnung (VwGO) rechtskräftig festgestellt war. [6]Art. 46 BayVwVfG bleibt unberührt.

(3) [1]Die Bauaufsichtsbehörden sind für ihre Aufgaben ausreichend mit geeigneten Fachkräften zu besetzen. [2]Den unteren Bauaufsichtsbehörden müssen

1. Beamte in der Fachlaufbahn Verwaltung und Finanzen, fachlicher Schwerpunkt nichttechnischer Verwaltungsdienst,
2. Beamte in der Fachlaufbahn Naturwissenschaft und Technik, fachlicher Schwerpunkt bautechnischer und umweltfachlicher Verwaltungsdienst, mit besonderen Kenntnissen im Hochbau oder Städtebau

angehören, die jeweils mindestens ein Amt der Besoldungsgruppe A 13 innehaben und für ein Amt ab der Besoldungsgruppe A 14 qualifiziert sind. [3]An Stelle von Beamten im Sinn des Satzes 2 Nr. 2 können auch Beamte, die mindestens ein Amt der Besoldungsgruppe A 9 in der Fachlaufbahn Naturwissenschaft und Technik, fachlicher Schwerpunkt bautechnischer und umweltfachlicher Verwaltungsdienst, innehaben und für ein Amt ab der Besoldungsgruppe A 10 qualifiziert sind, beschäftigt werden, wenn sie über eine langjährige Berufserfahrung im Aufgabenbereich des leitenden bautechnischen Mitarbeiters der unteren Bauaufsichtsbehörde verfügen und sich in diesem Aufgabenbereich bewährt haben; in begründeten Ausnahmefällen, insbesondere wenn geeignete Beamte des bautechnischen Verwaltungsdienstes nicht gewonnen werden können, dürfen an Stelle von Beamten auch vergleichbar qualifizierte Arbeitnehmer beschäftigt werden. [4]In Gemeinden, denen nach Abs. 2 Satz 1 Nr. 2 Aufgaben der unteren Bauaufsichtsbehörde übertragen worden sind, genügt es, dass an Stelle von Beamten im Sinn des Satzes 2 Nr. 1 Beamte, die mindestens ein Amt der Besoldungsgruppe A 9 in der Fachlaufbahn Verwaltung und Finanzen, fachlicher Schwerpunkt nichttechnischer Verwaltungsdienst, innehaben und für ein Amt ab der Besoldungsgruppe A 10 qualifiziert sind, an Stelle von Beamten im Sinn des Satzes 2 Nr. 2 auch sonstige Bedienstete, beschäftigt werden, die mindestens einen Fachhochschulabschluss der Fachrichtung Hochbau, Städtebau oder konstruktiver Ingenieurbau erworben haben. [5]Das bautechnische Personal und die notwendigen Hilfskräfte bei den Landratsämtern sind von den Landkreisen anzustellen.

Art. 54[1)] Aufgaben und Befugnisse der Bauaufsichtsbehörden. (1) Die Aufgaben der Bauaufsichtsbehörden sind Staatsaufgaben; für die Gemeinden sind sie übertragene Aufgaben.

[1)] Art. 54 Abs. 5 geänd. mWv 1.9.2018 durch G v. 10.7.2018 (GVBl. S. 523); Abs. 3 Satz 1 geänd. mWv 1.2.2021 durch G v. 23.12.2020 (GVBl. S. 663).

(2) [1]Die Bauaufsichtsbehörden haben bei der Errichtung, Änderung, Nutzungsänderung und Beseitigung sowie bei der Nutzung und Instandhaltung von Anlagen darüber zu wachen, dass die öffentlich-rechtlichen Vorschriften und die auf Grund dieser Vorschriften erlassenen Anordnungen eingehalten werden, soweit nicht andere Behörden zuständig sind. [2]Sie können in Wahrnehmung dieser Aufgaben die erforderlichen Maßnahmen treffen; sie sind berechtigt, die Vorlage von Bescheinigungen von Prüfsachverständigen zu verlangen. [3]Bauaufsichtliche Genehmigungen, Vorbescheide und sonstige Maßnahmen gelten auch für und gegen die Rechtsnachfolger; das gilt auch für Personen, die ein Besitzrecht nach Erteilung einer bauaufsichtlichen Genehmigung, eines Vorbescheids oder nach Erlass einer bauaufsichtlichen Maßnahme erlangt haben. [4]Die mit dem Vollzug dieses Gesetzes beauftragten Personen sind berechtigt, in Ausübung ihres Amtes Grundstücke und Anlagen einschließlich der Wohnungen zu betreten; das Grundrecht der Unverletzlichkeit der Wohnung (Art. 13 des Grundgesetzes, Art. 106 Abs. 3 der Verfassung) wird insoweit eingeschränkt.

(3) [1]Soweit die Vorschriften des Zweiten und des Dritten Teils mit Ausnahme der Art. 8 und 9 und die auf Grund dieses Gesetzes erlassenen Vorschriften nicht ausreichen, um die Anforderungen nach Art. 3 zu erfüllen, können die Bauaufsichtsbehörden im Einzelfall weitergehende Anforderungen stellen, um erhebliche Gefahren abzuwehren, bei Sonderbauten auch zur Abwehr von Nachteilen; dies gilt nicht für Sonderbauten, soweit für sie eine Rechtsverordnung nach Art. 80 Abs. 1 Nr. 4 erlassen worden ist. [2]Die Anforderungen des Satzes 1 Halbsatz 1 gelten nicht für Sonderbauten, wenn ihre Erfüllung wegen der besonderen Art oder Nutzung oder wegen anderer besonderer Anforderungen nicht erforderlich ist.

(4) Bei bestandsgeschützten baulichen Anlagen können Anforderungen gestellt werden, wenn das zur Abwehr von erheblichen Gefahren für Leben und Gesundheit notwendig ist.

(5) Werden bestehende bauliche Anlagen wesentlich geändert, so kann angeordnet werden, dass auch die von der Änderung nicht berührten Teile dieser baulichen Anlagen mit diesem Gesetz oder den auf Grund dieses Gesetzes erlassenen Vorschriften in Einklang gebracht werden, wenn das aus Gründen des Art. 3 Satz 1 erforderlich und dem Bauherrn wirtschaftlich zumutbar ist und diese Teile mit den Teilen, die geändert werden sollen, in einem konstruktiven Zusammenhang stehen oder mit ihnen unmittelbar verbunden sind.

(6) Bei Modernisierungsvorhaben soll von der Anwendung des Abs. 5 abgesehen werden, wenn sonst die Modernisierung erheblich erschwert würde.

Abschnitt II. Genehmigungspflicht, Genehmigungsfreiheit

Art. 55[1)] Grundsatz. (1) Die Errichtung, Änderung und Nutzungsänderung von Anlagen bedürfen der Baugenehmigung, soweit in Art. 56 bis 58, 72 und 73 nichts anderes bestimmt ist.

(2) Die Genehmigungsfreiheit nach Art. 56 bis 58, 72 und 73 Abs. 1 Satz 3, die Beschränkung der bauaufsichtlichen Prüfung nach Art. 59, 60, 62a Abs. 2, Art. 62b Abs. 2, Art. 73 Abs. 2 und Art. 73a sowie die Genehmigungsfiktion nach Art. 68 Abs. 2 entbinden nicht von der Verpflichtung zur Einhaltung der An-

[1)] Art. 55 Abs. 2 geänd. mWv 1.9.2018 durch G v. 10.7.2018 (GVBl. S. 523); Abs. 2 neu gef. mWv 1.2.2021 durch G v. 23.12.2020 (GVBl. S. 663).

forderungen, die durch öffentlich-rechtliche Vorschriften an Anlagen gestellt werden, und lassen die bauaufsichtlichen Eingriffsbefugnisse unberührt.

Art. 56[1)] **Vorrang anderer Gestattungsverfahren.** [1]Keiner Baugenehmigung, Abweichung, Genehmigungsfreistellung, Zustimmung und Bauüberwachung nach diesem Gesetz bedürfen

1. nach anderen Rechtsvorschriften zulassungsbedürftige Anlagen in oder an oberirdischen Gewässern und Anlagen, die dem Ausbau, der Unterhaltung oder der Benutzung eines Gewässers dienen oder als solche gelten, ausgenommen Gebäude, Überbrückungen, Lager-, Camping- und Wochenendplätze,
2. Anlagen, die einer Genehmigung nach dem Bayerischen Abgrabungsgesetz bedürfen,
3. nach anderen Rechtsvorschriften zulassungsbedürftige Anlagen für die öffentliche Versorgung mit Elektrizität, Gas, Wärme, Wasser und für die öffentliche Verwertung oder Entsorgung von Abwässern, ausgenommen oberirdische Anlagen mit einem Brutto-Rauminhalt von mehr als 100 m^3, Gebäude und Überbrückungen,
4. nichtöffentliche Eisenbahnen, nichtöffentliche Seilbahnen und sonstige Bahnen besonderer Bauart, auf die die Vorschriften über fliegende Bauten keine Anwendung finden, im Sinn des Bayerischen Eisenbahn- und Seilbahngesetzes (BayESG),
5. Werbeanlagen, soweit sie einer Ausnahmegenehmigung nach Straßenverkehrsrecht bedürfen,
6. Anlagen, die nach dem Kreislaufwirtschafts- und Abfallgesetz (KrW-/AbfG) einer Genehmigung bedürfen,
7. Beschneiungsanlagen nach Art. 35 des Bayerischen Wassergesetzes (BayWG),
8. Anlagen, die einer Gestattung nach Produktsicherheitsrecht bedürfen,
9. Anlagen, die einer Errichtungsgenehmigung nach dem Atomgesetz bedürfen,
10. Friedhöfe, die einer Genehmigung nach dem Bestattungsgesetz (BestG) bedürfen.

[2]Für Anlagen, bei denen ein anderes Gestattungsverfahren die Baugenehmigung, die Abweichung oder die Zustimmung einschließt oder die nach Satz 1 keiner Baugenehmigung, Abweichung oder Zustimmung bedürfen, nimmt die für den Vollzug der entsprechenden Rechtsvorschriften zuständige Behörde die Aufgaben und Befugnisse der Bauaufsichtsbehörde wahr. [3]Sie kann Prüfingenieure, Prüfämter und Prüfsachverständige in entsprechender Anwendung der Art. 62a Abs. 2, Art. 62b Abs. 2 und Art. 77 Abs. 2 sowie der auf Grund des Art. 80 Abs. 2 erlassenen Rechtsverordnung heranziehen; Art. 59 Satz 1, Art. 60 Satz 1, Art. 62, 62a Abs. 1 und 2 Satz 3 Nr. 2, Art. 62b Abs. 1, Art. 63 Abs. 1 Satz 3 und Art. 77 Abs. 2 Satz 3 gelten entsprechend.

[1)] Art. 56 Satz 1 Nr. 1 geänd. mWv 31.7.2008 durch G v. 22.7.2008 (GVBl. S. 479); Satz 2 geänd. mWv 1.8.2009 durch G v. 27.7.2009 (GVBl. S. 385); Satz 1 Nr. 7 geänd. mWv 1.3.2010 durch G v. 25.2.2010 (GVBl. S. 66); Satz 1 Nr. 2 und Nr. 8 geänd., Nr. 5 neu gef. mWv 1.1.2013 durch G v. 11.12. 2012 (GVBl. S. 633); Satz 3 geänd. mWv 1.9.2018 durch G v. 10.7.2018 (GVBl. S. 523); Satz 3 geänd. mWv 1.2.2021 durch G v. 23.12.2020 (GVBl. S. 663).

Art. 57[1)] Verfahrensfreie Bauvorhaben, Beseitigung von Anlagen.

(1) Verfahrensfrei sind

1. folgende Gebäude:
   a) Gebäude mit einem Brutto-Rauminhalt bis zu 75 m³, außer im Außenbereich,
   b) Garagen einschließlich überdachter Stellplätze im Sinn des Art. 6 Abs. 7 Satz 1 Nr. 1 mit einer Fläche bis zu 50 m², außer im Außenbereich,
   c) freistehende Gebäude ohne Feuerungsanlagen, die einem land- oder forstwirtschaftlichen Betrieb oder einem Betrieb der gartenbaulichen Erzeugung im Sinn der § 35 Abs. 1 Nrn. 1 und 2, § 201 BauGB dienen, nur eingeschossig und nicht unterkellert sind, höchstens 100 m² Brutto-Grundfläche und höchstens 140 m² überdachte Fläche haben und nur zur Unterbringung von Sachen oder zum vorübergehenden Schutz von Tieren bestimmt sind,
   d) Gewächshäuser mit einer Firsthöhe bis zu 5 m und nicht mehr als 1 600 m² Fläche, die einem land- oder forstwirtschaftlichen Betrieb oder einem Betrieb der gartenbaulichen Erzeugung im Sinn der § 35 Abs. 1 Nrn. 1 und 2, § 201 BauGB dienen,
   e) Fahrgastunterstände, die dem öffentlichen Personenverkehr oder der Schülerbeförderung dienen,
   f) Schutzhütten für Wanderer, die jedermann zugänglich sind und keine Aufenthaltsräume haben,
   g) Terrassenüberdachungen mit einer Fläche bis zu 30 m² und einer Tiefe bis zu 3 m,
   h) Gartenlauben in Kleingartenanlagen im Sinn des § 1 Abs. 1 des Bundeskleingartengesetzes (BKleingG) vom 28. Februar 1983 (BGBl I S. 210), zuletzt geändert durch Art. 11 des Gesetzes vom 19. September 2006 (BGBl I S. 2146),
2. folgende Anlagen der technischen Gebäudeausrüstung:
   a) Abgasanlagen in, auf und an Gebäuden sowie freistehende Abgasanlagen mit einer freien Höhe bis zu 10 m,
   b) sonstige Anlagen der technischen Gebäudeausrüstung,
3. folgende Energiegewinnungsanlagen:
   a) Solarenergieanlagen und Sonnenkollektoren

---

1) Art. 57 Abs. 1 Nr. 2 Buchst. b aufgeh., bish. Buchst. c wird Buchst. b, Nr. 3 eingef., bish. Nr. 3–10 werden Nr. 4–11, Nr. 12 eingef., bish. Nr. 11 und 12 werden Nr. 13 und 14, Nr. 15 eingef., bish. Nr. 13 und 14 werden Nr. 16 und 17, Abs. 2 Nr. 6 neu gef., Nr. 8 geänd., Nr. 9 angef., Abs. 3 Satz 1 und Abs. 5 Satz 3 geänd. mWv 1.8.2009 durch G v. 27.7.2009 (GVBl. S. 385); Abs. 1 Nr. 2 einl. Satzteil, Buchst. a geänd., Nr. 3 Buchst. a Doppelbuchst. aa neu gef., Buchst. b geänd., Buchst. c angef., Nr. 5 Buchst. a neu gef., Buchst. e geänd., Nr. 7 Buchst. a geänd., Buchst. c aufgeh., Nr. 11 Buchst. e geänd., Buchst. f angef., Nr. 12 aufgeh., bish. Nr. 13 wird Nr. 12, Buchst. g geänd., bish. Nr. 14–17 wird Nr. 13–16, Abs. 2 Nr. 6, Nr. 9 und Abs. 4 Nr. 1 geänd., Abs. 5 Sätze 3 und 4 neu gef., Satz 5 aufgeh., bish. Satz 6 wird Satz 5 mWv 1.1.2013 durch G v. 11.12.2012 (GVBl. S. 633); Abs. 1 Nr. 2 Buchst. a geänd., Nr. 5 Bucht. a neu gef., Nr. 16 Buchst. e eingef., bish. Buchst. 3 wird Buchst. f mWv 1.8.2017 durch G v. 12.7.2017 (GVBl. S. 375); Abs. 3 Satz 2, Abs. 4 Nr. 1, Abs. 5 Satz 3 geänd. mWv 1.9.2018 durch G v. 10.7.2018 (GVBl. S. 523); Abs. 1 Nr. 15 Buchst. c geänd. mWv 1.8.2019 durch G v. 24.7.2019 (GVBl. S. 408); Abs. 1 Nr. 1 Buchst. b, Nr. 5 Buchst. a Doppelbuchst. aa, Nr. 16 Buchst. a geänd., Buchst. b eingef., bish. Buchst. b–f wird Buchst. c–g, Abs. 5 Satz 5 geänd. mWv 1.2.2021 durch G v. 23.12.2020 (GVBl. S. 663).

aa) in, auf und an Dach- und Außenwandflächen sowie, soweit sie in, auf oder an einer bestehenden baulichen Anlage errichtet werden, die damit verbundene Änderung der Nutzung oder der äußeren Gestalt der Anlage,

bb) gebäudeunabhängig mit einer Höhe bis zu 3 m und einer Gesamtlänge bis zu 9 m,

b) Kleinwindkraftanlagen mit einer freien Höhe bis zu 10 m,

c) Blockheizkraftwerke,

4. folgende Anlagen der Versorgung:

a) Brunnen,

b) Anlagen, die der Telekommunikation, der öffentlichen Versorgung mit Elektrizität einschließlich Trafostationen, Gas, Öl oder Wärme dienen, mit einer Höhe bis zu 5 m und einer Fläche bis zu 10 m^2,

5. folgende Masten, Antennen und ähnliche Anlagen:

a) aa) Antennen und Antennen tragende Masten mit einer freien Höhe bis zu 10 m, im Außenbereich bis zu 15 m,

bb) zugehörige Versorgungseinheiten mit einem Brutto-Rauminhalt bis zu 10 m^3

sowie die mit solchen Vorhaben verbundene Änderung der Nutzung oder der äußeren Gestalt einer bestehenden baulichen Anlage,

b) Masten und Unterstützungen für Fernsprechleitungen, für Leitungen zur Versorgung mit Elektrizität, für Sirenen und für Fahnen,

c) Masten, die aus Gründen des Brauchtums errichtet werden,

d) Signalhochbauten für die Landesvermessung,

e) Flutlichtmasten mit einer freien Höhe bis zu 10 m,

6. folgende Behälter:

a) ortsfeste Behälter für Flüssiggas mit einem Fassungsvermögen von weniger als 3 t, für nicht verflüssigte Gase mit einem Rauminhalt bis zu 6 m^3,

b) ortsfeste Behälter für brennbare oder wassergefährdende Flüssigkeiten mit einem Rauminhalt bis zu 10 m^3,

c) ortsfeste Behälter sonstiger Art mit einem Rauminhalt bis zu 50 m^3,

d) Gülle- und Jauchebehälter und -gruben mit einem Rauminhalt bis zu 50 m^3 und einer Höhe bis zu 3 m,

e) Gärfutterbehälter mit einer Höhe bis zu 6 m und Schnitzelgruben,

f) Dungstätten, Fahrsilos, Kompost- und ähnliche Anlagen, ausgenommen Biomasselager für den Betrieb von Biogasanlagen,

g) Wasserbecken mit einem Beckeninhalt bis zu 100 m^3,

7. folgende Mauern und Einfriedungen:

a) Mauern einschließlich Stützmauern und Einfriedungen, Sichtschutzzäunen und Terrassentrennwänden mit einer Höhe bis zu 2 m, außer im Außenbereich,

b) offene, sockellose Einfriedungen im Außenbereich, soweit sie der Hoffläche eines landwirtschaftlichen Betriebs, der Weidewirtschaft einschließlich der Haltung geeigneter Schalenwildarten für Zwecke der Landwirtschaft, dem Erwerbsgartenbau oder dem Schutz von Forstkulturen und Wildgehegen zu Jagdzwecken oder dem Schutz landwirtschaftlicher Kulturen vor Schalenwild sowie der berufsmäßigen Binnenfischerei dienen,

8. private Verkehrsanlagen einschließlich Brücken und Durchlässen mit einer lichten Weite bis zu 5 m und Untertunnelungen mit einem Durchmesser bis zu 3 m,
9. Aufschüttungen mit einer Höhe bis zu 2 m und einer Fläche bis zu 500 m^2,
10. folgende Anlagen in Gärten und zur Freizeitgestaltung:
   a) Schwimmbecken mit einem Beckeninhalt bis zu 100 m^3 einschließlich dazugehöriger temporärer luftgetragener Überdachungen, außer im Außenbereich,
   b) Sprungschanzen, Sprungtürme und Rutschbahnen mit einer Höhe bis zu 10 m,
   c) Anlagen, die der zweckentsprechenden Einrichtung von Spiel-, Abenteuerspiel-, Bolz- und Sportplätzen, Reit- und Wanderwegen, Trimm- und Lehrpfaden dienen, ausgenommen Gebäude und Tribünen,
   d) Wohnwagen, Zelte und bauliche Anlagen, die keine Gebäude sind, auf Camping-, Zelt- und Wochenendplätzen,
   e) Anlagen, die der Gartennutzung, der Gartengestaltung oder der zweckentsprechenden Einrichtung von Gärten dienen, ausgenommen Gebäude und Einfriedungen,
11. folgende tragende und nichttragende Bauteile:
   a) nichttragende und nichtaussteifende Bauteile in baulichen Anlagen,
   b) die Änderung tragender oder aussteifender Bauteile innerhalb von Wohngebäuden,
   c) zur Errichtung einzelner Aufenthaltsräume, die zu Wohnzwecken genutzt werden, im Dachgeschoss überwiegend zu Wohnzwecken genutzter Gebäude, wenn die Dachkonstruktion und die äußere Gestalt des Gebäudes nicht in genehmigungspflichtiger Weise verändert werden,
   d) Fenster und Türen sowie die dafür bestimmten Öffnungen,
   e) Außenwandbekleidungen einschließlich Maßnahmen der Wärmedämmung, ausgenommen bei Hochhäusern, Verblendungen und Verputz baulicher Anlagen,
   f) Bedachungen einschließlich Maßnahmen der Wärmedämmung ausgenommen bei Hochhäusern,

   auch vor Fertigstellung der Anlage,
12. folgende Werbeanlagen:
   a) Werbeanlagen in Auslagen oder an Schaufenstern, im Übrigen mit einer Ansichtsfläche bis zu 1 m^2,
   b) Warenautomaten,
   c) Werbeanlagen, die nicht vom öffentlichen Verkehrsraum aus sichtbar sind,
   d) Werbeanlagen, die nach ihrem erkennbaren Zweck nur vorübergehend für höchstens zwei Monate angebracht werden, im Außenbereich nur, soweit sie einem Vorhaben im Sinn des § 35 Abs. 1 BauGB dienen,
   e) Zeichen, die auf abseits oder versteckt gelegene Stätten hinweisen (Hinweiszeichen), außer im Außenbereich,
   f) Schilder, die Inhaber und Art gewerblicher Betriebe kennzeichnen (Hinweisschilder), wenn sie vor Ortsdurchfahrten auf einer einzigen Tafel zusammengefasst sind,

g) Werbeanlagen in durch Bebauungsplan festgesetzten Gewerbe-, Industrie- und vergleichbaren Sondergebieten an der Stätte der Leistung, an und auf Flugplätzen, Sportanlagen, auf abgegrenzten Versammlungsstätten, Ausstellungs- und Messegeländen, soweit sie nicht in die freie Landschaft wirken, mit einer freien Höhe bis zu 10 m, sowie, soweit sie in, auf oder an einer bestehenden baulichen Anlage errichtet werden, die damit verbundene Änderung der Nutzung oder der äußeren Gestalt der Anlage,

13. folgende vorübergehend aufgestellte oder benutzbare Anlagen:
   a) Baustelleneinrichtungen einschließlich der Lagerhallen, Schutzhallen und Unterkünfte,
   b) Toilettenwagen,
   c) Behelfsbauten, die der Landesverteidigung, dem Katastrophenschutz oder der Unfallhilfe dienen,
   d) bauliche Anlagen, die für höchstens drei Monate auf genehmigtem Messe- und Ausstellungsgelände errichtet werden, ausgenommen fliegende Bauten,
   e) Verkaufsstände und andere bauliche Anlagen auf Straßenfesten, Volksfesten und Märkten, ausgenommen fliegende Bauten,
   f) Zeltlager, die nach ihrem erkennbaren Zweck gelegentlich, höchstens für zwei Monate errichtet werden,
14. Fahrgeschäfte mit einer Höhe bis zu 5 m, die für Kinder betrieben werden und eine Geschwindigkeit von höchstens 1 m/s haben,
15. folgende Plätze:
   a) Lager-, Abstell- und Ausstellungsplätze, die einem land- oder forstwirtschaftlichen Betrieb oder einem Betrieb der gartenbaulichen Erzeugung im Sinn der § 35 Abs. 1 Nrn. 1 und 2, § 201 BauGB dienen,
   b) nicht überdachte Stellplätze und sonstige Lager- und Abstellplätze mit einer Fläche bis zu 300 m^2 und deren Zufahrten, außer im Außenbereich,
   c) Kinderspielplätze im Sinn des Art. 7 Abs. 3 Satz 1,
   d) Freischankflächen bis zu 40 m^2 einschließlich einer damit verbundenen Nutzungsänderung einer Gaststätte oder einer Verkaufsstelle des Lebensmittelhandwerks,
16. folgende sonstige Anlagen:
   a) Fahrradabstellanlagen mit einer Fläche bis zu 50 m^2,
   b) Ladestationen für Elektrofahrzeuge mit einer Höhe bis zu 2 m, einer Breite bis zu 1 m und einer Tiefe bis zu 1 m,
   c) Zapfsäulen und Tankautomaten genehmigter Tankstellen,
   d) Regale mit einer Höhe bis zu 7,50 m Oberkante Lagergut,
   e) Grabdenkmale auf Friedhöfen, Feldkreuze, Denkmäler und sonstige Kunstwerke jeweils mit einer Höhe bis zu 4 m,
   f) transparente Wetterschutzeinrichtungen, die auf Masten mit einer Höhe bis zu 10 m befestigt werden und einem Betrieb der gartenbaulichen Erzeugung im Sinn von § 35 Abs. 1 Nr. 2 BauGB dienen,
   g) andere unbedeutende Anlagen oder unbedeutende Teile von Anlagen wie Hauseingangsüberdachungen, Markisen, Rollläden, Terrassen, Maschinenfundamente, Straßenfahrzeugwaagen, Pergolen, Jägerstände, Wildfütterungen, Bienenfreistände, Taubenhäuser, Hofeinfahrten und Teppichstangen.

(2) Unbeschadet des Abs. 1 sind verfahrensfrei

1. Garagen mit einer Nutzfläche bis zu 100 m² sowie überdachte Stellplätze,
2. Wochenendhäuser sowie Anlagen, die keine Gebäude sind, in durch Bebauungsplan festgesetzten Wochenendhausgebieten,
3. Anlagen in Dauerkleingärten im Sinn des § 1 Abs. 3 BKleingG,
4. Dachgauben und vergleichbare Dachaufbauten,
5. Mauern und Einfriedungen,
6. Werbeanlagen mit einer freien Höhe bis zu 10 m, sowie, soweit sie in, auf oder an einer bestehenden baulichen Anlage errichtet werden, die damit verbundene Änderung der Nutzung oder der äußeren Gestalt der Anlage,
7. Kinderspiel-, Bolz- und Abenteuerspielplätze,
8. Friedhöfe,
9. Solarenergieanlagen und Sonnenkollektoren sowie, soweit sie in, auf oder an einer bestehenden baulichen Anlage errichtet werden, die damit verbundene Änderung der Nutzung oder der äußeren Gestalt der Anlage

im Geltungsbereich einer städtebaulichen oder einer Satzung nach Art. 81, die Regelungen über die Zulässigkeit, den Standort und die Größe der Anlage enthält, wenn sie den Festsetzungen der Satzung entspricht.

(3) [1] Verfahrensfrei sind luftrechtlich zugelassenen Flugplätzen dienende Anlagen, ausgenommen Gebäude, die Sonderbauten sind. [2] Für nach Satz 1 verfahrensfreie Anlagen gelten die Art. 61 bis 62b entsprechend.

(4) Verfahrensfrei ist die Änderung der Nutzung von Anlagen, wenn

1. für die neue Nutzung keine anderen öffentlich-rechtlichen Anforderungen nach Art. 60 Satz 1 und Art. 62 bis 62b als für die bisherige Nutzung in Betracht kommen oder
2. die Errichtung oder Änderung der Anlagen nach Abs. 1 und 2 verfahrensfrei wäre.

(5) [1] Verfahrensfrei ist die Beseitigung von

1. Anlagen nach Abs. 1 bis 3,
2. freistehenden Gebäuden der Gebäudeklassen 1 und 3,
3. sonstigen Anlagen, die keine Gebäude sind, mit einer Höhe bis zu 10 m.

[2] Im Übrigen ist die beabsichtigte Beseitigung von Anlagen mindestens einen Monat zuvor der Gemeinde und der Bauaufsichtsbehörde anzuzeigen. [3] Bei nicht freistehenden Gebäuden muss durch einen qualifizierten Tragwerksplaner im Sinn des Art. 62a Abs. 1 beurteilt und im erforderlichen Umfang nachgewiesen werden, dass das Gebäude oder die Gebäude, an die das zu beseitigende Gebäude angebaut ist, während und nach der Beseitigung standsicher sind; die Beseitigung ist, soweit notwendig, durch den qualifizierten Tragwerksplaner zu überwachen. [4] Satz 3 gilt nicht, soweit an verfahrensfreie Gebäude angebaut ist. [5] Art. 68 Abs. 6 Nr. 3 und Abs. 8 gelten entsprechend.

(6) Verfahrensfrei sind Instandhaltungsarbeiten.

Art. 58[1)] Genehmigungsfreistellung. (1) [1]Die Errichtung, Änderung und Nutzungsänderung einer baulichen Anlage, die kein Sonderbau ist, ist genehmigungsfrei gestellt, wenn

1. sie im Geltungsbereich eines Bebauungsplans im Sinn des § 30 Abs. 1 oder der §§ 12, 30 Abs. 2 BauGB liegt,
2. sie den Festsetzungen des Bebauungsplans und den Regelungen örtlicher Bauvorschriften im Sinn des Art. 81 Abs. 1 nicht widerspricht,
3. die Erschließung im Sinn des Baugesetzbuchs gesichert ist,
4. sie nicht die Errichtung, Änderung oder Nutzungsänderung baulicher Anlagen betrifft,
   a) durch die dem Wohnen dienende Nutzungseinheiten mit einer Größe von insgesamt mehr als 5 000 m² Bruttogrundfläche geschaffen werden oder
   b) die öffentlich zugänglich sind und der gleichzeitigen Nutzung durch mehr als 100 Personen dienen und die Vorhaben den angemessenen Sicherheitsabstand im Sinn des Art. 13 Abs. 2 Buchst. a der Richtlinie 2012/18/EU zu einem Betriebsbereich nicht einhalten und
5. die Gemeinde nicht innerhalb der Frist nach Abs. 3 Satz 3 erklärt, dass das vereinfachte Baugenehmigungsverfahren durchgeführt werden soll, oder eine vorläufige Untersagung nach § 15 Abs. 1 Satz 2 BauGB beantragt.

[2]Die Gemeinde kann durch örtliche Bauvorschrift im Sinn des Art. 81 Abs. 2 die Anwendung dieser Vorschrift auf bestimmte handwerkliche und gewerbliche Bauvorhaben ausschließen.

(2) [1]Genehmigungsfrei gestellt ist die Änderung und Nutzungsänderung von Dachgeschossen zu Wohnzwecken einschließlich der Errichtung von Dachgauben im Anwendungsbereich des § 34 Abs. 1 Satz 1 BauGB. [2]Abs. 1 Satz 1 Nr. 3 und 5 gilt entsprechend

(3) [1]Der Bauherr hat die erforderlichen Unterlagen bei der Gemeinde einzureichen; die Gemeinde legt, soweit sie nicht selbst Bauaufsichtsbehörde ist, eine Fertigung der Unterlagen unverzüglich der unteren Bauaufsichtsbehörde vor. [2]Spätestens mit der Vorlage bei der Gemeinde benachrichtigt der Bauherr die Eigentümer der benachbarten Grundstücke von dem Bauvorhaben. [3]Ist ein zu benachrichtigender Eigentümer nur unter Schwierigkeiten zu ermitteln oder zu benachrichtigen, so genügt die Benachrichtigung des unmittelbaren Besitzers. [4]Art. 66 Abs. 1 Satz 1 und 2 und Abs. 3 gilt entsprechend. [5]Mit dem Bauvorhaben darf einen Monat nach Vorlage der erforderlichen Unterlagen bei der Gemeinde begonnen werden. [6]Teilt die Gemeinde dem Bauherrn vor Ablauf der Frist schriftlich mit, dass kein Genehmigungsverfahren durchgeführt werden soll und sie eine Untersagung nach § 15 Abs. 1 Satz 2 BauGB nicht beantragen wird, darf der Bauherr mit der Ausführung des Bauvorhabens beginnen; von der Mitteilung nach Halbsatz 1 hat die Gemeinde die Bauaufsichtsbehörde zu unterrichten. [7]Will der Bauherr mit der Ausführung des Bauvorhabens mehr als vier Jahre, nachdem die Bauausführung nach den Sätzen 5 und 6 zulässig geworden ist, beginnen, gelten die Sätze 1 bis 6 entsprechend.

[1)] Art. 58 Abs. 2 Nr. 3 geänd., Nr. 4 eingef., bish. Nr. 4 wird Nr. 5 mWv 1.8.2017 durch G v. 12.7.2017 (GVBl. S. 375); Abs. 4 Satz 1 und Abs. 5 Satz 1 geänd. mWv 1.9.2018 durch G v. 10.7.2018 (GVBl. S. 523); Abs. 1 und 2 neu gef., Abs. 3 Satz 2 geänd., Sätze 3 und 4 eingef., bish. Sätze 3 und 4 werden Sätze 5 und 6, bish. Satz 6 wird Satz 7 und geänd., Abs. 4 Satz 1 geänd., Satz 3 aufgeh., bish. Satz 4 wird Satz 3 und geänd., Abs. 5 Satz 2 geänd. mWv 1.2.2021 durch G v. 23.12.2020 (GVBl. S. 663).

(4) [1]Die Erklärung der Gemeinde nach Abs. 1 Satz 1 Nr. 5 Alternative 1 kann insbesondere deshalb erfolgen, weil sie eine Überprüfung der sonstigen Voraussetzungen des Abs. 2 oder des Bauvorhabens aus anderen Gründen für erforderlich hält. [2]Darauf, dass die Gemeinde von ihrer Erklärungsmöglichkeit keinen Gebrauch macht, besteht kein Rechtsanspruch. [3]Hat der Bauherr bei der Vorlage der Unterlagen bestimmt, dass seine Vorlage im Fall der Erklärung nach Abs. 1 Nr. 5 als Bauantrag zu behandeln ist, leitet sie die Unterlagen gleichzeitig mit der Erklärung an die Bauaufsichtsbehörde weiter.

(5) [1]Die Art. 62 bis 62b bleiben unberührt. [2]Art. 64 Abs. 2 Satz 1, Abs. 4 Sätze 1 und 2, Art. 68 Abs. 6 Nr. 2 und 3, Abs. 6 und 7 sind entsprechend anzuwenden.

Abschnitt III. Genehmigungsverfahren

Art. 59[1)] **Vereinfachtes Baugenehmigungsverfahren.** [1]Außer bei Sonderbauten prüft die Bauaufsichtsbehörde

1. die Übereinstimmung mit
   a) den Vorschriften über die Zulässigkeit der baulichen Anlagen nach den §§ 29 bis 38 BauGB,
   b) den Vorschriften über Abstandsflächen nach Art. 6,
   c) den Regelungen örtlicher Bauvorschriften im Sinn des Art. 81 Abs. 1,
2. beantragte Abweichungen im Sinn des Art. 63 Abs. 1 und Abs. 2 Satz 2 sowie
3. andere öffentlich-rechtliche Anforderungen, soweit wegen der Baugenehmigung eine Entscheidung nach anderen öffentlich-rechtlichen Vorschriften entfällt, ersetzt oder eingeschlossen wird.

[2]Die Art. 62 bis 62b bleiben unberührt.

Art. 60[2)] **Baugenehmigungsverfahren.** [1]Bei Sonderbauten prüft die Bauaufsichtsbehörde

1. die Übereinstimmung mit den Vorschriften über die Zulässigkeit der baulichen Anlagen nach den §§ 29 bis 38 BauGB,
2. Anforderungen nach den Vorschriften dieses Gesetzes und auf Grund dieses Gesetzes,
3. andere öffentlich-rechtliche Anforderungen, soweit wegen der Baugenehmigung eine Entscheidung nach anderen öffentlich-rechtlichen Vorschriften entfällt, ersetzt oder eingeschlossen wird.

[2]Die Art. 62 bis 62b bleiben unberührt.

Art. 61[3)] **Bauvorlageberechtigung.** (1) Bauvorlagen für die nicht verfahrensfreie Errichtung und Änderung von Gebäuden müssen von einem Entwurfsverfasser erstellt sein, der bauvorlageberechtigt ist.

[1)] Art. 59 Satz 1 Nr. 1 neu gef., Satz 2 geänd. mWv 1.9.2018 durch G v. 10.7.2018 (GVBl. S. 523).

[2)] Art. 60 Satz 1 einl. Satzteil geänd. mWv 1.8.2009 durch G v. 27.7.2009 (GVBl. S. 385); Satz 2 geänd. mWv 1.9.2018 durch G v. 10.7.2018 (GVBl. S. 523).

[3)] Art. 61 neu gef. mWv 1.8.2009 durch G v. 27.7.2009 (GVBl. S. 385); Abs. 4 Nr. 2 geänd. mWv 1.1.2012 durch G v. 20.12.2011 (GVBl. S. 689); Abs. 2 Nr. 2 geänd., Abs. 3 Satz 3 aufgeh., Abs. 4 Nr. 3 und Abs. 5 Nr. 1 geänd. mWv 1.1.2013 durch G v. 11.12.2012 (GVBl. S. 633); Abs. 4 Nr. 6 geänd. mWv 30.8.2014 durch V v. 22.7.2014 (GVBl. S. 286); Abs. 4 Nr. 3, 5 und 6, Abs. 5 Satz 2 geänd. mWv 1.9.2018 durch G v. 10.7.2018 (GVBl. S. 523); Abs. 4 Nr. 6 geänd. mWv 1.5.2019 durch V v. 26.3.2019 (GVBl. S. 98); Abs. 1 und Abs. 9 Satz 1 geänd. mWv 1.2.2021 durch G v. 23.12.2020 (GVBl. S. 663).

(2) Bauvorlageberechtigt ist, wer

1. die Berufsbezeichnung „Architektin“ oder „Architekt“ führen darf,
2. in die von der Bayerischen Ingenieurekammer-Bau geführte Liste der bauvorlageberechtigten Ingenieure eingetragen ist; vergleichbare Eintragungen anderer Länder gelten auch im Freistaat Bayern.

(3) [1]Bauvorlageberechtigt sind ferner die Angehörigen der Fachrichtungen Architektur, Hochbau oder Bauingenieurwesen, die nach dem Ingenieurgesetz die Berufsbezeichnung „Ingenieurin“ oder „Ingenieur“ führen dürfen, sowie die staatlich geprüften Techniker der Fachrichtung Bautechnik und die Handwerksmeister des Maurer- und Betonbauer- sowie des Zimmererfachs für

1. freistehende oder nur einseitig angebaute oder anbaubare Wohngebäude der Gebäudeklassen 1 bis 3 mit nicht mehr als drei Wohnungen,
2. eingeschossige gewerblich genutzte Gebäude mit freien Stützweiten von nicht mehr als 12 m und nicht mehr als 250 m^2,
3. land- oder forstwirtschaftlich genutzte Gebäude,
4. Kleingaragen im Sinn der Rechtsverordnung nach Art. 80 Abs. 1 Satz 1 Nr. 3,
5. einfache Änderungen von sonstigen Gebäuden.

[2]Staatsangehörige eines anderen Mitgliedstaates der Europäischen Union oder eines nach dem Recht der Europäischen Gemeinschaft gleichgestellten Staates sind im Sinn des Satzes 1 bauvorlageberechtigt, wenn sie eine vergleichbare Berechtigung besitzen und dafür den staatlich geprüften Technikern der Fachrichtung Bautechnik oder den Handwerksmeistern des Maurer- und Betonbauer- sowie des Zimmererfachs vergleichbare Anforderungen erfüllen mussten.

(4) Bauvorlageberechtigt ist ferner, wer

1. unter Beschränkung auf sein Fachgebiet Bauvorlagen aufstellt, die üblicherweise von Fachkräften mit einer anderen Ausbildung als sie die in Abs. 2 genannten Personen haben, aufgestellt werden,
2. für ein Amt ab der Besoldungsgruppe A 10 in der Fachlaufbahn Naturwissenschaft und Technik, fachlicher Schwerpunkt bautechnischer und umweltfachlicher Verwaltungsdienst, qualifiziert ist, für seine Tätigkeit für seinen Dienstherrn,
3. einen berufsqualifizierenden Hochschulabschluss eines Studiums der Fachrichtung Architektur, Hochbau (Art. 49 Abs. 1 der Richtlinie 2005/36/EG) oder Bauingenieurwesen nachweist, danach mindestens zwei Jahre auf dem Gebiet der Entwurfsplanung von Gebäuden praktisch tätig gewesen ist und Bedienstete oder Bediensteter einer juristischen Person des öffentlichen Rechts ist, für die dienstliche Tätigkeit,
4. die Berufsbezeichnung „Innenarchitektin“ oder „Innenarchitekt“ führen darf, für die mit der Berufsaufgabe verbundenen baulichen Änderungen von Gebäuden,
5. Ingenieurin oder Ingenieur der Fachrichtung Innenausbau ist und eine praktische Tätigkeit in dieser Fachrichtung von mindestens zwei Jahren ausgeübt hat, für die Planung von Innenräumen und die damit verbundenen baulichen Änderungen von Gebäuden; Abs. 3 Satz 2 gilt entsprechend,

6. einen Studiengang der Fachrichtung Holzbau und Ausbau, den das Staatsministerium für Wohnen, Bau und Verkehr als gleichwertig mit einer Ausbildung nach Abs. 3 einschließlich der Anforderungen auf Grund der Rechtsverordnung nach Art. 80 Abs. 3 anerkannt hat, erfolgreich abgeschlossen hat, für die Bauvorhaben nach Abs. 3, sofern sie in Holzbauweise errichtet werden; Abs. 3 Satz 2 gilt entsprechend.

(5) [1] In die Liste der bauvorlageberechtigten Ingenieure nach Abs. 2 Nr. 2 ist auf Antrag von der Bayerischen Ingenieurekammer-Bau einzutragen, wer

1. auf Grund eines Studiums des Bauingenieurwesens die Voraussetzungen zur Führung der Berufsbezeichnung „Ingenieur“ oder „Ingenieurin“ nach dem Gesetz zum Schutze der Berufsbezeichnung „Ingenieur“ und „Ingenieurin“ – Ingenieurgesetz – IngG – (BayRS 702-2-W) in der jeweils geltenden Fassung, erfüllt oder einen berufsqualifizierenden Hochschulabschluss eines Studiums der Fachrichtung Hochbau (Art. 49 Abs. 1 der Richtlinie 2005/36/EG) nachweist und
2. danach mindestens zwei Jahre auf dem Gebiet der Entwurfsplanung von Gebäuden praktisch tätig gewesen ist.

[2] Art. 7 des Baukammerngesetzes (BauKaG) gilt entsprechend. [3] Dem Antrag sind die zur Beurteilung erforderlichen Unterlagen beizufügen. [4] Hat die Bayerische Ingenieurekammer-Bau nicht innerhalb der in Art. 42a BayVwVfG festgelegten Frist entschieden, gilt der Antrag als genehmigt.

(6) [1] Personen, die in einem anderen Mitgliedstaat der Europäischen Union oder einem nach dem Recht der Europäischen Gemeinschaft gleichgestellten Staat als Bauvorlageberechtigte niedergelassen sind, sind ohne Eintragung in die Liste nach Abs. 2 Nr. 2 bauvorlageberechtigt, wenn sie

1. eine vergleichbare Berechtigung besitzen und
2. dafür dem Abs. 5 Satz 1 Nrn. 1 und 2 vergleichbare Anforderungen erfüllen mussten.

[2] Sie haben das erstmalige Tätigwerden als Bauvorlageberechtigter vorher der Bayerischen Ingenieurekammer-Bau anzuzeigen und dabei

1. eine Bescheinigung darüber, dass sie in einem Mitgliedstaat der Europäischen Union oder einem nach dem Recht der Europäischen Gemeinschaft gleichgestellten Staat rechtmäßig als Bauvorlageberechtigte niedergelassen sind und ihnen die Ausübung dieser Tätigkeiten zum Zeitpunkt der Vorlage der Bescheinigung nicht, auch nicht vorübergehend, untersagt ist, und
2. einen Nachweis darüber, dass sie im Staat ihrer Niederlassung für die Tätigkeit als Bauvorlageberechtigter mindestens die Voraussetzungen des Abs. 6 Satz 1 Nrn. 1 und 2 erfüllen mussten,

vorzulegen; sie sind in einem Verzeichnis zu führen. [3] Die Bayerische Ingenieurekammer-Bau hat auf Antrag des Bauvorlageberechtigten zu bestätigen, dass die Anzeige nach Satz 2 erfolgt ist; sie kann das Tätigwerden als Bauvorlageberechtigter untersagen und die Eintragung in dem Verzeichnis nach Satz 2 löschen, wenn die Voraussetzungen des Satzes 1 nicht erfüllt sind.

(7) [1] Personen, die in einem anderen Mitgliedstaat der Europäischen Union oder einem nach dem Recht der Europäischen Gemeinschaft gleichgestellten Staat als Bauvorlageberechtigte niedergelassen sind, ohne dass die Voraussetzung für die Vergleichbarkeit im Sinn des Abs. 6 Satz 1 Nr. 2 erfüllt ist, sind bau-

vorlageberechtigt, wenn ihnen die Bayerische Ingenieurekammer-Bau bescheinigt hat, dass sie die Anforderungen des Abs. 5 Satz 1 Nrn. 1 und 2 tatsächlich erfüllen; sie sind in einem Verzeichnis zu führen. [2]Die Bescheinigung wird auf Antrag erteilt. [3]Abs. 5 Sätze 3 und 4 sind entsprechend anzuwenden.

(8) [1]Anzeigen und Bescheinigungen nach den Abs. 6 und 7 sind nicht erforderlich, wenn bereits in einem anderen Land eine Anzeige erfolgt ist oder eine Bescheinigung erteilt wurde; eine weitere Eintragung in die von der Bayerischen Ingenieurekammer-Bau geführten Verzeichnisse erfolgt nicht. [2]Verfahren nach den Abs. 5 bis 7 können über die einheitliche Stelle nach den Vorschriften des Bayerischen Verwaltungsverfahrensgesetzes abgewickelt werden.

(9) [1]Unternehmen dürfen Bauvorlagen als Entwurfsverfasser erstellen, wenn dies unter der Leitung eines Bauvorlageberechtigten nach den Abs. 2 bis 4, 6 und 7 erfolgt. [2]Auf den Bauvorlagen ist der Name des Bauvorlageberechtigten anzugeben.

(10) Für Bauvorlageberechtigte, die weder Mitglied der Bayerischen Architektenkammer noch der Bayerischen Ingenieurekammer-Bau sind, gilt Art. 24 Abs. 1 Satz 2 Nr. 4 BauKaG[1)] entsprechend.

Art. 62[2)] Bautechnische Nachweise. (1) [1]Die Einhaltung der Anforderungen an die Standsicherheit, den Brand-, Schall- und Erschütterungsschutz ist nach Maßgabe der Rechtsverordnung auf Grund des Art. 80 Abs. 4 nachzuweisen (bautechnische Nachweise). [2]Bautechnische Nachweise sind nicht erforderlich für verfahrensfreie Bauvorhaben. [3]Art. 57 Abs. 5 Satz 2 bis 5 und Regelungen auf Grund des Art. 80 Abs. 4 bleiben unberührt. [4]Werden bautechnische Nachweise durch einen Prüfsachverständigen bescheinigt, gelten die entsprechenden Anforderungen auch in den Fällen des Art. 63 als eingehalten.

(2) Die Bauvorlageberechtigung nach Art. 61 Abs. 2, 3 und 4 Nr. 2 bis 6 berechtigt zur Erstellung bautechnischer Nachweise, soweit die Art. 62a und 62b nichts Abweichendes bestimmen.

(3) [1]Tragwerksplaner nach Art. 62a Abs. 1 und Brandschutzplaner nach Art. 62b Abs. 1 Nr. 3 sind in eine von der Bayerischen Architektenkammer oder der Bayerischen Ingenieurekammer-Bau zu führende Liste einzutragen. [2]Vergleichbare Berechtigungen anderer Länder gelten auch im Freistaat Bayern. [3]Für Personen, die in einem anderen Mitgliedstaat der Europäischen Union oder einem nach dem Recht der Europäischen Gemeinschaft gleichgestellten Staat zur Erstellung von Standsicherheits- oder Brandschutznachweisen niedergelassen sind, gilt Art. 61 Abs. 6 bis 8 mit der Maßgabe entsprechend, dass die Anzeige oder der Antrag auf Erteilung einer Bescheinigung bei der zuständigen Bayerischen Architektenkammer oder der Bayerischen Ingenieurekammer-Bau einzureichen ist. [4]Art. 61 Abs. 10 ist anzuwenden.

[1)] Nr. **40**.
[2)] Art. 62 neu gef. mWv 1.9.2018 durch G v. 10.7.2018 (GVBl. S. 523); Abs. 1 Satz 1 geänd. mWv 1.2.2021 durch G v. 23.12.2020 (GVBl. S. 663).

Art. 62a[1] **Standsicherheitsnachweis.** (1) Bei Gebäuden der Gebäudeklassen 1 bis 3 und bei sonstigen baulichen Anlagen, die keine Gebäude sind, muss der Standsicherheitsnachweis erstellt sein

1. von Personen mit einem berufsqualifizierenden Hochschulabschluss eines Studiums der Fachrichtung Architektur, Hochbau (Art. 49 Abs. 1 der Richtlinie 2005/36/EG) oder des Bauingenieurwesens mit einer mindestens dreijährigen Berufserfahrung in der Tragwerksplanung oder
2. im Rahmen ihrer Bauvorlageberechtigung von
   a) staatlich geprüften Technikern der Fachrichtung Bautechnik und Handwerksmeistern des Maurer- und Betonbauer- sowie des Zimmererfachs (Art. 61 Abs. 3), wenn sie mindestens drei Jahre zusammenhängende Berufserfahrung nachweisen und die durch Rechtsverordnung gemäß Art. 80 Abs. 3 näher bestimmte Zusatzqualifikation besitzen oder
   b) Bauvorlageberechtigten nach Art. 61 Abs. 4 Nr. 6.

(2) [1] Der Standsicherheitsnachweis muss durch einen Prüfsachverständigen bescheinigt sein bei

1. Gebäuden der Gebäudeklassen 4 und 5 sowie
2. Gebäuden der Gebäudeklassen 1 bis 3, bei Behältern, Brücken, Stützmauern, Tribünen und bei sonstigen baulichen Anlagen mit einer freien Höhe von mehr als 10 m, die keine Gebäude sind, wenn dies nach Maßgabe eines in der Rechtsverordnung nach Art. 80 Abs. 4 geregelten Kriterienkatalogs erforderlich ist.

[2] Bei baulichen Anlagen nach Satz 1, die Sonderbauten sind, muss der Standsicherheitsnachweis durch die Bauaufsichtsbehörde, einen Prüfingenieur oder ein Prüfamt geprüft sein. [3] Einer Bescheinigung oder Prüfung bedarf es nicht

1. für Wohngebäude der Gebäudeklassen 1 und 2 sowie für oberirdische eingeschossige Gebäude mit freien Stützweiten von nicht mehr als 12 m und nicht mehr als 1 600 m², die nicht oder nur zum vorübergehenden Aufenthalt einzelner Personen bestimmt sind, sowie
2. für Bauvorhaben oder deren Teile, für die Standsicherheitsnachweise vorliegen, die von einem Prüfamt oder der zuständigen Stelle eines anderen Landes allgemein geprüft sind (Typenprüfung).

[4] Im Übrigen wird der Standsicherheitsnachweis nicht geprüft.

Art. 62b[2] **Brandschutznachweis.** (1) Der Brandschutznachweis muss erstellt sein von Personen, die

1. für das Bauvorhaben bauvorlageberechtigt sind,
2. zur Bescheinigung von Brandschutznachweisen befugt sind oder
3. nach Abschluss der Ausbildung mindestens zwei Jahre auf dem Gebiet der brandschutztechnischen Planung und Ausführung von Gebäuden oder deren Prüfung praktisch tätig gewesen sind und die erforderlichen Kenntnisse des Brandschutzes nachgewiesen haben

---

[1] Art. 62a eingef. mWv 1.9.2018 durch G v. 10.7.2018 (GVBl. S. 523); Abs. 2 Satz 3 einl. Satzteil neu gef., Nr. 2 geänd. mWv 1.2.2021 durch G v. 23.12.2020 (GVBl. S. 663).

[2] Art. 62b eingef. mWv 1.9.2018 durch G v. 10.7.2018 (GVBl. S. 523); Abs. 2 Satz 1 Nr. 2 geänd. mWv 1.2.2021 durch G v. 23.12.2020 (GVBl. S. 663).

a) als Angehöriger eines Studiengangs der Fachrichtung Architektur, Hochbau (Art. 49 Abs. 1 der Richtlinie 2005/36/EG), Bauingenieurwesen oder eines Studiengangs mit Schwerpunkt Brandschutz, der ein Studium an einer deutschen Hochschule oder ein gleichwertiges Studium an einer ausländischen Hochschule abgeschlossen hat, oder

b) als Absolvent einer Ausbildung für Ämter mit Einstieg in der dritten und vierten Qualifikationsebene in der Fachlaufbahn Naturwissenschaft und Technik, Schwerpunkt feuerwehrtechnischer Dienst.

(2) [1] Der Brandschutznachweis muss durch einen Prüfsachverständigen für Brandschutz bescheinigt sein oder wird bauaufsichtlich geprüft bei

1. Sonderbauten,
2. Mittel- und Großgaragen im Sinn der Rechtsverordnung nach Art. 80 Abs. 1 Satz 1 Nr. 3,
3. Gebäuden der Gebäudeklasse 5.

[2] Im Übrigen wird der Brandschutznachweis nicht geprüft.

Art. 63[1)] Abweichungen. (1) [1] Die Bauaufsichtsbehörde kann Abweichungen von Anforderungen dieses Gesetzes und auf Grund dieses Gesetzes erlassener Vorschriften zulassen, wenn sie unter Berücksichtigung des Zwecks der jeweiligen Anforderung und unter Würdigung der öffentlich-rechtlich geschützten nachbarlichen Belange mit den öffentlichen Belangen, insbesondere den Anforderungen des Art. 3 Satz 1 vereinbar sind; Art. 81a Abs. 1 Satz 2 bleibt unberührt. [2] Von den Anforderungen des Art. 6 sollen Abweichungen insbesondere zugelassen werden, wenn ein rechtmäßig errichtetes Gebäude durch ein Wohngebäude höchstens gleicher Abmessung und Gestalt ersetzt wird. [3] Der Zulassung einer Abweichung bedarf es nicht, wenn bautechnische Nachweise durch einen Prüfsachverständigen bescheinigt werden oder in den Fällen des Abs. 2 Satz 2 Halbsatz 1 das Vorliegen der Voraussetzung für eine Abweichung durch ihn bescheinigt wird.

(2) [1] Die Zulassung von Abweichungen nach Abs. 1 Satz 1, von Ausnahmen und Befreiungen von den Festsetzungen eines Bebauungsplans, einer sonstigen städtebaulichen Satzung oder von Regelungen der Baunutzungsverordnung ist gesondert schriftlich zu beantragen; der Antrag ist zu begründen. [2] Für Anlagen, die keiner Genehmigung bedürfen, sowie für Abweichungen von Vorschriften, die im Genehmigungsverfahren nicht geprüft werden, gilt Satz 1 entsprechend; bei Bauvorhaben, die einer Genehmigung bedürfen, ist der Abweichungsantrag mit dem Bauantrag zu stellen.

(3) [1] Über Abweichungen nach Abs. 1 Satz 1 von örtlichen Bauvorschriften sowie über Ausnahmen und Befreiungen nach Abs. 2 Satz 1 entscheidet bei verfahrensfreien Bauvorhaben die Gemeinde nach Maßgabe der Abs. 1 und 2. [2] Im Übrigen lässt die Bauaufsichtsbehörde Abweichungen von örtlichen Bauvorschriften im Einvernehmen mit der Gemeinde zu; § 36 Abs. 2 Satz 2 BauGB gilt entsprechend.

[1)] Art. 63 Abs. 2 Sätze 1 und 2 geänd., Satz 2 Halbs. 2 angef. mWv 1.8.2009 durch G v. 27.7.2009 (GVBl. S. 385); Abs. 1 Sätze 1 und 2 geänd. mWv 1.9.2018 durch G v. 10.7.2018 (GVBl. S. 523); Abs. 1 Satz 2 eingef., bish. Satz 2 wird Satz 3 mWv 1.2.2021 durch G v. 23.12.2020 (GVBl. S. 663).

Art. 64[1)] Bauantrag, Bauvorlagen. (1) [1] Der Bauantrag ist schriftlich bei der Gemeinde einzureichen. [2] Diese legt ihn, sofern sie nicht selbst zur Entscheidung zuständig ist, mit ihrer Stellungnahme unverzüglich bei der Bauaufsichtsbehörde vor. [3] Die Gemeinden können die Ergänzung oder Berichtigung unvollständiger oder unrichtiger Bauanträge verlangen.

(2) [1] Mit dem Bauantrag sind alle für die Beurteilung des Bauvorhabens und die Bearbeitung des Bauantrags erforderlichen Unterlagen (Bauvorlagen) einzureichen. [2] Es kann gestattet werden, dass einzelne Bauvorlagen nachgereicht werden.

(3) In besonderen Fällen kann zur Beurteilung der Einwirkung des Bauvorhabens auf die Umgebung verlangt werden, dass es in geeigneter Weise auf dem Baugrundstück dargestellt wird.

(4) [1] Der Bauherr und der Entwurfsverfasser haben den Bauantrag und die Bauvorlagen zu unterschreiben. [2] Soweit der Eigentümer oder der Erbbauberechtigte dem Bauvorhaben zugestimmt hat, ist er verpflichtet, bauaufsichtliche Maßnahmen zu dulden, die aus Nebenbestimmungen der Baugenehmigung herrühren.

Art. 65[2)] Behandlung des Bauantrags. (1) [1] Die Bauaufsichtsbehörde hört zum Bauantrag diejenigen Stellen,

1. deren Beteiligung oder Anhörung für die Entscheidung über den Bauantrag durch Rechtsvorschrift vorgeschrieben ist, oder
2. ohne deren Stellungnahme die Genehmigungsfähigkeit des Bauantrags nicht beurteilt werden kann;

die Beteiligung oder Anhörung entfällt, wenn die jeweilige Stelle dem Bauantrag bereits vor Einleitung des Baugenehmigungsverfahrens in Textform zugestimmt hat. [2] Bedarf die Erteilung der Baugenehmigung der Zustimmung oder des Einvernehmens einer anderen Körperschaft, Behörde oder sonstigen Stelle, so gilt diese als erteilt, wenn sie nicht einen Monat nach Eingang des Ersuchens verweigert wird; von der Frist nach Halbsatz 1 abweichende Regelungen durch Rechtsvorschrift bleiben unberührt. [3] Stellungnahmen bleiben unberücksichtigt, wenn sie nicht innerhalb eines Monats nach Aufforderung zur Stellungnahme bei der Bauaufsichtsbehörde eingehen, es sei denn, die verspätete Stellungnahme ist für die Rechtmäßigkeit der Entscheidung über den Bauantrag von Bedeutung.

(2) [1] Ist der Bauantrag unvollständig oder weist er sonstige erhebliche Mängel auf, fordert die Bauaufsichtsbehörde den Bauherrn zur Behebung der Mängel innerhalb einer angemessenen Frist auf. [2] Werden die Mängel innerhalb der Frist nicht behoben, gilt der Antrag als zurückgenommen, wenn der Antragsteller auf diese Rechtsfolge hingewiesen worden ist.

Art. 66[3)] Beteiligung des Nachbarn. (1) [1] Den Eigentümern der benachbarten Grundstücke sind vom Bauherrn oder seinem Beauftragten der Lageplan und die Bauzeichnungen zur Zustimmung vorzulegen. [2] Die Zustimmung bedarf der

---

[1)] Art. 64 Abs. 4 Satz 2 aufgeh., bish. Satz 3 wird Satz 2 mWv 1.8.2009 durch G v. 27.7.2009 (GVBl. S. 385).

[2)] Art. 65 Abs. 1 Satz 1 geänd. mWv 1.8.2009 durch G v. 27.7.2009 (GVBl. S. 385); Abs. 1 Satz 1 und Abs. 2 Satz 2 geänd. mWv 1.2.2021 durch G v. 23.12.2020 (GVBl. S. 663).

[3)] Art. 66 Abs. 4 Satz 1 geänd., Halbs. 2 angef. mWv 1.8.2009 durch G v. 27.7.2009 (GVBl. S. 385); Abs. 4 Satz 4 Nr. 1 und 2 geänd. mWv 1.1.2013 durch G v. 11.12.2012 (GVBl. S. 633); Abs. 4 aufgeh. mWv 1.8.2017 durch G v. 12.7.2017 (GVBl. S. 375); Abs. 1 Satz 1 geänd., Sätze 2 und 3 neu gef., bish. Sätze 4 und 5 aufgeh., bish. Satz 6 wird Satz 4, Abs. 2 Satz 4 und Abs. 3 Satz 2 geänd. mWv 1.2.2021 durch G v. 23.12.2020 (GVBl. S. 663).

Schriftform. [3] Im Bauantrag ist anzugeben, ob zugestimmt wurde. [4] Hat ein Nachbar nicht zugestimmt oder wird seinen Einwendungen nicht entsprochen, so ist ihm eine Ausfertigung der Baugenehmigung zuzustellen.

(2) [1] Der Nachbar ist Beteiligter im Sinn des Art. 13 Abs. 1 Nr. 1 BayVwVfG. [2] Art. 28 BayVwVfG findet keine Anwendung. [3] Sind an einem Baugenehmigungsverfahren mindestens zehn Nachbarn im gleichen Interesse beteiligt, ohne vertreten zu sein, so kann die Bauaufsichtsbehörde sie auffordern, innerhalb einer angemessenen Frist einen Vertreter zu bestellen; Art. 18 Abs. 1 Sätze 2 und 3, Abs. 2 BayVwVfG finden Anwendung. [4] Bei mehr als 20 Beteiligten im Sinn des Satzes 3 kann die Zustellung nach Abs. 1 Satz 4 durch öffentliche Bekanntmachung ersetzt werden; die Bekanntmachung hat den verfügenden Teil der Baugenehmigung, die Rechtsbehelfsbelehrung sowie einen Hinweis darauf zu enthalten, wo die Akten des Baugenehmigungsverfahrens eingesehen werden können. [5] Sie ist im amtlichen Veröffentlichungsblatt der zuständigen Bauaufsichtsbehörde bekannt zu machen. [6] Die Zustellung gilt mit dem Tag der Bekanntmachung als bewirkt.

(3) [1] Ein Erbbauberechtigter tritt an die Stelle des Eigentümers. [2] Ist Eigentümer des Nachbargrundstücks eine Eigentümergemeinschaft nach dem Wohnungseigentumsgesetz, so genügt die Vorlage nach Abs. 1 Satz 1 an den Verwalter; seine Zustimmung gilt jedoch nicht als Zustimmung der einzelnen Wohnungseigentümer. [3] Der Eigentümer des Nachbargrundstücks nimmt auch die Rechte des Mieters oder Pächters wahr, die aus deren Eigentumsgrundrecht folgen.

Art. 66a[1)] Beteiligung der Öffentlichkeit. (1) [1] Bei baulichen Anlagen, die auf Grund ihrer Beschaffenheit oder ihres Betriebs geeignet sind, die Allgemeinheit oder die Nachbarschaft zu gefährden, zu benachteiligen oder zu belästigen, kann die Bauaufsichtsbehörde auf Antrag des Bauherrn das Bauvorhaben in ihrem amtlichen Veröffentlichungsblatt und außerdem in örtlichen Tageszeitungen, die im Bereich des Standorts der Anlage verbreitet sind, öffentlich bekannt machen; verfährt die Bauaufsichtsbehörde nach Halbsatz 1, findet Art. 66 Abs. 1 und 3 keine Anwendung. [2] Mit Ablauf einer Frist von einem Monat nach der Bekanntmachung des Bauvorhabens sind alle öffentlich-rechtlichen Einwendungen gegen das Bauvorhaben ausgeschlossen. [3] Die Zustellung der Baugenehmigung nach Art. 66 Abs. 1 Satz 4 kann durch öffentliche Bekanntmachung ersetzt werden; Satz 1 und Art. 66 Abs. 2 Satz 6 gelten entsprechend. [4] In der Bekanntmachung nach Satz 1 ist darauf hinzuweisen,

1. wo und wann Beteiligte nach Art. 29 BayVwVfG die Akten des Verfahrens einsehen können,
2. wo und wann Beteiligte Einwendungen gegen das Bauvorhaben vorbringen können,
3. welche Rechtsfolgen mit Ablauf der Frist des Satzes 2 eintreten und
4. dass die Zustellung der Baugenehmigung durch öffentliche Bekanntmachung ersetzt werden kann.

(2) [1] Bei der Errichtung, Änderung oder Nutzungsänderung

1. von Vorhaben nach Art. 58 Abs. 1 Nr. 4 sowie
2. baulicher Anlagen, die nach Durchführung des Bauvorhabens Sonderbauten nach Art. 2 Abs. 4 Nr. 9 bis 13, 15 und 16 sind,

---

[1)] Art. 66a eingef. mWv 1.8.2017 durch G v. 12.7.2017 (GVBl. S. 375); Abs. 1 Satz 3 und Abs. 2 Satz 1 Nr. 1 geänd. mWv 1.2.2021 durch G v. 23.12.2020 (GVBl. S. 663).

ist eine Öffentlichkeitsbeteiligung nach Abs. 1 durchzuführen, wenn sie den angemessenen Sicherheitsabstand im Sinn des Art. 13 Abs. 2 Buchst. a der Richtlinie 2012/18/EU zu einem Betriebsbereich nicht einhalten. [2]In die öffentliche Bekanntmachung nach Abs. 1 Satz 4 sind zusätzlich folgende Angaben aufzunehmen:

1. ob für das Vorhaben eine Umweltverträglichkeitsprüfung durchzuführen ist (§§ 3a, 8 und 9 des Gesetzes über die Umweltverträglichkeitsprüfung),
2. wo und wann die betroffene Öffentlichkeit im Sinn des Art. 3 Nr. 18 der Richtlinie 2012/18/EU Einwendungen gegen das Bauvorhaben vorbringen kann und
3. die grundsätzlichen Entscheidungsmöglichkeiten der Behörde oder, soweit vorhanden, der Entscheidungsentwurf.

[3]Die Baugenehmigung ist nach Art. 41 Abs. 4 BayVwVfG öffentlich bekannt zu geben und, soweit Einwendungen vorgebracht wurden, zu begründen. [4]In der Begründung sind die wesentlichen tatsächlichen und rechtlichen Gründe, die Behandlung der Einwendungen sowie Angaben über das Verfahren zur Beteiligung der Öffentlichkeit aufzunehmen.

Art. 67[1)] Ersetzung des gemeindlichen Einvernehmens. (1) [1]Hat eine Gemeinde ihr nach § 14 Abs. 2 Satz 2, § 22 Abs. 5 Satz 1, § 145 Abs. 1 Satz 2, § 173 Abs. 1 Satz 2 Halbsatz 1 BauGB oder nach Art. 63 Abs. 3 Satz 2 Halbsatz 1 erforderliches Einvernehmen rechtswidrig versagt und besteht ein Rechtsanspruch auf Erteilung der Genehmigung, kann das fehlende Einvernehmen nach Maßgabe der Abs. 2 bis 4 ersetzt werden; in den Fällen der § 36 Abs. 1 Sätze 1 und 2 BauGB ist das fehlende Einvernehmen nach Maßgabe von Abs. 2 bis 4 zu ersetzen. [2]Außer in den Fällen des § 36 Abs. 2 Satz 3 BauGB besteht kein Rechtsanspruch auf Ersetzung des gemeindlichen Einvernehmens.

(2) Art. 112 der Gemeindeordnung (GO) findet keine Anwendung.

(3) [1]Die Genehmigung gilt zugleich als Ersatzvornahme im Sinn des Art. 113 GO; sie ist insoweit zu begründen. [2]Entfällt die aufschiebende Wirkung der Anfechtungsklage gegen die Genehmigung nach § 80 Abs. 2 Satz 1 Nr. 3 oder 4 VwGO, hat die Anfechtungsklage auch insoweit keine aufschiebende Wirkung, als die Genehmigung als Ersatzvornahme gilt.

(4) [1]Die Gemeinde ist vor Erlass der Genehmigung anzuhören. [2]Dabei ist ihr Gelegenheit zu geben, binnen angemessener Frist erneut über das gemeindliche Einvernehmen zu entscheiden.

Art. 68[2)] Baugenehmigung, Genehmigungsfiktion und Baubeginn.

(1) [1]Die Baugenehmigung ist zu erteilen, wenn dem Bauvorhaben keine öffentlich-rechtlichen Vorschriften entgegenstehen, die im bauaufsichtlichen Ge-

---

[1)] Art. 67 Abs. 1 Satz 1 Halbs. 1 geänd., Halbs. 2 angef., Satz 2 neu gef. mWv 1.1.2013 durch G v. 11.12.2012 (GVBl. S. 633).

[2)] Art. 68 Abs. 1 Satz 1 neu gef. mWv 1.8.2009 durch G v. 27.7.2009 (GVBl. S. 385); Abs. 2 Satz 2 geänd. mWv 1.8.2017 durch G v. 12.7.2017 (GVBl. S. 375); Abs. 5 Nr. 2 geänd. mWv 1.9.2018 durch G v. 10.7.2018 (GVBl. S. 523); Überschrift geänd., Abs. 2 eingef., bish. Abs. 2 wird Abs. 3 und Satz 1 geänd., Sätze 2 und 3 geänd., Satz 4 angef., bish. Abs. 3 und 4 werden Abs. 4 und 5, bish. Abs. 5 wird Abs. 6, Nr. 1 geänd., bish. Abs. 6 und 7 werden Abs. 7 und 8 mWv 1.2.2021 durch G v. 23.12.2020 (GVBl. S. 663).

nehmigungsverfahren zu prüfen sind; die Bauaufsichtsbehörde darf den Bauantrag auch ablehnen, wenn das Bauvorhaben gegen sonstige öffentlich-rechtliche Vorschriften verstößt. [2]Die durch eine Umweltverträglichkeitsprüfung ermittelten, beschriebenen und bewerteten Umweltauswirkungen sind nach Maßgabe der hierfür geltenden Vorschriften zu berücksichtigen.

(2) [1]Betrifft ein Bauantrag die Errichtung oder Änderung eines Gebäudes, das ausschließlich oder überwiegend dem Wohnen dient, oder eine Nutzungsänderung, durch die Wohnraum geschaffen werden soll, und ist über diesen Bauantrag im vereinfachten Genehmigungsverfahren nach Art. 59 zu entscheiden, gilt Art. 42a BayVwVfG mit folgenden Maßgaben entsprechend:

1. Die Frist für die Entscheidung beginnt
   a) drei Wochen nach Zugang des Bauantrags oder
   b) drei Wochen nach Zugang der verlangten Unterlagen, wenn die Bauaufsichtsbehörde vor Fristbeginn eine Aufforderung nach Art. 65 Abs. 2 versandt hat.
2. Die Bescheinigung nach Art. 42a Abs. 3 BayVwVfG ist unverlangt und unverzüglich auszustellen; sie hat den Inhalt der Genehmigung wiederzugeben, eine Rechtsbehelfsbelehrung nach § 58 VwGO zu enthalten und ist dem Antragsteller, der Gemeinde sowie jedem Nachbarn zuzustellen, der dem Bauantrag nicht zugestimmt hat.

[2]Satz 1 findet keine Anwendung, wenn der Antragsteller vor Ablauf der Entscheidungsfrist gegenüber der Baugenehmigungsbehörde in Textform auf den Eintritt der Genehmigungsfiktion verzichtet hat. [3]Im Fall des Satzes 1 finden die Abs. 3 und 4 keine Anwendung.

(3) [1]Die Baugenehmigung bedarf der Schriftform. [2]Sie ist nur insoweit zu begründen, als ohne Zustimmung des Nachbarn von nachbarschützenden Vorschriften abgewichen wird oder der Nachbar gegen das Bauvorhaben in Textform Einwendungen erhoben hat; Art. 39 Abs. 2 Nr. 2 BayVwVfG und Art. 66a Abs. 2 Satz 3 bleiben unberührt. [3]Sie ist mit einer Ausfertigung der mit einem Genehmigungsvermerk zu versehenden Bauvorlagen dem Antragsteller zuzustellen. [4]Die Gemeinde erhält die Baugenehmigung und die Bauvorlagen; hat sie dem Bauvorhaben nicht zugestimmt, ist die Baugenehmigung zuzustellen.

(4) Wird die Baugenehmigung unter Auflagen oder Bedingungen erteilt, kann eine Sicherheitsleistung verlangt werden.

(5) Die Baugenehmigung wird unbeschadet der privaten Rechte Dritter erteilt.

(6) Mit der Bauausführung oder mit der Ausführung des jeweiligen Bauabschnitts darf erst begonnen werden, wenn

1. die Baugenehmigung oder eine Bescheinigung gemäß Art. 42a Abs. 3 BayVwVfG dem Bauherrn zugegangen ist sowie
2. die Bescheinigungen nach Art. 62a Abs. 2 und Art. 62b Abs. 2 und
3. die Baubeginnsanzeige

der Bauaufsichtsbehörde vorliegen.

(7) [1]Vor Baubeginn müssen die Grundfläche der baulichen Anlage abgesteckt und ihre Höhenlage festgelegt sein. [2]Die Bauaufsichtsbehörde kann verlangen, dass Absteckung und Höhenlage von ihr abgenommen oder die Einhaltung der

festgelegten Grundfläche und Höhenlage nachgewiesen wird. [3]Baugenehmigungen, Bauvorlagen, bautechnische Nachweise, soweit es sich nicht um Bauvorlagen handelt, sowie Bescheinigungen von Prüfsachverständigen müssen an der Baustelle von Baubeginn an vorliegen.

(8) Der Bauherr hat den Ausführungsbeginn genehmigungspflichtiger Bauvorhaben und die Wiederaufnahme der Bauarbeiten nach einer Unterbrechung von mehr als sechs Monaten mindestens eine Woche vorher der Bauaufsichtsbehörde schriftlich mitzuteilen (Baubeginnsanzeige).

Art. 69 Geltungsdauer der Baugenehmigung und der Teilbaugenehmigung. (1) Sind in ihnen keine anderen Fristen bestimmt, erlöschen die Baugenehmigung und die Teilbaugenehmigung, wenn innerhalb von vier Jahren nach ihrer Erteilung mit der Ausführung des Bauvorhabens nicht begonnen oder die Bauausführung vier Jahre unterbrochen worden ist; die Einlegung eines Rechtsbehelfs hemmt den Lauf der Frist bis zur Unanfechtbarkeit der Genehmigung.

(2) [1]Die Frist nach Abs. 1 kann auf schriftlichen Antrag jeweils bis zu zwei Jahre verlängert werden. [2]Sie kann auch rückwirkend verlängert werden, wenn der Antrag vor Fristablauf bei der Bauaufsichtsbehörde eingegangen ist.

Art. 70[1)] Teilbaugenehmigung. [1]Ist ein Bauantrag eingereicht, kann der Beginn der Bauarbeiten für die Baugrube und für einzelne Bauteile oder Bauabschnitte auf schriftlichen Antrag schon vor Erteilung der Baugenehmigung gestattet werden (Teilbaugenehmigung); eine Teilbaugenehmigung kann auch für die Errichtung einer baulichen Anlage unter Vorbehalt der künftigen Nutzung erteilt werden, wenn und soweit die Genehmigungsfähigkeit der baulichen Anlage nicht von deren künftiger Nutzung abhängt. [2]Art. 67 und 68 Abs. 1 und Abs. 3 bis 8 gelten entsprechend.

Art. 71[2)] Vorbescheid. [1]Vor Einreichung des Bauantrags ist auf Antrag des Bauherrn zu einzelnen Fragen des Bauvorhabens ein Vorbescheid zu erteilen. [2]Der Vorbescheid gilt drei Jahre, soweit in ihm keine andere Frist bestimmt ist. [3]Die Frist kann auf schriftlichen Antrag jeweils bis zu zwei Jahre verlängert werden. [4]Art. 64 bis 67, Art. 68 Abs. 1 und Abs. 3 bis 5 sowie Art. 69 Abs. 2 Satz 2 gelten entsprechend; die Bauaufsichtsbehörde kann von der Anwendung des Art. 66 absehen, wenn der Bauherr dies beantragt.

Art. 72[3)] Genehmigung fliegender Bauten. (1) [1]Fliegende Bauten sind bauliche Anlagen, die geeignet und bestimmt sind, wiederholt an wechselnden Orten aufgestellt und zerlegt zu werden. [2]Baustelleneinrichtungen gelten nicht als fliegende Bauten.

(2) [1]Fliegende Bauten dürfen nur aufgestellt und in Gebrauch genommen werden, wenn vor ihrer erstmaligen Aufstellung oder Ingebrauchnahme eine

---

[1)] Art. 70 Satz 2 geänd. mWv 1.2.2021 durch G v. 23.12.2020 (GVBl. S. 663).

[2)] Art. 71 Satz 4 geänd. mWv 1.2.2021 durch G v. 23.12.2020 (GVBl. S. 663).

[3)] Art. 72 Abs. 1 Satz 2 aufgeh., bish. Satz 3 wird Satz 2 mWv 1.8.2009 durch G v. 27.7.2009 (GVBl. S. 385); Abs. 3 Nr. 4 neu gef., Nr. 5 eingef., bish. Nr. 5 wird Nr. 6 mWv 1.1.2013 durch G v. 11.12.2012 (GVBl. S. 633).

Ausführungsgenehmigung erteilt worden ist. [2]Die Ausführungsgenehmigung wird für eine bestimmte Frist erteilt, die höchstens fünf Jahre betragen soll; sie kann auf schriftlichen Antrag von der für die Ausführungsgenehmigung zuständigen Behörde oder der nach Art. 80 Abs. 5 Nr. 5 bestimmten Stelle jeweils um bis zu fünf Jahre verlängert werden, wenn das der Inhaber vor Ablauf der Frist schriftlich beantragt. [3]Die Ausführungsgenehmigung kann vorschreiben, dass der fliegende Bau vor jeder Inbetriebnahme oder in bestimmten zeitlichen Abständen jeweils vor einer Inbetriebnahme von einem Sachverständigen abgenommen wird. [4]Ausführungsgenehmigungen anderer Länder der Bundesrepublik Deutschland gelten auch im Freistaat Bayern.

(3) Keiner Ausführungsgenehmigung bedürfen

1. fliegende Bauten bis zu 5 m Höhe, die nicht dazu bestimmt sind, von Besuchern betreten zu werden,
2. fliegende Bauten mit einer Höhe bis zu 5 m, die für Kinder betrieben werden und eine Geschwindigkeit von höchstens 1 m/s haben,
3. Bühnen, die fliegende Bauten sind, einschließlich Überdachungen und sonstigen Aufbauten mit einer Höhe bis zu 5 m, einer Grundfläche bis zu 100 m² und einer Fußbodenhöhe bis zu 1,50 m,
4. erdgeschossige Zelte und betretbare Verkaufsstände, die fliegende Bauten sind, jeweils mit einer Grundfläche bis zu 75 m²,
5. aufblasbare Spielgeräte mit einer Höhe des betretbaren Bereichs von bis zu 5 m oder mit überdachten Bereichen, bei denen die Entfernung zum Ausgang nicht mehr als 3 m, oder, sofern ein Absinken der Überdachung konstruktiv verhindert wird, nicht mehr als 10 m, beträgt,
6. Toilettenwagen.

(4) [1]Für jeden genehmigungspflichtigen fliegenden Bau ist ein Prüfbuch anzulegen. [2]Wird die Aufstellung oder der Gebrauch des fliegenden Baus wegen Mängeln untersagt, die eine Versagung der Ausführungsgenehmigung rechtfertigen würden, ist das Prüfbuch einzuziehen und der für die Ausführungsgenehmigung zuständigen Behörde oder Stelle zuzuleiten. [3]In das Prüfbuch sind einzutragen

1. die Erteilung der Ausführungsgenehmigung und deren Verlängerungen unter Beifügung einer mit einem Genehmigungsvermerk versehenen Ausfertigung der Bauvorlagen,
2. die Übertragung des fliegenden Baus an Dritte,
3. die Änderung der für die Ausführungsgenehmigung zuständigen Behörde oder Stelle,
4. Durchführung und Ergebnisse bauaufsichtlicher Überprüfungen und Abnahmen,
5. die Einziehung des Prüfbuchs nach Satz 2.

[4]Umstände, die zu Eintragungen nach Nrn. 2 und 3 führen, hat der Inhaber der Ausführungsgenehmigung der dafür zuletzt zuständigen Behörde oder Stelle unverzüglich anzuzeigen.

(5) [1]Die beabsichtigte Aufstellung genehmigungspflichtiger fliegender Bauten ist der Bauaufsichtsbehörde mindestens eine Woche zuvor unter Vorlage des Prüfbuchs anzuzeigen, es sei denn, dass dies nach der Ausführungsgenehmigung nicht

erforderlich ist. [2] Genehmigungsbedürftige fliegende Bauten dürfen nur in Betrieb genommen werden, wenn

1. sie von der Bauaufsichtsbehörde abgenommen worden sind (Gebrauchsabnahme), es sei denn, dass dies nach der Ausführungsgenehmigung nicht erforderlich ist oder die Bauaufsichtsbehörde im Einzelfall darauf verzichtet, und
2. in der Ausführungsgenehmigung vorgeschriebene Abnahmen durch Sachverständige nach Abs. 2 Satz 3 vorgenommen worden sind.

(6) [1] Auf fliegende Bauten, die der Landesverteidigung oder dem Katastrophenschutz dienen, finden die Abs. 1 bis 5 und Art. 73 keine Anwendung. [2] Sie bedürfen auch keiner Baugenehmigung.

Art. 73[1)] Bauaufsichtliche Zustimmung. (1) [1] Nicht verfahrensfreie Bauvorhaben bedürfen keiner Baugenehmigung, Genehmigungsfreistellung, Anzeige und Bauüberwachung (Art. 57 Abs. 5, Art. 58, 68, 77 und 78), wenn

1. die Leitung der Entwurfsarbeiten und die Bauüberwachung einer Baudienststelle des Bundes, eines Landes oder eines Bezirks übertragen sind und
2. die Baudienststelle mindestens mit einem Bediensteten, der für ein Amt ab der Besoldungsgruppe A 14 in der Fachlaufbahn Naturwissenschaft und Technik, fachlicher Schwerpunkt bautechnischer und umweltfachlicher Verwaltungsdienst, qualifiziert ist, und mit sonstigen geeigneten Fachkräften ausreichend besetzt

ist. [2] Solche Bauvorhaben bedürfen der Zustimmung der Regierung (Zustimmungsverfahren). [3] Die Zustimmung der Regierung entfällt, wenn

1. die Gemeinde nicht widerspricht,
2. die Nachbarn dem Bauvorhaben zustimmen und
3. keine Öffentlichkeitsbeteiligung nach Art. 66a Abs. 2 vorgeschrieben ist.

[4] Keiner Baugenehmigung, Genehmigungsfreistellung oder Zustimmung bedürfen unter den Voraussetzungen des Satzes 1 Baumaßnahmen in oder an bestehenden Gebäuden, soweit sie nicht zur Erweiterung des Bauvolumens oder zu einer der Genehmigungspflicht unterliegenden Nutzungsänderung führen.

(2) [1] Der Antrag auf Zustimmung ist bei der Regierung einzureichen. [2] Die Regierung prüft

1. die Übereinstimmung des Bauvorhabens mit den Vorschriften über die Zulässigkeit der baulichen Anlagen nach den §§ 29 bis 38 BauGB und den Regelungen örtlicher Bauvorschriften im Sinn des Art. 81 Abs. 1 sowie
2. andere öffentlich-rechtliche Anforderungen, soweit wegen der Zustimmung eine Entscheidung nach anderen öffentlich-rechtlichen Vorschriften entfällt, ersetzt oder eingeschlossen wird.

[3] Sie führt eine Öffentlichkeitsbeteiligung nach Art. 66a Abs. 2 durch. [4] Die Regierung entscheidet über Abweichungen von den nach Satz 2 zu prüfenden sowie sonstigen Vorschriften, soweit sie drittschützend sind; darüber hinaus bedarf

---

[1)] Art. 73 Abs. 1 Satz 1 einl. Satzteil, Nr. 1 und Abs. 5 Satz 1 geänd. mWv 1.8.2009 durch G v. 27.7. 2009 (GVBl. S. 385); Abs. 1 Satz 1 Nr. 2 und Abs. 5 Satz 1 geänd. mWv 1.1.2012 durch G v. 20.12.2011 (GVBl. S. 689); Abs. 4 Satz 1 geänd., Halbs. 2 angef. mWv 1.1.2013 durch G v. 11.12.2012 (GVBl. S. 633); Abs. 1 Satz 3 neu gef., Abs. 2 Satz 3 eingef., bish. Sätze 3–5 werden Sätze 4–6 mWv 1.8.2017 durch G v. 12.7.2017 (GVBl. S. 375); Abs. 3 Satz 2 geänd. mWv 1.9.2018 durch G v. 10.7.2018 (GVBl. S. 523).

die Zulässigkeit von Ausnahmen, Befreiungen und Abweichungen keiner bauaufsichtlichen Entscheidung. [5]Die Gemeinde ist vor Erteilung der Zustimmung zu hören; § 36 Abs. 2 Satz 2 Halbsatz 1 BauGB gilt entsprechend. [6]Im Übrigen sind die Vorschriften über das Genehmigungsverfahren entsprechend anzuwenden.

(3) [1]Die Baudienststelle trägt die Verantwortung dafür, dass die Errichtung, die Änderung, die Nutzungsänderung und die Beseitigung baulicher Anlagen den öffentlich-rechtlichen Vorschriften entsprechen; die Verantwortung für die Unterhaltung baulicher Anlagen trägt die Baudienststelle nur, wenn und solang sie der für die Anlage Verantwortliche ausschließlich ihr überträgt. [2]Die Baudienststelle kann Sachverständige in entsprechender Anwendung der Art. 62a Abs. 2, Art. 62b Abs. 2 und Art. 77 Abs. 2 sowie der auf Grund des Art. 80 Abs. 2 erlassenen Rechtsverordnung heranziehen. [3]Die Verantwortung des Unternehmers (Art. 52) bleibt unberührt.

(4) [1]Bauvorhaben, die der Landesverteidigung, dienstlichen Zwecken der Bundespolizei oder dem zivilen Bevölkerungsschutz dienen, sind vor Baubeginn mit Bauvorlagen in dem erforderlichen Umfang der Regierung zur Kenntnis zu bringen; Abs. 1 Satz 3 gilt entsprechend. [2]Im Übrigen wirken die Bauaufsichtsbehörden nicht mit.

(5) [1]Für nicht verfahrensfreie Bauvorhaben der Landkreise und Gemeinden gelten die Abs. 1 Sätze 2 bis 4 sowie die Abs. 2 und 3 entsprechend, soweit der Landkreis oder die Gemeinde mindestens mit einem Bediensteten, der für ein Amt ab der Besoldungsgruppe A 14 in der Fachlaufbahn Naturwissenschaft und Technik, fachlicher Schwerpunkt bautechnischer und umweltfachlicher Verwaltungsdienst, qualifiziert ist, und mit sonstigen geeigneten Fachkräften ausreichend besetzt ist und diesen Bediensteten die Leitung der Entwurfsarbeiten und die Bauüberwachung übertragen sind. [2]An Stelle der Regierung ist die untere Bauaufsichtsbehörde zuständig.

Art. 73a[1)] Typengenehmigung. (1) [1]Für bauliche Anlagen, die mehrfach in derselben Ausführung errichtet werden sollen, erteilt die oberste Bauaufsichtsbehörde eine allgemeine bautechnische Genehmigung (Typengenehmigung), wenn diese den Anforderungen dieses Gesetzes entsprechen. [2]Für bauliche Anlagen, die in unterschiedlicher Ausführung, aber nach einem bestimmten System aus Bauteilen errichtet werden sollen, gilt Satz 1 mit der Maßgabe entsprechend, dass die Zulässigkeit der Veränderbarkeit festgelegt wird.

(2) [1]Regelt die Typengenehmigung Anforderungen an die Standsicherheit, den Brand-, Schall- und Erschütterungsschutz und stellt sie fest, welche dieser Anforderungen eingehalten sind, gilt sie insoweit als bautechnischer Nachweis im Sinn von Art. 62 bis 62b. [2]Art. 81a Abs. 1 Satz 2 gilt mit der Maßgabe entsprechend, dass Art. 15 Abs. 2 und Art. 17 keine Anwendung finden. [3]Art. 63 gilt entsprechend.

(3) [1]Der Antrag ist schriftlich bei der obersten Bauaufsichtsbehörde einzureichen. [2]Die Typengenehmigung bedarf der Schriftform. [3]Sie wird befristet für die Dauer von fünf Jahren erteilt. [4]Die Frist kann auf schriftlichen Antrag jeweils bis zu fünf Jahre verlängert werden.

---

1) Art. 73a eingef. mWv 1.2.2021 durch G v. 23.12.2020 (GVBl. S. 663).

(4) Vergleichbare Typengenehmigungen anderer Länder gelten auch im Freistaat Bayern.

(5) Eine Typengenehmigung entbindet nicht von der Verfahrenspflicht nach Art. 58 bis 60.

Abschnitt IV. Bauaufsichtliche Maßnahmen

Art. 74[1] Verbot unrechtmäßig gekennzeichneter Bauprodukte. Sind Bauprodukte entgegen Art. 21 mit dem Ü-Zeichen gekennzeichnet, kann die Bauaufsichtsbehörde die Verwendung dieser Bauprodukte untersagen und deren Kennzeichnung entwerten oder beseitigen lassen.

Art. 75[2] Einstellung von Arbeiten. (1) [1]Werden Anlagen im Widerspruch zu öffentlich-rechtlichen Vorschriften errichtet, geändert oder beseitigt, kann die Bauaufsichtsbehörde die Einstellung der Arbeiten anordnen. [2]Das gilt auch dann, wenn

1. die Ausführung eines Bauvorhabens entgegen den Vorschriften des Art. 68 Abs. 6 begonnen wurde oder
2. bei der Ausführung
   a) eines genehmigungsbedürftigen Bauvorhabens von den genehmigten Bauvorlagen,
   b) eines genehmigungsfreigestellten Bauvorhabens von den eingereichten Unterlagen

   abgewichen wird,
3. Bauprodukte verwendet werden, die entgegen der Verordnung (EU) Nr. 305/2011 keine CE-Kennzeichnung oder entgegen Art. 21 kein Ü-Zeichen tragen,
4. Bauprodukte verwendet werden, die unberechtigt mit der CE-Kennzeichnung oder entgegen Art. 21 Abs. 2 Satz 2 dem Ü-Zeichen gekennzeichnet sind.

(2) Werden unzulässige Arbeiten trotz einer verfügten Einstellung fortgesetzt, kann die Bauaufsichtsbehörde die Baustelle versiegeln oder die an der Baustelle vorhandenen Bauprodukte, Geräte, Maschinen und Bauhilfsmittel in amtlichen Gewahrsam bringen.

Art. 76 Beseitigung von Anlagen, Nutzungsuntersagung. [1]Werden Anlagen im Widerspruch zu öffentlich-rechtlichen Vorschriften errichtet oder geändert, so kann die Bauaufsichtsbehörde die teilweise oder vollständige Beseitigung der Anlagen anordnen, wenn nicht auf andere Weise rechtmäßige Zustände hergestellt werden können. [2]Werden Anlagen im Widerspruch zu öffentlich-rechtlichen Vorschriften genutzt, so kann diese Nutzung untersagt werden. [3]Die Bauaufsichtsbehörde kann verlangen, dass ein Bauantrag gestellt wird.

---

[1] Art. 74 geänd. mWv 1.9.2018 durch G v. 10.7.2018 (GVBl. S. 523).

[2] Art. 75 Abs. 1 Satz 2 Nr. 3 und 4 geänd. mWv 1.9.2018 durch G v. 10.7.2018 (GVBl. S. 523); Abs. 1 Satz 2 Nr. 1 und Abs. 2 geänd. mWv 1.2.2021 durch G v. 23.12.2020 (GVBl. S. 663).

Abschnitt V. Bauüberwachung

Art. 77[1)] Bauüberwachung. (1) Die Bauaufsichtsbehörde kann die Einhaltung der öffentlich-rechtlichen Vorschriften und Anforderungen und die ordnungsgemäße Erfüllung der Pflichten der am Bau Beteiligten überprüfen.

(2) [1]Die Bauaufsichtsbehörde sowie nach Maßgabe der Rechtsverordnung gemäß Art. 80 Abs. 2 der Prüfingenieur, das Prüfamt oder der Prüfsachverständige überwachen die Bauausführung bei baulichen Anlagen

1. nach Art. 62a Abs. 2 hinsichtlich des von ihr oder ihm geprüften oder bescheinigten Standsicherheitsnachweises,
2. nach Art. 62b Abs. 2 hinsichtlich des von ihr oder ihm geprüften oder bescheinigten Brandschutznachweises.

[2]Bei Gebäuden der Gebäudeklasse 4, ausgenommen Sonderbauten sowie Mittel- und Großgaragen im Sinn der Rechtsverordnung nach Art. 80 Abs. 1 Satz 1 Nr. 3, ist die mit dem Brandschutznachweis übereinstimmende Bauausführung vom Nachweisersteller oder einem anderen Nachweisberechtigten im Sinn des Art. 62b Abs. 1 zu bestätigen. [3]Wird die Bauausführung durch einen Prüfsachverständigen bescheinigt oder nach Satz 2 bestätigt, gelten insoweit die jeweiligen bauaufsichtlichen Anforderungen als eingehalten.

(3) [1]Bei nicht oder nur zum vorübergehenden Aufenthalt einzelner Personen bestimmten oberirdischen eingeschossigen Gebäuden im Sinn des Art. 62a Abs. 2 Satz 3 Nr. 1 ist der Ersteller des Standsicherheitsnachweises nach Art. 62a Abs. 1 auch für die Einhaltung der bauaufsichtlichen Anforderungen an die Standsicherheit bei der Bauausführung verantwortlich; benennt der Bauherr der Bauaufsichtsbehörde einen anderen Tragwerksplaner im Sinn des Art. 62a Abs. 1, ist dieser verantwortlich. [2]Ein verantwortlicher Tragwerksplaner im Sinn des Satzes 1 ist nicht erforderlich bei land- oder forstwirtschaftlichen Betriebsgebäuden und gewerblichen Lagergebäuden mit freien Stützweiten von nicht mehr als 12 m und

1. nicht mehr als 500 m^2 oder
2. nicht mehr als 1600 m^2, wenn sie statisch einfach sind.

(4) Im Rahmen der Bauüberwachung können Proben von Bauprodukten, soweit erforderlich, auch aus fertigen Bauteilen zu Prüfzwecken entnommen werden.

(5) Im Rahmen der Bauüberwachung ist jederzeit Einblick in die Genehmigungen, Zulassungen, Prüfzeugnisse, Übereinstimmungszertifikate, Zeugnisse und Aufzeichnungen über die Prüfungen von Bauprodukten, in die CE-Kennzeichnungen und Leistungserklärungen nach der Verordnung (EU) Nr. 305/2011, in die Bautagebücher und andere vorgeschriebene Aufzeichnungen zu gewähren.

(6) Rechtsverstöße gegen die Verordnung (EU) Nr. 305/2011 sollen die Bauaufsichtsbehörde oder der Prüfsachverständige der für die Marktüberwachung zuständigen Stelle mitteilen.

[1)] Art. 77 Abs. 2 Satz 1 einl. Satzteil neu gef., Satz 2 geänd., Abs. 3 neu gef. mWv 1.8.2009 durch G v. 27.7.2009 (GVBl. S. 385); Abs. 2 Satz 1 Nr. 1 und 2 sowie Satz 2 geänd., Abs. 3 Satz 1 neu gef., Abs. 5 geänd., Abs. 6 angef. mWv 1.9.2018 durch G v. 10.7.2018 (GVBl. S. 523); Abs. 2 Satz 2 geänd. mWv 1.2.2021 durch G v. 23.12.2020 (GVBl. S. 663).

Art. 78[1)] Bauzustandsanzeigen, Aufnahme der Nutzung. (1) [1]Die Bauaufsichtsbehörde, der Prüfingenieur, das Prüfamt oder der Prüfsachverständige kann verlangen, dass ihm Beginn und Beendigung bestimmter Bauarbeiten angezeigt werden. [2]Die Bauarbeiten dürfen erst fortgesetzt werden, wenn die Bauaufsichtsbehörde, der Prüfingenieur, das Prüfamt oder der Prüfsachverständige der Fortführung der Bauarbeiten zugestimmt hat.

(2) [1]Der Bauherr hat die beabsichtigte Aufnahme der Nutzung einer nicht verfahrensfreien baulichen Anlage mindestens zwei Wochen vorher der Bauaufsichtsbehörde anzuzeigen. [2]Mit der Anzeige nach Satz 1 sind vorzulegen

1. bei Bauvorhaben nach Art. 62a Abs. 2 Satz 1 eine Bescheinigung des Prüfsachverständigen über die ordnungsgemäße Bauausführung hinsichtlich der Standsicherheit,
2. bei Bauvorhaben nach Art. 62b Abs. 2 Satz 1 eine Bescheinigung des Prüfsachverständigen über die ordnungsgemäße Bauausführung hinsichtlich des Brandschutzes (Art. 77 Abs. 2 Satz 1), soweit kein Fall des Art. 62b Abs. 2 Satz 1 Alternative 2 vorliegt,
3. in den Fällen des Art. 77 Abs. 2 Satz 2 die jeweilige Bestätigung.

[3]Eine bauliche Anlage darf erst benutzt werden, wenn sie selbst, Zufahrtswege, Wasserversorgungs- und Abwasserentsorgungs- sowie Gemeinschaftsanlagen in dem erforderlichen Umfang sicher benutzbar sind, nicht jedoch vor dem in Satz 1 bezeichneten Zeitpunkt.

(3) Feuerstätten dürfen erst in Betrieb genommen werden, wenn der bevollmächtigte Bezirksschornsteinfeger die Tauglichkeit und die sichere Benutzbarkeit der Abgasanlagen bescheinigt hat; ortsfeste Verbrennungsmotoren und Blockheizkraftwerke dürfen erst dann in Betrieb genommen werden, wenn er die Tauglichkeit und sichere Benutzbarkeit der Leitungen zur Abführung von Verbrennungsgasen bescheinigt hat.

Sechster Teil. Ordnungswidrigkeiten, Rechtsvorschriften

Art. 79[2)] Ordnungswidrigkeiten. (1) [1]Mit Geldbuße bis zu fünfhunderttausend Euro kann belegt werden, wer vorsätzlich oder fahrlässig

1. einem Gebot oder Verbot einer Rechtsverordnung nach Art. 80 Abs. 1 bis 4 oder Art. 80a oder einer Satzung nach Art. 81 Abs. 1 oder einer vollziehbaren Anordnung der Bauaufsichtsbehörde auf Grund einer solchen Rechtsverordnung oder Satzung zuwiderhandelt, sofern die Rechtsverordnung oder die Satzung für einen bestimmten Tatbestand auf diese Bußgeldvorschrift verweist,
2. einer vollziehbaren schriftlichen Anordnung der Bauaufsichtsbehörde auf Grund dieses Gesetzes zuwiderhandelt,

---

[1)] Art. 78 Abs. 3 Halbs. 1 geänd. mWv 1.1.2013 durch G v. 11.12.2012 (GVBl. S. 633); Abs. 2 Satz 2 Nr. 1 und 2 sowie Abs. 3 geänd. mWv 1.9.2018 durch G v. 10.7.2018 (GVBl. S. 523).

[2)] Art. 79 Abs. 2 Nr. 2 eingef., bish. Nr. 2 und 3 wird Nr. 3 und 4 mWv 1.8.2009 durch G v. 27.7.2009 (GVBl. S. 385); Abs. 1 Satz 1 Nr. 11 geänd. mWv 1.8.2017 durch G v. 12.7.2017 (GVBl. S. 375); Abs. 1 Satz 1 Nr. 4 geänd., Nr. 5 neu gef., Nr. 6 und 13 sowie Abs. 2 Nr. 2 und 3 geänd. mWv 1.9.2018 durch G v. 10.7.2018 (GVBl. S. 523); Abs. 1 Satz 1 Nr. 1, 9, 11, 12 und Abs. 2 Nr. 1 und 2 geänd. mWv 1.2. 2021 durch G v. 23.12.2020 (GVBl. S. 663).

3. entgegen Art. 9 Abs. 1 eine Baustelle nicht ordnungsgemäß einrichtet, entgegen Art. 9 Abs. 2 Verkehrsflächen, Versorgungs-, Abwasserbeseitigungs- oder Meldeanlagen, Grundwassermessstellen, Vermessungszeichen, Abmarkungszeichen oder Grenzzeichen nicht schützt oder zugänglich hält oder entgegen Art. 9 Abs. 3 ein Schild nicht oder nicht ordnungsgemäß anbringt,
4. Bauprodukte entgegen Art. 21 Abs. 2 Satz 1 ohne Ü-Zeichen verwendet,
5. Bauarten entgegen Art. 15 Abs. 2 Satz 1 ohne Bauartgenehmigung oder entgegen Art. 15 Abs. 3 Satz 1 ohne allgemeines bauaufsichtliches Prüfzeugnis für Bauarten anwendet,
6. entgegen Art. 21 Abs. 2 Satz 2 ein Ü-Zeichen nicht oder nicht ordnungsgemäß anbringt,
7. als Verfügungsberechtigter entgegen Art. 5 Abs. 2 Satz 1 Halbsatz 2 Zu- oder Durchfahrten, Aufstellflächen oder Bewegungsflächen nicht frei hält,
8. entgegen Art. 55 Abs. 1, Art. 63 Abs. 1 Satz 1 oder Art. 70 bauliche Anlagen errichtet, ändert oder benutzt oder entgegen Art. 57 Abs. 5 Satz 2 eine Beseitigung nicht oder nicht rechtzeitig anzeigt,
9. entgegen Art. 58 Abs. 2 Satz 5 und 6, auch in Verbindung mit Satz 7, mit der Ausführung eines Bauvorhabens beginnt,
10. entgegen Art. 72 Abs. 2 Satz 1 fliegende Bauten aufstellt oder einer nach Art. 72 Abs. 2 Satz 3 mit einer Ausführungsgenehmigung verbundenen vollziehbaren Auflage zuwiderhandelt oder entgegen Art. 72 Abs. 5 Satz 1 die Aufstellung eines fliegenden Baus nicht oder nicht rechtzeitig anzeigt oder entgegen Art. 72 Abs. 5 Satz 2 einen fliegenden Bau in Gebrauch nimmt,
11. entgegen Art. 68 Abs. 6, auch in Verbindung mit Art. 57 Abs. 5 Satz 5, mit der Bauausführung, der Ausführung eines Bauabschnitts oder der Beseitigung einer Anlage beginnt, entgegen Art. 78 Abs. 1 Bauarbeiten fortsetzt, entgegen Art. 78 Abs. 2 Satz 1 in Verbindung mit Satz 2 die Aufnahme der Nutzung nicht, nicht rechtzeitig oder nicht richtig anzeigt oder entgegen Art. 78 Abs. 3 Feuerstätten, Verbrennungsmotoren oder Blockheizkraftwerke in Betrieb nimmt,
12. entgegen Art. 68 Abs. 8 den Ausführungsbeginn oder die Wiederaufnahme der Bauarbeiten nicht oder nicht rechtzeitig mitteilt,
13. entgegen Art. 50 Abs. 1 Satz 1 keine geeigneten Beteiligten bestellt oder entgegen Art. 50 Abs. 1 Satz 5 eine Mitteilung nicht oder nicht rechtzeitig erstattet oder entgegen Art. 50 Abs. 1 Satz 4 oder entgegen Art. 52 Abs. 1 Satz 2 und 3 die erforderlichen Nachweise und Unterlagen nicht bereithält.

[2] Ist eine Ordnungswidrigkeit nach Satz 1 Nrn. 9 bis 11 begangen worden, können Gegenstände, auf die sich die Ordnungswidrigkeit bezieht, eingezogen werden; § 23 des Gesetzes über Ordnungswidrigkeiten (OWiG) ist anzuwenden.

(2) Mit einer Geldbuße bis zu fünfhunderttausend Euro belegt werden kann ferner, wer

1. vorsätzlich oder fahrlässig unrichtige Angaben macht oder unrichtige Pläne oder Unterlagen vorlegt, um einen nach diesem Gesetz vorgesehenen Verwaltungsakt zu erwirken oder zu verhindern,
2. vorsätzlich oder fahrlässig unrichtige Angaben in dem Kriterienkatalog nach Art. 62a Abs. 2 Satz 1 macht,

3. ohne dazu berechtigt zu sein, bautechnische Nachweise im Sinn des Art. 57 Abs. 5 Satz 3, des Art. 62 Abs. 1 Satz 1 oder des Art. 78 Abs. 2 Satz 2 erstellt, bescheinigt oder bestätigt,
4. als Prüfsachverständiger unrichtige Bescheinigungen über die Einhaltung bauordnungsrechtlicher Anforderungen ausstellt.

Art. 80[1] **Rechtsverordnungen.** (1) [1] Zur Verwirklichung der in Art. 3 Satz 1, Art. 15 Abs. 1 und Art. 16 Abs. 2 Satz 1 bezeichneten Anforderungen wird das Staatsministerium für Wohnen, Bau und Verkehr ermächtigt, durch Rechtsverordnung Vorschriften zu erlassen über

1. die nähere Bestimmung allgemeiner Anforderungen der Art. 4 bis 46,
2. Anforderungen an Feuerungsanlagen (Art. 40),
3. Anforderungen an Garagen (Art. 2 Abs. 8),
4. besondere Anforderungen oder Erleichterungen, die sich aus der besonderen Art oder Nutzung der baulichen Anlagen für Errichtung, Änderung, Unterhaltung, Betrieb und Nutzung ergeben (Art. 2 Abs. 4), sowie über die Anwendung solcher Anforderungen auf bestehende bauliche Anlagen dieser Art,
5. Erst-, Wiederholungs- und Nachprüfung von Anlagen, die zur Verhütung erheblicher Gefahren oder Nachteile ständig ordnungsgemäß unterhalten werden müssen, und die Erstreckung dieser Nachprüfungspflicht auf bestehende Anlagen,
6. die Anwesenheit fachkundiger Personen beim Betrieb technisch schwieriger baulicher Anlagen und Einrichtungen wie Bühnenbetriebe und technisch schwierige fliegende Bauten einschließlich des Nachweises der Befähigung dieser Personen.

[2] In diesen Rechtsverordnungen kann wegen der technischen Anforderungen auf Bekanntmachungen besonders sachverständiger Stellen mit Angabe der Fundstelle verwiesen werden.

(2) [1] Das Staatsministerium für Wohnen, Bau und Verkehr wird ermächtigt, durch Rechtsverordnung Vorschriften zu erlassen über

1. Prüfingenieure und Prüfämter, denen bauaufsichtliche Prüfaufgaben einschließlich der Bauüberwachung und der Bauzustandsbesichtigung übertragen werden, sowie
2. Prüfsachverständige, die im Auftrag des Bauherrn oder des sonstigen nach Bauordnungsrecht Verantwortlichen die Einhaltung bauordnungsrechtlicher Anforderungen prüfen und bescheinigen.

[2] Die Rechtsverordnungen nach Satz 1 regeln, soweit erforderlich,

---

[1] Art. 80 Abs. 5 Nr. 2 geänd. mWv 1.7.2013, Abs. 6 Sätze 1 und 3 geänd., Abs. 7 Satz 1 Nr. 3 neu gef., Satz 2 geänd. mWv 1.1.2013 durch G v. 11.12.2012 (GVBl. S. 633); Abs. 1 Satz 1 einl. Satzteil, Abs. 2 Satz 1 einl. Satzteil, Satz 3 einl. Satzteil, Abs. 3 Satz 1, Abs. 4 Satz 1 einl. Satzteil, Abs. 5 einl. Satzteil, Abs. 6 Satz 1 und Abs. 7 Satz 1 einl. Satzteil geänd. mWv 30.8.2014 durch V v. 22.7.2014 (GVBl. S. 286); Abs. 1 Satz 1 einl. Satzteil, Abs. 2 Satz 3 Nr. 3, Abs. 3 Satz 1, Abs. 5 Nr. 1, 2 und 4 geänd., Abs. 5 Nr. 5 und 6 eingef., bish. Nr. 5 wird Nr. 7, Abs. 7 Satz 1 Nr. 3 neu gef. mWv 1.9.2018 durch G v. 10.7.2018 (GVBl. S. 523); Abs. 1 Satz 1 einl. Satzteil, Abs. 2 Satz 1 einl. Satzteil, Satz 3 einl. Satzteil, Abs. 3 Satz 1, Abs. 4 Satz 1 einl. Satzteil, Abs. 5 einl. Satzteil, Abs. 6 Satz 1 und Abs. 7 Satz 1 einl. Satzteil geänd. mWv 1.5.2019 durch V v. 26.3.2019 (GVBl. S. 98); Abs. 6 Satz 2 geänd. mWv 1.2.2021 durch G v. 23.12.2020 (GVBl. S. 663).

1. die Fachbereiche und die Fachrichtungen, in denen Prüfingenieure, Prüfämter und Prüfsachverständige tätig werden,
2. die Anerkennungsvoraussetzungen und das Anerkennungsverfahren,
3. Erlöschen, Rücknahme und Widerruf der Anerkennung einschließlich der Festlegung einer Altersgrenze,
4. die Aufgabenerledigung,
5. die Vergütung.

[3]Das Staatsministerium für Wohnen, Bau und Verkehr kann durch Rechtsverordnung ferner

1. den Leitern und stellvertretenden Leitern von Prüfämtern die Stellung eines Prüfsachverständigen nach Satz 1 Nr. 2 zuweisen,
2. soweit für bestimmte Fachbereiche und Fachrichtungen Prüfsachverständige nach Satz 1 Nr. 2 noch nicht in ausreichendem Umfang anerkannt sind, anordnen, dass die von solchen Prüfsachverständigen zu prüfenden und zu bescheinigenden bauordnungsrechtlichen Anforderungen bauaufsichtlich geprüft werden können,
3. soweit Tragwerksplaner oder Brandschutzplaner nach Art. 62 Abs. 3 noch nicht in ausreichendem Umfang eingetragen sind, anordnen, dass die Standsicherheits- oder Brandschutznachweise bauaufsichtlich geprüft werden und die Bauausführung bauaufsichtlich überwacht wird.

(3) [1]Das Staatsministerium für Wohnen, Bau und Verkehr wird ermächtigt, durch Rechtsverordnung Vorschriften für eine Zusatzqualifikation im Sinn des Art. 62a Abs. 1 zu erlassen, die bezogen auf die Bauvorhaben nach Art. 61 Abs. 3 Satz 1 ausreichende Kenntnisse und Fertigkeiten hinsichtlich Standsicherheit, Schall-, Wärme- und baulichen Brandschutz sicherstellen. [2]Dabei können insbesondere geregelt werden

1. die Notwendigkeit einer staatlichen Anerkennung, die die erfolgreiche Ablegung der Prüfung voraussetzt,
2. die Voraussetzungen, die Inhalte und das Verfahren für diese Prüfung,
3. das Verfahren sowie die Voraussetzungen der Anerkennung, ihren Widerruf, ihre Rücknahme und ihr Erlöschen,
4. Weiter- und Fortbildungserfordernisse sowie
5. die Maßnahmen bei Pflichtverletzungen.

(4) [1]Das Staatsministerium für Wohnen, Bau und Verkehr wird ermächtigt, durch Rechtsverordnung Vorschriften zu erlassen über

1. Umfang, Inhalt und Zahl der erforderlichen Unterlagen einschließlich der Vorlagen bei der Anzeige der beabsichtigten Beseitigung von Anlagen nach Art. 57 Abs. 5 Satz 2 und bei der Genehmigungsfreistellung nach Art. 58,
2. die erforderlichen Anträge, Anzeigen, Nachweise, Bescheinigungen und Bestätigungen, auch bei verfahrensfreien Bauvorhaben,
3. das Verfahren im Einzelnen.

[2]Es kann dabei für verschiedene Arten von Bauvorhaben unterschiedliche Anforderungen und Verfahren festlegen.

(5) Das Staatsministerium für Wohnen, Bau und Verkehr wird ermächtigt, durch Rechtsverordnung

1. die Zuständigkeit für die vorhabenbezogene Bauartgenehmigung nach Art. 15 Abs. 2 Satz 1 Nr. 2 und den Verzicht darauf nach Art. 15 Abs. 4 sowie die Zustimmung im Einzelfall nach Art. 20 auf ihm unmittelbar nachgeordnete Behörden zu übertragen,
2. die Zuständigkeit für die Anerkennung von Prüf-, Zertifizierungs- und Überwachungsstellen nach Art. 23 Abs. 3 auf das Deutsche Institut für Bautechnik zu übertragen,
3. das Ü-Zeichen festzulegen und zu diesem Zeichen zusätzliche Angaben zu verlangen,
4. das Anerkennungsverfahren nach Art. 23 Abs. 3, die Voraussetzungen für die Anerkennung, ihre Rücknahme, ihren Widerruf und ihr Erlöschen zu regeln, insbesondere auch Altersgrenzen festzulegen, sowie eine ausreichende Haftpflichtversicherung zu fordern,
5. die Anwendbarkeit der Art. 15 Abs. 2, Art. 17 bis 23 für bestimmte Bauprodukte und Bauarten, auch soweit sie Anforderungen nach anderen Rechtsvorschriften unterliegen, hinsichtlich dieser Anforderungen ganz oder teilweise vorzuschreiben, wenn die anderen Rechtsvorschriften dies verlangen oder zulassen,
6. besondere Sachkunde- und Sorgfaltsanforderungen nach Art. 22, insbesondere auch Mindestanforderungen an die Ausbildung, die durch Prüfung nachzuweisende Befähigung und die Ausbildungsstätten einschließlich der Anerkennungsvoraussetzungen zu stellen,
7. zu bestimmen, dass Ausführungsgenehmigungen für fliegende Bauten nur durch bestimmte Bauaufsichtsbehörden oder durch von ihm bestimmte Stellen erteilt werden, und die Vergütung dieser Stellen zu regeln.

(6) [1]Das Staatsministerium für Wohnen, Bau und Verkehr wird ermächtigt, durch Rechtsverordnung zu bestimmen, dass die Anforderungen der auf Grund des § 34 des Produktsicherheitsgesetzes (ProdSG) und des § 49 Abs. 4 des Energiewirtschaftsgesetzes erlassenen Rechtsverordnungen entsprechend für Anlagen gelten, die weder gewerblichen noch wirtschaftlichen Zwecken dienen und in deren Gefahrenbereich auch keine Arbeitnehmer beschäftigt werden. [2]Es kann auch die Verfahrensvorschriften dieser Rechtsverordnungen für anwendbar erklären oder selbst das Verfahren bestimmen sowie Zuständigkeiten und Gebühren regeln. [3]Dabei kann es auch vorschreiben, dass danach zu erteilende Erlaubnisse die Baugenehmigung einschließlich der zugehörigen Abweichungen einschließen und dass § 35 Abs. 2 ProdSG insoweit Anwendung findet.

(7) [1]Das Staatsministerium für Wohnen, Bau und Verkehr wird ermächtigt, durch Rechtsverordnung die zuständigen Behörden zur Durchführung

1. des Baugesetzbuchs,
2. des § 6b Abs. 9 des Einkommensteuergesetzes,
3. der Verordnung (EG) Nr. 765/2008, der Verordnung (EU) Nr. 305/2011 und des Bauproduktengesetzes

in den jeweils geltenden Fassungen zu bestimmen, soweit nicht durch Bundesgesetz oder Landesgesetz etwas anderes vorgeschrieben ist. [2]Die Zuständigkeiten nach Satz 1 Nr. 3 können auch auf das Deutsche Institut für Bautechnik übertragen werden.

Art. 80a[1] **Digitale Baugenehmigung, digitale Verfahren.** [1]Die Staatsregierung wird ermächtigt, zur Digitalisierung der Baugenehmigung oder anderer bauaufsichtlicher Verfahren durch Rechtsverordnung räumlich bestimmte Abweichungen von den durch oder aufgrund dieses Gesetzes bestehenden Zuständigkeits-, Verfahrens- und Formvorschriften vorzusehen. [2]Abweichungen nach Satz 1 für Zuständigkeits- und Verfahrensvorschriften können sich auch auf die Einreichung in Papierform erstrecken. [3]Soweit die Festlegung des örtlichen Anwendungsbereichs einer Rechtsverordnung nach Satz 1 und 2 betroffen ist, kann die Staatsregierung die Ermächtigung nach Satz 1 und 2 durch Rechtsverordnung auf das Staatsministerium für Wohnen, Bau und Verkehr übertragen.

Art. 81[2] **Örtliche Bauvorschriften.** (1) Die Gemeinden können durch Satzung im eigenen Wirkungskreis örtliche Bauvorschriften erlassen

1. über besondere Anforderungen an die äußere Gestaltung von baulichen Anlagen zur Erhaltung und Gestaltung des Ortsbildes, insbesondere zur Begrünung von Gebäuden,
2. über das Verbot der Errichtung von Werbeanlagen aus ortsgestalterischen Gründen,
3. über die Lage, Größe, Beschaffenheit, Ausstattung und Unterhaltung von Spielplätzen, die Art der Erfüllung sowie über die Ablöse der Pflicht (Art. 7 Abs. 3),
4. über Zahl, Größe und Beschaffenheit der Stellplätze für Kraftfahrzeuge und der Abstellplätze für Fahrräder, einschließlich der Ausstattung mit Elektroladestationen, des Mehrbedarfs bei Änderungen und Nutzungsänderungen der Anlagen, der Berücksichtigung örtlicher Verkehrsinfrastruktur sowie die Ablösung der Herstellungspflicht und die Höhe der Ablösungsbeträge, die nach Art der Nutzung und Lage der Anlage unterschiedlich geregelt werden kann,
5. über die Gestaltung der Plätze für bewegliche Abfallbehälter, die Gestaltung und Bepflanzung der unbebauten Flächen der bebauten Grundstücke sowie über die Notwendigkeit, Art, Gestaltung und Höhe von Einfriedungen; dabei kann bestimmt werden, dass Vorgärten nicht als Arbeitsflächen oder Lagerflächen benutzt werden dürfen,
6. über von Art. 6 abweichende Maße der Abstandsflächentiefe,
   a) eine Erhöhung auf bis zu 1,0 H, mindestens 3 m, insbesondere, wenn dies die Erhaltung des Ortsbildes im Gemeindegebiet oder in Teilen des Gemeindegebiets bezweckt oder der Verbesserung oder Erhaltung der Wohnqualität dient,
   b) eine Verkürzung auf bis zu 0,4 H, mindestens 3 m, in Gemeinden mit mehr als 250 000 Einwohnern, wenn eine ausreichende Belichtung und Belüftung sowie der Brandschutz gewährleistet sind,
7. in Gebieten, in denen es für das Straßen- und Ortsbild oder für den Lärmschutz oder die Luftreinhaltung bedeutsam oder erforderlich ist, darüber, dass auf den nicht überbaubaren Flächen der bebauten Grundstücke Bäume nicht beseitigt

---

[1] Art. 80a eingef. mWv 1.2.2021 durch G v. 23.12.2020 (GVBl. S. 663).

[2] Art. 81 Abs. 1 Nr. 7 geänd. mWv 31.7.2008 durch G v. 22.7.2008 (GVBl. S. 479); Abs. 2 Satz 2 geänd. mWv 1.1.2013 durch G v. 11.12.2012 (GVBl. S. 633); Abs. 1 Nr. 1 und 4 sowie Abs. 2 Satz 2 geänd. mWv 1.9.2018 durch G v. 10.7.2018 (GVBl. S. 523); Abs. 1 Nr. 3 geänd. mWv 1.8.2019 durch G v. 24.7.2019 (GVBl. S. 408); Abs. 1 Nr. 6 neu gef. mWv 15.1.2021, Nr. 1 und 3 neu gef., Nr. 4 und 5 geänd. mWv 1.2.2021 durch G v. 23.12.2020 (GVBl. S. 663).

oder beschädigt werden dürfen, und dass die Flächen nicht unterbaut werden dürfen.

(2) [1] Örtliche Bauvorschriften können auch durch Bebauungsplan oder, soweit das Baugesetzbuch dies vorsieht, durch andere Satzungen nach den Vorschriften des Baugesetzbuchs erlassen werden. [2] In diesen Fällen sind, soweit das Baugesetzbuch kein abweichendes Verfahren regelt, die Vorschriften des Ersten und des Dritten Abschnitts des Ersten Teils, des Ersten Abschnitts des Zweiten Teils des Ersten Kapitels, die §§ 13, 13a, 13b, 30, 31, 33, 36, 214 und 215 BauGB entsprechend anzuwenden.

(3) [1] Anforderungen nach den Abs. 1 und 2 können in der Satzung auch zeichnerisch gestellt werden. [2] Die zeichnerischen Darstellungen können auch dadurch bekannt gemacht werden, dass sie bei der erlassenden Behörde zur Einsicht ausgelegt werden. [3] Hierauf ist in der Satzung hinzuweisen.

Art. 81a[1)] Technische Baubestimmungen. (1) [1] Die vom Staatsministerium für Wohnen, Bau und Verkehr öffentlich bekanntgemachten Technischen Baubestimmungen sind zu beachten. [2] Von den Technischen Baubestimmungen kann abgewichen werden, wenn mit einer anderen Lösung in gleichem Maße die allgemeinen Anforderungen des Art. 3 Satz 1 erfüllt werden und in der Technischen Baubestimmung eine Abweichung nicht ausgeschlossen ist; Art. 15 Abs. 2 und Art. 17 bleiben unberührt. [3] Werden die allgemein anerkannten Regeln der Baukunst und Technik beachtet, gelten die entsprechenden bauaufsichtlichen Anforderungen dieses Gesetzes und der auf Grund dieses Gesetzes erlassenen Vorschriften als eingehalten.

(2) Zur Sicherstellung der Anforderungen nach Art. 3 Satz 1, Art. 15 Abs. 1 und Art. 16 Abs. 2 Satz 1 können im Rahmen der Technischen Baubestimmungen im erforderlichen Umfang Regelungen getroffen werden in Bezug auf

1. bestimmte bauliche Anlagen oder ihre Teile,
2. die Planung, Bemessung und Ausführung baulicher Anlagen und ihrer Teile,
3. die Leistung von Bauprodukten in bestimmten baulichen Anlagen oder ihren Teilen, insbesondere
   a) Planung, Bemessung und Ausführung baulicher Anlagen bei Einbau eines Bauprodukts,
   b) Merkmale von Bauprodukten, die sich für einen Verwendungszweck auf die Erfüllung der Anforderungen nach Art. 3 Satz 1 auswirken,
   c) Verfahren für die Feststellung der Leistung eines Bauproduktes im Hinblick auf Merkmale, die sich für einen Verwendungszweck auf die Erfüllung der Anforderungen nach Art. 3 Satz 1 auswirken,
   d) zulässige oder unzulässige besondere Verwendungszwecke,
   e) die Festlegung von Klassen und Stufen in Bezug auf bestimmte Verwendungszwecke,
   f) die für einen bestimmten Verwendungszweck anzugebende oder erforderliche und anzugebende Leistung in Bezug auf ein Merkmal, das sich für einen Verwendungszweck auf die Erfüllung der Anforderungen nach Art. 3 Satz 1 auswirkt, soweit vorgesehen in Klassen und Stufen,

---

1) Art. 81a eingef. mWv 1.9.2018 durch G v. 10.7.2018 (GVBl. S. 523).

4. die Bauprodukte, die keines Verwendbarkeitsnachweises nach Art. 17 bedürfen,
5. die Bauarten und die Bauprodukte, die nur eines allgemeinen bauaufsichtlichen Prüfzeugnisses nach allgemein anerkannten Prüfverfahren nach Art. 15 Abs. 3 oder Art. 19 bedürfen,
6. Voraussetzungen zur Abgabe der Übereinstimmungserklärung für ein Bauprodukt nach Art. 21,
7. die Art, den Inhalt und die Form technischer Dokumentation.

Siebter Teil. Ausführungsbestimmungen zum Baugesetzbuch

Art. 82[1)] Windenergie und Nutzungsänderung ehemaliger landwirtschaftlicher Gebäude. (1) § 35 Abs. 1 Nr. 5 BauGB findet auf Vorhaben, die der Erforschung, Entwicklung oder Nutzung der Windenergie dienen, nur Anwendung, wenn diese Vorhaben einen Mindestabstand vom 10-fachen ihrer Höhe zu Wohngebäuden in Gebieten mit Bebauungsplänen (§ 30 BauGB), innerhalb im Zusammenhang bebauter Ortsteile (§ 34 BauGB) – sofern in diesen Gebieten Wohngebäude nicht nur ausnahmsweise zulässig sind – und im Geltungsbereich von Satzungen nach § 35 Abs. 6 BauGB einhalten.

(2) [1] Höhe im Sinn des Abs. 1 ist die Nabenhöhe zuzüglich Radius des Rotors. [2] Der Abstand bemisst sich von der Mitte des Mastfußes bis zum nächstgelegenen Wohngebäude, das im jeweiligen Gebiet im Sinn des Abs. 1 zulässigerweise errichtet wurde bzw. errichtet werden kann.

(3) Soll auf einem gemeindefreien Gebiet ein Vorhaben nach Abs. 1 errichtet werden und würde der in Abs. 1 beschriebene Mindestabstand auch entsprechende Wohngebäude auf dem Gebiet einer Nachbargemeinde einschließen, gilt hinsichtlich dieser Gebäude der Schutz der Abs. 1 und 2, solange und soweit die Gemeinde nichts anderes in einem ortsüblich bekannt gemachten Beschluss feststellt.

(4) Abs. 1 und 2 finden keine Anwendung,

1. wenn in einem Flächennutzungsplan für Vorhaben der in Abs. 1 beschriebenen Art vor dem 21. November 2014 eine Darstellung für die Zwecke des § 35 Abs. 3 Satz 3 BauGB erfolgt ist,
2. soweit und sobald die Gemeinde der Fortgeltung der Darstellung nicht bis einschließlich 21. Mai 2015 in einem ortsüblich bekannt gemachten Beschluss widerspricht und
3. soweit und sobald auch eine betroffene Nachbargemeinde der Fortgeltung der Darstellung nicht bis einschließlich 21. Mai 2015 in einem ortsüblich bekannt gemachten Beschluss widerspricht; als betroffen gilt dabei eine Nachbargemeinde, deren Wohngebäude in Gebieten im Sinn des Abs. 1 in einem geringeren Abstand als dem 10-fachen der Höhe der Windkraftanlagen, sofern der Flächennutzungsplan jedoch keine Regelung enthält, maximal in einem Abstand von 2 000 m, stehen.

---

1) Art. 82 neu gef. mWv 1.7.2009 durch G v. 28.5.2009 (GVBl. S. 218); Überschrift neu gef., Abs. 1–5 eingef., bish. Wortlaut wird Abs. 6 mWv 21.11.2014 durch G v. 17.11.2014 (GVBl. S. 478); Abs. 5 aufgeh., bish. Abs. 6 wird Abs. 5 mWv 1.9.2018 durch G v. 10.7.2018 (GVBl. S. 523).

(5) Die Frist nach § 35 Abs. 4 Satz 1 Nr. 1 Buchst. c BauGB ist nicht anzuwenden.

Achter Teil. Übergangs- und Schlussvorschriften

Art. 83[1)] Übergangsvorschriften. (1) Art. 82 Abs. 1 und 2 findet keine Anwendung auf Anlagen zur Erforschung, Entwicklung oder Nutzung der Windenergie, soweit

1. vor Ablauf des 4. Februar 2014 bei der zuständigen Behörde ein vollständiger Antrag auf Genehmigung eingegangen ist, oder
2. die Anlage am selben Standort mit gleicher, geringfügig höherer oder niedrigerer Höhe statt einer anderen Anlage errichtet wurde, die mit Ablauf des 20. November 2014 zwar noch nicht errichtet aber entweder bereits genehmigt oder nach Nr. 1 genehmigungsfähig war.

(2) Bis zum Ablauf des 31. August 2018 für Bauarten erteilte allgemeine bauaufsichtliche Zulassungen oder Zustimmungen im Einzelfall gelten als Bauartgenehmigung fort.

(3) Als Tragwerksplaner im Sinn des Art. 62 Abs. 1 gelten die im Sinn des Art. 68 Abs. 7 Satz 2 in der bis zum 31. Dezember 2007 geltenden Fassung Nachweisberechtigten.

(4) Als Brandschutzplaner im Sinn des Art. 62b Abs. 1 gelten die im Sinn des Art. 68 Abs. 7 Satz 3 in der bis zum 31. Dezember 2007 geltenden Fassung Nachweisberechtigten sowie die auf der Grundlage der Rechtsverordnung nach Art. 90 Abs. 9 in der bis zum 31. Dezember 2007 geltenden Fassung anerkannten verantwortlichen Sachverständigen für vorbeugenden Brandschutz.

(5) Art. 53 Abs. 1 Satz 2 in der bis zum 31. Dezember 2007 geltenden Fassung findet keine Anwendung im Geltungsbereich von Satzungen, die auf Grund von Art. 91 Abs. 2 Nr. 4 in der bis zum 31. Dezember 2007 geltenden Fassung erlassen worden sind.

(6) Soweit § 20 Abs. 1 BauNVO zur Begriffsbestimmung des Vollgeschosses auf Landesrecht verweist, gilt insoweit Art. 2 Abs. 5 in der bis zum 31. Dezember 2007 geltenden Fassung fort.

(7) Die Vorschriften zur Genehmigungsfiktion gemäß Art. 68 Abs. 2 gelten für ab dem 1. Mai 2021 eingereichte Bauanträge.

Art. 84[2)] Inkrafttreten[3)]. [1]Dieses Gesetz tritt am 1. Oktober 1962 in Kraft. [2]Die Vorschriften über die Ermächtigung zum Erlass von Rechtsverordnungen

---

1) Art. 83 Abs 1, 2 und 5 aufgeh. mWv 30.4.2013 durch G v. 8.4.2013 (GVBl. S. 174); Abs. 1 eingef. mWv 21.11.2014 durch G v. 17.11.2014 (GVBl. S. 478), befristet bis 31.12.2015; Befristung aufgeh. mWv 1.8.2015 durch G v. 24.7.2015 (GVBl. S. 296); Abs. 2 eingef., Abs. 3 und Abs. 4 geänd., bish. Abs. 6 und 7 werden Abs. 5 und 6 mWv 1.9.2018 durch G v. 10.7.2018 (GVBl. S. 523); Abs. 1 neu gef. mWv 1.8.2020 durch G v. 24.7.2020 (GVBl. S. 381); Abs. 4 geänd., Abs. 7 angef. mWv 1.2.2021 durch G v. 23.12.2020 (GVBl. S. 663).

2) Art. 84 Überschrift geänd., Satz 3 angef. mWv 21.11.2014 durch G v. 17.11.2014 (GVBl. S. 478); Überschrift geänd., Satz 3 aufgeh. mWv 1.8.2015 durch G v. 24.7.2015 (GVBl. S. 296).

3) **Amtl. Anm.:** Diese Vorschrift betrifft das Inkrafttreten des Gesetzes in der ursprünglichen Fassung vom 1. August 1962 (GVBl S. 179, ber. S. 250). Der Zeitpunkt des Inkrafttretens der späteren Änderungen ergibt sich aus den jeweiligen Änderungsgesetzen.

und von örtlichen Bauvorschriften treten jedoch bereits am 1. August 1962 in Kraft.

Nr. 2 *(nicht belegt)*

3. Verordnung über Bauvorlagen und bauaufsichtliche Anzeigen (Bauvorlagenverordnung – BauVorlV)

Vom 10. November 2007
(GVBl. S. 792)

BayRS 2132-1-2-B

zuletzt geänd. durch § 5 G zur Vereinfachung baurechtlicher Regelungen und zur Beschleunigung sowie Förderung des Wohnungsbaus v. 23.12.2020 (GVBl. S. 663)

Auf Grund von Art. 80 Abs. 4 der Bayerischen Bauordnung (BayBO)[1] in der Fassung der Bekanntmachung vom 14. August 2007 (GVBl S. 588, BayRS 2132-1-I) und Art. 7 Abs. 2 des Bayerischen Abgrabungsgesetzes (BayAbgrG)[2] vom 27. Dezember 1999 (GVBl S. 532, 535, BayRS 2132-2-I) erlässt das Bayerische Staatsministerium des Innern folgende Verordnung:

Nichtamtliche Inhaltsübersicht[3]

Erster Teil. Allgemeines

§ 1[4] Begriff, Beschaffenheit. (1) [1]Bauvorlagen sind die einzureichenden Unterlagen, die für die Beurteilung des Bauvorhabens und die Bearbeitung des Bauantrags (Art. 64 Abs. 2 Satz 1 BayBO[1]), für die Anzeige der beabsichtigten

---

[1] Nr. **1**.
[2] Nr. **4**.
[3] Amtl. Inhaltsübersicht aufgeh. mWv 1.9.2018 durch V v. 7.8.2018 (GVBl. S. 694).
[4] § 1 Abs. 3 geänd. mWv 30.8.2014 durch V v. 22.7.2014 (GVBl. S. 286); Abs. 3 geänd. mWv 1.5. 2019 durch V v. 26.3.2019 (GVBl. S. 98).

Beseitigung (Art. 57 Abs. 5 Satz 2 BayBO) oder für die Genehmigungsfreistellung (Art. 58 Abs. 3 Satz 1 Halbsatz 1 BayBO) erforderlich sind. [2]Bautechnische Nachweise gelten auch dann als Bauvorlagen im Sinn dieser Verordnung, wenn sie der Bauaufsichtsbehörde nicht vorzulegen sind.

(2) [1]Bauvorlagen müssen aus alterungsbeständigem Papier oder gleichwertigem Material lichtbeständig hergestellt sein und dem Format DIN A 4 entsprechen oder auf diese Größe gefaltet sein. [2]Art. 3a des Bayerischen Verwaltungsverfahrensgesetzes (BayVwVfG) bleibt unberührt.

(3) Hat das Staatsministerium für Wohnen, Bau und Verkehr Vordrucke öffentlich bekannt gemacht, sind diese zu verwenden.

(4) Die Bauaufsichtsbehörde darf ein Modell oder weitere Nachweise verlangen, wenn dies zur Beurteilung des Bauvorhabens erforderlich ist.

(5) Die Bauaufsichtsbehörde soll auf Bauvorlagen nach dem Zweiten Teil und einzelne Angaben in den Bauvorlagen sowie auf bautechnische Nachweise einschließlich deren Prüfung und deren Bescheinigung durch Prüfsachverständige verzichten, soweit diese zur Beurteilung der Genehmigungsfähigkeit des Bauvorhabens nicht erforderlich sind.

§ 2 Anzahl. [1]Bauvorlagen sind dreifach, ist die Gemeinde zugleich Bauaufsichtsbehörde, zweifach einzureichen. [2]Die Bauaufsichtsbehörde kann Mehrfertigungen verlangen, soweit dies zur Beteiligung von Stellen nach Art. 65 Abs. 1 Satz 1 Halbsatz 1 BayBO[1)] (Sternverfahren) erforderlich ist; die Mehrfertigungen müssen nicht nach Art. 51 Abs. 2 Satz 2, Art. 64 Abs. 4 Sätze 1 und 2 BayBO unterschrieben sein. [3]Im Fall der Errichtung, Änderung oder Nutzungsänderung einer baulichen Anlage mit Arbeitsstätten mit einem höheren Gefährdungspotential ist eine weitere Ausfertigung vorzulegen, die die Bauaufsichtsbehörde an das Gewerbeaufsichtsamt der zuständigen Regierung weiterleitet; ein höheres Gefährdungspotential liegt in der Regel nicht vor bei

1. Schulen, Hochschulen und ähnlichen Einrichtungen,
2. Gesundheitseinrichtungen, ausgenommen Krankenhäuser,
3. Heimen und sonstigen Einrichtungen zur Unterbringung oder Pflege von Personen sowie Tageseinrichtungen für Kinder, behinderte und alte Menschen, ausgenommen Werkstätten für Menschen mit Behinderung,
4. Gast- und Beherbergungsstätten und Lagereinrichtungen mit voraussichtlich weniger als 20 Beschäftigten,
5. Büro- und Verwaltungsgebäuden,
6. Anlagen des Dienstleistungs- sowie des Verlags- und Mediengewerbes, ausgenommen Anlagen des Druckgewerbes,
7. Anlagen des Bau- und Elektroinstallationsgewerbes,
8. Verkaufsstätten mit einer Fläche von weniger als 2000 m^2,
9. Anlagen der Land- und Forstwirtschaft sowie der Fischerei,
10. Anlagen von Verkehrsbetrieben, ausgenommen Anlagen zum Güterumschlag,
11. Anlagen von Versorgungsbetrieben, ausgenommen Anlagen zum Güterumschlag.

[1)] Nr. **1**.

Zweiter Teil. Vorzulegende Bauvorlagen

§ 3[1] Bauliche Anlagen. Vorzulegen sind:

1. ein aktueller Auszug aus dem Katasterwerk und, soweit es sich nicht um Änderungen baulicher Anlagen handelt, bei denen Außenwände und Dächer sowie die Nutzung nicht verändert werden, der Lageplan (§ 7),
2. die Bauzeichnungen (§ 8),
3. die Baubeschreibung (§ 9),
4. bei Sonderbauten der Nachweis der Standsicherheit (§ 10), soweit er bauaufsichtlich geprüft wird, andernfalls die Erklärung des Tragwerksplaners nach Maßgabe des Kriterienkatalogs der **Anlage 2**,
5. der Nachweis des Brandschutzes (§ 11), soweit er bauaufsichtlich geprüft wird und nicht bereits in den übrigen Bauvorlagen enthalten ist,
6. die erforderlichen Angaben über die gesicherte Erschließung hinsichtlich der Versorgung mit Wasser und Energie sowie der Entsorgung von Abwasser und der verkehrsmäßigen Erschließung, soweit das Bauvorhaben nicht an eine öffentliche Wasser- oder Energieversorgung oder eine öffentliche Abwasserentsorgungsanlage angeschlossen werden kann oder nicht in ausreichender Breite an einer öffentlichen Verkehrsfläche liegt,
7. bei Bauvorhaben im Geltungsbereich eines Bebauungsplans, der Festsetzungen darüber enthält, eine Berechnung des zulässigen, des vorhandenen und des geplanten Maßes der baulichen Nutzung,
8. soweit erforderlich, die Erklärung der Übernahme einer Abstandsfläche nach Art. 6 Abs. 2 Satz 3 Halbsatz 1 BayBO[2],
9. erforderliche Abweichungsanträge (Art. 63 BayBO).

§ 4[3] Werbeanlagen. (1) Vorzulegen sind:

1. ein aktueller Auszug aus dem Katasterwerk mit Einzeichnung des Standorts,
2. eine Zeichnung (Abs. 2) und Beschreibung (Abs. 3) oder eine andere geeignete Darstellung der Werbeanlage, wie ein farbiges Lichtbild oder eine farbige Lichtbildmontage,
3. bei Sonderbauten der Nachweis der Standsicherheit (§ 10), soweit er bauaufsichtlich geprüft wird, andernfalls die Erklärung des Tragwerkplaners nach Maßgabe des Kriterienkatalogs der Anlage 2.

(2) Die Zeichnung muss die Darstellung der Werbeanlage und ihre Maße, auch bezogen auf den Standort und auf Anlagen, an denen die Werbeanlage angebracht oder in deren Nähe sie aufgestellt werden soll, sowie Angaben über die Farbgestaltung enthalten.

(3) In der Beschreibung sind die Art und die Beschaffenheit der Werbeanlage, sowie, soweit erforderlich, die Abstände zu öffentlichen Verkehrsflächen sowie zu benachbarten Signalanlagen und Verkehrszeichen anzugeben.

---

[1] § 3 Nr. 4 neu gef. mWv 1.8.2009 durch V v. 8.7.2009 (GVBl. S. 332); Nr. 8 geänd., Nr. 9 angef. mWv 1.11.2009 durch V v. 22.10.2009 (GVBl. S. 542).

[2] Nr. **1**.

[3] § 4 Abs. 1 Nr. 3 geänd. mWv 1.11.2009 durch V v. 22.10.2009 (GVBl. S. 542).

§ 5 Vorbescheid. Vorzulegen sind diejenigen Bauvorlagen, die zur Beurteilung der durch den Vorbescheid zu entscheidenden Fragen des Bauvorhabens erforderlich sind.

§ 6[1] Beseitigung von Anlagen. Vorzulegen sind:
1. ein Lageplan, der die Lage der zu beseitigenden Anlagen unter Bezeichnung des Grundstücks nach Katasterwerk sowie nach Straße und Hausnummer darstellt (§ 7),
2. in den Fällen des Art. 57 Abs. 5 Satz 3 Halbsatz 1 BayBO[2] die Erklärung des Tragwerksplaners über die Standsicherheit angebauter Gebäude.

Dritter Teil. Inhalt der Bauvorlagen

§ 7[3] Auszug aus dem Katasterwerk, Lageplan. (1) [1]Der Auszug aus dem Katasterwerk (Ausschnitt aus der Flurkarte) muss das Baugrundstück und die benachbarten Grundstücke im Umkreis von mindestens 50 m darstellen. [2]Das Baugrundstück ist zu kennzeichnen. [3]Der Auszug ist mit dem Namen des Bauherrn, der Bezeichnung des Bauvorhabens und dem Datum des dazugehörigen Bauantrags oder der Unterlagen nach Art. 58 Abs. 3 Satz 1 Halbsatz 2 BayBO[2] zu beschriften.

(2) [1]Der Lageplan ist auf der Grundlage des Auszugs aus dem Katasterwerk zu erstellen. [2]Dabei ist ein Maßstab nicht kleiner als 1 : 1000 zu verwenden. [3]Ein größerer Maßstab ist zu wählen, wenn es für die Beurteilung des Bauvorhabens erforderlich ist. [4]Der Auszug muss jeweils von der katasterführenden Behörde (Art. 12 Abs. 4 des Vermessungs- und Katastergesetzes – VermKatG) beglaubigt oder durch ein automatisiertes Abrufverfahren gemäß Art. 11 Abs. 2 VermKatG zum Zweck der Bauvorlage abgerufen worden sein.

(3) Der Lageplan muss, soweit dies zur Beurteilung des Bauvorhabens erforderlich ist, enthalten:
1. den Maßstab und die Nordrichtung,
2. die katastermäßigen Flächen, Flurstücksnummern und die Flurstücksgrenzen des Baugrundstücks und der benachbarten Grundstücke,
3. die im Grundbuch geführte Bezeichnung des Baugrundstücks und der benachbarten Grundstücke mit den jeweiligen Eigentümerangaben,
4. die vorhandenen baulichen Anlagen auf dem Baugrundstück und den benachbarten Grundstücken mit Angabe ihrer Nutzung, First- und Außenwandhöhe, Dachform und der Art der Außenwände und der Bedachung,
5. Baudenkmäler einschließlich Ensembles sowie geschützte Teile von Natur und Landschaft auf dem Baugrundstück und auf den Nachbargrundstücken,
6. Leitungen, die der öffentlichen Versorgung mit Wasser, Gas, Elektrizität, Wärme, der öffentlichen Abwasserentsorgung oder der Telekommunikation und Rohrleitungen, die dem Ferntransport von Stoffen dienen, sowie deren Abstände zu der geplanten baulichen Anlage,

---

[1] § 6 Nr. 2 neu gef., Nr. 3 aufgeh. mWv 1.1.2013 durch V v. 7.12.2012 (GVBl. S. 732).

[2] Nr. **1**.

[3] § 7 Abs. 2 Satz 3 und Abs. 3 geänd. mWv 1.8.2009 durch V v. 8.7.2009 (GVBl. S. 332); Abs. 5 Satz 1 Halbs. 1 geänd. mWv 1.1.2013 durch V v. 7.12.2012 (GVBl. S. 732); Abs. 5 Satz 1 geänd. mWv 1.9.2018 durch V v. 7.8.2018 (GVBl. S. 694).

7. die angrenzenden öffentlichen Verkehrsflächen mit Angabe der Breite, der Straßenklasse und der Höhenlage mit Bezug auf das Höhenbezugssystem,
8. Hydranten und andere Wasserentnahmestellen für die Feuerwehr,
9. die Festsetzungen eines Bebauungsplans für das Baugrundstück über die überbaubaren und die nicht überbaubaren Grundstücksflächen,
10. die geplante bauliche Anlage unter Angabe der Außenmaße, der Dachform und der Höhenlage des Erdgeschossfußbodens zur Straße,
11. die Höhenlage der Eckpunkte des Baugrundstücks und der Eckpunkte der geplanten baulichen Anlage mit Bezug auf das Höhenbezugssystem,
12. die Aufteilung der nicht überbauten Flächen unter Angabe der Lage und Breite der Zu- und Abfahrten, der Anzahl, Lage und Größe der Kinderspielplätze, der Stellplätze und der Flächen für die Feuerwehr,
13. die Abstände der geplanten baulichen Anlage zu anderen baulichen Anlagen auf dem Baugrundstück und auf den benachbarten Grundstücken, zu den Nachbargrenzen sowie die Abstandsflächen der geplanten baulichen Anlagen und der bestehenden Anlagen auf dem Baugrundstück und den Nachbargrundstücken,
14. die Abstände der geplanten baulichen Anlage zu oberirdischen Gewässern,
15. geschützten Baumbestand.

(4) Der Inhalt des Lageplans nach Abs. 3 ist auf besonderen Blättern in geeignetem Maßstab darzustellen, wenn der Lageplan sonst unübersichtlich würde.

(5) [1] Im Lageplan sind die Zeichen oder Farben der **Anlage 1** zu verwenden; im Übrigen ist die Planzeichenverordnung 1990 entsprechend anzuwenden. [2] Sonstige Darstellungen sind zu erläutern.

§ 8[1)] Bauzeichnungen. (1) [1] Für die Bauzeichnungen ist ein Maßstab von 1 : 100 zu verwenden. [2] Ein größerer Maßstab ist zu wählen, wenn er zur Darstellung der erforderlichen Eintragung notwendig ist; ein kleinerer Maßstab kann gewählt werden, wenn er dafür ausreicht.

(2) In den Bauzeichnungen sind darzustellen:

1. die Grundrisse aller Geschosse mit Angabe der vorgesehenen Nutzung der Räume und mit Einzeichnung der
   a) Treppen,
   b) lichten Durchgangsmaße der Türen sowie deren Art, Anordnung und Aufschlagrichtung an und in Rettungswegen,
   c) Abgasanlagen,
   d) Räume für die Aufstellung von Feuerstätten unter Angabe der Nennleistung sowie der Räume für die Brennstofflagerung unter Angabe der vorgesehenen Art und Menge des Brennstoffes,
   e) Aufzugsschächte, Aufzüge und der nutzbaren Grundflächen der Fahrkörbe von Personenaufzügen,
   f) Installationsschächte, -kanäle und Lüftungsleitungen, soweit sie raumabschließende Bauteile durchdringen,
   g) Räume für die Aufstellung von Lüftungsanlagen,

[1)] § 8 Abs. 4 geänd. mWv 1.1.2013 durch V v. 7.12.2012 (GVBl. S. 732); Abs. 2 Nr. 1 Buchst. g geänd. mWv 1.9.2018 durch V v. 7.8.2018 (GVBl. S. 694).

2. die Schnitte, aus denen folgende Punkte ersichtlich sind:
   a) die Gründung der geplanten baulichen Anlage und, soweit erforderlich, die Gründungen anderer baulicher Anlagen,
   b) der Anschnitt der vorhandenen und der geplanten Geländeoberfläche,
   c) die Höhenlage des Erdgeschossfußbodens mit Bezug auf das Höhenbezugssystem,
   d) die Höhe der Fußbodenoberkante des höchstgelegenen Geschosses, in dem ein Aufenthaltsraum möglich ist, über der geplanten Geländeoberfläche,
   e) die lichten Raumhöhen,
   f) der Verlauf der Treppen und Rampen mit ihrem Steigungsverhältnis,
   g) die Wandhöhe im Sinn des Art. 6 Abs. 4 BayBO[1)],
   h) die Dachhöhen und Dachneigungen,
3. die Ansichten der geplanten baulichen Anlage mit dem Anschluss an Nachbargebäude unter Angabe von Baustoffen und Farben, der vorhandenen und geplanten Geländeoberfläche sowie des Straßengefälles.

(3) In den Bauzeichnungen sind anzugeben:
1. der Maßstab und die Maße,
2. die wesentlichen Bauprodukte und Bauarten,
3. die Rohbaumaße der Fensteröffnungen in Aufenthaltsräumen,
4. bei Änderung baulicher Anlagen die zu beseitigenden und die geplanten Bauteile.

(4) In den Bauzeichnungen sind die Zeichen oder Farben der **Anlage 1** zu verwenden.

§ 9[2)] Baubeschreibung. [1] In der Baubeschreibung sind das Bauvorhaben und seine Nutzung zu erläutern, soweit dies zur Beurteilung erforderlich ist und die notwendigen Angaben nicht im Lageplan und den Bauzeichnungen enthalten sind. [2] Die Gebäudeklasse und die Höhe im Sinn des Art. 2 Abs. 3 Satz 2 BayBO[1)] sind anzugeben. [3] Die Baukosten der baulichen Anlagen einschließlich der dazugehörenden Wasserversorgungsanlagen auf dem Baugrundstück sind anzugeben.

§ 10 Standsicherheitsnachweis. (1) Für den Nachweis der Standsicherheit tragender Bauteile einschließlich ihrer Feuerwiderstandsfähigkeit nach § 11 Abs. 1 Satz 1 Nr. 1 sind eine Darstellung des gesamten statischen Systems sowie die erforderlichen Konstruktionszeichnungen, Berechnungen und Beschreibungen vorzulegen.

(2) [1] Die statischen Berechnungen müssen die Standsicherheit der baulichen Anlagen und ihrer Teile nachweisen. [2] Die Beschaffenheit des Baugrunds und seine Tragfähigkeit sind anzugeben. [3] Soweit erforderlich, ist nachzuweisen, dass die Standsicherheit anderer baulicher Anlagen und die Tragfähigkeit des Baugrunds der Nachbargrundstücke nicht gefährdet werden.

[1)] Nr. **1**.
[2)] § 9 geänd. mWv 1.8.2009 durch V v. 8.7.2009 (GVBl. S. 332).

(3) Die Standsicherheit kann auf andere Weise als durch statische Berechnungen nachgewiesen werden, wenn hierdurch die Anforderungen an einen Standsicherheitsnachweis in gleichem Maße erfüllt werden.

§ 11 Brandschutznachweis. (1) Für den Nachweis des Brandschutzes sind im Lageplan, in den Bauzeichnungen und in der Baubeschreibung, soweit erforderlich, anzugeben:

1. das Brandverhalten der Baustoffe (Baustoffklasse) und die Feuerwiderstandsfähigkeit der Bauteile (Feuerwiderstandsklasse) entsprechend den Benennungen nach Art. 24 BayBO[1] oder entsprechend den Klassifizierungen nach den Anlagen zur Bauregelliste A Teil 1,
2. die Bauteile, Einrichtungen und Vorkehrungen, an die Anforderungen hinsichtlich des Brandschutzes gestellt werden, wie Brandwände und Decken, Trennwände, Unterdecken, Installationsschächte und -kanäle, Lüftungsanlagen, Feuerschutzabschlüsse und Rauchschutztüren, Öffnungen zur Rauchableitung, einschließlich der Fenster nach Art. 33 Abs. 8 Satz 2 BayBO,
3. die Nutzungseinheiten, die Brand- und Rauchabschnitte,
4. die aus Gründen des Brandschutzes erforderlichen Abstände innerhalb und außerhalb des Gebäudes,
5. der erste und zweite Rettungsweg nach Art. 31 BayBO, insbesondere notwendige Treppenräume, Ausgänge, notwendige Flure, mit Rettungsgeräten der Feuerwehr erreichbare Stellen einschließlich der Fenster, die als Rettungswege nach Art. 31 Abs. 2 Satz 2 BayBO dienen, unter Angabe der lichten Maße und Brüstungshöhen,
6. die Flächen für die Feuerwehr, Zu- und Durchgänge, Zu- und Durchfahrten, Bewegungsflächen und die Aufstellflächen für Hubrettungsfahrzeuge,
7. die Löschwasserversorgung.

(2) [1]Bei Sonderbauten, Mittel- und Großgaragen müssen, soweit es für die Beurteilung erforderlich ist, zusätzlich Angaben gemacht werden, insbesondere über:

1. brandschutzrelevante Einzelheiten der Nutzung, insbesondere auch die Anzahl und Art der die bauliche Anlage nutzenden Personen sowie Explosions- oder erhöhte Brandgefahren, Brandlasten, Gefahrstoffe und Risikoanalysen,
2. Rettungswegbreiten und -längen, Einzelheiten der Rettungswegführung und -ausbildung einschließlich Sicherheitsbeleuchtung und -kennzeichnung,
3. technische Anlagen und Einrichtungen zum Brandschutz, wie Branderkennung, Brandmeldung, Alarmierung, Brandbekämpfung, Rauchableitung, Rauchfreihaltung,
4. die Sicherheitsstromversorgung,
5. die Bemessung der Löschwasserversorgung, Einrichtungen zur Löschwasserentnahme sowie die Löschwasserrückhaltung,
6. betriebliche und organisatorische Maßnahmen zur Brandverhütung, Brandbekämpfung und Rettung von Menschen und Tieren wie Feuerwehrplan, Brandschutzordnung, Werkfeuerwehr, Bestellung von Brandschutzbeauftragten und Selbsthilfekräften.

---

[1] Nr. **1**.

[2]Anzugeben ist auch, weshalb es der Einhaltung von Vorschriften wegen der besonderen Art oder Nutzung baulicher Anlagen oder Räume oder wegen besonderer Anforderungen nicht bedarf (Art. 54 Abs. 3 Satz 2 BayBO). [3]Der Brandschutznachweis kann auch gesondert in Form eines objektbezogenen Brandschutzkonzepts dargestellt werden.

§ 12[1)] Nachweise für Schall- und Erschütterungsschutz. Die Berechnungen müssen den nach bauordnungsrechtlichen Vorschriften geforderten Schall- und Erschütterungsschutz nachweisen.

§ 13 Übereinstimmungsgebot. Die Bauzeichnungen, Baubeschreibungen, Berechnungen und Konstruktionszeichnungen sowie sonstige Zeichnungen und Beschreibungen, die den bautechnischen Nachweisen zugrunde liegen, müssen miteinander übereinstimmen und gleiche Positionsangaben haben.

Vierter Teil. Abgrabungsplan

§ 14 Abgrabungsplan. [1]Für den Abgrabungsplan (Art. 7 Abs. 1 Satz 1 BayAbgrG[2)]) gelten die Vorschriften des Ersten bis Dritten Teils entsprechend. [2]In den Fällen des Art. 8 BayAbgrG bleiben weitergehende Anforderungen nach Abschnitt III des Fünften Teils BayVwVfG unberührt.

Fünfter Teil. Bauzustandsanzeigen

§ 15[3)] Baubeginnsanzeige. (1) [1]Soweit bautechnische Nachweise nicht bauaufsichtlich geprüft und nicht durch einen Prüfsachverständigen bescheinigt werden, ist eine Erklärung des jeweiligen Nachweiserstellers nach den Art. 62 Abs. 2, Art. 62a Abs. 1 und Art. 62b Abs. 1 BayBO[4)] über die Erstellung des bautechnischen Nachweises spätestens mit der Baubeginnsanzeige (Art. 68 Abs. 8, Art. 58 Abs. 5 Satz 2 BayBO) vorzulegen. [2]Wird das Bauvorhaben abschnittsweise ausgeführt, muss die Erklärung spätestens bei Beginn der Ausführung des jeweiligen Bauabschnitts vorliegen.

(2) Für die nach Art. 68 Abs. 6 Nr. 2 BayBO vorzulegenden Bescheinigungen nach den Art. 62a Abs. 2, Art. 62b Abs. 2 BayBO gilt Abs. 1 Satz 2 entsprechend.

(3) [1]Muss der Standsicherheitsnachweis bei Bauvorhaben nach Art. 62a Abs. 2 Satz 1 Nr. 2 BayBO nicht bauaufsichtlich geprüft und nicht durch einen Prüfsachverständigen bescheinigt werden, ist spätestens mit der Baubeginnsanzeige eine Erklärung des Tragwerksplaners hierüber nach Maßgabe des Kriterienkatalogs der Anlage 2 vorzulegen. [2]Dies gilt nicht für Bauvorhaben nach Art. 62a Abs. 2 Satz 3 Nr. 1 BayBO.

[1)] § 12 Überschr. neu gef., Wortlaut geänd. mWv 1.1.2013 durch V v. 7.12.2012 (GVBl. S. 732).

[2)] Nr. **4**.

[3)] § 15 Abs. 3 geänd. mWv 1.8.2009 durch V v. 8.7.2009 (GVBl. S. 332); Abs. 3 Satz 2 angef. mWv 1.1.2013 durch V v. 7.12.2012 (GVBl. S. 732); Abs. 1 Satz 1, Abs. 2, Abs. 3 Sätze 1 und 2 geänd. mWv 1.9.2018 durch V v. 7.8.2018 (GVBl. S. 694); Abs. 1 Satz 1, Abs. 2 geänd. mWv 1.2.2021 durch G v. 23.12.2020 (GVBl. S. 663).

[4)] Nr. **1**.

§ 16[1] Anzeige der beabsichtigten Nutzungsaufnahme. Sind bei einem Bauvorhaben wiederkehrende bauaufsichtliche Prüfungen durch Rechtsverordnung nach Art. 80 Abs. 1 Satz 1 Nr. 4 oder 5 BayBO[2] oder im Einzelfall vorgeschrieben, ist mit der Anzeige nach Art. 78 Abs. 2 Satz 1 BayBO über die in Art. 78 Abs. 2 Satz 2 BayBO genannten Bescheinigungen und Bestätigungen hinaus der Brandschutznachweis (§ 11) vorzulegen, soweit er nicht bauaufsichtlich geprüft ist.

Sechster Teil. Inkrafttreten, Außerkrafttreten

§ 17[3] Inkrafttreten. Diese Verordnung tritt am 1. Januar 2008 in Kraft.

[1] § 16 geänd. mWv 1.8.2009 durch V v. 8.7.2009 (GVBl. S. 332).
[2] Nr. **1**.
[3] § 17 Überschrift geänd., Satz 2 aufgeh. mWv 1.9.2018 durch V v. 7.8.2018 (GVBl. S. 694).

Anlage 1

Zeichen und Farben für Bauvorlagen (zu § 7 Abs. 5 und § 8 Abs. 4)

		Zeichen:	Farbe:
1.	Grenzen des Grundstücks	— — — — —	Violett
2.	vorhandene bauliche Anlagen oder Bauteile	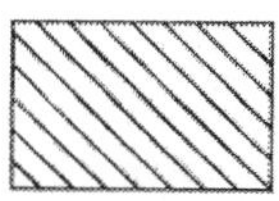	Grau
3.	geplante bauliche Anlagen oder Bauteile	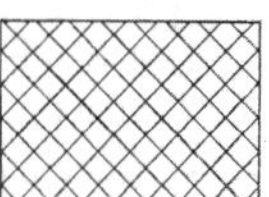	Rot
4.	zu beseitigende bauliche Anlagen oder Bauteile	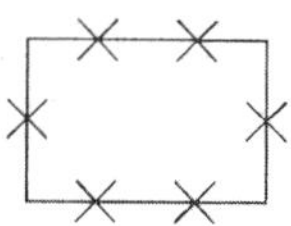	Gelb
5.	Flächen, auf denen Abstandsflächen nach Art. 6 Abs. 2 Satz 3 BayBO übernommen sind		Braun

Anlage 2

Kriterienkatalog nach § 15 Abs. 3

Sind die nachfolgenden Kriterien ausnahmslos erfüllt, ist eine Prüfung des Standsicherheitsnachweises nicht erforderlich:

1. Die Baugrundverhältnisse sind eindeutig und erlauben eine übliche Flachgründung entsprechend DIN 1054. Ausgenommen sind Gründungen auf setzungsempfindlichem Baugrund.
2. Bei erddruckbelasteten Gebäuden beträgt die Höhendifferenz zwischen Gründungssohle und Erdoberfläche maximal 4 m. Einwirkungen aus Wasserdruck müssen rechnerisch nicht berücksichtigt werden.
3. Angrenzende bauliche Anlagen oder öffentliche Verkehrsflächen werden nicht beeinträchtigt. Nachzuweisende Unterfangungen oder Baugrubensicherungen sind nicht erforderlich.
4. Die tragenden und aussteifenden Bauteile gehen im Wesentlichen bis zu den Fundamenten unversetzt durch. Ein rechnerischer Nachweis der Gebäudeaussteifung, auch für Teilbereiche, ist nicht erforderlich.
5. Die Geschossdecken sind linienförmig gelagert und dürfen für gleichmäßig verteilte Lasten (kN/m^2) und Linienlasten aus nichttragenden Wänden (kN/m) bemessen werden. Geschossdecken ohne ausreichende Querverteilung erhalten keine Einzellasten.
6. Die Bauteile der baulichen Anlage oder die bauliche Anlage selbst können mit einfachen Verfahren der Baustatik berechnet oder konstruktiv festgelegt werden. Räumliche Tragstrukturen müssen rechnerisch nicht nachgewiesen werden. Besondere Stabilitäts-, Verformungs- und Schwingungsuntersuchungen sind nicht erforderlich.
7. Außergewöhnliche sowie dynamische Einwirkungen sind nicht vorhanden. Beanspruchungen aus Erdbeben müssen rechnerisch nicht verfolgt werden.
8. Besondere Bauarten wie Spannbetonbau, Verbundbau, Leimholzbau und geschweißte Aluminiumkonstruktionen werden nicht angewendet.

4. Bayerisches Abgrabungsgesetz (BayAbgrG)[1)]

Vom 27. Dezember 1999
(GVBl. S. 532, 535)

BayRS 2132-2-B

zuletzt geänd. durch § 2 G zur Vereinfachung baurechtlicher Regelungen und zur Beschleunigung sowie Förderung des Wohnungsbaus v. 23.12.2020 (GVBl. S. 663)

Art. 1 Anwendungsbereich. Dieses Gesetz gilt für Abgrabungen zur Gewinnung von nicht dem Bergrecht unterliegenden Bodenschätzen und sonstige Abgrabungen einschließlich der Aufschüttungen, die unmittelbare Folge von Abgrabungen sind, sowie der dem Abgrabungsbetrieb dienenden Gebäude und Nebenanlagen.

Art. 2 Allgemeine Anforderungen. [1]Abgrabungen sind so auszuführen, dass die öffentliche Sicherheit und Ordnung, insbesondere Leben oder Gesundheit, und die natürlichen Lebensgrundlagen nicht gefährdet werden. [2]Im Vollzug dieses Gesetzes ist ein bestmöglicher Ausgleich zwischen dem öffentlichen Interesse an der Gewinnung heimischer Bodenschätze zur Sicherung der Rohstoffversorgung und den Belangen des Naturschutzes und der Landschaftspflege anzustreben.

Art. 3[2)] Abgrabungsbehörden. [1]Untere Abgrabungsbehörden sind die Kreisverwaltungsbehörden. [2]Höhere Abgrabungsbehörden sind die Regierungen. [3]Oberste Abgrabungsbehörde ist das Staatsministerium für Wohnen, Bau und Verkehr.

Art. 4 Aufgaben und Befugnisse der Abgrabungsbehörden. (1) [1]Die Aufgaben der Abgrabungsbehörden sind Staatsaufgaben. [2]Für die Gemeinden sind sie übertragene Aufgaben.

(2) [1]Die Abgrabungsbehörden wachen darüber, dass die öffentlich-rechtlichen Vorschriften, die für die Anlagen nach Art. 1 gelten, sowie die auf Grund dieser Vorschriften erlassenen Anordnungen eingehalten werden. [2]Sie können in Wahrnehmung dieser Aufgaben die erforderlichen Maßnahmen treffen. [3]Abgrabungsaufsichtliche Genehmigungen und Maßnahmen gelten auch für und gegen die Rechtsnachfolger; das Gleiche gilt auch für Personen, die ein Besitzrecht nach Erteilung einer abgrabungsaufsichtlichen Genehmigung oder nach Erlass einer abgrabungsaufsichtlichen Maßnahme erlangt haben. [4]Die mit dem Vollzug dieses Gesetzes Beauftragten sind berechtigt, in Ausübung ihres Amts Grundstücke und Anlagen nach Art. 1 auch gegen den Willen der Betroffenen zu betreten; das Grundrecht der Unverletzlichkeit der Wohnung (Art. 13 des Grundgesetzes, Art. 106 der Verfassung) wird insoweit eingeschränkt.

[1)] Verkündet als § 2 Bayerisches UVP-UmsetzungsG v. 27.12.1999 (GVBl. S. 532), geänd. durch G v. 12.7.2017 (GVBl. S. 366) v. 27.12.1999 (GVBl. S. 532); Inkrafttreten gem. § 10 dieses G am 14.3. 1999 (Art. 10 am 1.1.2002).

[2)] Art. 3 Satz 3 geänd. mWv 30.8.2014 durch V v. 22.7.2014 (GVBl. S. 286 ber. S. 405); Satz 3 geänd. mWv 1.5.2019 durch V v. 26.3.2019 (GVBl. S. 98).

Art. 5[1)] Sachliche Zuständigkeit. [1]Sachlich zuständig ist die untere Abgrabungsbehörde, soweit nichts anderes bestimmt ist. [2]Für Anlagen nach Art. 1 ist unter den Voraussetzungen des Art. 73 Abs. 1 Satz 1 der Bayerischen Bauordnung (BayBO)[2)] die höhere Abgrabungsbehörde sachlich zuständig.

Art. 6[3)] Genehmigungspflicht. (1) Die Ausführung einer Abgrabung bedarf der Genehmigung, soweit nichts anderes bestimmt ist.

(2) [1]Keiner Genehmigung nach Absatz 1 bedürfen

1. Abgrabungen mit einer Grundfläche bis zu 500 m² und einer Tiefe bis zu 2 m,
2. Abgrabungen, die einer anderen öffentlich-rechtlichen Zulassung bedürfen,
3. Abgrabungen im Geltungsbereich eines Bebauungsplans im Sinn des § 30 des Baugesetzbuchs (BauGB), wenn
   a) der Bebauungsplan Regelungen über die Zulässigkeit, den Standort und die Größe der Abgrabung enthält,
   b) für die Abgrabung im Verfahren zur Aufstellung des Bebauungsplans eine nach Art. 8 erforderliche Umweltverträglichkeitsprüfung durchgeführt worden ist,
   c) die Abgrabung den Festsetzungen des Bebauungsplans und örtlichen Bauvorschriften nach Art. 81 Abs. 1 BayBO[2)] nicht widerspricht,
   d) die Erschließung gesichert ist und
   e) die Gemeinde nicht innerhalb eines Monats nach Vorlage der erforderlichen Unterlagen eine vorläufige Untersagung nach § 15 Abs. 1 Satz 2 BauGB beantragt,
4. Abgrabungen, für die keine Umweltverträglichkeitsprüfung nach Art. 8 durchzuführen ist, unter den Voraussetzungen des Art. 73 Abs. 1 Satz 3 BayBO,
5. Grabungen im Sinn des Art. 7 Abs. 3 des Denkmalschutzgesetzes (DSchG)[4)], für die keine Umweltverträglichkeitsprüfung nach Art. 8 durchzuführen ist,
6. bauliche Anlagen nach Art. 1, wenn sie nach Art. 57 oder 58 BayBO keiner Genehmigung bedürfen.

[2]In den Fällen des Satzes 1 Nr. 3 darf mit der Ausführung der Abgrabung auch begonnen werden, wenn die Gemeinde vor Ablauf der Frist nach Satz 1 Nr. 3 Buchst. e erklärt, dass sie eine vorläufige Untersagung der Ausführung der Abgrabung nicht beantragen wird.

(3) [1]Die Genehmigungsfreiheit nach Absatz 2 entbindet nicht von der Verpflichtung zur Einhaltung der Anforderungen, die durch öffentlich-rechtliche Vorschriften an die Anlagen nach Art. 1 gestellt werden. [2]Die abgrabungsaufsichtlichen Eingriffsbefugnisse und die Verpflichtung, andere öffentlich-rechtliche Gestattungen für die Ausführung oder Verfüllung der Abgrabung oder für die Errichtung, Änderung oder Nutzungsänderung baulicher Anlagen nach Art. 1 einzuholen, werden durch die Genehmigungsfreiheit nicht berührt.

---

1) Art. 5 Satz 2 geänd. mWv 1.1.2008 durch G v. 20.12.2007 (GVBl. S. 958); Satz 2 geänd. mWv 1.2.2021 durch G v. 23.12.2020 (GVBl. S. 663).

2) Nr. **1**.

3) Art. 6 Abs. 2 Satz 1 Nr. 3 Buchst. c, Nr. 4 und 6 geänd. mWv 1.1.2008 durch G v. 20.12.2007 (GVBl. S. 958).

4) Nr. **41**.

Art. 7[1)] Genehmigungsverfahren. (1) [1]Der Abgrabungsantrag ist mit den erforderlichen Unterlagen (Abgrabungsplan) bei der Gemeinde einzureichen. [2]Diese legt ihn, sofern sie nicht selbst zuständig ist, mit ihrer Stellungnahme unverzüglich der Abgrabungsbehörde vor.

(2) Das Staatsministerium für Wohnen, Bau und Verkehr wird ermächtigt, zum abgrabungsaufsichtlichen Genehmigungsverfahren durch Rechtsverordnung Vorschriften über Umfang und Inhalt des Abgrabungsplans, die Zahl der einzureichenden Fertigungen sowie die erforderlichen Nachweise zu erlassen.

(3) [1]Die Staatsregierung wird ermächtigt, zur Digitalisierung des abgrabungsaufsichtlichen Genehmigungsverfahrens durch Rechtsverordnung räumlich bestimmte Abweichungen von den durch oder aufgrund dieses Gesetzes bestehenden Zuständigkeits-, Verfahrens- und Formvorschriften vorzusehen. [2]Abweichungen nach Satz 1 für Zuständigkeits- und Verfahrensvorschriften können sich auch auf die Einreichung in Papierform erstrecken. [3]Soweit die Festlegung des örtlichen Anwendungsbereichs einer Rechtsverordnung nach Satz 1 und 2 betroffen ist, kann die Staatsregierung die Ermächtigung nach Satz 1 und 2 durch Rechtsverordnung auf das Staatsministerium für Wohnen, Bau und Verkehr übertragen.

Art. 8[2)] Umweltverträglichkeitsprüfung. (1) [1]Für nach Art. 6 genehmigungsbedürftige Abgrabungen ist die Umweltverträglichkeitsprüfung nach dem Fünften Teil Abschnitt III des Bayerischen Verwaltungsverfahrensgesetzes durchzuführen, wenn eine Abbaufläche von mehr als 10 ha beantragt wird. [2]Bei Abgrabungen in einem gemäß der Richtlinie 92/43/EWG oder der Richtlinie 2009/147/EG ausgewiesenen Schutzgebiet oder in Nationalparken (§ 24 Abs. 1 bis 3 des Bundesnaturschutzgesetzes – BNatSchG) oder Naturschutzgebieten (§ 23 BNatSchG) ist die Umweltverträglichkeitsprüfung durchzuführen, wenn eine Abbaufläche von mehr als 1 ha beantragt wird. [3]Eine Umweltverträglichkeitsprüfung ist auch dann durchzuführen, wenn die Abbaufläche zu mehr als 1 ha in einem Biotop im Sinn des § 30 Abs. 2 BNatSchG in Verbindung mit Art. 23 Abs. 1 des Bayerischen Naturschutzgesetzes (BayNatSchG) liegt.

(2) Absatz 1 gilt auch für Erweiterungen von Abgrabungen,

1. für die eine Umweltverträglichkeitsprüfung durchgeführt worden ist, wenn die Erweiterungsfläche mindestens 50 v.H. der Schwellenwerte nach Absatz 1 Satz 1 oder 2 aufweist oder zu mehr als 1 ha in einem Biotop im Sinn des § 30 Abs. 2 BNatSchG in Verbindung mit Art. 23 Abs. 1 BayNatSchG liegt,
2. die nach dem 13. März 1999 ohne Durchführung einer Umweltverträglichkeitsprüfung genehmigt worden sind, wenn die Erweiterungsfläche zusammen mit der bei Abgrabungsbeginn noch nicht rekultivierten oder renaturierten Fläche 10 ha, in den Fällen des Absatzes 1 Satz 2 1 ha überschreitet oder zu mehr als 1 ha in einem Biotop im Sinn des § 30 Abs. 2 BNatSchG in Verbindung mit Art. 23 Abs. 1 BayNatSchG liegt.

---

1) Art. 7 Abs. 2 geänd. mWv 30.8.2014 durch V v. 22.7.2014 (GVBl. S. 286); Abs. 2 geänd. mWv 1.5.2019 durch V v. 26.3.2019 (GVBl. S. 98); Abs. 3 eingef. mWv 1.2.2021 durch G v. 23.12.2020 (GVBl. S. 663).

2) Art. 8 Abs. 1 Satz 2 und 3, Abs. 2 Nr. 1 und 2 geänd. mWv 30.4.2013 durch G v. 8.4.2013 (GVBl. S. 174).

Art. 9[1)] Genehmigung. (1) [1]Die Genehmigung ist zu erteilen, wenn Anlagen nach Art. 1 den öffentlich-rechtlichen Vorschriften, die im abgrabungsaufsichtlichen Genehmigungsverfahren zu prüfen sind, nicht widersprechen; für dem abgrabungsaufsichtlichen Genehmigungsverfahren unterliegende bauliche Anlagen gelten Art. 59, 60, 62a Abs. 2 Satz 4 und 62b Abs. 2 Satz 2 BayBO[2)] entsprechend. [2]Die abgrabungsaufsichtliche Erlaubnis erlischt, wenn innerhalb von vier Jahren nach Erteilung mit der Ausführung der Abgrabung nicht begonnen oder die Ausführung vier Jahre unterbrochen worden ist. [3]Art. 62 Abs. 1 Satz 4 und Art. 77 Abs. 2 Satz 3 BayBO gelten entsprechend. [4]Vor Einreichung des Abgrabungsantrags kann auf schriftlichen Antrag zu einzelnen in der Abgrabungsgenehmigung zu entscheidenden Fragen vorweg ein schriftlicher Bescheid (Vorbescheid) erteilt werden. [5]Ist ein Abgrabungsantrag eingereicht, so kann die Ausführung von Teilen des Vorhabens auf schriftlichen Antrag schon vor Erteilung der Abgrabungsgenehmigung durch schriftlichen Bescheid (Teilabgrabungsgenehmigung) gestattet werden. [6]Für Vorbescheid und Teilabgrabungsgenehmigung gelten die Vorschriften über die Abgrabungsgenehmigung sinngemäß.

(2) [1]Art. 66 BayBO gilt entsprechend, soweit nicht für die Fälle des Art. 8 Abweichendes geregelt ist. [2]Die Anfechtungsklage eines Dritten gegen die Genehmigung nach Abs. 1 Satz 1 Halbsatz 1 hat keine aufschiebende Wirkung.

(3) Die Genehmigung wird unbeschadet der privaten Rechte Dritter erteilt.

(4) [1]Vor Bekanntgabe der Genehmigung darf mit der Ausführung der Abgrabung nicht begonnen werden. [2]Der Beginn, bei einer Unterbrechung von mehr als sechs Monaten auch die Fortsetzung der Ausführung, ist der Abgrabungsbehörde mindestens eine Woche zuvor schriftlich mitzuteilen.

Art. 10[3)] Ordnungswidrigkeiten. (1) Mit Geldbuße bis zu fünfhunderttausend Euro kann belegt werden, wer vorsätzlich oder fahrlässig

1. eine Abgrabung ohne die nach Art. 6 Abs. 1 erforderliche Genehmigung oder entgegen Art. 9 Abs. 4 Satz 1 ausführt, einer mit der Genehmigung verbundenen vollziehbaren Auflage zuwiderhandelt oder den Beginn der Ausführung der Abgrabung oder der Wiederaufnahme der Abgrabung entgegen Art. 9 Abs. 4 Satz 2 nicht oder nicht rechtzeitig anzeigt,
2. eine Abgrabung vor Ablauf der Frist nach Art. 6 Abs. 2 Satz 1 Nr. 3 Buchst. e und ohne dass die Gemeinde die Erklärung nach Art. 6 Abs. 3 Satz 2 abgegeben hat, ausführt,
3. eine Abgrabung ausführt, bevor die erforderlichen Nachweise oder die Bescheinigungen verantwortlicher Sachverständiger erstellt sind,
4. eine Abgrabung entgegen einer vollziehbaren Anordnung nach Art. 4 Abs. 2 Satz 2 ausführt.

(2) Mit Geldbuße bis zu fünftausend Euro kann belegt werden, wer vorsätzlich oder leichtfertig unrichtige Angaben macht oder unrichtige Pläne oder

---

[1)] Art. 9 Abs. 1 Satz 1, Satz 3, Abs. 2 Satz 1 geänd., Satz 2 neu gef. mWv 1.1.2008 durch G v. 20.12.2007 (GVBl. S. 958); Abs. 1 Sätze 1 und 3 geänd. mWv 1.9.2018 durch G v. 10.7.2018 (GVBl. S. 523).

[2)] Nr. **1**.

[3)] Inkrafttreten gem. § 10 Bayerisches UVP-UmsetzungsG v. 27.12.1999 (GVBl. S. 532), geänd. durch G v. 12.7.2017 (GVBl. S. 366) v. 27.12.1999 (GVBl. S. 532) am 1.1.2002.

Unterlagen vorlegt, um einen Verwaltungsakt nach diesem Gesetz zu erwirken oder zu verhindern.

(3) [1] Ist eine vorsätzliche Ordnungswidrigkeit nach Absätzen 1 und 2 begangen worden, so können

1. Gegenstände, auf die sich die Ordnungswidrigkeit bezieht, und
2. Gegenstände, die zu ihrer Begehung oder Vorbereitung gebraucht worden oder bestimmt gewesen sind,

eingezogen werden. [2] § 23 des Gesetzes über Ordnungswidrigkeiten (OWiG) ist anzuwenden.

Nr. 5 *(nicht belegt)*

6. Verordnung über den Bau und Betrieb von Garagen sowie über die Zahl der notwendigen Stellplätze (Garagen- und Stellplatzverordnung – GaStellV)[1)2)]

Vom 30. November 1993

(GVBl. S. 910)

BayRS 2132-1-4-B

zuletzt geänd. durch § 3 V zur Anpassung an die Bayerische Bauordnung v. 7.8.2018 (GVBl. S. 694)

Auf Grund von Art. 90 Abs. 1 Nrn. 1 und 3 der Bayerischen Bauordnung (BayBO)[3)] in der Fassung der Bekanntmachung vom 4. August 1997 (GVBl. S. 433, BayRS 2132–1–I) und Art. 38 Abs. 3 des Landesstraf- und Verordnungsgesetzes[4)] erläßt das Bayerische Staatsministerium des Innern folgende Verordnung:[5)]

Nichtamtliche Inhaltsübersicht[6)]

[1)] Überschrift neu gef. mWv 1.1.2008 durch V v. 29.11.2007 (GVBl. S. 847); Kurztitel angef. mWv 1.6.2015 durch V v. 25.4.2015 (GVBl. S. 148).

[2)] **Die Verordnung tritt mit Ablauf des 31.12.2028 außer Kraft**, vgl. § 24.

[3)] Nr. **1**.

[4)] Nr. **26**.

[5)] Einleitungsatz geänd. durch V v. 8.12.1997 (GVBl. S. 827).

[6)] Amtl. Inhaltsübersicht aufgeh. mWv 1.9.2018 durch V v. 7.8.2018 (GVBl. S. 694).

Teil I. Allgemeine Vorschriften

§ 1[1)] Begriffe und allgemeine Anforderungen. (1) [1] Offene Garagen sind Garagen, die unmittelbar ins Freie führende unverschließbare Öffnungen in einer Größe von insgesamt mindestens einem Drittel der Gesamtfläche der Umfassungswände haben. [2] Offene Mittel- und Großgaragen haben diese Öffnungen mindestens in gegenüberliegenden Umfassungswänden, die nicht mehr als 70 m voneinander entfernt sind. [3] Stellplätze mit Schutzdächern (Carports) gelten als offene Garagen.

(2) Geschlossene Garagen sind Garagen, die die Voraussetzungen nach Abs. 1 nicht erfüllen.

(3) [1] Oberirdische Garagen sind Garagen, deren Fußboden im Mittel nicht mehr als 1,50 m unter oder mindestens an einer Seite in Höhe oder über der Geländeoberfläche liegt. [2] Unterirdische Garagen sind Garagen, die die Voraussetzungen des Satzes 1 nicht erfüllen.

(4) Automatische Garagen sind Garagen ohne Personen- und Fahrverkehr, in denen die Kraftfahrzeuge mit mechanischen Förderanlagen von der Garagenzufahrt zu den Einstellplätzen und zum Abholen an die Garagenausfahrt befördert werden.

(5) Ein Einstellplatz ist die Fläche, die dem Abstellen eines Kraftfahrzeuges in einer Garage dient.

(6) [1] Die Nutzfläche einer Garage ist die Summe aller Flächen der Einstellplätze und der Verkehrsflächen. [2] Einstellplätze auf Dächern (Dacheinstellplätze) und die dazugehörigen Verkehrsflächen werden der Nutzfläche nicht zugerechnet, soweit nichts anderes bestimmt ist.

(7) [1] Garagen sind mit einer Nutzfläche

1. bis 100 m² Kleingaragen,
2. über 100 m² und bis 1000 m² Mittelgaragen,
3. über 1000 m² Großgaragen.

[2] Automatische Garagen mit mehr als 50 Einstellplätzen gelten als Großgaragen.

(8) Soweit in dieser Verordnung nichts Abweichendes geregelt ist, sind auf tragende, aussteifende und raumabschließende Bauteile von Garagen die Anforderungen der Bayerischen Bauordnung an diese Bauteile in Gebäuden der Gebäudeklasse 5 anzuwenden; Art. 28 Abs. 3 Satz 2, Art. 29 Abs. 4 Nrn. 1

---

1) § 1 Überschrift geänd., Abs. 1 aufgeh., bish. Abs. 2 bis 8 werden Abs. 1 bis 7, Abs. 8 angef. mWv 1.1.2008 durch V v. 29.11.2007 (GVBl. S. 847); Abs. 2 geänd. mWv 1.8.2009 durch V v. 8.7.2009 (GVBl. S. 332).

und 2, Art. 32 Abs. 3 Satz 2 Nr. 1, Art. 33 Abs. 1 Satz 3 Nr. 1, Art. 34 Abs. 1 Satz 2 Nr. 2, Art. 37 Abs. 1 Satz 3 Nr. 4, Art. 38 Abs. 1 Nrn. 1 und 3 sowie Art. 39 Abs. 5 Nrn. 1 und 3 BayBO[1] sind nicht anzuwenden.

Teil II. Bauvorschriften

§ 2[2] Zu- und Abfahrten. (1) [1]Zwischen Garagen und öffentlichen Verkehrsflächen müssen Zu- und Abfahrten von mindestens 3 m Länge vorhanden sein. [2]Abweichungen können gestattet werden, wenn wegen der Sicht auf die öffentliche Verkehrsfläche keine Bedenken bestehen.

(2) Vor den die freie Zufahrt zur Garage zeitweilig hindernden Anlagen, wie Schranken oder Tore, ist ein Stauraum für wartende Kraftfahrzeuge vorzusehen, wenn dies wegen der Sicherheit und Leichtigkeit des Verkehrs erforderlich ist.

(3) [1]Die Fahrbahnen von Zu- und Abfahrten vor Mittel- und Großgaragen müssen mindestens 2,75 m breit sein; der Halbmesser des inneren Fahrbahnrandes muß mindestens 5 m betragen. [2]Für Fahrbahnen im Bereich von Zu- und Abfahrtssperren genügt eine Breite von 2,30 m. [3]Breitere Fahrbahnen sind in Kurven mit Innenhalbmessern von weniger als 10 m vorzusehen, wenn dies wegen der Verkehrssicherheit erforderlich ist.

(4) Großgaragen müssen getrennte Fahrbahnen für Zu- und Abfahrten haben.

(5) [1]Vor Großgaragen ist neben den Fahrbahnen der Zu- und Abfahrten ein mindestens 0,80 m breiter Gehweg erforderlich, soweit nicht für Fußgänger besondere Fußwege vorhanden sind. [2]Der Gehweg muß gegenüber der Fahrbahn erhöht oder verkehrssicher abgegrenzt werden.

(6) In den Fällen der Absätze 3 bis 5 sind die Dacheinstellplätze und die dazugehörigen Verkehrsflächen der Nutzfläche zuzurechnen.

§ 3[3] Rampen. (1) [1]Rampen von Mittel- und Großgaragen dürfen nicht mehr als 15 v.H., bei gewendelten Rampenteilen bezogen auf den inneren Fahrbahnrand, geneigt sein. [2]Die Breite der Fahrbahnen auf diesen Rampen muß mindestens 2,75 m, in gewendelten Rampenbereichen mindestens 3,50 m betragen. [3]Gewendelte Rampenteile müssen eine ausreichende Querneigung haben. [4]Der Halbmesser des inneren Fahrbahnrandes muß mindestens 5 m betragen.

(2) Zwischen öffentlicher Verkehrsfläche und einer Rampe mit mehr als 10 v.H. Neigung muß eine geringer geneigte Fläche mit weniger als 5 v.H. Neigung und von mindestens 3 m Länge liegen.

(3) [1]In Großgaragen müssen Rampen, die auch zum Begehen bestimmt sind, einen mindestens 0,80 m breiten Gehweg haben, der gegenüber der Fahrbahn erhöht oder verkehrssicher abgegrenzt ist. [2]An Rampen, die von Personen nicht begangen werden dürfen, ist auf das Verbot hinzuweisen.

---

[1] Nr. **1**.
[2] § 2 Abs. 1 Satz 2 und Abs. 3 Satz 3 geänd. durch V v. 8.12.1997 (GVBl. S. 827).
[3] § 3 Abs. 1 Satz 1 geänd. durch V v. 8.12.1997 (GVBl. S. 827).

§ 4[1] Einstellplätze und Fahrgassen. (1) [1]Ein notwendiger Einstellplatz muß mindestens 5 m lang sein. [2]Die lichte Breite eines Einstellplatzes muß mindestens betragen

1. 2,30 m, wenn keine Längsseite,
2. 2,40 m, wenn eine Längsseite,
3. 2,50 m, wenn jede Längsseite des Einstellplatzes durch Wände, Stützen, andere Bauteile oder Einrichtungen begrenzt ist,
4. 3,50 m, wenn der Einstellplatz für Behinderte bestimmt ist.

(2) Fahrgassen müssen, soweit sie unmittelbar der Zu- oder Abfahrt von Einstellplätzen dienen, hinsichtlich ihrer Breite mindestens die Anforderungen der folgenden Tabelle erfüllen; Zwischenwerte sind geradlinig einzuschalten:

Anordnung der Einstellplätze zur Fahrgasse	Erforderliche Fahrgassenbreite (in m) bei einer Einstellplatzbreite von		
	2,30 m	2,40 m	2,50 m
90°	6,50	6,25	6,00
60°	4,50	4,25	4,00
45°	3,50	3,25	3,00

(3) Fahrgassen in Mittel- und Großgaragen müssen, soweit sie nicht unmittelbar der Zu- oder Abfahrt von Einstellplätzen dienen, mindestens 3 m, bei Gegenverkehr mindestens 5 m breit sein.

(4) [1]Einstellplätze auf kraftbetriebenen Hebebühnen brauchen abweichend von Absatz 1 Nrn. 1 bis 3 nur 2,30 m breit zu sein; die Fahrgassen müssen mindestens 8 m breit sein, wenn die Hebebühnen Fahrspuren haben oder beim Absenken in die Fahrgasse hineinragen. [2]Einstellplätze auf geneigten kraftbetriebenen Hebebühnen sind in allgemein zugänglichen Garagen nicht zulässig.

(5) [1]Einstellplätze auf horizontal verschiebbaren Plattformen sind in Fahrgassen zulässig, wenn

1. eine Breite der Fahrgasse von mindestens 2,75 m erhalten bleibt,
2. die Plattformen nicht vor kraftbetriebenen Hebebühnen angeordnet werden und
3. in Fahrgassen mit Gegenverkehr kein Durchgangsverkehr stattfindet.

[2]Absatz 1 Sätze 1 und 2 gelten nicht für diese Plattformen.

(6) [1]Die einzelnen Einstellplätze und die Fahrgassen sind mindestens durch Markierungen am Boden leicht erkennbar und dauerhaft gegeneinander abzugrenzen. [2]Dies gilt nicht für

1. Kleingaragen ohne Fahrgassen,
2. Einstellplätze auf kraftbetriebenen Hebebühnen,
3. Einstellplätze auf horizontal verschiebbaren Plattformen.

[3]Mittel- und Großgaragen müssen in jedem Geschoß leicht erkennbare und dauerhafte Hinweise auf Fahrtrichtungen und Ausfahrten haben.

---

[1] § 4 Abs. 1 Satz 1, Abs. 4 Satz 2 geänd. durch V v. 8.12.1997 (GVBl. S. 827); Abs. 7 eingef., bish. Abs. 7 wird Abs. 8 mWv 1.8.2009 durch V v. 8.7.2009 (GVBl. S. 332).

(7) Abschlüsse zwischen Fahrgasse und Einstellplätzen sind in Mittel- und Großgaragen nur zulässig, wenn wirksame Löscharbeiten möglich bleiben.

(8) Die Absätze 1 bis 6 gelten nicht für automatische Garagen.

§ 5 Lichte Höhe. [1]Garagen müssen in zum Begehen bestimmten Bereichen, auch unter Unterzügen, Lüftungsleitungen und sonstigen Bauteilen eine lichte Höhe von mindestens 2 m haben. [2]Dies gilt nicht für kraftbetriebene Hebebühnen.

§ 6[1)] Tragende Wände, Decken, Dächer. (1) In Mittel- und Großgaragen müssen tragende Wände sowie Decken über und unter den Garagengeschossen feuerbeständig sein.

(2) Liegen Einstellplätze nicht mehr als 22 m über der Geländeoberfläche, so brauchen tragende Wände und Decken

1. von oberirdischen Mittel- und Großgaragen nur feuerhemmend zu sein und aus nichtbrennbaren Baustoffen zu bestehen, soweit nicht bei Garagen in sonst anders genutzten Gebäuden nach Art. 25 und 29 BayBO[2)] weitergehende Anforderungen an das Gebäude gestellt werden,
2. von eingeschossigen oberirdischen Mittel- und Großgaragen, auch mit Dacheinstellplätzen, nur feuerhemmend zu sein oder aus nichtbrennbaren Baustoffen zu bestehen, wenn das Gebäude allein der Garagennutzung dient,
3. von offenen Mittel- und Großgaragen nur aus nichtbrennbaren Baustoffen zu bestehen, wenn das Gebäude allein der Garagennutzung dient.

(3) [1]In Kleingaragen müssen tragende Wände sowie Decken feuerhemmend sein oder aus nichtbrennbaren Baustoffen bestehen. [2]Das gilt nicht, wenn

1. das Gebäude allein der Garagennutzung dient; Abstellräume bis 20 m² Grundfläche bleiben dabei unberücksichtigt,
2. die Garagen offene Kleingaragen sind,
3. die Kleingaragen in sonst anders genutzten Gebäuden liegen, an deren tragende und aussteifende Wände und Decken nach Art. 25 und 29 BayBO keine Anforderungen gestellt werden.

(4) Für befahrbare Dächer von Garagen gelten die Anforderungen an Decken.

(5) Tragende Wände und Decken brauchen bei automatischen Garagen nur aus nichtbrennbaren Baustoffen zu bestehen, wenn das Gebäude allein als automatische Garage genutzt wird.

(6) Bekleidungen und Dämmschichten unter Decken und Dächern müssen

1. in Großgaragen aus nichtbrennbaren,
2. in Mittelgaragen aus mindestens schwerentflammbaren

Baustoffen bestehen.

(7) Für Pfeiler, Stützen und Rampen gelten die Absätze 1 bis 6 sinngemäß.

[1)] § 6 Abs. 2 Nr. 1, Abs. 3 Nr. 3 geänd., Abs. 8 angef. durch V v. 8.12.1997 (GVBl. S. 827); Abs. 2 Nr. 1, Abs. 3 Nr. 3 und Abs. 6 geänd., Abs. 8 neu gef. mWv 1.1.2008 durch V v. 29.11.2007 (GVBl. S. 847).

[2)] Nr. **1**.

(8) In Mittel- und Großgaragen müssen sonstige Wände, Tore und Einbauten, insbesondere Einrichtungen für mechanische Parksysteme, aus nichtbrennbaren Baustoffen bestehen.

§ 7[1)] **Außenwände.** [1]Nichttragende Außenwände und nichttragende Teile von Außenwänden von Mittel- und Großgaragen müssen aus nichtbrennbaren Baustoffen bestehen. [2]Das gilt nicht für Außenwände von eingeschossigen oberirdischen Mittel- und Großgaragen, wenn das Gebäude allein der Garagennutzung dient.

§ 8[2)] **Trennwände.** (1) [1]Zwischen Garagen und anders genutzten Gebäuden sind feuerbeständige Trennwände erforderlich. [2]Für geschlossene Kleingaragen einschließlich Abstellräumen mit nicht mehr als 20 m² Grundfläche genügen Wände, die feuerhemmend sind oder aus nichtbrennbaren Baustoffen bestehen. [3]Satz 1 gilt nicht für offene Kleingaragen.

(2) Für Wände zwischen Garagen und nicht zur Garage gehörenden Räumen, sofern sie keine Trennwände nach Abs. 1 sind, gilt Art. 27 Abs. 3 Satz 1 BayBO[3)] entsprechend.

(3) Absatz 2 gilt nicht für Trennwände

1. zwischen Kleingaragen und Räumen, die nur Abstellzwecken dienen und nicht mehr als 20 m² Grundfläche haben,
2. zwischen offenen Kleingaragen und anders genutzten Räumen.

§ 9[4)] **Brandwände als Gebäudeabschlusswand.** (1) An Stelle von Brandwänden nach Art. 28 Abs. 2 Nr. 1 BayBO[3)] genügen

1. bei eingeschossigen oberirdischen Mittel- und Großgaragen feuerbeständige Wände ohne Öffnungen, wenn das Gebäude allein der Garagennutzung dient,
2. bei geschlossenen Kleingaragen einschließlich Abstellräumen mit nicht mehr als 20 m² Grundfläche mindestens feuerhemmende oder aus nichtbrennbaren Baustoffen bestehende Wände ohne Öffnungen.

(2) Art. 28 Abs. 2 Nr. 1 BayBO gilt nicht für offene Kleingaragen.

§ 10[5)] **Rauchabschnitte, Brandabschnitte.** (1) [1]Geschlossene Großgaragen müssen durch mindestens feuerhemmende und aus nichtbrennbaren Baustoffen bestehende Wände in Rauchabschnitte unterteilt sein. [2]Die Nutzfläche eines Rauchabschnitts darf

1. in oberirdischen geschlossenen Garagen höchstens 5000 m²,
2. in sonstigen geschlossenen Garagen höchstens 2500 m²

[1)] § 7 Abs. 2 geänd. durch V v. 8.12.1997 (GVBl. S. 827); Abs. 2 aufgeh., bish. Abs. 1 wird alleiniger Wortlaut mWv 1.1.2008 durch V v. 29.11.2007 (GVBl. S. 847).

[2)] § 8 Abs. 2 Nr. 2 durch V v. 8.12.1997 (GVBl. S. 827); Abs. 1 und 2 neu gef. mWv 1.1.2008 durch V v. 29.11.2007 (GVBl. S. 847); Abs. 1 Sätze 2 und 3 angef. mWv 1.4.2008 durch V v. 19.2. 2008 (GVBl. S. 69).

[3)] Nr. **1**.

[4)] § 9 Abs. 1 und 2 geänd. durch V v. 8.12.1997 (GVBl. S. 827); Überschrift, Abs. 1 und 2 geänd. mWv 1.1.2008 durch V v. 29.11.2007 (GVBl. S. 847).

[5)] § 10 Abs. 4 geänd. durch V v. 8.12.1997 (GVBl. S. 827); Abs. 3 und 4 geänd. mWv 1.1.2008 durch V v. 29.11.2007 (GVBl. S. 847).

betragen; sie darf doppelt so groß sein, wenn die Garagen automatische Löschanlagen haben. [3]Ein Rauchabschnitt darf sich auch über mehrere Geschosse erstrecken.

(2) [1]Öffnungen in den Wänden nach Absatz 1 müssen mit selbstschließenden und mindestens dichtschließenden Abschlüssen aus nichtbrennbaren Baustoffen versehen sein. [2]Die Abschlüsse dürfen Feststellanlagen haben, die bei Raucheinwirkung ein selbsttätiges Schließen bewirken; sie müssen auch von Hand geschlossen werden können. [3]Öffnungen in Decken zwischen Rauchabschnitten sind unzulässig.

(3) Automatische Garagen müssen durch innere Brandwände in Brandabschnitte von höchstens 6000 m³ Brutto-Rauminhalt unterteilt sein; Absatz 1 gilt nicht für automatische Garagen.

(4) Art. 28 Abs. 2 Nr. 2 BayBO[1)] gilt nicht für Garagen.

§ 11[2)] Verbindung zu anderen Räumen und zwischen Garagengeschossen. (1) Flure, Treppenräume und Aufzugsvorräume, die nicht nur der Benutzung der Garagen dienen, dürfen verbunden sein

1. mit geschlossenen Mittel- und Großgaragen nur durch Räume mit feuerbeständigen Wänden und Decken sowie mindestens feuerhemmenden, rauchdichten und selbstschließenden, in Fluchtrichtung aufschlagenden Türen (Sicherheitsschleusen); zwischen Sicherheitsschleusen und Fluren oder Treppenräumen sowie Aufzugsvorräumen genügen selbstschließende und rauchdichte Türen,
2. mit anderen Garagen unmittelbar nur durch Öffnungen mit feuerhemmenden, dicht- und selbstschließenden Türen.

(2) Garagen dürfen mit sonstigen nicht zur Garage gehörenden Räumen unmittelbar nur durch Öffnungen mit feuerhemmenden, dicht- und selbstschließenden Türen verbunden sein.

(3) Automatische Garagen dürfen mit nicht zur Garage gehörenden Räumen sowie mit anderen Gebäuden nicht verbunden sein.

(4) Die Absätze 1 und 2 gelten nicht für Verbindungen

1. zu offenen Kleingaragen,
2. zwischen Kleingaragen und Räumen oder Gebäuden, die nur Abstellzwecken dienen und nicht mehr als 20 m² Grundfläche haben.

(5) Türen zu Treppenräumen, die Garagengeschosse miteinander verbinden, müssen feuerhemmend, rauchdicht und selbstschließend sein.

§ 12[3)] Rettungswege. (1) [1]Jede Mittel- und Großgarage muß in jedem Geschoß mindestens zwei möglichst entgegengesetzt liegende Ausgänge haben, die unmittelbar ins Freie oder in Treppenräume notwendiger Treppen führen. [2]Von zwei Rettungswegen darf einer auch über eine Rampe führen. [3]Bei oberirdischen Mittel- und Großgaragen, deren Einstellplätze im Mittel nicht mehr als 3 m über der Geländeoberfläche liegen, sind Treppenräume für notwendige Treppen nicht erforderlich. [4]Die Rettungswege müssen auch dann

---

[1)] Nr. 1.

[2)] § 11 Abs. 1 Nr. 1 und 2, Abs. 2 und 5 geänd. mWv 1.1.2008 durch V v. 29.11.2007 (GVBl. S. 847).

[3)] § 12 Abs. 3 Satz 1 abschl. Satzteil geänd. mWv 1.9.2018 durch V v. 7.8.2018 (GVBl. S. 694).

erreicht werden können, wenn Tore zwischen Rauchabschnitten geschlossen sind.

(2) Die nutzbare Breite der Rettungswege muß an jeder Stelle 80 cm betragen, Treppen müssen eine nutzbare Laufbreite von 1 m haben.

(3) [1] Von jeder Stelle einer Mittel- und Großgarage muß in demselben Geschoß mindestens ein Treppenraum einer notwendigen Treppe oder, wenn Treppenräume nicht erforderlich sind, mindestens eine notwendige Treppe oder ein Ausgang ins Freie

1. bei offenen Mittel- und Großgaragen in einer Entfernung von höchstens 50 m,
2. bei geschlossenen Mittel- und Großgaragen in einer Entfernung von höchstens 30 m

über Fahrgassen und Gänge erreichbar sein. [2] Die Entfernung ist in der Lauflinie zu messen.

(4) [1] In Mittel- und Großgaragen müssen leicht erkennbare und dauerhaft beleuchtete Hinweise auf die Ausgänge vorhanden sein. [2] In Großgaragen müssen die zu den notwendigen Treppen oder zu den Ausgängen ins Freie führenden Wege auf dem Fußboden durch dauerhafte und leicht erkennbare Markierungen sowie an den Wänden durch beleuchtete Hinweise gekennzeichnet sein.

(5) Für Dacheinstellplätze gelten die Absätze 1 bis 4 sinngemäß.

(6) Die Absätze 1 bis 4 gelten nicht für automatische Garagen.

§ 13 Beleuchtung. (1) [1] In Mittel- und Großgaragen muß eine allgemeine elektrische Beleuchtung vorhanden sein. [2] Sie muß so beschaffen und mindestens in zwei Stufen derartig schaltbar sein, daß an allen Stellen der Nutzflächen und Rettungswege gemäß § 17 Abs. 2 in der ersten Stufe eine Beleuchtungsstärke von mindestens 1 Lux und in der zweiten Stufe von mindestens 20 Lux erreicht wird.

(2) In geschlossenen Großgaragen und in mehrgeschossigen unterirdischen Mittelgaragen muß zur Beleuchtung der Rettungswege eine Sicherheitsbeleuchtung vorhanden sein; das gilt nicht für eingeschossige Garagen mit festem Benutzerkreis.

(3) Die Absätze 1 und 2 gelten nicht für automatische Garagen.

§ 14[1)] Lüftung. (1) [1] Geschlossene Mittel- und Großgaragen müssen maschinelle Abluftanlagen und so große und so verteilte Zuluftöffnungen haben, daß alle Teile der Garage ausreichend gelüftet werden. [2] Bei nicht ausreichenden Zuluftöffnungen muß eine maschinelle Zuluftanlage vorhanden sein. [3] Es kann verlangt werden, daß die Abluftöffnungen so hoch gelegt werden, daß die Abluft in den freien Windstrom geführt wird.

(2) [1] Für geschlossene oberirdische und eingeschossige unterirdische Mittel- und Großgaragen mit geringem Zu- und Abgangsverkehr, wie Wohnhausgaragen, genügt eine natürliche Lüftung durch Lüftungsöffnungen oder über Lüftungsschächte, wenn

---

[1)] § 14 Abs. 3, Abs. 4 Satz 2, Abs. 6 Satz 2 geänd. durch V v. 8.12.1997 (GVBl. S. 827); Abs. 3 und Abs. 4 Satz 2 geänd. mWv 1.8.2009 durch V v. 8.7.2009 (GVBl. S. 332).

1. die Lüftungsöffnungen oder die Lüftungsschächte einen freien Gesamtquerschnitt von mindestens 1 500 cm^2 je Einstellplatz haben,
2. die Lüftungsöffnungen in den Außenwänden oberhalb der Geländeoberfläche in einer Entfernung von höchstens 35 m einander gegenüberliegen,
3. die Lüftungsschächte untereinander einen Abstand von höchstens 20 m haben und
4. Lüftungsöffnungen und Lüftungsschächte unverschließbar und so angeordnet sind, daß eine ausreichende Durchlüftung der Garage ständig gesichert ist.

[2]Die Mündungen der Lüftungsschächte müssen zu Fenstern von Aufenthaltsräumen einen ausreichenden Abstand einhalten. [3]Bei Lüftungsschächten mit mehr als 2 m Höhe ist der Querschnitt nach Nummer 1 zu verdoppeln.

(3) Für geschlossene Mittel- und Großgaragen genügt abweichend von den Absätzen 1 und 2 eine natürliche Lüftung, wenn im Einzelfall auf Grund einer Bescheinigung eines Prüfsachverständigen zu erwarten ist, daß der Mittelwert des Volumengehalts an Kohlenmonoxid in der Luft, gemessen über jeweils eine halbe Stunde und in einer Höhe von 1,50 m über dem Fußboden (CO-Halbstundenmittelwert), auch während der regelmäßigen Verkehrsspitzen im Mittel nicht mehr als 100 ppm (= 100 cm^3/m^3) betragen wird und wenn dies auf der Grundlage von ununterbrochenen Messungen, die nach Inbetriebnahme der Garage über einen Zeitraum von mindestens einem Monat durchzuführen sind, von einem Prüfsachverständigen bescheinigt wird.

(4) [1]Die maschinellen Abluftanlagen sind so zu bemessen, daß der CO-Halbstundenmittelwert unter Berücksichtigung der regelmäßig zu erwartenden Verkehrsspitzen nicht mehr als 100 ppm beträgt. [2]Diese Anforderungen gelten als erfüllt, wenn die Abluftanlage in Garagen mit geringem Zu- und Abgangsverkehr mindestens 6 m^3, bei anderen Garagen mindestens 12 m^3 Abluft in der Stunde je m^2 Garagennutzfläche abführen kann; für Garagen mit regelmäßig besonders hohen Verkehrsspitzen kann im Einzelfall verlangt werden, daß die nach Satz 1 erforderliche Leistung der Abluftanlage durch einen Prüfsachverständigen bescheinigt wird.

(5) [1]Maschinelle Abluftanlagen müssen in jedem Lüftungssystem mindestens zwei gleich große Ventilatoren haben, die bei gleichzeitigem Betrieb zusammen den erforderlichen Gesamtvolumenstrom erbringen. [2]Jeder End- und Hilfsstromkreis einer maschinellen Zu- oder Abluftanlage ist so auszuführen, daß ein elektrischer Fehler nicht zum Ausfall der gesamten Lüftungsanlage führt. [3]Andere elektrische Anlagen dürfen nicht an die Stromkreise für die Lüftungsanlage angeschlossen werden. [4]Soll das Lüftungssystem zeitweise nur mit einem Ventilator betrieben werden, müssen die Ventilatoren so geschaltet sein, daß sich bei Ausfall eines Ventilators der andere selbständig einschaltet.

(6) [1]Geschlossene Großgaragen mit nicht nur geringem Zu- und Abgangsverkehr müssen CO-Anlagen zur Messung und Warnung (CO-Warnanlagen) haben. [2]Die CO-Warnanlagen müssen so beschaffen sein, daß bei einem CO-Gehalt der Luft von mehr als 250 ppm über ein akustisches Signal und durch Blinkzeichen dazu aufgefordert wird, die Motoren abzustellen und die Garage zügig zu verlassen. [3]Während dieses Zeitraums müssen die Garagenausfahrten ständig offen gehalten werden. [4]Die CO-Warnanlagen müssen an eine Ersatzstromquelle angeschlossen sein.

(7) Die Absätze 1 bis 6 gelten nicht für automatische Garagen.

§ 15 Feuerlöschanlagen, Rauch- und Wärmeabzug. (1) [1] Nichtselbständige Feuerlöschanlagen müssen vorhanden sein

1. in geschlossenen Garagen mit mehr als 20 Einstellplätzen auf kraftbetriebenen Hebebühnen, wenn jeweils mehr als zwei Kraftfahrzeuge übereinander angeordnet werden können,
2. in automatischen Garagen mit nicht mehr als 20 Einstellplätzen.

[2] Automatische Löschanlagen müssen vorhanden sein

1. in Geschossen von Großgaragen, die unter dem ersten unterirdischen Geschoß liegen, wenn das Gebäude nicht allein der Garagennutzung dient,
2. in automatischen Garagen mit mehr als 20 Einstellplätzen.

[3] Die Art der Feuerlöschanlage ist im Einzelfall im Benehmen mit der für den abwehrenden Brandschutz zuständigen Dienststelle festzulegen.

(2) Geschlossene Großgaragen müssen für den Rauch- und Wärmeabzug

1. Öffnungen ins Freie haben, die insgesamt mindestens 1000 cm^2 je Einstellplatz groß, von keinem Einstellplatz mehr als 20 m entfernt und im Decken- oder oberen Wandbereich angeordnet sind, oder
2. maschinelle Rauch- und Wärmeabzugsanlagen haben, die sich bei Raucheinwirkung selbsttätig einschalten, mindestens für eine Stunde einer Temperatur von 300°C standhalten, deren elektrische Leitungsanlagen bei äußerer Brandeinwirkung für mindestens die gleiche Zeit funktionsfähig bleiben und die in der Stunde einen mindestens zehnfachen Luftwechsel gewährleisten.

(3) Absatz 2 gilt nicht für Garagen, die

1. Lüftungsöffnungen oder Lüftungsschächte nach § 14 Abs. 2 oder 3 haben,
2. automatische Löschanlagen und eine maschinelle Abluftanlage nach § 14 Abs. 4 haben, die mindestens 12 m^3 Abluft in der Stunde je m^2 Garagennutzfläche abführen kann.

§ 16 Brandmeldeanlagen. [1] Geschlossene Großgaragen müssen Brandmeldeanlagen haben. [2] Geschlossene Mittelgaragen müssen Brandmeldeanlagen haben, wenn sie in Verbindung stehen mit baulichen Anlagen oder Räumen, für die Brandmeldeanlagen erforderlich sind. [3] Jedes Auslösen automatischer Feuerlöschanlagen ist über eine Brandmeldeanlage anzuzeigen.

Teil III. Betriebsvorschriften

§ 17 Betriebsvorschriften für Garagen. (1) Die Zu- und Abfahrten und die Rettungswege sind bis zur öffentlichen Verkehrsfläche verkehrssicher und frei zu halten; das gilt auch bei Eis- und Schneeglätte.

(2) In Mittel- und Großgaragen muß die allgemeine elektrische Beleuchtung nach § 13 Abs. 1 während der Benutzungszeit mit einer Beleuchtungsstärke von mindestens 20 Lux, während der Betriebszeit ständig mit einer Beleuchtungsstärke von mindestens 1 Lux eingeschaltet sein, soweit nicht Tageslicht mit einer entsprechenden Beleuchtungsstärke vorhanden ist.

(3) [1] Lüftungsöffnungen und -schächte dürfen nicht verschlossen oder zugestellt werden. [2] Maschinelle Lüftungsanlagen und CO-Warnanlagen müssen so gewartet werden, daß sie ständig betriebsbereit sind. [3] CO-Warnanlagen

müssen ständig eingeschaltet sein. [4] Maschinelle Abluftanlagen müssen so betrieben werden, daß der CO-Halbstundenmittelwert nicht mehr als 100 ppm beträgt (§ 14 Abs. 4).

(4) [1] In Mittel- und Großgaragen dürfen brennbare Stoffe außerhalb von Kraftfahrzeugen nur in unerheblichen Mengen aufbewahrt werden. [2] In Kleingaragen dürfen bis zu 200 l Dieselkraftstoff und bis zu 20 l Benzin in dicht verschlossenen, bruchsicheren Behältern aufbewahrt werden.

§ 18[1)] Abstellen von Kraftfahrzeugen in anderen Räumen als Garagen.

(1) Kraftfahrzeuge dürfen in Treppenräumen, Fluren und Kellergängen nicht abgestellt werden.

(2) Kraftfahrzeuge dürfen in sonstigen Räumen, die keine Garagen sind, nur abgestellt werden, wenn

1. das Gesamtfassungsvermögen der Kraftstoffbehälter aller abgestellten Kraftfahrzeuge nicht mehr als 12 l beträgt,
2. Kraftstoff außer dem Inhalt der Kraftstoffbehälter abgestellter Kraftfahrzeuge in diesen Räumen nicht aufbewahrt wird und
3. diese Räume keine Zündquellen oder leicht entzündlichen Stoffe enthalten.

(3) Abs. 2 gilt nicht für Kraftfahrzeuge,

1. die Arbeitsmaschinen oder landwirtschaftliche Zugmaschinen sind,
2. deren Batterie ausgebaut ist oder
3. die in Ausstellungs-, Verkaufs-, Werk- oder Lagerräumen für Kraftfahrzeuge stehen.

Teil IV. Bauvorlagen, Prüfungen

§ 19[2)] Zusätzliche Bauvorlagen. Die Bauvorlagen müssen zusätzliche Angaben enthalten über:

1. die Zahl, Abmessung und Kennzeichnung der Einstellplätze und Fahrgassen sowie über die Rettungswege,
2. die Brandmelde- und Feuerlöschanlagen,
3. den Rauch- und Wärmeabzug,
4. die CO-Warnanlagen,
5. die natürliche Lüftung oder die maschinellen Lüftungsanlagen,
6. die Sicherheitsbeleuchtung.

Teil V.[3)] Notwendige Stellplätze

§ 20[4)] Notwendige Stellplätze. [1] Die Zahl der notwendigen Stellplätze im Sinn des Art. 47 Abs. 1 Satz 1, Abs. 2 Satz 1 BayBO[5)] bemisst sich nach der **Anlage**. [2] Ist eine Nutzung nicht in der Anlage aufgeführt, ist die Zahl der

---

[1)] § 18 Abs. 3 neu gef. mWv 1.6.2015 durch V v. 25.4.2015 (GVBl. S. 148).

[2)] Überschrift geänd. mWv 1.9.2018 durch V v. 7.8.2018 (GVBl. S. 694).

[3)] Neuer Teil V eingef. mWv 1.1.2008 durch V v. 29.11.2007 (GVBl. S. 847).

[4)] Neuer § 20 eingef., alter Wortlaut zu § 20 gestr. mWv 1.1.2008 durch V v. 29.11.2007 (GVBl. S. 847).

[5)] Nr. **1**.

notwendigen Stellplätze in Anlehnung an eine oder mehrere vergleichbare Nutzungen zu ermitteln.

Teil VI.[1] Schlußvorschriften

§ 21[2] Weitergehende Anforderungen. (1) Soweit eine Garage für Kraftfahrzeuge bestimmt ist, deren Länge mehr als 5 m und deren Breite mehr als 2 m beträgt, können weitergehende Anforderungen als nach dieser Verordnung zur Erfüllung des Art. 3 BayBO[3] im Einzelfall gestellt werden.

(2) Für geschlossene Großgaragen können im Einzelfall von den Brandschutzdienststellen Feuerwehrpläne gefordert werden.

§ 22[4] Ordnungswidrigkeiten. Nach Art. 79 Abs. 1 Satz 1 Nr. 1 BayBO[3] kann mit Geldbuße bis zu fünfhunderttausend Euro belegt werden, wer vorsätzlich oder fahrlässig

1. entgegen § 17 Abs. 1 die Zu- oder Abfahrten oder die Rettungswege nicht verkehrssicher oder frei hält,
2. entgegen § 17 Abs. 2 Mittel- und Großgaragen nicht ständig beleuchtet,
3. entgegen § 17 Abs. 3 Satz 1 Lüftungsöffnungen oder -schächte verschließt oder zustellt,
4. entgegen § 17 Abs. 3 Satz 3 CO-Warnanlagen nicht ständig eingeschaltet läßt,
5. entgegen § 17 Abs. 3 Satz 4 maschinelle Lüftungsanlagen so betreibt, daß der genannte Wert des CO-Gehaltes der Luft überschritten wird.

§ 23[5] Übergangsvorschriften. Auf die zum Zeitpunkt des Inkrafttretens dieser Verordnung[6] bestehenden Garagen sind die Betriebsvorschriften (§ 17) sowie die Vorschriften über Prüfung sicherheitsrelevanter technischer Anlagen und Einrichtungen (§ 20) entsprechend anzuwenden.

§ 24[7] Inkrafttreten, Außerkrafttreten. Diese Verordnung tritt am 1. Januar 1994 in Kraft; sie tritt mit Ablauf des 31. Dezember 2028 außer Kraft.

---

[1] Bish. Teil V wird Teil VI mWv 1.1.2008 durch V v. 29.11.2007 (GVBl. S. 847).

[2] § 21 bish Wortlaut wird Abs. 1, Abs. 2 angef. mWv 1.8.2009 durch V v. 8.7.2009 (GVBl. S. 332); Abs. 1 geänd. mWv 1.9.2018 durch V v. 7.8.2018 (GVBl. S. 694).

[3] Nr. **1**.

[4] § 22 Einleitungssatz und Nr. 6 geänd. durch V v. 8.12.1997 (GVBl. S. 827), Einleitungssatz geänd. mWv 1.1.2002 durch V v. 28.3.2001 (GVBl. S. 174), Nr. 6 aufgeh. mWv 1.1.2002 durch V v. 3.8.2001 (GVBl. S. 593); Einleitungssatz geänd. mWv 1.1.2008 durch V v. 29.11.2007 (GVBl. S. 847).

[5] § 23 geänd. durch V v. 8.12.1997 (GVBl. S. 827).

[6] Diese V tritt am 1.1.1994 in Kraft, vgl. § 24.

[7] § 24 Überschrift und Wortlaut geänd. mWv 1.9.2018 durch V v. 7.8.2018 (GVBl. S. 694).

Anlage[1)]

Nr.	Verkehrsquelle	Zahl der Stellplätze	hiervon in Vomhundertsätzen für Besucher
1.	**Wohngebäude**		
1.1	Einfamilienhäuser	1 Stellplatz je Wohnung	–
1.2	Mehrfamilienhäuser und sonstige Gebäude mit Wohnungen	1 Stellplatz je Wohnung	10
1.3	Gebäude mit Altenwohnungen	0,2 Stellplätze je Wohnung	20
1.4	Wochenend- und Ferienhäuser	1 Stellplatz je Wohnung	–
1.5	Kinder-, Schüler- und Jugendwohnheime	1 Stellplatz je 20 Betten, mindestens 2 Stellplätze	75
1.6	Studentenwohnheime	1 Stellplatz je 5 Betten	10
1.7	Schwestern-/ Pflegerwohnheime	1 Stellplatz je 2 Betten, mindestens 3 Stellplätze	10
1.8	Arbeitnehmerwohnheime	1 Stellplatz je 4 Betten, mindestens 3 Stellplätze	20
1.9	Altenwohnheime	1 Stellplatz je 15 Betten, mindestens 3 Stellplätze	50
1.10	Altenheime, Langzeit- und Kurzzeitpflegeheime	1 Stellplatz je 12 Betten bzw. Pflegeplätze, mindestens 3 Stellplätze	50
1.11	Tagespflegeeinrichtungen	1 Stellplatz je 12 Pflegeplätze, mindestens 3 Stellplätze	50
1.12	Obdachlosenheime, Gemeinschaftsunterkünfte für Leistungsberechtigte nach dem Asylbewerberleistungsgesetz	1 Stellplatz je 30 Betten, mindestens 3 Stellplätze	10
2.	**Gebäude mit Büro-, Verwaltungs- und Praxisräumen**		
2.1	Büro- und Verwaltungsräume allgemein	1 Stellplatz je 40 m^2 NF[*1)]	20
2.2	Räume mit erheblichem Besucherverkehr (Schalter-, Abfertigungs oder Beratungsräume, Arztpraxen und dergl.)	1 Stellplatz, je 30 m^2 NF, mindestens 3 Stellplätze	75
3.	**Verkaufsstätten**		
3.1	Läden	1 Stellplatz je 40 m^2 NF (V)[*2)], mindestens 2 Stellplätze je Laden	75
3.2	Waren- und Geschäftshäuser (einschließlich Einkaufszentren, großflächigen Einzelhandelsbetrieben)	1 Stellplatz je 40 m^2 NF (V)	75
4.	**Versammlungsstätten (außer Sportstätten), Kirchen**		

[1)] Anlage eingef. mWv 1.1.2008 durch V v. 29.11.2007 (GVBl. S. 847); geänd. mWv 1.8.2009 durch V v. 8.7.2009 (GVBl. S. 332).

[*1)] **Amtl. Anm.:** NF = Nutzfläche nach DIN 277 Teil 2

[*2)] **Amtl. Anm.:** NF (V) = Verkaufsnutzfläche

Nr.	Verkehrsquelle	Zahl der Stellplätze	hiervon in Vomhundertsätzen für Besucher
4.1	Versammlungsstätten von überörtlicher Bedeutung (z.B. Theater, Konzerthäuser, Mehrzweckhallen)	1 Stellplatz je 5 Sitzplätze	90
4.2	Sonstige Versammlungsstätten (z.B. Lichtspieltheater, Schulaulen, Vortragssäle)	1 Stellplatz je 10 Sitzplätze	90
4.3	Gemeindekirchen	1 Stellplatz je 30 Sitzplätze	90
4.4	Kirchen von überörtlicher Bedeutung	1 Stellplatz je 20 Sitzplätze	90
5.	**Sportstätten**		
5.1	Sportplätze ohne Besucherplätze (z.B. Trainingsplätze)	1 Stellplatz je 300 m² Sportfläche	–
5.2	Sportplätze und Sportstadien mit Besucherplätzen	1 Stellplatz je 300 m² Sportfläche, zusätzlich 1 Stellplatz je 15 Besucherplätze	–
5.3	Turn- und Sporthallen ohne Besucherplätze	1 Stellplatz je 50 m² Hallenflächen	–
5.4	Turn- und Sporthallen mit Besucherplätzen	1 Stellplatz je 50 m² Hallenfläche; zusätzlich 1 Stellplatz je 15 Besucherplätze	–
5.5	Freibäder und Freiluftbäder	1 Stellplatz je 300 m² Grundstücksfläche	–
5.6	Hallenbäder ohne Besucherplätze	1 Stellplatz je 10 Kleiderablagen	–
5.7	Hallenbäder mit Besucherplätzen	1 Stellplatz je 10 Kleiderablagen, zusätzlich 1 Stellplatz je 15 Besucherplätze	–
5.8	Tennisplätze ohne Besucherplätze	2 Stellplätze je Spielfeld	–
5.9	Tennisplätze mit Besucherplätzen	2 Stellplätze je Spielfeld, zusätzlich 1 Stellplatz je 15 Besucherplätze	–
5.10	Squashanlagen	2 Stellplätze je Court	–
5.11	Minigolfplätze	6 Stellplätze je Minigolfanlage	–
5.12	Kegel-, Bowlingbahnen	4 Stellplätze je Bahn	–
5.13	Bootshäuser und Bootsliegeplätze	1 Stellplatz je 5 Boote	–
5.14	Fitnesscenter	1 Stellplatz je 40 m² Sportfläche	–
6.	**Gaststätten und Beherbergungsbetriebe**		
6.1	Gaststätten	1 Stellplatz je 10 m² Gastfläche	75
6.2	Spiel- und Automatenhallen, Billard-Salons, sonst. Vergnügungsstätten	1 Stellplatz je 20 m² NF, mind. 3 Stellplätze	90
6.3	Hotels, Pensionen, Kurheime und andere Beherbergungsbetriebe	1 Stellplatz je 6 Betten, bei Restaurationsbetrieb Zuschlag nach 6.1 oder 6.2	75
6.4	Jugendherbergen	1 Stellplatz je 15 Betten	75
7.	**Krankenanstalten**		
7.1	Krankenanstalten von überörtlicher Bedeutung	1 Stellplatz je 4 Betten	60
7.2	Krankenanstalten von örtlicher Bedeutung	1 Stellplatz je 6 Betten	60
7.3	Sanatorien, Kuranstalten, Anstalten für langfristig Kranke	1 Stellplatz je 4 Betten	25

Nr.	Verkehrsquelle	Zahl der Stellplätze	hiervon in Vomhundertsätzen für Besucher
7.4	Ambulanzen	1 Stellplatz je 30 m² NF, mindestens 3 Stellplätze	75
8.	**Schulen, Einrichtungen der Jugendförderung**		
8.1	Grundschulen, Schulen für Lernbehinderte	1 Stellplatz je Klasse	–
8.2	Hauptschulen, sonstige allgemeinbildende Schulen, Berufsschulen, Berufsfachschulen	1 Stellplatz je Klasse, zusätzlich 1 Stellplatz je 10 Schüler über 18 Jahre	10
8.3	Sonderschulen für Behinderte	1 Stellplatz je 15 Schüler	–
8.4	Hochschulen	1 Stellplatz je 10 Studierende	–
8.5	Tageseinrichtungen für Kinder	1 Stellplatz je 30 Kinder, mindestens 2 Stellplätze	–
8.6	Jugendfreizeitheime und dergl.	1 Stellplatz je 15 Besucherplätze	–
8.7	Berufsbildungswerke, Ausbildungswerkstätten und dergl.	1 Stellplatz je 10 Auszubildende	–
9.	**Gewerbliche Anlagen**		
9.1	Handwerks- und Industriebetriebe	1 Stellplatz je 70 m² NF oder je 3 Beschäftigte	10
9.2	Lagerräume, -plätze, Ausstellungs-, Verkaufsplätze	1 Stellplatz je 100 m² NF oder je 3 Beschäftigte	–
9.3	Kraftfahrzeugwerkstätten	6 Stellplätze je Wartungs- oder Reparaturstand	–
9.4	Tankstellen	Bei Einkaufsmöglichkeit über Tankstellenbedarf hinaus: Zuschlag nach 3.1 (ohne Besucheranteil)	–
9.5	Automatische Kfz-Waschanlagen	5 Stellplätze je Waschanlage[*3)]	–
10.	**Verschiedenes**		
10.1	Kleingartenanlagen	1 Stellplatz je 3 Kleingärten	–
10.2	Friedhöfe	1 Stellplatz je 1500 m² Grundstücksfläche, jedoch mindestens 10 Stellplätze	–

[*3)] **Amtl. Anm.:** Zusätzlich muss ein Stauraum für mindestens 10 Kraftfahrzeuge vorhanden sein.

7. Feuerungsverordnung (FeuV) [1][2]

Vom 11. November 2007
(GVBl. S. 800)

BayRS 2132-1-3-B

zuletzt geänd. durch § 2 V zur Anpassung an die Bayerische Bauordnung v. 7.8.2018 (GVBl. S. 694)

Auf Grund des Art. 80 Abs. 1 Satz 1 Nrn. 1 und 2 sowie Abs. 6 der Bayerischen Bauordnung (BayBO)[3] in der Fassung der Bekanntmachung vom 14. August 2007 (GVBl S. 588, BayRS 2132-1-I) erlässt das Bayerische Staatsministerium des Innern folgende Verordnung:

§ 1 Einschränkung des Anwendungsbereichs. [1]Für Feuerstätten, Wärmepumpen und Blockheizkraftwerke gilt diese Verordnung nur, soweit diese Anlagen der Beheizung von Räumen oder der Warmwasserversorgung dienen oder Gas-Haushalts-Kochgeräte sind. [2]Sie gilt nicht für Brennstoffzellen und ihre Anlagen zur Abführung der Prozessgase.

§ 2 Begriffe. (1) Als Nennleistung gilt

1. die auf dem Typenschild der Feuerstätte angegebene höchste Leistung, bei Blockheizkraftwerken die Gesamtleistung,
2. die in den Grenzen des auf dem Typenschild angegebenen Leistungsbereichs festeingestellte und auf einem Zusatzschild angegebene höchste nutzbare Leistung der Feuerstätte oder
3. bei Feuerstätten ohne Typenschild die aus dem Brennstoffdurchsatz mit einem Wirkungsgrad von 80 v.H. ermittelte Leistung.

(2) [1]Raumluftunabhängig sind Feuerstätten, denen die Verbrennungsluft über Leitungen oder Schächte nur direkt vom Freien zugeführt wird und bei denen kein Abgas in gefahrdrohender Menge in den Aufstellraum austreten kann. [2]Andere Feuerstätten sind raumluftabhängig.

§ 3 Verbrennungsluftversorgung von Feuerstätten. (1) Für raumluftabhängige Feuerstätten mit einer Nennleistung von insgesamt nicht mehr als 35 kW reicht die Verbrennungsluftversorgung aus, wenn jeder Aufstellraum

1. mindestens eine Tür ins Freie oder ein Fenster, das geöffnet werden kann (Räume mit Verbindung zum Freien), und einen Rauminhalt von mindestens 4 m^3 je 1 kW Nennleistung dieser Feuerstätten hat,
2. mit anderen Räumen mit Verbindung zum Freien nach Maßgabe des Abs. 2 verbunden ist (Verbrennungsluftverbund) oder

---

[1] **Amtl. Anm.:** Die Verpflichtungen aus der Richtlinie 98/34/EG des Europäischen Parlaments und des Rates vom 22. Juni 1998 über ein Informationsverfahren auf dem Gebiet der Normen und technischen Vorschriften (ABl EG Nr. L 204 S. 37), geändert durch die Richtlinie 98/48/EG des Europäischen Parlaments und des Rates vom 20. Juli 1998 (ABl EG Nr. L 217 S. 18), jetzt Richtlinie des Europäischen Parlaments und des Rates über ein Informationsverfahren auf dem Gebiet der Normen und technischen Vorschriften und der Vorschriften für die Dienste der Informationsgesellschaft, sind beachtet worden.

[2] **Die Verordnung tritt mit Ablauf des 31.12.2028 außer Kraft**, vgl. § 15.

[3] Nr. **1**.

3. eine ins Freie führende Öffnung mit einem lichten Querschnitt von mindestens 150 cm² oder zwei Öffnungen von je 75 cm² oder Leitungen ins Freie mit strömungstechnisch äquivalenten Querschnitten hat.

(2) [1]Der Verbrennungsluftverbund im Sinn des Abs. 1 Nr. 2 zwischen dem Aufstellraum und Räumen mit Verbindung zum Freien muss durch Verbrennungsluftöffnungen von mindestens 150 cm² zwischen den Räumen hergestellt sein. [2]Der Gesamtrauminhalt der Räume, die zum Verbrennungsluftverbund gehören, muss mindestens 4 m³ je 1 kW Nennleistung der Feuerstätten, die gleichzeitig betrieben werden können, betragen. [3]Räume ohne Verbindung zum Freien sind auf den Gesamtrauminhalt nicht anzurechnen.

(3) Für raumluftabhängige Feuerstätten mit einer Nennleistung von insgesamt mehr als 35 kW und nicht mehr als 50 kW reicht die Verbrennungsluftversorgung aus, wenn jeder Aufstellraum die Anforderungen nach Abs. 1 Nr. 3 erfüllt.

(4) [1]Für raumluftabhängige Feuerstätten mit einer Nennleistung von insgesamt mehr als 50 kW reicht die Verbrennungsluftversorgung aus, wenn jeder Aufstellraum eine ins Freie führende Öffnung oder Leitung hat. [2]Der Querschnitt der Öffnung muss mindestens 150 cm² und für jedes über 50 kW hinausgehende Kilowatt 2 cm² mehr betragen. [3]Leitungen müssen strömungstechnisch äquivalent bemessen sein. [4]Der erforderliche Querschnitt darf auf höchstens zwei Öffnungen oder Leitungen aufgeteilt sein.

(5) [1]Verbrennungsluftöffnungen und -leitungen dürfen nicht verschlossen oder zugestellt werden, sofern nicht durch besondere Sicherheitseinrichtungen gewährleistet ist, dass die Feuerstätten nur bei geöffnetem Verschluss betrieben werden können. [2]Der erforderliche Querschnitt darf durch den Verschluss oder durch Gitter nicht verengt werden.

(6) Abweichend von Abs. 1 bis 4 kann für raumluftabhängige Feuerstätten eine ausreichende Verbrennungsluftversorgung auf andere Weise nachgewiesen werden.

(7) [1]Abs. 1 und 2 gelten nicht für Gas-Haushalts-Kochgeräte. [2]Abs. 1 bis 4 gelten nicht für offene Kamine.

§ 4 Aufstellung von Feuerstätten, Gasleitungsanlagen. (1) Feuerstätten dürfen nicht aufgestellt werden

1. in notwendigen Treppenräumen, in Räumen zwischen notwendigen Treppenräumen und Ausgängen ins Freie und in notwendigen Fluren,
2. in Garagen, ausgenommen raumluftunabhängige Feuerstätten, deren Oberflächentemperatur bei Nennleistung nicht mehr als 300°C beträgt.

(2) [1]Die Betriebssicherheit von raumluftabhängigen Feuerstätten darf durch den Betrieb von Raumluft absaugenden Anlagen wie Lüftungs- oder Warmluftheizungsanlagen, Dunstabzugshauben, Abluft-Wäschetrockner nicht beeinträchtigt werden. [2]Dies gilt als erfüllt, wenn

1. ein gleichzeitiger Betrieb der Feuerstätten und der Luft absaugenden Anlagen durch Sicherheitseinrichtungen verhindert wird,
2. die Abgasabführung durch besondere Sicherheitseinrichtungen überwacht wird,
3. die Abgase der Feuerstätten über die Luft absaugenden Anlagen abgeführt werden oder

4. anlagentechnisch sichergestellt ist, dass während des Betriebs der Feuerstätten kein gefährlicher Unterdruck entstehen kann.

(3) [1] Feuerstätten für gasförmige Brennstoffe ohne Flammenüberwachung dürfen nur in Räumen aufgestellt werden, wenn durch mechanische Lüftungsanlagen während des Betriebs der Feuerstätten stündlich mindestens ein fünffacher Luftwechsel sichergestellt ist. [2] Für Gas-Haushalts-Kochgeräte genügt ein Außenluftvolumenstrom von 100 m^3/h.

(4) Feuerstätten für gasförmige Brennstoffe mit Strömungssicherung dürfen unbeschadet des § 3 in Räumen aufgestellt werden,

1. mit einem Rauminhalt von mindestens 1 m^3 je kW Nennleistung dieser Feuerstätten, soweit sie gleichzeitig betrieben werden können,
2. in denen durch unten und oben angeordnete Öffnungen mit einem Mindestquerschnitt von jeweils 75 cm^2 ins Freie eine Durchlüftung sichergestellt ist oder
3. in denen durch andere Maßnahmen wie beispielsweise unten und oben in derselben Wand angeordnete Öffnungen mit einem Mindestquerschnitt von jeweils 150 cm^2 zu unmittelbaren Nachbarräumen ein zusammenhängender Rauminhalt der Größe nach Nr. 1 eingehalten wird.

(5) [1] Gasleitungsanlagen in Räumen müssen so beschaffen, angeordnet oder mit Vorrichtungen ausgerüstet sein, dass bei einer äußeren thermischen Beanspruchung von bis zu 650°C über einen Zeitraum von 30 Minuten keine gefährlichen Gas-Luft-Gemische entstehen können. [2] Alle Gasentnahmestellen müssen mit einer Vorrichtung ausgerüstet sein, die im Brandfall die Brennstoffzufuhr selbsttätig absperrt. [3] Satz 2 gilt nicht, wenn Gasleitungsanlagen durch Ausrüstung mit anderen selbsttätigen Vorrichtungen die Anforderungen nach Satz 1 erfüllen.

(6) Feuerstätten für Flüssiggas (Propan, Butan und deren Gemische) dürfen in Räumen, deren Fußboden an jeder Stelle mehr als 1 m unter der Geländeoberfläche liegt, nur aufgestellt werden, wenn

1. die Feuerstätten eine Flammenüberwachung haben und
2. sichergestellt ist, dass auch bei abgeschalteter Feuerungseinrichtung Flüssiggas aus den im Aufstellraum befindlichen Brennstoffleitungen in gefahrdrohender Menge nicht austreten kann oder über eine mechanische Lüftungsanlage sicher abgeführt wird.

(7) [1] Feuerstätten müssen von Bauteilen aus brennbaren Baustoffen so weit entfernt oder so abgeschirmt sein, dass an diesen bei Nennleistung der Feuerstätten keine höheren Temperaturen als 85°C auftreten können. [2] Dies gilt als erfüllt, wenn mindestens die vom Hersteller angegebenen Abstandsmaße eingehalten werden oder, wenn diese Angaben fehlen, ein Mindestabstand von 40 cm eingehalten wird.

(8) [1] Vor den Feuerungsöffnungen von Feuerstätten für feste Brennstoffe sind Fußböden aus brennbaren Baustoffen durch einen Belag aus nichtbrennbaren Baustoffen zu schützen. [2] Der Belag muss sich nach vorn auf mindestens 50 cm und seitlich auf mindestens 30 cm über die Feuerungsöffnung hinaus erstrecken.

(9) [1] Bauteile aus brennbaren Baustoffen müssen von den Feuerraumöffnungen offener Kamine nach oben und nach den Seiten einen Abstand von

mindestens 80 cm haben. [2]Bei Anordnung eines beiderseits belüfteten Strahlungsschutzes genügt ein Abstand von 40 cm.

§ 5 Aufstellräume für Feuerstätten. (1) [1]In einem Raum dürfen Feuerstätten mit einer Nennleistung von insgesamt mehr als 100 kW, die gleichzeitig betrieben werden sollen, nur aufgestellt werden, wenn dieser Raum

1. nicht anderweitig genutzt wird, ausgenommen zur Aufstellung von Wärmepumpen, Blockheizkraftwerken und ortsfesten Verbrennungsmotoren sowie für zugehörige Installationen und zur Lagerung von Brennstoffen,
2. gegenüber anderen Räumen keine Öffnungen, ausgenommen Öffnungen für Türen, hat,
3. dicht- und selbstschließende Türen hat und
4. gelüftet werden kann.

[2]In einem Raum nach Satz 1 dürfen Feuerstätten für feste Brennstoffe jedoch nur aufgestellt werden, wenn deren Nennleistung insgesamt nicht mehr als 50 kW beträgt.

(2) [1]Brenner und Brennstoffördereinrichtungen der Feuerstätten für flüssige und gasförmige Brennstoffe mit einer Gesamtnennleistung von mehr als 100 kW müssen durch einen außerhalb des Aufstellraums angeordneten Schalter (Notschalter) jederzeit abgeschaltet werden können. [2]Neben dem Notschalter muss ein Schild mit der Aufschrift „NOTSCHALTERFEUERUNG“ vorhanden sein.

(3) Wird in dem Aufstellraum nach Abs. 1 Heizöl gelagert oder ist der Raum für die Heizöllagerung nur von diesem Aufstellraum zugänglich, muss die Heizölzufuhr von der Stelle des Notschalters nach Abs. 2 aus durch eine entsprechend gekennzeichnete Absperreinrichtung unterbrochen werden können.

(4) Abweichend von Abs. 1 dürfen die Feuerstätten auch in anderen Räumen aufgestellt werden, wenn die Nutzung dieser Räume dies erfordert und die Feuerstätten sicher betrieben werden können.

§ 6 Heizräume. (1) [1]Feuerstätten für feste Brennstoffe mit einer Nennleistung von insgesamt mehr als 50 kW, die gleichzeitig betrieben werden sollen, dürfen nur in besonderen Räumen (Heizräumen) aufgestellt werden. [2]§ 5 Abs. 3 und 4 gelten entsprechend. [3]Die Heizräume dürfen

1. nicht anderweitig genutzt werden, ausgenommen zur Aufstellung von Feuerstätten für flüssige und gasförmige Brennstoffe, Wärmepumpen, Blockheizkraftwerke, ortsfesten Verbrennungsmotoren und für zugehörige Installationen sowie zur Lagerung von Brennstoffen und
2. mit Aufenthaltsräumen, ausgenommen solchen für das Betriebspersonal, sowie mit notwendigen Treppenräumen nicht in unmittelbarer Verbindung stehen.

[4]Wenn in Heizräumen Feuerstätten für flüssige und gasförmige Brennstoffe aufgestellt werden, gilt § 5 Abs. 2 entsprechend.

(2) Heizräume müssen

1. mindestens einen Rauminhalt von 8 m^3 und eine lichte Höhe von 2 m,
2. einen Ausgang, der ins Freie oder einen Flur führt und die Anforderungen an notwendige Flure erfüllt, und

3. Türen, die in Fluchtrichtung aufschlagen,

haben.

(3) [1] Wände, ausgenommen nichttragende Außenwände, und Stützen von Heizräumen sowie Decken über und unter ihnen müssen feuerbeständig sein. [2] Öffnungen in Decken und Wänden müssen, soweit sie nicht unmittelbar ins Freie führen, mindestens feuerhemmende und selbstschließende Abschlüsse haben. [3] Sätze 1 und 2 gelten nicht für Trennwände zwischen Heizräumen und den zum Betrieb der Feuerstätten gehörenden Räumen, wenn diese Räume die Anforderungen der Sätze 1 und 2 erfüllen.

(4) [1] Heizräume müssen zur Raumlüftung jeweils eine obere und eine untere Öffnung ins Freie mit einem Querschnitt von mindestens je 150 cm^2 oder Leitungen ins Freie mit strömungstechnisch äquivalenten Querschnitten haben. [2] § 3 Abs. 5 gilt sinngemäß. [3] Der Querschnitt einer Öffnung oder Leitung darf auf die Verbrennungsluftversorgung nach § 3 Abs. 4 angerechnet werden.

(5) [1] Lüftungsleitungen für Heizräume müssen eine Feuerwiderstandsfähigkeit von mindestens 90 Minuten haben, soweit sie durch andere Räume führen, ausgenommen angrenzende, zum Betrieb der Feuerstätten gehörende Räume, die die Anforderungen nach Abs. 3 Sätze 1 und 2 erfüllen. [2] Die Lüftungsleitungen dürfen mit anderen Lüftungsanlagen nicht verbunden sein und nicht der Lüftung anderer Räume dienen.

(6) Lüftungsleitungen, die der Lüftung anderer Räume dienen, müssen, soweit sie durch Heizräume führen,

1. eine Feuerwiderstandsfähigkeit von mindestens 90 Minuten oder selbsttätige Absperrvorrichtungen mit einer Feuerwiderstandsfähigkeit von mindestens 90 Minuten haben und
2. ohne Öffnungen sein.

§ 7 Abgasanlagen. (1) Abgasanlagen müssen nach lichtem Querschnitt und Höhe, soweit erforderlich auch nach Wärmedurchlasswiderstand und Beschaffenheit der inneren Oberfläche, so bemessen sein, dass die Abgase bei allen bestimmungsgemäßen Betriebszuständen ins Freie abgeführt werden und gegenüber Räumen kein gefährlicher Überdruck auftreten kann.

(2) [1] Die Abgase von Feuerstätten für feste Brennstoffe müssen in Schornsteine, die Abgase von Feuerstätten für flüssige oder gasförmige Brennstoffe dürfen auch in Abgasleitungen eingeleitet werden. [2] Art. 39 Abs. 4 BayBO[1)] bleibt unberührt.

(3) [1] Abweichend von Abs. 2 Satz 1 sind Feuerstätten für gasförmige Brennstoffe ohne Abgasanlage zulässig, wenn durch einen sicheren Luftwechsel im Aufstellraum gewährleistet ist, dass Gefahren oder unzumutbare Belästigungen nicht entstehen. [2] Dies gilt insbesondere als erfüllt, wenn

1. durch maschinelle Lüftungsanlagen während des Betriebs der Feuerstätten ein Luftvolumenstrom von mindestens 30 m^3/h je kW Nennleistung aus dem Aufstellraum ins Freie abgeführt wird oder
2. besondere Sicherheitseinrichtungen verhindern, dass die Kohlenmonoxid-Konzentration in den Aufstellräumen einen Wert von 30 ppm überschreitet,

---

1) Nr. **1**.

3. bei Gas-Haushalts-Kochgeräten, soweit sie gleichzeitig betrieben werden können, mit einer Nennleistung von nicht mehr als 11 kW der Aufstellraum einen Rauminhalt von mehr als 15 m^3 aufweist und mindestens eine Tür ins Freie oder ein Fenster hat, das geöffnet werden kann.

(4) Mehrere Feuerstätten dürfen an einen gemeinsamen Schornstein, an eine gemeinsame Abgasleitung oder an ein gemeinsames Verbindungsstück nur angeschlossen werden, wenn

1. durch die Bemessung nach Abs. 1 und die Beschaffenheit der Abgasanlage die Ableitung der Abgase für jeden Betriebszustand sichergestellt ist,
2. eine Übertragung von Abgasen zwischen den Aufstellräumen und ein Austritt von Abgasen über nicht in Betrieb befindliche Feuerstätten ausgeschlossen sind,
3. die gemeinsame Abgasleitung aus nichtbrennbaren Baustoffen besteht oder eine Brandübertragung zwischen den Geschossen durch selbsttätige Absperrvorrichtungen oder andere Maßnahmen verhindert wird und
4. die Anforderungen des § 4 Abs. 2 für alle angeschlossenen Feuerstätten gemeinsam erfüllt sind.

(5) [1]In Gebäuden muss jede Abgasleitung, die Geschosse überbrückt, in einem eigenen Schacht angeordnet sein. [2]Dies gilt nicht

1. für Abgasleitungen in Gebäuden der Gebäudeklassen 1 und 2, die durch nicht mehr als eine Nutzungseinheit führen,
2. für einfach belegte Abgasleitungen im Aufstellraum der Feuerstätte und
3. für Abgasleitungen, die eine Feuerwiderstandsfähigkeit von mindestens 90 Minuten, in Gebäuden der Gebäudeklassen 1 und 2 eine Feuerwiderstandsfähigkeit von mindestens 30 Minuten haben.

[3]Schächte für Abgasleitungen dürfen nicht anderweitig genutzt werden. [4]Die Anordnung mehrerer Abgasleitungen in einem gemeinsamen Schacht ist zulässig, wenn

1. die Abgasleitungen aus nichtbrennbaren Baustoffen bestehen,
2. die zugehörigen Feuerstätten in demselben Geschoss aufgestellt sind oder
3. eine Brandübertragung zwischen den Geschossen durch selbsttätige Absperrvorrichtungen oder andere Maßnahmen verhindert wird.

[5]Die Schächte müssen eine Feuerwiderstandsfähigkeit von mindestens 90 Minuten, in Gebäuden der Gebäudeklassen 1 und 2 von mindestens 30 Minuten haben.

(6) [1]Abgasleitungen aus normalentflammbaren Baustoffen innerhalb von Gebäuden müssen, soweit sie nicht gemäß Abs. 5 in Schächten zu verlegen sind, zum Schutz gegen mechanische Beanspruchung von außen in Schutzrohren aus nichtbrennbaren Baustoffen angeordnet oder mit vergleichbaren Schutzvorkehrungen aus nichtbrennbaren Baustoffen ausgestattet sein. [2]Dies gilt nicht für Abgasleitungen im Aufstellraum der Feuerstätten. [3]§ 8 Abs. 1 bis 3, 5 und 6 bleiben unberührt.

(7) Schornsteine müssen

1. gegen Rußbrände beständig sein,
2. in Gebäuden, in denen sie Geschosse überbrücken, eine Feuerwiderstandsfähigkeit von mindestens 90 Minuten haben oder in durchgehenden Schäch-

ten mit einer Feuerwiderstandsfähigkeit von mindestens 90 Minuten angeordnet sein,
3. unmittelbar auf dem Baugrund gegründet oder auf einem feuerbeständigen Unterbau errichtet sein; es genügt ein Unterbau aus nichtbrennbaren Baustoffen für Schornsteine in Gebäuden der Gebäudeklassen 1 bis 3, für Schornsteine, die oberhalb der obersten Geschossdecke beginnen, sowie für Schornsteine an Gebäuden,
4. durchgehend, insbesondere nicht durch Decken unterbrochen sein und
5. für die Reinigung Öffnungen mit Schornsteinreinigungsverschlüssen haben.

(8) Schornsteine, Abgasleitungen und Verbindungsstücke, die unter Überdruck betrieben werden, müssen innerhalb von Gebäuden
1. in vom Freien dauernd gelüfteten Räumen liegen,
2. in Räumen liegen, die § 3 Abs. 1 Nr. 3 entsprechen,
3. soweit sie in Schächten liegen, über die gesamte Länge und den ganzen Umfang hinterlüftet sein oder
4. der Bauart nach so beschaffen sein, dass Abgase in gefahrdrohender Menge nicht austreten können.

(9) Verbindungsstücke dürfen nicht in Decken, Wänden oder unzugänglichen Hohlräumen angeordnet sowie nicht in andere Geschosse oder Nutzungseinheiten geführt werden.

(10) [1] Luft-Abgas-Systeme sind zur Abgasabführung nur zulässig, wenn sie getrennte, durchgehende Luft- und Abgasführungen haben. [2] An diese Systeme dürfen nur raumluftunabhängige Feuerstätten angeschlossen werden, deren Bauart sicherstellt, dass sie für diese Betriebsweise geeignet sind. [3] Im Übrigen gelten für Luft-Abgas-Systeme Abs. 4 bis 9 sinngemäß.

§ 8[1)] Abstände von Abgasanlagen zu brennbaren Bauteilen. (1) Abgasanlagen müssen zu Bauteilen aus brennbaren Baustoffen so weit entfernt oder so abgeschirmt sein, dass an den genannten Bauteilen
1. bei Nennleistung keine höheren Temperaturen als 85°C und
2. bei Rußbränden in Schornsteinen keine höheren Temperaturen als 100°C auftreten können.

(2) [1] Die Anforderungen des Abs. 1 gelten für den Fall der Hinterlüftung der Abgasanlagen als erfüllt, wenn
1. die auf Grund von harmonisierten technischen Spezifikationen in der Produktbezeichnung angegebenen Mindestabstände eingehalten sind,
2. bei Abgasanlagen für Abgastemperaturen der Feuerstätten bei Nennleistung bis zu 400°C, deren Wärmedurchlasswiderstand mindestens 0,12 m^2K/W und deren Feuerwiderstandsdauer mindestens 90 Minuten beträgt, ein Mindestabstand von 5 cm eingehalten ist oder
3. bei Abgasanlagen für Abgastemperaturen der Feuerstätten bei Nennleistung bis zu 400°C ein Mindestabstand von 40 cm eingehalten ist.

[2] Im Fall von Satz 1 Nr. 2 ist

[1)] § 8 neu gef. mWv 1.8.2009 durch V v. 8.7.2009 (GVBl. S. 332).

1. zu Holzbalken und Bauteilen entsprechender Abmessungen ein Mindestabstand von 2 cm ausreichend,
2. zu Bauteilen mit geringer Fläche wie Fußleisten und Dachlatten, soweit die Ableitung der Wärme aus diesen Bauteilen nicht durch Wärmedämmung behindert wird, kein Mindestabstand erforderlich.

[3] Abweichend von Satz 1 Nr. 3 genügt bei Abgasleitungen für Abgastemperaturen der Feuerstätten bei Nennleistung bis zu 300°C außerhalb von Schächten

1. ein Mindestabstand von 20 cm oder
2. wenn die Abgasleitungen mindestens 2 cm dick mit nichtbrennbaren Baustoffen mit geringer Wärmeleitfähigkeit ummantelt sind oder die Abgastemperatur der Feuerstätte bei Nennleistung nicht mehr als 160°C betragen kann, ein Mindestabstand von 5 cm.

[4] Abweichend von Satz 1 Nr. 3 genügt für Verbindungsstücke zu Schornsteinen ein Mindestabstand von 10 cm, wenn die Verbindungsstücke mindestens 2 cm dick mit nichtbrennbaren Baustoffen mit geringer Wärmeleitfähigkeit ummantelt sind.

(3) [1] Bei Abgasleitungen und Verbindungsstücken zu Schornsteinen für Abgastemperaturen der Feuerstätten bei Nennleistung bis zu 400°C, die durch Bauteile aus brennbaren Baustoffen führen, gelten die Anforderungen des Abs. 1 insbesondere als erfüllt, wenn diese Leitungen und Verbindungsstücke

1. in einem Mindestabstand von 20 cm mit einem Schutzrohr aus nichtbrennbaren Baustoffen versehen oder
2. in einer Dicke von mindestens 20 cm mit nichtbrennbaren Baustoffen mit geringer Wärmeleitfähigkeit ummantelt werden.

[2] Abweichend von Satz 1 genügt bei Feuerstätten für flüssige und gasförmige Brennstoffe ein Maß von 5 cm, wenn die Abgastemperatur bei Nennleistung der Feuerstätten nicht mehr als 160°C betragen kann.

(4) Werden bei Durchführungen von Abgasanlagen durch Bauteile aus brennbaren Baustoffen Zwischenräume verschlossen, müssen dafür nichtbrennbare Baustoffe mit geringer Wärmeleitfähigkeit verwendet und die Anforderungen des Abs. 1 erfüllt werden.

§ 9 Abführung von Abgasen. (1) Die Mündungen von Abgasanlagen müssen

1. den First um mindestens 40 cm überragen oder von der Dachfläche mindestens 1 m entfernt sein; ein Abstand von der Dachfläche von 40 cm genügt, wenn nur raumluftunabhängige Feuerstätten für flüssige oder gasförmige Brennstoffe angeschlossen sind, die Summe der Nennleistungen der angeschlossenen Feuerstätten nicht mehr als 50 kW beträgt und das Abgas durch Ventilatoren abgeführt wird,
2. Dachaufbauten, Gebäudeteile, Öffnungen zu Räumen und ungeschützte Bauteile aus brennbaren Baustoffen, ausgenommen Bedachungen, um mindestens 1 m überragen, soweit deren Abstand zu den Abgasanlagen weniger als 1,5 m beträgt,

3. bei Feuerstätten für feste Brennstoffe in Gebäuden, deren Bedachung überwiegend nicht den Anforderungen des Art. 30 Abs. 1 BayBO[1)] entspricht, am First des Daches austreten und diesen um mindestens 80 cm überragen,
4. die Oberkanten von Lüftungsöffnungen, Fenstern oder Türen um mindestens 1 m überragen
   a) in einem Umkreis von 15 m bei Feuerstätten für feste Brennstoffe mit einer Gesamtnennwärmeleistung bis 50 kW; der Umkreis vergrößert sich um 2 m je weitere angefangene 50 kW bis auf höchstens 40 m,
   b) in einem Umkreis von 8 m bei Feuerstätten für flüssige oder gasförmige Brennstoffe mit einer Gesamtnennwärmeleistung bis 50 kW; der Umkreis vergrößert sich um 1 m je weitere angefangene 50 kW bis auf höchstens 40 m.

(2) Die Abgase von raumluftunabhängigen Feuerstätten für gasförmige Brennstoffe dürfen durch die Außenwand ins Freie geleitet werden, wenn
1. eine Ableitung der Abgase über Dach nicht oder nur mit unverhältnismäßig hohem Aufwand möglich ist,
2. die Nennleistung der Feuerstätte 11 kW zur Beheizung und 28 kW zur Warmwasseraufbereitung nicht überschreitet und
3. Gefahren oder unzumutbare Belästigungen nicht entstehen.

§ 10 Wärmepumpen, Blockheizkraftwerke, und ortsfeste Verbrennungsmotoren. (1) Für die Aufstellung von
1. Sorptionswärmepumpen mit feuerbeheizten Austreibern,
2. Blockheizkraftwerken in Gebäuden und
3. ortsfesten Verbrennungsmotoren

gelten § 3 Abs. 1 bis 6 sowie § 4 Abs. 1 bis 7 entsprechend.

(2) Es dürfen
1. Sorptionswärmepumpen mit einer Nennleistung der Feuerung von mehr als 50 kW,
2. Wärmepumpen, die die Abgaswärme von Feuerstätten mit einer Nennleistung von insgesamt mehr als 50 kW nutzen,
3. Kompressionswärmepumpen mit elektrisch angetriebenen Verdichtern mit Antriebsleistungen von mehr als 50 kW,
4. Kompressionswärmepumpen mit Verbrennungsmotoren,
5. Blockheizkraftwerke mit mehr als 35 kW Nennleistung in Gebäuden und
6. ortsfeste Verbrennungsmotoren

nur in Räumen aufgestellt werden, die die Anforderungen nach § 5 erfüllen.

(3) [1]Die Verbrennungsgase von Blockheizkraftwerken und ortsfesten Verbrennungsmotoren in Gebäuden sind durch eigene, dichte Leitungen über Dach abzuleiten. [2]Mehrere Verbrennungsmotoren dürfen an eine gemeinsame Leitung nach Maßgabe des § 7 Abs. 4 angeschlossen werden. [3]Die Leitungen müssen außerhalb der Aufstellräume der Verbrennungsmotoren nach Maßgabe des § 7 Abs. 5 und 8 sowie § 8 beschaffen oder angeordnet sein.

[1)] Nr. **1**.

(4) [1]Die Einleitung der Verbrennungsgase von Blockheizkraftwerken oder ortsfesten Verbrennungsmotoren in Abgasanlagen für Feuerstätten ist zulässig, wenn die einwandfreie Abführung der Verbrennungsgase und, soweit Feuerstätten angeschlossen sind, auch die einwandfreie Abführung der Abgase nachgewiesen ist. [2]§ 7 Abs. 1 gilt entsprechend.

(5) Für die Abführung der Abgase von Sorptionswärmepumpen mit feuerbeheizten Austreibern und Abgaswärmepumpen gelten die §§ 7 bis 9 entsprechend.

§ 11 Brennstofflagerung in Brennstofflagerräumen. (1) [1]Je Gebäude oder Brandabschnitt darf die Lagerung von

1. Holzpellets von mehr als 10 000 l,
2. sonstigen festen Brennstoffen in einer Menge von mehr als 15 000 kg,
3. Heizöl und Dieselkraftstoff in Behältern mit mehr als insgesamt 5 000 l oder
4. Flüssiggas in Behältern mit einem Füllgewicht von mehr als insgesamt 16 kg

nur in besonderen Räumen (Brennstofflagerräumen) erfolgen, die nicht zu anderen Zwecken genutzt werden dürfen. [2]Das Fassungsvermögen der Behälter darf insgesamt 100 000 l Heizöl oder Dieselkraftstoff oder 6500 l Flüssiggas je Brennstofflagerraum und 30 000 l Flüssiggas je Gebäude oder Brandabschnitt nicht überschreiten.

(2) [1]Wände und Stützen von Brennstofflagerräumen sowie Decken über oder unter ihnen müssen feuerbeständig sein. [2]Öffnungen in Decken und Wänden müssen, soweit sie nicht unmittelbar ins Freie führen, mindestens feuerhemmende und selbstschließende Abschlüsse haben. [3]Durch Decken und Wände von Brennstofflagerräumen dürfen keine Leitungen geführt werden, ausgenommen Leitungen, die zum Betrieb dieser Räume erforderlich sind sowie Heizrohrleitungen, Wasserleitungen und Abwasserleitungen. [4]Sätze 1 und 2 gelten nicht für Trennwände zwischen Brennstofflagerräumen und Heizräumen.

(3) Brennstofflagerräume für flüssige Brennstoffe müssen

1. gelüftet und von der Feuerwehr vom Freien aus beschäumt werden können und
2. an den Zugängen mit der Aufschrift „HEIZÖLLAGERUNG" oder „DIESELKRAFTSTOFFLAGERUNG" gekennzeichnet sein.

(4) Brennstofflagerräume für Flüssiggas

1. müssen über eine ständig wirksame Lüftung verfügen,
2. dürfen keine Öffnungen zu anderen Räumen, ausgenommen Öffnungen für Türen, und keine offenen Schächte und Kanäle haben,
3. dürfen mit ihren Fußböden nicht allseitig unterhalb der Geländeoberfläche liegen,
4. dürfen in ihren Fußböden keine Öffnungen haben,
5. müssen an ihren Zugängen mit der Aufschrift „FLÜSSIGGASANLAGE" gekennzeichnet sein und
6. dürfen nur mit elektrischen Anlagen ausgestattet sein, die den Anforderungen der Vorschriften auf Grund des § 14 des Geräte- und Produktsicherheitsgesetzes (GPSG) für elektrische Anlagen in explosionsgefährdeten Räumen entsprechen.

(5) Für Brennstofflagerräume für Holzpellets gilt Abs. 4 Nr. 6 entsprechend.

§ 12[1)] Brennstofflagerung außerhalb von Brennstofflagerräumen.

(1) Feste Brennstoffe sowie Behälter zur Lagerung von brennbaren Gasen und Flüssigkeiten dürfen nicht in notwendigen Treppenräumen, in Räumen zwischen notwendigen Treppenräumen und Ausgängen ins Freie und in notwendigen Fluren gelagert oder aufgestellt werden.

(2) Heizöl oder Dieselkraftstoff dürfen gelagert werden

1. in Wohnungen bis zu 100 l,
2. in Räumen außerhalb von Wohnungen bis zu 1 000 l,
3. in Räumen außerhalb von Wohnungen bis zu 5 000 l je Gebäude oder Brandabschnitt, wenn diese Räume gelüftet werden können und gegenüber anderen Räumen keine Öffnungen, ausgenommen Öffnungen mit dichtschließenden Türen, und nur Bodenabläufe mit Heizölsperren oder Leichtflüssigkeitsabscheidern haben,
4. in Räumen in Gebäuden der Gebäudeklasse 1 mit nicht mehr als einer Nutzungseinheit, die keine Aufenthaltsräume sind und den Anforderungen nach Nr. 3 genügen, bis zu 5 000 l.

(3) [1]Sind in den Räumen nach Abs. 2 Nrn. 2 bis 4 Feuerstätten aufgestellt, müssen diese

1. außerhalb erforderlicher Auffangräume für auslaufenden Brennstoff stehen und
2. einen Abstand von mindestens 1 m zu Behältern für Heizöl oder Dieselkraftstoff haben.

[2]Dieser Abstand kann bis auf die Hälfte verringert werden, wenn ein beiderseits belüfteter Strahlungsschutz vorhanden ist. [3]Ein Abstand von 0,1 m genügt, wenn nachgewiesen ist, dass die Oberflächentemperatur der Feuerstätte 40°C nicht überschreitet.

(4) Flüssiggas darf in Wohnungen und in Räumen außerhalb von Wohnungen jeweils in Behältern mit einem Füllgewicht von insgesamt nicht mehr als 16 kg gelagert werden, wenn die Fußböden allseitig oberhalb der Geländeoberfläche liegen und außer Abläufen mit Flüssigkeitsverschluss keine Öffnungen haben.

§ 13[2)] Flüssiggasanlagen und Dampfkesselanlagen. (1) [1]Für Flüssiggasanlagen und Dampfkesselanlagen, die weder gewerblichen noch wirtschaftlichen Zwecken dienen oder durch die keine Beschäftigten gefährdet werden können, gelten die materiellen Anforderungen und Festlegungen über erstmalige Prüfungen vor Inbetriebnahme und wiederkehrende Prüfungen der auf Grund des § 34 ProdSG erlassenen Vorschriften entsprechend. [2]Dies gilt nicht für die in diesen Vorschriften genannten Flüssiggasanlagen und Dampfkesselanlagen, auf die diese Vorschriften keine Anwendung finden.

(2) [1]Zuständige Behörden im Sinn der Vorschriften nach Abs. 1 sind die Gewerbeaufsichtsämter der Regierungen. [2]Im Rahmen des Vollzugs dieser

---

[1)] § 12 Abs. 4 geänd. mWv 1.8.2009 durch V v. 8.7.2009 (GVBl. S. 332).

[2)] § 13 Abs. 1 Satz 1 geänd. mWv 1.1.2013 durch V v. 7.12.2012 (GVBl. S. 732).

Verordnung nehmen sie auch die Aufgaben und Befugnisse der Bauaufsichtsbehörden wahr.

§ 14 Ordnungswidrigkeiten. Nach Art. 79 Abs. 1 Nr. 1 BayBO[1] kann mit Geldbuße belegt werden, wer als am Bau Beteiligter nach Art. 49 bis 52 BayBO vorsätzlich oder fahrlässig

1. Feuerstätten aufstellt oder Bauteile aus brennbaren Baustoffen oder Einbaumöbel anordnet, ohne die Abstände nach § 4 Abs. 7 einzuhalten,
2. Fußböden vor Feuerungsöffnungen entgegen § 4 Abs. 8 nicht schützt,
3. Bauteile aus brennbaren Baustoffen oder offene Kamine anordnet, ohne die Abstände nach § 4 Abs. 9 einzuhalten,
4. Abgasleitungen außerhalb von Schächten oder Bauteile aus brennbaren Baustoffen anordnet, ohne die Abstände nach § 8 Abs. 1 Satz 2 Nr. 3 in Verbindung mit § 8 Abs. 3 einzuhalten,
5. Verbindungsstücke zu Kaminen oder Bauteile aus brennbaren Baustoffen anordnet, ohne die Abstände nach § 8 Abs. 1 Satz 2 Nr. 3 in Verbindung mit § 8 Abs. 4 einzuhalten,
6. Abgasleitungen oder Verbindungsstücke zu Kaminen durch Bauteile aus brennbaren Baustoffen führt, ohne die Abstände nach § 8 Abs. 5 einzuhalten.

§ 15[2] Inkrafttreten, Außerkrafttreten. Diese Verordnung tritt am 1. Januar 2008 in Kraft; sie tritt mit Ablauf des 31. Dezember 2028 außer Kraft.

Nr. 8 *(nicht belegt)*

[1] Nr. **1**.

[2] § 15 Satz 1 geänd., Satz 2 aufgeh. mWv 1.9.2018 durch V v. 7.8.2018 (GVBl. S. 694).

9. Verordnung über die Prüfingenieure, Prüfämter und Prüfsachverständigen im Bauwesen (Prüfsachverständigenverordnung – PrüfVBau) [1)2)]

Vom 29. November 2007

(GVBl. S. 829)

BayRS 2132-1-10-B

zuletzt geänd. durch § 6 G zur Vereinfachung baurechtlicher Regelungen und zur Beschleunigung sowie Förderung des Wohnungsbaus v. 23.12.2020 (GVBl. S. 663)

Auf Grund des Art. 80 Abs. 2 der Bayerischen Bauordnung (BayBO)[3)] in der Fassung der Bekanntmachung vom 14. August 2007 (GVBl S. 588, BayRS 2132-1-I) erlässt das Bayerische Staatsministerium des Innern folgende Verordnung:

Nichtamtliches Inhaltsverzeichnis[4)]

---

1) Überschrift geänd. mWv 1.9.2018 durch V v. 7.8.2018 (GVBl. S. 694).

2) **Die Verordnung tritt mit Ablauf des 31.12.2028 außer Kraft**, vgl. § 38 Abs. 1.

3) Nr. **1**.

4) Amtl. Inhaltsübersicht aufgeh. mWv 1.9.2018 durch V v. 7.8.2018 (GVBl. S. 694).

Erster Teil. Allgemeine Vorschriften

§ 1 Anwendungsbereich. [1]Diese Verordnung regelt die Anerkennung und Tätigkeit der Prüfingenieure und Prüfsachverständigen in den Fachbereichen nach Satz 2, ferner die Rechtsverhältnisse der Prüfämter und die Typenprüfung. [2]Prüfingenieure und Prüfsachverständige werden anerkannt im Fachbereich Standsicherheit; Prüfsachverständige werden darüber hinaus anerkannt in den Fachbereichen

1. Brandschutz,
2. Vermessung im Bauwesen,
3. sicherheitstechnische Anlagen und Einrichtungen sowie
4. Erd- und Grundbau.

§ 2[1)] Prüfingenieure und Prüfsachverständige. (1) [1]Prüfingenieure nehmen in ihrem jeweiligen Fachbereich bauaufsichtliche Prüfaufgaben auf Grund der Bayerischen Bauordnung oder von Vorschriften auf Grund der Bayerischen Bauordnung im Auftrag der Bauaufsichtsbehörde wahr. [2]Sie unterstehen der Fachaufsicht des Staatsministeriums für Wohnen, Bau und Verkehr (Staatsministerium).

(2) [1]Prüfsachverständige prüfen und bescheinigen in ihrem jeweiligen Fachbereich im Auftrag des Bauherrn oder des sonstigen nach Bauordnungsrecht

[1)] § 2 Abs. 1 Satz 2 geänd. mWv 30.8.2014 durch V v. 22.7.2014 (GVBl. S. 286); Abs. 1 Satz 2 geänd. mWv 1.5.2019 durch V v. 26.3.2019 (GVBl. S. 98).

Verantwortlichen die Einhaltung bauordnungsrechtlicher Anforderungen, soweit dies in der Bayerischen Bauordnung oder in Vorschriften auf Grund der Bayerischen Bauordnung vorgesehen ist; sie nehmen keine hoheitlichen bauaufsichtlichen Prüfaufgaben wahr. [2]Die Prüfsachverständigen sind im Rahmen der ihnen obliegenden Pflichten unabhängig und an Weisungen des Auftraggebers nicht gebunden.

§ 3[1)] Voraussetzungen der Anerkennung. Soweit nachfolgend nichts anderes geregelt ist, werden als Prüfingenieure und Prüfsachverständige nur Personen anerkannt, welche die allgemeinen Voraussetzungen des § 4 sowie die besonderen Voraussetzungen ihres jeweiligen Fachbereichs und, soweit erforderlich, ihrer jeweiligen Fachrichtung nachgewiesen haben.

§ 4[2)] Allgemeine Voraussetzungen. [1]Prüfingenieure und Prüfsachverständige können nur Personen sein, die

1. nach ihrer Persönlichkeit Gewähr dafür bieten, dass sie ihre Aufgaben ordnungsgemäß im Sinn des § 5 erfüllen,
2. die Fähigkeit besitzen, öffentliche Ämter zu bekleiden,
3. eigenverantwortlich und unabhängig tätig sind,
4. den Geschäftssitz im Freistaat Bayern haben und
5. die deutsche Sprache in Wort und Schrift beherrschen.

[2]Eigenverantwortlich tätig im Sinn des Satzes 1 Nr. 3 ist,

1. wer seine berufliche Tätigkeit als einziger Inhaber eines Büros selbstständig auf eigene Rechnung und Verantwortung ausübt,
2. wer
   a) sich mit anderen Prüfingenieuren/Prüfsachverständigen, Ingenieuren oder Architekten zum Zweck der Berufsausübung zusammengeschlossen hat,
   b) innerhalb dieses Zusammenschlusses Vorstand, Geschäftsführer oder persönlich haftender Gesellschafter mit einer rechtlich gesicherten leitenden Stellung ist und
   c) kraft Satzung, Statut oder Gesellschaftsvertrag dieses Zusammenschlusses seine Aufgaben als Prüfingenieur und Prüfsachverständiger selbstständig, auf eigene Rechnung und Verantwortung und frei von Weisungen ausüben kann

   oder
3. wer als Hochschullehrer im Rahmen einer Nebentätigkeit in selbstständiger Beratung tätig ist.

[3]Unabhängig tätig im Sinn des Satzes 1 Nr. 3 ist, wer bei Ausübung seiner Tätigkeit weder eigene Produktions-, Handels- oder Lieferinteressen hat noch fremde Interessen dieser Art vertritt, die unmittelbar oder mittelbar im Zusammenhang mit seiner Tätigkeit stehen.

[1)] § 3 Absatzbez. „(1)" und Abs. 2 aufgeh. mWv 1.1.2013 durch V v. 7.12.2012 (GVBl. S. 732).

[2)] § 4 Satz 2 Nr. 2 Buchst. c und Satz 3 geänd. mWv 1.11.2009 durch V v. 22.10.2009 (GVBl. S. 542); Satz 2 Nr. 2 Buchst. c geänd. mWv 1.1.2012 durch V v. 11.12.2011 (GVBl. S. 720).

§ 5[1)] Allgemeine Pflichten. (1) [1]Prüfingenieure und Prüfsachverständige haben ihre Tätigkeit unparteiisch, gewissenhaft und gemäß den bauordnungsrechtlichen Vorschriften zu erfüllen; sie müssen sich darüber und über die Entwicklungen in ihrem Fachbereich stets auf dem Laufenden halten und über die für ihre Aufgabenerfüllung erforderlichen Geräte und Hilfsmittel verfügen. [2]Die Prüfung der bautechnischen Nachweise muss am Geschäftssitz des Prüfingenieurs oder des Prüfsachverständigen, für den die Anerkennung als Prüfingenieur oder Prüfsachverständiger ausgesprochen worden ist, erfolgen. [3]Unbeschadet weitergehender Vorschriften dürfen sich Prüfingenieure und Prüfsachverständige bei ihrer Tätigkeit der Mitwirkung befähigter und zuverlässiger, an ihrem Geschäftssitz fest angestellter Mitarbeiter nur in einem solchen Umfang bedienen, dass sie deren Tätigkeit jederzeit voll überwachen können. [4]Prüfingenieure und Prüfsachverständige müssen mit einer Haftungssumme von mindestens je 500 000 € für Personen- sowie für Sach- und Vermögensschäden je Schadensfall, die mindestens zweimal im Versicherungsjahr zur Verfügung stehen muss, haftpflichtversichert sein; die Anerkennungsbehörde ist zuständige Stelle im Sinn des § 117 Abs. 2 des Versicherungsvertragsgesetzes.

(2) Ergeben sich Änderungen der Verhältnisse der Prüfingenieure und Prüfsachverständigen nach § 6 Abs. 2 Satz 2 Nrn. 4 und 5, sind sie verpflichtet, dies der Anerkennungsbehörde (§ 6 Abs. 1) unverzüglich anzuzeigen.

(3) [1]Die Errichtung einer Zweitniederlassung als Prüfingenieur oder Prüfsachverständiger in der Bundesrepublik Deutschland bedarf der Genehmigung durch die Anerkennungsbehörde. [2]Dem Antrag sind die für die Genehmigung erforderlichen Nachweise beizugeben, insbesondere sind Angaben zur Eigenverantwortlichkeit der Tätigkeit in der Zweitniederlassung, zu den Mitarbeitern, die bei der Prüftätigkeit mitwirken sollen, sowie zur Sicherstellung der Überwachung der ordnungsgemäßen Bauausführung zu machen. [3]Die Genehmigung ist zu versagen, wenn wegen der Zahl der Mitarbeiter, die bei der Prüftätigkeit mitwirken sollen, der Entfernung zwischen den Niederlassungen oder aus anderen Gründen Bedenken gegen die ordnungsgemäße Aufgabenerledigung bestehen. [4]Liegt die Zweitniederlassung in einem anderen Land, entscheidet die Anerkennungsbehörde im Einvernehmen mit der Anerkennungsbehörde des anderen Landes. [5]Für die Prüftätigkeit an der Zweitniederlassung gelten Abs. 1 Sätze 2 und 3 sowie § 13 Abs. 3 Satz 2 und § 30 Abs. 6 Satz 1 entsprechend.

(4) Prüfingenieure und Prüfsachverständige dürfen nicht tätig werden, wenn sie, ihre Mitarbeiter oder Angehörige des Zusammenschlusses nach § 4 Satz 2 Nr. 2 bereits, insbesondere als Entwurfsverfasser, Nachweisersteller, Bauleiter oder Unternehmer, mit dem Gegenstand der Prüfung oder der Bescheinigung befasst waren oder wenn ein sonstiger Befangenheitsgrund vorliegt.

(5) [1]Der Prüfingenieur oder Prüfsachverständige, der aus wichtigem Grund einen Auftrag nicht annehmen kann, muss die Ablehnung unverzüglich erklären. [2]Er hat den Schaden zu ersetzen, der aus einer schuldhaften Verzögerung dieser Erklärung entsteht.

(6) Ergibt sich bei der Tätigkeit der Prüfingenieure und Prüfsachverständigen, dass der Auftrag teilweise einem anderen Fachbereich oder einer anderen

---

[1)] § 5 Abs. 1 Satz 4 geänd. mWv 1.8.2009 durch V v. 8.7.2009 (GVBl. S. 332); Abs. 1 Satz 2 neu gef., Satz 3 geänd., Abs. 3 eingef., bish. Abs. 3–5 werden Abs. 4–6 mWv 1.11.2009 durch V v. 22.10. 2009 (GVBl. S. 542).

Fachrichtung zuzuordnen ist, sind sie verpflichtet, den Auftraggeber zu unterrichten.

§ 6[1] Anerkennungsverfahren. (1) [1] Über den Antrag auf Anerkennung entscheidet

1. bei Prüfingenieuren für Standsicherheit das Staatsministerium,
2. bei Prüfsachverständigen für Brandschutz der Eintragungsausschuss bei der Bayerischen Architektenkammer,
3. im Übrigen der Eintragungsausschuss bei der Bayerischen Ingenieurekammer-Bau

(Anerkennungsbehörde). [2] Örtlich zuständig ist die Anerkennungsbehörde des Geschäftssitzes des Bewerbers.

(2) [1] Im Antrag auf Anerkennung muss angegeben sein,

1. für welche Fachbereiche und, soweit vorgesehen, für welche Fachrichtungen die Anerkennung beantragt wird, und
2. ob und wie oft der Bewerber sich bereits erfolglos auch in einem anderen Land der Bundesrepublik Deutschland einem Anerkennungsverfahren in diesen Fachbereichen und, soweit vorgesehen, in diesen Fachrichtungen unterzogen hat.

[2] Dem Antrag sind die für die Anerkennung erforderlichen Nachweise beizugeben, insbesondere

1. ein Lebenslauf mit lückenloser Angabe des fachlichen Werdegangs bis zum Zeitpunkt der Antragstellung,
2. je eine Kopie der Abschluss- und Beschäftigungszeugnisse,
3. der Nachweis über den Antrag auf Erteilung eines Führungszeugnisses zur Vorlage bei einer Behörde, der nicht älter als drei Monate sein soll, oder ein gleichwertiges Dokument eines Mitgliedstaates der Europäischen Union,
4. Angaben über etwaige sonstige Niederlassungen,
5. Angaben über eine etwaige Beteiligung an einer Gesellschaft, deren Zweck die Planung oder Durchführung von Bauvorhaben ist, und
6. die Nachweise über die Erfüllung der besonderen Voraussetzungen für die Anerkennung in den jeweiligen Fachbereichen und, soweit vorgesehen, in den jeweiligen Fachrichtungen.

[3] Die Anerkennungsbehörde kann, soweit erforderlich, weitere Unterlagen anfordern.

(3) [1] Über die Erteilung ist innerhalb von drei Monaten nach Vorlage der vollständigen Unterlagen zu entscheiden; die Anerkennungsbehörde kann die Frist gegenüber dem Bewerber einmal um bis zu zwei Monate verlängern. [2] Der Antrag gilt als genehmigt, wenn über ihn nicht innerhalb der nach Satz 1 maßgeblichen Frist entschieden worden ist. [3] Das Verfahren kann über eine einheitliche Stelle nach den Vorschriften des Bayerischen Verwaltungsverfahrensgesetzes abgewickelt werden.

---

[1] § 6 Abs. 2 Satz 1 Nr. 2, Satz 2 Nr. 2–4 geänd., Abs. 3 eingef., bish. Abs. 3 und 4 werden Abs. 4 und 5 mWv 1.11.2009 durch V v. 22.10.2009 (GVBl. S. 542); Abs. 5 Satz 3 geänd. mWv 1.1.2012 durch V v. 11.12.2011 (GVBl. S. 720); Abs. 1 Satz 1 Nr. 1 und Abs. 4 geänd. mWv 30.8.2014 durch V v. 22.7.2014 (GVBl. S. 286).

(4) Das Staatsministerium führt in den Fällen des Abs. 1 Satz 1 Nr. 1, die Bayerische Architektenkammer in den Fällen des Abs. 1 Satz 1 Nr. 2 und die Bayerische Ingenieurekammer-Bau in den Fällen des Abs. 1 Satz 1 Nr. 3 nach Fachbereichen und Fachrichtungen gesonderte Listen der Prüfingenieure und Prüfsachverständigen, die in geeigneter Weise bekannt zu machen sind.

(5) [1] Verlegt der Prüfingenieur oder der Prüfsachverständige seinen Geschäftssitz, für den die Anerkennung als Prüfingenieur oder als Prüfsachverständiger ausgesprochen worden ist, in ein anderes Land der Bundesrepublik Deutschland, hat er dies der Anerkennungsbehörde anzuzeigen. [2] Die Anerkennungsbehörde übersendet die über den Prüfingenieur oder Prüfsachverständigen vorhandenen Akten der Anerkennungsbehörde des Landes, in dem der Prüfingenieur oder Prüfsachverständige seinen neuen Geschäftssitz begründen will. [3] Diese trägt den Prüfingenieur oder Prüfsachverständigen in die von ihr geführte Liste nach Abs. 4 ein; damit erlischt die Eintragung in die Liste nach Abs. 4 in dem Land des ursprünglichen Geschäftssitzes. [4] Im Übrigen findet ein neues Anerkennungsverfahren nicht statt.

§ 7[1)] Erlöschen, Widerruf und Rücknahme der Anerkennung.

(1) Die Anerkennung erlischt, wenn

1. der Prüfingenieur oder der Prüfsachverständige gegenüber der Anerkennungsbehörde schriftlich darauf verzichtet,
2. der Prüfingenieur oder der Prüfsachverständige die Fähigkeit zur Bekleidung öffentlicher Ämter verliert,
3. der erforderliche Versicherungsschutz (§ 5 Abs. 1 Satz 4) nicht mehr besteht oder
4. der Prüfingenieur oder der Prüfsachverständige das 70. Lebensjahr vollendet hat.

(2) Unbeschadet des Art. 49 BayVwVfG kann die Anerkennung widerrufen werden, wenn der Prüfingenieur oder der Prüfsachverständige

1. in Folge geistiger und körperlicher Gebrechen nicht mehr in der Lage ist, seine Tätigkeit ordnungsgemäß auszuüben,
2. gegen die ihm obliegenden Pflichten schwerwiegend, wiederholt oder mindestens grob fahrlässig verstoßen hat,
3. seine Tätigkeit in einem Umfang ausübt, die eine ordnungsgemäße Erfüllung seiner Pflichten nicht erwarten lässt, oder
4. in der Bundesrepublik Deutschland außerhalb des Geschäftssitzes, für den die Anerkennung als Prüfingenieur oder Prüfsachverständiger ausgesprochen worden ist, ohne die erforderliche Genehmigung nach § 5 Abs. 3 Zweitniederlassungen als Prüfingenieur oder Prüfsachverständiger einrichtet.

(3) Art. 48 BayVwVfG bleibt unberührt.

(4) Die Anerkennungsbehörde soll in Abständen von mindestens fünf Jahren nachprüfen, ob die Anerkennungsvoraussetzungen noch vorliegen.

§ 8 Führung der Bezeichnung Prüfingenieur oder Prüfsachverständiger. Wer nicht als Prüfingenieur oder Prüfsachverständiger in einem bestimm-

[1)] § 7 Abs. 2 Nr. 4 geänd. mWv 1.11.2009 durch V v. 22.10.2009 (GVBl. S. 542); Abs. 1 Nr. 4 geänd. mWv 1.4.2020 durch V v. 6.3.2020 (GVBl. S. 187).

ten Fachbereich oder, soweit vorgesehen, in einer bestimmten Fachrichtung nach dieser Verordnung anerkannt ist, darf die Bezeichnung Prüfingenieur oder Prüfsachverständiger für diesen Fachbereich und für diese Fachrichtung nicht führen.

§ 9[1] Gleichwertigkeit, gegenseitige Anerkennung. (1) [1]Die Anerkennung als Prüfingenieur und die Anerkennung als Prüfsachverständiger für den jeweiligen Fachbereich und, soweit vorgesehen, für die jeweilige Fachrichtung sind gleichwertig. [2]Vergleichbare Anerkennungen anderer Länder gelten auch im Freistaat Bayern, solange der Prüfingenieur oder der Prüfsachverständige das 70. Lebensjahr noch nicht vollendet hat; eine weitere Eintragung in die von der Anerkennungsbehörde nach § 6 Abs. 4 geführte Liste erfolgt nicht.[2]

(2) [1]Personen, die in einem anderen Mitgliedstaat der Europäischen Union oder einem nach dem Recht der Europäischen Gemeinschaften gleichgestellten Staat zur Wahrnehmung von Aufgaben im Sinn dieser Verordnung niedergelassen sind, sind berechtigt, als Prüfingenieur oder Prüfsachverständiger Aufgaben nach dieser Verordnung auszuführen, wenn sie

1. hinsichtlich des Tätigkeitsbereichs eine vergleichbare Berechtigung besitzen,
2. dafür hinsichtlich der Anerkennungsvoraussetzungen und des Nachweises von Kenntnissen vergleichbare Anforderungen erfüllen mussten und
3. die deutsche Sprache in Wort und Schrift beherrschen.

[2]Sie haben das erstmalige Tätigwerden vorher der Anerkennungsbehörde anzuzeigen und dabei

1. eine Bescheinigung darüber, dass sie in einem Mitgliedstaat der Europäischen Union oder einem nach dem Recht der Europäischen Gemeinschaften gleichgestellten Staat rechtmäßig zur Wahrnehmung von Aufgaben im Sinn dieser Verordnung niedergelassen sind und ihnen die Ausübung dieser Tätigkeiten zum Zeitpunkt der Vorlage der Bescheinigung nicht, auch nicht vorübergehend, untersagt ist, und
2. einen Nachweis darüber, dass sie im Staat ihrer Niederlassung dafür die Voraussetzungen des Satzes 1 Nr. 2 erfüllen mussten,

vorzulegen. [3]Die Anerkennungsbehörde soll das Tätigwerden untersagen, wenn die Voraussetzungen des Satzes 1 nicht erfüllt sind; sie hat auf Antrag zu bestätigen, dass die Anzeige nach Satz 2 erfolgt ist.

(3) [1]Personen, die in einem anderen Mitgliedstaat der Europäischen Union oder einem nach dem Recht der Europäischen Gemeinschaften gleichgestellten Staat zur Wahrnehmung von Aufgaben im Sinn dieser Verordnung niedergelassen sind, ohne im Sinn des Abs. 2 Satz 1 Nr. 2 vergleichbar zu sein, sind berechtigt, als Prüfingenieur oder Prüfsachverständiger Aufgaben nach dieser Verordnung auszuführen, wenn ihnen die Anerkennungsbehörde bescheinigt hat, dass sie die Anforderungen hinsichtlich der Anerkennungsvoraussetzungen,

---

[1] § 9 bish. Wortlaut wird Abs. 1, Abs. 2–4 angef. mWv 1.11.2009 durch V v. 22.10.2009 (GVBl. S. 542); Abs. 1 Satz 2 geänd. mWv 1.1.2012 durch V v. 11.12.2011 (GVBl. S. 720); Abs. 1 Satz 2 geänd. mWv 1.1.2012 durch V v. 15.3.2012 (GVBl. S. 91); Abs. 1 Satz 2 geänd. mWv 1.4.2012 durch V v. 15.3.2012 (GVBl. S. 91); Abs. 1 Satz 2 geänd. mWv 1.4.2020 durch V v. 6.3.2020 (GVBl. S. 187).

[2] § 9 Abs. 1 Satz 2 PrüfVBau in der Fassung vom 1. Januar 2012 gilt für Prüfingenieure und Prüfsachverständige, die am 31. März 2012 über eine vergleichbare Anerkennung eines anderen Landes verfügt haben, bis zum Ablauf des 31. Dezember 2013.

des Nachweises von Kenntnissen und des Tätigkeitsbereichs nach dieser Verordnung erfüllen. [2]Die Bescheinigung wird auf Antrag erteilt, dem die zur Beurteilung erforderlichen Unterlagen beizufügen sind. [3]§ 6 Abs. 3 gilt entsprechend.

(4) [1]Anzeigen und Bescheinigungen nach den Abs. 2 und 3 sind nicht erforderlich, wenn bereits in einem anderen Land eine Anzeige erfolgt ist oder eine Bescheinigung erteilt wurde. [2]Verfahren nach den Abs. 2 und 3 können über eine einheitliche Stelle nach den Vorschriften des Bayerischen Verwaltungsverfahrensgesetzes abgewickelt werden.

Zweiter Teil. Prüfingenieure und Prüfsachverständige für Standsicherheit; Prüfämter für Standsicherheit, Typenprüfung

Erster Abschnitt. Prüfingenieure und Prüfsachverständige für Standsicherheit

§ 10[1)] Besondere Voraussetzungen. (1) [1]Als Prüfingenieure und Prüfsachverständige für Standsicherheit in den Fachrichtungen Massivbau, Metallbau und Holzbau werden nur Personen anerkannt, die

1. das Studium des Bauingenieurwesens an einer deutschen Hochschule oder ein gleichwertiges Studium an einer ausländischen Hochschule abgeschlossen haben,
2. seit mindestens zwei Jahren als mit der Tragwerksplanung befasster Ingenieur eigenverantwortlich und unabhängig oder als hauptberuflicher Hochschullehrer tätig sind,
3. mindestens zehn Jahre mit der Aufstellung von Standsicherheitsnachweisen, der technischen Bauleitung oder mit vergleichbaren Tätigkeiten betraut gewesen sind, wovon sie mindestens fünf Jahre lang Standsicherheitsnachweise aufgestellt haben und mindestens ein Jahr lang mit der technischen Bauleitung betraut gewesen sein müssen; die Zeit einer technischen Bauleitung darf jedoch nur bis zu höchstens drei Jahren angerechnet werden,
4. über die erforderlichen Kenntnisse der einschlägigen bauordnungsrechtlichen Vorschriften verfügen,
5. durch ihre Leistungen als Ingenieure überdurchschnittliche Fähigkeiten bewiesen haben und
6. die für einen Prüfingenieur oder Prüfsachverständigen erforderlichen Fachkenntnisse und Erfahrungen besitzen.

[2]Das Vorliegen der Anerkennungsvoraussetzungen nach Satz 1 Nrn. 3 bis 6 ist durch eine Bescheinigung des Prüfungsausschusses nachzuweisen.

(2) [1]Prüfsachverständige für Standsicherheit sind auch

1. Prüfingenieure für Standsicherheit sowie
2. die Leiter und stellvertretenden Leiter der Prüfämter (§ 14), die im Auftrag und auf Rechnung des jeweiligen Prüfamts und abweichend von § 4 Satz 1 Nr. 3 nicht eigenverantwortlich und unabhängig tätig werden.

[2]Die Rechtswirkung des Satzes 1 tritt nicht ein, wenn die Personen nach Satz 1 gegenüber dem Eintragungsausschuss bei der Bayerischen Ingenieurekammer-

[1)] § 10 Abs. 1 Satz 2 angef. mWv 1.11.2009 durch V v. 22.10.2009 (GVBl. S. 542).

Bau erklären, dass sie nicht als Prüfsachverständige für Standsicherheit tätig werden wollen.

§ 11[1)] Prüfungsausschuss. (1) Beim Staatsministerium wird ein Prüfungsausschuss gebildet.

(2) [1]Der Prüfungsausschuss besteht aus mindestens sechs Mitgliedern. [2]Das Staatsministerium beruft die Mitglieder des Prüfungsausschusses sowie, soweit erforderlich, stellvertretende Mitglieder für den Verhinderungsfall. [3]Dem Prüfungsausschuss sollen mindestens angehören:

1. ein Hochschulprofessor für jede Fachrichtung,
2. ein Mitglied aus dem Bereich der Bauwirtschaft oder der freiberuflich tätigen Bauingenieure,
3. ein von der Vereinigung der Prüfingenieure in Bayern vorgeschlagenes Mitglied und
4. ein Mitglied aus dem Geschäftsbereich des Staatsministeriums, das die Voraussetzungen für den Einstieg in der vierten Qualifikationsebene in der Fachlaufbahn Naturwissenschaft und Technik, fachlicher Schwerpunkt bautechnischer und umweltfachlicher Verwaltungsdienst, erfüllt.

[4]Die Berufung erfolgt für fünf Jahre; Wiederberufungen sind zulässig. [5]Abweichend von Satz 4 endet die Mitgliedschaft im Prüfungsausschuss, wenn die Voraussetzungen für die Berufung nach Satz 3 nicht mehr vorliegen oder mit der Vollendung des 70. Lebensjahres; der Abschluss eines eingeleiteten Prüfungsverfahrens bleibt unberührt. [6]Das Staatsministerium ist berechtigt, an den Sitzungen und Beratungen des Prüfungsausschusses ohne Stimmrecht teilzunehmen.

(3) [1]Die Mitglieder des Prüfungsausschusses sind unabhängig und an Weisungen nicht gebunden. [2]Sie sind zur Unparteilichkeit und Verschwiegenheit verpflichtet. [3]Sie sind ehrenamtlich tätig und haben Anspruch auf Ersatz der notwendigen Auslagen einschließlich der Reisekosten.

(4) Der Prüfungsausschuss gibt sich eine Geschäftsordnung.

§ 12[2)] Prüfungsverfahren. (1) [1]Die Anerkennungsbehörde leitet die Antragsunterlagen nach § 6 Abs. 2 Satz 2 Nrn. 1, 2 und 6 dem Prüfungsausschuss zu. [2]Der Prüfungsausschuss bescheinigt gegenüber der Anerkennungsbehörde das Vorliegen der Anerkennungsvoraussetzungen nach § 10 Abs. 1 Satz 1 Nrn. 3 bis 6. [3]Die Entscheidung ist zu begründen.

(2) [1]Der Prüfungsausschuss kann verlangen, dass der Bewerber seine Kenntnisse schriftlich und mündlich nachweist. [2]Der Bewerber kann bei mündlichen Prüfungsleistungen verlangen, dass ihm der Prüfungsausschuss die Gründe für die vorgenommene Bewertung unmittelbar im Anschluss an die Eröffnung des Ergebnisses mündlich darlegt. [3]Die Einwendungen gegen die Bewertung der Prüfungsleistungen sind innerhalb von zwei Wochen nach Bekanntgabe der Bewertung gegenüber der Anerkennungsbehörde schriftlich zu begründen.

[1)] § 11 Abs. 2 Satz 3 Nr. 3 geänd. mWv 1.11.2009 durch V v. 22.10.2009 (GVBl. S. 542); Abs. 2 Satz 3 Nr. 4 geänd. mWv 1.1.2011 durch V v. 3.1.2011 (GVBl. S. 22); Abs. 1, Abs. 2 Satz 2 und Satz 3 Nr. 4 und Satz 6 geänd. mWv 30.8.2014 durch V v. 22.7.2014 (GVBl. S. 286); Abs. 2 Satz 5 geänd. mWv 1.4.2020 durch V v. 6.3.2020 (GVBl. S. 187).

[2)] § 12 Abs. 1 Sätze 1 und 2 neu gef., Abs. 3 Satz 1 geänd. mWv 1.11.2009 durch V v. 22.10.2009 (GVBl. S. 542).

[4]Sie werden dem Prüfungsausschuss zur Überprüfung seiner Bewertung zugeleitet. [5]§ 74 Abs. 1 Satz 2 und Abs. 2 der Verwaltungsgerichtsordnung bleiben unberührt.

(3) [1]Ein Bewerber, der die Prüfung nach Abs. 2 nicht bestanden hat, kann sie insgesamt nur zweimal wiederholen; dies gilt auch, soweit die Prüfung in einem anderen Land der Bundesrepublik Deutschland nicht bestanden worden ist. [2]Die Prüfung ist im gesamten Umfang zu wiederholen.

§ 13[1)] Aufgabenerledigung. (1) [1]Prüfingenieure für Standsicherheit dürfen bauaufsichtliche Prüfaufgaben nur wahrnehmen, Prüfsachverständige für Standsicherheit Bescheinigungen nur hinsichtlich baulicher Anlagen ausstellen, für deren Fachrichtung sie anerkannt sind. [2]Sie sind auch berechtigt, einzelne Bauteile mit höchstens durchschnittlichem Schwierigkeitsgrad der anderen Fachrichtungen zu prüfen. [3]Gehören wichtige Teile einer baulichen Anlage mit überdurchschnittlichem oder sehr hohem Schwierigkeitsgrad zu Fachrichtungen, für die der Prüfingenieur oder der Prüfsachverständige für Standsicherheit nicht anerkannt ist, hat er unter seiner Federführung weitere, für diese Fachrichtungen anerkannte Prüfingenieure oder Prüfsachverständige für Standsicherheit hinzuzuziehen, deren Ergebnisse der Überprüfung in den Prüfbericht oder in die Bescheinigung aufzunehmen sind; der Auftraggeber ist darüber zu unterrichten.

(2) Prüfingenieure und Prüfsachverständige dürfen Prüfaufträge nur annehmen, wenn sie unter Berücksichtigung des Umfangs ihrer Prüftätigkeit und der Zeit, die sie benötigen, um auf der Baustelle anwesend zu sein, die Überwachung der ordnungsgemäßen Bauausführung nach Art. 77 BayBO[2)] sicherstellen können.

(3) [1]Prüfingenieure und Prüfsachverständige für Standsicherheit können sich als Hochschullehrer vorbehaltlich der dienstrechtlichen Regelungen auch hauptberuflicher Mitarbeiter aus dem ihnen zugeordneten wissenschaftlichen Personal bedienen. [2]Angehörige des Zusammenschlusses nach § 4 Satz 2 Nr. 2 stehen fest angestellten Mitarbeitern nach § 5 Abs. 1 Satz 3 gleich, sofern der Prüfingenieur oder der Prüfsachverständige für Standsicherheit hinsichtlich ihrer Mitwirkung bei der Prüftätigkeit ein Weisungsrecht hat und die Prüfung der Standsicherheitsnachweise am Geschäftssitz des Prüfingenieurs oder des Prüfsachverständigen, für den die Anerkennung als Prüfingenieur oder Prüfsachverständiger ausgesprochen worden ist, erfolgt.

(4) [1]Prüfingenieure und Prüfsachverständige für Standsicherheit prüfen die Vollständigkeit und Richtigkeit der Standsicherheitsnachweise. [2]Das Staatsministerium kann für den Prüfbericht des Prüfingenieurs und die Bescheinigung des Prüfsachverständigen ein Muster einführen und dessen Verwendung vorschreiben. [3]Verfügt der Prüfingenieur oder der Prüfsachverständige für Standsicherheit nicht über die zur Beurteilung der Gründung erforderliche Sachkunde oder hat er Zweifel hinsichtlich der verwendeten Annahmen oder der bodenmechanischen Kenngrößen, sind von ihm im Einvernehmen mit

---

[1)] § 13 Abs. 4 Satz 4 neu gef. mWv 1.8.2009 durch V v. 8.7.2009 (GVBl. S. 332); Abs. 2 eingef., bish. Abs. 2 wird Abs. 3, Satz 2 geänd., bish. Abs. 3–6 werden Abs. 4–7 mWv 1.11.2009 durch V v. 22.10.2009 (GVBl. S. 542); Abs. 6 geänd. mWv 1.1.2012 durch V v. 11.12.2011 (GVBl. S. 720); Abs. 4 Satz 2 und Abs. 7 Sätze 1 und 3 geänd. mWv 30.8.2014 durch V v. 22.7.2014 (GVBl. S. 286).

[2)] Nr. **1**.

dem Auftraggeber Prüfsachverständige für den Erd- und Grundbau einzuschalten.

(5) [1] Prüfingenieure und Prüfsachverständige für Standsicherheit überwachen die ordnungsgemäße Bauausführung hinsichtlich der von ihnen geprüften oder bescheinigten Standsicherheitsnachweise. [2] Für die Bescheinigung der ordnungsgemäßen Bauausführung darf sich der Bauherr nur aus wichtigem Grund eines anderen Prüfsachverständigen für Standsicherheit als desjenigen bedienen, der den Standsicherheitsnachweis bescheinigt hat. [3] Ein wichtiger Grund liegt insbesondere vor, wenn der zuvor bescheinigende Prüfsachverständige verstorben oder auf unbestimmte Zeit erkrankt ist. [4] Es genügt eine stichprobenartige Überwachung der ordnungsgemäßen Bauausführung.

(6) Liegen die Voraussetzungen für die Erteilung der Bescheinigungen nach Abs. 4 und 5 nicht vor, unterrichtet der Prüfsachverständige unverzüglich die Bauaufsichtsbehörde.

(7) [1] Die Prüfingenieure und die Prüfsachverständigen für Standsicherheit haben ein Verzeichnis über die von ihnen ausgeführten Prüfaufträge und die von ihnen erteilten Bescheinigungen nach einem vom Staatsministerium festgelegten Muster zu führen. [2] Das Verzeichnis ist jeweils für ein Kalenderjahr, spätestens am 31. Januar des folgenden Jahres, der Anerkennungsbehörde vorzulegen. [3] Der Eintragungsausschuss bei der Bayerischen Ingenieurekammer-Bau und das Staatsministerium unterrichten sich über Tatsachen, die Zweifel an der ordnungsgemäßen Erfüllung der Pflichten durch die Prüfsachverständigen für Standsicherheit, die zugleich Prüfingenieure sind, begründen.

Zweiter Abschnitt. Prüfämter für Standsicherheit, Typenprüfung

§ 14[1)] Prüfämter für Standsicherheit. (1) [1] Prüfämter für Standsicherheit sind vom Staatsministerium anerkannte Behörden, die bauaufsichtliche Prüfaufgaben im Bereich der Standsicherheit wahrnehmen. [2] Organisationen der Technischen Überwachung können für die Bereiche Fliegende Bauten und Windenergieanlagen als Prüfamt anerkannt werden. [3] Die Prüfämter unterstehen der Fachaufsicht des Staatsministeriums.

(2) [1] Die Prüfämter müssen mit geeigneten Ingenieuren besetzt sein. [2] Sie müssen von einer im Bauingenieurwesen besonders vorgebildeten und erfahrenen Person, die die Voraussetzungen für den Einstieg in der vierten Qualifikationsebene in der Fachlaufbahn Naturwissenschaft und Technik, fachlicher Schwerpunkt bautechnischer und umweltfachlicher Verwaltungsdienst, erfüllt, geleitet werden. [3] Für Organisationen der Technischen Überwachung kann das Staatsministerium Ausnahmen von den Anforderungen des Satzes 2 zulassen.

(3) Anerkennungen anderer Länder der Bundesrepublik Deutschland gelten auch im Freistaat Bayern.

[1)] § 14 Abs. 1 Satz 1 geänd., Satz 2 eingef., bish. Satz 2 wird Satz 3 und geänd., Abs. 2 Satz 3 geänd. mWv 1.11.2009 durch V v. 22.10.2009 (GVBl. S. 542); Abs. 2 Satz 2 neu gef. mWv 1.1.2011 durch V v. 3.1.2011 (GVBl. S. 22); Abs. 1 Sätze 1 und 3, Abs. 2 Satz 3 geänd. mWv 30.8.2014 durch V v. 22.7.2014 (GVBl. S. 286).

§ 15[1] **Typenprüfung.** (1) Sollen prüf- oder bescheinigungspflichtige bauliche Anlagen oder Teile von baulichen Anlagen (Art. 62a Abs. 2 BayBO[2]) in gleicher Ausführung an mehreren Stellen errichtet oder verwendet werden, ohne dass deren Standsicherheit bauaufsichtlich geprüft oder durch einen Prüfsachverständigen bescheinigt ist, müssen die Standsicherheitsnachweise von einem Prüfamt geprüft sein (Typenprüfung).

(2) [1]Die Geltungsdauer der Typenprüfung ist zu befristen; sie soll nicht mehr als fünf Jahre betragen. [2]Sie kann auf schriftlichen Antrag um jeweils höchstens fünf Jahre verlängert werden.

Dritter Teil. Prüfsachverständige für Brandschutz

§ 16[3] **Besondere Voraussetzungen.** [1]Als Prüfsachverständige für Brandschutz werden nur Personen anerkannt, die

1. als Angehörige der Fachrichtung Architektur, Hochbau, Bauingenieurwesen oder eines Studiengangs mit Schwerpunkt Brandschutz ein Studium an einer deutschen Hochschule, ein gleichwertiges Studium an einer ausländischen Hochschule abgeschlossen haben oder für ein Amt mindestens der Besoldungsgruppe A 10 in der Fachlaufbahn Naturwissenschaft und Technik, fachlicher Schwerpunkt feuerwehrtechnischer Dienst, qualifiziert sind,
2. danach mindestens fünf Jahre Erfahrung in der brandschutztechnischen Planung und Ausführung von Gebäuden, insbesondere von Sonderbauten unterschiedlicher Art mit höherem brandschutztechnischen Schwierigkeitsgrad, oder deren Prüfung,
3. die erforderlichen Kenntnisse im Bereich des abwehrenden Brandschutzes,
4. die erforderlichen Kenntnisse des Brandverhaltens von Bauprodukten und Bauarten,
5. die erforderlichen Kenntnisse im Bereich des anlagentechnischen Brandschutzes und
6. die erforderlichen Kenntnisse der einschlägigen bauordnungsrechtlichen Vorschriften besitzen.

[2]Das Vorliegen der Anerkennungsvoraussetzungen nach Satz 1 Nrn. 2 bis 6 ist durch eine Bescheinigung des Prüfungsausschusses nachzuweisen.

§ 17[4] **Prüfungsausschuss.** (1) [1]Bei der Bayerischen Architektenkammer wird ein Prüfungsausschuss gebildet. [2]Der Prüfungsausschuss besteht aus sechs Mitgliedern. [3]Dem Prüfungsausschuss sollen angehören:

1. ein von der Bayerischen Architektenkammer benanntes Mitglied,
2. ein von der Bayerischen Ingenieurekammer-Bau benanntes Mitglied,
3. ein vom Staatsministerium benanntes Mitglied aus dem Bereich der Bauaufsicht,

---

[1] § 15 Abs. 2 Satz 2 geänd. mWv 1.11.2009 durch V v. 22.10.2009 (GVBl. S. 542); Abs. 1 geänd. mWv 1.9.2018 durch V v. 7.8.2018 (GVBl. S. 694).

[2] Nr. **1**.

[3] § 16 Satz 2 angef. mWv 1.11.2009 durch V v. 22.10.2009 (GVBl. S. 542); Satz 1 Nr. 1 geänd. mWv 1.1.2011 durch V v. 3.1.2011 (GVBl. S. 22).

[4] § 17 Abs. 1 Satz 3 Nr. 3 und 4 geänd. mWv 30.8.2014 durch V v. 22.7.2014 (GVBl. S. 286); Abs. 1 Satz 3 Nr. 4 geänd. mWv 1.5.2019 durch V v. 26.3.2019 (GVBl. S. 98).

4. ein vom Staatsministerium des Innern, für Sport und Integration benanntes Mitglied aus dem Bereich der Feuerwehr,
5. ein von der Bayerischen Architektenkammer berufenes Mitglied aus dem Bereich der Sachversicherer und
6. ein von der Bayerischen Architektenkammer berufenes Mitglied aus dem Bereich der Baustoffforschung oder -prüfung.

(2) § 11 Abs. 2 Sätze 4 bis 6, Abs. 3 und 4 gelten entsprechend.

§ 18[1)] Prüfungsverfahren. (1) [1]Die Anerkennungsbehörde leitet die Antragsunterlagen nach § 6 Abs. 2 Satz 2 Nrn. 1, 2 und 6 dem Prüfungsausschuss zu. [2]Der Prüfungsausschuss bescheinigt gegenüber der Anerkennungsbehörde das Vorliegen der Anerkennungsvoraussetzungen nach § 16 Satz 1 Nrn. 2 bis 6.

(2) § 12 Abs. 1 Satz 3, Abs. 2 und 3 gelten entsprechend.

§ 19[2)] Aufgabenerledigung. (1) [1]Prüfsachverständige für Brandschutz prüfen die Vollständigkeit und Richtigkeit der Brandschutznachweise; sie haben sich bei der örtlichen Feuerwehr (örtlicher Kommandant und Kreisbrandrat, ggf. Stadtbrandrat) über örtliche Festlegungen, die vorhandene Ausrüstung und die im Brandfall zur Verfügung stehenden Einsatzkräfte zu informieren sowie die von den Feuerwehren zur Wahrung der Belange des Brandschutzes erhobenen Forderungen zu würdigen. [2]Prüfsachverständige für Brandschutz überwachen die ordnungsgemäße Bauausführung hinsichtlich der Verwirklichung der von ihnen bescheinigten Brandschutznachweise.

(2) § 13 Abs. 2, 3 und 4 Satz 2, Abs. 5 Sätze 2 bis 4, Abs. 6 und 7 gelten entsprechend.

Vierter Teil. Prüfsachverständige für Vermessung im Bauwesen

§ 20 Besondere Voraussetzungen. Als Prüfsachverständige für Vermessung im Bauwesen werden Personen anerkannt, die

1. ein Studium im Studiengang Vermessungswesen an einer deutschen Hochschule oder ein gleichwertiges Studium an einer ausländischen Hochschule mit Erfolg abgeschlossen haben und
2. über eine dreijährige Berufserfahrung im Vermessungswesen verfügen.

§ 21[3)] Aufgabenerledigung. [1]Prüfsachverständige für Vermessung im Bauwesen bescheinigen die Einhaltung der in den Bauvorlagen oder bauaufsichtlich festgelegten Grundfläche und Höhenlage im Sinn von Art. 68 Abs. 7 Satz 2 BayBO[4)]. [2]§ 5 Abs. 4 gilt nicht.

---

1) § 18 Abs. 1 neu gef., Abs. 2 geänd. mWv 1.11.2009 durch V v. 22.10.2009 (GVBl. S. 542).

2) § 19 Abs. 1 Satz 2 geänd. mWv 1.8.2009 durch V v. 8.7.2009 (GVBl. S. 332); Abs. 2 neu gef. mWv 1.11.2009 durch V v. 22.10.2009 (GVBl. S. 542).

3) § 21 Satz 2 geänd. mWv 1.1.2012 durch V v. 11.12.2011 (GVBl. S. 720); Satz 1 geänd. mWv 1.2.2021 durch G v. 23.12.2020 (GVBl. S. 663).

4) Nr. **1**.

Fünfter Teil. Prüfsachverständige für die Prüfung sicherheitstechnischer Anlagen und Einrichtungen

§ 22[1)] Besondere Voraussetzungen. (1) Als Prüfsachverständige für die Prüfung sicherheitstechnischer Anlagen und Einrichtungen im Sinn von § 1 Satz 1, § 2 Abs. 1 der Sicherheitsanlagen-Prüfverordnung (SPrüfV) werden nur Personen anerkannt, die

1. ein Ingenieurstudium an einer deutschen Hochschule oder ein gleichwertiges Studium an einer ausländischen Hochschule abgeschlossen haben,
2. den Nachweis ihrer besonderen Sachkunde in der Fachrichtung im Sinn von § 23, auf die sich ihre Prüftätigkeit beziehen soll, durch ein Fachgutachten einer vom Staatsministerium bestimmten Stelle erbracht haben,
3. als Ingenieure mindestens fünf Jahre in der Fachrichtung, in der die Prüftätigkeit ausgeübt werden soll, praktisch tätig gewesen sind und dabei mindestens zwei Jahre bei Prüfungen mitgewirkt haben.

(2) Abweichend von § 4 Satz 1 Nr. 3 müssen Prüfsachverständige für die Prüfung sicherheitstechnischer Anlagen und Einrichtungen nicht eigenverantwortlich tätig sein, wenn sie Beschäftigte eines Unternehmens oder einer Organisation sind, deren Zweck in der Durchführung vergleichbarer Prüfungen besteht und deren Beschäftigte für die Prüftätigkeit nach Abs. 1 keiner fachlichen Weisung unterliegen.

(3) [1]Bedienstete einer öffentlichen Verwaltung mit den für die Ausübung der Tätigkeit als Prüfsachverständige erforderlichen Kenntnissen und Erfahrungen für technische Anlagen und Einrichtungen gelten im Zuständigkeitsbereich dieser Verwaltung als Prüfsachverständige nach Abs. 1. [2]Sie werden in der Liste nach § 6 Abs. 4 nicht geführt.

§ 23[2)] Fachrichtungen. [1]Prüfsachverständige für die Prüfung sicherheitstechnischer Anlagen und Einrichtungen können für folgende Fachrichtungen anerkannt werden:

1. Lüftungsanlagen (§ 2 Abs. 1 Nr. 1 SPrüfV),
2. CO-Warnanlagen (§ 2 Abs. 1 Nr. 2 SPrüfV),
3. Rauch- und Wärmeabzugsanlagen (§ 2 Abs. 1 Nr. 3 SPrüfV),
4. Brandmelde- und Alarmierungsanlagen (§ 2 Abs. 1 Nr. 6 SPrüfV),
5. Sicherheitsstromversorgungen (§ 2 Abs. 1 Nr. 7 SPrüfV),
6. Feuerlöschanlagen (§ 2 Abs. 1 Nrn. 4 und 5 SPrüfV).

[2]Die Anerkennung nach Satz 1 Nr. 1 kann auf Lüftungsanlagen für Garagen (§ 14 Abs. 1 der Garagen- und Stellplatzverordnung[3)]) beschränkt werden.

§ 24[4)] Aufgabenerledigung. [1]Die Prüfsachverständigen für die Prüfung sicherheitstechnischer Anlagen und Einrichtungen bescheinigen die Überein-

---

[1)] § 22 Abs. 1 Nr. 2 geänd. mWv 1.11.2009 durch V v. 22.10.2009 (GVBl. S. 542); Abs. 3 Satz 2 geänd. mWv 1.1.2012 durch V v. 11.12.2011 (GVBl. S. 720); Abs. 1 Nr. 2 geänd. mWv 30.8.2014 durch V v. 22.7.2014 (GVBl. S. 286).

[2)] § 23 Satz 2 geänd. mWv 1.9.2018 durch V v. 7.8.2018 (GVBl. S. 694).

[3)] Nr. **6**.

[4)] § 24 Satz 3 aufgeh. mWv 1.1.2012 durch V v. 11.12.2011 (GVBl. S. 720).

stimmung der technischen Anlagen und Einrichtungen mit den öffentlich-rechtlichen Anforderungen im Sinn von §§ 1 und 2 SPrüfV. [2] Werden festgestellte Mängel nicht in der von den Prüfsachverständigen festgelegten Frist beseitigt, haben sie die Bauaufsichtsbehörde unverzüglich zu unterrichten.

Sechster Teil. Prüfsachverständige für den Erd- und Grundbau

§ 25[1)] Besondere Voraussetzungen. (1) [1] Als Prüfsachverständige für den Erd- und Grundbau werden nur Personen anerkannt, die

1. als Angehörige der Fachrichtung Bauingenieurwesen, der Geotechnik oder eines Studiengangs mit Schwerpunkt Ingenieurgeologie ein Studium an einer deutschen Hochschule oder ein gleichwertiges Studium an einer ausländischen Hochschule abgeschlossen haben,
2. neun Jahre im Bauwesen tätig, davon mindestens drei Jahre im Erd- und Grundbau mit der Anfertigung oder Beurteilung von Standsicherheitsnachweisen betraut gewesen sind,
3. über vertiefte Kenntnisse und Erfahrungen im Erd- und Grundbau verfügen,
4. weder selbst noch ihre Mitarbeiter noch Angehörige des Zusammenschlusses nach § 4 Satz 2 Nr. 2 an einem Unternehmen der Bauwirtschaft oder an einem Bohrunternehmen beteiligt sind.

[2] Der Nachweis der Anerkennungsvoraussetzungen nach Satz 1 Nr. 3 ist durch ein Fachgutachten eines Beirats, der bei einer vom Staatsministerium bestimmten Stelle gebildet ist, zu erbringen. [3] Über das Vorliegen der Zulassungsvoraussetzung nach Satz 1 Nr. 4 hat der Bewerber eine besondere Erklärung abzugeben.

(2) Abweichend von § 4 Satz 1 Nr. 3 müssen Prüfsachverständige für den Erd- und Grundbau nicht eigenverantwortlich tätig sein, wenn sie in fachlicher Hinsicht für ihre Tätigkeit allein verantwortlich sind und Weisungen nicht unterliegen.

§ 26[2)] Verfahren. [1] Dem Beirat ist ein Verzeichnis aller innerhalb eines Zeitraums von zwei Jahren vor Antragstellung erstellten Baugrundgutachten vorzulegen, von denen mindestens zehn Gutachten, wovon zwei wiederum gesondert vorzulegen sind, die Bewältigung überdurchschnittlicher Aufgaben zeigen müssen. [2] Der Beirat erstellt ein Fachgutachten über die Anerkennungsvoraussetzungen nach § 25 Abs. 1 Satz 1 Nr. 3. [3] § 12 Abs. 1 Satz 3 und Abs. 3 gelten entsprechend.

§ 27[3)] Aufgabenerledigung. [1] Prüfsachverständige für Erd- und Grundbau bescheinigen die Vollständigkeit und Richtigkeit der Angaben über den Baugrund hinsichtlich Stoffbestand, Struktur und geologischer Einflüsse, dessen Tragfähigkeit und die getroffenen Annahmen zur Gründung oder Einbettung der baulichen Anlage. [2] § 13 Abs. 3 gilt entsprechend.

[1)] § 25 Abs. 1 Satz 2 neu gef. mWv 1.11.2009 durch V v. 22.10.2009 (GVBl. S. 542); Abs. 1 Satz 2 geänd. mWv 30.8.2014 durch V v. 22.7.2014 (GVBl. S. 286).

[2)] § 26 neu gef. mWv 1.11.2009 durch V v. 22.10.2009 (GVBl. S. 542).

[3)] § 27 Satz 2 geänd. mWv 1.1.2012 durch V v. 11.12.2011 (GVBl. S. 720).

Siebter Teil. Vergütung

Erster Abschnitt. Vergütung für die Prüfämter, Prüfingenieure und Prüfsachverständigen für Standsicherheit

§ 28 Allgemeines. (1) [1]Die Prüfingenieure und Prüfsachverständigen für Standsicherheit erhalten für ihre Leistungen eine Vergütung. [2]Die Vergütung besteht

1. bei den Prüfingenieuren aus der Gebühr,
2. bei den Prüfsachverständigen aus dem Honorar

sowie den notwendigen Auslagen.

(2) [1]Die Gebühr und das Honorar richten sich nach den anrechenbaren Bauwerten (§ 29 Abs. 1 und 2) und der Bauwerksklasse (§ 29 Abs. 4), soweit die Leistungen nicht nach dem Zeitaufwand (§ 31 Abs. 5) zu vergüten sind; der zeitliche Prüfaufwand ist für jeden Auftrag festzuhalten. [2]Für die Bestimmung der anrechenbaren Bauwerte ist **Anlage 1** in der zum Zeitpunkt der Erteilung des Prüf- oder Bescheinigungsauftrags geltenden Fassung, für die Berechnung der Gebühr oder des Honorars **Anlage 3** in der zum Zeitpunkt der abschließenden Leistungserbringung geltenden Fassung maßgeblich.

(3) Wird die Prüfung aus Gründen abgebrochen, die vom Prüfingenieur oder vom Prüfsachverständigen für Standsicherheit nicht zu vertreten sind, so wird die Prüfung entsprechend der anteilig erbrachten Leistung vergütet.

(4) Schuldner der Vergütung ist, wer die Prüfung in Auftrag gegeben hat.

(5) Ein Nachlass auf die Gebühr und das Honorar ist unzulässig.

§ 29[1)] Anrechenbare Bauwerte und Bauwerksklassen. (1) [1]Für die in Anlage 1 aufgeführten baulichen Anlagen sind die anrechenbaren Bauwerte aus dem Brutto-Rauminhalt der baulichen Anlage, vervielfältigt mit dem jeweils angegebenen Wert je Kubikmeter Brutto-Rauminhalt, zu berechnen. [2]Die anrechenbaren Bauwerte in Anlage 1 basieren auf der Indexzahl 1,000 für das Jahr 2005. [3]Für die folgenden Jahre sind die dort angegebenen anrechenbaren Bauwerte jährlich mit einer Indexzahl zu vervielfältigen, die sich aus dem arithmetischen Mittel der vom Statistischen Bundesamt ermittelten jährlichen Baupreisindizes für Bauleistungen am Bauwerk für den Neubau von Wohngebäuden, Bürogebäuden und gewerblichen Betriebsgebäuden errechnet; maßgeblich sind die jeweiligen Baupreisindizes des Vorjahres ohne Umsatzsteuer. [4]Die fortgeschriebenen anrechenbaren Bauwerte gelten jeweils ab dem 1. Juni jeden Jahres.

(2) [1]Für die nicht in der Anlage 1 aufgeführten baulichen Anlagen sind die anrechenbaren Bauwerte die Kosten nach § 48 Abs. 1 bis 3 der Honorarordnung für Architekten und Ingenieure (HOAI). [2]Zu den anrechenbaren Bauwerten zählen auch die nicht in den Kosten nach Satz 1 enthaltenen Kosten für Bauteile, für die ein Standsicherheitsnachweis geprüft werden muss, ausgenommen die Kosten für Außenwandbekleidungen und für Fassaden. [3]Bei Umbauten sind auch die Kosten für Abbrucharbeiten anrechenbar. [4]Nicht anrechenbar sind die auf die Kosten nach den Sätzen 1 bis 3 entfallende

---

1) § 29 Abs. 1 Satz 2 und Abs. 2 Sätze 1, 2 und 4 geänd. mWv 1.11.2009 durch V v. 22.10.2009 (GVBl. S. 542); Abs. 1 Sätze 3 und 4 neu gef. mWv 1.1.2012 durch V v. 11.12.2011 (GVBl. S. 720).

Umsatzsteuer und die in § 48 Abs. 4 HOAI genannten Kosten. [5]Bei der Ermittlung der anrechenbaren Bauwerte ist von den Kosten der Kostenberechnung auszugehen, die ortsüblich im Zeitpunkt der Auftragserteilung für die Herstellung der baulichen Anlagen erforderlich sind. [6]Einsparungen durch Eigenleistungen oder Vergünstigungen sind nicht zu berücksichtigen.

(3) Die anrechenbaren Bauwerte sind jeweils auf volle tausend Euro aufzurunden.

(4) [1]Die zu prüfenden baulichen Anlagen werden entsprechend ihrem statischen und konstruktiven Schwierigkeitsgrad in fünf Bauwerksklassen nach **Anlage 2** eingeteilt. [2]Besteht eine bauliche Anlage aus Bauteilen mit unterschiedlichem Schwierigkeitsgrad, so ist sie entsprechend dem überwiegenden Leistungsumfang einzustufen.

(5) Mit dem Prüfauftrag teilt die untere Bauaufsichtsbehörde dem Prüfingenieur die anrechenbaren Bauwerte, die für die Gebührenberechnung anzuwendende Bauwerksklasse und etwaige Zuschläge mit.

§ 30 Berechnungsart der Vergütung. (1) [1]Die Grundgebühr und das Grundhonorar errechnen sich in Abhängigkeit von den anrechenbaren Bauwerten (§ 29 Abs. 1 und 2) und der Bauwerksklasse (§ 29 Abs. 4) nach Maßgabe der Gebühren- und Honorartafel nach Anlage 3. [2]Für Zwischenwerte der anrechenbaren Bauwerte sind die Grundgebühr und das Grundhonorar durch geradlinige Interpolation zu ermitteln.

(2) [1]Umfasst ein Prüfauftrag mehrere in statisch-konstruktiver Hinsicht unterschiedliche bauliche Anlagen, so sind die Gebühr und das Honorar für jede einzelne bauliche Anlage getrennt zu ermitteln. [2]Gehören bauliche Anlagen jedoch der gleichen Bauwerksklasse an, so sind, wenn sie auch im Übrigen in statisch-konstruktiver Hinsicht weitgehend vergleichbar sind und die Bauvorlagen gleichzeitig zur Prüfung vorgelegt werden, die anrechenbaren Bauwerte dieser baulichen Anlagen zusammenzufassen; die Gebühr und das Honorar sind danach wie für eine einzige bauliche Anlage zu ermitteln. [3]Abs. 3 und 4 bleiben unberührt.

(3) [1]Umfasst ein Prüfauftrag mehrere bauliche Anlagen mit gleichen Standsicherheitsnachweisen einschließlich gleichen Nachweisen der Feuerwiderstandsfähigkeit der tragenden Bauteile, so ermäßigen sich die Gebühren und die Honorare nach § 31 Abs. 1 Nrn. 1 bis 5 sowie nach Abs. 2 und 3 für die zweite und jede weitere bauliche Anlage auf ein Zehntel. [2]Für Abweichungen in einzelnen baulichen Anlagen mit zusätzlichen rechnerischen Nachweisen und zugehörigen Konstruktionszeichnungen ist die Gebühr nach § 31 Abs. 5 zu berechnen.

(4) [1]Besteht eine bauliche Anlage aus gleichartigen durch Dehnfugen unterteilten Abschnitten, für welche zumindest derselbe rechnerische Standsicherheitsnachweis und dieselben Nachweise der Feuerwiderstandsfähigkeit der tragenden Bauteile gelten sollen, so ermäßigen sich die Gebühr und das Honorar nach § 31 Abs. 1 Nrn. 1 bis 5 sowie Abs. 2 und 3 für den zweiten und jeden weiteren gleichartigen Abschnitt auf die Hälfte. [2]Das gilt nicht, wenn nur Deckenfelder, Stützenzüge oder Binder in einer baulichen Anlage gleich sind.

(5) Bauhilfskonstruktionen, ausgenommen Baugrubensicherungen, ohne direkte Verbindung zum oder Abhängigkeit vom Bauwerk oder ohne direkte Verbindung zu oder Abhängigkeit von neu zu erstellenden Bauteilen, für die

Standsicherheitsnachweise zu prüfen sind, gelten als gesonderte bauliche Anlagen.

(6) [1] Fahrtkosten für notwendige Reisen, die über den Umkreis von 15 km vom Geschäftssitz des Prüfingenieurs oder des Prüfsachverständigen für Standsicherheit hinausgehen, können in Höhe der steuerlich zulässigen Pauschalsätze in Ansatz gebracht werden. [2] Fahrt- und Wartezeiten sind nach dem Zeitaufwand (§ 31 Abs. 5) zu ersetzen. [3] Sonstige Auslagen werden nur erstattet, wenn dies bei Auftragserteilung schriftlich vereinbart worden ist.

§ 31[1)] Höhe der Vergütung. (1) Der Prüfingenieur und der Prüfsachverständige für Standsicherheit erhalten:

1. für die Prüfung der rechnerischen Nachweise der Standsicherheit
die Grundgebühr oder das Grundhonorar nach Anlage 3,
2. für die Prüfung der zugehörigen Konstruktionszeichnungen in statisch-konstruktiver Hinsicht
die Hälfte der Gebühr oder des Honorars nach Nr. 1,
3. für die Prüfung von Elementplänen des Fertigteilbaus sowie Werkstattzeichnungen des Metall- und Ingenieurholzbaus
je nach dem zusätzlichen Aufwand einen Zuschlag zur Gebühr oder zum Honorar nach Nr. 2 bis zur Hälfte der Gebühr oder des Honorars nach Nr. 1,
4. für die Prüfung
   a) des Nachweises der Feuerwiderstandsfähigkeit der tragenden Bauteile
   ein Zwanzigstel der Gebühr oder des Honorars nach Nr. 1, höchstens jedoch ein Zwanzigstel der sich aus der Bauwerksklasse 3 ergebenden Gebühr oder des Honorars nach Nr. 1,
   b) der Konstruktionszeichnungen auf Übereinstimmung mit dem Nachweis bzw. auf Einhaltung weiterer Forderungen nach lfd. Nr. 3.1 der Liste der Technischen Baubestimmungen, falls eine Feuerwiderstandsfähigkeit höher als feuerhemmend zu berücksichtigen ist,
   ein Zehntel der Gebühr oder des Honorars nach Nr. 1, höchstens jedoch je ein Zehntel der sich aus der Bauwerksklasse 3 ergebenden Gebühr oder des Honorars nach Nr. 1,
5. für die Prüfung der rechnerischen Nachweise für bauliche Anlagen der Bauwerksklassen 3 bis 5 (Anlage 2), wenn diese nur durch besondere elektronische Vergleichsrechnungen an komplexen räumlichen Tragsystemen (Untersuchung am Gesamtsystem) geprüft werden können,
je nach dem zusätzlichen Aufwand einen Zuschlag bis zu drei Vierteln der Gebühr oder des Honorars nach Nr. 1,
6. für die Prüfung einer Lastvorberechnung
zusätzlich bis zu ein Viertel der Gebühr oder des Honorars nach Nr. 1,
7. für die Prüfung von Nachträgen zu den Nachweisen infolge von Änderungen oder Fehlern bei einem Umfang der Nachträge von mehr als einem Zwanzigstel
eine Gebühr oder ein Honorar je nach dem zusätzlichen Aufwand, in der Regel eine Gebühr oder ein Honorar nach den Nrn. 1, 2, 3, 4 oder Nr. 6

1) § 31 Abs. 5 Satz 5 aufgeh., bish. Satz 6 wird Satz 5 mWv 1.1.2012 durch V v. 11.12.2011 (GVBl. S. 720).

vervielfacht mit dem Verhältnis des Umfangs der Nachträge zum ursprünglichen Umfang, höchstens jedoch jeweils die Gebühren oder die Honorare nach den Nrn. 1, 2, 3, 4 oder Nr. 6.

(2) Für die Prüfung von Standsicherheitsnachweisen bei Nutzungsänderungen, Umbauten und Aufstockungen wird je nach dem zusätzlichen Aufwand ein Zuschlag bis zur Hälfte der Gebühr oder des Honorars nach Abs. 1 Nrn. 1 und 2 vergütet.

(3) Werden Teile des rechnerischen Nachweises der Standsicherheit in größeren Zeitabständen vorgelegt und wird dadurch der Prüfaufwand erheblich erhöht, wird ein Zuschlag bis zur Hälfte der Gebühr oder des Honorars nach Abs. 1 Nr. 1 vergütet.

(4) In besonderen Fällen können, wenn die Gebühren oder die Honorare nach Abs. 1 bis 3 in einem groben Missverhältnis zum Aufwand für die Leistung stehen, abweichend davon höhere oder niedrigere Gebühren oder Honorare berechnet werden, die den besonderen Schwierigkeitsgrad oder den veränderten Umfang einer Leistung berücksichtigen.

(5) [1] Nach Zeitaufwand werden vergütet

1. Leistungen, die durch anrechenbare Bauwerte nicht zu erfassende bauliche Anlagen oder Bauteile zum Gegenstand haben oder bei denen die über die anrechenbaren Bauwerte nach § 29 Abs. 1 und 2 ermittelten Gebühren oder Honorare in einem groben Missverhältnis zum Aufwand stehen,
2. die Prüfung von Nachweisen der Standsicherheit von Außenwandbekleidungen und Fassaden, für die ein Standsicherheitsnachweis geführt werden muss,
3. die Prüfung von besonderen rechnerischen Nachweisen für die Feuerwiderstandsfähigkeit der tragenden Bauteile,
4. die Prüfung von zusätzlichen Nachweisen wie Erdbebenschutz, Militärlastklassen, Bergschädensicherung, Bauzustände und Baugrubensicherung,
5. die Überwachung von Baumaßnahmen in statisch-konstruktiver Hinsicht,
6. sonstige Leistungen, die in den Nrn. 1 bis 5 und in Abs. 1 bis 4 nicht aufgeführt sind.

[2] Bei der Berechnung der Gebühr und des Honorars ist die Zeit anzusetzen, die üblicherweise von einer entsprechend ausgebildeten Fachkraft benötigt wird. [3] Für jede Arbeitsstunde wird ein Betrag von 1,847 v.H. des Monatsgrundgehalts eines Landesbeamten in der Endstufe der Besoldungsgruppe A 15 berechnet. [4] Der Betrag ist auf volle Euro aufzurunden. [5] In dem Stundensatz ist die Umsatzsteuer enthalten.

(6) Als Mindestgebühr und als Mindesthonorar für eine Prüfung wird der zweifache Stundensatz nach Abs. 5 vergütet.

§ 32 Abrechnungsstelle. Die Prüfsachverständigen für Standsicherheit sollen sich zur einheitlichen Vertragsgestaltung und zur Abrechnung ihrer Honorare der Bewertungs- und Verrechnungsstelle der Prüfsachverständigen für Bayern GmbH an der Bayerischen Ingenieurekammer-Bau bedienen.

§ 33 Vergütung der Prüfämter. (1) Die Prüfämter erhalten eine Vergütung nach Maßgabe der §§ 28 bis 31 sowie nach den folgenden Vorschriften.

(2) Für die Typenprüfung (§ 15) einschließlich der Prüfung von Bemessungstabellen und für die Verlängerung der Geltungsdauer von Typenprüfungen ist das Zweifache der nach dem Zeitaufwand ermittelten Gebühr zu erheben.

§ 34 Umsatzsteuer, Fälligkeit. (1) [1] Mit der Gebühr für den Prüfingenieur für Standsicherheit ist die Umsatzsteuer abgegolten. [2] Der Prüfsachverständige für Standsicherheit hat die in seinem Honorar enthaltene Umsatzsteuer in seiner Rechnung gesondert auszuweisen, sofern sie nicht nach § 19 Abs. 1 des Umsatzsteuergesetzes unerhoben bleibt.

(2) [1] Die Gebühr und das Honorar werden mit Eingang der Rechnung fällig. [2] Bis zur Schlussabrechnung kann eine Berichtigung der anrechenbaren Bauwerte, der Bauwerksklasse und der Zuschläge verlangt oder ein besonderer Fall (§ 31 Abs. 4) geltend gemacht werden.

Zweiter Abschnitt. Vergütung für die Prüfsachverständigen für Brandschutz, für die Prüfung sicherheitstechnischer Anlagen und Einrichtungen sowie für Erd- und Grundbau

§ 35[1)] Vergütung für die Prüfsachverständigen für Brandschutz, für die Prüfung sicherheitstechnischer Anlagen und Einrichtungen sowie für Erd- und Grundbau. (1) [1] Die Prüfsachverständigen für Brandschutz, für die Prüfung sicherheitstechnischer Anlagen und Einrichtungen sowie für Erd- und Grundbau erhalten für ihre Tätigkeit ein Honorar und die notwendigen Auslagen. [2] Das Honorar wird nach dem Zeitaufwand abgerechnet. [3] Bei der Berechnung des Honorars ist die Zeit anzusetzen, die unter regelmäßigen Verhältnissen von einer entsprechend ausgebildeten Fachkraft benötigt wird. [4] § 28 Abs. 1, 3 bis 5, § 30 Abs. 6, § 31 Abs. 5 Sätze 2 bis 5, § 34 Abs. 1 Satz 2, Abs. 2 Satz 1 sowie § 37 Abs. 2 gelten entsprechend.

(2) Als Mindesthonorar gilt der zweifache Stundensatz nach § 31 Abs. 5 Sätze 2 bis 5.

Dritter Abschnitt. Vergütung für die Prüfsachverständigen für Vermessung im Bauwesen

§ 36[2)] Vergütung für die Prüfsachverständigen für Vermessung im Bauwesen. Die Prüfsachverständigen für Vermessung im Bauwesen erhalten für ihre Tätigkeit eine Vergütung auf der Grundlage von Nr. 1.5 der Anlage 1 der Honorarordnung für Architekten und Ingenieure (HOAI) in der Fassung der Bekanntmachung vom 11. August 2009 (BGBl I S. 2732).

Achter Teil. Ordnungswidrigkeiten

§ 37[3)] Ordnungswidrigkeiten. (1) Nach Art. 79 Abs. 1 Satz 1 Nr. 1 BayBO[4)] kann mit Geldbuße bis zu fünfhunderttausend Euro belegt werden, wer entgegen § 8 die Bezeichnung Prüfingenieur oder Prüfsachverständiger führt.

---

1) § 35 Abs. 1 Satz 4 und Abs. 2 geänd. mWv 1.1.2013 durch V v. 7.12.2012 (GVBl. S. 732).
2) § 36 geänd. mWv 1.11.2009 durch V v. 22.10.2009 (GVBl. S. 542).
3) § 37 Abs. 3 aufgeh. mWv 20.11.2009 durch V v. 27.10.2009 (GVBl. S. 552).
4) Nr. **1**.

(2) Nach Art. 79 Abs. 1 Satz 1 Nr. 1 BayBO kann mit Geldbuße bis zu fünfhunderttausend Euro belegt werden, wer entgegen § 28 Abs. 5 einen Nachlass auf das Honorar gewährt.

Neunter Teil. Schlussvorschriften

§ 38[1] Inkrafttreten, Außerkrafttreten, Übergangsvorschriften.

(1) Diese Verordnung tritt am 1. Januar 2008 in Kraft; sie tritt mit Ablauf des 31. Dezember 2028 außer Kraft.

(2) Nach der Verordnung über die verantwortlichen Sachverständigen im Bauwesen (SachverständigenverordnungBau – SVBau) vom 24. September 2001 (GVBl S. 578, BayRS 2132-1-10-I) anerkannte verantwortliche Sachverständige für die Fachbereiche Standsicherheit, vorbeugender Brandschutz, Vermessung im Bauwesen, sicherheitstechnische Anlagen und Einrichtungen sowie Erd- und Grundbau gelten als Prüfsachverständige im Sinn dieser Verordnung für die entsprechenden Fachbereiche.

Anlage 1[2]
(zu § 29 Abs. 1 Satz 1 PrüfVBau)

Tabelle der durchschnittlichen anrechenbaren Bauwerte je Kubikmeter Brutto-Rauminhalt

Bezugsjahr 2005 = 100 v.H.

	Art der baulichen Anlage	**anrechenbare Bauwerte** in Euro/m³
1.	Wohngebäude	98
2.	Wochenendhäuser	86
3.	Büro- und Verwaltungsgebäude, Banken und Arztpraxen	132
4.	Schulen	125
5.	Kindertageseinrichtungen	112
6.	Hotels, Pensionen und Heime bis jeweils 60 Betten, Gaststätten	112
7.	Hotels, Heime und Sanatorien mit jeweils mehr als 60 Betten	130
8.	Krankenhäuser	146
9.	Versammlungsstätten, wie Mehrzweckhallen, soweit nicht unter Nrn. 11 und 12, Theater, Kinos	112
10.	Hallenbäder	121
11.	eingeschossige, hallenartige Gebäude mit nicht mehr als 30 000 m³ Brutto-Rauminhalt, wie Verkaufsstätten, Fabrik-, Werkstatt- und Lagergebäude in einfachen Rahmen- oder Stiel-Konstruktionen sowie einfache Sporthallen und landwirtschaftliche Betriebsgebäude, soweit nicht unter Nr. 19	
11.1	bis 2 500 m³ Brutto-Rauminhalt	
	Bauart schwer*1)	48
	sonstige Bauart	40
11.2	der 2 500 m³ übersteigende Brutto-Rauminhalt bis 5 000 m³	
	Bauart schwer*1)	40
	sonstige Bauart	33

[1] § 38 Abs. 1 Satz 2 sowie Abs. 3 und 4 aufgeh. mWv 30.4.2013 durch G v. 8.4.2013 (GVBl. S. 174); Abs. 1 geänd. mWv 1.9.2018 durch V v. 7.8.2018 (GVBl. S. 694).

[2] Anlage 1 geänd. mWv 1.11.2009 durch V v. 22.10.2009 (GVBl. S. 542).

	Art der baulichen Anlage	anrechenbare Bauwerte in Euro/m³
11.3	der 5 000 m³ übersteigende Brutto-Rauminhalt bis 30 000 m³	
	Bauart schwer*1)	33
	sonstige Bauart	26
12.	konstruktiv andere eingeschossige Verkaufsstätten, Sportstätten	74
13.	konstruktiv andere eingeschossige Fabrik-, Werkstatt- und Lagergebäude	66
14.	mehrgeschossige Verkaufsstätten	
14.1	bis 30 000 m³ Brutto-Rauminhalt	100
14.2	der 30 000 m³ übersteigende Brutto-Rauminhalt bis 60 000 m³	81
14.3	der 60 000 m³ übersteigende Brutto-Rauminhalt	70
15.	mehrgeschossige Fabrik-, Werkstatt- und Lagergebäude	
15.1	bis 30 000 m³ Brutto-Rauminhalt	87
15.2	der 30 000 m³ übersteigende Brutto-Rauminhalt bis 60 000 m³	70
15.3	der 60 000 m³ übersteigende Brutto-Rauminhalt	60
16.	eingeschossige Garagen, ausgenommen offene Kleingaragen	72
17.	mehrgeschossige Mittel- und Großgaragen	87
18.	Tiefgaragen	134
19.	Schuppen, Kaltställe, offene Feldscheunen, offene Kleingaragen und ähnliche Gebäude	35
20.	Gewächshäuser	
20.1	bis 1 500 m³ Brutto-Rauminhalt	26
20.2	der 1 500 m³ übersteigende Brutto-Rauminhalt	15

*1) **Amtl. Anm.**: Gebäude mit Tragwerken, die überwiegend in Massivbauart errichtet werden.

Zuschläge auf die anrechenbaren Bauwerte:

– bei Gebäuden mit mehr als fünf Vollgeschossen oder beim Nachweis nach lfd. Nr. 2.2.1 (DIN 1053-1, Abschnitt 7) der Liste der Technischen Baubestimmungen	5 v.H.
– mit Hochhäusern vergleichbar hohe Gebäude	10 v.H.
– bei Geschossdecken außer bei den Nrn. 16 bis 18, die mit Gabelstaplern, Schwerlastwagen oder Schienenfahrzeugen befahren werden, für die betreffenden Geschosse	10 v.H.
– bei Hallenbauten mit Kränen, bei denen der Standsicherheitsnachweis für die Kranbahnen geprüft werden muss, für den von den Kranbahnen erfassten Hallenbereich, vervielfacht mit der Indexzahl nach § 29 Abs. 1	39 €/m²

Sonstiges:

– Für die Berechnung des Brutto-Rauminhalts ist DIN 277-1: 2005-02 maßgebend.

– Die in der Tabelle angegebenen Werte berücksichtigen nur Flachgründungen mit Streifen- oder Einzelfundamenten. Mehrkosten für andere Gründungen, wie Pfahlgründungen, Schlitzwände, sind getrennt zu ermitteln und den anrechenbaren Bauwerten hinzuzurechnen. Bei Flächengründungen, für die rechnerische Nachweise zu prüfen sind (z.B. bei elastisch gebetteten Sohlplatten), sind je Quadratmeter Sohlplatte 2,00 m³ abzüglich dem Volumenanteil der Sohlplatte je Quadratmeter zum Brutto-Rauminhalt hinzuzurechnen, höchstens jedoch 1,50 m³ je Quadratmeter Sohlplatte.

– Bei Gebäuden mit gemischter Nutzung ist, soweit Nutzungsarten nicht nur Nebenzwecken dienen, für die Ermittlung der anrechenbaren Bauwerte die offensichtlich überwiegende Nutzung maßgebend. Liegt ein offensichtliches Überwiegen einer Nutzung nicht vor, sind für die Gebäudeteile mit verschiedenen Nutzungsarten, im Hochbau in der Regel geschossweise, die anrechenbaren Bauwerte anteilig zu ermitteln. Dies gilt auch für Wohngebäude mit darunter liegender Tiefgarage.

Anlage 2
(zu § 29 Abs. 4 PrüfVBau)

Bauwerksklassen

Bauwerksklasse 1

Tragwerke mit sehr geringem Schwierigkeitsgrad, insbesondere einfache statisch bestimmte ebene Tragwerke aus Holz, Stahl, Stein oder unbewehrtem Beton mit vorwiegend ruhenden Lasten, ohne Nachweis horizontaler Aussteifung;

Bauwerksklasse 2

Tragwerke mit geringem Schwierigkeitsgrad, insbesondere statisch bestimmte ebene Tragwerke in gebräuchlichen Bauarten ohne vorgespannte Konstruktionen und Verbundkonstruktionen mit vorwiegend ruhenden Lasten,

- einfache Dach- und Fachwerkbinder,
- Kehlbalkendächer,
- Deckenkonstruktionen mit vorwiegend ruhenden Flächenlasten, die nach gebräuchlichen Tabellen berechnet werden können,
- Mauerwerksbauten mit bis zur Gründung durchgehenden tragenden Wänden ohne Nachweis der horizontalen Aussteifung des Gebäudes,
- Stützwände einfacher Art,
- Flachgründungen einfacher Art (Einzel- und Streifenfundamente);

Bauwerksklasse 3

Tragwerke mit durchschnittlichem Schwierigkeitsgrad, insbesondere schwierige statisch bestimmte und statisch unbestimmte ebene Tragwerke in gebräuchlichen Bauarten ohne vorgespannte Konstruktionen und ohne schwierige Stabilitätsuntersuchungen,

- einfache Verbundkonstruktionen des Hochbaus ohne Berücksichtigung des Einflusses von Kriechen und Schwinden,
- Tragwerke für Gebäude mit Abfangung von tragenden beziehungsweise aussteifenden Wänden,
- Tragwerke für Rahmen- und Skelettbauten, bei denen die Stabilität der einzelnen Bauteile mit Hilfe von einfachen Formeln oder Tabellen nachgewiesen werden kann,
- Behälter einfacher Konstruktion,
- Schornsteine ohne Schwingungsberechnung,
- Maste mit einfachen Abspannungen, bei denen der Seildurchhang vernachlässigt werden kann,
- ein- und zweiachsig gespannte mehrfeldrige Decken unter ruhenden Lasten, soweit sie nicht der Bauwerksklasse 2 zuzuordnen sind,

– Flächengründungen einfacher Art,
– Stützwände ohne Rückverankerung bei schwierigen Baugrund- und Belastungsverhältnissen und einfach verankerte Stützwände,
– ebene Pfahlrostgründungen;

Bauwerksklasse 4

Tragwerke mit überdurchschnittlichem Schwierigkeitsgrad, insbesondere statisch und konstruktiv schwierige Tragwerke in gebräuchlichen Bauarten und Tragwerke, für deren Standsicherheits- und Festigkeitsnachweis schwierig zu ermittelnde Einflüsse zu berücksichtigen sind
– statisch bestimmte räumliche Fachwerke,
– weitgespannte Hallentragwerke in Ingenieurholzbaukonstruktion,
– mehrgeschossige Bauwerke mit unregelmäßiger Grundrissgestaltung und wiederholt im Grundriss verspringenden Aussteifungselementen, bei deren Schnittgrößenermittlung die Formänderungen zu berücksichtigen sind,
– Bauwerke, bei denen Aussteifung und Stabilität durch Zusammenwirken von Fertigteilen sichergestellt und nachgewiesen werden muss,
– unregelmäßige mehrgeschossige Rahmentragwerke und Skelettbauten, Kesselgerüste,
– einfache Trägerroste und einfache orthotrope Platten,
– Hallentragwerke mit Kranbahnen,
– vorgespannte Fertigteile,
– Tragwerke für schwierige Rahmen- und Skelettbauten sowie turmartige Bauten, bei denen der Nachweis der Stabilität und Aussteifung die Anwendung besonderer Berechnungsverfahren erfordert,
– einfache Faltwerke nach der Balkentheorie,
– statisch bestimmte und einfache statisch unbestimmte Tragwerke, deren Schnittkraftermittlung nach Theorie II. Ordnung erfolgen muss,
– statisch bestimmte und statisch unbestimmte Tragwerke des Hochbaus unter Einwirkung von Vorspannung, soweit sie nicht der Bauwerksklasse 5 zuzuordnen sind,
– Verbundkonstruktionen, soweit sie nicht den Bauwerksklassen 3 oder 5 zuzuordnen sind,
– einfache Tragwerke nach dem Traglastverfahren,
– einfache Rotationsschalen,
– Tankbauwerke aus Stahl mit einfachen Stabilitätsnachweisen,
– Behälter und Silos schwieriger Konstruktion, auch in Gruppenbauweise,
– Maste, Schornsteine, Maschinenfundamente mit einfachen Schwingungsuntersuchungen,
– schwierige Abspannungen von Einzelmasten oder Mastgruppen,
– Seilbahnkonstruktionen,
– schwierige verankerte Stützwände, schwierige statisch unbestimmte Flächengründungen, schwierige ebene oder räumliche Pfahlgründungen, besondere Gründungsverfahren, Unterfahrungen;

Bauwerksklasse 5

Tragwerke mit sehr hohem Schwierigkeitsgrad, insbesondere statisch und konstruktiv ungewöhnlich schwierige Tragwerke und schwierige Tragwerke in neuen Bauarten,

- räumliche Stabtragwerke,
- statisch unbestimmte räumliche Fachwerke,
- Faltwerke, Schalentragwerke, soweit sie nicht der Bauwerksklasse 4 zuzuordnen sind,
- statisch unbestimmte Tragwerke, die Schnittkraftermittlungen nach Theorie II. Ordnung unter Berücksichtigung des nichtlinearen Werkstoffverhaltens erfordern,
- Tragwerke mit Standsicherheitsnachweisen, die nur unter Zuhilfenahme modellstatischer Untersuchungen beurteilt werden können,
- Tragwerke mit Schwingungsuntersuchungen, soweit sie nicht der Bauwerksklasse 4 zuzuordnen sind,
- seilverspannte Zeltdachkonstruktionen und Traglufthallen bei Behandlung nach der Membrantheorie,
- mit Hochhäusern vergleichbar hohe Gebäude, bei denen ein Stabilitätsnachweis nach Theorie II. Ordnung erforderlich sowie das Schwingungsverhalten zu untersuchen ist,
- Verbundkonstruktionen nach der Plastizitätstheorie oder mit Vorspannung,
- schwierige Trägerroste und schwierige orthotrope Platten,
- Turbinenfundamente.

Anlage 3
(zu § 30 Abs. 1 Satz 1 und § 31 Abs. 1 Nr. 1 PrüfVBau)

Gebührentafel und Honorartafel in Euro*1)

Anrechenbare Bauwerte	Grundgebühr und Grundhonorar Prüfung Standsicherheitsnachweis				
	Bauwerksklasse				
Euro	1	2	3	4	5
10 000	102	136	203	271	339
15 000	141	188	281	375	469
20 000	177	236	354	472	590
25 000	212	282	423	565	706
30 000	245	327	490	653	817
35 000	277	370	554	739	924
40 000	308	411	617	822	1 028
45 000	339	452	678	903	1 130
50 000	369	492	737	983	1 229
75 000	510	680	1 020	1 360	1 700
100 000	642	856	1 284	1 711	2 140
150 000	887	1 184	1 775	2 367	2 959
200 000	1 117	1 490	2 235	2 980	3 725
250 000	1 336	1 782	2 672	3 562	4 453
300 000	1 545	2 062	3 091	4 121	5 153
350 000	1 748	2 332	3 497	4 662	5 829
400 000	1 945	2 595	3 891	5 188	6 486
450 000	2 137	2 852	4 275	5 701	7 127
500 000	2 325	3 102	4 652	6 202	7 754
1 000 000	4 048	5 401	8 099	10 798	13 500
1 500 000	5 600	7 472	11 202	14 936	18 672
2 000 000	7 048	9 404	14 100	18 800	23 504
3 500 000	11 029	14 714	22 064	29 418	36 778
5 000 000	14 670	19 575	29 350	39 130	48 920
10 000 000	25 540	34 080	51 100	68 130	85 180
15 000 000	35 325	47 130	70 680	94 230	117 810
20 000 000	44 480	59 340	88 960	118 620	148 300
25 000 000	53 175	70 925	106 350	141 800	177 300
Bei anrechenbaren Bauwerten über 25 000 000 € errechnen sich die Gebühr und das Honorar aus dem Tausendstel der jeweiligen anrechenbaren Bauwerte, vervielfältigt mit *nachsthend*1) aufgeführten Faktoren.					
	2,127	2,837	4,254	5,672	7,091

Nr. 10 und 11 *(nicht belegt)*

*1) **Amtl. Anm.:** In der Gebühr und in dem Honorar ist die Umsatzsteuer enthalten.
1) Richtig wohl: „nachstehend".

12. Verordnung über den Bau von Betriebsräumen für elektrische Anlagen (EltBauV)[1]

Vom 13. April 1977
(BayRS III S. 575)

BayRS 2132-1-8-B

zuletzt geänd. durch § 6 ÄndV v. 8.12.1997 (GVBl S. 827)

Auf Grund des Art. 90 Abs. 1 Satz 1 Nrn. 1 und 3 der Bayerischen Bauordnung (BayBO)[2] in der Fassung der Bekanntmachung vom 4. August 1997 (GVBl S. 433, BayRS 2132-1-I) erläßt das Bayerische Staatsministerium des Innern folgende Verordnung:

§ 1 Geltungsbereich. (1) Diese Verordnung gilt für elektrische Betriebsräume mit den in § 3 Abs. 1 Nrn. 1 bis 3 genannten elektrischen Anlagen in

1. Waren- und Geschäftshäusern,
2. Versammlungsstätten, ausgenommen Versammlungsstätten in fliegenden Bauten,
3. Büro- und Verwaltungsgebäuden,
4. Krankenhäusern, Altenpflegeheimen, Entbindungs- und Säuglingsheimen,
5. Schulen und Sportstätten,
6. Beherbergungsstätten, Gaststätten,
7. geschlossenen Großgaragen und
8. Wohngebäuden.

(2) Diese Verordnung gilt nicht für elektrische Betriebsräume in freistehenden Gebäuden oder durch Brandwände abgetrennten Gebäudeteilen, wenn diese nur die elektrischen Betriebsräume enthalten.

§ 2 Begriffsbestimmung. Betriebsräume für elektrische Anlagen (elektrische Betriebsräume) sind Räume, die ausschließlich zur Unterbringung von Einrichtungen zur Erzeugung oder Verteilung elektrischer Energie oder zur Aufstellung von Batterien dienen.

§ 3 Allgemeine Anforderungen. [1]Innerhalb von Gebäuden nach § 1 Abs. 1 müssen

1. Transformatoren und Schaltanlagen für Nennspannungen über 1 kV, Transformatoren und Kondensatoren mit polychlorierten Biphenylen (PCB) und einer Leistung von mehr als 3 kVA,
2. ortsfeste Stromerzeugungsaggregate und
3. Zentralbatterien für Sicherheitsbeleuchtung

in jeweils eigenen elektrischen Betriebsräumen untergebracht sein. [2]Schaltanlagen für Sicherheitsbeleuchtung dürfen nicht in elektrischen Betriebsräumen

---

[1] Änderungen vor dem 1.1.1999 sind nicht in Fußnoten nachgewiesen.
[2] Nr. **1**.

mit Anlagen nach Satz 1 Nrn. 1 und 2 aufgestellt werden. [3]Es kann verlangt werden, daß sie in eigenen elektrischen Betriebsräumen aufzustellen sind.

§ 4 Anforderungen an elektrische Betriebsräume. (1) [1]Die elektrischen Betriebsräume müssen so angeordnet sein, daß sie im Gefahrenfall von allgemein zugänglichen Räumen oder vom Freien leicht und sicher erreichbar sind und ungehindert verlassen werden können; sie dürfen von Treppenräumen mit notwendigen Treppen nicht unmittelbar zugänglich sein. [2]Der Rettungsweg innerhalb elektrischer Betriebsräume bis zu einem Ausgang darf nicht länger als 40 m sein.

(2) [1]Die Räume müssen so groß sein, daß die elektrischen Anlagen ordnungsgemäß errichtet und betrieben werden können; sie müssen eine lichte Höhe von mindestens 2 m haben. [2]Über Bedienungs- und Wartungsgängen muß eine Durchgangshöhe von mindestens 1,8 m vorhanden sein.

(3) Die Räume müssen ständig so wirksam be- und entlüftet werden, daß die beim Betrieb der Transformatoren und Stromerzeugungsaggregate entstehende Verlustwärme, bei Batterien die Gase, abgeführt werden.

(4) In den Räumen sollen Leitungen und Einrichtungen, die nicht zum Betrieb der elektrischen Anlagen erforderlich sind, nicht vorhanden sein.

§ 5 Zusätzliche Anforderungen an elektrische Betriebsräume für Transformatoren und Schaltanlagen mit Nennspannungen über 1 kV oder für Transformatoren und Kondensatoren mit PCB. (1) [1]Elektrische Betriebsräume für Transformatoren und Schaltanlagen mit Nennspannungen über 1 kV oder für Transformatoren und Kondensatoren mit PCB und einer Leistung von mehr als 3 kVA müssen von anderen Räumen feuerbeständig abgetrennt sein. [2]Wände von Räumen mit Öltransformatoren oder mit Transformatoren und Kondensatoren mit PCB und einer Leistung von mehr als 3 kVA müssen außerdem so dick wie Brandwände sein. [3]Öffnungen zur Durchführung von Kabeln sind mit nichtbrennbaren Baustoffen zu schließen. [4]Transformatoren oder Kondensatoren mit PCB und einer Leistung von mehr als 3 kVA dürfen nicht in Räumen mit Öltransformatoren aufgestellt werden.

(2) [1]Türen müssen mindestens feuerhemmend und selbstschließend sein sowie aus nichtbrennbaren Baustoffen bestehen; soweit sie ins Freie führen, genügen selbstschließende Türen aus nichtbrennbaren Baustoffen. [2]Türen müssen nach außen aufschlagen. [3]Türschlösser in Türen von Betriebsräumen von Transformatoren und Schaltanlagen mit Nennspannungen über 1 kV müssen so beschaffen sein, daß der Zutritt unbefugter Personen jederzeit verhindert ist, der Betriebsraum jedoch ungehindert verlassen werden kann; an den Türen muß außen ein Hochspannungswarnschild angebracht sein. [4]Betriebsräume mit Transformatoren oder Kondensatoren mit PCB und einer Leistung von mehr als 3 kVA sind bei den Zugängen mit einem zinkgelben Warnschild aus Aluminium mit schwarzem Rand und schwarzer Beschriftung „PCB“ in der Größe 297 × 148 mm zu versehen.

(3) [1]Elektrische Betriebsräume für Öltransformatoren oder für Transformatoren und Kondensatoren mit PCB und einer Leistung von mehr als 3 kVA dürfen sich nicht in Geschossen befinden, deren Fußboden mehr als 4 m unter der festgelegten Geländeoberfläche liegt. [2]Sie dürfen auch nicht in Geschossen über dem Erdgeschoß liegen.

(4) [1]Die Zuluft für die Räume muß unmittelbar oder über besondere Lüftungsleitungen dem Freien entnommen, die Abluft unmittelbar oder über besondere Lüftungsleitungen ins Freie geführt werden. [2]Lüftungsleitungen, die durch andere Räume führen, sind so herzustellen, daß Feuer und Rauch nicht in andere Räume übertragen werden können. [3]Öffnungen von Lüftungsleitungen zum Freien müssen Schutzgitter haben.

(5) Fußböden müssen mindestens aus schwer entflammbaren Baustoffen bestehen.

(6) [1]Unter Transformatoren muß auslaufende Isolier- und Kühlflüssigkeit sicher aufgefangen werden können. [2]Für höchstens drei Transformatoren mit jeweils bis zu 1000 l Isolierflüssigkeit in einem elektrischen Betriebsraum genügt es, wenn die Wände in der erforderlichen Höhe sowie der Fußboden undurchlässig ausgebildet sind; an den Türen müssen entsprechend hohe und undurchlässige Schwellen vorhanden sein.

(7) Fenster, die von außen leicht erreichbar sind, müssen so beschaffen oder gesichert sein, daß Unbefugte nicht in den elektrischen Betriebsraum eindringen können.

(8) [1]Räume mit Transformatoren oder Kondensatoren nach § 3 Abs. 1 Satz 1 Nr. 1 dürfen vom Gebäudeinnern aus nur von Fluren und über Sicherheitsschleusen zugänglich sein. [2]Bei Räumen mit Öltransformatoren oder mit Transformatoren und Kondensatoren mit PCB und einer Leistung von mehr als 3 kVA muß mindestens ein Ausgang unmittelbar ins Freie oder über einen Vorraum ins Freie führen. [3]Der Vorraum darf auch mit dem Schaltraum, jedoch nicht mit anderen Räumen in Verbindung stehen. [4]Sicherheitsschleusen mit mehr als 20 m^3 Luftraum müssen Rauchabzüge haben.

(9) [1]Abweichend von Absatz 8 Sätze 1 und 2 sind Sicherheitsschleusen und unmittelbar oder über einen Vorraum ins Freie führende Ausgänge nicht erforderlich bei Räumen mit Transformatoren in

1. Waren- oder Geschäftshäusern mit Verkaufsstätten, die nicht dem Geltungsbereich der Warenhausverordnung unterliegen,
2. Versammlungsstätten, die nicht dem Geltungsbereich der Versammlungsstättenverordnung[1)] unterliegen,
3. Büro- oder Verwaltungsgebäuden, die keine Hochhäuser sind,
4. Krankenhäusern, Altenpflegeheimen, Entbindungs- und Säuglingsheimen mit nicht mehr als 30 Betten,
5. Schulen und Sportstätten, die keine Räume enthalten, auf welche die Versammlungsstättenverordnung anzuwenden ist,
6. Beherbergungsstätten mit nicht mehr als 30 Betten,
7. Wohngebäuden, die keine Hochhäuser sind.

[2]Türen in Trennwänden von Räumen mit Öltransformatoren oder mit Transformatoren und Kondensatoren mit PCB müssen feuerbeständig und selbstschließend sein.

§ 6 Zusätzliche Anforderungen an elektrische Betriebsräume für ortsfeste Stromerzeugungsaggregate. (1) [1]Für elektrische Betriebsräume für ortsfeste Stromerzeugungsaggregate gelten § 5 Abs. 1, 2, 4 und 5 sinngemäß.

[1)] Nr. **15**.

[2] Wände in der erforderlichen Höhe sowie der Fußboden müssen gegen wassergefährdende Flüssigkeiten undurchlässig ausgebildet sein; an den Türen muß eine mindestens 10 cm hohe Schwelle vorhanden sein.

(2) [1] Die Abgase von Verbrennungsmaschinen sind über besondere Leitungen ins Freie zu führen. [2] Die Abgasrohre müssen von Bauteilen aus brennbaren Baustoffen einen Abstand von mindestens 10 cm haben. [3] Werden Abgasrohre durch Bauteile aus brennbaren Baustoffen geführt, so sind die Bauteile im Umkreis von 10 cm aus nichtbrennbaren, formbeständigen Baustoffen herzustellen, wenn ein besonderer Schutz gegen strahlende Wärme nicht vorhanden ist.

(3) Die Räume müssen frostfrei sein oder beheizt werden können.

§ 7 Zusätzliche Anforderungen an Batterieräume. (1) [1] Räume für Zentralbatterien müssen von Räumen mit erhöhter Brandgefahr feuerbeständig, von anderen Räumen mindestens feuerhemmend getrennt sein. [2] Dies gilt auch für Batterieschränke. [3] § 5 Abs. 4 gilt sinngemäß. [4] Die Räume müssen frostfrei sein oder beheizt werden können. [5] Öffnungen zur Durchführung von Kabeln sind mit nichtbrennbaren Baustoffen zu schließen.

(2) Türen müssen nach außen aufschlagen, in feuerbeständigen Trennwänden mindestens feuerhemmend und selbstschließend sein und in allen anderen Fällen aus nichtbrennbaren Baustoffen bestehen.

(3) [1] Fußböden sowie Sockel für Batterien müssen gegen die Einwirkungen von Elektrolyten widerstandsfähig sein. [2] An den Türen muß eine Schwelle vorhanden sein, die auslaufende Elektrolyten zurückhält.

(4) Der Fußboden von Batterieräumen muß an allen Stellen für elektrostatische Ladungen einheitlich und ausreichend ableitfähig sein.

(5) Lüftungsanlagen müssen gegen die Einwirkungen von Elektrolyten widerstandsfähig sein.

(6) Das Rauchen und das Verwenden von offenem Feuer sind in den Batterieräumen verboten; hierauf ist durch Schilder an der Außenseite der Türen hinzuweisen.

§ 8 Zusätzliche Bauvorlagen. [1] Die Bauvorlagen müssen Angaben über die Lage des Betriebsraums und die Art der elektrischen Anlagen enthalten. [2] Soweit erforderlich, müssen sie ferner Angaben über die Schallschutzmaßnahmen enthalten.

§ 9 Inkrafttreten. Diese Verordnung tritt am 1. Oktober 1977 in Kraft[*1)].

Nr. 13 *(nicht belegt)*

[*1)] **Amtl. Anm.:** Betrifft die ursprüngliche Fassung vom 13. April 1977 (GVBl. S. 421)

14. Verordnung über den Bau und Betrieb von Verkaufsstätten (Bayerische Verkaufsstättenverordnung – BayVkV) [1)2)]

Vom 6. November 1997
(GVBl. S. 751)

BayRS 2132-1-6-B

zuletzt geänd. durch ÄndV v. 11.12.2017 (GVBl. S. 595)

Auf Grund von Art. 90 Abs. 1 Nrn. 3 und 5 der Bayerischen Bauordnung (BayBO) [3)] und Art. 38 Abs. 3 des Landesstraf- und Verordnungsgesetzes[4)] erläßt das Bayerische Staatsministerium des Innern folgende Verordnung:

Nichtamtliche Inhaltsübersicht [5)]

---

1) Überschrift geänd. mWv 30.12.2017 durch V v. 11.12.2017 (GVBl. S. 595).
2) Die Verordnung **tritt mit Ablauf des 31.12.2022 außer Kraft**, vgl. § 34.
3) Nr. **1**.
4) Nr. **26**.
5) Amtl. Inhaltsübersicht aufgeh. mWv 30.12.2017 durch V v. 11.12.2017 (GVBl. S. 595).

§ 1[1] Anwendungsbereich. Die Vorschriften dieser Verordnung gelten für jede Verkaufsstätte, deren Verkaufsräume und Ladenstraßen eine Fläche von insgesamt mehr als 2.000 m² haben.

§ 2[2] Begriffe. (1) [1] Verkaufsstätten sind Gebäude oder Gebäudeteile, die

1. ganz oder teilweise dem Verkauf von Waren dienen,
2. mindestens einen Verkaufsraum haben und
3. keine Messebauten sind.

[2] Zu einer Verkaufsstätte gehören alle Räume, die unmittelbar oder mittelbar, insbesondere durch Aufzüge oder Ladenstraßen, miteinander in Verbindung stehen; als Verbindung gilt nicht die Verbindung durch Treppenräume notwendiger Treppen sowie durch Leitungen, Schächte und Kanäle haustechnischer Anlagen.

(2) Erdgeschossige Verkaufsstätten sind Gebäude mit nicht mehr als einem Geschoß, dessen Fußboden an keiner Stelle mehr als 1 m unter der Geländeoberfläche liegt; dabei bleiben Treppenraumerweiterungen sowie Geschosse außer Betracht, die ausschließlich der Unterbringung von haustechnischen Anlagen und Feuerungsanlagen dienen.

(3) [1] Verkaufsräume sind Räume, in denen Waren zum Verkauf oder sonstige Leistungen angeboten werden oder die dem Kundenverkehr dienen, ausgenommen Treppenräume notwendiger Treppen, Treppenraumerweiterungen sowie Garagen. [2] Ladenstraßen gelten nicht als Verkaufsräume.

(4) Ladenstraßen sind überdachte oder überdeckte Flächen, an denen Verkaufsräume liegen und die dem Kundenverkehr dienen.

(5) Treppenraumerweiterungen sind Räume, die Treppenräume mit Ausgängen ins Freie verbinden.

(6) Flächen von Gebäuden, Geschossen und Räumen sind als Brutto-Grundfläche zu ermitteln, wenn nichts anderes geregelt ist.

§ 3[3] Tragende Wände, Pfeiler und Stützen. Tragende Wände, Pfeiler und Stützen sind

1. in erdgeschossigen Verkaufsstätten mit Sprinkleranlagen ohne Feuerwiderstandsfähigkeit zulässig,
2. in erdgeschossigen Verkaufsstätten ohne Sprinkleranlagen mindestens feuerhemmend herzustellen,
3. in sonstigen Verkaufsstätten feuerbeständig herzustellen.

§ 4 Außenwände. Außenwände sind herzustellen

1. in erdgeschossigen Verkaufsstätten aus mindestens schwerentflammbaren Baustoffen, soweit sie nicht mindestens feuerhemmend sind,
2. in sonstigen Verkaufsstätten aus nichtbrennbaren Baustoffen, soweit sie nicht feuerbeständig sind.

---

[1] § 1 geänd. mWv 1.1.2008 durch V v. 29.11.2007 (GVBl. S. 847).
[2] § 2 Abs. 6 angef. mWv 1.1.2008 durch V v. 29.11.2007 (GVBl. S. 847).
[3] § 3 Nr. 1 geänd. mWv 1.1.2008 durch V v. 29.11.2007 (GVBl. S. 847).

§ 5[1)] Trennwände. (1) Trennwände zwischen einer Verkaufsstätte und Räumen, die nicht zur Verkaufsstätte gehören, müssen feuerbeständig sein und dürfen keine Öffnungen haben.

(2) [1] In Verkaufsstätten ohne Sprinkleranlagen sind Lagerräume mit einer Nutzfläche von mehr als jeweils 100 m² sowie Werkräume mit erhöhter Brandgefahr, wie Schreinereien, Maler- oder Dekorationswerkstätten, von anderen Räumen durch feuerbeständige Trennwände zu trennen. [2] Diese Werk- und Lagerräume müssen durch feuerbeständige Trennwände so unterteilt werden, daß Abschnitte von nicht mehr als 500 m² Nutzfläche entstehen. [3] Öffnungen in den Trennwänden müssen mindestens feuerhemmende, dicht- und selbstschließende Abschlüsse haben.

§ 6[2)] Brandabschnitte. (1) [1] Verkaufsstätten sind durch innere Brandwände in Brandabschnitte zu unterteilen. [2] Abweichend von Art. 28 Abs. 2 Nr. 2 BayBO[3)] darf die Fläche je Geschoß betragen in

1. erdgeschossigen Verkaufsstätten mit Sprinkleranlagen nicht mehr als 10.000 m²,
2. erdgeschossigen Verkaufsstätten ohne Sprinkleranlagen nicht mehr als 3.000 m²,
3. sonstigen Verkaufsstätten mit Sprinkleranlagen nicht mehr als 5.000 m²,
4. sonstigen Verkaufsstätten ohne Sprinkleranlagen nicht mehr als 1.500 m².

(2) Abweichend von Absatz 1 können Verkaufsstätten mit Sprinkleranlagen auch durch Ladenstraßen an Stelle von durchgehenden Brandwänden in Brandabschnitte unterteilt werden, wenn

1. die Ladenstraßen bis zu ihrem Dach in voller Höhe mindestens 10 m breit sind; Einbauten oder Einrichtungen sind innerhalb dieser Breite unzulässig,
2. die Ladenstraßen ausreichende Rauchabzugsanlagen haben,
3. das Tragwerk der Dächer der Ladenstraßen aus nichtbrennbaren Baustoffen und
4. die Bedachung der Ladenstraßen aus nichtbrennbaren Baustoffen besteht.

(3) Abweichend von Absatz 1 brauchen in Verkaufsstätten mit Sprinkleranlagen Brandwände im Kreuzungsbereich mit Ladenstraßen nicht hergestellt zu werden, wenn die Ladenstraßen über eine Länge von mindestens 10 m beiderseits der Brandwände den Anforderungen des Absatzes 2 entsprechen; Einbauten oder Einrichtungen sind innerhalb dieser Fläche unzulässig.

(4) [1] Öffnungen in den Brandwänden nach Absatz 1 sind zulässig, wenn sie feuerbeständige, dicht- und selbstschließende Abschlüsse haben. [2] Die Abschlüsse müssen Feststellanlagen haben, die bei Raucheinwirkung ein selbsttätiges Schließen bewirken.

(5) Brandwände sind mindestens 30 cm über Dach zu führen oder in Höhe der Dachhaut mit einer beiderseits 50 cm auskragenden feuerbeständigen Platte aus nichtbrennbaren Baustoffen abzuschließen; darüber dürfen brennbare Teile des Dachs oder Teile des Dachs mit Hohlräumen nicht hinweggeführt werden.

[1)] § 5 Abs. 2 Sätze 1, 2 und 3 geänd. mWv 1.1.2008 durch V v. 29.11.2007 (GVBl. S. 847).

[2)] § 6 Abs. 1 Satz 1 und Satz 2 einl. Satzteil, Abs. 4 Satz 1 geänd., Abs. 6 neu gef. mWv 1.1.2008 durch V v. 29.11.2007 (GVBl. S. 847).

[3)] Nr. **1**.

(6) Verkaufsstätten müssen zu anderen Gebäuden Brandwände als Gebäudeabschlusswände haben, soweit sie aneinander gebaut sind.

§ 7[1)] Decken. (1) [1] Decken sind

1. in erdgeschossigen Verkaufsstätten mit Sprinkleranlagen aus nichtbrennbaren Baustoffen,
2. in erdgeschossigen Verkaufsstätten ohne Sprinkleranlagen mindestens feuerhemmend und aus nichtbrennbaren Baustoffen,
3. in sonstigen Verkaufsstätten feuerbeständig und aus nichtbrennbaren Baustoffen

herzustellen. [2] Bei der Beurteilung der Feuerwiderstandsfähigkeit bleiben abgehängte Unterdecken außer Betracht.

(2) [1] Unterdecken einschließlich ihrer Aufhängungen müssen in Verkaufsräumen, Treppenräumen, Treppenraumerweiterungen, notwendigen Fluren und in Ladenstraßen aus nichtbrennbaren Baustoffen bestehen. [2] In Verkaufsräumen mit Sprinkleranlagen dürfen Unterdecken aus brennbaren Baustoffen bestehen, wenn auch der Deckenhohlraum durch die Sprinkleranlagen geschützt ist.

(3) [1] In Decken sind Öffnungen unzulässig. [2] Dies gilt nicht für Öffnungen in Decken zwischen Verkaufsräumen sowie in Decken zwischen Ladenstraßen

1. in Verkaufsstätten mit Sprinkleranlagen,
2. in Verkaufsstätten ohne Sprinkleranlagen, soweit die Öffnungen für nicht notwendige Treppen erforderlich sind.

§ 8[2)] Dächer. (1) Das Tragwerk von Dächern, die den oberen Abschluß von Räumen der Verkaufsstätten bilden oder die von diesen Räumen nicht durch feuerbeständige Bauteile getrennt sind, ist

1. in erdgeschossigen Verkaufsstätten mit Sprinkleranlagen ohne Feuerwiderstandsfähigkeit aus brennbaren Baustoffen zulässig,
2. in erdgeschossigen Verkaufsstätten ohne Sprinkleranlagen mindestens feuerhemmend,
3. in sonstigen Verkaufsstätten mit Sprinkleranlagen aus nichtbrennbaren Baustoffen,
4. in sonstigen Verkaufsstätten ohne Sprinkleranlagen feuerbeständig

herzustellen.

(2) Bedachungen ausgenommen Dachhaut und Dampfsperre müssen bei Dächern, die den oberen Abschluß von Räumen der Verkaufsstätten bilden oder die von diesen Räumen nicht durch feuerbeständige Bauteile getrennt sind, aus nichtbrennbaren Baustoffen bestehen.

(3) [1] Lichtdurchlässige Bedachungen über Verkaufsräumen und Ladenstraßen sind

1. in Verkaufsstätten ohne Sprinkleranlagen nur aus nichtbrennbaren Baustoffen,
2. in Verkaufsstätten mit Sprinkleranlagen auch aus mindestens schwerentflammbaren Baustoffen zulässig; sie dürfen im Brandfall nicht brennend abtropfen.

[1)] § 7 Abs. 1 Satz 2 geänd. mWv 1.1.2008 durch V v. 29.11.2007 (GVBl. S. 847).

[2)] § 8 Abs. 1 Nr. 1 geänd., Abs. 3 Satz 2 neu gef. mWv 1.1.2008 durch V v. 29.11.2007 (GVBl. S. 847).

[2]Art. 30 Abs. 1 BayBO[1)] ist für Bedachungen nach Satz 1 Nr. 2 nicht anzuwenden.

§ 9[2)] Bekleidungen, Dämmstoffe, Bodenbeläge. (1) Außenwandbekleidungen einschließlich der Dämmstoffe und Unterkonstruktionen sind

1. in erdgeschossigen Verkaufsstätten aus mindestens schwerentflammbaren Baustoffen,
2. in sonstigen Verkaufsstätten aus nichtbrennbaren Baustoffen

herzustellen.

(2) Deckenbekleidungen einschließlich der Dämmstoffe und Unterkonstruktionen müssen aus nichtbrennbaren Baustoffen bestehen.

(3) Wandbekleidungen einschließlich der Dämmstoffe und Unterkonstruktionen müssen in Treppenräumen, Treppenraumerweiterungen, notwendigen Fluren und in Ladenstraßen aus nichtbrennbaren Baustoffen bestehen.

(4) Bodenbeläge müssen in Treppenräumen und Treppenraumerweiterungen nichtbrennbar, in notwendigen Fluren für Kunden und in Ladenstraßen mindestens schwerentflammbar sein.

§ 10[3)] Rettungswege in Verkaufsstätten. (1) [1]Für jeden Verkaufsraum, Aufenthaltsraum und für jede Ladenstraße müssen in demselben Geschoß mindestens zwei voneinander unabhängige Rettungswege zu Ausgängen ins Freie oder zu Treppenräumen notwendiger Treppen vorhanden sein. [2]Die Rettungswege dürfen auch über Außentreppen ohne Treppenräume, Rettungsbalkone, Terrassen und begehbare Dächer auf das Grundstück führen, wenn wegen des Brandschutzes keine Bedenken bestehen; diese Rettungswege gelten als Ausgang ins Freie.

(2) [1]Von jeder Stelle

1. eines Verkaufsraums in höchstens 25 m Entfernung,
2. eines sonstigen Aufenthaltsraums oder einer Ladenstraße in höchstens 35 m Entfernung

muß mindestens ein Ausgang ins Freie oder ein Treppenraum notwendiger Treppen erreichbar sein (erster Rettungsweg). [2]Die Entfernung nach Satz 1 Nr. 1 wird in der Luftlinie, jedoch nicht durch Bauteile, die Entfernung nach Satz 1 Nr. 2 wird in der Lauflinie gemessen.

(3) Der erste Rettungsweg darf, soweit er über eine Ladenstraße führt, auf der Ladenstraße eine zusätzliche Länge von höchstens 35 m haben, wenn die Ladenstraße Rauchabzugsanlagen hat und der nach Absatz 1 erforderliche zweite Rettungsweg für Verkaufsräume mit einer Fläche von mehr als 100 m^2 nicht über diese Ladenstraße führt.

(4) In erdgeschossigen Verkaufsstätten sowie in sonstigen Verkaufsstätten mit Sprinkleranlagen darf der Rettungsweg nach den Absätzen 2 und 3 innerhalb von Brandabschnitten, soweit er über einen notwendigen Flur für Kunden mit einem unmittelbaren Ausgang ins Freie oder in einen Treppenraum notwendiger Treppen führt, in diesem Flur eine zusätzliche Länge von höchstens 35 m haben.

---

1) Nr. **1**.
2) § 9 Überschrift, Abs. 1 bis 3 geänd. mWv 1.1.2008 durch V v. 29.11.2007 (GVBl. S. 847).
3) § 10 Abs. 8 geänd. mWv 30.12.2017 durch V v. 11.12.2017 (GVBl. S. 595).

(5) Von jeder Stelle eines Verkaufsraums muß ein Hauptgang oder eine Ladenstraße in höchstens 10 m Entfernung, gemessen in der Luftlinie, jedoch nicht durch Bauteile, erreichbar sein.

(6) [1] In Rettungswegen ist nur eine Folge von mindestens drei Stufen zulässig. [2] Die Stufen müssen eine Stufenbeleuchtung haben.

(7) [1] An Kreuzungen der Ladenstraßen und der Hauptgänge sowie an Türen im Zug von Rettungswegen ist durch beleuchtete Sicherheitszeichen deutlich und dauerhaft auf die Ausgänge hinzuweisen. [2] Von jeder Stelle der Verkaufsräume oder der Ladenstraßen muß mindestens ein Sicherheitszeichen erkennbar sein.

(8) Rettungswege dürfen innerhalb der nach § 11 Abs. 2, § 12 Abs. 3 Satz 1 Nr. 3 und § 13 Abs. 1 bis 3 erforderlichen Breiten nicht durch Einbauten oder Einrichtungen eingeengt werden.

§ 11[1)] Treppen. (1) [1] Notwendige Treppen müssen feuerbeständig sein, aus nichtbrennbaren Baustoffen bestehen und an den Unterseiten geschlossen sein. [2] Dies gilt nicht für notwendige Treppen nach § 10 Abs. 1 Satz 2, wenn wegen des Brandschutzes keine Bedenken bestehen.

(2) [1] Notwendige Treppen für Kunden müssen mindestens 2 m breit sein und dürfen eine Breite von 2,50 m nicht überschreiten. [2] Für notwendige Treppen für Kunden genügt eine Breite von mindestens 1,25 m, wenn die Treppen für Verkaufsräume bestimmt sind, deren Fläche insgesamt nicht mehr als 500 m^2 beträgt.

(3) Notwendige Treppen brauchen nicht in Treppenräumen zu liegen und die Anforderungen nach Absatz 1 Satz 1 nicht zu erfüllen in Verkaufsräumen, die

1. eine Nutzfläche von nicht mehr als 100 m^2 haben oder
2. eine Nutzfläche von mehr als 100 m^2, aber nicht mehr als 500 m^2 haben, wenn diese Treppen im Zug nur eines der zwei erforderlichen Rettungswege liegen.

(4) [1] Notwendige Treppen mit gewendelten Läufen sind in Verkaufsräumen unzulässig. [2] Dies gilt nicht für notwendige Treppen nach Absatz 3.

(5) [1] Treppen für Kunden müssen auf beiden Seiten Handläufe ohne freie Enden haben. [2] Die Handläufe müssen fest und griffsicher sein; sie sind über Treppenabsätze fortzuführen.

§ 12 Treppenräume, Treppenraumerweiterungen. (1) Jede notwendige Treppe muß in einem eigenen, durchgehenden Treppenraum liegen.

(2) Die Wände von Treppenräumen notwendiger Treppen müssen in der Bauart von Brandwänden hergestellt sein.

(3) [1] Treppenraumerweiterungen müssen

1. die Anforderungen an Treppenräume erfüllen,
2. feuerbeständige Decken aus nichtbrennbaren Baustoffen haben und
3. mindestens so breit sein wie die notwendigen Treppen, mit denen sie in Verbindung stehen.

[2] Sie dürfen nicht länger als 35 m sein und keine Öffnungen zu anderen Räumen haben.

[1)] § 11 Abs. 3 Nr. 1 und 2 geänd. mWv 1.1.2008 durch V v. 29.11.2007 (GVBl. S. 847).

§ 13[1)] Ladenstraßen, Flure, Hauptgänge. (1) Ladenstraßen müssen mindestens 5 m breit sein.

(2) [1]Notwendige Flure für Kunden müssen mindestens 2 m breit sein. [2]Für notwendige Flure für Kunden genügt eine Breite von 1,40 m, wenn die Flure für Verkaufsräume bestimmt sind, deren Nutzfläche insgesamt nicht mehr als 500 m^2 beträgt.

(3) [1]Hauptgänge müssen mindestens 2 m breit sein. [2]Sie müssen auf möglichst kurzem Weg zu Ausgängen ins Freie, zu Treppenräumen notwendiger Treppen, zu notwendigen Fluren für Kunden oder zu Ladenstraßen führen. [3]Verkaufsstände an Hauptgängen müssen unverrückbar sein. [4]Nebengänge müssen auf möglichst kurzem Weg zu Hauptgängen führen und mindestens 1 m breit sein.

(4) Wände und Decken notwendiger Flure für Kunden sind

1. in Verkaufsstätten mit Sprinkleranlagen mindestens feuerhemmend und in den wesentlichen Teilen aus nichtbrennbaren Baustoffen,
2. in Verkaufsstätten ohne Sprinkleranlagen feuerbeständig und aus nichtbrennbaren Baustoffen

herzustellen.

(5) Im Übrigen gilt Art. 34 BayBO[2)] entsprechend; die Anforderungen an das barrierefreie Bauen nach Art. 48 BayBO bleiben unberührt.

§ 14[3)] Ausgänge. (1) [1]Jeder Verkaufsraum und jede Ladenstraße müssen mindestens zwei Ausgänge haben, die zum Freien oder zu Treppenräumen notwendiger Treppen führen. [2]Für Verkaufsräume mit einer Nutzfläche von nicht mehr als 50 m^2 genügt ein Ausgang.

(2) [1]Ausgänge aus Verkaufsräumen müssen mindestens 2 m breit sein; für Ausgänge aus Verkaufsräumen mit einer Nutzfläche von nicht mehr als 500 m^2 genügt eine Breite von 1 m. [2]Ausgänge in Flure dürfen nicht breiter sein als die Flure.

(3) [1]Die Ausgänge aus einem Geschoß einer Verkaufsstätte ins Freie oder in Treppenräume notwendiger Treppen müssen mindestens 2 m breit sein und insgesamt eine Breite von mindestens 30 cm je 100 m^2 der Nutzflächen der Verkaufsräume haben; dabei bleiben die Flächen von Ladenstraßen außer Betracht. [2]Ausgänge in Treppenräume dürfen nicht breiter sein als die Treppen.

(4) Ausgänge aus Treppenräumen notwendiger Treppen ins Freie oder in Treppenraumerweiterungen und aus diesen ins Freie müssen mindestens so breit sein wie die notwendigen Treppen.

§ 15[4)] Türen in Rettungswegen. (1) Türen von Treppenräumen notwendiger Treppen und von notwendigen Fluren für Kunden, ausgenommen Türen, die ins Freie führen, müssen

1. in Verkaufsstätten mit Sprinkleranlagen rauchdicht und selbstschließend,

---

[1)] § 13 Abs. 2 Satz 2 geänd., Abs. 5 neu gef. mWv 1.1.2008 durch V v. 29.11.2007 (GVBl. S. 847); Abs. 5 geänd. mWv 30.12.2017 durch V v. 11.12.2017 (GVBl. S. 595).

[2)] Nr. **1**.

[3)] § 14 Abs. 1 Satz 2, Abs. 2 Satz 1, Abs. 3 Satz 1 geänd. mWv 1.1.2008 durch V v. 29.11.2007 (GVBl. S. 847).

[4)] § 15 Abs. 1 Nr. 1 geänd. mWv 1.1.2008 durch V v. 29.11.2007 (GVBl. S. 847).

2. in Verkaufsstätten ohne Sprinkleranlagen mindestens feuerhemmend, rauchdicht und selbstschließend

sein.

(2) [1] Türen im Verlauf von Rettungswegen dürfen nur in Fluchtrichtung aufschlagen und keine Schwellen haben. [2] Sie müssen während der Betriebszeit von innen mit einem einzigen Griff leicht in voller Breite zu öffnen sein. [3] Elektrische Verriegelungen sind nur zulässig, wenn die Türen im Gefahrenfall jederzeit durch Betätigung einer Nottaste unmittelbar im Bereich der Tür geöffnet werden können.

(3) Türen, die selbstschließend sein müssen, dürfen offengehalten werden, wenn sie Feststellanlagen haben, die bei Raucheinwirkung ein selbsttätiges Schließen der Türen bewirken; sie müssen auch von Hand geschlossen werden können.

(4) [1] Drehtüren und Schiebetüren sind im Verlauf von Rettungswegen unzulässig; dies gilt nicht für automatische Dreh- und Schiebetüren, die die Rettungswege im Gefahrenfall nicht beeinträchtigen. [2] Pendeltüren müssen in Rettungswegen Schließvorrichtungen haben, die ein Durchpendeln der Türen verhindern.

(5) Rolläden, Scherengitter oder ähnliche Abschlüsse von Türöffnungen, Toröffnungen oder Durchfahrten im Zug von Rettungswegen müssen so beschaffen sein, daß sie von Unbefugten nicht geschlossen werden können.

§ 16[1)] Rauchabführung. (1) [1] Verkaufsräume ohne notwendige Fenster nach Art. 45 Abs. 2 BayBO[2)] sowie Ladenstraßen müssen ausreichende Rauchabzugsanlagen haben; in Verkaufsstätten mit Sprinkleranlagen genügen statt dessen Lüftungsanlagen, die im Brandfall so betrieben werden können, daß sie nur entlüften und die Zweckbestimmung von Absperrvorrichtungen gegen Brandübertragung dies zuläßt.

(2) [1] Rauchabzugsanlagen müssen von Hand und automatisch durch Rauchmelder ausgelöst werden können; sie sind an den Bedienungsstellen mit der Aufschrift „Rauchabzug" zu versehen. [2] An den Bedienungseinrichtungen muß erkennbar sein, ob die Rauchabzugsanlage offen oder geschlossen ist.

(3) [1] Innenliegende Treppenräume notwendiger Treppen müssen Rauchabzugsanlagen haben. [2] Sonstige Treppenräume notwendiger Treppen, die durch mehr als zwei Geschosse führen, müssen an ihrer obersten Stelle eine Rauchabzugsvorrichtung mit einem freien Querschnitt von mindestens fünf v.H. der Grundfläche der Treppenräume, jedoch nicht weniger als 1 m^2 haben. [3] Die Rauchabzugsvorrichtungen müssen von jedem Geschoß aus zu öffnen sein.

§ 17 Beheizung. Feuerstätten dürfen in Verkaufsräumen, Ladenstraßen, Lagerräumen und Werkräumen zur Beheizung nicht aufgestellt werden.

§ 18 Sicherheitsbeleuchtung. Verkaufsstätten müssen eine Sicherheitsbeleuchtung haben

1. in Verkaufsräumen,
2. in Rettungswegen,
3. in Arbeits- und Pausenräumen,
4. in Toilettenräumen,

---

1) § 16 Abs. 1 Satz 1 geänd. mWv 1.1.2008 durch V v. 29.11.2007 (GVBl. S. 847).
2) Nr. **1**.

5. in elektrischen Betriebsräumen und Räumen für haustechnische Anlagen,
6. für Hinweisschilder auf Ausgänge und für Stufenbeleuchtung.

§ 19 Blitzschutzanlagen. Gebäude mit Verkaufsstätten müssen Blitzschutzanlagen haben.

§ 20[1)] Feuerlöscheinrichtungen, Brandmeldeanlagen und Alarmierungseinrichtungen. (1) [1] Verkaufsstätten müssen Sprinkleranlagen haben. [2] Dies gilt nicht für

1. erdgeschossige Verkaufsstätten mit nicht mehr als 3.000 m^2 Fläche der Brandabschnitte,
2. sonstige Verkaufsstätten, wenn sie sich über nicht mehr als drei Geschosse erstrecken und die Gesamtfläche aller Geschosse innerhalb eines Brandabschnitts nicht mehr als 3.000 m^2 beträgt.

[3] Verkaufsstätten nach Satz 2 Nr. 2 müssen Sprinkleranlagen haben, wenn sie Verkaufsräume mit einer Nutzfläche von mehr als 500 m^2 haben, die mit ihrem Fußboden im Mittel mehr als 3 m unter der Geländeoberfläche liegen.

(2) In Verkaufsstätten müssen vorhanden sein:

1. geeignete Feuerlöscher und Wandhydranten an geeigneter Stelle in ausreichender Zahl, gut sichtbar und leicht zugänglich,
2. geeignete Brandmeldeanlagen zur unmittelbaren Alarmierung der dafür zuständigen Stelle und
3. Alarmierungseinrichtungen, durch die alle Betriebsangehörigen alarmiert und Anweisungen an sie und an die Kunden gegeben werden können.

(3) Es kann verlangt werden, daß das Auslösen von Sprinkleranlagen oder die Meldung von Brandmeldeanlagen der Feuerwehr selbsttätig gemeldet werden.

§ 21 Sicherheitsstromversorgungsanlagen. Verkaufsstätten müssen eine Sicherheitsstromversorgungsanlage haben, die bei Störung der allgemeinen Stromversorgung den Betrieb der sicherheitstechnischen Anlagen und Einrichtungen übernimmt, insbesondere der

1. Sicherheitsbeleuchtung,
2. Stufenbeleuchtung und der Hinweisschilder auf Ausgänge,
3. Sprinkleranlagen,
4. Rauchabzugsanlagen,
5. Schließeinrichtungen für Feuerschutzabschlüsse,
6. Brandmeldeanlagen,
7. Alarmierungseinrichtungen.

§ 22 Lage der Verkaufsräume. [1] Verkaufsräume, ausgenommen Gaststätten, dürfen mit ihrem Fußboden nicht mehr als 22 m über der Geländeoberfläche liegen. [2] Verkaufsräume dürfen mit ihrem Fußboden im Mittel nicht mehr als 5 m unter der Geländeoberfläche liegen.

[1)] § 20 Abs. 1 Satz 3 geänd. mWv 1.1.2008 durch V v. 29.11.2007 (GVBl. S. 847).

§ 23[1] **Räume für Abfälle zur Beseitigung und Verwertung.** [1]Verkaufsstätten müssen besondere Räume für Abfälle zur Beseitigung und Verwertung haben, die mindestens den Abfall von zwei Tagen aufnehmen können. [2]Die Räume müssen feuerbeständige Wände und Decken sowie mindestens feuerhemmende und dicht- und selbstschließende Türen haben.

§ 24[2] **Gefahrenverhütung.** (1) [1]Das Rauchen und das Verwenden von offenem Feuer ist in Verkaufsräumen und Ladenstraßen verboten. [2]Dies gilt nicht für Bereiche, in denen Besprechungen abgehalten werden. [3]Auf das Verbot ist dauerhaft und leicht erkennbar hinzuweisen.

(2) [1]In Ladenstraßen nach § 6 Abs. 2 innerhalb der erforderlichen Breiten, in Ladenstraßen nach § 6 Abs. 3 innerhalb der erforderlichen Flächen, in Treppenräumen notwendiger Treppen, in Treppenraumerweiterungen und in notwendigen Fluren dürfen Dekorationen nicht angebracht oder Gegenstände nicht abgestellt werden. [2]In Ladenstraßen und Gängen innerhalb der nach § 13 Abs. 1 und 3 erforderlichen Breiten dürfen Gegenstände nicht abgestellt werden. [3]Für Dekorationen in Verkaufsräumen und Ladenstraßen gilt § 19 Abs. 1 und 2 der Verordnung über die Verhütung von Bränden.

§ 25 Rettungswege auf dem Grundstück, Flächen für die Feuerwehr.

(1) Kunden und Betriebsangehörige müssen aus der Verkaufsstätte unmittelbar oder über Flächen auf dem Grundstück auf öffentliche Verkehrsflächen gelangen können.

(2) Die erforderlichen Zufahrten, Durchfahrten und Aufstell- und Bewegungsflächen für die Feuerwehr müssen vorhanden sein.

(3) [1]Die als Rettungswege dienenden Flächen auf dem Grundstück sowie die Flächen für die Feuerwehr nach Absatz 2 müssen ständig freigehalten werden. [2]Hierauf ist dauerhaft und leicht erkennbar hinzuweisen.

§ 26[3] **Verantwortliche Personen.** (1) Während der Betriebszeit einer Verkaufsstätte muß die Person, die die Verkaufsstätte betreibt (Betreiber) oder eine von ihr bestimmte Person als Vertreter ständig anwesend sein.

(2) [1]Der Betreiber einer Verkaufsstätte hat

1. eine Person als Brandschutzbeauftragte und
2. für Verkaufsstätten, deren Verkaufsräume eine Fläche von insgesamt mehr als 5.000 m² haben, Selbsthilfekräfte für den Brandschutz mindestens in der nach Absatz 4 festgelegten Anzahl

zu bestellen. [2]Die Namen dieser Personen und jeder Wechsel sind der für den Brandschutz zuständigen Dienststelle auf Verlangen mitzuteilen. [3]Der Betreiber hat für die Ausbildung dieser Personen im Einvernehmen mit der für den Brandschutz zuständigen Dienststelle zu sorgen.

(3) [1]Die Brandschutzbeauftragten haben darüber zu wachen, daß die Vorschriften über Einbauten oder Einrichtungen, Dekorationen oder Gegenstände (§ 6 Abs. 2 und 3, § 10 Abs. 8, § 13 Abs. 3, § 24 Abs. 2, § 25 Abs. 3), über Brandverhütung (§ 17, § 24 Abs. 1), über Türen im Verlauf von Rettungswegen

---

[1] § 23 Satz 2 geänd. mWv 1.1.2008 durch V v. 29.11.2007 (GVBl. S. 847).

[2] § 24 Abs. 1 Satz 2, Abs. 2 Sätze 2 und 3 geänd. mWv 30.12.2017 durch V v. 11.12.2017 (GVBl. S. 595).

[3] § 26 Abs. 3 Satz 1 geänd. mWv 30.12.2017 durch V v. 11.12.2017 (GVBl. S. 595).

(§ 15) sowie Brandschutztüren beachtet werden und daß die Selbsthilfe- und sicherheitstechnischen Anlagen und Einrichtungen betriebsbereit sind. [2]Sie haben für die Einhaltung von § 26 Abs. 5 und § 27 zu sorgen.

(4) Die erforderliche Anzahl der Selbsthilfekräfte für den Brandschutz ist von der Bauaufsichtsbehörde im Einvernehmen mit der für den Brandschutz zuständigen Dienststelle festzulegen.

(5) Selbsthilfekräfte für den Brandschutz müssen in erforderlicher Anzahl während der Betriebszeit der Verkaufsstätte anwesend sein.

§ 27[1)] Brandschutzordnung. (1) [1]Der Betreiber einer Verkaufsstätte hat im Einvernehmen mit der für den Brandschutz zuständigen Dienststelle eine Brandschutzordnung aufzustellen. [2]In der Brandschutzordnung sind insbesondere die Aufgaben des Brandschutzbeauftragten und der Selbsthilfekräfte für den Brandschutz sowie die Maßnahmen festzulegen, die zur Räumung der Verkaufsstätte im Gefahrenfall und zur Rettung von Menschen mit Behinderung erforderlich sind.

(2) Die Betriebsangehörigen sind bei Beginn des Arbeitsverhältnisses und danach mindestens einmal jährlich zu belehren über

1. die Lage und die Bedienung der Feuerlöschgeräte, Brandmelde- und Feuerlöscheinrichtungen und
2. die Brandschutzordnung, über das Verhalten bei einem Brand oder einer sonstigen Gefahr insbesondere bei einer Panik.

(3) [1]Im Erdgeschoß sind an gut sichtbarer Stelle ein Lageplan und Grundrißpläne aller Geschosse anzubringen. [2]In den Plänen sind die Rettungswege, die für die Brandbekämpfung freizuhaltenden Flächen, die Brandmelde- und Feuerlöscheinrichtungen, die Löschwasserversorgung und die Bedienungseinrichtungen der technischen Anlagen einzutragen. [3]Eine Fertigung der Pläne ist der örtlichen Feuerwehr zu überlassen.

§ 28[2)] Stellplätze für Menschen mit Behinderung. [1]Mindestens drei v. H. der notwendigen Stellplätze, mindestens jedoch ein Stellplatz, müssen für Menschen mit Behinderung vorgesehen sein. [2]Auf diese Stellplätze ist dauerhaft und leicht erkennbar hinzuweisen.

§ 29 Zusätzliche Bauvorlagen. Die Bauvorlagen müssen zusätzliche Angaben enthalten über

1. eine Berechnung der Flächen der Verkaufsräume und der Brandabschnitte,
2. eine Berechnung der erforderlichen Breiten der Ausgänge aus den Geschossen ins Freie oder in Treppenräume notwendiger Treppen,
3. den Verlauf und die Länge der Rettungswege einschließlich ihres Verlaufs im Freien sowie über die Ausgänge und die Art der Türen,
4. die Sprinkleranlagen, die sonstigen Feuerlöscheinrichtungen und die Feuerlöschgeräte,
5. die Brandmeldeanlagen,
6. die Alarmierungseinrichtungen,
7. die Sicherheitsbeleuchtung und die Sicherheitsstromversorgung,
8. die Rauchabzugsvorrichtungen und Rauchabzugsanlagen,

---

1) § 27 Abs. 1 Satz 2 geänd. mWv 30.12.2017 durch V v. 11.12.2017 (GVBl. S. 595).
2) § 28 Überschrift und Satz 1 geänd. mWv 30.12.2017 durch V v. 11.12.2017 (GVBl. S. 595).

9. die Rettungswege auf dem Grundstück und die Flächen für die Feuerwehr.

§ 30[1)] *(aufgehoben)*

§ 31 Weitergehende Anforderungen. An Verkaufsräume und Lagerräume mit einer lichten Höhe von mehr als 8 m können aus Gründen des Brandschutzes weitergehende Anforderungen gestellt werden.

§ 32[2)] **Übergangsvorschriften.** Auf am 31. Dezember 1997 bestehende Verkaufsstätten sind nur § 10 Abs. 8 und die §§ 24 bis 27 anzuwenden.

§ 33[3)] **Ordnungswidrigkeiten.** Nach Art. 79 Abs. 1 Satz 1 Nr. 1 BayBO[4)] kann mit Geldbuße bis zu fünfhunderttausend Euro belegt werden, wer vorsätzlich oder fahrlässig

1. entgegen § 10 Abs. 8 Rettungswege einengt oder einengen läßt,
2. entgegen § 15 Abs. 2 Sätze 2 oder 3 nicht dafür Sorge trägt, daß Türen im Verlauf von Rettungswegen während der Betriebszeit in der dort vorgeschriebenen Weise geöffnet werden können,
3. entgegen § 24 Abs. 2 Satz 1 in Ladenstraßen nach § 6 Abs. 2 oder 3, in Treppenräumen notwendiger Treppen, in Treppenraumerweiterungen oder in notwendigen Fluren Dekorationen anbringt oder anbringen läßt oder Gegenstände abstellt oder abstellen läßt,
4. entgegen § 24 Abs. 2 Satz 2 in Ladenstraßen oder Gängen Gegenstände abstellt oder abstellen läßt,
5. entgegen § 25 Abs. 3 Satz 1 Rettungswege auf dem Grundstück oder Flächen für die Feuerwehr nicht freihält oder freihalten läßt,
6. der Vorschrift des § 26 Abs. 1 über die Anwesenheitspflicht zuwiderhandelt,
7. entgegen § 26 Abs. 2 Satz 1 auch in Verbindung mit § 26 Abs. 4 eine Person als Brandschutzbeauftragte oder Selbsthilfekräfte für den Brandschutz nicht oder nicht in der festgelegten Anzahl bestellt oder
8. entgegen § 26 Abs. 5 nicht sicherstellt, daß Selbsthilfekräfte für den Brandschutz in der erforderlichen Anzahl während der Betriebszeit anwesend sind.

§ 34[5)] **Inkrafttreten.** Diese Verordnung tritt am 1. Januar 1998 in Kraft, sie tritt mit Ablauf des 31. Dezember 2022 außer Kraft.

[1)] § 30 aufgeh. mWv 1.1.2002 durch V v. 3.8.2001 (GVBl. S. 593).

[2)] § 32 Satz 1 neu gef., Satz 2 aufgeh. mWv 30.12.2017 durch V v. 11.12.2017 (GVBl. S. 595).

[3)] § 33 geänd. mWv 1.1.2002 durch V v. 28.3.2001 (GVBl. S. 174), Nr. 9 aufgeh. mWv 1.1.2002 durch V v. 3.8.2001 (GVBl. S. 593); einl. Satzteil geänd. mWv 1.1.2008 durch V v. 29.11.2007 (GVBl. S. 847); Nr. 7 neu gef., Nr. 8 geänd. mWv 30.12.2017 durch V v. 11.12.2017 (GVBl. S. 595).

[4)] Nr. **1**.

[5)] § 34 geänd. mWv 30.12.2017 durch V v. 11.12.2017 (GVBl. S. 595).

15. Verordnung über den Bau und Betrieb von Versammlungsstätten (Versammlungsstättenverordnung – VStättV) [1)2)]

Vom 2. November 2007

(GVBl. S. 736)

BayRS 2132-1-5-B

zuletzt geänd. durch § 4 V zur Anpassung an die Bayerische Bauordnung v. 7.8.2018 (GVBl. S. 694)

Auf Grund des Art. 80 Abs. 1 Satz 1 Nrn. 4 und 6 der Bayerischen Bauordnung (BayBO) [3)] in der Fassung der Bekanntmachung vom 14. August 2007 (GVBl S. 588, BayRS 2132-1-I) und Art. 38 Abs. 1 Nrn. 2 bis 4 und Abs. 3 des Gesetzes über das Landesstrafrecht und das Verordnungsrecht auf dem Gebiet der öffentlichen Sicherheit und Ordnung – Landesstraf- und Verordnungsgesetz – LStVG –[4)] (BayRS 2011-2-I), zuletzt geändert durch § 2 des Gesetzes vom 27. Dezember 2004 (GVBl S. 540), erlässt das Bayerische Staatsministerium des Innern folgende Verordnung:

Nichtamtliche Inhaltsübersicht[5)]

---

1) **Amtl. Anm.:** Die Verpflichtungen aus der Richtlinie 98/34/EG des Europäischen Parlaments und des Rates vom 22. Juni 1998 über ein Informationsverfahren auf dem Gebiet der Normen und technischen Vorschriften (ABl EG Nr. L 204 S. 37), zuletzt geändert durch die Richtlinie 98/48/EG des Europäischen Parlaments und des Rates vom 20. Juli 1998 (ABl EG Nr. L 217 S. 18) sind beachtet worden.

2) **Die Verordnung tritt mit Ablauf des 31.12.2028 außer Kraft**, vgl. § 49.

3) Nr. **1**.

4) Nr. **26**.

5) Amtl. Inhaltsübersicht aufgeh. mWv 1.9.2018 durch V v. 7.8.2018 (GVBl. S. 694).

Teil 1. Allgemeine Vorschriften

§ 1[1] Anwendungsbereich. (1) Die Vorschriften dieser Verordnung gelten für den Bau und Betrieb von

1. Versammlungsstätten mit Versammlungsräumen, die einzeln mehr als 200 Besucher fassen; sie gelten auch für Versammlungsstätten mit mehreren Versammlungsräumen, die insgesamt mehr als 200 Besucher fassen, wenn diese Versammlungsräume gemeinsame Rettungswege haben;

---

[1] § 1 Abs. 1 Nr. 2 neu gef. mWv 1.1.2013 durch V v. 7.12.2012 (GVBl. S. 732).

2. Versammlungsstätten im Freien mit Szenenflächen sowie Freisportanlagen jeweils mit Tribünen, die keine fliegenden Bauten sind und insgesamt mehr als 1 000 Besucher fassen;
3. Sportstadien, die mehr als 5000 Besucher fassen.

(2) [1] Die Anzahl der Besucher ist wie folgt zu bemessen:
1. für Sitzplätze an Tischen:
ein Besucher je m^2 Grundfläche des Versammlungsraums,
2. für Sitzplätze in Reihen und für Stehplätze:
zwei Besucher je m^2 Grundfläche des Versammlungsraums,
3. für Stehplätze auf Stufenreihen:
zwei Besucher je laufendem Meter Stufenreihe,
4. bei Ausstellungsräumen:
ein Besucher je m^2 Grundfläche des Versammlungsraums.

[2] Für Besucher nicht zugängliche Flächen werden in die Berechnung nicht einbezogen. [3] Für Versammlungsstätten im Freien und für Sportstadien gelten Satz 1 Nrn. 1 bis 3 und Satz 2 entsprechend.

(3) Die Vorschriften dieser Verordnung gelten nicht für
1. Räume, die dem Gottesdienst gewidmet sind,
2. Unterrichtsräume in allgemein- und berufsbildenden Schulen,
3. Ausstellungsräume in Museen,
4. Fliegende Bauten.

(4) [1] Soweit in dieser Verordnung nichts Abweichendes geregelt ist, sind auf tragende und aussteifende sowie auf raumabschließende Bauteile die Anforderungen der Bayerischen Bauordnung[1)] an diese Bauteile in Gebäuden der Gebäudeklasse 5 anzuwenden. [2] Die Erleichterungen der Art. 28 Abs. 3 Satz 2, Art. 29 Abs. 4 Nrn. 1 und 2, Art. 34 Abs. 1 Satz 2 Nr. 2, Art. 37 Abs. 1 Satz 3 Nr. 4, Art. 38 Abs. 1 Nrn. 1 und 3 sowie des Art. 39 Abs. 5 Nrn. 1 und 3 BayBO sind nicht anzuwenden.

(5) Bauprodukte, Bauarten und Prüfverfahren, die den in Vorschriften eines anderen Mitgliedstaates der Europäischen Union, der Türkei oder eines Vertragsstaates des Abkommens über den Europäischen Wirtschaftsraum genannten technischen Anforderungen entsprechen, dürfen verwendet werden, wenn das geforderte Schutzniveau in Bezug auf Sicherheit, Gesundheit und Gebrauchstauglichkeit gleichermaßen dauerhaft erreicht und die Verwendbarkeit nachgewiesen wird.

§ 2 Begriffe. (1) Versammlungsstätten sind bauliche Anlagen oder Teile baulicher Anlagen, die für die gleichzeitige Anwesenheit vieler Menschen bei Veranstaltungen, insbesondere erzieherischer, wirtschaftlicher, geselliger, kultureller, künstlerischer, politischer, sportlicher oder unterhaltender Art, bestimmt sind sowie Schank- und Speisewirtschaften.

(2) Erdgeschossige Versammlungsstätten sind Gebäude mit nur einem Geschoss ohne Ränge oder Emporen, dessen Fußboden an keiner Stelle mehr als 1 m unter der Geländeoberfläche liegt; dabei bleiben Geschosse außer Betracht, die ausschließlich der Unterbringung technischer Anlagen und Einrichtungen dienen.

[1)] Nr. **1**.

(3) [1] Versammlungsräume sind Räume für Veranstaltungen oder für den Verzehr von Speisen und Getränken. [2] Hierzu gehören auch Aulen und Foyers, Vortragssäle, Hörsäle sowie Studios.

(4) Szenenflächen sind Flächen für künstlerische und andere Darbietungen; für Darbietungen bestimmte Flächen unter 20 m^2 gelten nicht als Szenenflächen.

(5) In Versammlungsstätten mit einem Bühnenhaus ist

1. das Zuschauerhaus der Gebäudeteil, der die Versammlungsräume und die mit ihnen in baulichem Zusammenhang stehenden Räume umfasst,
2. das Bühnenhaus der Gebäudeteil, der die Bühnen und die mit ihnen in baulichen[1)] Zusammenhang stehenden Räume umfasst,
3. die Bühnenöffnung die Öffnung in der Trennwand zwischen der Hauptbühne und dem Versammlungsraum,
4. die Bühne der hinter der Bühnenöffnung liegende Raum mit Szenenflächen; zur Bühne zählen die Hauptbühne sowie die Hinter- und Seitenbühnen einschließlich der jeweils zugehörigen Ober- und Unterbühnen,
5. eine Großbühne eine Bühne
   a) mit einer Szenenfläche hinter der Bühnenöffnung von mehr als 200 m^2,
   b) mit einer Oberbühne mit einer lichten Höhe von mehr als 2,5 m über der Bühnenöffnung oder
   c) mit einer Unterbühne,
6. die Unterbühne der begehbare Teil des Bühnenraums unter dem Bühnenboden, der zur Unterbringung einer Untermaschinerie geeignet ist,
7. die Oberbühne der Teil des Bühnenraums über der Bühnenöffnung, der zur Unterbringung einer Obermaschinerie geeignet ist.

(6) Mehrzweckhallen sind überdachte Versammlungsstätten für verschiedene Veranstaltungsarten.

(7) Studios sind Produktionsstätten für Film, Fernsehen und Hörfunk und mit Besucherplätzen.

(8) Foyers sind Empfangs- und Pausenräume für Besucher.

(9) [1] Ausstattungen sind Bestandteile von Bühnen- oder Szenenbildern. [2] Hierzu gehören insbesondere Wand-, Fußboden- und Deckenelemente, Bildwände, Treppen und sonstige Bühnenbildteile.

(10) [1] Requisiten sind bewegliche Einrichtungsgegenstände von Bühnen- oder Szenenbildern. [2] Hierzu gehören insbesondere Möbel, Leuchten, Bilder und Geschirr.

(11) [1] Ausschmückungen sind vorübergehend eingebrachte Dekorationsgegenstände. [2] Zu den Ausschmückungen gehören insbesondere Drapierungen, Girlanden, Fahnen und künstlicher Pflanzenschmuck.

(12) Sportstadien sind Versammlungsstätten mit Tribünen für Besucher und mit nicht überdachten Sportflächen.

(13) Tribünen sind bauliche Anlagen mit ansteigenden Steh- oder Sitzplatzreihen (Stufenreihen) für Besucher.

(14) Innenbereich ist die von Tribünen umgebene Fläche für Darbietungen.

[1)] Richtig wohl: „baulichem".

Teil 2. Allgemeine Bauvorschriften

Abschnitt 1. Höhenlage

§ 3 Versammlungsräume in Kellergeschossen. Versammlungsräume in Kellergeschossen sind unzulässig, wenn

1. ihre Fußbodenoberfläche tiefer als 5 m unter der natürlichen oder festgelegten Geländeoberfläche liegt oder
2. sie mit Bühnen oder Szenenflächen von mehr als 100 m^2 verbunden sind.

Abschnitt 2. Bauteile und Baustoffe

§ 4 Wände, Decken, Dächer. (1) [1]Tragende und aussteifende Bauteile, wie Wände, Pfeiler, Stützen und Decken müssen feuerbeständig, in erdgeschossigen Versammlungsstätten feuerhemmend sein. [2]Satz 1 gilt nicht für erdgeschossige Versammlungsstätten mit automatischen Feuerlöschanlagen.

(2) Außenwände mehrgeschossiger Versammlungsstätten müssen aus nichtbrennbaren Baustoffen bestehen.

(3) [1]Trennwände sind erforderlich zum Abschluss von Versammlungsräumen und Bühnen. [2]Diese Trennwände müssen feuerbeständig, in erdgeschossigen Versammlungsstätten mindestens feuerhemmend sein. [3]In der Trennwand zwischen der Bühne und dem Versammlungsraum ist eine Bühnenöffnung zulässig.

(4) Werkstätten, Magazine und Lagerräume sowie Räume unter Tribünen und Podien müssen feuerbeständige Trennwände und Decken haben.

(5) [1]Der Fußboden von Szenenflächen muss fugendicht sein. [2]Betriebsbedingte Öffnungen sind zulässig. [3]Die Unterkonstruktion mit Ausnahme der Lagerhölzer muss aus nichtbrennbaren Baustoffen bestehen. [4]Räume unter dem Fußboden, die nicht zu einer Unterbühne gehören, müssen feuerbeständige Wände und Decken haben.

(6) Die Unterkonstruktion der Fußböden von Tribünen und Podien, die veränderbare Einbauten in Versammlungsräumen sind, muss aus nichtbrennbaren Baustoffen bestehen; dies gilt nicht für Podien mit insgesamt nicht mehr als 20 m^2 Fläche.

(7) Veränderbare Einbauten sind so auszubilden, dass sie in ihrer Standsicherheit nicht durch dynamische Schwingungen gefährdet werden können.

(8) [1]Tragwerke von Dächern, die den oberen Abschluss von Räumen der Versammlungsstätte bilden oder die von diesen Räumen nicht durch feuerbeständige Bauteile getrennt sind, müssen feuerhemmend sein. [2]Tragwerke von Dächern über Tribünen und Szenenflächen im Freien müssen mindestens feuerhemmend sein oder aus nichtbrennbaren Baustoffen bestehen. [3]Satz 1 gilt nicht für Versammlungsstätten mit automatischen Feuerlöschanlagen.

(9) [1]Bedachungen, ausgenommen Dachhaut und Dampfsperre, müssen bei Dächern, die den oberen Abschluss von Räumen der Versammlungsstätte bilden oder die von diesen Räumen nicht durch feuerbeständige Bauteile getrennt sind, aus nichtbrennbaren Baustoffen hergestellt werden. [2]Dies gilt nicht für Bedachungen von Versammlungsstätten mit Versammlungsräumen von insgesamt nicht mehr als 1000 m^2 Grundfläche.

(10) [1]Lichtdurchlässige Bedachungen über Versammlungsräumen müssen aus nichtbrennbaren Baustoffen bestehen. [2]Bei Versammlungsräumen mit automati-

schen Feuerlöschanlagen genügen schwerentflammbare Baustoffe, die nicht brennend abtropfen können.

§ 5 Dämmstoffe, Unterdecken, Bekleidungen, Bodenbeläge und Sitze.

(1) Dämmstoffe müssen aus nichtbrennbaren Baustoffen bestehen.

(2) [1]Bekleidungen an Wänden in Versammlungsräumen müssen aus mindestens schwerentflammbaren Baustoffen bestehen. [2]In Versammlungsräumen mit nicht mehr als 1000 m^2 Grundfläche genügen geschlossene, nicht hinterlüftete Holzbekleidungen.

(3) [1]Unterdecken und Bekleidungen an Decken in Versammlungsräumen müssen aus nichtbrennbaren Baustoffen bestehen. [2]In Versammlungsräumen mit nicht mehr als 1000 m^2 Grundfläche genügen Bekleidungen aus mindestens schwerentflammbaren Baustoffen oder geschlossene, nicht hinterlüftete Holzbekleidungen.

(4) In Foyers, durch die Rettungswege aus anderen Versammlungsräumen führen, in notwendigen Treppenräumen, Räumen zwischen notwendigen Treppenräumen und Ausgängen ins Freie sowie notwendigen Fluren müssen Unterdecken und Bekleidungen aus nichtbrennbaren Baustoffen bestehen.

(5) Unterdecken und Bekleidungen, die mindestens schwerentflammbar sein müssen, dürfen nicht brennend abtropfen.

(6) [1]Unterkonstruktionen, Halterungen und Befestigungen von Unterdecken und Bekleidungen nach den Abs. 2 bis 4 müssen aus nichtbrennbaren Baustoffen bestehen; dies gilt nicht für Versammlungsräume mit nicht mehr als 100 m^2 Grundfläche. [2]In den Hohlräumen hinter Unterdecken und Bekleidungen aus brennbaren Baustoffen dürfen Kabel und Leitungen nur in Installationsschächten oder Installationskanälen aus nichtbrennbaren Baustoffen verlegt werden.

(7) [1]In notwendigen Treppenräumen sowie Räumen zwischen notwendigen Treppenräumen und Ausgängen ins Freie müssen Bodenbeläge nichtbrennbar sein. [2]In notwendigen Fluren sowie Foyers, durch die Rettungswege aus anderen Versammlungsräumen führen, müssen Bodenbeläge mindestens schwerentflammbar sein.

(8) [1]Sitze von Versammlungsstätten mit mehr als 5000 Besucherplätzen müssen aus mindestens schwerentflammbarem Material bestehen. [2]Die Unterkonstruktion muss aus nichtbrennbarem Material bestehen.

Abschnitt 3. Rettungswege

§ 6[1)] Führung der Rettungswege. (1) [1]Rettungswege müssen ins Freie unmittelbar oder über Verkehrsflächen auf dem Grundstück zu öffentlichen Verkehrsflächen führen. [2]Zu den Rettungswegen von Versammlungsstätten gehören insbesondere die frei zu haltenden Gänge und Stufengänge, die Ausgänge aus Versammlungsräumen, die notwendigen Flure und notwendigen Treppen, die Ausgänge ins Freie, die als Rettungsweg dienenden Balkone, Dachterrassen und Außentreppen sowie die Rettungswege im Freien auf dem Grundstück.

(2) [1]Versammlungsstätten müssen in jedem Geschoss mit Aufenthaltsräumen mindestens zwei voneinander unabhängige bauliche Rettungswege haben; dies gilt für Tribünen entsprechend. [2]Die Führung beider Rettungswege innerhalb eines Geschosses durch einen gemeinsamen notwendigen Flur ist zulässig. [3]Rettungs-

---

1) § 6 Abs. 3 geänd. mWv 1.8.2009 durch V v. 8.7.2009 (GVBl. S. 332).

wege dürfen über Balkone, Dachterrassen und Außentreppen auf das Grundstück führen, wenn sie im Brandfall sicher begehbar sind.

(3) Rettungswege dürfen über offene Gänge und Treppen durch Foyers oder Hallen zu Ausgängen ins Freie geführt werden, wenn für jedes Geschoss mindestens ein weiterer von dem Foyer oder der Halle unabhängiger baulicher Rettungsweg vorhanden ist.

(4) Versammlungsstätten müssen für Geschosse mit jeweils mehr als 800 Besucherplätzen nur diesen Geschossen zugeordnete Rettungswege haben.

(5) Versammlungsräume und sonstige Aufenthaltsräume mit mehr als 100 m^2 Grundfläche müssen jeweils mindestens zwei möglichst weit auseinander und entgegengesetzt liegende Ausgänge ins Freie oder zu Rettungswegen haben.

(6) Ausgänge und Rettungswege müssen durch Sicherheitszeichen dauerhaft und gut sichtbar gekennzeichnet sein.

§ 7[1)] Bemessung der Rettungswege. (1) Die Entfernung von jedem Besucherplatz bis zum nächsten Ausgang aus dem Versammlungsraum oder bei Tribünen außerhalb von Versammlungsräumen bis zum Ausgang aus dem Tribünenbereich darf nicht länger als 30 m sein.

(2) [1] Die Entfernung von jeder Stelle einer Bühne bis zum nächsten Ausgang darf nicht länger als 30 m sein. [2] Gänge zwischen den Wänden der Bühne und dem Rundhorizont oder den Dekorationen müssen eine lichte Breite von 1,20 m haben; in Großbühnen müssen diese Gänge vorhanden sein.

(3) Die Entfernung von jeder Stelle eines notwendigen Flurs oder eines Foyers bis zum Ausgang ins Freie oder zu einem notwendigen Treppenraum darf nicht länger als 30 m sein.

(4) [1] Die Breite der Rettungswege ist nach der größtmöglichen Personenzahl zu bemessen. [2] Die lichte Breite eines jeden Teils von Rettungswegen muss mindestens 1,20 m betragen. [3] Die lichte Breite eines jeden Teils von Rettungswegen muss für die darauf angewiesenen Personen mindestens betragen bei

1. Versammlungsstätten im Freien sowie Sportstadien
   1,20 m je 600 Personen,
2. anderen Versammlungsstätten
   1,20 m je 200 Personen.

[4] Staffelungen sind nur in Schritten von 0,60 m zulässig. [5] Bei Rettungswegen von Versammlungsräumen mit nicht mehr als 200 Besucherplätzen und bei Rettungswegen im Bühnenhaus genügt eine lichte Breite von 0,90 m. [6] Für Rettungswege von Arbeitsgalerien genügt eine Breite von 0,80 m.

(5) [1] Ausstellungshallen müssen durch Gänge so unterteilt sein, dass die Tiefe der zur Aufstellung von Ausstellungsständen bestimmten Grundflächen (Ausstellungsflächen) nicht mehr als 30 m beträgt. [2] Die Entfernung von jeder Stelle auf einer Ausstellungsfläche bis zu einem Gang darf nicht mehr als 20 m betragen; sie wird auf die nach Abs. 1 bemessene Entfernung nicht angerechnet. [3] Die Gänge müssen auf möglichst geradem Weg zu entgegengesetzt liegenden Ausgängen führen. [4] Die lichte Breite der Gänge und der zugehörigen Ausgänge muss mindestens 3 m betragen.

(6) Die Entfernungen werden in der Lauflinie gemessen.

[1)] § 7 Abs. 4 Satz 7 aufgeh. mWv 1.7.2013 durch V v. 7.12.2012 (GVBl. S. 732).

§ 8[1] **Treppen.** (1) [1]Art. 33 Abs. 1 Satz 3 Nrn. 1 und 2 BayBO[2] sind nicht anzuwenden; § 6 Abs. 3 bleibt unberührt. [2]Die Führung der jeweils anderen Geschossen zugeordneten notwendigen Treppen in einem gemeinsamen notwendigen Treppenraum (Schachteltreppen) ist zulässig.

(2) [1]Notwendige Treppen müssen feuerbeständig sein. [2]Für notwendige Treppen in notwendigen Treppenräumen oder als Außentreppen genügen nichtbrennbare Baustoffe. [3]Für notwendige Treppen von Tribünen und Podien als veränderbaren Einbauten genügen Bauteile aus nichtbrennbaren Baustoffen und Stufen aus Holz.

(3) Die lichte Breite notwendiger Treppen darf nicht mehr als 2,40 m betragen.

(4) [1]Notwendige Treppen und dem allgemeinen Besucherverkehr dienende Treppen müssen auf beiden Seiten feste und griffsichere Handläufe ohne freie Enden haben. [2]Die Handläufe sind über Treppenabsätze fortzuführen.

(5) Notwendige Treppen und dem allgemeinen Besucherverkehr dienende Treppen müssen geschlossene Trittstufen haben; dies gilt nicht für Außentreppen.

(6) Wendeltreppen sind als notwendige Treppen für Besucher unzulässig.

(7) Zwischen Türen und Stufen oder Rampen müssen Absätze von mindestens 90 cm liegen.

§ 9[3] **Türen und Tore.** (1) Türen und Tore in raumabschließenden Innenwänden, die feuerbeständig sein müssen, müssen mindestens feuerhemmend, rauchdicht und selbstschließend sein.

(2) Türen und Tore in raumabschließenden Innenwänden, die feuerhemmend sein müssen, müssen mindestens rauchdicht und selbstschließend sein.

(3) [1]Türen in Rettungswegen müssen in Fluchtrichtung aufschlagen und dürfen keine Schwellen haben. [2]Während des Aufenthalts von Personen in der Versammlungsstätte müssen die Türen der jeweiligen Rettungswege jederzeit von innen leicht und in voller Breite geöffnet werden können.

(4) [1]Schiebetüren sind im Zuge von Rettungswegen unzulässig, dies gilt nicht für automatische Schiebetüren, die die Rettungswege nicht beeinträchtigen. [2]Pendeltüren müssen in Rettungswegen Vorrichtungen haben, die ein Durchpendeln der Türen verhindern.

(5) Türen, die selbstschließend sein müssen, dürfen offengehalten werden, wenn sie Einrichtungen haben, die bei Raucheinwirkung ein selbsttätiges Schließen der Türen bewirken; sie müssen auch von Hand geschlossen werden können.

(6) Mechanische Vorrichtungen zur Vereinzelung oder Zählung von Besuchern, wie Drehtüren oder -kreuze, sind in Rettungswegen unzulässig; dies gilt nicht für mechanische Vorrichtungen, die im Gefahrenfall von innen leicht und in voller Breite geöffnet werden können.

Abschnitt 4. Besucherplätze und Einrichtungen für Besucher

§ 10 Bestuhlung, Gänge und Stufengänge. (1) [1]In Reihen angeordnete Sitzplätze müssen unverrückbar befestigt sein; werden nur vorübergehend Stühle aufgestellt, so sind sie in den einzelnen Reihen fest miteinander zu verbinden. [2]Satz 1

[1] § 8 Abs. 7 angef. mWv 1.8.2009 durch V v. 8.7.2009 (GVBl. S. 332).
[2] Nr. **1**.
[3] § 9 Abs. 3 Satz 2 geänd. mWv 1.8.2009 durch V v. 8.7.2009 (GVBl. S. 332).

gilt nicht für Gaststätten und Kantinen sowie für abgegrenzte Bereiche von Versammlungsräumen mit nicht mehr als 20 Sitzplätzen und ohne Stufen, wie Logen.

(2) Die Sitzplatzbereiche der Tribünen von Versammlungsstätten mit mehr als 5000 Besucherplätzen müssen unverrückbar befestigte Einzelsitze haben.

(3) [1] Sitzplätze müssen mindestens 0,50 m breit sein. [2] Zwischen den Sitzplatzreihen muss eine lichte Durchgangsbreite von mindestens 0,40 m vorhanden sein.

(4) [1] Sitzplätze müssen in Blöcken von höchstens 30 Sitzplatzreihen angeordnet sein. [2] Hinter und zwischen den Blöcken müssen Gänge mit einer Mindestbreite von 1,20 m vorhanden sein. [3] Die Gänge müssen auf möglichst kurzem Weg zum Ausgang führen.

(5) [1] Seitlich eines Gangs dürfen höchstens zehn Sitzplätze, bei Versammlungsstätten im Freien und Sportstadien höchstens 20 Sitzplätze angeordnet sein. [2] Zwischen zwei Seitengängen dürfen 20 Sitzplätze, bei Versammlungsstätten im Freien und Sportstadien höchstens 40 Sitzplätze angeordnet sein. [3] In Versammlungsräumen dürfen zwischen zwei Seitengängen höchstens 50 Sitzplätze angeordnet sein, wenn auf jeder Seite des Versammlungsraums für jeweils vier Sitzreihen eine Tür mit einer lichten Breite von 1,20 m angeordnet ist.

(6) [1] Von jedem Tischplatz darf der Weg zu einem Gang nicht länger als 10 m sein. [2] Der Abstand von Tisch zu Tisch soll 1,50 m nicht unterschreiten.

(7) [1] In Versammlungsräumen müssen für Rollstuhlbenutzer mindestens 1 v.H. der Besucherplätze, mindestens jedoch 2 Plätze auf ebenen Standflächen vorhanden sein. [2] Den Plätzen für Rollstuhlbenutzer sind Besucherplätze für Begleitpersonen zuzuordnen. [3] Die Plätze für Rollstuhlbenutzer und die Wege zu ihnen sind durch Hinweisschilder gut sichtbar zu kennzeichnen.

(8) [1] Stufen in Gängen (Stufengänge) müssen eine Steigung von mindestens 0,10 m und höchstens 0,19 m und einen Auftritt von mindestens 0,26 m haben. [2] Der Fußboden des Durchgangs zwischen Sitzplatzreihen und der Fußboden von Stehplatzreihen muss mit dem anschließenden Auftritt des Stufengangs auf einer Höhe liegen. [3] Stufengänge in Mehrzweckhallen mit mehr als 5000 Besucherplätzen und in Sportstadien müssen sich durch farbliche Kennzeichnung von den umgebenden Flächen deutlich abheben.

§ 11[1)] Abschrankungen und Schutzvorrichtungen. (1) [1] Flächen, die im Allgemeinen zum Begehen bestimmt sind und unmittelbar an tiefer liegende Flächen angrenzen, sind mit Abschrankungen zu umwehren, soweit sie nicht durch Stufengänge oder Rampen mit der tiefer liegenden Fläche verbunden sind. [2] Satz 1 ist nicht anzuwenden:

1. für die den Besuchern zugewandten Seiten von Bühnen und Szenenflächen,
2. vor Stufenreihen, wenn die Stufenreihe nicht mehr als 0,50 m über dem Fußboden der davor liegenden Stufenreihe oder des Versammlungsraums liegt oder
3. vor Stufenreihen, wenn die Rückenlehnen der Sitzplätze der davor liegenden Stufenreihe den Fußboden der hinteren Stufenreihe um mindestens 0,65 m überragen.

(2) Abschrankungen, wie Umwehrungen, Geländer, Wellenbrecher, Zäune, Absperrgitter oder Glaswände, müssen mindestens 1,10 m hoch sein.

---

1) § 11 Abs. 1 Satz 2 Nr. 3 geänd. mWv 1.8.2009 durch V v. 8.7.2009 (GVBl. S. 332); Abs. 4 geänd. mWv 1.9.2018 durch V v. 7.8.2018 (GVBl. S. 694).

(3) [1] Vor Sitzplatzreihen genügen Umwehrungen von 0,90 m Höhe; bei mindestens 0,20 m Brüstungsbreite der Umwehrung genügen 0,80 m; bei mindestens 0,50 m Brüstungsbreite genügen 0,70 m. [2] Liegt die Stufenreihe nicht mehr als 1 m über dem Fußboden der davor liegenden Stufenreihe oder des Versammlungsraums, genügen vor Sitzplatzreihen 0,65 m.

(4) Abschrankungen in den für Besucher zugänglichen Bereichen müssen so bemessen sein, dass sie dem Druck einer Personengruppe standhalten.

(5) Die Fußböden und Stufen von Tribünen, Podien, Bühnen oder Szenenflächen dürfen keine Öffnungen haben, durch die Personen abstürzen können.

(6) [1] Spielfelder, Manegen, Fahrbahnen für den Rennsport und Reitbahnen müssen durch Abschrankungen, Netze oder andere Vorrichtungen so gesichert sein, dass Besucher durch die Darbietung oder den Betrieb des Spielfelds, der Manege oder der Bahn nicht gefährdet werden. [2] Für Darbietungen und für den Betrieb technischer Einrichtungen im Luftraum über den Besucherplätzen gilt Satz 1 entsprechend.

(7) Werden Besucherplätze im Innenbereich von Fahrbahnen angeordnet, so muss der Innenbereich ohne Betreten der Fahrbahnen erreicht werden können.

§ 12 Toilettenräume. (1) [1] Versammlungsstätten müssen getrennte Toilettenräume für Damen und Herren haben. [2] Toiletten sollen in jedem Geschoss angeordnet werden. [3] Es sollen mindestens vorhanden sein:

Besucherplätze	Damentoiletten	Herrentoiletten	
	Toilettenbecken	Toilettenbecken	Urinalbecken
bis 1000 je 100	1,2	0,8	1,2
über 1000 je weitere 100	0,8	0,4	0,6
über 20000 je weitere 100	0,4	0,3	0,6

[4] Die ermittelten Zahlen sind auf ganze Zahlen aufzurunden. [5] Soweit die Aufteilung der Toilettenräume nach Satz 2 nach der Art der Veranstaltung nicht zweckmäßig ist, kann für die Dauer der Veranstaltung eine andere Aufteilung erfolgen, wenn die Toilettenräume entsprechend gekennzeichnet werden. [6] Auf dem Gelände der Versammlungsstätte oder in der Nähe vorhandene Toiletten können angerechnet werden, wenn sie für die Besucher der Versammlungsstätte zugänglich sind.

(2) Für Rollstuhlbenutzer muss eine ausreichende Zahl geeigneter, stufenlos erreichbarer Toiletten, mindestens jedoch je zehn Plätze für Rollstuhlbenutzer eine Toilette, vorhanden sein.

(3) Jeder Toilettenraum muss einen Vorraum mit Waschbecken haben.

§ 13 Stellplätze für Menschen mit Behinderung. [1] Die Zahl der notwendigen Stellplätze für die Kraftfahrzeuge von Menschen mit Behinderung muss mindestens der Hälfte der Zahl der nach § 10 Abs. 7 erforderlichen Besucherplätze entsprechen. [2] Auf diese Stellplätze ist dauerhaft und leicht erkennbar hinzuweisen.

Abschnitt 5. Technische Anlagen und Einrichtungen, besondere Räume

§ 14 Sicherheitsstromversorgungsanlagen, elektrische Anlagen und Blitzschutzanlagen. (1) Versammlungsstätten müssen eine Sicherheitsstromversorgungsanlage haben, die bei Ausfall der Stromversorgung den Betrieb der sicherheitstechnischen Anlagen und Einrichtungen übernimmt, insbesondere der

1. Sicherheitsbeleuchtung,
2. automatischen Feuerlöschanlagen und Druckerhöhungsanlagen für die Löschwasserversorgung,
3. Rauchabzugsanlagen,
4. Brandmeldeanlagen,
5. Alarmierungsanlagen.

(2) In Versammlungsstätten für verschiedene Veranstaltungsarten, wie Mehrzweckhallen, Theater und Studios, sind für die vorübergehende Verlegung beweglicher Kabel und Leitungen bauliche Vorkehrungen, wie Installationsschächte und -kanäle oder Abschottungen, zu treffen, die die Ausbreitung von Feuer und Rauch verhindern und die sichere Begehbarkeit insbesondere der Rettungswege gewährleisten.

(3) Elektrische Schaltanlagen dürfen für Besucher nicht zugänglich sein.

(4) Versammlungsstätten müssen Blitzschutzanlagen haben, die auch die sicherheitstechnischen Einrichtungen schützen (äußerer und innerer Blitzschutz).

§ 15 Sicherheitsbeleuchtung. (1) In Versammlungsstätten muss eine Sicherheitsbeleuchtung vorhanden sein, die so beschaffen ist, dass Arbeitsvorgänge auf Bühnen und Szenenflächen sicher abgeschlossen werden können und sich Besucher, Mitwirkende und Betriebsangehörige auch bei vollständigem Versagen der allgemeinen Beleuchtung bis zu öffentlichen Verkehrsflächen hin gut zurechtfinden können.

(2) Eine Sicherheitsbeleuchtung muss vorhanden sein

1. in notwendigen Treppenräumen, in Räumen zwischen notwendigen Treppenräumen und Ausgängen ins Freie und in notwendigen Fluren,
2. in Versammlungsräumen sowie in allen übrigen Räumen für Besucher,
3. für Bühnen und Szenenflächen,
4. in den Räumen für Mitwirkende und Beschäftigte mit mehr als 20 m^2 Grundfläche, ausgenommen Büroräume,
5. in elektrischen Betriebsräumen, in Räumen für haustechnische Anlagen sowie in Scheinwerfer- und Bildwerferräumen,
6. in Versammlungsstätten im Freien und Sportstadien, die während der Dunkelheit benutzt werden,
7. für Sicherheitszeichen von Ausgängen und Rettungswegen,
8. für Stufenbeleuchtungen.

(3) [1] In betriebsmäßig verdunkelten Versammlungsräumen, auf Bühnen und Szenenflächen muss eine Sicherheitsbeleuchtung in Bereitschaftsschaltung vorhanden sein. [2] Die Ausgänge, Gänge und Stufen im Versammlungsraum müssen auch bei Verdunklung unabhängig von der übrigen Sicherheitsbeleuchtung erkennbar sein. [3] Bei Gängen in Versammlungsräumen mit auswechselbarer Bestuhlung sowie bei Sportstadien mit Sicherheitsbeleuchtung ist eine Stufenbeleuchtung nicht erforderlich.

§ 16 Rauchableitung. (1) Versammlungsräume und sonstige Aufenthaltsräume mit mehr als 200 m² Grundfläche, Versammlungsräume in Kellergeschossen, Bühnen sowie notwendige Treppenräume müssen entraucht werden können.

(2) Versammlungsräume müssen Rauchableitungsöffnungen mit einer freien Öffnungsfläche von insgesamt 1 v.H. der Grundfläche, Fenster mit einer freien Öffnungsfläche von insgesamt 2 v.H. der Grundfläche oder maschinelle Rauchabzugsanlagen mit einem Luftvolumenstrom von 36 m³/h je Quadratmeter Grundfläche haben

(3) [1]Bühnen und Szenenflächen müssen Rauchableitungsöffnungen mit einer freien Öffnungsfläche von insgesamt mindestens 3 v.H. ihrer Grundfläche haben. [2]Großbühnen müssen Rauchableitungsöffnungen mit einer freien Öffnungsfläche von mindestens 8 v.H. ihrer Grundfläche haben. [3]Anstelle der Öffnungen nach Satz 1 und Satz 2 können maschinelle Rauchabzugsanlagen verwendet werden, wenn sie für eine wirksame Brandbekämpfung ausreichend bemessen sind.

(4) Notwendige Treppenräume müssen Rauchableitungsöffnungen mit einer freien Öffnungsfläche von mindestens 1 m² haben.

(5) [1]Rauchableitungsöffnungen sollen an der höchsten Stelle des Raums liegen und müssen unmittelbar ins Freie führen. [2]Die Rauchableitung über Schächte mit strömungstechnisch äquivalenten Querschnitten ist zulässig, wenn die Wände der Schächte die Anforderungen nach § 4 Abs. 3 erfüllen. [3]Die Austrittsöffnungen müssen mindestens 0,25 m über der Dachfläche liegen. [4]Fenster, die auch der Rauchableitung dienen, müssen im oberen Drittel der Außenwand angeordnet werden.

(6) Die Abschlüsse der Rauchableitungsöffnungen von Bühnen mit Schutzvorhang müssen bei einem Überdruck von 350 Pa selbsttätig öffnen; eine automatische Auslösung durch geeignete Temperaturmelder ist zulässig.

(7) [1]Maschinelle Rauchabzugsanlagen sind für eine Betriebszeit von 30 Minuten bei einer Rauchgastemperatur von 300°C auszulegen. [2]Maschinelle Lüftungsanlagen können als maschinelle Rauchabzugsanlage betrieben werden, wenn sie die an diese gestellten Anforderungen erfüllen.

(8) [1]Die Vorrichtungen zum Öffnen oder Einschalten der Rauchabzugsanlagen, der Abschlüsse der Rauchableitungsöffnungen und zum Öffnen der nach Abs. 5 angerechneten Fenster müssen von einer jederzeit zugänglichen Stelle im Raum aus leicht bedient werden können. [2]Bei notwendigen Treppenräumen muss die Vorrichtung zum Öffnen von jedem Geschoss aus leicht bedient werden können. [3]Die Vorrichtungen zum Öffnen oder Einschalten der Rauchabzugsanlagen oder der Abschlüsse der Rauchableitungsöffnungen von Bühnen müssen zusätzlich von einer jederzeit zugänglichen Stelle außerhalb der Bühne aus leicht bedient werden können.

(9) [1]Jede Bedienungsstelle muss mit einem Hinweisschild mit der Bezeichnung „RAUCHABZUG" und der Bezeichnung des jeweiligen Raums gekennzeichnet sein. [2]An der Bedienungsvorrichtung muss die Betriebsstellung der Anlage oder Öffnung erkennbar sein.

§ 17 Heizungs- und Lüftungsanlagen. (1) [1]Heizungsanlagen in Versammlungsstätten müssen dauerhaft fest eingebaut sein. [2]Sie müssen so angeordnet sein, dass ausreichende Abstände zu Personen, brennbaren Bauprodukten und brennbarem Material eingehalten werden und keine Beeinträchtigungen durch Abgase entstehen.

(2) Versammlungsräume und sonstige Aufenthaltsräume mit mehr als 200 m² Grundfläche müssen Lüftungsanlagen haben.

§ 18[1] Stände und Arbeitsgalerien für Licht-, Ton-, Bild- und Regieanlagen. (1) [1]Stände und Arbeitsgalerien für den Betrieb von Licht-, Ton-, Bild- und Regieanlagen, wie Schnürböden, Beleuchtungstürme oder Arbeitsbrücken, müssen aus nichtbrennbaren Baustoffen bestehen. [2]Der Abstand zwischen Arbeitsgalerien und Raumdecken muss mindestens 2 m betragen.

(2) [1]Von Arbeitsgalerien müssen mindestens zwei Rettungswege erreichbar sein. [2]Jede Arbeitsgalerie einer Hauptbühne muss auf beiden Seiten der Hauptbühne einen Ausgang zu Rettungswegen außerhalb des Bühnenraums haben.

(3) Öffnungen in Arbeitsgalerien müssen so gesichert sein, dass Personen oder Gegenstände nicht herabfallen können.

§ 19 Feuerlöscheinrichtungen und -anlagen. (1) [1]Versammlungsräume, Bühnen, Foyers, Werkstätten, Magazine, Lagerräume und notwendige Flure sind mit geeigneten Feuerlöschern in ausreichender Zahl auszustatten. [2]Die Feuerlöscher sind gut sichtbar und leicht zugänglich anzubringen.

(2) In Versammlungsstätten mit Versammlungsräumen von insgesamt mehr als 1000 m² Grundfläche müssen Wandhydranten in ausreichender Zahl gut sichtbar und leicht zugänglich an geeigneten Stellen angebracht sein.

(3) Foyers oder Hallen, durch die Rettungswege aus anderen Versammlungsräumen führen, müssen eine automatische Feuerlöschanlage haben; dies gilt nicht für Foyers oder Hallen, die nicht dazu bestimmt sind, als Versammlungsraum genutzt zu werden.

(4) Versammlungsräume, bei denen eine Fußbodenebene höher als 22 m über der Geländeoberfläche liegt, sind nur in Gebäuden mit automatischer Feuerlöschanlage zulässig.

(5) In Versammlungsräumen müssen offene Küchen oder ähnliche Einrichtungen mit einer Grundfläche von mehr als 30 m² eine dafür geeignete automatische Feuerlöschanlage haben.

(6) Die Wirkung automatischer Feuerlöschanlagen darf durch Einbauten, Raumausstattungen oder sonstige Gegenstände nicht beeinträchtigt werden.

(7) Automatische Feuerlöschanlagen müssen an eine Brandmelderzentrale angeschlossen sein.

§ 20 Brandmelde- und Alarmierungsanlagen, Brandmelder- und Alarmzentrale, Brandfallsteuerung der Aufzüge. (1) Versammlungsstätten mit Versammlungsräumen von insgesamt mehr als 1000 m² Grundfläche müssen Brandmeldeanlagen mit automatischen und nichtautomatischen Brandmeldern haben.

(2) Versammlungsstätten mit Versammlungsräumen von insgesamt mehr als 1000 m² Grundfläche müssen Alarmierungs- und Lautsprecheranlagen haben, mit denen im Gefahrenfall Besucher, Mitwirkende und Betriebsangehörige alarmiert und Anweisungen erteilt werden können.

(3) In Versammlungsstätten mit Versammlungsräumen von insgesamt mehr als 1000 m² Grundfläche müssen zusätzlich zu den örtlichen Bedienungsvorrichtungen zentrale Bedienungsvorrichtungen für Rauchabzugs-, Feuerlösch-, Brandmelde-,

---

[1] § 18 Abs. 1 Satz 1 geänd. mWv 1.8.2009 durch V v. 8.7.2009 (GVBl. S. 332).

Alarmierungs- und Lautsprecheranlagen in einem für die Feuerwehr leicht zugänglichen Raum (Brandmelder- und Alarmzentrale) zusammen gefasst werden.

(4) [1] In Versammlungsstätten mit Versammlungsräumen von insgesamt mehr als 1000 m² Grundfläche müssen die Aufzüge mit einer Brandfallsteuerung ausgestattet sein, die durch die automatische Brandmeldeanlage ausgelöst wird. [2] Die Brandfallsteuerung muss sicherstellen, dass die Aufzüge ein Geschoss mit Ausgang ins Freie oder das diesem nächstgelegene, nicht von der Brandmeldung betroffene Geschoss unmittelbar anfahren und dort mit geöffneten Türen außer Betrieb gehen.

§ 21 Werkstätten, Magazine und Lagerräume. (1) Für feuergefährliche Arbeiten, wie Schweiß-, Löt- oder Klebearbeiten, müssen dafür geeignete Werkstätten vorhanden sein.

(2) Für das Aufbewahren von Dekorationen, Requisiten und anderem brennbaren Material müssen eigene Lagerräume (Magazine) vorhanden sein.

(3) Für die Sammlung von Abfällen und Werkstoffen müssen dafür geeignete Behälter im Freien oder besondere Lagerräume vorhanden sein.

(4) Werkstätten, Magazine und Lagerräume dürfen mit notwendigen Treppenräumen nicht in unmittelbarer Verbindung stehen.

Teil 3. Besondere Bauvorschriften

Abschnitt 1. Großbühnen

§ 22 Bühnenhaus. (1) In Versammlungsstätten mit Großbühnen sind alle für den Bühnenbetrieb notwendigen Räume und Einrichtungen in einem eigenen, von dem Zuschauerhaus getrennten Bühnenhaus unterzubringen.

(2) [1] Die Trennwand zwischen Bühnen- und Zuschauerhaus muss feuerbeständig und in der Bauart einer Brandwand hergestellt sein. [2] Türen in dieser Trennwand müssen feuerbeständig und selbstschließend sein.

§ 23 Schutzvorhang. (1) [1] Die Bühnenöffnung von Großbühnen muss gegen den Versammlungsraum durch einen Vorhang aus nichtbrennbarem Material dicht geschlossen werden können (Schutzvorhang). [2] Der Schutzvorhang muss durch sein Eigengewicht schließen können. [3] Die Schließzeit darf 30 Sekunden nicht überschreiten. [4] Der Schutzvorhang muss einem Druck von 450 Pa nach beiden Richtungen standhalten. [5] Eine höchstens 1 m breite, zur Hauptbühne sich öffnende, selbsttätig schließende Tür im Schutzvorhang ist zulässig.

(2) [1] Der Schutzvorhang muss so angeordnet sein, dass er im geschlossenen Zustand an allen Seiten an feuerbeständige Bauteile anschließt. [2] Der Bühnenboden darf unter dem Schutzvorhang durchgeführt werden. [3] Das untere Profil dieses Schutzvorhangs muss ausreichend steif sein oder mit Stahldornen in entsprechende stahlbewehrte Aussparungen im Bühnenboden eingreifen.

(3) [1] Die Vorrichtung zum Schließen des Schutzvorhangs muss mindestens an zwei Stellen von Hand ausgelöst werden können. [2] Beim Schließen muss auf der Bühne ein Warnsignal zu hören sein.

§ 24 Feuerlösch- und Brandmeldeanlagen. (1) Großbühnen müssen eine automatische Sprühwasserlöschanlage haben, die auch den Schutzvorhang beaufschlagt.

(2) Die Sprühwasserlöschanlage muss zusätzlich mindestens von zwei Stellen aus von Hand in Betrieb gesetzt werden können.

(3) In Großbühnen müssen neben den Ausgängen zu den Rettungswegen in Höhe der Arbeitsgalerien und des Schnürbodens Wandhydranten vorhanden sein.

(4) Großbühnen und Räume mit besonderen Brandgefahren müssen eine Brandmeldeanlage mit automatischen und nichtautomatischen Brandmeldern haben.

(5) Die Auslösung eines Alarms muss optisch und akustisch am Platz der Brandsicherheitswache erkennbar sein.

§ 25 Platz für die Brandsicherheitswache. (1) [1] Auf jeder Seite der Bühnenöffnung muss für die Brandsicherheitswache ein besonderer Platz mit einer Grundfläche von mindestens 1 m mal 1 m und einer Höhe von mindestens 2,20 m vorhanden sein. [2] Die Brandsicherheitswache muss die Fläche, die bespielt wird, überblicken und betreten können.

(2) [1] Am Platz der Brandsicherheitswache müssen die Vorrichtung zum Schließen des Schutzvorhangs und die Auslösevorrichtungen der Rauchabzugs- und Sprühwasserlöschanlagen der Bühne sowie ein nichtautomatischer Brandmelder leicht erreichbar angebracht und durch Hinweisschilder gekennzeichnet sein. [2] Die Auslösevorrichtungen müssen beleuchtet sein. [3] Diese Beleuchtung muss an die Sicherheitsstromversorgung angeschlossen sein. [4] Die Vorrichtungen sind gegen unbeabsichtigtes Auslösen zu sichern.

Abschnitt 2. Versammlungsstätten mit mehr als 5000 Besucherplätzen

§ 26 Räume für Lautsprecherzentrale, Polizei, Feuerwehr, Sanitäts- und Rettungsdienst. (1) [1] Mehrzweckhallen und Sportstadien müssen einen Raum für eine Lautsprecherzentrale haben, von dem aus die Besucherbereiche und der Innenbereich überblickt und Polizei, Feuerwehr und Rettungsdienste benachrichtigt werden können. [2] Die Lautsprecheranlage muss eine Vorrangschaltung für die Einsatzleitung der Polizei haben.

(2) [1] In Mehrzweckhallen und Sportstadien sind ausreichend große Räume für die Polizei und die Feuerwehr einzuordnen. [2] Der Raum für die Einsatzleitung der Polizei muss eine räumliche Verbindung mit der Lautsprecherzentrale haben und mit Anschlüssen für eine Videoanlage zur Überwachung der Besucherbereiche ausgestattet sein; von ihm aus müssen die Besucherbereiche und der Innenbereich überblickt werden können.

(3) Wird die Funkkommunikation der Einsatzkräfte von Polizei und Feuerwehr innerhalb der Versammlungsstätte durch die bauliche Anlage gestört, ist die Versammlungsstätte mit technischen Anlagen zur Unterstützung des Funkverkehrs auszustatten.

(4) In Mehrzweckhallen und Sportstadien muss mindestens ein ausreichend großer Raum für den Sanitäts- und Rettungsdienst vorhanden sein.

§ 27 Abschrankung und Blockbildung in Sportstadien mit mehr als 10000 Besucherplätzen. (1) [1] Die Besucherplätze müssen vom Innenbereich durch mindestens 2,20 m hohe Abschrankungen abgetrennt sein. [2] In diesen Abschrankungen sind den Stufengängen zugeordnete, mindestens 1,80 m breite Tore anzuordnen, die sich im Gefahrenfall leicht zum Innenbereich hin öffnen lassen. [3] Die Tore dürfen nur vom Innenbereich oder von zentralen Stellen aus zu öffnen sein und müssen in geöffnetem Zustand durch selbsteinrastende Feststeller gesichert werden. [4]Der Übergang in den Innenbereich muss niveaugleich sein.

(2) Stehplätze müssen in Blöcken für höchstens 2500 Besucher angeordnet werden, die durch mindestens 2,20 m hohe Abschrankungen mit eigenen Zugängen abgetrennt sind.

(3) Die Anforderungen nach Abs. 1 oder Abs. 2 gelten nicht, soweit in dem mit den für öffentliche Sicherheit und Ordnung zuständigen Behörden, insbesondere der Polizei, der Feuerwehr und der Rettungsdienste, abgestimmten Sicherheitskonzept nachgewiesen wird, dass abweichende Abschrankungen oder Blockbildungen unbedenklich sind.

§ 28 Wellenbrecher. [1]Werden mehr als fünf Stufen von Stehplatzreihen hintereinander angeordnet, so ist vor der vordersten Stufe eine durchgehende Schranke von 1,10 m Höhe anzuordnen. [2]Nach jeweils fünf weiteren Stufen sind Schranken gleicher Höhe (Wellenbrecher) anzubringen, die einzeln mindestens 3 m und höchstens 5,50 m lang sind. [3]Die seitlichen Abstände zwischen den Wellenbrechern dürfen nicht mehr als 5 m betragen. [4]Die Abstände sind nach höchstens fünf Stehplatzreihen durch versetzt angeordnete Wellenbrecher zu überdecken, die auf beiden Seiten mindestens 0,25 m länger sein müssen als die seitlichen Abstände zwischen den Wellenbrechern. [5]Die Wellenbrecher sind im Bereich der Stufenvorderkante anzuordnen.

§ 29 Abschrankung von Stehplätzen vor Szenenflächen. (1) Werden vor Szenenflächen Stehplätze für Besucher angeordnet, so sind die Besucherplätze von der Szenenfläche durch eine Abschrankung so abzutrennen, dass zwischen der Szenenfläche und der Abschrankung ein Gang von mindestens 2 m Breite für den Ordnungsdienst und Rettungskräfte vorhanden ist.

(2) [1]Werden vor Szenenflächen mehr als 5000 Stehplätze für Besucher angeordnet, so sind durch mindestens zwei weitere Abschrankungen vor der Szenenfläche nur von den Seiten zugängliche Stehplatzbereiche zu bilden. [2]Die Abschrankungen müssen voneinander an den Seiten einen Abstand von jeweils mindestens 5 m und über die Breite der Szenenfläche einen Abstand von mindestens 10 m haben.

§ 30 Einfriedungen und Eingänge von Stadionanlagen. (1) Stadionanlagen müssen eine mindestens 2,20 m hohe Einfriedung haben, die das Überklettern erschwert.

(2) [1]Vor den Eingängen sind Geländer so anzuordnen, dass Besucher nur einzeln und hintereinander Einlass finden. [2]Es sind Einrichtungen für Zugangskontrollen sowie für die Durchsuchung von Personen und Sachen vorzusehen. [3]Für die Einsatzkräfte von Polizei, Feuerwehr und Rettungsdiensten sind von den Besuchereingängen getrennte Eingänge anzuordnen.

(3) [1]Für Einsatz- und Rettungsfahrzeuge müssen besondere Zufahrten, Aufstell- und Bewegungsflächen vorhanden sein. [2]Von den Zufahrten und Aufstellflächen aus müssen die Eingänge der Versammlungsstätten unmittelbar erreichbar sein. [3]Für Einsatz- und Rettungsfahrzeuge muss eine Zufahrt zum Innenbereich vorhanden sein. [4]Die Zufahrten, Aufstell- und Bewegungsflächen müssen gekennzeichnet sein.

Teil 4. Betriebsvorschriften

Abschnitt 1. Rettungswege, Besucherplätze

§ 31 Rettungswege, Flächen für die Feuerwehr. (1) [1] Rettungswege auf dem Grundstück sowie Zufahrten, Aufstell- und Bewegungsflächen für Einsatzfahrzeuge von Polizei, Feuerwehr und Rettungsdiensten müssen ständig frei gehalten werden. [2] Darauf ist dauerhaft und gut sichtbar hinzuweisen.

(2) Rettungswege in der Versammlungsstätte müssen ständig frei gehalten werden.

(3) Während des Betriebs müssen alle Türen von Rettungswegen unverschlossen sein.

§ 32 Besucherplätze nach dem Bestuhlungs- und Rettungswegeplan.

(1) Die Zahl der im Bestuhlungs- und Rettungswegeplan genehmigten Besucherplätze darf nicht überschritten und die genehmigte Anordnung der Besucherplätze darf nicht geändert werden.

(2) Eine Ausfertigung des für die jeweilige Nutzung genehmigten Plans ist in der Nähe des Haupteingangs eines jeden Versammlungsraums gut sichtbar anzubringen.

(3) Ist nach Art der Veranstaltung die Abschrankung der Stehflächen vor Szenenflächen erforderlich, sind Abschrankungen nach § 29 auch in Versammlungsstätten mit nicht mehr als 5000 Stehplätzen einzurichten.

Abschnitt 2. Brandverhütung

§ 33 Vorhänge, Ausstattungen, Requisiten und Ausschmückungen.

(1) Für Vorhänge von Bühnen und Szenenflächen muss mindestens schwerentflammbares Material verwendet werden.

(2) [1] Für Ausstattungen muss mindestens schwerentflammbares Material verwendet werden. [2] Bei Bühnen oder Szenenflächen mit automatischen Feuerlöschanlagen genügen Ausstattungen aus normalentflammbarem Material.

(3) Für Requisiten muss mindestens normalentflammbares Material verwendet werden.

(4) [1] Für Ausschmückungen muss mindestens schwerentflammbares Material verwendet werden. [2] Für Ausschmückungen in notwendigen Fluren und notwendigen Treppenräumen muss nichtbrennbares Material verwendet werden.

(5) [1] Ausschmückungen müssen unmittelbar an Wänden, Decken oder Ausstattungen angebracht werden. [2] Frei im Raum hängende Ausschmückungen sind zulässig, wenn sie einen Abstand von mindestens 2,50 m zum Fußboden haben. [3] Ausschmückungen aus natürlichem Pflanzenschmuck dürfen sich nur, so lange sie frisch sind, in den Räumen befinden.

(6) Der Raum unter dem Schutzvorhang ist von Ausstattungen, Requisiten oder Ausschmückungen so freizuhalten, dass die Funktion des Schutzvorhangs nicht beeinträchtigt wird.

(7) Brennbares Material muss von Zündquellen, wie Scheinwerfern oder Heizstrahlern, so weit entfernt sein, dass das Material durch diese nicht entzündet werden kann.

§ 34 Aufbewahrung von Ausstattungen, Requisiten, Ausschmückungen und brennbarem Material. (1) Ausstattungen, Requisiten und Ausschmückungen dürfen nur außerhalb der Bühnen und der Szenenflächen aufbewahrt werden; dies gilt nicht für den Tagesbedarf.

(2) Auf den Bühnenerweiterungen dürfen Szenenaufbauten der laufenden Spielzeit nur bereitgestellt werden, wenn die Bühnenerweiterungen durch dichtschließende Abschlüsse aus nichtbrennbaren Baustoffen gegen die Hauptbühne abgetrennt sind.

(3) An den Zügen von Bühnen oder Szenenflächen dürfen nur Ausstattungsteile für einen Tagesbedarf aufgehängt werden.

(4) Pyrotechnische Gegenstände, brennbare Flüssigkeiten und anderes brennbares Material, insbeondere Packmaterial, dürfen nur in den dafür vorgesehenen Magazinen aufbewahrt werden.

§ 35 Rauchen, Verwendung von offenem Feuer und pyrotechnischen Gegenständen. (1) [1] Auf Bühnen und Szenenflächen, in Werkstätten und Magazinen ist das Rauchen verboten. [2] Das Rauchverbot gilt nicht für Darsteller und Mitwirkende auf Bühnen- und Szenenflächen während der Proben und Veranstaltungen, soweit das Rauchen in der Art der Veranstaltungen begründet ist.

(2) [1] In Versammlungsräumen, auf Bühnen- und Szenenflächen und in Sportstadien ist das Verwenden von offenem Feuer, brennbaren Flüssigkeiten und Gasen, pyrotechnischen Gegenständen und anderen explosionsgefährlichen Stoffen verboten. [2] § 17 Abs. 1 bleibt unberührt. [3] Das Verwendungsverbot gilt nicht, soweit das Verwenden von offenem Feuer, brennbaren Flüssigkeiten und Gasen sowie pyrotechnischen Gegenständen in der Art der Veranstaltung begründet ist und der Veranstalter die erforderlichen Brandschutzmaßnahmen im Einzelfall mit der Feuerwehr abgestimmt hat. [4] Die Verwendung pyrotechnischer Gegenstände muss durch eine nach Sprengstoffrecht geeignete Person überwacht werden.

(3) Die Verwendung von Kerzen und ähnlichen Lichtquellen als Tischdekoration sowie die Verwendung von offenem Feuer in dafür vorgesehenen Kücheneinrichtungen zur Zubereitung von Speisen ist zulässig.

(4) Auf die Verbote nach Abs. 1 und 2 Sätze 1 bis 3 ist dauerhaft und gut sichtbar hinzuweisen.

Abschnitt 3. Betrieb technischer Einrichtungen

§ 36 Bedienung und Wartung der technischen Einrichtungen. (1) [1] Der Schutzvorhang muss täglich vor der ersten Vorstellung oder Probe durch Aufziehen und Herablassen auf seine Betriebsbereitschaft geprüft werden. [2] Der Schutzvorhang ist nach jeder Vorstellung herabzulassen und zu allen arbeitsfreien Zeiten geschlossen zu halten.

(2) Die Automatik der Sprühwasserlöschanlage kann während der Dauer der Anwesenheit der Verantwortlichen für Veranstaltungstechnik abgeschaltet werden.

(3) Die automatische Brandmeldeanlage kann abgeschaltet werden, soweit dies in der Art der Veranstaltung begründet ist und der Veranstalter die erforderlichen Brandschutzmaßnahmen im Einzelfall mit der Feuerwehr abgestimmt hat.

(4) Während des Aufenthalts von Personen in Räumen, für die eine Sicherheitsbeleuchtung vorgeschrieben ist, muss diese in Betrieb sein, soweit die Räume nicht ausreichend durch Tageslicht erhellt sind.

§ 37 Laseranlagen. Auf den Betrieb von Laseranlagen in den für Besucher zugänglichen Bereichen sind die arbeitsschutzrechtlichen Vorschriften entsprechend anzuwenden.

Abschnitt 4. Verantwortliche Personen, besondere Betriebsvorschriften

§ 38 Pflichten der Betreiber, Veranstalter und Beauftragten. (1) Der Betreiber ist für die Sicherheit der Veranstaltung und die Einhaltung der Vorschriften verantwortlich.

(2) Während des Betriebs von Versammlungsstätten muss der Betreiber oder ein von ihm beauftragter Veranstaltungsleiter ständig anwesend sein.

(3) Der Betreiber muss die Zusammenarbeit von Ordnungsdienst, Brandsicherheitswache und Sanitätswache mit der Polizei, der Feuerwehr und dem Rettungsdienst gewährleisten.

(4) Der Betreiber ist zur Einstellung des Betriebs verpflichtet, wenn für die Sicherheit der Versammlungsstätte notwendige Anlagen, Einrichtungen oder Vorrichtungen nicht betriebsfähig sind oder wenn Betriebsvorschriften nicht eingehalten werden können.

(5) [1] Der Betreiber kann die Verpflichtungen nach den Abs. 1 bis 4 durch schriftliche Vereinbarung auf den Veranstalter übertragen, wenn dieser oder dessen beauftragter Veranstaltungsleiter mit der Versammlungsstätte und deren Einrichtungen vertraut ist. [2] Der Veranstalter ist verantwortlich für die Verpflichtungen, die er vertraglich übernommen hat. [3] Die Verantwortung des Betreibers bleibt unberührt.

§ 39[1)] Verantwortliche für Veranstaltungstechnik. (1) [1] Verantwortliche für Veranstaltungstechnik sind

1. die Geprüften Meister für Veranstaltungstechnik,
2. technische Fachkräfte mit bestandenem fachrichtungsspezifischen Teil der Prüfung nach § 3 Abs. 1 Nr. 2 in Verbindung mit den §§ 5, 6 oder 7 der Verordnung über die Prüfung zum anerkannten Abschluss Geprüfter Meister für Veranstaltungstechnik/Geprüfte Meisterin für Veranstaltungstechnik in den Fachrichtungen Bühne/Studio, Beleuchtung, Halle in der jeweiligen Fachrichtung,
3. Hochschulabsolventen mit berufsqualifizierendem Hochschulabschluss der Fachrichtung Theater- oder Veranstaltungstechnik mit mindestens einem Jahr Berufserfahrung im technischen Betrieb von Bühnen, Studios oder Mehrzweckhallen in der jeweiligen Fachrichtung,
4. technische Bühnen- und Studiofachkräfte, die das Befähigungszeugnis nach den bis zum Inkrafttreten dieser Verordnung geltenden Vorschriften erworben haben,
5. Personen, die die Tätigkeit als technische Fachkraft ohne Befähigungszeugnis ausüben durften und in den letzten drei Jahren ausgeübt haben.

[2] Auf Antrag stellen die Industrie- und Handelskammern den Personen nach Satz 1 Nrn. 1 bis 4 ein Befähigungszeugnis aus. [3] Das Verfahren kann über eine einheitliche Stelle nach den Vorschriften des Bayerischen Verwaltungsverfahrensgesetzes abgewickelt werden. [4] Die in einem anderen Land der Bundesrepublik Deutschland ausgestellten Befähigungszeugnisse werden anerkannt.

[1)] § 39 Abs. 1 Satz 3 eingef., bish. Satz 3 wird Satz 4, Abs. 2 Satz 2 geänd. mWv 1.11.2009 durch V v. 22.10.2009 (GVBl. S. 542); Abs. 1 Satz 1 Nr. 1 geänd. mWv 1.5.2012 durch V v. 12.4.2012 (GVBl. S. 144); Abs. 1 Satz 1 Nr. 2 geänd. mWv 1.9.2018 durch V v. 7.8.2018 (GVBl. S. 694).

(2) [1] Gleichwertige Ausbildungen, die in einem anderen Mitgliedstaat der Europäischen Union oder einem Vertragsstaat des Abkommens über den Europäischen Wirtschaftsraum erworben und durch einen Ausbildungsnachweis belegt werden, sind entsprechend den europäischen Richtlinien zur Anerkennung von Berufsqualifikationen den in Abs. 1 genannten Ausbildungen gleichgestellt. [2] Abs. 1 Sätze 2 bis 4 gelten entsprechend.

§ 40[1)] Aufgaben und Pflichten der Verantwortlichen für Veranstaltungstechnik, technische Probe. (1) Die Verantwortlichen für Veranstaltungstechnik müssen mit den bühnen-, studio- und beleuchtungstechnischen und sonstigen technischen Einrichtungen der Versammlungsstätte vertraut sein und deren Sicherheit und Funktionsfähigkeit, insbesondere hinsichtlich des Brandschutzes, während des Betriebs gewährleisten.

(2) Auf- oder Abbau bühnen-, studio- und beleuchtungstechnischer Einrichtungen von Großbühnen oder Szenenflächen mit mehr als 200 m² Grundfläche oder in Mehrzweckhallen mit mehr als 5000 Besucherplätzen, wesentliche Wartungs- und Instandsetzungsarbeiten an diesen Einrichtungen und technische Proben müssen von einem Verantwortlichen für Veranstaltungstechnik geleitet und beaufsichtigt werden.

(3) Bei Generalproben, Veranstaltungen, Sendungen oder Aufzeichnungen von Veranstaltungen auf Großbühnen oder Szenenflächen mit mehr als 200 m² Grundfläche oder in Mehrzweckhallen mit mehr als 5 000 Besucherplätzen müssen mindestens ein für die bühnen- oder studiotechnischen Einrichtungen sowie ein für die beleuchtungstechnischen Einrichtungen zuständiger Verantwortlicher für Veranstaltungstechnik anwesend sein.

(4) [1] Bei Szenenflächen mit mehr als 50 m² und nicht mehr als 200 m² Grundfläche oder in Mehrzweckhallen mit nicht mehr als 5000 Besucherplätzen müssen die Aufgaben nach den Abs. 1 bis 3 zumindest von einer Fachkraft für Veranstaltungstechnik mit mindestens drei Jahren Berufserfahrung wahrgenommen werden. [2] Die Aufgaben können auch von erfahrenen Bühnenhandwerkern oder Beleuchtern wahrgenommen werden, die diese Aufgaben nach den bis zum Inkrafttreten dieser Verordnung geltenden Vorschriften wahrnehmen durften und in den letzten drei Jahren ausgeübt haben.

(5) [1] Die Anwesenheit nach Abs. 3 ist nicht erforderlich, wenn

1. die Sicherheit und Funktionsfähigkeit der bühnen-, studio- und beleuchtungstechnischen sowie der sonstigen technischen Einrichtungen der Versammlungsstätte vom Verantwortlichen für Veranstaltungstechnik überprüft wurden,
2. diese Einrichtungen während der Veranstaltung nicht bewegt oder sonst verändert werden,
3. von Art oder Ablauf der Veranstaltung keine Gefahren ausgehen können und
4. die Aufsicht durch eine Fachkraft für Veranstaltungstechnik geführt wird, die mit den technischen Einrichtungen vertraut ist.

[2] Im Fall des Abs. 4 können die Aufgaben nach Abs. 1 bis 3 von einer aufsichtführenden Person wahrgenommen werden, wenn

1. von Auf- und Abbau sowie dem Betrieb der bühnen-, studio- und beleuchtungstechnischen Einrichtungen keine Gefahren ausgehen können,

---

[1)] § 40 Abs. 6 Satz 5 angef. mWv 1.8.2009 durch V v. 8.7.2009 (GVBl. S. 332); Abs. 3 neu gef. mWv 1.5. 2012 durch V v. 12.4.2012 (GVBl. S. 144).

2. von Art oder Ablauf der Veranstaltung keine Gefahren ausgehen können und
3. die aufsichtführende Person mit den technischen Einrichtungen vertraut ist.

(6) [1] Bei Großbühnen sowie bei Szenenflächen mit mehr als 200 m^2 Grundfläche und bei Gastspielveranstaltungen mit eigenem Szenenaufbau in Versammlungsräumen muss vor der ersten Veranstaltung eine nichtöffentliche technische Probe mit vollem Szenenaufbau und voller Beleuchtung stattfinden. [2] Diese technische Probe ist der Bauaufsichtsbehörde mindestens 24 Stunden vorher anzuzeigen. [3] Beabsichtigte wesentliche Änderungen des Szenenaufbaus nach der technischen Probe sind der zuständigen Bauaufsichtsbehörde rechtzeitig anzuzeigen. [4] Die Bauaufsichtsbehörde kann auf die technische Probe verzichten, wenn dies nach der Art der Veranstaltung oder nach dem Umfang des Szenenaufbaus unbedenklich ist. [5] Art. 73 Abs. 3 Satz 1 BayBO[1)] bleibt unberührt.

§ 41 Brandsicherheitswache, Sanitäts- und Rettungsdienst. (1) Bei Veranstaltungen mit erhöhten Brandgefahren hat der Betreiber eine Brandsicherheitswache einzurichten.

(2) [1] Bei jeder Veranstaltung auf Großbühnen sowie Szenenflächen mit mehr als 200 m^2 Grundfläche muss eine Brandsicherheitswache der Feuerwehr anwesend sein. [2] Den Anweisungen der Brandsicherheitswache ist zu folgen. [3] Eine Brandsicherheitswache der Feuerwehr ist nicht erforderlich, wenn der Betreiber über eine ausreichende Zahl ausgebildeter Kräfte verfügt, die die Aufgaben der Brandsicherheitswache wahrnehmen und die Brandschutzdienststelle dies dem Betreiber bestätigt hat.

(3) Veranstaltungen mit voraussichtlich mehr als 5000 Besuchern sind der für den Sanitäts- und Rettungsdienst zuständigen Behörde durch den Betreiber rechtzeitig anzuzeigen.

§ 42 Brandschutzordnung, Feuerwehrpläne. (1) [1] Der Betreiber oder ein von ihm Beauftragter hat im Einvernehmen mit der Brandschutzdienststelle eine Brandschutzordnung aufzustellen und durch Aushang bekannt zu machen. [2] In der Brandschutzordnung sind insbesondere die Erforderlichkeit und die Aufgaben eines Brandschutzbeauftragten und der Kräfte für den Brandschutz sowie die Maßnahmen festzulegen, die zur Rettung von Menschen mit Behinderung, insbesondere Rollstuhlbenutzern, erforderlich sind.

(2) [1] Der Betreiber oder ein von ihm Beauftragter hat das Betriebspersonal bei Beginn des Arbeitsverhältnisses und danach mindestens einmal jährlich zu unterweisen über

1. die Lage und die Bedienung der Feuerlöscheinrichtungen und -anlagen, Rauchabzugsanlagen, Brandmelde- und Alarmierungsanlagen und der Brandmelder- und Alarmzentrale,
2. die Brandschutzordnung, insbesondere über das Verhalten bei einem Brand oder bei einer Panik und die Maßnahmen zur Rettung von Menschen mit Behinderung sowie
3. die Betriebsvorschriften.

[2] Den Brandschutzdienststellen ist Gelegenheit zu geben, an der Unterweisung teilzunehmen. [3] Über die Unterweisung ist eine Niederschrift zu fertigen, die der Bauaufsichtsbehörde auf Verlangen vorzulegen ist.

---

1) Nr. 1.

(3) Im Einvernehmen mit der Brandschutzdienststelle sind Feuerwehrpläne anzufertigen und der örtlichen Feuerwehr zur Verfügung zu stellen.

§ 43 Sicherheitskonzept, Ordnungsdienst. (1) Erfordert es die Art der Veranstaltung, hat der Betreiber ein Sicherheitskonzept aufzustellen und einen Ordnungsdienst einzurichten.

(2) [1] Für Versammlungsstätten mit mehr als 5000 Besucherplätzen hat der Betreiber im Einvernehmen mit den für Sicherheit oder Ordnung zuständigen Behörden, insbesondere der Polizei, der Feuerwehr und der Rettungsdienste, ein Sicherheitskonzept aufzustellen. [2] Im Sicherheitskonzept sind die Mindestzahl der Kräfte des Ordnungsdienstes gestaffelt nach Besucherzahlen und Gefährdungsgraden sowie die betrieblichen Sicherheitsmaßnahmen und die allgemeinen und besonderen Sicherheitsdurchsagen festzulegen.

(3) Der Betreiber oder der Veranstalter haben für den nach dem Sicherheitskonzept erforderlichen Ordnungsdienst einen Ordnungsdienstleiter zu bestellen.

(4) [1] Der Ordnungsdienstleiter und die Ordnungsdienstkräfte sind für die betrieblichen Sicherheitsmaßnahmen verantwortlich. [2] Sie sind insbesondere für die Kontrolle an den Ein- und Ausgängen und den Zugängen zu den Besucherblöcken, die Beachtung der maximal zulässigen Besucherzahl und der Anordnung der Besucherplätze, die Beachtung der Verbote des § 35, die Sicherheitsdurchsagen sowie für die geordnete Evakuierung im Gefahrenfall verantwortlich.

Teil 5. Zusätzliche Bauvorlagen

§ 44 Zusätzliche Bauvorlagen, Bestuhlungs- und Rettungswegeplan.

(1) Mit den bautechnischen Nachweisen sind Standsicherheitsnachweise für dynamische Belastungen vorzulegen.

(2) [1] Zusätzlich zu den Angaben nach § 11 Abs. 1 der Bauvorlagenverordnung (BauVorlV) müssen die Bauvorlagen mindestens Angaben enthalten über

1. die Sicherheitsstromversorgung,
2. die Sicherheitsbeleuchtung,
3. die Einrichtungen zur Rauchableitung,
4. die Feuerlöscheinrichtungen,
5. die Brandmeldeanlage,
6. die Alarmierungsanlage,
7. den Verlauf der Rettungswege im Freien.

[2] Im Übrigen bleibt § 11 Abs. 2 BauVorlV unberührt.

(3) [1] Die Anordnung der Sitz- und Stehplätze, einschließlich der Plätze für Rollstuhlbenutzer, der Bühnen-, Szenen- oder Spielflächen sowie der Verlauf der Rettungswege sind in einem Bestuhlungs- und Rettungswegeplan im Maßstab von mindestens 1:200 darzustellen. [2] Sind verschiedene Anordnungen vorgesehen, so ist für jede ein besonderer Plan vorzulegen.

§ 45[1)] Gastspielprüfbuch. (1) Für den eigenen, gleich bleibenden Szenenaufbau von wiederkehrenden Gastspielveranstaltungen kann auf schriftlichen Antrag ein Gastspielprüfbuch erteilt werden.

---

1) § 45 Abs. 3 Satz 2 geänd. mWv 1.9.2018 durch V v. 7.8.2018 (GVBl. S. 694).

(2) [1]Das Gastspielprüfbuch muss dem Muster der **Anlage** entsprechen. [2]Der Veranstalter ist durch das Gastspielprüfbuch von der Verpflichtung entbunden, an jedem Gastspielort die Sicherheit des Szenenaufbaus und der dazu gehörenden technischen Einrichtungen erneut nachzuweisen. [3]Anforderungen, die sich aus den örtlichen Verhältnissen des jeweiligen Gastspielorts ergeben, bleiben unberührt.

(3) [1]Das Gastspielprüfbuch wird von der für den ersten Spielort zuständigen unteren Bauaufsichtsbehörde erteilt. [2]Die untere Bauaufsichtsbehörde kann dazu die Vorlage einer Bescheinigung der TÜV SÜD Industrie Service GmbH, München, oder der LGA (Landesgewerbeanstalt Bayern), Nürnberg, welche die Rechtswirkung einer Bescheinigung nach Art. 62 Abs. 1 Satz 4 BayBO[1)] hat, verlangen. [3]Die Geltungsdauer ist auf die Dauer der Tournee zu befristen und kann auf schriftlichen Antrag verlängert werden. [4]Vor der Erteilung ist eine technische Probe durchzuführen. [5]Die in einem anderen Land der Bundesrepublik Deutschland ausgestellten Gastspielprüfbücher werden anerkannt.

(4) [1]Das Gastspielprüfbuch ist der für den Gastspielort zuständigen Bauaufsichtsbehörde rechtzeitig vor der ersten Veranstaltung am Gastspielort vorzulegen. [2]Werden für die Gastspielveranstaltung Fliegende Bauten genutzt, ist das Gastspielprüfbuch mit der Anzeige der Aufstellung der Fliegenden Bauten vorzulegen. [3]Die Befugnisse nach Art. 54 BayBO bleiben unberührt.

Teil 6. Bestehende Versammlungsstätten

§ 46 Anwendung der Vorschriften auf bestehende Versammlungsstätten.

(1) Die zum Zeitpunkt des Inkrafttretens dieser Verordnung bestehenden Versammlungsstätten mit mehr als 5000 Besucherplätzen sind durch den Betreiber innerhalb von zwei Jahren folgenden Vorschriften anzupassen:

1. Kennzeichnung der Ausgänge und Rettungswege (§ 6 Abs. 6),
2. Sitzplätze (§ 10 Abs. 2),
3. Lautsprecheranlage (§ 20 Abs. 2 und § 26 Abs. 1),
4. Einsatzzentrale für die Polizei (§ 26 Abs. 2),
5. Abschrankung von Besucherbereichen (§ 27 Abs. 1 und 3),
6. Wellenbrecher (§ 28),
7. Abschrankung von Stehplätzen vor Szenenflächen (§ 29).

(2) Auf die zum Zeitpunkt des Inkrafttretens der Verordnung bestehenden Versammlungsstätten sind die Betriebsvorschriften des Teils 4 sowie § 10 Abs. 1, § 14 Abs. 3 und § 19 Abs. 6 entsprechend anzuwenden.

(3) [1]Die Bauaufsichtsbehörde hat Versammlungsstätten in Zeitabständen von höchstens drei Jahren zu prüfen. [2]Dabei ist auch die Einhaltung der Betriebsvorschriften zu überwachen und festzustellen, ob die vorgeschriebenen wiederkehrenden Prüfungen der sicherheitstechnischen Anlagen fristgerecht durchgeführt und etwaige Mängel beseitigt worden sind. [3]Den Ordnungsbehörden, der Gewerbeaufsicht und der Brandschutzdienststelle ist Gelegenheit zur Teilnahme an den Prüfungen zu geben. [4]Art. 73 Abs. 3 Satz 1 BayBO[1)] bleibt unberührt.

[1)] Nr. **1**.

§ 47[1)] Vorübergehende Verwendung von Räumen. [1]Sollen Veranstaltungen nach § 2 Abs. 1 vor mehr als 200 Besuchern nur vorübergehend in Räumen durchgeführt werden, die nicht den Vorschriften dieser Verordnung entsprechen, ist dies der zuständigen Bauaufsichtsbehörde unter Angabe von Art, Ort, Zeitpunkt und Dauer der Veranstaltung sowie der voraussichtlichen Teilnehmerzahl rechtzeitig anzuzeigen; dies gilt nicht für die Durchführung von Veranstaltungen in Räumen, die als Versammlungsräume genehmigt sind, wenn die Genehmigung die Art der Veranstaltung einschließt. [2]Die Bauaufsichtsbehörde bestätigt dem Betreiber oder Veranstalter den Eingang der Anzeige und teilt ihm mit, ob sie beabsichtigt, Maßnahmen nach Art. 54 Abs. 2 Satz 2 BayBO[2)] zu treffen. [3]Art. 73 Abs. 3 Satz 1 BayBO bleibt unberührt.

Teil 7. Schlussvorschriften

§ 48[3)] Ordnungswidrigkeiten. Ordnungswidrig nach Art. 79 Abs. 1 Satz 1 Nr. 1 BayBO[2)] und Art. 38 Abs. 4 LStVG[4)] handelt, wer vorsätzlich oder fahrlässig

1. als Betreiber entgegen § 31 Abs. 1 Satz 1 nicht sicherstellt, dass die Rettungswege sowie die Zufahrten, Aufstell- und Bewegungsflächen ständig frei gehalten werden,
2. als Betreiber oder Veranstalter entgegen § 31 Abs. 2 nicht sicherstellt, dass die Rettungswege ständig frei gehalten werden,
3. entgegen § 31 Abs. 3 Türen in Rettungswegen verschließt,
4. als Betreiber oder Veranstalter entgegen § 32 Abs. 1 nicht sicherstellt, dass die Zahl der genehmigten Besucherplätze nicht überschritten und die genehmigte Anordnung der Besucherplätze nicht geändert wird,
5. als Betreiber oder Veranstalter entgegen § 32 Abs. 3 nicht sicherstellt, dass Abschrankungen eingerichtet werden,
6. entgegen § 33 Abs. 1, 2, 3 oder Abs. 4 andere als die dort genannten Materialien verwendet oder entgegen § 33 Abs. 5 Sätze 1 und 2 Ausschmückungen anbringt,
7. als Betreiber oder Veranstalter entgegen § 33 Abs. 5 Satz 3 nicht sicherstellt, dass Ausschmückungen aus natürlichem Pflanzenschmuck sich nur, solang sie frisch sind, in den Räumen befinden,
8. als Betreiber oder Veranstalter entgegen § 33 Abs. 6 nicht sicherstellt, dass der Raum unter dem Schutzvorhang von Ausstattungen, Requisiten oder Ausschmückungen so freigehalten wird, dass die Funktion des Schutzvorhangs nicht beeinträchtigt wird,
9. als Betreiber oder Veranstalter entgegen § 33 Abs. 7 nicht sicherstellt, dass brennbares Material von Zündquellen wie Scheinwerfern so weit entfernt ist, dass das Material durch diese nicht entzündet werden kann,
10. entgegen § 34 Abs. 1 Halbsatz 1 Ausstattungen, Requisiten oder Ausschmückungen aufbewahrt oder entgegen § 34 Abs. 2 Szenenaufbauten bereitstellt,

---

1) § 47 Satz 1 neu gef. mWv 1.8.2009 durch V v. 8.7.2009 (GVBl. S. 332).
2) Nr. **1**.
3) § 48 bish. Nr. 6a–20 wird Nr. 7–25 mWv 1.8.2009 durch V v. 8.7.2009 (GVBl. S. 332).
4) Nr. **26**.

11. als Betreiber oder Veranstalter entgegen § 34 Abs. 3 nicht sicherstellt, dass an den Zügen von Bühnen und Szenenflächen nur Ausstattungsteile für einen Tagesbedarf aufgehängt werden,
12. entgegen § 34 Abs. 4 pyrotechnische Gegenstände, brennbare Flüssigkeiten oder anderes brennbares Material aufbewahrt,
13. entgegen § 35 Abs. 1 oder Abs. 2 Sätze 1 bis 3 raucht oder offenes Feuer, brennbare Flüssigkeiten oder Gase, explosionsgefährliche Stoffe oder pyrotechnische Gegenstände verwendet,
14. als Betreiber entgegen § 36 Abs. 4 nicht sicherstellt, dass die Sicherheitsbeleuchtung in Betrieb ist,
15. entgegen § 38 Abs. 2 auch in Verbindung mit Abs. 5 Satz 1 während des Betriebs nicht oder nicht ständig anwesend ist,
16. entgegen § 38 Abs. 4 auch in Verbindung mit Abs. 5 Satz 1 den Betrieb der Versammlungsstätte nicht einstellt,
17. als Betreiber oder Veranstalter entgegen § 40 Abs. 2 oder Abs. 3, auch in Verbindung mit Abs. 4, nicht sicherstellt, dass die dort genannten Personen anwesend sind,
18. entgegen § 40 Abs. 2 oder Abs. 3, auch in Verbindung mit Abs. 4, die Großbühne, Szenenfläche oder Mehrzweckhalle während des Betriebs verlässt,
19. entgegen § 41 Abs. 1 eine Brandsicherheitswache nicht einrichtet oder entgegen § 41 Abs. 3 die Veranstaltung nicht, nicht richtig, nicht vollständig oder nicht rechtzeitig anzeigt,
20. als Betreiber oder Veranstalter entgegen § 41 Abs. 2 Satz 1 nicht sicherstellt, dass eine Brandsicherheitswache der Feuerwehr anwesend ist,
21. entgegen § 42 Abs. 2 Satz 1 das Betriebspersonal nicht, nicht richtig, nicht vollständig oder nicht rechtzeitig unterweist,
22. entgegen § 43 Abs. 1 oder Abs. 2 Satz 1 ein Sicherheitskonzept nicht aufstellt oder nicht abstimmt, entgegen § 43 Abs. 1 keinen Ordnungsdienst einrichtet oder entgegen § 43 Abs. 3 keinen Ordnungsdienstleiter bestellt,
23. den in § 43 Abs. 4 Satz 2 bezeichneten Aufgaben nicht oder nicht ordnungsgemäß nachkommt,
24. als Betreiber den in § 46 Abs. 1 bezeichneten Pflichten nicht oder nicht rechtzeitig nachkommt,
25. als Betreiber oder Veranstalter entgegen § 47 Satz 1 die dort genannten Veranstaltungen nicht, nicht richtig oder nicht rechtzeitig anzeigt.

§ 49[1] Inkrafttreten, Außerkrafttreten. Diese Verordnung tritt am 1. Januar 2008 in Kraft; sie tritt mit Ablauf des 31. Dezember 2028 außer Kraft.

---

[1] § 49 Abs. 2 und 3 aufgeh. mWv 30.4.2013 durch G v. 8.4.2013 (GVBl. S. 174); Überschrift und Wortlaut geänd. mWv 1.9.2018 durch V v. 7.8.2018 (GVBl. S. 694).

Anlage[1)]
(zu § 45 VStättV)

GASTSPIELPRÜFBUCH

Gastspielveranstaltung	

Art der Veranstaltung	

Veranstalter	
Straße, Hausnummer	
PLZ, Ort	
Telefon	
Fax	
E-Mail	

das Gastspielprüfbuch gilt bis zum	

Auf der Grundlage der Angaben in diesem Gastspielprüfbuch, evtl. Auflagen und einer

nichtöffentlichen Probe am	
in der Veranstaltungsstätte	

ist der Nachweis der Sicherheit der Gastspielveranstaltung erbracht.

Dieses Gastspielprüfbuch ist in drei Ausfertigungen ausgestellt worden, davon verbleibt eine Ausfertigung bei der ausstellenden Behörde

ausgestellt am	
durch	

---

1) Anlage geänd. mWv 1.1.2013 durch V v. 7.12.2012 (GVBl. S. 732); aus technischen Gründen wird die Anlage erst geändert, wenn der Gesetzgeber einen neue Vorlage der Abbildung veröffentlicht.

- Seite 2 –

Name des Geschäftsführers / Vertreters des Veranstalters:	

(Anschrift, falls diese nicht mit der des Veranstalters identisch ist.)

Straße, Hausnummer	
PLZ, Ort	
Telefon	
Fax	
E-Mail	

Dieses Gastspielprüfbuch hat fünf Seiten und folgende Anhänge:

☐ ☐ Seiten statische Berechnungen (Anhang 1)
☐ ☐ Seiten Angaben über das Brandverhalten der Materialien (Anhang 2)
☐ ☐ Seiten Angaben über die feuergefährlichen Handlungen (Anhang 3)
☐ ☐ Seiten Angaben über pyrotechnische Effekte (Anhang 4)
☐ ☐ Seiten sonstige Angaben z. B. über Prüfzeugnisse, Baumuster (Anhang 5)

☐ ☐ Seiten ☐
☐ ☐ Seiten ☐

Veranstaltungsleiter gemäß § 38 Abs. 2 und 5 VStättV für die geplanten Gastspiele ist

Herr / Frau: ☐

Verantwortliche für Veranstaltungstechnik der Fachrichtung nach § 40 VStättV sind

1. **Bühne/Studio:**

Herr / Frau:	
Befähigungszeugnis-Nr.:	
Ausstellungsdatum:	
ausstellende Behörde:	

2. **Halle:**

Herr / Frau:	
Befähigungszeugnis-Nr.:	
Ausstellungsdatum:	
ausstellende Behörde:	

3. **Beleuchtung:**

Herr / Frau:	
Befähigungszeugnis-Nr.:	
Ausstellungsdatum:	
ausstellende Behörde:	

4. **Fachkraft für Veranstaltungstechnik** (§ 40 Abs. 4 VStättV)
Bei Szenenflächen mit nicht mehr als 200 m² Grundfläche

Herr / Frau: ☐

- Seite 3 –

1. Ausführliche Beschreibung der Veranstaltung

(Angaben zur Veranstaltungsart zu den vorgesehenen Gastspielen, zur Anzahl der Mitwirkenden, zu feuergefährlichen Handlungen, pyrotechnischen Effekten, anderen technischen Einrichtungen, z.B. Laser, zur Ausstattung, zum Ablauf der Veranstaltung und zu sonstigen Vorgängen, die Maßnahmen zur Gefahrenabwehr erforderlich machen.)

2. Darstellung der Aufbauten, Ausstattungen, technischen Einrichtungen

(Die Aufbauten und Ausstattungen sind zu beschreiben, zeichnerisch ist der Bühnenaufbau mindestens durch einen Grundriss und möglichst durch einen Schnitt darzustellen. Werden Ausrüstungen in größerem Umfang gehangen, ist ein Hängeplan erforderlich, auf bewegliche Teile der Dekoration und zum Aufbau gehörende maschinen- und elektrotechnische Einrichtungen und die damit verbundenen Gefahren ist hinzuweisen. Es sind Angaben zu mitgeführten Bühnen/Szenenflächen, Zuschauertribünen und Bestuhlungen zu machen, sonstige Angaben.)

- Seite 4 –

3. Gefährdungsanalyse

a) Bei gefährlichen szenischen Vorgängen ist eine Gefährdungsanalyse durchzuführen. Gefährliche szenische Vorgänge sind z. B. offene Verwandlungen, maschinentechnische Bewegungen, künstlerische Tätigkeiten im oder über dem Zuschauerbereich

Beschreibung der gefährlichen szenischen Handlung:	
Unterwiesene Personen:	
Schutzmaßnahmen:	

Einweisung vor jeder Probe und Vorstellung erforderlich: ☐ ja ☐ nein

b) Vor dem Einsatz gefährlicher szenischer Einrichtungen ist eine Gefährdungsanalyse durchzuführen. Gefährliche szenische Einrichtungen sind Geräte, Einrichtungen und Einbauten in kritischen Bereichen von Bühnen, Szenenflächen und Zuschauerbereichen, z. B. Unterbauen des Schutzvorhangs, Anordnung von Regieeinrichtungen, Vorführgeräten, Scheinwerfern, Kameras, Laseranlagen usw. im Zuschauerraum, Leitungsverbindungen zwischen Brandabschnitten.

Geräte, Einrichtungen und Einbauten:	
Unterbauen des Schutzvorhangs:	
Ortsveränderliche technische Einrichtungen im Zuschauerraum:	
Laseranlagen / Standort:	
Leitungsverbindungen:	
Sonstiges:	

- Seite 5 –

4. Auflagen

5. Rechtsbehelfsbelehrung

Gegen diesen Bescheid kann innerhalb eines Monats nach Bekanntgabe Klage erhoben werden. Die Klage ist schriftlich oder zur Niederschrift beim

Bayerischen Verwaltungsgericht	
in	

zu erheben.

Ort, Datum	Behörde
Unterschrift	Dienstsiegel

- Seite 6 –

Anhang 1

zum Gastspielprüfbuch

Titel der Gastspielveranstaltung

Standsicherheitsnachweis[*)]

(ggf. Hinweis auf beigefügte statische Berechnungen)

[*)] *ggf. weitere Seiten anfügen*

- Seite 7 –

Anhang 2

zum Gastspielprüfbuch

Titel der Gastspielveranstaltung

Baustoff- und Materialliste

In der VStättV werden an die zur Verwendung kommenden Baustoffe und Materialien brandschutztechnische Anforderungen gestellt. Folgende Mindestanforderungen sind zu erfüllen:

Ort: Gegenstand:	Szenenfläche ohne automatische Feuerlöschanlage	Szenenfläche mit automatischer Feuerlöschanlage	Großbühne	Zuschauerraum und Nebenräume	Foyer
Szenenpodien: Fußboden/Bodenbeläge	normal-entflammbar	normal-entflammbar	normal-entflammbar	normal-entflammbar	normal-entflammbar
Szenenpodien: Unterkonstruktion	nicht-brennbar	nicht-brennbar	nicht-brennbar	nicht-brennbar	nicht-brennbar
Vorhänge:	schwer-entflammbar	schwer-entflammbar	schwer-entflammbar	-	-
Ausstattungen:	schwer-entflammbar	normal-entflammbar	normal-entflammbar	-	-
Requisiten:	normal-entflammbar	normal-entflammbar	normal-entflammbar	-	-
Ausschmückungen:	schwer-entflammbar	schwer-entflammbar	schwer-entflammbar	schwer-entflammbar	schwer-entflammbar

Erläuterungen:

Nach Bauregelliste A Teil1, Anlage 0.2 sind den bauordnungsrechtlichen Anforderungen an Baustoffe folgende Baustoffklassen nach DIN 4102-1 zugeordnet:

nichtbrennbare Baustoffe:	**A (A1, A2)**
brennbare Baustoffe:	**B**
- schwerentflammbare Baustoffe:	**B1**
- normalentflammbare Baustoffe:	**B2**

Soweit die eingesetzten Materialien keine Baustoffe sind, werden die Bezeichnungen entsprechend den für Baustoffe geltenden Klassifizierungen verwendet.

Ort bezeichnet den Einsatzort des Baustoffes oder Materials:

B = Bühne
S = Szenenfläche
SmF = Szenenfläche mit automatischer Feuerlöschanlage
SoL = Szenenfläche ohne automatische Feuerlöschanlage
Z = Zuschauerraum (bei Versammlungsstätten mit Bühnenhaus)
V = Versammlungsraum
F = Foyer

Für Baustoffe und Materialien sind die Verwendungsnachweise nach Art. 15 ff. BayBO zu führen. Für Textilien und Möbel können gleichwertige Klassifizierungen nach den dafür geltenden Normen nachgewiesen werden.

Ist das Material nach DIN 4102-1 geprüft und klassifiziert, so wird das Brandverhalten mit dem (allgemeinen bauaufsichtlichen) Prüfzeugnis nachgewiesen. Ansonsten ist das Material mit einem dafür durch allgemeines bauaufsichtliches Prüfzeugnis zugelassenen Feuerschutzmittel zu behandeln, durch das die Zuordnung zu einer angestrebten Baustoffklasse erreicht wird.

- Seite 8 –

(noch Anhang 2)

zum Gastspielprüfbuch

Titel der Gastspielveranstaltung

Zur Verwendung kommen folgende Baustoffe und Materialien[*]):

Baustoff oder Material				Feuerschutz		
lfd. Nr.	Beschreibung	Baustoffklasse - Klassifizierung nachgewiesen	Ort	Feuerschutzmittel - Nr. des allgemeinen bauaufsichtlichen Prüfzeugnisses	damit erreichte Baustoff-klasse	aufgebracht am

[*]) *ggf. weitere Seiten anfügen*

- Seite 9 –

Anhang 3

zum Gastspielprüfbuch

Titel der Gastspielveranstaltung

Angaben über feuergefährliche Handlungen
Dieser Anhang ist erforderlich, wenn auf der Bühne/Szenenfläche oder im Versammlungsraum szenisch bedingt geraucht oder offenes Feuer verwendet wird. Feuergefährliche Handlungen sind der zuständigen Behörde am Gastspielort anzuzeigen. Für feuergefährliche Handlungen, von denen eine besondere Gefahr wegen ihrer Art oder der Nähe des Abbrennortes zu Ausstattungen oder Personen ausgeht, ist eine Gefährdungsanalyse durchzuführen. Für die Einhaltung der sich daraus ergebenden Auflagen ist der Veranstalter verantwortlich.

Handlungen mit offenem Feuer[*]:

Zeitpunkt im Ablauf	Anzahl	Art (Zigarette, Kerze o. Ä.)	Szenischer Ablauf (Ablauf der Aktion)	Ort auf der Bühne / Szenenfläche	Löschen / Aschenablage	Nummer der Gefährdungs-analyse

Erläuterungen:
Der Zeitpunkt im Ablauf kann, je nach Veranstaltungstyp, in Akten, Szenen, Bildern, Programmpunkten oder Musikstücken oder in Minuten von einer Nullzeit ausgehend, angegeben werden. Unter Anzahl ist die Stückzahl der zu diesem Zeitpunkt entzündeten Effekte einzutragen. Art bezeichnet den Typ des Effektes (z. B. Zigarette, Kerze, Fackel, Brennpaste, Gas usw.), Ort auf der Bühne/Szenenfläche bezeichnet, in welchem Teilraum oder auf welcher Teilfläche die Aktion hauptsächlich stattfindet. Unter Löschen/Aschenablage sind die Vorrichtungen einzutragen, die für das sichere Löschen der feuergefährlichen Gegenstände oder für die Ablage der Asche vorgesehen sind.

---

[*] *ggf. weitere Seiten anfügen*

- Seite 10 –

(noch Anhang 3)

zum Gastspielprüfbuch

Titel der Gastspielveranstaltung

Brandschutztechnische Gefährdungsanalyse[*)]:

(Für feuergefährliche Handlungen, von denen eine besondere Gefahr wegen ihrer Art oder der Nähe des Abbrennortes zu Ausstattungen oder Personen ausgeht, ist eine Gefährdungsanalyse durchzuführen).

Feuergefährliche Handlungen

Gefahren durch:

- ☐ Flammbildung
- ☐ Funkenflug
- ☐ Blendung
- ☐ Wärmestrahlung
- ☐ Abtropfen heißer Schlacke
- ☐ Druckwirkung
- ☐ Splittereinwirkung
- ☐ Staubablagerung
- ☐ Schallwirkung
- ☐ Gegenseitige Beeinflussung verschiedener Effekte
- ☐ Gesundheitsgefährdende Gase, Stäube, Dämpfe, Rauch

Schutzmaßnahmen:

Abstände zu Personen:	
Abstände zu Dekorationen:	
Unterwiesene Personen:	
Lösch- und Feuerbekämpfungsmittel:	

Sonstige Maßnahmen:

*) *ggf. weitere Seiten anfügen*

- Seite 11 –

Anhang 4

zum Gastspielprüfbuch

Titel der Gastspielveranstaltung

Angaben über die pyrotechnischen Effekte

Diese Angaben sind erforderlich, wenn auf der Bühne/Szenenfläche oder im Versammlungsraum szenisch bedingte pyrotechnische Effekte durchgeführt werden. Pyrotechnische Effekte sind der zuständigen Behörde anzuzeigen und bedürfen der Genehmigung. Für pyrotechnische Effekte, von denen eine besondere Gefahr wegen ihrer Art oder der Nähe des Abbrennortes zu Ausstattungen oder Personen ausgeht, ist eine Gefährdungsanalyse durchzuführen. Für die Einhaltung der sich daraus ergebenden Auflagen ist der Veranstalter verantwortlich.

Hinweis:
Pyrotechnische Effekte der Klassen III, IV und T2 dürfen nur von verantwortlichen Personen im Sinne der §§ 19 und 21 SprengG durchgeführt werden. Pyrotechnische Gegenstände der Klassen I, II und T1 dürfen auch von Personen ohne Befähigungsschein verwendet werden, wenn sie vom Veranstalter hierzu beauftragt sind.

Nach Sprengstoffrecht verantwortliche Personen:

Erlaubnisscheininhaber:

Name, Vorname:	
Erlaubnisschein-Nr.:	
Ausstellungsdatum:	
ausstellende Behörde:	

Befähigungsscheininhaber:

Name, Vorname:	
Befähigungsschein-Nr.:	
Ausstellungsdatum:	
ausstellende Behörde:	

Beauftragte Person: (nur Klasse I, II, T1)

Herr / Frau:	

- Seite 12 –

(noch Anhang 4)

zum Gastspielprüfbuch

Titel der Gastspielveranstaltung

Pyrotechnische Effekte[*)]

lfd. Nr.	Zeitpunkt im Ablauf	Anzahl	Art des Effektes	BAM-Nummer	Ort auf der Bühne / Szenenfläche	Dauer des Effektes	Nummer der Gefährdungs-analyse

Erläuterungen:
Unter lfd. Nr. sind die vorgesehenen Effekte fortlaufend in der Reihenfolge des Abbrennens zu nummerieren. Der Zeitpunkt im Ablauf kann, je nach Veranstaltungstyp, in Akten, Szenen, Bildern, Programmpunkten oder Musikstücken oder in Minuten von einer Nullzeit ausgehend, angegeben werden. Unter Anzahl ist die Stückzahl der zu diesem Zeitpunkt gezündeten, identischen Effekte einzutragen. Art bezeichnet den Typ des Effektes (Bühnenblitz, Fontäne o. a.). BAM-Nummer meint das Zulassungszeichen der Bundesanstalt für Materialprüfung. Bei Ort auf der Bühne / Szenenfläche ist anzugeben, wo die Effekte gezündet werden. Dauer des Effektes bezeichnet die Zeitspanne vom Zünden des Effektes bis zum endgültigen Verlöschen in Sekunden. Bei extrem kurzzeitigen Effekten, wie Blitzen oder Knallkörpern, ist eine "0" einzutragen.

- Seite 13 –

(noch Anhang 4)

zum Gastspielprüfbuch

Titel der Gastspielveranstaltung

Pyrotechnische Gefährdungsanalyse[*)]

(Vor dem Einsatz pyrotechnischer Effekte ist eine Gefährdungsanalyse durchzuführen.)

Pyrotechnische Effekte

Gefahren durch:

- ☐ Flammbildung
- ☐ Funkenflug
- ☐ Blendung
- ☐ Wärmestrahlung
- ☐ Abtropfen heißer Schlacke
- ☐ Druckwirkung
- ☐ Splittereinwirkung
- ☐ Staubablagerung
- ☐ Schallwirkung
- ☐ Gegenseitige Beeinflussung verschiedener Effekte
- ☐ Gesundheitsgefährdende Gase, Stäube, Dämpfe, Rauch

Schutzmaßnahmen:

Abstände zu Personen:	
Abstände zu Dekorationen:	
Unterwiesene Personen:	
Lösch- und Feuerbekämpfungsmittel:	

Sonstige Maßnahmen:

- Seite 14 –

Anhang 5

zum Gastspielprüfbuch

Titel der Gastspielveranstaltung

Sonstige Angaben

Für folgende Bauprodukte liegen Prüfzeugnisse vor:

Für folgende Fliegende Bauten liegen Ausführungsgenehmigungen vor:

16. Verordnung über den Bau und Betrieb von Beherbergungsstätten (Beherbergungsstättenverordnung – BStättV)[1)2)]

Vom 2. Juli 2007
(GVBl. S. 538)

BayRS 2132-1-19-B

zuletzt geänd. durch § 7 V zur Anpassung an die Bayerische Bauordnung v. 7.8.2018 (GVBl. S. 694)

Auf Grund des Art. 90 Abs. 1 Satz 1 Nr. 3 der Bayerischen Bauordnung (BayBO)[3)] in der Fassung der Bekanntmachung vom 4. August 1997 (GVBl S. 433, BayRS 2132-1-I), zuletzt geändert durch Gesetz vom 10. März 2006 (GVBl S. 120), erlässt das Bayerische Staatsministerium des Innern folgende Verordnung:

§ 1 Anwendungsbereich. (1) Die Vorschriften dieser Verordnung gelten für Beherbergungsstätten mit mehr als 30 Gastbetten.

(2) Die Vorschriften dieser Verordnung gelten nicht für Berghütten.

§ 2[4)] Begriffe und allgemeine Anforderungen. (1) Beherbergungsstätten sind Gebäude oder Gebäudeteile, die ganz oder teilweise für die Beherbergung von Gästen, ausgenommen die Beherbergung in Ferienwohnungen, bestimmt sind.

(2) [1]Beherbergungsräume sind Räume, die dem Wohnen oder Schlafen von Gästen dienen. [2]Eine Folge unmittelbar zusammenhängender Beherbergungsräume (Suite) gilt als ein Beherbergungsraum.

(3) Gasträume sind Räume, die für den Aufenthalt von Gästen, jedoch nicht zum Wohnen oder Schlafen bestimmt sind, wie Speiseräume und Tagungsräume.

(4) Soweit in dieser Verordnung nichts Abweichendes geregelt ist, gelten die Anforderungen der Bayerischen Bauordnung; nicht anzuwenden sind die Erleichterungen für Gebäude der Gebäudeklassen 1 und 2 sowie die Erleichterungen innerhalb derselben Nutzungseinheit mit nicht mehr als 400 m^2.

§ 3 Rettungswege. (1) [1]Für jeden Beherbergungsraum müssen mindestens zwei voneinander unabhängige Rettungswege vorhanden sein; sie dürfen jedoch innerhalb eines Geschosses über denselben notwendigen Flur führen. [2]Der erste Rettungsweg muss für Beherbergungsräume, die nicht zu ebener Erde liegen, über eine notwendige Treppe führen, der zweite Rettungsweg

---

1) **Amtl. Anm.:** Die Verpflichtungen aus der Richtlinie 98/34/EG des Europäischen Parlaments und des Rates vom 22. Juni 1998 über ein Informationsverfahren auf dem Gebiet der Normen und technischen Vorschriften (ABl EG Nr. L 204 S. 37), geändert durch die Richtlinie 98/48/EG des Europäischen Parlaments und des Rates vom 20. Juli 1998 (ABl EG Nr. L 217 S. 18), jetzt Richtlinie des Europäischen Parlaments und des Rates über ein Informationsverfahren auf dem Gebiet der Normen und technischen Vorschriften und der Vorschriften für die Dienste der Informationsgesellschaft, sind beachtet worden.

2) **Die Verordnung tritt mit Ablauf des 31.12.2028 außer Kraft**, vgl. § 15.

3) Nr. **1**.

4) § 2 Überschrift geänd., Abs. 4 angef. mWv 1.1.2008 durch V v. 29.11.2007 (GVBl. S. 847).

über eine weitere notwendige Treppe oder eine Außentreppe. [3] In Beherbergungsstätten mit insgesamt nicht mehr als 60 Gastbetten genügt als zweiter Rettungsweg eine mit Rettungsgeräten der Feuerwehr erreichbare Stelle des Beherbergungsraums; dies gilt nicht, wenn in einem nicht zu ebener Erde liegenden Geschoss mehr als 30 Gastbetten vorhanden sind.

(2) [1] An den Abzweigungen notwendiger Flure, an den Zugängen zu notwendigen Treppenräumen und an den Ausgängen ins Freie ist durch Sicherheitszeichen auf die Ausgänge hinzuweisen. [2] Die Sicherheitszeichen müssen beleuchtet sein.

§ 4[1)] Tragende Wände, Stützen, Decken. (1) [1] Tragende Wände, Stützen und Decken müssen feuerbeständig sein. [2] Dies gilt nicht für oberste Geschosse von Dachräumen, wenn sich dort keine Beherbergungsräume befinden; § 5 Abs. 4 bleibt unberührt.

(2) Tragende Wände, Stützen und Decken brauchen nur feuerhemmend zu sein

1. in Gebäuden mit nicht mehr als zwei oberirdischen Geschossen,
2. in obersten Geschossen von Dachräumen mit Beherbergungsräumen.

(3) Die Anforderungen gelten nicht für Balkone, ausgenommen offene Gänge, die als notwendige Flure dienen.

§ 5[2)] Trennwände, Brandwände. (1) [1] Trennwände müssen feuerbeständig sein

1. zwischen Räumen einer Beherbergungsstätte und Räumen, die nicht zu der Beherbergungsstätte gehören,

sowie

2. zwischen Beherbergungsräumen und
   a) Gasträumen,
   b) Küchen.

[2] Soweit in Beherbergungsstätten die tragenden Wände, Stützen und Decken nur feuerhemmend zu sein brauchen, genügen feuerhemmende Trennwände.

(2) Trennwände zwischen Beherbergungsräumen sowie zwischen Beherbergungsräumen und sonstigen Räumen müssen feuerhemmend sein.

(3) [1] In Trennwänden nach Abs. 1 Satz 1 Nr. 2 und nach Abs. 2 sind Öffnungen unzulässig. [2] Öffnungen in Trennwänden nach Abs. 1 Satz 1 Nr. 1 müssen feuerhemmende, rauchdichte und selbstschließende Abschlüsse haben.

(4) Trennwände sind bis zur Rohdecke, im Dachraum bis unter die Dachhaut zu führen; werden in Dachräumen Trennwände nur bis zur Rohdecke geführt, ist diese Decke als raumabschließendes Bauteil einschließlich der sie tragenden und aussteifenden Bauteile feuerhemmend herzustellen.

(5) Brandwände müssen auch unter zusätzlicher mechanischer Beanspruchung feuerbeständig sein und aus nichtbrennbaren Baustoffen bestehen.

[1)] § 4 Abs. 1 Satz 2 geänd., Abs. 3 angef. mWv 1.1.2008 durch V v. 29.11.2007 (GVBl. S. 847).

[2)] § 5 Überschrift neu gef., Abs. 4 und 5 angef. mWv 1.1.2008 durch V v. 29.11.2007 (GVBl. S. 847).

§ 6[1)] Notwendige Treppen und Treppenräume, notwendige Flure, Fahrschächte. (1) [1]Notwendige Treppen sind in einem Zuge zu allen angeschlossenen Geschossen zu führen. [2]Die Wände notwendiger Treppenräume müssen die Feuerwiderstandsfähigkeit der tragenden Wände haben; in Gebäuden mit mehr als drei oberirdischen Geschossen müssen sie in der Bauart von Brandwänden hergestellt sein.

(2) In notwendigen Fluren müssen Bodenbeläge aus mindestens schwerentflammbaren Baustoffen bestehen.

(3) In notwendigen Fluren mit nur einer Fluchtrichtung (Stichfluren) darf die Entfernung zwischen Türen von Beherbergungsräumen und notwendigen Treppenräumen oder Ausgängen ins Freie nicht länger als 15 m sein.

(4) Stufen in notwendigen Fluren müssen beleuchtet sein.

(5) [1]In Gebäuden mit mehreren notwendigen Treppen darf der Ausgang eines Treppenraums in eine Eingangshalle mit Rezeption und von dort ins Freie führen. [2]Die Entfernung von der Treppe bis ins Freie darf nicht mehr als 20 m betragen. [3]Die Halle muss zu anderen Räumen Trennwände nach § 5 Abs. 1 und Öffnungen mit Abschlüssen nach § 5 Abs. 3 Satz 2 haben.

(6) [1]Fahrschachtwände müssen als raumabschließende Bauteile feuerbeständig und aus nichtbrennbaren Baustoffen sein. [2]In Gebäuden mit nicht mehr als zwei oberirdischen Geschossen genügen feuerhemmende Wände.

§ 7 Türen. (1) Feuerhemmende, rauchdichte und selbstschließende Türen müssen vorhanden sein in Öffnungen

1. von notwendigen Treppenräumen zu anderen Räumen, ausgenommen zu notwendigen Fluren, und
2. von notwendigen Fluren in Kellergeschossen zu Räumen, die von Gästen nicht benutzt werden.

(2) Rauchdichte und selbstschließende oder vollwandige, dicht- und selbstschließende Türen müssen vorhanden sein in Öffnungen

1. von notwendigen Treppenräumen zu notwendigen Fluren,
2. von notwendigen Fluren zu Beherbergungsräumen und
3. von notwendigen Fluren zu Gasträumen und Eingangshallen, wenn an den Fluren in demselben Rauchabschnitt Öffnungen zu Beherbergungsräumen liegen.

(3) Türen von Beherbergungsräumen müssen im Brandfall von der Feuerwehr geöffnet werden können.

§ 8 Sicherheitsbeleuchtung, Sicherheitsstromversorgung. (1) Beherbergungsstätten müssen

1. in notwendigen Fluren und in notwendigen Treppenräumen,
2. in Räumen zwischen notwendigen Treppenräumen und Ausgängen ins Freie,
3. für Sicherheitszeichen, die auf Ausgänge hinweisen, und
4. für Stufen in notwendigen Fluren

[1)] § 6 Überschrift und Abs. 1 neu gef., Abs. 2 Satz 1 aufgeh., bish. Satz 2 wird alleiniger Wortlaut und geänd., Abs. 5 Satz 1 geänd., Abs. 6 angef. mWv 1.1.2008 durch V v. 29.11.2007 (GVBl. S. 847).

eine Sicherheitsbeleuchtung haben.

(2) Beherbergungsstätten müssen eine Sicherheitsstromversorgung haben, die bei Ausfall der allgemeinen Stromversorgung den Betrieb der sicherheitstechnischen Anlagen und Einrichtungen übernimmt, insbesondere

1. der Sicherheitsbeleuchtung,
2. der Alarmierungseinrichtungen und
3. der Brandmeldeanlage.

§ 9 Alarmierungseinrichtungen, Brandmeldeanlagen, Brandfallsteuerung von Aufzügen. (1) [1] Beherbergungsstätten müssen Alarmierungseinrichtungen haben, durch die im Gefahrenfall die Betriebsangehörigen und Gäste gewarnt werden können. [2] Bei Beherbergungsstätten mit mehr als 60 Gastbetten müssen sich die Alarmierungseinrichtungen bei Auftreten von Rauch in den notwendigen Fluren auch selbsttätig auslösen.

(2) [1] Beherbergungsstätten mit mehr als 60 Gastbetten müssen Brandmeldeanlagen mit automatischen Brandmeldern und mit nichtautomatischen Brandmeldern (Handfeuermeldern) haben. [2] Die automatischen Brandmelder müssen auf die Kenngröße Rauch ansprechen und mindestens die notwendigen Flure überwachen. [3] Die nichtautomatischen Brandmelder sind in den notwendigen Fluren in ausreichender Zahl und an gut sichtbarer Stelle anzubringen.

(3) [1] Aufzüge von Beherbergungsstätten mit mehr als 60 Gastbetten sind mit einer Brandfallsteuerung auszustatten, die durch die automatische Brandmeldeanlage ausgelöst wird. [2] Die Brandfallsteuerung hat sicherzustellen, dass die Aufzüge das nicht vom Rauch betroffene Eingangsgeschoss, ansonsten das in Fahrtrichtung davor liegende Geschoss, anfahren und dort mit geöffneten Türen außer Betrieb gehen.

§ 10 Weitergehende Anforderungen. An Beherbergungsstätten in Hochhäusern können aus Gründen des Brandschutzes weitergehende Anforderungen gestellt werden.

§ 11 Freihalten der Rettungswege, Brandschutzordnung, verantwortliche Personen. (1) [1] Die Rettungswege müssen frei von Hindernissen sein. [2] Türen im Zug von Rettungswegen dürfen nicht versperrt werden und müssen von innen leicht zu öffnen sein.

(2) [1] In jedem Beherbergungsraum sind an dessen Ausgang ein Rettungswegplan mit Angaben zur Lage des Beherbergungsraums, zum Verlauf der Rettungswege und zur Art des Alarmzeichens sowie Hinweise zum Verhalten bei einem Brand anzubringen. [2] Die Hinweise müssen auch in den Fremdsprachen, die der Herkunft der üblichen Gäste Rechnung tragen, abgefasst sein.

(3) Für Beherbergungsstätten mit mehr als 60 Gastbetten sind im Einvernehmen mit der für den Brandschutz zuständigen Dienststelle

1. eine Brandschutzordnung zu erstellen und
2. Feuerwehrpläne anzufertigen; die Feuerwehrpläne sind der örtlichen Feuerwehr zur Verfügung zu stellen.

(4) Die Betriebsangehörigen sind bei Beginn des Arbeitsverhältnisses und danach mindestens einmal jährlich

1. über die Bedienung der Alarmierungseinrichtungen und der Brandmelder zu unterweisen und
2. über die Brandschutzordnung und das Verhalten bei einem Brand und über die Hilfestellung für behinderte Menschen zu belehren.

(5) [1] Während des Betriebs von Beherbergungsstätten muss der Betreiber oder ein von ihm Beauftragter herbeigerufen werden können. [2] Für die Einhaltung der in den Abs. 1 bis 4 gestellten Anforderungen ist der Betreiber oder der von ihm Beauftragte verantwortlich.

§ 12[1)] Zusätzliche Bauvorlagen. [1] Zusätzlich zu den Angaben nach § 11 Abs. 1 Bauvorlagenverordnung (BauVorlV)[2)] müssen die Bauvorlagen mindestens Angaben enthalten über

1. die Sicherheitsbeleuchtung,
2. die Sicherheitsstromversorgung,
3. die Alarmierungseinrichtungen,
4. die Brandmeldeanlage,
5. den Verlauf der Rettungswege im Freien,
6. die Anzahl und Art der die bauliche Anlage nutzenden Personen.

[2] Im Übrigen bleibt § 11 Abs. 2 BauVorlV unberührt.

§ 13 Anwendung der Vorschriften auf bestehende Beherbergungsstätten. Auf die im Zeitpunkt des Inkrafttretens dieser Verordnung bestehenden Beherbergungsstätten sind die Vorschriften des § 11 anzuwenden.

§ 14[3)] Ordnungswidrigkeiten. Ordnungswidrig nach Art. 79 Abs. 1 Satz 1 Nr. 1 BayBO[4)] handelt, wer vorsätzlich oder fahrlässig

1. entgegen § 11 Abs. 1 auch in Verbindung mit Abs. 5 Satz 2 Rettungswege nicht frei von Hindernissen hält, Türen im Zug von Rettungswegen versperrt oder versperren lässt oder als Verantwortlicher nicht dafür sorgt, dass diese Türen von innen leicht geöffnet werden können,
2. entgegen § 11 Abs. 2 Satz 1 auch in Verbindung mit Abs. 5 Satz 2 den Rettungswegplan und Hinweise zum Verhalten bei einem Brand nicht oder nicht in jedem Beherbergungsraum anbringt oder anbringen lässt.

§ 15[5)] Inkrafttreten, Außerkrafttreten. Diese Verordnung tritt am 1. September 2007 in Kraft; sie tritt mit Ablauf des 31. Dezember 2028 außer Kraft.

Nrn. 17–19 *(nicht belegt)*

[1)] § 12 Satz 1 einleit. Satzteil und Nr. 5 und Satz 2 geänd., Nr. 6 angef., mWv 1.1.2008 durch V v. 29.11.2007 (GVBl. S. 847).

[2)] Nr. **3**.

[3)] § 14 geänd. mWv 1.1.2008 durch V v. 29.11.2007 (GVBl. S. 847); geänd. mWv 1.8.2009 durch V v. 8.7.2009 (GVBl. S. 332).

[4)] Nr. **1**.

[5)] § 15 Überschrift und Wortlaut geänd. mWv 1.9.2018 durch V v. 7.8.2018 (GVBl. S. 694).

20. Zuständigkeitsverordnung im Bauwesen (ZustVBau)[1]

Vom 5. Juli 1994
(GVBl. S. 573)

BayRS 2130-3-B

zuletzt geänd. durch V zur Änderung der Zuständigkeitsverordnung und weiterer Rechtsvorschriften v. 16.6.2020 (GVBl. S. 310)

Es erlassen auf Grund

1. von § 19 Abs. 5 und § 203 Abs. 1 und 3 des Baugesetzbuchs (BauGB) in der Fassung der Bekanntmachung vom 27. August 1997 (BGBl I S. 2141), die Bayerische Staatsregierung
2. von § 11 Abs. 1, 2, 3 und 7, § 13 Abs. 1 und 2 sowie § 16 Abs. 4 des Bauproduktengesetzes (BauPG) vom 10. August 1992 (BGBl I S. 1495), zuletzt geändert durch § 16 des Gesetzes vom 22. April 1997 (BGBl I S. 934),
   Art. 59 Abs. 2 und 3, Art. 90 Abs. 7 und 8 und Art. 92 der Bayerischen Bauordnung (BayBO)[2] in der Fassung der Bekanntmachung vom 4. August 1997 (GVBl.S. 433, BayRS 2132-1-I)
   das Bayerische Staatsministerium des Innern

folgende Verordnung:

Nichtamtliche Inhaltsübersicht[3]

§ 1[4] **Zuständigkeiten der Regierungen.** (1) Die Regierung ist zuständige Behörde für die Zustimmung zur Beschränkung der Kosten- und Finanzierungsübersicht nach § 149 Abs. 4 Satz 1 BauGB.

(2) Die Regierung ist zuständige Behörde zum Erlaß von Rechtsverordnungen nach § 203 Abs. 1 BauGB; soweit Gemeinden aus verschiedenen Regierungsbezirken betroffen sind, ist das Staatsministerium für Wohnen, Bau und Verkehr zuständige Behörde.

---

[1] Änderungen vor dem 1.10.1999 sind nicht in Fußnoten nachgewiesen.

[2] Nr. **1**.

[3] Amtl. Inhaltsübersicht aufgeh. mWv 15.7.2020 durch V v. 16.6.2020 (GVBl. S. 310).

[4] § 1 Abs. 1 neu gef. mWv 1.10.2006 durch V v. 13.9.2006 (GVBl. S. 748); Abs. 2 geänd. mWv 30.8.2014 durch V v. 22.7.2014 (GVBl. S. 286); Abs. 2 geänd. mWv 1.5.2019 durch V v. 26.3.2019 (GVBl. S. 98).

§ 2[1)] Zuständigkeiten der Landratsämter. (1) Die Genehmigung von Flächennutzungsplänen (§ 6 BauGB) und von Bebauungsplänen (§ 10 Abs. 2 Satz 1 BauGB) kreisangehöriger Gemeinden erteilen die Landratsämter.

(2) Abs. 1 gilt nicht für Flächennutzungspläne und Bebauungspläne der Großen Kreisstädte.

(3) Das Verlangen, daß bestimmte Verfahrensabschnitte wiederholt werden (§ 204 Abs. 3 Satz 3 BauGB), obliegt für kreisangehörige Gemeinden mit Ausnahme der in Abs. 2 genannten Gemeinden den Landratsämtern.

(4) Schließen sich Gemeinden, die demselben Landkreis angehören, zur Wahrnehmung von Aufgaben nach dem BauGB zusammen (gemäß §§ 204, 205 BauGB oder im Sinn von § 205 Abs. 6 BauGB), so obliegen die in Abs. 1 und 3 genannten Befugnisse ebenfalls den Landratsämtern, sofern diese jeweils gemäß Abs. 1 bis 3 im Fall jeder der beteiligten Gemeinden zuständig wären.

§ 3[2)] Zuständigkeit für Enteignungen und vergleichbare Verfahren.

(1) Enteignungen nach dem Baugesetzbuch und Verfahren, in denen die Enteignungsbehörde in entsprechender Anwendung der Vorschriften des Fünften Teils des Ersten Kapitels des Baugesetzbuchs zu entscheiden hat, führen die Kreisverwaltungsbehörden durch (Enteignungsbehörden).

(2) Ist in von Abs. 1 nicht erfaßten Fällen eine Entschädigung in Geld, durch Übernahme eines Grundstücks oder Begründung eines Rechts zu leisten, werden die Aufgaben der höheren Verwaltungsbehörde, die darüber mangels Einigung des Entschädigungsberechtigten und des Entschädigungsverpflichteten zu entscheiden hat, den Kreisverwaltungsbehörden übertragen (§ 18 Abs. 2 Satz 4, § 28 Abs. 6 Satz 3, § 43 Abs. 2 Satz 1, § 126 Abs. 2 Satz 2, § 150 Abs. 2, § 185 Abs. 2 Satz 2 und Abs. 3 Satz 3, § 209 Abs. 2 Satz 1 Halbsatz 2 BauGB).

(3) Die Zustimmung zum Antrag auf Durchführung einer Unternehmensflurbereinigung (§ 190 Abs. 1 Satz 1 BauGB) erteilt die Kreisverwaltungsbehörde.

§ 4 Zuständigkeit für die Bescheinigung nach § 6b Abs. 9 EStG. Die unteren Bauaufsichtsbehörden sind zuständige Behörden für die Bescheinigung nach § 6b Abs 9 des Einkommensteuergesetzes.

§ 5[3)] Übertragung nach Art. 53 Abs. 2 BayBO. (1) Die Aufgaben der unteren Bauaufsichtsbehörde im Sinn von Art. 53 Abs. 2 Satz 1 Nr. 1 BayBO[4)] werden den Städten Burghausen, Feuchtwangen, Friedberg, Sulzbach-Rosen-

---

[1)] § 2 Abs. 7 geänd. mWv 1.1.2001 durch V v. 7 12. 2000 (GVBl. S. 966); Abs. 2 Nr. 2 neu gef., Abs. 3 und 4 geänd., Abs 6 aufgeh., bish Abs. 7 wird Abs. 6 und geänd. mWv 1.10.2006 durch V v. 13.9.2006 (GVBl. S. 748); Abs. 1 geänd., Abs. 2 neu gef., Abs. 3 und 4 aufgeh., bish. Abs. 5 wird Abs. 3 und geänd., bish. Abs. 6 wird Abs. 4 und geänd. mWv 1.9.2013 durch V v. 3.9.2013 (GVBl. S. 575); Abs. 5 angef. mWv 1.8.2016 durch V v. 12.7.2016 (GVBl. S. 191), Abs. 5 tritt mit Ablauf des 31. Dezember 2019 außer Kraft, vgl. § 11 Satz 2.

[2)] § 3 Abs. 2 geänd. mWv 15.7.2020 durch V v. 16.6.2020 (GVBl. S. 310).

[3)] § 5 Abs. 2 geänd. mWv 1.5.2000 durch G v. 4.4.2000 (GVBl. S. 286); Abs. 1 geänd. mWv 1.1.2001 durch V v. 7.12.2000 (GVBl. S. 966); Abs. 1 neu gef., Abs. 2 geänd. mWv 1.1.2003 durch V v. 7.7.2002 (GVBl. S. 345); Abs. 1 geänd. mWv 1.1.2005 durch V v. 24.11.2004 (GVBl. S. 502); Überschrift, Abs. 1 und 2 geänd. mWv 1.1.2008 durch V v. 29.11.2007 (GVBl. S. 847); Abs. 2 geänd. mWv 1.5.2014 durch V v. 7.4.2014 (GVBl. S. 171).

[4)] Nr. **1**.

berg, Waldkraiburg und Alzenau i. UFr. sowie dem Markt Garmisch-Partenkirchen und der Gemeinde Vaterstetten übertragen.

(2) Die Aufgaben der unteren Bauaufsichtsbehörde im Sinn von Art. 53 Abs. 2 Satz 1 Nr. 2 BayBO werden den Städten Neustadt a.d. Aisch, Pfaffenhofen a.d. Ilm, Waldsassen, Bad Wörishofen und Wunsiedel übertragen.

§ 6[1)] Zuständigkeit für fliegende Bauten. Zur Entscheidung über die Ausführungsgenehmigung für fliegende Bauten nach Art. 72 Abs. 2 BayBO[2)] sind

- die TÜV SÜD Industrie Service GmbH, München, für die Regierungsbezirke Oberbayern, Niederbayern, Oberpfalz und Schwaben und
- die LGA (Landesgewerbeanstalt Bayern), Nürnberg, für die Regierungsbezirke Oberfranken, Mittelfranken und Unterfranken zuständig.

§ 7[3)] Vergütung. (1) [1]Der TÜV SÜD Industrie Service GmbH, München und der LGA (Landesgewerbeanstalt Bayern) steht für Amtshandlungen im Vollzug von Art. 72 BayBO[2)] eine Vergütung zu. [2]Die Vergütung besteht aus Gebühren und Auslagen.

(2) [1]Die Höhe der Gebühren bemisst sich nach dem dieser Verordnung als Anlage beigefügten Verzeichnis. [2]Soweit sich die Gebühr nach dem Zeitaufwand bestimmt, ist die Zeit anzusetzen, die unter regelmäßigen Verhältnissen von einer entsprechend ausgebildeten Fachkraft benötigt wird. [3]Für jede Arbeitsstunde wird ein Betrag von 1,552 v.H. des Monatsgrundgehalts eines Staatsbeamten in der Endstufe der Besoldungsgruppe A 15 zuzüglich der gesetzlichen Umsatzsteuer berechnet; angefangene Arbeitsstunden werden zeitanteilig verrechnet. [4]Der Betrag ist auf volle Euro aufzurunden. [5]Bei der Abnahme von fliegenden Bauten im Rahmen der Erteilung der Ausführungsgenehmigung kann bei dringlichen vom Benutzer veranlassten Arbeiten an Samstagen oder an Sonn- und Feiertagen ein Zuschlag bis zu 70 v.H. und bei Nachtarbeit ein Zuschlag bis zu 40 v.H. erhoben werden.

(3) Als Auslagen werden die Reisekosten nach den für Landesbeamte geltenden Vorschriften und die anderen Behörden oder anderen Personen für ihre Tätigkeit zustehenden Beträge erhoben.

(4) Im übrigen findet der Erste Abschnitt des Kostengesetzes entsprechende Anwendung.

§ 8[4)] Rechts- und Fachaufsicht. Beim Vollzug von Art. 72 BayBO[2)] führt die Regierung von Oberbayern die Aufsicht über die TÜV SÜD Industrie Service GmbH, München die Regierung von Mittelfranken die Aufsicht über die LGA (Landesgewerbeanstalt Bayern).

[1)] § 6 geänd. mWv 1.1.2005 durch V v. 24.11.2004 (GVBl. S. 502); geänd. mWv 1.10.2006 durch V v. 13.9.2006 (GVBl. S. 748); geänd. mWv 1.1.2008 durch V v. 29.11.2007 (GVBl. S. 847).

[2)] Nr. **1**.

[3)] § 7 Abs. 2 Satz 3 geänd. mWv 1.1.2002 durch V v. 28.3.2001 (GVBl. S. 174); Abs. 1 Satz 1 und Abs. 3 geänd., Abs. 2 neu gef. mWv 1.1.2005 durch V v. 24.11.2004 (GVBl. S. 502); Abs. 1 Satz 1, Abs. 2 Sätze 3 und 5 geänd. mWv 1.10.2006 durch V v. 13.9.2006 (GVBl. S. 748); Abs. 1 Satz 1 geänd. mWv 1.1.2008 durch V v. 29.11.2007 (GVBl. S. 847); Abs. 2 Satz 5 aufgeh., bish. Satz 6 wird Satz 5 mWv 1.5.2012 durch V v. 12.4.2012 (GVBl. S. 144).

[4)] § 8 geänd. mWv 1.1.2005 durch V v. 24.11.2004 (GVBl. S. 502); geänd. mWv 1.10.2006 durch V v. 13.9.2006 (GVBl. S. 748); geänd. mWv 1.1.2008 durch V v. 29.11.2007 (GVBl. S. 847).

§ 9[1] **Anerkennung von Prüf-, Überwachungs- und Zertifizierungsstellen.** Das Deutsche Institut für Bautechnik in Berlin ist zuständige Behörde für die Anerkennung von Prüf-, Überwachungs- und Zertifizierungsstellen nach § 7 Abs. 1 der Verordnung über das Inverkehrbringen von Heizkesseln und Geräten nach dem Bauproduktengesetz (BauPGHeizkesselV) und nach Art. 23 Abs. 3 BayBO[2].

§ 10[3] **Marktüberwachung.** (1) Marktüberwachungsbehörden sind

1. die Kreisverwaltungsbehörden oder, wenn ein Bauprodukt nur im bauaufsichtlichen Bereich zur Verwendung kommt, die Gemeinden nach § 5 Abs. 1 (untere Marktüberwachungsbehörden),
2. die Landesbaudirektion Bayern (höhere Marktüberwachungsbehörde),
3. das Staatsministerium für Wohnen, Bau und Verkehr (oberste Marktüberwachungsbehörde),
4. das Deutsche Institut für Bautechnik (gemeinsame Marktüberwachungsbehörde).

(2) [1]Die Marktüberwachungsbehörden nehmen die Aufgaben und Befugnisse wahr nach

1. Kapitel III der Verordnung (EG) Nr. 765/2008 bezüglich Bauprodukten im Sinn des Art. 16 Abs. 1 Satz 2 BayBO,
2. dem Produktsicherheitsgesetz (ProdSG), soweit es auf die Marktüberwachung nach dem Bauproduktengesetz Anwendung findet,
3. der Verordnung (EU) Nr. 305/2011 und
4. dem Bauproduktengesetz.

[2]Die Aufgaben der Marktüberwachung sind Staatsaufgaben; für die Gemeinden sind sie übertragene Aufgaben. [3]Die Aufsicht über die gemeinsame Marktüberwachungsbehörde richtet sich nach Art. 5 des DIBt-Abkommens.

(3) [1]Die untere Marktüberwachungsbehörde ist zuständig für die Untersagung des Inverkehrbringens und des Warenverkehrs mit Bauprodukten und die Entwertung oder Beseitigung ihrer Kennzeichnung mit der CE-Kennzeichnung oder mit dieser verwechselbaren Zeichen nach Kapitel IV der Verordnung (EG) Nr. 765/2008 in Verbindung mit Art. 8 der Verordnung (EU) Nr. 305/2011. [2]Die höhere Marktüberwachungsbehörde ist zuständig für

1. Marktüberwachungsmaßnahmen nach Art. 19 Abs. 1 der Verordnung (EG) Nr. 765/2008,

---

[1] § 9 neu gef. durch V v. 20.9.1999 (GVBl. S. 424); geänd. mWv 1.5.2012 durch V v. 12.4.2012 (GVBl. S. 144); geänd. mWv 1.7.2013 durch V v. 17.5.2013 (GVBl. S. 353); geänd. mWv 1.8.2016 durch V v. 12.7.2016 (GVBl. S. 191); geänd. mWv 1.9.2018 durch G v. 10.7.2018 (GVBl. S. 523).

[2] Nr. **1**.

[3] Früherer § 11 neu gef. mWv 1.12.2010 durch V v. 28.10.2010 (GVBl. S. 734); Abs. 1 Nr. 2 eingef., bish. Nr. 2 wird Nr. 3 und geänd., Abs. 2 Satz 1 geänd., Abs. 3 Satz 2 eingef., bish. Satz 2 wird Satz 3 und geänd., Satz 4 angef. mWv 1.5.2012 durch V v. 12.4.2012 (GVBl. S. 144); Abs. 2 Satz 1 neu gef., Abs. 3 Satz 1 und Satz 2 Nr. 1 geänd. mWv 1.7.2013 durch V v. 17.5.2013 (GVBl. S. 353); Abs. 1 Nr. 3 geänd. mWv 30.8.2014 durch V v. 22.7.2014 (GVBl. S. 286); Abs. 1 Nr. 3 geänd., Nr. 4 angef., Abs. 2 Satz 1 neu gef., Satz 3 und Abs. 4–7 angef. mWv 1.9.2015 durch V v. 14.8.2015 (GVBl. S. 317); bish. § 11 wird § 10, Abs. 1 Nr. 1 neu gef. mWv 1.8.2016 durch V v. 12.7. 2016 (GVBl. S. 191); Abs. 2 Satz 1 Nr. 1 geänd. mWv 1.9.2018 durch G v. 10.7.2018 (GVBl. S. 523); Abs. 1 Nr. 3 geänd. mWv 1.5.2019 durch V v. 26.3.2019 (GVBl. S. 98); Abs. 1 Nr. 2 geänd. mWv 15.7.2020 durch V v. 16.6.2020 (GVBl. S. 310).

2. Maßnahmen zum Vollzug von Anordnungen der obersten Marktüberwachungsbehörde.

[3] Im Übrigen ist die oberste Marktüberwachungsbehörde zuständig. [4] Die oberste Marktüberwachungsbehörde führt die Fachaufsicht über die höhere Marktüberwachungsbehörde und die unteren Marktüberwachungsbehörden; bei Gefahr im Verzug stehen ihr auch die Befugnisse der höheren Marktüberwachungsbehörde zu.

(4) Die gemeinsame Marktüberwachungsbehörde ist zuständig

1. für die einheitliche Prüfung und Bewertung von Bauprodukten in technischer Hinsicht,
2. in Fällen, in denen Bauprodukte nach den Anforderungen der Verordnung (EU) Nr. 305/2011 die in Bezug auf die wesentlichen Merkmale erklärte Leistung nicht erbringen oder eine Gefahr im Sinn des Art. 58 der Verordnung (EU) Nr. 305/2011 darstellen, Maßnahmen nach Art. 56 und 58 der Verordnung (EU) Nr. 305/2011, nach § 26 ProdSG und Art. 16, 19, 20, 28 und 29 der Verordnung (EG) Nr. 765/2008 zu ergreifen.

(5) [1] Stellt eine Marktüberwachungsbehörde nach Abs. 1 Satz 1 Nr. 1 bis 3 fest, dass Maßnahmen nach Abs. 3 in Betracht kommen, gibt sie die Sachbehandlung für das Bauprodukt an die gemeinsame Marktüberwachungsbehörde ab. [2] Die ausschließliche Zuständigkeit der gemeinsamen Marktüberwachungsbehörde für das Bauprodukt beginnt mit dem Zugang der Abgabeerklärung; das gilt auch für eine Zuständigkeit der gemeinsamen Marktüberwachungsbehörde für ein Bauprodukt, die durch eine Abgabeerklärung eines anderen Landes begründet worden ist. [3] Die Zuständigkeit der Marktüberwachungsbehörden bei Gefahr im Verzug bleibt unberührt.

(6) Verwaltungsakte der gemeinsamen Marktüberwachungsbehörde gelten auch im Freistaat Bayern.

(7) Die Vollstreckung von Verwaltungsakten der gemeinsamen Marktüberwachungsbehörde obliegt, abweichend von Art. 30 Abs. 1 des Verwaltungszustellungs- und Vollstreckungsgesetzes, der höheren Marktüberwachungsbehörde.

§ 11[1)] Inkrafttreten, Außerkrafttreten. [1] Diese Verordnung tritt am 1. September 1994 in Kraft. [2] § 2 Abs. 5 tritt mit Ablauf des 31. Dezember 2019 außer Kraft.

§ 12[2)] *(aufgehoben)*

[1)] Früherer § 14 Abs. 2 neu gef. mWv 1.9.2013 durch V v. 3.9.2013 (GVBl. S. 575); Überschrift geänd., Abs. 2 aufgeh. mWv 1.9.2015 durch V v. 14.8.2015 (GVBl. S. 317); bish. § 14 wird § 11, Überschrift geänd., Satz 2 angef. mWv 1.8.2016 durch V v. 12.7.2016 (GVBl. S. 191).

[2)] § 12 aufgeh. mWv 1.8.2016 durch V v. 12.7.2016 (GVBl. S. 191).

Anlage[1)]

Die Gebühr für Amtshandlungen beim Vollzug von Art. 72 BayBO[2)] beträgt:

1. Für die Erteilung der Ausführungsgenehmigung (Art. 72 Abs. 2 Satz 1 BayBO[2)]) 5 v.T. der Herstellungskosten (Anschaffungs- und Aufstellungskosten) zuzüglich einer gemäß § 7 Abs. 2 Sätze 2 und 3 nach dem Zeitaufwand bemessenen Gebühr für die technische Prüfung,
2. für die Verlängerung der Ausführungsgenehmigung (Art. 72 Abs. 2 Satz 2 Halbsatz 2 BayBO[2)]) 15 bis 1250 € zuzüglich einer gemäß § 7 Abs. 2 Sätze 2 und 3 nach dem Zeitaufwand bemessenen Gebühr für die technische Prüfung,
3. für die Eintragung der Änderung der für die Ausführungsgenehmigung zuständigen Behörde oder Stelle (Art. 72 Abs. 4 Satz 3 Nr. 3 BayBO[2)]) 5 bis 50 €,
4. für die Eintragung der Übertragung von fliegenden Bauten an Dritte in das Prüfbuch (Art. 72 Abs. 4 Satz 3 Nr. 2 BayBO[2)]) 1/10 bis 1/3 der Gebühr nach Nummer 1, mindestens 13 €, zuzüglich einer gemäß § 7 Abs. 2 Sätze 2 und 3 nach dem Zeitaufwand bemessenen Gebühr für die technische Prüfung.

Nrn. 21–24 *(nicht belegt)*

---

1) Anl. neu gef. mWv 1.1.2002 durch V v. 28.3.2001 (GVBl. S. 174); geänd. mWv 1.1.2008 durch V v. 29.11.2007 (GVBl. S. 847).

2) Nr. **1**.

B. Strafrecht

25. Strafgesetzbuch (StGB)

In der Fassung der Bekanntmachung vom 13. November 1998[1]
(BGBl. I S. 3322)

FNA 450-2

zuletzt geänd. durch Art. 47 JahressteuerG 2020 v. 21.12.2020 (BGBl. I S. 3096)

– Auszug –

§ 319 Baugefährdung. (1) Wer bei der Planung, Leitung oder Ausführung eines Baues oder des Abbruchs eines Bauwerks gegen die allgemein anerkannten Regeln der Technik verstößt und dadurch Leib oder Leben eines anderen Menschen gefährdet, wird mit Freiheitsstrafe bis zu fünf Jahren oder mit Geldstrafe bestraft.

(2) Ebenso wird bestraft, wer in Ausübung eines Berufs oder Gewerbes bei der Planung, Leitung oder Ausführung eines Vorhabens, technische Einrichtungen in ein Bauwerk einzubauen oder eingebaute Einrichtungen dieser Art zu ändern, gegen die allgemein anerkannten Regeln der Technik verstößt und dadurch Leib oder Leben eines anderen Menschen gefährdet.

(3) Wer die Gefahr fahrlässig verursacht, wird mit Freiheitsstrafe bis zu drei Jahren oder mit Geldstrafe bestraft.

(4) Wer in den Fällen der Absätze 1 und 2 fahrlässig handelt und die Gefahr fahrlässig verursacht, wird mit Freiheitsstrafe bis zu zwei Jahren oder mit Geldstrafe bestraft.

---

[1] Neubekanntmachung des StGB idF der Bek. v. 10.3.1987 (BGBl. I S. 945, 1160) in der seit 1.1. 1999 geltenden Fassung.

26. Gesetz über das Landesstrafrecht und das Verordnungsrecht auf dem Gebiet der öffentlichen Sicherheit und Ordnung (Landesstraf- und Verordnungsgesetz – LStVG)[1)]

in der Fassung der Bekanntmachung vom 13. Dezember 1982
(BayRS II S. 241)

BayRS 2011-2-I

zuletzt geänd. durch G zur Änderung des Bayerischen Land- und Amtsarztgesetzes und weiterer Rechtsvorschriften v. 27.4.2020 (GVBl. S. 236)

– Auszug –

Erster Teil. Allgemeine Vorschriften über Straftaten und Ordnungswidrigkeiten

Art. 1 Einteilung der Tatbestände. (1) Die im Landesrecht mit Freiheitsstrafe oder mit Geldstrafe bedrohten Handlungen sind Straftaten.

(2) Die im Landesrecht mit Geldbuße bedrohten Handlungen sind Ordnungswidrigkeiten.

Art. 2[2)] Straftaten. Auf die Straftaten des Landesrechts sind die im Allgemeinen Teil des Strafgesetzbuchs[3)] enthaltenen Vorschriften sowie die Vorschriften des Jugendgerichtsgesetzes, der Strafprozeßordnung und des Gerichtsverfassungsgesetzes anzuwenden, soweit gesetzlich nichts anderes bestimmt ist.

Art. 3[4)] Ordnungswidrigkeiten. Für die Ordnungswidrigkeiten des Landesrechts gilt das Gesetz über Ordnungswidrigkeiten (OWiG), soweit gesetzlich nichts anderes bestimmt ist.

Art. 4 Zuwiderhandlungen gegen Rechtsvorschriften oder Anordnungen für den Einzelfall. (1) Zuwiderhandlungen gegen Rechtsvorschriften im Rang unter dem Gesetz können auf Grund eines Landesgesetzes mit Strafe oder Geldbuße nur geahndet werden, wenn die Rechtsvorschrift für einen bestimmten Tatbestand auf die zugrundeliegende gesetzliche Straf- oder Bußgeldvorschrift verweist.

(2) Zuwiderhandlungen gegen Anordnungen der Verwaltungsbehörden für den Einzelfall können nach Landesrecht mit Strafe oder Geldbuße nur geahndet werden, wenn die Anordnung nicht mehr mit ordentlichen Rechtsbehelfen angefochten werden kann oder ihre Vollziehung angeordnet ist.

Art. 5[5)] Vollstreckung des Bußgeldbescheids. Der Bußgeldbescheid wird nach den Vorschriften des Bayerischen Verwaltungszustellungs- und Vollstre-

---

[1)] Änderungen vor dem 1.1.1999 sind nicht in Fußnoten nachgewiesen.
[2)] Art. 2 Fußnoten 1–4 aufgeh. mWv 25.5.2018 durch G v. 18.5.2018 (GVBl. S. 301).
[3)] Auszugsweise abgedruckt unter Nr. **25**.
[4)] Art. 3 Fußnote 5 aufgeh. mWv 25.5.2018 durch G v. 18.5.2018 (GVBl. S. 301).
[5)] Art. 5 Fußnoten 6 und 5 aufgeh. mWv 25.5.2018 durch G v. 18.5.2018 (GVBl. S. 301).

ckungsgesetzes vollstreckt, soweit nicht das Gesetz über Ordnungswidrigkeiten etwas anderes bestimmt.

Dritter Teil. Einzelne Ermächtigungen und Ordnungswidrigkeiten

3. Abschnitt. Weitere Vorschriften zum Schutz der öffentlichen Sicherheit und Ordnung

Art. 25[1] **Zelten, Aufstellen von Wohnwagen.** (1) Zur Sicherung der Erholung in der freien Natur, zum Schutz der Natur und Landschaft, zur Verhütung von Gefahren für Leben, Gesundheit, Eigentum oder Besitz, zum Schutz der Jagdausübung und zur Aufrechterhaltung der öffentlichen Ruhe können die Gemeinden, Landkreise und das Staatsministerium des Innern, für Sport und Integration durch Verordnung den Betrieb und die Benutzung von Plätzen, die zum Aufstellen und Bewohnen von mehr als drei Zelten oder Wohnwagen bestimmt sind (Campingplätze), regeln.

(2) [1] Wer einen Campingplatz errichten und betreiben will, bedarf der Erlaubnis der Gemeinde. [2] Die Erlaubnis darf nur erteilt werden, wenn Rechtsgüter im Sinn des Absatzes 1 nicht gefährdet werden. [3] Versagungsgründe, die sich aus anderen Rechtsvorschriften, insbesondere des Naturschutzrechts, ergeben, bleiben unberührt. [4] Die Sätze 1 bis 3 gelten nicht für Campingplätze, die einer Genehmigung nach der Bayerischen Bauordnung (BayBO)[2] bedürfen.

(3) Mit Geldbuße kann belegt werden, wer

1. einer auf Grund des Absatzes 1 erlassenen Verordnung zuwiderhandelt oder
2. ohne die nach Absatz 2 erforderliche Erlaubnis einen Campingplatz errichtet oder betreibt oder einer mit einer solchen Erlaubnis verbundenen vollziehbaren Auflage zuwiderhandelt.

Art. 28[3] **Öffentliche Anschläge.** (1) [1] Zum Schutz des Orts- und Landschaftsbilds oder eines Natur-, Kunst- oder Kulturdenkmals können die Gemeinden durch Verordnung Anschläge, insbesondere Plakate, und Darstellungen durch Bildwerfer in der Öffentlichkeit auf bestimmte Flächen beschränken. [2] Dies gilt nicht für Werbeanlagen, die von der Bayerischen Bauordnung[2] erfaßt werden.

(2) Wer vorsätzlich oder fahrlässig einer auf Grund des Absatzes 1 erlassenen Verordnung zuwiderhandelt, kann mit Geldbuße belegt werden.

(3) Die Gemeinde kann die Beseitigung von Anschlägen, insbesondere Plakaten, und von Darstellungen durch Bildwerfer in der Öffentlichkeit anordnen, wenn sie Rechtsgüter im Sinn des Absatzes 1 beeinträchtigen.

---

[1] Art. 25 Abs. 1 geänd. mWv 30.8.2014 durch V v. 22.7.2014 (GVBl. S. 286); Abs. 2 Satz 4 Fußnote 15 aufgeh. mWv 25.5.2018 durch G v. 18.5.2018 (GVBl. S. 301); Abs. 1 geänd. mWv 1.5. 2019 durch V v. 26.3.2019 (GVBl. S. 98).

[2] Nr. **1**.

[3] Art. 28 Abs. 1 Satz 2 Fußnote 15 aufgeh. mWv 25.5.2018 durch G v. 18.5.2018 (GVBl. S. 301).

Art. 29[1)] Fliegende Verkaufsanlagen. (1) [1]Zum Schutz des Orts- und Landschaftsbilds, eines Natur-, Kunst- oder Kulturdenkmals sowie zur Aufrechterhaltung der öffentlichen Reinlichkeit können die Gemeinden durch Verordnung oder Anordnung für den Einzelfall das Aufstellen fliegender Verkaufsanlagen an bestimmten Orten außerhalb der öffentlichen Wege, Straßen und Plätze verbieten oder davon abhängig machen, daß Störungen durch geeignete Vorkehrungen verhütet werden. [2]Fliegende Verkaufsanlagen sind vorübergehend aufgestellte, dem Vertrieb von Waren dienende Stände oder ähnliche Verkaufsstellen. [3]Art. 72 BayBO[2)] bleibt unberührt.

(2) Wer vorsätzlich oder fahrlässig einer auf Grund des Absatzes 1 erlassenen Verordnung oder vollziehbaren Anordnung zuwiderhandelt, kann mit Geldbuße belegt werden.

Art. 38[3)] Verhütung von Bränden. (1) Zur Verhütung von Gefahren für Leben, Gesundheit, Eigentum oder Besitz durch Brand kann, soweit nicht bundesrechtliche oder besondere landesrechtliche Vorschriften bestehen, das Staatsministerium des Innern, für Sport und Integration Verordnungen erlassen über

1. die der Feuerbeschau unterliegenden Gebäude, Feuerungsanlagen und sonstigen Anlagen und Gegenstände, von denen Brandgefahren ausgehen können, die Ausübung der Feuerbeschau und die Beseitigung der bei der Feuerbeschau festgestellten Mängel; dabei kann bestimmt werden, dass die zuständige Behörde die Durchführung der Feuerbeschau auf Betriebe oder sonstige Einrichtungen, für die nach Art. 15 des Bayerischen Feuerwehrgesetzes Werkfeuerwehren bestehen, auf deren Kosten übertragen kann,
2. Lichtspielvorführungen und die Einrichtung von Lichtspieltheatern, insbesondere der Zuschauer- und Bildwerferräume, sowie die Ausbildungs- und Bedienungsvorschriften für Filmvorführer,
3. Theateraufführungen und sonstige Schaustellungen, die Einrichtung von Theatern und sonstigen Versammlungsstätten, insbesondere die Zuschauer- und Bühnenräume, ferner über die Ausbildung und Prüfung der technischen Bühnenvorstände,
4. die Errichtung, die Einrichtung und den Betrieb elektrischer Anlagen.

(2) In den Verordnungen nach Absatz 1 kann zugelassen werden, daß bestimmte Gemeinden abweichende Vorschriften erlassen.

(3) Zur Verhütung von Gefahren für Leben, Gesundheit, Eigentum oder Besitz durch Brand können ferner, soweit nicht bundesrechtliche oder besondere landesrechtliche Vorschriften bestehen, die Gemeinden und das Staatsministerium des Innern, für Sport und Integration Verordnungen erlassen über

1. die Verwendung von Feuer und offenem Licht in Gebäuden oder in der Nähe von Gebäuden oder brandgefährlichen Stoffen,

---

[1)] Art. 29 Abs. 1 Satz 3 geänd. durch G v. 12.4.1999 (GVBl. S. 130); Abs. 1 Satz 3 geänd. mWv 1.1. 2008 durch G v. 20.12.2007 (GVBl. S. 958); Abs. 1 Satz 3 Fußnote 15 aufgeh. mWv 25.5.2018 durch G v. 18.5.2018 (GVBl. S. 301).

[2)] Nr. **1**.

[3)] Art. 38 Abs. 1 Nr. 1 geänd. durch G v. 12.4.1999 (GVBl. S. 130); Abs. 1 einl. Satzteil, Abs. 3 einl. Satzteil geänd. mWv 30.8.2014 durch V v. 22.7.2014 (GVBl. S. 286); Abs. 1 einl. Satzteil, Abs. 3 einl. Satzteil geänd. mWv 1.5.2019 durch V v. 26.3.2019 (GVBl. S. 98).

2. Herstellung, Abgabe, Lagerung und Verwendung von Brennstoffen und brandgefährlichen Stoffen,
3. Auflagen und Schutzmaßnahmen für die Errichtung, die Einrichtung und den Betrieb brandgefährlicher Anlagen, die nicht unter Absatz 1 fallen,
4. Blitzableiter, Feuerlöscheinrichtungen und andere Schutzmaßnahmen zur Verhütung oder Beseitigung feuergefährlicher Zustände sowie zur Bekämpfung von Bränden.

(4) Mit Geldbuße kann belegt werden, wer einer auf Grund der Absätze 1 bis 3 erlassenen Verordnung oder einer vollziehbaren Anordnung, die auf Grund einer solchen Verordnung getroffen wurde, vorsätzlich oder fahrlässig zuwiderhandelt.

(5) [1] Die Eigentümer und Besitzer von Gebäuden, Anlagen oder Gegenständen, auf die sich Verordnungen nach den Absätzen 1 bis 3 beziehen, haben gegenüber den Beauftragten der Gemeinden und Landratsämter die in Art. 33 Abs. 1 Satz 1 genannten Pflichten, wenn das zur Prüfung der Brandgefährlichkeit erforderlich ist. [2] Art. 33 Abs. 1 Satz 2 gilt entsprechend.

(6) Wer den Pflichten nach Absatz 5 zuwiderhandelt, kann mit Geldbuße belegt werden.

Fünfter Teil. Übergangs- und Schlußvorschriften

Art. 60[1)] Fortbestand alten Verordnungsrechts. (1) [1] Die auf Grund des bisherigen Rechts erlassenen orts-, distrikts-, bezirks-, kreis- und oberpolizeilichen Vorschriften sowie die anderen auf gesetzlicher Ermächtigung beruhenden Vorschriften des Landesrechts, deren Übertretung mit Strafe oder als Ordnungswidrigkeit mit Geldbuße bedroht ist, treten ohne Rücksicht auf ihre Bezeichnung 20 Jahre nach dem Tag ihres Inkrafttretens, frühestens jedoch am 31. Dezember 1960, außer Kraft, wenn sie nicht aus einem anderen Grund ihre Geltung vorher verlieren. [2] Bis zu ihrem Außerkrafttreten gilt Art. 49.

(2) Absatz 1 gilt nicht
1. für Vorschriften, die auf einer fortgeltenden Ermächtigung des Bundesrechts beruhen,
2. für Satzungen der Gemeinden, Landkreise und Bezirke,
3. für Anordnungen durch amtliche Verkehrszeichen,
4. für Rechtsvorschriften, die auf dem Naturschutzrecht beruhen.

Art. 61 Einstweilige Vorschriften über die Stillegung und Beseitigung von Anlagen und Geräten. (1) [1] Werden Anlagen oder Geräte unter Zuwiderhandlung gegen ein Gesetz, eine Verordnung oder eine Anordnung für den Einzelfall errichtet, aufgestellt, verändert, betrieben oder in einem ordnungswidrigen Zustand erhalten und verwirklicht die rechtswidrige Tat den Tatbestand eines Strafgesetzes oder einer Ordnungswidrigkeit, so können die kreisfreien Gemeinden und die Landratsämter die Vornahme notwendiger Sicherungs- oder Ausbesserungsarbeiten oder die Stillegung anordnen. [2] Sie können auch die teilweise oder gänzliche Beseitigung der Anlage oder des Geräts anordnen, wenn Gefahr im Verzug oder ein dringendes öffentliches

---

1) Art. 60 Abs. 2 Nr. 4 geänd. durch G v. 12.4.1999 (GVBl. S. 130).

Interesse an einem sofortigen Vollzug besteht oder ein Straf- oder Bußgeldverfahren nicht durchgeführt werden kann. [3] Liegen diese Voraussetzungen nicht vor, so kann die Beseitigung der Anlage oder des Geräts nur angeordnet werden, wenn die Zuwiderhandlung rechtskräftig festgestellt ist. [4] Im Fall einer Genehmigungspflicht für die Anlage oder das Gerät darf die Beseitigung nach Satz 2 oder Satz 3 nur angeordnet werden, wenn die nachträgliche Genehmigung nach den Vorschriften des geltenden Rechts nicht erteilt werden kann.

(2) Absatz 1 gilt nicht, soweit Rechtsvorschriften außerhalb dieses Gesetzes besondere Bestimmungen über die Stillegung und Beseitigung von Anlagen oder Geräten enthalten.

C. Bürgerliches Recht

27. Bürgerliches Gesetzbuch (BGB)

In der Fassung der Bekanntmachung vom 2. Januar 2002[1]
(BGBl. I S. 42, ber. S. 2909 und 2003 I S. 738)

FNA 400-2

zuletzt geänd. durch Art. 13 Sanierungs- und InsolvenzrechtsfortentwicklungsG v. 22.12.2020 (BGBl. I S. 3256)

– Auszug –

§ 93 Wesentliche Bestandteile einer Sache. Bestandteile einer Sache, die voneinander nicht getrennt werden können, ohne dass der eine oder der andere zerstört oder in seinem Wesen verändert wird (wesentliche Bestandteile), können nicht Gegenstand besonderer Rechte sein.[2]

§ 94 Wesentliche Bestandteile eines Grundstücks oder Gebäudes.

(1) [1]Zu den wesentlichen Bestandteilen eines Grundstücks gehören die mit dem Grund und Boden fest verbundenen Sachen, insbesondere Gebäude, sowie die Erzeugnisse des Grundstücks, solange sie mit dem Boden zusammenhängen. [2]Samen wird mit dem Aussäen, eine Pflanze wird mit dem Einpflanzen wesentlicher Bestandteil des Grundstücks.

(2) Zu den wesentlichen Bestandteilen eines Gebäudes gehören die zur Herstellung des Gebäudes eingefügten Sachen.

§ 95 Nur vorübergehender Zweck. (1) [1]Zu den Bestandteilen eines Grundstücks gehören solche Sachen nicht, die nur zu einem vorübergehenden Zweck mit dem Grund und Boden verbunden sind. [2]Das Gleiche gilt von einem Gebäude oder anderen Werk, das in Ausübung eines Rechts an einem fremden Grundstück von dem Berechtigten mit dem Grundstück[3] verbunden worden ist.

(2) Sachen, die nur zu einem vorübergehenden Zwecke in ein Gebäude eingefügt sind, gehören nicht zu den Bestandteilen des Gebäudes.

§ 226 Schikaneverbot. Die Ausübung eines Rechts ist unzulässig, wenn sie nur den Zweck haben kann, einem anderen Schaden zuzufügen.

§ 823 Schadensersatzpflicht. (1) Wer vorsätzlich oder fahrlässig das Leben, den Körper, die Gesundheit, die Freiheit, das Eigentum oder ein sonstiges Recht eines anderen widerrechtlich verletzt, ist dem anderen zum Ersatz des daraus entstehenden Schadens verpflichtet.

---

[1] Neubekanntmachung des BGB v. 18.8.1896 (RGBl. S. 195) in der ab 1.1.2002 geltenden Fassung.

[2] Beachte hierzu das Wohnungseigentumsgesetz v. 15.3.1951 (BGBl. I S. 175, ber. S. 209), zuletzt geänd. durch G v. 16.10.2020 (BGBl. I S. 2187).

[3] Siehe G über das Erbbaurecht v. 15.1.1919 (RGBl. S. 72), zuletzt geänd. durch G v. 1.10.2013 (BGBl. I S. 3719), ferner G über das Wohnungseigentum und das Dauerwohnrecht (Wohnungseigentumsgesetz) v. 15.3.1951 (BGBl. I S. 175, ber. S. 209), zuletzt geänd. durch G v. 16.10.2020 (BGBl. I S. 2187) .

(2) [1]Die gleiche Verpflichtung trifft denjenigen, welcher gegen ein den Schutz eines anderen bezweckendes Gesetz verstößt. [2]Ist nach dem Inhalt des Gesetzes ein Verstoß gegen dieses auch ohne Verschulden möglich, so tritt die Ersatzpflicht nur im Falle des Verschuldens ein.

§ 836 Haftung des Grundstücksbesitzers. (1) [1]Wird durch den Einsturz eines Gebäudes oder eines anderen mit einem Grundstück verbundenen Werkes oder durch die Ablösung von Teilen des Gebäudes oder des Werkes ein Mensch getötet, der Körper oder die Gesundheit eines Menschen verletzt oder eine Sache beschädigt, so ist der Besitzer des Grundstücks, sofern der Einsturz oder die Ablösung die Folge fehlerhafter Errichtung oder mangelhafter Unterhaltung ist, verpflichtet, dem Verletzten den daraus entstehenden Schaden zu ersetzen. [2]Die Ersatzpflicht tritt nicht ein, wenn der Besitzer zum Zwecke der Abwendung der Gefahr die im Verkehr erforderliche Sorgfalt beobachtet hat.

(2) Ein früherer Besitzer des Grundstücks ist für den Schaden verantwortlich, wenn der Einsturz oder die Ablösung innerhalb eines Jahres nach der Beendigung seines Besitzes eintritt, es sei denn, dass er während seines Besitzes die im Verkehr erforderliche Sorgfalt beobachtet hat oder ein späterer Besitzer durch Beobachtung dieser Sorgfalt die Gefahr hätte abwenden können.

(3) Besitzer im Sinne dieser Vorschriften ist der Eigenbesitzer.

§ 837 Haftung des Gebäudebesitzers. Besitzt jemand auf einem fremden Grundstück in Ausübung eines Rechts ein Gebäude oder ein anderes Werk, so trifft ihn anstelle des Besitzers des Grundstücks die im § 836 bestimmte Verantwortlichkeit.

§ 838 Haftung des Gebäudeunterhaltungspflichtigen. Wer die Unterhaltung eines Gebäudes oder eines mit einem Grundstück verbundenen Werkes für den Besitzer übernimmt oder das Gebäude oder das Werk vermöge eines ihm zustehenden Nutzungsrechts zu unterhalten hat, ist für den durch den Einsturz oder die Ablösung von Teilen verursachten Schaden in gleicher Weise verantwortlich wie der Besitzer.

§ 903 Befugnisse des Eigentümers. [1]Der Eigentümer einer Sache kann, soweit nicht das Gesetz oder Rechte Dritter entgegenstehen, mit der Sache nach Belieben verfahren und andere von jeder Einwirkung ausschließen. [2]Der Eigentümer eines Tieres hat bei der Ausübung seiner Befugnisse die besonderen Vorschriften zum Schutz der Tiere zu beachten.

§ 904 Notstand. [1]Der Eigentümer einer Sache ist nicht berechtigt, die Einwirkung eines anderen auf die Sache zu verbieten, wenn die Einwirkung zur Abwendung einer gegenwärtigen Gefahr notwendig und der drohende Schaden gegenüber dem aus der Einwirkung dem Eigentümer entstehenden Schaden unverhältnismäßig groß ist. [2]Der Eigentümer kann Ersatz des ihm entstehenden Schadens verlangen.

§ 905 Begrenzung des Eigentums. [1]Das Recht des Eigentümers eines Grundstücks erstreckt sich auf den Raum über der Oberfläche und auf den Erdkörper unter der Oberfläche. [2]Der Eigentümer kann jedoch Einwirkungen nicht verbieten, die in solcher Höhe oder Tiefe vorgenommen werden, dass er an der Ausschließung kein Interesse hat.

§ 906[1] **Zuführung unwägbarer Stoffe.** (1) [1]Der Eigentümer eines Grundstücks kann die Zuführung von Gasen, Dämpfen, Gerüchen, Rauch, Ruß, Wärme, Geräusch, Erschütterungen und ähnliche von einem anderen Grundstück ausgehende Einwirkungen insoweit nicht verbieten, als die Einwirkung die Benutzung seines Grundstücks nicht oder nur unwesentlich beeinträchtigt. [2]Eine unwesentliche Beeinträchtigung liegt in der Regel vor, wenn die in Gesetzen oder Rechtsverordnungen festgelegten Grenz- oder Richtwerte von den nach diesen Vorschriften ermittelten und bewerteten Einwirkungen nicht überschritten werden. [3]Gleiches gilt für Werte in allgemeinen Verwaltungsvorschriften, die nach § 48 des Bundes-Immissionsschutzgesetzes erlassen worden sind und den Stand der Technik wiedergeben.

(2) [1]Das Gleiche gilt insoweit, als eine wesentliche Beeinträchtigung durch eine ortsübliche Benutzung des anderen Grundstücks herbeigeführt wird und nicht durch Maßnahmen verhindert werden kann, die Benutzern dieser Art wirtschaftlich zumutbar sind. [2]Hat der Eigentümer hiernach eine Einwirkung zu dulden, so kann er von dem Benutzer des anderen Grundstücks einen angemessenen Ausgleich in Geld verlangen, wenn die Einwirkung eine ortsübliche Benutzung seines Grundstücks oder dessen Ertrag über das zumutbare Maß hinaus beeinträchtigt.

(3) Die Zuführung durch eine besondere Leitung ist unzulässig.

§ 907 Gefahr drohende Anlagen. (1) [1]Der Eigentümer eines Grundstücks kann verlangen, dass auf den Nachbargrundstücken nicht Anlagen hergestellt oder gehalten werden, von denen mit Sicherheit vorauszusehen ist, dass ihr Bestand oder ihre Benutzung eine unzulässige Einwirkung auf sein Grundstück zur Folge hat. [2]Genügt eine Anlage den landesgesetzlichen Vorschriften, die einen bestimmten Abstand von der Grenze oder sonstige Schutzmaßregeln vorschreiben, so kann die Beseitigung der Anlage erst verlangt werden, wenn die unzulässige Einwirkung tatsächlich hervortritt.

(2) Bäume und Sträucher gehören nicht zu den Anlagen im Sinne dieser Vorschriften.

§ 908 Drohender Gebäudeeinsturz. Droht einem Grundstück die Gefahr, dass es durch den Einsturz eines Gebäudes oder eines anderen Werkes, das mit einem Nachbargrundstück verbunden ist, oder durch die Ablösung von Teilen des Gebäudes oder des Werkes beschädigt wird, so kann der Eigentümer von demjenigen, welcher nach dem § 836 Abs. 1 oder den §§ 837, 838 für den

---

[1] Vgl. ferner §§ 14 und 14a Bundes-ImmissionsschutzG idF der Bek. v. 17.5.2013 (BGBl. I S. 1274), zuletzt geänd. durch G v. 9.12.2020 (BGBl. I S. 2873).

„ **§ 14 Ausschluss von privatrechtlichen Abwehransprüchen.** [1]Auf Grund privatrechtlicher, nicht auf besonderen Titeln beruhender Ansprüche zur Abwehr benachteiligender Einwirkungen von einem Grundstück auf ein benachbartes Grundstück kann nicht die Einstellung des Betriebs einer Anlage verlangt werden, deren Genehmigung unanfechtbar ist; es können nur Vorkehrungen verlangt werden, die die benachteiligenden Wirkungen ausschließen. [2]Soweit solche Vorkehrungen nach dem Stand der Technik nicht durchführbar oder wirtschaftlich nicht vertretbar sind, kann lediglich Schadensersatz verlangt werden.

§ 14a Vereinfachte Klageerhebung. Der Antragsteller kann eine verwaltungsgerichtliche Klage erheben, wenn über seinen Widerspruch nach Ablauf von drei Monaten seit der Einlegung nicht entschieden ist, es sei denn, dass wegen besonderer Umstände des Falles eine kürzere Frist geboten ist.“

eintretenden Schaden verantwortlich sein würde, verlangen, dass er die zur Abwendung der Gefahr erforderliche Vorkehrung trifft.

§ 909 Vertiefung. Ein Grundstück darf nicht in der Weise vertieft werden, dass der Boden des Nachbargrundstücks die erforderliche Stütze verliert, es sei denn, dass für eine genügende anderweitige Befestigung gesorgt ist.

§ 912 Überbau; Duldungspflicht. (1) Hat der Eigentümer eines Grundstücks bei der Errichtung eines Gebäudes über die Grenze gebaut, ohne dass ihm Vorsatz oder grobe Fahrlässigkeit zur Last fällt, so hat der Nachbar den Überbau zu dulden, es sei denn, dass er vor oder sofort nach der Grenzüberschreitung Widerspruch erhoben hat.

(2) [1] Der Nachbar ist durch eine Geldrente zu entschädigen. [2] Für die Höhe der Rente ist die Zeit der Grenzüberschreitung maßgebend.

§ 913 Zahlung der Überbaurente. (1) Die Rente für den Überbau ist dem jeweiligen Eigentümer des Nachbargrundstücks von dem jeweiligen Eigentümer des anderen Grundstücks zu entrichten.

(2) Die Rente ist jährlich im Voraus zu entrichten.

§ 914 Rang, Eintragung und Erlöschen der Rente. (1) [1] Das Recht auf die Rente geht allen Rechten an dem belasteten Grundstück, auch den älteren, vor. [2] Es erlischt mit der Beseitigung des Überbaus.

(2) [1] Das Recht wird nicht in das Grundbuch eingetragen. [2] Zum Verzicht auf das Recht sowie zur Feststellung der Höhe der Rente durch Vertrag ist die Eintragung erforderlich.

(3) Im Übrigen finden die Vorschriften Anwendung, die für eine zugunsten des jeweiligen Eigentümers eines Grundstücks bestehende Reallast gelten.

§ 915 Abkauf. (1) [1] Der Rentenberechtigte kann jederzeit verlangen, dass der Rentenpflichtige ihm gegen Übertragung des Eigentums an dem überbauten Teil des Grundstücks den Wert ersetzt, den dieser Teil zur Zeit der Grenzüberschreitung gehabt hat. [2] Macht er von dieser Befugnis Gebrauch, so bestimmen sich die Rechte und Verpflichtungen beider Teile nach den Vorschriften über den Kauf.

(2) Für die Zeit bis zur Übertragung des Eigentums ist die Rente fortzuentrichten.

§ 916 Beeinträchtigung von Erbbaurecht oder Dienstbarkeit. Wird durch den Überbau ein Erbbaurecht oder eine Dienstbarkeit an dem Nachbargrundstück beeinträchtigt, so finden zugunsten des Berechtigten die Vorschriften der §§ 912 bis 914 entsprechende Anwendung.

§ 917 Notweg. (1) [1] Fehlt einem Grundstück die zur ordnungsmäßigen Benutzung notwendige Verbindung mit einem öffentlichen Wege, so kann der Eigentümer von den Nachbarn verlangen, dass sie bis zur Hebung des Mangels die Benutzung ihrer Grundstücke zur Herstellung der erforderlichen Verbindung dulden. [2] Die Richtung des Notwegs und der Umfang des Benutzungsrechts werden erforderlichenfalls durch Urteil bestimmt.

(2) [1] Die Nachbarn, über deren Grundstücke der Notweg führt, sind durch eine Geldrente zu entschädigen. [2] Die Vorschriften des § 912 Abs. 2 Satz 2 und der §§ 913, 914, 916 finden entsprechende Anwendung.

§ 918 Ausschluss des Notwegrechts. (1) Die Verpflichtung zur Duldung des Notwegs tritt nicht ein, wenn die bisherige Verbindung des Grundstücks mit dem öffentlichen Wege durch eine willkürliche Handlung des Eigentümers aufgehoben wird.

(2) [1] Wird infolge der Veräußerung eines Teils des Grundstücks der veräußerte oder der zurückbehaltene Teil von der Verbindung mit dem öffentlichen Wege abgeschnitten, so hat der Eigentümer desjenigen Teils, über welchen die Verbindung bisher stattgefunden hat, den Notweg zu dulden. [2] Der Veräußerung eines Teils steht die Veräußerung eines von mehreren demselben Eigentümer gehörenden Grundstücken gleich.

§ 921 Gemeinschaftliche Benutzung von Grenzanlagen. Werden zwei Grundstücke durch einen Zwischenraum, Rain, Winkel, einen Graben, eine Mauer, Hecke, Planke oder eine andere Einrichtung, die zum Vorteil beider Grundstücke dient, voneinander geschieden, so wird vermutet, dass die Eigentümer der Grundstücke zur Benutzung der Einrichtung gemeinschaftlich berechtigt seien, sofern nicht äußere Merkmale darauf hinweisen, dass die Einrichtung einem der Nachbarn allein gehört.

§ 922 Art der Benutzung und Unterhaltung. [1] Sind die Nachbarn zur Benutzung einer der in § 921 bezeichneten Einrichtungen gemeinschaftlich berechtigt, so kann jeder sie zu dem Zwecke, der sich aus ihrer Beschaffenheit ergibt, insoweit benutzen, als nicht die Mitbenutzung des anderen beeinträchtigt wird. [2] Die Unterhaltungskosten sind von den Nachbarn zu gleichen Teilen zu tragen. [3] Solange einer der Nachbarn an dem Fortbestand der Einrichtung ein Interesse hat, darf sie nicht ohne seine Zustimmung beseitigt oder geändert werden. [4] Im Übrigen bestimmt sich das Rechtsverhältnis zwischen den Nachbarn nach den Vorschriften über die Gemeinschaft.

§ 946 Verbindung mit einem Grundstück. Wird eine bewegliche Sache mit einem Grundstück dergestalt verbunden, dass sie wesentlicher Bestandteil des Grundstücks wird, so erstreckt sich das Eigentum an dem Grundstück auf diese Sache.

§ 951 Entschädigung für Rechtsverlust. (1) [1] Wer infolge der Vorschriften der §§ 946 bis 950 einen Rechtsverlust erleidet, kann von demjenigen, zu dessen Gunsten die Rechtsänderung eintritt, Vergütung in Geld nach den Vorschriften über die Herausgabe einer ungerechtfertigten Bereicherung fordern. [2] Die Wiederherstellung des früheren Zustands kann nicht verlangt werden.

(2) [1] Die Vorschriften über die Verpflichtung zum Schadensersatz wegen unerlaubter Handlungen sowie die Vorschriften über den Ersatz von Verwendungen und über das Recht zur Wegnahme einer Einrichtung bleiben unberührt. [2] In den Fällen der §§ 946, 947 ist die Wegnahme nach den für das Wegnahmerecht des Besitzers gegenüber dem Eigentümer geltenden Vorschriften auch dann zulässig, wenn die Verbindung nicht von dem Besitzer der Hauptsache bewirkt worden ist.

§ 1004 Beseitigungs- und Unterlassungsanspruch. (1) [1] Wird das Eigentum in anderer Weise als durch Entziehung oder Vorenthaltung des Besitzes beeinträchtigt, so kann der Eigentümer von dem Störer die Beseitigung der Beeinträchtigung verlangen. [2] Sind weitere Beeinträchtigungen zu besorgen, so kann der Eigentümer auf Unterlassung klagen.

(2) Der Anspruch ist ausgeschlossen, wenn der Eigentümer zur Duldung verpflichtet ist.

§ 1018 Gesetzlicher Inhalt der Grunddienstbarkeit. Ein Grundstück kann zugunsten des jeweiligen Eigentümers eines anderen Grundstücks in der Weise belastet werden, dass dieser das Grundstück in einzelnen Beziehungen benutzen darf oder dass auf dem Grundstück gewisse Handlungen nicht vorgenommen werden dürfen oder dass die Ausübung eines Rechts ausgeschlossen ist, das sich aus dem Eigentum an dem belasteten Grundstück dem anderen Grundstück gegenüber ergibt (Grunddienstbarkeit).

§ 1019 Vorteil des herrschenden Grundstücks. [1] Eine Grunddienstbarkeit kann nur in einer Belastung bestehen, die für die Benutzung des Grundstücks des Berechtigten Vorteil bietet. [2] Über das sich hieraus ergebende Maß hinaus kann der Inhalt der Dienstbarkeit nicht erstreckt werden.

§ 1020 Schonende Ausübung. [1] Bei der Ausübung einer Grunddienstbarkeit hat der Berechtigte das Interesse des Eigentümers des belasteten Grundstücks tunlichst zu schonen. [2] Hält er zur Ausübung der Dienstbarkeit auf dem belasteten Grundstück eine Anlage, so hat er sie in ordnungsmäßigem Zustand zu erhalten, soweit das Interesse des Eigentümers es erfordert.

§ 1021 Vereinbarte Unterhaltungspflicht. (1) [1] Gehört zur Ausübung einer Grunddienstbarkeit eine Anlage auf dem belasteten Grundstück, so kann bestimmt werden, dass der Eigentümer dieses Grundstücks die Anlage zu unterhalten hat, soweit das Interesse des Berechtigten es erfordert. [2] Steht dem Eigentümer das Recht zur Mitbenutzung der Anlage zu, so kann bestimmt werden, dass der Berechtigte die Anlage zu unterhalten hat, soweit es für das Benutzungsrecht des Eigentümers erforderlich ist.

(2) Auf eine solche Unterhaltungspflicht finden die Vorschriften über die Reallasten entsprechende Anwendung.

§ 1022 Anlagen auf baulichen Anlagen. [1] Besteht die Grunddienstbarkeit in dem Recht, auf einer baulichen Anlage des belasteten Grundstücks eine bauliche Anlage zu halten, so hat, wenn nicht ein anderes bestimmt ist, der Eigentümer des belasteten Grundstücks seine Anlage zu unterhalten, soweit das Interesse des Berechtigten es erfordert. [2] Die Vorschrift des § 1021 Abs. 2 gilt auch für diese Unterhaltungspflicht.

§ 1030 Gesetzlicher Inhalt des Nießbrauchs an Sachen. (1) Eine Sache kann in der Weise belastet werden, dass derjenige, zu dessen Gunsten die Belastung erfolgt, berechtigt ist, die Nutzungen der Sache zu ziehen (Nießbrauch).

(2) Der Nießbrauch kann durch den Ausschluss einzelner Nutzungen beschränkt werden.

§ 1090 Gesetzlicher Inhalt der beschränkten persönlichen Dienstbarkeit. (1) Ein Grundstück kann in der Weise belastet werden, dass derjenige, zu dessen Gunsten die Belastung erfolgt, berechtigt ist, das Grundstück in einzelnen Beziehungen zu benutzen, oder dass ihm eine sonstige Befugnis zusteht, die den Inhalt einer Grunddienstbarkeit bilden kann (beschränkte persönliche Dienstbarkeit).

(2) Die Vorschriften der §§ 1020 bis 1024, 1026 bis 1029, 1061 finden entsprechende Anwendung.

28. Einführungsgesetz zum Bürgerlichen Gesetzbuche

In der Fassung der Bekanntmachung vom 21. September 1994[1)]
(BGBl. I S. 2494, ber. 1997 I S. 1061)

FNA 400-1

zuletzt geänd. durch Art. 10 G zur weiteren Verkürzung des Restschuldbefreiungsverfahrens und zur Anpassung pandemiebedingter Vorschriften im Gesellschafts-, Genossenschafts-, Vereins- und Stiftungsrecht sowie im Miet- und Pachtrecht v. 22.12.2020 (BGBl. I S. 3328)

– Auszug –

Art. 109 [Enteignung] [1] Unberührt bleiben die landesgesetzlichen Vorschriften über die im öffentlichen Interesse erfolgende Entziehung, Beschädigung oder Benutzung einer Sache, Beschränkung des Eigentums und Entziehung oder Beschränkung von Rechten. [2] Auf die nach landesgesetzlicher Vorschrift wegen eines solchen Eingriffs zu gewährende Entschädigung finden die Vorschriften der Artikel 52 und 53 Anwendung, soweit nicht die Landesgesetze ein anderes bestimmen.[2)] [3] Die landesgesetzlichen Vorschriften können nicht bestimmen, daß für ein Rechtsgeschäft, für das notarielle Beurkundung vorgeschrieben ist, eine andere Form genügt.

Art. 111 [Öffentlich-rechtliche Eigentumsbeschränkungen] Unberührt bleiben die landesgesetzlichen Vorschriften, welche im öffentlichen Interesse das Eigentum in Ansehung tatsächlicher Verfügungen beschränken.

Art. 113 [Flurbereinigung] [1] Unberührt bleiben die landesgesetzlichen Vorschriften über die Zusammenlegung von Grundstücken, über die Gemeinheitsteilung, die Regulierung der Wege, die Ordnung der gutsherrlich-bäuerlichen Verhältnisse sowie über die Ablösung, Umwandlung oder Einschränkung von Dienstbarkeiten und Reallasten.[3)] [2] Dies gilt insbesondere auch von den Vorschriften, welche die durch ein Verfahren dieser Art begründeten gemeinschaftlichen Angelegenheiten zum Gegenstand haben oder welche sich auf den Erwerb des Eigentums, auf die Begründung, Änderung und Aufhebung von anderen Rechten an Grundstücken und auf die Berichtigung des Grundbuchs beziehen.

Art. 124 [Nachbarrecht; Eigentumsbeschränkungen] [1] Unberührt bleiben die landesgesetzlichen Vorschriften, welche das Eigentum an Grundstücken zugunsten der Nachbarn noch anderen als den im Bürgerlichen Gesetzbuch bestimmten Beschränkungen unterwerfen. [2] Dies gilt insbesondere auch von den Vorschriften, nach welchen Anlagen sowie Bäume und Sträucher nur in einem bestimmten Abstand von der Grenze gehalten werden dürfen.

[1)] Neubekanntmachung des EGBGB v. 18.8.1896 (RGBl. S. 604) in der ab 1.10.1994 geltenden Fassung.

[2)] Vgl. hierzu Art. 14 Abs. 3 GG v. 23.5.1949 (BGBl. I S. 1), zuletzt geänd. durch G v. 29.9.2020 (BGBl. I S. 2048) und Bayerisches Gesetz über die entschädigungspflichtige Enteignung (BayEG) idF der Bek. v. 25.7.1978 (BayRS III S. 601), zuletzt geänd. durch V v. 26.3.2019 (GVBl. S. 98).

[3)] Siehe das FlurbereinigungsG idF der Bek. v. 16.3.1976 (BGBl. I S. 546), zuletzt geänd. durch G v. 19.12.2008 (BGBl. I S. 2794) sowie das Gesetz zur Ausführung des Flurbereinigungsgesetzes (AGFlurbG) idF der Bek. v. 8.2.1994 (GVBl. S. 127), zuletzt geänd. durch G v. 20.12.2011 (GVBl. S. 689; 2013 S. 655).

29. Gesetz zur Ausführung des Bürgerlichen Gesetzbuchs (AGBGB)[1)]

Vom 20. September 1982
(BayRS IV S. 571)

BayRS 400-1-J

zuletzt geänd. durch § 1 Abs. 299 V zur Anpassung des Landesrechts an die geltende Geschäftsverteilung v. 26.3.2019 (GVBl. S. 98)

– Auszug –

Siebter Abschnitt. Nachbarrecht

Art. 43 Fensterrecht. (1) [1]Sind Fenster weniger als 0,60 m von der Grenze eines Nachbargrundstücks entfernt, auf dem Gebäude errichtet sind oder das als Hofraum oder Hausgarten dient, so müssen sie auf Verlangen des Eigentümers dieses Grundstücks so eingerichtet werden, daß bis zur Höhe von 1,80 m über dem hinter ihnen befindlichen Boden weder das Öffnen noch das Durchblicken möglich ist. [2]Die Entfernung wird von dem Fuß der Wand, in der sich das Fenster befindet, unterhalb der zunächst an der Grenze befindlichen Außenkante der Fensteröffnung ab gemessen.

(2) Den Fenstern stehen Lichtöffnungen jeder Art gleich.

Art. 44 Balkone und ähnliche Anlagen. [1]Balkone, Erker, Galerien und ähnliche Anlagen, die weniger als 0,60 m von der Grenze eines Nachbargrundstücks abstehen, auf dem Gebäude errichtet sind oder das als Hofraum oder Hausgarten dient, müssen auf der dem Nachbargrundstück zugekehrten Seite auf Verlangen des Nachbarn mit einem der Vorschrift des Art. 43 entsprechenden Abschluß versehen werden. [2]Der Abstand wird bei vorspringenden Anlagen von dem zunächst an der Grenze befindlichen Vorsprung ab, bei anderen Anlagen nach Art. 43 Abs. 1 Satz 2 gemessen.

Art. 45 Besondere Vorschriften für Fenster, Balkone und ähnliche Anlagen. (1) [1]Art. 43 und 44 gelten auch zugunsten von Grundstücken, die einer öffentlichen Eisenbahnanlage dienen. [2]Die Fenster und andere Lichtöffnungen sowie der Abschluß der in Art. 44 bezeichneten Anlagen dürfen jedoch so eingerichtet werden, daß sie das Durchblicken gestatten.

(2) Für die zur Zeit des Inkrafttretens dieses Gesetzes bestehenden, begonnenen oder baurechtlich genehmigten Anlagen der in Art. 43 und 44 bezeichneten Art sind die vor diesem Zeitpunkt geltenden Vorschriften weiterhin anzuwenden, soweit sie eine geringere Beschränkung festgelegt haben als die Art. 43 und 44 sowie Absatz 1.

Art. 46[2)] Erhöhung einer Kommunmauer. (1) Werden zwei Grundstücke durch eine Mauer geschieden, zu deren Benutzung die Eigentümer der Grundstücke gemeinschaftlich berechtigt sind, so kann der Eigentümer des einen Grundstücks dem Eigentümer des anderen Grundstücks nicht verbieten, die

---

[1)] Überschrift geänd. mWv 1.12.2016 durch G v. 24.11.2016 (GVBl. S. 318).

[2)] Art. 46 Abs. 4 Satz 3 Fußnote aufgeh. mWv 1.12.2016 durch G v. 24.11.2016 (GVBl. S. 318).

Mauer ihrer ganzen Dicke nach zu erhöhen, wenn ihm nachgewiesen wird, daß durch die Erhöhung die Mauer nicht gefährdet wird.

(2) [1] Der Eigentümer des Grundstücks, von dem aus die Erhöhung erfolgt ist, kann dem Eigentümer des anderen Grundstücks die Benutzung des Aufbaus verbieten, bis ihm für die Hälfte oder, wenn nur ein Teil des Aufbaus benutzt werden soll, für den entsprechenden Teil der Baukosten Ersatz geleistet wird. [2] Ist der Bauwert geringer als der Betrag der Baukosten, so bestimmt sich der zu ersetzende Betrag nach dem Bauwert. [3] Die Ersatzleistung kann auch durch Hinterlegung oder durch Aufrechnung erfolgen. [4] Solange die Befugnis nach Satz 1 besteht, hat der Berechtigte den Mehraufwand zu tragen, den die Unterhaltung der Mauer infolge der Erhöhung verursacht.

(3) [1] Wird die Mauer zum Zweck der Erhöhung verstärkt, so ist die Verstärkung auf dem Grundstück anzubringen, dessen Eigentümer die Erhöhung unternimmt. [2] Der nach Absatz 2 von dem Eigentümer des anderen Grundstücks zu ersetzende Betrag erhöht sich um den entsprechenden Teil des Werts der zu der Verstärkung verwendeten Grundfläche. [3] Verlangt der Eigentümer des Grundstücks, auf dem die Verstärkung angebracht worden ist, die Ersatzleistung, so ist er verpflichtet, dem Eigentümer des anderen Grundstücks das Eigentum an der zu der Mauer verwendeten Grundfläche seines Grundstücks soweit zu übertragen, daß die neue Grenzlinie durch die Mitte der verstärkten Mauer geht; die Vorschriften über den Kauf sind anzuwenden.

(4) [1] Die Befugnis nach Absatz 2 Satz 1 erlischt durch Verzicht des Berechtigten. [2] Der Verzicht ist gegenüber dem Eigentümer des Nachbargrundstücks zu erklären. [3] Ist das Grundstück des Berechtigten mit dem Recht eines Dritten belastet, so gilt § 876 des Bürgerlichen Gesetzbuchs entsprechend. [4] Im Fall der Belastung mit einer Reallast, einer Hypothek, einer Grundschuld oder einer Rentenschuld ist der Verzicht dem Dritten gegenüber wirksam, wenn er erklärt wurde, bevor das Grundstück zugunsten des Dritten in Beschlag genommen worden ist.

Art. 46a[1)] **Überbau durch Wärmedämmung.** (1) [1] Der Eigentümer und der Nutzungsberechtigte eines Grundstücks haben zu dulden, dass die auf einer vorhandenen Grenzmauer oder Kommunmauer nachträglich aufgebrachte Wärmedämmung und sonstige mit ihr in Zusammenhang stehende untergeordnete Bauteile auf das Grundstück übergreifen, soweit und solange

1. diese die Benutzung des Grundstücks nicht oder nur geringfügig beeinträchtigen und eine zulässige beabsichtigte Nutzung des Grundstücks nicht behindern,
2. die übergreifenden Bauteile öffentlich-rechtlichen Vorschriften nicht widersprechen und
3. eine vergleichbare Wärmedämmung auf andere Weise als durch eine Außendämmung mit vertretbarem Aufwand nicht vorgenommen werden kann.

[2] § 912 Abs. 2 und §§ 913, 914 des Bürgerlichen Gesetzbuchs[2)] gelten entsprechend.

(2) Der Eigentümer und jeder Nutzungsberechtigte des überbauten Grundstücks können verlangen, dass der Eigentümer des durch den Wärmeschutz-

---

[1)] Art. 46a eingef. mWv 1.1.2012 durch G v. 20.12.2011 (GVBl. S. 714).

[2)] Nr. **27**.

überbau begünstigten Grundstücks die Wärmedämmung in einem ordnungsgemäßen Zustand erhält.

(3) Schaden, der dem Eigentümer oder Nutzungsberechtigten des Grundstücks durch einen Überbau nach Abs. 1 entsteht, ist von dem Veranlasser des Überbaus ohne Rücksicht auf Verschulden zu ersetzen.

Art. 46b[1)] Hammerschlags- und Leiterrecht. (1) [1]Der Eigentümer und der Nutzungsberechtigte eines Grundstücks müssen dulden, dass das Grundstück von dem Eigentümer oder dem Nutzungsberechtigten des Nachbargrundstücks und von diesem beauftragten Personen zwecks Errichtung, Veränderung, Instandhaltung oder Beseitigung einer baulichen Anlage betreten wird und dass auf dem Grundstück Gerüste und Geräte aufgestellt werden oder auf dieses übergreifen sowie die zu den Arbeiten erforderlichen Baustoffe über das Grundstück gebracht oder dort niedergelegt werden, wenn und soweit

1. das Vorhaben anders nicht oder nur mit unverhältnismäßig hohen Kosten durchgeführt werden kann,
2. die mit der Duldung verbundenen Nachteile oder Belästigungen nicht außer Verhältnis zu dem von dem Berechtigten erstrebten Vorteil stehen und
3. das Vorhaben öffentlich-rechtlichen Vorschriften nicht widerspricht.

[2]Das Recht ist so schonend wie möglich auszuüben. [3]Es darf nicht zur Unzeit geltend gemacht werden.

(2) Abs. 1 findet auf den Eigentümer öffentlicher Verkehrsflächen keine Anwendung.

(3) [1]Die Absicht, das Recht nach Abs. 1 auszuüben, sowie Art und Dauer der Arbeiten sind mindestens einen Monat vor deren Beginn dem Eigentümer und Nutzungsberechtigten des betroffenen Grundstücks von dem die Arbeiten veranlassenden Eigentümer oder Nutzungsberechtigten anzuzeigen. [2]Ist ein Betroffener, dem Anzeige zu machen ist, unbekannten Aufenthalts oder nicht alsbald erreichbar und hat er auch keinen Vertreter bestellt, so genügt statt der Anzeige an diesen Betroffenen die Anzeige an den unmittelbaren Besitzer.

(4) [1]Schaden, der bei der Ausübung der Rechte nach Abs. 1 dem Eigentümer oder Nutzungsberechtigten des betroffenen Grundstücks entsteht, ist ohne Rücksicht auf Verschulden von dem Eigentümer oder Nutzungsberechtigten, der die Arbeiten veranlasst hat, zu ersetzen. [2]Auf Verlangen ist Sicherheit in Höhe des voraussichtlichen Schadensbetrags zu leisten; in einem solchen Fall darf das Recht erst nach Leistung der Sicherheit ausgeübt werden.

(5) Ist die Ausübung des Rechts nach Abs. 1 zur Abwendung einer gegenwärtigen erheblichen Gefahr erforderlich, entfällt die Verpflichtung zur Anzeige und zur Sicherheitsleistung.

(6) [1]Der Eigentümer oder Nutzungsberechtigte, der ein Nachbargrundstück länger als eine Woche nach Abs. 1 benutzt, hat demjenigen, dessen dingliches Recht auf Nutzung des Grundstücks beeinträchtigt ist, für die gesamte Zeit der Benutzung eine Entschädigung in Höhe der ortsüblichen Miete für einen dem benutzten Grundstücksteil vergleichbaren gewerblichen Lagerplatz zu zahlen. [2]Eine Nutzungsentschädigung kann nicht verlangt werden, soweit nach Abs. 4 Ersatz für entgangene anderweitige Nutzung gefordert wird.

---

1) Art. 46b eingef. mWv 1.1.2012 durch G v. 20.12.2011 (GVBl. S. 714).

Art. 47 Grenzabstand von Pflanzen. (1) Der Eigentümer eines Grundstücks kann verlangen, daß auf einem Nachbargrundstück nicht Bäume, Sträucher oder Hecken, Weinstöcke oder Hopfenstöcke in einer geringeren Entfernung als 0,50 m oder, falls sie über 2 m hoch sind, in einer geringeren Entfernung als 2 m von der Grenze seines Grundstücks gehalten werden.

(2) [1] Zugunsten eines Waldgrundstücks kann nur die Einhaltung eines Abstands von 0,50 m verlangt werden. [2] Das gleiche gilt, wenn Wein oder Hopfen auf einem Grundstück angebaut wird, in dessen Lage dieser Anbau nach den örtlichen Verhältnissen üblich ist.

Art. 48 Grenzabstand bei landwirtschaftlichen Grundstücken.

(1) Gegenüber einem landwirtschaftlich genutzten Grundstück, dessen wirtschaftliche Bestimmung durch Schmälerung des Sonnenlichts erheblich beeinträchtigt werden würde, ist mit Bäumen von mehr als 2 m Höhe ein Abstand von 4 m einzuhalten.

(2) Die Einhaltung des in Absatz 1 bestimmten Abstands kann nur verlangt werden, wenn das Grundstück die bezeichnete wirtschaftliche Bestimmung schon zu der Zeit gehabt hat, zu der die Bäume die Höhe von 2 m überschritten haben.

Art. 49 Messung des Grenzabstands. Der Abstand nach Art. 47 und 48 wird von der Mitte des Stammes an der Stelle, an der dieser aus dem Boden hervortritt, bei Sträuchern und Hecken von der Mitte der zunächst an der Grenze befindlichen Triebe, bei Hopfenstöcken von der Hopfenstange oder dem Steigdraht ab gemessen.

Art. 50 Ausnahmen vom Grenzabstand. (1) [1] Art. 47 und 48 sind nicht auf Gewächse anzuwenden, die sich hinter einer Mauer oder einer sonstigen dichten Einfriedung befinden und diese nicht oder nicht erheblich überragen. [2] Sie gelten ferner nicht für Bepflanzungen, die längs einer öffentlichen Straße oder auf einem öffentlichen Platz gehalten werden, sowie für Bepflanzungen, die zum Uferschutz, zum Schutz von Abhängen oder Böschungen oder zum Schutz einer Eisenbahn dienen.

(2) Art. 48 Abs. 1 gilt auch nicht für Stein- und Kernobstbäume sowie Bäume, die sich in einem Hofraum oder einem Hausgarten befinden.

(3) [1] Im Fall einer Aufforstung kann die Einhaltung des in Art. 48 Abs. 1 bestimmten Abstands nicht verlangt werden, wenn die Aufforstung nach der Lage des aufzuforstenden Grundstücks der wirtschaftlichen Zweckmäßigkeit entspricht. [2] Im übrigen bleiben die besonderen Vorschriften über den Grenzabstand bei der Erstaufforstung unberührt.

Art. 51[1)] Ältere Gewächse und Waldungen. (1) Für die bereits zur Zeit des Inkrafttretens des Bürgerlichen Gesetzbuchs[2)] vorhandenen Bäume, Sträucher und Hecken sind die vor diesem Zeitpunkt geltenden Vorschriften weiterhin anzuwenden, soweit sie das Halten der Gewächse in einer geringeren als der nach Art. 47 bis 50 einzuhaltenden Entfernung von der Grenze des Nachbargrundstücks gestatten.

---

1) Art. 51 Abs. 1 Fußnote aufgeh. mWv 1.12.2016 durch G v. 24.11.2016 (GVBl. S. 318).

2) Auszugsweise abgedruckt unter Nr. **27**.

(2) [1]Bei einem Grundstück, das bereits zur Zeit des Inkrafttretens des Bürgerlichen Gesetzbuchs[1)] mit Wald bestanden war, gilt bis zur ersten Verjüngung des Waldes nach Inkrafttreten des Bürgerlichen Gesetzbuchs[1)] das gleiche auch für neue Bäume und Sträucher. [2]Auch nach der Verjüngung ist Art. 48 nicht anzuwenden.

(3) Der Eigentümer eines Waldgrundstücks ist verpflichtet, die Wurzeln eines Baums oder Strauchs, die von einem Nachbargrundstück eingedrungen sind, das bereits zur Zeit des Inkrafttretens des Bürgerlichen Gesetzbuchs[1)] mit Wald bestanden war, sowie die von einem solchen Grundstück herüberragenden Zweige bis zur ersten Verjüngung des Waldes auf dem Nachbargrundstück nach Inkrafttreten des Bürgerlichen Gesetzbuchs[1)] zu dulden.

(4) [1]Dem Eigentümer eines anderen Grundstücks obliegt die Duldungspflicht nach Absatz 3 nur gegenüber den herüberragenden Zweigen, soweit diese mindestens 5 m vom Boden entfernt sind; die Entfernung wird bis zu den unteren Spitzen der Zweige gemessen. [2]Herüberragende Zweige, die weniger als 5 m vom Boden entfernt sind, müssen auf der westlichen, nordwestlichen, südwestlichen und südlichen Seite des mit Wald bestandenen Grundstücks geduldet werden, wenn durch ihre Beseitigung der Fortbestand eines zum Schutz des Waldes erforderlichen Baums oder Strauchs gefährdet oder die Ertragsfähigkeit des Waldbodens infolge des Eindringens von Wind und Sonne beeinträchtigt werden würde.

Art. 52[2)] Verjährung der nachbarrechtlichen Ansprüche. (1) [1]Die sich aus Art. 43 bis 45 und 46 Abs. 1 ergebenden Ansprüche unterliegen nicht der Verjährung. [2]Der Anspruch auf Beseitigung eines die Art. 47 bis 50 und 51 Abs. 1 und 2 verletzenden Zustands verjährt in fünf Jahren. [3]Die Verjährung beginnt mit dem Schluss des Jahres, in dem

1. der Anspruch entstanden ist, und
2. der Eigentümer des Grundstücks von den den Anspruch begründenden Umständen Kenntnis erlangt oder ohne grobe Fahrlässigkeit erlangen müsste.

(2) Sind Ansprüche nach Absatz 1 Sätze 2 und 3 verjährt und werden die Gewächse durch neue ersetzt, so kann hinsichtlich der neuen Gewächse die Einhaltung des in Art. 47 bis 50 und 51 Abs. 1 und 2 vorgeschriebenen Abstands verlangt werden.

Art. 53[3)] Erlöschen von Anwenderechten. (1) Eine im Zeitpunkt des Inkrafttretens des Bürgerlichen Gesetzbuchs[1)] nach örtlichem Herkommen bestehende Befugnis, bei der Bestellung landwirtschaftlicher Grundstücke die Grenze eines Nachbargrundstücks zu überschreiten (Anwenderecht), erlischt mit dem Ablauf von zehn Jahren nach der letzten Ausübung oder durch Verzicht.

(2) [1]Die für die Verjährung geltenden Vorschriften der §§ 203, 204 Abs. 1 Nrn. 1, 4, 6, 7 bis 9, 11 bis 14, Abs. 2 und 3, §§ 205 bis 207, 209 bis 213 des Bürgerlichen Gesetzbuchs sind entsprechend anzuwenden. [2]Ein Verzicht muß

[1)] Auszugsweise abgedruckt unter Nr. **27**.

[2)] Art. 52 Abs. 1 Satz 3 neu gef. mWv 1.1.2003 durch G v. 24.12.2002 (GVBl. S. 975, ber. 2003 S. 52).

[3)] Art. 53 Abs. 2 Satz 1 neu gef. mWv 1.1.2003 durch G v. 24.12.2002 (GVBl. S. 975); Abs. 2 Satz 1 geänd. mWv 1.3.2016 durch G v. 23.2.2016 (GVBl. S. 14); Abs. 1 Fußnote aufgeh. mWv 1.12.2016 durch G v. 24.11.2016 (GVBl. S. 318).

in öffentlich beglaubigter Form abgegeben werden; im übrigen gelten Art. 46 Abs. 4 Sätze 2 und 3 entsprechend.

Art. 54[1)] Ausschluß von privatrechtlichen Ansprüchen bei Verkehrsunternehmen. § 14 des Bundes-Immissionsschutzgesetzes gilt für Eisenbahn-, Dampfschiffahrts- und ähnliche Unternehmen, die dem öffentlichen Verkehr dienen, entsprechend.

[1)] Art. 54 Fußnote aufgeh. mWv 1.12.2016 durch G v. 24.11.2016 (GVBl. S. 318).

D. Straßen- und Wegerecht; Luftrecht

30. Bundesfernstraßengesetz (FStrG)

In der Fassung der Bekanntmachung vom 28. Juni 2007[1)]
(BGBl. I S. 1206)

FNA 911-1

zuletzt geänd. durch Art. 2a Investitionen-Beschleunigungsgesetz v. 3.12.2020 (BGBl. I S. 2694)

– Auszug –

§ 9[2)] Bauliche Anlagen an Bundesfernstraßen. (1) [1] Längs der Bundesfernstraßen dürfen nicht errichtet werden

1. Hochbauten jeder Art in einer Entfernung bis zu 40 Meter bei Bundesautobahnen und bis zu 20 Meter bei Bundesstraßen außerhalb der zur Erschließung der anliegenden Grundstücke bestimmten Teile der Ortsdurchfahrten, jeweils gemessen vom äußeren Rand der befestigten Fahrbahn,
2. bauliche Anlagen, die außerhalb der zur Erschließung der anliegenden Grundstücke bestimmten Teile der Ortsdurchfahrten über Zufahrten oder Zugänge an Bundesstraßen unmittelbar oder mittelbar angeschlossen werden sollen.

[2] Satz 1 Nr. 1 gilt entsprechend für Aufschüttungen oder Abgrabungen größeren Umfangs. [3] Satz 1 Nummer 1 gilt nicht für technische Einrichtungen, die für das Erbringen von öffentlich zugänglichen Telekommunikationsdiensten erforderlich sind. [4] Weitergehende bundes- oder landesrechtliche Vorschriften bleiben unberührt.

(2) [1] Im Übrigen bedürfen Baugenehmigungen oder nach anderen Vorschriften notwendige Genehmigungen der Zustimmung der obersten Landesstraßenbaubehörde an Bundesfernstraßen, soweit dem Bund die Verwaltung einer Bundesfernstraße zusteht, der Zustimmung des Fernstraßen-Bundesamtes,, wenn

1. bauliche Anlagen längs der Bundesautobahnen in einer Entfernung bis zu 100 Meter und längs der Bundesstraßen außerhalb der zur Erschließung der anliegenden Grundstücke bestimmten Teile der Ortsdurchfahrten bis zu 40 Meter, gemessen vom äußeren Rand der befestigten Fahrbahn, errichtet, erheblich geändert oder anders genutzt werden sollen,
2. bauliche Anlagen auf Grundstücken, die außerhalb der zur Erschließung der anliegenden Grundstücke bestimmten Teile der Ortsdurchfahrten über Zufahrten oder Zugänge an Bundesstraßen unmittelbar oder mittelbar angeschlossen sind, erheblich geändert oder anders genutzt werden sollen.

[1)] Neubekanntmachung des FStrG idF der Bek. v. 20.2.2003 (BGBl. I S. 286) in der ab 17.12.2006 geltenden Fassung.

[2)] § 9 Abs. 1 Satz 3 eingef., bish. Satz 3 wird Satz 4 mWv 1.10.2020 durch G v. 29.6.2020 (BGBl. I S. 1528); Abs. 2 Satz 1 einl. Satzteil, Abs. 5 und Abs. 8 Satz 1 geänd. mWv 1.1.2021 durch G v. 14.8. 2017 (BGBl. I S. 3122).

[2]Die Zustimmungsbedürftigkeit nach Satz 1 gilt entsprechend für bauliche Anlagen, die nach Landesrecht anzeigepflichtig sind. [3]Weitergehende bundes- oder landesrechtliche Vorschriften bleiben unberührt.

(3) Die Zustimmung nach Absatz 2 darf nur versagt oder mit Bedingungen und Auflagen erteilt werden, soweit dies wegen der Sicherheit oder Leichtigkeit des Verkehrs, der Ausbauabsichten oder der Straßenbaugestaltung nötig ist.

(3a) Die Belange nach Absatz 3 sind auch bei Erteilung von Baugenehmigungen innerhalb der zur Erschließung der anliegenden Grundstücke bestimmten Teile der Ortsdurchfahrten von Bundesstraßen zu beachten.

(4) Bei geplanten Bundesfernstraßen gelten die Beschränkungen der Absätze 1 und 2 vom Beginn der Auslegung der Pläne im Planfeststellungsverfahren oder von dem Zeitpunkt an, zu dem den Betroffenen Gelegenheit gegeben wird, den Plan einzusehen.

(5) Bedürfen die baulichen Anlagen im Sinne des Absatzes 2 außerhalb der zur Erschließung der anliegenden Grundstücke bestimmten Teile der Ortsdurchfahrten keiner Baugenehmigung oder keiner Genehmigung nach anderen Vorschriften, so tritt an die Stelle der Zustimmung die Genehmigung der obersten Landesstraßenbaubehörde, an Bundesfernstraßen, soweit dem Bund die Verwaltung einer Bundesfernstraße zusteht, die Genehmigung des Fernstraßen-Bundesamtes.

(5a) Als bauliche Anlagen im Sinne dieses Gesetzes gelten auch die im Landesbaurecht den baulichen Anlagen gleichgestellten Anlagen.

(6) [1]Anlagen der Außenwerbung stehen außerhalb der zur Erschließung der anliegenden Grundstücke bestimmten Teile der Ortsdurchfahrten den Hochbauten des Absatzes 1 und den baulichen Anlagen des Absatzes 2 gleich. [2]An Brücken über Bundesfernstraßen außerhalb dieser Teile der Ortsdurchfahrten dürfen Anlagen der Außenwerbung nicht angebracht werden. [3]Weitergehende bundes- oder landesrechtliche Vorschriften bleiben unberührt.

(7) Die Absätze 1 bis 5 gelten nicht, soweit das Bauvorhaben den Festsetzungen eines Bebauungsplans entspricht (§ 9 des Baugesetzbuchs), der mindestens die Begrenzung der Verkehrsflächen sowie an diesen gelegene überbaubare Grundstücksflächen enthält und unter Mitwirkung des Trägers der Straßenbaulast zustande gekommen ist.

(8) [1]Die oberste Landesstraßenbaubehörde oder das Fernstraßen-Bundesamt an den Bundesfernstraßen, soweit dem Bund die Verwaltung einer Bundesfernstraße zusteht, kann im Einzelfall Ausnahmen von den Verboten der Absätze 1, 4 und 6 zulassen, wenn die Durchführung der Vorschriften im Einzelfall zu einer offenbar nicht beabsichtigten Härte führen würde und die Abweichung mit den öffentlichen Belangen vereinbar ist oder wenn Gründe des Wohls der Allgemeinheit die Abweichungen erfordern. [2]Ausnahmen können mit Bedingungen und Auflagen versehen werden.

(9) [1]Wird infolge der Anwendung der Absätze 1, 2, 4 und 5 die bauliche Nutzung eines Grundstücks, auf deren Zulassung bisher ein Rechtsanspruch bestand, ganz oder teilweise aufgehoben, so kann der Eigentümer insoweit eine angemessene Entschädigung in Geld verlangen, als seine Vorbereitungen zur baulichen Nutzung des Grundstücks in dem bisher zulässigen Umfang für ihn an Wert verlieren oder eine wesentliche Wertminderung des Grundstücks eintritt. [2]Zur Entschädigung ist der Träger der Straßenbaulast verpflichtet.

(10) Im Fall des Absatzes 4 entsteht der Anspruch nach Absatz 9 erst, wenn der Plan rechtskräftig festgestellt oder genehmigt oder mit der Ausführung begonnen worden ist, spätestens jedoch nach Ablauf von vier Jahren, nachdem die Beschränkungen der Absätze 1 und 2 in Kraft getreten sind.

Nr. 31 *(nicht belegt)*

32. Bayerisches Straßen- und Wegegesetz (BayStrWG)

in der Fassung der Bekanntmachung vom 5. Oktober 1981
(BayRS V S. 731)

BayRS 91-1-B

zuletzt geänd. durch § 1 G zur Anpassung bayerischer Vorschriften an die Transformation der Bundesfernstraßenverwaltung v. 23.12.2020 (GVBl. S. 683)

– Auszug –

Erster Teil. Allgemeine Vorschriften

Abschnitt 4. Anbau an Straßen und Schutzmaßnahmen

Art. 23[1)] Errichtung baulicher Anlagen. (1) [1]Außerhalb der zur Erschließung der anliegenden Grundstücke bestimmten Teile der Ortsdurchfahrten dürfen bauliche Anlagen

1. an Staatsstraßen in einer Entfernung bis zu 20 m,
2. an Kreisstraßen in einer Entfernung bis zu 15 m,

jeweils gemessen vom äußeren Rand der Fahrbahndecke, nicht errichtet werden. [2]Dies gilt nicht für Aufschüttungen und Abgrabungen geringeren Umfangs. [3]Sind besondere Fahrbahnen, wie Radwege, getrennt von der Hauptfahrbahn angelegt, dann werden die Entfernungen vom Rand der Decke der Hauptfahrbahn ab gerechnet.

(2) [1]Ausnahmen von den Anbauverboten nach Abs. 1 können zugelassen werden, wenn dies die Sicherheit und Leichtigkeit des Verkehrs, besonders wegen der Sichtverhältnisse, Verkehrsgefährdung, Bebauungsabsichten und Straßenbaugestaltung gestattet. [2]Die Entscheidung wird im Baugenehmigungsverfahren durch die untere Bauaufsichtsbehörde im Einvernehmen mit der Straßenbaubehörde oder, wenn kein Baugenehmigungsverfahren durchgeführt wird, in einem eigenen Verfahren durch die Straßenbaubehörde getroffen. [3]Soweit nach Art. 73 Abs. 1 BayBO[2)] die Regierung zuständig ist, trifft diese die Entscheidung.

(3) Abs. 1 gilt nicht, wenn das Bauvorhaben den Festsetzungen eines Bebauungsplans im Sinn des Baugesetzbuchs entspricht, der mindestens die Begrenzung der Verkehrsflächen und die an diesen gelegenen überbaubaren Grundstücksflächen enthält und unter Mitwirkung der Straßenbaubehörde zustande gekommen ist.

(4) [1]Die Gemeinden können durch Satzung vorschreiben, daß bestimmte Gemeindeverbindungsstraßen vom Anbau nach Abs. 1 freizuhalten sind, soweit dies für die Sicherheit oder Leichtigkeit des Verkehrs, besonders im Hinblick auf Sichtverhältnisse, Verkehrsgefährdung, Bebauungsabsichten und Straßenbaugestaltung erforderlich ist. [2]Das Anbauverbot darf sich nur auf eine Entfernung bis zu 10 m, gemessen vom Rand der Fahrbahndecke, erstrecken.

[1)] Art. 23 Abs. 2 Satz 3 geänd. mWv 1.1.2008 durch G v. 20.12.2007 (GVBl. S. 958); Abs. 2 Satz 3 Fußnote aufgeh., Abs. 3 geänd. mWv 1.8.2017 durch G v. 12.7.2017 (GVBl. S. 375); Abs. 2 Satz 1, Abs. 3 und Abs. 4 Satz 1 geänd. mWv 1.1.2021 durch G v. 23.12.2020 (GVBl. S. 683).

[2)] Nr. **1**.

Art. 24[1] Errichtung oder Änderung baulicher Anlagen. (1) [1]Unbeschadet der Vorschrift des Art. 23 dürfen baurechtliche oder nach anderen Vorschriften erforderliche Genehmigungen nur im Einvernehmen mit der Straßenbaubehörde erteilt werden, wenn bauliche Anlagen längs

1. von Staatsstraßen in einer Entfernung bis zu 40 m und
2. von Kreisstraßen in einer Entfernung bis zu 30 m,

jeweils gemessen vom Rand der Fahrbahndecke, errichtet, erheblich geändert oder so anders genutzt werden sollen, daß Auswirkungen auf die Sicherheit und Leichtigkeit des Verkehrs zu erwarten sind. [2]Das Einvernehmen darf nur verweigert oder von Auflagen abhängig gemacht werden, soweit dies für die Sicherheit oder Leichtigkeit des Verkehrs, besonders wegen der Sichtverhältnisse, Verkehrsgefährdung, Bebauungsabsichten und Straßenbaugestaltung erforderlich ist.

(2) Das Einvernehmen ist auch erforderlich, wenn infolge der Errichtung, Änderung oder anderen Nutzung von baulichen Anlagen außerhalb der zur Erschließung der anliegenden Grundstücke bestimmten Teile der Ortsdurchfahrten

1. Grundstücke eine Zufahrt (Art. 19 Abs. 1) zu einer Staatsstraße oder Kreisstraße erhalten sollen oder
2. die Änderung einer bestehenden Zufahrt zu einer Staats- oder Kreisstraße erforderlich würde.

(3) [1]Ist in den Fällen der Abs. 1 und 2 eine baurechtliche oder anderweitige Genehmigung nicht erforderlich, so entscheidet die Straßenbaubehörde. [2]Art. 23 Abs. 2 Satz 3 gilt entsprechend.

(4) Art. 23 Abs. 3 gilt entsprechend.

Art. 25 *(aufgehoben)*

Art. 26 Freihaltung von Sichtdreiecken. [1]Bauliche Anlagen dürfen nicht errichtet oder geändert werden, wenn die Sichtverhältnisse bei höhengleichen Kreuzungen von Straßen mit dem öffentlichen Verkehr dienenden Eisenbahnen dadurch beeinträchtigt werden. [2]Das gleiche gilt für höhengleiche Kreuzungen und Einmündungen von Straßen außerhalb der geschlossenen Ortslage.

Art. 27 Baubeschränkungen für geplante Straßen. [1]Für geplante Straßen gelten die Beschränkungen der Art. 23 bis 26 vom Beginn der Auslegung der Pläne im Planfeststellungsverfahren an. [2]Wird auf die Auslegung verzichtet, so gelten sie von dem Zeitpunkt an, zu dem den Betroffenen Gelegenheit gegeben wird, den Plan einzusehen.

Art. 27a[2] Entschädigung wegen Baubeschränkungen. (1) [1]Wird nach den Art. 23 bis 26 die bauliche Nutzung eines Grundstücks, auf deren Zulassung bisher ein Rechtsanspruch bestand, ganz oder teilweise aufgehoben, so kann der Eigentümer und ein sonst zur Nutzung Berechtigter insoweit nach den Vorschriften des Bayerischen Gesetzes über die entschädigungspflichtige Enteignung Entschädigung in Geld verlangen, als seine Vorbereitungen zur baulichen Nut-

---

[1] Art. 24 Abs. 3 Satz 2 neu gef. mWv 1.1.2008 durch G v. 20.12.2007 (GVBl. S. 958); Abs. 3 Satz 1 geänd. mWv 1.1.2021 durch G v. 23.12.2020 (GVBl. S. 683).

[2] Art. 27a Abs. 1 Sätze 1 und 2 Fußnoten aufgeh. mWv 1.8.2017 durch G v. 12.7.2017 (GVBl. S. 375); Abs. 2 geänd. mWv 1.1.2021 durch G v. 23.12.2020 (GVBl. S. 683).

zung des Grundstücks in dem bisher zulässigen Umfang für ihn an Wert verlieren oder eine wesentliche Wertminderung des Grundstücks eintritt. [2] Zur Entschädigung ist der Träger der Straßenbaulast verpflichtet, im Fall des Art. 26 Satz 1 unbeschadet seiner Ausgleichsansprüche nach dem Eisenbahnkreuzungsgesetz.

(2) Im Fall des Art. 27 entsteht der Anspruch nach Abs. 1 erst, wenn der Plan unanfechtbar festgestellt oder mit der Ausführung begonnen worden ist, spätestens jedoch vier Jahre nach Auslegung der Pläne.

Art. 27b[1)] Veränderungssperre. (1) [1] Vom Beginn der Auslegung der Pläne im Planfeststellungsverfahren oder von dem Zeitpunkt an, zu dem den Betroffenen Gelegenheit gegeben wird, den Plan einzusehen, dürfen auf den vom Plan betroffenen Flächen bis zu ihrer Übernahme durch den Träger der Straßenbaulast wesentlich wertsteigernde oder das Straßenbauvorhaben erheblich erschwerende Veränderungen nicht vorgenommen werden. [2] Veränderungen, die in rechtlich zulässiger Weise vorher begonnen worden sind, Unterhaltungsarbeiten und die Fortführung einer bisher ausgeübten Nutzung sind hiervon ausgenommen.

(2) [1] Dauern diese Beschränkungen länger als vier Jahre, so können die Eigentümer und die sonst zur Nutzung Berechtigten für danach eintretende Vermögensnachteile vom Träger der Straßenbaulast nach den Vorschriften des Bayerischen Gesetzes über die entschädigungspflichtige Enteignung Entschädigung in Geld verlangen. [2] Der Eigentümer einer vom Plan betroffenen Fläche kann vom Träger der Straßenbaulast ferner verlangen, daß er die Fläche zu Eigentum übernimmt, wenn es dem Eigentümer wegen dieser Beschränkungen wirtschaftlich nicht mehr zuzumuten ist, die Fläche in der bisherigen oder einer anderen zulässigen Art zu nutzen. [3] Kommt eine Einigung über die Übernahme nicht zustande, kann der Eigentümer das Enteignungsverfahren beantragen; im übrigen gelten die Vorschriften des Bayerischen Gesetzes über die entschädigungspflichtige Enteignung sinngemäß.

(3) [1] Zur Sicherung der Planung neuer Staatsstraßen und Kreisstraßen können die Regierungen nach Anhörung der Gemeinden, deren Gebiet betroffen wird, Planungsgebiete festlegen. [2] Für diese gilt Abs. 1 entsprechend. [3] Die Festlegung ist auf höchstens zwei Jahre zu befristen. [4] Die Frist kann, wenn besondere Umstände es erfordern, auf höchstens vier Jahre verlängert werden. [5] Sie tritt mit Beginn der Auslegung der Pläne im Planfeststellungsverfahren oder von dem Zeitpunkt an, zu dem den Betroffenen Gelegenheit gegeben wird, den Plan einzusehen, außer Kraft. [6] Ihre Dauer ist auf die Vierjahresfrist nach Abs. 2 anzurechnen.

(4) [1] Die Festlegung eines Planungsgebiets ist in den Gemeinden, deren Gebiet betroffen wird, auf ortsübliche Weise bekanntzumachen. [2] Planungsgebiete sind außerdem in Karten einzutragen, die in den Gemeinden während der Geltungsdauer der Festlegung zur Einsicht auszulegen sind.

(5) Die Regierungen können im Einzelfall Ausnahmen von den Abs. 1 und 3 zulassen, wenn keine überwiegenden öffentlichen Belange entgegenstehen.

[1)] Art. 27b Abs. 2 Satz 1 Fußnote aufgeh. mWv 1.8.2017 durch G v. 12.7.2017 (GVBl. S. 375); Abs. 3 Sätze 2 und 6, Abs. 5 geänd. mWv 1.1.2021 durch G v. 23.12.2020 (GVBl. S. 683).

33. Luftverkehrsgesetz (LuftVG)

In der Fassung der Bekanntmachung vom 10. Mai 2007[1)]
(BGBl. I S. 698)

FNA 96-1

zuletzt geänd. durch Art. 1 Drittes G zur Harmonisierung des Haftungsrechts im Luftverkehr v. 10.7. 2020 (BGBl. I S. 1655)

– Auszug –

Erster Abschnitt. Luftverkehr

2. Unterabschnitt. Flugplätze

§ 6[2)] [Genehmigung] (1) [1] Flugplätze (Flughäfen, Landeplätze und Segelfluggelände) dürfen nur mit Genehmigung angelegt oder betrieben werden. [2] Im Genehmigungsverfahren für Flugplätze, die einer Planfeststellung bedürfen, ist die Umweltverträglichkeit zu prüfen. [3] § 47 Absatz 2 des Gesetzes über die Umweltverträglichkeitsprüfung bleibt unberührt. [4] Die Genehmigung kann mit Auflagen verbunden und befristet werden.

(2) [1] Vor Erteilung der Genehmigung ist besonders zu prüfen, ob die geplante Maßnahme den Erfordernissen der Raumordnung entspricht und ob die Erfordernisse des Naturschutzes und der Landschaftspflege sowie des Städtebaus und der Schutz vor Fluglärm angemessen berücksichtigt sind. [2] §§ 4 und 5 des Raumordnungsgesetzes bleiben unberührt. [3] Ist das in Aussicht genommene Gelände ungeeignet oder rechtfertigen Tatsachen die Annahme, dass die öffentliche Sicherheit oder Ordnung gefährdet wird, ist die Genehmigung zu versagen. [4] Ergeben sich später solche Tatsachen, so kann die Genehmigung widerrufen werden.

(3) Die Genehmigung eines Flughafens, der dem allgemeinen Verkehr dienen soll, ist außerdem zu versagen, wenn durch die Anlegung und den Betrieb des beantragten Flughafens die öffentlichen Interessen in unangemessener Weise beeinträchtigt werden.

(4) [1] Die Genehmigung ist zu ergänzen oder zu ändern, wenn dies nach dem Ergebnis des Planfeststellungsverfahrens (§§ 8 bis 10) notwendig ist. [2] Eine Änderung der Genehmigung ist auch erforderlich, wenn die Anlage oder der Betrieb des Flugplatzes wesentlich erweitert oder geändert werden soll.

(5) [1] Für das Genehmigungsverfahren gelten § 73 Absatz 3a, § 75 Absatz 1a sowie § 74 Abs. 4 und 5 des Verwaltungsverfahrensgesetzes über die Bekanntgabe entsprechend. [2] Für die in § 8 Abs. 1 bezeichneten Flugplätze gilt für die Durchführung des Genehmigungsverfahrens auch § 10 Absatz 4 und 5 entsprechend.

[1)] Neubekanntmachung des LuftVG idF der Bek. v. 27.3.1999 (BGBl. I S. 550) in der ab 17.12. 2006 geltenden Fassung.

[2)] § 6 Abs. 2 Satz 2 geänd. mWv 30.6.2009 durch G v. 22.12.2008 (BGBl. I S. 2986); Abs. 5 Sätze 1 und 2 geänd. mWv 1.6.2015 durch G v. 31.5.2013 (BGBl. I S. 1388, geänd. durch G v. 24.5.2014, BGBl. I S. 538); Abs. 7 geänd. mWv 2.6.2017 durch G v. 29.5.2017 (BGBl. I S. 1298); Abs. 1 Satz 3 und Abs. 7 geänd. mWv 29.7.2017 durch G v. 20.7.2017 (BGBl. I S. 2808, ber. 2018 S. 472).

(6) [1]Im Falle des Absatzes 5 Satz 2 hat der Widerspruch eines Dritten gegen die Erteilung der Genehmigung keine aufschiebende Wirkung. [2]Der Antrag auf Anordnung der aufschiebenden Wirkung nach § 80 Abs. 5 Satz 1 der Verwaltungsgerichtsordnung kann nur innerhalb eines Monats nach Zustellung des Genehmigungsbescheides gestellt und begründet werden. [3]Darauf ist in der Rechtsbehelfsbelehrung hinzuweisen.

(7) Ist nach dem Gesetz über die Umweltverträglichkeitsprüfung im Genehmigungsverfahren eine Umweltverträglichkeitsprüfung durchzuführen, so bedarf es keiner förmlichen Erörterung im Sinne des § 18 Absatz 1 Satz 4 des Gesetzes über die Umweltverträglichkeitsprüfung.

§ 7 [Vorarbeiten] (1) Die Genehmigungsbehörde kann dem Antragsteller die zur Vorbereitung seines Antrags (§ 6) oder die zur Durchführung des Vorhabens notwendigen Vermessungen, Boden- und Grundwasseruntersuchungen einschließlich der vorübergehenden Anbringung von Markierungszeichen und sonstigen Vorarbeiten gestatten, wenn eine Prüfung ergeben hat, dass die Voraussetzungen für die Erteilung einer Genehmigung voraussichtlich vorliegen.

(2) [1]Die Dauer der Erlaubnis soll zwei Jahre nicht überschreiten. [2]Diese Erlaubnis gibt keinen Anspruch auf Erteilung der Genehmigung nach § 6.

(3) [1]Die Beauftragten der Genehmigungsbehörde können Grundstücke, die für die Genehmigung in Betracht kommen, auch ohne Zustimmung des Berechtigten betreten, diese Grundstücke vermessen und sonstige Vorarbeiten vornehmen, die für die endgültige Entscheidung über die Eignung des Geländes notwendig sind. [2]Zum Betreten von Wohnungen sind sie nicht berechtigt.

(4) [1]Die Genehmigungsbehörde kann die Vorarbeiten von Auflagen abhängig machen. [2]Ist durch die Vorarbeiten ein erheblicher Schaden zu erwarten, hat die Genehmigungsbehörde Sicherheitsleistung durch den Antragsteller anzuordnen.

(5) [1]Wenn durch die Vorarbeiten Schäden verursacht werden, hat der Antragsteller unverzüglich nach Eintritt des jeweiligen Schadens volle Entschädigung in Geld zu leisten oder auf Verlangen des Geschädigten den früheren Zustand wiederherzustellen. [2]Über Art und Höhe der Entschädigung entscheiden im Streitfalle die ordentlichen Gerichte.

§ 8[1)] [Planfeststellung für Flughäfen] (1) [1]Flughäfen sowie Landeplätze mit beschränktem Bauschutzbereich nach § 17 dürfen nur angelegt, bestehende nur geändert werden, wenn der Plan nach § 10 vorher festgestellt ist. [2]Bei der Planfeststellung sind die von dem Vorhaben berührten öffentlichen und privaten Belange einschließlich der Umweltverträglichkeit im Rahmen der Abwägung zu berücksichtigen. [3]Hierbei sind zum Schutz der Allgemeinheit und der Nachbarschaft vor schädlichen Umwelteinwirkungen durch Fluglärm die jeweils anwendbaren Werte des § 2 Absatz 2 des Gesetzes zum Schutz gegen Fluglärm zu beachten. [4]Die Prüfung der Umweltverträglichkeit und der Verträglichkeit mit den Erhaltungszielen von Natura 2000-Gebieten muss sich

1) § 8 Abs. 1 Sätze 3 und 4 angef. mWv 7.6.2007 durch G v. 1.6.2007 (BGBl. I S. 986); Abs. 8 Satz 1 geänd. mWv 18.12.2008 durch G v. 11.12.2008 (BGBl. I S. 2418); Abs. 1 Satz 5 angef., Abs. 2 neu gef., Abs. 3 aufgeh. mWv 1.6.2015 durch G v. 31.5.2013 (BGBl. I S. 1388, geänd. durch G v. 24.5.2014, BGBl. I S. 538); Abs. 1 neu gef. mWv 3.7.2016 durch G v. 28.6.2016 (BGBl. I S. 1548).

räumlich auf den gesamten Einwirkungsbereich des Vorhabens erstrecken, in dem entscheidungserhebliche Auswirkungen möglich sind. [5] Hierbei sind in der Umgebung der in Satz 1 bezeichneten Flugplätze alle die Bereiche zu berücksichtigen, in denen An- und Abflugverkehr weder aus tatsächlichen noch aus rechtlichen Gründen ausgeschlossen werden kann. [6] Lässt sich die Zulassung des Vorhabens nur rechtfertigen, wenn bestimmte Gebiete von erheblichen Beeinträchtigungen durch An- und Abflugverkehr verschont bleiben, legt die Planfeststellungsbehörde fest, dass An- und Abflugverkehr über diesen Gebieten nicht abgewickelt werden darf. [7] Die Planfeststellungsbehörde kann auch Bedingungen für die Zulässigkeit von Überflügen über bestimmten Gebieten festlegen. [8] Vor einer Festlegung im Planfeststellungsbeschluss ist der Flugsicherungsorganisation und dem Bundesaufsichtsamt für Flugsicherung Gelegenheit zu geben, zu den Auswirkungen einer solchen Festlegung auf die künftige Verkehrsführung und Abwicklung des Luftverkehrs Stellung zu nehmen. [9] Auf Genehmigungen nach § 6 Absatz 1 und 4 Satz 2 sind die Sätze 3 bis 5 entsprechend anzuwenden. [10] Für das Planfeststellungsverfahren gelten die §§ 72 bis 78 des Verwaltungsverfahrensgesetzes nach Maßgabe dieses Gesetzes.

(2) Für die Plangenehmigung gilt § 9 Absatz 1 entsprechend.

(3) *(aufgehoben)*

(4) [1] Betriebliche Regelungen und die bauplanungsrechtliche Zulässigkeit von Hochbauten auf dem Flugplatzgelände können Gegenstand der Planfeststellung sein. [2] Änderungen solcherart getroffener betrieblicher Regelungen bedürfen nur einer Regelung entsprechend § 6 Abs. 4 Satz 2.

(5) [1] Für die zivile Nutzung eines aus der militärischen Trägerschaft entlassenen ehemaligen Militärflugplatzes ist eine Änderungsgenehmigung nach § 6 Abs. 4 Satz 2 durch die zuständige Zivilluftfahrtbehörde erforderlich, in der der Träger der zivilen Nutzung anzugeben ist. [2] Die Genehmigungsurkunde muss darüber hinaus die für die entsprechende Flugplatzart vorgeschriebenen Angaben enthalten (§ 42 Abs. 2, § 52 Abs. 2, § 57 Abs. 2 der Luftverkehrs-Zulassungs-Ordnung). [3] Eine Planfeststellung oder Plangenehmigung findet nicht statt, jedoch muss das Genehmigungsverfahren den Anforderungen des Gesetzes über die Umweltverträglichkeitsprüfung entsprechen, wenn die zivile Nutzung des Flugplatzes mit baulichen Änderungen oder Erweiterungen verbunden ist, für die nach dem Gesetz über die Umweltverträglichkeitsprüfung eine Umweltverträglichkeitsprüfung durchzuführen ist. [4] Ein militärischer Bauschutzbereich bleibt bestehen, bis die Genehmigungsbehörde etwas anderes bestimmt. [5] Spätestens mit der Bekanntgabe der Änderungsgenehmigung nach § 6 Abs. 4 Satz 2 gehen alle Rechte und Pflichten von dem militärischen auf den zivilen Träger über.

(6) Die Genehmigung nach § 6 ist nicht Voraussetzung für ein Planfeststellungsverfahren oder ein Plangenehmigungsverfahren.

(7) Absatz 5 Satz 1 bis 3 gilt entsprechend bei der zivilen Nutzung oder Mitbenutzung eines nicht aus der militärischen Trägerschaft entlassenen Militärflugplatzes.

(8) [1] § 7 gilt für das Planfeststellungsverfahren entsprechend. [2] Vorarbeiten zur Baudurchführung sind darüber hinaus auch vor Eintritt der Bestandskraft eines Planfeststellungsbeschlusses oder einer Plangenehmigung zu dulden.

§ 8a [Veränderungssperre] (1) [1] Sobald der Plan ausgelegt oder andere Gelegenheit gegeben ist, den Plan einzusehen, dürfen auf den vom Plan betroffenen Flächen bis zu ihrer Inanspruchnahme wesentlich wertsteigernde oder die geplanten Baumaßnahmen erheblich erschwerende Veränderungen nicht vorgenommen werden (Veränderungssperre). [2] Als vom Plan betroffen gelten Flächen auch insoweit, als für die Erteilung einer Baugenehmigung nach dem im Plan für den Ausbau bezeichneten Bauschutzbereich (§§ 12, 17) ein Zustimmungsvorbehalt der Luftfahrtbehörde besteht. [3] Veränderungen, die in rechtlich zulässiger Weise vorher begonnen worden sind, Unterhaltungsarbeiten und die Fortführung einer bisher ausgeübten Nutzung werden davon nicht berührt. [4] Unzulässige Veränderungen bleiben bei der Anordnung von Vorkehrungen und Anlagen und im Entschädigungsverfahren unberücksichtigt.

(2) Dauert die Veränderungssperre über vier Jahre, können die Eigentümer für die dadurch entstandenen Vermögensnachteile Entschädigung verlangen.

(3) In den Fällen des Absatzes 1 Satz 1 steht dem Unternehmer an den betroffenen Flächen ein Vorkaufsrecht zu.

§ 9[1)] [Inhalt der Planfeststellung] (1) § 75 Absatz 1 des Verwaltungsverfahrensgesetzes gilt nicht für Entscheidungen des Bundesministeriums für Verkehr und digitale Infrastruktur nach § 27d Absatz 1 und 4 und Entscheidungen der Baugenehmigungsbehörden auf Grund des Baurechts.

(2) [1] Wird der Plan nicht innerhalb von fünf Jahren nach Rechtskraft durchgeführt, so können die vom Plan betroffenen Grundstückseigentümer verlangen, dass der Unternehmer ihre Grundstücke und Rechte insoweit erwirbt, als nach § 28 die Enteignung zulässig ist. [2] Kommt keine Einigung zustande, so können sie die Durchführung des Enteignungsverfahrens bei der Enteignungsbehörde beantragen. [3] Im Übrigen gilt § 28.

(3) Wird mit der Durchführung des Plans nicht innerhalb von zehn Jahren nach Eintritt der Unanfechtbarkeit begonnen, so tritt er außer Kraft, es sei denn, er wird vorher auf Antrag des Trägers des Vorhabens von der Planfeststellungsbehörde um höchstens fünf Jahre verlängert.

§ 10[2)] [Planfeststellungsbehörde, Verfahren] (1) [1] Planfeststellungsbehörde und Anhörungsbehörde sind die von der Landesregierung bestimmten Behörden des Landes, in dem das Gelände liegt. [2] Erstreckt sich das Gelände auf mehrere Länder, so trifft die Bestimmung nach Satz 1 die Landesregierung des Landes, in dem der überwiegende Teil des Geländes liegt.

(2) [1] Für das Anhörungsverfahren gilt § 73 des Verwaltungsverfahrensgesetzes mit folgenden Maßgaben:

[1)] § 9 Abs. 1 neu gef., Abs. 2 und 3 aufgeh., bish. Abs. 4 wird Abs. 2, bish. Abs. 5 wird Abs. 3 und Sätze 2 und 3 aufgeh. mWv 1.6.2015 durch G v. 31.5.2013 (BGBl. I S. 1388, geänd. durch G v. 24.5. 2014, BGBl. I S. 538); Abs. 1 geänd. mWv 8.9.2015 durch VO v. 31.8.2015 (BGBl. I S. 1474).

[2)] § 10 Abs. 2 Satz 1 Nr. 3 Satz 4, Nr. 6 Satz 1, Abs. 4 Satz 2 geänd. mWv 1.3.2010 durch G v. 29.7.2009 (BGBl. I S. 2542); Abs. 1 Satz 1 neu gef., Satz 3 aufgeh., Abs. 2 Satz 1 Nr. 1 neu gef., Nr. 2–4 aufgeh., bish. Nr. 5 und 6 werden Nr. 2 und 3, Abs. 4, 5 und 8 aufgeh., bish. Abs. 6 und 7 werden Abs. 4 und 5 mWv 1.6.2015 durch G v. 31.5.2013 (BGBl. I S. 1388, geänd. durch G v. 24.5. 2014, BGBl. I S. 538); Abs. 3 geänd. mWv 8.9.2015 durch VO v. 31.8.2015 (BGBl. I S. 1474); Abs. 2 Satz 1 Nr. 3 Satz 3 geänd. mWv 2.6.2017 durch G v. 29.5.2017 (BGBl. I S. 1298); Abs. 2 Satz 1 Nr. 2 Satz 1 und Nr. 3 Satz 3 geänd. mWv 29.7.2017 durch G v. 20.7.2017 (BGBl. I S. 2808, ber. 2018 S. 472).

1. § 73 Absatz 3a des Verwaltungsverfahrensgesetzes gilt für Äußerungen der Kommission nach § 32b entsprechend.
2. [1] Bei der Änderung eines Flughafens oder eines Landeplatzes mit beschränktem Bauschutzbereich nach § 17 kann von einer förmlichen Erörterung im Sinne des § 73 Abs. 6 des Verwaltungsverfahrensgesetzes und des § 18 Absatz 1 Satz 2 des Gesetzes über die Umweltverträglichkeitsprüfung abgesehen werden. [2] Vor dem Abschluss des Planfeststellungsverfahrens ist den Einwendern Gelegenheit zur Äußerung zu geben. [3] Die Stellungnahme der Anhörungsbehörde nach § 73 Abs. 9 des Verwaltungsverfahrensgesetzes ist innerhalb von sechs Wochen nach Ablauf der Einwendungsfrist abzugeben.
3. [1] Soll ein ausgelegter Plan geändert werden, so sind auch die vom Bund oder Land anerkannten Naturschutzvereinigungen entsprechend § 73 Abs. 8 Satz 1 des Verwaltungsverfahrensgesetzes zu beteiligen. [2] Im Falle des § 73 Abs. 8 Satz 2 des Verwaltungsverfahrensgesetzes erfolgt die Beteiligung in entsprechender Anwendung der Nummer 3 Satz 3 und 4. [3] Von einer Erörterung im Sinne des § 73 Abs. 6 des Verwaltungsverfahrensgesetzes und des § 18 Absatz 1 Satz 4 des Gesetzes über die Umweltverträglichkeitsprüfung kann abgesehen werden.

[2] Die Maßgaben gelten entsprechend, wenn das Verfahren landesrechtlich durch ein Verwaltungsverfahrensgesetz geregelt ist.

(3) Werden öffentliche Interessen berührt, für die die Zuständigkeit von Bundesbehörden oder von Behörden, die im Auftrag des Bundes tätig werden, gegeben ist, und kommt eine Verständigung zwischen der Planfeststellungsbehörde und den genannten Behörden nicht zustande, so hat die Planfeststellungsbehörde im Benehmen mit dem Bundesministerium für Verkehr und digitale Infrastruktur zu entscheiden.

(4) [1] Die Anfechtungsklage gegen einen Planfeststellungsbeschluss oder eine Plangenehmigung für den Bau oder die Änderung von Flughäfen oder Landeplätzen mit beschränktem Bauschutzbereich hat keine aufschiebende Wirkung. [2] Der Antrag auf Anordnung der aufschiebenden Wirkung der Anfechtungsklage gegen einen Planfeststellungsbeschluss oder eine Plangenehmigung nach § 80 Abs. 5 Satz 1 der Verwaltungsgerichtsordnung kann nur innerhalb eines Monats nach Zustellung des Planfeststellungsbeschlusses oder der Plangenehmigung gestellt und begründet werden. [3] § 58 der Verwaltungsgerichtsordnung gilt entsprechend. [4] Treten später Tatsachen ein, die die Wiederherstellung der aufschiebenden Wirkung rechtfertigen, so kann der durch den Planfeststellungsbeschluss oder die Plangenehmigung Beschwerte einen hierauf gestützten Antrag nach § 80 Abs. 5 Satz 1 der Verwaltungsgerichtsordnung innerhalb von einem Monat stellen. [5] Die Frist beginnt in dem Zeitpunkt, in dem der Beschwerte von den Tatsachen Kenntnis erlangt.

(5) [1] Der Kläger hat innerhalb einer Frist von sechs Wochen die zur Begründung seiner Klage dienenden Tatsachen und Beweismittel anzugeben. [2] § 87b Abs. 3 und § 128a der Verwaltungsgerichtsordnung gelten entsprechend.

§ 11 [Einwirkungen auf Nachbargrundstücke] Die Vorschrift des § 14 des Bundes-Immissionsschutzgesetzes gilt für Flugplätze entsprechend.

§ 12[1)] [Baubeschränkungen im Bauschutzbereich] (1) [1]Bei Genehmigung eines Flughafens ist für den Ausbau ein Plan festzulegen. [2]Dieser ist maßgebend für den Bereich, in dem die in den Absätzen 2 und 3 bezeichneten Baubeschränkungen gelten (Bauschutzbereich). [3]Der Plan muss enthalten

1. die Start- und Landebahnen einschließlich der sie umgebenden Schutzstreifen (Start- und Landeflächen),
2. die Sicherheitsflächen, die an den Enden der Start- und Landeflächen nicht länger als je 1 000 Meter und seitlich der Start- und Landeflächen bis zum Beginn der Anflugsektoren je 350 Meter breit sein sollen,
3. den Flughafenbezugspunkt, der in der Mitte des Systems der Start- und Landeflächen liegen soll,
4. die Startbahnbezugspunkte, die je in der Mitte der Start- und Landeflächen liegen sollen,
5. die Anflugsektoren, die sich beiderseits der Außenkanten der Sicherheitsflächen an deren Enden mit einem Öffnungswinkel von je 15 Grad anschließen; sie enden bei Hauptstart- und Hauptlandeflächen in einer Entfernung von 15 Kilometern, bei Nebenstart- und Nebenlandeflächen in einer Entfernung von 8,5 Kilometern vom Startbahnbezugspunkt.

(2) [1]Nach Genehmigung eines Flughafens darf die für die Erteilung einer Baugenehmigung zuständige Behörde die Errichtung von Bauwerken im Umkreis von 1,5 Kilometer Halbmesser um den Flughafenbezugspunkt sowie auf den Start- und Landeflächen und den Sicherheitsflächen nur mit Zustimmung der Luftfahrtbehörden genehmigen. [2]Die Zustimmung der Luftfahrtbehörden gilt als erteilt, wenn sie nicht binnen zwei Monaten nach Eingang des Ersuchens der für die Erteilung einer Baugenehmigung zuständigen Behörde verweigert wird. [3]Ist die fachliche Beurteilung innerhalb dieser Frist wegen des Ausmaßes der erforderlichen Prüfungen nicht möglich, kann sie von der für die Baugenehmigung zuständigen Behörde im Benehmen mit dem Bundesaufsichtsamt für Flugsicherung verlängert werden. [4]Sehen landesrechtliche Bestimmungen für die Errichtung von Bauwerken nach Satz 1 die Einholung einer Baugenehmigung nicht vor, bedarf die Errichtung dieser Bauwerke der Genehmigung der Luftfahrtbehörde unter ausschließlich luftverkehrssicherheitlichen Erwägungen.

(3) [1]In der weiteren Umgebung eines Flughafens ist die Zustimmung der Luftfahrtbehörden erforderlich, wenn die Bauwerke folgende Begrenzung überschreiten sollen:

1. außerhalb der Anflugsektoren
   a) im Umkreis von 4 Kilometer Halbmesser um den Flughafenbezugspunkt eine Höhe von 25 Metern (Höhe bezogen auf den Flughafenbezugspunkt),
   b) im Umkreis von 4 Kilometer bis 6 Kilometer Halbmesser um den Flughafenbezugspunkt die Verbindungslinie, die von 45 Meter Höhe bis 100 Meter Höhe (Höhen bezogen auf den Flughafenbezugspunkt) ansteigt;
2. innerhalb der Anflugsektoren
   a) von dem Ende der Sicherheitsflächen bis zu einem Umkreis um den Startbahnbezugspunkt von 10 Kilometer Halbmesser bei Hauptstart- und

---

[1)] § 12 Abs. 2 Satz 3 geänd. mWv 4.8.2009 durch G v. 29.7.2009 (BGBl. I S. 2424).

Hauptlandeflächen und von 8,5 Kilometer bei Nebenstart- und Nebenlandeflächen die Verbindungslinie, die von 0 Meter Höhe an diesem Ende bis 100 Meter Höhe (Höhen bezogen auf den Startbahnbezugspunkt der betreffenden Start- und Landefläche) ansteigt,

b) im Umkreis von 10 Kilometer bis 15 Kilometer Halbmesser um den Startbahnbezugspunkt bei Hauptstart- und Hauptlandeflächen die Höhe von 100 Metern (Höhe bezogen auf den Startbahnbezugspunkt der betreffenden Start- und Landeflächen).

[2] Absatz 2 Satz 2 bis 4 gilt entsprechend.

(4) Zur Wahrung der Sicherheit der Luftfahrt und zum Schutz der Allgemeinheit können die Luftfahrtbehörden ihre Zustimmung nach den Absätzen 2 und 3 davon abhängig machen, dass die Baugenehmigung unter Auflagen erteilt wird.

§ 13 [Bauhöhen] Sofern Baubeschränkungen im Bauschutzbereich infolge besonderer örtlicher Verhältnisse oder des Verwendungszwecks des Flughafens in bestimmten Geländeteilen für die Sicherheit der Luftfahrt nicht in dem nach § 12 festgelegten Umfang notwendig sind, können die Luftfahrtbehörden für diese Geländeteile Bauhöhen festlegen, bis zu welchen Bauwerke ohne ihre Zustimmung genehmigt werden können.

§ 14 [Bauwerke außerhalb des Bauschutzbereichs] (1) Außerhalb des Bauschutzbereichs darf die für die Erteilung einer Baugenehmigung zuständige Behörde die Errichtung von Bauwerken, die eine Höhe von 100 Metern über der Erdoberfläche überschreiten, nur mit Zustimmung der Luftfahrtbehörden genehmigen; § 12 Abs. 2 Satz 2 und 3 und Abs. 4 gilt entsprechend.

(2) [1] Das gleiche gilt für Anlagen von mehr als 30 Meter Höhe auf natürlichen oder künstlichen Bodenerhebungen, sofern die Spitze dieser Anlage um mehr als 100 Meter die Höhe der höchsten Bodenerhebung im Umkreis von 1,6 Kilometer Halbmesser um die für die Anlage vorgesehene Bodenerhebung überragt. [2] Im Umkreis von 10 Kilometer Halbmesser um einen Flughafenbezugspunkt gilt als Höhe der höchsten Bodenerhebung die Höhe des Flughafenbezugspunktes.

§ 15 [Andere Luftfahrthindernisse] (1) [1] Die §§ 12 bis 14 gelten sinngemäß für Bäume, Freileitungen, Masten, Dämme sowie für andere Anlagen und Geräte. [2] § 12 Abs. 2 ist auf Gruben, Anlagen der Kanalisation und ähnliche Bodenvertiefungen sinngemäß anzuwenden.

(2) [1] Die Errichtung der in Absatz 1 genannten Luftfahrthindernisse bedarf der Genehmigung. [2] Falls die Genehmigung von einer anderen als der Baugenehmigungsbehörde erteilt wird, bedarf diese der Zustimmung der Luftfahrtbehörde. [3] Ist eine andere Genehmigungsbehörde nicht vorgesehen, so ist die Genehmigung der Luftfahrtbehörde erforderlich.

§ 16 [Beseitigung von Luftfahrthindernissen] (1) [1] Die Eigentümer und anderen Berechtigten haben auf Verlangen der Luftfahrtbehörden zu dulden, dass Bauwerke und andere Luftfahrthindernisse (§ 15), welche die nach den §§ 12 bis 15 zulässige Höhe überragen, auf diese Höhe abgetragen werden. [2] Im Falle des § 15 Abs. 1 Satz 2 erstreckt sich die Verpflichtung zur Duldung auf die Beseitigung der Vertiefungen. [3] Ist die Abtragung oder Beseitigung der

Luftfahrthindernisse im Einzelfall nicht durchführbar, so sind die erforderlichen Sicherungsmaßnahmen für die Luftfahrt zu dulden.

(2) Das Recht des Eigentümers oder eines anderen Berechtigten und eine nach anderen Vorschriften bestehende Verpflichtung, diese Maßnahmen auf eigene Kosten selbst durchzuführen, bleiben unberührt.

§ 16a[1] [Kennzeichnung von Luftfahrthindernissen] (1) [1]Die Eigentümer und anderen Berechtigten von Bauwerken und von Gegenständen im Sinne des § 15 Abs. 1 Satz 1, die die nach § 14 zulässige Höhe nicht überschreiten, haben auf Verlangen der zuständigen Luftfahrtbehörde zu dulden, dass die Bauwerke und Gegenstände in geeigneter Weise gekennzeichnet werden, wenn und insoweit dies zur Sicherheit des Luftverkehrs erforderlich ist. [2]Das Bestehen sowie der Beginn des Errichtens oder Abbauens von Freileitungen, Seilbahnen und ähnlichen Anlagen, die in einer Länge von mehr als 75 m Täler oder Schluchten überspannen oder Steilabhängen folgen und dabei die Höhe von 20 m über der Erdoberfläche überschreiten, sind der zuständigen Luftfahrtbehörde von den Eigentümern und anderen Berechtigten unverzüglich anzuzeigen.

(2) § 16 Abs. 2 gilt entsprechend.

§ 17[2] [Beschränkter Bauschutzbereich] [1]Die Luftfahrtbehörden können bei der Genehmigung von Landeplätzen und Segelfluggeländen bestimmen, dass die zur Erteilung einer Baugenehmigung zuständige Behörde nur mit Zustimmung der Luftfahrtbehörde genehmigen darf (beschränkter Bauschutzbereich)

1. die Errichtung von Bauwerken jeder Höhe im Umkreis von 1,5 Kilometern Halbmesser um den dem Flugplatzbezugspunkt entsprechenden Punkt,
2. die Errichtung von Bauwerken, die eine Höhe von 25 Meter, bezogen auf den dem Flughafenbezugspunkt entsprechenden Punkt, überschreiten im Umkreis von 4 Kilometern Halbmesser um den Flugplatzbezugspunkt.

[2]Auf den beschränkten Bauschutzbereich sind § 12 Abs. 2 Satz 2 und 3 und Abs. 4 sowie die §§ 13, 15 und 16 sinngemäß anzuwenden.

§ 18 [Bekanntmachung des Bauschutzbereichs] Der Umfang des Bauschutzbereichs ist den Eigentümern von Grundstücken im Bauschutzbereich und den anderen zum Gebrauch oder zur Nutzung dieser Grundstücke Berechtigten sowie den dinglich Berechtigten, soweit sie der zuständigen Behörde bekannt oder aus dem Grundbuch ersichtlich sind, bekannt zu geben oder in ortsüblicher Weise öffentlich bekannt zu machen.

§ 18a[3] [Verbot der Errichtung von Bauwerken] (1) [1]Bauwerke dürfen nicht errichtet werden, wenn dadurch Flugsicherungseinrichtungen gestört werden können. [2]Das Bundesaufsichtsamt für Flugsicherung entscheidet auf der Grundlage einer gutachtlichen Stellungnahme der Flugsicherungsorganisa-

---

[1] § 16a Abs. 1 Satz 1 und 2 geänd. mWv 4.8.2009 durch G v. 29.7.2009 (BGBl. I S. 2424); Abs. 1 Sätze 1 und 2 geänd. mWv 12.5.2012 durch G v. 8.5.2012 (BGBl. I S. 1032).

[2] § 17 Satz 1 neu gef. mWv 12.5.2012 durch G v. 8.5.2012 (BGBl. I S. 1032).

[3] § 18a Abs. 1 und 2 neu gef., Abs. 1a, Abs. 3 Satz 2 eingef. mWv 4.8.2009 durch G v. 29.7.2009 (BGBl. I S. 2424); Abs. 1 Satz 3 und Abs. 1a Satz 1 geänd. mWv 2.7.2017 durch G v. 28.6.2016 (BGBl. I S. 1548).

tion, ob durch die Errichtung der Bauwerke Flugsicherungseinrichtungen gestört werden können. [3]Das Bundesaufsichtsamt für Flugsicherung teilt seine Entscheidung der für die Genehmigung des Bauwerks zuständigen Behörde oder, falls es einer Genehmigung nicht bedarf, dem Bauherrn mit.

(1a) [1]Das Bundesaufsichtsamt für Flugsicherung veröffentlicht amtlich die Standorte aller Flugsicherungseinrichtungen und Bereiche um diese, in denen Störungen durch Bauwerke zu erwarten sind. [2]Die Flugsicherungsorganisation meldet ihre Flugsicherungseinrichtungen und die Bereiche nach Satz 1 dem Bundesaufsichtsamt für Flugsicherung. [3]Die jeweils zuständigen Luftfahrtbehörden der Länder unterrichten das Bundesaufsichtsamt für Flugsicherung, wenn sie von der Planung von Bauwerken innerhalb von Bereichen nach Satz 1 Kenntnis erhalten.

(2) [1]Die Eigentümer und anderen Berechtigten haben auf Verlangen des Bundesaufsichtsamtes für Flugsicherung zu dulden, dass Bauwerke, die den Betrieb von Flugsicherungseinrichtungen stören, in einer Weise verändert werden, dass Störungen unterbleiben. [2]Das gilt nicht, wenn die Störungen durch Maßnahmen der Flugsicherungsorganisation mit einem Kostenaufwand verhindert werden können, der nicht über dem Geldwert der beabsichtigten Veränderung liegt.

(3) [1]Die Absätze 1 und 2 gelten sinngemäß für die nach § 15 Abs. 1 Satz 1 genannten Gegenstände. [2]§ 30 Abs. 2 Satz 1, 2 und 4 bleibt unberührt.

§ 18b[1)] [Gegenseitige Unterrichtung] (1) Bauwerke dürfen in den Bereichen, die für die Einrichtung und Überwachung von Verfahren für Flüge nach Instrumentenflugregeln aus Gründen der Hindernisfreiheit zu bewerten sind, nur errichtet werden, wenn die zuständige Luftfahrtbehörde zuvor über das Vorhaben informiert wurde.

(2) [1]Das Bundesaufsichtsamt für Flugsicherung unterrichtet die zuständigen Luftfahrtbehörden der Länder über die Bereiche, die für die Einrichtung und Überwachung von Verfahren für Flüge nach Instrumentenflugregeln aus Gründen der Hindernisfreiheit zu bewerten sind. [2]Die zuständigen Luftfahrtbehörden der Länder unterrichten das Bundesaufsichtsamt für Flugsicherung über Bauwerke, welche in diesem Bereich errichtet werden sollen.

(3) [1]Die Absätze 1 und 2 gelten sinngemäß für die nach § 15 Abs. 1 Satz 1 genannten Gegenstände. [2]§ 30 Abs. 2 Satz 1, 2 und 4 bleibt unberührt.

§ 19[2)] [Entschädigung] (1) [1]Entstehen durch Maßnahmen auf Grund der Vorschriften der §§ 12, 14 bis 17 und 18a dem Eigentümer oder einem anderen Berechtigten Vermögensnachteile, so ist hierfür eine angemessene Entschädigung in Geld zu leisten. [2]Hierbei ist die entzogene Nutzung, die Beschädigung oder Zerstörung einer Sache unter gerechter Abwägung der Interessen der Allgemeinheit und der Beteiligten zu berücksichtigen. [3]Für Vermögensnachteile, die nicht im unmittelbaren Zusammenhang mit der Beeinträchtigung stehen, ist den in Satz 1 bezeichneten Personen eine Entschädigung zu zahlen, wenn und soweit dies zur Abwendung oder zum Ausgleich unbilliger Härten geboten erscheint.

[1)] § 18b Abs. 2 neu gef., Abs. 3 Satz 2 eingef. mWv 4.8.2009 durch G v. 29.7.2009 (BGBl. I S. 2424).

[2)] § 19 Abs. 5 Satz 2 geänd. mWv 4.8.2009 durch G v. 29.7.2009 (BGBl. I S. 2424).

(2) Unterlässt der Berechtigte eine Änderung der Nutzung, die ihm zuzumuten ist, so mindert sich seine Entschädigung um den Wert der Vermögensvorteile, die ihm bei Ausübung der geänderten Nutzung erwachsen wären.

(3) [1] Werden Bauwerke und sonstige Luftfahrthindernisse (§ 15), deren entschädigungslose Entfernung oder Umgestaltung nach dem jeweils geltenden Recht gefordert werden kann, auf Grund von Maßnahmen nach § 16 ganz oder teilweise entfernt oder umgestaltet, so ist eine Entschädigung nur zu leisten, wenn es aus Gründen der Billigkeit geboten ist. [2] Sind sie befristet zugelassen und ist die Frist noch nicht abgelaufen, so ist eine Entschädigung nach dem Verhältnis der restlichen Frist zu der gesamten Frist zu leisten.

(4) Dinglich Berechtigte, die nicht zum Gebrauch oder zur Nutzung der Sache berechtigt sind, sind nach den Artikeln 52 und 53 des Einführungsgesetzes zum Bürgerlichen Gesetzbuch auf die Entschädigung des Eigentümers angewiesen.

(5) [1] Die Entschädigung ist in den Fällen der §§ 12 und 17 von dem Flugplatzunternehmer zu zahlen. [2] In den Fällen des § 18a und soweit die bezeichneten Maßnahmen Grundstücke oder andere Sachen außerhalb der Bauschutzbereiche der §§ 12 und 17 betreffen, ist die Entschädigung, wenn es sich um Maßnahmen der Flugsicherung handelt, die sich nicht auf den Start- und Landevorgang beziehen, von demjenigen zu leisten, dessen Flugsicherungstätigkeit durch die Veränderung von Bauwerken unmittelbar gefördert und erleichtert wird; im Übrigen obliegt sie dem jeweiligen Flugplatzunternehmer. [3] In den Fällen des § 16a ist die Entschädigung von demjenigen zu leisten, der ein Interesse an der Kennzeichnung geltend macht.

(6) Im Übrigen sind die Vorschriften des § 13 Abs. 2, der §§ 14, 15, 17 bis 25, 31 und 32 des Schutzbereichgesetzes sinngemäß anzuwenden.

§ 19a[1)] **[Anlagen zur Messung des Fluglärms]** [1] Der Unternehmer eines Flughafens oder eines Landeplatzes im Sinne von § 4 Abs. 1 Nr. 1 und 2 des Gesetzes zum Schutz gegen Fluglärm hat innerhalb einer von der Genehmigungsbehörde festzusetzenden Frist auf dem Flughafen oder Landeplatz und in dessen Umgebung Anlagen zur fortlaufend registrierenden Messung der durch die an- und abfliegenden Luftfahrzeuge entstehenden Geräusche einzurichten und zu betreiben. [2] Die Mess- und Auswertungsergebnisse sind der Genehmigungsbehörde und der Kommission nach § 32b sowie auf Verlangen der Genehmigungsbehörde anderen Behörden mitzuteilen und regelmäßig zu veröffentlichen. [3] Sofern ein Bedürfnis für die Beschaffung und den Betrieb von Anlagen nach Satz 1 nicht besteht, kann die Genehmigungsbehörde Ausnahmen zulassen.

7. Unterabschnitt. Gemeinsame Vorschriften

§ 30[2)] **[Ausnahmen für Bundeswehr, Bundespolizei und Polizei]**

(1) [1] Die Bundeswehr und die Truppen der NATO-Vertragsstaaten sowie Truppen, die auf Grund einer gesonderten Vereinbarung in Deutschland üben,

---

1) § 19a Sätze 1 und 2 geänd. mWv 7.6.2007 durch G v. 1.6.2007 (BGBl. I S. 986).

2) § 30 Abs. 3 Satz 2 geänd. mWv 30.6.2009 durch G v. 22.12.2008 (BGBl. I S. 2986); Abs. 2 Satz 4 neu gef. mWv 4.8.2009 durch G v. 29.7.2009 (BGBl. I S. 2424); Abs. 1 Satz 1 geänd., Satz 4 aufgeh., Abs. 1a eingef. mWv 13.8.2013 durch G v. 7.8.2013 (BGBl. I S. 3123); Abs. 3 Satz 3 geänd. mWv 8.9.2015 durch VO v. 31.8.2015 (BGBl. I S. 1474); Abs. 1 Satz 1 und Abs. 2 Satz 4 neu gef., Satz 1 geänd., Sätze 5 und 6 angef. mWv 3.7.2016 durch G v. 28.6.2016 (BGBl. I S. 1548).

dürfen von den Vorschriften des Ersten Abschnitts dieses Gesetzes, ausgenommen die §§ 12, 13 und 15 bis 19, und von den zu seiner Durchführung erlassenen Vorschriften unter Berücksichtigung der öffentlichen Sicherheit oder Ordnung abweichen, soweit dies zur Erfüllung ihrer besonderen Aufgaben erforderlich ist. [2]Das in § 8 vorgesehene Planfeststellungsverfahren entfällt, wenn militärische Flugplätze angelegt oder geändert werden sollen. [3]Von den Vorschriften über das Verhalten im Luftraum darf nur abgewichen werden, soweit dies zur Erfüllung hoheitlicher Aufgaben zwingend notwendig ist.

(1a) [1]Die Polizeien des Bundes und der Länder dürfen von den Vorschriften des Ersten Abschnitts dieses Gesetzes – ausgenommen die §§ 5 bis 10, 12, 13 sowie 15 bis 19 – und den zu seiner Durchführung erlassenen Vorschriften abweichen, soweit dies zur Erfüllung ihrer Aufgaben unter Berücksichtigung der öffentlichen Sicherheit oder Ordnung erforderlich ist. [2]Von den Vorschriften über das Verhalten im Luftraum darf nur abgewichen werden, soweit dies zur Erfüllung hoheitlicher Aufgaben zwingend notwendig ist.

(2) [1]Die Verwaltungszuständigkeiten auf Grund dieses Gesetzes werden für den Dienstbereich der Bundeswehr und, soweit völkerrechtliche Verträge nicht entgegenstehen, der Truppen der NATO-Vertragsstaaten und der in Deutschland übenden Truppen durch Dienststellen der Bundeswehr nach Bestimmungen des Bundesministeriums der Verteidigung wahrgenommen. [2]Dies gilt nicht für die Aufgaben der Flugsicherung nach § 27c mit Ausnahme der örtlichen Flugsicherung an den militärischen Flugplätzen; die notwendigen Vorbereitungen zur Wahrnehmung der Aufgaben nach Artikel 87a des Grundgesetzes bleiben unberührt. [3]Das Bundesministerium der Verteidigung erteilt die Erlaubnisse nach § 2 Abs. 7 und § 27 auch für andere militärische Luftfahrzeuge. [4]In den Fällen der §§ 12, 13 und 15 bis 19 treten bei militärischen Flugplätzen die Dienststellen der Bundeswehr an die Stelle der Flugsicherungsorganisationen und der genannten Luftfahrtbehörden. [5]Die Dienststellen der Bundeswehr treffen ihre Entscheidungen in eigener Zuständigkeit und Verantwortung für die öffentliche Sicherheit und Ordnung. [6]Zusätzlicher Genehmigungen und Erlaubnisse der zivilen Luftfahrtbehörden bedarf es nicht.

(3) [1]Bei der Anlegung und wesentlichen Änderung militärischer Flugplätze auf Gelände, das nicht durch Maßnahmen auf Grund des Landbeschaffungsgesetzes beschafft zu werden braucht, sind die Erfordernisse der Raumordnung, insbesondere des zivilen Luftverkehrs, nach Anhörung der Regierungen der Länder, die von der Anlegung oder Änderung betroffen werden, angemessen zu berücksichtigen. [2]§§ 4 und 5 des Raumordnungsgesetzes bleiben unberührt. [3]Das Bundesministerium der Verteidigung kann von der Stellungnahme dieser Länder hinsichtlich der Erfordernisse des zivilen Luftverkehrs nur im Einvernehmen mit dem Bundesministerium für Verkehr und digitale Infrastruktur abweichen; es unterrichtet die Regierungen der betroffenen Länder von seiner Entscheidung. [4]Wird Gelände für die Anlegung und wesentliche Änderung militärischer Flugplätze nach den Vorschriften des Landbeschaffungsgesetzes beschafft, findet allein das Anhörungsverfahren nach § 1 Abs. 2 des Landbeschaffungsgesetzes statt; hierbei sind insbesondere die Erfordernisse des zivilen Luftverkehrs angemessen zu berücksichtigen.

E. Wasserrecht

34. Gesetz zur Ordnung des Wasserhaushalts (Wasserhaushaltsgesetz – WHG) [1] [2][3]

Vom 31. Juli 2009
(BGBl. I S. 2585)

FNA 753-13

zuletzt geänd. durch Art. 1 Erstes G zur Änd. des WasserhaushaltsG v. 19.6.2020 (BGBl. I S. 1408)

– Auszug –

§ 17 Zulassung vorzeitigen Beginns. (1) In einem Erlaubnis- oder Bewilligungsverfahren kann die zuständige Behörde auf Antrag zulassen, dass bereits vor Erteilung der Erlaubnis oder der Bewilligung mit der Gewässerbenutzung begonnen wird, wenn

1. mit einer Entscheidung zugunsten des Benutzers gerechnet werden kann,
2. an dem vorzeitigen Beginn ein öffentliches Interesse oder ein berechtigtes Interesse des Benutzers besteht und

---

[1] **Amtl. Anm.:** Dieses Gesetz dient der Umsetzung der

- Richtlinie 80/68/EWG des Rates vom 17. Dezember 1979 über den Schutz des Grundwassers gegen Verschmutzung durch bestimmte gefährliche Stoffe (ABl. L 20 vom 26.1.1980, S. 43), die durch die Richtlinie 2000/60/EG (ABl. L 327 vom 22.12.2000, S. 1) geändert worden ist,
- Richtlinie 91/271/EWG des Rates vom 21. Mai 1991 über die Behandlung von kommunalem Abwasser (ABl. L 135 vom 30.5.1991, S. 40), die zuletzt durch die Verordnung (EG) Nr. 1137/2008 (ABl. L 311 vom 21.11.2008, S. 1) geändert worden ist,
- Richtlinie 2000/60/EG des Europäischen Parlaments und des Rates vom 23. Oktober 2000 zur Schaffung eines Ordnungsrahmens für Maßnahmen der Gemeinschaft im Bereich der Wasserpolitik (ABl. L 327 vom 22.12.2000, S. 1), die zuletzt durch die Richtlinie 2008/105/EG (ABl. L 348 vom 24.12.2008, S. 84) geändert worden ist,
- Richtlinie 2004/35/EG des Europäischen Parlaments und des Rates vom 21. April 2004 über Umwelthaftung zur Vermeidung und Sanierung von Umweltschäden (ABl. L 143 vom 30.4.2004, S. 56), die durch die Richtlinie 2006/21/EG (ABl. L 102 vom 11.4.2006, S. 15) geändert worden ist,
- Richtlinie 2006/11/EG des Europäischen Parlaments und des Rates vom 15. Februar 2006 betreffend die Verschmutzung infolge der Ableitung bestimmter gefährlicher Stoffe in die Gewässer der Gemeinschaft (ABl. L 64 vom 4.3.2006, S. 52),
- Richtlinie 2006/118/EG des Europäischen Parlaments und des Rates vom 12. Dezember 2006 zum Schutz des Grundwassers vor Verschmutzung und Verschlechterung (ABl. L 372 vom 27.12.2006, S. 19, L 53 vom 22.2.2007, S. 30, L 139 vom 31.5.2007, S. 39),
- Richtlinie 2007/60/EG des Europäischen Parlaments und des Rates vom 23. Oktober 2007 über die Bewertung und das Management von Hochwasserrisiken (ABl. L 288 vom 6.11.2007, S. 27).

[2] **Amtl. Anm.:** Die Verpflichtungen aus der Richtlinie 98/34/EG des Europäischen Parlaments und des Rates vom 22. Juni 1998 über ein Informationsverfahren auf dem Gebiet der Normen und technischen Vorschriften und der Vorschriften für die Dienste der Informationsgesellschaft (ABl. L 204 vom 21.7.1998, S. 37), die zuletzt durch die Richtlinie 2006/96/EG (ABl. L 363 vom 20.12.2006, S. 81) geändert worden ist, sind beachtet worden.

[3] Verkündet als Art. 1 des G zur Neuregelung des Wasserrechts v. 31.7.2009 (BGBl. I S. 2585); Inkrafttreten gem. Art. 24 Abs. 2 Satz 1 dieses G am 1.3.2010 mit Ausnahme der §§ 23, 48 Abs. 1 Satz 2 und Abs. 2 Satz 3, § 57 Abs. 2, § 58 Abs. 1 Satz 2, § 61 Abs. 3, § 62 Abs. 4 und 7 Satz 2 und § 63 Abs. 2 Satz 2, die gem. Art. 24 Abs. 1 bereits am 7.8.2009 in Kraft getreten sind.

3. der Benutzer sich verpflichtet, alle bis zur Entscheidung durch die Benutzung verursachten Schäden zu ersetzen und, falls die Benutzung nicht erlaubt oder bewilligt wird, den früheren Zustand wiederherzustellen.

(2) [1] Die Zulassung des vorzeitigen Beginns kann jederzeit widerrufen werden. [2] § 13 gilt entsprechend.

§ 48 Reinhaltung des Grundwassers. (1) [1] Eine Erlaubnis für das Einbringen und Einleiten von Stoffen in das Grundwasser darf nur erteilt werden, wenn eine nachteilige Veränderung der Wasserbeschaffenheit nicht zu besorgen ist. [2] Durch Rechtsverordnung nach § 23 Absatz 1 Nummer 3 kann auch festgelegt werden, unter welchen Voraussetzungen die Anforderung nach Satz 1, insbesondere im Hinblick auf die Begrenzung des Eintrags von Schadstoffen, als erfüllt gilt. [3] Die Verordnung bedarf der Zustimmung des Bundestages. [4] Die Zustimmung gilt als erteilt, wenn der Bundestag nicht innerhalb von drei Sitzungswochen nach Eingang der Vorlage der Bundesregierung die Zustimmung verweigert hat.

(2) [1] Stoffe dürfen nur so gelagert oder abgelagert werden, dass eine nachteilige Veränderung der Grundwasserbeschaffenheit nicht zu besorgen ist. [2] Das Gleiche gilt für das Befördern von Flüssigkeiten und Gasen durch Rohrleitungen. [3] Absatz 1 Satz 2 bis 4 gilt entsprechend.

§ 49 Erdaufschlüsse. (1) [1] Arbeiten, die so tief in den Boden eindringen, dass sie sich unmittelbar oder mittelbar auf die Bewegung, die Höhe oder die Beschaffenheit des Grundwassers auswirken können, sind der zuständigen Behörde einen Monat vor Beginn der Arbeiten anzuzeigen. [2] Werden bei diesen Arbeiten Stoffe in das Grundwasser eingebracht, ist abweichend von § 8 Absatz 1 in Verbindung mit § 9 Absatz 1 Nummer 4 anstelle der Anzeige eine Erlaubnis nur erforderlich, wenn sich das Einbringen nachteilig auf die Grundwasserbeschaffenheit auswirken kann. [3] Die zuständige Behörde kann für bestimmte Gebiete die Tiefe nach Satz 1 näher bestimmen.

(2) Wird unbeabsichtigt Grundwasser erschlossen, ist dies der zuständigen Behörde unverzüglich anzuzeigen.

(3) [1] In den Fällen der Absätze 1 und 2 hat die zuständige Behörde die Einstellung oder die Beseitigung der Erschließung anzuordnen, wenn eine nachteilige Veränderung der Grundwasserbeschaffenheit zu besorgen oder eingetreten ist und der Schaden nicht anderweitig vermieden oder ausgeglichen werden kann; die zuständige Behörde hat die insoweit erforderlichen Maßnahmen anzuordnen. [2] Satz 1 gilt entsprechend, wenn unbefugt Grundwasser erschlossen wird.

(4) Durch Landesrecht können abweichende Regelungen getroffen werden.

§ 57[1)] Einleiten von Abwasser in Gewässer. (1) Eine Erlaubnis für das Einleiten von Abwasser in Gewässer (Direkteinleitung) darf nur erteilt werden, wenn

1. die Menge und Schädlichkeit des Abwassers so gering gehalten wird, wie dies bei Einhaltung der jeweils in Betracht kommenden Verfahren nach dem Stand der Technik möglich ist,

---

1) § 57 Abs. 3 geänd. mWv 18.8.2010 durch G v. 11.8.2010 (BGBl. I S. 1163); Abs. 2 Satz 3 aufgeh., Abs. 3 neu gef., Abs. 4 und 5 angef. mWv 2.5.2013 durch G v. 8.4.2013 (BGBl. I S. 734).

2. die Einleitung mit den Anforderungen an die Gewässereigenschaften und sonstigen rechtlichen Anforderungen vereinbar ist und
3. Abwasseranlagen oder sonstige Einrichtungen errichtet und betrieben werden, die erforderlich sind, um die Einhaltung der Anforderungen nach den Nummern 1 und 2 sicherzustellen.

(2) [1] Durch Rechtsverordnung nach § 23 Absatz 1 Nummer 3 können an das Einleiten von Abwasser in Gewässer Anforderungen festgelegt werden, die nach Absatz 1 Nummer 1 dem Stand der Technik entsprechen. [2] Die Anforderungen können auch für den Ort des Anfalls des Abwassers oder vor seiner Vermischung festgelegt werden.

(3) [1] Nach Veröffentlichung einer BVT-Schlussfolgerung ist bei der Festlegung von Anforderungen nach Absatz 2 Satz 1 unverzüglich zu gewährleisten, dass für Anlagen nach § 3 der Verordnung über genehmigungsbedürftige Anlagen und nach § 60 Absatz 3 Satz 1 Nummer 2 die Einleitungen unter normalen Betriebsbedingungen die in den BVT-Schlussfolgerungen genannten Emissionsbandbreiten nicht überschreiten. [2] Wenn in besonderen Fällen wegen technischer Merkmale der betroffenen Anlagenart die Einhaltung der in Satz 1 genannten Emissionsbandbreiten unverhältnismäßig wäre, können in der Rechtsverordnung für die Anlagenart geeignete Emissionswerte festgelegt werden, die im Übrigen dem Stand der Technik entsprechen müssen. [3] Bei der Festlegung der abweichenden Anforderungen nach Satz 2 ist zu gewährleisten, dass die in den Anhängen V bis VIII der Richtlinie 2010/75/EU festgelegten Emissionsgrenzwerte nicht überschritten werden, keine erheblichen nachteiligen Auswirkungen auf den Gewässerzustand hervorgerufen werden und zu einem hohen Schutzniveau für die Umwelt insgesamt beigetragen wird. [4] Die Notwendigkeit abweichender Anforderungen ist zu begründen.

(4) [1] Für vorhandene Abwassereinleitungen aus Anlagen nach § 3 der Verordnung über genehmigungsbedürftige Anlagen oder bei Anlagen nach § 60 Absatz 3 Satz 1 Nummer 2 ist

1. innerhalb eines Jahres nach Veröffentlichung von BVT-Schlussfolgerungen zur Haupttätigkeit eine Überprüfung und gegebenenfalls Anpassung der Rechtsverordnung vorzunehmen und
2. innerhalb von vier Jahren nach Veröffentlichung von BVT-Schlussfolgerungen zur Haupttätigkeit sicherzustellen, dass die betreffenden Einleitungen oder Anlagen die Emissionsgrenzwerte der Rechtsverordnung einhalten; dabei gelten die Emissionsgrenzwerte als im Einleitungsbescheid festgesetzt, soweit der Bescheid nicht weitergehende Anforderungen im Einzelfall festlegt.

[2] Sollte die Anpassung der Abwassereinleitung an die nach Satz 1 Nummer 1 geänderten Anforderungen innerhalb der in Satz 1 bestimmten Frist wegen technischer Merkmale der betroffenen Anlage unverhältnismäßig sein, soll die zuständige Behörde einen längeren Zeitraum festlegen.

(5) [1] Entsprechen vorhandene Einleitungen, die nicht unter die Absätze 3 bis 4 fallen, nicht den Anforderungen nach Absatz 2, auch in Verbindung mit Satz 2, oder entsprechenden Anforderungen der Abwasserverordnung in ihrer am 28. Februar 2010 geltenden Fassung, so hat der Betreiber die erforderlichen Anpassungsmaßnahmen innerhalb angemessener Fristen durchzuführen; Absatz 4 Satz 1 Nummer 2 zweiter Halbsatz gilt entsprechend. [2] Für Einleitungen nach Satz 1 sind in der Rechtsverordnung nach Absatz 2 Satz 1 abweichende

Anforderungen festzulegen, soweit die erforderlichen Anpassungsmaßnahmen unverhältnismäßig wären.

§ 58[1)] Einleiten von Abwasser in öffentliche Abwasseranlagen.

(1) [1] Das Einleiten von Abwasser in öffentliche Abwasseranlagen (Indirekteinleitung) bedarf der Genehmigung durch die zuständige Behörde, soweit an das Abwasser in der Abwasserverordnung in ihrer jeweils geltenden Fassung Anforderungen für den Ort des Anfalls des Abwassers oder vor seiner Vermischung festgelegt sind. [2] Durch Rechtsverordnung nach § 23 Absatz 1 Nummer 5, 8 und 10 kann bestimmt werden,

1. unter welchen Voraussetzungen die Indirekteinleitung anstelle einer Genehmigung nach Satz 1 nur einer Anzeige bedarf,
2. dass die Einhaltung der Anforderungen nach Absatz 2 auch durch Sachverständige überwacht wird.

[3] Weitergehende Rechtsvorschriften der Länder, die den Maßgaben des Satzes 2 entsprechen oder die über Satz 1 oder Satz 2 hinausgehende Genehmigungserfordernisse vorsehen, bleiben unberührt. [4] Ebenfalls unberührt bleiben Rechtsvorschriften der Länder, nach denen die Genehmigung der zuständigen Behörde durch eine Genehmigung des Betreibers einer öffentlichen Abwasseranlage ersetzt wird.

(2) Eine Genehmigung für eine Indirekteinleitung darf nur erteilt werden, wenn

1. die nach der Abwasserverordnung in ihrer jeweils geltenden Fassung für die Einleitung maßgebenden Anforderungen einschließlich der allgemeinen Anforderungen eingehalten werden,
2. die Erfüllung der Anforderungen an die Direkteinleitung nicht gefährdet wird und
3. Abwasseranlagen oder sonstige Einrichtungen errichtet und betrieben werden, die erforderlich sind, um die Einhaltung der Anforderungen nach den Nummern 1 und 2 sicherzustellen.

(3) Entsprechen vorhandene Indirekteinleitungen nicht den Anforderungen nach Absatz 2, so sind die erforderlichen Maßnahmen innerhalb angemessener Fristen durchzuführen.

(4) [1] § 13 Absatz 1 und § 17 gelten entsprechend. [2] Eine Genehmigung kann auch unter dem Vorbehalt des Widerrufs erteilt werden.

§ 62[2)] Anforderungen an den Umgang mit wassergefährdenden Stoffen. (1) [1] Anlagen zum Lagern, Abfüllen, Herstellen und Behandeln wassergefährdender Stoffe sowie Anlagen zum Verwenden wassergefährdender Stoffe im Bereich der gewerblichen Wirtschaft und im Bereich öffentlicher Einrichtungen müssen so beschaffen sein und so errichtet, unterhalten, betrieben und

---

[1)] § 58 Abs. 1 Satz 1, Abs. 2 Nr. 1 geänd. mWv 18.8.2010 durch G v. 11.8.2010 (BGBl. I S. 1163).

[2)] § 62 Abs. 4 Nr. 4 neu gef. mWv 18.8.2010 durch G v. 11.8.2010 (BGBl. I S. 1163); Abs. 4 Nr. 1–3 neu gef., Nr. 4–6 eingef., bish. Nr. 4 wird Nr. 7 mWv 14.10.2011 durch G v. 6.10.2011 (BGBl. I S. 1986); Abs. 7 Sätze 1–3 geänd. mWv 15.8.2013 durch G v. 7.8.2013 (BGBl. I S. 3154); Abs. 4 Nr. 2 geänd. mWv 8.9.2015 durch VO v. 31.8.2015 (BGBl. I S. 1474); Abs. 7 aufgeh. mWv 1.10.2021 durch G v. 18.7.2016 (BGBl. I S. 1666); Abs. 4 Nr. 2 geänd. mWv 27.6.2020 durch VO v. 19.6.2020 (BGBl. I S. 1328).

stillgelegt werden, dass eine nachteilige Veränderung der Eigenschaften von Gewässern nicht zu besorgen ist. [2]Das Gleiche gilt für Rohrleitungsanlagen, die

1. den Bereich eines Werksgeländes nicht überschreiten,
2. Zubehör einer Anlage zum Umgang mit wassergefährdenden Stoffen sind oder
3. Anlagen verbinden, die in engem räumlichen und betrieblichen Zusammenhang miteinander stehen.

[3]Für Anlagen zum Umschlagen wassergefährdender Stoffe sowie zum Lagern und Abfüllen von Jauche, Gülle und Silagesickersäften sowie von vergleichbaren in der Landwirtschaft anfallenden Stoffen gilt Satz 1 entsprechend mit der Maßgabe, dass der bestmögliche Schutz der Gewässer vor nachteiligen Veränderungen ihrer Eigenschaften erreicht wird.

(2) Anlagen im Sinne des Absatzes 1 dürfen nur entsprechend den allgemein anerkannten Regeln der Technik beschaffen sein sowie errichtet, unterhalten, betrieben und stillgelegt werden.

(3) Wassergefährdende Stoffe im Sinne dieses Abschnitts sind feste, flüssige und gasförmige Stoffe, die geeignet sind, dauernd oder in einem nicht nur unerheblichen Ausmaß nachteilige Veränderungen der Wasserbeschaffenheit herbeizuführen.

(4) Durch Rechtsverordnung nach § 23 Absatz 1 Nummer 5 bis 11 können nähere Regelungen erlassen werden über

1. die Bestimmung der wassergefährdenden Stoffe und ihre Einstufung entsprechend ihrer Gefährlichkeit, über eine hierbei erforderliche Mitwirkung des Umweltbundesamtes und anderer Stellen sowie über Mitwirkungspflichten von Anlagenbetreibern im Zusammenhang mit der Einstufung von Stoffen,
2. die Einsetzung einer Kommission zur Beratung des Bundesministeriums für Umwelt, Naturschutz und nukleare Sicherheit in Fragen der Stoffeinstufung einschließlich hiermit zusammenhängender organisatorischer Fragen,
3. Anforderungen an die Beschaffenheit und Lage von Anlagen nach Absatz 1,
4. technische Regeln, die den allgemein anerkannten Regeln der Technik entsprechen,
5. Pflichten bei der Planung, der Errichtung, dem Betrieb, dem Befüllen, dem Entleeren, der Instandhaltung, der Instandsetzung, der Überwachung, der Überprüfung, der Reinigung, der Stilllegung und der Änderung von Anlagen nach Absatz 1 sowie Pflichten beim Austreten wassergefährdender Stoffe aus derartigen Anlagen; in der Rechtsverordnung kann die Durchführung bestimmter Tätigkeiten Sachverständigen oder Fachbetrieben vorbehalten werden,
6. Befugnisse der zuständigen Behörde, im Einzelfall Anforderungen an Anlagen nach Absatz 1 festzulegen und den Betreibern solcher Anlagen bestimmte Maßnahmen aufzuerlegen,
7. Anforderungen an Sachverständige und Sachverständigenorganisationen sowie an Fachbetriebe und Güte- und Überwachungsgemeinschaften.

(5) Weitergehende landesrechtliche Vorschriften für besonders schutzbedürftige Gebiete bleiben unberührt.

(6) Die §§ 62 und 63 gelten nicht für Anlagen im Sinne des Absatzes 1 zum Umgang mit

1. Abwasser,
2. Stoffen, die hinsichtlich der Radioaktivität die Freigrenzen des Strahlenschutzrechts überschreiten.

[Abs. 7 bis 30.9.2021:]

(7) [1]Das Umweltbundesamt erhebt für in einer Rechtsverordnung nach Absatz 4 Nummer 1 aufgeführte individuell zurechenbare öffentliche Leistungen Gebühren und Auslagen. [2]Die Bundesregierung wird ermächtigt, durch Rechtsverordnung ohne Zustimmung des Bundesrates die gebührenpflichtigen Tatbestände, die Gebührensätze und die Auslagenerstattung für individuell zurechenbare öffentliche Leistungen nach Satz 1 zu bestimmen. [3]Die zu erstattenden Auslagen können abweichend vom Bundesgebührengesetz geregelt werden.

§ 62a[1)] Nationales Aktionsprogramm zum Schutz von Gewässern vor Nitrateinträgen aus Anlagen. [1]Das Bundesministerium für Umwelt, Naturschutz und nukleare Sicherheit erarbeitet im Einvernehmen mit dem Bundesministerium für Ernährung und Landwirtschaft ein nationales Aktionsprogramm im Sinne des Artikels 5 Absatz 1 in Verbindung mit Absatz 4 Buchstabe b, Artikel 4 Absatz 1 Buchstabe a und Anhang II Buchstabe A Nummer 5 der Richtlinie 91/676/EWG des Rates vom 12. Dezember 1991 zum Schutz der Gewässer vor Verunreinigung durch Nitrat aus landwirtschaftlichen Quellen (ABl. L 375 vom 31.12.1991, S. 1), die zuletzt durch die Verordnung (EG) Nr. 1137/2008 (ABl. L 311 vom 21.11.2008, S. 1) geändert worden ist. [2]Dieses enthält insbesondere Angaben zur Beschaffenheit, zur Lage, zur Errichtung und zum Betrieb von Anlagen zum Lagern und Abfüllen von Jauche, Gülle und Silagesickersäften sowie von vergleichbaren in der Landwirtschaft anfallenden Stoffen. [3]Zu dem Entwurf des Aktionsprogramms sowie zu Entwürfen zur Änderung des Aktionsprogramms wird eine Strategische Umweltprüfung nach dem Gesetz über die Umweltverträglichkeitsprüfung durchgeführt. [4]Das Aktionsprogramm und seine Änderungen sind bei Erlass der Rechtsverordnung auf Grund des § 23 Absatz 1 Nummer 5 bis 11 in Verbindung mit § 62 Absatz 4 zu berücksichtigen.

§ 63[2)] Eignungsfeststellung. (1) [1]Anlagen zum Lagern, Abfüllen oder Umschlagen wassergefährdender Stoffe dürfen nur errichtet, betrieben und wesentlich geändert werden, wenn ihre Eignung von der zuständigen Behörde festgestellt worden ist. [2]§ 13 Absatz 1 und § 17 gelten entsprechend.

(2) [1]Absatz 1 gilt nicht

1. für Anlagen zum Lagern und Abfüllen von Jauche, Gülle und Silagesickersäften sowie von vergleichbaren in der Landwirtschaft anfallenden Stoffen,
2. wenn wassergefährdende Stoffe

---

1) § 62a eingef. mWv 29.1.2013 durch G v. 21.1.2013 (BGBl. I S. 95); Satz 1 geänd. mWv 8.9.2015 durch VO v. 31.8.2015 (BGBl. I S. 1474); Satz 1 geänd. mWv 27.6.2020 durch VO v. 19.6.2020 (BGBl. I S. 1328).

2) § 63 Abs. 3 Satz 1 Nr. 1 geänd. mWv 18.8.2010 durch G v. 11.8.2010 (BGBl. I S. 1163); Abs. 3 Satz 1 Nr. 1 neu gef. mWv 1.7.2013 durch G v. 5.12.2012 (BGBl. I S. 2449); Abs. 1, 2 Satz 2 und Abs. 3 neu gef., Abs. 4 und 5 angef. mWv 28.1.2018 durch G v. 18.7.2017 (BGBl. I S. 2771).

a) kurzzeitig in Verbindung mit dem Transport bereitgestellt oder aufbewahrt werden und die Behälter oder Verpackungen den Vorschriften und Anforderungen für den Transport im öffentlichen Verkehr genügen,
b) in Laboratorien in der für den Handgebrauch erforderlichen Menge bereitgehalten werden.

[2]Durch Rechtsverordnung nach § 23 Absatz 1 Nummer 5, 6 und 10 kann geregelt werden,

1. unter welchen Voraussetzungen über die Regelungen nach Satz 1 hinaus keine Eignungsfeststellung erforderlich ist,
2. dass über die Regelungen nach Absatz 4 hinaus bestimmte Anlagenteile als geeignet gelten, einschließlich hierfür zu erfüllender Voraussetzungen.

(3) Die Eignungsfeststellung entfällt, wenn

1. für die Anlage eine Baugenehmigung erteilt worden ist und
2. die Baugenehmigung die Einhaltung der wasserrechtlichen Anforderungen voraussetzt.

(4) [1]Folgende Anlagenteile gelten als geeignet:

1. Bauprodukte im Sinne von Artikel 2 Nummer 1 und 2 der Verordnung (EU) Nr. 305/2011 des Europäischen Parlaments und des Rates vom 9. März 2011 zur Festlegung harmonisierter Bedingungen für die Vermarktung von Bauprodukten und zur Aufhebung der Richtlinie 89/106/EWG des Rates (ABl. L 88 vom 4.4.2011, S. 5), wenn
   a) die Bauprodukte von einer harmonisierten Norm im Sinne von Artikel 2 Nummer 11 der Verordnung (EU) Nr. 305/2011 erfasst sind oder einer Europäischen Technischen Bewertung im Sinne von Artikel 2 Nummer 13 der Verordnung (EU) Nr. 305/2011 entsprechen und die CE-Kennzeichnung angebracht wurde und
   b) die erklärten Leistungen alle wesentlichen Merkmale der harmonisierten Norm oder der Europäischen Technischen Bewertung umfassen, die dem Gewässerschutz dienen,
2. serienmäßig hergestellte Bauprodukte, die nicht unter Nummer 1 fallen und für die nach bauordnungsrechtlichen Vorschriften ein Verwendbarkeitsnachweis erteilt wurde, der die Einhaltung der wasserrechtlichen Anforderungen gewährleistet,
3. Anlagenteile, die aus Bauprodukten zusammengefügt werden, sofern hierfür nach bauordnungsrechtlichen Vorschriften eine Bauartgenehmigung oder eine allgemeine bauaufsichtliche Zulassung erteilt wurde, die jeweils die Einhaltung der wasserrechtlichen Anforderungen gewährleistet,
4. Druckgeräte im Sinne von § 2 Satz 1 Nummer 3 der Druckgeräteverordnung vom 13. Mai 2015 (BGBl. I S. 692), die durch Artikel 2 der Verordnung vom 6. April 2016 (BGBl. I S. 597) geändert worden ist, und Baugruppen im Sinne von § 2 Satz 1 Nummer 1 dieser Verordnung, sofern die CE-Kennzeichnung angebracht wurde und die Druckgeräte und Baugruppen in Übereinstimmung mit der Betriebsanleitung und den Sicherheitsinformationen nach § 6 Absatz 3 dieser Verordnung in Betrieb genommen werden, und
5. Maschinen im Sinne von § 2 Nummer 1 bis 4 der Maschinenverordnung vom 12. Mai 1993 (BGBl. I S. 704), die zuletzt durch Artikel 19 des Gesetzes vom 8. November 2011 (BGBl. I S. 2178) geändert worden ist, sofern die

CE-Kennzeichnung angebracht wurde und die Maschinen in Übereinstimmung mit der Betriebsanleitung und den Sicherheitsanforderungen nach § 3 Absatz 2 Nummer 1 dieser Verordnung in Betrieb genommen werden.

[2]Entsprechen bei Bauprodukten nach Satz 1 Nummer 1 die erklärten Leistungen nicht den wasserrechtlichen Anforderungen an die jeweilige Verwendung, muss die Anlage insgesamt so beschaffen sein, dass die wasserrechtlichen Anforderungen erfüllt werden. [3]Bei Anlagenteilen nach Satz 1 Nummer 4 und 5 bleiben die wasserrechtlichen Anforderungen an die Rückhaltung wassergefährdender Stoffe unberührt. [4]Druckgeräte und Baugruppen nach Satz 1 Nummer 4, für die eine Betreiberprüfstelle eine EU-Konformitätserklärung nach § 2 Satz 1 Nummer 10 der Druckgeräteverordnung erteilt hat, bedürfen keiner CE-Kennzeichnung.

(5) [1]Bei serienmäßig hergestellten Bauprodukten, die nicht unter Absatz 4 Satz 1 Nummer 1 fallen, sowie bei Anlagenteilen, die aus Bauprodukten zusammengefügt werden, stehen den Verwendbarkeitsnachweisen nach Absatz 4 Satz 1 Nummer 2 sowie den Bauartgenehmigungen oder allgemeinen bauaufsichtlichen Zulassungen nach Absatz 4 Satz 1 Nummer 3 Zulassungen aus einem anderen Mitgliedstaat der Europäischen Union, einem anderen Vertragsstaat des Abkommens über den Europäischen Wirtschaftsraum oder der Türkei gleich, wenn mit den Zulassungen dauerhaft das gleiche Schutzniveau erreicht wird. [2]Das Ergebnis von Prüfungen von Anlagenteilen nach Satz 1, die bereits in einem anderen Mitgliedstaat der Europäischen Union, einem anderen Vertragsstaat des Abkommens über den Europäischen Wirtschaftsraum oder der Türkei vorgenommen worden sind, ist bei der Eignungsfeststellung zu berücksichtigen.

35. Bayerisches Wassergesetz (BayWG)[1)]

Vom 25. Februar 2010
(GVBl. S. 66, 130)

BayRS 753-1-U

zuletzt geänd. durch § 5 Abs. 18 G zur Änderung des Bayerischen Hochschulzulassungsgesetzes und weiterer Rechtsvorschriften v. 23.12.2019 (GVBl. S. 737)

– Auszug –

Art. 30 Erdaufschlüsse (Abweichend von § 49 WHG[2)]). (1) [1]Der Anzeige nach § 49 Abs. 1 Satz 1 WHG[2)] sind die zur Beurteilung erforderlichen Unterlagen beizufügen. [2]Werden Dritte mit der Durchführung der Arbeiten beauftragt, so obliegt diesen die Anzeige. [3]Bei erlaubnispflichtigen Gewässerbenutzungen, gestattungsbedürftigen Anlagen nach dem Bayerischen Abgrabungsgesetz[3)] oder nach der Bayerischen Bauordnung (BayBO)[4)] gilt der Antrag auf Genehmigung als Anzeige; in diesen Fällen kommt Abs. 2 nicht zur Anwendung. [4]Im Vollzug des § 49 Abs. 1 Satz 3 WHG[2)] ist zuständige Behörde die Kreisverwaltungsbehörde in Abstimmung mit dem Wasserwirtschaftsamt.

(2) Ist seit der Anzeige ein Monat vergangen, ohne dass eine Einstellungs- oder Beseitigungsanordnung nach § 49 Abs. 3 WHG[2)] ergangen ist, können die Arbeiten begonnen und so lange durchgeführt werden, bis auf das Grundwasser eingewirkt wird.

(3) [1]Ergibt sich, dass auf das Grundwasser eingewirkt wird, so sind die Arbeiten einzustellen, bis die Gewässerbenutzung oder der Gewässerausbau vorzeitig zugelassen oder die erforderliche Erlaubnis oder Bewilligung erteilt oder der Plan festgestellt oder genehmigt ist; dies gilt nicht für erlaubnisfreie Grundwasserbenutzungen. [2]Ist eine baurechtliche Genehmigung oder Zustimmung zu erteilen, so entfällt die wasserrechtliche Erlaubnis für das Einbringen von Stoffen in das Grundwasser.

(4) Abs. 1 und 2 gelten nicht für Arbeiten, die von Staatsbaubehörden oder unter deren Aufsicht ausgeführt werden oder die der bergbehördlichen Aufsicht unterliegen.

(5) Wird durch Arbeiten, die der bergbehördlichen Aufsicht unterliegen, unbefugt oder unbeabsichtigt Grundwasser erschlossen, so ist die Bergbehörde für die zum Schutz des Grundwassers erforderlichen Anordnungen zuständig.

Art. 61[5)] Bauabnahme. (1) [1]Nach Fertigstellung von Baumaßnahmen, die einer Erlaubnis, Bewilligung, Genehmigung oder Planfeststellung nach dem Wasserhaushaltsgesetz oder nach diesem Gesetz bedürfen, hat der Bauherr der Kreisverwaltungsbehörde die Bestätigung eines privaten Sachverständigen nach

---

[1)] Das Gesetz weicht in einzelnen Punkten vom Wasserhaushaltsgesetz (auszugsweise abgedruckt unter Nr. **34**) ab, vgl. Hinweis v. 24.10.2012 (BGBl. I S. 2176) und Hinweis v. 19.2.2015 (BGBl. I S. 153).

[2)] Nr. **34**.

[3)] Nr. **4**.

[4)] Nr. **1**.

[5)] Art. 61 Abs. 1 Satz 2 eingef., bish. Sätze 2–4 werden Sätze 3–5 mWv 1.3.2018 durch G v. 21.2. 2018 (GVBl. S. 48).

Art. 65 vorzulegen, aus der sich ergibt, dass die Baumaßnahmen entsprechend dem Bescheid ausgeführt oder welche Abweichungen von der zugelassenen Bauausführung vorgenommen worden sind. [2]Kann durch eine Bauabnahme nach Fertigstellung der Baumaßnahmen die bescheidsgemäße Ausführung oder eine Abweichung von der zugelassenen Ausführung nicht mehr festgestellt werden, ist eine baubegleitende Bauabnahme zu fordern. [3]Die Kreisverwaltungsbehörde kann Abweichungen von der zugelassenen Ausführung ohne Änderung der wasserrechtlichen Gestattung im Sinn des Satzes 1 genehmigen, sofern die Abweichung eine schädliche Gewässerveränderung nicht erwarten lässt. [4]Die Genehmigung kann unter Auflagen erteilt werden, soweit der zugrundeliegende Bescheid mit Auflagen verbunden werden kann. [5]Werden durch die Abweichungen Ansprüche Dritter berührt, über die im vorausgegangenen Verfahren zu entscheiden war, so können nach Anhörung der Dritten auch Ausgleichsmaßnahmen oder Entschädigungen festgesetzt werden.

(2) [1]Die Kreisverwaltungsbehörde kann im Einzelfall auf die Bauabnahme verzichten, wenn nach Größe und Art der baulichen Anlage nicht zu erwarten ist, dass durch sie erhebliche Gefahren oder Nachteile herbeigeführt werden können, oder eine Bauabnahme nach anderen Vorschriften durchgeführt wird; dies gilt nicht für Anlagen nach Art. 70 Abs. 1 Nr. 2. [2]Bauliche Anlagen des Bundes, der Länder und der Kommunen bedürfen keiner Bauabnahme nach Abs. 1, wenn der öffentliche Bauherr die Bauabnahme Beamten des höheren bautechnischen Verwaltungsdienstes übertragen hat.

36. Verordnung über Anlagen zum Umgang mit wassergefährdenden Stoffen (AwSV)

Vom 18. April 2017
(BGBl. I S. 905)

FNA 753-13-6

geänd. durch Art. 256 Elfte ZuständigkeitsanpassungsVO v. 19.6.2020 (BGBl. I S. 1328)

– Auszug –

Inhaltsübersicht

Anlage 1 Einstufung von Stoffen und Gemischen als nicht wassergefährdend und in Wassergefährdungsklassen (WGK); Bestimmung aufschwimmender flüssiger Stoffe als allgemein wassergefährdend
Anlage 2 Dokumentation der Selbsteinstufung von Stoffen und Gemischen
Anlage 3 Merkblatt zu Betriebs- und Verhaltensvorschriften beim Betrieb von Heizölverbraucheranlagen
Anlage 4 Merkblatt zu Betriebs- und Verhaltensvorschriften beim Umgang mit wassergefährdenden Stoffen
Anlage 5 Prüfzeitpunkte und -intervalle für Anlagen außerhalb von Schutzgebieten und festgesetzten oder vorläufig gesicherten Überschwemmungsgebieten
Anlage 6 Prüfzeitpunkte und -intervalle für Anlagen in Schutzgebieten und festgesetzten oder vorläufig gesicherten Überschwemmungsgebieten
Anlage 7 Anforderungen an Jauche-, Gülle- und Silagesickersaftanlagen (JGS-Anlagen)

Kapitel 1. Zweck; Anwendungsbereich; Begriffsbestimmungen

§ 1 Zweck; Anwendungsbereich. (1) Diese Verordnung dient dem Schutz der Gewässer vor nachteiligen Veränderungen ihrer Eigenschaften durch Freisetzungen von wassergefährdenden Stoffen aus Anlagen zum Umgang mit diesen Stoffen.

(2) Diese Verordnung findet keine Anwendung auf

1. den Umgang mit im Bundesanzeiger veröffentlichten nicht wassergefährdenden Stoffen,
2. nicht ortsfeste und nicht ortsfest benutzte Anlagen, in denen mit wassergefährdenden Stoffen umgegangen wird, sowie
3. Untergrundspeicher nach § 4 Absatz 9 des Bundesberggesetzes.

(3) [1] Diese Verordnung findet auch keine Anwendung auf oberirdische Anlagen mit einem Volumen von nicht mehr als 0,22 Kubikmetern bei flüssigen Stoffen oder mit einer Masse von nicht mehr als 0,2 Tonnen bei gasförmigen und festen Stoffen, wenn sich diese Anlagen außerhalb von Schutzgebieten und festgesetzten oder vorläufig gesicherten Überschwemmungsgebieten befinden. [2] § 62 Absatz 1 und 2 des Wasserhaushaltsgesetzes[1)] bleibt unberührt. [3] Anlagen nach Satz 1 bedürfen keiner Eignungsfeststellung nach § 63 Absatz 1 des Wasserhaushaltsgesetzes[1)].

(4) [1] Diese Verordnung findet zudem keine Anwendung, wenn der Umfang der wassergefährdenden Stoffe, sofern mit ihnen neben anderen Sachen in einer Anlage umgegangen wird, während der gesamten Betriebsdauer der Anlage unerheblich ist. [2] Auf Antrag des Betreibers stellt die zuständige Behörde fest, ob die Voraussetzung nach Satz 1 erfüllt ist.

§ 2 Begriffsbestimmungen. (1) Für diese Verordnung gelten die Begriffsbestimmungen der Absätze 2 bis 33.

(2) „Wassergefährdende Stoffe" sind feste, flüssige und gasförmige Stoffe und Gemische, die geeignet sind, dauernd oder in einem nicht nur unerheblichen Ausmaß nachteilige Veränderungen der Wasserbeschaffenheit herbeizuführen, und die nach Maßgabe von Kapitel 2 als wassergefährdend eingestuft sind oder als wassergefährdend gelten.

(3) Ein „Stoff" ist ein chemisches Element und seine Verbindungen in natürlicher Form oder gewonnen durch ein Herstellungsverfahren, einschließ-

---

1) Nr. **34**.

lich der zur Wahrung seiner Stabilität notwendigen Zusatzstoffe und der durch das angewandte Verfahren bedingten Verunreinigungen, aber mit Ausnahme von Lösungsmitteln, die von dem Stoff ohne Beeinträchtigung seiner Stabilität und ohne Änderung seiner Zusammensetzung abgetrennt werden können.

(4) Ein „Gemisch" besteht aus zwei oder mehreren Stoffen.

(5) „Gasförmig" sind Stoffe und Gemische, die

1. bei einer Temperatur von 50 Grad Celsius einen Dampfdruck von mehr als 300 Kilopascal (3 bar) haben oder
2. bei einer Temperatur von 20 Grad Celsius und dem Standarddruck von 101,3 Kilopascal vollständig gasförmig sind.

(6) „Flüssig" sind Stoffe und Gemische, die

1. bei einer Temperatur von 50 Grad Celsius einen Dampfdruck von weniger als 300 Kilopascal (3 bar) haben,
2. bei einer Temperatur von 20 Grad Celsius und einem Standarddruck von 101,3 Kilopascal nicht vollständig gasförmig sind und
3. einen Schmelzpunkt oder einen Schmelzbeginn bei einer Temperatur von 20 Grad Celsius oder weniger bei einem Standarddruck von 101,3 Kilopascal haben.

(7) „Fest" sind Stoffe und Gemische, die nicht gasförmig oder flüssig sind.

(8) „Gärsubstrate landwirtschaftlicher Herkunft zur Gewinnung von Biogas" sind

1. pflanzliche Biomassen aus landwirtschaftlicher Grundproduktion,
2. Pflanzen oder Pflanzenbestandteile, die in landwirtschaftlichen, forstwirtschaftlichen oder gartenbaulichen Betrieben oder im Rahmen der Landschaftspflege anfallen, sofern sie zwischenzeitlich nicht anders genutzt worden sind,
3. pflanzliche Rückstände aus der Herstellung von Getränken sowie Rückstände aus der Be- und Verarbeitung landwirtschaftlicher Produkte, wie Obst-, Getreide- und Kartoffelschlempen, soweit bei der Be- und Verarbeitung keine wassergefährdenden Stoffe zugesetzt werden und sich die Gefährlichkeit bei der Be- und Verarbeitung nicht erhöht,
4. Silagesickersaft sowie
5. tierische Ausscheidungen wie Jauche, Gülle, Festmist und Geflügelkot.

(9) [1]„Anlagen zum Umgang mit wassergefährdenden Stoffen" (Anlagen) sind

1. selbständige und ortsfeste oder ortsfest benutzte Einheiten, in denen wassergefährdende Stoffe gelagert, abgefüllt, umgeschlagen, hergestellt, behandelt oder im Bereich der gewerblichen Wirtschaft oder im Bereich öffentlicher Einrichtungen verwendet werden, sowie
2. Rohrleitungsanlagen nach § 62 Absatz 1 Satz 2 des Wasserhaushaltsgesetzes[1)].

[2]Als ortsfest oder ortsfest benutzt gelten Einheiten, wenn sie länger als ein halbes Jahr an einem Ort zu einem bestimmten betrieblichen Zweck betrieben werden; Anlagen können aus mehreren Anlagenteilen bestehen.

[1)] Nr. **34**.

(10) „Fass- und Gebindelager“ sind Lageranlagen für ortsbewegliche Behälter und Verpackungen, deren Einzelvolumen 1,25 Kubikmeter nicht überschreitet.

(11) [1] „Heizölverbraucheranlagen“ sind Lageranlagen und im Bereich der gewerblichen Wirtschaft und öffentlicher Einrichtungen auch Verwendungsanlagen,

1. die dem Beheizen oder Kühlen von Wohnräumen, Geschäfts- und sonstigen Arbeitsräumen oder dem Erwärmen von Wasser dienen,
2. deren Jahresverbrauch an Heizöl leicht (Heizöl EL) nach DIN 51603-1, Ausgabe August 2008, die bei der Beuth Verlag GmbH, Berlin, zu beziehen und bei der Deutschen Nationalbibliothek archivmäßig gesichert niedergelegt ist, an anderen leichten Heizölen mit gleichwertiger Qualität, an flüssigen Triglyceriden oder an flüssigen Fettsäuremethylestern 100 Kubikmeter nicht übersteigt und
3. deren Behälter jährlich höchstens viermal befüllt werden.

[2] Notstromanlagen stehen Heizölverbraucheranlagen gleich.

(12) „Eigenverbrauchstankstellen“ sind Lager- und Abfüllanlagen,

1. die für die Öffentlichkeit nicht zugänglich sind,
2. die dafür bestimmt sind, Fahrzeuge und Geräte, die für den zugehörigen Betrieb genutzt werden, mit Kraftstoffen zu versorgen,
3. deren Jahresabgabe 100 Kubikmeter nicht übersteigt und
4. die nur vom Betreiber oder den von ihm bestimmten und unterwiesenen Personen bedient werden.

(13) „Jauche-, Gülle- und Silagesickersaftanlagen (JGS-Anlagen)“ sind Anlagen zum Lagern oder Abfüllen ausschließlich von

1. Wirtschaftsdünger, insbesondere Gülle oder Festmist, im Sinne des § 2 Satz 1 Nummer 2 bis 4 des Düngegesetzes,
2. Jauche im Sinne des § 2 Satz 1 Nummer 5 des Düngegesetzes,
3. tierischen Ausscheidungen nicht landwirtschaftlicher Herkunft, auch in Mischung mit Einstreu oder in verarbeiteter Form,
4. Flüssigkeiten, die während der Herstellung oder Lagerung von Gärfutter durch Zellaufschluss oder Pressdruck anfallen und die überwiegend aus einem Gemisch aus Wasser, Zellsaft, organischen Säuren und Mikroorganismen sowie etwaigem Niederschlagswasser bestehen (Silagesickersaft), oder
5. Silage oder Siliergut, soweit hierbei Silagesickersaft anfallen kann.

(14) „Biogasanlagen“ sind

1. Anlagen zum Herstellen von Biogas, insbesondere Vorlagebehälter, Fermenter, Kondensatbehälter und Nachgärer,
2. Anlagen zum Lagern von Gärresten oder Gärsubstraten, wenn sie in einem engen räumlichen und funktionalen Zusammenhang mit Anlagen nach Nummer 1 stehen, und
3. zu den Anlagen nach den Nummern 1 und 2 gehörige Abfüllanlagen.

(15) [1] „Unterirdische Anlagen“ sind Anlagen, bei denen zumindest ein Anlagenteil unterirdisch ist; unterirdisch sind Anlagenteile,

1. die vollständig oder teilweise im Erdreich eingebettet sind oder

2. die nicht vollständig einsehbar in Bauteilen, die unmittelbar mit dem Erdreich in Berührung stehen, eingebettet sind.

[2] Alle anderen Anlagen sind oberirdisch; oberirdisch sind insbesondere auch Anlagen, deren Rückhalteeinrichtungen teilweise im Erdreich eingebettet sind, sowie Behälter, die mit ihren flachen Böden vollflächig oder mit Stützkonstruktionen auf dem Untergrund aufgestellt sind.

(16) „Rückhalteeinrichtungen“ sind Anlagenteile zur Rückhaltung von wassergefährdenden Stoffen, die aus undicht gewordenen Anlagenteilen, die bestimmungsgemäß wassergefährdende Stoffe umschließen, austreten; dazu zählen insbesondere Auffangräume, Auffangwannen, Auffangtassen, Auffangvorrichtungen, Rohrleitungen, Schutzrohre, Behälter oder Flächen, in oder auf denen Stoffe zurückgehalten oder in oder auf denen Stoffe abgeleitet werden.

(17) „Doppelwandige Anlagen“ sind Anlagen, die aus zwei unabhängigen Wänden bestehen, deren Zwischenraum als Überwachungsraum ausgestaltet ist, der mit einem Leckanzeigesystem ausgestattet ist, das ein Undichtwerden der inneren und der äußeren Wand anzeigt.

(18) „Abfüll- oder Umschlagflächen“ sind Anlagenteile, die beim Abfüllen oder Umschlagen im Fall einer Betriebsstörung mit wassergefährdenden Stoffen beaufschlagt werden können, zuzüglich der Ablauf- und Stauflächen sowie der Abtrennung von anderen Flächen.

(19) „Rohrleitungen“ sind feste oder flexible Leitungen zum Befördern wassergefährdender Stoffe, einschließlich ihrer Formstücke, Armaturen, Förderaggregate, Flansche und Dichtmittel.

(20) „Lagern“ ist das Vorhalten von wassergefährdenden Stoffen zur weiteren Nutzung, Abgabe oder Entsorgung.

(21) „Erdbecken“ sind ins Erdreich gebaute oder durch Dämme errichtete Becken zum Lagern von Jauche, Gülle und Silagesickersäften, die im Sohlen- und Böschungsbereich aus Erdreich bestehen und gegenüber dem Boden mit Dichtungsbahnen abgedichtet sind.

(22) „Abfüllen“ ist das Befüllen von Behältern oder Verpackungen mit wassergefährdenden Stoffen.

(23) [1] „Umschlagen“ ist das Laden und Löschen von Schiffen, soweit es unverpackte wassergefährdende Stoffe betrifft, sowie das Umladen von wassergefährdenden Stoffen in Behältern oder Verpackungen von einem Transportmittel auf ein anderes. [2] Zum Umschlagen gehört auch das vorübergehende Abstellen von Behältern oder Verpackungen mit wassergefährdenden Stoffen in einer Umschlaganlage im Zusammenhang mit dem Transport.

(24) „Intermodaler Verkehr“ umfasst den Transport von Gütern in ein und derselben Ladeeinheit oder demselben Straßenfahrzeug mit zwei oder mehr Verkehrsträgern, wobei ein Wechsel der Verkehrsträger, aber kein Umschlag der transportierten Güter selbst erfolgt.

(25) „Herstellen“ ist das Erzeugen und Gewinnen von wassergefährdenden Stoffen.

(26) „Behandeln“ ist das Einwirken auf wassergefährdende Stoffe, um deren Eigenschaften zu verändern.

(27) „Verwenden“ ist das Anwenden, Gebrauchen und Verbrauchen von wassergefährdenden Stoffen unter Ausnutzung ihrer Eigenschaften im Bereich der gewerblichen Wirtschaft und im Bereich öffentlicher Einrichtungen.

(28) „Errichten“ ist das Aufstellen, Einbauen oder Einfügen von Anlagen und Anlagenteilen.

(29) „Instandhalten“ ist das Aufrechterhalten des ordnungsgemäßen Zustands einer Anlage, „Instandsetzen“ ist das Wiederherstellen dieses Zustands.

(30) „Stilllegen“ ist die dauerhafte Außerbetriebnahme einer Anlage.

(31) „Wesentliche Änderungen“ einer Anlage sind Maßnahmen, die die baulichen oder sicherheitstechnischen Merkmale der Anlage verändern.

(32) [1] „Schutzgebiete“ sind

1. Wasserschutzgebiete nach § 51 Absatz 1 Satz 1 Nummer 1 und 2 des Wasserhaushaltsgesetzes,
2. Gebiete, für die eine vorläufige Anordnung nach § 52 Absatz 2 in Verbindung mit § 51 Absatz 1 Satz 1 Nummer 1 oder Nummer 2 des Wasserhaushaltsgesetzes erlassen worden ist, und
3. Heilquellenschutzgebiete nach § 53 Absatz 4 des Wasserhaushaltsgesetzes.

[2] Ist die weitere Zone eines Schutzgebietes unterteilt, so gilt als Schutzgebiet nur deren innerer Bereich; sind Zonen zum Schutz gegen qualitative und quantitative Beeinträchtigungen unterschiedlich abgegrenzt, gelten die Abgrenzungen zum Schutz gegen qualitative Beeinträchtigungen.

(33) „Sachverständige“ sind von nach § 52 anerkannten Sachverständigenorganisationen bestellte Personen, die berechtigt sind, Anlagen zu prüfen und zu begutachten.

Kapitel 2. Einstufung von Stoffen und Gemischen

Abschnitt 1. Grundsätze

§ 3 Grundsätze. (1) [1] Nach Maßgabe der Bestimmungen dieses Kapitels werden Stoffe und Gemische, mit denen in Anlagen umgegangen wird, entsprechend ihrer Gefährlichkeit als nicht wassergefährdend oder in eine der folgenden Wassergefährdungsklassen eingestuft:

Wassergefährdungsklasse 1: schwach wassergefährdend,
Wassergefährdungsklasse 2: deutlich wassergefährdend,
Wassergefährdungsklasse 3: stark wassergefährdend.

[2] Die Absätze 2 bis 4 bleiben unberührt.

(2) [1] Folgende Stoffe und Gemische gelten als allgemein wassergefährdend und werden nicht in Wassergefährdungsklassen eingestuft:

1. Wirtschaftsdünger, insbesondere Gülle oder Festmist, im Sinne des § 2 Satz 1 Nummer 2 bis 4 des Düngegesetzes,
2. Jauche im Sinne des § 2 Satz 1 Nummer 5 des Düngegesetzes,
3. tierische Ausscheidungen nicht landwirtschaftlicher Herkunft, auch in Mischung mit Einstreu oder in verarbeiteter Form,
4. Silagesickersaft,
5. Silage oder Siliergut, bei denen Silagesickersaft anfallen kann,
6. Gärsubstrate landwirtschaftlicher Herkunft zur Gewinnung von Biogas sowie die bei der Vergärung anfallenden flüssigen und festen Gärreste,

7. aufschwimmende flüssige Stoffe, die nach Anlage 1 Nummer 3.2 vom Umweltbundesamt im Bundesanzeiger veröffentlicht worden sind, und Gemische, die nur aus derartigen Stoffen bestehen, sowie
8. feste Gemische, vorbehaltlich einer abweichenden Einstufung gemäß § 10.

[2] Abweichend von Satz 1 Nummer 8 ist ein festes Gemisch nicht wassergefährdend, wenn das Gemisch oder die darin enthaltenen Stoffe vom Umweltbundesamt nach § 6 Absatz 4 oder § 66 als nicht wassergefährdend im Bundesanzeiger veröffentlicht wurden. [3] Als nicht wassergefährdend gelten auch feste Gemische, bei denen insbesondere auf Grund ihrer Herkunft oder ihrer Zusammensetzung eine nachteilige Veränderung der Gewässereigenschaften nicht zu besorgen ist.

(3) Als nicht wassergefährdend gelten:

1. Stoffe und Gemische, die dazu bestimmt sind oder von denen erwartet werden kann, dass sie als Lebensmittel aufgenommen werden, und
2. Stoffe und Gemische, die zur Tierfütterung bestimmt sind, mit Ausnahme von Siliergut und Silage, soweit bei diesen Silagesickersaft anfallen kann.

(4) [1] Solange Stoffe und Gemische nicht nach Maßgabe dieses Kapitels oder nach § 66 eingestuft sind, gelten sie als stark wassergefährdend. [2] Dies gilt nicht für Stoffe und Gemische, die unter Absatz 2 oder Absatz 3 fallen.

Abschnitt 2. Einstufung von Stoffen und Dokumentation; Entscheidung über die Einstufung

§ 4 Selbsteinstufung von Stoffen; Ausnahmen; Dokumentation.

(1) Beabsichtigt ein Betreiber, in einer Anlage mit einem Stoff umzugehen, hat er diesen nach Maßgabe der Kriterien von Anlage 1 als nicht wassergefährdend oder in eine Wassergefährdungsklasse nach § 3 Absatz 1 einzustufen.

(2) Die Verpflichtung zur Selbsteinstufung nach Absatz 1 gilt nicht für

1. Stoffe nach § 3 Absatz 2 und 3,
2. Stoffe, deren Einstufung bereits nach § 6 Absatz 4 oder § 66 im Bundesanzeiger veröffentlicht worden ist,
3. Stoffe, die zu einer Stoffgruppe gehören, deren Einstufung bereits nach § 6 Absatz 4 oder § 66 im Bundesanzeiger veröffentlicht worden ist,
4. Stoffe, die der Betreiber unabhängig von ihren Eigenschaften als stark wassergefährdend betrachtet, sowie
5. Stoffe, die während der Durchführung einer Beförderung in Behältern oder Verpackungen umgeschlagen werden.

(3) Der Betreiber hat die Selbsteinstufung eines Stoffes nach Maßgabe von Anlage 2 Nummer 1 zu dokumentieren und diese Dokumentation dem Umweltbundesamt vorzulegen.

(4) [1] Ist der Betreiber der Auffassung, dass die Einstufung eines Stoffes nach Maßgabe der Anlage 1 die Wassergefährdung unzureichend abbildet, kann er dem Umweltbundesamt eine abweichende Einstufung vorschlagen. [2] Dem Vorschlag sind zusätzlich zu der Dokumentation nach Absatz 3 alle für die Beurteilung der abweichenden Einstufung erforderlichen Unterlagen beizufügen.

§ 5 Kontrolle und Überprüfung der Dokumentation; Stoffgruppen.

(1) [1]Das Umweltbundesamt kontrolliert die Dokumentationen zur Selbsteinstufung von Stoffen auf ihre Vollständigkeit und Plausibilität. [2]Das Umweltbundesamt kann den Betreiber verpflichten, fehlende oder nicht plausible Angaben zu ergänzen oder zu berichtigen.

(2) [1]Darüber hinaus überprüft das Umweltbundesamt stichprobenartig die Qualität der Dokumentation der Selbsteinstufungen von Stoffen. [2]Hierbei wird die ausgewählte Dokumentation anhand von Prüfberichten, Literatur und anderen geeigneten Unterlagen überprüft. [3]Zum Zweck der Überprüfung kann das Umweltbundesamt den Betreiber verpflichten, die nach § 4 Absatz 3 und 4 dokumentierten Angaben anhand vorhandener und ihm zugänglicher Unterlagen zu belegen.

(3) Das Umweltbundesamt kann Stoffe zu Stoffgruppen zusammenfassen und die Stoffgruppen einstufen.

§ 6 Entscheidung über die Einstufung; Veröffentlichung im Bundesanzeiger. (1) [1]Das Umweltbundesamt entscheidet auf Grund der Ergebnisse der Kontrollen und Überprüfungen nach § 5 Absatz 1 und 2 über die Einstufung von Stoffen und Stoffgruppen. [2]Bei der Entscheidung kann auch Folgendes berücksichtigt werden:

1. vorliegende eigene Erkenntnisse oder Bewertungen, insbesondere zur Toxizität, zur Mobilität eines Stoffes im Boden, zur Grundwassergängigkeit oder zur Anreicherung im Sediment sowie
2. vorliegende Stellungnahmen der Kommission zur Bewertung wassergefährdender Stoffe nach § 12 Absatz 1.

(2) Das Umweltbundesamt kann nach Maßgabe von Absatz 1 Satz 2 auch unabhängig von einer Selbsteinstufung des Betreibers eine Entscheidung zur Einstufung von Stoffen und Stoffgruppen treffen.

(3) Das Umweltbundesamt gibt die Entscheidung nach Absatz 1 Satz 1 dem Betreiber in schriftlicher Form bekannt; Absatz 4 bleibt hiervon unberührt.

(4) [1]Das Umweltbundesamt gibt die Entscheidungen nach Absatz 1 Satz 1 und Absatz 2 im Bundesanzeiger öffentlich bekannt. [2]Es stellt zudem im Internet eine Suchfunktion bereit, mit der die bestehenden Einstufungen wassergefährdender Stoffe und Stoffgruppen ermittelt werden können.

§ 7 Änderung bestehender Einstufungen; Mitteilungspflicht. (1) [1]Liegen dem Umweltbundesamt Erkenntnisse vor, die die Änderung einer Einstufung nach § 6 Absatz 1 oder Absatz 2 notwendig machen können, nimmt es eine Neubewertung und erforderlichenfalls eine Änderung der Einstufung vor. [2]§ 6 Absatz 3 und 4 gilt entsprechend.

(2) Liegen dem Betreiber Erkenntnisse vor, die zu einer Änderung der veröffentlichten Einstufung eines Stoffes oder einer Stoffgruppe führen können, muss er diese Erkenntnisse unverzüglich schriftlich dem Umweltbundesamt mitteilen.

Abschnitt 4. Kommission zur Bewertung wassergefährdender Stoffe

§ 12[1)] Kommission zur Bewertung wassergefährdender Stoffe.

(1) [1]Beim Bundesministerium für Umwelt, Naturschutz und nukleare Sicherheit wird als Beirat eine Kommission zur Bewertung wassergefährdender Stoffe eingerichtet. [2]Sie berät das Bundesministerium für Umwelt, Naturschutz und nukleare Sicherheit und das Umweltbundesamt in Fragen, die die Einstufung betreffen.

(2) [1]In die Kommission zur Bewertung wassergefährdender Stoffe sind Vertreterinnen und Vertreter aus den betroffenen Bundes- und Landesbehörden, aus der Wissenschaft sowie von Betreibern von Anlagen zu berufen. [2]Die Kommission soll nicht mehr als zwölf Mitglieder umfassen. [3]Die Mitgliedschaft ist ehrenamtlich. [4]Die Mitglieder der Kommission sind zur Wahrung von Betriebs- und Geschäftsgeheimnissen verpflichtet, die ihnen im Rahmen ihrer Tätigkeit in der Kommission bekannt werden. [5]Die Vertreterinnen und Vertreter von Betreibern in der Kommission sind darüber hinaus verpflichtet, Betriebs- und Geschäftsgeheimnisse, die ihnen im Rahmen ihrer Tätigkeit in der Kommission bekannt werden, nicht für eigene Zwecke, insbesondere für Geschäftszwecke, zu nutzen.

(3) [1]Das Bundesministerium für Umwelt, Naturschutz und nukleare Sicherheit beruft die Mitglieder der Kommission zur Bewertung wassergefährdender Stoffe. [2]Die Kommission gibt sich eine Geschäftsordnung und wählt aus ihrer Mitte eine Vorsitzende oder einen Vorsitzenden. [3]Die Geschäftsordnung bedarf der Zustimmung des Bundesministeriums für Umwelt, Naturschutz und nukleare Sicherheit.

Kapitel 3. Technische und organisatorische Anforderungen an Anlagen zum Umgang mit wassergefährdenden Stoffen

Abschnitt 1. Allgemeine Bestimmungen

§ 13 Einschränkungen des Geltungsbereichs dieses Kapitels. (1) [1]Dieses Kapitel gilt für Anlagen, in denen mit aufschwimmenden flüssigen Stoffen gemäß § 3 Absatz 2 Satz 1 Nummer 7 umgegangen wird, nur, sofern nicht ausgeschlossen werden kann, dass diese Stoffe in ein oberirdisches Gewässer gelangen können. [2]Satz 1 gilt auch für Gemische, die nur aufschwimmende flüssige Stoffe gemäß § 3 Absatz 2 Satz 1 Nummer 7 enthalten, sowie für Gemische aus diesen aufschwimmenden flüssigen Stoffen und nicht wassergefährdenden Stoffen.

(2) Dieses Kapitel gilt nicht für

1. Anlagen zum Lagern von Haushaltsabfällen und vergleichbaren Abfällen, insbesondere aus Büros, Behörden, Schulen oder Gaststätten, die in oder an den Gebäuden eingerichtet sind, bei denen diese Abfälle anfallen;
2. Anlagen zum Lagern und Behandeln von Bioabfällen im Rahmen der Eigenkompostierung im privaten Bereich;
3. Anlagen zum Lagern von festen gewerblichen Abfällen und festen gewerblichen Abfällen, denen wassergefährdende Stoffe anhaften, wenn

---

[1)] § 12 Abs. 1 Sätze 1 und 2, Abs. 3 Sätze 1 und 3 geänd. mWv 27.6.2020 durch VO v. 19.6.2020 (BGBl. I S. 1328).

a) das Volumen des Lagerbehälters 1,25 Kubikmeter nicht übersteigt,

b) der Lagerbehälter dicht ist,

c) die Fläche, auf der der Lagerbehälter aufgestellt ist, so ausgeführt ist, dass bei Betriebsstörungen wassergefährdende Stoffe nicht in ein Gewässer gelangen können, und

d) ein für Betriebsstörungen geeignetes Bindemittel vorgehalten wird;

4. Anlagen zum Lagern von festen Gemischen, die auf der Baustelle unmittelbar durch die Bautätigkeit entstehen.

(3) Für JGS-Anlagen gelten aus diesem Kapitel nur die §§ 16, 24 Absatz 1 und 2 und § 51 sowie Anlage 7.

§ 14 Bestimmung und Abgrenzung von Anlagen. (1) Der Betreiber einer Anlage hat zu dokumentieren, welche Anlagenteile zu der Anlage gehören und wo die Schnittstellen zu anderen Anlagen sind.

(2) [1] Zu einer Anlage gehören alle Anlagenteile, die in einem engen funktionalen oder verfahrenstechnischen Zusammenhang miteinander stehen. [2] Dies ist insbesondere dann anzunehmen, wenn zwischen den Anlagenteilen wassergefährdende Stoffe ausgetauscht werden oder ein unmittelbarer sicherheitstechnischer Zusammenhang zwischen ihnen besteht.

(3) Zu einer Anlage gehören auch die Flächen einschließlich ihrer Einrichtungen, die dem Lagern oder dem regelmäßigen Abstellen von wassergefährdenden Stoffen in Behältern oder Verpackungen dienen.

(4) [1] Flächen, auf denen Transportmittel mit wassergefährdenden Stoffen abgestellt werden, sind keine Lageranlagen. [2] Bei Umschlaganlagen sind auch solche Flächen, auf denen Behälter oder Verpackungen mit wassergefährdenden Stoffen vorübergehend im Zusammenhang mit dem Transport abgestellt werden, keine Lageranlagen, sondern der Umschlaganlage zuzuordnen.

(5) Eine Fläche, von der aus eine Anlage mit wassergefährdenden Stoffen befüllt wird oder von der aus Behälter oder Verpackungen mit wassergefährdenden Stoffen in eine Anlage hineingestellt oder aus einer Anlage genommen werden, ist Teil dieser Anlage.

(6) [1] Ein Behälter, in dem wassergefährdende Stoffe weder hergestellt noch behandelt noch verwendet werden, der jedoch in engem funktionalen Zusammenhang mit einer Herstellungs-, Behandlungs- oder Verwendungsanlage steht, ist Teil dieser Anlage. [2] Ein Behälter ist jedoch dann Teil einer Lageranlage, wenn er mehreren Herstellungs-, Behandlungs- und Verwendungsanlagen zugeordnet ist oder wenn er ein größeres Volumen enthalten kann, als für eine Tagesproduktion oder Charge benötigt wird.

(7) Eine Rohrleitung, die nach § 62 Absatz 1 Satz 2 Nummer 2 des Wasserhaushaltsgesetzes[1)] Zubehör einer Anlage zum Umgang mit wassergefährdenden Stoffen ist oder die nach § 62 Absatz 1 Satz 2 Nummer 3 des Wasserhaushaltsgesetzes[1)] Anlagen verbindet, die in einem engen räumlichen und betrieblichen Zusammenhang miteinander stehen, ist der Anlage zuzuordnen, deren Zubehör sie ist oder mit der sie im Zusammenhang steht.

[1)] Nr. **34**.

§ 15 Technische Regeln. (1) Den allgemein anerkannten Regeln der Technik nach § 62 Absatz 2 des Wasserhaushaltsgesetzes[1] entsprechende Regeln (technische Regeln) sind insbesondere die folgenden Regeln:

1. technische Regeln wassergefährdender Stoffe der Deutschen Vereinigung für Wasserwirtschaft, Abwasser und Abfall e.V. (DWA),
2. technische Regeln, die in der Musterliste der technischen Baubestimmungen oder in der Bauregelliste des Deutschen Instituts für Bautechnik (DIBt) aufgeführt sind, soweit sie den Gewässerschutz betreffen, sowie
3. DIN-Normen und EN-Normen, soweit sie den Gewässerschutz betreffen und nicht in der Bauregelliste des Deutschen Instituts für Bautechnik aufgeführt sind.

(2) Normen und sonstige Bestimmungen anderer Mitgliedstaaten der Europäischen Union oder anderer Vertragsstaaten des Abkommens über den Europäischen Wirtschaftsraum stehen technischen Regeln nach Absatz 1 gleich, wenn mit ihnen dauerhaft das gleiche Schutzniveau erreicht wird.

§ 16 Behördliche Anordnungen. (1) [1] Ist auf Grund der besonderen Umstände des Einzelfalls, insbesondere auf Grund der hydrogeologischen Beschaffenheit und der Schutzbedürftigkeit des Aufstellungsortes, nicht gewährleistet, dass die Anforderungen des § 62 Absatz 1 des Wasserhaushaltsgesetzes[1] erfüllt werden, kann die zuständige Behörde Anforderungen stellen, die über die im Folgenden genannten hinausgehen:

1. über die allgemein anerkannten Regeln der Technik,
2. über die Anforderungen nach diesem Kapitel oder
3. über die Anforderungen, die in einer Eignungsfeststellung oder in einer die Eignungsfeststellung ersetzenden sonstigen Regelung festgelegt sind.

[2] Unter den Voraussetzungen nach Satz 1 kann die zuständige Behörde auch die Errichtung einer Anlage untersagen.

(2) Die zuständige Behörde kann dem Betreiber Maßnahmen zur Beobachtung der Gewässer und des Bodens auferlegen, soweit dies zur frühzeitigen Erkennung von Verunreinigungen erforderlich ist, die von seiner Anlage ausgehen können.

(3) Die zuständige Behörde kann im Einzelfall Ausnahmen von den Anforderungen dieses Kapitels zulassen, wenn die Anforderungen des § 62 Absatz 1 des Wasserhaushaltsgesetzes[1] dennoch erfüllt werden.

Abschnitt 2. Allgemeine Anforderungen an Anlagen

§ 17 Grundsatzanforderungen. (1) Anlagen müssen so geplant und errichtet werden, beschaffen sein und betrieben werden, dass

1. wassergefährdende Stoffe nicht austreten können,
2. Undichtheiten aller Anlagenteile, die mit wassergefährdenden Stoffen in Berührung stehen, schnell und zuverlässig erkennbar sind,
3. austretende wassergefährdende Stoffe schnell und zuverlässig erkannt und zurückgehalten sowie ordnungsgemäß entsorgt werden; dies gilt auch für betriebsbedingt auftretende Spritz- und Tropfverluste, und

[1] Nr. **34**.

4. bei einer Störung des bestimmungsgemäßen Betriebs der Anlage (Betriebsstörung) anfallende Gemische, die ausgetretene wassergefährdende Stoffe enthalten können, zurückgehalten und ordnungsgemäß als Abfall entsorgt oder als Abwasser beseitigt werden.

(2) Anlagen müssen dicht, standsicher und gegenüber den zu erwartenden mechanischen, thermischen und chemischen Einflüssen hinreichend widerstandsfähig sein.

(3) [1] Einwandige unterirdische Behälter für flüssige wassergefährdende Stoffe sind unzulässig. [2] Einwandige unterirdische Behälter für gasförmige wassergefährdende Stoffe sind unzulässig, wenn die gasförmigen wassergefährdenden Stoffe flüssig austreten, schwerer sind als Luft oder sich nach Austritt im umgebenden Boden in vorhandener Feuchtigkeit lösen.

(4) [1] Der Betreiber hat bei der Stilllegung einer Anlage oder von Anlagenteilen alle in der Anlage oder in den Anlagenteilen enthaltenen wassergefährdenden Stoffe, soweit technisch möglich, zu entfernen. [2] Er hat die Anlage gegen missbräuchliche Nutzung zu sichern.

§ 18 Anforderungen an die Rückhaltung wassergefährdender Stoffe.

(1) [1] Anlagen müssen ausgetretene wassergefährdende Stoffe auf geeignete Weise zurückhalten. [2] Dazu sind sie mit einer Rückhalteeinrichtung im Sinne von § 2 Absatz 16 auszurüsten. [3] Satz 2 gilt nicht, wenn es sich um eine doppelwandige Anlage im Sinne von § 2 Absatz 17 handelt. [4] Einzelne Anlagenteile können über unterschiedliche, jeweils voneinander unabhängige Rückhalteeinrichtungen verfügen. [5] Bei Anlagen, die nur teilweise doppelwandig ausgerüstet sind, sind einwandige Anlagenteile mit einer Rückhalteeinrichtung zu versehen.

(2) [1] Rückhalteeinrichtungen müssen flüssigkeitsundurchlässig sein und dürfen keine Abläufe haben. [2] Flüssigkeitsundurchlässig sind Bauausführungen dann, wenn sie ihre Dicht- und Tragfunktion während der Dauer der Beanspruchung durch die wassergefährdenden Stoffe, mit denen in der Anlage umgegangen wird, nicht verlieren.

(3) [1] Rückhalteeinrichtungen müssen für folgendes Volumen ausgelegt sein:

1. bei Anlagen zum Lagern, Herstellen, Behandeln oder Verwenden wassergefährdender Stoffe muss das Rückhaltevolumen dem Volumen an wassergefährdenden Stoffen entsprechen, das bei Betriebsstörungen bis zum Wirksamwerden geeigneter Sicherheitsvorkehrungen freigesetzt werden kann,
2. bei Anlagen zum Abfüllen flüssiger wassergefährdender Stoffe muss das Rückhaltevolumen dem Volumen entsprechen, das bei größtmöglichem Volumenstrom bis zum Wirksamwerden geeigneter Sicherheitsvorkehrungen freigesetzt werden kann,
3. bei Anlagen zum Umschlagen wassergefährdender Stoffe muss das Rückhaltevolumen dem Volumen entsprechen, das aus dem größten Behälter, der größten Verpackung oder der größten Umschlagseinheit, in dem oder in der sich wassergefährdende Stoffe befinden und für den oder für die die Anlage ausgelegt ist, freigesetzt werden kann.

[2] Auf ein Rückhaltevolumen kann bei oberirdischen Anlagen zum Umgang mit wassergefährdenden Stoffen der Wassergefährdungsklasse 1 mit einem Volumen

bis 1 000 Liter verzichtet werden, sofern sich diese auf einer Fläche befinden, die

1. den betriebstechnischen Anforderungen genügt, und eine Leckerkennung durch infrastrukturelle Maßnahmen gewährleistet ist, oder
2. flüssigkeitsundurchlässig ausgebildet ist.

(4) Bei Anlagen zum Lagern, Herstellen, Behandeln oder Verwenden wassergefährdender Stoffe der Gefährdungsstufe D nach § 39 Absatz 1 muss die Rückhalteeinrichtung abweichend von Absatz 3 Satz 1 Nummer 1 so ausgelegt sein, dass das Volumen flüssiger wassergefährdender Stoffe, das aus der größten abgesperrten Betriebseinheit bei Betriebsstörungen freigesetzt werden kann, ohne dass Gegenmaßnahmen getroffen werden, vollständig zurückgehalten werden kann.

(5) Einwandige Behälter, Rohrleitungen und sonstige Anlagenteile müssen von Wänden, Böden und sonstigen Bauteilen sowie untereinander einen solchen Abstand haben, dass die Erkennung von Leckagen und die Zustandskontrolle, insbesondere auch der Rückhalteeinrichtungen, jederzeit möglich sind.

(6) Bei oberirdischen doppelwandigen Behältern, die über ein Leckanzeigesystem mit Flüssigkeiten der Wassergefährdungsklasse 1 verfügen, ist eine Rückhaltung der Leckanzeigeflüssigkeit nicht erforderlich, wenn das Volumen dieser Flüssigkeit 1 Kubikmeter nicht übersteigt.

(7) Wassergefährdende Stoffe, die beim Austreten so miteinander reagieren können, dass die Funktion der Rückhaltung nach Absatz 1 beeinträchtigt wird, müssen getrennt aufgefangen werden.

Abschnitt 3. Besondere Anforderungen an die Rückhaltung bei bestimmten Anlagen

§ 25 Vorrang der Regelungen des Abschnitts 3. Soweit dieser Abschnitt für bestimmte Anlagen besondere Anforderungen an die Rückhaltung wassergefährdender Stoffe vorsieht oder nach diesem Abschnitt unter bestimmten Voraussetzungen eine Rückhaltung nicht erforderlich ist, gehen diese Regelungen den jeweiligen Anforderungen nach § 18 Absatz 1 bis 3 vor.

Abschnitt 4. Anforderungen an Anlagen in Abhängigkeit von ihren Gefährdungsstufen

§ 39 Gefährdungsstufen von Anlagen. (1) [1] Betreiber haben Anlagen nach Maßgabe der nachstehenden Tabelle einer Gefährdungsstufe zuzuordnen. [2] Bei flüssigen Stoffen ist das für die jeweilige Anlage maßgebende Volumen zugrunde zu legen, bei gasförmigen und festen Stoffen die für die jeweilige Anlage maßgebende Masse.

Ermittlung der Gefährdungsstufen	Wassergefährdungsklasse (WGK)		
Volumen in Kubikmetern (m^3) oder Masse in Tonnen (t)	1	2	3
≤ 0,22 m^3 oder 0,2 t	Stufe A	Stufe A	Stufe A
> 0,22 m^3 oder 0,2 t ≤ 1	Stufe A	Stufe A	Stufe B
> 1 ≤ 10	Stufe A	Stufe B	Stufe C
> 10 ≤ 100	Stufe A	Stufe C	Stufe D

Ermittlung der Gefährdungsstufen	Wassergefährdungsklasse (WGK)		
Volumen in Kubikmetern (m^3) oder Masse in Tonnen (t)	1	2	3
> 100 ≤ 1 000	Stufe B	Stufe D	Stufe D
> 1 000	Stufe C	Stufe D	Stufe D

(2) [1] Soweit in den Absätzen 3 bis 8 nichts anderes geregelt ist,

1. ist das maßgebende Volumen das Nennvolumen der Anlage einschließlich aller Anlagenteile oder nach sicherheitstechnischer Umrüstung das Volumen, das im Betrieb maximal genutzt werden kann und das auf nicht zu entfernende Art auf der Anlage angegeben ist, und
2. ist die maßgebende Masse die Masse wassergefährdender Stoffe, mit der in der Anlage einschließlich aller Anlagenteile umgegangen werden kann.

[2] Betrieblich genutzte Absperreinrichtungen innerhalb einer Anlage bleiben außer Betracht.

(3) [1] Bei Lageranlagen ergibt sich das maßgebende Volumen aus dem betriebstechnisch nutzbaren Rauminhalt aller zur Anlage gehörenden Behälter. [2] Das maßgebende Volumen eines Fass- und Gebindelagers ergibt sich aus der Summe der Rauminhalte aller Behältnisse und Verpackungen, für die die Lageranlage ausgelegt ist.

(4) Bei Abfüllanlagen ist das maßgebende Volumen entweder der Rauminhalt, der sich beim größten Volumenstrom über einen Zeitraum von zehn Minuten ergibt, oder der Rauminhalt, der sich aus dem mittleren Tagesdurchsatz der Anlage ergibt, wobei der größere Wert maßgebend ist.

(5) Bei Anlagen zum Umladen wassergefährdender Stoffe in Behältern oder Verpackungen von einem Transportmittel auf ein anderes sowie bei Anlagen zum Laden und Löschen von Stückgut oder losen Schüttungen von Schiffen entspricht das maßgebende Volumen oder die maßgebende Masse der größten Umladeeinheit, für die die Anlage ausgelegt ist.

(6) Bei Anlagen zum Herstellen, Behandeln oder Verwenden wassergefährdender Stoffe bestimmt sich das maßgebende Volumen nach dem unter Berücksichtigung der Verfahrenstechnik ermittelten größten Volumen, das bei bestimmungsgemäßem Betrieb in einer Anlage vorhanden ist.

(7) Bei Rohrleitungsanlagen ist das maßgebende Volumen entweder der Rauminhalt, der sich beim größten Volumenstrom über einen Zeitraum von zehn Minuten zusätzlich zum Volumen der Rohrleitungsanlage ergibt, oder der Rauminhalt, der sich aus dem mittleren Tagesdurchsatz der Anlage ergibt, wobei der größere Wert maßgebend ist.

(8) Bei Anlagen zum Lagern, Abfüllen oder Umschlagen fester Stoffe, denen flüssige wassergefährdende Stoffe anhaften, ist das Volumen flüssiger wassergefährdender Stoffe maßgeblich, das sich ansammeln kann.

(9) Das maßgebende Volumen einer Biogasanlage ergibt sich aus der Summe der Volumina der in § 2 Absatz 14 genannten Anlagen.

(10) [1] Bei Anlagen, in denen gleichzeitig mit wassergefährdenden Stoffen unterschiedlicher Wassergefährdungsklassen umgegangen wird, sind für die Ermittlung der Gefährdungsstufe die Stoffe mit der höchsten Wassergefährdungsklasse maßgebend, sofern der Anteil dieser Stoffe mehr als 3 Prozent des

Gesamtinhalts der Anlage beträgt. [2] Ist dieser Prozentsatz kleiner, ist die nächstniedrigere Wassergefährdungsklasse maßgebend.

(11) Anlagen zum Umgang mit allgemein wassergefährdenden Stoffen nach § 3 Absatz 2 werden keiner Gefährdungsstufe zugeordnet.

§ 40 Anzeigepflicht. (1) Wer eine nach § 46 Absatz 2 oder Absatz 3 prüfpflichtige Anlage errichten oder wesentlich ändern will oder an dieser Anlage Maßnahmen ergreifen will, die zu einer Änderung der Gefährdungsstufe nach § 39 Absatz 1 führen, hat dies der zuständigen Behörde mindestens sechs Wochen im Voraus schriftlich anzuzeigen.

(2) Die Anzeige nach Absatz 1 muss Angaben zum Betreiber, zum Standort und zur Abgrenzung der Anlage, zu den wassergefährdenden Stoffen, mit denen in der Anlage umgegangen wird, zu bauaufsichtlichen Verwendbarkeitsnachweisen sowie zu den technischen und organisatorischen Maßnahmen, die für die Sicherheit der Anlage bedeutsam sind, enthalten.

(3) [1] Nicht anzeigepflichtig nach Absatz 1 ist das Errichten von

1. Anlagen zum Lagern, Abfüllen oder Umschlagen wassergefährdender Stoffe, für die eine Eignungsfeststellung nach § 63 Absatz 1 des Wasserhaushaltsgesetzes[1)] beantragt wird, und
2. sonstigen Anlagen, die Gegenstand eines Zulassungsverfahrens nach anderen Rechtsvorschriften sind, sofern im Zulassungsverfahren auch die Erfüllung der Anforderungen dieser Verordnung sichergestellt wird.

[2] Nicht anzeigepflichtig sind in den Fällen des Satzes 1 Nummer 2 auch zulassungsbedürftige wesentliche Änderungen der Anlage.

(4) [1] Nach einem Wechsel des Betreibers einer nach § 46 Absatz 2 oder Absatz 3 prüfpflichtigen Anlage hat der neue Betreiber diesen Wechsel der zuständigen Behörde unverzüglich schriftlich anzuzeigen. [2] Satz 1 gilt nicht für Betreiber von Heizölverbraucheranlagen.

§ 41 Ausnahmen vom Erfordernis der Eignungsfeststellung. (1) Die Eignungsfeststellung nach § 63 Absatz 1 des Wasserhaushaltsgesetzes[1)] ist über die in § 63 Absatz 2 und 3 des Wasserhaushaltsgesetzes[1)] geregelten Fälle hinaus nicht erforderlich für

1. Anlagen zum Lagern, Abfüllen oder Umschlagen gasförmiger wassergefährdender Stoffe sowie Anlagen zum Lagern, Abfüllen oder Umschlagen flüssiger oder fester wassergefährdender Stoffe der Gefährdungsstufe A,
2. Anlagen zum Lagern, Abfüllen oder Umschlagen von aufschwimmenden flüssigen Stoffen nach § 3 Absatz 2 Satz 1 Nummer 7,
3. Anlagen zum Lagern, Abfüllen oder Umschlagen von allgemein wassergefährdenden Stoffen, die keiner Prüfpflicht nach § 46 Absatz 2 oder Absatz 3 unterliegen,
4. Heizölverbraucheranlagen und
5. Anlagen mit einem Volumen von bis zu 1 Kubikmeter, die doppelwandig sind oder über ein Rückhaltevolumen verfügen, das das gesamte in der Anlage vorhandene Volumen wassergefährdender Stoffe zurückhalten kann.

[1)] Nr. **34**.

(2) [1]Eine Eignungsfeststellung ist für Anlagen der Gefährdungsstufen B und C sowie für nach § 46 Absatz 2 oder Absatz 3 prüfpflichtige Anlagen mit allgemein wassergefährdenden Stoffen nicht erforderlich, wenn

1. für alle Teile einer Anlage einschließlich ihrer technischen Schutzvorkehrungen einer der folgenden Nachweise vorliegt:
   a) ein CE-Kennzeichen, das zulässige Klassen und Leistungsstufen nach § 63 Absatz 3 Satz 1 Nummer 1 des Wasserhaushaltsgesetzes[1)] aufweist,
   b) Zulassungen oder Nachweise nach § 63 Absatz 3 Satz 1 Nummer 2 und Satz 2 des Wasserhaushaltsgesetzes[1)] oder
   c) bei Behältern und Verpackungen die Zulassungen nach gefahrgutrechtlichen Vorschriften

und

2. durch das Gutachten eines Sachverständigen bestätigt wird, dass die Anlage insgesamt die Gewässerschutzanforderungen erfüllt.

[2]Die Anlage darf wie geplant errichtet und betrieben werden, wenn die zuständige Behörde innerhalb einer Frist von sechs Wochen nach Vorlage der in Satz 1 Nummer 1 genannten Nachweise und des Gutachtens nach Satz 1 Nummer 2 weder die Errichtung oder den Betrieb untersagt noch Anforderungen an die Errichtung oder den Betrieb festgesetzt hat. [3]Anforderungen nach anderen Rechtsbereichen bleiben unberührt.

(3) Bei Anlagen der Gefährdungsstufe D kann die zuständige Behörde von einer Eignungsfeststellung absehen, wenn die Anforderungen nach Absatz 2 Satz 1 erfüllt sind.

§ 42 Antragsunterlagen für die Eignungsfeststellung. [1]Dem Antrag auf Erteilung einer Eignungsfeststellung sind die zum Nachweis der Eignung erforderlichen Unterlagen beizufügen. [2]Auf Verlangen der zuständigen Behörde ist dem Antrag ein Gutachten eines Sachverständigen beizufügen. [3]Als Nachweise gelten auch Prüfbescheinigungen und Gutachten von in anderen Mitgliedstaaten der Europäischen Union und anderen Vertragsstaaten des Abkommens über den Europäischen Wirtschaftsraum zugelassenen Prüfstellen oder Sachverständigen, wenn die Anforderungen an die Prüfung der Anlage denen nach dieser Verordnung gleichwertig sind; für die Prüfbescheinigungen und Gutachten gilt § 52 Absatz 2 Satz 2 und 3 entsprechend.

§ 46 Überwachungs- und Prüfpflichten des Betreibers. (1) [1]Der Betreiber hat die Dichtheit der Anlage und die Funktionsfähigkeit der Sicherheitseinrichtungen regelmäßig zu kontrollieren. [2]Die zuständige Behörde kann im Einzelfall anordnen, dass der Betreiber einen Überwachungsvertrag mit einem Fachbetrieb nach § 62 abschließt, wenn er selbst nicht die erforderliche Sachkunde besitzt und auch nicht über sachkundiges Personal verfügt.

(2) Betreiber haben Anlagen außerhalb von Schutzgebieten und außerhalb von festgesetzten oder vorläufig gesicherten Überschwemmungsgebieten nach Maßgabe der in Anlage 5 geregelten Prüfzeitpunkte und -intervalle auf ihren ordnungsgemäßen Zustand prüfen zu lassen.

(3) Betreiber haben Anlagen in Schutzgebieten und in festgesetzten oder vorläufig gesicherten Überschwemmungsgebieten nach Maßgabe der in Anlage

---

[1)] Nr. **34**.

6 geregelten Prüfzeitpunkte und -intervalle auf ihren ordnungsgemäßen Zustand prüfen zu lassen.

(4) Die zuständige Behörde kann unabhängig von den sich nach den Absätzen 2 und 3 ergebenden Prüfzeitpunkten und -intervallen eine einmalige Prüfung oder wiederkehrende Prüfungen anordnen, insbesondere wenn die Besorgnis einer nachteiligen Veränderung von Gewässereigenschaften besteht.

(5) Betreiber haben Anlagen, bei denen nach § 47 Absatz 2 ein erheblicher oder ein gefährlicher Mangel festgestellt worden ist, nach Beseitigung des Mangels nach § 48 Absatz 1 erneut prüfen zu lassen.

(6) Die Prüfung nach Absatz 2 oder Absatz 3 entfällt, wenn die Anlage der Forschung, Entwicklung oder Erprobung neuer Einsatzstoffe, Brennstoffe, Erzeugnisse oder Verfahren dient und nicht länger als ein Jahr betrieben wird.

(7) Weiter gehende Regelungen, insbesondere in einer Eignungsfeststellung nach § 63 Absatz 1 des Wasserhaushaltsgesetzes[1)], bleiben unberührt.

§ 47 Prüfung durch Sachverständige. (1) Prüfungen nach § 46 Absatz 2 bis 5 dürfen nur von Sachverständigen durchgeführt werden.

(2) Der Sachverständige hat die Anlage auf Grund des Ergebnisses der Prüfungen nach § 46 in eine der folgenden Klassen einzustufen:

1. ohne Mangel,
2. mit geringfügigem Mangel,
3. mit erheblichem Mangel oder
4. mit gefährlichem Mangel.

(3) [1]Der Sachverständige hat der zuständigen Behörde über das Ergebnis jeder von ihm durchgeführten Prüfung nach § 46 innerhalb von vier Wochen nach Durchführung der Prüfung einen Prüfbericht vorzulegen. [2]Über einen gefährlichen Mangel hat er die zuständige Behörde unverzüglich zu unterrichten. [3]Der Prüfbericht nach Satz 1 muss Angaben zu Folgendem enthalten:

1. zum Betreiber,
2. zum Standort,
3. zur Anlagenidentifikation,
4. zur Anlagenzuordnung,
5. zu den wassergefährdenden Stoffen, mit denen in der Anlage umgegangen wird,
6. zu behördlichen Zulassungen,
7. zum Sachverständigen und zu der Sachverständigenorganisation, die ihn bestellt hat,
8. zu Art und Umfang der Prüfung,
9. dazu, ob die Prüfung der gesamten Anlage abgeschlossen ist oder welche Anlagenteile noch nicht geprüft wurden,
10. zu Art und Umfang der festgestellten Mängel,
11. zu Datum und Ergebnis der Prüfung,
12. zu erforderlichen Maßnahmen und zu einem Vorschlag für eine angemessene Frist für ihre Umsetzung oder zur Erforderlichkeit der Erarbeitung eines Instandsetzungskonzeptes,

---

[1)] Nr. **34**.

13. zum Datum der nächsten Prüfung und
14. zu einer erfolgreichen Beseitigung festgestellter Mängel bei Nachprüfungen nach § 46 Absatz 5.

[4]Die Angaben nach Satz 3 Nummer 1, 2, 3, 9, 11 und 13 sind auf der ersten Seite des Prüfberichts in optisch deutlich hervorgehobener Form darzustellen.

(4) Stuft der Sachverständige eine Heizölverbraucheranlage nach Abschluss ihrer Prüfung in die Klasse „ohne Mangel" oder „mit geringfügigem Mangel" nach Absatz 2 ein, hat er auf der Anlage an gut sichtbarer Stelle eine Plakette anzubringen, aus der das Datum der Prüfung und das Datum der nächsten Prüfung ersichtlich sind.

(5) Bei der Prüfung einer Heizölverbraucheranlage hat der Sachverständige dem Betreiber das Merkblatt nach Anlage 3 auszuhändigen, sofern an der Anlage ein solches Merkblatt nicht bereits aushängt.

§ 48 Beseitigung von Mängeln. (1) [1]Werden bei Prüfungen nach § 46 durch einen Sachverständigen geringfügige Mängel festgestellt, hat der Betreiber diese Mängel innerhalb von sechs Monaten und, soweit nach § 45 erforderlich, durch einen Fachbetrieb nach § 62 zu beseitigen. [2]Erhebliche und gefährliche Mängel sind dagegen unverzüglich zu beseitigen.

(2) [1]Hat der Sachverständige bei seiner Prüfung nach § 46 einen gefährlichen Mangel im Sinne von § 47 Absatz 2 Nummer 4 festgestellt, hat der Betreiber die Anlage unverzüglich außer Betrieb zu nehmen und, soweit dies nach Feststellung des Sachverständigen erforderlich ist, zu entleeren. [2]Die Anlage darf erst wieder in Betrieb genommen werden, wenn der zuständigen Behörde eine Bestätigung des Sachverständigen über die erfolgreiche Beseitigung der festgestellten Mängel vorliegt.

Abschnitt 5. Anforderungen an Anlagen in Schutzgebieten und Überschwemmungsgebieten

§ 49 Anforderungen an Anlagen in Schutzgebieten. (1) Im Fassungsbereich und in der engeren Zone von Schutzgebieten dürfen keine Anlagen errichtet und betrieben werden.

(2) [1]In der weiteren Zone von Schutzgebieten dürfen folgende Anlagen nicht errichtet und folgende bestehende Anlagen nicht erweitert werden:

1. Anlagen der Gefährdungsstufe D,
2. Biogasanlagen mit einem maßgebenden Volumen von insgesamt über 3 000 Kubikmetern,
3. unterirdische Anlagen der Gefährdungsstufe C sowie
4. Anlagen mit Erdwärmesonden.

[2]Anlagen in der weiteren Zone von Schutzgebieten dürfen nicht so geändert werden, dass sie durch diese Änderung zu Anlagen nach Satz 1 werden. [3]Satz 1 Nummer 2 gilt nicht, soweit die Überschreitung des Volumens zur Erfüllung der Anforderungen gemäß § 12 der Düngeverordnung an die Kapazität des Gärrestelagers erforderlich ist oder in den Biogasanlagen ausschließlich mit den tierischen Ausscheidungen aus einer eigenen in der weiteren Schutzzone bestehenden Tierhaltung umgegangen wird.

(3) [1]Unbeschadet des Absatzes 2 dürfen in der weiteren Zone von Schutzgebieten nur Lageranlagen und Anlagen zum Herstellen, Behandeln und Verwenden wassergefährdender Stoffe errichtet und betrieben werden, die

1. mit einer Rückhalteeinrichtung ausgerüstet sind, die abweichend von § 18 Absatz 3 das gesamte in der Anlage vorhandene Volumen wassergefährdender Stoffe aufnehmen kann, oder
2. doppelwandig ausgeführt und mit einem Leckanzeigesystem ausgerüstet sind.

[2]Abweichend von Satz 1 gelten für die in Abschnitt 3 bestimmten Anlagen nur die dort geregelten Anforderungen; dies gilt nicht für die in §§ 31 und 38 genannten Anlagen sowie die in § 34 genannten Anlagen zum Verwenden wassergefährdender Stoffe im Bereich der Energieversorgung.

(4) Die zuständige Behörde kann eine Befreiung von den Anforderungen nach den Absätzen 1 und 2 erteilen, wenn

1. das Wohl der Allgemeinheit dies erfordert oder das Verbot zu einer unzumutbaren Härte führen würde und
2. der Schutzzweck des Schutzgebietes nicht beeinträchtigt wird.

(5) Die Absätze 2 und 3 gelten nicht, soweit landesrechtliche Verordnungen zur Festsetzung von Schutzgebieten weiter gehende Regelungen treffen.

§ 50 Anforderungen an Anlagen in festgesetzten und vorläufig gesicherten Überschwemmungsgebieten. (1) Anlagen dürfen in festgesetzten und vorläufig gesicherten Überschwemmungsgebieten im Sinne des § 76 des Wasserhaushaltsgesetzes oder nach landesrechtlichen Vorschriften nur errichtet und betrieben werden, wenn wassergefährdende Stoffe durch Hochwasser nicht abgeschwemmt oder freigesetzt werden und auch nicht auf eine andere Weise in ein Gewässer oder eine Abwasserbehandlungsanlage gelangen können.

(2) Für Befreiungen von den Anforderungen nach Absatz 1 gilt § 49 Absatz 4 entsprechend.

(3) § 78 des Wasserhaushaltsgesetzes sowie weiter gehende landesrechtliche Vorschriften für Überschwemmungsgebiete bleiben unberührt.

§ 51 Abstand zu Trinkwasserbrunnen, Quellen und oberirdischen Gewässern. [1]Der Abstand von JGS-Anlagen und Biogasanlagen, in denen ausschließlich Gärsubstrate nach § 2 Absatz 8 eingesetzt werden, zu privat oder gewerblich genutzten Quellen oder zu Brunnen, die der Trinkwassergewinnung dienen, hat mindestens 50 Meter, der Abstand zu oberirdischen Gewässern mindestens 20 Meter zu betragen. [2]Dies gilt nicht, wenn der Betreiber nachweist, dass ein entsprechender Schutz der Trinkwassergewinnung oder der Gewässer auf andere Weise gewährleistet ist.

Kapitel 5. Ordnungswidrigkeiten; Schlussvorschriften

§ 67 Änderung der Einstufung wassergefährdender Stoffe. [1]Führt die Änderung der Einstufung eines wassergefährdenden Stoffes zur Erhöhung der Gefährdungsstufe einer Anlage, sind die hieraus folgenden weiter gehenden Anforderungen an die Anlage erst zu erfüllen, wenn die zuständige Behörde dies anordnet. [2]Satz 1 gilt auch für Anlagen, die am 1. August 2017 bereits errichtet sind (bestehende Anlagen).

§ 68 Bestehende wiederkehrend prüfpflichtige Anlagen. (1) [1] Für bestehende Anlagen, die einer wiederkehrenden Prüfpflicht nach § 46 Absatz 2 bis 4 unterliegen, gelten ab dem 1. August 2017:

1. § 23 Absatz 1 und die §§ 24, 40 bis 48 und
2. die übrigen Vorschriften dieser Verordnung, soweit sie Anforderungen beinhalten, die den Anforderungen entsprechen, die nach den jeweiligen landesrechtlichen Vorschriften am 31. Juli 2017 zu beachten waren; Anforderungen in behördlichen Zulassungen gelten als Anforderungen nach landesrechtlichen Vorschriften.

[2] Informationen nach § 43 Absatz 1 Satz 1 und 2, deren Beschaffung nicht oder nur mit unverhältnismäßigem Aufwand möglich ist, müssen in der Anlagendokumentation nicht enthalten sein.

(2) Bei bestehenden Anlagen, die einer wiederkehrenden Prüfpflicht nach § 46 Absatz 2 bis 4 unterliegen, hat der Sachverständige zu prüfen, inwieweit die Anlage die Anforderungen nach Absatz 1 Satz 1 Nummer 2 nicht erfüllt.

(3) [1] Für bestehende Anlagen, die einer wiederkehrenden Prüfpflicht nach § 46 Absatz 2 bis 4 unterliegen, hat der Sachverständige bei der ersten Prüfung nach diesen Vorschriften festzustellen, inwieweit für die Anlage Anforderungen dieser Verordnung bestehen, die über die Anforderungen hinausgehen, die nach den jeweiligen landesrechtlichen Vorschriften am 31. Juli 2017 zu beachten waren, mit Ausnahme der in Absatz 1 Satz 1 Nummer 1 genannten Vorschriften. [2] Die Feststellung nach Satz 1 ist der zuständigen Behörde zusammen mit dem Prüfbericht nach § 47 Absatz 3 vorzulegen.

(4) [1] Werden nach Absatz 3 Satz 1 Abweichungen festgestellt, kann die zuständige Behörde technische oder organisatorische Anpassungsmaßnahmen anordnen,

1. mit denen diese Abweichungen behoben werden,
2. die für diese Abweichungen in technischen Regeln für bestehende Anlagen vorgesehen sind oder
3. mit denen eine Gleichwertigkeit zu den in Absatz 3 Satz 1 bezeichneten Anforderungen erreicht wird.

[2] In den Fällen des Satzes 1 Nummer 2 und 3 sind die Anforderungen des § 62 Absatz 1 des Wasserhaushaltsgesetzes[1)] zu beachten.

(5) Auf Grund von nach Absatz 3 Satz 1 festgestellten Abweichungen können die Stilllegung oder die Beseitigung einer Anlage oder Anpassungsmaßnahmen, die einer Neuerrichtung der Anlage gleichkommen oder die den Zweck der Anlage verändern, nicht verlangt werden.

(6) Werden bei einer Prüfung nach § 46 Absatz 2 bis 4 von bestehenden Anlagen erhebliche oder gefährliche Mängel am Behälter oder an der Rückhalteeinrichtung festgestellt, sind bei der Beseitigung dieser Mängel die Anforderungen dieser Verordnung einzuhalten.

(7) Sollen wesentliche bauliche Teile oder wesentliche Sicherheitseinrichtungen einer bestehenden Anlage geändert werden, gelten für diese Teile oder diese Sicherheitseinrichtungen die Anforderungen dieser Verordnung, die über die Anforderungen hinausgehen, die nach den jeweiligen landesrechtlichen

---

[1)] Nr. **34**.

Vorschriften am 31. Juli 2017 zu beachten waren, mit Ausnahme der in Absatz 1 Satz 1 Nummer 1 genannten Vorschriften, bereits ab dem Zeitpunkt der Änderung.

(8) Bestehende Anlagen, die im Sinne von § 19h Absatz 1 Satz 2 Nummer 1 des Wasserhaushaltsgesetzes in der am 28. Februar 2010 geltenden Fassung und nach näherer Maßgabe der am 31. Juli 2017 geltenden landesrechtlichen Vorschriften einfacher oder herkömmlicher Art sind, bedürfen keiner Eignungsfeststellung nach § 63 Absatz 1 Satz 1 des Wasserhaushaltsgesetzes[1)].

(9) Gleisflächen von bestehenden Umschlaganlagen müssen abweichend von § 28 Absatz 1 Satz 1 und § 29 Absatz 1 Satz 2 nicht flüssigkeitsundurchlässig nachgerüstet werden.

(10) [1]Bestehende Biogasanlagen mit Gärsubstraten ausschließlich landwirtschaftlicher Herkunft sind bis zum 1. August 2022 mit einer Umwallung nach § 37 Absatz 3 zu versehen. [2]Mit Zustimmung der zuständigen Behörde kann darauf verzichtet werden, wenn eine Umwallung, insbesondere aus räumlichen Gründen, nicht zu verwirklichen ist. [3]Weitere Anpassungsmaßnahmen sind nach Maßgabe von Absatz 4 auf Anordnung der zuständigen Behörde erst nach dem 1. August 2022 zu verwirklichen.

§ 69 Bestehende nicht wiederkehrend prüfpflichtige Anlagen.

(1) [1]Für bestehende Anlagen, die keiner wiederkehrenden Prüfpflicht nach § 46 Absatz 2 bis 4 unterliegen, sind die am 31. Juli 2017 geltenden landesrechtlichen Vorschriften weiter anzuwenden, solange und soweit die zuständige Behörde keine Entscheidung nach Satz 2 getroffen hat. [2]Die zuständige Behörde kann für Anlagen im Sinne von Satz 1 festlegen, welche Anforderungen nach dieser Verordnung zu welchem Zeitpunkt erfüllt werden müssen. [3]Unbeschadet der Sätze 1 und 2 gelten § 23 Absatz 1 und die §§ 24, 40 und 43 bis 48 bereits ab dem 1. August 2017.

(2) Im Übrigen gilt § 68 Absatz 5, 7 und 8 entsprechend.

§ 70 Prüffristen für bestehende Anlagen. (1) [1]Die Frist für die erste wiederkehrende Prüfung von Anlagen nach Spalte 3 der Anlage 5 oder der Anlage 6 beginnt bei Anlagen, die am 1. August 2017 bereits errichtet sind, mit dem Abschluss der letzten Prüfung nach landesrechtlichen Vorschriften. [2]Als Prüfung im Sinne von Satz 1 gelten auch Tätigkeiten eines Fachbetriebs, die nach Landesrecht die Prüfung ersetzten.

(2) Bestehende Anlagen, die nach Spalte 3 der Anlage 5 oder der Anlage 6 einer wiederkehrenden Prüfung unterliegen, die aber nach den landesrechtlichen Vorschriften vor dem 1. August 2017 nicht wiederkehrend prüfpflichtig waren, sind innerhalb der folgenden Fristen erstmals zu prüfen:

1. Anlagen, die vor dem 1. Januar 1971 in Betrieb genommen wurden, bis zum 1. August 2019,
2. Anlagen, die im Zeitraum vom 1. Januar 1971 bis zum 31. Dezember 1975 in Betrieb genommen wurden, bis zum 1. August 2021,
3. Anlagen, die im Zeitraum vom 1. Januar 1976 bis zum 31. Dezember 1982 in Betrieb genommen wurden, bis zum 1. August 2023,

---

1) Nr. **34**.

4. Anlagen, die im Zeitraum vom 1. Januar 1983 bis zum 31. Dezember 1993 in Betrieb genommen wurden, bis zum 1. August 2025,
5. Anlagen, die nach dem 31. Dezember 1993 in Betrieb genommen wurden, bis zum 1. August 2027.

§ 71 Einbau von Leichtflüssigkeitsabscheidern. Leichtflüssigkeitsabscheider für Kraftstoffe mit Zumischung von Ethanol dürfen nur eingebaut werden, wenn der Nachweis erbracht worden ist, dass sie gegenüber diesen Kraftstoffen beständig sind und ihre Funktionsfähigkeit nur unerheblich verringert wird.

§ 72 Übergangsbestimmung für Fachbetriebe, Sachverständigenorganisationen und bestellte Personen. (1) [1] Ein Betrieb, der am 21. April 2017 berechtigt war, Gütezeichen einer baurechtlich anerkannten Überwachungs- oder Gütegemeinschaft zu führen, oder der vor dem 22. April 2017 einen Überwachungsvertrag mit einer Technischen Überwachungsorganisation abgeschlossen hatte, gilt bis zum 22. April 2019 als Fachbetrieb im Sinne von § 62 Absatz 1, solange die Anforderungen nach § 62 Absatz 2 erfüllt sind und die baurechtlich anerkannte Überwachungs- oder Gütegemeinschaft oder die Technische Überwachungsorganisation die Einhaltung der Anforderungen überwacht. [2] In den Fällen des § 64 Satz 1 ist der Nachweis der Fachbetriebseigenschaft geführt, wenn der Fachbetrieb eine Bestätigung der Überwachungs- oder Gütegemeinschaft, dass er zur Führung des Gütezeichens berechtigt ist, oder eine Bestätigung einer Technischen Überwachungsorganisation, dass der Fachbetrieb von ihr im Rahmen eines Überwachungsvertrages überwacht wird, vorlegt.

(2) [1] Anerkennungen von Sachverständigenorganisationen nach landesrechtlichen Vorschriften, die vor dem 1. August 2017 erteilt worden sind, gelten als Anerkennungen nach § 52 Absatz 1 Satz 1 fort. [2] Soweit § 52 Absatz 3 Anforderungen enthält, die über die Anforderungen der bisherigen landesrechtlichen Vorschriften hinausgehen, sind diese Anforderungen ab dem 1. Oktober 2017 zu erfüllen. [3] Wurde die Anerkennung nach Satz 1 befristet erteilt und endet diese Befristung vor dem 1. Februar 2018, so gilt sie bis zum 1. Februar 2018 als Anerkennung im Sinne des § 52 Absatz 1 Satz 1 fort.

(3) Die Anforderungen nach § 53 Absatz 1 Satz 1 Nummer 4 in Verbindung mit Absatz 5 sowie nach § 62 Absatz 2 Satz 1 Nummer 2 Buchstabe a bis c gelten nicht für Personen, die vor dem 1. August 2017 von einer Sachverständigenorganisation oder einem Fachbetrieb bestellt worden sind.

§ 73 Inkrafttreten; Außerkrafttreten. [1] Die §§ 57 bis 60 treten am Tag nach der Verkündung[1)] in Kraft. [2] Im Übrigen tritt diese Verordnung am 1. August 2017 in Kraft. [3] Zu dem in Satz 2 genannten Zeitpunkt tritt die Verordnung über Anlagen zum Umgang mit wassergefährdenden Stoffen vom 31. März 2010 (BGBl. I S. 377) außer Kraft.

---

1) Verkündet am 21.4.2017.

Anlage 7
(zu § 13 Absatz 3, § 52 Absatz 1 Satz 2 Nummer 1 Buchstabe a)

Anforderungen an Jauche-, Gülle- und Silagesickersaftanlagen (JGS-Anlagen)

1 Begriffsbestimmungen

1.1 Zu JGS-Anlagen zählen insbesondere Behälter, Sammelgruben, Erdbecken, Silos, Fahrsilos, Güllekeller und -kanäle, Festmistplatten, Abfüllflächen mit den zugehörigen Rohrleitungen, Sicherheitseinrichtungen, Fugenabdichtungen, Beschichtungen und Auskleidungen.

1.2 Sammeleinrichtungen sind alle baulich-technischen Einrichtungen zum Sammeln und Fördern von Jauche, Gülle und Silagesickersäften. Zu ihnen gehören auch die Entmistungskanäle und -leitungen, Vorgruben, Pumpstationen sowie die Zuleitung zur Vorgrube, sofern sie nicht regelmäßig eingestaut sind.

2 Allgemeine Anforderungen

2.1 Es dürfen für die Anlagen nur Bauprodukte, Bauarten oder Bausätze verwendet werden, für die die bauaufsichtlichen Verwendbarkeitsnachweise unter Berücksichtigung wasserrechtlicher Anforderungen vorliegen.

2.2 Anlagen müssen so geplant und errichtet werden, beschaffen sein und betrieben werden, dass

a) allgemein wassergefährdende Stoffe nach § 3 Absatz 2 Satz 1 Nummer 1 bis 5 nicht austreten können,

b) Undichtheiten aller Anlagenteile, die mit Stoffen nach Buchstabe a in Berührung stehen, schnell und zuverlässig erkennbar sind,

c) austretende allgemein wassergefährdende Stoffe nach § 3 Absatz 2 Satz 1 Nummer 1 bis 5 schnell und zuverlässig erkannt werden und

d) bei einer Betriebsstörung anfallende Gemische, die ausgetretene wassergefährdende Stoffe enthalten können, ordnungsgemäß und schadlos verwertet oder beseitigt werden.

2.3 JGS-Anlagen müssen flüssigkeitsundurchlässig, standsicher und gegen die zu erwartenden mechanischen, thermischen und chemischen Einflüsse widerstandsfähig sein.

2.4 Der Betreiber hat mit dem Errichten und dem Instandsetzen einer JGS-Anlage einen Fachbetrieb nach § 62 zu beauftragen, sofern er nicht selbst die Anforderungen an einen Fachbetrieb erfüllt. Dies gilt nicht für Anlagen zum Lagern von Silagesickersaft mit einem Volumen von bis zu 25 Kubikmetern, sonstige JGS-Anlagen mit einem Gesamtvolumen von bis zu 500 Kubikmetern oder für Anlagen zum Lagern von Festmist oder Siliergut mit einem Volumen von bis zu 1 000 Kubikmetern.

2.5 Unzulässig ist das Errichten von Behältern aus Holz.

3 Anlagen zum Lagern von flüssigen allgemein wassergefährdenden Stoffen

3.1 Einwandige JGS-Lageranlagen für flüssige allgemein wassergefährdende Stoffe mit einem Gesamtvolumen von mehr als 25 Kubikmetern müssen mit einem Leckageerkennungssystem ausgerüstet sein. Einwandige Rohrleitungen sind zulässig, wenn sie den technischen Regeln entsprechen.

3.2 Sammel- und Lagereinrichtungen sind in das Leckageerkennungssystem nach Nummer 3.1 mit einzubeziehen. Bei Sammel- und Lagereinrichtungen unter Ställen kann auf ein Leckageerkennungssystem verzichtet werden, wenn die Aufstauhöhe auf das zur Entmistung notwendige Maß begrenzt wird und insbesondere Fugen und Dichtungen vor Inbetriebnahme auf ihren ordnungsgemäßen Zustand geprüft werden.

4 Anlagen zum Lagern von Festmist und Siliergut

4.1 Die Lagerflächen von Anlagen zur Lagerung von Festmist und Siliergut sind seitlich einzufassen und gegen das Eindringen von oberflächig abfließendem Niederschlagswasser aus dem umgebenden Gelände zu schützen. An Flächen von Foliensilos für Rund- und Quaderballen werden keine Anforderungen gestellt, wenn auf ihnen keine Entnahme von Silage erfolgt.

4.2 Es ist sicherzustellen, dass Jauche, Silagesickersaft und das mit Festmist oder Siliergut verunreinigte Niederschlagswasser vollständig aufgefangen und ordnungsgemäß als Abwasser beseitigt oder als Abfall verwertet wird, soweit keine Verwendung entsprechend der guten fachlichen Praxis der Düngung möglich ist.

5 Abfülleinrichtungen

5.1 Wer eine JGS-Anlage befüllt oder entleert, hat

a) diesen Vorgang zu überwachen und sich vor Beginn der Arbeiten von dem ordnungsgemäßen Zustand der dafür erforderlichen Sicherheitseinrichtungen zu überzeugen und

b) die zulässigen Belastungsgrenzen der Anlage und der Sicherheitseinrichtungen beim Befüllen und beim Entleeren einzuhalten.

5.2 Es ist sicherzustellen, dass das beim Abfüllen durch allgemein wassergefährdende Stoffe verunreinigte Niederschlagswasser vollständig aufgefangen und ordnungsgemäß als Abwasser beseitigt oder als Abfall verwertet wird, soweit keine Verwendung entsprechend der guten fachlichen Praxis der Düngung möglich ist.

6 Pflichten des Betreibers zur Anzeige und zur Überwachung

6.1 Soll eine Anlage zum Lagern von Silagesickersaft mit einem Volumen von mehr als 25 Kubikmetern, eine sonstige JGS-Anlage mit einem Gesamtvolumen von mehr als 500 Kubikmetern oder eine Anlage zum Lagern von Festmist oder Silage mit einem Volumen von mehr als 1 000 Kubikmetern errichtet, stillgelegt oder wesentlich geändert werden, hat der Betreiber dies der zuständigen Behörde mindestens sechs Wochen im Voraus schriftlich anzuzeigen. Satz 1 gilt nicht für das Errichten von Anlagen, die einer Zulassung im Einzelfall nach anderen Rechtsvorschriften bedürfen oder diese erlangt haben, sofern durch die Zulassung auch die Erfüllung der Anforderungen dieser Verordnung sichergestellt wird.

6.2 Der Betreiber hat den ordnungsgemäßen Betrieb und die Dichtheit der Anlagen sowie die Funktionsfähigkeit der Sicherheitseinrichtungen regelmäßig zu überwachen. Ergibt die Überwachung nach Satz 1 einen Verdacht auf Undichtheit, hat er unverzüglich die erforderlichen Maßnahmen zu ergreifen, um ein Austreten der Stoffe zu verhindern. Besteht der Verdacht, dass wassergefährdende Stoffe in einer nicht nur unerheblichen Menge bereits ausgetreten sind und eine Gefährdung eines Gewässers nicht auszuschließen ist, hat er unverzüglich die zuständige Behörde zu benachrichtigen.

6.3 Bestätigt sich der Verdacht auf Undichtheit oder treten wassergefährdende Stoffe aus, hat der Betreiber unverzüglich Maßnahmen zur Schadensbegrenzung zu ergreifen und eine Instandsetzung durch einen Fachbetrieb zu veranlassen, sofern er nicht selbst Fachbetrieb ist.

6.4 Betreiber haben nach Nummer 6.1 anzeigepflichtige Anlagen einschließlich der Rohrleitungen vor Inbetriebnahme und auf Anordnung der zuständigen Behörde durch einen Sachverständigen auf ihre Dichtheit und Funktionsfähigkeit prüfen zu lassen. Betreiber haben Erdbecken alle fünf Jahre, in Wasserschutzgebieten alle 30 Monate, durch einen Sachverständigen prüfen zu lassen.

6.5 Der Sachverständige hat der zuständigen Behörde über das Ergebnis jeder von ihm durchgeführten Prüfung nach Nummer 6.4 innerhalb von vier Wochen nach Durchführung der Prüfung einen Prüfbericht vorzulegen. Er hat die Anlage auf Grund des Ergebnisses der Prüfungen in eine der folgenden Klassen einzustufen:

a) ohne Mangel,

b) mit geringfügigem Mangel,

c) mit erheblichem Mangel oder

d) mit gefährlichem Mangel.

Über gefährliche Mängel hat der Sachverständige die zuständige Behörde unverzüglich zu unterrichten.

6.6 Der Prüfbericht nach Nummer 6.5 muss Angaben zu Folgendem enthalten:

a) zum Betreiber,

b) zum Standort,

c) zur Anlagenidentifikation,

d) zur Anlagenzuordnung,

e) zu behördlichen Zulassungen,

f) zum Sachverständigen und zu der Sachverständigenorganisation, die ihn bestellt hat,

g) zu Art und Umfang der Prüfung,

h) dazu, ob die Prüfung der gesamten Anlage abgeschlossen ist oder welche Anlagenteile noch nicht geprüft wurden,

i) zu Art und Umfang der festgestellten Mängel,

j) zu Datum und Ergebnis der Prüfung und

k) zu erforderlichen Maßnahmen und zu einem Vorschlag für eine angemessene Frist für ihre Umsetzung.

6.7 Der Betreiber hat die bei Prüfungen nach Nummer 6.4 festgestellten geringfügigen Mängel innerhalb von sechs Monaten nach Feststellung und, soweit nach Nummer 2.4 erforderlich, durch einen Fachbetrieb nach § 62 zu beseitigen. Erhebliche und gefährliche Mängel hat der Betreiber unverzüglich zu beseitigen. Die Beseitigung erheblicher Mängel bedarf der Nachprüfung durch einen Sachverständigen. Stellt der Sachverständige einen gefährlichen Mangel fest, hat der Betreiber die Anlage unverzüglich außer Betrieb zu nehmen und, soweit dies nach Feststellung des Sachverständigen erforderlich ist, zu entleeren. Die Anlage darf erst wieder in Betrieb genommen werden, wenn der zuständigen Behörde eine Bestätigung des Sachverständigen über die erfolgreiche Beseitigung der festgestellten Mängel vorliegt.

7 Bestehende Anlagen

7.1 Für JGS-Anlagen, die am 1. August 2017 bereits errichtet sind (bestehende Anlagen), gelten ab diesem Datum

a) § 24 Absatz 1 und 2 sowie die Nummern 5.1 und 6.1 bis 6.3,

b) die Nummern 6.4 bis 6.7 mit der Maßgabe, dass die zuständige Behörde die Prüfung der dort genannten Anlagen und Erdbecken durch einen Sachverständigen nur dann anordnen kann, wenn der Verdacht erheblicher oder gefährlicher Mängel vorliegt und

c) die Nummern 1 bis 4 und 5.2, soweit sie Anforderungen beinhalten, die den Anforderungen entsprechen, die nach den jeweiligen landesrechtlichen Vorschriften am 31. Juli 2017 zu beachten waren.

Im Übrigen gelten für bestehende Anlagen, die vor dem 1. August 2017 bereits nach den jeweils geltenden landesrechtlichen Vorschriften prüfpflichtig waren, diese Prüfpflichten auch weiterhin.

7.2 Bei bestehenden Anlagen mit einem Volumen von mehr als 1 500 Kubikmetern, die den Anforderungen nach den Nummern 2 bis 4 und 5.2 nicht entsprechen, kann die zuständige Behörde technische oder organisatorische Anpassungsmaßnahmen anordnen,

a) mit denen diese Abweichungen behoben werden,

b) die für diese Abweichungen in technischen Regeln für bestehende Anlagen vorgesehen sind oder

c) mit denen eine Gleichwertigkeit zu den in den Nummern 2 bis 4 und 5.2 bezeichneten Anforderungen erreicht wird.

In den Fällen des Satzes 1 Buchstabe b und c sind die Anforderungen des § 62 Absatz 1 des Wasserhaushaltsgesetzes[1)] zu beachten.

Davon unberührt bleibt für alle bestehenden Anlagen die Anordnungsbefugnis nach § 100 Absatz 1 Satz 2 des Wasserhaushaltsgesetzes.

[1)] Nr. **34**.

7.3 Bei bestehenden Anlagen mit einem Volumen von mehr als 1 500 Kubikmetern, bei denen eine Nachrüstung mit einem Leckageerkennungssystem aus technischen Gründen nicht möglich oder nur mit unverhältnismäßigem Aufwand zu erreichen ist, ist die Dichtheit der Anlage durch geeignete technische und organisatorische Maßnahmen nachzuweisen.

7.4 In den Anordnungen nach Nummer 7.2 kann die Behörde nicht verlangen, dass die Anlage stillgelegt oder beseitigt wird oder Anpassungsmaßnahmen fordern, die einer Neuerrichtung gleichkommen oder die den Zweck der Anlage verändern. Bei der Beseitigung von erheblichen oder gefährlichen Mängeln eines JGS-Behälters sind die Anforderungen dieser Verordnung zu beachten. Im Übrigen gilt für bestehende Anlagen § 68 Absatz 7 entsprechend.

7.5 Bei bestehenden Anlagen mit einem Volumen von mehr als 1 500 Kubikmetern hat der Betreiber die Einhaltung der Anforderungen nach den Nummern 6.2 und 6.3, insbesondere Art, Umfang, Ergebnis, Ort und Zeitpunkt der jeweiligen Überwachung sowie die ergriffenen Maßnahmen zu dokumentieren und die Dokumentation der zuständigen Behörde auf Verlangen vorzulegen.

8 Anforderungen in besonderen Gebieten

8.1 Im Fassungsbereich und in der engeren Zone von Schutzgebieten dürfen keine JGS-Anlagen errichtet und betrieben werden. In der weiteren Zone von Schutzgebieten dürfen einwandige JGS-Lageranlagen für flüssige allgemein wassergefährdende Stoffe nur mit einem Leckageerkennungssystem errichtet und betrieben werden.

8.2 In festgesetzten und vorläufig gesicherten Überschwemmungsgebieten dürfen JGS-Anlagen nur errichtet und betrieben werden, wenn

a) sie nicht aufschwimmen oder anderweitig durch Hochwasser beschädigt werden können und

b) wassergefährdende Stoffe durch Hochwasser nicht abgeschwemmt werden, nicht freigesetzt werden und nicht auf eine andere Weise in ein Gewässer gelangen können.

8.3 Die zuständige Behörde kann eine Befreiung von den Anforderungen nach den Nummern 8.1 und 8.2 erteilen, wenn

a) das Wohl der Allgemeinheit dies erfordert oder das Verbot zu einer unzumutbaren Härte führen würde und

b) wenn der Schutzzweck des Schutzgebietes nicht beeinträchtigt wird.

8.4 Weiter gehende Vorschriften in landesrechtlichen Verordnungen zur Festsetzung von Schutzgebieten bleiben unberührt.

Nr. 37 *(nicht belegt)*

F. Kostenrecht

38. Verordnung über den Erlass des Kostenverzeichnisses zum Kostengesetz (Kostenverzeichnis – KVz –)[1)]

Vom 12. Oktober 2001
(GVBl. S. 766)

BayRS 2013-1-2-F

zuletzt geänd. durch V zur Änderung des Kostenverzeichnisses v. 1.11.2019 (GVBl. S. 640)

– Auszug –

§ 1 [Kostenverzeichnis] Auf Grund von Art. 5 und 10 des Kostengesetzes vom 20. Februar 1998 (GVBl S. 43, BayRS 2013-1-1-F), zuletzt geändert durch § 11 des Gesetzes vom 24. April 2001 (GVBl S. 140), erlässt das Bayerische Staatsministerium der Finanzen das als Anlage beigefügte Kostenverzeichnis, das Bestandteil dieser Verordnung ist.

§ 2 [Inkrafttreten] [1]Diese Verordnung tritt am 1. Januar 2002 in Kraft. [2]Die Verordnung über den Erlass des Kostenverzeichnisses zum Kostengesetz (Kostenverzeichnis – KVz) vom 18. Juli 1995 (GVBl S. 454, BayRS 2013-1-2-F), zuletzt geändert durch Verordnung vom 25. Juli 2001 (GVBl S. 406), tritt mit Ablauf des 31. Dezember 2001 außer Kraft.

Anlage[2)]

1. Allgemeine Bestimmungen
1. I Allgemeine Amtshandlungen

Tarif-Nr.		Gegenstand	Gebühr
Lfd. Nr.	Tarif-Stelle		Euro
1.I.1/		**Beglaubigungen:**	
	1	Beglaubigung von Unterschriften oder Handzeichen	

[1)] Die Verordnung weicht in einzelnen Punkten vom Bundesgesetz ab; vgl. Hinweis auf von BundesR abweichendes LandesR v. 7.12.2020 (BGBl. I S. 2654).

[2)] Anl. geänd. mWv 1.11.2002, 15.2.2003 und 1.6.2004 durch V v. 17.4.2004 (GVBl. S. 136); geänd. mWv 1.1.2005 durch V v. 29.11.2004 (GVBl. S. 504); geänd. mWv 1.4.2006 durch V v. 5.3. 2006 (GVBl. S. 131); geänd. mWv 1.7.2007 durch V v. 16.6.2007 (GVBl. S. 396); geänd. mWv 1.1. 2008 durch V v. 18.11.2007 (GVBl. S. 816); geänd. mWv 1.5.2008 durch V v. 8.4.2008 (GVBl. S. 152); geänd. mWv 1.11.2007, 1.1.2008, 20.11.2008 und 1.1.2009 durch V v. 4.11.2008 (GVBl. S. 861); geänd. mWv 1.8.2009 durch V v. 1.7.2009 (GVBl. S. 265); geänd. mWv 20.11.2009 und 1.1. 2010 durch V v. 27.10.2009 (GVBl. S. 559); geänd. mWv 1.6.2010 durch V v. 10.5.2010 (GVBl. S. 235); geänd. mWv 1.10.2011 durch V v. 11.8.2011 (GVBl. S. 406); geänd. mWv 1.7.2012 durch V v. 6.6.2012 (GVBl. S. 283); geänd. mWv 1.9.2012 durch V v. 30.7.2012 (GVBl. S. 409); geänd. mWv 1.5.2013 und 1.5.2014 durch V v. 24.3.2014 (GVBl. S. 118); geänd. mWv 1.6.2015 durch V v. 6.5. 2015 (GVBl. S. 170); geänd. mWv 1.9.2016 durch V v. 16.8.2016 (GVBl. S. 274); geänd. mWv 17.7. 2015 durch V v. 13.4.2019 (GVBl. S. 179); geänd. mWv 1.10.2017 und mWv 1.6.2019 durch V v. 13.4.2019 (GVBl. S. 179, 588); geänd. mWv 14.12.2019 durch V v. 1.11.2019 (GVBl. S. 640).

Tarif-Nr.		Gegenstand	Gebühr
Lfd. Nr.	Tarif-Stelle		Euro
	1.1	In Zusammenhang mit einer Zeugenaussage für Zwecke des Internationalen Suchdienstes Arolsen	kostenfrei
	1.2	Sonst	5 bis 60 €
	2	Beglaubigung von nicht von der Behörde selbst hergestellten Abschriften, Fotokopien und dergleichen:	
	2.1	Bei Schriftstücken in deutscher Sprache	0,75 € je angefangene Seite bis zu der für die Erteilung des Originals vorgesehenen Gebühr, mindestens 5 €
	2.2	Bei Schriftstücken, die nicht in deutscher Sprache abgefasst sind	1,50 € je angefangene Seite, mindestens 10 €
	3	Beglaubigung von durch die Behörde selbst hergestellten Abschriften, Fotokopien und dergleichen unabhängig von der Seitenzahl	5 € im Einzelfall
	4	Elektronische Übermittlung einer Amtsblatt-Ausgabe einschließlich Beglaubigung der Übereinstimmung der übersandten Ausgabe mit der auf der Verkündungsplattform eingestellten Fassung durch qualifizierte elektronische Signatur	10 € je übermittelte Ausgabe
		Werden mehrere Abschriften, Fotokopien und dergleichen gleichzeitig beglaubigt, kann die Gebühr je Beglaubigung auf 50 % ermäßigt werden.	
1.I.2/		**Bescheinigungen:**	
		Erteilung einer Bescheinigung	5 bis 75 €
1.I.3/		**Akteneinsicht:**	
		Einsichtgewährung in Akten und amtliche Bücher, soweit die Einsicht nicht in einem gebührenpflichtigen Verfahren gewährt wird	1 € je Akte oder Buch, mindestens 10 €
1.I.4/		**Fristverlängerungen:**	
	1	Verlängerung einer Frist, deren Ablauf einen neuen Antrag auf Erteilung einer gebührenpflichtigen Genehmigung, Erlaubnis, Zulassung, Verleihung oder Bewilligung erforderlich machen würde	10 bis 25 % der für die Genehmigung, Erlaubnis, Zulassung, Verleihung oder Bewilligung vorgesehenen Gebühr, mindestens 5 €
	2	Verlängerung einer Frist in anderen Fällen	5 bis 60 €
1.I.5/		**Zweitschriften:**	
		Erteilung einer Zweitschrift	10 bis 50 % der für die Erstschrift vorgesehenen Gebühr, mindestens 15 €
		Ist die Erteilung der Erstschrift gebührenfrei, beträgt die Gebühr 0,50 € je angefangene Seite, mindestens aber 15 €.	
1.I.6/		**Niederschriften:**	
		Aufnahme einer Niederschrift	7,50 bis 75 € je angefangene Stunde
1.I.7/		**Rückständige Beträge:**	
		Anmahnung	5 bis 150 €

Tarif-Nr.		Gegenstand	Gebühr
Lfd. Nr.	Tarif-Stelle		Euro
1.I.8/		**Amtshandlungen im Vollstreckungsverfahren:**	
	1	Androhung von Zwangsmitteln nach Art. 36VwZVG, soweit sie nicht mit dem Verwaltungsakt verbunden ist, durch den die Handlung, Duldung oder Unterlassung aufgegeben wird	12,50 bis 150 €
	2	Anwendung der Zwangsmittel Ersatzvornahme (Art. 32, 35 VwZVG) oder unmittelbarer Zwang (Art. 34, 35 VwZVG)	50 bis 2.500 €
	3	Entscheidung nach Art. 21 VwZVG über unzulässige oder unbegründete Einwendungen gegen die Vollstreckung, die den zu vollstreckenden Anspruch betreffen	15 bis 250 €
1.I.9/		**Aufhebung eines Zuwendungs- oder Subventionsbescheids und Verfahren zur Rückforderung von Zuwendungen oder Subventionen:**	
	1	Aufhebung eines Zuwendungs- oder Subventionsbescheids, gegebenenfalls einschließlich Rückforderung der Beträge	15 bis 2.500 €
	2	Rückforderung von Zuwendungen oder Subventionen wegen Unwirksamkeit des Bescheids infolge Eintritts einer auflösenden Bedingung	wie zu Tarif-Stelle 1
	3	Die Kostenerhebung unterbleibt, wenn die Zuwendungs- oder Subventionsempfänger die Gründe für die Aufhebung des Bescheids oder die Rückforderung der Beträge nicht zu vertreten haben.	
	4	Kosten werden nicht erhoben, wenn die Rückforderung weniger als 50 € beträgt.	
1.I.10/		**Auskünfte:**	
	1	Allgemein:	
		Erteilung von Auskünften einfacher Art aus Registern und Dateien, sofern nicht in den Lfd. Nrn. 2.I. ff bewertet	kostenfrei
	2	**Bayerisches Umweltinformationsgesetz:**	
	2.1	Eröffnung des Zugangs zu Umweltinformationen nach Art. 3 Abs. 2	10 bis 2.500 €
		Die Höhe der Gebühr bestimmt sich nach dem Bearbeitungsaufwand, Art. 6 Abs. 2 KG findet keine Anwendung (Art. 12 Abs. 1 Satz 3 BayUIG)	
	2.2	Erteilung mündlicher und einfacher schriftlicher Auskünfte, Einsichtnahme in Umweltinformationen vor Ort, Maßnahmen und Vorkehrungen nach Art. 5 Abs. 1 und 2 sowie Unterrichtung der Öffentlichkeit nach Art. 10 und 11	gebührenfrei
	2.3	Rücknahme oder Ablehnung eines Antrags	kostenfrei
	3	**Umwelthaftungsgesetz:**	
	3.1	Auskunft nach	
	3.1.1	§ 9 Satz 1 an den Geschädigten	10 bis 2.500 €

Tarif-Nr.		Gegenstand	Gebühr
Lfd. Nr.	Tarif-Stelle		Euro
	3.1.2	§ 10 Abs. 1 an den Inhaber einer Anlage	10 bis 2.500 €
	3.2	Erteilung mündlicher und einfacher schriftlicher Auskünfte, Einsichtnahme in Umweltinformationen vor Ort	gebührenfrei
	3.3	Rücknahme oder Ablehnung eines Antrags	kostenfrei
	3.4	Anordnung nach § 19 Abs. 1 Satz 2, weiterhin entsprechende Deckungsvorsorge zu treffen	100 bis 2.000 €
	3.5	Untersagung des Betriebs einer Anlage nach § 19 Abs. 4	100 bis 3.500 €
1.II.0/		**Anrechnung von Gebühren für Auskünfte:** Wurde vor der Einleitung eines Verwaltungsverfahrens bereits eine kostenpflichtige Auskunft erteilt, kann die Gebühr dafür ganz oder teilweise auf die sich nach den Lfd. Nrn. 2.1 ff ergebende Gebühr angerechnet werden, wenn durch die vorweg erteilte Auskunft der mit dem Verwaltungsverfahren verbundene Aufwand vermindert wurde.	
1.III.0/		**Herstellung und Überlassung von Kopien von Entscheidungen, Bescheiden oder sonstigen Unterlagen:**	
	1	**Entscheidung** über die Herstellung und Überlassung von Kopien:	
	1.1	von **gerichtlichen** Entscheidungen und von Unterlagen aus **Gerichtsakten** an nicht am Verfahren Beteiligte:	
	1.1.1	Bei Herstellung und Überlassung auf elektronischem Weg (unabhängig vom Umfang)	7,50 € je übermittelte Datei
	1.1.2	Bei Herstellung und Überlassung in Papierform oder per Telefax:	
	1.1.2.1	Für bis zu 10 Seiten	10 €
	1.1.2.2	Für mehr als 10 bis zu 50 Seiten	10 € zuzüglich 0,50 € je 10 Seiten übersteigende Seite
	1.1.2.3	Für mehr als 50 Seiten	30 € zuzüglich 0,15 € je 50 Seiten übersteigende Seite
	1.2	**aus Behördenakten:**	
	1.2.1	Bei Herstellung und Überlassung auf elektronischem Weg (unabhängig vom Umfang)	
	1.2.1.1	an am Verfahren Beteiligte	5 € je übermittelte Datei
	1.2.1.2	an nicht am Verfahren Beteiligte	7,50 € je übermittelte Datei
	1.2.2	Bei Herstellung und Überlassung in Papierform oder per Telefax	
	1.2.2.1	an am Verfahren Beteiligte:	
	1.2.2.1.1	Für bis zu 10 Seiten	7,50 €
	1.2.2.1.2	Für mehr als 10 bis zu 50 Seiten	7,50 € zuzüglich 0,50 € je 10 Seiten übersteigende Seite
	1.2.2.1.3	Für mehr als 50 Seiten	27,50 € zuzüglich 0,15 € je 50 Seiten übersteigende Seite

Tarif-Nr.		Gegenstand	Gebühr
Lfd. Nr.	Tarif-Stelle		Euro
	1.2.2.2	an nicht am Verfahren Beteiligte:	
	1.2.2.2.1	Für bis zu 10 Seiten	10 €
	1.2.2.2.2	Für mehr als 10 bis zu 50 Seiten	10 € zuzüglich 0,50 € je 10 Seiten übersteigende Seite
	1.2.2.2.3	Für mehr als 50 Seiten	30 € zuzüglich 0,15 € je 50 Seiten übersteigende Seite
	2	**Schreibauslagen** werden erhoben, für – auf besonderen Antrag – unabhängig vom Übermittlungsmedium (Papierform oder auf elektronischem Weg) erteilte Ausfertigungen und Kopien, wenn abweichend von Tarif-Stelle 1 **keine Entscheidung** über die Überlassung von Unterlagen erforderlich ist (z.B. für die Fertigung von mehrfachen Ausfertigungen von Bescheiden). Die Schreibauslagen betragen unabhängig von der Art der Herstellung	
	2.1	bei Bereitstellung auf elektronischem Weg	2,50 € je übermittelte Datei
	2.2	bei Bereitstellung in Papierform: Für bis zu 50 Seiten Für mehr als 50 Seiten Angefangene Seiten werden voll berechnet.	 0,50 € je Seite 25 € zuzüglich 0,15 € je 50 Seiten übersteigende Seite
	3	Ist die Anfertigung einer Kopie besonders zeitaufwendig, kann der Betrag nach den Tarif-Stellen 1.1.2, 1.2.2 und 2.2 bis auf das Fünffache erhöht werden.	
1.IV.0/		**Gebührenbefreiung des Bundes, der Bundesanstalt für Immobilienaufgaben (BImA), der NATO und der ausländischen Streitkräfte:** Amtshandlungen zur Durchführung von Bau- und Sanierungsvorhaben des Bundes, der BImA, der NATO und der ausländischen Streitkräfte im Auftrags- und Truppenbauverfahren, wenn sich der Bund oder die BImA zur Durchführung dieser Bauvorhaben der Staatsbauverwaltung im Wege der Organleihe bedient	gebührenfrei

2.I Bau-, Wohnungs- und Siedlungswesen

Tarif-Nr.		Gegenstand	Gebühr
Lfd. Nr.	Tarif-Stelle		Euro
2.I.1/		**Bausachen, Abgrabungssachen:**	
	1	**Grundgebühren:**	
	1.1	Entscheidung über einen Antrag nach § 205 Abs. 2 oder 5 BauGB	kostenfrei
	1.2	Aufstellung und Festsetzung einer Satzung oder eines Plans nach § 205 Abs. 3 BauGB	kostenfrei
	1.3	Ausnahme nach § 14 Abs. 2 BauGB außerhalb eines bauaufsichtlichen Verfahrens	25 bis 3.000 €

Tarif-Nr.		Gegenstand	Gebühr
Lfd. Nr.	Tarif-Stelle		Euro
	1.4	Entscheidung nach § 18 Abs. 2, § 28 Abs. 6 oder § 43 Abs. 2 BauGB	3 v.T. der Entschädigung, mindestens 25 €
	1.5	unbesetzt	
	1.6	Genehmigung nach § 22 BauGB	1 v.T. des auf volle 500 € aufzurundenden Verkehrswerts des Grundstücks, mindestens 40 €
		Bei erstmalig zu begründendem oder zu teilendem Wohnungs- oder Teileigentum ist der Verkehrswert des gesamten unbebauten Grundstücks zugrundezulegen.	
		Bei Begründung weiteren Wohnungs- oder Teileigentums sowie bei späteren Teilungen auf demselben Grundstück ist der Verkehrswert des unbebauten Grundstücksanteils zugrundezulegen, der dem Verhältnis des neu zu begründenden oder zu teilenden Wohnungs- oder Teileigentums zur Gesamtbebauung entspricht.	
		Gilt eine Genehmigung nach § 22 Abs. 5 Satz 4 BauGB als erteilt, ermäßigt sich die Gebühr um 10 v.H., höchstens jedoch auf 40 €. Damit entfällt eine weitere Gebühr für die Zeugniserteilung nach § 22 Abs. 5 Satz 5 BauGB.	
	1.7	Erteilung eines Zeugnisses nach § 22 Abs. 5 BauGB, soweit eine Genehmigung nicht erforderlich ist	25 bis 125 €
		Wird das Zeugnis ausschließlich im Interesse einer Umschreibung von Grundbuchblättern nach der Grundbuchverfügung erteilt	kostenfrei
	1.8	Auskunft aus der Kaufpreissammlung nach § 11 GutachterausschußV, über die Bodenrichtwerte nach § 196 Abs. 3 Satz 2 BauGB und über sonstige Daten für die Wertermittlung nach § 14 GutachterausschußV	20 bis 350 € je übermittelten Vergleichswert aus der Kaufpreissammlung, je übermittelten Bodenrichtwert oder je übermitteltes wertermittlungsrelevantes Datum
	1.9	Erteilung oder Verlängerung eines Prüfzeugnisses nach Art. 17 Abs. 2 BayBO[1]	250 bis 5.000 €
	1.10	Städtebauliche Sanierungs- oder Entwicklungsmaßnahmen:	
		Amtshandlungen zur Vorbereitung oder Durchführung von städtebaulichen Sanierungsmaßnahmen (§ 151 Abs. 1 Nr. 1 BauGB) und von städtebaulichen Entwicklungsmaßnahmen (§ 169 Abs. 1 Nr. 5 BauGB), soweit sie durch ein städtebauliches Gebot der §§ 175 bis 179 BauGB veranlasst wurden	kostenfrei
	1.11	Amtshandlungen, die der Durchführung oder Vermeidung der Umlegung (§§ 45 ff., § 79 Abs. 1 BauGB) dienen	kostenfrei

[1] Nr. 1.

Tarif-Nr.		Gegenstand	Gebühr
Lfd. Nr.	Tarif-Stelle		Euro
	1.12	Zustimmung und Verzichtserklärung im Einzelfall nach Art. 18 Abs. 1, Art. 19 Abs. 1, Gestattung nach Art. 20 Abs. 2 Satz 4 BayBO, Zulassung von Abweichungen nach § 5 BauPAV	30 bis 4.500 €
	1.13	Anerkennung von Prüf-, Zertifizierungs- und Überwachungsstellen nach Art. 23 Abs. 1BayBO	250 bis 10.000 €
	1.14	*(aufgehoben)*	
	1.15	*(aufgehoben)*	
	1.16–1.21	*unbesetzt*	
	1.22	Anordnung nach Art. 54 Abs. 3 oder Abs. 4 BayBO	25 bis 1.250 €
	1.23	Anordnung nach Art. 54 Abs. 5 BayBO	25 bis 600 €
	1.24	Erteilung einer Genehmigung zur Errichtung oder Änderung baulicher Anlagen (Art. 55 BayBO) einschließlich der Zulassung von Abweichungen im Rahmen eines Baugenehmigungsverfahrens nach Art. 60 BayBO mit Ausnahme der Abweichungen von Vorschriften nach Art. 81 BayBO und einschließlich der einmaligen Abnahme von Absteckungen und Höhenlagen nach Art. 68 Abs. 6 BayBO:	
	1.24.1	Allgemein	
	1.24.1.1	für den bauplanungsrechtlichen Teil (einschließlich örtlicher Bauvorschriften im Sinn des Art. 81 Abs. 1 BayBO):	
	1.24.1.1.1	Wenn das Vorhaben im Geltungsbereich eines Bebauungsplans gemäß § 30 Abs. 1 oder Abs. 2 BauGB genehmigt wird	1 v.T. der Baukosten, mindestens 75 €
	1.24.1.1.2	In allen anderen Fällen	2 v.T. der Baukosten, mindestens 75 €
	1.24.1.2	für den bauordnungsrechtlichen Teil (einschließlich der Prüfung sonstiger öffentlich-rechtlicher Vorschriften):	
	1.24.1.2.1	Im vereinfachten Baugenehmigungsverfahren (Art. 59 BayBO)	
	1.24.1.2.1.1	wenn der Brandschutz bauaufsichtlich geprüft wird (Art. 62 Abs. 3 Satz 3 Nrn. 2 und 3 BayBO)	bis zu 1,5 v.T. der Baukosten, mindestens 75 €
	1.24.1.2.1.2	Sonst	kostenfrei
	1.24.1.2.2	In allen anderen Fällen,	
	1.24.1.2.2.1	wenn die Genehmigungsbehörde die Leistungen nach § 31 PrüfVBau selbst erbringt	bis zu 2 v.T. der Baukosten zuzüglich der Vergütung, die sich nach der PrüfVBau für die Leistungen nach § 31 PrüfVBau ergeben würde, mindestens 75 €
	1.24.1.2.2.2	wenn die Genehmigungsbehörde die Leistungen nach § 31 PrüfVBau nicht selbst erbringt	bis zu 2 v.T. der Baukosten, mindestens 75 €

Tarif-Nr.		Gegenstand	Gebühr
Lfd. Nr.	Tarif-Stelle		Euro
	1.24.2	Können der Gebührenberechnung Baukosten nicht zugrundegelegt werden, beträgt die Gebühr	10 bis 3.000 €
	1.24.3	Genehmigung zur Errichtung, Aufstellung, Anbringung oder Änderung von Werbeanlagen (Art. 2 Abs. 1 Satz 2 BayBO)	10 bis 3.000 €
	1.24.4	Bei Aufschüttungen, die nicht dem Bayerischen Abgrabungsgesetz[1] unterliegen, beträgt die Gebühr	50 bis 10.000 €
	1.24.5	Bauaufsichtliche Prüfung des Brandschutzes in den Fällen des Art. 62 Abs. 3 Satz 3 Nrn. 2 und 3 i.V.m. Art. 58 Abs. 5 Satz 1 BayBO	bis zu 1,5 v.T. der Baukosten, mindestens 75 €
	1.25	Erteilung einer Genehmigung zur Änderung von baulichen Anlagen in Abweichung von bereits genehmigten Bauvorlagen:	
	1.25.1	Wenn das genehmigte Bauvorhaben wesentlich geändert wird	wie zu Tarif-Stelle 1.24 abzüglich 50 v.H. der Gebühr für die Erstgenehmigung
		Enthielt die Gebühr für die Erstgenehmigung einen anteiligen Betrag in Höhe der Vergütung nach der PrüfVBau (Tarif-Stelle 1.24.1.2.2.1), wird dieser Betrag nicht mit abgezogen. Die Gebühr beträgt mindestens 40 €.	
		Die Gebühr wird aus den Baukosten berechnet, die zur Ausführung des gesamten Bauvorhabens erforderlich sind.	
	1.25.2	Wenn das genehmigte Bauvorhaben nicht wesentlich geändert, insbesondere in seinen Grundzügen nicht berührt wird	40 bis 1.750 €
	1.26	Genehmigung nach Art. 55 BayBO für die Nutzungsänderung baulicher Anlagen	40 bis 5.000 €
	1.27 bis 1.29	*unbesetzt*	
	1.30	Zulassung von Abweichungen nach Art. 63 Abs. 1 Satz 1 BayBO und von Ausnahmen nach Art. 63 Abs. 2 Satz 2 BayBO außerhalb eines Baugenehmigungsverfahrens nach Art. 60 BayBO oder im Rahmen eines vereinfachten Baugenehmigungsverfahrens nach Art. 59 BayBO sowie von Abweichungen von Vorschriften nach Art. 81 BayBO	5 v.H. des Werts des Nutzens, der durch die Abweichung in Aussicht steht, mindestens 75 €
		Für die Zulassung von Abweichungen nach Art. 63 Abs. 1 Satz 1 BayBO im Rahmen eines vereinfachten Baugenehmigungsverfahrens (Art. 59 BayBO) beträgt die Gebühr höchstens die Gebühr nach der Tarif-Stelle 1.24.1.2.2.2.	
		Wird für das Vorhaben, für das eine Abweichung von Vorschriften nach Art. 81 BayBO erforderlich ist, gleichzeitig eine Genehmigung zur Errichtung oder Änderung, eine Genehmigung zur Änderung in Abweichung von bereits genehmigten Bauvorlagen	

[1] Nr. **4**.

Tarif-Nr.		Gegenstand	Gebühr Euro
Lfd. Nr.	Tarif-Stelle		
		oder eine Genehmigung für die Nutzungsänderung (Art. 55 BayBO) erteilt, beträgt die Gebühr höchstens die Gebühr nach den Tarif-Stellen 1.24, 1.25 oder 1.26.	
	1.31	Befreiung von Festsetzungen des Bebauungsplans nach § 31 Abs. 2 BauGB	10 v.H. des Werts des Nutzens, der durch die Befreiung in Aussicht steht, mindestens 75 €
		Wird für das Vorhaben daneben eine Genehmigung zur Errichtung oder Änderung, eine Genehmigung zur Änderung in Abweichung von bereits genehmigten Bauvorlagen oder eine Genehmigung für die Nutzungsänderung (Art. 55 BayBO) erteilt, beträgt die Gebühr höchstens das Doppelte der Gebühr nach den Tarif-Stellen 1.24, 1.25 oder 1.26.	
	1.32	Ausnahme nach § 9 Abs. 8 FStrG[1] oder Art. 23 Abs. 2 BayStrWG[2]	25 bis 3.000 €
	1.33	Benachrichtigung nach Art. 66 Abs. 1 Satz 3 BayBO	25 €
	1.34	Vorbescheid nach Art. 71 BayBO	40 bis 2.500 €
	1.35	Teilbaugenehmigung nach Art. 70 BayBO	wie zu Tarif-Stelle 1.24
	1.36	Abnahme der Absteckung und der Höhenlagen nach Art. 68 Abs. 6 BayBO auf Antrag des Bauherrn bei Vorhaben nach Art. 58 BayBO	40 bis 1.500 €
	1.37	Verlängerung der Baugenehmigung (Art. 69 Abs. 2 BayBO), eines Vorbescheids oder sonstiger baurechtlicher Genehmigungen	40 bis 10.000 €
	1.38	Bauüberwachung im Rahmen des Art. 77 BayBO:	
	1.38.1	Ohne Beanstandung	kostenfrei
	1.38.2	Sonst	25 bis 1.250 €
	1.39	Zwischenabnahme aufgrund einer Anordnung nach Art. 78 Abs. 1 BayBO	gebührenfrei
	1.40	Fliegende Bauten:	
	1.40.1	Gebrauchsabnahme fliegender Bauten (Art. 72 Abs. 5 Satz 2 Nr. 1 BayBO) einschließlich einer nachfolgenden Gebrauchsuntersagung mit Einziehung des Prüfbuchs nach Art. 72 Abs. 4 BayBO	40 bis 1.000 €
	1.40.2	Gebrauchsuntersagung nach Art. 72 Abs. 4 BayBO, die nicht auf Grund einer Gebrauchsabnahme ergeht	40 bis 100 €
	1.41	Zustimmung nach Art. 73 Abs. 1 BayBO:	
	1.41.1	Allgemein	2 v.T. der Baukosten, mindestens 40 €
	1.41.2	Bei einer Nutzungsänderung	40 bis 5.000 €
	1.42	Erteilung einer Zustimmung zur Änderung von Bauvorhaben in Abweichung von Bau-	

[1] Nr. **30**.
[2] Nr. **32**.

Tarif-Nr. Lfd. Nr.	Tarif-Nr. Tarif-Stelle	Gegenstand	Gebühr Euro
		vorlagen, denen bereits zugestimmt worden ist:	
	1.42.1	Wenn das Bauvorhaben wesentlich geändert wird	wie zu Tarif-Stelle 1.41.1 abzüglich 50 v.H. der Gebühr für die Erstzustimmung. Die Gebühr beträgt mindestens 40 €.
		Die Gebühr wird aus den Baukosten berechnet, die zur Ausführung des gesamten Bauvorhabens erforderlich sind.	
	1.42.2	Wenn das Bauvorhaben nicht wesentlich geändert wird	40 bis 600 €
	1.43	Erst-, Wiederholungs- und Nachprüfungen aufgrund einer nach Art. 80 Abs. 1 Satz 1 Nr. 5 BayBO erlassenen Rechtsverordnung	25 bis 600 €
	1.44	Anerkennung von Prüfingenieuren und Prüfämtern (Art. 80 Abs. 2 Satz 1 Nr. 1 BayBO i.V.m. der PrüfVBau[1])	125 bis 3.000 €
	1.45	Verfügungen oder Maßnahmen, die durch Verstöße gegen öffentlich-rechtliche Vorschriften veranlasst werden (z.B. Einstellung von Arbeiten, Beseitigung von Anlagen, Nutzungsuntersagung oder Anordnungen nach Art. 54 Abs. 2 Satz 2 BayBO)	25 bis 2.500 €
	1.46	Genehmigung nach § 9 Abs. 5 FStrG[2] oder Art. 24 Abs. 3 BayStrWG[3]	25 bis 3.000 €
	1.47	*unbesetzt*	
	1.48	Untersagung der Verwendung von Bauprodukten und Anordnung der Entwertung oder Beseitigung der Kennzeichen nach Art. 74 BayBO	40 bis 1.500 €
	1.49	Maßnahmen nach Kapitel III der Verordnung (EG) Nr. 765/2008 des Europäischen Parlaments und des Rates vom 9. Juli 2008 über die Vorschriften für die Akkreditierung und Marktüberwachung im Zusammenhang mit der Vermarktung von Produkten und zur Aufhebung der Verordnung (EWG) Nr. 339/93 des Rates (ABl L 218 S. 30) und in Verbindung mit Kapitel VIII der Verordnung (EU) Nr. 305/2011 des Europäischen Parlaments und des Rates vom 9. März 2011 zur Festlegung harmonisierter Bedingungen für die Vermarktung von Bauprodukten und zur Aufhebung der Richtlinie 89/106/EWG des Rates (ABl L 88 S. 5)	40 bis 1.500 €
	1.50	Genehmigung von Abgrabungen nach Art. 9 Abs. 1 Satz 1 BayAbgrG,	
	1.50.1	Bei Sand- und Kiesgruben, Steinbrüchen und ähnlichen Abgrabungen zur Gewinnung von Abbaugut für Vorhaben mit einem verwertbaren Abbaugut	

[1] Nr. **9**.
[2] Nr. **30**.
[3] Nr. **32**.

Tarif-Nr.		Gegenstand	Gebühr
Lfd. Nr.	Tarif-Stelle		Euro
		bis zu 50.000 m^3	100 € zuzüglich 25 € je angefangene 1.000 m^3
		über 50.000 m^3 bis zu 500.000 m^3	1.350 € zuzüglich 55 € je 50.000 m^3 übersteigende angefangene 10.000 m^3
		über 500.000 m^3	3.825 € zuzüglich 110 € je 500.000 m^3 übersteigende angefangene 50.000 m^3
		Abraum und Mutterboden sind kein verwertbares Abbaugut.	
	1.50.2	Bei anderen selbstständigen Abgrabungen	50 bis 2.000 €
	1.50.3	Wenn mit der Erteilung der Genehmigung die Durchführung einer Umweltverträglichkeitsprüfung verbunden ist, erhöht sich die Gebühr nach den Tarif-Stellen 1.50.1 oder 1.50.2 um 40 %.	
	1.51	Vorbescheid nach Art. 9 Abs. 1 Satz 4 BayAbgrG	40 bis 2.500 €
	1.52	Teilabgrabungsgenehmigung nach Art. 9 Abs. 1 Satz 5 BayAbgrG	wie zu Tarif-Stelle 1.50
	1.53	Genehmigung von Aufschüttungen, die unmittelbare Folge von Abgrabungen sind (Art. 1 BayAbgrG)	50 bis 10.000 €
	1.54	Überwachung nach Art. 4 Abs. 2 Satz 1 BayAbgrG:	
	1.54.1	Ohne Beanstandung	kostenfrei
	1.54.2	Sonst	50 bis 2.500 €
	1.55	Verfügungen oder Maßnahmen, die durch Verstöße gegen öffentlich-rechtliche Vorschriften veranlasst werden (Art. 4 Abs. 2 Satz 2 BayAbgrG)	25 bis 2.500 €
	1.56	Benachrichtigungen nach Art. 9 Abs. 2 Satz 1 BayAbgrG	25 €
	1.57	Prüfung nach Art. 78 Abs. 3 BayBO	
	1.57.1	von Abgasanlagen vor Inbetriebnahme der angeschlossenen Feuerstätten	1,20 € je Arbeitsminute
	1.57.2	von Leitungen zur Abführung von Verbrennungsgasen vor Inbetriebnahme der angeschlossenen ortsfesten Verbrennungsmotoren und Blockheizkraftwerke	1,20 € je Arbeitsminute
	1.57.3	Die Gebühr nach der Tarif-Stelle 1.57.1 oder 1.57.2 erhöht sich jeweils um die gesetzliche Umsatzsteuer.	
	2	**Berechnung der Gebühren:**	
	2.1	Soweit die Gebühren nach den Baukosten berechnet werden, ist von den Kosten (einschließlich Umsatzsteuer) auszugehen, die am Ort der Bauausführung im Zeitpunkt der Erteilung der Genehmigung zur Vollendung des zu genehmigenden Vorhabens erforderlich sind. Einsparungen durch Eigenleistungen (Material und Arbeitsleistungen) sind dabei nicht zu berücksichtigen. Der Betrag wird auf volle 500 € aufgerundet.	

Tarif-Nr.		Gegenstand	Gebühr
Lfd. Nr.	Tarif-Stelle		Euro
	2.2	Enthält ein Bauvorhaben Elemente eines Sonderbaus und Elemente eines Standardbauvorhabens die technisch-konstruktiv und funktional voneinander trennbar sind, so dass für diese „Prüfabschnitte“ unterschiedliche Prüfprogramme (Art. 59 oder 60 BayBO) anzuwenden sind, setzt sich die Gebühr für den bauordnungsrechtlichen Teil der Genehmigung nach der Tarif-Stelle 1.24.1.2 aus den einzelnen Prüfprogrammen der einzelnen Vorhabensteile zusammen.	
	2.3	Der Nutzen im Sinn der Tarif-Stellen 1.30 und 1.31 ist unter Berücksichtigung aller Umstände des Einzelfalles nach pflichtgemäßem Ermessen zu schätzen. Dabei können der Verkaufsmehrwert, die Einsparungen bei der Bauausführung und ähnliches als Schätzungsgrundlage verwendet werden.	
	3	**Ermäßigungen:**	
	3.1	Für den Bau von Wohnungen und Wohnräumen einschließlich unselbstständiger Nebengebäude (z.B. Garagen und Holzlegen), für den der Bauherr Mittel aus öffentlichen Wohnraumförderungsprogrammen des Freistaats Bayern, der Kommunen oder der Bayerischen Landesbodenkreditanstalt erhält, wird die Gebühr nach den Tarif-Stellen 1.24.1, 1.25.1 und 1.35 bei Nachweis der entsprechenden Voraussetzungen ermäßigt.	
	3.1.1	Die Gebühr beträgt im Fall der Tarif-Stelle 1.24.1	
	3.1.1.1	im vereinfachten Verfahren	50 v.H. der Gebühr nach Tarif-Stelle 1.24.1.1 und 1.24.1.2.1, mindestens 20 €
	3.1.1.2	in allen anderen Fällen	
	3.1.1.2.1	wenn die Genehmigungsbehörde die Leistungen nach § 31 PrüfVBau selbst erbringt	50 v.H. der Gebühr nach Tarif-Stelle 1.24.1.1 und 1.24.1.2.2.2 zuzüglich der Vergütung, die sich nach der PrüfVBau für die Leistungen nach § 31 PrüfVBau ergeben würde, mindestens 20 €
	3.1.1.2.2	wenn die Genehmigungsbehörde die Leistungen nach § 31 PrüfVBau nicht selbst erbringt	50 v.H. der Gebühr nach Tarif-Stelle 1.24.1.1 und 1.24.1.2.2.2, mindestens 20 €
	3.1.2	Die Gebühr beträgt im Fall der Tarif-Stelle 1.25.1	
	3.1.2.1	im vereinfachten Verfahren	wie zu Tarif-Stelle 3.1.1.1 abzüglich 50 v.H. der Gebühr für die Erstgenehmigung. Die Gebühr beträgt mindestens 20 €
	3.1.2.2	in allen anderen Fällen	

Tarif-Nr.		Gegenstand	Gebühr
Lfd. Nr.	Tarif-Stelle		Euro
	3.1.2.2.1	wenn die Genehmigungsbehörde die Leistungen nach § 31 PrüfVBau selbst erbringt	wie zu Tarif-Stelle 3.1.1.2.1 abzüglich 50 v.H. der Gebühr für die Erstgenehmigung. Die Gebühr beträgt mindestens 20 €
	3.1.2.2.2	wenn die Genehmigungsbehörde die Leistungen nach § 31 PrüfVBau nicht selbst erbringt	wie zu Tarif-Stelle 3.1.1.2.2 abzüglich 50 v.H. der Gebühr für die Erstgenehmigung. Enthielt die Gebühr für die Erstgenehmigung einen anteiligen Betrag in Höhe der Vergütung nach § 31 PrüfVBau (Tarif-Stelle 1.24.1.2.2.1), ist die um diesen Anteil verminderte Gebühr Berechnungsgrundlage für den Abzug. Die Gebühr beträgt mindestens 20 €
	3.1.3	Die Gebühr beträgt im Fall der Tarif-Stelle 1.35	wie zu Tarif-Stelle 3.1.1
	3.1.4	Dient ein Vorhaben teilweise anderen als den vorgenannten begünstigten Zwecken, werden die anteilig auf diese Gebäudeteile entfallenden Gebühren nicht ermäßigt.	
	3.2	*unbesetzt*	
	3.3	Die Gebühren nach den Tarif-Stellen 1.24, 1.25 und 1.35 werden auf ¼, jedoch höchstens auf 20 €, ermäßigt	
	3.3.1	bei baulichen Anlagen einer inländischen Körperschaft, Personenvereinigung, Stiftung oder Vermögensmasse, die nach der Satzung oder sonstigen Verfassung und nach ihrer tatsächlichen Geschäftsführung ausschließlich und unmittelbar gemeinnützigen oder mildtätigen Zwecken im Sinn des Abschnitts „Steuerbegünstigte Zwecke“ der Abgabenordnung dient, wenn die bauliche Anlage unmittelbar für gemeinnützige oder mildtätige Zwecke im Sinn des Abschnitts „Steuerbegünstigte Zwecke“ der Abgabenordnung benutzt wird.	
	3.3.2	bei baulichen Anlagen eines öffentlich-rechtlichen Sozialversicherungsträgers, wenn die bauliche Anlage von diesem unmittelbar für die besonderen Zwecke der Sozialversicherung benutzt wird.	
	3.3.3	bei baulichen Anlagen, die dem Gottesdienst einer Religionsgesellschaft, die Körperschaft des öffentlichen Rechts ist, oder einer jüdischen Kultusgemeinde gewidmet sind.	
	3.3.4	bei baulichen Anlagen, die von einer Religionsgesellschaft, die Körperschaft des öffentlichen Rechts ist, von einem ihrer Orden, von einer ihrer religiösen Genossenschaften oder von einem ihrer Verbände unmittelbar	

Tarif-Nr.		Gegenstand	Gebühr
Lfd. Nr.	Tarif-Stelle		Euro
		für Zwecke der religiösen Unterweisung, der Wissenschaft, des Unterrichts, der Erziehung oder unmittelbar für Zwecke der eigenen Verwaltung benutzt werden und entweder im Eigentum der benutzenden Körperschaft (Personenvereinigung) oder im Eigentum einer Körperschaft des öffentlichen Rechts stehen. Den Religionsgesellschaften stehen die jüdischen Kultusgemeinden gleich, die nicht Körperschaften des öffentlichen Rechts sind.	
	3.3.5	Dienen die in den Tarif-Stellen 3.3.1 bis 3.3.4 aufgeführten baulichen Anlagen nicht nur unmittelbar begünstigten Zwecken, sondern auch nicht begünstigten Zwecken (z.B. Wohnzwecken) oder nur mittelbar begünstigten Zwecken und wird jeweils ein räumlich abgrenzbarer Teil der baulichen Anlage für die einzelnen Zwecke benutzt, wird nur die anteilig auf die unmittelbar für begünstigte Zwecke benutzten Gebäudeteile entfallende Gebühr ermäßigt. Ist eine räumliche Abgrenzung nicht möglich, wird die Gebührenermäßigung nur gewährt, wenn die bauliche Anlage überwiegend unmittelbar den begünstigten Zwecken dient. § 5 Grundsteuergesetz (GrStG) gilt jedoch sinngemäß.	
	3.4	Bei der gleichzeitigen Behandlung einer Mehrzahl von baulichen Anlagen desselben Bauherrn nach dem gleichen Typ auf einem zusammenhängenden Baugelände in einem oder mehreren baurechtlichen Verfahren werden die Gebühren nach den Tarif-Stellen 1.24, 1.25 und 1.35 für die zweite und jede weitere bauliche Anlage auf die Hälfte ermäßigt.	
	3.5	*unbesetzt*	
	3.6	Die für einen Vorbescheid oder eine Teilbaugenehmigung festgesetzten Gebühren können auf die Gebühren nach Tarif-Stelle 1.24 bis zur Hälfte angerechnet werden. Tarif-Stelle 4 ist vor der Anrechnung anzuwenden. Die nach Tarif-Stelle 1.30 für Abweichungen außerhalb eines Baugenehmigungsverfahrens (Art. 60 BayBO) festgesetzten Gebühren können auf die Gebühren nach Tarif-Stelle 1.24 in gleicher Weise angerechnet werden.	
	3.7	Bei Zulassung einer Abweichung von Vorschriften im Sinn des Art. 81 BayBO im Zusammenhang mit dem Vorbescheid ist die Gebühr nach Tarif-Stelle 1.30 auf höchstens die Gebühr nach den Tarif-Stellen 1.24, 1.25 oder 1.26 zu begrenzen. Bei Erteilung einer Befreiung im Zusammenhang mit dem Vorbescheid ist die Gebühr nach Tarif-Stelle 1.31 auf höchstens das Doppelte der Gebühr nach den Tarif-Stellen 1.24, 1.25 oder 1.26	

Tarif-Nr.		Gegenstand	Gebühr
Lfd. Nr.	Tarif-Stelle		Euro
		zu begrenzen. Die Gebührenbegrenzung nach den Sätzen 1 und 2 wird nur gewährt, wenn die Baugenehmigung innerhalb der Geltungsdauer des Vorbescheids erteilt wird. Die Gebührenbegrenzung wird vorläufig bereits bei Erteilung des Vorbescheids auf Grundlage der voraussichtlich zu erwartenden Baugenehmigungsgebühren gewährt.	
	3.8	Die Ermäßigungen nach den Tarif-Stellen 3.1 bis 3.7 werden nebeneinander gewährt in der Weise, dass bei der Ermäßigung jeweils vom Betrag der ermäßigten Gebühr auszugehen ist. Abweichend davon wird im Fall der Tarif-Stelle 3.2 die Ermäßigung nach Tarif-Stelle 3.1 nicht gewährt.	
	3.9	Wird die genehmigte bauliche Anlage oder eine bauliche Anlage, der bereits zugestimmt wurde, endgültig nicht ausgeführt, wird die festgesetzte Gebühr in den Fällen der Tarif-Stellen 1.24, 1.25, 1.35, 1.37, 1.41 und 1.42 auf Antrag bis auf die Hälfte, jedoch höchstens auf 20 € herabgesetzt, wenn der Baugenehmigungs- bzw. Zustimmungsbescheid und die Bauvorlage der Bauaufsichtsbehörde ausgehändigt werden. Enthielt die Gebühr einen anteiligen Betrag in Höhe der Vergütung nach der PrüfVBau, wird dieser Betrag nicht in die Herabsetzung mit einbezogen. Der Antrag muss während der Gültigkeit des Bescheids gestellt werden.	
	3.10	Macht der Bauherr von einer außerhalb eines Genehmigungsverfahrens nach Art. 60 BayBO zugelassenen Abweichung nach Art. 63 BayBO, von einer Abweichung von Vorschriften nach Art. 81 BayBO oder von einer Befreiung endgültig keinen Gebrauch und händigt er den entsprechenden Bescheid der Bauaufsichtsbehörde aus, kann die nach Tarif-Stelle 1.30 oder 1.31 festgesetzte und gegebenenfalls nach Tarif-Stelle 3.7 (auch vorläufig) begrenzte Gebühr auf Antrag bis auf ein Viertel, höchstens jedoch auf 20 € herabgesetzt werden. Bei genehmigungsfreien Bauvorhaben muss der Antrag innerhalb von vier Jahren nach Zulassung der Abweichung oder Befreiung gestellt werden. Im Übrigen ist der Antrag während der Gültigkeitsdauer des Genehmigungs- oder des Vorbescheids zu stellen.	
	3.11	Die für einen Vorbescheid nach Art. 9 Abs. 1 Satz 4 BayAbgrG oder eine Teilabgrabungsgenehmigung festgesetzte Gebühr kann auf die Gebühr nach der Tarif-Stelle 1.50 bis zur Hälfte angerechnet werden.	
	3.12	Wird eine bereits genehmigte Abgrabung endgültig nicht ausgeführt, wird die festgesetzte Gebühr in den Fällen der Tarif-Stellen 1.50, 1.52 und 1.53 auf Antrag bis auf	

Tarif-Nr.		Gegenstand	Gebühr
Lfd. Nr.	Tarif-Stelle		Euro
		die Hälfte, jedoch höchstens auf 20 € herabgesetzt, wenn der Genehmigungsbescheid und der Abgrabungsplan der Genehmigungsbehörde ausgehändigt werden. Der Antrag muss während der Gültigkeit des Bescheids gestellt werden.	
	4	**Erhöhungen:**	
	4.1	Wenn eine **UVP** durchzuführen ist, erhöht sich die Gebühr nach Tarif-Stelle 1, soweit nicht die Tarif-Stelle 1.50.3 Anwendung findet, um 500 bis 3.000 €.	
	4.2	Entfällt aufgrund einer baurechtlichen Genehmigung die wasserrechtliche Genehmigung nach Art. 20 Abs. 5 Satz 1 BayWG, erhöht sich die – gegebenenfalls nach den Tarif-Stellen 3.1 bis 3.4 ermäßigte – Gebühr um den Betrag, der für die sonst erforderliche Genehmigung nach diesem Kostenverzeichnis oder nach Art. 6 Abs. 1 Satz 2 oder 3 KG als Gebühr zu erheben wäre, wenn sie gesondert ausgesprochen würde.	
	4.3	Führt die fachkundige Stelle der Genehmigungsbehörde im Rahmen der Erteilung einer baurechtlichen Genehmigung wasserwirtschaftliche Prüfungen als Sachverständige durch, erhöht sich die – gegebenenfalls nach den Tarif-Stellen 3.1 bis 3.4 ermäßigte – Gebühr um den Betrag, der der Gebühr nach § 2 UGebO entspricht.	
	4.4	Führt die Genehmigungsbehörde im Rahmen der Erteilung einer baurechtlichen Genehmigung Prüfungen durch das eigene Gesundheits- oder Veterinäramt als Sachverständigen durch, erhöht sich die – gegebenenfalls nach den Tarif-Stellen 3.1 bis 3.4 ermäßigte – Gebühr nach Tarif-Stelle 1.24, 1.25, 1.35, 1.41 und 1.42 um 10 v.H.	
	4.5	Entfällt aufgrund einer baurechtlichen Genehmigung eine naturschutzrechtliche Gestattung, erhöht sich die – gegebenenfalls nach den Tarif-Stellen 3.1 bis 3.4 ermäßigte – Gebühr um den Betrag, der für die sonst erforderliche Gestattung nach diesem Kostenverzeichnis oder nach Art. 6 Abs. 1 Satz 2 oder Satz 3 KG als Gebühr zu erheben wäre, wenn sie gesondert ausgesprochen würde.	
	5	**Auslagen:**	
		Neben den Gebühren werden Auslagen für Entgelte für Telekommunikationsdienstleistungen sowie Auslagen im Sinn des Art. 10 Abs. 1 Nr. 4 KG nicht erhoben. Bei Gebührenfreiheit werden alle Auslagen nach Art. 10 KG erhoben.	

Nr. 39 *(nicht belegt)*

G. *Berufsrecht*

40. Gesetz über die Bayerische Architektenkammer und die Bayerische Ingenieurekammer-Bau (Baukammerngesetz – BauKaG)[1)]

Vom 9. Mai 2007

(GVBl. S. 308)

BayRS 2133-1-B

zuletzt geänd. durch § 2 G zur Änderung des Bayerischen Berufsqualifikationsfeststellungsgesetzes und weiterer Rechtsvorschriften v. 23.12.2020 (GVBl. S. 678)

Der Landtag des Freistaates Bayern hat das folgende Gesetz beschlossen, das hiermit bekannt gemacht wird:

Nichtamtliche Inhaltsübersicht[2)]

---

1) Überschrift geänd. (Fußnote aufgeh.) mWv 1.8.2009 durch G v. 27.7.2009 (GVBl. S. 385).

2) Amtl. Inhaltsübersicht aufgeh. mWv 1.8.2020 durch G v. 24.7.2020 (GVBl. S 370).

Erster Teil. Geschützte Berufsbezeichnungen, Berufsaufgaben

Art. 1[1)] Geschützte Berufsbezeichnungen. (1) Die Berufsbezeichnungen „Architektin" und „Architekt", „Innenarchitektin" und „Innenarchitekt" sowie „Landschaftsarchitektin" und „Landschaftsarchitekt" darf nur führen, wer unter dieser Bezeichnung in die Architektenliste oder eine entsprechende Liste eines anderen Landes eingetragen oder wer zur Führung der Berufsbezeichnung nach Art. 2 berechtigt ist.

(2) Die Berufsbezeichnungen „Beratende Ingenieurin" und „Beratender Ingenieur" darf nur führen, wer unter dieser Bezeichnung in die Liste Beratender Ingenieure oder eine entsprechende Liste eines anderen Landes eingetragen oder wer zur Führung der Berufsbezeichnung nach Art. 2 berechtigt ist.

(3) Die Berufsbezeichnungen „Stadtplanerin" und „Stadtplaner" darf nur führen, wer in die Stadtplanerliste oder eine entsprechende Liste eines anderen Landes eingetragen oder zur Führung der Berufsbezeichnung nach Art. 2 berechtigt ist.

(4) Wortverbindungen mit den Berufsbezeichnungen nach Abs. 1 bis 3 oder ähnliche Bezeichnungen darf nur verwenden, wer die entsprechende Berufsbezeichnung zu führen befugt ist.

(5) Das Recht zum Führen akademischer Grade wird nicht berührt.

Art. 2[2)] Auswärtige Dienstleister. (1) [1]Personen, die im Ausland niedergelassen sind oder ihren Beruf überwiegend dort ausüben und die sich zu einer vorübergehenden und gelegentlichen Dienstleistungserbringung gemäß Art. 3 nach Bayern begeben (auswärtige Dienstleister), müssen das erstmalige Tätigwerden der nach den Art. 4 bis 6 zuständigen Kammer vorher schriftlich anzeigen. [2]Die Kammer trägt sie in gesonderte Verzeichnisse ein und erteilt hierüber eine fünf Jahre gültige Bestätigung, die auf Antrag um jeweils höchstens fünf Jahre verlängert wird. [3]Auswärtige Dienstleister haben die jeweiligen Berufspflichten zu beachten und sind hierfür wie Mitglieder der jeweiligen Kammer zu behandeln. [4]Die Sätze 1 und 2 gelten nicht für Personen, die über eine Satz 2 entsprechende Bestätigung einer anderen deutschen Architekten- oder Ingenieurekammer verfügen.

[1)] Art. 1 Abs. 1–3 geänd., Abs. 6 angef. mWv 1.8.2017 durch G v. 12.7.2017 (GVBl. S. 356); Abs. 6 aufgeh. mWv 1.1.2021 durch G v. 23.12.2020 (GVBl. S. 678).

[2)] Art. 2 neu gef. mWv 1.8.2017 durch G v. 12.7.2017 (GVBl. S. 356); Abs. 2 Satz 1 Nr. 1 Buchst. a, Satz 2 geänd. mWv 1.1.2021 durch G v. 23.12.2020 (GVBl. S. 678).

(2) [1] Auswärtige Dienstleister dürfen die Berufsbezeichnung oder eine Wortverbindung nach Art. 1 ohne Eintragung in die jeweilige Liste nach den Art. 4 bis 6 nur führen, wenn

1. sie hinsichtlich der Berufsbezeichnungen
   a) nach Art. 1 Abs. 1 die Voraussetzungen des Art. 4 Abs. 2 Nr. 2 und 3 oder des Art. 31 Abs. 1,
   b) nach Art. 1 Abs. 2 die Voraussetzungen des Art. 5 Abs. 2 Satz 1 Nr. 2 bis 4 oder
   c) nach Art. 1 Abs. 3 die Voraussetzungen des Art. 6 Abs. 2 Nr. 2 und 3

   erfüllen und
2. eine deutsche Architekten- oder Ingenieurekammer ihnen dies bestätigt hat.

[2] Satz 1 Nr. 2 gilt nicht für auswärtige Dienstleister, die die Voraussetzungen des Art. 31 Abs. 1 erfüllen.

(3) Das Führen der Berufsbezeichnung kann in entsprechender Anwendung des Art. 7 untersagt werden.

(4) [1] Das Recht nach Art. 7 Abs. 3 der Richtlinie 2005/36/EG, die Berufsbezeichnung des Niederlassungsstaats zu führen, bleibt unberührt. [2] Die Berufsbezeichnung ist so zu führen, dass keine Verwechslung mit Berufsbezeichnungen nach Art. 1 möglich ist.

Art. 3[1)] Berufsaufgaben. (1) Berufsaufgaben der Architektin und des Architekten sind insbesondere die gestaltende, technische, wirtschaftliche, umweltgerechte und soziale Planung von Bauwerken unter besonderer Beachtung der die Sicherheit der Nutzer und der Öffentlichkeit betreffenden Gesichtspunkte sowie die Orts- und Stadtplanung innerhalb ihrer oder seiner Fachrichtung.

(2) Berufsaufgaben der Innenarchitektin und des Innenarchitekten sind insbesondere die gestaltende, technische, wirtschaftliche, umweltgerechte und soziale Planung von Innenräumen und der damit verbundenen baulichen Änderung von Gebäuden.

(3) Berufsaufgaben der Landschaftsarchitektin und des Landschaftsarchitekten sind insbesondere die gestaltende, technische, wirtschaftliche, umweltgerechte und soziale Planung von Landschaft, Freianlagen und Gärten sowie die Orts- und Stadtplanung innerhalb ihrer oder seiner Fachrichtung.

(4) Berufsaufgaben der Stadtplanerin und des Stadtplaners sind insbesondere die gestaltende, technische, wirtschaftliche, umweltgerechte und soziale Stadt- und Raumplanung sowie die Erarbeitung städtebaulicher Pläne.

(5) [1] Berufsaufgaben der Beratenden Ingenieurin und des Beratenden Ingenieurs sind insbesondere die eigenverantwortliche und unabhängige Beratung und Planung auf dem Gebiet des Ingenieurwesens. [2] Eigenverantwortlich ist, wer

1. seine berufliche Tätigkeit als alleinige Inhaberin oder alleiniger Inhaber eines Büros selbständig auf eigene Rechnung und Verantwortung ausübt oder
2. sich mit anderen zusammengeschlossen hat und innerhalb dieses Zusammenschlusses eine Rechtsstellung besitzt, kraft derer sie oder er ihre oder seine Berufsaufgaben nach Satz 1 unbeeinflusst ausüben kann, oder

---

1) Art. 3 Abs. 1 geänd., Abs. 6 Satz 1 geänd., Satz 2 angef., Abs. 7 angef. mWv 1.8.2017 durch G v. 12.7.2017 (GVBl. S. 356).

3. als leitende Angestellte oder leitender Angestellter in einem unabhängigen Ingenieurunternehmen nach Satz 3 im Wesentlichen selbständig Aufgaben nach Satz 1 wahrnimmt, die ihr oder ihm regelmäßig wegen ihrer Bedeutung übertragen werden, oder
4. als Hochschullehrerin oder Hochschullehrer in selbständiger Beratung tätig ist.

[3] Unabhängig ist, wer bei der Ausübung seiner Berufstätigkeit weder eigene Produktions-, Handels- oder Lieferinteressen hat noch fremde Interessen dieser Art vertritt, die unmittelbar oder mittelbar im Zusammenhang mit der beruflichen Tätigkeit stehen.

(6) [1] Zu den Berufsaufgaben nach Abs. 1 bis 5 gehören auch die Beratung, Betreuung und Vertretung des Auftraggebers, Arbeitgebers oder Dienstherrn in den mit der Planung, Ausführung und Steuerung des Vorhabens zusammenhängenden Angelegenheiten sowie die Überwachung der Ausführung und die Projektentwicklung. [2] Zu den Berufsaufgaben können auch Sachverständigen-, Lehr-, Forschungsund Entwicklungstätigkeiten sowie sonstige Dienstleistungen bei der Vorbereitung und Steuerung von Planungs- und Baumaßnahmen, bei der Nutzung von Bauwerken sowie die Wahrnehmung der damit verbundenen sicherheits- und gesundheitstechnischen Belange gehören.

(7) [1] Kennzeichen der beruflichen Tätigkeit der in den Abs. 1 bis 5 genannten Personen ist die geistig-schöpferische Bewältigung der Berufsaufgaben unter Berücksichtigung ihrer Vielschichtigkeit insbesondere auch im Hinblick auf technisch-funktionale, sozioökonomische, baukulturelle, rechtliche und ökologische Belange. [2] Die Tätigkeit berücksichtigt die Bedürfnisse der Auftraggeber und des Gemeinwesens und achtet dabei das architektonische Erbe sowie die natürlichen Lebensgrundlagen.

Zweiter Teil. Architektenliste, Liste Beratender Ingenieure, Stadtplanerliste

Art. 4[1)] Architektenliste, Eintragung. (1) [1] Die Architektenliste wird von der Architektenkammer geführt. [2] Aus der Architektenliste muss neben der Fachrichtung der oder des Eingetragenen die Tätigkeitsart – freiberuflich, angestellt, beamtet oder in der Bauwirtschaft tätig – ersichtlich sein.

(2) In die Architektenliste ist auf Antrag einzutragen, wer

1. Wohnsitz, Niederlassung oder überwiegende berufliche Beschäftigung in Bayern hat,
2. ein Studium an einer deutschen Hochschule, an einer deutschen öffentlichen oder staatlich anerkannten Ingenieurschule oder Akademie oder an einer dieser gleichwertigen deutschen Lehreinrichtung erfolgreich abgeschlossen hat, das

---

[1)] Art. 4 Abs. 9 angef. mWv 1.8.2009 durch G v. 27.7.2009 (GVBl. S. 385); Abs. 9 aufgeh. mWv 1.1.2010 durch G v. 22.12.2009 (GVBl. S. 630); Abs. 4 Satz 2 geänd. mWv 1.1.2013 durch G v. 11.12.2012 (GVBl. S. 633); Abs. 4 Sätze 2 und 3, Abs. 5 Satz 2, Abs. 6 Satz 5, Abs. 7 und 8 geänd. mWv 1.8.2015 durch G v. 24.7.2015 (GVBl. S. 296); Abs. 1 Satz 2 geänd., Abs. 2–6 und 8 neu gef. mWv 1.8.2017 durch G v. 12.7.2017 (GVBl. S. 356); Abs. 3–6 aufgeh., Abs. 7 und 8 werden Abs. 3 und 4 mWv 1.1.2021 durch G v. 23.12.2020 (GVBl. S. 678).

a) den Anforderungen von Art. 46 Abs. 2 der Richtlinie 2005/36/EG entspricht und auf Architektur im Sinn von Art. 3 Abs. 1 ausgerichtet ist, eine Regelstudienzeit von mindestens acht Semestern in Vollzeit aufweist und mit dem bei Anwendung des ECTS-Systems mindestens 240 Punkte erworben werden können,

b) auf Innenarchitektur im Sinn des Art. 3 Abs. 2 ausgerichtet ist, eine Regelstudienzeit von mindestens sechs Semestern in Vollzeit aufweist und mit dem bei Anwendung des ECTS-Systems mindestens 180 Punkte erworben werden können oder

c) auf Landschaftsarchitektur im Sinn des Art. 3 Abs. 3 ausgerichtet ist, eine Regelstudienzeit von mindestens sechs Semestern in Vollzeit aufweist und mit dem bei Anwendung des ECTS-Systems mindestens 180 Punkte erworben werden können,

und

3. eine nachfolgende praktische Tätigkeit in der betreffenden Fachrichtung von mindestens zwei Jahren ausgeübt hat, die auf den während des Studiums erworbenen Kenntnissen, Fähigkeiten und Kompetenzen aufbaut. In der Fachrichtung Architektur muss die praktische Tätigkeit unter Beaufsichtigung einer berufsangehörigen Person oder der Architektenkammer absolviert werden (Berufspraktikum). Ein im Ausland absolviertes Berufspraktikum wird von der Architektenkammer anerkannt, soweit es den Vorgaben nach Art. 18 Abs. 2 Nr. 9 entspricht.

(3) Eine Bewerberin oder ein Bewerber, die oder der in die Liste der jeweiligen Fachrichtung bei der Architektenkammer eines anderen Landes eingetragen ist, ist auf Antrag ohne Prüfung der Befähigung nach Abs. 2 in die Liste ihrer oder seiner Fachrichtung einzutragen.

(4) Ist die Eintragung in einem anderen Land nur gelöscht worden, weil die Wohnung oder berufliche Niederlassung in diesem Land aufgegeben worden ist, ist eine antragstellende Person innerhalb eines Jahres nach Löschung aus der Liste ohne Prüfung der Befähigung nach Abs. 2 in die Liste ihrer Fachrichtung einzutragen.

Art. 5[1)] Liste Beratender Ingenieure, Eintragung. (1) [1]Die Liste Beratender Ingenieure wird von der Ingenieurekammer-Bau geführt. [2]Aus der Liste muss die Zugehörigkeit der oder des Eingetragenen zu den im Bauwesen tätigen oder den sonstigen Beratenden Ingenieurinnen oder Ingenieuren nach Art. 12 Abs. 5 Satz 1 Nr. 2 Buchst. a ersichtlich sein. [3]Im Bauwesen tätig ist eine Ingenieurin oder ein Ingenieur insbesondere, wenn sie oder er in einer oder mehreren Fachrichtungen des Bauingenieur-, Vermessungs-, Wasserwirtschafts- oder Verkehrswesens, der Ingenieurgeologie, der Bauphysik, der Energie-, Heizungs-, Klima-, Ver- und Entsorgungs-, Telekommunikations-, Elektro- und Lichttechnik, der Förder- und Lagertechnik oder der Arbeitssicherheit an baulichen Anlagen tätig ist.

(2) [1]In die Liste Beratender Ingenieure ist auf Antrag einzutragen, wer

---

[1)] Art. 5 Abs. 2 Satz 3 geänd. mWv 1.8.2009 durch G v. 27.7.2009 (GVBl. S. 385); Abs. 2 Satz 3 geänd. mWv 1.1.2010 durch G v. 22.12.2009 (GVBl. S. 630); Abs. 2 Satz 1 Nr. 2 neu gef., Nr. 3 geänd., Satz 3 eingef., bish. Satz 3 wird Satz 4 und geänd. mWv 1.8.2017 durch G v. 12.7.2017 (GVBl. S. 356); Abs. 2 Satz 4 geänd. mWv 1.1.2021 durch G v. 23.12.2020 (GVBl. S. 678).

1. Wohnsitz, Niederlassung oder überwiegende berufliche Beschäftigung in Bayern hat,
2. nach den Vorschriften des Bayerischen Ingenieurgesetzes (BayIngG) berechtigt ist, die Berufsbezeichnung „Ingenieurin" oder „Ingenieur" zu führen,
3. seit dem Zeitpunkt des Erwerbs der Berechtigung nach Nr. 2 eine nachfolgende entsprechende praktische Tätigkeit von mindestens drei Jahren ausgeübt hat, die auf den während des Studiums nach Art. 2 Abs. 1 Nr. 1 BayIngG erworbenen Kenntnissen, Fähigkeiten und Kompetenzen aufbaut, und
4. seinen Beruf eigenverantwortlich und unabhängig ausübt.

[2] Auf die Zeit der praktischen Tätigkeit sind berufsfördernde Fort- und Weiterbildungsveranstaltungen der Ingenieurekammer-Bau im Aufgabenbereich der technischen und wirtschaftlichen Planung und des Baurechts sowie ein Jahr eines einschlägigen abgeschlossenen Master-Ingenieurstudiengangs anzurechnen. [3] Art. 4 Abs. 1 und 2 BayIngG gilt entsprechend. [4] Art. 4 Abs. 3 und 4 gilt entsprechend.

Art. 6[1)] Stadtplanerliste, Eintragung. (1) [1] Von der Architektenkammer wird eine Stadtplanerliste geführt. [2] Aus der Stadtplanerliste muss die Tätigkeitsart – freiberuflich, angestellt, beamtet oder in der Bauwirtschaft tätig – ersichtlich sein.

(2) In die Stadtplanerliste ist auf Antrag einzutragen, wer

1. Wohnsitz, Niederlassung oder überwiegende berufliche Beschäftigung in Bayern hat,
2. ein Studium an einer deutschen Hochschule, an einer deutschen öffentlichen oder staatlich anerkannten Ingenieurschule oder Akademie oder an einer dieser gleichwertigen deutschen Lehreinrichtung erfolgreich abgeschlossen hat, das auf Stadtplanung im Sinn von Art. 3 Abs. 4 ausgerichtet ist, eine Regelstudienzeit von mindestens sechs Semestern in Vollzeit aufweist und mit dem bei Anwendung des ECTS-Systems mindestens 180 Punkte erworben werden können, und
3. danach eine mindestens zweijährige praktische Tätigkeit ausgeübt hat, die auf den während des Studiums erworbenen Kenntnissen, Fähigkeiten und Kompetenzen aufbaut.

(3) Art. 4 Abs. 3 und 4 gilt entsprechend.

Art. 7[2)] Versagung und Löschung der Eintragung. (1) Die Eintragung in die Architektenliste, die Stadtplanerliste, die Liste Beratender Ingenieure oder das Verzeichnis nach Art. 2 Abs. 1 Satz 2 ist zu versagen, wenn Tatsachen vorliegen, aus denen sich ergibt, dass die Bewerberin oder der Bewerber nicht die für den jeweiligen Beruf erforderliche Zuverlässigkeit besitzt.

(2) [1] Die Eintragung ist zu löschen, wenn

1. die eingetragene Person dies schriftlich beantragt,

[1)] Bish. Art. 7 wird Art. 6, Abs. 3 neu gef. mWv 1.8.2015 durch G v. 24.7.2015 (GVBl. S. 296); Abs. 1 Satz 2 und 3 geänd., Abs. 2 neu gef. mWv 1.8.2017 durch G v. 12.7.2017 (GVBl. S. 356); Abs. 3 geänd. mWv 1.1.2021 durch G v. 23.12.2020 (GVBl. S. 678).

[2)] Bish. Art 6 wird Art. 7, Abs. 1 neu gef. mWv 1.8.2015 durch G v. 24.7.2015 (GVBl. S. 296); Abs. 1 geänd. mWv 1.8.2017 durch G v. 12.7.2017 (GVBl. S. 356).

2. die eingetragene Person verstorben ist,
3. in einem berufsgerichtlichen Verfahren rechtskräftig auf Löschung der Eintragung erkannt worden ist oder
4. die eingetragene Person ihren Wohnsitz, ihre Niederlassung oder ihre überwiegende berufliche Beschäftigung in Bayern dauerhaft aufgibt.

[2]Die Vorschriften des Bayerischen Verwaltungsverfahrensgesetzes über die Rücknahme und den Widerruf eines Verwaltungsaktes bleiben unberührt.

Dritter Teil. Gesellschaften

Art. 8[1)] Kapitalgesellschaften, Gesellschaftsverzeichnisse. (1) [1]Die Berufsbezeichnungen nach Art. 1 dürfen im Namen einer Kapitalgesellschaft nur geführt werden, wenn die Gesellschaft

1. im Fall des Art. 1 Abs. 1 oder Abs. 3 in das von der Architektenkammer geführte Gesellschaftsverzeichnis,
2. im Fall des Art. 1 Abs. 2 in das von der Ingenieurekammer-Bau geführte Gesellschaftsverzeichnis

eingetragen oder als auswärtige Gesellschaft hierzu berechtigt ist. [2]Art. 1 Abs. 4 gilt jeweils entsprechend. [3]Der Eintragung in das jeweilige Gesellschaftsverzeichnis steht die Eintragung in ein entsprechendes Gesellschaftsverzeichnis einer anderen deutschen Architekten- oder Ingenieurekammer gleich, wenn die Gesellschaft in Bayern weder Sitz noch Niederlassung hat.

(2) Aus dem Gesellschaftsverzeichnis müssen Firma, Sitz der Gesellschaft, Geschäftsgegenstand, Geschäftsführer und die Gesellschafter mit den für die Eintragung in die Architektenliste, in die Stadtplanerliste oder die Liste Beratender Ingenieure maßgeblichen Angaben ersichtlich sein.

(3) [1]Eine Gesellschaft ist auf Antrag in das jeweilige Gesellschaftsverzeichnis einzutragen, wenn sie

1. ihren Sitz oder ihre Niederlassung in Bayern hat,
2. das Bestehen einer ausreichenden Berufshaftpflichtversicherung nachweist und
3. in dem Gesellschaftsvertrag oder der Satzung regelt, dass
   a) Gegenstand des Unternehmens die Wahrnehmung von Berufsaufgaben nach Art. 3 ist,
   b) die Mehrheit des Kapitals und der Stimmanteile in Händen von Mitgliedern der jeweiligen Kammer ist; die Berufszugehörigkeit der Gesellschafter, die mindestens ein Viertel des Kapitals oder der Stimmanteile innehaben, ist in geeigneter Weise kenntlich zu machen,
   c) die Gesellschaft verantwortlich von Mitgliedern der jeweiligen Kammer geführt wird,

---

[1)] Art. 8 Abs. 3 Satz 1 Nr. 3 Buchst. d und Abs. 4 Satz 1 Nr. 3 Buchst. d geänd. mWv 1.1.2013 durch G v. 11.12.2012 (GVBl. S. 633); Überschrift geänd., Abs. 1 Satz 1 neu gef., Satz 2 aufgeh., bish. Satz 3 wird Satz 2, bish. Satz 4 wird Satz 3 und geänd., Abs. 2 neu gef., Abs. 3 Satz 1 einl. Satzteil geänd., Nr. 3 einl. Satzteil neu gef., Buchst. a geänd., Buchst. b–d neu gef., Abs. 4 aufgeh., bish. Abs. 5 wird Abs. 4 und Satz 1 geänd., Satz 4 neu gef., bish. Abs. 6 wird Abs. 5 und Sätze 1 und 2 geänd., Satz 3 eingef., bish. Satz 3 wird Satz 4, Sätze 5 und 6 angef., Abs. 7 aufgeh. mWv 1.8.2015 durch G v. 24.7.2015 (GVBl. S. 296).

d) Kapitalanteile nicht für Rechnung Dritter gehalten und Stimmrechte nur auf Mitglieder der jeweiligen Kammer oder auf Gesellschaften, die gemäß Satz 2 Anteile an der Gesellschaft halten dürfen, übertragen werden dürfen,

e) bei einer Aktiengesellschaft und einer Kommanditgesellschaft auf Aktien die Aktien auf den Namen lauten,

f) die Übertragung von Gesellschafts- und Kapitalanteilen an die Zustimmung der Gesellschaft gebunden ist und

g) die für die Berufsangehörigen nach diesem Gesetz bestehenden Pflichten von der Gesellschaft beachtet werden.

[2]Abweichend von Satz 1 Nr. 3 Buchst. b dürfen Anteile auch von Gesellschaften gehalten werden, die die Voraussetzungen des Satzes 1 Nrn. 2 und 3 sinngemäß erfüllen.

(4) [1]Abweichend von Abs. 3 darf eine Gesellschaft Berufsbezeichnungen nach Art. 1 Abs. 1 in Verbindung mit Berufsbezeichnungen nach Art. 1 Abs. 2 führen, wenn beide Berufsgruppen zusammen mindestens zwei Drittel des Kapitals und der Stimmanteile innehaben und jede der im Namen der Gesellschaft genannten Berufsgruppen mindestens ein Viertel des Kapitals und der Stimmanteile hält. [2]Die Gesellschaft ist in diesem Fall in dem Gesellschaftsverzeichnis der Kammer einzutragen, deren Kammerangehörige innerhalb der Gesellschaft über das größere Gewicht des Kapitals und der Stimmanteile verfügen. [3]Bei gleichem Gewicht ist in das Gesellschaftsverzeichnis der Kammer einzutragen, die über den Schutz der Berufsbezeichnung wacht, die im Namen der Gesellschaft an vorderster Stelle steht. [4]Im Übrigen gilt Abs. 3 sinngemäß.

(5) [1]Die zur Deckung der sich aus der Tätigkeit der Gesellschaft ergebenden Haftpflichtgefahren erforderliche Berufshaftpflichtversicherung (Abs. 3 Satz 1 Nr. 2) ist für die Dauer der Eintragung in das jeweilige Gesellschaftsverzeichnis abzuschließen und für eine Nachhaftungszeit von mindestens fünf Jahren aufrecht zu erhalten. [2]Die Mindestversicherungssumme für jeden Versicherungsfall beträgt 2 500 000 € für Personenschäden und 600 000 € für sonstige Schäden. [3]Im Hinblick auf das ausschließliche Führen der Berufsbezeichnung nach Art. 1 Abs. 3 im Namen einer Gesellschaft genügt der Abschluss einer Berufshaftpflichtversicherung, die ausschließlich sonstige Schäden umfasst. [4]Die Leistungen des Versicherers für alle innerhalb eines Versicherungsjahres verursachten Schäden können auf den dreifachen Betrag der Mindestversicherungssumme begrenzt werden. [5]Zuständige Stelle im Sinn des § 117 Abs. 2 Satz 1 des Versicherungsvertragsgesetzes ist die jeweilige Kammer. [6]Diese erteilt Dritten zur Geltendmachung von Schadensersatzansprüchen auf Antrag Auskunft über den Namen, die Adresse und die Versicherungsnummer der Berufshaftpflichtversicherung der Gesellschaft, soweit diese kein überwiegendes schutzwürdiges Interesse an der Nichterteilung der Auskunft hat; dies gilt auch, wenn die Eintragung in das Gesellschaftsverzeichnis erloschen ist.

Art. 9[1)] Partnerschaftsgesellschaften, Haftungsbeschränkungen.

(1) Auf Partnerschaftsgesellschaften nach § 1 Abs. 1 des Partnerschaftsgesellschaftsgesetzes (PartGG) findet Art. 8 mit Ausnahme von Art. 8 Abs. 3 Satz 1 Nrn. 2, 3 Buchst. b bis f und Abs. 5 Anwendung.

---

1) Bish. Art. 10 wird Art. 9 und neu gef. mWv 1.8.2015 durch G v. 24.7.2015 (GVBl. S. 296).

(2) Wird für die Deckung der sich aus der Tätigkeit der Partnerschaftsgesellschaft ergebenden Haftpflichtgefahren eine Berufshaftpflichtversicherung entsprechend Art. 8 Abs. 3 Satz 1 Nr. 2 und Abs. 5 abgeschlossen, kann der Anspruch des Auftraggebers wegen fehlerhafter Berufsausübung auf Ersatz eines fahrlässig verursachten Schadens beschränkt werden

1. durch schriftliche Vereinbarung im Einzelfall bis zur Höhe der Mindestversicherungssumme und
2. durch vorformulierte Vertragsbedingungen für Fälle einfacher Fahrlässigkeit auf den dreifachen Betrag der Mindestversicherungssumme für Sach- und Vermögensschäden, wenn insoweit Versicherungsschutz besteht.

(3) [1]Die Berufshaftpflichtversicherung einer Partnerschaftsgesellschaft mit beschränkter Berufshaftung (§ 8 Abs. 4 PartGG) muss die Haftpflichtgefahren decken, die sich aus der Wahrnehmung der Aufgaben nach Art. 3 ergeben. [2]Art. 8 Abs. 5 Sätze 2, 3, 5 und 6 gelten entsprechend. [3]Die Leistungen des Versicherers für alle innerhalb eines Versicherungsjahres verursachten Schäden können auf den Betrag der Mindestversicherungssumme vervielfacht mit der Zahl der Partner begrenzt werden. [4]Die Höchstleistung für alle in einem Versicherungsjahr verursachten Schäden muss sich jedoch mindestens auf den dreifachen Betrag der Mindestversicherungssumme belaufen.

Art. 10[1)] Eintragung, Löschung. (1) Mit dem Antrag auf Eintragung in das Gesellschaftsverzeichnis ist eine öffentlich beglaubigte Abschrift des Gesellschaftsvertrags oder der Satzung vorzulegen und die Anmeldung zum Handels- oder Partnerschaftsregister nachzuweisen.

(2) Die für die Eintragung zuständige Stelle hat gegenüber dem Registergericht zu bescheinigen, dass die einzutragende Gesellschaft die Voraussetzungen nach Art. 8 Abs. 3 und 4 oder Art. 9 erfüllt.

(3) Die Eintragung in die Gesellschaftsverzeichnisse ist zu versagen, wenn in der Person eines der Geschäftsführer oder eines der Gesellschafter, die nach Art. 8 Abs. 3 Satz 1 Nr. 3 Buchst. b die Mehrheit des Kapitals und der Stimmanteile innehaben müssen, oder eines Partners ein Versagungsgrund nach Art. 7 Abs. 1 vorliegt.

(4) [1]Die Eintragung einer Gesellschaft in das Gesellschaftsverzeichnis bei einer Kammer ist zu löschen, wenn

1. die Gesellschaft nicht mehr besteht,
2. die Gesellschaft die Berufsbezeichnung nicht mehr führt,
3. die Eintragungsvoraussetzungen nicht mehr vorliegen oder
4. die Gesellschaft dies schriftlich beantragt.

[2]Die Vorschriften des Bayerischen Verwaltungsverfahrensgesetzes über die Rücknahme und den Widerruf eines Verwaltungsaktes bleiben unberührt.

(5) [1]In den Fällen des Abs. 4 Satz 1 Nr. 3 ist der Gesellschaft eine Frist von höchstens einem Jahr zu setzen, innerhalb derer die Eintragungsvoraussetzungen wieder erfüllt werden müssen. [2]Im Fall des Todes eines Gesellschafters soll die Frist mindestens ein Jahr, höchstens jedoch zwei Jahre betragen.

---

1) Bis. Art. 9 wird Art. 10 und Abs. 2 geänd., Abs. 3 und Abs. 4 Satz 2 neu gef. mWv 1.8.2015 durch G v. 24.7.2015 (GVBl. S. 296).

(6) Die in die Gesellschaftsverzeichnisse eingetragenen Gesellschaften sind verpflichtet, Änderungen des Gesellschaftsvertrags oder der Satzung, der Gesellschafter und Geschäftsführer sowie Änderungen im Handels- oder Partnerschaftsregister unverzüglich der jeweiligen Kammer durch Vorlage beglaubigter Kopien mitzuteilen.

Art. 11[1] Auswärtige Gesellschaften. (1) Gesellschaften, die in der Bundesrepublik Deutschland nicht in einem Gesellschaftsverzeichnis eingetragen sind (auswärtige Gesellschaften), dürfen in ihrer Firma oder ihrem Namen die in Art. 1 genannten Berufsbezeichnungen und Wortverbindungen nur führen, wenn sie nach dem Recht ihres Herkunftsstaates befugt sind, diese oder vergleichbare Berufsbezeichnungen zu führen.

(2) Die auswärtigen Gesellschaften mit einem Unternehmensgegenstand im Sinn von Art. 8 Abs. 3 Satz 1 Nr. 3 Buchst. a haben das erstmalige Erbringen von Leistungen der jeweiligen Kammer vorher anzuzeigen.

(3) Das Führen der Berufsbezeichnung ist einer auswärtigen Gesellschaft durch die zuständige Kammer zu untersagen, wenn die Gesellschaft auf Verlangen nicht nachweist, dass sie oder ihre Gesellschafter und gesetzlichen Vertreter die die Kammer betreffende Tätigkeit nach dem Recht des Herkunftsstaates der Gesellschaft rechtmäßig ausüben.

(4) Die auswärtigen Gesellschaften haben die Berufspflichten zu beachten.

Vierter Teil. Bayerische Architektenkammer, Bayerische Ingenieurekammer-Bau

Art. 12[2] Kammern, Mitgliedschaft. (1) [1]Die Bayerische Architektenkammer und die Bayerische Ingenieurekammer-Bau sind Körperschaften des öffentlichen Rechts mit Sitz in München. [2]Sie führen ein Dienstsiegel.

(2) [1]Die Kammern können Untergliederungen bilden. [2]Sie sind zuständige Stellen im Sinn der Richtlinie 2005/36/EG.

(3) [1]Der Architektenkammer gehören an

1. in die Architektenliste eingetragene Architektinnen und Architekten, Innen- und Landschaftsarchitektinnen, Innen- und Landschaftsarchitekten sowie
2. in die Stadtplanerliste eingetragene Stadtplanerinnen und Stadtplaner.

[2]Die Mitgliedschaft endet durch Löschen der Eintragung.

(4) [1]Der Ingenieurekammer-Bau gehören als Pflichtmitglieder alle im Bauwesen tätigen Ingenieurinnen und Ingenieure an, die in die Liste Beratender Ingenieure eingetragen sind. [2]Die Mitgliedschaft endet durch Löschen der Eintragung.

(5) [1]Der Ingenieurekammer-Bau kann freiwillig als Mitglied beitreten, wer

1. Wohnsitz, Niederlassung oder überwiegende berufliche Beschäftigung in Bayern hat und

---

[1] Art. 11 Abs. 2 neu gef., Abs. 3 Satz 2 aufgeh. mWv 1.8.2015 durch G v. 24.7.2015 (GVBl. S. 296).

[2] Art. 12 Abs. 3 und Abs. 4 Satz 2 neu gef., Abs. 5 Satz 3 geänd. mWv 1.8.2015 durch G v. 24.7.2015 (GVBl. S. 296); Abs. 2 Satz 2 angef., Abs. 5 Satz 1 Nr. 2 neu gef., Abs. 6 angef. mWv 1.8.2017 durch G v. 12.7.2017 (GVBl. S. 356); Abs. 6 geänd. mWv 1.5.2019 durch V v. 26.3.2019 (GVBl. S. 98).

2. a) in die Liste Beratender Ingenieure eingetragen ist, ohne im Bauwesen tätig zu sein, oder
   b) im Bauwesen tätig ist, ohne in die Liste Beratender Ingenieure eingetragen zu sein, und berechtigt ist, nach den Vorschriften des Bayerischen Ingenieurgesetzes die Berufsbezeichnung „Ingenieurin" oder „Ingenieur" zu führen.

[2] Über die Aufnahme freiwilliger Mitglieder entscheidet der Vorstand. [3] Art. 7 gilt entsprechend.

(6) Die Aufsicht über die Kammern und deren Eintragungsausschüsse führt das Staatsministerium für Wohnen, Bau und Verkehr nach den Vorschriften der Gemeindeordnung, soweit durch Gesetz oder Verordnung nichts anderes bestimmt ist.

Art. 13[1)] Aufgaben der Kammern. (1) [1] Aufgabe der Architektenkammer ist es, die Baukultur, die Baukunst, das Bauwesen, das barrierefreie Bauen, die Orts- und Stadtplanung sowie die Landschaftspflege zu fördern. [2] Aufgabe der Ingenieurekammer-Bau ist es, die Baukultur sowie die Wissenschaft und die Technik des Bauwesens zu fördern. [3] Aufgabe beider Kammern ist es,

1. die beruflichen Belange der Gesamtheit ihrer Mitglieder sowie das Ansehen des Berufsstandes zu wahren, die Mitglieder in Fragen der Berufsausübung zu beraten und die Erfüllung der beruflichen Pflichten zu überwachen,
2. die berufliche Ausbildung zu fördern und für die berufliche Fort- und Weiterbildung zu sorgen,
3. die nach diesem Gesetz und anderen Rechtsvorschriften vorgeschriebenen Listen und Verzeichnisse zu führen und die danach notwendigen Bescheinigungen zu erteilen,
4. bei der Regelung des Wettbewerbswesens mitzuwirken,
5. Behörden und Gerichte in allen die Berufsaufgaben betreffenden Fragen zu unterstützen,
6. auf die Beilegung von Streitigkeiten, die sich aus der Berufsausübung ergeben, hinzuwirken,
7. bei der Regelung des Sachverständigenwesens mitzuwirken,
8. die Berufsqualifikationen zu überprüfen und anzuerkennen sowie Ausgleichsmaßnahmen anzuordnen und zu bewerten und
9. die während der praktischen Tätigkeit sowie der begleitenden Fort- und Weiterbildungsmaßnahmen zu bearbeitenden Mindestaufgaben und Mindestinhalte festzulegen sowie Berufspraktika zu beaufsichtigen und zu bewerten.

(2) [1] Die Kammern können Fürsorgeeinrichtungen für ihre Mitglieder und deren Familien schaffen. [2] Für Mitglieder, deren Versorgung gesetzlich geregelt ist, darf die Teilnahme hieran nicht zwingend sein.

(3) [1] Die Kammern sind berechtigt, sich im Rahmen der Aufgaben nach Abs. 1 an Arbeitsgemeinschaften mit anderen Organisationen zu beteiligen. [2] Eine Aufgabenübertragung ist dabei jedoch nicht zulässig.

[1)] Art. 13 Abs. 1 Satz 1, Satz 3 Nr. 6 und 7 geänd., Nr. 8 und 9 angef. mWv 1.8.2017 durch G v. 12.7.2017 (GVBl. S. 356).

Art. 14 Organe der Kammern. (1) Organe der Kammern sind jeweils
1. die Vertreterversammlung und
2. der Vorstand.

(2) [1] Den Organen der Kammern dürfen nur Kammermitglieder angehören. [2] Die in die Organe berufenen Mitglieder sind zur Annahme und Ausübung ihres Amtes verpflichtet, soweit nicht ein wichtiger Grund entgegensteht.

(3) [1] Die Mitglieder der Organe sind ehrenamtlich tätig. [2] Sie haben Anspruch auf angemessene Entschädigung für Auslagen und Zeitaufwand.

(4) [1] Die Mitglieder der Organe und Einrichtungen der Kammern einschließlich deren Hilfskräfte und hinzugezogenen Sachverständigen sind zur Verschwiegenheit über alle Angelegenheiten verpflichtet, die ihnen im Zusammenhang mit ihrer Tätigkeit bekannt geworden sind. [2] Dies gilt nicht für Mitteilungen im amtlichen Verkehr und über Tatsachen, die offenkundig sind oder ihrer Bedeutung nach keiner Geheimhaltung bedürfen. [3] Die Pflicht zur Verschwiegenheit besteht nach der Beendigung der Tätigkeit der oder des Verpflichteten fort.

Art. 15[1)] Vertreterversammlungen. (1) [1] Die Mitglieder der Architektenkammer wählen in geheimer Wahl auf die Dauer von fünf Jahren 125 Vertreter und eine gleiche Zahl von Nachrückern; jede Fachrichtung (Art. 3 Abs. 1 bis 4) muss dabei durch mindestens zwei Mitglieder vertreten sein. [2] Die Mitglieder der Ingenieurekammer-Bau wählen in geheimer Wahl auf die Dauer von fünf Jahren 125 Vertreter, von denen mindestens 75 Pflichtmitglieder sein müssen, sowie eine gleiche Zahl von Nachrückern.

(2) Die Amtszeit der Mitglieder der Vertreterversammlung dauert bis zum Amtsantritt der neuen Mitglieder.

(3) Das Nähere regelt eine durch Satzung zu erlassende Wahlordnung.

Art. 16[2)] Aufgaben der Vertreterversammlungen. (1) Die Vertreterversammlungen sind insbesondere zuständig für
1. den Erlass von Satzungen,
2. die Abnahme der Jahresrechnung und die Wahl der Rechnungsprüfer,
3. die Wahl, Entlastung und Abberufung der Vorstandsmitglieder,
4. die Festsetzung der Entschädigungen für die Mitglieder der Organe, der Eintragungsausschüsse und der Ausschüsse,
5. die Bildung von Ausschüssen sowie die Wahl und Abwahl der Mitglieder dieser Ausschüsse und
6. die Bildung von Fürsorgeeinrichtungen.

(2) [1] Die Vertreterversammlungen sind beschlussfähig, wenn die Ladung ordnungsgemäß erfolgt und mehr als die Hälfte der Mitglieder anwesend ist. [2] Ist eine Angelegenheit wegen Beschlussunfähigkeit der Vertreterversammlung zurückgestellt worden und tritt die Vertreterversammlung zur Verhandlung über denselben Gegenstand zum zweiten Mal zusammen, so ist sie ohne Rücksicht auf die Zahl der Erschienenen beschlussfähig. [3] In der Ladung zu dieser Sitzung muss hierauf hingewiesen werden.

---

1) Art. 15 Abs. 1 Satz 1 Halbs. 2 geänd. mWv 1.8.2015 durch G v. 24.7.2015 (GVBl. S. 296).

2) Art. 16 Abs. 5 angef. mWv 11.11.2020 durch G v. 3.11.2020 (GVBl. S. 590).

(3) [1]Die Beschlüsse werden mit der Mehrheit der abgegebenen gültigen Stimmen gefasst. [2]Bei Stimmengleichheit ist der Antrag abgelehnt.

(4) Beschlüsse über Satzungen nach Art. 18 Abs. 2 Nrn. 1 bis 5 und zur vorzeitigen Abberufung eines Vorstandsmitglieds bedürfen der Mehrheit von zwei Dritteln der anwesenden Mitglieder der Vertreterversammlung, mindestens aber der Mehrheit der Mitglieder der Vertreterversammlung.

(5) [1]Abweichend von Abs. 2 und 4 sowie von auf Grundlage des Art. 18 erlassenen Satzungen kann der Vorstand die Vertreterversammlung ohne persönliche Anwesenheit der Mitglieder als Online-Format im Wege elektronischer Kommunikation durchführen. [2]Die Nichtöffentlichkeit, sichere Authentifizierung und die Möglichkeit zur ordnungsgemäßen Stimmabgabe durch alle geladenen Mitglieder sind sicherzustellen. [3]Die elektronische Teilnahme gilt als Anwesenheit im Sinne des Abs. 2 und 4.

Art. 17 Vorstände. (1) [1]Die Vorstände bestehen aus der Präsidentin oder dem Präsidenten, bis zu drei Stellvertretern (Vizepräsidentinnen oder Vizepräsidenten) und mindestens vier weiteren Mitgliedern. [2]Sie werden auf die Dauer von fünf Jahren von der Vertreterversammlung gewählt. [3]Art. 15 Abs. 2 gilt entsprechend. [4]Bei der Ingenieurekammer-Bau müssen die Präsidentin oder der Präsident, eine Vizepräsidentin oder ein Vizepräsident und mindestens drei weitere Mitglieder des Vorstands Pflichtmitglieder sein.

(2) Die Präsidentin oder der Präsident vertritt die Kammer gerichtlich und außergerichtlich.

(3) Der Vorstand führt die Geschäfte der Kammer.

(4) [1]Erklärungen, durch welche eine Kammer verpflichtet werden soll, bedürfen der Schriftform. [2]Sie sind von der Präsidentin oder vom Präsidenten zu unterzeichnen, soweit durch Satzung nichts anderes bestimmt ist.

Art. 18[1)] Satzungen. (1) Die Kammern können ihre Angelegenheiten durch Satzung regeln.

(2) Die Kammern haben durch Satzung Bestimmungen zu treffen über

1. die beruflichen Rechte und Pflichten ihrer Mitglieder (Berufsordnung),
2. die Wahl und die Zusammensetzung der Vorstände,
3. die Wahl, Einberufung und Geschäftsordnung der Vertreterversammlungen sowie deren Ausschüsse,
4. die Schlichtungsausschüsse,
5. die Beiträge und Gebühren,
6. die Bildung von Untergliederungen,
7. die Haushaltspläne,
8. das vor der vorübergehenden Erbringung von Dienstleistungen zu beachtende Verfahren,
9. die Inhalte der praktischen Tätigkeit im Sinn von Art. 4 Abs. 2 Nr. 3, Art. 5 Abs. 2 Satz 1 Nr. 3 und Art. 6 Abs. 2 Nr. 3 einschließlich erforderlicher

---

1) Art. 18 Abs. 3 Satz 1 eingef., bish. Wortlaut wird Satz 2 mWv 1.8.2009 durch G v. 27.7.2009 (GVBl. S. 385); Abs. 2 Nr. 6 und 7 geänd., Nr. 8–10 angef., Abs. 3 Satz 2 geänd. mWv 1.8.2017 durch G v. 12.7.2017 (GVBl. S. 356); Abs. 4 angef. mWv 1.8.2020 durch G v. 24.7.2020 (GVBl. S. 370), vgl. hierzu Art. 34 Abs. 3; Abs. 2 Nr. 10 geänd. mWv 1.1.2021 durch G v. 23.12.2020 (GVBl. S. 678).

Fortbildungsmaßnahmen, deren Bewertung, sowie die Organisation, Anerkennung und Überwachung von im Ausland erbrachten Teilen des Berufspraktikums und

10. das Nähere zu den Ausgleichsmaßnahmen nach Art. 11 des Bayerischen Berufsqualifikationsfeststellungsgesetzes (BayBQFG) sowie Art. 31 Abs. 3 und Art. 5 Abs. 2 Satz 3 einschließlich des Verfahrens.

(3) [1] Satzungen nach Abs. 2 bedürfen keiner Genehmigung. [2] Satzungen nach Abs. 2 Nr. 1 bis 5 und 8 bis 10 sind im Bayerischen Staatsanzeiger zu veröffentlichen.

(4) [1] Die Kammern sind verpflichtet, vor dem Erlass oder der Änderung einer Regelung, die die Titelführung im Sinn dieses Gesetzes beschränkt, eine Prüfung der Verhältnismäßigkeit nach den Vorgaben der Richtlinie (EU) 2018/958 vorzunehmen und in der Begründung der Regelung die Übereinstimmung mit dem Grundsatz der Verhältnismäßigkeit nach den Kriterien des Art. 7 der Richtlinie (EU) 2018/958 zu erläutern. [2] Mindestens zwei Wochen vor der Beschlussfassung durch die satzungsgebende Versammlung über die Regelung ist auf der Internetseite der Kammer ein Entwurf mit der Gelegenheit zur Stellungnahme zu veröffentlichen. [3] Nach dem Erlass der Regelung ist ihre Übereinstimmung mit dem Verhältnismäßigkeitsgrundsatz zu überwachen und bei einer Änderung der Umstände zu prüfen, ob die Regelung anzupassen ist.

Art. 19[1)] Finanzwesen. (1) [1] Der Finanzbedarf der Kammern wird, soweit er nicht anderweitig gedeckt werden kann, durch Beiträge der Mitglieder aufgebracht. [2] Die Beiträge können insbesondere für einzelne Mitgliedergruppen und nach der Höhe der Einnahmen aus der Berufstätigkeit unterschiedlich bemessen werden. [3] In die Stadtplanerliste eingetragene Stadtplanerinnen und Stadtplaner, die zum Zeitpunkt der Eintragung in die Stadtplanerliste bereits Mitglied einer anderen berufsständischen Kammer sind, sind in der Bayerischen Architektenkammer nicht beitragspflichtig, solange die Mitgliedschaft in der anderen Kammer fortbesteht.

(2) Für die Inanspruchnahme von Einrichtungen, für Amtshandlungen und sonstige Leistungen der Kammern sowie Amtshandlungen der Eintragungsausschüsse können die Kammern Gebühren und Auslagen erheben.

(3) [1] Die Kammern sind für die Vollstreckung ihrer Beitrags-, Gebühren- und Kostenforderungen Anordnungs- und Vollstreckungsbehörden im Sinn des Bayerischen Verwaltungszustellungs- und Vollstreckungsgesetzes. [2] Sie sind zur Anbringung der Vollstreckungsklausel befugt.

Art. 20[2)] Auskünfte. (1) [1] Jeder hat bei Darlegung eines berechtigten Interesses das Recht auf Auskunft aus den von den Kammern zu führenden Listen und Verzeichnissen über Namen, akademische Grade, Anschriften, Fachrichtung und Tätigkeitsart, falls vorhanden auch über Telefon- und Telefaxnummern sowie E-Mail-Adressen. [2] Die Angaben dürfen auch veröffentlicht oder zum Zweck der Veröffentlichung übermittelt werden, soweit der Betroffene nicht widerspricht.

[1)] Art. 19 Abs. 1 Satz 3 angef. mWv 1.8.2015 durch G v. 24.7.2015 (GVBl. S. 296).

[2)] Art. 20 Abs. 3 Sätze 1 und 2 geänd. mWv 1.8.2015 durch G v. 24.7.2015 (GVBl. S. 296); Abs. 2 aufgeh., bish. Abs. 3 wird Abs. 2 und Satz 2 geänd. mWv 1.8.2017 durch G v. 12.7.2017 (GVBl. S. 356).

(2) [1]Die Architektenkammer gibt der Bayerischen Architektenversorgung aus den von ihr geführten Listen die Eintragungen, Löschungen und sonstigen Veränderungen bekannt, die für die Mitgliedschaft der von der Eintragung Betroffenen bei der Bayerischen Architektenversorgung von Bedeutung sein können. [2]Die Lehreinrichtungen nach Art. 4 Abs. 2 Nr. 2 oder Art. 6 Abs. 2 Nr. 2 mit Sitz in Bayern geben der Bayerischen Architektenversorgung nach Abschluss der jeweiligen Prüfungen Namen, Vornamen und Anschriften derjenigen Personen bekannt, die sich erfolgreich einer Abschlussprüfung für die Berufsaufgaben nach Art. 3 Abs. 1 bis 4 unterzogen haben.

Art. 21[1)] Schlichtungsausschüsse. (1) [1]Zur gütlichen Beilegung von Streitigkeiten, die sich aus der Berufsausübung zwischen Kammermitgliedern oder zwischen diesen und Dritten ergeben, ist bei den Kammern je ein Schlichtungsausschuss zu bilden. [2]Die Mitglieder der Schlichtungsausschüsse werden vom Vorstand der jeweiligen Kammer für dessen Amtsdauer bestellt. [3]Sofern nach einer Neuwahl des Vorstands die Mitglieder des neuen Schlichtungsausschusses noch nicht bestellt worden sind, wird bis zur Bestellung der bisherige Schlichtungsausschuss tätig, soweit und solang dies erforderlich ist. [4]Die Mitglieder sind ehrenamtlich tätig.

(2) [1]Bei Streitigkeiten zwischen Mitgliedern einer Kammer hat der Schlichtungsausschuss auf Anrufung durch einen Beteiligten oder auf Anordnung des Vorstands dieser Kammer einen Schlichtungsversuch zu unternehmen. [2]Ist ein Dritter beteiligt, kann der Schlichtungsausschuss nur mit dessen Einverständnis tätig werden.

Fünfter Teil. Eintragungsausschüsse

Art. 22[2)] Errichtung, Zuständigkeit, Zusammensetzung. (1) [1]Bei den Kammern wird je ein Eintragungsausschuss gebildet. [2]Die Kosten eines Eintragungsausschusses trägt die jeweilige Kammer; ihr fließen die Gebühren und Auslagen zu.

(2) Die Eintragungsausschüsse sind zuständig für Entscheidungen oder die Entgegennahme von Anzeigen nach Art. 2, 4 bis 11 und 13 Abs. 1 Satz 3 Nr. 3, 8 und 9 sowie für die Erteilung von nach dem Recht der Europäischen Union erforderlichen Bescheinigungen und Auskünfte.

(3) [1]Die Eintragungsausschüsse bestehen jeweils aus der oder dem Vorsitzenden und der erforderlichen Zahl von Beisitzerinnen und Beisitzern. [2]Für die Vorsitzende oder den Vorsitzenden ist mindestens eine Vertretung zu bestellen. [3]Die oder der Vorsitzende sowie die Vertreterinnen und Vertreter müssen die Befähigung zum Richteramt nach dem Deutschen Richtergesetz haben. [4]Die Beisitzerinnen und Beisitzer müssen Mitglieder der jeweiligen Kammer sein; bei Entscheidungen über die Eintragung in die Liste Beratender Ingenieure und in das Verzeichnis der auswärtigen Beratenden Ingenieure müssen sie in die Liste Beratender Ingenieure bzw. bei Entscheidungen über die Eintragung in die Stadtplanerliste und in das Verzeichnis der auswärtigen Stadtplaner in die

---

1) Art. 21 Abs. 1 Sätze 2–4 angef. mWv 1.8.2009 durch G v. 27.7.2009 (GVBl. S. 385).

2) Art. 22 Abs. 4 neu gef. mWv 1.8.2009 durch G v. 27.7.2009 (GVBl. S. 385); Abs. 1 Satz 2 aufgeh., bish. Satz 3 wird Satz 2, Abs. 2 Satz 2 aufgeh., bish. Satz 1 geänd. mWv 1.8.2015 durch G v. 24.7.2015 (GVBl. S. 296); Abs. 2 geänd. mWv 1.8.2017 durch G v. 12.7.2017 (GVBl. S. 356).

Stadtplanerliste eingetragen sein. [5] Die Mitglieder der Eintragungsausschüsse dürfen weder dem Vorstand der jeweiligen Kammer angehören noch Bedienstete dieser Kammer oder der Aufsichtsbehörde sein.

(4) [1] Die Mitglieder der Eintragungsausschüsse werden vom Vorstand der jeweiligen Kammer für dessen Amtsdauer bestellt. [2] Sofern nach einer Neuwahl des Vorstands die Mitglieder des neuen Eintragungsausschusses noch nicht bestellt worden sind, wird bis zur Bestellung der bisherige Eintragungsausschuss tätig, soweit und solang dies erforderlich ist. [3] Die Mitglieder sind ehrenamtlich tätig.

Art. 23 Verfahren. (1) [1] Die Eintragungsausschüsse sind unabhängig und an Weisungen nicht gebunden. [2] Sie entscheiden nach ihrer freien, aus dem Gang des gesamten Verfahrens gewonnenen Überzeugung. [3] Die Sitzungen der Eintragungsausschüsse sind nicht öffentlich.

(2) [1] Die Eintragungsausschüsse sind fähig, am verwaltungsgerichtlichen Verfahren beteiligt zu werden. [2] Sie werden dabei durch die Vorsitzende oder den Vorsitzenden vertreten.

Sechster Teil. Berufspflichten, Berufsgerichtsbarkeit

Art. 24[1)] Berufspflichten. (1) [1] Die Mitglieder der Kammern sind verpflichtet, ihren Beruf gewissenhaft auszuüben, dem ihnen im Zusammenhang mit ihrem Berufsstand entgegen gebrachten Vertrauen zu entsprechen und alles zu unterlassen, was dem Ansehen ihres Berufsstandes schaden kann. [2] Sie sind insbesondere verpflichtet,

1. sich beruflich fortzubilden,
2. sich kollegial zu verhalten und unlauteren Wettbewerb zu unterlassen,
3. sich ausreichend gegen Haftpflichtansprüche zu versichern,
4. Dienstleistungsempfängern und den zuständigen Behörden Informationen und Kontaktdaten gemäß Art. 22, 27 und 28 Abs. 4 der Richtlinie 2006/123/EG des Europäischen Parlaments und des Rates vom 12. Dezember 2006 über die Dienstleistungen im Binnenmarkt (ABl L 376 S. 36) zur Verfügung zu stellen.

[3] Das Nähere regeln die Berufsordnungen.

(2) Ein außerhalb der Berufstätigkeit liegendes Verhalten ist eine Berufspflichtverletzung, wenn es nach den Umständen des Einzelfalls in besonderem Maß geeignet ist, Achtung und Vertrauen in einer für das Ansehen des Berufsstandes bedeutsamen Weise zu beeinträchtigen.

Art. 25 Rügerecht der Vorstände. (1) [1] Der Vorstand kann das Verhalten eines Kammermitglieds, durch das dieses ihm obliegende Berufspflichten verletzt hat, rügen, wenn die Schuld gering ist und ein Antrag auf Einleitung eines berufsgerichtlichen Verfahrens nicht erforderlich erscheint. [2] Kammermitglieder im öffentlichen Dienst unterliegen hinsichtlich ihrer dienstlichen Tätigkeit nicht dem Rügerecht.

---

1) Art. 24 Abs. 1 Satz 2 Nr. 3 geänd., Nr. 4 angef. mWv 1.8.2009 durch G v. 27.7.2009 (GVBl. S. 385).

(2) Das Rügerecht erlischt, sobald das berufsgerichtliche Verfahren gegen das Mitglied eingeleitet ist.

(3) Gegen den Bescheid kann das Mitglied binnen eines Monats nach Bekanntgabe die Einleitung eines berufsgerichtlichen Verfahrens beim zuständigen Gericht beantragen.

Art. 26[1)] Berufsgerichtsbarkeit. (1) [1]Mitglieder der Kammern oder in das Verzeichnis nach Art. 2 Abs. 1 Satz 2 eingetragene Personen, die schuldhaft gegen Berufspflichten verstoßen, haben sich im berufsgerichtlichen Verfahren zu verantworten. [2]Kammermitglieder im öffentlichen Dienst unterliegen hinsichtlich ihrer dienstlichen Tätigkeit nicht dem berufsgerichtlichen Verfahren.

(2) [1]Einen Antrag auf Einleitung eines berufsgerichtlichen Verfahrens gegen ein Mitglied können stellen

1. der Vorstand der jeweiligen Kammer oder
2. Mitglieder gegen sich selbst.

[2]Gegen in das Verzeichnis nach Art. 2 Abs. 1 Satz 2 eingetragene Personen, die Staatsangehörige eines Mitgliedstaates der Europäischen Union oder eines Vertragsstaates des Abkommens über den Europäischen Wirtschaftsraum sind, kann der Vorstand die Einleitung eines berufsgerichtlichen Verfahrens nur unter Einhaltung des Amtshilfeverfahrens nach Art. 35 der Richtlinie 2006/123/EG beantragen und nur, wenn der Niederlassungsmitgliedstaat keine bzw. unzureichende Maßnahmen ergriffen hat.

Art. 27[2)] Berufsgerichtliche Maßnahmen. (1) Im berufsgerichtlichen Verfahren kann erkannt werden auf

1. Verweis,
2. Geldbuße bis zu zwanzigtausend Euro,
3. Entziehung der Wählbarkeit zu Organen der jeweiligen Kammer für eine Dauer von bis zu fünf Jahren,
4. Entziehung der Mitgliedschaft in Organen der jeweiligen Kammer,
5. Löschung der Eintragung in der Architektenliste, Stadtplanerliste oder der Liste Beratender Ingenieure oder aus dem Verzeichnis nach Art. 2 Abs. 1 Satz 2 oder
6. Ausschluss aus der Ingenieurekammer-Bau bei freiwilligen Mitgliedern dieser Kammer.

(2) [1]Die Maßnahmen nach Abs. 1 Nrn. 2 bis 4 können nebeneinander verhängt werden. [2]Hat ein Gericht oder eine Behörde wegen desselben Verhaltens bereits eine Strafe, Geldbuße, Disziplinarmaßnahme oder ein Ordnungsmittel verhängt, so ist von einer Maßnahme nach Abs. 1 Nrn. 1 und 2 abzusehen, es sei denn, dass diese Maßnahme zusätzlich erforderlich ist, um das Mitglied zur Erfüllung seiner Berufspflichten anzuhalten und das Ansehen des Berufsstandes zu wahren. [3]Ist zu erwarten, dass in einem berufsgerichtlichen Verfahren auf

[1)] Art. 26 Abs. 1 Satz 1 geänd., Abs. 2 Satz 2 angef. mWv 1.8.2009 durch G v. 27.7.2009 (GVBl. S. 385); Abs. 1 Satz 1 und Abs. 2 Satz 2 geänd. mWv 1.8.2015 durch G v. 24.7.2015 (GVBl. S. 296); Abs. 1 Satz 1, Abs. 2 Satz 2 geänd. mWv 1.8.2017 durch G v. 12.7.2017 (GVBl. S. 356).

[2)] Art. 27 Abs. 1 Nr. 5 geänd. mWv 1.1.2013 durch G v. 11.12.2012 (GVBl. S. 633); Abs. 1 Nr. 5 und Abs. 2 Satz 3 geänd. mWv 1.8.2015 durch G v. 24.7.2015 (GVBl. S. 296); Abs. 1 Nr. 5 geänd. mWv 1.8.2017 durch G v. 12.7.2017 (GVBl. S. 356).

Löschung der Eintragung aus einer Liste nach Art. 1 Abs. 1 bis 3 erkannt wird, so kann das Berufsgericht auf Grund mündlicher Verhandlung die Führung der Berufsbezeichnung bis zur rechtskräftigen Entscheidung des berufsgerichtlichen Verfahrens vorläufig untersagen.

(3) [1] Die Verfolgung der Verletzung einer Berufspflicht verjährt in fünf Jahren. [2] Für den Beginn, die Unterbrechung und das Ruhen der Verjährung gelten die Vorschriften des Strafgesetzbuchs über die Verfolgungsverjährung entsprechend. [3] Verstößt die Tat auch gegen ein Strafgesetz, so verjährt die Verfolgung nicht, bevor die Strafverfolgung verjährt.

Art. 28[1)] **Berufsgerichte.** (1) Das berufsgerichtliche Verfahren wird von den Berufsgerichten als erster Instanz und von dem Landesberufsgericht als Rechtsmittelinstanz durchgeführt.

(2) [1] Die Berufsgerichte verhandeln und entscheiden in der Besetzung mit einer Berufsrichterin oder einem Berufsrichter als Vorsitzender oder Vorsitzendem und zwei Kammermitgliedern als ehrenamtlichen Richterinnen oder Richtern. [2] Das Landesberufsgericht verhandelt und entscheidet in der Besetzung mit drei Berufsrichterinnen oder Berufsrichtern einschließlich der oder des Vorsitzenden und zwei Kammermitgliedern als ehrenamtlichen Richterinnen oder Richtern. [3] Bei Verfahren gegen Mitglieder der Architektenkammer soll eine ehrenamtliche Richterin oder ein ehrenamtlicher Richter der Fachrichtung der oder des Beschuldigten angehören. [4] Bei Beschlüssen außerhalb der mündlichen Verhandlung wirken die ehrenamtlichen Richterinnen und Richter nicht mit.

(3) [1] Das Berufsgericht für die Regierungsbezirke Oberbayern, Niederbayern und Schwaben wird beim Landgericht München I, das Berufsgericht für die Regierungsbezirke Oberfranken, Mittelfranken, Unterfranken und Oberpfalz beim Landgericht Nürnberg-Fürth errichtet. [2] Das Landesberufsgericht wird beim Obersten Landesgericht errichtet; seine Aufgaben werden den Strafsenaten in Nürnberg übertragen.

(4) Die Aufgaben der Geschäftsstelle werden von der Geschäftsstelle des jeweiligen Gerichts wahrgenommen.

Art. 29[2)] **Bestellung der Richterinnen und Richter.** (1) Die Präsidentinnen oder Präsidenten des Obersten Landesgerichts und der Landgerichte München I und Nürnberg-Fürth bestellen für die Dauer von fünf Jahren jeweils für das bei ihrem Gericht errichtete Berufsgericht und Landesberufsgericht die Mitglieder und deren Vertreter sowie für jedes Berufsgericht eine Untersuchungsführerin oder einen Untersuchungsführer und deren oder dessen Vertreter.

(2) [1] Die ehrenamtlichen Richterinnen und Richter werden vom Vorstand der jeweiligen Kammer vorgeschlagen. [2] Der Vorschlag muss mindestens doppelt so viele Namen enthalten wie ehrenamtliche Richterinnen und Richter zu bestellen sind.

(3) [1] Bei jedem Gericht ist eine genügende Anzahl von ehrenamtlichen Richterinnen und Richtern zu bestellen. [2] Ehrenamtliche Richterin oder ehrenamtlicher Richter kann nicht sein, wer Mitglied eines Organs oder Bediens-

---

[1)] Art. 28 Abs. 3 Satz 2 geänd. mWv 1.2.2019 durch G v. 12.7.2018 (GVBl. S. 545).

[2)] Art. 29 Abs. 1 geänd. mWv 1.2.2019 durch G v. 12.7.2018 (GVBl. S. 545).

tete oder Bediensteter einer Kammer oder der Aufsichtsbehörde ist. [3] Die Vorsitzenden der Berufsgerichte und des Landesberufsgerichts bestimmen vor Beginn jedes Geschäftsjahres, in welcher Reihenfolge die ehrenamtlichen Richterinnen und Richter heranzuziehen sind.

Art. 30[1)] Anwendung des Heilberufe-Kammergesetzes und des Gerichtsverfassungsgesetzes. [1] Für die Berufsgerichtsbarkeit der Mitglieder der Kammern gelten im Übrigen die Vorschriften des Heilberufe-Kammergesetzes (HKaG) über Zuständigkeit und Verfahren, Wiederaufnahme des Verfahrens und Verfahrenskosten mit Ausnahme des Art. 88 Abs. 2 und 3 HKaG sinngemäß. [2] Die Vorschriften des Siebzehnten Titels des Gerichtsverfassungsgesetzes sind entsprechend anzuwenden.

Siebter Teil.[2)] Anerkennung von ausländischen Berufsqualifikationen

Art. 31[2)] Abweichungen vom Bayerischen Berufsqualifikationsfeststellungsgesetz. (1) In der Fachrichtung Architektur gelten als mit den Anforderungen des Art. 4 Abs. 2 Nr. 2 und 3 gleichwertig die nach den Art. 21, 46 und 47 der Richtlinie 2005/36/EG in Verbindung mit deren Anhang V Nr. 5.7.1 bekannt gemachten oder als entsprechend anerkannten Berufsqualifikationsnachweise sowie die Nachweise nach den Art. 23, 48 und 49 der Richtlinie 2005/36/EG in Verbindung mit deren Anhang VI.

(2) [1] Im Anwendungsbereich des Art. 10 Buchst. b, c, d und g der Richtlinie 2005/36/EG erfüllt die Voraussetzungen

1. nach Art. 4 Abs. 2 Nr. 2, wer einen gleichwertigen Studienabschluss an einer ausländischen Hochschule oder an einer sonstigen ausländischen Einrichtung nachweisen kann,
2. nach Art. 4 Abs. 2 Nr. 2 und 3, wer vorbehaltlich des Abs. 3
   a) über einen Berufsqualifikationsnachweis verfügt, der in einem anderen Mitglieds- oder Vertragsstaat im Sinn des Art. 5 Abs. 6 Satz 3 BayBQFG erforderlich ist, um dort die Erlaubnis zum Führen der Berufsbezeichnung zu erhalten, oder
   b) denselben Beruf in den vorhergehenden zehn Jahren ein Jahr lang in Vollzeit oder während einer entsprechenden Gesamtdauer in Teilzeit in einem anderen Mitglieds- oder Vertragsstaat, der diesen Beruf nicht reglementiert, ausgeübt hat und einen Befähigungs- oder Ausbildungsnachweis besitzt, der bescheinigt, dass die Inhaberin oder der Inhaber auf die Ausübung des betreffenden Berufs vorbereitet wurde.

[2] Für die Anerkennung nach Satz 1 Nr. 2 müssen die übrigen Anforderungen an die Befähigungs- oder Ausbildungsnachweise nach Art. 13 der Richtlinie 2005/36/EG erfüllt sein; dabei sind Ausbildungsgänge oder -nachweise im Sinn der Art. 3 Abs. 3 und Art. 12 der Richtlinie 2005/36/EG gleichgestellt. [3] Die Berufserfahrung gemäß Satz 1 Nr. 2 Buchst. b ist nicht erforderlich, wenn der Befähigungs- oder Ausbildungsnachweis gemäß Satz 1 Nr. 2 Buchst. b einen

---

1) Art. 30 Überschr. geänd., Satz 2 angef. mWv 1.1.2013 durch G v. 11.12.2012 (GVBl. S. 633); Satz 1 geänd. mWv 1.8.2017 durch G v. 12.7.2017 (GVBl. S. 356).

2) Siebter Teil (Art. 31) eingef. mWv 1.1.2021 durch G v. 23.12.2020 (GVBl. S. 678).

reglementierten Ausbildungsgang im Sinn des Art. 3 Abs. 1 Buchst. e der Richtlinie 2005/36/EG bestätigt.

(3) [1] Unterscheidet sich die Berufsqualifikation der antragstellenden Person im Sinn von Art. 14 Abs. 1 der Richtlinie 2005/36/EG wesentlich von den Eintragungsvoraussetzungen nach Art. 4 Abs. 2 Nr. 2 und 3, können wesentliche Abweichungen nach Art. 4 Abs. 2 Nr. 2 und 3 durch einen höchstens dreijährigen Anpassungslehrgang oder eine Eignungsprüfung ausgeglichen werden. [2] Entspricht der Ausbildungsnachweis dem Qualifikationsniveau des Art. 11 Buchst. a der Richtlinie 2005/36/EG, hat die antragstellende Person sowohl einen Anpassungslehrgang als auch eine Eignungsprüfung abzulegen. [3] In den Fällen von Art. 10 Buchst. c und Art. 11 Buchst. b der Richtlinie 2005/36/EG erfolgt die Überprüfung der Fähigkeiten der antragstellenden Person durch Eignungsprüfung. [4] Im Übrigen besteht das Wahlrecht nach Art. 11 Abs. 3 Satz 1 BayBQFG. [5] Die Architektenkammer bewertet abschließend das Ergebnis der Ausgleichsmaßnahme im Hinblick auf die Anerkennung der Berufsqualifikation.

(4) Für die Berufsbezeichnung Stadtplanerin und Stadtplaner gelten die Abs. 2 und 3 entsprechend.

Achter Teil. Ordnungswidrigkeiten, Rechtsverordnungen, Übergangs- und Schlussbestimmungen

Art. 32[1)] Ordnungswidrigkeiten. (1) Mit Geldbuße bis zu zwanzigtausend Euro kann belegt werden, wer entgegen Art. 1 Abs. 1 bis 4 oder entgegen Art. 8 Abs. 1 Sätze 1 und 2 Berufsbezeichnungen, Wortverbindungen oder ähnliche Bezeichnungen führt.

(2) [1] Geldbußen und Verwarnungsgelder fließen in die Kasse der jeweils zuständigen Kammer. [2] Diese trägt auch die notwendigen Auslagen abweichend von § 105 Abs. 2 des Gesetzes über Ordnungswidrigkeiten (OWiG) und ist ersatzpflichtig im Sinn des § 110 Abs. 4 OWiG.

Art. 33[2)] Rechtsverordnungen. Das Staatsministerium für Wohnen, Bau und Verkehr wird ermächtigt, durch Rechtsverordnung Vorschriften zu erlassen über

1. das Verfahren vor den Eintragungsausschüssen, insbesondere die vorzulegenden Unterlagen,
2. die Zusammensetzung der Eintragungsausschüsse,
3. ausbildungsbezogene Eintragungsvoraussetzungen im Sinn von Art. 4 Abs. 2 Nr. 2 und Art. 6 Abs. 2 Nr. 2 im Einvernehmen mit dem Staatsministerium für Wissenschaft und Kunst,
4. das Verfahren bei der Erfüllung der Aufgaben nach Art. 22 Abs. 2.

[1)] Art. 32 Abs. 1 und Abs. 2 Sätze 1 und 2 geänd. mWv 1.8.2015 durch G v. 24.7.2015 (GVBl. S. 296); Abs. 2 aufgeh., bish. Abs. 3 wird Abs. 2 mWv 1.8.2017 durch G v. 12.7.2017 (GVBl. S. 356).

[2)] Art. 33 neu gef. mWv 1.8.2017 durch G v. 12.7.2017 (GVBl. S. 356); einl. Satzteil und Nr. 3 geänd. mWv 1.5.2019 durch V v. 26.3.2019 (GVBl. S. 98).

Art. 34[1] Inkrafttreten, Außerkrafttreten. (1) Art. 33 tritt am 1. Juni 2007 in Kraft, im Übrigen tritt dieses Gesetz am 1. Juli 2007 in Kraft.

(2) Art. 33a tritt mit Ablauf des 31. Dezember 2020 außer Kraft.

(3) Art. 18 Abs. 4 tritt am 30. Juli 2020 in Kraft.

[1] Früherer Art. 34 aufgeh., bish. Art. 35 wird Art. 34 mWv 1.8.2009 durch G v. 27.7.2009 (GVBl. S. 385); Überschrift geänd., Satz 2 aufgeh., Abs. 2 und 3 angef. mWv 1.8.2015 durch G v. 24.7.2015 (GVBl. S. 296), Abs. 2 tritt am 1.11.2015 außer Kraft, vgl. Abs. 3 dieser V.; Überschrift geänd., Abs. 2 neu gef., Abs. 3 aufgeh. mWv 1.8.2017 durch G v. 12.7.2017 (GVBl. S. 356); Abs. 3 angef. mWv 1.8. 2020 durch G v. 24.7.2020 (GVBl. S. 370).

H. Denkmalschutz

41. Gesetz zum Schutz und zur Pflege der Denkmäler (Bayerisches Denkmalschutzgesetz – BayDSchG)[1)]

Vom 25. Juni 1973
(BayRS IV S. 354)

BayRS 2242-1-WK

zuletzt geänd. durch § 1 Abs. 255 V zur Anpassung des Landesrechts an die geltende Geschäftsverteilung v. 26.3.2019 (GVBl. S. 98)

Teil 1.[2)] Allgemeine Bestimmungen

Art. 1[3)] **Begriffsbestimmungen.** (1) Denkmäler sind von Menschen geschaffene Sachen oder Teile davon aus vergangener Zeit, deren Erhaltung wegen ihrer geschichtlichen, künstlerischen, städtebaulichen, wissenschaftlichen oder volkskundlichen Bedeutung im Interesse der Allgemeinheit liegt.

(2) [1]Baudenkmäler sind bauliche Anlagen oder Teile davon aus vergangener Zeit, soweit sie nicht unter Absatz 4 fallen, einschließlich dafür bestimmter historischer Ausstattungsstücke und mit der in Absatz 1 bezeichneten Bedeutung. [2]Auch bewegliche Sachen können historische Ausstattungsstücke sein, wenn sie integrale Bestandteile einer historischen Raumkonzeption oder einer ihr gleichzusetzenden historisch abgeschlossenen Neuausstattung oder Umgestaltung sind. [3]Gartenanlagen, die die Voraussetzungen des Absatzes 1 erfüllen, gelten als Baudenkmäler.

(3) Zu den Baudenkmälern kann auch eine Mehrheit von baulichen Anlagen (Ensemble) gehören, und zwar auch dann, wenn keine oder nur einzelne dazugehörige bauliche Anlagen die Voraussetzungen des Abs. 1 erfüllen, das Orts-, Platz- oder Straßenbild aber insgesamt erhaltenswürdig ist.

(4) Bodendenkmäler sind bewegliche und unbewegliche Denkmäler, die sich im Boden befinden oder befanden und in der Regel aus vor- oder frühgeschichtlicher Zeit stammen.

Art. 2 Denkmalliste. (1) [1]Die Baudenkmäler und die Bodendenkmäler sollen nachrichtlich in ein Verzeichnis (Denkmalliste) aufgenommen werden. [2]Die Eintragung erfolgt durch das Landesamt für Denkmalpflege von Amts wegen im Benehmen mit der Gemeinde. [3]Der Berechtigte und der zuständige Heimatpfleger können die Eintragung anregen. [4]Die Eintragung ist im Bebauungsplan kenntlich zu machen. [5]Die Liste kann von jedermann eingesehen werden.

[1)] Überschrift geänd. mWv 1.5.2017 durch G v. 4.4.2017 (GVBl. S. 70).

[2)] Überschrift neu gef. mWv 1.5.2017 durch G v. 4.4.2017 (GVBl. S. 70).

[3)] Art. 1 Abs. 2 Satz 2 eingef., bish. Satz 2 wird Satz 3 mWv 1.8.1994 durch G v. 23.7.1994 (GVBl. S. 622); Abs. 3 geänd. mWv 1.5.2017 durch G v. 4.4.2017 (GVBl. S. 70).

(2) Auf Antrag des Berechtigten und in besonders wichtigen Fällen können bewegliche Denkmäler, soweit sie nicht nach Absatz 1 eingetragen sind, in das Verzeichnis eingetragen werden.

Art. 3[1] **Gemeindliche Rücksichtnahme.** Die Gemeinden nehmen bei ihrer Tätigkeit, vor allem im Rahmen der Bauleitplanung, auf die Belange des Denkmalschutzes und der Denkmalpflege, insbesondere auf die Erhaltung von Ensembles, angemessen Rücksicht.

Teil 2.[2] Baudenkmäler

Art. 4 Erhaltung von Baudenkmälern. (1) [1]Die Eigentümer und die sonst dinglich Verfügungsberechtigten von Baudenkmälern haben ihre Baudenkmäler instandzuhalten, instandzusetzen, sachgemäß zu behandeln und vor Gefährdung zu schützen, soweit ihnen das zuzumuten ist. [2]Ist der Eigentümer oder der sonst dinglich Verfügungsberechtigte nicht der unmittelbare Besitzer, so gilt Satz 1 auch für den unmittelbaren Besitzer, soweit dieser die Möglichkeit hat, entsprechend zu verfahren.

(2) [1]Die in Absatz 1 genannten Personen können verpflichtet werden, bestimmte Erhaltungsmaßnahmen ganz oder zum Teil durchzuführen, soweit ihnen das insbesondere unter Berücksichtigung ihrer sonstigen Aufgaben und Verpflichtungen zumutbar ist; soweit sie die Maßnahmen nicht selbst durchzuführen haben, können sie zur Duldung der Maßnahmen verpflichtet werden. [2]Entscheidungen, durch die der Bund oder die Länder verpflichtet werden sollen, bedürfen der vorherigen Zustimmung der Obersten Denkmalschutzbehörde.

(3) [1]Macht der Zustand eines Baudenkmals Maßnahmen zu seiner Instandhaltung, Instandsetzung oder zu seinem Schutz erforderlich, ohne daß eine vollstreckbare Entscheidung nach Absatz 2 vorliegt, so kann die zuständige Denkmalschutzbehörde die Maßnahmen durchführen oder durchführen lassen. [2]Die dinglich und obligatorisch Berechtigten können zur Duldung der Maßnahmen verpflichtet werden. [3]Die Kosten der Maßnahmen tragen die in Absatz 1 genannten Personen, soweit sie nach Absatz 2 zur Durchführung der Maßnahmen verpflichtet wurden oder hätten verpflichtet werden können, im übrigen der Entschädigungsfonds (Art. 21 Abs. 2).

(4) Handlungen, die ein Baudenkmal schädigen oder gefährden, können untersagt werden.

Art. 5 Nutzung von Baudenkmälern. [1]Baudenkmäler sollen möglichst entsprechend ihrer ursprünglichen Zweckbestimmung genutzt werden. [2]Werden Baudenkmäler nicht mehr entsprechend ihrer ursprünglichen Zweckbestimmung genutzt, so sollen die Eigentümer und die sonst dinglich oder obligatorisch zur Nutzung Berechtigten eine der ursprünglichen gleiche oder gleichwertige Nutzung anstreben. [3]Soweit dies nicht möglich ist, soll eine Nutzung gewählt werden, die eine möglichst weitgehende Erhaltung der Substanz auf die Dauer gewährleistet. [4]Sind verschiedene Nutzungen möglich, so soll diejenige Nutzung gewählt werden, die das Baudenkmal und sein Zubehör

---

[1] Art. 3 Überschrift neu gef., Abs. 1 aufgeh. mWv 1.5.2017 durch G v. 4.4.2017 (GVBl. S. 70).
[2] Überschrift neu gef. mWv 1.5.2017 durch G v. 4.4.2017 (GVBl. S. 70).

am wenigsten beeinträchtigt. [5]Staat, Gemeinden und sonstige Körperschaften des öffentlichen Rechts sollen Eigentümer und Besitzer unterstützen. [6]Die Eigentümer und die sonst dinglich oder obligatorisch zur Nutzung Berechtigten können bei Vorliegen der Voraussetzungen des Art. 4 Abs. 2 verpflichtet werden, eine bestimmte Nutzungsart durchzuführen; soweit sie nicht zur Durchführung verpflichtet werden, können sie zur Duldung einer bestimmten Nutzungsart verpflichtet werden.

Art. 6[1)] Maßnahmen an Baudenkmälern. (1) [1]Wer

1. Baudenkmäler beseitigen, verändern oder an einen anderen Ort verbringen oder
2. geschützte Ausstattungsstücke beseitigen, verändern, an einen anderen Ort verbringen oder aus einem Baudenkmal entfernen

will, bedarf der Erlaubnis. [2]Der Erlaubnis bedarf auch, wer in der Nähe von Baudenkmälern Anlagen errichten, verändern oder beseitigen will, wenn sich dies auf Bestand oder Erscheinungsbild eines der Baudenkmäler auswirken kann. [3]Wer ein Ensemble verändern will, bedarf der Erlaubnis nur, wenn die Veränderung eine bauliche Anlage betrifft, die für sich genommen ein Baudenkmal ist, oder wenn sie sich auf das Erscheinungsbild des Ensembles auswirken kann.

(2) [1]Die Erlaubnis kann im Fall des Abs. 1 Satz 1 Nrn. 1 und 2 versagt werden, soweit gewichtige Gründe des Denkmalschutzes für die unveränderte Beibehaltung des bisherigen Zustands sprechen. [2]Im Fall des Absatzes 1 Satz 2 kann die Erlaubnis versagt werden, soweit das Vorhaben zu einer Beeinträchtigung des Wesens, des überlieferten Erscheinungsbilds oder der künstlerischen Wirkung eines Baudenkmals führen würde und gewichtige Gründe des Denkmalschutzes für die unveränderte Beibehaltung des bisherigen Zustands sprechen.

(3) [1]Ist eine Baugenehmigung oder an ihrer Stelle eine bauaufsichtliche Zustimmung oder abgrabungsaufsichtliche Genehmigung erforderlich, entfällt die Erlaubnis. [2]Für denkmaltypische Bauprodukte, die in Baudenkmälern verwendet werden sollen, erteilt die zuständige untere Bauaufsichtsbehörde die Zustimmung im Einzelfall nach Art. 20 der Bayerischen Bauordnung (BayBO)[2)]. [3]Ist in den Fällen des Satzes 2 keine Baugenehmigung oder bauaufsichtliche Zustimmung, jedoch eine durch die Denkmaleigenschaft bedingte Abweichung nach Art. 63 Abs. 1 Satz 1 BayBO erforderlich, schließt die Erlaubnis nach diesem Gesetz die Zustimmung im Einzelfall nach Art. 20 BayBO und die Abweichung nach Art. 63 Abs. 1 Satz 1 BayBO mit ein.

(4) Bei Entscheidungen nach den Abs. 1 bis 3 sind auch die Belange von Menschen mit Behinderung und von Menschen mit sonstigen Mobilitätsbeeinträchtigungen zu berücksichtigen.

[1)] Art. 6 Abs. 3 Sätze 1 und 2 geänd. mWv 14.3.1999 durch G v. 27.12.1999 (GVBl. S. 532); Abs. 4 angef. mWv 1.8.2003 durch G v. 9.7.2003 (GVBl. S. 419); Überschrift neu gef., Abs. 1 Satz 3 angef., Abs. 2 Satz 1 geänd. mWv 1.8.2003 durch G v. 24.7.2003 (GVBl. S. 475); Abs. 3 Satz 2 aufgeh. mWv 1.1.2008 durch G v. 20.12.2007 (GVBl. S. 958); Abs. 3 neu gef. mWv 1.8.2009 durch G v. 27.7.2009 (GVBl. S. 385); Abs. 3 neu gef. mWv 1.9.2018 durch G v. 10.7.2018 (GVBl. S. 523).

[2)] Nr. **1**.

Teil 3.[1)] Bodendenkmäler

Art. 7[2)] Ausgraben von Bodendenkmälern, Verordnungsermächtigung. (1) [1]Wer auf einem Grundstück nach Bodendenkmälern graben oder zu einem anderen Zweck Erdarbeiten auf einem Grundstück vornehmen will, obwohl er weiß oder vermutet oder den Umständen nach annehmen muß, daß sich dort Bodendenkmäler befinden, bedarf der Erlaubnis. [2]Die Erlaubnis kann versagt werden, soweit dies zum Schutz eines Bodendenkmals erforderlich ist.

(2) [1]Die Bezirke können durch Rechtsverordnung bestimmte Grundstücke, in oder auf denen Bodendenkmäler zu vermuten sind, zu Grabungsschutzgebieten erklären. [2]In einem Grabungsschutzgebiet bedürfen alle Arbeiten, die Bodendenkmäler gefährden können, der Erlaubnis. [3]Art. 6 Abs. 2 Satz 2 und Abs. 3 gelten entsprechend. [4]Grabungsschutzgebiete sind im Flächennutzungsplan kenntlich zu machen.

(3) Absatz 1 und Absatz 2 Satz 2 gelten nicht für Grabungen, die vom Landesamt für Denkmalpflege oder unter seiner Mitwirkung vorgenommen oder veranlaßt werden.

(4) [1]Wer in der Nähe von Bodendenkmälern, die ganz oder zum Teil über der Erdoberfläche erkennbar sind, Anlagen errichten, verändern oder beseitigen will, bedarf der Erlaubnis, wenn sich dies auf Bestand oder Erscheinungsbild eines dieser Bodendenkmäler auswirken kann. [2]Art. 6 Abs. 2 Satz 2 und Abs. 3 gelten entsprechend.

(5) [1]Soll eine Grabung auf einem fremden Grundstück erfolgen, so kann der Eigentümer verpflichtet werden, die Grabung zuzulassen, wenn das Landesamt für Denkmalpflege festgestellt hat, daß ein besonderes öffentliches Interesse an der Grabung besteht. [2]Der Inhaber der Grabungsgenehmigung hat den dem Eigentümer entstehenden Schaden zu ersetzen.

Art. 8 Auffinden von Bodendenkmälern. (1) [1]Wer Bodendenkmäler auffindet, ist verpflichtet, dies unverzüglich der Unteren Denkmalschutzbehörde oder dem Landesamt für Denkmalpflege anzuzeigen. [2]Zur Anzeige verpflichtet sind auch der Eigentümer und der Besitzer des Grundstücks sowie der Unternehmer und der Leiter der Arbeiten, die zu dem Fund geführt haben. [3]Die Anzeige eines der Verpflichteten befreit die übrigen. [4]Nimmt der Finder an den Arbeiten, die zu dem Fund geführt haben, auf Grund eines Arbeitsverhältnisses teil, so wird er durch Anzeige an den Unternehmer oder den Leiter der Arbeiten befreit.

(2) Die aufgefundenen Gegenstände und der Fundort sind bis zum Ablauf von einer Woche nach der Anzeige unverändert zu belassen, wenn nicht die Untere Denkmalschutzbehörde die Gegenstände vorher freigibt oder die Fortsetzung der Arbeiten gestattet.

(3) Die Absätze 1 und 2 gelten nicht bei Arbeiten, die vom Landesamt für Denkmalpflege oder unter seiner Mitwirkung vorgenommen oder veranlaßt werden.

(4) Eigentümer, dinglich Verfügungsberechtigte und unmittelbare Besitzer eines Grundstücks, auf dem Bodendenkmäler gefunden werden, können ver-

---

[1)] Überschrift neu gef. mWv 1.5.2017 durch G v. 4.4.2017 (GVBl. S. 70).
[2)] Art. 7 Überschrift und Abs. 2 Satz 1 geänd. mWv 1.5.2017 durch G v. 4.4.2017 (GVBl. S. 70).

pflichtet werden, die notwendigen Maßnahmen zur sachgemäßen Bergung des Fundgegenstands sowie zur Klärung der Fundumstände und zur Sicherung weiterer auf dem Grundstück vorhandener Bodendenkmäler zu dulden.

(5) Aufgefundene Gegenstände sind dem Landesamt für Denkmalpflege oder einer Denkmalschutzbehörde unverzüglich zur Aufbewahrung zu übergeben, wenn die Gefahr ihres Abhandenkommens besteht.

Art. 9 Auswertung von Funden. Der Eigentümer eines beweglichen Bodendenkmals, die dinglich Verfügungsberechtigten und die unmittelbaren Besitzer können verpflichtet werden, dieses dem Landesamt für Denkmalpflege befristet zur wissenschaftlichen Auswertung und Dokumentation zu überlassen.

Teil 4.[1)] Eingetragene bewegliche Denkmäler

Art. 10 Erlaubnispflicht. (1) [1]Wer ein eingetragenes bewegliches Denkmal beseitigen, verändern oder an einen anderen Ort verbringen will, bedarf der Erlaubnis. [2]Die Erlaubnis kann versagt werden, soweit dies zum Schutz des Denkmals erforderlich ist.

(2) [1]Die Veräußerung eines eingetragenen beweglichen Denkmals ist dem Landesamt für Denkmalpflege unverzüglich anzuzeigen. [2]Zur Anzeige sind der Veräußerer und der Erwerber verpflichtet.

Teil 5.[1)] Verfahrensbestimmungen

Art. 11[2)] Denkmalschutzbehörden. (1) [1]Untere Denkmalschutzbehörden sind die Kreisverwaltungsbehörden. [2]Soweit kreisangehörigen Gemeinden die Aufgaben der Unteren Bauaufsichtsbehörden übertragen sind oder übertragen werden, gilt diese Übertragung auch für die Aufgaben der Unteren Denkmalschutzbehörden. [3]Art. 115 Abs. 2 der Gemeindeordnung gilt entsprechend.

(2) Höhere Denkmalschutzbehörden sind die Regierungen.

(3) Oberste Denkmalschutzbehörde ist das Staatsministerium für Wissenschaft und Kunst (Staatsministerium).

(4) [1]Soweit nichts anderes bestimmt ist, sind die Unteren Denkmalschutzbehörden für den Vollzug dieses Gesetzes zuständig. [2]In den Fällen des Art. 73 Abs. 1 BayBO[3)] treten die Höheren an die Stelle der Unteren Denkmalschutzbehörden.

(5) Die Aufgaben der Denkmalschutzbehörden sind Staatsaufgaben; für die Gemeinden sind sie übertragene Aufgaben.

[1)] Überschrift neu gef. mWv 1.5.2017 durch G v. 4.4.2017 (GVBl. S. 70).

[2)] Art. 11 Abs. 3 geänd., Abs. 4 bish. Wortlaut wird Satz 1, Satz 2 angef. mWv 1.8.2003 durch G v. 24.7.2003 (GVBl. S. 475); Abs. 4 Satz 2 neu gef. mWv 1.1.2008 durch G v. 20.12.2007 (GVBl. S. 958); Abs. 4 Satz 2 geänd. mWv 1.8.2009 durch G v. 27.7.2009 (GVBl. S. 385); Abs. 1 Satz 3 Fußnote 1 gestr., Abs. 3 neu gef. mWv 1.5.2017 durch G v. 4.4.2017 (GVBl. S. 70); Abs. 3 geänd. mWv 1.5.2019 durch V v. 26.3.2019 (GVBl. S. 98).

[3)] Nr. **1**.

Art. 12[1] Landesamt für Denkmalpflege. (1) [1]Das Landesamt für Denkmalpflege ist die staatliche Fachbehörde für alle Fragen des Denkmalschutzes und der Denkmalpflege. [2]Es ist dem Staatsministerium unmittelbar nachgeordnet.

(2) [1]Dem Landesamt für Denkmalpflege obliegen die Denkmalpflege und die Mitwirkung beim Denkmalschutz. [2]Die Denkmalpflege umfasst auch die Erforschung der Denkmäler, soweit solche Vorhaben mit den sonstigen Aufgaben des Landesamts für Denkmalpflege in unmittelbarem Zusammenhang stehen und mit diesen vereinbar sind. [3]Insbesondere hat es folgende Aufgaben:

1. Mitwirkung beim Vollzug dieses Gesetzes und anderer einschlägiger Vorschriften nach Maßgabe der hierzu ergangenen und ergehenden Bestimmungen;
2. Herausgabe von Richtlinien zur Pflege der Denkmäler unter Beteiligung der kommunalen Spitzenverbände;
3. Erstellung und Fortführung der Inventare und der Denkmalliste;
4. Konservierung und Restaurierung von Denkmälern, soweit die Konservierung und die Restaurierung nicht von anderen dafür zuständigen staatlichen Stellen durchgeführt werden;
5. fachliche Beratung und Erstattung von Gutachten in allen Angelegenheiten des Denkmalschutzes und der Denkmalpflege;
6. Überwachung der Ausgrabungen sowie die Überwachung und Erfassung der anfallenden beweglichen Bodendenkmäler;
7. Fürsorge für Heimatmuseen und ähnliche Sammlungen, soweit diese nicht vom Staat verwaltet werden.

[4]Das Staatsministerium kann dem Landesamt für Denkmalpflege weitere einschlägige Aufgaben zuweisen.

(3) Die bisherigen Aufgaben der Bayerischen Verwaltung der staatlichen Schlösser, Gärten und Seen bleiben unberührt.

Art. 13 Heimatpfleger. (1) [1]Die Heimatpfleger beraten und unterstützen die Denkmalschutzbehörden und das Landesamt für Denkmalpflege in den Fragen der Denkmalpflege und des Denkmalschutzes. [2]Ihnen ist durch die Denkmalschutzbehörden in den ihren Aufgabenbereich betreffenden Fällen rechtzeitig Gelegenheit zur Äußerung zu geben.

(2) Die Denkmalschutzbehörden und das Landesamt für Denkmalpflege sollen sich in geeigneten Fällen der Unterstützung kommunaler Stellen sowie privater Initiativen bedienen.

Art. 14[2] Landesdenkmalrat. (1) [1]Der Landesdenkmalrat berät die Staatsregierung in allen wichtigen Fragen der Denkmalpflege. [2]Er wirkt an der Festlegung von Ensembles mit.

(2) [1]In den Landesdenkmalrat werden folgende Mitglieder jeweils für die Dauer der Legislaturperiode entsandt:

---

[1] Art. 12 Abs. 3 neu gef. mWv 1.6.1994 durch G v. 12.4.1994 (GVBl. S. 210); Abs. 3 geänd. mWv 1.1.2000 durch G v. 16.12.1999 (GVBl. S. 521); Abs. 1 Satz 2 geänd., Satz 3 aufgeh., Abs. 2 Satz 2 neu gef., Sätze 3 und 4 geänd., Abs. 3 aufgeh., bish. Abs. 4 wird Abs. 3 mWv 1.8.2003 durch G v. 24.7.2003 (GVBl. S. 475).

[2] Art. 14 neu gef. mWv 1.5.2017 durch G v. 4.4.2017 (GVBl. S. 70).

1. sechs von den Fraktionen des Bayerischen Landtags gemäß ihren Besetzungsrechten nach dem Verfahren Sainte-Laguë/Schepers,
2. je zwei von der Katholischen Kirche und der Evangelisch-Lutherischen Landeskirche,
3. je eines
   a) von den israelitischen Kultusgemeinden in Bayern,
   b) vom Verein zur Erhaltung privater Baudenkmäler und sonstiger Kulturgüter in Bayern e.V.,
   c) von der Deutschen Burgenvereinigung, Landesgruppe Bayern,
   d) vom Landesverband der Bayerischen Haus- und Grundbesitzer e.V.,
   e) vom Familienbetriebe Land und Forst Bayern e.V.,
   f) von der Bayerischen Akademie der Schönen Künste,
   g) von der Bayerischen Architektenkammer,
   h) von der Deutschen Akademie für Städtebau und Landesplanung, Landesgruppe Bayern,
   i) vom Bayerischen Landesverein für Heimatpflege,
   j) vom Bayerischen Bauernverband,
   k) von der Arbeitsgemeinschaft der Bayerischen Handwerkskammern,
   l) vom Bayerischen Gemeindetag,
   m) vom Bayerischen Städtetag,
   n) vom Bayerischen Landkreistag,
   o) vom Bayerischen Bezirketag,
4. bis zu sieben vom Staatsministerium.

[2]Es wird entsprechend Satz 1 jeweils ein Stellvertreter bestimmt. [3]Die Mitglieder und ihre Stellvertreter werden vom Landtag bestellt, in den Fällen des Satzes 1 Nr. 2 bis 4 auf Vorschlag der jeweiligen entsendenden Stelle.

(3) [1]Die Mitglieder sind ehrenamtlich tätig. [2]Sie erhalten Reisekosten nach den Vorschriften des Bayerischen Reisekostengesetzes wie ein Ehrenbeamter.

(4) [1]Der Landesdenkmalrat wählt aus seiner Mitte mit einfacher Mehrheit der anwesenden Mitglieder ein vorsitzendes Mitglied und einen Stellvertreter. [2]Der Landesdenkmalrat gibt sich im Übrigen eine Geschäftsordnung. [3]Das Staatsministerium führt seine Geschäfte.

(5) Ohne Stimmrecht nehmen an den Beratungen des Landesdenkmalrats bei Bedarf Sachverständige nach Einladung des Landesdenkmalrats teil.

Art. 15[1)] Erlaubnisverfahren und Wiederherstellung. (1) [1]Der Antrag auf Erteilung einer Erlaubnis nach Art. 6, 7 und 10 Abs. 1 und auf Verpflichtung des Eigentümers nach Art. 7 Abs. 5 ist schriftlich bei der Gemeinde einzureichen, die ihn mit ihrer Stellungnahme unverzüglich der Unteren Denkmalschutzbehörde vorlegt. [2]Art. 75 und 76 BayBO[2)] gelten in den Fällen der Art. 6, 7 und 8 Abs. 2 entsprechend.

[1)] Art. 15 Abs. 2 Satz 2 aufgeh. mWv 1.6.1994 durch G v. 12.4.1994 (GVBl. S. 210); Abs. 2 Satz 2 angef., Abs. 2a eingef., Abs. 3 und 5 geänd. mWv 1.8.2003 durch G v. 24.7.2003 (GVBl. S. 475); Abs. 1 Satz 2, Abs. 2 Satz 2, Abs. 2a geänd. mWv 1.1.2008 durch G v. 20.12.2007 (GVBl. S. 958); Abs. 1 Satz 2 Fußnote 2 gestr., Abs. 2 Satz 1 geänd., bish. Abs. 2a wird Abs. 3 und geänd., bish. Abs. 3–5 werden Abs. 4–6 mWv 1.5.2017 durch G v. 4.4.2017 (GVBl. S. 70).

[2)] Nr. **1**.

(2) [1]Die Untere Denkmalschutzbehörde soll vor einer Entscheidung nach den Teilen 2 bis 4 das Landesamt für Denkmalpflege hören. [2]Art. 65 Abs. 1 Satz 3 BayBO gilt entsprechend.

(3) Für eine Erlaubnis nach den Teilen 2 bis 4 gilt Art. 69 BayBO entsprechend.

(4) Werden Handlungen nach Art. 6, 7, 8 Abs. 2 oder Art. 10 Abs. 1 ohne die erforderliche Erlaubnis, Baugenehmigung oder abgrabungsaufsichtliche Genehmigung durchgeführt, so kann die Untere Denkmalschutzbehörde verlangen, daß der ursprüngliche Zustand wieder hergestellt wird, soweit dies noch möglich ist, oder daß Bau- und Bodendenkmäler und eingetragene bewegliche Denkmäler auf andere Weise wieder instandgesetzt werden.

(5) Wer widerrechtlich Bau- oder Bodendenkmäler oder eingetragene bewegliche Denkmäler vorsätzlich oder grob fahrlässig zerstört oder beschädigt, ist unabhängig von der Verhängung einer Geldbuße zur Wiedergutmachung des von ihm angerichteten Schadens bis zu dessen vollem Umfang verpflichtet.

(6) Die zuständige Behörde kann die Entscheidung über einen Antrag auf Erlaubnis, Baugenehmigung, baurechtliche Zustimmung oder abgrabungsaufsichtliche Genehmigung auf höchstens zwei Jahre aussetzen, soweit dies zur Klärung der Belange des Denkmalschutzes, insbesondere für Untersuchungen des Baudenkmals und seiner Umgebung, erforderlich ist.

Art. 16 Betretungs- und Auskunftsrecht. (1) Die Denkmalschutzbehörden und das Landesamt für Denkmalpflege sind berechtigt, im Vollzug dieses Gesetzes Grundstücke auch gegen den Willen der Betroffenen zu betreten, soweit das zur Erhaltung eines Bau- oder Bodendenkmals oder eines eingetragenen beweglichen Denkmals dringend erforderlich erscheint.

(2) Eigentümer und Besitzer von Bau- und Bodendenkmälern und von eingetragenen beweglichen Denkmälern und sonstige Berechtigte sind verpflichtet, den Denkmalschutzbehörden und dem Landesamt für Denkmalpflege alle zum Vollzug dieses Gesetzes erforderlichen Auskünfte zu erteilen.

Art. 17[1)] Kostenfreiheit. [1]Für Amtshandlungen nach diesem Gesetz werden Kosten nicht erhoben. [2]Schließt die Erlaubnis gemäß Art. 6 Abs. 3 Satz 3 die Zustimmung im Einzelfall nach Art. 20 BayBO[2)] oder die Abweichung nach Art. 63 Abs. 1 Satz 1 BayBO ein, werden für die Zustimmung oder die Abweichung Kosten nach dem Kostengesetz erhoben.

Teil 6.[3)] Enteignung

Art. 18 Zulässigkeit der Enteignung. (1) [1]Kann eine Gefahr für den Bestand oder die Gestalt eines Bau- oder Bodendenkmals oder eines eingetragenen beweglichen Denkmals auf andere Weise nicht nachhaltig abgewehrt werden, so ist die Enteignung zugunsten des Staates oder einer anderen juristischen Person des öffentlichen Rechts zulässig. [2]Zugunsten einer juristischen Person des Privatrechts ist die Enteignung dann zulässig, wenn die dauernde

---

[1)] Art. 17 Satz 2 angef. mWv 1.8.2009 durch G v. 27.7.2009 (GVBl. S. 385); Satz 2 geänd. mWv 1.9.2018 durch G v. 10.7.2018 (GVBl. S. 523).

[2)] Nr. **1**.

[3)] Überschrift neu gef. mWv 1.5.2017 durch G v. 4.4.2017 (GVBl. S. 70).

Erhaltung des Bau- oder Bodendenkmals oder des eingetragenen beweglichen Denkmals zu den satzungsmäßigen Aufgaben der juristischen Person gehört und bei Berücksichtigung aller Umstände gesichert erscheint.

(2) [1]Zugunsten des Staates ist die Enteignung außerdem zulässig bei beweglichen Bodendenkmälern, an deren Erhaltung für die Öffentlichkeit ein besonderes Interesse besteht. [2]Im Fall des Satzes 1 kann der Antrag nur gestellt werden, wenn dem Landesamt für Denkmalpflege im Zeitpunkt der Antragstellung die vollständige Bergung des Bodendenkmals nicht länger als ein Jahr bekannt war.

(3) bis (5) *(aufgehoben)*

Art. 19[1)] Vorkaufsrecht. (1) [1]Dem Freistaat Bayern steht beim Kauf historischer Ausstattungsstücke, die nach Art. 1 Abs. 2 zusammen mit Baudenkmälern geschützt und in die Denkmalliste eingetragen sind, und beim Kauf von eingetragenen beweglichen Denkmälern ein Vorkaufsrecht zu. [2]Das Vorkaufsrecht darf nur ausgeübt werden, wenn das Wohl der Allgemeinheit dies rechtfertigt, insbesondere wenn die Ausstattungsstücke oder die eingetragenen beweglichen Denkmäler der Öffentlichkeit zugänglich gemacht oder in ihrer Gesamtheit erhalten werden sollen. [3]Das Vorkaufsrecht ist ausgeschlossen, wenn der Eigentümer Ausstattungsstücke oder eingetragene bewegliche Denkmäler an seinen Ehegatten oder an eine Person veräußert, die mit ihm in gerader Linie verwandt oder verschwägert oder in der Seitenlinie bis zum dritten Grad verwandt ist. [4]Das Vorkaufsrecht beim Kauf historischer Ausstattungsstücke ist ausgeschlossen, wenn diese mit dem Baudenkmal veräußert werden und in dem Baudenkmal verbleiben sollen.

(2) [1]Das Vorkaufsrecht kann nur binnen drei Monaten nach Mitteilung des Kaufvertrags an das Landesamt für Denkmalpflege durch das Landesamt für Denkmalpflege ausgeübt werden. [2]§§ 463 bis 468 Abs. 1, 469 Abs. 1, § 471 des Bürgerlichen Gesetzbuchs sind anzuwenden. [3]Das Vorkaufsrecht ist nicht übertragbar. [4]Es geht unbeschadet bundesrechtlicher Vorschriften allen anderen Vorkaufsrechten im Rang vor. [5]Bei einem Eigentumserwerb auf Grund der Ausübung des Vorkaufsrechts erlöschen rechtsgeschäftliche Vorkaufsrechte.

Art. 20[2)] Enteignende Maßnahmen. (1) [1]Soweit der Vollzug dieses Gesetzes eine über den Rahmen der Sozialgebundenheit des Eigentums (Art. 14 Abs. 2 des Grundgesetzes, Art. 103 Abs. 2 und Art. 158 der Verfassung) hinausgehende Wirkung hat, ist dem Betroffenen nach den Vorschriften des Bayerischen Gesetzes über die entschädigungspflichtige Enteignung Entschädigung in Geld zu gewähren. [2]Steuervorteile, die auf die Denkmaleigenschaft zurückzuführen sind, sind in allen Fällen in angemessenem Umfang auf die Entschädigung anzurechnen.

(2) [1]Die Kreisverwaltungsbehörde setzt auf Antrag des Betroffenen die Entschädigung fest. [2]Die Vorschriften des Bayerischen Gesetzes über die entschädigungspflichtige Enteignung über die Festsetzung der Entschädigung gelten sinngemäß.

---

1) Art. 19 Abs. 2 Satz 2 geänd. mWv 1.8.2003 durch G v. 24.7.2003 (GVBl. S. 475); Abs. 2 Satz 2 Fußnote 3 gestr. mWv 1.5.2017 durch G v. 4.4.2017 (GVBl. S. 70).

2) Art. 20 Abs. 1 Satz 1 Fußnoten 4–6 gestr. mWv 1.5.2017 durch G v. 4.4.2017 (GVBl. S. 70).

(3) [1] Ergeht auf einen neuen Antrag hin eine Entscheidung, die für den Entschädigungsberechtigten günstiger ist als die der Entschädigungsfestsetzung nach Absatz 1 zugrunde liegende Entscheidung, so ist in allen Fällen die Entschädigung auf die Höhe herabzusetzen, die der entstandenen Beeinträchtigung entspricht. [2] Absatz 2 gilt entsprechend. [3] Ein überzahlter Betrag ist zurückzuerstatten, soweit der Entschädigungsberechtigte noch bereichert ist.

Art. 21[1)] Entschädigungsaufwand. (1) [1] Der Freistaat Bayern und die Gemeinden haben die Entschädigung grundsätzlich gemeinsam zu tragen. [2] Die Ansprüche des Berechtigten sind gegen den Freistaat Bayern zu richten. [3] Der Entschädigungsfonds erstattet dem Freistaat Bayern auf Antrag der örtlich zuständigen Regierung die dem Betroffenen gewährten Entschädigungsleistungen.

(2) [1] Die Oberste Denkmalschutzbehörde unterhält und verwaltet einen Entschädigungsfonds als staatliches Sondervermögen. [2] Der Freistaat Bayern und die Gemeinden tragen den Fonds durch Beiträge von je 13,5 Millionen Euro jährlich.

(3) [1] Die staatlichen Beiträge sind in zwei gleichen Teilbeträgen im Januar und im Juli zahlbar. [2] Die von den Gemeinden zu tragenden Einzelbeiträge errechnen sich nach dem Verhältnis der jeweiligen gemeindlichen Umlagegrundlagen für die Kreisumlage oder die Bezirksumlage. [3] Sie werden jährlich vom Landesamt für Statistik berechnet und sollen entsprechend bis 31. März des jeweiligen Beitragsjahres gegenüber den Gemeinden durch Beitragsbescheid festgesetzt werden. [4] Die Beiträge werden mit der Auszahlung der Schlüsselzuweisungen für das dritte Vierteljahr fällig, staatlicherseits einbehalten und an den Fonds abgeführt. [5] Soweit Gemeinden keine Schlüsselzuweisungen erhalten, zahlen sie die Beiträge bis zum 15. September an die Staatsoberkasse.

(4) Erfolgt eine Enteignung zugunsten einer juristischen Person des öffentlichen Rechts, die nicht Gebietskörperschaft ist, oder zugunsten einer juristischen Person des Privatrechts, so hat diese die Entschädigung zu tragen.

Teil 7.[2)] Finanzierung

Art. 22 Leistungen. (1) [1] Der Freistaat Bayern beteiligt sich unbeschadet bestehender Verpflichtungen in Höhe der jeweils im Staatshaushalt ausgewiesenen Mittel an den Kosten des Denkmalschutzes und der Denkmalpflege, insbesondere an den Kosten der Instandsetzung, Erhaltung, Sicherung und Freilegung von Denkmälern. [2] Die Höhe der Beteiligung richtet sich nach der Bedeutung und der Dringlichkeit des Falls und nach der Leistungsfähigkeit des Eigentümers.

(2) Die kommunalen Gebietskörperschaften beteiligen sich im Rahmen ihrer Leistungsfähigkeit in angemessenem Umfang an den Kosten der in Absatz 1 genannten Maßnahmen.

---

1) Art. 21 neu gef. mWv 1.1.2018 durch G v. 22.3.2018 (GVBl. S. 187).
2) Überschrift neu gef. mWv 1.5.2017 durch G v. 4.4.2017 (GVBl. S. 70).

Teil 8.[1] Ordnungswidrigkeiten

Art. 23[2] Ordnungswidrigkeiten. (1) Mit Geldbuße bis zu zweihundertfünfzigtausend Euro kann belegt werden, wer vorsätzlich oder fahrlässig

1. Handlungen nach Art. 4 Abs. 4 vornimmt, obwohl ihm dies durch vollziehbare Anordnung untersagt wurde,
2. ohne die nach Art. 6 Abs. 1, Art. 7 Abs. 4 Satz 1 oder Art. 10 Abs. 1 erforderliche Erlaubnis oder die an ihre Stelle tretende baurechtliche oder abgrabungsaufsichtliche Genehmigung Maßnahmen an einem Denkmal durchführt,
3. ohne die nach Art. 7 Abs. 1 erforderliche Erlaubnis nach Bodendenkmälern gräbt oder zu einem anderen Zweck Erdarbeiten auf einem Grundstück vornimmt oder wer ohne die nach Art. 7 Abs. 2 erforderliche Erlaubnis Arbeiten in einem Grabungsschutzgebiet durchführt, die Bodendenkmäler gefährden können,
4. die gemäß Art. 8 Abs. 1 oder Art. 10 Abs. 2 erforderliche Anzeige nicht unverzüglich erstattet,
5. die aufgefundenen Gegenstände und den Fundort nicht gemäß Art. 8 Abs. 2 unverändert läßt,
6. seiner Übergabepflicht gemäß Art. 8 Abs. 5 nicht unverzüglich nachkommt.

(2) Die Verfolgung der Ordnungswidrigkeiten verjährt in fünf Jahren.

Teil 9.[1] Allgemeine Bestimmungen und Schlussbestimmungen

Art. 24[3] Grundrechtseinschränkung. Die Grundrechte der Unverletzlichkeit der Wohnung (Art. 13 des Grundgesetzes, Art. 106 Abs. 3 der Verfassung), der freien Entfaltung der Persönlichkeit (Art. 2 Abs. 1 des Grundgesetzes, Art. 101 der Verfassung) und des Eigentums (Art. 14 des Grundgesetzes, Art. 103 der Verfassung) werden durch dieses Gesetz eingeschränkt.

Art. 25[4] Erteilung von Bescheinigungen für steuerliche Zwecke. Bescheinigungen für die Erlangung von Steuervergünstigungen werden vorbehaltlich anderweitiger Bestimmungen vom Landesamt für Denkmalpflege erteilt.

Art. 26[5] Kirchliche Denkmäler. (1) Art. 10 §§ 3 und 4 des Konkordats mit dem Heiligen Stuhl vom 29. März 1924 und Art. 18 und 19 des Vertrags zwischen dem Freistaat Bayern und der Evangelisch-Lutherischen Kirche in Bayern rechts des Rheins vom 15. November 1924 bleiben unberührt.

(2) [1] Sollen Entscheidungen über Bau- oder Bodendenkmäler oder über eingetragene bewegliche Denkmäler getroffen werden, die unmittelbar gottes-

---

[1] Überschrift neu gef. mWv 1.5.2017 durch G v. 4.4.2017 (GVBl. S. 70).

[2] Art. 23 Abs. 1 geänd. mWv 1.1.2002 durch G v. 24.4.2001 (GVBl. S. 140); Abs. 1 Nr. 2 neu gef. mWv 1.8.2003 durch G v. 24.7.2003 (GVBl. S. 475); Überschrift neu gef. mWv 1.5.2017 durch G v. 4.4.2017 (GVBl. S. 70).

[3] Art. 24 Fußnoten 4 und 5 gestr. mWv 1.5.2017 durch G v. 4.4.2017 (GVBl. S. 70).

[4] Art. 25 geänd. mWv 1.8.2003 durch G v. 24.7.2003 (GVBl. S. 475).

[5] Art. 26 Abs. 2 Satz 1 geänd., Satz 4 angef. mWv 1.8.2003 durch G v. 24.7.2003 (GVBl. S. 475); Abs. 1 Fußnote 8 gestr. mWv 1.5.2017 durch G v. 4.4.2017 (GVBl. S. 70).

dienstlichen Zwecken der Katholischen Kirche oder der Evangelisch-Lutherischen Kirche dienen, so haben die Denkmalschutzbehörden die von den zuständigen kirchlichen Oberbehörden festgestellten kirchlichen Belange zu berücksichtigen. [2] Die Kirchen sind am Verfahren zu beteiligen. [3] Die zuständige kirchliche Oberbehörde entscheidet im Benehmen mit der Obersten Denkmalschutzbehörde, falls die Untere und Höhere Denkmalschutzbehörde die geltend gemachten kirchlichen Belange nicht anerkennen. [4] Gegenüber anderen Religionsgemeinschaften, die Körperschaften des öffentlichen Rechts sind, gelten die Sätze 1 bis 3 sinngemäß.

Art. 27[1)] Inkrafttreten, Außerkrafttreten. (1) Dieses Gesetz tritt am 1. Oktober 1973 in Kraft[*1)].

(2) Art. 26a tritt mit Ablauf des 31. Dezember 2018 außer Kraft.

[1)] Früherer Art. 27 aufgeh., bish. Art. 28 wird Art. 27, Überschrift geänd., Fußnote 9 wird Fußnote 1, Abs. 2 neu gef. mWv 1.5.2017 durch G v. 4.4.2017 (GVBl. S. 70).

[*1)] **Amtl. Anm.:** Betrifft die ursprüngliche Fassung vom 25. Juni 1973 (GVBl S. 328).

I. Anhang

42. Vollzug des Art. 81a Abs. 1 Satz 1 der Bayerischen Bauordnung; Bayerische Technische Baubestimmungen* (BayTB)

Vom 20. September 2018

Bekanntmachung des Bayerischen Staatsministeriums für Wohnen, Bau und Verkehr, Az. 29-4130-3-1

(AllMBl. S. 577)

Datenbank BAYERN-RECHT 2132.3-B

Anlage: Bayerische Technische Baubestimmungen (BayTB) – Ausgabe Oktober 2018

1. Auf Grund des Art. 81a Abs. 1 Satz 1 der Bayerischen Bauordnung (BayBO)[1)] werden die in der Anlage enthaltenen Bayerischen Technischen Baubestimmungen (BayTB) bauaufsichtlich eingeführt.
2. Die BayTB beruhen auf dem Muster einer Verwaltungsvorschrift Technische Baubestimmungen (MVV TB), die vom Deutschen Institut für Bautechnik (DIBt) nach Anhörung der beteiligten Kreise im Einvernehmen mit den obersten Baurechtsbehörden der Länder als Ausgabe 2017 am 31. August 2017 in den Mitteilungen des DIBt (einschließlich des Berichtigungsblatts vom 11. Dezember 2017) veröffentlicht wurde.
3. [1]Diese Bekanntmachung tritt am 1. Oktober 2018 in Kraft. [2]Die Bekanntmachung des Bayerischen Staatsministeriums des Innern, für Bau und Verkehr vom 26. November 2014 (AllMBl. S. 537) tritt mit Ablauf des 30. September 2018 außer Kraft.
4. Auf Bauvorhaben, für die das Baugenehmigungsverfahren vor dem 1. Oktober 2018 eingeleitet worden ist (Art. 64 Abs. 1 Satz 1 BayBO[1)]) oder die bis zu diesem Zeitpunkt der Gemeinde vorgelegt worden sind (Art. 58 Abs. 3 Satz 1 BayBO[1)]) sowie auf verfahrensfreie Bauvorhaben mit Baubeginn vor dem 1. Oktober 2018 dürfen die Technischen Baubestimmungen nach der bisherigen Fassung (Bekanntmachung vom 26. November 2014, AllMBl. S. 537) angewendet werden.

---

* **Amtl. Anm.:** Die Verpflichtungen aus der Richtlinie (EU) 2015/1535 sind beachtet.

[1)] Nr. **1**.

Technische Baubestimmungen 42

42 Technische Baubestimmungen

Vorbemerkungen

1. Bauordnungsrechtliche Vorgaben

Die Bayerische Bauordnung (BayBO) enthält in Art. 81a Abs. 1 BayBO[1] die Ermächtigung, die allgemeinen Anforderungen an bauliche Anlagen, Bauprodukte und andere Anlagen und Einrichtungen durch Technische Baubestimmungen zu konkretisieren (Bayerische Technische Baubestimmungen).

Art. 81a Abs. 2 BayBO gibt detailliert vor, zu welchen bauaufsichtlichen Anforderungen Konkretisierungen vorgenommen werden können. Die Konkretisierungen können durch Bezugnahme auf technische Regeln und deren Fundstellen oder auf andere Weise erfolgen, insbesondere in Bezug auf:

- die Planung, Bemessung und Ausführung baulicher Anlagen und ihrer Teile,
- Merkmale und Leistungen von Bauprodukten in bestimmten baulichen Anlagen oder ihren Teilen,
- Verfahren für die Feststellung der Leistung eines Bauproduktes, das nicht das CE-Zeichen nach Bauproduktenverordnung trägt,
- zulässige und unzulässige besondere Verwendungszwecke für Bauprodukte,
- Festlegungen von Klassen und Stufen, die Bauprodukte für bestimmte Verwendungszwecke aufweisen sollen,
- Voraussetzungen für die Abgabe der Übereinstimmungserklärung für nicht harmonisierte Produkte,
- Angaben zu nicht harmonisierten Bauprodukten sowie zu Bauarten, die eines allgemeinen bauaufsichtlichen Prüfzeugnisses bedürfen sowie
- Art, Inhalt und Form der technischen Dokumentation.

Die Bayerischen Technischen Baubestimmungen (BayTB) basieren auf der Muster-Verwaltungsvorschrift Technische Baubestimmungen (MVV TB), die vom Deutschen Institut für Bautechnik nach Anhörung der beteiligten Kreise im Einvernehmen mit den obersten Baurechtsbehörden der Länder veröffentlicht wurde. Es gilt der Grundsatz, dass nur solche Inhalte in die BayTB als Technische Baubestimmungen aufgenommen werden, die zur Erfüllung der Anforderungen der Bauordnungen an bauliche Anlagen, Bauprodukte und andere Anlagen und Einrichtungen unerlässlich sind. Anlagen mit spezifisch bayerischen Konkretisierungen sind mit/Bay gekennzeichnet.

Die Bauaufsichtsbehörden können jedoch im Rahmen ihrer Entscheidungen zur Ausfüllung unbestimmter Rechtsbegriffe auch auf allgemein anerkannte Regeln der Technik zurückgreifen, die keine Technischen Baubestimmungen sind.

Die MVV TB ist notifiziert gemäß der Richtlinie (EU) 2015/1535 des Europäischen Parlaments und des Rates vom 9. September 2015 über ein Informationsverfahren auf dem Gebiet der technischen Vorschriften und der Vorschriften für die Dienste der Informationsgesellschaft (ABl. L 241 vom 17.9.2015, S. 1).

---

[1] Nr. **1**.

2. Struktur und Gliederung der BayTB

2.1. Die Technischen Baubestimmungen sind in vier Teile gegliedert:

A Technische Baubestimmungen, die bei der Erfüllung der Grundanforderungen an Bauwerke zu beachten sind
Teil A gliedert sich nach den Grundanforderungen für Bauwerke gem. Anhang I der Europäischen Bauproduktenverordnung (EU-BauPVO) wie folgt:
A 1 – Mechanische Festigkeit und Standsicherheit,
A 2 – Brandschutz,
A 3 – Hygiene, Gesundheit und Umweltschutz,
A 4 – Sicherheit und Barrierefreiheit bei der Nutzung,
A 5 – Schallschutz und
A 6 – Wärmeschutz.

B Technische Baubestimmungen für Bauteile und Sonderkonstruktionen, die zusätzlich zu den in Teil A aufgeführten Technischen Baubestimmungen zu beachten sind

C Technische Baubestimmungen für Bauprodukte, die nicht die CE-Kennzeichnung tragen, und für Bauarten

D Bauprodukte, die keines Verwendbarkeitsnachweises bedürfen

2.2. Wesentliche Inhalte der Kapitel in Teil A sind:

Kapitel A 1 – Mechanische Festigkeit und Standsicherheit – umfasst u.a. die Eurocodes zu den Grundlagen für die Tragwerksplanung, zu den Einwirkungen auf Bauwerke sowie zur Bemessung. Aus deren Anwendung ergibt sich, welche Merkmale und konkreten Leistungen die verwendeten Produkte am Bauwerk zur Erfüllung der bauwerksbezogenen Anforderungen ausweisen müssen.

Kapitel A 2 – Brandschutz – konkretisiert die in der BayBO und in den aufgrund der BayBO erlassenen Rechtsverordnungen enthaltenen brandschutztechnischen Anforderungen an bauliche Anlagen oder Teile baulicher Anlagen insbesondere im Hinblick auf das Brandverhalten und den Feuerwiderstand.

In Kapitel A 3 – Hygiene, Gesundheit und Umweltschutz – sind die Anforderungen an bauliche Anlagen in Form der technischen Regeln „Anforderungen an bauliche Anlagen bezüglich des Gesundheitsschutzes“ (ABG) sowie „Anforderungen an bauliche Anlagen bezüglich der Auswirkungen auf Boden und Gewässer“ (ABuG) konkretisiert.

2.3

Teil B betrifft Sonderkonstruktionen und besondere Bauteile, die einerseits den Anforderungen von Teil A nicht eindeutig zugeordnet werden können und andererseits teilweise einen anderen Rechtshintergrund haben.

Teil B enthält dabei Technische Baubestimmungen für Bauteile und Sonderkonstruktionen, die zusätzlich zu den in Abschnitt A aufgeführten Technischen Baubestimmungen beachtet werden müssen. Die hier für bestimmte Sonderkonstruktionen und Bauteile aufgeführten technischen Regeln dienen der Konkretisierung mehrerer Grundanforderungen und sind materialübergreifend.

Kapitel B 2 beinhaltet technische Regeln für Sonderkonstruktionen und Bauteile im Hinblick auf deren Planung, Bemessung und Ausführung.

Kapitel B 3 bezieht sich auf technische Gebäudeausrüstungen und Teile von Anlagen zum Lagern, Abfüllen und Umschlagen von wassergefährdenden Stoffen, die anderen Harmonisierungsrechtsvorschriften (z.B. Maschinenrichtlinie, Niederspannungsrichtlinie, Druckgeräterichtlinie) unterliegen, aber hinsichtlich eines bestimmten Verwendungszwecks Grundanforderungen nach Artikel 3 Absatz 1 der EU-BauPVO an bauliche Anlagen und ihre Teile nicht erfüllen. Für diese Produkte ist zum Nachweis der fehlenden Wesentlichen Merkmale ein Verwendbarkeitsnachweis erforderlich, sofern nicht festgelegt wurde, dass eine Übereinstimmungserklärung zu den fehlenden Wesentlichen Merkmalen nach Art. 21 BayBO aufgrund vorheriger Prüfung der Bauprodukte durch eine hierfür bauaufsichtlich anerkannte Prüfstelle ausreichend ist.

Kapitel B 4 beinhaltet Technische Anforderungen für Bauprodukte und Bauarten, die Anforderungen nach anderen Rechtsvorschriften unterliegen, für die nach Art. 80 Abs. 5 Nr. 5 BayBO[1)] eine Rechtsverordnung erlassen wurde. Dabei handelt es sich um Technische Anforderungen an ortsfest verwendete Anlagen und Anlagenteile in Lager-, Abfüll- und Umschlaganlagen (LAU-Anlagen) zum Umgang mit wassergefährdenden Stoffen sowie an den Einbau, Betrieb und die Wartung von Anlagen mit Bauprodukten zur Abwasserbehandlung.

2.4

Teil C – Technische Baubestimmungen für Bauprodukte, die nicht die CE-Kennzeichnung tragen, und für Bauarten – bestimmt die Angaben zu nicht harmonisierten Bauprodukten sowie zu Bauarten, die nur eines allgemeinen bauaufsichtlichen Prüfzeugnisses bedürfen sowie die Anforderungen zur Abgabe der Übereinstimmungserklärung für ein Bauprodukt nach Art. 21 BayBO[1)].

Teil C gilt daher nicht für Bauprodukte, für die eine harmonisierte Norm oder eine Europäische Technische Bewertung (ETA) im Geltungsbereich der EU-BauPVO vorliegt.

In Kapitel C 2 sind die technischen Regeln sowie die Anforderungen an die Übereinstimmungsbestätigung für nicht harmonisierte Bauprodukte bestimmt.

Kapitel C 3 führt Bauprodukte auf, die lediglich eines allgemeinen bauaufsichtlichen Prüfzeugnisses bedürfen. An dieser Stelle sind auch die jeweils anerkannten Prüfverfahren und die Art der erforderlichen Übereinstimmungsbestätigung aufgeführt.

In Kapitel C 4 sind die Bauarten ausgewiesen, die lediglich eines allgemeinen bauaufsichtlichen Prüfzeugnisses bedürfen. Auch hier sind die anerkannten Prüfverfahren jeweils aufgelistet.

Sofern von der maßgebenden technischen Regel abgewichen wird, ist für Bauprodukte eine allgemeine bauaufsichtliche Zulassung oder eine Zustimmung im Einzelfall und für Bauarten eine allgemeine oder vorhabenbezogene Bauartgenehmigung erforderlich.

Bei Bauprodukten und Bauarten, die (nur) eines allgemeinen bauaufsichtlichen Prüfzeugnisses (abP) bedürfen, wird das Vorliegen einer maßgebenden Prüfnorm zwingend vorausgesetzt. Dabei können auch weitere technische

---

[1)] Nr. **1**.

Bestimmungen, die für die Erteilung des abP erforderlich sind, angegeben werden. Dazu gehören z.B. ergänzende Angaben zu Prüfumfang, Prüfaufbau, Prüfhäufigkeit.

2.5

Teil D enthält die nach Art. 81a Abs. 2 Nr. 4 BayBO[1] vorgesehene Liste von Bauprodukten, welche keines Verwendbarkeitsnachweises bedürfen. Hierunter fallen Bauprodukte, für die es allgemein anerkannte Regeln der Technik gibt, jedoch auf Verwendbarkeitsnachweise verzichtet wird sowie Bauprodukte, für die es weder Technische Baubestimmungen noch allgemein anerkannte Regeln der Technik gibt und die bauordnungsrechtlich von untergeordneter Bedeutung sind. Die Liste hat klarstellenden Charakter und erhebt keinen Anspruch auf Vollständigkeit.

Im Kapitel D 3 wird ein Weg aufgezeigt, wie mit lückenhaften und unvollständigen harmonisierten Spezifikationen umgegangen werden kann. Für den Vollzug ist das Bayerische Staatsministerium für Wohnen, Bau und Verkehr zuständig.

A. Technische Baubestimmungen, die bei der Erfüllung der Grundanforderungen an Bauwerke zu beachten sind

A 1. Mechanische Festigkeit und Standsicherheit
A 2. Brandschutz
A 3. Hygiene, Gesundheit und Umweltschutz
A 4. Sicherheit und Barrierefreiheit bei der Nutzung
A 5. Schallschutz
A 6. Wärmeschutz

A 1. Mechanische Festigkeit und Standsicherheit

A 1.1. Allgemeines

Gemäß Art. 3 und Art. 10 Abs. 1 BayBO muss jede bauliche Anlage im Ganzen, in ihren einzelnen Teilen und für sich allein standsicher sein. Die Standsicherheit anderer baulicher Anlagen und die Tragfähigkeit des Baugrundes der Nachbargrundstücke dürfen nicht gefährdet werden. Darüber hinaus dürfen die während der Errichtung und Nutzung möglichen Einwirkungen keine Beschädigungen anderer Teile des Bauwerks oder Einrichtungen und Ausstattungen infolge zu großer Verformungen der tragenden Baukonstruktion zur Folge haben.

Zur Erfüllung dieser Anforderungen an bauliche Anlagen sind die technischen Regeln nach Abschnitt A 1.2 zu beachten.

A 1.2. Technische Anforderungen hinsichtlich Planung, Bemessung und Ausführung an bestimmte bauliche Anlagen und ihre Teile gem. Art. 81a Abs. 2 BayBO

Ausgenommen von der Beachtung der technischen Regeln nach Abschnitt 1.2 sind:

1 Bekleidungselemente für Innenwandbekleidungen;

---

[1] Nr. **1**.

2 Bekleidungselemente für Außenwandbekleidungen und Dachelemente für Dacheindeckungen, die nach allgemein anerkannten Regeln der Technik befestigt werden und folgende Kriterien erfüllen:
- kleinformatige Wandbekleidungs- oder Dachelemente mit ≤ 0,4 m² Fläche und ≤ 5 kg Eigengewicht oder
- brettformatige Wandbekleidungselemente mit ≤ 0,3 m Breite und Unterstützungsabständen durch die Unterkonstruktion von ≤ 0,8 m oder
- Dachelemente mit einem Unterstützungsabstand durch die Unterkonstruktion von ≤ 1,0 m (außer aus Glas) oder
- Wandbekleidungselemente, deren Verwendung durch das Regelwerk des Dachdeckerhandwerks geregelt ist;

3 Dach- und Formziegelelemente für Dacheindeckungen, die nach allgemein anerkannten Regeln der Technik befestigt werden und folgende Merkmale aufweisen:
- Dachziegel und -steine: Fläche ≤ 0,4 m² und Eigengewicht ≤ 7 kg,
- Formziegel und -steine: Fläche ≤ 0,4 m² und Eigengewicht ≤ 13 kg;

4 Dachlichtbänder mit folgenden Merkmalen:
- ebene Dachlichtbänder mit Dachelementen, deren Unterstützungsabstand durch die Unterkonstruktion ≤ 1,0 m ist oder
- nach oben gekrümmte Dachlichtbänder mit Dachelementen, deren Unterstützungsabstand durch die Unterkonstruktion in Haupttragrichtung (bei nur einachsig gekrümmten Dachelementen in Richtung der Krümmung) ≤ 2,0 m ist;

5 vorgefertigte Lichtkuppeln aus Kunststoff mit einem Unterstützungsabstand durch die Unterkonstruktion in Haupttragrichtung ≤ 2,0 m.

Lfd. Nr.	Anforderungen an Planung, Bemessung und Ausführung gem. Art. 81a Abs. 2 BayBO	Technische Regeln/Ausgabe	Weitere Maßgaben gem. Art. 81a Abs. 2 BayBO
1	2	3	4
A 1.2.1 Grundlagen der Tragwerksplanung und Einwirkungen auf Tragwerke			
A 1.2.1.1	Grundlagen der Tragwerksplanung	DIN EN 1990:2010-12 DIN EN 1990/NA:2010-12	Anlage A 1.2.1/1
A 1.2.1.2	Einwirkungen auf Tragwerke	DIN EN 1991	
	Wichten, Eigengewicht und Nutzlasten im Hochbau	DIN EN 1991-1-1:2010-12 DIN EN 1991-1-1/NA:2010-12 DIN EN 1991-1-1/NA/A1:2015-05	Anlage A 1.2.1/2
	Brandeinwirkungen auf Tragwerke	DIN EN 1991-1-2:2010-12 DIN EN 1991-1-2 Ber. 1:2013-08 DIN EN 1991-1-2/NA:2015-09	Anlage A 1.2.1/3
	Schneelasten	DIN EN 1991-1-3:2010-12 DIN EN 1991-1-3/NA:2010-12	Anlage A 1.2.1/4
	Windlasten	DIN EN 1991-1-4:2010-12 DIN EN 1991-1-4/NA:2010-12	Anlage A 1.2.1/5
	Außergewöhnliche Einwirkungen	DIN EN 1991-1-7:2010-12 DIN EN 1991-1-7/NA:2010-12	Anlage A 1.2.1/6
	Einwirkungen infolge von Kranen und Maschinen	DIN EN 1991-3:2010-12 DIN EN 1991-3 Ber.1:2013-08 DIN EN 1991-3/NA:2010-12	

Lfd. Nr.	Anforderungen an Planung, Bemessung und Ausführung gem. Art. 81a Abs. 2 BayBO	Technische Regeln/Ausgabe	Weitere Maßgaben gem. Art. 81a Abs. 2 BayBO
1	2	3	4
	Einwirkungen auf Silos und Flüssigkeitsbehälter	DIN EN 1991-4:2010-12 DIN EN 1991-4 Ber. 1:2013-08 DIN EN 1991-4/NA:2010-12 DIN FB 140:2005-01	Anlage A 1.2.1/7
A 1.2.1.3	Bauteile, die gegen Absturz sichern	ETB-Richtlinie – „Bauteile, die gegen Absturz sichern", Juni 1985	Anlage A 1.2.1/8
A 1.2.2 Bauliche Anlagen im Erd- und Grundbau			
A 1.2.2.1	Entwurf, Berechnung und Bemessung in der Geotechnik	DIN EN 1997-1:2009-09 DIN EN 1997-1/NA:2010-12	Anlage A 1.2.2/1
	Baugrund – Sicherheitsnachweise im Erd- und Grundbau	DIN 1054:2010-12 DIN 1054/A1:2012-08 DIN 1054/A2:2015-11	
A 1.2.2.2	Ausführung von Bohrpfählen	DIN EN 1536:2010-12 DIN SPEC 18140:2012-02	
A 1.2.2.3	Ausführung von Verdrängungspfählen	DIN EN 12699:2001-05 DIN EN 12699 Ber. 1:2010-11 DIN SPEC 18538:2012-02	Anlage A 1.2.2/2
A 1.2.2.4	Ausschachtungen, Gründungen und Unterfangungen im Bereich bestehender Gebäude	DIN 4123:2013-04	
A 1.2.2.5	Ausführung von Verpressankern	DIN EN 1537:2001-01 DIN EN 1537 Ber.1:2011-12 DIN SPEC 18537:2012-02	Anlage A 1.2.2/3
A 1.2.2.6	Ausführung von besonderen geotechnischen Arbeiten (Spezialtiefbau) – Pfähle mit kleinen Durchmessern (Mikropfähle)	DIN EN 14199:2012-01 DIN SPEC 18539:2012-02	
A 1.2.2.7	Ausführung von besonderen geotechnischen Arbeiten (Spezialtiefbau) – Injektionen	DIN EN 12715:2000-10 DIN SPEC 18187:2015-08	
	Bemessung von verfestigten Bodenkörpern – Hergestellt mit Düsenstrahl-, Deep-Mixing- oder Injektions-Verfahren	DIN 4093:2015-11	
A 1.2.3 Bauliche Anlagen im Beton-, Stahlbeton- und Spannbetonbau			
A 1.2.3.1	Bemessung und Konstruktion von Stahlbeton- und Spannbetontragwerken	DIN EN 1992	
	Allgemeine Bemessungsregeln und Regeln für den Hochbau	DIN EN 1992-1-1:2011-01 DIN EN 1992-1-1/A1:2015-03 DIN EN 1992-1-1/NA:2013-04 DIN EN 1992-1-1/NA/A1:2015-12	Anlagen A 1.2.3/1 und A 1.2.3/2
	Tragwerksbemessung für den Brandfall	DIN EN 1992-1-2:2010-12 DIN EN 1992-1-2/NA:2010-12	Anlage A 1.2.3/3

Lfd. Nr.	Anforderungen an Planung, Bemessung und Ausführung gem. Art. 81a Abs. 2 BayBO	Technische Regeln/Ausgabe	Weitere Maßgaben gem. Art. 81a Abs. 2 BayBO
1	2	3	4
		DIN EN 1992-1-2/NA/A1:2015-09	
	Beton, Stahlbeton und Spannbeton	DIN 1045-2:2008-08 DIN EN 206-1:2001-07 DIN EN 206-1/A1:2004-10 DIN EN 206-1/A2:2005-09 DIN EN 206-9:2010-09	Anlage A 1.2.3/4
	Ausführung von Tragwerken aus Beton	DIN 1045-3:2012-03 DIN 1045-3 Ber. 1:2013-07 DIN EN 13670:2011-03	Anlage A 1.2.3/4
	Fertigteile	DIN 1045-4:2012-02	
	Ziegeldecken	DIN 1045-100:2011-12	
A 1.2.3.2	Schutz und Instandsetzung von Betonbauteilen	DAfStb-Richtlinie – Schutz und Instandsetzung von Betonbauteilen: 2001-10 Ber. 2:2005-12 Ber. 3:2014-09	Anlage A 1.2.3/5
A 1.2.3.3	Spritzbeton	DIN EN 14487-1:2006-03 DIN EN 14487-2:2007-01 DIN 18551:2014-08	
A 1.2.3.4	Schweißen von Betonstahl	DIN EN ISO 17660-1:2006-12 DIN EN ISO 17660-1 Ber. 1:2007-08 DIN EN ISO 17660-2:2006-12 DIN EN ISO 17660-2 Ber. 1:2007-08	Anlage A 1.2.3/6
A 1.2.3.5	Anwendung von vorgefertigten bewehrten Bauteilen aus dampfgehärtetem Porenbeton	DIN 4223-101:2014-12 DIN 4223-102:2014-12 DIN 4223-103:2014-12	Anlage A 1.2.3/1 Abschnitte 1, 2.2, 2.3, 4
A 1.2.3.6	Anwendung von vorgefertigten Bauteilen aus haufwerksporigem Leichtbeton mit statisch anrechenbarer oder nicht anrechenbarer Bewehrung in Bauwerken	DIN 4213:2015-10	Anlage A 1.2.3/1 Abschnitte 1, 2.2, 2.3, 4
A 1.2.3.7	Nachträgliche Bewehrungsanschlüsse mit eingemörtelten Bewehrungsstäben	Nachträgliche Bewehrungsanschlüsse mit eingemörtelten Bewehrungsstäben – Anforderung an Planung, Bemessung und Ausführung: 2016-06 (siehe Anhang 1)	
A 1.2.3.8	Verankerungen in Beton mit einbetonierten oder nachträglich gesetzten Befestigungsmitteln	Verankerungen in Beton mit einbetonierten oder nachträglich eingesetzten Befestigungsmitteln – Anforderung an Planung, Bemessung und Ausführung: 2016-06 (siehe Anhang 2)	
A 1.2.4 Bauliche Anlagen im Metall- und Verbundbau			
A 1.2.4.1	Bemessung und Konstruktion von Stahlbauten	DIN EN 1993-1-1:2010-12 DIN EN 1993-1-1/A1:2014-07 DIN EN 1993-1-1/NA:2015-08	Anlagen A 1.2.3/2 und A 1.2.4/1

Lfd. Nr.	Anforderungen an Planung, Bemessung und Ausführung gem. Art. 81a Abs. 2 BayBO	Technische Regeln/Ausgabe	Weitere Maßgaben gem. Art. 81a Abs. 2 BayBO
1	2	3	4
	Tragwerksbemessung für den Brandfall	DIN EN 1993-1-2:2010-12 DIN EN 1993-1-2/NA:2010-12	Anlage A 1.2.3/3
	Ergänzende Regeln für kaltgeformte Bauteile und Bleche	DIN EN 1993-1-3:2010-12 DIN EN 1993-1-3/NA:2010-12	Anlage A 1.2.4/2
	Ergänzende Regeln zur Anwendung von nichtrostenden Stählen	DIN EN 1993-1-4:2015-10 DIN EN 1993-1-4/NA:2017-01	
	Plattenförmige Bauteile	DIN EN 1993-1-5:2010-12 DIN EN 1993-1-5/NA:2010-12	
	Festigkeit und Stabilität von Schalen	DIN EN 1993-1-6:2010-12 DIN EN 1993-1-6/NA:2010-12	
	Plattenförmige Bauteile mit Querbelastung	DIN EN 1993-1-7:2010-12 DIN EN 1993-1-7/NA:2010-12	
	Bemessung von Anschlüssen	DIN EN 1993-1-8:2010-12 DIN EN 1993-1-8/NA:2010-12	
	Ermüdung	DIN EN 1993-1-9:2010-12 DIN EN 1993-1-9/NA:2010-12	
	Stahlsortenauswahl im Hinblick auf Bruchzähigkeit und Eigenschaften in Dickenrichtung	DIN EN 1993-1-10:2010-12 DIN EN 1993-1-10/NA:2010-12	
	Bemessung und Konstruktion von Tragwerken mit Zuggliedern aus Stahl	DIN EN 1993-1-11:2010-12 DIN EN 1993-1-11/NA:2010-12	Anlage A 1.2.4/3
	Zusätzliche Regeln zur Erweiterung von EN 1993 auf Stahlgüten bis S700	DIN EN 1993-1-12:2010-12 DIN EN 1993-1-12/NA:2011-08	
	Türme und Maste	DIN EN 1993-3-1:2010-12 DIN EN 1993-3-1/NA:2015-11	
	Schornsteine	DIN EN 1993-3-2:2010-12 DIN EN 1993-3-2/NA:2010-12	Anlage A 1.2.4/4
	Silos	DIN EN 1993-4-1:2010-12 DIN EN 1993-4-1/NA:2010-12	
	Pfähle und Spundwände	DIN EN 1993-5:2010-12 DIN EN 1993-5/NA:2010-12	
	Kranbahnen	DIN EN 1993-6:2010-12 DIN EN 1993-6/NA:2010-12	
	Ausführung von Stahltragwerken	DIN EN 1090-2:2011-10	Anlage A 1.2.4/5
A 1.2.4.2	Bemessung und Konstruktion von Verbundtragwerken aus Stahl und Beton	DIN EN 1994	
	Allgemeine Bemessungsregeln und Anwendungsregeln für den Hochbau	DIN EN 1994-1-1:2010-12 DIN EN 1994-1-1/NA:2010-12	Anlagen A 1.2.3/2 und A 1.2.4/1
	Tragwerksbemessung für den Brandfall	DIN EN 1994-1-2:2010-12	Anlage A 1.2.3/3

Lfd. Nr.	Anforderungen an Planung, Bemessung und Ausführung gem. Art. 81a Abs. 2 BayBO	Technische Regeln/Ausgabe	Weitere Maßgaben gem. Art. 81a Abs. 2 BayBO
1	2	3	4
		DIN EN 1994-1-2/A1:2014-06 DIN EN 1994-1-2/NA:2010-12	
A 1.2.4.3	Bemessung und Konstruktion von Aluminiumtragwerken	DIN EN 1999	
	Allgemeine Bemessungsregeln	DIN EN 1999-1-1:2014-03 DIN EN 1999-1-1/NA:2013-05 DIN EN 1999-1-1/NA/A1:2014-06 DIN EN 1999-1-1/NA/A2:2015-03 DIN EN 1999-1-1/NA/A3:2015-11	Anlage A 1.2.4/1
	Tragwerksbemessung für den Brandfall	DIN EN 1999-1-2:2010-12 DIN EN 1999-1-2/NA:2011-04	Anlage A 1.2.3/3
	Ermüdungsbeanspruchte Tragwerke	DIN EN 1999-1-3:2011-11 DIN EN 1999-1-3/NA:2013-01	
	Kaltgeformte Profiltafeln	DIN EN 1999-1-4:2010-05 DIN EN 1999-1-4/A1:2011-11 DIN EN 1999-1-4/NA:2010-12	Anlage A 1.2.4/2
	Schalentragwerke	DIN EN 1999-1-5:2010-05 DIN EN 1999-1-5/NA:2010-12	
	Ausführung von Aluminiumtragwerken	DIN EN 1090-3:2008-09	Anlage A 1.2.4/6
A 1.2.4.4	Oberirdische zylindrische Flachboden-Tankbauwerke aus metallischen Werkstoffen	DIN 4119-1:1979-06 DIN 4119-2:1980-02	Anlage A 1.2.4/7
A 1.2.5 Bauliche Anlagen im Holzbau			
A 1.2.5.1	Bemessung und Konstruktion von Holzbauten	DIN EN 1995-1-1:2010-12 DIN EN 1995-1-1/A2:2014-07 DIN EN 1995-1-1/NA:2013-08	Anlage A 1.2.5/1
	Tragwerksbemessung für den Brandfall	DIN EN 1995-1-2:2010-12 DIN EN 1995-1-2/NA:2010-12	Anlage A 1.2.3/3
	Brücken	DIN EN 1995-2:2010-12 DIN EN 1995-2/NA:2011-08	Anlage A 1.2.5/1
	Herstellung und Ausführung von Holzbauwerken	DIN 1052-10:2012-05	
A 1.2.5.2	Holzschutz	DIN 68800-1:2011-10 DIN 68800-2:2012-02	Anlage A 1.2.5/2
A 1.2.6 Bauliche Anlagen im Mauerwerksbau			
A 1.2.6.1	Bemessung und Konstruktion von Mauerwerksbauten	DIN EN 1996	
	Allgemeine Regeln für bewehrtes und unbewehrtes Mauerwerk	DIN EN 1996-1-1:2013-02 DIN EN 1996-1-1/NA:2012-05 DIN EN 1996-1-1/NA/A1:2014-03 DIN EN 1996-1-1/NA/A2:2015-01	Anlage A 1.2.6/1
	Tragwerksbemessung für den Brandfall	DIN EN 1996-1-2:2011-04 DIN EN 1996-1-2/NA:2013-06	Anlage A 1.2.6/2

Lfd. Nr.	Anforderungen an Planung, Bemessung und Ausführung gem. Art. 81a Abs. 2 BayBO	Technische Regeln/Ausgabe	Weitere Maßgaben gem. Art. 81a Abs. 2 BayBO
1	2	3	4
	Planung, Auswahl der Baustoffe und Ausführung von Mauerwerk	DIN EN 1996-2:2010-12 DIN EN 1996-2/NA:2012-01	
	Vereinfachte Berechnungsmethoden für unbewehrte Mauerwerksbauten	DIN EN 1996-3:2010-12 DIN EN 1996-3/NA:2012-01 DIN EN 1996-3/NA/A1:2014-03 DIN EN 1996-3/NA/A2:2015-01	
A 1.2.6.2	Fertigbauteile	DIN 1053-4:2013-04	Anlage A 1.2.6/3
A 1.2.6.3	Verankerungen in Mauerwerk mit nachträglich gesetzten Befestigungsmitteln	Verankerungen in Mauerwerk mit nachträglich gesetzten Befestigungsmitteln – Anforderung an Planung, Bemessung und Ausführung: 2016-06 (siehe Anhang 3)	
A 1.2.7 Glaskonstruktionen			
A 1.2.7.1	Glas im Bauwesen – Bemessungs- und Konstruktionsregeln	DIN 18008-1:2010-12	Anlagen A 1.2.7/1 und A 1.2.7/2
	Linienförmig gelagerte Verglasungen	DIN 18008-2:2010-12	Anlage A 1.2.7/3
	Punktförmig gelagerte Verglasungen	DIN 18008-3:2013-07	
	Zusatzanforderungen an absturzsichernde Verglasungen	DIN 18008-4:2013-07	
	Zusatzanforderungen an begehbare Verglasungen	DIN 18008-5:2013-07	
A 1.2.8 Sonderkonstruktionen			
A 1.2.8.1	Freistehende Schornsteine	DIN 1056:2009-01	Anlagen A 1.2.4/4 und A 1.2.8/1
		DIN EN 13084-1:2007-05	Anlage A 1.2.8/1
		DIN EN 13084-2:2007-08	
		DIN EN 13084-4:2005-12	
		DIN EN 13084-6:2005-03	Anlage A 1.2.8/2
		DIN EN 13084-8:2005-08	Anlage A 1.2.8/2
A 1.2.8.2	Glockentürme	DIN 4178:2005-04	
A 1.2.8.3	Gewächshäuser	DIN V 11535-1:1998-02	Anlage A 1.2.7/2
A 1.2.8.4	In Bayern nicht besetzt.		
A 1.2.8.5	In Bayern nicht besetzt.		
A 1.2.8.6	Gärfuttersilos und Güllebehälter	DIN 11622-1:2006-01 DIN 11622-2:2004-06 DIN 11622-4:1994-07	
A 1.2.8.7	Windenergieanlagen; Einwirkungen und Standsicherheitsnachweise für Turm und Gründung	Richtlinie für Windenergieanlagen; Einwirkungen und Standsicherheitsnachweise für Turm und Gründung, März 2015	Anlage A 1.2.8/6
A 1.2.8.8	Lehmbauten für Wohngebäude der Gebäudeklasse 1 und 2 mit höchstens zwei Vollgeschossen	Lehmbau Regeln, Februar 2008	

Lfd. Nr.	Anforderungen an Planung, Bemessung und Ausführung gem. Art. 81a Abs. 2 BayBO	Technische Regeln/Ausgabe	Weitere Maßgaben gem. Art. 81a Abs. 2 BayBO
1	2	3	4
A 1.2.8.9	Ortsfeste liegende zylindrische ein- und doppelwandige Behälter (Tanks) aus Stahl zur oberirdischen Lagerung von wassergefährdenden flüssigen Brennstoffen für die energetische Versorgung von Heiz- und Kühlanlagen für Gebäude		Anlage A 1.2.8/7
A 1.2.8.10	Ortsfeste Tanks aus Thermoplasten zur oberirdischen Lagerung von flüssigen Brennstoffen für die energetische Versorgung von Heiz- und Kühlsystemen in Gebäuden		Anlage A 1.2.8/8
A 1.2.9 Bauliche Anlagen in Erdbebengebieten			
A 1.2.9.1	Bauten in deutschen Erdbebengebieten	DIN 4149:2005-04	Anlage A 1.2.9/1

Anlage A 1.2.1/1
Zu DIN EN 1990 in Verbindung mit DIN EN 1990/NA

Die informativen Anhänge B, C und D sind nicht anzuwenden.

Anlage A 1.2.1/2
Zu DIN EN 1991-1-1 in Verbindung mit DIN EN 1991-1-1/NA

Zu Abschnitt 6.4:

Ergänzend gilt für Horizontallasten für Hubschrauberlandeplätze auf Dachdecken:

1

In der Ebene der Start- und Landefläche und des umgebenden Sicherheitsstreifens ist eine horizontale Nutzlast q_k = 1,0 kN/m an der für den untersuchten Querschnitt eines Bauteils jeweils ungünstigsten Stelle anzunehmen.

2

Für den mindestens 10 cm hohen Überrollschutz ist am oberen Rand eine Horizontallast von 10 kN anzunehmen.

Anlage A 1.2.1/3
Zu DIN EN 1991-1-2 in Verbindung mit DIN EN 1991-1-2/NA

Bei Anwendung des Abschnittes 3.3 ist Folgendes zu beachten:

Werden Naturbrandmodelle angewendet, so ist Nr. 6 des Kriterienkatalogs nach § 15 Abs. 3 BauVorlV nicht erfüllt; der Standsicherheitsnachweis muss nach Art. 62a Abs. 1 BayBO[1)] geprüft/bescheinigt werden.

Bei der Anwendung von Naturbrandmodellen ist zudem zu beachten:

---

1) Nr. **1**.

1

Das Ergebnis der Bemessung des Feuerwiderstands (Brandeinwirkung und Nachweis) tragender oder aussteifender Bauteile auf der Grundlage von Naturbrandmodellen (Abschnitt 3.3 DIN EN 1991-1-2:2010-12) bedarf einer Abweichung nach Art. 63 Abs. 1 BayBO[1)] es kann auch im Rahmen des Art. 54 Abs. 3 Satz 2 BayBO zugelassen werden.

Anmerkung:

Die Beurteilung der Feuerwiderstandsfähigkeit von Bauteilen in bauaufsichtlichen Verfahren erfolgt auf der Grundlage von Brandprüfungen nach der Einheits-Temperaturzeitkurve (ETK) und führt zu Einstufungen in Feuerwiderstandsklassen (DIN 4102-2:1977-09, DIN EN 13501-2), die den bauaufsichtlichen Anforderungen zugeordnet werden.

Bauteilbemessungen auf der Grundlage von Naturbrandmodellen stellen auf die jeweilige konkrete Nutzung und Ausgestaltung eines Raums oder Gebäudes unter Berücksichtigung der vorhandenen brandschutztechnischen Infrastruktur ab.

Eine solche Bauteilbemessung deckt das auf Feuerwiderstandsklassen ausgerichtete globale bauaufsichtliche Anforderungssystem (Gebäudeklassen, Höhenlage der Geschosse, Gebäudeart) nicht vollständig ab.

Über die Anwendbarkeit von Naturbrandmodellen ist daher im Rahmen einer Abweichung nach Art. 63 bzw. einer Erleichterung nach Art. 54 Abs. 3 Satz 2 BayBO zu entscheiden. Dazu ist im Bauantrag oder in den Bauvorlagen anzugeben, weshalb es einer ETK-Brandbeanspruchung nicht bedarf und darzustellen, dass (und weshalb) das gewählte Brandmodell für das Vorhaben geeignet ist und wie die damit zwangsläufig verbundene eingeschränkte Nutzung der Anlage (z.B. aufgrund begrenzter Brandlasten) sichergestellt werden soll (Art. 63 Abs. 1 BayBO, § 11 Abs. 2 Satz 1 Nr. 1, Satz 2 BauVorlV vgl. Nr. 5).

2

Für den Nachweis der Standsicherheit (§ 10 Abs. 1 BauVorlV) sind die für die Beurteilung der Brandeinwirkungen erforderlichen Unterlagen, insbesondere für die Ermittlung der thermischen Einwirkungen und die bemessungsrelevanten Brandszenarien einschließlich der entsprechenden Bemessungsbrände, als zusätzliche Bauvorlage (§ 1 Abs. 4 BauVorlV) vorzulegen. Die erforderlichen Unterlagen müssen vollständig, nachvollziehbar und prüfbar sein; die thermischen Einwirkungen sind raumbezogen zu ermitteln und zu dokumentieren. Die Eingangsparameter sind repräsentativ und konservativ zu wählen; dabei sind auch Brandeinwirkungen von außen und spezifische Nutzungszustände zu berücksichtigen (z.B. Fahrzeuge in Ausstellungshallen im Rahmen der Auf- und Abbauphase von Messeständen).

Der mit der Prüfung/Bescheinigung des Standsicherheitsnachweises nach Art. 62a Abs. 2 BayBO[1)] beauftragte Prüfingenieur/Prüfsachverständige muss entweder zugleich Prüfsachverständiger für Brandschutz sein oder für die Beurteilung der Brandeinwirkungen einen mit derartigen Brandmodellen erfahrenen Prüfsachverständigen für Brandschutz heranziehen. Im Rahmen der Beurteilung der Brandeinwirkung sind alle Eingangsparameter auf Vollständigkeit

[1)] Nr. 1.

und Richtigkeit zu überprüfen; nur stichprobenartige oder Plausibilitätsprüfungen sind nicht ausreichend.

3

Für den Nachweis des Brandschutzes (§ 11 BauVorlV) ist in den Bauvorlagen auch darzustellen, wie die nach Naturbrandmodellen bemessenen Bauteile des Tragwerks mit den erforderlichen (klassifizierten) raumabschließenden Bauteilen (wie Brand- und Trennwände, Decken, Wände notwendiger Treppenräume und Flure) zu einem geeigneten Brandschutzkonzept zusammengeführt werden sollen. Dazu gehören auch Aussagen zu den Anschlüssen brandschutztechnisch unterschiedlich bemessener Bauteile.
Die bauordnungsrechtlichen Anforderungen (der BayBO oder aufgrund der BayBO erlassener Rechtsverordnungen) an raumabschließende Bauteile bleiben unberührt.

4

Die Feuerwiderstandsfähigkeit des Tragwerks ist für die Durchführung wirksamer Löscharbeiten von wesentlicher Bedeutung. Vor der Entscheidung über die Abweichung/Erleichterung ist die zuständige Brandschutzdienststelle im Hinblick auf die Belange des abwehrenden Brandschutzes zu hören; § 19 Abs. 1 PrüfVBau[1)] bleibt unberührt.

5

Die zulässige Art der Nutzung des Bauvorhabens (z.B. Bürogebäude) wird durch die – gewählten und durch die Baugenehmigung festgelegten – Eingangsparameter für die Ermittlung der Brandbeanspruchung (raumbezogen) konkretisiert und begrenzt. Es sind daher geeignete Maßnahmen festzulegen, die die Einhaltung dieser Nutzungsbeschränkung sicherstellen. Dazu kommen insbesondere die Bestellung eines Brandschutzbeauftragten für die diesbezügliche Überwachung des laufenden Betriebs sowie eine Überprüfung der Brandlastannahmen innerhalb des ersten Jahres nach Aufnahme der Nutzung und wiederkehrende Überprüfungen (z.B. in Abständen von 3–5 Jahren) durch einen Prüfsachverständigen für Brandschutz in Betracht.
Die Nutzungsbeschränkung und die zu ihrer Einhaltung vorgesehenen Maßnahmen sind durch entsprechende Nebenbestimmungen in der Baugenehmigung festzulegen. In der Baugenehmigung ist darauf hinzuweisen, dass Änderungen des genehmigten Nutzungskonzepts, die zu einer höheren Brandbeanspruchung führen (z.B. veränderte Brandlasten), eine Überprüfung der Standsicherheit und gegebenenfalls die Beantragung und Erteilung einer neuen Baugenehmigung erforderlich machen.
Anmerkung:
Gebäude, deren Standsicherheit auf der Grundlage von Naturbrandmodellen bemessen ist, unterliegen Nutzungsbegrenzungen, die durch betriebliche Maßnahmen und externe Überprüfungen sicherzustellen sind. Die Anwendung solcher Modelle kann daher nur bei bestimmten Gebäudenutzungen sachgerecht sein. Sie kann bei Nutzungen mit geringen und beständigen Brandlasten insbesondere in großen Raumstrukturen angemessen sein; anders verhält es sich bei Räumen mit veränderlichen Brandlasten und Nutzungen oder Gebäuden mit besonderen Sicherheitsanforderungen (z.B. Hochhäuser); die Erforderlich-

---

1) Nr. **9**.

keit betrieblicher Maßnahmen schließt eine Anwendung bei Wohnungen oder ähnlichen Nutzungen grundsätzlich aus.

6. Zu DIN EN 1991-1-2/NA:2015-09, Anhang BB (NA.BB)

6.1

Die Brandlastdichten nach Abschnitt NA.BB.3.2, Tabelle BB.1, Spalte 3, dürfen auch bei Ermittlungen im Einzelfall nach Abschnitt NA.BB.3.3 nicht unterschritten werden; die Werte beziehen sich nur auf eine für die jeweilige Gebäudeart typische Raumnutzung und nicht auf die Raumnutzungen des gesamten Gebäudes (vgl. NA.BB.3.2 Absatz 3 bezüglich Bürogebäude); dies gilt für Tabelle BB.2 entsprechend.

6.2

Die maximale Wärmefreisetzungsrate $Q_{max,k}$ nach Abschnitt NA.BB.4, Gleichung (BB.7) ist auch für Räume mit mehr als 400 m^2 unter Ermittlung zunächst der Wärmefreisetzungsrate $Q_{max,f,k}$ für einen angenommenen brandlastgesteuerten Brand nach Gleichung (BB.5) und der Ermittlung der Wärmefreisetzungsrate $Q_{max,v,k}$ unter der Annahme eines ventilationsgesteuerten Brandes nach Gleichung (BB.6) zu bestimmen. Der so aus Gleichung (BB.7) gebildete Wert (charakteristischer Wert $Q_{max,k}$) liegt stets auf der sicheren Seite.

6.3

Für die Auftretenswahrscheinlichkeit p_1 eines Entstehungsbrandes je Jahr und Nutzungseinheit ist nach Abschnitt NA.BB.5.1 der größere und damit ungünstigere Wert aus den Angaben nach Tabelle BB.3 zur Bestimmung der Auftretenswahrscheinlichkeit p_{fi} eines Schadenfeuers nach Gleichung (BB.9) in Ansatz zu bringen.

Für die Ausfallwahrscheinlichkeit der öffentlichen Feuerwehr ist der Wert $p_{2,2} = 0{,}5$ nach Tabelle BB.4 anzusetzen.

6.4

Für die Ermittlung der bedingten Versagenswahrscheinlichkeit $p_{f,fi}$ nach Abschnitt NA.BB.5.2 ist in Gleichung (BB.13) die Versagenswahrscheinlichkeit p_f für Bauteile des Tragwerks stets zumindest aus der Zuordnung zur Schadensfolge „mittel“ nach Tabelle BB.5 in Ansatz zu bringen.

Für Gebäude, die einer Büro- oder vergleichbaren Nutzung dienen und deren Nutzungseinheiten mehr als 400 m^2 Brutto-Grundfläche haben (vgl. Art. 34 Abs. 1 Satz 2 Nr. 4 BayBO), ist für den Zuverlässigkeitsindex β der Wert 4,7 und für die zugehörige Versagenswahrscheinlichkeit p_f der Wert 1,3E-6 nach Tabelle BB.5 in Ansatz zu bringen.

Sonderbauten, bei denen die Auswirkungen des Versagens oder der Funktionsbeeinträchtigung eines Tragwerks zu schweren Folgen für Leben, Gesundheit und die natürlichen Lebensgrundlagen (vgl. DIN EN 1990:2010-12, Anhang B) führen können, sind der Schadensfolge „hoch“ nach Tabelle BB.5 zuzuordnen.

Anlage A 1.2.1/4
Zu DIN EN 1991-1-3 in Verbindung mit DIN EN 1991-1-3/NA

1

Hinsichtlich der Zuordnung der Schneelastzonen nach Verwaltungsgrenzen wird auf die Tabelle „Zuordnung der Schneelastzonen nach Verwaltungsgrenzen“ hingewiesen. Die Tabelle „Zuordnung der Schneelastzonen nach Verwaltungsgrenzen“ ist über http://www.is-argebau.de oder http://www.dibt.de/de/Geschaeftsfelder/BRL-TB.htm abrufbar.

2

Abschnitt 6 Eislasten und Anhang A der DIN 1055-5:2005-07 sind zu beachten.

Anlage A 1.2.1/5
Zu DIN EN 1991-1-4 in Verbindung mit DIN EN 1991-1-4/NA

1

Zu Abschnitt NA.B.3.2 Tabelle NA.B.3, Spalte 2:
Bei Gebäuden (Reihenmittelhäuser) mit einer Gesamthöhe h ≤ 10,0 m, an die beidseitig im Wesentlichen profilgleich angebaut und bei denen (rechtlich) gesichert ist, dass die angebauten Gebäude nicht dauerhaft beseitigt werden, darf die Einwirkung des Windes als veränderliche Einwirkung aus Druck oder Sog nachgewiesen werden. Dabei ist der ungünstigere Wert maßgebend. Die Einwirkung von Druck und Sog gemeinsam muss dann als außergewöhnliche Einwirkung angesetzt werden.

2

Hinsichtlich der Zuordnung der Windzonen nach Verwaltungsgrenzen der Länder wird auf die Tabelle „Zuordnung der Windzonen nach Verwaltungsgrenzen der Länder“ hingewiesen. Die ist auch über www.is-argebau.de oder www.dibt.de/de/Geschaeftsfelder/BRL-TB.html#TB abrufbar.

Tabelle: Zuordnung der Windzonen nach Verwaltungsgrenzen

Bayern			
A	B	C	D
1.	**Unterfranken**	Windzone 1	alle Gemeinden
2.	**Oberfranken**	Windzone 1	alle Gemeinden
3.	**Mittelfranken**	Windzone 1	alle Gemeinden
4.	**Niederbayern**	Windzone 1	alle Gemeinden
5.	**Oberpfalz**	Windzone 1	alle Gemeinden
6.	**Schwaben**		
6.1	**Kreise Donau-Ries, Dillingen a.d. Donau**	Windzone 1	alle Gemeinden
6.2	**Kreise Neu-Ulm, Augsburg, Aichach-Friedberg, Unterallgäu, Lindau (Bodensee), kreisfreie Städte Memmingen, Kaufbeuren, Augsburg**	Windzone 2	alle Gemeinden
6.3	**Kreis Oberallgäu**	Windzone 1	alle Gemeinden, soweit nicht in Windzone 2
		Windzone 2	Gemeinden Altusried, Dietmannsried, Haldenwang
6.4	**Kreis Ostallgäu**	Windzone 1	Gemeinden Pfronten, Hopferau, Nesselwang, Füssen, Schwangau, Rieden, Roßhaupten, Seeg, Görisried, Wald, Lengenwang, Stötten a.Auerberg
		Windzone 2	alle Gemeinden, soweit nicht in Windzone 1
7.	**Oberbayern**		
7.1	**Kreise Eichstätt, Freising, Neuburg-Schrobenhausen, Erding, Pfaffenhofen a.d. Ilm, Mühldorf a. Inn, Berchtesga-**	Windzone 1	alle Gemeinden

Bayern			
A	B	C	D
	dener Land, Garmisch-Partenkirchen, Altötting, kreisfreie Stadt Ingolstadt		
7.2	**Kreise Dachau, München, Fürstenfeldbruck, Landsberg am Lech, Ebersberg, Starnberg, Landeshauptstadt München**	Windzone **2**	alle Gemeinden
7.3	**Kreis Weilheim-Schongau**	Windzone **1**	Verwaltungsgemeinschaft Steingaden, Gemeinde Bernbeuren
		Windzone **2**	alle Gemeinden, soweit nicht in Windzone 1
7.4	**Kreis Bad Tölz-Wolfratshausen**	Windzone **1**	alle Gemeinden, soweit nicht in Windzone 2
		Windzone **2**	Gemeinden Wolfratshausen, Icking, Münsing, Egling, Geretsried, Eurasburg, Königsdorf, Bad Tölz, Reichersbeuern, Dietramszell, Bad Heilbrunn, Sachsenkam
7.5	**Kreis Miesbach**	Windzone **1**	alle Gemeinden, soweit nicht in Windzone 2
		Windzone **2**	Gemeinden Holzkirchen, Otterfing, Warngau, Valley, Weyarn, Irschenberg, Miesbach, Gmund a. Tegernsee, Waakirchen, Hausham
7.6	**Kreis Traunstein**	Windzone **1**	Gemeinden Grassau, Schleching, Staudach-Egerndach, Marquartstein, Unterwössen, Reit im Winkl, Ruhpolding, Bergen, Siegsdorf, Inzell, Surberg, Petting, Wonneberg, Waging a. See, Kirchanschöring, Fridolfing, Taching a. See, Palling, Tittmoning, Engelsberg, Tacherting
		Windzone **2**	alle Gemeinden, soweit nicht in Windzone 1
7.7	**Kreis Rosenheim**	Windzone **1**	Gemeinden Kiefersfelden, Oberaudorf, Flintsbach a. Inn, Brannenburg, Nußdorf a. Inn, Samerberg, Aschau i. Chiemgau
		Windzone **2**	alle Gemeinden, soweit nicht in Windzone 1

Anlage A 1.2.1/6
Zu DIN EN 1991-1-7 in Verbindung mit DIN EN 1991-1-7/NA

Die informativen Anhänge sind nicht anzuwenden.

Anlage A 1.2.1/7
Zu DIN EN 1991-4 in Verbindung mit DIN EN 1991-4/NA und DIN-Fachbericht 140

1

Bei Silozellen bis zu einem Behältervolumen von 4000 m^3 und einer Schlankheit (Verhältnis Zellenhöhe h_c zu Zellendurchmesser d_c) $h_c/d_c < 4{,}0$ können neben dem DIN-Fachbericht 140 auch die Regeln von DIN EN 14491 angewendet werden, sofern die Masse des Entlastungssystems den Wert von $m_E = 50$ kg/m^2 nicht überschreitet.

2

Bei Anwendung der technischen Regel DIN-Fachbericht 140 ist Folgendes zu beachten:

Sofern keine sphärischen Explosionsbedingungen vorliegen, darf bei der Anwendung der Nomogramme des DIN-Fachberichts 140 für niedrige Silozellen mit Schlankheiten von $h_c/d_c < 2{,}0$ eine Extrapolation der Nomogrammwerte mit den Schlankheiten H/D = 2 und H/D = 4 vorgenommen werden.

Anlage A 1.2.1/8
Zur ETB-Richtlinie „Bauteile, die gegen Absturz sichern"

1

zu Abschnitt 3.1; 1. Absatz:

Sofern sich nach DIN EN 1991-1-1 in Verbindung mit DIN EN 1991-1-1/NA größere horizontale Linienlasten ergeben, müssen diese berücksichtigt werden.

2

zu Abschnitt 3.1, 4. Absatz:

Anstelle des Satzes „Windlasten sind diesen Lasten zu überlagern." gilt:

„Windlasten sind diesen Lasten zu überlagern, ausgenommen für Brüstungen von Balkonen und Laubengängen, die nicht als Fluchtwege dienen."

3

Die ETB-Richtlinie ist nicht bei Bauteilen aus Glas anzuwenden.

Anlage A 1.2.2/1

1

Für folgende Bauprodukte/Bausätze mit einer ETA [1)] gibt es keine abschließenden technischen Regeln[2)] für die Bemessung und Ausführung:

- Gabionen
- Pfähle aus duktilen Gusseisenrohren
- Fels- und Bodennägel
- Verpresspfähle (Verbundpfähle) mit kleinem Durchmesser (Mikropfähle)
- Fels- und Bodenanker.

2

Zu DIN 1054, Abschnitt A 11.5.4:

Erdbauwerke müssen dauerhaft standsicher sein. Werden bei der Errichtung von Erdbauwerken Geokunststoffe nach EN 13251 mit der Funktion Bewehren verwendet, so kann die Bemessung nach „Empfehlungen für den Entwurf und die Berechnung von Erdkörpern mit Bewehrungen aus Geokunststoffen (EBGEO)" durchgeführt werden.

3

Zu ETAs für „Bausatz für Fels- und Bodennägeln, Bausätze mit Hohlstäben für selbstbohrende Nägel": Die Anwendung von Fels- und Bodennägeln ist nur für vorübergehenden Einsatz (≤ 2 Jahre) zulässig.

4

Zu ETAs für „Bausatz für Verpresspfähle mit kleinem Durchmesser", „Bausätze mit Hohlstäben für selbstbohrende Verpresspfähle": Die Anwendung der Verpresspfähle ist nur für vorübergehenden Einsatz (≤ 2 Jahre) zulässig.

[1)] **Amtl. Anm.:** nach ETAG/CUAP/EAD
[2)] **Amtl. Anm.:** Anwendung von Art. 15 BayBO

Anlage A 1.2.2/2
Zu DIN EN 12699

Zu DIN EN 12699, Abschnitt 6.2.1 und 7.7.4 und DIN SPEC 18538, A 6.2.1.1:

Bei der Ausführung von Pfählen oder Segmentpfählen nach EN 12794 müssen die einschlägigen Bestimmungen und Maßgaben nach Anlage A 1.2.3/1 eingehalten werden.

- Die Pfähle und Segmentpfähle müssen der Klasse 1 nach Tabelle 3 von EN 12794 entsprechen.
- Die Tragfähigkeit gekuppelter Pfähle mit Pfahlverbindungen der Klassen A bis C nach Tabelle 4 von EN 12794 muss der eines ungekuppelten Pfahls entsprechen.
- Gekuppelte Pfähle dürfen nur durch vorwiegend ruhende Einwirkungen beansprucht werden.

Anlage A 1.2.2/3
Zu DIN EN 1537

Für die Bemessung und Ausführung der Daueranker enthält die Norm, insbesondere für bestimmte Aspekte der Dauerhaftigkeit, keine abschließende Regelung.[1)]

Anlage A 1.2.3/1

1

Der Abschnitt C 2.1 dieser BayTB regelt die Anforderungen an Bauprodukte des Beton-, Stahlbeton- bzw. Spannbetonbaus.

2. Fertigteile

2.1

Für Tragstrukturen aus Fertigteilen nach harmonisierten Normen ist zusätzlich DIN V 20000-120:2006-04 Anwendung von Bauprodukten in Bauwerken – Teil 120: Anwendungsregeln zu DIN EN 13369:2004-09 – zu beachten.

2.2

Bei der Verwendung von nicht harmonisierten Ausgangsstoffen gelten die technischen Regelungen nach Abschnitt C 2.1. Die verwendeten Ausgangsstoffe sind anzugeben.

2.3

Werden Tragfähigkeitsmerkmale von Bauteilen oder Bausätzen in Form von rechnerisch ermittelten Tragfähigkeitswerten, mechanischen Festigkeiten oder komplette statische Berechnungen im Rahmen der Leistungserklärung angegeben, so gehören diese zu den bautechnischen Nachweisen.

2.4

Auch die Bemessung und konstruktive Durchbildung von Betonfertigteilen in baulichen Anlagen muss nach A 1.2.3.1 erfolgen.

[1)] **Amtl. Anm.:** Anwendung von Art. 15 BayBO

2.5

Bei Einzelgaragen nach DIN EN 13978-1 darf zusätzlich DIN V 20000-125:2006-12 hinsichtlich Planung, Bemessung und Ausführung angewendet werden. Anstelle der DIN 1045-1:2001-07 gelten dann die Regeln nach A 1.2.3.1 entsprechend.

2.6

Bei Verwendung von Ziegeln nach DIN EN 15037-3 in Deckensystemen ist zusätzlich DIN 20000-129:2014-10 – Anwendung von Bauprodukten in Bauwerken – Teil 129: Regeln für die Verwendung von keramischen Zwischenbauteilen nach DIN EN 15037-3:2011-07 – zu beachten.

3

Für Planung, Bemessung und Ausführung von baulichen Anlagen unter Verwendung von Spannverfahren mit Ausnahme der Spannbett-Verfahren für Vorspannung mit sofortigem Verbund nach DIN EN 1992-1-1:2011-01, Abschnitt 5.10, gibt es in Abschnitt A 1.2.3 und C 2.1 keine abschließende technische Regel.

4

Zu DIN EN 1992-1-1, Abschnitt 2.5:

Die Bemessung von Tragwerken auf der Grundlage von Versuchen ist nicht anzuwenden.

Anlage A 1.2.3/2

Für die Planung, Bemessung und Konstruktion von Brücken sind die Regelungen gemäß Allgemeinem Rundschreiben Straßenbau Nr. 22/2012 des BMVBS (veröffentlicht im Verkehrsblatt 2012, Heft 24, S. 995) anzuwenden.

Anlage A 1.2.3/3
Zu DIN EN 1992-1-2, DIN EN 1993-1-2, DIN EN 1994-1-2, DIN EN 1995-1-2 und DIN EN 1999-1-2

Für spezielle Ausbildungen (z.B. Anschlüsse, Fugen etc.) sind die Anwendungsregeln nach DIN 4102-4:2016-05 zu beachten, sofern die Eurocodes dazu keine Angaben enthalten.

Anlage A 1.2.3/4

1

Es gelten die Festlegungen von C 2.1.4.3.

2

Für die Bestimmung der Druckfestigkeit von Beton in bestehenden Gebäuden kann DIN EN 13791 (einschließlich nationaler Anhang) angewendet werden.

3

Bei der Verwendung von selbstverdichtendem Beton ist die „DAfStb-Richtlinie Selbstverdichtender Beton (SVB-Richtlinie)“ (2012-09) anzuwenden.

4

Für massige Bauteile aus Beton gilt die „DAfStb-Richtlinie Massige Bauteile aus Beton“ (2010-04).

5

Grundsätzlich ist die Druckfestigkeit zur Einteilung in die geforderte Druckfestigkeitsklasse nach DIN EN 206-1, Abschnitt 4.3.1 und zur Bestimmung der charakteristischen Festigkeit nach DIN EN 206-1, Abschnitt 5.5.1.2 an Probekörpern im Alter von 28 Tagen zu bestimmen. Hierbei ist auch im Rahmen der Konformitätskontrolle für die Druckfestigkeit nach DIN EN 206-1, Abschnitt 8.2.1 die Konformität an Probekörpern zu beurteilen, die im Alter von 28 Tagen geprüft werden. Von diesem Grundsatz darf nur abgewichen werden, wenn entweder

I) die DAfStb-Richtlinie „Massige Bauteile aus Beton“ angewendet werden darf und angewendet wird oder

II) die folgenden Bedingungen erfüllt werden:

a. Es besteht ein technisches Erfordernis für den Nachweis der Druckfestigkeit in höherem Prüfalter. Dies ist beispielsweise der Fall bei manchen Hochfesten Betonen, bei fugenarmen/fugenfreien Konstruktionen und bei Bauteilen mit hohen Anforderungen an die Rissbreitenbegrenzung.

b. Die Verwendung des Betons wird mindestens den Regelungen der Überwachungsklasse 2 nach DIN 1045-3 unterworfen, sofern sich nicht aufgrund der Druckfestigkeitsklasse höhere Anforderungen ergeben. Dabei muss im Rahmen der Überwachung des Einbaus von Beton nach DIN 1045-3, Anhang C die Notwendigkeit des erhöhten Prüfalters von der Überwachungsstelle bestätigt sein.

c. Es liegt ein vom Bauunternehmen erstellter Qualitätssicherungsplan vor, in dem projektbezogen dargelegt wird, wie das veränderte Prüfalter im Hinblick auf Ausschalfristen, Nachbehandlungsdauer und Bauablauf berücksichtigt wird. Dieser Qualitätssicherungsplan ist der Überwachungsstelle im Rahmen der Überwachung nach DIN 1045-3, Anhang C vor Bauausführung zur Genehmigung vorzulegen.

d. Im Lieferverzeichnis sowie auf dem Lieferschein wird besonders angegeben, dass die Druckfestigkeit des Betons nach mehr als 28 Tagen bestimmt wird. Unbeschadet dieser Regelung bleibt das Werk für die von der Norm geforderte Vereinbarung mit dem Abnehmer verantwortlich. Dabei ist auf die Auswirkungen auf den Bauablauf, insbesondere hinsichtlich Nachbehandlungsdauer, Dauerhaftigkeit und Ausschalfristen, einzelfallbezogen hinzuweisen.

6

Bei Verwendung von Stahlfaserbeton ist die „DAfStb-Richtlinie Stahlfaserbeton“ (2012-11) zu beachten.

Anlage A 1.2.3/5
Zur DAfStb-Richtlinie – Schutz und Instandsetzung von Betonbauteilen

Wenn in der DAfStb-Instandsetzungsrichtlinie Produktmerkmale angesprochen werden, die als wesentliche Merkmale nach der EU-Bauproduktenverordnung europäisch harmonisiert sind, so ist die für die Erfüllung der jeweiligen Bauwerksanforderungen erforderliche Leistung vom sachkundigen Planer gemäß der jeweiligen harmonisierten technischen Spezifikation festzulegen. Für die betroffenen Produkte sind die Festlegungen zum Übereinstimmungsnachweis und zur Kennzeichnung mit dem Ü-Zeichen nicht anzuwenden.

Anlage A 1.2.3/6
Zu DIN EN ISO 17660-1 und -2

1

Zu Abschnitt 7:

1.1

Es sind schweißgeeignete Betonstähle nach DIN 488-1 und -2:2009-08 zu verwenden.

1.2

Es sind Baustähle nach DIN EN 10025-1:2005-02 zu verwenden.

1.3

Es sind Schweißzusätze nach DIN EN 13479:2005-03 zu verwenden.

2

Zu den Abschnitten 8 und 9:

Es ist die DVS-Richtlinie DVS 1708:2009-09 zu beachten.

Anlage A 1.2.4/1

Bei der Ausführung von Bauteilen oder Bausätzen aus Stahl nach DIN EN 1993 im Zusammenhang mit DIN EN 1993/NA, aus Aluminium nach DIN EN 1999 im Zusammenhang mit DIN EN 1999/NA oder von Verbundtragwerken oder -bauteilen nach DIN EN 1994 im Zusammenhang mit DIN EN 1994/NA ist Folgendes zu beachten:

1

Werden Tragfähigkeitsmerkmale von Bauteilen oder Bausätzen in Form von rechnerisch ermittelten Tragfähigkeitswerten, mechanischen Festigkeiten oder komplette statische Berechnungen im Rahmen der Leistungserklärung angegeben, so gehören diese zu den bautechnischen Nachweisen.

2

Die Bemessung von Tragwerken auf der Grundlage von Versuchen ist nicht anzuwenden.

Anlage A 1.2.4/2

1

Für die konstruktive Ausbildung von Dächern, Decken und Wänden sowie deren Bekleidung aus Trapez- und Wellprofilen aus Stahl gelten DIN 18807-3:1987-06 in Verbindung mit DIN 18807-3/A1:2001-05.

2

Für die konstruktive Ausbildung von Dächern, Decken und Wänden, sowie deren Bekleidung aus Trapez- und Wellprofilen aus Aluminium gilt DIN 18807-9:1998-06.

Anlage A 1.2.4/3

Für Seilnetzkonstruktionen und vorgefertigte Drahtseile aus Stahl und nichtrostendem Stahl mit Endverankerungen nach ETA gilt:

1

Abhängig von der Werkstoffnummer können offene Spiralseile und Rundlitzenseile aus nichtrostendem Stahl den in Tabelle 1 angegebenen Korrosionsbeständigkeitsklassen (CRC) nach DIN EN 1993-1-4:2015-10 zugeordnet werden.

Tabelle 1: Korrosionsbeständigkeitsklassen

Werkstoffnummer	Korrosionsbeständigkeitsklassen (CRC) nach DIN EN 1993-1-4:2015-10
1.4401	II
1.4404	II
1.4436	III
1.4462	III

2

Die Kriechdehnungen ε_k sind bei der Bemessung zu berücksichtigen, wenn die Beanspruchung durch die ständigen Einwirkungen, ermittelt mit 1,0-fachen charakteristischen Werten, mehr als 40 % des 1,65-fachen Wertes der in der zugehörigen ETA angegebenen Grenzzugkraft ist. Hierbei sind die Werte für ε_k entsprechend Tabelle 2 zu berücksichtigen.

Tabelle 2: Kriechdehnungen ε_k in %

Temperatur in °C	εk in %
20	$2,5 \times 10^{-2}$
40	$3,0 \times 10^{-2}$
70	$3,5 \times 10^{-2}$

Anlage A 1.2.4/4
Zu DIN EN 1993-3-2

Zusätzlich gilt DIN EN 13084-1 in Verbindung mit Anlage A 1.2.8/1.

Anlage A 1.2.4/5
Zu DIN EN 1090-2

Die technische Regel ist wie folgt anzuwenden:

1

Die Herstellung von tragenden Bauteilen aus Stahl in den genannten Ausführungsklassen darf nur durch solche Hersteller erfolgen, deren werkseigene Produktionskontrolle durch eine notifizierte Stelle entsprechend DIN EN 1090-1:2012-02 zertifiziert ist.

2

Die Ausführung von geschweißten Bauteilen, Tragwerken und Bauwerken aus Stahl in den genannten Ausführungsklassen darf nur durch solche Betriebe auf der Baustelle erfolgen, die über einen Eignungsnachweis für die Ausführung von Schweißarbeiten in den entsprechenden Ausführungsklassen verfügen. Als Eignungsnachweis gilt alternativ:

- ein durch eine notifizierte Stelle ausgestelltes oder bestätigtes Schweißzertifikat nach DIN EN 1090-1:2012-02, wenn die werkseigene Produktionskontrolle des Betriebs durch diese Stelle entsprechend DIN EN 1090-1:2012-02 zertifiziert ist;
- ein auf Grundlage von DIN EN 1090-2 in Verbindung mit DIN EN 1090-1:2012-02, Tabelle B.1 durch eine bauaufsichtlich anerkannte Stelle ausgestelltes Schweißzertifikat;

- während der verbleibenden Gültigkeitsdauer eine bestehende Bescheinigung über die Herstellerqualifikation nach DIN 18800-7 entsprechend folgender Übersicht:

Beanspruchungsart	**Ausführungsklasse nach DIN EN 1090-2**	**Herstellerqualifikation nach DIN 18800-7**
statisch oder quasistatisch	EXC 1	mindestens Klasse B
	EXC 2	mindestens Klasse B, C oder D unter Beachtung der zu den Klassen angegebenen Geltungsbereiche
	EXC 3 EXC 4	mindestens Klasse D
ermüdungsrelevant	EXC 1 EXC 2 EXC 3 EXC 4	Klasse E

§ 3 der Verordnung über bauordnungsrechtliche Regelungen für Bauprodukte und Bauarten (Bauprodukte- und Bauartenverordnung – BauPAV) bleibt unberührt.

Anlage A 1.2.4/6
Zu DIN EN 1090-3

Die technische Regel ist wie folgt anzuwenden:

1

Die Herstellung von tragenden Bauteilen aus Aluminium in den genannten Ausführungsklassen darf nur durch solche Hersteller erfolgen, deren werkseigene Produktionskontrolle durch eine notifizierte Stelle entsprechend DIN EN 1090-1:2012-02 zertifiziert ist.

2

Die Ausführung von geschweißten Bauteilen, Tragwerken und Bauwerken aus Aluminium in den genannten Ausführungsklassen darf nur durch solche Firmen auf der Baustelle erfolgen, die über einen Eignungsnachweis für die Ausführung von Schweißarbeiten in den entsprechenden Ausführungsklassen verfügen. Als Eignungsnachweis gilt alternativ:

- ein durch eine notifizierte Stelle ausgestelltes oder bestätigtes Schweißzertifikat nach DIN EN 1090-1:2012-02, wenn die werkseigene Produktionskontrolle des Betriebs durch diese Stelle entsprechend DIN EN 1090-1:2012-02 zertifiziert ist;
- ein auf Grundlage von DIN EN 1090-3 in Verbindung mit DIN EN 1090-1:2012-02, Tabelle B.1 durch eine bauaufsichtlich anerkannte Stelle ausgestelltes Schweißzertifikat;
- bei nicht ermüdungsrelevanten Beanspruchungen während der verbleibenden Gültigkeitsdauer eine bestehende Bescheinigung über die Herstellerqualifikation nach DIN V 4113-3 entsprechend folgender Übersicht:

Ausführungsklasse nach DIN EN 1090-3	Herstellerqualifikation nach DIN V 4113-3
EXC 1	mindestens Klasse B
EXC 2 EXC 3 EXC 4	mindestens Klasse C

§ 3 der Verordnung über bauordnungsrechtliche Regelungen für Bauprodukte und Bauarten (Bauprodukte- und Bauartenverordnung – BauPAV) bleibt unberührt.

Anlage A 1.2.4/7
Zu DIN 4119

1

Bei Anwendung der technischen Regel ist die „Anpassungsrichtlinie Stahlbau mit Änderung und Ergänzung" Ausgabe Dezember 2001, zu beachten.

2

Sofern für die Ausführung von Stahl- oder Aluminiumtragwerken oder Stahl- oder Aluminiumbauteilen auf DIN 18800-7 oder auf DIN V 4113-3 verwiesen wird, gilt dafür DIN EN 1090-2:2011-10 bzw. DIN EN 1090-3:2008-09.

Anlage A 1.2.5/1

1

Neben DIN EN 1995-1-1 sind für Planung, Bemessung und Ausführung noch folgende Anwendungsnormen zu beachten:

DIN 20000-1:2017-06	Anwendung von Bauprodukten in Bauwerken – Teil 1: Holzwerkstoffe
DIN 20000-3:2015-02	Anwendung von Bauprodukten in Bauwerken – Teil 3: Brettschichtholz und Balkenschichtholz nach DIN EN 14080
DIN 20000-4:2013-08	Anwendung von Bauprodukten in Bauwerken – Teil 4: Vorgefertigte tragende Bauteile mit Nagelplattenverbindungen nach DIN EN 14250:2010-05
DIN 20000-5:2012-03	Anwendung von Bauprodukten in Bauwerken – Teil 5: Nach Festigkeit sortiertes Bauholz für tragende Zwecke mit rechteckigem Querschnitt
DIN 20000-6:2015-02	Anwendung von Bauprodukten in Bauwerken – Teil 6: Stiftförmige und nicht stiftförmige Verbindungsmittel nach DIN EN 14592 und DIN EN 14545
DIN 20000-7:2015-08	Anwendung von Bauprodukten in Bauwerken – Teil 7: Keilgezinktes Vollholz für tragende Zwecke nach DIN EN 15497.

1a

DIN EN 1995-1-1 mit DIN EN 1995-1-1/NA enthalten für die Planung, Bemessung und Ausführung von Bauteilen mit Furnierschichtholz, insbesondere für Verbindungen, keine abschließenden Regelungen.[1)]

2

Zu DIN EN 1995-1-1/NA:2013-08, Abschnitt 3.6 „Klebstoffe“:

Holzbauteile mit geklebten tragenden Verbindungen dürfen nur verwendet werden, wenn diese Verbindungen mit Klebstoffen hergestellt worden sind, die als Klebstoffe des Typs I nach DIN EN 301:2013-12 oder nach DIN EN 15425:2008-06 in Verbindung mit DIN EN 14080:2013-09, Anhang B.2 oder nach DIN EN 16254:2014-02 klassifiziert sind. Dies gilt nicht für die Verbindung der Komponenten in Holzwerkstoffen, sofern die Holzwerkstoffe im Sinne einer Beplankung oder als aufgeklebte Verstärkungen nach DIN 1052-10:2012-05, Abschnitt 6.3, verwendet werden.

Für die Herstellung geklebter tragender Verbindungen von Holzbauteilen auf der Baustelle gilt Satz 1 sinngemäß. Für die Planung, Bemessung und Ausführung von Holzbauprodukten und geklebten Anschlüssen an Holzbauteile, die mit Klebstoffen für allgemeine Anwendungen in strukturellen Klebverbunden nach EN 15274 hergestellt oder mit diesen Klebstoffen instandgesetzt wurden, gibt es keine technischen Regeln.[1)]

3

Zu ETAs für „Balken aus ein bis vier auf Zugfestigkeit geprüften keilgezinkten Hölzern“:

Bei der Bemessung der Balken ist der Prüflastbeiwert mit einem Wert von k_{pl} = 1,0 in Rechnung zu stellen.

4

Zu ETAs für „Bausatz für Holzbeton-Verbunddecken“:

Für die Planung, Bemessung und Ausführung gibt es keine abschließende technische Regel.[1)]

5

Zum EAD 130022-00-03.04:

Vollholz und Brettschichtholz mit Keilzinkenverbindung darf in den Nutzungsklassen 1 und 2 verwendet werden. Es dürfen nur Balken vom Typ „beam log“ verwendet werden.

6

Werden Tragfähigkeitsmerkmale von Bauteilen oder Bausätzen in Form von rechnerisch ermittelten Tragfähigkeitswerten, mechanischen Festigkeiten oder komplette statische Berechnungen im Rahmen der Leistungserklärung angegeben, so gehören diese zu den bautechnischen Nachweisen.

Anlage A 1.2.5/2

1

Für die Verwendung und die Einstufung in Gebrauchsklassen gelten ausschließlich DIN 68800-1 und DIN 68800-2. Voraussetzung für Aussagen zur Ver-

---

1) **Amtl. Anm.:** Anwendung von Art. 15 BayBO

wendung von Bauprodukten aus Holz (z.B. Vollholz, Brettschichtholz, Balkenschichtholz, Brettsperrholz) ohne Schutzmittelbehandlung ist die Angabe der Dauerhaftigkeit nach EN 350.

2

Bauwerksteile aus Holz, bei denen chemischer Holzschutz verwendet wird, sind so zu planen und auszuführen, dass das verwendete Mittel zum chemischen Holzschutz und seine Anwendungsbedingungen anhand der Zulassungsnummer der BAuA oder des DIBt nachvollziehbar sind.
Hinweis: Bis zum Vorliegen der Biozid-Zulassung, die von der Bundesanstalt für Arbeitsschutz und Arbeitsmedizin (BAuA) erteilt wird, ist für das jeweilige Holzschutzmittel eine allgemeine bauaufsichtliche Zulassung erforderlich.

3

Zu DIN 68800-2:2012-02, Abschnitt 5.2.1.2:
Offene Außenwandbekleidungen auf senkrechter Lattung mit dahinterliegender dauerhaft wirksamer, Wasser ableitender und UV-beständiger Schicht dürfen nur ausgeführt werden, wenn entsprechend Abschnitt 5.2.1.2 Buchstabe e der Norm die ausreichende UV-Beständigkeit von Folien nach DIN EN 13859-2:2010-11, Abschnitt 4.3.9 nachgewiesen ist. Diese Folien müssen für eine Einwirkung von UV-Strahlung geeignet sein, einen s_d-Wert $\leq$ 1,0 m haben und einen Widerstand gegen Wasserdurchgang der Klasse W1 aufweisen.

Anlage A 1.2.6/1

1

Zu DIN EN 1996-1-1, Abschnitt 2.5:
Die Bemessung von Mauerwerk auf der Grundlage von Versuchen ist nicht anzuwenden.

2

Zu DIN EN 1996-1-1, Abschnitt 6.1.2.2:
Für die Ermittlung des Bemessungswertes des Tragwiderstandes ist der Abminderungsfaktor Φ_m zur Berücksichtigung von Schlankheit und Ausmitte gemäß DIN EN 1996-1-1/NA, NCI zu Anhang NA.G, zu berechnen.

3

Neben DIN EN 1996 sind folgende Normen zu beachten:

DIN 20000-401:2012-11	Anwendung von Bauprodukten in Bauwerken – Teil 401: Regeln für die Verwendung von Mauerziegeln nach DIN EN 771-1:2011-07
DIN V 20000-402:2005-06	Anwendung von Bauprodukten in Bauwerken – Teil 402: Regeln für die Verwendung von Kalksandsteinen nach DIN EN 771-2:2005-05
DIN V 20000-403:2005-06	Anwendung von Bauprodukten in Bauwerken – Teil 403: Regeln für die Verwendung von Mauersteinen aus Beton nach DIN EN 771-3:2005-05
DIN 20000-404:2015-12	Anwendung von Bauprodukten in Bauwerken – Teil 404: Regeln für die Verwendung von Porenbetonsteinen nach DIN EN 771-4: 2011-07

DIN V 20000-412:2004-03	Anwendung von Bauprodukten in Bauwerken – Teil 412: Regeln für die Verwendung von Mauermörtel nach DIN EN 998-2:2003-09
oder	
DIN 105-100:2012-01	Mauerziegel – Teil 100: Mauerziegel mit besonderen Eigenschaften
DIN V 106:2005-10	Kalksandsteine mit besonderen Eigenschaften
DIN V 18151-100:2005-10	Hohlblöcke aus Leichtbeton – Teil 100: Hohlblöcke mit besonderen Eigenschaften
DIN V 18152-100:2005-10	Vollsteine und Vollblöcke aus Leichtbeton – Teil 100: Vollsteine und Vollböcke mit besonderen Eigenschaften
DIN V 18153-100:2005-10	Mauersteine aus Beton (Normalbeton) – Teil 100: Mauersteine mit besonderen Eigenschaften
DIN V 18580:2007-03	Mauermörtel mit besonderen Eigenschaften

4

Für Ergänzungsbauteile nach EN 845 gibt es keine abschließenden technischen Regeln für Planung, Bemessung und Ausführung.[1)]

Anlage A 1.2.6/2
Zu DIN EN 1996-1-2 in Verbindung mit DIN EN 1996-1-2/NA

Für spezielle Ausbildungen (z.B. Anschlüsse, Fugen etc.) sind die Anwendungsregeln nach DIN 4102-4:2016-05 zu beachten, sofern der Eurocode dazu keine Angaben enthält.

Anlage A 1.2.6/3
Zu DIN 1053-4

Bei Anwendung der technischen Regel sind zusätzlich DIN EN 1996-1-1/NA/A1, DIN EN 1996-1-1/NA/A2, DIN EN 1996-3/NA/A1 und DIN EN 1996-3/NA/A2 sowie die Anlage A 1.2.6/1 zu beachten.

Für die brandschutztechnische Bemessung des Mauerwerks gelten die Bestimmungen von DIN EN 1996-1-2 in Verbindung mit DIN EN 1996-1-2/NA für das entsprechende nicht vorgefertigte Mauerwerk, wobei für die Klassifizierung Brandwand (Kriterium REI-M und EI-M) zusätzlich Folgendes zu berücksichtigen ist:

Sofern das Mauerwerk nicht aus raumbreiten Mauertafeln ausgeführt wird, sind vertikale Stoßfugen in Wandebene wie folgt auszubilden.

In den Einzeltafeln ist werkseitig in den Drittelspunkten und in halber Wandhöhe eine Schlaufenbewehrung aus Betonstahl Φ 6 mm – wie im Bild dargestellt – in den Lagerfugen so anzuordnen, dass die Schlaufen nach dem Versetzen der Mauertafeln in der Stoßfuge übereinander greifen. Durch die so gebildeten Bewehrungsringe ist von oben ein Betonstabstahl Φ 8 mm zu stecken. Die Anforderungen von Abschnitt 8.2.1 der Norm sind zu beachten. Anschließend ist die Fuge hohlraumfrei mit Mörtel nach Abschnitt 5.3.3 der Norm zu verfüllen.

[1)] **Amtl. Anm.:** Anwendung von Art. 15 BayBO

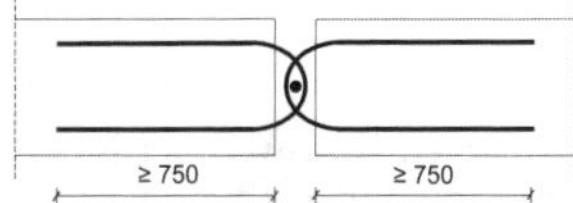

Bild: Vertikale Stoßfuge in Wandebene bei Brandwänden

Anlage A 1.2.7/1

Bei der Ausführung von Glasbauteilen und Glaskonstruktionen nach ETA oder harmonisierten Normen ist zusätzlich zu den Technischen Regeln nach A 1.2.7.1 in Abhängigkeit von der jeweiligen Konstruktion Folgendes zu beachten:

1

Geklebte Glaskonstruktionen in Fassaden und Dächern:

1.1

Bis zu einer Einbauhöhe von 8 m über Gelände sind entweder Typ I oder Typ II nach ETAG 002 Teil 1, ab einer Einbauhöhe von 8 m ist Typ I zu verwenden.

1.2

Geklebte Glaskonstruktionen nach ETAG 002 Teil 2 (beschichtetes Aluminium) sind nur bis zu einer Einbauhöhe von 8 m über Gelände und nur unter Verwendung von Typ I zu verwenden.

1.3

Die Bemessung der Klebefuge nach ETAG 002 Teil 1 ist mit einem globalen Sicherheitsfaktor von $\gamma_{tot} = 6$ durchzuführen.

1.4

Für die Planung, Bemessung und Ausführung von Glaskonstruktionen mit Acrylat-Klebeband gibt es keine abschließende technische Regel.[1)]
Die Verwendung auf U-PVC-Oberflächen ist nicht zulässig.

2

Für die Planung, Bemessung und Ausführung von spezial gezogenem Flachglas gibt es keine abschließende technische Regel.[1)]

3

Bei der Planung, Bemessung und Ausführung von Glaskonstruktionen von nichttragenden inneren Trennwänden nach ETAG 003 sind die Bestimmungen von B 2.2.1.7 zu beachten.

4

Bei der Planung, Bemessung und Ausführung von Glaskonstruktionen in Vorhangfassaden nach DIN EN 13830 und in Fenstern und Außentüren nach DIN EN 14351-1 sind die Bestimmungen von A 1.2.7 zu beachten.

[1)] **Amtl. Anm.:** Anwendung von Art. 15 BayBO

Anlage A 1.2.7/2

1

Zu DIN 18008-1:2010-12, Abschnitt 9:

Soweit die Normenreihe Regelungen zum konstruktiven Nachweis der Resttragfähigkeit enthält, gelten diese unter der Voraussetzung, dass VSG mit einer PVB-Folie mit folgenden Eigenschaften verwendet wird: Reißfestigkeit ≥ 20 N/mm² und Bruchdehnung ≥ 250 % bei einer Prüftemperatur von 23 °C, Prüfgeschwindigkeit: 50 mm/min (DIN EN ISO 527-3:2003-07). Bei beschichteten Gläsern nach DIN EN 1096-4 muss die Beschichtung auf der von der PVB-Folie abgewandten Seite erfolgen.

Verbund-Sicherheitsglas muss nach DIN EN 12600 mindestens mit 2(B)2 eingestuft sein.

Zur Anwendung von Konstruktionen nach DIN 18008-4 Tabelle B.1 und DIN 18008-5 Tabelle B.1 werden die vorgenannten Eigenschaften vorausgesetzt.

2

Werden Scheiben nach DIN EN 14179-2 derart eingebaut, dass deren Oberkante mehr als 4 m über Verkehrsflächen liegt, dürfen sie nur in Mehrscheiben-Isolierverglasungen Verwendung finden. Alternativ sind konstruktiv Maßnahmen zur Gefahrenabwehr im Versagensfall, wie eine Splittersicherung, Vordächer o.ä. vorzusehen.

Anlage A 1.2.7/3
Zu DIN 18008-2

1

Bei der Anwendung ist DIN 18008-2 Berichtigung 1:2011-04 zu berücksichtigen.

2

Die technische Regel braucht nicht angewendet zu werden für:

- Dachflächenfenster in Wohnungen und Räumen ähnlicher Nutzung (z.B. Hotelzimmer, Büroräume) mit einer Lichtfläche (Rahmen-Innenmaß) bis zu 1,6 m²,
- Verglasungen von Kulturgewächshäusern/Produktionsgewächshäusern.

Anlage A 1.2.8/1
Zu DIN EN 13084-1

Zu Abschnitt 5.2.4.1:

Die Ermittlung der Einwirkungen aus Erdbeben erfolgt nach Abschnitt 1.2.9.

Anlage A 1.2.8/2
Zu DIN EN 13084-6 und DIN EN 13084-8

Zusätzlich ist DIN EN 13084-1 in Verbindung mit Anlage A 1.2.8/1 anzuwenden.

Anlage A 1.2.8/6
Zur „Richtlinie für Windenergieanlagen"

Die Einhaltung der Anforderungen an die Standsicherheit des Turms und des Fundaments der Windenergieanlage kann als erfüllt angesehen werden, wenn die Nachweisführung nach der hier in Bezug genommenen Richtlinie für Windenergieanlagen vorgenommen wird.

Bei Anwendung der technischen Regel ist Folgendes zu beachten:

1

Sofern in Normen bei der Ausführung von Stahl- oder Aluminiumtragwerken oder Stahl- oder Aluminiumbauteilen auf DIN 18800-7 bzw. auf DIN V 4113-3 verwiesen wird, gilt dafür DIN EN 1090-2:2011-10 bzw. DIN EN 1090-3:2008-09.

2

Abstände zu Verkehrswegen und Gebäuden sind unbeschadet der Anforderungen aus anderen Rechtsbereichen wegen der Gefahr des Eisabwurfs einzuhalten, soweit eine Gefährdung der öffentlichen Sicherheit nicht auszuschließen ist. Abstände, gemessen von der Turmachse, größer als 1,5 ×(Rotordurchmesser plus Nabenhöhe) gelten im Allgemeinen in nicht besonders eisgefährdeten Regionen als ausreichend. In anderen Fällen ist die Stellungnahme eines Sachverständigen erforderlich.

3

Ergänzende Unterlagen zu den im Abschnitt 3, Buchstaben A bis L der Richtlinie aufgeführten bautechnischen Unterlagen:

3.1

die gutachterliche Stellungnahme eines Sachverständigen über die örtlich auftretende Turbulenzintensität und über die Zulässigkeit von vorgesehenen Abständen zu benachbarten Windenergieanlagen in Bezug auf die Standsicherheit der bestehenden und möglicherweise vorgesehenen Anlagen sowie der beantragten Anlage, soweit die Abstände gemäß Abs. 7.3.3 der Richtlinie nicht eingehalten werden,

3.2

die gutachterliche Stellungnahme eines Sachverständigen zur Funktionssicherheit von Einrichtungen, durch die der Betrieb der Windenergieanlage bei Eisansatz sicher ausgeschlossen werden kann oder durch die ein Eisansatz verhindert werden kann (z.B. Rotorblattheizung), soweit erforderliche Abstände wegen der Gefahr des Eisabwurfes nicht eingehalten werden,

3.3

das Baugrundgutachten nach Abschnitt 3, Buchstabe H der Richtlinie zur Bestätigung, dass die der Auslegung der Anlage zugrundeliegenden Anforderungen an den Baugrund am Aufstellort vorhanden sind,

3.4

die Angabe der Entwurfslebensdauer nach Abschnitt 9.6.1 der Richtlinie.

4

Für Windenergieanlagen, deren überstrichene Rotorfläche geringer als 200 m^2 ist und die eine Spannung erzeugen, die unter 1000 V Wechselspannung oder 1500 V Gleichspannung liegt, sind folgende unter Abschnitt 3, Buchstaben A bis L der Richtlinie aufgeführten bautechnischen Unterlagen nicht erforderlich: die gutachterlichen Stellungnahmen nach Abschnitt 3, Buchstaben I sowie J, K und L der Richtlinie.

5

Für Windenergieanlagen bis zu 10 m Höhe gemessen von der Geländeoberfläche bis zum höchsten Punkt der vom Rotor bestrichenen Fläche und einem Rotordurchmesser bis zu drei Metern gelten Ziffern 3.1 bis 3.4 nicht.

Anlage A 1.2.8/7

Für die Verwendung von ortsfesten liegenden zylindrischen Tanks aus Stahl nach EN 12285-2:2005 gilt:

- In Überschwemmungsgebieten sind die Tanks so aufzustellen, dass sie von der Flut nicht erreicht werden können.
- Sie dürfen nicht in Erdbebengebieten der Erdbebenzonen 1 bis 3 (DIN 4149) aufgestellt werden.

Anlage A 1.2.8/8

Für die Verwendung von ortsfesten Tanks aus Thermoplasten nach EN 13341:2005+A1:2011 gilt:

- In Überschwemmungsgebieten sind die Behälter so aufzustellen, dass sie von der Flut nicht erreicht werden können.
- Sie dürfen nicht in Erdbebengebieten der Erdbebenzonen 1 bis 3 (DIN 4149) aufgestellt werden.
- Anforderungen an den Brandschutz (Brandeinwirkungsdauer) können von diesen Tanks nicht erfüllt werden.

Anlage A 1.2.9/1
Zu DIN 4149

Bei Anwendung der technischen Regel ist Folgendes zu beachten:

1

In Erdbebenzone 3 sind die Dachdeckungen bei Dächern mit mehr als 35 ° Neigung und in den Erdbebenzonen 2 und 3 die freistehenden Teile der Schornsteine über Dach durch geeignete Maßnahmen gegen die Einwirkungen von Erdbeben so zu sichern, dass keine Teile auf angrenzende öffentlich zugängliche Verkehrsflächen sowie die Zugänge zu den baulichen Anlagen herabfallen können.

2

Hinsichtlich der Zuordnung von Erdbebenzonen und geologischen Untergrundklassen wird auf die Tabelle „Zuordnung der Erdbebenzonen nach Verwaltungsgrenzen“ hingewiesen. Die Tabelle ist über www.is-argebau.de oder www.dibt.de/de/Geschaeftsfelder/BRL-TB.html abrufbar.

2a

Im gesamten Normtext werden die Verweise auf DIN 1045-1:2001-07 und DIN 1052:2004-08 wie folgt ersetzt:

DIN 1045-1:2001-07 ersetzt durch Verweis auf DIN EN 1992-1-1 in Verbindung mit DIN EN 1992-1-1/NA

DIN 1052:2004-08 ersetzt durch Verweis auf DIN EN 1995-1-1 in Verbindung mit DIN EN 1995-1-1/NA.

2b

Für Verankerungen in baulichen Anlagen unter seismischer Einwirkung dürfen in den Erdbebenzonen Deutschlands alle Dübel mit allgemeiner bauaufsichtlicher Zulassung (abZ) verwendet werden, die im Hinblick auf die Bemessung der Befestigungen auf den Annex C der ETAG 001 verweisen. Die Verankerungen sind entsprechend den in den abZ angegebenen Bemessungsverfahren für statische und quasi-statische Einwirkungen zu bemessen.

3

Zu Abschnitt 5.5:

Bei der Ermittlung der wirksamen Massen zur Berechnung der Erdbebenlasten sind Schneelasten in Gleichung (12) mit dem Kombinationsbeiwert $\psi_2 = 0{,}5$ zu multiplizieren. Diese reduzierten Schneelasten sind auch beim Standsicherheitsnachweis zu berücksichtigen.

4

Zu Abschnitt 6:

- In 6.2.2.4.2 (8) ist der Bezug auf „Abschnitt (7)" durch den Bezug auf „Abschnitt (6)" zu ersetzen.
- Im ersten Satz von 6.2.4.1(5) ist die Bedingung „oder" durch „und" zu ersetzen.

5

Zu Abschnitt 8:

Bei Erdbebennachweisen von Stahl- und Spannbetonbauten nach dieser Norm ist DIN EN 1992-1-1:2011-01 in Verbindung mit DIN EN 1992-1-1/NA:2013-04 anzuwenden.

- Absatz 8.2 (3) erhält folgende Fassung:
  „Es gelten die in DIN EN 1992-1-1:2011-01 angegebenen Vorschriften für Bemessung und bauliche Durchbildung. Dabei dürfen die zur Ermittlung der Schnittgrößen in 5.5 und 5.6 der DIN EN 1992-1-1:2011-01 angegebenen Verfahren nicht angewandt werden, es sei denn, die doppelte Ausnutzung der plastischen Reserven (infolge $q > 1$ und nichtlinearer Rechenannahmen) wird dabei ausgeschlossen."
- Absatz 8.2 (5) a) und Absatz 8.3.2 (2) erhalten folgende Fassung:
  „In Bauteilen, die zur Abtragung von Einwirkungen aus Erdbeben genutzt werden, sind Stähle mit erhöhter Duktilität des Typs B500B zu verwenden. Hierauf darf verzichtet werden, wenn sichergestellt ist, dass die betroffenen Bereiche im Erdbebenfall, ohne Berücksichtigung eines die rechnerische Erdbebeneinwirkung reduzierenden Verhaltensbeiwertes (d.h. $q = 1{,}0$), nicht plastizieren."
- Absatz 8.3.5.3 (4), 1. Satz erhält folgende Fassung:
  „Die bei Übergreifungsstößen vorzusehende Querbewehrung ist nach DIN EN 1992-1-1, Abschnitt 8.7.4 zu bemessen."
- Absatz 8.4 (2), 2. Satz erhält folgende Fassung:
  „Hierbei sind die Regelungen nach DIN EN 1992-1-1, Abschnitt 9.4.1 (3) zu berücksichtigen."
- Absatz 8.4 (3), 2. Satz erhält folgende Fassung:

„Der Mindestbewehrungsgrad der Querkraftbewehrung ist nach DIN EN 1992-1-1, Abschnitt 9.2.2 (5) einschließlich DIN EN 1992-1-1/NA, NDP zu 9.2.2 (5) zu bestimmen."

6

Zu Abschnitt 9:

- Bei Erdbebennachweisen von Stahlbauten sind die Verweise auf DIN 18800-1 bis 18800-4 und DIN V ENV 1993-1-1 mit DASt-Richtlinie 103 durch DIN EN 1993-1-1 in Verbindung mit DIN EN 1993-1-1/NA sowie DIN EN 1993-1-8 in Verbindung mit DIN EN 1993-1-8/NA zu ersetzen.
- In Absatz 9.3.4 (1) ist der Verweis auf DIN 18800-7 durch den Verweis auf DIN EN 1090-2 zu ersetzen.
- Die Duktilitätsklassen 2 und 3 dürfen nur dann zur Anwendung kommen, wenn der Höchstwert der Streckgrenze $f_{y,\,max}$ (siehe DIN 4149:2005-04, Abschnitt 9.3.1.1) und die in Absatz 9.3.1.1 (2) geforderte Mindestkerbschlagarbeit des zu verwendenden Stahles in den Bauvorlagen dokumentiert sind.
- Abschnitt 9.3.5.1 (2) c) erhält folgende Fassung:
  „c) bei zugbeanspruchten Bauteilen ist an Stellen von Lochschwächungen die Bedingung von DIN EN 1993-1-1:2010-12, 6.2.3 (3) einzuhalten ($N_{u,R,d} > N_{pl,R,d}$)"
- In Absatz 9.3.5.4 (7) wird der Verweis auf den Absatz „9.3.3.3 (10)" durch den Verweis „9.3.5.3 (10)" ersetzt.
- In Absatz 9.3.5.5 (5) erhält Formel (87) folgende Fassung:

$$\Omega_i = \frac{M_{pl,\,Verb,\,i}}{M_{sdi}}$$

- In Absatz 9.3.5.8 (1) wird der Verweis auf die Abschnitte „8 und 11" durch den Verweis „8 und 9" ersetzt.

7

Zu Abschnitt 10:

- Bei Erdbebennachweisen von Holzbauten nach dieser Norm ist DIN EN 1995-1-1:2010-12 in Verbindung mit DIN EN 1995-1-1/NA:2013-08 anzuwenden.
- Absatz 10.1 (5) erhält folgende Fassung:
  „(5) In den Erdbebenzonen 2 und 3 darf bei der Berechnung eine Kombination von Tragwerksmodellen der Duktilitätsklassen 1 und 3 für die beiden Hauptrichtungen des Bauwerks nicht angesetzt werden."
- Absatz 10.3 (1) erhält folgende Fassung:
  „(1) Die Bedingungen der DIN EN 1995-1-1:2010-12, Abschnitt 3 in Verbindung mit DIN EN 1995-1-1/NA:2013-08 sind einzuhalten."
- In Absatz 10.3 (2) erhält der mit dem 4. Spiegelstrich markierte Unterabsatz folgende Fassung:
  „– die Verwendbarkeit von mehrschichtigen Massivholzplatten und deren Verbindungsmitteln muss nachgewiesen sein;"
- In Absatz 10.3 (3) erhält der mit dem 2. Spiegelstrich markierte Unterabsatz folgende Fassung:

„– die Erhöhung des Nagelabstandes bei gleicher Tragfähigkeit gemäß DIN EN 1995-1-1:2010-12, Abschnitt 9.2.3.2 (4) wird in den Erdbebenzonen 2 und 3 nicht angesetzt;"

- In Absatz 10.3 (3) erhält der mit dem 3. Spiegelstrich markierte Unterabsatz folgende Fassung:
  „– die Anwendung geklebter Tafeln führt auch bei gleichzeitiger Verwendung mechanischer Verbindungsmittel zur Einstufung in Duktilitätsklasse 1."
- Absatz 10.3 (6) erhält folgende Fassung:
  „(6) Bei Anwendung der Gleichungen zur Ermittlung der Tragfähigkeit von stiftförmigen Verbindungsmitteln auf Abscheren nach DIN EN 1995-1-1/NA:2013-08, Abschnitt NCI Zu 8.2 bis NCI Zu 8.7 ist eine Unterschreitung der Mindestdicken von Holzbauteilen, wie sie in DIN EN 1995-1-1/NA:2013-08 NCI NA.8.2.4 (NA.2) und NCI NA.8.2.5 (NA.4) gestattet ist, in den Erdbebenzonen 2 und 3 nicht zulässig."
- Absatz 10.3 (7) ist wie folgt zu ergänzen:
  „(7) Eine Erhöhung der Tragfähigkeit der Verbindungsmittel nach DIN EN 1995-1-1:2010-12, Abschnitt 9.2.4.2(5) ist nicht zulässig."

8

Zu Abschnitt 11:
Die Absätze 11.7.3 (1), 11.7.3 (2) und 11.7.3 (3) erhalten folgende Fassung (Tab. 16 ist zu streichen):

„(1) Der Bemessungswert E_d der jeweilig maßgebenden Schnittgröße in der Erdbebenbemessungssituation ist nach Gleichung (37) zu ermitteln. Dabei darf abhängig von den vorliegenden Randbedingungen entweder das vereinfachte oder das genauere Berechnungsverfahren nach DIN 1053-1:1996-11 zur Anwendung kommen."

„(2) Bei der Anwendung des vereinfachten Berechnungsverfahrens nach DIN 1053-1:1996-11 darf die Bemessungstragfähigkeit R_d aus den um 50 % erhöhten zulässigen Spannungen ermittelt werden. Auf einen expliziten rechnerischen Nachweis der ausreichenden räumlichen Steifigkeit darf nicht verzichtet werden."

„(3) Bei Anwendung des genaueren Berechnungsverfahrens, ist der Bemessungswert E_d der jeweilig maßgebenden Schnittgröße unter γ-fachen Einwirkungen gemäß DIN 1053-1:1996-11 zu ermitteln. Der maßgebende Sicherheitsbeiwert γ darf hierbei auf 2/3 der in Abschnitt 7 der DIN 1053-1:1996-11 festgelegten Werte reduziert werden.
Als Bemessungstragfähigkeit R_d sind die in DIN 1053-1:1996-11 angegebenen rechnerischen Festigkeitswerte anzusetzen."

9

Zu Abschnitt 12:

- Bei Erdbebennachweisen von Gründungen und Stützbauwerken nach dieser Norm ist DIN 1054:2005-01 einschließlich DIN 1054 Berichtigung 1:2005-04, DIN 1054 Berichtigung 2:2007-04, DIN 1054 Berichtigung 3:2008-01 und DIN 1054 Berichtigung 4:2008-10 sowie DIN 1054/A1:2009-07 anzuwenden.
- Die Absätze 12.1.1 (1) und 12.1.1 (2) erhalten folgende Fassung:

„(1) Werden die Nachweise auf Basis der Kapazitätsbemessung geführt, so ist Abschnitt 7.2.5 zu beachten."

„(2) Der Nachweis unter Einwirkungskombinationen nach Abschnitt 7.2.2 umfasst:

(a) den Nachweis der ausreichenden Tragfähigkeit der Gründungselemente nach den baustoffbezogenen Regeln dieser Norm und den jeweiligen Fachnormen;

(b) die einschlägigen Nachweise der Gründungen nach DIN 1054. Einschränkungen hinsichtlich der generellen Anwendbarkeit von Nachweisverfahren im Lastfall Erdbeben in DIN 1054 oder in diese begleitenden Berechnungsnormen müssen nicht beachtet werden, wenn keine ungünstigen Bodenverhältnisse (Hangschutt, lockere Ablagerungen, künstliche Auffüllungen, usw.) vorliegen."

- Absatz 12.1.1 (4) erhält folgende Fassung:
  „(4) Beim Nachweis der Gleitsicherheit darf der charakteristische Wert des Erdwiderstands (passiver Erddruck) nur mit maximal 30 % seines nominellen Wertes angesetzt werden."
- Absatz 12.2.1 (2) erhält folgende Fassung:
  „Vereinfacht kann die Einwirkung durch Erddruck bei Erdbeben ermittelt werden, indem der Erddruckbeiwert *k* ersetzt wird durch

$$k_e = k + a_g \bullet \gamma_I \bullet \frac{S}{g} \text{ ."}$$

A 2. Brandschutz

A 2.1. Allgemeine Anforderungen an bauliche Anlagen aus Gründen des Brandschutzes

Bauliche Anlagen sind gemäß Art. 3 BayBO[1)] i.V.m. Art. 12 MBO so anzuordnen, zu errichten, zu ändern und instand zu halten, dass

- der Entstehung eines Brandes vorgebeugt wird
- der Ausbreitung von Feuer und Rauch (Brandausbreitung) vorgebeugt wird
- bei einem Brand die Rettung von Menschen und Tieren möglich ist und
- wirksame Löscharbeiten möglich sind.

Konkretisiert werden die schutzzielbezogenen Brandschutzanforderungen für bauliche Anlagen mit den Festlegungen der Art. 5, 24 bis 34, 37 bis 40, 44 und 45 BayBO und den technischen Anforderungen der nachfolgenden Abschnitte. Bei Sonderbauten nach Art. 2 Abs. 4 BayBO i.V.m. Art. 54 Abs. 3 BayBO können sich weitergehende oder geringere Anforderungen aus Rechtsverordnungen oder bauaufsichtlichen Richtlinien ergeben.

Abschnitt A 2.2, Tabelle A 2.2.1 listet die in Bayern bekannt gemachten Technischen Baubestimmungen zum Brandschutz auf. Abschnitt A 2.2, Tabelle A 2.2.2 enthält Hinweise auf in Bayern erlassene Rechtsverordnungen und Bekanntmachungen für Sonderbauten und Garagen sowie für Feuerungsanlagen und elektrische Betriebsräume.

---

1) Nr. **1**.

Für Bauprodukte nach derzeit vorhandenen europäisch harmonisierten Spezifikationen, deren Verwendung Einfluss bei der Erfüllung von Brandschutzanforderungen an bauliche Anlagen hat, sind für die bauordnungsrechtlichen Anforderungen und auf der Grundlage der Konkretisierungen zum Brandschutz (A 2.1.1 ff.) die notwendigen Zuordnungen von Angaben zu Leistungen sowie zugehörige Verwendbarkeits- und Ausführungsbestimmungen ausschließlich in der Technischen Regel A 2.2.1.2 enthalten.

A 2.1.1. Anforderungen an die Zugänglichkeit baulicher Anlagen

Zur Durchführung von Lösch- und Rettungsmaßnahmen ergeben sich Anforderungen an Zugänge, Durchgänge oder Durchfahrten sowie Aufstell- und Bewegungsflächen für die Feuerwehr aus Art. 5 BayBO; die Technische Regel A 2.2.1.1 ist zu beachten.

A 2.1.2. Anforderungen an das Brandverhalten von Teilen baulicher Anlagen

A 2.1.2.1. Allgemeines

Zur Erfüllung der Grundanforderungen werden in Art. 24 Abs. 1 BayBO[1] allgemeine Anforderungen an das Brandverhalten von Teilen baulicher Anlagen formuliert. Art. 24 Abs. 1 BayBO enthält dazu bestimmte Begriffsbestimmungen:

- nichtbrennbar
- schwerentflammbar
- normalentflammbar.

Bei baulichen Anlagen oder Teilen von baulichen Anlagen, bei denen die Anforderungen nichtbrennbar oder schwerentflammbar gestellt werden, sind geeignete Vorkehrungen zu treffen, dass es nicht durch unbemerktes fortschreitendes Glimmen und/oder Schwelen zu einer Brandausbreitung kommen kann.

Zur Erfüllung nachfolgender Anforderungen ist die Technische Regel A 2.2.1.2 zu beachten.

A 2.1.2.2. Nichtbrennbar

Bei der Verwendung in baulichen Anlagen muss bei Einwirkung eines Brandes, insbesondere eines fortentwickelten teilweise vollentwickelten Brandes, gewährleistet sein, dass die Teile baulicher Anlagen keinen Beitrag zum Brand leisten. Dabei dürfen je nach Verwendung keine oder eine begrenzt bleibende Entzündung, geringstmögliche Rauchentwicklung, kein fortschreitendes Glimmen und/oder Schwelen und kein Abtropfen oder Abfallen auftreten; die Art der Bestandteile, Formstabilität sowie Schmelzpunkt/Schmelztemperatur sind zu berücksichtigen.

Hinweis:

Die Anforderungen können mit Baustoffen erfüllt werden, die dauerhaft bei Einwirkung eines Brandes nach DIN 4102-1:1998-05, Abschnitt 5.1 oder 5.2, die dort angegebenen Kriterien einhalten und nach Abschnitt 4.1 klassifiziert sind, ggf. mit der Angabe zum Schmelzpunkt von mindestens 1000 °C nach DIN 4102-17:1990-12.

---

[1] Nr. **1**.

42 Technische Baubestimmungen

A 2.1.2.3. Schwerentflammbar

Bei der Verwendung in baulichen Anlagen muss bei Einwirkung eines Entstehungsbrandes oder eines sich entwickelnden Brandes gewährleistet sein, dass die Teile baulicher Anlagen nur einen begrenzten Beitrag zum Brand leisten und dass nur eine begrenzte Brandausbreitung während und bei Wegfall der Brandeinwirkung vorliegt. Als Brandeinwirkung ist mit Ausnahme von Außenwandbekleidungen und Bodenbelägen der Brand eines Gegenstandes in einem Raum (z.B. Papierkorb in einer Raumecke) anzunehmen, bei Außenwandbekleidungen die aus einer Wandöffnung schlagenden Flammen (siehe auch A 2.1.5). Bei Bodenbelägen ist von einer Brandsituation auszugehen, bei der Flammen aus der Türöffnung zu einem benachbarten Raum schlagen und bei der die waagerechte Flammenausbreitung und die Rauchentwicklung unbedenklich sind.

Dabei dürfen je nach Verwendung des Bauteils eine Entzündung erst nach einer bestimmten Zeit der Flammeneinwirkung, nur eine begrenzte Temperatur der entstehenden Rauchgase, eine begrenzte Freisetzung von Energie, begrenzte Rauchentwicklung, kein selbstständiges Weiterbrennen, kein fortschreitendes Glimmen und/oder Schwelen, ggf. kein brennendes Abfallen oder Abtropfen auftreten.

Hinweis:

Diese Anforderungen können mit Baustoffen erfüllt werden, die dauerhaft bei Einwirkung eines Brandes nach DIN 4102-1:1998-05, Abschnitt 6.1, die dort angegebenen Kriterien einhalten und nach Abschnitt 4.1 klassifiziert sind.

Für Teile baulicher Anlagen, die nicht brennend abtropfen oder abfallen dürfen, müssen zusätzlich die Kriterien gemäß DIN 4102-16:2015-09, Abschnitt 9.3, erfüllt sein.

A 2.1.2.4. Normalentflammbar

Bei der Verwendung in der baulichen Anlage muss bei Einwirkung eines Entstehungsbrandes gewährleistet sein, dass die Teile der baulichen Anlage nur einen begrenzten Beitrag zum Brand leisten. Dabei muss bei der Brandeinwirkung durch eine kleine, definierte Flamme (Streichholzflamme) die Entzündbarkeit und die Flammenausbreitung innerhalb einer bestimmten Zeit begrenzt sein, ggf. darf kein brennendes Abfallen oder Abtropfen auftreten. Die Anforderungen können mit Baustoffen erfüllt werden, die dauerhaft bei Einwirkung eines Brandes nach DIN 4102-1:1981-05, Abschnitt 6.2, die dort angegebenen Kriterien erfüllen.

Für Teile baulicher Anlagen, die nicht brennend abtropfen oder abfallen dürfen, müssen zusätzlich die Kriterien gemäß DIN 4102-16:2015-09, Abschnitt 9.3, ebenfalls erfüllt sein.

Soweit für die bauliche Anlage ein Bestandteil verwendet werden soll, das nicht mindestens der Anforderung „normalentflammbar“ entspricht (leichtentflammbar), ist Art. 24 Abs. 1 Satz 2 BayBO einzuhalten.

A 2.1.3. Anforderungen an die Feuerwiderstandsfähigkeit von Teilen baulicher Anlagen

A 2.1.3.1. Allgemeines

Zur Erfüllung der Grundanforderungen werden in Art. 24 Abs. 2 BayBO[1)] allgemeine Anforderungen an die Feuerwiderstandfähigkeit im Brandfall von Bauteilen baulicher Anlagen gestellt und in:

- feuerbeständige
- hochfeuerhemmende
- feuerhemmende

Bauteile unterschieden.

Die Feuerwiderstandsfähigkeit bezieht sich bei tragenden und aussteifenden Bauteilen baulicher Anlagen auf deren Standsicherheit im Brandfall, bei raumabschließenden Bauteilen, wie Wänden und Decken, auf deren Widerstand gegen eine Brandausbreitung (Raumabschluss).

Feuerwiderstandsfähige Bauteile müssen zusätzlich die folgenden Mindestanforderungen an das Brandverhalten ihrer Baustoffe erfüllen:

a) feuerbeständige Bauteile:
Tragende und aussteifende Teile müssen aus nichtbrennbaren Baustoffen bestehen, raumabschließende Bauteile müssen zusätzlich eine in Bauteilebene durchgehende Schicht aus nichtbrennbaren Baustoffen haben.

b) hochfeuerhemmende Bauteile:
Bestehen tragende und aussteifende Teile aus brennbaren Baustoffen, müssen sie allseitig eine brandschutztechnisch wirksame Bekleidung aus nichtbrennbaren Baustoffen (Brandschutzbekleidung) und – sofern vorhanden – nichtbrennbaren Dämmstoffen haben.
Wenn raumabschließende hochfeuerhemmende Bauteile in ihren tragenden und aussteifenden Teilen aus nichtbrennbaren Baustoffen bestehen und eine in Bauteilebene durchgehende Schicht aus nichtbrennbaren Baustoffen angeordnet ist, ist eine brandschutztechnisch wirksame Bekleidung nicht erforderlich; sie können auch insgesamt aus nichtbrennbaren Baustoffen bestehen.

c) feuerhemmende Bauteile:
Tragende und aussteifende Bauteile können aus brennbaren Baustoffen ausgeführt werden. Dies gilt auch für raumabschließende Bauteile.

Grundsätzlich richtet sich die Feuerwiderstandsfähigkeit von Bauteilen nach dem geltenden bauaufsichtlichen Anforderungssystem (Gebäudeklassen, Höhenlage der Geschosse, Gebäudeart). Die Feuerwiderstandsklassen ergeben sich (auf der Grundlage von Brandprüfungen nach der Einheitstemperaturzeitkurve (ETK)) aus der Technischen Regel A 2.2.1.2.

A 2.1.3.2. Anforderungen an die Standsicherheit im Brandfall

A 2.1.3.2.1. Allgemeines

Um die Anforderungen des Art. 10 BayBO[1)] i.V.m Art. 12 BayBO zu erfüllen, müssen tragende Teile baulicher Anlagen dauerhaft auch unter Brandeinwirkung über eine bestimmte Zeitdauer standsicher sein. Querschnittsänderungen und Durchdringungen – auch nachträglicher Art – sowie Verformun-

---

[1)] Nr. 1.

gen durch die Brandeinwirkung müssen berücksichtigt werden, soweit sie Einfluss auf die Standsicherheit haben können.

A 2.1.3.2.2. Feuerbeständig

Die Standsicherheit muss bei Brandeinwirkung nach der ETK gemäß DIN 4102-2:1977-09, Abschnitt 6.2.4, über mindestens 90 Minuten gewährleistet sein.

A 2.1.3.2.3. Hochfeuerhemmend

Die Standsicherheit muss bei Brandeinwirkung nach der ETK gemäß DIN 4102-2:1977-09, Abschnitt 6.2.4, über mindestens 60 Minuten gewährleistet sein.

Für hochfeuerhemmende tragende Bauteile in Holzbauweise ist die Technische Regel A 2.2.1.4 zu beachten.

A 2.1.3.2.4. Feuerhemmend

Die Standsicherheit muss bei Brandeinwirkung nach der ETK gemäß DIN 4102-2:1977-09, Abschnitt 6.2.4, über mindestens 30 Minuten gewährleistet sein.

A 2.1.3.2.5. Feuerwiderstandsfähigkeit von 120 Minuten

Die Standsicherheit muss bei Brandeinwirkung nach der ETK gemäß DIN 4102-2:1977-09, Abschnitt 6.2.4, über mindestens 120 Minuten gewährleistet sein. Dieses Teil darf keinen Beitrag zum Brand leisten (nichtbrennbar).

A 2.1.3.3. Anforderungen an den Raumabschluss im Brandfall

A 2.1.3.3.1. Allgemeines

Teile baulicher Anlagen sind raumabschließend feuerwiderstandsfähig, wenn sie dauerhaft mindestens für eine bestimmte, nachfolgend angegebene Zeitdauer die Brandausbreitung verhindern, der Raumabschluss auch im Bereich von Verbindungen und Anschlüssen zu angrenzenden Teilen baulicher Anlagen nicht beeinträchtigt ist und wenn auf der brandabgewandten Seite keine wesentliche Rauchentwicklung und kein wesentliches Abfallen oder Abtropfen von Bestandteilen zu verzeichnen ist.

Soweit nicht anders bestimmt, bezieht sich die Feuerwiderstandsfähigkeit auf jede der möglichen Brandeinwirkungsrichtungen (z.B. von innen nach außen sowie von außen nach innen).

Grenzen Bauteile, die raumabschließend feuerwiderstandsfähig sein müssen, an Bauteile ohne Feuerwiderstandsfähigkeit (z.B. Außenwand oder Dach), so müssen sie bei Brandeinwirkung über die jeweils erforderliche Zeitdauer standsicher bleiben. Querschnittsänderungen und Durchdringungen – auch nachträglicher Art – sowie Verformungen während der Brandeinwirkung sind zu berücksichtigen, soweit sie Einfluss auf den Raumabschluss haben können.

Dürfen in Bauteilen, die raumabschließend feuerwiderstandsfähig sein müssen, lichtdurchlässige Flächen als Brandschutzverglasung eingebaut werden, die den Durchtritt der Wärmestrahlung nicht verhindert, müssen sie bei Brandeinwirkung nach DIN 4102-13:1990-05, Abschnitt 6.1, über die jeweils erforderliche Zeitdauer die Ausbreitung von Feuer und Rauch verhindern und die Kriterien nach DIN 4102-13:1990-05 einhalten. Die Technische Regel A 2.2.1.2 ist zu beachten.

Dürfen in Bauteilen, die raumabschließend feuerwiderstandsfähig sein müssen, Nachströmöffnungen ausgeführt werden, müssen die Verschlüsse dieser Öffnungen mit einer Rauchauslöseeinrichtung versehen sein und bei Zugrundelegung des Normbrandes nach DIN 4102-2:1977-09 den Durchtritt von Feuer und Rauch verhindern. Die Technische Regel A 2.2.1.2 ist zu beachten.

Fugen der Bauteile müssen zur Sicherung des Raumabschlusses während der Brandeinwirkung geschlossen bleiben. Diese Anforderung kann mit nichtbrennbaren mineralischen Baustoffen (wie Mörtel, Beton) oder mineralischen Dämmstoffen mit einem Schmelzpunkt von mindestens 1000 °C nach DIN 4102-17:1990-12 und mit Produkten, die bei Brandeinwirkung den Restquerschnitt sicher verschließen, erfüllt werden.

A 2.1.3.3.2. Feuerbeständig

Der Raumabschluss muss bei Brandeinwirkung nach der ETK gemäß DIN 4102-2:1977-09, Abschnitt 6.2.4, über mindestens 90 Minuten gewährleistet sein. Damit ist auch die Standsicherheit von nichttragenden Bauteilen im Brandfall unter Eigengewicht nachgewiesen.

Die Anforderungen an das Brandverhalten ergeben sich aus Art. 24 Abs. 2 Satz 3 Nr. 1 BayBO.

A 2.1.3.3.3. Hochfeuerhemmend

Der Raumabschluss muss bei Brandeinwirkung nach der ETK gemäß DIN 4102-2:1977-09, Abschnitt 6.2.4, über mindestens 60 Minuten gewährleistet sein. Damit ist auch die Standsicherheit von nichttragenden Bauteilen im Brandfall unter Eigengewicht nachgewiesen.

Die Anforderungen an das Brandverhalten ergeben sich aus Art. 24 Abs. 2 Satz 3 Nr. 2 BayBO[1)].

Für hochfeuerhemmende raumabschließende Bauteile in Holzbauweise ist die Technische Regel A 2.2.1.4 zu beachten.

A 2.1.3.3.4. Feuerhemmend

Der Raumabschluss muss bei Brandeinwirkung nach der ETK gemäß DIN 4102-2:1977-09, Abschnitt 6.2.4, über mindestens 30 Minuten gewährleistet sein. Damit ist auch die Standsicherheit von nichttragenden Bauteilen im Brandfall unter Eigengewicht nachgewiesen.

Die Anforderungen an das Brandverhalten ergeben sich aus Art. 24 Abs. 1 Satz 2 BayBO[1)].

A 2.1.3.3.5. Feuerwiderstandsfähigkeit von 120 Minuten

Der Raumabschluss muss bei Brandeinwirkung nach der ETK gemäß DIN 4102-2:1977-09, Abschnitt 6.2.4, über mindestens 120 Minuten gewährleistet sein. Damit ist auch die Standsicherheit von nichttragenden Bauteilen im Brandfall unter Eigengewicht nachgewiesen.

Hinsichtlich des Brandverhaltens sind nur Bestandteile zulässig, die keinen Beitrag zum Brand leisten (nichtbrennbar).

A 2.1.4. Tragende und aussteifende Bauteile

Die einschlägigen Anforderungen ergeben sich je nach Gebäudeklasse aus Art. 25 BayBO[1)].

[1)] Nr. 1.

Werden tragende Teile der baulichen Anlage aus Beton, Stahl, Aluminium, Holz oder Mauerwerk ausgeführt, sind die technischen Regeln zur Tragwerksbemessung für den Brandfall in A 1.2.3, A 1.2.4, A 1.2.5 und A 1.2.6 zu beachten. Wird die Standsicherheit im Brandfall rechnerisch nachgewiesen, gilt:

- für tragende Bauteile, die feuerbeständig sein müssen, ist die Tragfähigkeit rechnerisch für mindestens 90 Minuten Brandbeanspruchung nach ETK nachzuweisen,
- für tragende Bauteile, die hochfeuerhemmend sein müssen, ist die Tragfähigkeit rechnerisch für mindestens 60 Minuten Brandbeanspruchung nach ETK nachzuweisen,
- für tragende Bauteile, die feuerhemmend sein müssen, ist die Tragfähigkeit rechnerisch für mindestens 30 Minuten Brandbeanspruchung nach ETK nachzuweisen, und
- für tragende Bauteile, die eine Feuerwiderstandsfähigkeit von 120 Minuten haben müssen, ist die Tragfähigkeit rechnerisch für mindestens 120 Minuten Brandbeanspruchung nach ETK nachzuweisen.

Werden tragende und aussteifende Teile baulicher Anlagen unter Anwendung von Naturbrandmodellen bemessen, ist Anlage A 1.2.1/3 zu beachten.

A 2.1.5. Außenwände

Die einschlägigen Anforderungen ergeben sich je nach Gebäudeklasse aus Art. 26 BayBO[1)].

Abweichend von den Festlegungen in Abschnitt A 2.1.3.3.4 (zu Art. 24 BayBO) ist es für die Brandeinwirkung von außen nach innen zulässig, dass ein Versagen frühestens nach 30 Minuten gemäß DIN 4102-3:1977-09, Abschnitt 5.3.2 (abgeminderte Einheits-Temperaturkurve), eintreten darf.

Müssen Oberflächen von Außenwänden sowie Außenwandbekleidungen ausgenommen Unterkonstruktionen nach Art. 26 Abs. 3 Satz 1 i.V.m. Abs. 5 BayBO schwerentflammbar sein, gilt dies auch für ihre einzelnen Bestandteile.

Für schwerentflammbare Außenwandbekleidungen sind die Kriterien bei Brandeinwirkung gemäß DIN 4102-20:2017-10 Abschnitt 4.2 einzuhalten.

Außenwandbekleidungen in der Ausführung als Wärmedämmverbundsystem (WDVS) mit EPS-Dämmstoffen erfüllen die Anforderungen schwerentflammbar, wenn an vorhandenen Öffnungen in der Außenwand im Bereich der Stürze oberhalb der Öffnung auch bei Brandeinwirkung standsichere und formstabile, nichtbrennbare konstruktive Maßnahmen angeordnet werden. Darauf kann verzichtet werden, wenn umlaufend horizontal angeordnete, auch bei Brandeinwirkung standsichere und formstabile, nichtbrennbare konstruktive Maßnahmen angeordnet werden.

Für solche Außenwandbekleidungen in der Ausführung als Wärmedämmverbundsystem (WDVS) mit EPS-Dämmstoffen ist zusätzlich eine Brandeinwirkung von außen, die unmittelbar im unteren Bereich der Fassade einwirkt, zu berücksichtigen. Dazu sind geeignete nichtbrennbare konstruktive Maßnahmen vorzusehen, damit das Schutzziel gemäß Art. 24 Abs. 1 Satz 1 BayBO erfüllt ist oder es ist die Technische Regel A 2.2.1.5 einzuhalten.

[1)] Nr. 1.

Sind bei Außenwänden mit hinterlüfteten Bekleidungen, die geschossübergreifende Hohlräume haben oder die über Brandwände hinweggeführt werden, Vorkehrungen zur Begrenzung der Brandausbreitung zu treffen, ist die Technische Regel A 2.2.1.6 zu beachten.

A 2.1.6. Trennwände

Die einschlägigen Anforderungen ergeben sich je nach Gebäudeklasse aus Art. 27 BayBO[1)].

Anschlüsse einschließlich Fugenausbildungen, Durchdringungen von Leitungen sowie Querschnittsverringerungen bei Einbau von Steckdosen, Schaltkästen, Leitungsverteilern etc. dürfen den Raumabschluss und, bei tragenden Wänden, die Standsicherheit nicht beeinträchtigen.

Soweit nicht anders geregelt (s. Rechtsverordnungen oder Richtlinien in Tabelle A 2.2.2) sind Öffnungen in Trennwänden nur zulässig, wenn sie auf die für die Nutzung erforderliche Zahl und Größe beschränkt sind und feuerhemmende, dicht und selbstschließende Abschlüsse aufweisen.

Zur Erfüllung dieser Anforderungen ist die Technische Regel A 2.2.1.2 zu beachten.

Ein Feuerschutzabschluss darf dann offengehalten werden, wenn er zur Verhinderung der Brandausbreitung mit einer Einrichtung versehen ist, die bei Einwirkung eines Brandes, insbesondere bereits bei Raucheinwirkung, dauerhaft das unverzügliche und sichere Schließen des Feuerschutzabschlusses gewährleistet (Feststellanlage). Dies gilt auch für den Fall, dass eine dafür notwendige Stromversorgung unterbrochen ist. Um vorbeugend eine Brandausbreitung zu verhindern, darf das Schließen durch zusätzliche andere Sicherheitseinrichtungen (z.B. Brandmeldeanlagen) ausgelöst werden; die Technische Regel A 2.2.1.7 ist zu beachten.

Sofern Trennwände als Brandschutzverglasungen ausgeführt werden sollen, sind die Anforderungen an raumabschließende Bauteile erfüllt, wenn bei Brandeinwirkung nach DIN 4102-13:1990-05, Abschnitt 6.1, über die mindestens erforderliche Zeitdauer die Ausbreitung von Feuer und Rauch sowie der Durchtritt der Wärmestrahlung verhindert und die Kriterien gemäß DIN 4102-13:1990-05 eingehalten werden. Zur Erfüllung dieser Anforderungen ist die Technische Regel A 2.2.1.2 zu beachten. Damit die Verhinderung der Brandausbreitung nicht beeinträchtigt wird, müssen Abschlüsse von notwendigen Öffnungen in einer als Brandschutzverglasung ausgeführten Trennwand der Feuerwiderstandsdauer der Brandschutzverglasung entsprechen; im Übrigen gelten die genannten Anforderungen an Feuerschutzabschlüsse.

A 2.1.7. Brandwände

Die einschlägigen Anforderungen ergeben sich je nach Gebäudeklasse aus Art. 28 BayBO[1)].

Brandwände sind im Brandfall nur standsicher und raumabschließend, wenn sie ohne zusätzliche Maßnahmen den Anforderungen der Abschnitte A 2.1.3.2 und A 2.1.3.3 entsprechen und ergänzend den Einwirkungen nach DIN 4102-3:1977-09, Abschnitte 4.2.2 bis 4.2.5, widerstehen. Dies gilt mit Ausnahme der Einwirkungen nach DIN 4102-3:1977-09, Abschnitt 4.2.3, auch für hochfeuerhemmende Wände anstelle von Brandwänden.

[1)] Nr. 1.

In Brandwände und Wände anstelle von Brandwänden eingreifende andere Bauteile, Anschlüsse einschließlich Fugenausbildungen, Durchdringungen von Leitungen sowie Querschnittsverringerungen bei Einbau von Steckdosen, Schaltkästen, Leitungsverteilern etc. dürfen den Raumabschluss und die Standsicherheit nicht beeinträchtigen.

Öffnungen sind nur in inneren Brandwänden und Wänden anstelle von Brandwänden und nur dann zulässig, wenn sie auf die für die Nutzung erforderliche Zahl und Größe beschränkt sind; sie müssen eine der Wand entsprechende Feuerwiderstandsdauer aufweisen sowie dicht- und selbstschließend sein. Zur Erfüllung dieser Anforderung ist die Technische Regel A.2.2.1.2 zu beachten. Die Anforderungen nach Abschnitt A 2.1.6, hinsichtlich des Offenhaltens von Feuerschutzabschlüssen, gelten entsprechend.

Verglasungen sind in inneren Brandwänden und Wänden anstelle von Brandwänden nach Art. 28 Abs. 9 BayBO nur zulässig, wenn sie auf die für die Nutzung erforderliche Zahl und Größe beschränkt sind; sie müssen eine der Wand entsprechende Feuerwiderstandsdauer aufweisen. Diese Anforderung wird mit Brandschutzverglasungen erfüllt, die bei Brandeinwirkung nach DIN 4102-13:1990-05, Abschnitt 6.1, über die mindestens erforderliche Zeitdauer die Ausbreitung von Feuer und Rauch sowie der Durchtritt der Wärmestrahlung verhindern und die Kriterien gemäß DIN 4102-13:1990-05 einhalten. Zur Erfüllung dieser Anforderungen ist die Technische Regel A 2.2.1.2 zu beachten.

A 2.1.8. Decken

Die einschlägigen Anforderungen ergeben sich je nach Gebäudeklasse aus Art. 29 BayBO[1)].

Decken zwischen Geschossen, die feuerwiderstandsfähig sein müssen, müssen auch bei einer Brandeinwirkung von oben nach unten den Anforderungen der Abschnitte A 2.1.3.2 und A 2.1.3.3 entsprechen

Anschlüsse einschließlich Fugenausbildungen an andere Bauteile, auch an Außenwände, müssen so ausgebildet sein, dass die Standsicherheit und der Raumabschluss gewahrt bleiben, um die Brandausbreitung zu verhindern.

Die Anforderungen nach Abschnitt A 2.1.6, auch hinsichtlich des Offenhaltens von Feuerschutzabschlüssen, gelten entsprechend.

A 2.1.9. Dächer

Die einschlägigen Anforderungen ergeben sich je nach Gebäudeklasse aus Art. 30 BayBO[1)].

Die Anforderung nach einer gegen Flugfeuer und strahlende Wärme widerstandsfähigen Bedachung (harte Bedachung) wird bei der Verwendung von Bedachungen erfüllt, die unter Einwirkung eines Brandes nach DIN 4102-7:1998-07, Abschnitte 6.1 bis 6.5, unter Berücksichtigung von Abschnitt 7 mindestens die in DIN 4102-7:1998-07, Abschnitt 4 Buchst. a bis e, genannten Kriterien erfüllen.

Für bestimmte brennbare lichtdurchlässige Flächen oder Abschlüsse von Öffnungen, für die kein Nachweis der harten Bedachung vorliegt, ist eine Brandentstehung bei Brandbeanspruchung von außen durch Flugfeuer und strahlende Wärme nicht zu befürchten (Art. 30 Abs. 4 BayBO), wenn:

---

1) Nr. **1**.

- die Summe der Teilflächen höchstens 30 % der Dachfläche beträgt,
- die Teilflächen einen Abstand von mindestens 5 m zu Brandwänden unmittelbar angrenzender höherer Gebäude oder Gebäudeteile aufweisen

und die Teilflächen

- als Lichtbänder höchstens 2 m breit und maximal 20 m lang sind, untereinander und zu den Dachrändern einen Abstand von mindestens 2 m haben oder
- als Lichtkuppeln eine Fläche von nicht mehr als je 6 m^2, untereinander und von den Dachrändern einen Abstand von mindestens 1 m und von Lichtbändern aus brennbaren Baustoffen einen Abstand von 2 m haben.

Begrünte Bedachungen gelten als harte Bedachung, wenn sie den einschlägigen Kriterien der unter A 2.2.1.3 genannten Technischen Regel entsprechen.

A 2.1.10. Treppen

Die einschlägigen Anforderungen an die tragenden Teile notwendiger Treppen ergeben sich je nach Gebäudeklasse aus Art. 32 Abs. 4 BayBO.

A 2.1.11. Notwendige Treppenräume

Die einschlägigen Anforderungen an notwendige Treppenräume ergeben sich aus Art. 33 BayBO. Rauchdicht sind Türen, die die Kriterien der DIN 18095-1:1988-12 erfüllen (Rauchschutzabschlüsse). Selbstschließend sind Türen, die die Kriterien der Dauerfunktion nach DIN 4102-18:1991-03 erfüllen. Zur Erfüllung der Anforderungen an Feuer- und Rauchschutzabschlüsse sowie an Abschlüsse, die selbstschließend sein müssen, ist die Technische Regel A 2.2.1.2 zu beachten. Hinsichtlich des Offenhaltens solcher Abschlüsse gelten die Anforderungen nach Abschnitt A 2.1.6 sinngemäß.

Vollwandig sind Türen, deren Türblatt keine Öffnungen und auch keine Hohlräume hat und bei Hitzebeaufschlagung nicht leicht durchbrennt oder zerstört wird. Türen schließen dicht mit dreiseitig umlaufender dauerelastischer Dichtung oder dreiseitig umlaufendem Falz. Anders als feuerwiderstandsfähige oder rauchdichte Abschlüsse bedürfen Abschlüsse, die vollwandig und dichtschließend oder nur dichtschließend sein müssen, keiner Prüfung hinsichtlich Feuerwiderstandsfähigkeit und Rauchdurchlässigkeit.

A 2.1.12. Notwendige Flure und offene Gänge

Die einschlägigen Anforderungen an notwendige Flure ergeben sich aus Art. 34 BayBO[1)].

Hinsichtlich der Anforderungen an Türen, die feuerwiderstandsfähig, rauchdicht und selbstschließend sein oder nur dicht schließen müssen, gilt Abschnitt A 2.1.11 entsprechend. Die Technische Regel A 2.2.1.2 ist zu beachten. Hinsichtlich des Offenhaltens von Feuer- und Rauchschutzabschlüssen gelten die Anforderungen nach Abschnitt A 2.1.6 sinngemäß.

Sofern Wände notwendiger Flure als Brandschutzverglasungen ausgeführt werden sollen, sind die Anforderungen mit Brandschutzverglasungen erfüllt, die bei Brandeinwirkung nach DIN 4102-13:1990-05, Abschnitt 6.1, über die mindestens erforderliche Zeitdauer die Ausbreitung von Feuer und Rauch sowie den Durchtritt der Wärmestrahlung verhindern und die Kriterien gemäß DIN 4102-13:1990-05 einhalten. Abweichend von Art. 34 Abs. 4 Satz 4

---

1) Nr. **1**.

BayBO müssen Abschlüsse von Öffnungen mindestens der Feuerwiderstandsdauer der Brandschutzverglasung entsprechen.

A 2.1.13. Fahrschächte, Aufzüge

Die einschlägigen Anforderungen an Fahrschachtwände und Türen in Fahrschachtwänden ergeben sich je nach Gebäudeklasse aus Art. 37 BayBO[1].

Die Fahrschächte müssen so beschaffen sein, dass Feuer und Rauch nicht in andere Geschosse übertragen werden können. Diese Anforderung kann nur dann erfüllt werden, wenn die Fahrschächte ausreichend lang feuerwiderstandsfähig sind und

a) die Fahrschachttüren nachfolgenden Anforderungen genügen:
   - sie sind nach DIN 4102-5:1977-09 nachgewiesen und als *Fahrschachtür*[2] klassifiziert und
   - sie werden in massive Wände aus Mauerwerk oder Beton eingebaut,

b) die Fahrkörbe überwiegend aus nichtbrennbaren Baustoffen hergestellt werden (Fahrkörbe gelten als überwiegend aus nichtbrennbaren Baustoffen hergestellt, wenn die tragenden und aussteifenden Teile des Fahrkorbs aus nichtbrennbaren Baustoffen bestehen und die übrigen Teile des Fahrkorbs (wie Wand- und Deckenbekleidungen, Fußbodenbeläge, Lüftungs- und Beleuchtungsabdeckungen) keinen höheren Anteil an brennbaren, mindestens normalentflammbaren Baustoffen aufweisen als 2,5 kg je m² Fahrkorbinnenfläche),

c) die Türen so gesteuert werden, dass sie nur so lange offen bleiben, wie es das Betreten oder Verlassen des Fahrkorbs erfordert; jeweils zwei übereinanderliegende Türen verhindern im geschlossenen Zustand eine Brandübertragung vom Brandgeschoss ins darüber liegende Geschoss,

d) die Türen, falls mehrere nebeneinander angeordnet werden, durch feuerbeständige Bauteile getrennt und an diesen befestigt werden, und

e) der Fahrschacht eine Öffnung zur Rauchableitung gemäß Art. 37 Abs. 3 Satz 1 BayBO aufweist.

Zur Erfüllung dieser Anforderungen ist die Technische Regel A 2.2.1.2 zu beachten.

A 2.1.14. Leitungsanlagen, Installationsschächte und Kanäle

In baulichen Anlagen dürfen Leitungen, Installationsschächte und Kanäle gemäß Art. 38 BayBO durch raumabschließende Bauteile, für die eine Feuerwiderstandsfähigkeit vorgeschrieben ist, nur hindurchgeführt werden, wenn eine Brandausbreitung ausreichend lang nicht zu befürchten ist oder Vorkehrungen hiergegen getroffen werden. Für die Leitungsanlagen in Rettungswegen und für die Führung von Leitungsanlagen durch raumabschließende Bauteile gilt die Technische Regel A 2.2.1.8. Elektrische Leitungsanlagen für bestimmte sicherheitstechnische Anlagen in baulichen Anlagen müssen so beschaffen oder durch Bauteile abgetrennt sein, dass die sicherheitstechnischen Anlagen im Brandfall ausreichend lang funktionsfähig bleiben; die Technische Regel A 2.2.1.8 ist zu beachten.

---

[1] Nr. **1**.

[2] Richtig wohl: „Fahrschachttür".

Werden in baulichen Anlagen Installationen in Hohlräumen von Systemböden geführt, ist die Technische Regel A 2.2.1.9 zu beachten. Zur Erfüllung dieser Anforderungen ist die Technische Regel A 2.2.1.2 zu beachten.

A 2.1.15. Lüftungsanlagen

Lüftungsanlagen in baulichen Anlagen müssen gemäß Art. 39 Abs. 1 BayBO[1)] betriebs- und brandsicher sein; sie dürfen den ordnungsgemäßen Betrieb von Feuerungsanlagen nicht beeinträchtigen. Zur Konkretisierung dieser Anforderungen an Lüftungsanlagen sind die Anforderungen nach der Technischen Regel A 2.2.1.11 zu beachten. Zur Erfüllung dieser Anforderungen ist die Technische Regel A 2.2.1.2 zu beachten.

A 2.1.16. Anforderungen an Feuerungsanlagen, sonstige Anlagen zur Wärmeversorgung, Brennstoffversorgung

Feuerstätten und Abgasanlagen (Feuerungsanlagen) sowie ortsfeste Verbrennungsmotoren, Blockheizkraftwerke, Brennstoffzellen und Verdichter in baulichen Anlagen müssen gemäß Art. 40 BayBO[1)] betriebs- und brandsicher sein; sie dürfen nur dann in Räumen aufgestellt werden, wenn Gefahren nicht entstehen. Anlagen zur Ableitung von Verbrennungsgasen müssen gemäß Art. 40 BayBO so ausgeführt werden, dass keine Gefahren oder unzumutbare Belästigungen entstehen. Die einschlägigen Anforderungen ergeben sich aus der Feuerungsverordnung (FeuV). Die Technische Regel A 2.2.1.2 ist zu beachten.

A 2.1.17. Blitzschutzanlagen

Blitzschutzanlagen nach Art. 44 BayBO sollen die Brandentstehung an der baulichen Anlage und eine Gefährdung von Personen durch Blitzeinschläge verhindern.

A 2.1.18. Bauliche Anlagen zur Lagerung von wassergefährdenden Stoffen und von Sekundärstoffen aus Kunststoff

Werden in baulichen Anlagen wassergefährdende Stoffe gelagert, müssen zum Schutz der Gewässer vor verunreinigtem Löschwasser, das beim Brand anfällt, die Anforderungen an die Löschwasser-Rückhaltung nach der Technischen Regel A 2.2.1.13 beachtet werden.

Dienen bauliche Anlagen zur Lagerung von Sekundärstoffen aus Kunststoff, muss der Ausbreitung von Feuer vorgebeugt und wirksame Löscharbeiten ermöglicht werden. Die Technische Regel A 2.2.1.14 ist zu beachten.

A 2.1.19. Garagen

Die einschlägigen Anforderungen an Gebäude oder Gebäudeteile zum Abstellen von Kraftfahrzeugen (Garagen nach Art. 2 Abs. 8 BayBO) ergeben sich aus der Verordnung über den Bau und Betrieb von Garagen sowie über die Zahl der notwendigen Stellplätze (Garagen- und Stellplatzverordnung [GaStellV]).

A 2.1.20. Sonderbauten

Bei Sonderbauten nach Art. 2 Abs. 4 BayBO können sich weitergehende oder geringere Anforderungen aus einer Rechtsverordnung oder Technischen Baubestimmung ergeben oder es kann im Rahmen der Genehmigung/Be-

---

[1)] Nr. 1.

scheinigung des Brandschutznachweises die Beachtung der einschlägigen Anforderungen einer bauaufsichtlich bekannt gemachten Richtlinie festgelegt werden.

Das betrifft in Bayern

- Beherbergungsstätten (Beherbergungsstättenverordnung [BStättV]),
- Hochhäuser (Richtlinie über die bauaufsichtliche Behandlung von Hochhäusern [HHR]),
- Fliegende Bauten (Richtlinie über den Bau und Betrieb Fliegender Bauten [FlBauR]),
- Verkaufsstätten (Bayerische Verkaufsstättenverordnung [BayVkV]),
- Versammlungsstätten (Versammlungsstättenverordnung [VStättV]),
- Industriebauten (Industriebaurichtlinie [IndBauR]).

Bei anderen Sonderbauten können weitergehende Anforderungen zur Abwehr von Gefahren oder Nachteilen einzelfallbezogen im Rahmen der Genehmigung/Bescheinigung des Brandschutznachweises gestellt werden.

A 2.1.21. Anforderungen an sicherheitstechnische Einrichtungen und Anlagen

A 2.1.21.1. Allgemeines

Insbesondere bei Sonderbauten können nach Art. 54 Abs. 3 BayBO entsprechend der Art oder Nutzung der baulichen Anlage zur Erfüllung der Schutzziele ergänzend zu den baulichen Maßnahmen sicherheitstechnische Einrichtungen und Anlagen zur Abwehr von Gefahren oder Nachteilen im Brandfall erforderlich sein. Sicherheitstechnische Einrichtungen und Anlagen können auch im Rahmen einer bauordnungsrechtlichen Abweichungsentscheidung gemäß Art. 63 BayBO für bauliche Anlagen, die gemäß Art. 2 Abs. 4 BayBO[1] keine Sonderbauten sind (sog. Standardgebäude), gefordert werden. Sicherheitstechnische Einrichtungen und Anlagen müssen wirksam und betriebssicher sein, auch bei Zusammenwirken mehrerer Einrichtungen und Anlagen, und den Anforderungen der nachfolgenden Abschnitten entsprechen.

A 2.1.21.2. Rauchabzugsgeräte und Rauchabzugsanlagen

Sofern Rauchabzugsgeräte oder Rauchabzugsanlagen für Räume verlangt werden, sollen wirksame Löscharbeiten der Feuerwehr durch die Ableitung von Rauch unterstützt werden.

Öffnungen zur Rauchableitung (z.B. in notwendigen Treppenräumen nach Art. 33 Abs. 8 Satz 2 Nr. 2 BayBO[1]) oder Rauchabzugsvorrichtungen müssen nicht zwingend Rauchabzugsgeräte oder Rauchabzugsanlagen sein. Bei Sonderbauten und Garagen können sich Anforderungen aus den einschlägigen bauordnungsrechtlichen Regelungen ergeben (s. A 2.2.1.15 sowie A 2.2.2.1 bis A 2.2.2.7) oder einzelfallbezogen im Brandschutzkonzept festgelegt werden.

Rauchabzugsanlagen müssen sowohl von Hand als auch automatisch ausgelöst werden können. Rauchabzugsanlagen können als natürlich wirkende Rauchabzugsanlagen oder maschinelle Rauchabzugsanlagen verlangt sein.

Maschinelle Rauchabzugsanlagen müssen so errichtet werden, dass sie den Temperaturen der abzuführenden Brandgase ausreichend lang widerstehen.

---

[1] Nr. 1.

Als Rauchabzugsgeräte sowie als Geräte in natürlich wirkenden Rauchabzugsanlagen sind die Rauchabzugsgeräte in Abhängigkeit von der Lage in der baulichen Anlage, der erforderlichen aerodynamisch wirksamen Öffnungsfläche und des Standortes der baulichen Anlage hinsichtlich des Funktionserhalts und der Einwirkungen u.a. von Wind, Schnee, den Umgebungstemperaturen auszuwählen und zu verwenden. Für die Verwendung gilt die Technische Regel A 2.2.1.2 mit den Leistungsanforderungen.

Als maschinelle Rauchabzugsgeräte sind die Rauchabzugsgeräte in Abhängigkeit von Lage in der baulichen Anlage und den erforderlichen Luftvolumenströmen hinsichtlich der Temperaturbeständigkeit auszuwählen und zu verwenden. Für die Verwendung gilt die Technische Regel A 2.2.1.2 mit den genannten Leistungsanforderungen.

Rauchabzugsanlagen bestehen mindestens aus den Bedien- und Auslöseeinrichtungen, den jeweiligen Rauchabzugsgeräten und bei den maschinellen Rauchabzugsanlagen auch aus den Entrauchungsleitungen einschließlich notwendiger Abschlüsse (Entrauchungsklappen) zur Steuerung der Rauchabführung und der Steuerung der Luftvolumenströme. Für Rauchabzugsanlagen muss die für die Funktion notwendige Zuluft vorhanden sein; Abschlüsse von Zuluftöffnungen müssen von der Feuerwehr leicht geöffnet werden können. Bei maschinellen Rauchabzugsanlagen muss die Öffnung von Abschlüssen der Zuluftzuführung automatisch spätestens gleichzeitig mit Inbetriebnahme der maschinellen Rauchabzugsgeräte erfolgen.

Entrauchungsleitungen müssen so dicht und temperaturbeständig sein, dass Rauch nicht aus ihnen in andere Bereiche der baulichen Anlage außerhalb des Brandbereiches austreten kann; sie müssen so angeordnet und so beschaffen sein, dass Temperaturerhöhungen auf der Außenseite der Leitungen nicht zu einer Brandentstehung außerhalb des Brandbereiches führen und auch bei Temperaturerhöhungen keine wesentlichen Querschnittsreduzierungen auftreten. Dies gilt auch für Kanäle und Schächte zu Rauchabführung, soweit sie bei natürlich wirkenden Rauchabzugsanlagen vorgesehen werden.

Automatische Rauchabzugsanlagen müssen automatische Branderkennungs- und Übertragungseinrichtungen zur Auslösung haben; sie dürfen auch durch automatische Brandmeldeanlagen ausgelöst werden können.

A 2.1.21.3. Wärmeabzugsgeräte

Sofern Wärmeabzugsgeräte verlangt werden, soll der Brandausbreitung im Hinblick auf einen Vollbrand in bestimmten Bereichen einer baulichen Anlage entgegen gewirkt werden, um eine Entzündung brennbarer Teile der baulichen Anlage außerhalb des eigentlichen Brandbereiches durch heiße Brandgase zu verhindern. Für vorhandene Bauteile im Brandbereich soll eine Reduzierung der thermischen Einwirkungen erreicht werden, damit die Standsicherheit oder der Raumabschluss im Brandfall gewährleistet bleibt. Damit können auch wirksame Löscharbeiten unterstützt werden.

Erforderliche Wärmeabzugsgeräte sind in Abhängigkeit von Lage in der baulichen Anlage, vorgeschriebener geometrischer Abmessungen, der erforderlichen geometrischen Öffnungsfläche und des Standortes der baulichen Anlage hinsichtlich des Funktionserhalts und der Einwirkungen u.a. von Wind, Schnee, den Umgebungstemperaturen auszuwählen und zu verwenden. Für die Verwendung gilt die Technische Regel A 2.2.1.2 mit den Leistungsanforderungen.

A 2.1.21.4. Druckbelüftungsanlagen (Anlagen zur Rauchfreihaltung)

Druckbelüftungsanlagen dienen dazu, bestimmte Rettungswege (innen liegende Sicherheitstreppenräume) sowie Aufzugsschächte von Feuerwehraufzügen von Rauch frei zu halten, damit sich Personen retten und wirksame Löscharbeiten unterstützt werden können. Die Anordnung von Druckbelüftungsanlagen ist nur zulässig, wenn vor dem jeweiligen Rettungsweg oder Aufzugsschacht Räume (Vorräume) angeordnet sind und diese Räume von der Druckbelüftungsanlage mit erfasst werden. Die Wände und Decken des Vorraumes müssen nichtbrennbar sein und sie müssen im Brandfall ausreichend lang raumabschließend sein. Die Abschlüsse notwendiger Öffnungen in den Vorräumen müssen ausreichend lang raumabschließend und rauchdicht sein. Soweit nicht anders geregelt, dürfen die Vorräume nur über notwendige Flure zugänglich sein.

Dabei müssen Druckbelüftungsanlagen den Eintritt von Rauch in den Rettungsweg oder Aufzugsschacht und deren jeweiligen Vorraum ausreichend lang, auch bei Öffnung von Türen zu Räumen, verhindern.

Der Betrieb der Druckbelüftungsanlage darf nicht dazu führen, dass sich Türen in Rettungswegen wegen zu hoher Druckdifferenzen nicht mehr öffnen lassen. Für Druckbelüftungsanlagen sind ausreichende Überströmöffnungen oder -einrichtungen vorzusehen. Druckbelüftungsanlagen für einen innenliegenden Sicherheitstreppenraum als einzigem Rettungsweg müssen so geplant und betrieben werden, dass der Ausfall eines Lüftungsgerätes nicht zum Ausfall der Druckbelüftung führt.

Druckbelüftungsanlagen müssen im Brandfall automatisch auslösen. Sie dürfen auch über eine automatische Brandmeldeanlage ausgelöst werden können. Der notwendige Druck muss sich unverzüglich nach dem Auslösen aufbauen.

Druckbelüftungsanlagen bestehen mindestens aus automatischen Branderkennungs- und Übertragungseinrichtungen zur Auslösung der Anlage, Lüftungsgeräten, Lüftungsleitungen und einer Steuerung der Luftvolumenströme und erforderlichen Abströmeinrichtungen.

Druckbelüftungsanlagen müssen auch bei Ausfall der allgemeinen Stromversorgung ausreichend lang mit Strom versorgt werden und funktionsfähig bleiben (Sicherheitsstromversorgung).

A 2.1.21.5. Feuerlöschanlagen

Mit Feuerlöschanlagen soll die Brandausbreitung mindestens begrenzt werden und damit wirksame Löscharbeiten unterstützt werden.

Feuerlöschanlagen können als automatische (selbsttätige), halbstationäre oder Sprühwasserlöschanlagen, Anlagen mit Wandhydranten für die Feuerwehr (Typ F) und Anlagen mit trockenen Löschwasserleitungen erforderlich sein.

Feuerlöschanlagen sind mindestens in Abhängigkeit von der raumbildenden Struktur der baulichen Anlage sowie vorhandener Baustoffe und Brandgüter, deren Verteilung und Anordnung im Raum, deren Abbrandverhalten und hinsichtlich der Branderkennungs- und Auslöseeinrichtungen, der geeigneten Löschmittel, Löschmittelmengen und notwendiger Wirkbereiche für die Löschmittel zu planen und zu errichten. Soweit erforderlich, sind Druckerhöhungsanlagen zu errichten.

Für Feuerlöschanlagen, die ggf. in bauordnungsrechtlichen Regelungen für Garagen oder Sonderbauten verlangt sind (s. A 2.2.1.15 sowie A 2.2.2.1 bis A

2.2.2.7), gilt: Bei Auslösen automatischer (selbsttätiger) Feuerlöschanlagen muss eine Brandmeldung automatisch über eine geeignete Brandmeldeeinrichtung an die Leitstelle der örtlich zuständigen Feuerwehr erfolgen, soweit die Bauaufsichtsbehörde nichts Anderes gestattet hat. Automatische (selbsttätige) Feuerlöschanlagen, die für die Brandbekämpfung technische Gase als Löschmittel verwenden, dürfen nach der Branderkennung erst dann ausgelöst werden, wenn die Nutzer alarmiert wurden und ausreichend Zeit zum Verlassen des betroffenen Bereiches (Raumes) hatten; die Weiterleitung der Brandmeldung bleibt davon unberührt.

A 2.1.21.6. Brandmeldeanlagen

Mit Brandmeldeanlagen sollen Brände in der Entstehungsphase des Brandes unverzüglich erkannt werden, damit wirksame Löscharbeiten unterstützt werden können. Brandmeldeanlagen bestehen aus Brandmeldern (z.B. Rauchmelder, Wärmemelder, Flammenmelder, Handmelder), Übertragungseinrichtungen der Brandmeldung innerhalb der baulichen Anlage, der Brandmeldezentrale und der Übertragungseinrichtung zur Alarmierung von Löschkräften. Rauchwarnmelder, auch funkvernetzte Rauchwarnmelder, sind keine Brandmeldeanlagen. Bauordnungsrechtlich notwendige Brandmeldeanlagen zur Alarmierung der Feuerwehr sind nach Art. 2 Abs. 2 des Gesetzes über die Errichtung und den Betrieb Integrierter Leitstellen (ILSG) auf die zuständige alarmauslösende Stelle aufzuschalten. Automatische Brandmeldeanlagen müssen automatische Brandmelder und Übertragungseinrichtungen haben. Brandmeldeanlagen dürfen weitere Übertragungseinrichtungen haben, wenn andere sicherheitstechnische Anlagen damit automatisch aktiviert oder deaktiviert werden sollen.

A 2.1.21.7. Alarmierungseinrichtungen und Alarmierungsanlagen

Alarmierungseinrichtungen und Alarmierungsanlagen dienen der frühzeitigen Warnung von Personen in der baulichen Anlage über einen Gefahrenfall. Die Auslösung kann manuell oder automatisch erforderlich sein. Die Informationsabgabe kann akustisch oder optisch (Signal) erfolgen; Kombinationen davon und unterschiedliche Signalfolgen in Abhängigkeit von der Art des Gefahrenfalls sind zulässig. Die Übertragung der Information kann auch an einen nur begrenzten Personenkreis in der baulichen Anlage zulässig sein.

Für diese Einrichtungen und Anlagen sind deshalb fallweise ergänzende Anweisungen in schriftlicher oder grafischer Form zu erstellen, wie sich in Abhängigkeit des Signales oder der Signalfolge die Personen in der baulichen Anlage verhalten sollen. Die Anweisungen sind in allen relevanten Bereichen der baulichen Anlage deutlich sichtbar anzubringen. Ist die Alarmierung nur für einen begrenzten Personenkreis bestimmt, kann sich die zu erstellende Anweisung und die Bekanntmachung auf diesen Personenkreis beschränken.

Damit soll erreicht werden, dass Personen sich frühzeitig selbst retten oder ein bestimmter Personenkreis mit der Rettung anderer Personen beginnt oder dass eine bauliche Anlage nach einem bestimmten Schema (Räumungskonzept) verlassen wird.

Die Alarmierungsanlagen bestehen aus manuellen Bedien- oder Auslösestellen, den Übertragungseinrichtungen der Signale in verschiedene Bereiche der oder an bestimmte Personen in der baulichen Anlage, den Signalgebern und sofern unterschiedliche Signalfolgen erforderlich sind, aus einer Steuereinheit für die unterschiedlichen Signalfolgen. Sind automatische Alarmierungsanlagen verlangt, müssen zusätzlich die notwendigen automatischen Gefahrenmelder, deren automatische Übertragungseinrichtungen, eine Einrichtung zur Auswertung der Gefahrenmeldung und eine automatische Auslöseeinrichtung für den Signalgeber vorhanden sein. Alarmierungsanlagen für den Brandfall dürfen auch durch eine Brandmeldeanlage ausgelöst werden können.

A 2.1.21.8. Feuerwehraufzüge

Feuerwehraufzüge dienen insbesondere bei baulichen Anlagen großer Höhe der Unterstützung wirksamer Löscharbeiten. Feuerwehraufzüge sollen im Brandfall durch die Feuerwehr nutzbar bleiben.

Für Hochhäuser ergeben sich die einschlägigen bauordnungsrechtlichen Anforderungen an Feuerwehraufzüge, die Fahrschächte von Feuerwehraufzügen und deren Vorräume aus Abschnitt 6.1 und (für Hochhäuser mit nicht mehr als 60 m Höhe) Abschnitt 8.4 der Richtlinie über die bauaufsichtliche Behandlung von Hochhäusern (s. A 2.2.2.7, Bekanntmachung vom 21. April 2015, AllMBl S. 274).

Im normalen Betrieb ist die Nutzung zur Personen- und Lastenbeförderung zulässig.

Feuerwehraufzüge müssen auch bei Ausfall der allgemeinen Stromversorgung ausreichend lang mit Strom versorgt werden und funktionsfähig bleiben (Sicherheitsstromversorgung).

A 2.1.21.9. Sicherheitsbeleuchtungen

Sicherheitsbeleuchtungen sollen bei Ausfall der allgemeinen Stromversorgung eine ausreichende Mindestbeleuchtungsstärke auf Rettungswegen, in Räumen und für die Beleuchtung von erforderlichen Sicherheitszeichen ermöglichen, damit Personen die bauliche Anlage bis zur öffentlichen Verkehrsfläche hin verlassen und ggf. zu Gefahren führende Tätigkeiten sicher abgeschlossen werden können. Die Sicherheitsbeleuchtung ist in Abhängigkeit von der Art und Nutzung der baulichen Anlage anzuordnen und kann auch nur in Teilen der baulichen Anlage erforderlich sein. Soweit die Sicherheitsbeleuchtung in Bereitschaftsschaltung ausgeführt wird, muss die Bereitschaftsschaltung die Sicherheitsbeleuchtung ohne Verzögerung in Betrieb nehmen.

A 2.1.21.10. CO-Warnanlagen

CO-Warnanlagen dienen dazu, Gefahr drohende Mengen von Kohlenmonoxid (CO) in baulichen Anlagen sicher zu erkennen und Warnungen an Personen abzugeben, damit diese Personen bestimmte Handlungen ausführen (z.B. Motor abstellen) und die bauliche Anlage oder den betroffenen Teil sofort verlassen; sie dürfen auch genutzt werden, um vorhandene Lüftungsanlagen im betroffenen Bereich der baulichen Anlage zur Reduzierung des CO-Gehaltes in der Luft in Betrieb zu nehmen. CO-Warnanlagen bestehen mindestens aus den automatischen Messeinrichtungen, den automatischen Übertragungseinrichtungen der Messsignale, einem Auswerte- und Steuerungssystem und Einrichtungen zur automatischen Abgabe von optischen und akustischen Signalen an Personen im betroffenen Bereich der baulichen Anlage.

CO-Warnanlagen müssen auch bei Ausfall der allgemeinen Stromversorgung ausreichend lang mit Strom versorgt werden und funktionsfähig bleiben (Sicherheitsstromversorgung).

A 2.1.21.11. Sicherheitsstromversorgungen

Sicherheitsstromversorgungen sind elektrische Anlagen einschließlich Stromerzeugung oder Stromspeicherung, die bei Ausfall der allgemeinen Stromversorgung die Versorgung von anderen sicherheitstechnischen Einrichtungen und Anlagen mit Strom für den Weiterbetrieb über einen bestimmten Zeitraum sicherstellen, soweit dies für die jeweilige sicherheitstechnische Einrichtung oder Anlage verlangt ist.

Die Sicherheitsstromversorgung besteht aus mindestens einer für den Weiterbetrieb ausreichenden leistungsfähigen Stromquelle (Sicherheitsstromaggregat, Batterien) und den zugehörigen elektrischen Leitungsanlagen zur Versorgung der anderen sicherheitstechnischen Einrichtungen und Anlagen.

Eine ausreichende Stromquelle liegt auch dann vor, wenn neben dem eigentlichen Anschluss an das öffentliche Versorgungsnetz für die bauliche Anlage zusätzlich ein Anschluss an ein weiteres unabhängiges öffentliches Versorgungsnetz vorhanden ist; Anschlüsse aus benachbarten baulichen Anlagen sind regelmäßig nicht unabhängige öffentliche Versorgungsnetze.

A 2.1.21.12. Objektfunkanlagen für die Feuerwehr

Objektfunkanlagen für die Feuerwehr dienen der Unterstützung wirksamer Löscharbeiten. Die Anlagen sollen die Funkkommunikation der Einsatzkräfte der Feuerwehr untereinander in der baulichen Anlage und mit den unmittelbar an der baulichen Anlage vorhandenen Einsatzkräften der Feuerwehr während des Einsatzes unterstützen, wenn dies wegen der räumlichen Struktur, der Ausdehnung oder wegen der die Funkkommunikation abschirmender Eigenschaften der baulichen Anlage mit den von der Feuerwehr mitgeführten Geräte zur Funkkommunikation nicht ausreichend möglich ist. Sie bestehen mindestens aus Sende-, Empfangs- und Übertragungseinrichtungen.

Objektfunkanlagen müssen auch bei Ausfall der allgemeinen Stromversorgung ausreichend lang mit Strom versorgt werden und funktionsfähig bleiben (Sicherheitsstromversorgung).

Für die Funktion von Objektfunkanlagen notwendige elektrische Leitungsanlagen müssen so beschaffen oder durch Bauteile abgetrennt sein, dass die Anlagen im Brandfall ausreichend lang funktionsfähig bleiben.

A 2.1.21.13. Druckerhöhungsanlagen für die Löschwasserversorgung

Druckerhöhungsanlagen für die Löschwasserversorgung dienen der Unterstützung wirksamer Löscharbeiten in der baulichen Anlage. Druckerhöhungsanlagen für die bauliche Anlage sollen unabhängig von der allgemeinen Wasserversorgung gewährleisten, dass die für den Betrieb entsprechender Anlagen unter Verwendung von Löschwasser nach A 2.1.21.5 notwendigen Betriebsdrücke für die gesamte Bereitstellungszeit vorhanden sind und die notwendigen Löschwassermengen entnommen oder verteilt werden können.

Druckerhöhungsanlagen bestehen mindestens aus dem Druckerzeugungsaggregat, dem für die Löschwassermenge ausreichend großen Vorratsbehälter, dem zugehörigen Leitungssystem, dem Steuerungs- und Regelsystem sowie den für die Druckerhöhung notwendigen Stromversorgungseinrichtungen.

A 2.1.21.14. Brandfallsteuerung von Aufzügen

Brandfallsteuerungen sollen bewirken, dass bei Erkennung eines Brandes der Aufzug mit darin befindlichen Personen nicht mehr das vom Brand betroffene

Geschoss anfahren kann und die Personen den Aufzug in einem anderen Geschoss verlassen, um sich zu retten. Außerdem wird sichergestellt, dass danach der Aufzug außer Betrieb geht.

Brandfallsteuerungen bestehen mindestens aus automatischen Brandmeldern zur Branderkennung in jedem Geschoss mit Haltestelle, den automatischen Übertragungseinrichtungen der Brandmeldung und dem Auswerte- und Steuerungssystem für den Aufzug. Das Auslösen der Brandfallsteuerung ist auch durch eine automatische Brandmeldeanlage zulässig.

A 2.1.21.15. Blitzschutzanlagen zum Schutz sicherheitstechnischer Einrichtungen und Anlagen im Innern von baulichen Anlagen

Diese Blitzschutzanlagen dienen zum Schutz sicherheitstechnischer Einrichtungen und Anlagen im Innern von baulichen Anlagen zur Sicherung der Personenrettung und der Unterstützung wirksamer Löscharbeiten. Sie sollen gegen Auswirkungen des Blitzstromes und der Blitzspannung auf Installationen sowie elektrische und elektronische Teile der anderen sicherheitstechnischen Einrichtungen und Anlagen in der baulichen Anlage bei unmittelbarem oder mittelbarem Blitzeinschlag schützen. Dazu sind Maßnahmen gegen Überspannung (äußerer und innerer Blitzschutz) und gefährliche Funkenbildung zu treffen.

A 2.2. Technische Anforderungen hinsichtlich Planung, Bemessung und Ausführung und Technische Anforderungen an Bauteile gemäß Art. 81a Abs. 2 BayBO

Lfd. Nr.	Anforderungen an Planung, Bemessung und Ausführung gem. Art. 81a Abs. 2 BayBO[1]	Technische Regeln/Ausgabe	Weitere Maßgaben gem. Art. 81a Abs. 2 BayBO
1	2	3	4
A 2.2.1 Planung, Bemessung und Ausführung			
A 2.2.1.1	Flächen für die Feuerwehr	Richtlinien über Flächen für die Feuerwehr: 2009-10	Anlage A 2.2.1.1/1
A 2.2.1.2	Bauprodukte und Bauarten	Bauaufsichtliche Anforderungen, Zuordnung der Klassen, Verwendung von Bauprodukten, Anwendung von Bauarten: 2016-06 (siehe Anhang 4)	
A 2.2.1.3	Klassifizierte Baustoffe und Bauteile, Ausführungsregeln	DIN 4102-4:2016-05	Anlage A 2.2.1.3/1
A 2.2.1.4	Hochfeuerhemmende Bauteile in Holzbauweise	Richtlinie über brandschutztechnische Anforderungen an hochfeuerhemmende Bauteile in Holzbauweise – HFHHolzR: 2004-07	Anlage A 2.2.1.4/ 1Bay
A 2.2.1.5	Wärmedämmverbundsysteme	WDVS mit EPS, Sockelbrandprüfverfahren: 2016-06 (siehe Anhang 5)	
A 2.2.1.6	Hinterlüftete Außenwandbekleidungen	Hinterlüftete Außenwandbekleidungen: 2016-06 (siehe Anhang 6)	
A 2.2.1.7	Feststellanlagen	Anforderungen an Feststellanlagen: 2017-07 (siehe Anhang 7)	

[1] Nr. 1.

Lfd. Nr.	Anforderungen an Planung, Bemessung und Ausführung gem. Art. 81a Abs. 2 BayBO	Technische Regeln/Ausgabe	Weitere Maßgaben gem. Art. 81a Abs. 2 BayBO
1	2	3	4
A 2.2.1.8	Leitungsanlagen	Richtlinie über brandschutztechnische Anforderungen an Leitungsanlagen (Leitungsanlagenrichtlinie – LAR): 2015-02, Redaktionsstand 05.04.2016	Anlage A 2.2.1.8/ 1Bay
A 2.2.1.9	Systemböden	Richtlinie über brandschutztechnische Anforderungen an Systemböden (SysBöR): 2005-09	Anlage A 2.2.1.9/ 1Bay
A 2.2.1.10	In Bayern nicht besetzt		
A 2.2.1.11	Lüftungsanlagen	Richtlinie über brandschutztechnische Anforderungen an Lüftungsanlagen (Lüftungsanlagen-Richtlinie LüAR): 2005-09, zuletzt geändert am 11.12.2015	Anlage A 2.2.1.11/ 1Bay
A 2.2.1.12	In Bayern nicht besetzt		
A 2.2.1.13	Löschwasser-Rückhalteanlagen	Richtlinie zur Bemessung von Löschwasser-Rückhalteanlagen beim Lagern wassergefährdender Stoffe (LöRüRL): 1992-08	Anlage A 2.2.1.13/ 1Bay
A 2.2.1.14	Lagerung von Sekundärstoffen aus Kunststoff	Richtlinie über den Brandschutz bei der Lagerung von Sekundärstoffen aus Kunststoff (Kunststofflagerrichtlinie – KLR): 1996-06	
A 2.2.1.15	Industriebau	Richtlinie über den baulichen Brandschutz im Industriebau (Industriebaurichtlinie – IndBauR): 2014-07	Anlage A 2.2.1.15/ 1Bay
A 2.2.2 Garagen, Sonderbauten, Betriebsräume für elektrische Anlagen und Feuerungsanlagen			
A 2.2.2.1	Garagen	Verordnung über den Bau und Betrieb von Garagen sowie über die Zahl der notwendigen Stellplätze (Garagen- und Stellplatzverordnung – GaStellV): 1993-11	
A 2.2.2.2	Beherbergungsstätten	Verordnung über den Bau und Betrieb von Beherbergungsstätten (Beherbergungsverordnung – BStättV): 2007-07	
A 2.2.2.3	Verkaufsstätten	Verordnung über den Bau und Betrieb von Verkaufsstätten (Bayerische Verkaufsstättenverordnung – BayVkV): 1997-11	
A 2.2.2.4	Versammlungsstätten	Verordnung über den Bau und Betrieb von Versammlungsstätten (Versammlungsstättenverordnung – VStättV): 2007-11	
A 2.2.2.5	In Bayern nicht besetzt		
A 2.2.2.6	In Bayern nicht besetzt		
A 2.2.2.7	Hochhäuser	Richtlinie über die bauaufsichtliche Behandlung von Hochhäusern (HHR): 2015-04	
A 2.2.2.8	In Bayern nicht besetzt		

Lfd. Nr.	Anforderungen an Planung, Bemessung und Ausführung gem. Art. 81a Abs. 2 BayBO	Technische Regeln/Ausgabe	Weitere Maßgaben gem. Art. 81a Abs. 2 BayBO
1	2	3	4
A 2.2.2.9	Betriebsräume für elektrische Anlagen	Verordnung über den Bau von Betriebsräumen für elektrische Anlagen (EltBauV): 1977-04	
A 2.2.2.10	Feuerungsanlagen	Feuerungsverordnung (FeuV): 2007-11	
A 2.2.2.11	Fliegende Bauten	Richtlinie über den Bau und Betrieb Fliegender Bauten (FlBauR): 2010-06	

Anlage A 2.2.1.1/1
Zur Richtlinie über Flächen für die Feuerwehr

Bei der Anwendung der technischen Regel ist Folgendes zu beachten:

1. Zu Abschnitt 1

Zufahrten, Aufstell- und Bewegungsflächen sind mindestens entsprechend der Straßen-Bauklasse VI (Richtlinie für Standardisierung des Oberbaues von Verkehrsflächen – RStO 01) zu befestigen.

Anstelle von DIN 1055-3:2006-03 ist DIN EN 1991-1-1:2010-12 in Verbindung mit DIN EN 1991-1-1/NA:2010-12 anzuwenden.

Sofern durch geeignete Unterhaltung der Neuaufbau von Humus vermieden wird, sind auch Pflasterrasendecken, Rasengittersteine oder Einfachbauweisen entsprechender Tragfähigkeit zulässig, ausgenommen Schotterrasen.

2. Hinweisschilder

2.1

Hinweisschilder für Zu- oder Durchfahrten haben die Aufschrift „Feuerwehrzufahrt", die Schilder für Aufstell- oder Bewegungsflächen die Aufschrift „Flächen für die Feuerwehr".

Die Hinweisschilder für Flächen für die Feuerwehr müssen der DIN 4066 entsprechen; die Hinweisschilder „Feuerwehrzufahrt" müssen eine Größe von mindestens B/H = 594/210 mm haben und von der öffentlichen Verkehrsfläche aus erkennbar sein. Flächen für die Feuerwehr müssen eine jederzeit deutlich sichtbare Randbegrenzung haben.

2.2

Nach § 12 Abs. 1 Nr. 8 StVO ist das Halten vor und in Feuerwehrzufahrten unzulässig, wenn diese Zufahrten amtlich gekennzeichnet sind.

Ist die Anordnung eines Halteverbots nach StVO im öffentlichen Verkehrsraum im Bereich der Feuerwehrzufahrt notwendig, so muss das Hinweisschild „Feuerwehrzufahrt" von der zuständigen Behörde gekennzeichnet sein (amtliches Hinweisschild).

Anstelle des amtlichen Hinweisschildes „Feuerwehrzufahrt" kann die zuständige Behörde die Aufstellung des Verkehrszeichens 283 (Halteverbot) nach StVO mit dem Zusatzschild „Feuerwehrzufahrt" anordnen (Schutzzone im Sinne von § 45 Abs. 1 Satz 2 Nr. 5 StVO).

Anlage A 2.2.1.3/1
Zu DIN 4102-4

Bei Anwendung der technischen Regel ist Folgendes zu beachten:

1. Zu Abschnitt 4.2

Bei brandschutztechnischen Anforderungen und brandschutztechnischen Bewertungen der Baustoffklasse bleiben nachträglich aufgebrachte Beschichtungen bis 0,5 mm Dicke auf Bauteilen unberücksichtigt, soweit die Beschichtungen vollständig ohne Hohlräume auf nichtbrennbarem Untergrund aufgebracht sind.

2. zu Abschnitt 11.4

Zusammenstellung von gegen Flugfeuer und strahlende Wärme widerstandsfähigen Dachdeckungsprodukten (oder -materialien) gemäß Entscheidung der Kommission 2000/553/EG, veröffentlicht im Amtsblatt der Europäischen Gemeinschaften L 235/19, von denen ohne Prüfung angenommen werden kann, dass sie den Anforderungen entsprechen; die zusätzlichen Bedingungen zu angrenzenden Schichten sind ebenfalls einzuhalten.

Dachdeckungsprodukte/-materialien	**Besondere Voraussetzung für die Konformitätsvermutung**
Decksteine aus Schiefer oder anderem Naturstein	Entsprechen den Bestimmungen der Entscheidung 96/603/EG der Kommission
Dachsteine aus Stein, Beton, Ton oder Keramik, Dachplatten aus Stahl	Entsprechen den Bestimmungen der Entscheidung 96/603/EG der Kommission. Außenliegende Beschichtungen müssen anorganisch sein oder müssen einen Brennwert PCS ≤ 4,0 MJ/m² oder eine Masse ≤ 200 g/m² haben
Faserzementdeckungen: – Ebene und profilierte Platten – Faserzement-Dachplatten	Entsprechen den Bestimmungen der Entscheidung 96/603/EG der Kommission oder haben einen Brennwert PCS ≤ 3,0 MJ/kg
Profilblech aus Aluminium, Aluminiumlegierung, Kupfer, Kupferlegierung, Zink, Zinklegierung, unbeschichtetem Stahl, nichtrostendem Stahl, verzinktem Stahl, beschichtetem Stahl oder emailliertem Stahl	Dicke ≥ 0,4 mm Außenliegende Beschichtungen müssen anorganisch sein oder müssen einen Brennwert PCS ≤ 4,0 MJ/m² oder eine Masse ≤ 200 g/m² haben
Ebenes Blech aus Aluminium, Aluminiumlegierung, Kupfer, Kupferlegierung, Zink, Zinklegierung, unbeschichtetem Stahl, nichtrostendem Stahl, verzinktem Stahl, beschichtetem Stahl oder emailliertem Stahl	Dicke ≥ 0,4 mm Außenliegende Beschichtungen müssen anorganisch sein oder müssen einen Brennwert PCS ≤ 4,0 MJ/m² oder eine Masse ≤ 200 g/m² haben
Produkte, die im Normalfall voll bedeckt sind (von den rechts aufgeführten anorganischen Materialien)	Lose Kiesschicht mit einer Mindestdicke von 50 mm oder eine Masse ≥ 80 kg/m²; Mindestkorngröße 4 mm, maximale Korngröße 32 mm; Sand-/Zementbelag mit einer Mindestdicke von 30 mm. Betonwerksteine oder mineralische Platten mit einer Mindestdicke von 40 mm

Zusätzliche Bedingungen:

Für alle Dachdeckungsprodukte/-materialien aus Metall gilt, dass sie auf geschlossenen Schalungen aus Holz oder Holzwerkstoffen mit einer Trennlage aus Bitumenbahn mit Glasvlies- oder Glasgewebeeinlage auch in Kombination mit einer strukturierten Trennlage mit einer Dicke ≤ 8 mm zu verwenden sind.

Abweichend hiervon erfüllen bestimmte Dachdeckungsprodukte/-materialien die Anforderungen an gegen Flugfeuer und strahlende Wärme widerstandsfähige Bedachungen, wenn die Ausführungsbedingungen gemäß DIN 4102-4:2016-05 zu 11.4 erfüllt sind.

Anlage A 2.2.1.4/1Bay
zur Richtlinie über brandschutztechnische Anforderungen an hochfeuerhemmende Bauteile in Holzbauweise (HFHHolzR)

Die Richtlinie entspricht der Muster-Richtlinie über brandschutztechnische Anforderungen an hochfeuerhemmende Bauteile in Holzbauweise – M-HFHHolzR.

Bei Anwendung der technischen Regel ist Folgendes zu beachten:

01.

Die zitierten Vorschriften der MBO entsprechen folgenden Vorschriften der BayBO in der Fassung der Bekanntmachung vom 14. August 2007, die zuletzt durch § 1 des Gesetzes vom 10. Juli 2018 (GVBl. S. 523) geändert worden ist:

- § 26 Abs. 2 Satz 2 Nr. 3 MBO (s. Nrn. 1 und 3.2) entspricht Art. 24 Abs. 2 Satz 2 Nr. 3 BayBO[1)],
- § 17 Abs. 3 MBO (s. Nr. 5.1) entspricht Art. 17 BayBO,
- § 24 MBO (s. Nr. 5.2) entspricht Art. 21 BayBO,
- § 55 MBO (s. Nr. 6) entspricht Art. 52 BayBO,
- § 81 Abs. 2 Satz 1 Nr. 1 MBO (s. Nr. 6) entspricht Art. 77 Abs. 2 Satz 1 Nr. 1 BayBO.

02.

zu Nr. 6:

Im Rahmen der Bauüberwachung nach Art. 77 Abs. 2 Satz 1 Nr. 1 BayBO[1)] ist zusätzlich die ordnungsgemäße Bauausführung nach dieser Richtlinie zu überwachen und zu bescheinigen.

Anlage A 2.2.1.8/1Bay
zur Richtlinie über brandschutztechnische Anforderungen an Leitungsanlagen (LAR)

Die Richtlinie entspricht der Muster-Leitungsanlagen-Richtlinie – M-LAR.

Bei Anwendung der technischen Regel ist Folgendes zu beachten:

Die zitierten Vorschriften entsprechen folgenden Vorschriften der BayBO in der Fassung der Bekanntmachung vom 14. August 2007, die zuletzt durch § 1 des Gesetzes vom 10. Juli 2018 (GVBl. S. 523) geändert worden ist:

- § 40 Abs. 2 MBO (s. Nr. 3.1.1) entspricht Art. 38 Abs. 2 BayBO[1)],
- § 35 Abs. 1 MBO (s. Nr. 3.1.1) entspricht Art. 33 Abs. 1 BayBO,
- § 35 Abs. 3 Satz 2 MBO (s. Nr. 3.1.1) entspricht Art. 33 Abs. 3 Satz 2 BayBO,
- § 36 Abs. 1 MBO (s. Nr. 3.1.1) entspricht Art. 34 Abs. 1 BayBO,
- § 33 Abs. 2 Satz 3 MBO (s. Nr. 3.1.3) entspricht Art. 31 Abs. 2 Satz 3 BayBO,
- § 40 Abs. 1 MBO (s. Nr. 4.1.1) entspricht Art. 38 Abs. 1 BayBO.

[1)] Nr. **1**.

Nr. 4.1.1 Satz 1 Buchst. a wird wie folgt gefasst: „innerhalb von Gebäuden der Gebäudeklassen 1 und 2“.

Anlage A 2.2.1.9/1Bay
zur Richtlinie über brandschutztechnische Anforderungen an Systemböden (SysBöR)

Die Richtlinie entspricht der Muster-Systemböden-Richtlinie – M-SysBöR.

Bei Anwendung der technischen Regel ist Folgendes zu beachten:

Die zitierten Vorschriften entsprechen folgenden Vorschriften der BayBO in der Fassung der Bekanntmachung vom 14. August 2007, die zuletzt durch § 1 des Gesetzes vom 10. Juli 2018 (GVBl. S. 523) geändert worden ist:

- § 30 Abs. 3 Satz 2 MBO (s. Nr. 5.1) entspricht Art. 28 Abs. 3 Satz 2 BayBO[1],
- § 29 Abs. 2 Nr. 1 MBO (s. Nr. 5.1) entspricht Art. 27 Abs. 2 Nr. 1 BayBO.

Anlage A 2.2.1.11/1Bay
zur Richtlinie über brandschutztechnische Anforderungen an Lüftungsanlagen (LüAR)

Die Richtlinie entspricht der Muster-Lüftungsanlagen-Richtlinie – M-LüAR.
Bei Anwendung der technischen Regel ist Folgendes zu beachten:

Die zitierten Vorschriften entsprechen folgenden Vorschriften der BayBO in der Fassung der Bekanntmachung vom 14. August 2007, die zuletzt durch § 1 des Gesetzes vom 10. Juli 2018 (GVBl. S. 523) geändert worden ist:

- § 41 MBO (s. Nr. 1) entspricht Art. 39 BayBO,
- §§ 17 ff. MBO (s. Nr. 1) entsprechen Art. 15 ff. BayBO,
- § 41 Abs. 2 MBO (s. Nrn. 3.1 und 4) entspricht Art. 39 Abs. 2 BayBO,
- § 41 Abs. 4 Satz 1 MBO (s. Nr. 9.1) entspricht Art. 39 Abs. 4 Satz 1 BayBO.

Nr. 5.1.1 wird wie folgt gefasst (entspricht der bisherigen Fassung):

„**5.1.1. Lüftungsleitungen mit erhöhter Brand-, Explosions- oder Verschmutzungsgefahr**

Lüftungsleitungen, in denen sich in besonderem Maße brennbare Stoffe ablagern können (z. B: Abluftleitungen von Dunstabzugshauben in Wohnungsküchen) oder die der Lüftung von Räumen mit erhöhter Brand- oder Explosionsgefahr dienen, dürfen untereinander und mit anderen Lüftungsleitungen nicht verbunden sein, es sei denn, die Übertragung von Feuer und Rauch ist durch geeignete Brandschutzklappen verhindert.“

In Bild 4 entfällt der Verweis auf Abschnitt 5.1.1

Anlage A 2.2.1.13/1Bay
zur Richtlinie zur Bemessung von Löschwasser-Rückhalteanlagen beim Lagen wassergefährdender Stoffe (LöRüRl)

Bei Anwendung der technischen Regel ist Folgendes zu beachten:

1.

Abschnitt 1.2 Abs. 1 erhält folgende Fassung:
„Das Erfordernis der Rückhaltung verunreinigten Löschwassers ergibt sich ausschließlich aus dem Besorgnisgrundsatz des Wasserrechts (§ 19g Abs. 1 Wasser-

[1] Nr. **1**.

haushaltsgesetz – WHG) in Verbindung mit der Regelung des § 3 Nr. 4 Verordnung über Anlagen zum Umgang mit wassergefährdenden Stoffen und über Fachbetriebe (Anlagenverordnung – VAwS). Danach muss im Schadensfall anfallendes Löschwasser, das mit ausgetretenen wassergefährdenden Stoffen verunreinigt sein kann, zurückgehalten und ordnungsgemäß entsorgt werden können."

2.

Nach Abschnitt 1.4 wird folgender neuer Abschnitt 1.5 eingefügt:

„**1.5** Eine Löschwasserrückhaltung ist nicht erforderlich für das Lagern von Calciumsulfat und Natriumchlorid."

3.

Abschnitt 1.5 wird Abschnitt 1.6 neu.

4.

In Abschnitt 3.2 wird die Zeile „WGK 0: im Allgemeinen nicht wassergefährdende Stoffe" gestrichen.

5.

Satz 2 des Hinweises in Fußnote 4 wird gestrichen. Satz 1 erhält folgenden neuen Wortlaut:

„Vergleiche Allgemeine Verwaltungsvorschrift zum Wasserhaushaltsgesetz über die Einstufung wassergefährdender Stoffe und ihre Einstufung in Wassergefährdungsklassen (Verwaltungsvorschrift wassergefährdender Stoffe – 17. Mai 1999, Bundesanzeiger Nr. 98a vom 29. Mai 1999, geändert durch Verwaltungsvorschrift vom 23. Juni 2005, Bundesanzeiger Nr. 126a vom 8. Juli 2005)."

Zusätzlich gilt Folgendes:

01. Die Richtlinie regelt ausschließlich die Bemessung von Löschwasser-Rückhalteanlagen beim Lagern wassergefährdender Stoffe.
02. Eine Löschwasser-Rückhalteanlage ist nicht erforderlich, wenn wassergefährdende Stoffe unterhalb der Schwellenwerte nach Abschnitt 2.1 der Richtlinie gelagert werden.
03. Für bauliche Anlagen in oder auf denen mit wassergefährdenden Stoffen umgegangen wird und auf die die Richtlinie nach den Abschnitten 2.2 und 2.3 keine Anwendung findet, ist eine allgemeine Bemessungsregel für Löschwasser-Rückhalteanlagen nicht möglich. Sofern für solche Anlagen die Zurückhaltung verunreinigten Löschwassers erforderlich ist, muss über die Anordnung und Bemessung von Löschwasser-Rückhalteanlagen im Einzelfall entschieden werden.
04. Der Nachweis ausreichend bemessener Löschwasser-Rückhalteanlagen ist durch den Bauherrn zu erbringen. Dieser ist auch für die Angaben zu den Lagermengen und zur Wassergefährdungsklasse der gelagerten Stoffe verantwortlich; eine bauaufsichtliche Prüfung dieser Angaben findet nicht statt.

Anlage A 2.2.1.15/1Bay
zur Richtlinie über den baulichen Brandschutz im Industriebau (IndBauRL)

Die Richtlinie entspricht der Muster-Industriebau-Richtlinie – M-IndBauRL. Bei Anwendung der technischen Regel gilt zusätzlich Folgendes:

01. Die Richtlinie gilt für Industriebauten, die Sonderbauten nach Art. 2 Abs. 4 Nr. 3 Bayerische Bauordnung (BayBO)[1)] sind (Gebäude mit mehr als 1.600 m² Fläche des Geschosses mit der größten Ausdehnung). Die Richtlinie stellt sowohl weitergehende als auch geringere Anforderungen im Sinn des Art. 54 Abs. 3 BayBO an Industriebauten; im Übrigen bleiben die Anforderungen der BayBO unberührt.
Für Industriebauten, die keine Sonderbauten sind, kann die Richtlinie bei der Entscheidung über Abweichungen nach Art. 63 Abs. 1 BayBO von den entsprechenden Vorschriften der BayBO herangezogen werden; sie ist dann insgesamt anzuwenden.

02. Soweit der Wortlaut der Richtlinie auf Regelungen der Musterbauordnung (MBO) verweist, sind die entsprechenden Regelungen der BayBO in der Fassung der Bekanntmachung vom 14. August 2007, die zuletzt durch § 1 des Gesetzes vom 10. Juli 2018 (GVBl. S. 523) geändert worden ist, zugrunde zu legen:
- in Abschnitt 1 anstelle von § 14 Abs. 1 MBO Art. 12 BayBO,
- in Abschnitt 2 anstelle von § 2 Abs. 3 Satz 2 MBO Art. 2 Abs. 3 Satz 2 BayBO und anstelle von § 2 Abs. 5 MBO Art. 2 Abs. 5 BayBO,
- in Abschnitt 4.3 anstelle von § 3 Abs. 3 Satz 3 MBO Art. 81a Abs. 1 Satz 2 BayBO,
- in Abschnitt 5.2.3 anstelle von § 5 MBO Art. 5 BayBO,
- in Abschnitt 5.6.10 anstelle von § 35 MBO Art. 33 BayBO,
- in Abschnitt 5.10.1 anstelle von § 30 Abs. 3 Satz 2 MBO Art. 28 Abs. 3 Satz 2 BayBO,
- in Abschnitt 5.12.1 anstelle von § 28 Abs. 2 bis 4 MBO Art. 26 Abs. 2 bis 4 BayBO, anstelle von § 28 Abs. 5 MBO Art. 26 Abs. 5 BayBO und anstelle von § 28 Abs. 3 MBO Art. 26 Abs. 3 BayBO,
- in Abschnitt 5.13.4 anstelle von § 32 Abs. 1 MBO Art. 30 Abs. 1 BayBO,
- in Tabelle 2 Fußnote 3 anstelle von § 27 Abs. 1 Satz 2 Nr. 2 und 3 in Verbindung mit § 30 Abs. 2 Nr. 2 MBO Art. 25 Abs. 1 Satz 2 Nr. 2 und 3 in Verbindung mit Art. 28 Abs. 2 Nr. 2 BayBO.

03. Zu Abschnitt 3.12, Sicherheitskategorien:
Die Sicherheitskategorien K 2 bis K 3.4 sind nur anzunehmen, wenn die Brandmeldeanlage den einschlägigen technischen Regeln entspricht (z.B. DIN 14675).
Aufgrund der Vorgaben des bayerischen Feuerwehrrechts (Art. 15 des Bayerischen Feuerwehrgesetzes – BayFwG – in Verbindung mit § 14 der Verordnung zur Ausführung des Bayerischen Feuerwehrgesetzes – AVBayFwG) muss eine Werkfeuerwehr während des Betriebs über eine Mindestschichtstärke von neun Feuerwehrangehörigen (Gruppenstärke) verfügen. Die Sicherheitskategorie K 3.1 ist daher nur anzunehmen, wenn die nach BayFwG anerkannte Werkfeuerwehr während des Betriebs über eine Mindestschichtstärke von neun Feuerwehrangehörigen verfügt, von denen sechs Feuerwehrangehörige, darunter der Gruppenführer, hauptberuflich für die Werkfeuerwehr tätig sind.

04. Zu Abschnitt 3.13, Werkfeuerwehr:

---

1) Nr. **1**.

Die Werkfeuerwehr muss nach Art. 15 Abs. 2 BayFwG anerkannt oder angeordnet sein. Die nach IndBauRL anzurechnenden Kräfte einer Werkfeuerwehr müssen darüber hinaus die Anforderungen nach Abschnitt 3.13 Satz 1 Halbsatz 2 erfüllen und jederzeit (auch außerhalb der Betriebszeiten) spätestens fünf Minuten nach ihrer Alarmierung die Einsatzstelle erreichen können. Diese zusätzlichen Anforderungen gelten als erfüllt, wenn zumindest die erste Staffel (sechs Feuerwehrangehörige) mit hauptberuflichen Kräften besetzt ist.
Als die Stelle des Industriebaus, von der aus vor Ort erste Brandbekämpfungsmaßnahmen vorgetragen werden, ist jeder Punkt des Industriebaus zu verstehen.

05. Zu Abschnitt 5.6.4:
Werden Rettungswege in andere Brandabschnitte oder Brandbekämpfungsabschnitte geführt, so müssen sie dort auf Rettungswege führen.

06. Zu Abschnitt 5.9:
Der nach Satz 4 zulässige Ersatz einer automatischen Brandmeldeanlage durch eine ständige Personalbesetzung setzt voraus, dass die Personen von ihren Arbeitsplätzen aus den gesamten Brandabschnitt oder Brandbekämpfungsabschnitt ständig einsehen können und über die technischen Mittel verfügen, einen Brand zu melden.
Zusammenstellung der Mindeststärken einer nach BayFwG anerkannten Werkfeuerwehr bei Anwendung der Sicherheitskategorien K 3.1 bis K 3.4:

Sicherheitskategorie	während der Betriebszeit		außerhalb der Betriebszeit	
	hauptberufliche Kräfte	nebenberufliche Kräfte	hauptberufliche Kräfte	nebenberufliche Kräfte
K 3.1	6	3	6	0
K 3.2	6	3	6	3
K 3.3	6	6	6	6
K 3.4	6	12	6	12

A 3. Hygiene, Gesundheit und Umweltschutz

A 3.1. Allgemeines

Gemäß Art. 3 und Art. 11 BayBO[1)] sind bauliche Anlagen so anzuordnen, zu errichten, zu ändern und instand zu halten, dass die öffentliche Sicherheit und Ordnung, insbesondere Leben, Gesundheit und die natürlichen Lebensgrundlagen, nicht gefährdet werden und durch pflanzliche und tierische Schädlinge sowie andere chemische, physikalische oder biologische Einflüsse keine Gefahren oder unzumutbaren Belästigungen entstehen.

Zum Nachweis der Einhaltung dieser Anforderungen sind bauliche Anlagen im Ganzen und in ihren Teilen so zu entwerfen und auszuführen, dass die Anforderungen bezüglich des Gesundheitsschutzes und des Schutzes von Boden und Gewässer aus Abschnitt A 3.2 erfüllt werden.

1) Nr. **1**.

A 3.2. Technische Anforderungen hinsichtlich Planung, Bemessung und Ausführung an bestimmte bauliche Anlagen und ihre Teile gem. Art. 81a Abs. 2 BayBO

Die Anforderungen zur bauwerksseitigen Beschränkung gesundheitsschädlicher Emissionen in Aufenthaltsräumen gemäß lfd. Nr. A 3.2.1 und A 3.2.2 sowie zur Sicherstellung der Umweltverträglichkeit von Außenbauteilen gemäß lfd. Nr. A 3.2.3 sind in den Regelwerken beschrieben. Sie sind einzuhalten. Werden für die betroffenen Bereiche stattdessen konstruktive Maßnahmen (z.B. Deckschichten, Ummantelungen) vorgesehen, so ist deren Schutzwirkung nachzuweisen.

Lfd. Nr.	Anforderungen an Planung, Bemessung und Ausführung gem. Art. 81a Abs. 2 BayBO[1]	Technische Regeln/Ausgabe	Weitere Maßgaben gem. Art. 81a Abs. 2 BayBO[1]
1	2	3	4
A 3.2.1	Anforderungen an bauliche Anlagen bezüglich des Gesundheitsschutzes	ABG – Anforderungen an bauliche Anlagen bezüglich des Gesundheitsschutzes: 2017-05 (siehe Anhang 8)	
A 3.2.2	Textile Bodenbeläge	TR Textile Bodenbeläge: 2017-05 (siehe Anhang 9)	
A 3.2.3	Anforderung an bauliche Anlagen bezüglich der Auswirkungen auf Boden und Gewässer	ABuG – Anforderung an bauliche Anlagen bezüglich der Auswirkungen auf Boden und Gewässer: 2017-07 (siehe Anhang 10)	Anlage A 3.2/3
A 3.2.4	Bewertung und Sanierung PCB-belasteter Baustoffe und Bauteile in Gebäuden	Richtlinie für die Bewertung und Sanierung PCB-belasteter Baustoffe und Bauteile in Gebäuden, Ausgabe September 1994, Abschnitte 1, 2, 3, 4.1, 4.2, 5.1, 5.2, 5.4 und 6	Anlage A 3.2/1
A 3.2.5	Bewertung und Sanierung schwach gebundener Asbestprodukte in Gebäuden	Richtlinie für die Bewertung und Sanierung schwach gebundener Asbestprodukte in Gebäuden, Ausgabe Januar 1996	Anlage A 3.2/2Bay
A 3.2.6	Lüftung fensterloser Küchen, Bäder und Toilettenräume in Wohnungen	Bauaufsichtliche Richtlinie über die Lüftung fensterloser Küchen, Bäder und Toilettenräume in Wohnungen, Ausgabe April 2009	Anlage A 3.2/4Bay
A 3.2.7	Bewertung und Sanierung Pentachlorphenol (PCP)-belasteter Baustoffe und Bauteile in Gebäuden	Richtlinie für die Bewertung und Sanierung Pentachlorphenol (PCP)- belasteter Baustoffe und Bauteile in Gebäuden, Ausgabe Oktober 1996, Abschnitte 1, 2, 3, 4, 5, 6.1 und 6.2	Anlage A 3.2/5Bay
A 3.2.8	Begrenzung der Formaldehydemission in der Raumluft bei Verwendung von Harnstoff-Formaldehydharz-Ortschaum	ETB-Richtlinie zur Begrenzung der Formaldehydemission in der Raumluft bei Verwendung von Harnstoff-Formaldehydharz-Ortschaum, Ausgabe April 1985	

Anlage A 3.2/1
Zur PCB-Richtlinie

Zusätzlich gilt Folgendes:

[1] Nr. 1.

1

Zur Abwehr möglicher Gefahr für Leben oder Gesundheit sind in dauerhaft genutzten Räumen Sanierungsmaßnahmen durchzuführen, wenn die zu erwartende Raumluftkonzentration – unabhängig von der täglichen Aufenthaltsdauer – im Jahresmittel mehr als 3000 ng PCB/m³ Luft beträgt. Der letzte Satz in Kapitel 3 der Richtlinie wird aufgehoben.

2

Die Richtlinie ist ansonsten in der Fassung September 1994 in vollem Umfang zu befolgen, solange es sich bei den PCB-haltigen Primärquellen ausschließlich um nicht dioxin-ähnliche PCB-Quellen wie Fugendichtstoffe handelt. Sind jedoch bei den PCB-Primärquellen nur oder auch dioxin-ähnliche PCB-Quellen wie Deckenplatten, Anstriche sowie nicht sicher einzuordnende PCB-Quellen zu berücksichtigen, so ist zusätzlich die Bestimmung der Raumluftkonzentration von PCB 118 erforderlich, wenn die Gesamtkonzentration an PCB über 1000 ng PCB/m³ Luft liegt. Beträgt die Raumluftkonzentration dabei mehr als 10 ng PCB 118/m³ Luft, sind umgehend expositionsmindernde Maßnahmen gemäß den Abschnitten 3 und 4 der Richtlinie zur Verringerung der Raumluftkonzentration von PCB durchzuführen. Bei Raumluftkonzentrationen gleich oder unter 10 ng PCB 118/m³ Luft wird empfohlen, in Abhängigkeit von der Belastung zumindest das Lüftungsverhalten zu überprüfen und gegebenenfalls zu verbessern.

3

Sollen bauliche Anlagen abgebrochen werden, die PCB-haltige Produkte enthalten, so sind diese Produkte vor Beginn der Abbrucharbeiten aus der baulichen Anlage zu entfernen.

Hinweis:

Ergänzend wird darauf hingewiesen, dass der in Abschnitt 5.3 der Richtlinie genannte Sanierungsleitwert von 300 ng PCB/m³ Luft einen Wert aus dem Vorsorgebereich darstellt, der nicht exakt abgrenzbar ist und deshalb der Größenordnung nach erreicht werden sollte. Maßnahmen zur Reduzierung der PCB-Raumluftkonzentration werden in Abhängigkeit vom Maß der Überschreitung des Sanierungsleitwerts und unter Beachtung der Verhältnismäßigkeit empfohlen.

Anlage A 3.2/2Bay
Zur Asbest-Richtlinie

Bei Anwendung der technischen Regel gilt Folgendes:

1

Eine Erfolgskontrolle der Sanierung nach Abschnitt 4.3 durch Messungen der Konzentration von Asbestfasern in der Raumluft nach Abschnitt 5 ist nicht erforderlich bei Sanierungsverfahren, die nach dieser Richtlinie keiner Abschottung des Arbeitsbereiches bedürfen.

2

Abschnitt 4.3.3 „Beschichten (Methode 2)" ist nicht anzuwenden.

Zusätzlich gilt Folgendes:

01. In bestehenden Gebäuden können von Asbestprodukten mit einer Rohdichte unter 1000 kg/m³ – sogenannte schwachgebundene Asbestprodukte – durch Alterung, Erschütterungen, Luftbewegungen oder Beschädigungen

in erheblichem Umfang Asbestfasern in atembarer Form freigesetzt werden, die beim Menschen schwere Erkrankungen auslösen können.
Die Verantwortung für die Durchführung der erforderlichen Untersuchungen und Sanierungsmaßnahmen obliegt den jeweiligen Eigentümern bzw. Verfügungsberechtigten der betroffenen Gebäude im Rahmen ihrer Unterhaltspflicht.

02. Wird der Bauaufsichtsbehörde bekannt, dass in einem Gebäude schwachgebundene Asbestprodukte ungeschützt vorhanden sind, so hat sie dem Eigentümer der baulichen Anlage bzw. dem Verfügungsberechtigten aufzugeben,

1. die Bewertung der Sanierungsdringlichkeit nach Abschnitt 3.2 der Richtlinie innerhalb von vier Wochen vornehmen zu lassen,
2. das Ergebnis der Bewertung der Bauaufsichtsbehörde unverzüglich schriftlich mitzuteilen und,
3. soweit die Sanierung nach Abschnitt 3.2 der Richtlinie unverzüglich erforderlich ist, Angaben über das vorgesehene Sanierungskonzept und den vorgesehenen zeitlichen Ablauf der Sanierung zu machen.

Die Bauaufsichtsbehörde kann im Zweifel eine erneute Bewertung durch einen von ihr benannten Sachverständigen verlangen.
Bei einer Bewertung von 80 Punkten oder mehr ist mit hohen Asbestfaserkonzentrationen oder mit einem kurzfristigen und unvorhersehbaren, extremen Anstieg der Asbestfaserkonzentrationen zu rechnen. Diese Asbestfaserkonzentrationen stellen eine konkrete Gefahr im Sinn des Art. 3 BayBO dar.

03. Bedarf die Sanierungsmaßnahme der Baugenehmigung, so müssen die Bauvorlagen Angaben enthalten über

– das Ergebnis der Bewertung der Dringlichkeit der Sanierung (Abschnitt 3.2 der Richtlinie),
– das vorgesehene Sanierungskonzept (Abschnitt 4 der Richtlinie).

04. Die sanierten Räume dürfen erst dann wieder benützt werden, wenn nachgewiesen wird, dass die durch die Messungen ermittelte Asbestfaserkonzentration in der Raumluft die in Abschnitt 5.3 der Richtlinie angegebenen Werte nicht überschreitet. Ein Nachweis durch Messungen ist nicht erforderlich, wenn Sanierungsverfahren ohne abgeschotteten Arbeitsbereich (siehe Abschnitt 4.4.2 Nr. 2 der Richtlinie) durchgeführt werden konnten.

05. Sollen bauliche Anlagen abgebrochen werden, die schwachgebundene Asbestprodukte enthalten, so sind diese Produkte vor Beginn der Abbrucharbeiten aus der baulichen Anlage zu entfernen.

Anlage A 3.2/3

Bei der Verwendung von siliciumreichen Flugaschen für die Herstellung von Beton ist kein Nachweis bezüglich der Stoffgehalte und der Freisetzung gefährlicher Substanzen für solche Flugaschen zu erbringen, die aus Wärmekraftwerken, in denen nur Kohle und keine Sekundärbrennstoffe, mit Ausnahme von kommunalem Klärschlamm (mit dem Abfallschlüssel 19 08 05 nach der Verordnung über das Europäische Abfallverzeichnis) in einem Anteil von bis zu 5 M.-% (Trockenmasse), bezogen auf trockene Kohle, mitverbrannt werden, stammen.

Anlage A 3.2/4Bay
Zur bauaufsichtlichen Richtlinie über die Lüftung fensterloser Küchen, Bäder und Toilettenräume in Wohnungen

Die bauaufsichtliche Richtlinie entspricht der gleichnamigen Muster-Richtlinie.

Bei Anwendung der technischen Regel ist Folgendes zu beachten:

Die zitierten Vorschriften entsprechen folgenden Vorschriften der BayBO in der Fassung der Bekanntmachung vom 14. August 2007, die zuletzt durch § 1 des Gesetzes vom 10. Juli 2018 (GVBl. S. 523) geändert worden ist, und der Feuerungsverordnung (FeuV) vom 11. November 2007, geändert durch § 1 der Verordnung vom 8. Juli 2009:

- § 15 Abs. 2 MBO entspricht Art. 13 Abs. 2 BayBO,
- § 41 Abs. 2 MBO entspricht Art. 39 Abs. 2 BayBO,
- § 43 Abs. 1 MBO entspricht Art. 42 BayBO,
- § 48 Abs. 1 Satz 2 MBO entspricht Art. 46 Abs. 1 Satz 2 BayBO,
- § 4 Abs. 2 MFeuV entspricht § 4 Abs. 2 FeuV.

Anlage A 3.2/5Bay
Zur PCP-Richtlinie

Zusätzlich gilt Folgendes:

01. In bestehenden Gebäuden kann Pentachlorphenol (PCP) von belasteten Bauprodukten und Bauteilen in die Atemluft freigesetzt werden und beim Menschen Gesundheitsschädigungen auslösen. Die Verantwortung für die Durchführung der erforderlichen Untersuchungen und Sanierungsmaßnahmen obliegt den jeweiligen Eigentümern bzw. Verfügungsberechtigten der betroffenen Gebäude.

02. Sollen bauliche Anlagen abgebrochen werden, die mit PCP-haltigen Zubereitungen behandelte Bauprodukte und Bauteile enthalten, so sind diese Bauprodukte und Bauteile vor Beginn der Abbrucharbeiten aus der baulichen Anlage zu entfernen.

03. Hinweis zu Abschnitt 7.2
Bei der in der Luft am Arbeitsplatz vorliegenden Gesamtstaubkonzentration liegen die Massenanteile von PCP in der Regel unterhalb des in § 35 Abs. 3 GefStoffV festgelegten Grenzwertes von 0,1 %, sodass die PCP-haltigen Stäube in diesen Konzentrationen nicht als krebserzeugend anzusehen sind. Der Sechste Abschnitt der GefStoffV findet deshalb nur bei Überschreiten dieser Konzentration in vollem Umfang Anwendung.

04. Ausreichend fachkundig für PCP-Raumluftmessungen sind insbesondere die bekannt gemachten Stellen nach § 26 Bundesimmissionsschutzgesetz (AllMBl 1994 S. 704), die in einem Verzeichnis geführten Messstellen nach § 18 Abs. 2 GefStoffV (Bundesarbeitsblatt Nr. 1/1996 S. 63 ff.) sowie die Institute mit einer Akkreditierung für Innenraummessungen nach DAP (Auskünfte beim Deutschen Akkreditierungsrat DAR, c/o Bundesanstalt für Materialprüfung BAM, Unter den Eichen 87, 12205 Berlin).

A 4. Sicherheit und Barrierefreiheit bei der Nutzung

A 4.1. Allgemeines

Gemäß Art. 3 BayBO[1)] sind bauliche Anlagen so anzuordnen, zu errichten, zu ändern und instand zu halten, dass die öffentliche Sicherheit und Ordnung, insbesondere Leben, Gesundheit und die natürlichen Lebensgrundlagen, nicht gefährdet werden.

Die Anforderungen an die Nutzungssicherheit und die Barrierefreiheit sind insbesondere gemäß Art. 14 und 48 BayBO umgesetzt, wenn bauliche Anlagen im Ganzen und in ihren Teilen entsprechend den technischen Regeln bezüglich der Sicherheit und Barrierefreiheit bei der Nutzung gemäß Abschnitt A 4.2 entworfen und ausgeführt werden.

A 4.2. Technische Anforderungen hinsichtlich Planung, Bemessung und Ausführung an bestimmte bauliche Anlagen und ihre Teile gem. Art. 81a Abs. 2 BayBO

Lfd. Nr.	Anforderungen an Planung, Bemessung und Ausführung gem. Art. 81a Abs. 2 BayBO[1)]	Technische Regeln/Ausgabe	Weitere Maßgaben gem. Art. 81a Abs. 2 BayBO
1	2	3	4
A 4.2.1	Gebäudetreppen	DIN 18065:2015-03	Anlage A 4.2/1
A 4.2.2	Barrierefreies Bauen	DIN 18040	
	Öffentlich zugängliche Gebäude	DIN 18040-1:2010-10	Anlage A 4.2/2Bay
	Wohnungen	DIN 18040-2:2011-09	Anlage A 4.2/3Bay

Anlage A 4.2/1
Zu DIN 18065

1

Von der Einführung ausgenommen ist die Anwendung auf Treppen in Wohngebäuden der Gebäudeklassen 1 und 2 und in Wohnungen.

2

Bauaufsichtliche Anforderungen an den Einbau von Treppenliften in Treppenräumen notwendiger Treppen in bestehenden Gebäuden:
Durch den nachträglichen Einbau eines Treppenlifts im Treppenraum darf die Funktion der notwendigen Treppe als Teil des ersten Rettungswegs und die Verkehrssicherheit der Treppe grundsätzlich nicht beeinträchtigt werden. Der nachträgliche Einbau eines Treppenlifts ist zulässig, wenn folgende Kriterien erfüllt sind:

1. Die Treppe erschließt nur Wohnungen und/oder vergleichbare Nutzungen.
2. Die Mindestlaufbreite der Treppe von 100 cm darf durch die Führungskonstruktion nicht wesentlich unterschritten werden; eine untere Einschränkung des Lichtraumprofils (s. Bild A.7) von höchstens 20 cm Breite und höchstens 50 cm Höhe ist hinnehmbar, wenn die Treppenlauflinie (s. Ziffer 3.6) oder der Gehbereich (s. Ziffer 8) nicht verändert wird. Ein Handlauf muss zweckentsprechend genutzt werden können.

---

1) Nr. **1**.

3. Wird ein Treppenlift über mehrere Geschosse geführt, muss mindestens in jedem Geschoss eine ausreichend große Wartefläche vorhanden sein, um das Abwarten einer begegnenden Person bei Betrieb des Treppenlifts zu ermöglichen. Das ist nicht erforderlich, wenn neben dem benutzten Lift eine Restlaufbreite der Treppe von 60 cm gesichert ist.
4. Der nicht benutzte Lift muss sich in einer Parkposition befinden, die den Treppenlauf nicht einschränkt. Im Störfall muss sich der Treppenlift auch von Hand ohne größeren Aufwand in die Parkposition fahren lassen.
5. Während der Leerfahrten in die bzw. aus der Parkposition muss der Sitz des Treppenlifts hochgeklappt sein. Neben dem hochgeklappten Sitz muss eine Restlaufbreite der Treppe von 60 cm verbleiben.
6. Gegen die missbräuchliche Nutzung muss der Treppenlift gesichert sein.
7. Der Treppenlift muss aus nichtbrennbaren Materialien bestehen, soweit das technisch möglich ist.

3

Bei einer notwendigen Treppe in einem bestehenden Gebäude darf durch den nachträglichen Einbau eines zweiten Handlaufs die nutzbare Mindestlaufbreite um höchstens 10 cm unterschritten werden. Diese Ausnahmeregelung bezieht sich nur auf Treppen mit einer Mindestlaufbreite von 100 cm nach den Festlegungen der DIN 18065. Abweichende Festlegungen und Anforderungen an die Laufbreite bleiben davon unberührt.

Anlage A 4.2/2Bay
Zu DIN 18040-1

Die Einführung bezieht sich auf die baulichen Anlagen oder die Teile baulicher Anlagen, die nach Art. 48 Abs. 2 BayBO[1)] barrierefrei sein müssen.

Bei der Anwendung der Technischen Baubestimmung ist Folgendes zu beachten:

01. Die Norm ist regelmäßig anzuwenden, wenn bauaufsichtliche Anforderungen an das barrierefreie Bauen gestellt werden.
02. Abschnitt 4.3.7 ist von der Einführung ausgenommen.
03. Die in den Abschnitten 4.4 und 4.7 genannten Hinweise und Beispiele können im Einzelfall berücksichtigt werden.
04. Das in Abschnitt 4.3.3.2, Tabelle 1, Zeile 6 festgelegte Achsmaß der Greifhöhe für Türdrücker ist grundsätzlich nur bei Türen zu den barrierefreien Sanitärräumen auszuführen. Die Greifhöhe aller anderen Türen kann in Abhängigkeit von der Nutzung und mit Blick auf den Nutzerkreis des öffentlich zugänglichen Bereichs zwischen 85 cm und 105 cm festgelegt werden.
05. Abschnitt 4.3.6 muss nur auf notwendige Treppen im Sinn des Art. 32 BayBO angewendet werden.
06. Mindestens ein Toilettenraum für den allgemeinen Besucher- und Benutzerverkehr muss Abschnitt 5.3.3 entsprechen; Abschnitt 5.3.3 Satz 1 ist nicht anzuwenden.

---

1) Nr. 1.

07. Mindestens 1 v.H., mindestens jedoch einer der notwendigen Stellplätze für den allgemeinen Besucher- und Benutzerverkehr müssen Abschnitt 4.2.2 Sätze 1 und 2 entsprechen.

08. Mindestens 1 v.H., mindestens jedoch einer der Besucherplätze in Versammlungsräumen mit festen Stuhlreihen müssen Abschnitt 5.2.1 entsprechen; sie können auf die nach § 10 Abs. 7 VStättV erforderlichen Plätze für Rollstuhlbenutzer angerechnet werden.

09. Barrierefreie Beherbergungsräume und die zugehörigen Sanitärräume müssen den Abschnitten 5.1 und 5.3 entsprechen; für die Bewegungsflächen in den Wohn- und Schlafräumen ist DIN 18040-2 Abschnitt 5, Anforderungen mit der Kennzeichnung „R“ anzuwenden. Soweit nur Mindeststandards für die barrierefreie Nutzbarkeit gefordert sind, genügt es, wenn die Beherbergungsräume einschließlich der zugehörigen Sanitärräume DIN 18040-2 Abschnitt 5 ohne Anforderungen mit der Kennzeichnung „R“ entsprechen.

010. DIN 18040-1 berücksichtigt Plattformaufzüge nicht. Vertikale Plattformaufzüge sind bei Änderungen baulicher Anlagen für die barrierefreie Erreichbarkeit zur Überwindung von höchstens einem Geschoss zulässig, wenn folgende Kriterien erfüllt sind:

- Die Förderplattform muss mindestens 110 cm × 140 cm groß sein und mindestens 110 cm hoch sicher umkleidet sein (Innenkabine); ein Durchblick muss auch in sitzender Position möglich sein,
- die Nennlast ist auf mindestens 360 kg auszulegen,
- die Benutzbarkeit muss ohne fremde Hilfe und nicht ausschließlich für Rollstuhlnutzer möglich sein und
- die räumlichen Bedingungen außerhalb des Plattformaufzugs sind entsprechend Abschnitt 4.3.5 auszuführen.

Hinweis:

Technische Regeln, auf die in dieser Norm verwiesen wird, sind von der Einführung nicht erfasst.

Anlage A 4.2/3Bay
Zu DIN 18040-2

Die Einführung bezieht sich auf Wohnungen, soweit sie nach Art. 48 Abs. 1 BayBO barrierefrei sein müssen.

Bei der Anwendung der Technischen Baubestimmung ist Folgendes zu beachten:

01. Die Norm ist regelmäßig anzuwenden, wenn bauaufsichtliche Anforderungen an das barrierefreie Bauen gestellt werden.

02. Die Abschnitte 4.3.6 und 4.4 und 5.6 sowie alle Anforderungen mit der Kennzeichnung „R“ sind von der Einführung ausgenommen.

03. Für Wohnungen nach Art. 48 Abs. 1 BayBO[1] genügt es, wenn ein Fenster eines Aufenthaltsraums je Wohnung Abschnitt 5.3.2 Satz 2 entspricht. Zulässig sind auch Fenster, deren Brüstungen aufgrund der Anforderungen an die Kindersicherheit eine Höhe von 70 cm über OFF aufweisen.

---

[1] Nr. **1**.

04. Abweichend von Abschnitt 5.5.6 ist im Sanitärraum eine Badewanne anstelle eines Duschplatzes schon bei der Errichtung zulässig, sofern der Raum so dimensioniert und bauseits vorbereitet ist, dass ein barrierefreier Duschplatz nachträglich möglich ist.

Hinweis:

Technische Regeln, auf die in dieser Norm verwiesen wird, sind von der Einführung nicht erfasst.

A 5. Schallschutz

A 5.1. Allgemeines

Gemäß Art. 3 und Art. 13 Abs. 2 BayBO[1] sind bauliche Anlagen so zu errichten, zu ändern und instand zu halten, dass sie einen ihrer Nutzung entsprechenden Schallschutz haben.

Zur Erfüllung dieser Anforderung sind die technischen Regeln bezüglich des Schallschutzes aus Abschnitt A 5.2 zu beachten.

A 5.2. Technische Anforderungen hinsichtlich Planung, Bemessung und Ausführung an bestimmte bauliche Anlagen und ihre Teile gem. Art. 81a Abs. 2 BayBO

Lfd. Nr.	Anforderungen an Planung, Bemessung und Ausführung gem. Art. 81a Abs. 2 BayBO[1]	Technische Regeln/Ausgabe	Weitere Maßgaben gem. Art. 81a Abs. 2 BayBO[1]
1	2	3	4
A 5.2.1	Schallschutz im Hochbau	DIN 4109-1:2016-07	Anlagen A 5.2/1 bis A 5.2/4

Anlage A 5.2/1
Zu DIN 4109-1

1

Zu Abschnitt 7.2, Tabelle 7, Fußnote b:

Die Anforderungen sind im Einzelfall von der Bauaufsichtsbehörde festzulegen.

2

Zu Abschnitt 8, Tabelle 8:

Die Anforderungen in Tabelle 8, Zeilen 3.3, 3.4, 5.1 und 5.2 sind nur einzuhalten, sofern es sich bei den schutzbedürftigen Räumen um Wohn-, Schlaf- oder Bettenräume gemäß DIN 4109-1, Abschnitt 3.16 handelt.

3

Zu den Abschnitten 7, 8 und 9:

Bei baulichen Anlagen, die nach Tabelle 9, Zeilen 3 und 4 einzuordnen sind, ist die Einhaltung des geforderten Schalldruckpegels durch Vorlage von Messergebnissen nachzuweisen. Das Gleiche gilt für die Einhaltung des geforderten Schalldämm-Maßes bei Bauteilen nach Tabelle 8 und bei Außenbauteilen, an die Anforderungen entsprechend Tabelle 7, Spalten 3 und 4 gestellt werden, sofern das bewertete Schalldämm-Maß $R'_{w,res} \geq 50$ dB betragen muss. Diese

[1] Nr. 1.

Messungen sind unter Beachtung von DIN 4109-4:2016-07 von bauakustischen Prüfstellen durchzuführen, die entweder nach Art. 23 Abs. 3 Nr. 1 BayBO [1] anerkannt sind oder in einem Verzeichnis über „anerkannte Schallschutzprüfstellen" bei dem Verband der Materialprüfungsanstalten VMPA[2] geführt werden.

4

Die informativen Anhänge A und B sind nicht anzuwenden.

5

E DIN 4109-1/A1:2017-01 darf für bauaufsichtliche Nachweise herangezogen werden. In diesem Fall gelten die Ziffern 1 und 3 sinngemäß.

Anlage A 5.2/2

Der schalltechnische Nachweis kann nach DIN 4109-2:2016-07 in Verbindung mit DIN 4109-31:2016-07, DIN 4109-32:2016-07, DIN 4109-33:2016-07, DIN 4109-34:2016-07, DIN 4109-35:2016-07 und DIN 4109-36:2016-07 geführt werden.

Für Bauteile im Massivbau kann Beiblatt 1 zu DIN 4109:1989-11 herangezogen werden. Wenn Mauerwerk aus Lochsteinen zur Anwendung kommt, gilt dies nur für Mauerwerk, welches den Bedingungen in DIN 4109-32, Abschnitt 4.1.4.2.1, entspricht.

Zu DIN 4109-2

Die informativen Anhänge B, C und D sind nicht anzuwenden.

Zu DIN 4109-36

Der informative Anhang A ist nicht anzuwenden.

Anlage A 5.2/3

Bei der Ausführung von Bauteilen mit Dämmstoffen aus granuliertem Polystyrol und Bindemittelgemisch[3] gilt Folgendes:

Das Produkt darf als Trittschalldämmstoff unter unbeheizten schwimmenden Estrichen nach DIN 18560-2 verwendet werden, wenn hinsichtlich der Zusammendrückbarkeit die Anforderungen der DIN 18560-2 erfüllt werden. Darüber hinaus ist entweder für die Verformung unter Druck- und Temperaturbeanspruchung eine maximale Differenz der relativen Stauchungen von 5 % einzuhalten oder der deklarierte Wert der Druckspannung bei 10 % Stauchung muss mindestens 30 kPa betragen. Im letzteren Fall muss die Dimensionsstabilität unter definierten Temperatur- und Feuchtebedingungen ausgewiesen sein.

Der Nachweis des Schallschutzes ist nach DIN 4109-2 mit dem Nennwert der bewerteten Trittschallminderung zu führen.

Anlage A 5.2/4

Bei der Ausführung von Bauteilen mit Gummifasermatten und/oder Polyurethan(PU)-Schaummatten zur Trittschalldämmung[3] gilt Folgendes:

---

[1] Nr. **1**.

[2] **Amtl. Anm.:** Verband der Materialprüfungsanstalten (VMPA) e.V. Berlin, Littenstraße 10, 10179 Berlin (www.vmpa.de)

[3] **Amtl. Anm.:** nach EAD/ETAG/CUAP

Die Bauprodukte dürfen als Trittschalldämmung auf Massivdecken unter schwimmendem Estrich nach DIN 18560-2 entsprechend dem Anwendungsgebiet DES nach DIN 4108-10 verwendet werden, wenn hinsichtlich der Zusammendrückbarkeit die Anforderungen der DIN 18560-2 erfüllt werden und für die Verformung unter Druck- und Temperaturbeanspruchung die maximale Differenz der relativen Stauchungen 5 % beträgt. Der Nachweis des Schallschutzes ist nach DIN 4109-2 mit dem für den Konstruktionsaufbau angegebenen Nennwert ΔL_w zu führen.

A 6. Wärmeschutz

A 6.1. Allgemeines

Gemäß Art. 3 und Art. 13 Abs. 1 BayBO[1)] sind bauliche Anlagen so zu errichten, zu ändern und instand zu halten, dass sie einen ihrer Nutzung und den klimatischen Verhältnissen entsprechenden Wärmeschutz haben.

Zur Erfüllung dieser Anforderung an bauliche Anlagen im Ganzen und in ihren Teilen sind die technischen Regeln bezüglich des Wärmeschutzes aus Abschnitt A 6.2 zu beachten.

A 6.2. Technische Anforderungen hinsichtlich Planung, Bemessung und Ausführung an bestimmte bauliche Anlagen und ihre Teile gem. Art. 81a Abs. 2 BayBO

Lfd. Nr.	Anforderungen an Planung, Bemessung und Ausführung gem. Art. 81a Abs. 2 BayBO[1)]	Technische Regeln/Ausgabe	Weitere Maßgaben gem. § 85a Abs. 2 MBO[2)]
1	2	3	4
A 6.2.1	Wärmeschutz in Gebäuden	DIN 4108	
		DIN 4108-2:2013-02	Anlage A 6.2/1
		DIN 4108-3:2014-11	Anlage A 6.2/2
		DIN 4108-4:2017-03	Anlagen A 6.2/3 und A 6.2/4
		DIN 4108-10:2015-12	Anlage A 6.2/5
A 6.2.2	Harnstoff-Formaldehydharz-Ortschaum für die Wärmedämmung	DIN 18159-2:1978-06	

Anlage A 6.2/1
Zu DIN 4108-2

1

Der sommerliche Wärmeschutz erfolgt über die Regelungen der Energieeinsparverordnung.

2

Zu Abschnitt 5.2.2:

Die aufgeführten Ausnahmen sind nur für einlagig hergestellte Dämmstoffplatten anzuwenden.

---

1) Nr. 1.

2) **Amtl. Anm.:** nach EAD/ETAG/CUAP

Anlage A 6.2/2
Zu DIN 4108-3

Der Abschnitt 6 und die Anhänge B und D sind nicht anzuwenden.

Anlage A 6.2/3
Zu DIN 4108-4

Für Dämmstoffe mit ETA[1)] ist der Bemessungswert der Wärmeleitfähigkeit wie folgt zu ermitteln:

Auf Grundlage des in der ETA angegebenen Nennwertes, der 90 % der Produktion mit einer Aussagewahrscheinlichkeit von 90 % repräsentiert, ergibt sich der Bemessungswert der Wärmeleitfähigkeit durch Umrechnung auf einen Feuchtegehalt bei 23 °C und 80 % relative Luftfeuchte und Multiplikation mit dem Sicherheitsbeiwert $\gamma = 1{,}03$. Zur Umrechnung für die Feuchte sind die in der ETA angegebenen Umrechnungsfaktoren zu verwenden.

Anlage A 6.2/4

Bei der Ausführung von Bauteilen mit Bauprodukten nach harmonisierten Normen ist Folgendes zu beachten:

1

An der Verwendungsstelle hergestellte Wärmedämmung aus Blähton-Leichtzuschlagstoffen nach EN 14063-1*1 darf entsprechend den Anwendungsgebieten DZ und DI nach DIN 4108-10 als nicht druckbelastbare (dk) Wärmedämm-Schüttung verwendet werden.

Bei der Berechnung des Wärmedurchlasswiderstandes ist die Nenndicke der Wärmedämmschicht anzusetzen. Die Nenndicke ist die um 20 % verminderte Einbaudicke.

2

An der Verwendungsstelle hergestellte Wärmedämmung aus Produkten mit expandiertem Perlite nach EN 14316-1*2 darf entsprechend den Anwendungsgebieten DZ und DI nach DIN 4108-10 als nicht druckbelastbare (dk) Wärmedämmschüttung verwendet werden.

Bei der Berechnung des Wärmedurchlasswiderstandes ist die Nenndicke der Wärmedämmschicht anzusetzen. Die Nenndicke ist die um 20 % verminderte Einbaudicke.

3

An der Verwendungsstelle hergestellte Wärmedämmung mit Produkten aus expandiertem Vermiculite nach EN 14317-1*3 darf entsprechend den Anwendungsgebieten DZ und DI nach DIN 4108-10 als nicht druckbelastbare (dk) Wärmedämmschüttung verwendet werden. Bei der Berechnung des Wärmedurchlasswiderstandes ist die Nenndicke der Wärmedämmschicht anzusetzen. Die Nenndicke ist die um 20 % verminderte Einbaudicke.

4

An der Verwendungsstelle hergestellte Wärmedämmung aus Mineralwolle nach EN 14064-1*5 darf entsprechend den Anwendungsgebieten DZ und DI nach DIN 4108-10 als nicht druckbelastbare (dk) Wärmedämm-Schüttung verwendet werden.

---

1) **Amtl. Anm.:** nach EAD/ETAG/CUAP

Bei der Berechnung des Wärmedurchlasswiderstandes ist die Nenndicke der Wärmedämmschicht anzusetzen. Die Nenndicke ist die um 20 % verminderte Einbaudicke.

5

An der Verwendungsstelle hergestellter Wärmedämmstoff aus Polyurethan (PUR)- und Polyisocyanurat (PIR)-Spritzschaum nach EN 14315-1:2013*6 darf zur Herstellung von nicht druckbelastbaren Wärmedämmschichten entsprechend dem Anwendungsgebiet DZ nach DIN 4108-10 verwendet werden, wenn folgende Eigenschaften nach DIN EN 14315-1 ausgewiesen sind:

Eigenschaft	**gemäß DIN EN 14315-1, Abschnitt**	**Stufe (mindestens)**
Dichte	4.2.4/E.5	FRC50(20) oder FRB50(20)
Anteil an geschlossenen Zellen	4.2.6	CCC4
Haftfestigkeit	4.3.8	A3
Dimensionsstabilität	4.3.12	DS(TH)3

6

An der Verwendungsstelle hergestellter Wärmedämmstoff aus dispensiertem Polyurethan (PUR)- und Polyisocyanurat (PIR)-Hartschaum nach EN 14318-1:2013*7 darf zur Herstellung von nicht druckbelastbaren Wärmedämmschichten entsprechend dem Anwendungsgebiet WH nach DIN 4108-10 verwendet werden, wenn folgende Eigenschaften nach EN 14318-1 ausgewiesen sind:

Eigenschaft	**gemäß DIN EN 14318-1, Abschnitt**	**Stufe (mindestens)**
Dichte	4.2.3/E.5	FRC50(20) oder FRB50(20)
Anteil an geschlossenen Zellen	4.2.8	CCC4
Haftfestigkeit	4.3.4	TS2
Dimensionsstabilität	4.3.7	DS(TH)3

7

Werkmäßig hergestellte Dämmstoffe aus Polyethylenschaum (PEF) nach EN 16069:2012*8 dürfen entsprechend den Anwendungsgebieten WI und DI nach DIN 4108-10 als nicht druckbelastete Wärmedämmstoffe verwendet werden, wenn sie hinsichtlich der Dimensionsstabilität mindestens die Anforderungen für die Stufe DS(N)2 erfüllen.

*1 **Amtl. Anm.:** In Deutschland umgesetzt durch DIN EN 14063-1:2004-11
*2 **Amtl. Anm.:** In Deutschland umgesetzt durch DIN EN 14316-1:2004-11
*3 **Amtl. Anm.:** In Deutschland umgesetzt durch DIN EN 14317-1:2004-11
*5 **Amtl. Anm.:** In Deutschland umgesetzt durch DIN EN 14064-1:2010-06
*6 **Amtl. Anm.:** In Deutschland umgesetzt durch DIN EN 14318-1:2013-04
*7 **Amtl. Anm.:** In Deutschland umgesetzt durch DIN EN 14315-1:2013-04
*8 **Amtl. Anm.:** In Deutschland umgesetzt durch DIN EN 16069:2015-04

Anlage A 6.2/5

Bei der Ausführung von Bauteilen mit Dämmprodukten mit ETA[1)] ist Folgendes zu beachten:

1) **Amtl. Anm.:** nach EAD/ETAG/CUAP

1

Werkmäßig hergestellte Dämmprodukte aus pflanzlichen oder tierischen Fasern zur Wärme- und/oder Schalldämmung:

Für die Anwendung gilt DIN 4108-10, Tabelle 13. Die Anforderungen an den längenbezogenen Strömungswiderstand gelten dabei nur für Produkte mit einer Rohdichte ≤ 20 kg/m³. Hinsichtlich der Grenzabmaße für die Dicke ist bei den Anwendungsgebieten DAD (dk), DZ, DI (zk), WH, WI (zk) und WTR die Stufe T2 ausreichend.

Hinsichtlich des Widerstandes gegenüber Schimmelpilz müssen die Dämmprodukte in die Klasse 0 eingestuft sein.

2

Lose Wärme- und/oder Schalldämmprodukte aus Pflanzenfasern:

Die Dämmprodukte dürfen zur Herstellung nicht druckbelastbarer Dämmschichten entsprechend den Anwendungsgebieten WH, WI, WTR, DZ und DI nach DIN 4108-10 verwendet werden.

Bei der Berechnung des Wärmedurchlasswiderstandes des Bauteils ist die Nenndicke der Wärmedämmschicht bei der Anwendung in Decken/Dächern unter Berücksichtigung der in der ETA angegebenen Abminderung der Einbaudicke anzusetzen. Enthält die ETA hierzu keine Angaben, ergibt sich die Nenndicke aus der um 20 % verminderten Einbaudicke.

Bei der Anwendung in Wänden muss das Setzmaß unter Schwingungen ≤ 1 % betragen.

Hinsichtlich des Widerstandes gegenüber Schimmelpilz müssen die Dämmprodukte in die Klasse 0 eingestuft sein.

Werden die Dämmprodukte trocken verarbeitet, dürfen sie auch für Außenbauteile GK 0 (Gebrauchsklasse 0 nach DIN 68800-2:2012-02) mit Ausnahme von Bild A.8, Schicht Nr. 7 in Fällen verwendet werden, in denen nach DIN 68800-2:2012-02 Dämmstoffe mit Verwendbarkeitsnachweis für bestimmte Anwendungen gefordert sind, wenn folgende Leistungen ausgewiesen sind:

- Dichte im eingebauten Zustand 25 kg/m³ bis 155 kg/m³
- Wasserdampfdiffusionswiderstandszahl $\mu \leq 3$
- Massebezogener Feuchtegehalt nach EN ISO 12571 bei 23 °C/80 % relative Luftfeuchtigkeit ≤ 0,19 kg/kg.

3

Wärmedämmplatten aus mineralischem Material:

Für die Anwendungsgebiete WI und DI nach DIN 4108-10 müssen folgende Wesentliche Merkmale erklärt sein:

- Grenzabmaße für Länge, Breite, Dicke, Rechtwinkligkeit und Ebenheit
- Dimensionsstabilität
- Wasserdampfdiffusionswiderstand

sowie darüber hinaus für das Anwendungsgebiet DEO nach DIN 4108-10 eine Druckfestigkeit von mindestens 150 kPa.

4

Dämmprodukte aus expandiertem Perlit (EPB), abweichend von EN 13169:

Für die Anwendung gilt DIN 4108-10, Tabelle 11 mit Ausnahme der Anforderung an die Biegefestigkeit.

5

Dämmstoffe aus granuliertem Polystyrol und Bindemittelgemisch:
Das Produkt darf als Wärmedämmstoff entsprechend den Anwendungsgebieten DEO, DAD und DAA(dm) nach DIN 4108-10 verwendet werden, wenn der deklarierte Wert der Druckspannung bei 10 % Stauchung mindestens 100 kPa beträgt und für die Verformung unter Druck- und Temperaturbeanspruchung eine maximale Differenz der relativen Stauchungen von 5 % eingehalten wird.

6

Produkte mit reflektierenden Schichten zur Wärmedämmung der Gebäudehülle:

6.1. Anwendung

Die Produkte dürfen entsprechend den Anwendungsgebieten DI und WI nach der Norm DIN 4108-10 als nicht druckbelastete, zusätzliche Wärmedämmung auf der Innenseite wärmeübertragender Bauteile verwendet werden.
Sie dürfen nur in Konstruktionen eingebaut werden, in denen sie vor Niederschlag, Bewitterung und Durchfeuchtung geschützt sind.

6.2. Bemessungswert des Wärmedurchlasswiderstandes

Die Berechnung des Wärmeschutzes ist mit dem Bemessungswert des Wärmedurchlasswiderstandes zu führen. Der Bemessungswert des Wärmedurchlasswiderstandes ist wie folgt zu ermitteln:
Auf Grundlage des in der ETA angegebenen Nennwertes („Core thermal resistance“ ohne benachbarte Lufträume) ergibt sich der Bemessungswert des Wärmedurchlasswiderstandes mittels Division durch den Sicherheitsbeiwert γ = 1,03. Bei Produkten auf Basis von Naturfaserdämmstoffen hat zusätzlich eine Umrechnung auf einen Feuchtegehalt bei 23 °C und 80 % relative Luftfeuchte unter Verwendung der in der ETA angegebenen Umrechnungsfaktoren zu erfolgen.
In Bereichen, in denen die Produkte zusammengedrückt werden (z.B. Befestigungsbereiche auf der Tragkonstruktion) ist der Wärmedurchlasswiderstand der Produkte nicht für den Nachweis anzusetzen.

6.3. Wärmedurchlasswiderstand von benachbarten, unbelüfteten Lufträumen

Bei der Berechnung des Wärmedurchlasswiderstandes von durch die Produkte begrenzten, unbelüfteten Lufträumen mit einer Länge und Breite von mehr als dem 10-fachen der Dicke nach DIN EN ISO 6946, Anhang B, sind folgende Werte in Ansatz zu bringen:

- Emissionsgrad ε der Oberfläche der Produkte gemäß ETA
- h_a nach DIN EN ISO 6946, Tabelle B.2, mit $\Delta T = 10$ K
- $h_{ro} = 5{,}7$ W/(m² · K) nach DIN EN ISO 6946, Tabelle A.1

Es dürfen nur luftdichte Konstruktionsaufbauten berücksichtigt werden, bei denen die Produkte vor Verschmutzung und Witterung geschützt auf der Innenseite der Konstruktion eingebaut werden.

6.4. Klimabedingter Feuchteschutz

Beim rechnerischen Nachweis des klimabedingten Feuchteschutzes nach DIN 4108-3 sind für die Produkte die in der ETA angegebenen Werte in Ansatz zu bringen.

7

Bausätze für die Dämmung von Umkehrdächern nach ETAG 031 Teil 1 mit Dämmstoffen aus XPS und EPS dürfen zur Wärmedämmung oberhalb der Dachabdichtung angeordnet werden, wenn der Bausatz den in DIN 4108-2 für das Wärmedämmsystem Umkehrdach aufgeführten Aufbauten und Anwendungsbedingungen entspricht.

Der Nachweis des Wärmeschutzes ist mit dem Bemessungswert der Wärmeleitfähigkeit bzw. des Wärmedurchlasswiderstandes des im Bausatz enthaltenen Dämmstoffes zu führen.

Der Bemessungswert der Wärmeleitfähigkeit ist aus dem in der Europäischen Technischen Zulassung für Stufe 1 angegebenen korrigierten Wert der Wärmeleitfähigkeit λ_{cor} durch Multiplikation mit dem Sicherheitsbeiwert $\gamma = 1{,}03$ zu ermitteln. Dementsprechend ergibt sich der Bemessungswert des Wärmedurchlasswiderstandes aus dem in der Europäischen Technischen Zulassung für Stufe 1 angegebenen korrigierten Wert des Wärmedurchlasswiderstandes R_{cor} durch Division durch den Sicherheitsbeiwert $\gamma = 1{,}03$.

Bei der Berechnung des Wärmedurchgangskoeffizienten des Daches ist der errechnete Wärmedurchgangskoeffizient um den Zuschlagwert ΔU gemäß DIN 4108-2 zu erhöhen.

B. Technische Baubestimmungen für Bauteile und Sonderkonstruktionen, die zusätzlich zu den in Abschnitt A aufgeführten Technischen Baubestimmungen zu beachten sind

B 1. Allgemeines

Dieser Abschnitt enthält Technische Baubestimmungen, die bei der Erstellung bestimmter Sonderkonstruktionen und Bauteile beachtet werden müssen. Die Technischen Baubestimmungen werden zur Erleichterung der Anwendung zu jeder Sonderkonstruktion/jedem Bauteil gebündelt dargestellt, weil sie der Konkretisierung mehrerer Grundanforderungen dienen.

Bauliche Anlagen müssen über den gesamten Zeitraum ihrer Nutzung im Ganzen und in ihren einzelnen Teilen für sich allein standsicher sein. Sie müssen so angeordnet, beschaffen und gebrauchstauglich sein, dass keine Gefahrenlage oder unzumutbare Belästigungen entstehen.

B 2. Technische Regelungen für Sonderkonstruktionen und Bauteile gem. Art. 81a Abs. 2 BayBO

42 Technische Baubestimmungen

Lfd. Nr.	Anforderungen an die Planung, Bemessung und Ausführung gem. Art. 81a Abs. 2 BayBO[1]	Bestimmungen/Festlegungen gem. Art. 81a Abs. 2 BayBO[1]
1	2	3
B 2.1	**Sonderkonstruktionen**	
B 2.1.1	Fliegende Bauten – Zelte	DIN EN 13782:2015-06 Anlage B 2.1/1
B 2.1.2	Fliegende Bauten und Anlagen für Veranstaltungsplätze und Vergnügungsparks	DIN EN 13814:2005-06 Anlage B 2.1/2
B 2.2 Bauteile		
B 2.2.1 Bauteile für Wände, Dächer, Decken und Fassadenkonstruktionen		
B 2.2.1.1	Außenwandbekleidungen, hinterlüftet	DIN 18516-1:2010-06 Anlage B 2.2.1/1 DIN 18516-3:2013-09 DIN 18516-5:2013-09 Anlage B 2.2.1/2 Zusätzlich gilt: A 2.2.1.6
B 2.2.1.2	Aus Bausätzen hergestellte tragende Außenwände	Anlage B 2.2.1/3
B 2.2.1.3	Vorhangfassaden	Anlage B 2.2.1/4
B 2.2.1.4	Wände und Decken aus selbsttragenden Sandwich-Elementen mit beidseitigen Metalldeckschichten	Anlage B 2.2.1/5
B 2.2.1.5	Außenseitige Wärmedämmverbundsysteme	WDVS mit ETA nach ETAG 004: 2017-02 (siehe Anhang 11)
B 2.2.1.6	Ortbeton-Wände aus Schalungssteinen	Anwendungsregeln für nicht lasttragende verlorene Schalungsbausätze/-systeme und Schalungssteine für die Erstellung von Ortbeton-Wänden: 2016-06 (siehe Anhang 12)
B 2.2.1.7	Bausätze für innere Trennwände zur Verwendung als nicht tragende Wände[2]	Anlage B 2.2.1/6
B 2.2.1.8	Bausätze für Gebäude aus Holz, Metall und Stahlbeton[2]	Anlage B 2.2.1/3
B 2.2.1.9	Vorgefertigte Raumzellen für Gebäude[2]	Anlage B 2.2.1/3
B 2.2.1.10	Bauteile aus Gipsplatten, Gipsplattenprodukten aus der Weiterverarbeitung, Gipsplatten mit Vliesarmierung, Gipsfaserplatten und Gipsplatten-Wandbaufertigtafeln mit einem Kartonwabenkern	Anlage B 2.2.1/7
B 2.2.1.11	Leichte tragende Stahl/Holz – Dachelemente[2]	Anlage B 2.2.1/8
B 2.2.2 Unterdeckenkonstruktionen		
B 2.2.2.1	Gipsplatten-Deckenbekleidungen und Unterdecken	DIN 18168-1:2007-04
B 2.2.2.2	Abgehängte Decken mit Bauprodukten aus Faserzement bzw. mit zementgebundenen Bauplatten	Anlage B 2.2.2/1
B 2.2.3 Bauteile aus Dämmstoffen für Wärme- und Schallschutz		
B 2.2.3.1	Werkmäßig hergestellte Schüttungen aus Schaumglasschotter	Anlage B 2.2.3/1
B 2.2.4 Lager		
B 2.2.4.1	Lager im Bauwesen	DIN EN 1337-1:2001-02 Anlage B 2.2.4/1

[1] Nr. **1**.
[2] **Amtl. Anm.**: nach EAD/ETAG/CUAP

Lfd. Nr.	Anforderungen an die Planung, Bemessung und Ausführung gem. Art. 81a Abs. 2 BayBO	Bestimmungen/Festlegungen gem. Art. 81a Abs. 2 BayBO
1	2	3
B 2.2.5 Bauteile zur Abdichtung von baulichen Anlagen Bauliche Anlagen müssen nach Art. 11 Abs. 1 BayBO so angeordnet, beschaffen und gebrauchstauglich sein, dass durch Wasser und Feuchtigkeit Gefahren oder unzumutbare Belästungen nicht entstehen.		
B 2.2.5.1	Dachabdichtungen aus Bitumenbahnen mit Trägereinlage	DIN SPEC 20000-201:2015-08 Abschnitt 5.1
B 2.2.5.2	Dachabdichtungen aus Kunststoff- und Elastomerbahnen	DIN SPEC 20000-201:2015-08 Abschnitt 5.3
B 2.2.5.3	Bauwerksabdichtungen aus Kunststoff- und Elastomer-Mauersperrbahnen	DIN SPEC 20000-202:2016-03 Abschnitt 5.3
B 2.2.5.4	Bauwerksabdichtungen aus Bitumen- und Mauersperrbahnen	DIN SPEC 20000-202:2016-03 Abschnitt 5.2
B 2.2.5.5	Bauwerksabdichtungen gegen Bodenfeuchte und Wasser aus Kunststoff- und Elastomerbahnen	DIN SPEC 20000-202:2016-03 Abschnitt 5.3
B 2.2.5.6	Bauwerksabdichtungen gegen Bodenfeuchte und Wasser aus Bitumenbahnen	DIN SPEC 20000-202:2016-03 Abschnitt 5.2
B 2.2.5.7	Abdichtungen von Betonbrücken und anderen Verkehrsflächen aus Beton aus Bitumenbahnen mit Trägereinlage	DIN V 20000-203:2010-05 Abschnitt 5
B 2.2.5.8	Flächenabdichtungen für Behälter und Nassräume mit flüssig zu verarbeitenden wasserundurchlässigen Produkten im Verbund mit keramischen Fliesen und Plattenbelägen	Anlage B 2.2.5/1
B 2.2.5.9	Bauwerksabdichtungen aus polymermodifizierten Bitumendickbeschichtungen	Anlage B 2.2.5/2
B 2.2.5.10	Dachabdichtungssysteme aus flüssig aufzubringenden Stoffen	Anlage B 2.2.5/3
B 2.2.5.11	Dachabdichtungssysteme aus mechanisch befestigten Dachabdichtungsbahnen	Anlage B 2.2.5/4
B 2.2.5.12	Systeme zur Abdichtung von Wänden und Böden in Nassräumen	Anlage B 2.2.5/5
B 2.2.5.13	Brücken- und Parkdeckabdichtungen aus flüssig aufzubringenden Stoffen	Anlage B 2.2.5/6
B 2.2.5.14	Dachabdichtungen aus flüssigen und bahnenförmigen Stoffen im Verbund	Anlage B 2.2.5/7
B 2.2.5.15	Dach- und Bauwerksabdichtungen aus Abdichtungsbahnen im Verbund mit weiteren Stoffen	Anlage B 2.2.5/8
B 2.2.5.16	Abdichtungen von vertikalen Wandanschlüssen bei Bitumendachabdichtungen mit einkomponentiger Bitumen-Polyurethan-Mischung	Anlage B 2.2.5/9
B 2.2.6 Grundstücksentwässerungsanlagen Grundstücksentwässerungsanlagen müssen so beschaffen sein, dass sie standsicher sind und von ihrer Nutzung keine Gefahren oder unzumutbare Belästigungen ausgehen, insbesondere keine gesundheits- oder umweltgefährdenden Stoffe entweichen. Zur Erfüllung der Anforderungen an die Beschaffenheit von Grundstückentwässerungsanlagen müssen für Bauprodukte nach harmonisierten technischen Spezifikationen alle in der hEN enthaltenen Merkmale in der Leistungserklärung angegeben werden.		
B 2.2.6.1	Rückstauverschlüsse für Gebäude	Anlage B 2.2.6/1
B 2.2.6.2	Rohre und Formstücke aus Beton, Stahlfaserbeton und Stahlbeton	Anlage B 2.2.6/2
B 2.2.6.3	Einstieg- und Kontrollschächte aus Beton, Stahlfaserbeton und Stahlbeton	Anlage B 2.2.6/3

Lfd. Nr.	Anforderungen an die Planung, Bemessung und Ausführung gem. Art. 81a Abs. 2 BayBO	Bestimmungen/Festlegungen gem. Art. 81a Abs. 2 BayBO
1	2	3
B 2.2.6.4	Rohre und Fittings aus unlegiertem Stahl für den Transport von Wasser und anderen wässrigen Flüssigkeiten	Anlage B 2.2.6/4

Anlage B 2.1/1
Zu DIN EN 13782

Bei Anwendung der technischen Regel ist Folgendes zu beachten:

1

Zu Abschnitt 7.4.2.2:

Für den Standsicherheitsnachweis von Zelten, die als Fliegende Bauten auch für Aufstellorte mit $v_{b,0}$ > 28 m/s bemessen werden sollen, sind die Böengeschwindigkeitsdrücke nach Tabelle NA.B.3 oder Abschnitt NA.B.3.3 der Norm DIN EN 1991-1-4/NA:2010-12 anzuwenden. Diese dürfen gemäß Abschnitt 7.4.2.2 abgemindert werden. Andere Abminderungen der Böengeschwindigkeitsdrücke dürfen nicht in Ansatz gebracht werden.

2

Der Abschnitt 12 und die Anhänge B und C sind von der Einführung ausgenommen.

Anlage B 2.1/2
Zu DIN EN 13814

Bei Anwendung der technischen Regel ist Folgendes zu beachten:

1.1

Abschnitt 1 erhält folgende Fassung:

„Diese Norm ist anzuwenden für Fliegende Bauten nach Art. 72 BayBO, z.B. Karusselle, Schaukeln, Boote, Riesenräder, Achterbahnen, Rutschen, Tribünen, textile und Membrankonstruktionen, Buden, Bühnen, Schaugeschäfte und Aufbauten für artistische Vorstellungen in der Luft. Sie gilt auch für die Bemessung entsprechender baulicher Anlagen, die in Vergnügungsparks für einen längeren Zeitraum aufgestellt werden, mit Ausnahme der Windlastansätze sowie der Bemessung der Gründung. Diese Norm gilt nicht für Zelte. Ortsfeste Tribünen, Baustelleneinrichtungen, Baugerüste und versetzbare landwirtschaftliche Konstruktionen gehören nicht zu den Fliegenden Bauten."

1.2

Für die Anwendung der Norm sind die Auslegungen, Stand: März 2010, zu beachten, die vom Arbeitsausschuss Fliegende Bauten NA 005-11-15 AA (http://www.nabau.din.de) veröffentlicht wurden.

2.1

Bei undatierten Verweisen auf Normen der Reihe ENV 1991 bis ENV 1997 sind die entsprechenden technischen Regeln nach Abschnitt A anzuwenden.

2.2

Bei Verweisen auf „relevante Europäische Normen" bzw. „EN-Normen" sind zutreffende technische Regeln der Verwaltungsvorschrift Technische Baubestimmungen anzuwenden.

3

Die Abschnitte 3.1 bis 3.7 sind von der Einführung ausgenommen.

4.1

Zu Abschnitt 5.2:

Bei der Auswahl der Werkstoffe sind die in der BayBO und in den Vorschriften aufgrund der BayBO vorgegebenen Verwendungsbedingungen zu beachten.

4.2

Zu Abschnitt 5.3.3.1.2.2:

Für Tribünen ohne feste Sitzplätze und deren Zugänge und Podeste sind vertikale Verkehrslasten mit $q_k = 7{,}5\ kN/m^2$ anzunehmen.

4.3

Zu Abschnitt 5.3.3.4:

Bei Anwendung von Tabelle 1 ist der durch erforderliche Schutz- und Verstärkungsmaßnahmen ertüchtigte Fliegende Bau im Zustand außer Betrieb für die höchste vorgesehene Windzone mit den Geschwindigkeitsdrücken nach Tabelle NA.B.3 oder Abschnitt NA.B.3.3 der Norm DIN EN 1991-1-4/NA:2010-12 zu bemessen. Diese dürfen mit dem Faktor 0,7 abgemindert werden. Andere Abminderungen der Geschwindigkeitsdrücke dürfen nicht in Ansatz gebracht werden.

Alternativ darf die Standsicherheit von Fliegenden Bauten im Zustand außer Betrieb, auch für Aufstellorte mit $v_{b,0} > 28$ m/s, mit den Böengeschwindigkeitsdrücken nach Tabelle NA.B.3 oder Abschnitt NA.B.3.3 der Norm DIN EN 1991-1-4/NA:2010-12 nachgewiesen werden. Diese dürfen mit dem Faktor 0,7 abgemindert werden. Andere Abminderungen der Böengeschwindigkeitsdrücke dürfen nicht in Ansatz gebracht werden.

Bild 1 ist von der Einführung ausgenommen.

4.4

Zu Abschnitt 5.3.6.2:

Für günstig wirkende ständige Einwirkungen ist der Teilsicherheitsbeiwert $\gamma_G = 1{,}0$ zu verwenden.

4.5

Zu Abschnitt 5.6.5.3:

Fußriemenverschnallungen in Überschlagschaukeln, einschließlich deren Befestigungen und Verbindungen, müssen eine Bruchlast von mindestens 2 kN aufweisen.

5

Zu Abschnitt 6:

Anstelle der nachfolgend von der Einführung ausgenommenen Abschnitte der Norm gelten die Anforderungen der Richtlinie über den Bau und Betrieb Fliegender Bauten, Fassung Juni 2010.

5.1

Die Abschnitte 6.1.3.2, 6.1.3.3, 6.1.4.1, 6.1.4.5 und 6.1.5.2 sind von der Einführung ausgenommen.

5.2

zu Abschnitt 6.1.6.4:

Bei Kettenfliegerkarussellen darf insbesondere das Versagen einer Tragkette nicht zum Ausfall der Fahrgastsicherung (Schließkette, -stange, etc.) führen.

5.3

Zu Abschnitt 6.2.1.2:

Rotoren müssen eine geschlossene Zylinderwand haben. Der Boden und die Innenseite der Zylinderwand sind ohne vorstehende oder vertiefte Teile auszuführen. Der obere Rand der Zylinderwand darf weder vom Benutzer noch von Zuschauern erreicht werden können. Der höhenverschiebbare Boden ist mit geringer Fuge in den Zylinder einzupassen und mit der Zylinderdrehung gleichlaufend zu führen. Die Türen sind mit geringen Fugen in die Zylinderwand einzupassen. Rotoren sind so auszubilden, dass sie nicht bei offenen Türen anfahren können.

5.4

Zu Abschnitt 6.2.2.2:

Die Höhe der Umwehrung offener Gondeln von Riesenrädern, in denen Fahrgäste während des Betriebs aufstehen können, muss, gemessen ab Oberkante Sitzfläche, mindestens 0,55 m betragen. Ein- und Aussteigeöffnungen müssen in Höhe der Umwehrung durch feste Vorrichtungen geschlossen werden können. Sie müssen mit nicht selbsttätig lösbaren Verschlüssen gesichert werden können.

5.5

Zu Abschnitt 6.2.3.1:

Achterbahnen sind ringsum mit einer Flächenabsperrung der Anforderungsklasse J3 auszustatten.

Die Fahrbahnen von Geisterbahnen sind bis auf die Ein- und Aussteigestellen mindestens mit Bereichsabsperrungen der Anforderungsklasse J2 gegenüber Zuschauern abzuschranken.

5.6

Zu Abschnitt 6.2.3.5.1:

Bei Geisterbahnen mit langsam fahrenden Fahrzeugen (Geschw. ≤ 3 m/s) und geeigneten Anpralldämpfern kann auf ein Blocksystem verzichtet werden.

5.7

Zu Abschnitt 6.2.3.5.2:

Stockwerksgeisterbahnen müssen Rücklaufsicherungen in den Steigungsstrecken haben. In den Gefällestrecken sind erforderlichenfalls Bremsen zur Regelung der Geschwindigkeit und Kippsicherungen vorzusehen.

5.8

Zu Abschnitt 6.2.5.1.1:

Zwischen Drehscheibe und Stoßbande muss eine feststehende, waagerechte und glatte Rutschfläche von mindestens 2 m Breite vorhanden sein.

5.9

In Abschnitt 6.2.5.2 ist der 1. Absatz von der Einführung ausgenommen.

5.10

Abschnitt 6.2.6 ist von der Einführung ausgenommen.

5.11

Zu Abschnitt 6.2.7.5:

Schießtische sind unverrückbar zu befestigen. Die Entfernung zu einzelnen flächenmäßig begrenzten Zielen von höchstens 0,40 m Tiefe (z.B. Häuschen für Walzenschießen) darf bis auf 2,40 m verringert werden.

5.12

Abschnitte 6.4, 6.5 und 6.6 sind von der Einführung ausgenommen.

6

Abschnitt 7 ist von der Einführung ausgenommen.

7

Die Anhänge A, C, E, F, H und I sind von der Einführung ausgenommen.

Anlage B 2.2.1/1
Zu DIN 18516-1

1

Zu Abschnitt 7.1.1, Absatz a):

Für Bekleidungen dürfen auch nichtrostende Stähle der Korrosionsbeständigkeitsklasse II (CRC) nach DIN EN 1993-1-4:2015-10 verwendet werden.

2

Auf folgende Druckfehlerberichtigung wird hingewiesen:

Zu Anhang A, Abschnitt A 3.1:

Im 4. Absatz muss es anstelle von „… nach Bild A.1.b) …" richtig „… nach Bild A.1.c) …" und anstelle von „… nach Bild A.1.c) …" richtig „… nach Bild A.1.d) …" heißen.

Zu Anhang A, Bild A.4:

Es muss heißen: anstelle von „vorh. $F_{Q,Ed}$" richtig „vorh. F_Q", anstelle von „vorh. $F_{Z,Ed}$" richtig „vorh. F_Z", anstelle von „zul. $F_{Q,Rd}$" richtig „zul. F_Q", anstelle von „zul. $F_{Z,Rd}$" richtig „zul. F_Z", anstelle von „max. $F_{Q,Rd}$" richtig „max. zul. F_Q" und anstelle von „max. $F_{Z,Rd}$" richtig „max. zul. F_Z".

Anlage B 2.2.1/2
Zu DIN 18516-5

Zu Abschnitt 5.4.2:

Gleichung (11) muss wie folgt lauten:

$$V_{Rk,red} = V_{Rk} \cdot \frac{d}{d + 2 \cdot z_A}$$

Anlage B 2.2.1/3

1. Standsicherheit

Werden Tragfähigkeitsmerkmale von Bauteilen oder Bausätzen nach ETA[1] in Form von rechnerisch ermittelten Tragfähigkeitswerten, mechanischen Festigkeiten oder komplette statische Berechnungen im Rahmen der Leistungserklärung angegeben, so gehören diese zu den Bauvorlagen.

2. Wärmeschutz

Beim Nachweis des Wärmeschutzes sind die Bemessungswerte gemäß DIN 4108-4 zu verwenden. Die im Bausatz verwendeten Dämmstoffe müssen die Anforderungen nach DIN 4108-10 entsprechend dem jeweiligen Anwendungsgebiet erfüllen.

Anlage B 2.2.1/4
Standsicherheit

Zur Erfüllung der Anforderung nach Abschnitt A 1.1 sind für den Tragsicherheitsnachweis der mit dem Vorhangfassadenbausatz hergestellten Fassaden die in den Abschnitten A 1.2 genannten relevanten Bestimmungen anzuwenden.

Anlage B 2.2.1/5

1. Standsicherheit

Bauteile aus Sandwichelementen nach EN 14509 dürfen nicht zur Aussteifung von Gebäuden, Gebäudeteilen und baulichen Anlagen herangezogen werden.

Bei der Bemessung und Ausführung ist Folgendes zu beachten: Die Bemessung und Ausführung der Sandwichelemente ist gemäß Abschnitt E.2, E.3, E.5 und E.7 der Norm EN 14509 vorzunehmen. Abschnitt E.4.2 und E.4.3 kommen nicht zur Anwendung. Die Durchbiegungsbegrenzungen nach EN 14509, Abschnitt E.5.4, sind einzuhalten. Die Temperaturdifferenzen zwischen den Deckschichten sind zu berücksichtigen. Als maximale Temperaturdifferenz der gleichzeitig in beiden Deckschichten wirkenden Temperaturen ist mit $\Delta T = T_1 - T_2$ wie folgt anzusetzen:

- Deckschichttemperatur der Innenseite T_2
  Im Regelfall ist von T_2 = +20 °C im Winter und von T_2 = +25 °C im Sommer auszugehen; dies gilt für den Standsicherheitsnachweis und für den Gebrauchsfähigkeitsnachweis.
  In besonderen Anwendungsfällen (z.B. Hallen mit Klimatisierung – wie Reifehallen, Kühlhäuser) ist T_2 entsprechend der Betriebstemperatur im Innenraum anzusetzen.
- Deckschichttemperatur der Außenseite T_1
  Im Winter ist für T_1 = –20 °C anzusetzen; für schneebedeckte Dachelemente gilt für T_1 die Regelung der Norm. Im Sommer sind für den Gebrauchstauglichkeitsnachweis die Deckschichttemperatur T_1 gemäß der Norm sowie für den Standsicherheitsnachweis T_1 = +80 °C (bei direkter Sonneneinstrahlung) bzw. T_1 = +40 °C (bei keiner direkten Sonneneinstrahlung) anzusetzen.

Die Befestigung der Sandwichelemente hat direkt (sichtbar), durch beide Deckschichten hindurch mit Schrauben, deren Verwendbarkeit hierfür nachgewiesen ist, zu erfolgen. Die Knitterspannungen an den Zwischenauflagern

---

[1] **Amtl. Anm.:** nach EAD/ETAG/CUAP

gelten nur bei Befestigung mit maximal 3 Schrauben pro Meter. Für mehr als 3 Schrauben pro Meter sind die Knitterspannungen mit dem Faktor K = (11 – n)/8 (n = Anzahl der Schrauben pro Meter) abzumindern.

Der Nachweis der Tragfähigkeit der Schrauben sowie der Schraubenkopfauslenkungen hat nach den Technischen Baubestimmungen oder dem Verwendbarkeitsnachweis der Schrauben zu erfolgen, wobei die Einwirkungen und deren Kombinationen analog zu EN 14509, Abschnitt E.5.3, zu ermitteln sind. Bei der Ermittlung der Einwirkungen für die Befestigungen darf bei durchlaufenden Sandwichelementen der Ansatz von Knittergelenken über den Innenstützen (Traglastverfahren nach EN 14509, E.7.2.1 und E.7.2.3) nicht angesetzt werden (keine Kette von Einfeldelementen).

Die Kombinationskoeffizienten ψ_0 und ψ_1 sind Tabelle E.6, die Lastfaktoren γ_F der Tabelle E.8 der Norm EN 14509 zu entnehmen. Die materialbezogenen Sicherheitsbeiwerte γ_M sind in folgender Tabelle aufgeführt:

Eigenschaften, für die γ_M gilt	**Grenzzustand**	
	Tragfähigkeit	**Gebrauchstauglichkeit**
Fließen einer Metalldeckschicht	1,10	1,00
Knittern einer Metalldeckschicht im Feld und an einem Mittelauflager (Interaktion mit der Auflagerreaktion)	2,80	1,40
Schubversagen des Kerns	2,40	1,30
Schubversagen einer profilierten Deckschicht	1,10	1,00
Druckversagen des Kerns	2,40	1,30
Versagen der profilierten Deckschicht am Mittelauflager	1,10	1,00

2. Brandschutz/Feuerwiderstand

Die Feuerwiderstandsfähigkeit von Bauteilen (Bauarten) ist nicht geregelt.

Anlage B 2.2.1/6

Für die Verwendung von Bausätzen von vollständig oder teilweise verglasten Trennwänden der Kategorie IV nach ETA[1] gelten die Bestimmungen von A 1.2.7.1.

Anlage B 2.2.1/7

1

Gipsplatten nach EN 520 zur Verwendung bei tragenden (einschließlich aussteifenden) Bauteilen müssen die Bestimmungen von DIN 18180:2014-09 erfüllen. Gipsplatten aus der Weiterverarbeitung, die durch die Weiterverarbeitung von Gipsplatten nach EN 520 hergestellt wurden, dürfen bei tragenden Bauteilen nur verwendet werden, sofern die Weiterverarbeitung nicht zu einer Tragfähigkeitsminderung führt.

2. Wärmeschutz

Der Nachweis des Wärmeschutzes ist mit dem Bemessungswert des Wärmedurchlasswiderstandes zu führen. Der Bemessungswert des Wärmedurchlasswiderstandes ist gleich dem Nennwert des Wärmedurchlasswiderstandes R dividiert durch den Umrechnungsfaktor für den Feuchtegehalt von F_m = 1,25.

---

[1] **Amtl. Anm.:** nach EAD/ETAG/CUAP

Anlage B 2.2.1/8

Der Nachweis des Grenzzustandes der Gebrauchstauglichkeit ist ohne Ansatz der Verklebung der Stahlprofile mit den Holzbauteilen zu führen. Die Bildung von Wassersäcken ist auszuschließen.

Die Einhaltung eines ausreichenden Holzschutzes (insbesondere Tauwasser) der Dachelemente ist gemäß DIN 68800-2 nachzuweisen.

Anlage B 2.2.2/1

Für die Verwendung von Faserzementplatten nach EN 12467 bzw. zementgebundenen Bauplatten nach ETA[1)] als abgehängte Decke im Innenbereich ist EN 13964 mit folgenden Einschränkungen zu beachten:

1

Die Verankerung in Beton, Porenbeton, haufwerksporigem Beton, Ziegeln, Stahl, Holz oder ähnlichen Verankerungsgründen erfolgt mit Verankerungselementen wie z.B. Dübeln, Setzbolzen oder Schrauben, deren Verwendung in den Technischen Baubestimmungen geregelt ist.

2

Der Nachweis des Wärmeschutzes ist mit dem Bemessungswert der Wärmeleitfähigkeit zu führen. Der Bemessungswert der Wärmeleitfähigkeit ergibt sich aus dem in der ETA[1)] angegebenen Nennwert durch Umrechnung auf einen Feuchtegehalt bei 23 °C und 80 % relative Luftfeuchte. Zur Umrechnung sind die in der Europäischen Technischen Zulassung/Bewertung angegebenen Umrechnungsfaktoren zu verwenden.

Anlage B 2.2.3/1

Für die Planung, Bemessung und Ausführung von werkmäßig hergestellten Schüttungen aus Schaumglasschotter unter lastabtragenden Gründungsplatten gibt es keine technische Regel[2)].

Anlage B.2.2.4/1

Lager mit Naturkautschuk (NR) nach EN 1337-3 dürfen nur in Bereichen ohne Ozoneinfluss verwendet werden.

Anlage B 2.2.5/1

Die Flächenabdichtungen nach EN 14891 dürfen zur Abdichtung von Wand- und Bodenflächen sowie Schwimmbecken verwendet werden, die im Außenbereich liegen und nicht mit Gebäuden verbunden sind.

[1)] **Amtl. Anm.:** nach EAD/ETAG/CUAP
[2)] **Amtl. Anm.:** Anwendung von Art. 15 BayBO

Anlage B 2.2.5/2

Tabelle: Anforderungen an polymermodifizierte Bitumendickbeschichtungen nach DIN EN 15814 für die Anwendung

Produkteigenschaft gemäß EN 15814	Anforderungen an Stufen und Klassen für die Anwendung	
	Anwendungsbereich 1: **Abdichtung von erdberührten Bauteilen gegen Bodenfeuchte und nichtstauendes Sickerwasser**	**Anwendungsbereich 2:** **Abdichtung von erdberührten Bauteilen gegen aufstauendes Sickerwasser bis zu einer Gründungstiefe von 3,0 m unter Geländeoberkante und gegen nichtdrückendes Wasser auf Deckenflächen mit mäßiger Beanspruchung**
Rissüberbrückungsfähigkeit	Verfahren A: CB2	Verfahren A: CB2
Regenfestigkeit	mindestens R2 (≤ 8 h)	mindestens R2 (≤ 8 h)
Beständigkeit gegen Wasser	bestanden	bestanden
Biegsamkeit bei niedrigen Temperaturen	bestanden	bestanden
Maßhaltigkeit bei hohen Temperaturen	bestanden	bestanden
Schichtdickenabnahme bei Durchtrocknung	Wertangabe (≤ 50 %)	Wertangabe (≤ 50 %)
Brandverhalten	mindestens E	mindestens E
Wasserdichtheit	W 1, W 2A oder W 2B	W 2A
Druckfestigkeit	C 1, C 2A oder C 2B	C 2A

Anlage B 2.2.5/3

Produkte mit einer ETA nach ETAG 005/EAD xyz „Flüssig aufzubringende Dachabdichtungen" dürfen für die Abdichtung von genutzten und nicht genutzten Dachflächen im Sinne der DIN 18531 in Abhängigkeit von den Anwendungsbereichen und den Beanspruchungsklassen verwendet werden, wenn mindestens folgende Leistungsstufen durch eine ETA nachgewiesen sind:

Tabelle 1: Nicht genutzte Dachflächen

Nicht genutzte Dachflächen	**Technische Leistungsstufen nach ETAG 005**					
Beanspruchungsklasse nach DIN 18531	Klimazone	Dauerhaftigkeit W	Nutzlast P	minimale Oberflächentemperatur TL	maximale Oberflächentemperatur TH	Mindestschichtdicke[1] [mm]
I A	M	W2	P4	TL 3	TH 3	Neigung ≥ 2 %: 1,5 mm
I B			P4	TL 2	TH 2	Neigung < 2 %: 2,0 mm
II A			P3	TL 3	TH 3	
II B			P3	TL 2	TH 2	

[1] **Amtl. Anm.:** Der Mittelwert der aufgebrachten Schichtdicke darf die geforderte Mindestschichtdicke nicht unterschreiten, wobei kein Einzelwert die Mindestschichtdicke um mehr als 5 % unterschreiten darf. Wenn die in der Europäischen Technischen Zulassung angegebene Mindestschichtdicke höher ist als die in dieser Anlage geforderte Mindestschichtdicke, so gilt der höhere Wert.

Tabelle 2: Genutzte Dachflächen

Genutzte Dachflächen	**Technische Leistungsstufen nach ETAG 005**					
Nutzungsart	Klimazone	Dauerhaftigkeit W	Nutzlast P	minimale Oberflächentemperatur TL	maximale Oberflächentemperatur TH	Mindestschichtdicke[1] [mm]
direkt genutzt	S	W3	P4	TL 3	TH 3	2,0
indirekt genutzt	M			TL 2	TH 2	2,0

Zusätzlich gilt:

Bei extensiv und intensiv begrünten Flächen muss die Abdichtung wurzelbeständig sein oder der Schutz gegen Durchwurzelung ist durch andere Maßnahmen sicherzustellen.

Anlage B 2.2.5/4

Die Abdichtungsbahnen der mechanisch befestigten Abdichtungssysteme mit einer ETA nach ETAG 006/EAD xyz können als Dachabdichtung für nicht genutzte Dachflächen verwendet werden, wenn die Abdichtungsbahnen den Anforderungen von DIN SPEC 20000-201:2015-08 Abschnitte 5.1 oder 5.3 entsprechen.

Anlage B 2.2.5/5

Die Bausätze zur Nassraumabdichtung mit einer ETA nach ETAG 022/EAD xyz können verwendet werden, wenn mindestens die folgenden Leistungsmerkmale nachgewiesen sind:

Lfd. Nr.	**Produkteigenschaft gemäß ETAG 022 Teil … (Abschnitt)**	**Anforderungen für die Anwendung in Beanspruchungsklasse A für Abdichtungen mit ETA nach ETAG 022/EAD xyz**		
		ETAG 022 Teil 1/ EAD xyz	**ETAG 022 Teil 2/ EAD xyz**	**ETAG 022 Teil 3/ EAD xyz**
1	2	3	4	5
1	Brandverhalten Teil 1, 2, 3 (2.4.1)	E	E	E
2	Freisetzung gefährlicher Stoffe Teil 1, 2, 3 (2.4.2)	Einhaltung der gesetzlichen Anforderungen an Stoffe, die im eingebauten Zustand freigesetzt werden können	Einhaltung der gesetzlichen Anforderungen an Stoffe, die im eingebauten Zustand freigesetzt werden können	Einhaltung der gesetzlichen Anforderungen an Stoffe, die im eingebauten Zustand freigesetzt werden können
3	Wasserdampfdurchlässigkeit Teil 1, 2, 3 (2.4.3)	Angabe des Wertes	Angabe des Wertes	Angabe des Wertes
4	Wasserdichtheit Teil 1, 2, 3 (2.4.4.1)	wasserdicht	wasserdicht	wasserdicht
5	Rissüberbrückungsfähigkeit Teil 1, 2, 3 (2.4.4.2)	Nachweis nur bei rissgefährdeten Unterlagen: ≥ 0,4 mm	Nachweis für mit der Unterlage verklebte Bahnen und nur bei	Nachweis für dünne und spröde Platten, die mit der Unterlage verklebt sind und nur bei

[1] **Amtl. Anm.:** Der Mittelwert der aufgebrachten Schichtdicke darf die geforderte Mindestschichtdicke nicht unterschreiten, wobei kein Einzelwert die Mindestschichtdicke um mehr als 5 % unterschreiten darf. Wenn die in der Europäischen Technischen Zulassung angegebene Mindestschichtdicke höher ist als die in dieser Anlage geforderte Mindestschichtdicke, so gilt der höhere Wert.

Lfd. Nr.	Produkteigenschaft gemäß ETAG 022 Teil … (Abschnitt)	Anforderungen für die Anwendung in Beanspruchungsklasse A für Abdichtungen mit ETA nach ETAG 022/EAD xyz		
		ETAG 022 Teil 1/ EAD xyz	**ETAG 022 Teil 2/ EAD xyz**	**ETAG 022 Teil 3/ EAD xyz**
1	2	3	4	5
			rissgefährdeten Unterlagen: ≥ 0,4 mm	rissgefährdeten Unterlagen: ≥ 0,4 mm
6	Haftzugfestigkeit Teil 1, 2, 3 (2.4.4.3)	≥ 0,5 MPa	≥ 0,3 MPa	≥ 0,3 MPa
7	Kratzfestigkeit Teil 1, 2, 3 (2.4.4.4)	Nachweis nur bei Systemen ohne Nutzschicht: kratzfest	Nachweis nur bei Systemen ohne Nutzschicht: kratzfest	Nachweis nur bei Systemen ohne Nutzschicht: kratzfest
8	Fugenüberbrückungsfähigkeit Teil 1, 2, 3 (2.4.4.5)	Nachweis nur bei Unterlagen mit Fugen: Beurteilungskategorie 2: Prüfung bestanden	Nachweis nur bei Unterlagen mit Fugen: Beurteilungskategorie 0: Die Prüfung ist nicht erforderlich oder Beurteilungskategorie 2: Prüfung bestanden	Nachweis nur bei Unterlagen mit Fugen: Beurteilungskategorie 0: Die Prüfung ist nicht erforderlich oder Beurteilungskategorie 2: Prüfung bestanden
9	Undurchlässigkeit an Fugen Teil 3 (2.4.4.6)	Nachweis nicht vorgesehen	Nachweis nicht vorgesehen	wasserdicht
10	Wasserdichtheit an Durchdringungen Teil 1, 2 (2.4.4.6) Teil 3 (2.4.4.7)	Beurteilungskategorie 2: Prüfung bestanden	Beurteilungskategorie 2: Prüfung bestanden	Beurteilungskategorie 2: Prüfung bestanden
11	Temperaturbeständigkeit Teil 1 (2.4.6.1) Teil 2, 3 (2.4.6.2)	Beurteilungskategorie 2: Haftzugfestigkeit ≥ 0,5 MPa Zusätzlicher Nachweis bei rissgefährdeten Unterlagen: Rissüberbrückung ≥ 0,4 mm oder bei Unterlagen mit Fugen: Nachweis der Fugenüberbrückungsfähigkeit	Änderung der Zugfestigkeit und Dehnung: ≤ 20 %	Änderung der Biegesteifigkeit: ≤ 20 % Haftzugfestigkeit: ≥ 0,3 MPa
12	Wasserbeständigkeit Teil 1 (2.4.6.2) Teil 2, 3 (2.4.6.3)	Haftzugfestigkeit: ≥ 0,5 MPa	Haftzugfestigkeit: ≥ 0,3 MPa	nachgewiesen, wenn Anforderungen gemäß Zeile 10 und Zeile 6 erfüllt sind
13	Alkalibeständigkeit Teil 1 (2.4.6.3) Teil 2, 3 (2.4.6.4)	Haftzugfestigkeit: ≥ 0,5 MPa	Änderung der Zugfestigkeit und Dehnung: ≤ 20 % nach Lagerung bei 50 °C über 16 Wochen	Haftzugfestigkeit: ≥ 0,3 MPa
14	Reparierbarkeit Teil 1, 2, 3 (2.4.7.2)	Haftzugfestigkeit: ≥ 0,5 MPa	reparierbar	reparierbar
15	Dicke der Dichtungsschicht Teil 1, 2, 3 (2.4.7.3)	≥ 2,0 mm bei mineralischen Dichtschlämmen ≥ 1,0 mm bei Reaktionsharzsystemen	≥ 0,20 mm mit Nutzschicht ≥ 0,70 mm ohne Nutzschicht	≥ 5 mm

Lfd. Nr.	Produkteigenschaft gemäß ETAG 022 Teil … (Abschnitt)	Anforderungen für die Anwendung in Beanspruchungsklasse A für Abdichtungen mit ETA nach ETAG 022/EAD xyz		
		ETAG 022 Teil 1/ EAD xyz	ETAG 022 Teil 2/ EAD xyz	ETAG 022 Teil 3/ EAD xyz
1	2	3	4	5
		≥ 0,5 mm bei Dispersionen		
16	Verarbeitbarkeit Teil 1, 2, 3 (2.4.7.3)	verarbeitbar	verarbeitbar	Nachweis nicht vorgesehen

Polymerdispersionen dürfen nur auf Wandflächen eingesetzt werden.

Abdichtungen, die nach ETAG 022 Anhang H (Anstrichsysteme für Wände ohne Nutzschicht)/EAD xyz beurteilt worden sind, dürfen nicht in der Beanspruchungsklasse A angewendet werden.

Anlage B 2.2.5/6

Die Bausätze für flüssig aufzubringende Abdichtungen mit ETA nach ETAG 033/EAD xyz dürfen für Abdichtungen von Brücken und anderen Verkehrsflächen aus Beton verwendet werden. Sie müssen in Abhängigkeit der genannten Nutzungsbereiche, die in der Tabelle aufgeführten Nachweise zu den Eigenschaften erbringen und die dafür die in der Tabelle festgelegten Anforderungen erfüllen.

Für folgende Nutzungsbereiche dürfen Produkte mit einer ETA nach ETAG 033/EAD xyz als Abdichtung verwendet werden:

(I) Verkehrsflächen für den Fahrzeugverkehr mit sehr hoher Belastung wie z.B. Brücken, Hofkellerdecken und Zufahrtrampen für Fahrzeuge aller Art
Es dürfen Produkte der Nutzungskategorie (A: A.1 – A.4) verwendet werden.

(II) Verkehrsflächen für Fahrzeugverkehr mit geringer und hoher Belastung wie z.B. Brücken für Fußgänger und Fahrradfahrer sowie Hofkellerdecken, Parkdecks und deren Zufahrtsrampen mit Fahrzeugverkehr bis 160 kN
Es dürfen Produkte der Nutzungskategorie (A) oder (B) verwendet werden. Produkte der Nutzungskategorie (B) dürfen nur in Verbindung mit einer Deckschicht verwendet werden.

Eigenschaft gemäß ETAG 033 mit Nachweismethode nach Abschnitt 5/EAD xyz		Nachweis erbracht für Prüfkategorien (P,S,T) gemäß ETAG 033, Anhang D/EAD xyz	Anforderung
5.1.1.1	Haftzugfestigkeit zur Unterlage	P1, S0, T5	> 1,3 MPa (Ausgangswert)
	Hitzeeinwirkung und Wärmealterung	P1, MA/LMA/CBM, T5	> 1,3 MPa (für A.1, A.2, A.3)
	Frost-Tau-Wechsel	P1, FT, T5	> 1,3 MPa und <30 % Abfall vom Ausgangswert
	Verarbeitungsklima	$P2_{min}$, S0, T5	> 1,3 MPa und <30 % Abfall vom Ausgangswert
	Feuchter Beton	P3, S0, T5	> 1,3 MPa und <30 % Abfall vom Ausgangswert
	Arbeitsfuge	P4, S0, T5	> 1,3 MPa und <30 % Abfall vom Ausgangswert
	Abschnittsfuge	P4, S0, T5	> 1,3 MPa und <30 % Abfall vom Ausgangswert

Eigenschaft gemäß ETAG 033 mit Nachweismethode nach Abschnitt 5/EAD xyz		Nachweis erbracht für Prüfkategorien (P,S,T) gemäß ETAG 033, Anhang D/EAD xyz	Anforderung
5.1.1.2	Rissüberbrückungsfähigkeit	P1, MA/LMA_{max}/ CBM, HA, T2/T1	bestanden (für A)
		P1, UV, T2/T1	bestanden (für B)
5.1.1.4.1	Widerstand gegen Verdichtung von Walzasphalt	P1, CBM, T5	bestanden (für A.1)
5.1.1.5	Widerstand gegen Hitzeeinwirkung		
	Zugfestigkeit/Dehnverhalten	P1, S0, T5	≥ 3,0 MPa/≥ 350 % (Ausgangswert)
	Änderung der Zugfestigkeit	P1, MA/LMA_{max}/ CBM, T5	< 30 % Abweichung vom Ausgangswert (für A.1, A.2, A.3)
	Änderung des Dehnverhaltens		< 30 % Abweichung vom Ausgangswert (für A.1, A.2, A.3)
5.1.1.6	Widerstand gegen Perforation	P1, S0, T5	bestanden mit I_4 (für B)
5.1.1.7/ 5.1.4.2	Scherfestigkeit des zusammengefügten Systems	P1, LMA_{min}, T5	> 0,45 MPa (für A.1, A.2, A.3) (Ausgangswert)
		P1, LMA_{min}, FT, T5	> 0,45 MPa und < 20 % Abfall vom Ausgangswert (für A.1, A.2, A.3)
5.1.1.8	Wasserdichtheit	P1, S0, T5	wasserdicht (für A und B)
		P1, UV, T5	wasserdicht (für B)
5.1.4.1	Haftzugfestigkeit zur Schutzschicht	P1, MA/LMA_{min}/ CBM,T5	> 0,4 MPa (für A.1, A.2, A.3) (Ausgangswert)
		P1, MA/LMA_{min}/ CBM, FT, T5	> 0,4 MPa (für A.1, A.2, A.3) < 30 % Abfall vom Ausgangswert
5.1.4.3	Rutschhemmung	Deklarierter Wert	> 55 (für B)
5.1.7.1.2	Verträglichkeit der Materialien mit einwirkenden Stoffen:	P1, T5	
	Wasser	Änderung der Mikrohärte	> –15 IHRD
		Masseänderung	< 2,5 %*
	Alkali	Änderung der Mikrohärte	Wert > –7 IHRD + Wert nach Wasserbeanspruchung
		Masseänderung	< 0,5 %*
	Öl, Benzin, Diesel, Tausalz	——	bestanden
	Bitumen	Änderung der Mikrohärte	– 16 IHRD < Wert < 6 IHRD
5.1.7.1	Aspekte der Dauerhaftigkeit Zugfestigkeit/Dehnverhalten	P1, S0, T5	≥ 3,0 MPa/≥ 350 % (Ausgangswert)
	Beständigkeit gegen Wärmealterung	P1, HA, T5	
	Änderung der Zugfestigkeit		< 30 % Abweichung vom Ausgangswert (für A)
	Änderung des Dehnverhaltens		< 30 % Abweichung vom Ausgangswert (für A)
	Beständigkeit gegen UV-Strahlung	P1, UV, T5	

Eigenschaft gemäß ETAG 033 mit Nachweismethode nach Abschnitt 5/EAD xyz	Nachweis erbracht für Prüfkategorien (P,S,T) gemäß ETAG 033, Anhang D/EAD xyz	Anforderung
Änderung der Zugfestigkeit		< 30 % Abweichung vom Ausgangswert (für B)
Änderung des Dehnverhaltens		< 30 % Abweichung vom Ausgangswert (für B)
Widerstand gegen Verschleiß	Deklarierter Wert	bestanden (für B)
5.1.7.2 Aspekte der Gebrauchstauglichkeit: Widerstand gegen Ablaufen	Deklarierter Wert für Masseänderung	bestanden (≤ 10,0 %)
Mindestschichtdicke/maximale Schichtdicke	Deklarierte Werte	2,0 mm/6,0 mm
* Der kombinierte Einfluss aus Wasser, Temperatur und Alkali darf bei der Ermittlung der Masseänderung berücksichtigt werden.		

Anlage B 2.2.5/7

Das Abdichtungssystem mit einer ETA[1] kann als zweilagige Verbundabdichtung für genutzte und nicht genutzte Dachflächen auf Betonuntergrund verwendet werden, wenn Leistungen zu folgenden im EAD 030065-0402 genannten wesentlichen Merkmalen erklärt wurden:

	Wesentliches Merkmal	**Anforderung**
1.	Brandverhalten	Klasse E
2.	Wasserdichtheit	bestanden
3.	Widerstand gegen mechanische Beschädigung	beständig gegen mechanische Beschädigung (P4)
4.	Widerstand gegen Ermüdung	beständig gegen Ermüdung
5.	Widerstand gegen niedrige und hohe Oberflächentemperaturen	beständig bei niedrigen (-20 °C) und hohen (+60 °C)
6.	Nutzungsdauer	25 Jahre
7.	Widerstand gegen Wärmealterung	beständig bei Wärmealterung
8.	Widerstand gegen Wasseralterung	beständig bei Wasseralterung
9.	Widerstand gegen Durchwurzelung	durchwurzelungsfest (nur für Gründächer)
10.	Effekte aus Herstellungsbedingungen	keine Effekte

Anlage B 2.2.5/8

Die Abdichtungsbahnen mit einer ETA[1] können zur Abdichtung von nicht genutzten Dachflächen im Sinne der DIN 18531 als einlagige Dachabdichtung verwendet werden, wenn die wesentlichen Merkmale den Anforderungen an Elastomerbahnen gemäß DIN SPEC 20000-201:2015-08, Tabelle 17, entsprechen.

Die Abdichtungsbahnen können auch zur Herstellung von Bauwerksabdichtungen gegen Bodenfeuchte, nichtdrückendes oder von außen drückendes Wasser im Sinne der DIN 18195 Teile 4, 5 und 6 verwendet werden, wenn die wesentlichen Merkmale den Anforderungen an Elastomerbahnen gemäß DIN SPEC 20000-202:2016-03, Tabelle 26, entsprechen.

[1] **Amtl. Anm.:** nach EAD/ETAG/CUAP

Anlage B 2.2.5/9

Das Abdichtungssystem zur Herstellung von *Anschüssen*[1)] an aufgehenden Bauteilen oder Durchdringungen in Verbindung mit einer Flächenabdichtung aus Bitumenbahnen darf auf nicht genutzten oder extensiv begrünten Dächern verwendet werden, wenn Leistungen zu folgenden im EAD 030155-0402 genannten wesentlichen Merkmalen erklärt wurden:

	Wesentliches Merkmal	Anforderung
1.	Brandverhalten	mindestens Klasse E
2.	Wasserdichtheit	bestanden
3.	Freisetzen gefährlicher Stoffe	ohne chemische Zusatzstoffe für den Durchwurzelungsschutz
4.	Haftzugfestigkeit zum Untergrund	> 50 kPa
5.	Widerstand gegen dynamischen Eindruck	bestanden bei 2,0 m Fallhöhe
6.	Widerstand bei Bewegung in der Wärmedämmschicht	bestanden
7.	Widerstand bei unterschiedlicher Bewegung von horizontaler und vertikaler Fläche	bestanden
8.	Widerstand gegen Abrutschen	< 2 mm
9.	Verträglichkeit mit dem vertikalen Untergrund und der Bitumenbahn	> 25 N/50 mm
10.	Flexibilität bei Kälte	≤ -35 °C
11.	durchwurzelungsfest	bestanden (nur für Gründächer)
12.	Widerstand gegen Wärmealterung	< 15 % Leistungsverlust
13.	Widerstand gegen UV-Alterung	< 20 % Leistungsverlust
14.	Widerstand gegen Wasseralterung	< 20 % Leistungsverlust

Eine Mindestschichtdicke der erhärteten Dichtungsschicht von 1,5 mm ist einzuhalten. Bei geringeren Neigungen in der Abdichtungsebene der Dachfläche als 2 % ist eine Mindestschichtdicke bei Anschlüssen und Durchdringungen von 2,0 mm einzuhalten.

Anlage B 2.2.6/1

Für fäkalienfreies Abwasser sind nach DIN EN 13564-1:2002-10 Rückstauverschlüsse der Typen 2, 3 und 5 zu verwenden. Für fäkalienhaltiges Abwasser sind nach DIN EN 13564-1:2002-10 Rückstauverschlüsse Typ 3 mit der Kennzeichnung „F" zu verwenden.

Anlage B 2.2.6/2

Für die Verwendung der Rohre und Formstücke für die Grundstücksentwässerung können die in DIN EN 1916:2003-04, Tabelle 1, nicht erfassten Eigenschaften entsprechend DIN V 1201:2004-08 nachgewiesen werden.

Anlage B 2.2.6/3

Für die Verwendung der Einstieg- und Kontrollschächte für die Grundstücksentwässerung können die in DIN EN 1917:2003-04, Tabelle 1, nicht erfassten Eigenschaften entsprechend DIN V 4034-1:2004-08 nachgewiesen werden.

Anlage B 2.2.6/4

Rohre und Fittings sind mit Beschichtungsstoffen zum Korrosionsschutz mit einem Gehalt < 50 ppm Benzo(a)pyren verwendbar.

[1)] Richtig wohl: „Anschlüssen".

B 3. Technische Gebäudeausrüstungen und Teile von Anlagen zum Lagern, Abfüllen und Umschlagen von wassergefährdenden Stoffen, die die CE-Kennzeichnung nicht nach der Bauproduktenverordnung tragen

B 3.1. Allgemeines

Technische Gebäudeausrüstungen und Teile von Anlagen zum Lagern, Abfüllen und Umschlagen von wassergefährdenden Stoffen, die hinsichtlich ihres Verwendungszwecks bestimmte Grundanforderungen nach Art. 3 Abs. 1 der Bauproduktenverordnung an bauliche Anlagen und ihre Teile nicht erfüllen (und die weiteren harmonisierten Rechtsbereichen unterliegen).

Für diese Produkte ist zum Nachweis der fehlenden wesentlichen Merkmale unter den Voraussetzungen des Art. 17 BayBO[1)] ein Verwendbarkeitsnachweis erforderlich. Dies gilt nicht, sofern in Spalte 4, Buchst. d, eine andere Festlegung getroffen wurde. Hier ist eine Übereinstimmungserklärung zu den fehlenden wesentlichen Merkmalen nach Art. 21 BayBO des Herstellers aufgrund vorheriger Prüfung der Bauprodukte durch eine hierfür bauaufsichtlich anerkannte Prüfstelle ausreichend.

Lfd. Nr.	Bauprodukt	Maßgebende Harmonisierungsrechtsvorschriften	a: Konkreter Verwendungszweck b: Gemäß BayBO bestehende Grundanforderung, ggf. mit Konkretisierung c: Fehlendes Wesentliches Merkmal d: Verfahren zum Nachweis des fehlenden wesentlichen Merkmals
1	2	3	4
B 3.2 Bestimmungen nach Art. 81a Abs. 2 Nr. 3 BayBO			
B 3.2.1 Technische Gebäudeausrüstungen, die Anforderungen nach anderen Rechtsvorschriften unterliegen			
B 3.2.1.1	Amalgamabscheider	2014/35/EU 2014/30/EU 93/42/EWG 2006/42/EG	a: Verwendung in der Gebäudeentwässerung b: Hygiene, Gesundheit, Umweltschutz c: Dichtheit, Verhinderung des Rückflusses, Geruchsdichtheit und ausreichender Abscheidegrad
B 3.2.1.2	Kleinkläranlagen mit motorischen Antrieben	2014/35/EU 2014/30/EU 2006/42/EG	a: Verwendung in der Gebäudeentwässerung b: Hygiene, Gesundheit, Umweltschutz c: Dichtheit, Verhinderung des Rückflusses, Geruchsdichtheit und biologische Klärwirkung
B 3.2.1.3	Anlagen zur Begrenzung von Schwermetallen in Abwässern, die bei der Herstellung keramischer Erzeugnisse anfallen und die mit motorischen Antrieben ausgestattet sind	2014/35/EU 2014/30/EU 2006/42/EG	a: Verwendung in der Gebäudeentwässerung b.1: Hygiene, Gesundheit, Umweltschutz b.2: Nutzungssicherheit c.1: Dichtheit, Begrenzungswirkung c.2: Funktionssicherheit der Mess-, Steuer- und Regelungseinrichtungen

1) Nr. 1.

Lfd. Nr.	Bauprodukt	Maßgebende Harmonisierungsrechtsvorschriften	a: Konkreter Verwendungszweck b: Gemäß BayBO bestehende Grundanforderung, ggf. mit Konkretisierung c: Fehlendes Wesentliches Merkmal d: Verfahren zum Nachweis des fehlenden wesentlichen Merkmals
1	2	3	4
B 3.2.1.4	Anlagen zur Begrenzung von abfiltrierbaren Stoffen, Arsen, Antimon, Barium, Blei und anderen Schwermetallen, die für einen Anfall von bei der Herstellung und Verarbeitung von Glas und künstlichen Mineralfasern anfallenden Abwässern bis zu acht Kubikmetern pro Tag bemessen sind und die mit motorischen Antrieben ausgestattet sind	2014/35/EU 2014/30/EU 2006/42/EG	a: Verwendung in der Gebäudeentwässerung b.1: Hygiene, Gesundheit, Umweltschutz b.2: Nutzungssicherheit c.1: Dichtheit, Begrenzungswirkung c.2: Funktionssicherheit der Mess-, Steuer- und Regelungseinrichtungen
B 3.2.1.5	Anlagen zur Begrenzung von Kohlenwasserstoffen in mineralölhaltigen Abwässern, die mit motorischen Antrieben ausgestattet sind	2014/35/EU 2014/30/EU 2006/42/EG	a: Verwendung in der Gebäudeentwässerung b.1: Hygiene, Gesundheit, Umweltschutz b.2: Nutzungssicherheit c.1: Dichtheit, Begrenzungswirkung c.2: Funktionssicherheit der Mess-, Steuer- und Regelungseinrichtungen
B 3.2.1.6	Anlagen zur Begrenzung des Silbergehaltes in Abwässern aus fotografischen Verfahren, die mit motorischen Antrieben ausgestattet sind	2014/35/EU 2014/30/EU 2006/42/EG	a: Verwendung in der Gebäudeentwässerung b.1: Hygiene, Gesundheit, Umweltschutz b.2: Nutzungssicherheit c.1: Dichtheit, Begrenzungswirkung c.2: Funktionssicherheit der Mess-, Steuer- und Regelungseinrichtungen
B 3.2.1.7	Anlagen zur Begrenzung von Halogenkohlenwasserstoffen in Abwässern von chemischen Reinigungen, die mit motorischen Antrieben ausgestattet sind	2014/35/EU 2014/30/EU 2006/42/EG	a: Verwendung in der Gebäudeentwässerung b.1: Hygiene, Gesundheit, Umweltschutz b.2: Nutzungssicherheit c.1: Dichtheit, Begrenzungswirkung c.2: Funktionssicherheit der Mess-, Steuer- und Regelungseinrichtungen
B 3.2.1.8	Brandschutzklappen für Lüftungsleitungen, die nicht vom Anwendungsbereich der DIN EN 15650 erfasst werden	2014/35/EU 2014/30/EU 2006/42/EG	a: Verwendung in Lüftungsanlagen b: Brandschutz c: Dichtheit, Oberflächentemperatur, Auslöseeinrichtung und Rauchmelder
B 3.2.1.9	Rauchschutzklappen für Lüftungsleitungen	2014/35/EU 2014/30/EU 2006/42/EG	a: Verwendung in Lüftungsanlagen b: Brandschutz

Lfd. Nr.	Bauprodukt	Maßgebende Harmonisierungsrechtsvorschriften	a: Konkreter Verwendungszweck b: Gemäß BayBO bestehende Grundanforderung, ggf. mit Konkretisierung c: Fehlendes Wesentliches Merkmal d: Verfahren zum Nachweis des fehlenden wesentlichen Merkmals
1	2	3	4
			c: Dichtheit, Rauchmelder und Schließen bei Unterbrechung der Hilfsenergiezufuhr
B 3.2.1.10	Lüftungsgeräte mit einem Volumenstrom von ≤ 1000 m^3/h	2014/35/EU 2014/30/EU 2006/42/EG 2009/125/EG Verordnung (EU) Nr. 1253/2014 2010/30/EU Delegierte Verordnung (EU) Nr. 1254/2014	a: Be- und Entlüftung von Wohn- und Nichtwohngebäuden b.1: Brandschutz b.2: Hygiene, Gesundheit, Umweltschutz b.3: Energieeinsparung und Wärmeschutz c.1: Brandverhalten c.2: Kennlinienverlauf, Mindestvolumenstrom, Dichtheit, Luftqualität (Filter), Sicherheitseinrichtungen c.3: Energetische Kennwerte
B 3.2.1.11	Raumluftunabhängige Feuerstätten für feste Brennstoffe mit motorisch betriebenen Teilen	2014/35/EU 2014/30/EU 2006/42/EG	a: Beheizung von Räumen b.1: Hygiene, Gesundheit, Umweltschutz b.2: Sicherheit und Barrierefreiheit bei der Nutzungssicherheit b.3: Energieeinsparung und Wärmeschutz c.1: CO-Konzentration im Abgas, notwendiger Förderdruck c.2: Funktionssicherheit für diese Betriebsweise, selbstschließende Feuerraumtüren, Aufstellbedingungen c.3: Energetische Kennwerte; Mindestluftbedarf, Dichtheit, energetische Kennwerte (wenn die Feuerstätte nicht der Beheizung einzelner Räume oder Raumgruppen dient, Einzelfeuerstätte)
B 3.2.1.12	Raumluftunabhängige Feuerstätten für flüssige Brennstoffe mit motorisch betriebenen Teilen	2014/35/EU 2014/30/EU 92/42/EWG 2006/42/EG	a: Beheizung von Räumen b.1: Hygiene, Gesundheit, Umweltschutz b.2: Sicherheit und Barrierefreiheit bei der Nutzungssicherheit b.3: Energieeinsparung und Wärmeschutz c.1: CO-Konzentration im Abgas, notwendiger Förderdruck c.2: Funktionssicherheit für diese Betriebsweise, selbstschließende Feuerraumtüren, Aufstellbedingungen

Lfd. Nr.	Bauprodukt	Maßgebende Harmonisierungsrechtsvorschriften	a: Konkreter Verwendungszweck b: Gemäß BayBO bestehende Grundanforderung, ggf. mit Konkretisierung c: Fehlendes Wesentliches Merkmal d: Verfahren zum Nachweis des fehlenden wesentlichen Merkmals
1	2	3	4
			c.3: Mindestluftbedarf, Dichtheit, energetische Kennwerte
B 3.2.1.13	Schnellregelbare Feuerstätten für feste Brennstoffe mit motorisch betriebenen Teilen für einzelne Räume oder Raumgruppen (Einzelfeuerstätte)	2014/35/EU 2014/30/EU 2006/42/EG	a: Beheizung von Räumen b.1: Hygiene, Gesundheit, Umweltschutz b.2: Sicherheit und Barrierefreiheit bei der Nutzungssicherheit b.3: Energieeinsparung und Wärmeschutz c.1: CO-Konzentration im Abgas, notwendiger Förderdruck c.2: Funktionssicherheit für diese Betriebsweise, Abschaltzeit, Brennstoffdosierung, Aufstellbedingungen c.3: Mindestluftbedarf, Dichtheit
B 3.2.1.14	Öl- und gasbefeuerte Feuerstätten 4 kW bis max. 400 kW	Je nach Ausführung 2014/35/EU 2014/30/EU 2009/142/EG 92/42/EWG 2014/68/EU 2006/42/EG	a: Beheizung von Räumen b: Energieeinsparung und Wärmeschutz c: Energetische Kennwerte d: Übereinstimmungserklärung nach C 2.14.1.6
B 3.2.1.15	Öl- und gasbefeuerte Feuerstätten < 4 kW und > 400 kW	Je nach Ausführung 2014/35/EU 2014/30/EU 2009/142/EG 2014/68/EU 2006/42/EG	a: Beheizung von Räumen b: Energieeinsparung und Wärmeschutz c: Energetische Kennwerte d: Übereinstimmungserklärung nach C 2.14.1.7
B 3.2.1.16	Baugruppen für die Erzeugung von Warmwasser, die von Hand mit festen Brennstoffen beschickt werden	2014/68/EU	a: Beheizung von Räumen b.1: Brandschutz b.2: Hygiene, Gesundheit, Umweltschutz b.3: Sicherheit und Barrierefreiheit bei der Nutzungssicherheit b.4: Energieeinsparung und Wärmeschutz c.1: Brandsicherheit der Feuerstätte c.2: Soweit erforderlich: Eignung für den Kontakt mit Trinkwasser, hygienische Verbrennung c.3: Nutzungssicherheit der Feuerstätte c.4: Energetische Kennwerte

Lfd. Nr.	Bauprodukt	Maßgebende Harmonisierungsrechtsvorschriften	a: Konkreter Verwendungszweck b: Gemäß BayBO bestehende Grundanforderung, ggf. mit Konkretisierung c: Fehlendes Wesentliches Merkmal d: Verfahren zum Nachweis des fehlenden wesentlichen Merkmals
1	2	3	4
B 3.2.1.17	Heizkessel mit motorischem Antrieb für feste Brennstoffe	2014/35/EU 2014/30/EU 2006/42/EG	a: Beheizung von Räumen b.1: Hygiene, Gesundheit, Umweltschutz b.2: Energieeinsparung und Wärmeschutz c: Energetische Kennwerte d: Übereinstimmungserklärung nach C 2.14.1.5
B 3.2.1.18	Eigenständige Sicherheitseinrichtungen zur Gewährleistung eines gefahrlosen gemeinsamen Betriebes von Lüftungsanlagen und raumluftabhängigen Feuerstätten	2014/35/EU 2014/30/EU	a: Gewährleistung eines gefahrlosen gemeinsamen Betriebes von Lüftungsanlagen und raumluftabhängigen Feuerstätten b.1: Hygiene, Gesundheit, Umweltschutz b.2: Sicherheit und Barrierefreiheit bei der Nutzungssicherheit c.1: Verhinderung eines gefährlichen Unterdruckes im Aufstellraum der Feuerstätte während des Betriebes der Feuerstätte c.2: Funktionssicherheit
B 3.2.1.19	Wärmepumpen elektr.	2014/35/EU 2014/30/EU 2009/142/EG 2006/42/EG	a: Energiegewinnung zur Erwärmung von Heizmedien und Trinkwasser b: Energieeinsparung und Wärmeschutz c: Energetische Kennwerte d: Übereinstimmungserklärung nach C 2.13.1
B 3.2.1.20	Nicht elektrisch betriebene Wärmepumpen (Sorptions- oder motorisch betriebene WP)	Je nach Ausführung 2014/35/EU 2014/30/EU 2009/142/EG 2014/68/EU 2006/42/EG	a: Energiegewinnung zur Erwärmung von Heizmedien und Trinkwasser b.1: Hygiene, Gesundheit, Umweltschutz b.2: Energieeinsparung und Wärmeschutz c: Energetische Kennwerte
B 3.2.1.21	Thermische Solaranlagen, vorgefertigte Anlagen und Teilanlagen*3 ausgenommen Solarkollektoren nach B 3.2.1.22 und B 3.2.1.23	Je nach Ausführung 2014/35/EU 2014/30/EU 2014/68/EU	a: Energiegewinnung zur Erwärmung von Trinkwasser b.1: Hygiene, Gesundheit, Umweltschutz b.2: Energieeinsparung und Wärmeschutz c: Energetische Kennwerte

*3 **Amtl. Anm.**: Nur Bauprodukte, die auf Wunsch des Herstellers bessere energetische Kennwerte als nach DIN V 4701-10:2003-08 ausweisen sollen, unterliegen dieser Regelung.

Lfd. Nr.	Bauprodukt	Maßgebende Harmonisierungsrechtsvorschriften	a: Konkreter Verwendungszweck b: Gemäß BayBO bestehende Grundanforderung, ggf. mit Konkretisierung c: Fehlendes Wesentliches Merkmal d: Verfahren zum Nachweis des fehlenden wesentlichen Merkmals
1	2	3	4
			d: Übereinstimmungserklärung nach C 2.13.2
B 3.2.1.22	Solarkollektoren*3 mit mechanisch gehaltenen Glasdeckflächen mit einer maximalen Einzelglasfläche bis 3.0 m² für die Verwendung: – im Dachbereich mit einem Neigungswinkel ≤ 75*4 – bei gebäudeunabhängigen Solaranlagen im öffentlich unzugänglichen Bereich	2014/68/EU	a: Energiegewinnung zur Erwärmung von Heizwasser b.1: Brandschutz b.2: Energieeinsparung und Wärmeschutz c.1: Brandverhalten der Bauteile, wenn schwerentflammbar oder nichtbrennbar gefordert c.2: Energetische Kennwerte d: Übereinstimmungserklärung nach C 2.13.3
B 3.2.1.23	Solarkollektoren abweichend von B 3.2.1.22	2014/68/EU	a: Energiegewinnung zur Erwärmung von Heizwasser b.1: Mechanische Festigkeit und Standsicherheit b.2: Energieeinsparung und Wärmeschutz c.1: Je nach Einbausituation sind die Bestimmungen von A 1.2.7 zu erfüllen c.2: Energetische Kennwerte
B 3.2.1.24	Solarspeicher*3	2014/68/EU	a: Energiegewinnung zur Erwärmung von Trink- und Heizwasser b.1: Hygiene, Gesundheit, Umweltschutz b.2: Energieeinsparung und Wärmeschutz c: Energetische Kennwerte d: Übereinstimmungserklärung nach C 2.13.4
B 3.2.1.25	Photovoltaische Module mit mechanisch gehaltenen Glasdeckflächen mit einer maximalen Einzelmodulfläche bis 2,0 m² für die Verwendung: – im Dachbereich mit einem Neigungswinkel < 75 °*5 – bei gebäudeunabhängigen Solaranlagen im öffentlich unzugänglichen Bereich	2014/35/EU	a: Stromerzeugung für Gebäude b: Brandschutz c: Brandverhalten der Bauteile, wenn schwerentflammbar oder nichtbrennbar gefordert

*3 **Amtl. Anm.:** Nur Bauprodukte, die auf Wunsch des Herstellers bessere energetische Kennwerte als nach DIN V 4701-10:2003-08 ausweisen sollen, unterliegen dieser Regelung.

*4 **Amtl. Anm.:** Hinweis: Bei Verwendung über Verkehrsflächen, die durch herabfallende Glasteile gefährdet werden können (Überkopfverglasung), sind die Bestimmungen von Abschnitt A 1.2.7 zu beachten.

Lfd. Nr.	Bauprodukt	Maßgebende Harmonisierungsrechtsvorschriften	a: Konkreter Verwendungszweck b: Gemäß BayBO bestehende Grundanforderung, ggf. mit Konkretisierung c: Fehlendes Wesentliches Merkmal d: Verfahren zum Nachweis des fehlenden wesentlichen Merkmals
1	2	3	4
B 3.2.1.26	Photovoltaische Module ohne Glasdeckflächen für die Verwendung im Dachbereich	2014/35/EU	a: Stromerzeugung für Gebäude b: Brandschutz c: Brandverhalten der Bauteile, wenn schwerentflammbar oder nichtbrennbar gefordert
B 3.2.1.27	Photovoltaische Module abweichend von B 3.2.1.25 oder B 3.2.1.26	2014/35/EU	a: Stromerzeugung für Gebäude b.1: Mechanische Festigkeit und Standsicherheit b.2: Brandschutz c.1: Je nach Einbausituation sind die Bestimmungen von A 1.2.7 zu erfüllen c.2: Brandverhalten der Bauteile, wenn schwerentflammbar oder nichtbrennbar gefordert
B 3.2.1.28	Trinkwasserspeicher*6, direkt/indirekt (elektr./Gas) beheizte und Pufferspeicher*6	Je nach Ausführung 2014/35/EU 2014/30/EU 2009/142/EG 2014/68/EU 2006/42/EG	a: Erwärmung und Speicherung von Trinkwasser b.1: Hygiene, Gesundheit, Umweltschutz b.2: Energieeinsparung und Wärmeschutz c: Energetische Kennwerte d: Übereinstimmungserklärung nach C 2.13.5
B 3.2.1.29	Blockheizkraftwerke, BHKW's	Je nach Ausführung 2014/35/EU 2014/30/EU 2009/142/EG 2014/68/EU 2006/42/EG	a: Erwärmung von Heizwasser und Stromerzeugung zur Beheizung von Gebäuden b.1: Hygiene, Gesundheit, Umweltschutz b.2: Energieeinsparung und Wärmeschutz c: Energetische Kennwerte
B 3.2.1.30	Fern- und Nahwärmeübergabestationen	Je nach Ausführung 2014/35/EU 2014/30/EU 2014/68/EU 2006/42/EG	a: Energieübergabe zur Beheizung von Gebäuden b.1: Hygiene, Gesundheit, Umweltschutz b.2: Energieeinsparung und Wärmeschutz c: Energetische Kennwerte
B 3.2.1.31	Abgaswärmeübertrager*7	2014/68/EU	a: Wärmerückgewinnung zur Beheizung von Gebäuden b.1: Brandschutz

*6 **Amtl. Anm.:** Nur Bauprodukte, die auf Wunsch des Herstellers bessere energetische Kennwerte als nach DIN V 4701-10:2003-08 ausweisen sollen, unterliegen dieser Regelung.

*7 **Amtl. Anm.:** Heizseitig Warmwasser als Wärmeträgermedium

Lfd. Nr.	Bauprodukt	Maßgebende Harmonisierungsrechtsvorschriften	a: Konkreter Verwendungszweck b: Gemäß BayBO bestehende Grundanforderung, ggf. mit Konkretisierung c: Fehlendes Wesentliches Merkmal d: Verfahren zum Nachweis des fehlenden wesentlichen Merkmals
1	2	3	4
			b.2: Sicherheit und Barrierefreiheit bei der Nutzungssicherheit b.3: Energieeinsparung und Wärmeschutz c.1: Brandverhalten des Abgaswärmerübertragers c.2: Funktionssicherheit der Feuerungsanlage mit Abgaswärmeübertrager c.3: Energetische Kennwerte
B 3.2.1.32	Verteiler in elektrischen Leitungsanlagen mit Anforderungen an den Funktionserhalt im Brandfall	2014/35/EU 2014/30/EU 2006/42/EG	a: Verwendung in elektrischen Leitungsanlagen b: Brandschutz c: Funktionserhalt im Brandfall
B 3.2.2 Teile von Anlagen zum Lagern, Abfüllen und Umschlagen von wassergefährdenden Stoffen, die Anforderungen nach anderen Rechtsvorschriften unterliegen			
B 3.2.2.1	Überfüllsicherungen für Behälter	2014/35/EU 2014/30/EU 2014/34/EU	a: Lagern, Abfüllen und Umschlagen von wassergefährdenden Flüssigkeiten b: Hygiene, Gesundheit, Umweltschutz c: Funktionssicherheit, Erkennbarkeit der Alarmanzeige, Korrosionsbeständigkeit und Störungsanzeige
B 3.2.2.2	Leckanzeigegeräte für Behälter und Rohrleitungen*8	2014/35/EU 2014/30/EU 2014/34/EU	a: Lagern, Abfüllen und Umschlagen von wassergefährdenden Flüssigkeiten b.1: Festigkeit und Standsicherheit b.2: Hygiene, Gesundheit, Umweltschutz c.1: Standsicherheit des Überwachungsraums c.2: Eignung des Leckanzeigemediums, Korrosionsbeständigkeit, Durchgängigkeit und Dichtigkeit des Überwachungsraums und Funktionssicherheit des Leckanzeigers
B 3.2.2.3	Leckageerkennungssysteme*8	2014/35/EU 2014/30/EU	a: Lagern, Abfüllen und Umschlagen von wassergefährdenden Flüssigkeiten b: Hygiene, Gesundheit, Umweltschutz c: Funktionssicherheit, Erkennbarkeit der Alarmanzeige, Korrosionsbeständigkeit und Störungsanzeige

*8 **Amtl. Anm.:** Für Leckanzeiger bzw. Leckageerkennungssysteme gibt es für die Anwendung in Einrichtungen zur Lagerung von Brennstoffen mit einem Flammpunkt > 55 °C, die für die Versorgung von Heizsystemen in Gebäuden bestimmt sind, eine technische Spezifikation nach EU-BauPVO. Die Verwendung bereits in Verkehr gebrachter Bauprodukte bleibt unberührt.

Lfd. Nr.	Bauprodukt	Maßgebende Harmonisierungsrechtsvorschriften	a: Konkreter Verwendungszweck b: Gemäß BayBO bestehende Grundanforderung, ggf. mit Konkretisierung c: Fehlendes Wesentliches Merkmal d: Verfahren zum Nachweis des fehlenden wesentlichen Merkmals
1	2	3	4
B 3.2.2.4	Behälter mit im planmäßigen Betrieb auf den Atmosphärendruck bezogenen Überdrücken über 0,5 bar	2014/68/EU	a: Lagern, Abfüllen und Umschlagen von wassergefährdenden Flüssigkeiten b.1: Festigkeit und Standsicherheit b.2: Hygiene, Gesundheit, Umweltschutz b.3: Nutzungssicherheit (nur bei Behältern zum Lagern, Abfüllen und Umschlagen wassergefährdender Flüssigkeiten mit Flammpunkt ≤ 55 °C) c.1: Standsicherheit des Überwachungsraums (nur bei doppelwandigen Behältern) c.2: – Leckerkennung (nur bei Behältern mit Leckschutzauskleidung und bei doppelwandigen Behältern) – Permeation (nur bei unterirdischen Kunststoffbehältern) c.3: – Explosionsfestigkeit (nur bei Behältern ohne Ausrüstung mit Flammendurchschlagsicherung) – Elektrostatische Aufladung (nur bei Behältern ohne eine Einrichtung zur Ableitung elektrostatischer Aufladungen)
B 3.2.2.5	Rohre, Schläuche, zugehörige Formstücke, Dichtmittel, Armaturen für Rohrleitungen mit im planmäßigen Betrieb auf den Atmosphärendruck bezogenen Überdrücken über 0,5 bar	2014/68/EU	a: Lagern, Abfüllen und Umschlagen von wassergefährdenden Flüssigkeiten b.1: Festigkeit und Standsicherheit b.2: Hygiene, Gesundheit, Umweltschutz b.3: Nutzungssicherheit (nur bei Rohrleitungen für Anlagen zum Lagern, Abfüllen und Umschlagen wassergefährdender Flüssigkeiten mit Flammpunkt ≤ 55 °C) c.1: Standsicherheit des Überwachungsraums (nur bei doppelwandigen Rohrleitungen) c.2: – Leckerkennung (nur bei doppelwandigen Rohrleitungen) – Permeation (nur bei unterirdischen Rohrleitungen aus Kunststoff) c.3: Elektrostatische Aufladung (nur bei Rohrleitungen ohne eine Einrichtung zur Ableitung elektrostatischer Aufladungen)

Lfd. Nr.	Bauprodukt	Maßgebende Harmonisierungsrechtsvorschriften	a: Konkreter Verwendungszweck b: Gemäß BayBO bestehende Grundanforderung, ggf. mit Konkretisierung c: Fehlendes Wesentliches Merkmal d: Verfahren zum Nachweis des fehlenden wesentlichen Merkmals
1	2	3	4
B 3.2.2.6	Selbsttätig schließende Zapfventile	2014/34/EU 2006/42/EG	a: Lagern, Abfüllen und Umschlagen von wassergefährdenden Flüssigkeiten b: Hygiene, Gesundheit, Umweltschutz c: Funktionssicherheit
B 3.2.2.7	Kupplungen mit Nottrennfunktion (Abreißkupplungen) für flexible Rohrleitungen mit auf den Atmosphärendruck bezogenen Überdrücken über 0,5 bar	2014/68/EU	a: Lagern, Abfüllen und Umschlagen von wassergefährdenden Flüssigkeiten b.1: Hygiene, Gesundheit, Umweltschutz b.2: Nutzungssicherheit c.1: Leckagemenge c.2: Nottrennfunktion
B 3.2.3 Zubehörteile für den Brandschutz, die Anforderungen nach anderen Rechtsvorschriften unterliegen			
B 3.2.3.1	Elektrische Kabelanlagen mit Anforderungen an den Funktionserhalt im Brandfall	2014/35/EU	a: Verwendung in elektrischen Leitungsanlagen b: Brandschutz c: Funktionserhalt unter Brandeinwirkung d: Übereinstimmungserklärung nach C 4.9

B 4. Bauprodukte und Bauarten, die Anforderungen nach anderen Rechtsvorschriften unterliegen, für die nach Art. 80 Abs. 5 Satz 5 BayBO eine Rechtsverordnung erlassen wurde

Lfd. Nr.	Bezeichnung	Bestimmungen/Festlegungen gem. Art. 81a Abs. 2 BayBO[1]
1	2	3
B 4.1 Technische Anforderungen an ortsfest verwendete Anlagen und Anlagenteile in Lager-, Abfüll- und Umschlaganlagen (LAU-Anlagen) zum Umgang mit wassergefährdenden Stoffen		
B 4.1.1	– Auffangwannen und -vorrichtungen sowie vorgefertigte Teile für Auffangräume und -flächen, – Abdichtungsmittel für Auffangwannen, -vorrichtungen, -räume und für Flächen, – Behälter, – Innenbeschichtungen und Auskleidungen für Behälter und Rohre, – Rohre, zugehörige Formstücke, Dichtmittel, Armaturen und – Sicherheitseinrichtungen	Anlage B 4.1/1
B 4.2 Technische Anforderungen an Einbau, Betrieb und Wartung von Anlagen mit Bauprodukten zur Abwasserbehandlung		
B 4.2.1	Anlagen mit Bauprodukten zur Behandlung von Abwasser mit Anteilen von Leichtflüssigkeiten mineralischen Ursprungs (Abscheideranlagen für Leichtflüssigkeiten)	Anlagen B 4.2/1 und B 4.2/2
B 4.2.2	Anlagen mit Bauprodukten zur Rückhaltung von Leichtflüssigkeiten mineralischen Ursprungs (Abscheideranlagen für Leichtflüssigkeiten)	Anlagen B 4.2/1 und B 4.2/2
B 4.2.3	Anlagen mit Bauprodukten zur Behandlung von fetthaltigem Abwasser (Abscheideranlagen für Fette)	Anlagen B 4.2/1 und B 4.2/3

Anlage B 4.1/1

LAU-Anlagen sowie darin verwendete Bauprodukte und Bauarten müssen zusätzlich zur Standsicherheit und Gebrauchstauglichkeit aufgrund der wasserrechtlichen Anforderungen gegenüber wassergefährdenden Stoffen (Chemikalien und deren Gemische) über die jeweilige Dauer der Chemikalienbeanspruchung beständig, flüssigkeitsundurchlässig bzw. dicht sein. Das gilt in gleichem Maße auch für Dichtkonstruktionen in LAU-Anlagen, deren Flüssigkeitsundurchlässigkeit bzw. Dichtheit wiederhergestellt wurde. Im Besonderen gelten die Anforderungen auch für Schweiß- und Klebenähte von Abdichtungen und Bauteilen mit dichtender Funktion sowie für Verbindungen von Rohrleitungen.

LAU-Anlagen, die mit Fahrzeugen befahren werden können, dürfen unter Berücksichtigung der jeweiligen Nutzungsbedingungen (Häufigkeit der Befahrung, Radmaterialien) während der Zeitdauer der Beanspruchung mit wassergefährdenden Stoffen ihre Dicht- und Tragfunktion nicht verlieren.

[1] Nr. 1.

Für den Standsicherheitsnachweis sind u.a. folgende Einwirkungen zu berücksichtigen:
Temperatur, Prüf- und Betriebsdrücke bzw. Füllhöhen, Eigen- und Fülllasten, Verkehrslasten, Anprall, Wind, Schnee, Erdbeben (außergewöhnliche Last), Überflutung, chemische Beanspruchung durch Umwelteinflüsse sowie durch das Lager- oder Abfüllmedium (wassergefährdende Stoffe).
Es gelten mindestens die Schadensfolgeklasse CC2 und die Zuverlässigkeitsklasse RC2 gemäß Anhang B von EN 1990.

Rissbreitenbeschränkung bei Betonbauteilen in LAU-Anlagen:

- unbeschichtete Bauteile: $w_{cal} \leq 0{,}1$ mm
- ausgekleidete oder beschichtete Bauteile: Rissbreite w abgestimmt auf die Leistung des jeweiligen Abdichtungsmittels.

Für Schweißnähte von Stahlteilen mit Dichtfunktion gilt die Ausführungsklasse EXC 2 nach DIN EN 1090-2 unter zusätzlicher Erfüllung von Anforderungen an die Schweißausführung und die Rückverfolgbarkeit der Werkstoffe.

Anlage B 4.2/1

Der Nachweis der Tragfähigkeit und Gebrauchstauglichkeit der Anlagen ist auf der Grundlage von DIN 19901:2012-12 durch eine Typenstatik oder einen statischen Nachweis im Einzelfall zu erbringen. Dabei ist Folgendes zu beachten:

- Für Behälter aus Beton ohne Innenbeschichtung/Innenauskleidung ist das Eindringverhalten von Fetten bzw. Leichtflüssigkeiten im Abwasser in den Beton zu berücksichtigen.
- Für Behälter aus Kunststoff sind für die statische Berechnung die erforderlichen Kennwerte unter Berücksichtigung des Medien-, Zeit- und Temperatureinflusses zu ermitteln.

Anlage B 4.2/2

Die Anlagen sind so zu errichten und zu betreiben, dass Leichtflüssigkeit nicht in Boden und Gewässer austritt. Es gilt DIN 1999-100:2016-12, Abschnitt 1 ausgenommen Absatz 2 und 3, Abschnitt 2, Abschnitt 3, Abschnitt 5 ausgenommen Ziffer 5.4, Ziffer 5.8, Ziffer 5.7.2 und Ziffer 5.10, Abschnitt 9, Abschnitt 10, Abschnitt 11, Abschnitt 12, Anhang A und Anhang B.

Ergänzend zu DIN 1999-100:2016-12, Abschnitt 10, Ziffer 10.1, sind im Rahmen der Bemessung von Schlammfängen die Volumina zusätzlicher Einbauten in Abzug zu bringen.

Für die Verwendung der Anlagen mit Bauprodukten zur Behandlung von Abwasser mit Anteilen von Leichtflüssigkeiten mineralischen Ursprungs, dessen Schadstofffracht im Wesentlichen aus Betriebsstätten stammt, in denen bei Entkonservierung, Reinigung, Instandhaltung, Instandsetzung sowie Verwertung von Fahrzeugen und Fahrzeugteilen regelmäßig mineralölhaltiges Abwasser anfällt und bei denen das Abwasser nicht weitestgehend im Kreislauf geführt werden kann, sind Abscheideranlagen für Leichtflüssigkeiten Klasse I nach DIN EN 858-1:2005-02, Abschnitt 4, mit Koaleszenzeinrichtung einzusetzen.

Anlage B 4.2/3

Die Anlagen sind so zu errichten und zu betreiben, dass Fett nicht in Boden und Gewässer austritt.

Es gilt DIN 4040-100:2016-12, Abschnitt 1, Abschnitt 2, Abschnitt 3, Abschnitt 4 ausgenommen Ziffer 4.2, Abschnitt 5 ausgenommen Ziffer 5.4, Ziffer 5.6, Ziffer 5.7.2, Ziffer 5.8 und Ziffer 5.9, Abschnitt 8, Abschnitt 9, Abschnitt 10, Anhang A und Anhang B.

Bei der Wahl der Nenngröße gelten zusätzlich zu DIN EN 1825-2:2002-05, Abschnitt 6, folgende Anforderungen:

- Im Rahmen der Bemessung von Schlammfängen sind die Volumina zusätzlicher Einbauten in Abzug zu bringen.

In Verbindung mit DIN EN 1825-1:2004-12, Abschnitt 5.5.3, gilt:

- Die Mindestoberfläche des Fettabscheideraumes entspricht der Gesamtwasseroberfläche des Fettabscheiders abzüglich der Oberflächen des Zu- und Ablaufraumes und der Einbauten. Das Mindestvolumen des Fettabscheideraumes ist das erforderliche Füllvolumen des Fettabscheiders an Wasser und gespeichertem Fett, d.h. einschließlich Fettsammelraum, jedoch ohne Zu- und Ablaufraum. Für den rechnerischen Nachweis des Mindestvolumens des Fettsammelraumes ist von einer Dichte der abgeschiedenen Fettstoffe von 1,0 g/cm³ auszugehen.

C. Technische Baubestimmungen für Bauprodukte, die nicht die CE-Kennzeichnung tragen, und für Bauarten

Voraussetzungen zur Abgabe der Übereinstimmungserklärung für Bauprodukte sowie Angaben zu Bauarten und Bauprodukten, die nur eines allgemeinen bauaufsichtlichen Prüfzeugnisses bedürfen

C 1. Allgemeines

Bauprodukte dürfen nur verwendet werden, wenn bei ihrer Verwendung die baulichen Anlagen die bauaufsichtlichen Anforderungen erfüllen.

Zur Konkretisierung der bauaufsichtlichen Anforderungen durch Technische Baubestimmungen werden im Einvernehmen mit den obersten Bauaufsichtsbehörden der Länder technische Regeln in Bezug genommen, die zu beachten sind (vgl. Art. 81a BayBO[1]). Diese technischen Regeln für Bauprodukte, die nicht die CE-Kennzeichnung nach der EU-BauPVO tragen, sind in Kapitel C

[1] Nr. **1**.

2 Spalte 3 niedergelegt. Der Hersteller hat die Übereinstimmung mit diesen technischen Regeln zu bestätigen und zwar durch Abgabe einer Übereinstimmungserklärung, die mittels Kennzeichnung der Bauprodukte mit dem Übereinstimmungszeichen (Ü-Zeichen) erfolgt. Kapitel C 2 legt gemäß Art. 81a Abs. 2 Nr. 6 BayBO in Spalte 4 die Anforderungen fest, die an die Abgabe einer Übereinstimmungserklärung des Herstellers (Art. 21 BayBO) gestellt werden:

- Übereinstimmungserklärung des Herstellers (ÜH),
- Übereinstimmungserklärung des Herstellers nach vorheriger Prüfung des Bauprodukts durch eine anerkannte Prüfstelle (ÜHP) oder
- Übereinstimmungszertifikat durch eine anerkannte Zertifizierungsstelle (ÜZ).

In Kapitel C 2 werden die bisher in Bauregelliste A Teil 1 getroffenen Regelungen fortgeführt.

Gibt es für Bauprodukte, die nicht die CE-Kennzeichnung nach der Bauproduktenverordnung tragen, keine Technische Baubestimmung und keine allgemein anerkannte Regel der Technik oder weicht das Bauprodukt von einer Technischen Baubestimmung wesentlich ab, dann ist eine allgemeine bauaufsichtliche Zulassung (Art. 18 BayBO) oder eine Zustimmung im Einzelfall (Art. 20 BayBO) erforderlich.

Davon ausgenommen sind die in Kapitel C 3 aufgeführten Bauprodukte, für die die in Spalte 2 genannten anerkannten Prüfverfahren vorliegen und anstelle einer allgemeinen bauaufsichtlichen Zulassung nur eines allgemeinen bauaufsichtlichen Prüfzeugnisses (Art. 19 BayBO) bedürfen. In Spalte 4 werden gemäß Art. 81a Abs. 2 Nr. 6 BayBO die Anforderungen festgelegt, die an die Abgabe einer Übereinstimmungserklärung des Herstellers im Hinblick auf das allgemeine bauaufsichtliche Prüfzeugnis gestellt werden.

In Kapitel C 3 werden die bisher in Bauregelliste A Teil 2 getroffenen Regelungen fortgeführt.

Die jeweils erforderliche Art der Übereinstimmungsbestätigung ist für Bauprodukte in Kapitel C 2 und C 3 bestimmt.

Maßgebend ist die öffentlich-rechtlich geforderte Art des Nachweises, auch wenn unter Umständen in der technischen Regel etwas anderes vorgesehen sein kann. Eine in einer technischen Regel vorgesehene Fremdüberwachung ist daher öffentlich-rechtlich nicht zu beachten, wenn in der Spalte 4 kein Übereinstimmungszertifikat vorgeschrieben ist.

Sind in den technischen Regeln nach Kapitel C2 und C3 Prüfungen von Bauprodukten, insbesondere Eignungsprüfungen, Erstprüfungen oder Prüfungen zur Erlangung von Prüfzeugnissen oder Werksbescheinigungen vorgesehen, so sind diese Prüfungen im Rahmen der vorgeschriebenen Übereinstimmungsnachweise durchzuführen.

Die werkseigene Produktionskontrolle ist die vom Hersteller vorzunehmende kontinuierliche Überwachung der Produktion, die sicherstellen soll, dass die von ihm hergestellten Bauprodukte den maßgebenden technischen Regeln entsprechen. Sie erfolgt nach DIN 18200:2000-05, Abschnitt 3. Im Übrigen sind für die werkseigene Produktionskontrolle die in den technischen Regeln enthaltenen Bestimmungen maßgebend. Dabei gelten Bestimmungen für die

Eigenüberwachung als Bestimmungen für die werkseigene Produktionskontrolle.

Werden Bauprodukte nicht in Serie von Betrieben hergestellt, deren Betreiber in die Handwerksrolle eingetragen sind, gelten die Anforderungen an die werkseigene Produktionskontrolle im Sinne von DIN 18200:2000-05, Abschnitt 3, bei Einhaltung der handwerklichen Regeln als erfüllt.

Die Fremdüberwachung erfolgt nach DIN 18200:2000-05, Abschnitte 4.1 und 4.3. Im Übrigen sind die für die Fremdüberwachung in den technischen Regeln enthaltenen Bestimmungen maßgebend.

Bauarten, die von Technischen Baubestimmungen wesentlich abweichen oder für die es allgemein anerkannte Regeln der Technik im Hinblick auf Planung, Bemessung und Ausführung nicht gibt, dürfen nur angewendet werden, wenn eine allgemeine Bauartgenehmigung oder eine vorhabenbezogene Bauartgenehmigung vorliegt.

Davon ausgenommen sind die in Kapitel C 4 aufgeführten Bauarten, für die anerkannte Prüfverfahren (Spalte 2) vorliegen und anstelle einer allgemeinen Bauartgenehmigung nur eines allgemeinen bauaufsichtlichen Prüfzeugnisses bedürfen. Der Anwender hat die Übereinstimmung der Bauart mit dem allgemeinen bauaufsichtlichen Prüfzeugnis durch Übereinstimmungserklärung zu bestätigen.

In Kapitel C 4 werden die bisher in Bauregelliste A Teil 3 getroffenen Regelungen fortgeführt.

Nach dem Grundsatz der gegenseitigen Anerkennung gilt ein Bauprodukt, das nicht Gegenstand gemeinschaftsweiter Harmonisierung ist und in einem anderen Mitgliedstaat der Europäischen Union, des Europäischen Wirtschaftsraums, in der Türkei oder in der Schweiz nach deren nationalen technischen Vorschriften rechtmäßig in den Verkehr gebracht worden ist, als den in und aufgrund der BayBO gestellten Anforderungen entsprechend, sofern die nach den anderen nationalen technischen Vorschriften gestellten und erfüllten Anforderungen den in Deutschland in und aufgrund der BayBO gestellten Anforderungen für die vorgesehene Verwendung entsprechen. Dies schließt Anforderungen an das Verfahren und die Stellen der Konformitätsbewertung ein.

C 2. Voraussetzungen zur Abgabe der Übereinstimmungserklärung für Bauprodukte nach Art. 21 BayBO

Aufgrund Art. 81a Abs. 2 Nr. 6 BayBO[1] wird Folgendes bestimmt:

Lfd. Nr.	Bauprodukt	Technische Regeln/Ausgabe	Übereinstimmungsbestätigung
1	2	3	4
C 2.1 Bauprodukte für den Beton-, Stahlbeton- und Spannbetonbau			
C 2.1.1 Bindemittel			
C 2.1.1.1	Zement mit frühem Erstarren (FE-Zement) und schnell erstarrender Portland- und Portlandkompositzement (SE-Zement)	DIN 1164-11:2003-11 Zusätzlich gilt: Anlage C 2.1.1	ÜZ

[1] Nr. 1.

Lfd. Nr.	Bauprodukt	Technische Regeln/Ausgabe	Übereinstimmungsbestätigung
1	2	3	4
C 2.1.1.2	Zement mit einem erhöhten Anteil an organischen Bestandteilen	DIN 1164-12:2005-06	ÜZ
C 2.1.2 Betonzusätze			
C 2.1.2.1	Trass	DIN 51043:1979-08	ÜZ
C 2.1.3 Betonstähle			
C 2.1.3.1	Betonstabstahl	DIN 488-2:2009-08 DIN 488-6:2010-01 Zusätzlich gilt: DIN 488-1:2009-08	ÜZ
C 2.1.3.2	Betonstahlmatten	DIN 488-4:2009-08 DIN 488-6:2010-01 Zusätzlich gilt: DIN 488-1:2009-08	ÜZ
C 2.1.3.3	Betonstahl in Ringen/Bewehrungsdraht	DIN 488-3:2009-08 DIN 488-6:2010-01 Zusätzlich gilt: DIN 488-1:2009-08	ÜZ
C 2.1.3.4	Gitterträger	DIN 488-5:2009-08 DIN 488-6:2010-01 Zusätzlich gilt: DIN 488-1:2009-08	ÜZ
C 2.1.4 Beton			
C 2.1.4.1	Spritzbeton	DIN EN 14487-1:2006-03 Zusätzlich gilt: DIN 18551:2014-08	ÜZ*9
C 2.1.4.2	Standardbeton	DIN EN 206-1:2001-07 DIN EN 206-1/A1:2004-10 DIN EN 206-1/A2:2005-09 und DIN 1045-2:2008-08 Zusätzlich gilt: DIN 1045-3:2012-03 und DIN EN 1008:2002-10	ÜH
C 2.1.4.3	Beton nach Eigenschaften, Beton nach Zusammensetzung	DIN EN 206-1:2001-07, DIN EN 206-1/A1:2004-10, DIN EN 206-1/A2:2005-09, DIN EN 206-9:2010-09 und DIN 1045-2:2008-08 Zusätzlich gilt: DIN 1045-3:2012-03, DIN EN 1008:2002-10 und Anlagen C 2.1.2 und C 2.1.3	ÜZ

*9 **Amtl. Anm.:** Die Übereinstimmung ÜZ wird durch die Prüfung bzw. Überwachung durch anerkannte Stellen nach Maßgabe der Verordnung über bauordnungsrechtliche Regelung für Bauprodukte und Bauarten (Bauprodukte- und Bauartenverordnung – BauPAV) und der jeweils betreffenden Norm ersetzt.

Lfd. Nr.	Bauprodukt	Technische Regeln/Ausgabe	Übereinstimmungsbestätigung
1	2	3	4
		Je nach Bauprodukt gilt: DAfStb-Richtlinie für Beton mit verlängerter Verarbeitbarkeitszeit (Verzögerter Beton) (2006-11), DAfStb-Richtlinie für vorbeugende Maßnahmen gegen schädigende Alkalireaktion im Beton (Alkali-Richtlinie) – AlkR – (2013-10), DAfStb-Richtlinie Beton nach DIN EN 206-1 und DIN 1045-2 mit rezyklierten Gesteinskörnungen nach DIN EN 12620; Teil 1 – RBrezG/1 – (2010-09), DAfStb-Richtlinie für die Herstellung und Verwendung von Trockenbeton und Trockenmörtel (Trockenbeton-Richtlinie) – TrBMR – (2005-06), DAfStb-Richtlinie Selbstverdichtender Beton – SVBR – (2012-09), DAfStb-Richtlinie Massige Bauteile aus Beton (2010-04) und DAfStb-Richtlinie Stahlfaserbeton (2012-11)	
C 2.1.4.4	Einpressmörtel für Spannglieder	DIN EN 447:1996-07 Zusätzlich gilt: DIN EN 445:1996-07, DIN EN 446:1996-07 und Anlagen C 2.1.4 und C 2.1.5	ÜZ
C 2.1.4.5	Vergussmörtel, Vergussbeton	DAfStb-Richtlinie für die Herstellung und Verwendung von zementgebundenem Vergussbeton und Vergussmörtel – VeBMR – (2011-11)	ÜZ
C 2.1.5 Vorgefertigte Bauteile aus Beton und Stahlbeton, Betongläser und Ziegel			
C 2.1.5.1	Betonfenster	DIN 18057:2005-08 Zusätzlich gilt: Anlage C 2.1.6	ÜZ
C 2.1.5.2	Statisch mitwirkende Ziegel für Decken mit nicht vorgefertigten Trägern	DIN 4159:2014-05	ÜZ
C 2.1.5.3	Statisch nicht mitwirkende Ziegel für Decken mit nicht vorgefertigten Trägern	DIN 4160:2000-04 mit Ausnahme der Bestimmungen für die Fremdüberwachung	ÜHP
C 2.1.5.4	Tragende Fertigteile aus Beton, Stahlbeton oder Spannbeton, welche nicht den harmonisierten Produktnormen entsprechen	DIN 1045-4:2012-02 Zusätzlich gilt: Anlage C 2.1.7	ÜZ, gilt auch für Nichtserienfertigung
C 2.1.5.5	Vorgefertigte Ziegeldecken	DIN 1045-100:2011-12	ÜZ, gilt auch für Nichtse-

Lfd. Nr.	Bauprodukt	Technische Regeln/Ausgabe	Übereinstimmungsbestätigung
1	2	3	4
			rienfertigung
C 2.1.5.6	Tragende Fertigteile aus Stahlfaserbeton	DAfStb-Richtlinie Stahlfaserbeton (2012-11), DIN 1045-4:2012-02 Zusätzlich gilt: Anlage C 2.1.7	ÜZ, gilt auch für Nichtserienfertigung
C 2.2 Bauprodukte für den Mauerwerksbau			
C 2.2.1	Statisch mitwirkende Ziegel für Vergusstafeln	DIN 4159:2014-05 Zusätzlich gilt: Anlage C 2.2.1	ÜZ
C 2.2.2	Mauertafeln und Vergusstafeln	DIN 1053-4:2013-04	ÜZ, gilt auch für Nichtserienfertigung
C 2.3 Bauprodukte für den Holzbau			
C 2.3.1 Vorgefertigte Bauteile			
C 2.3.1.1	Geklebte tragende Holzbauteile nach DIN 1052-10:2012-05, Abschnitte 6.2 bis 6.5 und 6.7 außer Bauprodukte nach lfd. Nr. C 2.3.1.5	DIN 1052-10:2012-05 Zusätzlich gilt: Anlage C 2.3.1 Je nach Bauprodukt gilt: DIN 4102-4:1994-03, DIN 4102-4/A1:2004-11 und DIN 4102-22:2004-11 in Verbindung mit lfd. Nr. A 2.2.1.2	ÜH
C 2.3.1.2	Tragwerke aus Balkenschichtholz, Brettschichtholz oder Furnierschichtholz aus Nadelholz mit Nagelplattenverbindungen	DIN 1052:2008-12 und DIN 1052/Berichtigung 1:2010-05 Je nach Bauprodukt gilt: DIN 4102-4:1994-03, DIN 4102-4/A1:2004-11 und DIN 4102-22:2004-11 in Verbindung mit lfd. Nr. A 2.2.1.2	ÜZ, gilt auch für Nichtserienfertigung
C 2.3.1.3	Geklebte Verbundbauteile aus Brettschichtholz, sofern nicht durch DIN EN 14080 erfasst, und Brettsperrholz	DIN 1052-10:2012-05 Je nach Bauprodukt gilt: DIN 4102-4:1994-03, DIN 4102-4/A1:2004-11 und DIN 4102-22:2004-11 in Verbindung mit lfd. Nr. A 2.2.1.2	ÜZ
C 2.3.1.4	Beidseitig bekleidete oder beplankte nicht geklebte Wand-, Decken- und Dachelemente, z.B. Tafelelemente für Holzhäuser in Tafelbauart	DIN 1052:2008-12 und DIN 1052/Berichtigung 1:2010-05 Zusätzlich gilt sinngemäß: Richtlinie für die Überwachung von Wand-, Decken- und Dachtafeln für Holzhäuser in Tafelbauart nach DIN 1052 Teil 1 bis Teil 3 (1992-06) Je nach Bauprodukt gilt:	ÜZ, gilt auch für Nichtserienfertigung

Lfd. Nr.	Bauprodukt	Technische Regeln/Ausgabe	Übereinstimmungsbestätigung
1	2	3	4
		DIN 4102-4:1994-03, DIN 4102-4/A1:2004-11 und DIN 4102-22:2004-11 in Verbindung mit lfd. Nr. A 2.2.1.2	
C 2.3.1.5	Beidseitig bekleidete oder beplankte geklebte Wand-, Decken- und Dachelemente, z.B. Tafelelemente für Holzhäuser in Tafelbauart	DIN 1052-10:2012-05 Zusätzlich gilt sinngemäß: Richtlinie für die Überwachung von Wand-, Decken- und Dachtafeln für Holzhäuser in Tafelbauart nach DIN 1052 Teil 1 bis Teil 3 (1992-06) Je nach Bauprodukt gilt: DIN 4102-4:1994-03, DIN 4102-4/A1:2004-11 und DIN 4102-22:2004-11 in Verbindung mit lfd. Nr. A 2.2.1.2	ÜZ, gilt auch für Nichtserienfertigung
C 2.3.2 Verbindungsmittel			
C 2.3.2.1	Betonrippenstähle, Gewindestangen und Stahlstäbe mit Holzschraubengewinde für den Holzbau	DIN 1052-10:2012-05 Zusätzlich gilt: Anlage C 2.3.2	ÜH
C 2.3.2.2	Klammern, sofern nicht durch DIN EN 14592 erfasst	DIN 1052-10:2012-05	ÜHP
C 2.3.3 Klebstoffe für tragende Holzbauteile			
C 2.3.3.1	Phenoplaste und Aminoplaste des Klebstofftyps I für geklebte tragende Verbindungen in und von Holzbauteilen	DIN EN 301:2013-12, DIN 68141:2008-01 Zusätzlich gilt: Anlage C 2.3.3	ÜHP
C 2.4 Bauprodukte für den Metallbau			
C 2.4.1 Bauprodukte aus unlegierten Baustählen			
C 2.4.1.1	Blankstahl	DIN EN 10278:1999-12 Zusätzlich gilt: DIN EN 10277-2:2008-06 und Anlagen C 2.4.1 und C 2.4.2	ÜHP
C 2.4.1.2	Blanker gleichschenkliger scharfkantiger Winkelstahl	DIN 59370:2008-06 Zusätzlich gilt: DIN EN 10277-2:2008-06 und Anlagen C 2.4.1, C 2.4.2 und C 2.4.3	ÜHP
C 2.4.1.3	Warmgewalzte nahtlose Stahlrohre aus unlegierten Stählen für die Verwendung bei Tankbauwerken	DIN 1629:1984-10 Zusätzlich gilt: Anlagen C 2.4.2, C 2.4.3 und C 2.4.4	ÜHP
C 2.4.1.4	Kaltgewalztes Band und Blech	DIN 1623:2009-05 Zusätzlich gilt: Anlage C 2.4.2	ÜHP
C 2.4.1.5	Drahtseile aus Stahldrähten	DIN 3051-4:1972-03 Zusätzlich gilt:	ÜHP

Lfd. Nr.	Bauprodukt	Technische Regeln/Ausgabe	Übereinstimmungsbestätigung
1	2	3	4
		Anlage C 2.4.2	
C 2.4.1.6	Warmgewalzte Spundbohlen aus unlegierten Stählen	DIN EN 10248-1:1995-08 Zusätzlich gilt: Anlagen C 2.4.2 und C 2.4.3	ÜHP
C 2.4.1.7	Kaltgeformte Spundbohlen aus unlegierten Stählen	DIN EN 10249-1:1995-08 Zusätzlich gilt: Anlagen C 2.4.2 und C 2.4.3	ÜHP
C 2.4.2 Bauprodukte aus geschmiedetem Stahl			
C 2.4.2.1	Schmiedestücke aus Stahl	DIN EN 10222-4:2001-12 DIN EN 10250-2:1999-12 Zusätzlich gilt: Anlagen C 2.4.2 und C 2.4.5	ÜHP
C 2.4.3 Bauprodukte aus Gusswerkstoffen			
C 2.4.3.1	Erzeugnisse aus Stahlguss	DIN EN 10293:2015-04 DIN 18800-1:2008-11 Zusätzlich gilt: Anlage C 2.4.2	ÜHP
C 2.4.4 Bauprodukte aus nichtrostendem Stahl			
C 2.4.4.1	Schmiedestücke aus nichtrostenden Stählen für die Verwendung bei Tankbauwerken und Stahlschornsteinen	DIN EN 10250-4:2000-02 DIN EN 10250-4 Berichtigung 1:2008-12 Zusätzlich gilt: Anlagen C 2.4.2 und C 2.4.6	ÜZ
C 2.4.4.2	Flachzeuge, Stäbe und Drähte zur Verwendung bei Stahlschornsteinen	SEW 400, 7. Ausgabe (1997-02) Zusätzlich gilt: Anlagen C 2.4.2 und C 2.4.7	ÜZ
C 2.4.4.3	Geschweißte kreisförmige Rohre aus nichtrostenden Stählen für die Verwendung bei Stahlschornsteinen	DIN EN 10296-2:2006-02 Zusätzlich gilt: DIN 18800-7:2008-11 und Anlagen C 2.4.2, C 2.4.3, C 2.4.6 und C 2.4.8	ÜZ
C 2.4.4.4	Nahtlose kreisförmige Rohre aus nicht-rostenden Stählen für die Verwendung bei Stahlschornsteinen	DIN EN 10297-2:2006-02 Zusätzlich gilt: Anlagen C 2.4.2, C 2.4.3 und C 2.4.6	ÜZ
C 2.4.4.5	Warm- oder kaltgewalztes Blech und Band, warm- oder kaltumgeformte Stäbe, Walzdraht und Profile aus nicht rostenden, hitzebeständigen Stählen für die Verwendung bei Stahlschornsteinen	DIN EN 10095:1999-05 Zusätzlich gilt: Anlagen C 2.4.2 und C 2.4.9	ÜZ
C 2.4.5 Verbindungsmittel (Niete, Schrauben, Bolzen, Muttern und Scheiben), Schweißzusätze, Schweißhilfstoffe			
C 2.4.5.1	Scheiben (vierkant und keilförmig) für U-Träger	DIN 434:2000-04	ÜH
C 2.4.5.2	Scheiben (vierkant und keilförmig) für I-Träger	DIN 435:2000-01	ÜH

Lfd. Nr.	Bauprodukt	Technische Regeln/Ausgabe	Überein-stim-mungs-bestäti-gung
1	2	3	4
C 2.4.5.3	Scheiben für Stahlkonstruktionen	DIN 7989-1, -2:2001-04	ÜH
C 2.4.5.4	Keilförmige Vierkantscheiben für HV-Schrauben an I-Profilen	DIN 6917:1989-10	ÜH
C 2.4.5.5	Keilförmige Vierkantscheiben für HV-Schrauben an U-Profilen	DIN 6918:1990-04	ÜH
C 2.4.5.6	Halbrundniete aus Stahl mit Durchmessern ≥ 10 mm	DIN 124:2011-03 Zusätzlich gilt: Anlage C 2.4.10	ÜZ
C 2.4.5.7	Senkniete aus Stahl	DIN 302:2011-03 Zusätzlich gilt: Anlage C 2.4.10	ÜZ
C 2.4.5.8	Halbrundniete aus Aluminium	DIN 660:2012-01 Zusätzlich gilt: Anlage C 2.4.10	ÜZ
C 2.4.5.9	Halbrundniete aus Stahl mit Durchmessern von < 10 mm	DIN 660:2012-01 Zusätzlich gilt: Anlage C 2.4.10	ÜZ
C 2.4.5.10	Hammerschrauben mit Vierkant	DIN 186:2010-09 Zusätzlich gilt: Anlage C 2.4.11	ÜZ
C 2.4.5.11	Hammerschrauben mit Nase	DIN 188:2011-02 Zusätzlich gilt: Anlage C 2.4.11	ÜZ
C 2.4.5.12	Hammerschrauben	DIN 261:1987-01 Zusätzlich gilt: Anlage C 2.4.11	ÜZ
C 2.4.5.13	Hammerschrauben mit großem Kopf	DIN 7992:2010-09 Zusätzlich gilt: Anlage C 2.4.11	ÜZ
C 2.4.5.14	Ankerplatten für Hammerschrauben	DIN 24539-2:1985-05	ÜHP
C 2.4.5.15	Bügelschrauben	DIN 3570:1968-10 Zusätzlich gilt: Anlage C 2.4.11	ÜZ
C 2.4.5.16	Augenschrauben	DIN 444:1983-04 in Verbindung mit DIN EN 22340:1992-10 Zusätzlich gilt: Anlage C 2.4.11	ÜZ
C 2.4.5.17	Spannschlösser aus Stahlrohr oder Rundstahl	DIN 1478:2005-09	ÜZ
C 2.4.5.18	Spannschlossmuttern geschmiedet (offene Form)	DIN 1480:2005-09	ÜZ
C 2.4.5.19	Anschweißenden für Spannschlösser	DIN 34828:2005-09	ÜZ
C 2.4.5.20	Sechskantspannschlossmuttern	DIN 1479:2005-09	ÜZ
C 2.4.5.21	Feuerverzinkte Garnituren aus hochfesten Sechskantschrauben mit gro-	DASt-Richtlinie 021 (2013-09) Zusätzlich gilt:	ÜZ

Lfd. Nr.	Bauprodukt	Technische Regeln/Ausgabe	Übereinstimmungsbestätigung
1	2	3	4
	ßen Schlüsselweiten der Größen M 39 bis M 72	Anlage C 2.4.11, DIN EN 1090-2:2011-10 und DIN EN ISO 10684:2011-09	
C 2.4.5.22	Senkschrauben mit Innensechskant der Festigkeitsklassen 8.8 und 10.9	DIN EN ISO 10642:2004-06 Zusätzlich gilt: Anlage C 2.4.11	ÜZ
C 2.4.5.23	Gewindestangen	DIN 976-1:2002-12 Zusätzlich gilt: Anlage C 2.4.11	ÜZ
C 2.4.6 Korrosionsschutzstoffe und korrosionsgeschützte Bauprodukte (ohne mechanische Verbindungsmittel)			
C 2.4.6.1	Bauteile aus Stahl und Stahlguss mit thermisch gespritzten Schichten aus Zink und Aluminium und ihren Legierungen	DIN EN ISO 2063:2005-05 Zusätzlich gilt: Anlage C 2.4.12	ÜHP
C 2.4.6.2	Feuerverzinkte tragende Bauteile aus Stahl und Stahlguss (Stückverzinken)	DASt-Richtlinie 022 (2009-08) Zusätzlich gilt: Anlage C 2.4.13	ÜZ
C 2.5 Dämmstoffe für den Wärme- und Schallschutz			
C 2.5.1	Harnstoff-Formaldehydharz-Ortschaum für die Wärmedämmung	DIN 18159-2:1978-06 Zusätzlich gilt: ETB-Richtlinie zur Begrenzung der Formaldehydemission in die Raumluft bei Verwendung von Harnstoff-Formaldehydharz-Ortschaum (1985-04) und DIN 4102-1:1998-05 DIN EN ISO 11925-2:2011-02 in Verbindung mit Anlage C 3.7 unter Beachtung von A 2.2.1.2, Tabelle 1.2.1	ÜZ
C 2.6 Türen und Tore			
C 2.6.1	Mineralfaserplatten als Einlagen für Feuerschutztüren	DIN 18089-1:1984-01	ÜZ
C 2.6.2	Fahrschacht-Dreh- und -Falttüren für Aufzüge in Fahrschächten mit Wänden der Feuerwiderstandsklasse F 90	DIN 18090:1997-01 Zusätzlich gilt: Anlage C 2.6.1	ÜZ, gilt auch für Nichtserienfertigung
C 2.6.3	Horizontal- und Vertikal-Schiebetüren für Aufzüge in Fahrschächten mit feuerbeständigen Wänden	DIN 18091:1993-07 Zusätzlich gilt: Anlage C 2.6.1	ÜZ, gilt auch für Nichtserienfertigung
C 2.6.4	Vertikal-Schiebetüren für Kleingüteraufzüge in Fahrschächten mit Wänden der Feuerwiderstandsklasse F 90	DIN 18092:1992-04 Zusätzlich gilt: Anlage C 2.6.1	ÜZ, gilt auch für Nichtse-

Lfd. Nr.	Bauprodukt	Technische Regeln/Ausgabe	Übereinstimmungsbestätigung
1	2	3	4
			rienfertigung
C 2.6.5	Einsteckschlösser für Feuerschutz- und Rauchschutztüren	DIN 18250:2003-10	ÜZ
C 2.6.6	Türschließmittel mit kontrolliertem Schließablauf – Obentürschließer mit Kurbeltrieb und Spiralfeder	DIN 18263-1:2015-04 Zusätzlich gilt: Anlage C 2.6.2	ÜZ
C 2.6.7	Türschließmittel mit kontrolliertem Schließablauf – Drehflügelantriebe mit Selbstschließfunktion	DIN 18263-4:2015-04	ÜZ
C 2.6.8	Federband und Konstruktionsband für Feuerschutztüren	DIN 18272:1987-08	ÜZ
C 2.6.9	Türdrückergarnituren für Feuerschutztüren und Rauchschutztüren	DIN 18273:1997-12	ÜZ
C 2.6.10	Automatische Schiebetüren in Rettungswegen	Richtlinie über automatische Schiebetüren in Rettungswegen – AutSchR – (1997-12)	ÜHP
C 2.6.11	Elektrische Verriegelungssysteme für Türen in Rettungswegen	Richtlinie über elektrische Verriegelungssysteme von Türen in Rettungswegen – EltVTR – (1997-12)	ÜHP
C 2.6.12	Innentüren an die Anforderungen hinsichtlich des Schallschutzes gestellt werden, ausgenommen Feuer- und Rauchschutzabschlüsse	Anlage C 2.6.3	ÜHP
C 2.6.13	Automatische Türsysteme	DIN 18650-1, -2:2005-12 Zusätzlich gilt: lfd. Nr. C 2.6.10	ÜHP
C 2.7 Lager			
C 2.7.1	Gleitpaarung Stahl/Stahl bei Führungslagern und Festhaltekonstruktionen	DIN 4141-13:2010-07 Zusätzlich gilt: Anlage C 2.7.1	ÜZ
C 2.8 Sonderkonstruktionen			
C 2.8.1	Rollladenkästen mit Anforderungen an den Wärme- und Schallschutz	Richtlinie über Rollladenkästen (RokR): 2016-07 (siehe Anhang 13)	ÜHP
C 2.8.2	PVC-beschichtete Polyestergewebe	DIN 18204-1:2007-05	ÜZ
C 2.8.3	Textile Flächengebilde (Planen) für Hallen und Zelte	DIN 18204-1:2007-05	ÜHP
C 2.8.4	Kunststoffgitterroste nach DIN 24537-3	Anlage C 2.8.1	–
C 2.9 Bauprodukte für Dächer und Bedachungen, Wände und Wandbekleidungen sowie Decken und Deckenbekleidungen und nichttragende innere Trennwände			
C 2.9.1	Porenbeton-Bauplatten und Porenbeton-Planbauplatten, die nicht in den Geltungsbereich der EN 12602 fallen	DIN 4166:1997-10 Zusätzlich gilt: Anlage C 2.1.5	ÜH
C 2.9.2	Hohlwandplatten aus Leichtbeton	DIN 18148:2000-10 mit Ausnahme der Bestimmungen für die Fremdüberwachung Zusätzlich gilt:	ÜH

Lfd. Nr.	Bauprodukt	Technische Regeln/Ausgabe	Übereinstimmungsbestätigung
1	2	3	4
		Anlagen C 2.1.5, C 2.1.6 und C 2.9.1	
C 2.9.3	Unbewehrte Wandbauplatten aus Leichtbeton	DIN 18162:2000-10 mit Ausnahme der Bestimmungen für die Fremdüberwachung Zusätzlich gilt: Anlagen C 2.1.6 und C 2.9.2	ÜH
C 2.9.4	Betonwerksteinplatten für hinterlüftete Außenwandbekleidungen	DIN 18516-5:2013-09	ÜHP
C 2.9.5	Werksmäßig im Nassverfahren hergestellte Mineralplatten	DIN 18177:2012-11 Zusätzlich gilt: Anlage C 2.9.3	ÜH
C 2.10 Bauprodukte für die Bauwerksabdichtung und Dachabdichtung			
C 2.10.1	Nackte Bitumenbahnen	DIN 52129:2014-11 Zusätzlich gilt: DIN 52144:2014-11	ÜH
C 2.10.2	Normalentflammbare Elastomer-Fugenbänder zur Abdichtung von Fugen in Beton	DIN 7865-1, -2:2015-02 Zusätzlich gilt: Anlage C 2.10.1 und DIN 4102-1:1998-05 DIN EN ISO 11925-2:2011-02 in Verbindung mit Anlage C 3.7 unter Beachtung von A 2.2.1.2, Tabelle 1.2.1	ÜH
C 2.10.3	Normalentflammbare Fugenbänder aus thermoplastischen Kunststoffen zur Abdichtung von Fugen in Ortbeton	DIN 18541-1, -2:2014-11 mit Ausnahme der Bestimmungen für die Fremdüberwachung Zusätzlich gilt: DIN 4102-1:1998-05 DIN EN ISO 11925-2:2011-02 in Verbindung mit Anlage C 3.7 unter Beachtung von A 2.2.1.2, Tabelle 1.2.1	ÜH
C 2.10.4	Normalentflammbare Klebemassen und Deckaufstrichmittel für Bauwerksabdichtungen	DIN 18195-2:2009-04, Tabelle 1 Zusätzlich gilt: DIN 4102-1:1998-05 DIN EN ISO 11925-2:2011-02 in Verbindung mit Anlage C 3.7 unter Beachtung von A 2.2.1.2, Tabelle 1.2.1	ÜH
C 2.10.5	Asphaltmastix und Gussasphalt für Bauwerksabdichtungen	DIN 18195-2:2009-04, Tabelle 3	ÜH
C 2.10.6	Kalottengeriffelte Metallbänder für Bauwerksabdichtungen	DIN 18195-2:2009-04, Tabelle 5	ÜH
C 2.11 Bauprodukte aus Glas			
C 2.11.1	Vorgefertigte absturzsichernde Verglasung	DIN 18008-4:2013-07 mit Ausnahme Anhang A, Anhang D (bei ver-	ÜH

Lfd. Nr.	Bauprodukt	Technische Regeln/Ausgabe	Überein-stim-mungs-bestäti-gung
1	2	3	4
		suchstechnisch ermittelter Tragfähigkeit) und Anhang E	
C 2.11.2	Vorgefertigte begehbare Verglasung	DIN 18008-5:2013-07, mit Ausnahme Anhang A	ÜH
C 2.12 Bauprodukte der Grundstücksentwässerung			
C 2.12.1 Rohre, Formstücke und Dichtmittel für Leitungen und Kanäle			
C 2.12.1.1	Kalt verarbeitbare plastische Dichtstoffe für Abwasserkanäle und -leitungen aus Beton	DIN 4062:1978-09	ÜZ
C 2.12.1.2	Kunststoff-Rohrleitungssysteme aus weichmacherfreiem Polyvinylchlorid (PVC-U) zum Ableiten von Abwasser innerhalb von Gebäuden	DIN EN 1329-1:2014-07 in Verbindung mit DIN CEN/TS 1329-2:2012-09 Zusätzlich gilt: DIN 4102-1:1998-05 und DIN 4102-4:1994-03, DIN EN ISO 11925-2:2011-02 in Verbindung mit Anlage C 3.7 unter Beachtung von A 2.2.1.2, Tabelle 1.2.1	ÜZ
C 2.12.1.3	Rohre, Formstücke und Rohrleitungen aus weichmacherfreiem Polyvinylchlorid (PVC-U) für erdverlegte drucklose Abwasserkanäle und -leitungen und für Anlagen zum Lagern und Abfüllen von Jauche, Gülle und Silagesickersäften	DIN EN 1401-1:2009-07 in Verbindung mit DIN CEN/TS 1401-2:2012-09 Zusätzlich gilt: Anlage C 2.12.2	ÜZ
C 2.12.1.4	Rohre und Formstücke aus Polyethylen hoher Dichte (PE-HD) für heißwasserbeständige Abwasserleitungen (HT) innerhalb von Gebäuden	DIN EN 1519-1:2000-01 in Verbindung mit DIN CEN/TS 1519-2:2012-05 Zusätzlich gilt: DIN 4102-1:1998-05 und DIN 4102-4:1994-03, DIN EN ISO 11925-2:2011-02 in Verbindung mit Anlage C 3.7 unter Beachtung von A 2.2.1.2, Tabelle 1.2.1	ÜZ
C 2.12.1.5	Rohre und Formstücke aus Polyethylen hoher Dichte (PE) für Abwasserkanäle und -leitungen	DIN EN 12666-1:2011-11 in Verbindung mit DIN CEN/TS 12666-2:2012-11	ÜZ
C 2.12.1.6	Schächte und Zubehörteile aus weichmacherfreiem Polyvinylchlorid (PVC-U), Polypropylen (PP) und Polyethylen (PE) für erdverlegte drucklose Abwasserkanäle und -leitungen	DIN EN 13598-1:2011-02 in Verbindung mit DIN CEN/TS 13598-3:2012-07	ÜZ
C 2.12.1.7	Einsteig- und Kontrollschächte aus weichmacherfreiem Polyvinylchlorid (PVC-U), Polypropylen (PP) und Polyethylen (PE) für erdverlegte	DIN EN 13598-2:2010-05 in Verbindung mit DIN CEN/TS 13598-3:2012-07	ÜZ

Lfd. Nr.	Bauprodukt	Technische Regeln/Ausgabe	Übereinstimmungsbestätigung
1	2	3	4
	drucklose Abwasserkanäle und -leitungen		
C 2.12.1.8	Kunststoff-Rohrleitungssysteme aus chloriertem Polyvinylchlorid (PVC-C) zum Ableiten von Abwasser innerhalb von Gebäuden	DIN EN 1566-1:1999-12 in Verbindung mit DIN CEN/TS 1566-2:2012-09 Zusätzlich gilt: DIN 4102-1:1998-05 und DIN 4102-4:1994-03, DIN EN ISO 11925-2:2011-02 in Verbindung mit Anlage C 3.7 unter Beachtung von A 2.2.1.2, Tabelle 1.2.1	ÜZ
C 2.12.1.9	Rohre und Formstücke aus glasfaserverstärktem Polyesterharz (UP-GFK) für erdverlegte Abwasserkanäle und -leitungen und für Anlagen zum Lagern und Abfüllen von Jauche, Gülle und Silagesickersäften	DIN EN 14364:2013-05 in Verbindung mit DIN CEN/TS 14632:2012-05	ÜZ
C 2.12.1.10	Einsteig- und Kontrollschächte aus glasfaserverstärkten duroplastischen Kunststoffen (GFK) auf der Basis von Polyesterharz (UP)	DIN EN 15383:2014-02 in Verbindung mit DIN CEN/TS 14632:2012-05	ÜZ
C 2.12.1.11	Faserzementrohre, -formstücke für Hausentwässerungssysteme	DIN EN 12763:2000-10 Zusätzlich gilt: Anlage C 2.1.5	ÜZ
C 2.12.1.12	Faserzement-Rohre und -Formstücke für Abwasserkanäle	DIN EN 588-1:1996-11 Zusätzlich gilt: DIN 19850-1:1996-11 und Anlagen C 2.1.5 und C 2.12.3	ÜZ
C 2.12.1.13	Faserzementschächte für erdverlegte Abwasserkanäle und -leitungen	DIN 19850-3:1990-11 Zusätzlich gilt: Anlage C 2.1.6	ÜZ
C 2.12.1.14	Kunststoff-Rohrleitungssysteme aus Polypropylen (PP) zum Ableiten von Abwasser innerhalb von Gebäuden	DIN EN 1451-1:1999-03 in Verbindung mit DIN CEN/TS 1451-2:2012-05 Zusätzlich gilt: DIN 4102-1:1998-05 und DIN 4102-4:1994-03, DIN EN ISO 11925-2:2011-02 in Verbindung mit Anlage C 3.7 unter Beachtung von A 2.2.1.2, Tabelle 1.2.1	ÜZ
C 2.12.1.15	Kunststoff-Rohrleitungssysteme aus Acrylnitril-Butadienstyrol (ABS) zum Ableiten von Abwasser innerhalb von Gebäuden	DIN EN 1455-1:1999-12 in Verbindung mit DIN CEN/TS 1455-2:2012-09 Zusätzlich gilt: Anlage C 2.12.1 und DIN 4102-1:1998-05 und	ÜZ

Lfd. Nr.	Bauprodukt	Technische Regeln/Ausgabe	Übereinstimmungsbestätigung
1	2	3	4
		DIN 4102-4:1994-03, DIN EN ISO 11925-2:2011-02 in Verbindung mit Anlage C 3.7 unter Beachtung von A 2.2.1.2, Tabelle 1.2.1	
C 2.12.1.16	Kunststoff-Rohrleitungssysteme aus Styrol-Copolymer-Blends (SAN +PVC) zum Ableiten von Abwasser innerhalb von Gebäuden	DIN EN 1565-1:1999-12 in Verbindung mit DIN CEN/TS 1565-2:2012-09 Zusätzlich gilt: Anlage C 2.12.1 und DIN 4102-1:1998-05 und DIN 4102-4:1994-03, DIN EN ISO 11925-2:2011-02 in Verbindung mit Anlage C 3.7 unter Beachtung von A 2.2.1.2, Tabelle 1.2.1	ÜZ
C 2.12.1.17	Kunststoff-Rohrleitungssysteme mit Rohren mit profilierter Wandung und glatten Rohroberflächen aus weichmacherfreiem Polyvinylchlorid (PVC-U) zum Ableiten von Abwasser innerhalb von Gebäuden	DIN EN 1453-1:2000-03 in Verbindung mit DIN 19531-10:1999-12 Zusätzlich gilt: DIN 4102-1:1998-05, DIN EN ISO 11925-2:2011-02 in Verbindung mit Anlage C 3.7 unter Beachtung von A 2.2.1.2, Tabelle 1.2.1	ÜZ
C 2.12.1.18	Abwasserrohre und Formstücke aus Polypropylen für erdverlegte Abwasserkanäle und -leitungen	DIN EN 1852-1:2009-07 in Verbindung mit DIN SPEC 1020:2009-08	ÜZ
C 2.12.1.19	Kunststoff-Rohrleitungssysteme aus Polypropylen mit mineralischen Additiven (PP-MD) zum Ableiten von Abwasser außerhalb von Gebäuden	DIN EN 14758-1:2012-05 in Verbindung mit DIN CEN/TS 14758-2:2007-10 Zusätzlich gilt: Anlage C 2.12.4	ÜZ
C 2.12.1.20	Kunststoff-Rohrleitungssysteme für drucklose erdverlegte Abwasserkanäle und -leitungen mit profilierter Wandung aus Polyvinylchlorid (PVC-U), Polypropylen (PP) und Polyethylen (PE) – Rohre und Formstücke mit glatter Innen- und Außenfläche, Rohrtyp A –	DIN EN 13476-2:2007-08 in Verbindung mit DIN CEN/TS 13476-4:2013-07	ÜZ
C 2.12.1.21	Kunststoff-Rohrleitungssysteme für drucklose erdverlegte Abwasserkanäle und -leitungen mit profilierter Wandung aus Polyvinylchlorid (PVC-U), Polypropylen (PP) und Polyethylen (PE) – Rohre und Formstücke mit glatter Innen- und profilierter Außenfläche,	DIN EN 13476-3:2009-04 in Verbindung mit DIN CEN/TS 13476-4:2013-07	ÜZ

Lfd. Nr.	Bauprodukt	Technische Regeln/Ausgabe	Übereinstimmungsbestätigung
1	2	3	4
	Rohrtyp B –		
C 2.12.1.22	Rohre und Formstücke aus Polyesterharzformstoff für erdverlegte Abwasserkanäle und -leitungen	DIN EN 14636-1:2010-04 Zusätzlich gilt: Anlage C 2.12.5	ÜZ
C 2.12.1.23	Einsteig- und Kontrollschächte aus Polyesterharzformstoff für erdverlegte Abwasserkanäle und -leitungen	DIN EN 14636-2:2010-04 Zusätzlich gilt: Anlage C 2.12.5	ÜZ
C 2.12.1.24	Halbzeuge für das Close-Fit-Lining zur Renovierung von erdverlegten Entwässerungsnetzen (Freispiegelleitungen)	DIN EN ISO 11296-3:2011-07 Zusätzlich gilt: Anlage C 2.12.6	ÜZ
C 2.12.1.25	Halbzeuge für das vor Ort härtende Schlauch-Lining zur Renovierung von erdverlegten Entwässerungsnetzen (Freispiegelleitungen)	DIN EN ISO 11296-4:2011-07 Zusätzlich gilt: Anlage C 2.12.6	ÜZ
C 2.12.1.26	Halbzeuge für das Wickelrohr-Lining zur Renovierung von erdverlegten Entwässerungsnetzen (Freispiegelleitungen)	DIN EN ISO 11296-7:2013-05 Zusätzlich gilt: Anlage C 2.12.6	ÜZ
C 2.12.1.27	Halbzeuge für das Lining mit fest verankerten Kunststoffauskleidungen zur Renovierung von erdverlegten Entwässerungsnetzen (Freispiegelleitungen)	DIN EN 16506:2014-12 Zusätzlich gilt: Anlage C 2.12.6	ÜZ
C 2.12.2 Sanitärausstattungsgegenstände und Absperreinrichtungen			
C 2.12.2.1	Ablaufgarnituren für Sanitärausstattungsgegenstände	DIN EN 274-1, -2, -3:2002-05 mit Ausnahme der Bestimmungen für die Fremdüberwachung	ÜHP
C 2.12.2.2	Urinalanschlussstücke	DIN 1380:2001-05	ÜHP
C 2.12.2.3	Klosettanschlussstücke	DIN 1389:2001-05	ÜHP
C 2.12.2.4	Geruchsverschlüsse für besondere Verwendungszwecke	DIN 19541:2004-12 mit Ausnahme der Bestimmungen für die Fremdüberwachung	ÜHP
C 2.12.2.5	Abläufe für Gebäude	DIN EN 1253-1:2003-09 Zusätzlich gilt: DIN EN 1253-4:2000-02	ÜHP
C 2.12.2.6	Abläufe mit Leichtflüssigkeitssperren	DIN EN 1253-5:2004-03 in Verbindung mit DIN EN 1253-3:1999-06 mit Ausnahme der Bestimmungen für die Fremdüberwachung Zusätzlich gilt: DIN 4102-1:1998-05 und DIN 4102-4:1994-03, DIN EN ISO 11925-2:2011-02 in Verbindung mit Anlage C 3.7 unter Beachtung von A 2.2.1.2, Tabelle 1.2.1	ÜHP
C 2.13 Technische Gebäudeausrüstung			

Lfd. Nr.	Bauprodukt	Technische Regeln/Ausgabe	Übereinstimmungsbestätigung
1	2	3	4
C 2.13.1	Wärmepumpen*10, elektr.	DIN V 4701-10:2003-08 Zusätzlich gilt: Anlage C 2.13.1	ÜHP
C 2.13.2	Thermische Solaranlagen, vorgefertigte Anlagen und Teilanlagen*10	DIN V 4701-10:2003-08 Zusätzlich gilt: Anlage C 2.13.2	ÜHP
C 2.13.3	Solarkollektoren*10	DIN V 4701-10:2003-08 Zusätzlich gilt: Anlage C 2.13.3	ÜHP
C 2.13.4	Solarspeicher*10	DIN V 4701-10:2003-08 Zusätzlich gilt: Anlage C 2.13.4	ÜHP
C 2.13.5	Trinkwasserspeicher*10, direkt/indirekt (elektr./Gas) beheizte und Pufferspeicher	DIN V 4701-10:2003-08 Zusätzlich gilt: Anlage C 2.13.5	ÜHP
C 2.13.6	Lüftungsgeräte nach DIN 4719	Anlage C 2.6.4	–
C 2.14 Feuerungsanlagen			
C 2.14.1 Feuerstätten und Feuerungseinrichtungen			
C 2.14.1.1	Ölheizeinsätze mit Verdampfungsbrennern	DIN 4731:1989-07 Zusätzlich gilt: Anlage C 2.14.1	ÜHP
C 2.14.1.2	Ölherde mit Verdampfungsbrennern	DIN 4732:1990-01 Zusätzlich gilt: Anlage C 2.14.1	ÜHP
C 2.14.1.3	Öl-Speicher-Wasserheizer mit Verdampfungsbrennern	DIN 4733:1990-01 Zusätzlich gilt: Anlage C 2.14.1	ÜHP
C 2.14.1.4	Speicher-Kohle-Wasserheizer	DIN 18889:1956-11 Zusätzlich gilt: Anlage C 2.14.1	ÜHP
C 2.14.1.5	Raumluftunabhängige Feuerstätten nach DIN 18897	Anlage C 2.6.4	–
C 2.14.1.6	Öl- und gasbefeuerte Feuerstätten*10 4 bis max. 400 kW	DIN V 4701-10:2003-08 Zusätzlich gilt: Anlage C 2.14.2	ÜHP
C 2.14.1.7	Öl- und gasbefeuerte Feuerstätten*10 < 4 kW und > 400 kW	DIN V 4701-10:2003-08 Zusätzlich gilt: Anlage C 2.14.3	ÜHP
C 2.14.1.8	Heizkessel mit motorischem Antrieb für feste Brennstoffe*10	DIN V 4701-10:2003-08	ÜHP
C 2.14.1.9	Heizkessel ohne motorischen Antrieb für feste Brennstoffe	DIN EN 303-5:2012-10 und für die energetischen Kennwerte DIN V 4701-10:2003-08*10	ÜHP

*10 **Amtl. Anm.:** Nur Bauprodukte, die auf Wunsch des Herstellers bessere energetische Kennwerte als nach DIN V 4701-10:2003-08 ausweisen sollen, unterliegen dieser Regelung.

Lfd. Nr.	Bauprodukt	Technische Regeln/Ausgabe	Übereinstimmungsbestätigung
1	2	3	4
C 2.14.2 Abgasanlagen			
C 2.14.2.1	Nebenluftvorrichtungen für Hausschornsteine ohne motorischen Antrieb	DIN 4795:1991-04	ÜHP
C 2.14.2.2	Elastomere Dichtungen für Abgasanlagen	DIN EN 14241-1:2013-11 Zusätzlich gilt: Anlage C 2.14.4, DIN 4102-1:1998-05, DIN EN ISO 11925-2:2011-02 in Verbindung mit Anlage C 3.7 unter Beachtung von A 2.2.1.2, Tabelle 1.2.1	ÜZ
C 2.15 Bauprodukte für ortsfest verwendete Anlagen zum Lagern, Abfüllen und Umschlagen von wassergefährdenden Stoffen			
C 2.15.1	Liegende Behälter (Tanks) aus Stahl, einwandig, für die unterirdische Lagerung wassergefährdender Flüssigkeiten	DIN 6608-1:1989-09 Zusätzlich gilt: Anlagen C 2.15.1, C 2.15.2 und C 2.15.3	ÜZ
C 2.15.2	Liegende Behälter (Tanks) aus Stahl, doppelwandig, für die unterirdische Lagerung wassergefährdender Flüssigkeiten	DIN 6608-2:1989-09 Zusätzlich gilt: Anlagen C 2.15.1, C 2.15.2 und C 2.15.3	ÜZ
C 2.15.3	Liegende zylindrische ein- und doppelwandige Behälter (Tanks) aus Stahl zur oberirdischen Lagerung wassergefährdender Flüssigkeiten, die nicht flüssige Brennstoffe zur energetischen Versorgung von Heiz- und Kühlanlagen für Gebäude sind, bzw. zur Lagerung von wassergefährdenden Brennstoffen mit Dichten > 1,0 kg/l und/oder Flammpunkten ≤ 55 °C zur energetischen Versorgung von Heiz- und Kühlanlagen für Gebäude	DIN 6616:1989-09 Zusätzlich gilt: Anlagen C 2.15.3 und C 2.15.4	ÜZ
C 2.15.4	Stehende Behälter (Tanks) aus Stahl, einwandig, mit weniger als 1000 Liter Volumen für die oberirdische Lagerung wassergefährdender Flüssigkeiten	DIN 6623-1:1989-09 Zusätzlich gilt: Anlagen C 2.15.1, C 2.15.3 und C 2.15.5	ÜZ
C 2.15.5	Stehende Behälter (Tanks) aus Stahl, doppelwandig, mit weniger als 1000 Liter Volumen für die oberirdische Lagerung wassergefährdender Flüssigkeiten	DIN 6623-2:1989-09 Zusätzlich gilt: Anlagen C 2.15.1, C 2.15.3 und C 2.15.5	ÜZ
C 2.15.6	Liegende Behälter (Tanks) aus Stahl von 1000 bis 5000 Liter Volumen, einwandig, für die oberirdische Lagerung wassergefährdender Flüssigkeiten	DIN 6624-1:1989-09 Zusätzlich gilt: Anlagen C 2.15.1, C 2.15.3 und C 2.15.5	ÜZ
C 2.15.7	Liegende Behälter (Tanks) aus Stahl von 1000 bis 5000 Liter Volumen,	DIN 6624-2:1989-09 Zusätzlich gilt:	ÜZ

Lfd. Nr.	Bauprodukt	Technische Regeln/Ausgabe	Übereinstimmungsbestätigung
1	2	3	4
	doppelwandig, für die oberirdische Lagerung wassergefährdender Flüssigkeiten	Anlagen C 2.15.1, C 2.15.3 und C 2.15.5	
C 2.15.8	Einwandige vorgefertigte Behälter mit ebenen Wänden und Böden für die oberirdische Lagerung von wassergefährdenden Flüssigkeiten mit Flammpunkten > 55 °C	DIN 6625-1, -2:2013-06 Zusätzlich gilt: Anlage C 2.15.6	ÜZ
C 2.15.9	Als Sammel- oder Entnahmebehälter verwendete, einwandige Transportbehälter, die nach den verkehrsrechtlichen Vorschriften für die Beförderung gefährlicher Güter baumusterzugelassen sind	TRbF 20 (2001-04), Anhang J Zusätzlich gilt: Anlage C 2.15.7	ÜH
C 2.15.10	Als Sammel- oder Entnahmebehälter verwendete, einwandige Transportbehälter aus metallischen Werkstoffen, die nicht nach den verkehrsrechtlichen Vorschriften für die Beförderung gefährlicher Güter baumusterzugelassen sind	TRbF 20 (2001-04), Anhang J Zusätzlich gilt: Anlage C 2.15.8	ÜZ
C 2.15.11	Als ortsfeste Lagerbehälter verwendete, einwandige Transportbehälter aus metallischen Werkstoffen, die nach den verkehrsrechtlichen Vorschriften für die Beförderung gefährlicher Güter baumusterzugelassen sind	TRbF 20 (2001-04), Anhang M für wassergefährdende Flüssigkeiten mit Flammpunkten ≤ 55 °C, TRbF 20 (2001-04), Anhang N für wassergefährdende Flüssigkeiten mit Flammpunkten > 55 °C Zusätzlich gilt: Anlage C 2.15.3	ÜH
C 2.15.12	Auffangwannen und -vorrichtungen aus Stahl mit Rauminhalten bis 1000 l	Richtlinie über die Anforderungen an Auffangwannen aus Stahl mit einem Rauminhalt bis 1000 Liter – StawaR – (September 2011)	ÜHP
C 2.15.13	Einwandige metallische Rohre, zugehörige Formstücke, Dichtmittel, Armaturen für Rohrleitungen in Anlagen zur Lagerung wassergefährdender Flüssigkeiten mit Ausnahme der Bauteile für Ölversorgungsanlagen für Ölbrenner	TRbF 50 (2002-06), Anhang A Zusätzlich gilt: Anlagen C 2.15.3, C 2.15.9 und C 2.15.10	ÜH
C 2.15.14	Stehende vorgefertigte zylindrische Behälter aus metallischen Werkstoffen mit flachem Boden und festem Dach zur oberirdischen Lagerung von Flüssigkeiten oder von gekühlten Gasen	DIN 4119-1:1979-06 und DIN 4119-2:1980-02 in Verbindung mit der Anpassungsrichtlinie Stahlbau (1998-10) mit Änderung und Ergänzung (2001-12) Zusätzlich gilt: Anlage C 2.15.3	ÜZ
C 2.15.15	Betonschalungssteine für Gärfuttersilos und Güllebehälter in Biogas-Lager- und Abfüllanlagen	DIN 11622-22:2015-09 Zusätzlich gilt: Anlagen C 2.1.5 und C 2.1.6	ÜZ

Lfd. Nr.	Bauprodukt	Technische Regeln/Ausgabe	Übereinstimmungsbestätigung
1	2	3	4
C 2.15.16	Beton als Abdichtungsmittel für Auffangräume und Flächen	DIN 1045-2:2008-08 in Verbindung mit DIN EN 206-1:2001-07, DIN EN 206-1/A1:2004-10, DIN EN 206-1/A2:2005-09 Zusätzlich gilt: DIN 1045-3:2012-03 in Verbindung mit DIN EN 13670:2011-03, DAfStb-Richtlinie „Betonbau beim Umgang mit wassergefährdenden Stoffen (BUmwS)", Teil 2 (2011-03), DAfStb-Richtlinie Stahlfaserbeton (2012-11) und Anlage C 2.15.11	ÜZ
C 2.15.17	Domschächte aus Stahl	DIN 6626:1989-09	ÜHP
C 2.15.18	Domschachtkragen aus Stahl für gemauerte Domschächte	DIN 6627:1989-09	ÜHP
C 2.15.19	Fugenbleche zur Abdichtung von Arbeits- und Bewegungsfugen in Ortbetondichtkonstruktionen	DAfStb-Richtlinie Betonbau beim Umgang mit wassergefährdenden Stoffen (BUmwS) (2011-03), Teil 1 Abschnitte 7.3.3 (1) bis (3) und (6) bis (12), Teil 2 Abschnitt 3.4 (1) und (5) Zusätzlich gilt: Anlage C 2.15.12	ÜH
C 2.15.20	Schläuche, zugehörige Formstücke, Dichtmittel, Armaturen für Leitungen in Anlagen zum Lagern, Abfüllen und Umschlagen wassergefährdender Stoffe	TRbF 50 (2002-06), Anhang B Zusätzlich gilt: Anlage C 2.15.9	ÜH
C 2.15.21	Als Sammelbehälter für Altöle und sonstige Abfallstoffe verwendete, einwandige Transportbehälter aus metallischen Werkstoffen, die nach den verkehrsrechtlichen Vorschriften für die Beförderung gefährlicher Güter baumusterzugelassen sind	TRbF 20 (2001-04), Anhang K	ÜH
C 2.15.22	Ölförderungsaggregate, Regel- und Sicherheitseinrichtungen für Ölversorgungsanlagen für Ölbrenner	DIN EN 12514-1:2000-05 Zusätzlich gilt: Anlage C 2.15.13	ÜHP
C 2.15.23	Bauelemente, Armaturen, Leitungen, Filter, Heizölentlüfter, Zähler für Ölversorgungsanlagen für Ölbrenner	DIN EN 12514-2:2000-05 Zusätzlich gilt: Anlagen C 2.15.13 und C 2.15.14	ÜHP
C 2.15.24	Leckdetektoren für Unter- und Überdrucksysteme zur Lagerung wassergefährdender Flüssigkeiten*11	Anlage C 2.15.15	ÜHP

*11 **Amtl. Anm.:** Ausgenommen sind Leckdetektoren für Einrichtungen zur Lagerung von Brennstoffen, die für die Versorgung von Heizsystemen in Gebäuden bestimmt sind.

Lfd. Nr.	Bauprodukt	Technische Regeln/Ausgabe	Übereinstimmungsbestätigung
1	2	3	4
C 2.15.25	Leckdetektoren für Flüssigkeitssysteme zur Lagerung wassergefährdender Flüssigkeiten*[11]	Anlage C 2.15.16	ÜHP

Anlage C 2.1.1

Der Hersteller hat der Zertifizierungsstelle die Art und den prozentualen Anteil der (Zement) Zusätze nach DIN 1164-11:2003-11, Abschnitt 5 anzugeben.

Anlage C 2.1.2

Beton für tausalzbeanspruchte Kappen an Brücken darf in der Expositionsklasse XD3 abweichend von DIN 1045-2:2008-08, Anhang F, Tabelle F.2.1 mit einem höchstzulässigen w/z-Wert von 0,50 hergestellt werden. Abweichend von Tabelle F.2.1 und Tabelle F.2.2 beträgt in den Expositionsklassen XD3 und XF4 die Mindestdruckfestigkeitsklasse des Luftporenbetons C25/30 nach 28 Tagen.

Für Bauteile von Straßenbrücken, Tunneln und Trögen beträgt in den Expositionsklassen XD2, XS2, XF2, XF3 oder XA2 abweichend von DIN 1045-2:2008-08, Abschnitt 5.3, Tabellen F.2.1 und F.2.2 die Mindestdruckfestigkeitsklasse des Betons C30/37 nach 28 Tagen.

Anlage C 2.1.3

1. Zu DIN 1045-2:2008-08

1.1

Abschnitt 5.1.2:

Es ist zu ändern: „Als geeignet gelten Zemente nach DIN EN 197-1, DIN 1164-10, DIN 1164-11, DIN 1164-12 und DIN EN 14216."

1.2

Abschnitt 5.1.6:

Es ist zu ergänzen: „Für Hüttensandmehl nach DIN EN 15167-1 gilt die Eignung als Zusatzstoff Typ II als nachgewiesen."

1.3

Abschnitt 5.2.3.4:

Es ist zu ergänzen: „Die Alkaliempfindlichkeitsklasse nach der Alkali-Richtlinie des DAfStb der Gesteinskörnung nach DIN EN 12620 kann der Leistungserklärung entnommen werden."

1.4

Abschnitt 5.2.3.5:

Der Absatz wird ersetzt durch: „Für die Verwendung von rezyklierten Gesteinskörnungen nach DIN EN 12620:2008-07 ist die DAfStb-Richtlinie „Be-

---

*[11] **Amtl. Anm.:** Ausgenommen sind Leckdetektoren für Einrichtungen zur Lagerung von Brennstoffen, die für die Versorgung von Heizsystemen in Gebäuden bestimmt sind.

ton nach DIN EN 206-1 und DIN 1045-2 mit rezyklierten Gesteinskörnungen nach DIN EN 12620" zu beachten."

1.5

Abschnitt 5.2.5.1:

Es ist zu ergänzen: „Die Eignung des k-Wert-Ansatzes gilt für Hüttensandmehl als nachgewiesen."

Hinter dem 8. Absatz ist zu ergänzen: „Es dürfen nur Silikastäube mit einem Gehalt an Siliziumdioxid der Klasse 1 verwendet werden."

1.6

Abschnitt 5.2.5.2.1:

Es ist zu ergänzen: „Für die Anwendung des k-Wert-Ansatzes auf Hüttensandmehl gelten sinngemäß die Festlegungen von DIN 1045-2, 5.2.5.2.2 für Flugasche. Die Absenkung des Mindestzementgehaltes und die Anrechnung auf den Wasserzementwert sind für die Expositionsklassen XF2 und XF4 nicht zulässig.

Die gleichzeitige Verwendung von Hüttensandmehl und Flugasche und/oder Silikastaub ist nicht zulässig."

1.7

Abschnitt 5.2.5.2.2:

Es ist zu ergänzen: „Für die Höchstmenge Hüttensandmehl h, die auf den Wasserzementwert angerechnet werden darf, kann bei allen Zementen gemäß 5.2.5.2.2 die Bedingung $h/z \leq 0{,}33$ in Massenanteilen angewendet werden.

Bei Zementen mit dem Hauptbestandteil D darf eine über $h/z = 0{,}15$ hinausgehende Menge Hüttensandmehl verwendet werden.

Die Regelungen in 5.2.5.2.2 für Flugasche zur Herstellung von Beton mit hohem Sulfatwiderstand dürfen für Hüttensandmehl nicht angewendet werden."

Es ist zu ändern: „ANMERKUNG: Die Anforderungen an HS-Zemente sind für CEM I-SR 0, CEM I-SR 3, CEM III/B-SR und CEM III/C-SR nach DIN EN 197-1:2011-11 erfüllt."

Es ist zu ergänzen: „Die Regelungen in 5.3.4 für die Verwendung von Flugasche in Unterwasserbeton gelten nicht für Hüttensandmehl."

1.8. Tabelle F.3.1

Tabellenüberschrift:

Es ist zu ändern: „Anwendungsbereiche für Zemente nach DIN EN 197-1, DIN 1164-11, DIN 1164-12 und FE-Zemente sowie CEM I-SE und CEM II-SE nach DIN 1164-11 zur Herstellung von Beton nach DIN 1045-2"

Fußnote d:

Es ist zu ändern: „ANMERKUNG: Die Anforderungen an HS-Zemente sind für CEM I-SR 0, CEM I-SR 3, CEM III/B-SR und CEM III/C-SR nach DIN EN 197-1:2011-11 erfüllt."

2. Zur Alkali-Richtlinie – AlkR – (2013-10)

Abschnitt 7.1.1:

Es ist zu ergänzen: „Für Zement mit niedrigem wirksamen Alkaligehalt (NA-Zement) ist die Übereinstimmung mit DIN 1164-10 vom Hersteller zu erklären."

Anlage C 2.1.4

Bei der Anwendung der technischen Regeln ist Folgendes zu beachten:

1

Die Spannglieder dürfen mit einem Einpressmörtel bestehend aus Portlandzement CEM I nach DIN EN 197-1:2011-11 oder nach DIN 1164-10:2013-03, Wasser und einer Einpresshilfe nach DIN EN 934-4:2009-09 oder mit allgemeiner bauaufsichtlicher Zulassung verpresst werden. Die Verwendung von Einpresshilfen muss DIN V 20000-101:2002-11 entsprechen. Das Korrosionsverhalten darf alternativ zu DIN V 20000-101:2002-11, Abschnitt 7, auch nach DIN EN 934-1 nachgewiesen sein. Die Verwendung anderer Einpressmörtel bedarf der allgemeinen bauaufsichtlichen Zulassung.

2. **Zu DIN EN 445:1996-07**

2.1

Abschnitt 2:

Es ist mit letztem Ausgabedatum zu zitieren „DIN EN 196-1:2005-05“.

2.2

Abschnitt 3.2.2.3:

Der letzte Satz „Es sind zwei … durchzuführen.“ ist durch folgende Sätze zu ersetzen: „Es sind drei Prüfungen durchzuführen; die erste Prüfung ist unmittelbar nach dem Mischen des Einpressmörtels und die verbleibenden zwei Prüfungen 30 min nach dem Mischen des Einpressmörtels durchzuführen. Während der Durchführung der Prüfungen ist der Einpressmörtel in Bewegung zu halten.“

2.3

Abschnitt 3.4.2.3:

Statt „(siehe 3.4)“ ist „(siehe 3.3.3)“ zu schreiben.

2.4

Abschnitt 3.4.3:

Statt „Gefäßverfahren“ ist „Dosenverfahren“ zu schreiben. Entsprechend sind in den Unterabschnitten bei „Behältern“ immer „Dosen“ gemeint. In den Unterabschnitten ist statt „Messschieber“ immer „Tiefenmesser“ zu schreiben.

2.5

Abschnitt 3.4.3.2:

Unter a) sind im ersten Absatz die ersten beiden Sätze durch folgende Fassung zu ersetzen: „Die erste Messung ist unmittelbar nach dem Füllen der Dosen mit Einpressmörtel durchzuführen, indem der Abstand zwischen der Oberfläche des Einpressmörtels und dem oberen Rand der Dose mit der Abdeckplatte auf der Dose an mindestens sechs Stellen mit dem Tiefenmesser oder mit anderen Messvorrichtungen abzulesen ist. Die Markierung auf der Abdeckplatte muss mit der Markierung am Rand der Dose übereinstimmen (Referenzpunkt).“

Unter a) ist der zweite Absatz durch die folgende Fassung zu ersetzen: „Bei der zweiten Messung wird der Abstand zwischen der festen Oberfläche des Einpressmörtels und dem oberen Rand des Behälters an denselben sechs Messstellen der ersten Messung und mit demselben Messverfahren gemessen.“

Unter a) ist am Ende „(siehe 3.6)“ zu streichen.

2.6

Abschnitt 3.5.1.2:

„b)…“ ist durch folgende Fassung zu ersetzen: „b) Einrichtungen für die Lagerung gemäß Abschnitt 4.1 von DIN EN 196-1“.

2.7

Abschnitt 3.5.1.3.1:

Der dritte Absatz ist am Ende zu ergänzen: „Dann sind die Proben mit einer Glasplatte abzudecken.“

3. Zu DIN EN 446:1996-07

3.1

Abschnitt 0:

Statt „Anforderungen an den Einpressmörtel“ ist „Anforderungen an das Einpressen mit Einpressmörtel“ und statt „Eurocode 2“ ist „DIN ENV 1992-1-1“ zu schreiben.

3.2

Abschnitt 3:

Die in den Unterabschnitten 3.2 und 3.3 angegebenen Definitionen der Einpressvorgänge sind durch die folgende Fassung zu ersetzen:

„**3.2** Nachpressen: Zusätzliches Einpressen, um Luft- oder Wasserblasen durch Einpressmörtel in den Spannkanälen zu ersetzen, bevor der ursprüngliche Einpressmörtel erhärtet ist.

3.3 Nachverfüllen: Zusätzliches Einpressen, um Luft- oder Wasserblasen durch Einpressmörtel in den Spannkanälen zu ersetzen, nachdem der ursprüngliche Einpressmörtel erhärtet ist.“

3.3

Abschnitt 4:

Zu Abschnitt 4 ist klarzustellen: „Die Vorprüfung nach DIN EN 446:1996-07, Abschnitt 4, gilt für die Stoffe nach DIN EN 447:1996-07, Abschnitt 4, bauaufsichtlich als erfüllt, wenn die Stoffe den in Abschnitt C 2 angegebenen technischen Regeln entsprechen oder bei wesentlichen Abweichungen der geforderte Verwendbarkeitsnachweis vorliegt und für sie der Übereinstimmungsnachweis geführt wurde.“

3.4

Abschnitt 7.3:

Statt „Verpress- und Nachverpressverfahren“ ist zu schreiben „Verfahren beim Einpressen und Nachpressen“.

3.5

Abschnitt 7.6:

Es ist zu streichen: „ohne Abbindeverzögerer“.

3.6

Abschnitt 7.8:

Statt „Nacheinspritzen“ und „Nacheinpressen“ ist in der Überschrift und im Text „Nachpressen“ zu schreiben.

3.7

Abschnitt 7.9:

Statt „Nachpressen" ist in der Überschrift und im Text „Nachverfüllen" und statt „bilden" ist im ersten Satz des Textes „gebildet haben" zu schreiben.

3.8

Abschnitt 8.1:

Nach dem ersten Spiegelstrich ist „Abnehmer" durch „Auftraggeber" zu ersetzen und nach dem zweiten Spiegelstrich ist der zweite Satz durch folgende Fassung zu ersetzen: „Die zuständige Stelle darf zusätzliche Überprüfungen fordern."

3.9

Abschnitt 8.4:

Im Text nach „Wasserabsonderung:" ist ergänzt zu schreiben: „… Fließvermögen des Einpressmörtels dort den Anforderungen…".

Statt „Einpressung" ist „Auftrag zum Einpressen" zu schreiben.

4. Zu DIN EN 447:1996-07

4.1

Abschnitt 0:

Im zweitem Absatz ist vor den Spiegelstrichen „vor allem" zu streichen.

4.2

Tabelle 1:

Die Tabelle 1 ist durch folgende Fassung zu ersetzen:

Prüfverfahren nach DIN EN 445	**Unmittelbar nach dem Mischen** **Zeit (in s)**	**30 Minuten nach dem Mischen[1] oder nach dem Einpressen** **Zeit (in s)**	**an der Austrittsöffnung des Hüllrohrs** **Zeit (in s)**
Eintauchversuch	≥ 30	≤ 80 (200)[2]	≥ 30
Trichterverfahren	≤ 25 (50)[2]	≤ 25 (50)[2]	≥ 10

4.3

Abschnitt 4.2:

In der Anmerkung 2 ist statt „Hochofenschlacke" „Hüttensand" zu schreiben.

4.4

Abschnitt 4.4:

Abweichend von Abschnitt 4.4 dürfen nur für Einpressmörtel zugelassene Zusatzmittel (Einpresshilfen) verwendet werden.

4.5

Abschnitt 5.2:

---

[1] **Amtl. Anm.:** Die Mischzeit ist zu messen, wenn sich alle erforderlichen Stoffmengen im Mischer befinden.

[2] **Amtl. Anm.:** Für Einpressmörtel, die in gewissen Mischern mit hoher Rührwerksgeschwindigkeit vorbereitet werden, dürfen die oben in Tabelle 1 angegebenen Grenzen bis 200 s beim Eintauchversuch und bis 50 s beim Trichterverfahren erhöht werden. Der Mischer und diese Grenzwerte müssen mit der zuständigen Behörde vereinbart werden.

Im zweiten Satz ist statt „den Abschnitten 3.2 und 3.3" zu schreiben „Abschnitt 3.2".

Die Prüfung des Fließvermögens darf abweichend von Abschnitt 5.2 für Einpressmörtel mit Einpresshilfen nur mit dem Eintauchversuch nach Abschnitt 3.2.1 der DIN EN 445 durchgeführt werden, da die Grenzwerte nach Tabelle 1 für den Auslauftrichter für diesen Einpressmörtel nicht gelten. Werden bei der Eignungsprüfung eines Einpressmörtels mit Einpresshilfen die Grenzwerte für den Auslauftrichter mit dem Eintauchversuch kalibriert, darf auch nach Abschnitt 3.2.2 der DIN EN 445 mit dem Trichterverfahren gemessen werden. Die ermittelten Grenzwerte sind anstelle der in Tabelle 1 für das Trichterverfahren angegebenen Werte einzuhalten.

4.6

Abschnitt 5.3:

Es ist auf „Abschnitt 3.3" statt auf „Abschnitt 3.4" zu verweisen.

4.7

Abschnitt 5.4:

Es ist auf „Abschnitt 3.4" statt auf „Abschnitt 3.5 oder 3.6" zu verweisen. Der letzte Satz ist ergänzt zu schreiben:

„Einpressmörtel mit Treibmitteln dürfen in der Eignungsprüfung keine Volumenverringerung aufweisen."

4.8

Abschnitt 5.5:

Abweichend von Abschnitt 5.5 darf die Druckfestigkeit von Einpressmörtel mit Einpresshilfen nur an den in Tabelle 2 angegebenen Zylindern geprüft werden.

4.9

Tabelle 2:

In Tabelle 2 sind die Verweise wie folgt zu ändern:

Auf „Abschnitt 3.5.1" statt auf „Abschnitt 3.7",

auf „Abschnitt 3.5.2" statt auf „Abschnitt 3.8" und

in der Fußnote 1) auf „Abschnitt 3.5.2" statt auf „Abschnitt 3.6".

4.10

Abschnitt 6:

Abweichend von Abschnitt 6 wird die Mischzeit auf 4 min begrenzt.

Anlage C 2.1.5

Tabelle: Verwendung von Zement nach EN 197-1:2011[1)]

Die Norm DIN 1164-1:1994-10 wurde durch die Europäische Norm EN 197-1:2011[1)] sowie die Norm DIN 1164-10:2013-03 ersetzt. Soweit in den technischen Regeln der Verwaltungsvorschrift Technische Baubestimmungen Bezug auf DIN 1164 (frühere Ausgaben) genommen wird, sind Zemente nach EN 197-1:2011[1)] nach folgender Tabelle verwendbar. Verwendungsbeschränkungen in den technischen Regeln bleiben unberührt.

[1)] **Amtl. Anm.:** In Deutschland umgesetzt durch DIN EN 197-1:2011-11

Lfd. Nr.	Technische Regel		Verwendbare Zemente (Zementart) nach EN 197-1:2011[1]
1	2	3	4
1	DIN EN 447	1996-07	CEM I
2	DIN EN 588-1	1996-11	Entsprechend den Verwendungsregeln für die Expositionsklasse XF 1 in DIN 1045-2:2008-08
3	DIN 4166	1997-10	Alle
4	DIN 18148	2000-10	Alle
5	DIN 18162	2000-10	
6	DIN EN 12763	2000-10	Wie lfd. Nr. 2

Tabelle A: Zuordnung der Betoneigenschaften nach DIN 1045:1988-07 zu Beton nach DIN EN 206-1[2]

Lfd. Nr.	Abschnitt DIN 1045:1988-07		DIN EN 206-1 bzw. DIN 1045-2 Expositionsklasse bzw. Abschnitt
1	2	3	4
1	6.5.5.1	Unbewehrter Beton	X0
2	6.5.1, 6.5.5.1	Innenbauteil	XC1
3	6.5.1, 6.5.5.1	Außenbauteil	XC4/XF1
4	6.5.7.2	Wasserundurchlässiger Beton	DIN 1045-2, 5.5.3
5	6.5.7.3	Beton mit hohem Frostwiderstand	XC4/XF1
6	6.5.7.4	Beton mit hohem Frost- und Tausalzwiderstand	XF4
7	6.5.7.4	Beton mit hohem Frost- und Tausalzwiderstand, sehr starker Frost-, Tausalzangriff	XF4
8	6.5.7.5	Beton mit hohem Widerstand gegen schwachen chemischen Angriff	XA1
9	6.5.7.5	Beton mit hohem Widerstand gegen starken chemischen Angriff	XA2
10	6.5.7.5	Beton mit hohem Widerstand gegen sehr starken chemischen Angriff	XA2
11	6.5.7.6	Beton mit hohem Verschleißwiderstand	XM1
12	6.5.7.7	Beton für hohe Gebrauchstemperaturen bis 250 °C	DIN 1045-2, 5.3.6
13	6.5.7.8	Beton für Unterwasserschüttung (Unterwasserbeton)	DIN 1045-2, 5.3.4

Anlage C 2.1.6

Dem Beton dürfen Betonzusatzmittel nur zugegeben werden, wenn deren Verwendbarkeit gemäß DIN EN 934-2:2012-08 oder durch eine Europäische Technische Zulassung/Bewertung nachgewiesen ist.

Anlage C 2.1.7

Bei der Herstellung von Fertigteilen aus Beton, Stahlbeton und Spannbeton oder Stahlfaserbeton gelten für den Beton die technischen Regeln der lfd. Nr. C 2.1.4.3.

[1] **Amtl. Anm.:** In Deutschland umgesetzt durch DIN EN 197-1:2011-11

[2] **Amtl. Anm.:** Hartz, U.: Neues Normenwerk im Betonbau, veröffentlicht in den DIBt Mitteilungen Nr. 1/2001, S. 2

Anlage C 2.2.1
Verfahren zur Festlegung eines alternativen Bemessungswertes λ der Wärmeleitfähigkeit für Mauerwerk im Rahmen des Übereinstimmungsnachweises

– Fassung Juli 2003 –

1. Verfahren

Für die Bestimmung von Bemessungswerten λ der Wärmeleitfähigkeit für Mauerwerk eines bestimmten Formats gelten die Verfahren entsprechend DIN V 4108-4:2004-07, Anhang A, soweit im Folgenden nichts anderes bestimmt ist.

Ergänzend zu DIN V 4108-4:2004-07, Abschnitt A.3.3 ist bei Probekörpern mit einer Dicke von weniger als 15 mm das Messverfahren nach dem Heizstreifenverfahren gemäß der „DIBt-Richtlinie zur Messung der Wärmeleitfähigkeit $\lambda_{10,tr}$ von Mauerstein-Probekörpern", Fassung Oktober 2002[1]), durchzuführen.

2. Prüfbericht

Im Prüfbericht sind für die Angaben im Übereinstimmungszertifikat aufzuführen:

- Verfahren zur Bestimmung des Bemessungswertes λ der Wärmeleitfähigkeit für Mauerwerk
- Steinart nach DIN, Zuschlagsart
- Format(e), Angaben zum Lochbild und zur Fuge (schematische Darstellung)
- Rohdichteklasse, Rohdichte des Steinmaterials, Festigkeitsklasse
- Mörtelart(en)
- Umrechnungsfaktor F_m
- Adsorptionsfeuchtegehalt $u_{m,80}$
- Wärmeleitfähigkeit der Steinmaterialien (λ oder $\lambda_{z,extr.}$ oder $\lambda_{u,extr.}$) bei Ermittlung nach DIN V 4108-4:2004-07, Abschnitte A.3 und A.4
- äquivalente Wärmeleitfähigkeit des Mauerwerks
- Bemessungswert λ der Wärmeleitfähigkeit für Mauerwerk.

3. Festlegungen für die Überwachung und das Ü-Zeichen

Sofern für Mauersteine bestimmter Rohdichteklassen ein alternativer Bemessungswert λ der Wärmeleitfähigkeit nach DIN V 4108-4:2004-07, Abschnitte A.2 oder A.3 oder A.4 ermittelt wurde, ist im Ü-Zeichen zusätzlich zur Kennzeichnung nach der jeweiligen Mauersteinnorm der alternative Bemessungswert „λ = … W/(m · K)" als wesentliches Merkmal anzugeben.

Die Festlegung des Bemessungswertes λ der Wärmeleitfähigkeit für Mauerwerk gilt so lange, wie sie durch mindestens jährliche Wiederholung der folgenden Messungen überprüft wird:

- Wärmeleitfähigkeit $\lambda_{10,tr}$ nach DIN V 4108-4:2004-07, Abschnitt A.2.6, an Wandprobekörpern oder nach DIN V 4108-4:2004-07, Abschnitt A.3.5, an Steinmaterialien

---

[1]) **Amtl. Anm.:** Veröffentlicht in den DIBt Mitteilungen, Nr. 2/2003

- Adsorptionsfeuchtegehalt nach DIN EN ISO 12571:2000-04 bei von DIN V 4108-4:2004-07 abweichendem Umrechnungsfaktor F_m (aus z.B. DIN EN ISO 10456:2000-08).

Anlage C 2.3.1

Werden Bauprodukte über den Handel an den Verwender geliefert und die gelieferten Bauprodukte beim Händler geteilt, so sind die Teile durch Beipackzettel, Farbauftrag, Anhängeschilder o. ä. unverwechselbar zu kennzeichnen. Alle Teilungen sind zu dokumentieren.

Anlage C 2.3.2

Sofern die Norm DIN 1052 mehrere Metallsorten vorsieht, ist bei metallenen Verbindungsmitteln im Ü-Zeichen als für den Verwendungszweck wesentliches Merkmal auch die Legierung, die Werkstoffnummer, die Stahlgüte oder die Festigkeitsklasse anzugeben.

Anlage C 2.3.3

Klebstoffe für tragende Holzbauteile müssen für eine Verwendung der verklebten Holzbauteile in Deutschland die Anforderungen des Klebstofftyps I nach DIN EN 301:2013-12 erfüllen. Für diese Klebstoffe müssen zusätzlich die Gebrauchseigenschaften nach DIN EN 301:2013-12, Abschnitt 6, ermittelt und dokumentiert sein, wobei die offene Antrockenzeit nach DIN 68141:2008-01, Abschnitt 3.2.2 zu bestimmen ist.

Im Ü-Zeichen sind darüber hinaus mögliche Anwendungserweiterungen (z.B. Verklebung von Laubholz oder von chemisch behandeltem Holz) anzugeben.

Anlage C 2.4.1

Die technischen Regeln gelten nur für die den nachstehenden Stahlsorten zugeordneten Werkstoffnummern:

S 235	1.0037, 1.0036, 1.0038, 1.0114, 1.0116, 1.0117, 1.0120, 1.0121, 1.0122, 1.0115, 1.0118, 1.0119
S 275	1.0044, 1.0143, 1.0144, 1.0145, 1.0128, 1.0140, 1.0141, 1.0142
S 355	1.0045, 1.0553, 1.0570, 1.0577, 1.0595, 1.0596, 1.0551, 1.0554, 1.0569, 1.0579, 1.0593, 1.0594

Anlage C 2.4.2

Als wesentliches Merkmal sind im Ü-Zeichen die Werkstoffnummer oder der Kurzname anzugeben.

Wird in Technischen Baubestimmungen eine Prüfbescheinigung nach DIN EN 10204:2005-01 verlangt, ist diese Prüfbescheinigung dem Lieferschein als Anlage beizufügen und mit dem Ü-Zeichen zu versehen. Sie genügt als Angabe der wesentlichen Merkmale nach der Ü-Zeichen-Verordnung.

Werden Metallbauprodukte über den Handel an den Verwender geliefert und die gelieferten Bauprodukte beim Händler geteilt, so sind die Teile durch Umstempelung, Farbauftrag, Klebezettel oder Anhängeschilder unverwechselbar zu kennzeichnen. Alle Teilungen sind zu dokumentieren. Bei Metallbauprodukten, die wiederholt verwendet werden, gilt dies entsprechend.

Anlage C 2.4.3

Bei planmäßigen Abweichungen von den Nennmaßen der Metallprofile ist im Ü-Zeichen als technische Regel die Profilnorm mit dem Zusatz „Sonderprofil" anzugeben. Die in den Profilnormen angegebenen Grenzabmaße und Formtoleranzen bleiben hiervon unberührt. Die Einhaltung der Grenzabmaße und Formtoleranzen ist in die werkseigene Produktionskontrolle einzubeziehen.

Anlage C 2.4.4

Die technischen Regeln gelten nur für die Stahlsorten mit den Werkstoffnummern: 1.0254, 1.0256, 1.0421.

Anlage C 2.4.5

Die technischen Regeln gelten für die Stahlsorten nach DIN EN 10250-2:1999-12 mit den Werkstoffnummern: 1.0038, 1.0116, 1.0570 und nach DIN EN 10222-4:2001-12 mit den Werkstoffnummern: 1.0565 und 1.0571.

Anlage C 2.4.6

Die technischen Regeln gelten nur für die Stahlsorten mit den Werkstoffnummern: 1.4301, 1.4435, 1.4539, 1.4541 und 1.4571.

Anlage C 2.4.7

Die technischen Regeln gelten nur für die Stahlsorte mit der Werkstoffnummer: 1.4561.

Anlage C 2.4.8

Wenn Vorprodukte (Blech, Band) mit dem Übereinstimmungsnachweis ÜZ verwendet werden, ist für das Bauprodukt der Übereinstimmungsnachweis ÜHP ausreichend. In diesem Fall ist beim Ü-Zeichen für das Bauprodukt auf das Ü-Zeichen des Vorproduktes hinzuweisen.

Anlage C 2.4.9

Die technischen Regeln gelten nur für die Stahlsorte mit der Werkstoffnummer: 1.4878.

Anlage C 2.4.10

Prüfungsumfang und -art bei Nieten im Rahmen der Fremdüberwachung

Zeitpunkt	**Prüfungsart**	**Prüfungsumfang**
Erstprüfung	verschärfte Prüfung	übliche und besondere Eigenschaften
Fremdüberwachung im 1. Jahr	normale Prüfung	übliche Eigenschaften
Fremdüberwachung ab 2. Jahr	reduzierte Prüfung	übliche Eigenschaften

Im Rahmen der Fremdüberwachung werden im Abstand von 6 Monaten Proben so entnommen, dass wechselweise alle Produktarten geprüft werden.

Übliche Eigenschaften

Merkmal	geprüftes Produkt	Charakter des Prüfumfanges		
		reduziert	normal	verschärft
		L P Pr	L P Pr	L P Pr
Maße	alle	1 × 3 × 1	2 × 3 × 1	4 × 3 × 1
Scherversuch	alle	1 × 3 × 1	2 × 3 × 1	4 × 3 × 1
Härteprüfung	alle	1 × 3 × 3	2 × 3 × 3	4 × 3 × 3
Kopfschlagzähigkeit	alle	1 × 3 × 1	2 × 3 × 1	4 × 3 × 1

Besondere Eigenschaften

Merkmal	Charakter des Prüfumfangs verschärft		
	L	P	Pr
Schichtdicke	1 ×	3 ×	3
Zugversuch	1 ×	3 ×	1
Kerbschlagarbeit	1 ×	3 ×	1

L = Los
P = Probe
Pr = Prüfung

Anlage C 2.4.11

Prüfungsumfang und -art bei Schrauben und Muttern im Rahmen der Fremdüberwachung

Zeitpunkt	Prüfungsart	Prüfungsumfang
Erstprüfung	verschärfte Prüfung	übliche und besondere Eigenschaften
Fremdüberwachung im 1. Jahr	normale Prüfung	übliche Eigenschaften
Fremdüberwachung ab 2. Jahr	reduzierte Prüfung	übliche Eigenschaften

Im Rahmen der Fremdüberwachung werden im Abstand von 6 Monaten Proben so entnommen, dass wechselweise alle Produktarten geprüft werden.

Übliche Eigenschaften

Merkmal	geprüftes Produkt	Charakter des Prüfumfanges		
		reduziert	normal	verschärft
		L P Pr	L P Pr	L P Pr
Maße	alle Produkte	1 × 3 × 1	2 × 3 × 1	4 × 3 × 1
Schrägzugversuch oder Zugversuch an der Ganzschraube	Schrauben 8.8 und 10.9	1 × 3 × 1	2 × 3 × 1	4 × 3 × 1
Zugversuch an der abgedrehten Probe	Schrauben 4.6 und 5.6	1 × 3 × 1	2 × 3 × 1	4 × 3 × 1
Prüfkraftversuch	alle Muttern	1 × 3 × 1	2 × 3 × 1	4 × 3 × 1
Anziehversuch	Garnituren 8.8 und 10.9	1 × 6 × 1	2 × 12 × 1	4 × 12 × 1
Härte HV 30	alle Produkte	1 × 1 × 3	2 × 2 × 3	4 × 2 × 3
Härte HV 0,3	Schrauben 8.8 und 10.9	1 × 1 × 3	2 × 2 × 3	4 × 2 × 3
Schliff (Randzustand)	Schrauben 10.9	1 × 1 × 3	2 × 2 × 3	4 × 2 × 3
Schichtdicke	alle Produkte	1 × 1 × 3	2 × 2 × 3	4 × 2 × 3

Besondere Eigenschaften

Merkmal	geprüftes Produkt	Charakter des Prüfumfangs verschärft		
		L	P	Pr

Merkmal	geprüftes Produkt	Charakter des Prüfumfangs verschärft		
Chemische Zusammensetzung	Schrauben und Muttern	2 ×	2 ×	1
Anlassversuch	Schrauben 8.8 und 10.9	4 ×	3 ×	1
Kerbschlagarbeit	Schrauben	4 ×	3 ×	1
Rissanzeige	Schrauben und Muttern	1[1)]×	100 ×	1
		+4 ×	20 ×	1

L = Los
P = Probe
Pr = Prüfung

Anlage C 2.4.12

Stahlbauteile und Gussbauteile müssen den zugehörigen lfd. Nrn. des Abschnitts C 2 entsprechen.

Anlage C 2.4.13

Stahlbauteile und Gussbauteile müssen den zugehörigen lfd. Nrn. des Abschnitts C 2 entsprechen.
Für das Feuerverzinken tragender Stahlbauteile und Gussbauteile ist nur die Zinkbadklasse 1 gemäß Tabelle 8 nach DASt-Richtlinie 022 zulässig. Es ist der vereinfachte Nachweis nach Abschnitt 4.2.2 der DASt-Richtlinie 022 zu führen. Rechnerische Nachweise nach Anlage 4 dürfen nicht herangezogen werden.
Für Stahlgussbauteile gilt die DASt-Richtlinie 022 sinngemäß.

Anlage C 2.6.1

Bei Verwendung von Fahrschachttüren nach
DIN 18090:1997-01
DIN 18091:1993-07
DIN 18092:1992-04
müssen

1. die Türen in massive Wände aus Mauerwerk oder Beton eingebaut sein;
2. die Fahrkörbe überwiegend aus nichtbrennbaren Baustoffen (Baustoffklasse A nach DIN 4102-1:1998-05) hergestellt sein; Fahrkörbe gelten als überwiegend aus nichtbrennbaren Baustoffen hergestellt, wenn
   - die tragenden und aussteifenden Teile des Fahrkorbs aus nichtbrennbaren Baustoffen bestehen

   und
   - die übrigen Teile des Fahrkorbs (wie Wand- und Deckenbekleidungen, Fußbodenbeläge, Lüftungs- und Beleuchtungsabdeckungen) keinen höheren Anteil an brennbaren Baustoffen (mindestens der Baustoffklasse B 2) aufweisen als 2,5 kg je m^2 Fahrkorbinnenfläche;
3. die Türen so gesteuert sein, dass sie nur so lange offen bleiben, wie es das Betreten oder Verlassen des Fahrkorbs erfordert;

[1)] **Amtl. Anm.:** Prüfungsumfang bei einem beanstandeten Los bzw. beim Auftreten von Mängeln

4. die Türen, falls mehrere nebeneinander angeordnet werden, durch feuerbeständige Bauteile getrennt und an diesen befestigt sein.

Anlage C 2.6.2

Türschließer nach DIN 18263-1:2015-04 dürfen nur als Ersatzteile verwendet werden. Sie sind nur für Feuer- und/oder Rauchschutzabschlüsse geeignet, sofern diese einflügelige Drehflügeltüren sind.

Anlage C 2.6.3

1. Allgemeines

Folgendes gilt für Innentüren, an die Anforderungen hinsichtlich des Schallschutzes gestellt werden. Innentüren bestehen jeweils aus Blatt und Zarge.

Innentüren müssen aus mindestens normalentflammbaren Baustoffen bestehen.

2. Bewertetes Schalldämm-Maß

Sollen je nach Verwendungszweck schalldämmende Eigenschaften ausgewiesen werden, so ist das bewertete Schalldämm-Maß R_w nach DIN EN ISO 10140-1:2012-05, DIN EN ISO 10140-2, -4 und -5:2010-12 und DIN EN ISO 717-1:2013-06 zu bestimmen.

Prüfberichte nach DIN EN 20140-3:1995-05 und DIN EN ISO 140-3:2005-03 in Verbindung mit DIN EN ISO 717-1:1997-01, DIN EN ISO 717-1:2006-11 bzw. DIN EN ISO 717-1:2013-06, die vor dem Inkrafttreten dieser Ausgabe der Verwaltungsvorschrift Technische Baubestimmungen erstellt wurden, dürfen weiterhin verwendet werden.

3. Wesentliche Merkmale für das Ü-Zeichen

Im Ü-Zeichen einer Innentür, die den Anforderungen nach Abschnitt 2 entspricht, ist das bewertete Schalldämm-Maß R_w anzugeben sowie die Kombinationen von Blättern mit Zargen, für welche dieses gilt.

Anlage C 2.6.4

Es ist ein Verwendbarkeitsnachweis gemäß Art. 17 BayBO erforderlich.

Anlage C 2.7.1

Für Führungslager und Festhaltekonstruktionen gilt DIN EN 1337-8:2008-01. Für die Gleitpaarung Stahl/Stahl bei Führungslagern und Festhaltekonstruktionen kann der entsprechende Abschnitt von DIN 4141-13:2010-07 angewendet werden.

Anlage C 2.8.1

Begehbare Kunststoffgitterroste nach DIN 24537-3:2007-08 bedürfen als Verwendbarkeitsnachweis einer allgemeinen bauaufsichtlichen Zulassung, sofern die Fallhöhe mehr als 0,5 m beträgt oder die Stützweiten der Roste mehr als 0,5 m betragen.

Anlage C 2.9.1
Zu DIN 18148:2000-10

Zu Abschnitt 1: Hohlwandplatten aus Leichtbeton dürfen nur für die Herstellung von leichten Trennwänden nach DIN 4103-1:2015-06 verwendet werden.

Anlage C 2.9.2
Zu DIN 18162:2000-10

Zu Abschnitt 1: Unbewehrte Wandbauplatten aus Leichtbeton dürfen nur für die Herstellung von leichten Trennwänden nach DIN 4103-1:2015-06 verwendet werden.

Anlage C 2.9.3

Das Brandverhalten von nichtbrennbaren und schwerentflammbaren werksmäßig im Nassverfahren hergestellten Mineralplatten ist nach lfd. Nr. C 3.9 bzw. C 3.11 nachzuweisen.

Bei Produkten, die in die Klasse TVOC 3 nach Tabelle 3 und/oder FH Klasse 3 nach Tabelle 4 eingestuft sind und daher nicht in Innenräumen verwendet werden dürfen, ist im Ü-Zeichen anzugeben: „Das Produkt darf nicht in Innenräumen verwendet werden."

Anlage C 2.10.1
Zu DIN 7865-1 und DIN 7865-2

DIN 7865-2 gilt mit Ausnahme von Abschnitt 8.1 Absatz 2 und 4, Abschnitt 8.3 und Anhang A. Die Baustoffklasse ist im Rahmen der Produktkennzeichnung anzugeben.

Anlage C 2.12.1

Die Rohre und Formstücke dürfen nur verklebt werden, wenn:

1

der Klebstoff die Anforderungen von DIN EN 14680:2006-10 oder einer Europäischen Technischen Bewertung erfüllt, die CE-Kennzeichnung trägt und der Hersteller des Klebstoffes diese Kunststoffrohrnorm in Bezug nimmt oder

2

wenn der Klebstoff, sofern er von o.g. harmonisierten technischen Spezifikationen wesentlich abweicht, für diesen Verwendungszweck allgemein bauaufsichtlich zugelassen ist.

Anlage C 2.12.2

Die Verwendung von Abwasserrohren und Formstücken mit einer geringeren Nenn-Ringsteifigkeit als SN 4 (geprüft nach DIN EN ISO 9969) bedarf einer allgemeinen bauaufsichtlichen Zulassung.

Anlage C 2.12.3
Zu DIN 588-1:1996-11

Zu Abschnitt 4.1 Allgemeine Werkstoffzusammensetzung

Die technische Regel gilt nur für die unter Typ NT (asbestfreie Technologie) aufgeführten Produkte.

Anlage C 2.12.4

Für mehrschichtige Abwasserrohre und Formstücke mit mineralischem Füllstoffanteil ist der Nachweis der Verwendbarkeit durch allgemeine bauaufsichtliche Zulassungen erforderlich.

Anlage C 2.12.5

Es dürfen nur natürliche mineralische Zuschläge und Füllstoffe gemäß DIN EN 12620:2008-07 zugegeben werden. Die Verwendung anderer natürlicher mineralischer Zuschläge und Füllstoffe bedarf der allgemeinen bauaufsichtlichen Zulassung.

Anlage C 2.12.6

Für die abschließende Feststellung der Verwendbarkeit der aus Halbzeugen auf der Baustelle hergestellten Bauprodukte zur Renovierung von erdverlegten Entwässerungsnetzen ist eine allgemeine bauaufsichtliche Zulassung erforderlich.

Anlage C 2.13.1

Anstelle der in DIN V 4701-10:2003-08, Anhang C, Abschnitt C.1.4.2, Tabelle C.1-4d und Abschnitt C.3.4.2, Tabelle C.3-4c genannten Werte sind produktbezogene Kennwerte, die im Rahmen des detaillierten Rechenverfahrens Anwendung finden, zu verwenden und im Ü-Zeichen anzugeben.
Hierbei ist Folgendes zu beachten:

1

Unter den in DIN V 4701-10:2003-08 aufgeführten Randbedingungen sind die in den oben genannten Tabellen aufgeführten Werte für die Aufwandszahlen der Wärmeerzeugung zu unterbieten.

2

Die günstigeren produktbezogenen Kennwerte muss der Hersteller im Rahmen einer Erstprüfung durch eine bauaufsichtlich anerkannte Prüfstelle nachweisen. Grundlage des Nachweises ist die Ermittlung der Leistungszahl unter den Randbedingungen der DIN V 4701-10:2003-08 hinsichtlich Quellen- und Heizkreistemperatur entsprechend den Ausführungen der Normenreihe DIN EN 14511 und dem vom Hersteller angegebenen Einsatzbereich.

3

Im Ü-Zeichen ist die Leistungszahl einschließlich der der Messung zugrunde liegenden Temperaturdifferenz am Verflüssiger zahlenmäßig so anzugeben, dass eine produkt- und einsatzspezifische Berechnung der Aufwandszahl unter Nutzung der DIN V 4701-10:2003-08 durch Dritte möglich ist.

4

Zusätzlich sind im Ü-Zeichen die für die Ermittlung der produktbezogenen Kennwerte zugrunde gelegten Prüfnormen anzugeben.

Anlage C 2.13.2

1

Anstelle der in DIN V 4701-10:2003-08, Tabelle 5.1-10 bzw. Anhang C, Abschnitt C.1.4.1, Tabelle C.1-4a und Abschnitt C.3.4.1, Tabelle C.3-4a genannten Werte sind produktbezogene Kennwerte, die im Rahmen des detaillierten Rechenverfahrens Anwendung finden, zu verwenden und im Ü-Zeichen anzugeben.

1.1

Unter den in DIN V 4701-10:2003-08 aufgeführten Randbedingungen sind die in den oben genannten Tabellen aufgeführten Werte für den Deckungsanteil der Wärmeerzeugung durch Solarenergie zu überbieten.

1.2

Die günstigeren produktbezogenen Kennwerte muss der Hersteller im Rahmen einer Erstprüfung durch eine bauaufsichtlich anerkannte Prüfstelle nachweisen. Grundlage des Nachweises ist für den Kollektor die Ermittlung entweder

- des Konversionsfaktors η_0
- des Wärmedurchgangskoeffizienten k_1
- des Wärmedurchgangskoeffizienten k_2
- des Einstrahlwinkelkorrekturfaktors IAM (50 °)
- der effektiven Wärmekapazität C und
- der Kollektorfläche (Apertur) A_c

unter den Randbedingungen der DIN V 4701-10:2003-08 nach DIN EN 12975 oder

- des Referenz-Jahresenergieertrags des Solarkollektors nach DIN EN 12976-2 für den Standort Würzburg und
- der Kollektorfläche (Apertur) A_c

und für den Solarspeicher

- des Volumens des Solarteils des Speichers
- des Volumens des Bereitschaftsteils des Speichers
- des Bereitschafts-Wärmeverlustes des Speichers

unter den Randbedingungen der DIN V 4701-10:2003-08 nach DIN EN 12977-3.

Im Ü-Zeichen sind die o.g. Werte zahlenmäßig so anzugeben, dass eine produkt- und einsatzspezifische Berechnung des Deckungsanteils unter Nutzung der DIN V 4701-10:2003-08 durch Dritte möglich ist.

Zusätzlich sind im Ü-Zeichen die für die Ermittlung der produktbezogenen Kennwerte zugrunde gelegten Prüfnormen anzugeben.

Anlage C 2.13.3

Anstelle der in DIN V 4701-10:2003-08, Tabelle 5.1-10 bzw. Anhang C, Abschnitt C.1.4.1, Tabelle C.1-4a und Abschnitt C.3.4.1, Tabelle C.3-4a genannten Werte sind produktbezogene Kennwerte, die im Rahmen des detaillierten Rechenverfahrens Anwendung finden, zu verwenden und im Ü-Zeichen anzugeben.

Hierbei ist Folgendes zu beachten:

1

Unter den in DIN V 4701-10:2003-08 aufgeführten Randbedingungen sind die in den oben genannten Tabellen aufgeführten Werte für den Deckungsanteil der Wärmeerzeugung durch Solarenergie zu überbieten.

2

Die günstigeren produktbezogenen Kennwerte muss der Hersteller im Rahmen einer Erstprüfung durch eine bauaufsichtlich anerkannte Prüfstelle nachweisen. Grundlage des Nachweises ist die Ermittlung

- des Konversionsfaktors η_0
- des Wärmedurchgangskoeffizienten k_1
- des Wärmedurchgangskoeffizienten k_2
- des Einstrahlwinkelkorrekturfaktors IAM (50 °)
- der effektiven Wärmekapazität C und
- der Kollektorfläche (Apertur) A_c

unter den Randbedingungen der DIN V 4701-10:2003-08 nach DIN EN ISO 9806.

Im Ü-Zeichen sind die o.g. Werte zahlenmäßig so anzugeben, dass eine produkt- und einsatzspezifische Berechnung des Deckungsanteils unter Nutzung der DIN V 4701-10:2003-08 durch Dritte möglich ist.

Zusätzlich sind im Ü-Zeichen die für die Ermittlung der produktbezogenen Kennwerte zugrunde gelegten Prüfnormen anzugeben.

Anlage C 2.13.4

1

Anstelle der in DIN V 4701-10:2003-08, Tabelle 5.1-10 bzw. Anhang C, Abschnitt C.1.4.1, Tabelle C.1-4a und/oder Abschnitt C.3.4.1, Tabelle C.3-4a genannten Werte sind produktbezogene Kennwerte, die im Rahmen des detaillierten Rechenverfahrens Anwendung finden, zu verwenden und im Ü-Zeichen anzugeben.

1.1

Unter den in DIN V 4701-10:2003-08 aufgeführten Randbedingungen sind die in den oben genannten Tabellen aufgeführten Werte für den Deckungsanteil der Wärmeerzeugung durch Solarenergie zu überbieten.

1.2

Die günstigeren produktbezogenen Kennwerte muss der Hersteller im Rahmen einer Erstprüfung durch eine bauaufsichtlich anerkannte Prüfstelle nachweisen. Grundlage des Nachweises ist die Ermittlung des

- Volumens des Solarteils des Speichers
- Volumens des Bereitschaftsteils des Speichers
- Bereitschafts-Wärmeverlusts des Speichers

unter den Randbedingungen der DIN V 4701-10:2003-08 nach DIN EN 12977-3.

1.3

Im Ü-Zeichen sind das Volumen des Solarteils des Speichers, das Volumen des Bereitschaftsteils des Speichers und der Bereitschafts-Wärmeverlust des Speichers zahlenmäßig so anzugeben, dass eine produkt- und einsatzspezifische Berechnung des Deckungsanteils unter Nutzung der DIN V 4701-10:2003-08 durch Dritte möglich ist.

1.4

Zusätzlich sind im Ü-Zeichen die für die Ermittlung der produktbezogenen Kennwerte zugrunde gelegten Prüfnormen anzugeben.

Anlage C 2.13.5

1

Anstelle der in DIN V 4701-10:2003-08, Anhang C, Abschnitt C.1.3, Tabelle C.1-3a, Abschnitt C.1.4.2, Tabelle C.1-4c und Abschnitt C.3.3, Tabelle C.3-3 genannten Werte sind produktbezogene Kennwerte, die im Rahmen des detaillierten Rechenverfahrens Anwendung finden, zu verwenden und im Ü-Zeichen anzugeben.

1.1

Unter den in DIN V 4701-10:2003-08 aufgeführten Randbedingungen sind die in den oben genannten Tabellen aufgeführten Werte für die Aufwandszahlen der Wärmeerzeugung bzw. die flächenbezogenen Wärmeverluste zu unterbieten.

1.2

Die günstigeren produktbezogenen Kennwerte muss der Hersteller im Rahmen einer Erstprüfung durch eine bauaufsichtlich anerkannte Prüfstelle nachweisen. Grundlage des Nachweises ist die Ermittlung des Bereitschafts-Wärmeverlusts des Speichers ggf. in Abhängigkeit der Anzahl der Anschlussstutzen unter den Randbedingungen der DIN V 4701-10:2003-08 nach DIN V 4753-7 und DIN EN 12897 bzw. DIN EN 89 bzw. DIN EN 60379.

1.3

Im Ü-Zeichen ist der Bereitschafts-Wärmeverlust des Speichers zahlenmäßig so anzugeben, dass eine produkt- und einsatzspezifische Berechnung der Aufwandszahl der Wärmeerzeugung bzw. der flächenbezogenen Wärmeverluste unter Nutzung der DIN V 4701-10:2003-08 durch Dritte möglich ist.

1.4

Zusätzlich sind im Ü-Zeichen die für die Ermittlung der produktbezogenen Kennwerte zugrunde gelegten Prüfnormen anzugeben.

Anlage C 2.14.1

Eine Kennzeichnung mit dem DIN-Prüf- und Überwachungszeichen mit Registriernummer ist zur Erfüllung der Anforderungen der in Spalte 3 genannten technischen Regeln und zur Kennzeichnung mit dem Übereinstimmungszeichen nach den Bauordnungen der Länder nicht erforderlich.

Anlage C 2.14.2

Anstelle der in DIN V 4701-10:2003-08, Anhang C, Abschnitt C.1.4.2, Tabelle C.1-4b und Abschnitt C.3.4.2, Tabelle C.3-4b genannten Werte sind produktbezogene Kennwerte, die im Rahmen des detaillierten Rechenverfahrens Anwendung finden, zu verwenden und im Ü-Zeichen anzugeben.

Hierbei ist Folgendes zu beachten:

1

Unter den in DIN V 4701-10:2003-08 aufgeführten Randbedingungen sind die in den oben genannten Tabellen aufgeführten Werte für die Aufwandszahlen der Wärmeerzeugung zu unterbieten.

2

Die günstigeren produktbezogenen Kennwerte muss der Hersteller im Rahmen einer Erstprüfung durch eine bauaufsichtlich anerkannte Prüfstelle nachweisen. Grundlage des Nachweises ist die Ermittlung des

- Wirkungsgrads bei Nennwärmeleistung,
- Wirkungsgrads (Nutzungsgrads) bei 30 % Teillast und
- Betriebsbereitschaftswärmeverlustes,

gemessen unter den Randbedingungen der DIN V 4701-10:2003-08 nach

- DIN EN 297 einschließlich DIN EN 297/A2,
- DIN EN 303-3 einschließlich DIN EN 303-3/prA2,
- DIN EN 15502-2-1,
- DIN EN 15502-2-2,
- DIN EN 656 oder
- DIN EN 677 für gasbefeuerte Wärmeerzeuger bzw.
- DIN EN 304 für ölbefeuerte Wärmeerzeuger.

Soweit diese oder gleichwertige Prüfungen im Rahmen der Nachweise zur CE-Kennzeichnung nach Richtlinie 92/42/EWG des Rates vom 21. Mai 1992 über die Wirkungsgrade von mit flüssigen oder gasförmigen Brennstoffen beschickten neuen Warmwasserheizkesseln bereits durchgeführt worden sind, sind deren Ergebnisse von der bauaufsichtlich anerkannten Prüfstelle zu übernehmen.

3

Im Ü-Zeichen sind der Wirkungsgrad bei Nennwärmeleistung, der Wirkungsgrad (Nutzungsgrad) bei 30 % Teillast und der Betriebsbereitschaftswärmeverlust zahlenmäßig so anzugeben, dass eine produkt- und einsatzspezifische Berechnung der Aufwandszahl unter Nutzung der DIN V 4701-10:2003-08 durch Dritte möglich ist.

Zusätzlich sind im Ü-Zeichen die für die Ermittlung der produktbezogenen Kennwerte zugrunde gelegten Prüfnormen anzugeben.

Anlage C 2.14.3

Anstelle der in DIN V 4701-10:2003-08, Anhang C, Abschnitt C.1.4.2, Tabelle C.1-4b und Abschnitt C.3.4.2, Tabelle C.3-4b genannten Werte sind produktbezogene Kennwerte, die im Rahmen des detaillierten Rechenverfahrens Anwendung finden, zu verwenden und im Ü-Zeichen anzugeben.

Hierbei ist Folgendes zu beachten:

1

Unter den in DIN V 4701-10:2003-08 aufgeführten Randbedingungen sind die in den oben genannten Tabellen aufgeführten Werte für die Aufwandszahlen der Wärmeerzeugung zu unterbieten.

2

Die günstigeren produktbezogenen Kennwerte muss der Hersteller im Rahmen einer Erstprüfung durch eine bauaufsichtlich anerkannte Prüfstelle nachweisen. Grundlage des Nachweises ist die Ermittlung des

- Wirkungsgrads bei Nennwärmeleistung,

- Wirkungsgrads (Nutzungsgrads) bei 30 % Teillast und
- Betriebsbereitschaftswärmeverlustes,

gemessen unter den Randbedingungen der DIN V 4701-10:2003-08 nach

- DIN EN 297 einschließlich DIN EN 297/A2,
- DIN EN 303-3 einschließlich DIN EN 303-3/prA2,
- DIN EN 15502-2-1,
- DIN EN 15502-2-2,
- DIN EN 656 oder
- DIN EN 677 für gasbefeuerte Wärmeerzeuger bzw.
- DIN EN 304 für ölbefeuerte Wärmeerzeuger.

Soweit diese oder gleichwertige Prüfungen bereits durchgeführt worden sind, sind deren Ergebnisse von der bauaufsichtlich anerkannten Prüfstelle zu übernehmen.

3

Im Ü-Zeichen sind der Wirkungsgrad bei Nennwärmeleistung, der Wirkungsgrad (Nutzungsgrad) bei 30 % Teillast und der Betriebsbereitschaftswärmeverlust zahlenmäßig so anzugeben, dass eine produkt- und einsatzspezifische Berechnung der Aufwandszahl unter Nutzung der DIN V 4701-10:2003-08 durch Dritte möglich ist.

Zusätzlich sind im Ü-Zeichen die für die Ermittlung der produktbezogenen Kennwerte zugrunde gelegten Prüfnormen anzugeben.

Anlage C 2.14.4

Die Bestätigung der Übereinstimmung der Dichtungen muss für das Herstellwerk mit einem Übereinstimmungszertifikat auf der Grundlage einer werkseigenen Produktionskontrolle nach DIN EN 14241-1:2013-11, Abschnitt 8.4, und einer regelmäßigen Fremdüberwachung einschließlich einer Erstprüfung des Bauprodukts nach Maßgabe der folgenden Bestimmungen erfolgen.

Für die Erteilung des Übereinstimmungszertifikats und die Fremdüberwachung einschließlich der dabei durchzuführenden Produktprüfungen hat der Hersteller des Bauprodukts eine hierfür anerkannte Zertifizierungsstelle sowie eine hierfür anerkannte Überwachungsstelle einzuschalten. In dem Herstellwerk ist die werkseigene Produktionskontrolle durch eine Fremdüberwachung regelmäßig zu überprüfen, mindestens jedoch zweimal jährlich. Im Rahmen der Fremdüberwachung ist eine Erstprüfung des Bauprodukts entsprechend Abschnitt 6 der Norm durchzuführen. Außerdem sind Proben für Stichprobenprüfungen zu entnehmen und an mindestens fünf Proben die Werkstoffkennwerte gemäß Abschnitt 8.3, Tabelle 8, der Norm zu prüfen.

Die Probenahme und Prüfungen obliegen jeweils der anerkannten Überwachungsstelle. Die Ergebnisse der Zertifizierung und Fremdüberwachung sind mindestens fünf Jahre aufzubewahren.

Anlage C 2.15.1

Einwirkungen aus Überschwemmungen sind in der Norm nicht berücksichtigt.

Anlage C 2.15.2

Einwirkungen aus einem Erdbeben sind in der Norm nicht berücksichtigt.

Für ungekammerte Behälter, die vollständig im Erdreich eingebettet sind, sind die Einwirkungen aus einem Erdbeben nicht standsicherheitsrelevant und damit von der Norm abgedeckt, wenn durch geeignete konstruktive Maßnahmen eine Übertragung von Einwirkungen aus der Stutzenverbindung auf den Behälter verhindert wird. Nach einem Erdbebenereignis mit der Intensität, die für die Erdbebenzone 1 und höher nach DIN 4149 angenommen wird, ist eine Funktionsprüfung des Behälters durchzuführen.

Im Erdreich eingebettete Behälter, bei denen einer der Böden oder beide Böden zwecks Zugänglichkeit in Räumen von Gebäuden münden oder Behälter im Sinne der sog. Hünengrablagerung (erdüberschüttete Einlagerungsart, bei der der Behälter sich ganz oder teilweise über der Geländeoberkante befindet) gelten nicht als vollständig im Erdreich eingebettet. Einwirkungen aus Erdbeben sind nachzuweisen.

Anlage C 2.15.3

Der Nachweis der Beständigkeit der zur Herstellung des Bauproduktes verwendeten Stahlwerkstoffe gegenüber der wassergefährdenden Flüssigkeit ist nach DIN 6601:2007-04 / Berichtigung 1:2007-08 zu führen.

Der Hersteller muss die für die ordnungsgemäße Herstellung des Bauproduktes erforderlichen Verfahren nachweislich beherrschen. Der Nachweis ist durch ein Schweißzertifikat für die Ausführungsklasse EXC 2 oder höher nach DIN EN 1090-2 für Bauprodukte aus Stahl bzw. nach DIN EN 1090-3 für Bauprodukte aus Aluminium zu führen. Abweichend von DIN EN 1090-2, Tabelle 14 bzw. DIN EN 1090-3, Tabelle 7 muss das für die Koordinierung der Herstellungsprozesse des Bauproduktes verantwortliche Schweißaufsichtspersonal mindestens über spezielle technische Kenntnisse nach DIN EN ISO 14731 verfügen.

Für die zur Herstellung des Bauproduktes verwendeten Konstruktionsmaterialien ist die vollständige Rückverfolgbarkeit sicherzustellen.

Anlage C 2.15.4

- Die Behälter sind für die Aufstellung in Gebäuden und im Freien geeignet.
- Einwirkungen aus Erdbeben und Überschwemmungen sind in der Norm nicht berücksichtigt.
- Domstutzen sind mit einer lichten Weite von mindestens 600 mm auszuführen.
- Für andere Abmessungen als in der DIN 6616 angegeben, kann die Standsicherheit nach folgenden AD 2000-Merkblättern in Zusammenhang mit den AD 2000-Merkblättern B 0:2007-05 und S 3/0:2007-11 nachgewiesen werden:

  B 1:2000-10 (Zylinder- und Kugelschalen unter innerem Überdruck)
  B 3:2000-10 (Gewölbte Böden unter innerem und äußerem Überdruck)
  B 6:2006-10 (Zylinderschalen unter äußerem Überdruck)
  B 8:2007-05 (Flansche)
  B 9:2007-11 (Ausschnitte in Zylindern, Kegeln, Schalen, Kugeln)
  S 3/2:2001-09 (Nachweis für liegende Behälter auf Sätteln)

- Die Bemessung der Behälterwände nach AD 2000-Merkblättern ist nur für Überdrücke zulässig, die aus dem zulässigen Betriebsüberdruck bis maximal +0,5 bar auf die Flüssigkeitssäule und aus dem Prüfüberdruck von +0,6 bar im Überwachungsraum bei doppelwandigen Behältern auf die Behälterwände einwirken.

- Die nach AD 2000-Merkblättern bemessenen Behälter sind abweichend von Abschnitt 7 der DIN 6616 nach AD-2000 Merkblatt HP30:2003-01 jedoch mit dem 1,3-fachen des maximal zulässigen Druckes der Lagerflüssigkeit auf die Innenwand zu prüfen. Der Überwachungsraum ist generell mit einem Prüfüberdruck von +0,6 bar zu prüfen.

Anlage C 2.15.5

Einwirkungen aus einem Erdbeben sind in der Norm nicht berücksichtigt.

Anlage C 2.15.6

Abweichend von Abschnitt 5.4.2, 1. Satz der DIN 6625-1 ist der Nachweis der Herstellerqualifikation durch ein Schweißzertifikat für die Ausführungsklasse EXC 2 nach DIN EN 1090-2 oder höher zu führen. Das für die Koordinierung der Herstellungsprozesse des Bauproduktes verantwortliche Schweißaufsichtspersonal muss in Bezug auf die zu beaufsichtigenden Schweißarbeiten mindestens über spezielle technische Kenntnisse nach DIN EN ISO 14731 verfügen.

Für die zur Herstellung des Bauproduktes verwendeten Konstruktionsmaterialien ist die vollständige Rückverfolgbarkeit sicherzustellen.

Anlage C 2.15.7

TRbF 20, Anhang J Nr. 5(3) entfällt.

Bei der Lagerung von Flüssigkeiten mit Flammpunkten > 55 °C:

- entfällt TRbF 20, Anhang J Nr. 3(7),
- entfallen die Verweise auf explosionsgefährdete Bereiche in Anhang K TRbF 20 Nr. 3.

Anlage C 2.15.8

TRbF 20, Anhang J Nr. 5(3) entfällt.

Zulässige Lagerflüssigkeiten ergeben sich aus DIN 6601:1991-10.

Die Überwachung hat nach DIN 6600:1989-09 zu erfolgen.

Anlage C 2.15.9

Der Nachweis der Übereinstimmung mit dieser technischen Regel entfällt, wenn Rohre oder Schläuche sowie zugehörige Formstücke, Dichtmittel und Armaturen die Anforderungen der Druckgeräte-Richtlinie (DGRL) erfüllen und deshalb das CE-Zeichen tragen.

Anlage C 2.15.10
Zu TRbF 50 (2002-06), Anhang A

Nr. 3.21 (5) von Anhang A entfällt.

Anlage C 2.15.11

1

Die DAfStb-Richtlinie „Betonbau beim Umgang mit wassergefährdenden Stoffen (BUmwS)" regelt nicht, wie Bauteile transportiert, zwischengelagert oder montiert werden müssen, damit sie für die anschließende Nutzung als Teil der Dichtfläche geeignet sind.

2
Die Bestimmungen der technischen Regeln wassergefährdender Stoffe (TRwS):

- DWA-A 786 „Ausführung von Dichtflächen“ und
- DWA-A 781 bis 784 für Tankstellen für die Betankung von Kraft-, Schienen-, Wasser- und Luftfahrzeugen

sind zu berücksichtigen.

3
Die DAfStb-Richtlinie „Betonbau beim Umgang mit wassergefährdenden Stoffen (BUmwS)“ gilt nicht für die Verwendung in Anlagen zum Lagern und Abfüllen von Jauche, Gülle und Silagesickersäften.

Anlage C 2.15.12
Für einbetonierte Fugenbleche gelten zusätzlich die Bestimmungen der DAfStb-Richtlinie „Betonbau beim Umgang mit wassergefährdenden Stoffen“, Anhang B: Erläuterungen zu Abschnitt 7.3.3.

Anlage C 2.15.13
Für Schläuche ist der Bunsenbrennertest erforderlich (entgegen der Angabe im Abschnitt 4.5 der DIN EN 12514-1). Druckbeanspruchte Bauteile müssen der Nenndruckstufe PN10 entsprechen. Die Regelung der Heberschutzventile ist ausgenommen.

Anlage C 2.15.14
Können die aufgeführten Leitungen den unter lfd. Nr. C 2.15.13 genannten einwandigen metallischen Rohrleitungen, zugehörigen Formstücken und Armaturen für Rohrleitungen zur Lagerung wassergefährdender Flüssigkeiten zugeordnet werden, so gilt die dort aufgeführte technische Regel mit dem Übereinstimmungsnachweis ÜH.

Anlage C 2.15.15

1. Anforderungen an das Bauprodukt

Die Leckdetektoren sind entsprechend DIN EN 13160-2:2003-09 in Verbindung mit DIN EN 13160-1:2003-09 auszubilden.

Die Teile eines Leckdetektors, die für den Einbau im Freien gedacht sind, müssen in einem Temperaturbereich von –20 °C bis +60 °C betriebsfähig sein.

Die gegebenenfalls von der Lagerflüssigkeit bzw. deren Dämpfen oder Kondensat berührten Teile der Leckdetektoren müssen aus hinreichend beständigen Werkstoffen bestehen. Zur Nachweisführung der Werkstoffeignung sind Angaben der Werkstoffhersteller, Veröffentlichungen in der Fachliteratur, eigene Erfahrungswerte oder entsprechende Prüfergebnisse heranzuziehen. Für Stähle gilt die DIN 6601.

2. Festlegungen für die werkseigene Produktionskontrolle und die Erstprüfung

Für die werkseigene Produktionskontrolle und die Erstprüfung gilt DIN EN 13160-1, Anhang ZA, Tabelle ZA.1 und Tabelle ZA.3. Bei der Erstprüfung ist auch die Betriebsanleitung nach DIN EN 13160, Abschnitt 5.7, zu prüfen. Die anderen Abschnitte des Anhangs ZA gelten nicht.

3. Festlegungen für die Kennzeichnung

Im Rahmen der Ü-Kennzeichnung ist als maßgebende technische Regel die Verwaltungsvorschrift Technische Baubestimmungen, Abschnitt C 2, Anlage C 2.15.15, anzugeben.

Weiterhin sind bei der Kennzeichnung der Bauprodukte, deren Verpackung oder deren Begleitpapiere mindestens die Typbezeichnung, das Herstellungsjahr, Material und die Leistungsfähigkeit des Produkts (Druck- und Temperaturbereiche, geeignet für folgende Medien: ...) anzugeben.

4. Festlegungen für den Einbau

Die Leckdetektoren für Unter- und Überdrucksysteme als Teil von Leckanzeigesystemen der Klasse I dürfen für folgende Anwendungsbereiche verwendet werden:

- doppelwandige Behälter,
- doppelwandige Rohrleitungen,
- einwandige Behälter mit Leckschutzauskleidung,
- einwandige Rohre mit Leckschutzauskleidung,
- einwandige Behälter mit Leckschutzummantelung,
- einwandige Rohre mit Leckschutzummantelung.

Anlage C 2.15.16

1. Anforderungen an das Bauprodukt

Die Leckdetektoren sind entsprechend DIN EN 13160-3:2003-09 in Verbindung mit DIN EN 13160-1:2003-09 auszubilden.

Die Teile eines Leckdetektors, die für den Einbau im Freien gedacht sind, müssen in einem Temperaturbereich von –20 °C bis +60 °C betriebsfähig sein.

Die gegebenenfalls von der Leckanzeigeflüssigkeit, der Lagerflüssigkeit bzw. deren Dämpfen oder Kondensat berührten Teile der Leckdetektoren müssen aus hinreichend beständigen Werkstoffen bestehen. Zur Nachweisführung der Werkstoffeignung sind Angaben der Werkstoffhersteller, Veröffentlichungen in der Fachliteratur, eigene Erfahrungswerte oder entsprechende Prüfergebnisse heranzuziehen. Für Stähle gilt die DIN 6601.

Die Leckanzeigeflüssigkeit muss der „Liste der Leckanzeigeflüssigkeiten für Überwachungsräume doppelwandiger Behälter oder doppelwandiger Rohrleitungen (Stand Dezember 2010)“, veröffentlicht auf der DIBt-Homepage, entsprechen.

2. Festlegungen für die werkseigene Produktionskontrolle und die Erstprüfung

Für die werkseigene Produktionskontrolle und die Erstprüfung gilt DIN EN 13160-1, Anhang ZA, Tabelle ZA.1 und Tabelle ZA.3. Bei der Erstprüfung ist auch die Betriebsanleitung nach DIN EN 13160, Abschnitt 5.7, zu prüfen. Die anderen Abschnitte des Anhangs ZA gelten nicht.

3. Festlegungen für die Kennzeichnung

Im Rahmen der Ü-Kennzeichnung ist als maßgebende technische Regel die Verwaltungsvorschrift Technische Baubestimmungen, Abschnitt C 2, Anlage C 2.15.16, anzugeben.

Weiterhin sind bei der Kennzeichnung der Bauprodukte, deren Verpackung oder deren Begleitpapiere mindestens die Typbezeichnung, das Herstellungsjahr, Material und die Leistungsfähigkeit des Produkts (Druck- und Temperaturbereiche, geeignet für folgende Medien: ...) anzugeben.

4. Festlegungen für den Einbau

1

Die Leckdetektoren für Flüssigkeitssysteme als Teil von Leckanzeigesystemen der Klasse II dürfen für folgende Anwendungsbereiche verwendet werden:

- doppelwandige, drucklose, oberirdische Behälter,
- einwandige, drucklose, oberirdische Behälter mit Leckschutzauskleidung,
- einwandige, drucklose, oberirdische Behälter mit Leckschutzummantelung.

2

Das Volumen des Überwachungsraumes der Anlage darf max. 1 m³ betragen.

C 3. Bauprodukte, die nur eines allgemeinen bauaufsichtlichen Prüfzeugnisses nach Art. 81a Abs. 2 Nr. 5 BayBO bedürfen

Aufgrund Art. 81a Abs. 2 Nr. 5 BayBO wird Folgendes bestimmt:

Lfd. Nr.	Bauprodukt	anerkanntes Prüfverfahren nach	Übereinstimmungsbestätigung
1	2	3	4
C 3.1	Vorgefertigte Lüftungsleitungen, an die Anforderungen an die Feuerwiderstandsdauer und/oder den Schallschutz gestellt werden	Je nach Bauprodukt gilt: für die Feuerwiderstandsdauer: DIN 4102-6:1977-09 und – sofern zutreffend – in Verbindung mit DIN V 4102-21:2002-08 oder DIN EN 1363-1:2012-10, DIN EN 1366-1:2014-12 und – sofern zutreffend – in Verbindung mit DIN V 4102-21:2002-08 und Anlage C 3.1 A 2.2.1.2 ist zusätzlich zu beachten für den Schallschutz: DIN EN ISO 10140-1:2014-09, DIN EN ISO 10140-2, -4:2010-12, DIN EN ISO 10140-5:2014-09, DIN EN ISO 717-1:2013-06	ÜH
C 3.2	Baustoffe, an die nur Anforderungen an das Brandverhalten gestellt werden und – die nichtbrennbar sein müssen, ohne brennbare Bestandteile, – die normalentflammbar sein müssen. Ausgenommen sind Baustoffe des Abschnitts D 2.2.	DIN 4102-1:1998-05 in Verbindung mit DIN 4102-16:2015-09 unter Beachtung von A 2.2.1.2, Tabelle 1.2.1	ÜH
C 3.3	Baustoffe, an die nur Anforderungen an das Brandverhalten gestellt werden und die normalentflammbar sein müssen. Ausgenommen sind Baustoffe des Abschnitts D 2.2.	DIN EN ISO 11925-2:2011-02 in Verbindung mit Anlage C 3.7 unter Beachtung von A 2.2.1.2, Tabelle 1.2.1	ÜH

Lfd. Nr.	Bauprodukt	anerkanntes Prüfverfahren nach	Überein-stim-mungs-bestäti-gung
1	2	3	4
C 3.4	Baustoffe, an die nur Anforderungen an das Brandverhalten gestellt werden und – die nichtbrennbar sein müssen, mit brennbaren Bestandteilen, – die schwerentflammbar sein müssen, ausgenommen Bodenbeläge	DIN 4102-1:1998-05 in Verbindung mit DIN 4102-16:2015-09 unter Beachtung von A 2.2.1.2, Tabelle 1.2.1	ÜZ
C 3.5	Bodenbeläge, die schwerentflammbar sein müssen, die nicht für die Verwendung in Aufenthaltsräumen vorgesehen sind und die nicht EN 13813 oder EN 14041 oder EN 14904 oder EN 14342 oder EN 15285 entsprechen	DIN 4102-1:1998-05 unter Beachtung von A 2.2.1.2, Tabelle 1.2.1 oder DIN EN ISO 11925-2:2011-02 und DIN EN ISO 9239-1:2010-11 in Verbindung mit Anlage 3.8 unter Beachtung von A 2.2.1.2, Tabelle 1.2.1	ÜZ
C 3.6	Schornsteinreinigungsverschlüsse und Rußabsperrer	Prüfgrundsätze für Schornsteinreinigungsverschlüsse und Rußabsperrer (2012-11)	ÜHP
C 3.7	Armaturen und Geräte der Wasserinstallation, an die hinsichtlich des Geräuschverhaltens Anforderungen gestellt werden	DIN EN ISO 3822-1:2009-07 DIN EN ISO 3822-2:1995-05 DIN EN ISO 3822-3:2010-04 DIN EN ISO 3822-4:1997-03	ÜHP
C 3.8	Beschichtungsstoffe zum Beschichten von Beton-, Putz- und Estrichflächen in Auffangwannen und Auffangräumen für die Lagerung von – Heizöl EL, – ungebrauchten Verbrennungsmotoren- und Kraftfahrzeuggetriebeölen sowie – Gemischen aus gesättigten und aromatischen Kohlenwasserstoffen mit einem Aromatengehalt von ≤ 20 Masse-% und einem Flammpunkt von > 55 °C	Bau- und Prüfgrundsätze (BPG) Beschichtungen von Auffangräumen (2009-02)	ÜZ
C 3.9	Niet- und schraubenartige Verbindungen und niet- und schraubenartige Befestigungen für geregelte Außenwandbekleidungen	DIN 18516-1:2010-06 Zusätzlich gilt: Anlage C 3.2	ÜHP
	in Bayern nicht besetzt		
C 3.11	Metall-Kunststoff-Verbundprofile für Rahmen von Fenstern und Türen nach DIN 18056:1966-06 sowie für Haupttragglieder	Richtlinie für den Nachweis der Standsicherheit von Metall-Kunststoff-Verbundprofilen, Abschnitt 3.2 (1986-08)	ÜH
C 3.12	Oberflächenbeschichtungsstoffe OS 7 und OS 10 für Beton für Instandsetzungen, die für die Erhaltung der Standsicherheit von Betonbauteilen erforderlich sind	DAfStb-Richtlinie Schutz und Instandsetzung von Betonbauteilen (Instandsetzungs-Richtlinie) – SIBR, Teil 2 (2001-10) und Teil 4 (2001-10) Zusätzlich gilt: Anlage C 3.4 und DIN 4102-1:1998-05 oder	ÜZ

Lfd. Nr.	Bauprodukt	anerkanntes Prüfverfahren nach	Übereinstimmungsbestätigung
1	2	3	4
		DIN EN ISO 11925-2:2011-02 in Verbindung mit Anlage C 3.7 unter Beachtung von A 2.2.1.2, Tabelle 1.2.1	
C 3.13	Baustützen aus Stahl mit Ausziehvorrichtung, deren Tragfähigkeit mit Hilfe von Versuchen ermittelt wird	DIN EN 1065:1998-12	ÜZ
C 3.14	Türen und Tore als Rauchschutzabschlüsse, ausgenommen Vorhänge	DIN 18095-1:1988-10 DIN 18095-3:1999-06	ÜH
C 3.15	Zubehörteile (nicht geregelte) für Rauchschutzabschlüsse, ausgenommen einachsige Türbänder und absenkbare Bodendichtung	DIN 4102-18:1991-03 in Verbindung mit DIN 18095-1:1988-10	ÜH
C 3.16	Flüssig zu verarbeitende Abdichtungsstoffe für die Abdichtung von befahrbaren Flächen	TL/TP-BEL-B Teil 3 (Ausgabe 1995) und TL/TP-BEL-EP (Ausgabe 1999) Zusätzlich gilt: DIN 4102-1:1998-05 oder DIN EN ISO 11925-2:2011-02 in Verbindung mit Anlage C 3.7 unter Beachtung von A 2.2.1.2, Tabelle 1.2.1	ÜZ
C 3.17	Selbsttätig schließende Zapfventile	DIN EN 13012:2002-03	ÜHP
C 3.18	Vorgefertigte absturzsichernde Verglasung mit versuchstechnisch ermittelter Tragfähigkeit unter stoßartiger Einwirkung	DIN 18008-4:2013-07, nach Anhang A, Anhang D und Anhang E; Zusätzlich gilt: Anlage C 3.5	ÜH
C 3.19	Punkthalter ohne Kugelgelenk mit versuchstechnisch ermittelter Tragfähigkeit	DIN 18008-3:2013-07, Anhang D	ÜH
C 3.20	Vorgefertigte begehbare Verglasungen mit versuchstechnisch ermittelter Tragfähigkeit unter stoßartiger Einwirkung und Resttragfähigkeit	DIN 18008-5:2013-07, Anhang A	ÜH
C 3.21	Hochfeuerhemmende Bauteile, deren tragende, aussteifende und raumabschließende Teile aus Holz oder Holzwerkstoffen bestehen und die allseitig eine brandschutztechnisch wirksame Bekleidung aus nichtbrennbaren Baustoffen (Brandschutzbekleidung) und Dämmstoffe aus nichtbrennbaren Baustoffen haben	für die Anforderungen des Brandschutzes: Richtlinie über brandschutztechnische Anforderungen an hochfeuerhemmende Bauteile in Holzbauweise – HFHHolzR (2004-07) unter Beachtung von A 2.2.4 für den Schallschutz: DIN EN ISO 10140-1:2014-09, DIN EN ISO 10140-2, -4:2010-12, DIN EN ISO 10140-3:2015-11, DIN EN ISO 10140-5:2014-09, DIN EN ISO 717-1, -2:2013-06 für die Absturzsicherung:	ÜZ

Lfd. Nr.	Bauprodukt	anerkanntes Prüfverfahren nach	Überein-stim-mungs-bestäti-gung
1	2	3	4
		ETB-Richtlinie „Bauteile, die gegen Absturz sichern" (1985-06)	
C 3.22	Beschichtungs- und Einhausungssysteme zur Sanierung Pentachlorphenol (PCP)-belasteter Holzbauteile	Prüfplan für Beschichtungs- und Einhausungssysteme zur Sanierung Pentachlorphenol (PCP)-belasteter Holzbauteile (2006-01)	ÜHP
C 3.23	Nahtlose kreisförmige Rohre aus unlegiertem Stahl nach EN 10216-1 für die Verwendung bei Stahlschornsteinen	DIN EN 10045-1:1991-04	ÜHP
C 3.24	Geschweißte kreisförmige Rohre aus unlegiertem Stahl nach EN 10217-1 für die Verwendung bei Stahlschornsteinen	DIN EN 10045-1:1991-04	ÜHP
C 3.25	Stoffe zur Abdichtung erdberührter Bauteile gegen drückendes Wasser und im Übergang auf wasserundurchlässige Bauteile	Prüfgrundsätze zur Erteilung von allgemeinen bauaufsichtlichen Prüfzeugnissen für Übergänge von Bauwerksabdichtungen auf Bauteile aus Beton mit hohem Wassereindringwiderstand (PG-ÜBB) (2010-09)	ÜHP
C 3.26	Mineralische Dichtungsschlämmen für Bauwerksabdichtungen	Prüfgrundsätze zur Erteilung von allgemeinen bauaufsichtlichen Prüfzeugnissen für Bauwerksabdichtungen mit mineralischen Dichtungsschlämmen (PG-MDS) (2014-01)	ÜHP
C 3.27	Abdichtungen im Verbund mit Fliesen und Plattenbelägen – für Wände und Böden im Innenbereich oder im Außenbereich, wenn diese mit Gebäuden verbunden sind, gegen nichtdrückendes Wasser bei hoher Beanspruchung wie z.B. in Nassräumen im öffentlichen und gewerblichen Bereich – für Behälter und Becken im Innenbereich oder im Außenbereich, wenn diese mit Gebäuden verbunden sind, gegen Füllwasser wie z.B. bei Schwimmbecken	Prüfgrundsätze zur Erteilung von allgemeinen bauaufsichtlichen Prüfzeugnissen für Abdichtungen im Verbund mit Fliesen- und Plattenbelägen – Teil 1: Flüssig zu verarbeitende Abdichtungen (PG AIV-F) (2014-05), – Teil 2: Bahnenförmige Abdichtungen (PG AIV-B) (2014-05), – Teil 3: Plattenförmige Abdichtungen (PG AIV-P) (2012-08)	ÜHP
C 3.28	Bauwerksabdichtungen mit Flüssigkunststoffen	Prüfgrundsätze zur Erteilung eines allgemeinen bauaufsichtlichen Prüfzeugnisses für Bauwerksabdichtungen mit Flüssigkunststoffen (PG-FLK) (2010-06)	ÜHP
C 3.29	Dachabdichtungen mit Flüssigkunststoffen	Prüfgrundsätze zur Erteilung von allgemeinen bauaufsichtlichen Prüfzeugnissen für Dachabdichtungen mit Flüssigkunststoffen Anlage C 3.6	ÜHP
C 3.30	Abdichtungen für Arbeitsfugen und Sollrissquerschnitte in Bauteilen aus Beton mit hohem Wassereindringwiderstand, die nicht den Produkten C 2.10.2 und C 2.10.3 in Abschnitt C 2 zugeordnet werden können	Prüfgrundsätze zur Erteilung von allgemeinen bauaufsichtlichen Prüfzeugnissen für Fugenabdichtungen in Bauteilen aus Beton mit hohem Wassereindringwiderstand im erdberührten Bereich (PG-FBB Teil 1: Abdichtungen	ÜHP

Lfd. Nr.	Bauprodukt	anerkanntes Prüfverfahren nach	Überein-stim-mungs-bestäti-gung
1	2	3	4
		für Arbeitsfugen und Sollrissquerschnitte (2012-10))	

Anlage C 3.1

1. Nichttragende raumabschließende Trennwände

Eine nichttragende raumabschließende Trennwand kann als F … nach DIN 4102-2:1977-09 klassifiziert werden, wenn sie entweder

- die Bedingungen nach DIN 4102-2:1977-09 eingehalten hat

oder

- nach DIN EN 1363-1:2012-10 in Verbindung mit DIN EN 1364-1:1999-10 geprüft wurde und dabei für … Minuten die Anforderungen nach DIN EN 1363-1:2012-10, Abschnitt 11.2, Raumabschluss und Abschnitt 11.3, Wärmedämmung erfüllt hat.

Für die Prüfung nach DIN EN 1363-1:2012-10 in Verbindung mit DIN EN 1364-1:1999-10 ist bei symmetrischen Bauteilen ein Brandversuch erforderlich.

2. Tragende raumabschließende Wände

Eine tragende raumabschließende Wand kann als F … nach DIN 4102-2:1977-09 klassifiziert werden, wenn sie entweder

- die Bedingungen nach DIN 4102-2:1977-09 eingehalten hat

oder

- nach DIN EN 1363-1:2012-10 in Verbindung mit DIN EN 1365-1:2013-08 geprüft wurde und während einer Prüfdauer von … Minuten die Anforderungen nach DIN EN 1363-1:2012-10, Abschnitt 11.1, Tragfähigkeit, Ziffer II sowie nach Abschnitt 11.2, Raumabschluss und Abschnitt 11.3, Wärmedämmung erfüllt hat.

Für die Prüfung nach DIN EN 1363-1:2012-10 in Verbindung mit DIN EN 1365-1:2013-08 ist bei symmetrischen Bauteilen ein Versuch erforderlich.

3. Unterdecke (als selbständiges Bauelement)

Eine Unterdecke als selbständiges Bauelement kann als F … nach DIN 4102-2:1977-09 klassifiziert werden, wenn sie entweder

- die Bedingungen nach DIN 4102-2:1977-09 eingehalten hat

oder

- nach DIN EN 1363-1:2012-10 in Verbindung mit DIN EN 1364-2:1999-10 geprüft wurde und während einer Prüfdauer von … Minuten die Anforderungen nach DIN EN 1364-2:1999-10, Abschnitt 11.2, Raumabschluss und Abschnitt 11.3, Wärmedämmung erfüllt hat.

Für die Prüfung nach DIN EN 1363-1:2012-10 in Verbindung mit DIN EN 1364-2:1999-10 ist ein Versuch mit Beanspruchung der Unterseite und ein Versuch mit Beanspruchung der Oberseite erforderlich. Wenn die Klassifizierung nur von einer Seite erfolgen soll, ist ein Versuch mit Beanspruchung dieser Seite erforderlich.

4. Stützen

Eine Stütze kann als F … nach DIN 4102-2:1977-09 klassifiziert werden, wenn sie entweder

- die Bedingungen nach DIN 4102-2:1977-09 eingehalten hat

oder

- nach DIN EN 1363-1:2012-10 in Verbindung mit DIN EN 1365-4:1999-10 geprüft wurde und während einer Prüfdauer von … Minuten die Anforderungen nach DIN EN 1363-1:2012-10, Abschnitt 11.1, Tragfähigkeit, Ziffer II erfüllt hat.

Für die Prüfung nach DIN EN 1363-1:2012-10 in Verbindung mit DIN EN 1365-4:1999-10 ist ein Versuch erforderlich.

5. Brandwände

Eine Brandwand kann als solche nach DIN 4102-2:1977-09 klassifiziert werden, wenn sie entweder

- die Bedingungen nach DIN 4102-3:1977-09 eingehalten hat

oder

- nach DIN EN 1363-1:2012-10 in Verbindung mit DIN EN 1365-1:2013-08 und DIN EN 1363-2:2000-02, Abschnitt 7, geprüft wurde und während einer Prüfdauer von 90 Minuten die Anforderungen nach DIN EN 1363-1:2012-10, Abschnitt 11.1, Tragfähigkeit, Ziffer II sowie nach Abschnitt 11.2, Raumabschluss und Abschnitt 11.3, Wärmedämmung erfüllt hat.

Die Wände müssen diese Anforderungen ohne Bekleidungen erfüllen. Sie müssen außerdem ausschließlich aus nichtbrennbaren Baustoffen bestehen.

Für die Prüfung nach DIN EN 1363-1:2012-10 in Verbindung mit DIN EN 1365-1:2013-08 und DIN EN 1363-2:2000-02, Abschnitt 7, ist bei symmetrischen Bauteilen ein Versuch erforderlich.

6. Lüftungsleitungen

Eine runde oder vierseitige rechteckige Lüftungsleitung mit maximalen Abmessungen nach DIN EN 1366-1:2014-12, Tabelle 6, kann als L … nach DIN 4102-6:1977-09 klassifiziert werden, wenn sie während einer Prüfdauer von … Minuten die Anforderungen nach DIN EN 1363-1:2012-10 in Verbindung mit DIN EN 1366-1:2014-12, Abschnitt 11, erfüllt hat.

Eine Lüftungsleitung mit einer äußeren Abmessung von 1250 mm × 1000 mm < B × H ≤ 2500 mm × 1250 mm bzw. einem äußeren Durchmesser von 1000 mm < D ≤ 1250 mm kann als L … nach DIN 4102-6:1977-09 klassifiziert werden, wenn

- sie nach DIN V 4102-21:2002-08 geprüft wurde und während einer Prüfdauer von … Minuten die Anforderungen nach DIN V 4102-21:2002-08, Abschnitt 5.2, und – sofern zutreffend – nach Abschnitt 5.3 erfüllt hat

und wenn

- zuvor eine Lüftungsleitung gleicher Konstruktionsart (Material, Materialdicke, Verbindungstechnik, Befestigung) nach DIN EN 1363-1:2012-10 in

Verbindung mit DIN EN 1366-1:2014-12 für die in DIN EN 1366-1:2014-12 genannte Abmessung geprüft wurde.

7. Balken/Unterzüge

Ein Balken/Unterzug kann als F … nach DIN 4102-2:1977-09 klassifiziert werden, wenn er entweder

- die Bedingungen nach DIN 4102-2:1977-09 eingehalten hat

oder

- nach DIN EN 1363-1:2012-10 in Verbindung mit DIN EN 1365-3:2000-02 geprüft wurde und während einer Prüfdauer von … Minuten die Anforderungen nach DIN EN 1363-1:2012-10, Abschnitt 11.1, Tragfähigkeit, Ziffer I erfüllt hat.

Für die Prüfung nach DIN EN 1363-1:2012-10 in Verbindung mit DIN EN 1365-3:2000-02 ist ein Versuch erforderlich.

8. Decken/Dächer

Eine Decke/ein Dach kann als F … nach DIN 4102-2:1977-09 klassifiziert werden, wenn sie/es entweder

- die Bedingungen nach DIN 4102-2:1977-09 eingehalten hat

oder

- nach DIN EN 1363-1:2012-10 in Verbindung mit DIN EN 1365-2:2000-02 geprüft wurde und während einer Prüfdauer von … Minuten die Anforderungen nach DIN EN 1363-1:2012-10, Abschnitt 11.1, Tragfähigkeit, Ziffer I sowie nach Abschnitt 11.2, Raumabschluss und Abschnitt 11.3, Wärmedämmung erfüllt hat.

Für die Prüfung nach DIN EN 1363-1:2012-10 in Verbindung mit DIN EN 1365-2:2000-02 ist ein Versuch erforderlich.

9. Installationsschächte und -kanäle

Ein Installationsschacht/-kanal kann als I … nach DIN 4102-11:1985-12 klassifiziert werden, wenn er entweder

- die Bedingungen nach DIN 4102-11:1985-12 eingehalten hat

oder

- als Installationsschacht aus Wänden besteht, die nach DIN 4102-2:1977-09 geprüft wurden

oder

- als Installationsschacht aus Wänden besteht, die nach DIN EN 1363-1:2012-10 in Verbindung mit DIN EN 1364-1:1999-10 geprüft wurden und dabei für … Minuten die Anforderungen nach DIN EN 1363-1:2012-10, Abschnitt 11.2, Raumabschluss und Abschnitt 11.3, Wärmedämmung erfüllt hat.

Für die Prüfung nach DIN EN 1363-1:2012-10 in Verbindung mit DIN EN 1364-1:1999-10 ist bei symmetrischen Bauteilen ein Brandversuch erforderlich.

Anlage C 3.2

Der charakteristische Wert der Tragfähigkeit für die Verbindungen und Befestigungen ist jeweils das aus den Prüfergebnissen ermittelte 5 % Quantil mit 75 % iger Aussagewahrscheinlichkeit.

Anlage C 3.4

Das allgemeine bauaufsichtliche Prüfzeugnis für die unterschiedlichen Oberflächenbeschichtungsstoffe kann auch auf der Grundlage des Regelwerkes TL/TP OS (Ausgabe 1996) erteilt werden.

Anlage C 3.5

Für den versuchstechnischen Nachweis der Tragfähigkeit von punktförmigen Lagerungskonstruktionen (Punkthalter) gilt lfd. Nr. C 3.19.

Für zweiseitig linienförmig gelagerte Einfachverglasungen der Kategorie A darf anstelle des im letzten Satzes des Kapitels A.1.9. geforderten Versuches alternativ auch nur die stoßzugewandte Glastafel mit dem Körner gebrochen werden, welche dann jedoch durch einen Pendelschlag mit einer Fallhöhe von 450 mm zu prüfen ist.

Anlage C 3.6

Die Prüfgrundsätze bestehen aus dem in den Kapiteln 2 – 7 beschriebenen Prüfverfahren der ETAG 005 „Flüssig aufzubringende Dachabdichtungen", Teile 1 bis 8, veröffentlicht im Bundesanzeiger, Jg. 53, Nr. 200a, 25.10.2001 und Jg. 57, Nr. 102a, 04.06.2005. Weiterhin sind die in Abschnitt B 2.2.10 genannten Anwendungsregelungen zu beachten.

Anlage C 3.7

Ein Baustoff kann nach B2 nach DIN 4102-1:1998-05 klassifiziert werden, wenn die Prüfergebnisse nach DIN EN ISO 11925-2 die Voraussetzung von DIN 4102-1:1998-05, Abschnitt 6.2.2, erfüllen.

Die Prüfung nach DIN EN ISO 11925-2 ist bei Kantenbeflammung (Abschnitt 7.3.3.2 der Norm) und, sofern hierbei ein Versagen zu erwarten ist, auch bei Flächenbeflammung (Abschnitt 7.3.3.1 der Norm) durchzuführen. Bei der Durchführung sind die Festlegungen der DIN 4102-1:1998-05, Abschnitte 6.2.5.2, 6.2.5.5 und 6.2.5.6 zu beachten.

Anlage C 3.8

Ein Baustoff kann nach B1 nach DIN 4102-1:1998-05 klassifiziert werden, wenn die Prüfergebnisse nach DIN EN ISO 11925-2 die Voraussetzungen von DIN 4102-1:1998-05, Abschnitt 6.2.2, und die Prüfergebnisse nach DIN EN ISO 9239-1 die Voraussetzungen von DIN 4102-1:1998-05, Abschnitt 6.1.2.3, erfüllen.

Die Prüfung nach DIN EN ISO 11925-2 ist bei Kantenbeflammung (Abschnitt 7.3.3.2 der Norm) und, sofern hierbei ein Versagen zu erwarten ist, auch bei Flächenbeflammung (Abschnitt 7.3.3.1 der Norm) durchzuführen. Bei der Durchführung sind die Festlegungen der DIN 4102-1:1998-05, Abschnitte 6.2.5.2, 6.2.5.5 und 6.2.5.6 zu beachten.

C 4. Bauarten, die nur eines allgemeinen bauaufsichtlichen Prüfzeugnisses nach Art. 15 Abs. 3 BayBO bedürfen

Aufgrund Art. 81a Abs. 2 Nr. 5 BayBO wird Folgendes bestimmt:

Lfd. Nr.	Bauart	anerkanntes Prüfverfahren nach
1	2	3
C 4.1	Bauarten zur Errichtung von Decken, Dächern, Unterdecken, Doppelböden, Hohlraumestrichen, Stützen, Trägern, Unterzügen, Treppen und tragenden Wänden, an die Anforderungen an die Feuerwiderstandsdauer und/oder den Schallschutz gestellt werden. Das gilt nicht für die Teile baulicher Anlagen, an die weitere Anforderungen gestellt werden, wenn die maßgebenden Bauarten von Technischen Baubestimmungen wesentlich abweichen oder wenn es für die maßgebenden Bauarten keine allgemein anerkannten Regeln der Technik gibt.	Je nach Bauart gilt: für die Feuerwiderstandsdauer: DIN 4102-2:1977-09 außer den Abschnitten 6.2.7, 6.2.9 und 6.2.10 (für Brandwände DIN 4102-3:1977-09), oder DIN EN 1363-1:2012-10, DIN EN 1363-2:1999-10, DIN EN 1364-2:1999-10, DIN EN 1365-1:2013-08, DIN EN 1365-2, -3:2000-02, DIN EN 1365-4:1999-10 in Verbindung mit Anlage C 3.1 des Abschnitts C 3 A 2.2.1.2 ist zusätzlich zu beachten für den Schallschutz: DIN EN ISO 10140-1:2014-09, DIN EN ISO 10140-2, -4:2010-12, DIN EN ISO 10140-3:2015-11, DIN EN ISO 10140-5:2014-09, DIN EN ISO 717-1, -2:2013-06 sowie DIN EN ISO 10848-1, -2, -3:2006-08
C 4.2	Bauarten zur Errichtung von nichttragenden inneren Trennwänden, einschließlich Einbauten (Sanitäreinrichtungen), deren Absturzsicherheit experimentell nachgewiesen werden soll und/oder an die Anforderungen an die Feuerwiderstandsdauer und/oder den Schallschutz gestellt werden mit Ausnahme von solchen aus Glas. Satz 2 aus lfd. Nr. C 4.1 gilt entsprechend.	Je nach Bauart gilt: für die Absturzsicherung: DIN 4103-1:2015-06 Die folgenden Eigenschaften sind jeweils zusammen mit den Anforderungen der DIN 4103-1:2015-06 zu erfüllen: für die Feuerwiderstandsdauer: DIN 4102-2:1977-09 außer den Abschnitten 6.2.7 und 6.2.9 oder DIN EN 1363-1:2012-10, DIN EN 1363-2:1999-10, DIN EN 1364-1:1999-10 in Verbindung mit Anlage C 3.1 des Abschnitts C 3 A 2.2.1.2 ist zusätzlich zu beachten für den Schallschutz: DIN EN ISO 10140-1:2014-09, DIN EN ISO 10140-2, -4:2010-12, DIN EN ISO 10140-5:2014-09, DIN EN ISO 717-1:2013-06 sowie DIN EN ISO 10848-1, -2, -3:2006-08
C 4.3	Bauarten zur Errichtung von nichttragenden Außenwänden, an die Anforderungen an die Feuerwiderstandsdauer und/oder den Schallschutz gestellt werden. Satz 2 aus lfd. Nr. C 4.1 gilt entsprechend.	Je nach Bauart gilt: für die Feuerwiderstandsdauer: DIN 4102-3:1977-09 oder DIN EN 1363-1:2012-10, DIN EN 1363-2:1999-10, DIN EN 1364-1:1999-10

Lfd. Nr.	Bauart	anerkanntes Prüfverfahren nach
1	2	3
		in Verbindung mit Anlage C 3.1 des Abschnitts C 3 A 2.2.1.2 ist zusätzlich zu beachten für den Schallschutz: DIN EN ISO 10140-1:2014-09, DIN EN ISO 10140-2, -4:2010-12, DIN EN ISO 10140-5:2014-09, DIN EN ISO 717-1:2013-06 sowie DIN EN ISO 10848-1, -2, -3:2006-08 für die Absturzsicherung: ETB-Richtlinie „Bauteile, die gegen Absturz sichern“ (1985-06)
C 4.4	Bauarten zur Errichtung von Lüftungsleitungen, an die Anforderungen an die Feuerwiderstandsdauer und/oder den Schallschutz gestellt werden. Satz 2 aus lfd. Nr. C 4.1 gilt entsprechend.	Je nach Bauart gilt: für die Feuerwiderstandsdauer: DIN 4102-6:1977-09 und – sofern zutreffend – in Verbindung mit DIN V 4102-21:2002-08 oder DIN EN 1363-1:2012-10, DIN EN 1366-1:2014-12 und – sofern zutreffend – in Verbindung mit DIN V 4102-21:2002-08 und Anlage C 3.1 des Abschnitts C 3 A 2.2.1.2 ist zusätzlich zu beachten für den Schallschutz: DIN EN ISO 10140-1:2014-09, DIN EN ISO 10140-2, -4:2010-12, DIN EN ISO 10140-5:2014-09, DIN EN ISO 717-1:2013-06
C 4.5	Bauarten für Abschottungen an Rohrleitungen aus (ggf. wärmeisolierten) Metallrohren, – deren Funktion auf der Anordnung einer Rohrummantelung/Streckenisolierung beruht und – an die nur Anforderungen an die Feuerwiderstandsdauer gestellt werden. Satz 2 aus lfd. Nr. C 4.1 gilt entsprechend.	DIN 4102-11:1985-12 in Verbindung mit Anlage C 4.5 und Anlage C 4.1
C 4.6	Bauarten für Abschottungen an Rohrleitungen aus (ggf. wärmeisolierten) thermoplastischen Kunststoffrohren, – deren Funktion auf der Anordnung einer Rohrummantelung/Streckenisolierung beruht, – bei denen keine dämmschichtbildenden Baustoffe eingesetzt werden und – an die nur Anforderungen an die Feuerwiderstandsdauer gestellt werden. Satz 2 aus lfd. Nr. C 4.1 gilt entsprechend.	DIN 4102-11:1985-12 in Verbindung mit Anlage C 4.5 und Anlage C 4.1
C 4.7	Bauarten zur Herstellung von Installationsschächten und -kanälen einschließlich der Abschlüsse ihrer Revisionsöffnungen, an die	Je nach Bauart gilt: für die Feuerwiderstandsdauer:

Lfd. Nr.	Bauart	anerkanntes Prüfverfahren nach
1	2	3
	Anforderungen an die Feuerwiderstandsdauer und/oder den Schallschutz gestellt werden. Satz 2 aus lfd. Nr. C 4.1 gilt entsprechend.	DIN 4102-11:1985-12 bzw. als Prüfverfahren für Installationsschachtwände von Installationsschächten auch DIN 4102-2:1977-09, außer den Abschnitten 6.2.7 und 6.2.9, in Verbindung mit Anlage C 3.1 des Abschnitts C 3 oder DIN EN 1363-1:2012-10, DIN EN 1363-2:1999-10, DIN EN 1364-1:1999-10 in Verbindung mit Anlage C 3.1 des Abschnitts C 3 A 2.2.1.2 ist zusätzlich zu beachten für den Schallschutz: DIN EN ISO 10140-1:2014-09, DIN EN ISO 10140-2, -4:2010-12, DIN EN ISO 10140-5:2014-09, DIN EN ISO 717-1:2013-06
C 4.8	Bauarten zur Herstellung von Bedachungen, an die Anforderungen hinsichtlich Widerstandsfähigkeit gegen Flugfeuer und strahlende Wärme gestellt werden. Satz 2 aus lfd. Nr. C 4.1 gilt entsprechend.	DIN 4102-7:1998-07 in Verbindung mit DIN SPEC 4102-23:2011-10 Abschnitte 1, 2, 3, 4 und 7 oder DIN CEN/TS 1187:2012-03 Prüfverfahren 1 in Verbindung mit DIN SPEC 4102-23:2011-10 Abschnitte 1, 2, 3, 4 und 7 oder DIN CEN/TS 1187:2012-03 Prüfverfahren 1 in Verbindung mit DIN CEN/TS 16459:2014-03 Abschnitte 1, 2, 3, 4, 7 und Anhang A A 2.2.1.2 ist zusätzlich zu beachten
C 4.9	Bauarten zur Herstellung von elektrischen Kabelanlagen, an die Anforderungen hinsichtlich des Funktionserhalts unter Brandeinwirkung gestellt werden. Satz 2 aus lfd. Nr. C 4.1 gilt entsprechend.	DIN 4102-12:1998-11
C 4.10	Bauarten zur Errichtung von Entrauchungsleitungen, an die Anforderungen an die Feuerwiderstandsdauer und/oder den Schallschutz gestellt werden. Satz 2 aus lfd. Nr. C 4.1 gilt entsprechend.	Je nach Bauart gilt: für die Feuerwiderstandsdauer: DIN 4102-6:1977-09 DIN V 18232-6:1997-10 in Verbindung mit Anlage C 4.2 oder DIN EN 1363-1:2012-10, DIN EN 1366-1:2014-12 in Verbindung mit DIN EN 1366-8:2004-10 in Verbindung mit Anlage C 4.3 A 2.2.1.2 ist zusätzlich zu beachten für den Schallschutz: DIN 52210-6:2013-07
C 4.11	Bauarten zur Errichtung von Entrauchungsleitungen, an die keine Anforderungen an	DIN V 18232-6:1997-10 in Verbindung mit Anlage C 4.4

Lfd. Nr.	Bauart	anerkanntes Prüfverfahren nach
1	2	3
	die Feuerwiderstandsdauer und/oder den Schallschutz gestellt werden. Satz 2 aus lfd. Nr. C 4.1 gilt entsprechend.	
C 4.12	Absturzsichernde Verglasung mit versuchstechnisch ermittelter Tragfähigkeit unter stoßartiger Einwirkung	DIN 18008-4:2013-07 Anhang A, Anhang D und Anhang E Zusätzlich gilt: Anlage C 3.5 des Abschnitts C 3
C 4.13	Begehbare Verglasung mit versuchstechnisch ermittelter Tragfähigkeit unter stoßartiger Einwirkung und Resttragfähigkeit	DIN 18008-5:2013-07 Anhang A

Anlage C 4.1
Zu DIN 4102-11:1985-12

Zu Abschnitt 3.1 Nachweis mit Brandversuchen

Abweichend von Abschnitt 3.1 genügt ein Probekörper für die Brandprüfung.

Zu Abschnitt 4.2.3 Probekörper und Prüfanordnung

Abweichend von Abschnitt 4.2.3 wird auf die Durchführung von Brandprüfungen an Rohrpost- und Staubsaugleitungen bei einem Arbeitsdruck von – 0,5 bar verzichtet.

Zu Abschnitt 4.2.4.1 Brandversuch mit minimaler Beanspruchung

Der Abschnitt 4.2.4.1 entfällt.

Zu Abschnitt 4.2.4.2 Brandversuch mit der Einheits-Temperaturzeitkurve

Abweichend von Abschnitt 4.2.4.2 entfallen die Messstellen zur Ermittlung der mittleren Temperaturerhöhung in 10 cm und 60 cm Abstand von Wand oder Decke.

Zu Abschnitt 4.2.4.3 Brandversuch mit Schwelfeuerbeanspruchung

Der Abschnitt 4.2.4.3 entfällt.

Anlage C 4.2

Abweichend von DIN V 18232-6 ist die Leckage der Entrauchungsleitung der Kategorie 3 der vorgenannten Norm bei Brandbeanspruchung mit der Sauerstoff-Messmethode nach DIN EN 1366-8:2004-10 für die darin aufgeführten Druckstufen 1 oder 2 oder 3 zu bestimmen.

Anlage C 4.3

Eine Entrauchungsleitung kann als Kategorie 3 nach DIN V 18232-6 klassifiziert werden, wenn sie die Prüfungen nach DIN EN 1366-1 (Leitung A bei einem Druck von –500 Pa) bestanden hat und während einer Prüfdauer von ≥ 30 Minuten bei einer Temperaturbeanspruchung nach DIN EN 1363-1 die Anforderungen nach DIN EN 1366-8, Abschnitt 11.3.2, Dichtheit; nach Abschnitt 11.3.3, Raumabschluss; nach Abschnitt 11.3.4, Wärmedämmung und nach Abschnitt 11.3.5, Querschnittsverringerung erfüllt hat.

Anlage C 4.4

Abweichend von DIN V 18232-6 ist die Leckage der Entrauchungsleitung der Kategorie 2 der vorgenannten Norm bei Brandbeanspruchung mit der Sauerstoff-Messmethode nach DIN EN 1366-8:2004-10 für die darin aufgeführten Druckstufen 1 oder 2 oder 3 zu bestimmen.

Anlage C 4.5

Eine Rohrummantelung/Rohrabschottung kann als R … nach DIN 4102-11:1985-12 klassifiziert werden, wenn sie die Bedingungen nach DIN 4102-11 eingehalten hat, wobei die Prüfung

- nach DIN 4102-11 (inkl. Anlage C 4.1) durchgeführt wurde

oder

- nach DIN 4102-11 jedoch mit modifizierten Prüfbedingungen in Anlehnung an DIN EN 1366-3:2009-07, Abschnitt 5 durchgeführt wurde: Die Steuerung der Ofentemperatur erfolgte gemäß DIN 1363-1:1999-10, Abschnitt 5.1 mit Ofenthermoelementen nach Abschnitt 4.5.1.1 und der Beginn der Prüfung erfolgte gemäß DIN EN 1363-1:1999-10, Abschnitt 10.3. Die Druckbedingungen im Brandraum entsprachen DIN EN 1366-3:200-07, Abschnitt 5.2.

D. Bauprodukte, die keines Verwendbarkeitsnachweises bedürfen

D 1. Allgemeines

Abschnitt D 2 enthält eine nicht abschließende Liste von Bauprodukten, die keines Verwendbarkeitsnachweises nach Art. 17 BayBO bedürfen.

Entsprechend Art. 17 BayBO ist ein Verwendbarkeitsnachweis für Bauprodukte nicht erforderlich, für die es allgemein anerkannte Regeln der Technik gibt, auch wenn an sie Anforderungen nach Art. 3 BayBO gestellt werden (ehemals „sonstige Bauprodukte"). Eine Verwendbarkeit der Bauprodukte i.S.d. Art. 16 Abs. 2 BayBO muss damit materiell zwar vorliegen, jedoch ist diese nach Bauordnungsrecht nicht nachzuweisen. Hierunter fallen insbesondere Bauprodukte, die durch andere Zertifizierungs- und Zulassungssysteme abgedeckt werden (z.B. DVGW und VDE).

In dieser Liste sind auch Bauprodukte aufgeführt, für die es weder Technische Baubestimmungen noch allgemein anerkannte Regeln der Technik gibt und die für die Erfüllung der Anforderungen nach Art. 3 BayBO nicht von Bedeutung sind. Für diese Bauprodukte wird durch den Verzicht auf bauaufsichtliche Verwendbarkeitsnachweise die bauordnungsrechtlich untergeordnete Bedeutung kenntlich gemacht.

D 2. Liste von Bauprodukten, die keines Verwendbarkeitsnachweises nach Art. 17 BayBO bedürfen (Art. 81a Abs. 2 Nr. 4 BayBO)

D 2.1. Beispiele für Produkte, für die es allgemein anerkannte Regeln der Technik gibt

- Absperrarmaturen in Anlagen zur Wasserver- und -entsorgung
- Absperranlagen in Anlagen zur Gasversorgung
- Strömungswächter
- Sicherheitseinrichtungen der Gas-Installation

- Sicherheits-Gasschlauchleitungen für den Anschluss von Haushalts-Gasgeräten
- Mehrschichtverbundrohre für die Gas-Inneninstallation
- Flüssiggasdruckregelgeräte
- Trinkwassererwärmer und Speicher-Trinkwassererwärmer
- Warmwasser-Flächenheizungen und Heizkörperanbindungen
- Kunststoff-Rohrleitungssysteme für Warmwasser-Fußbodenheizung
- Wärmeübertragungsanlagen
- Sanitärausstattungsgegenstände
  - Waschtische
  - Klosetts
- Schächte für Brunnen und Sickeranlagen
- Sickerrohre für Deponien
- Blitzschutzanlagen
- Elektroinstallationen wie Leitungen, Schalter, Steckdosen u. Ä. zur Allgemeinstromversorgung unter Normalbedingungen von baulichen Anlagen
- Telekommunikation-, Fernseh- und Radioinstallationen

D 2.2. Produkte, für die es keine allgemein anerkannten Regeln der Technik gibt

Diese Liste gilt nur für solche Bauprodukte und Verwendungen, für die nach bauaufsichtlichen Vorschriften nur die Anforderung normalentflammbar vorausgesetzt wird und an die keine weitergehenden Brandschutzanforderungen und keine Anforderungen an den *Sachall*[1]- und Wärmeschutz gestellt werden.

D 2.2.1. Bauprodukte für den Rohbau

D 2.2.1.1

Kellerlichtschächte mit Lichtschachtöffnungen bis 1,50 m (lichtes Maß parallel zur Kellerwand) × 1,0 m (lichtes Maß normal zur Kellerwand)

D 2.2.1.2

Dränelemente

D 2.2.1.3

Außenwandausfachungen einschließlich ihrer Befestigungen mit einem Unterstützungsabstand von ≤ 1,0 m, wenn sie nicht für die Standsicherheit einer baulichen Anlage oder deren Teilen dienen

D 2.2.1.4

Mauerwerksbewehrung, die nicht für die Standsicherheit des Mauerwerks erforderlich ist

D 2.2.1.5

Hilfsstoffe für Bauwerks- und Dachabdichtungen wie z.B. Grundierungen, Deckaufstrichmittel, Trennlagen, Schutzlagen, Fugenverfüllungen sowie Hilfsstoffe für An- und Abschlüsse

---

[1] Richtig wohl: „Schall".

D 2.2.1.6

Abdichtungen von Fassaden zum Schutz gegen Wind und Schlagregen

D 2.2.1.7

Hydrophobiermittel gegen kapillare(n) Aufnahme und Transport von Wasser mit Ausnahme solcher, die für die Erhaltung der Standsicherheit von Betonbauteilen erforderlich sind

D 2.2.1.8

Bauprodukte zur Trockenlegung von feuchten Mauern, ausgenommen Produkte, die im direkten Kontakt mit Grundwasser oder Boden aushärten

D 2.2.1.9

Schalungsplatten und Schalungstafeln sowie Schalungskörper als verlorene Schalung

D 2.2.1.10

Elastische Lager zur Auflagerung von Treppen

D 2.2.1.11

Wand- und Dachbauteile, einschließlich der Befestigungen, für eingeschossige bauliche Anlagen mit einem umbauten Raum ≤ 30 m^3

D 2.2.1.12

Mehrlagige Trennschichten (z.B. „Gleitfolien") zur Ermöglichung von Relativverschiebungen zwischen Bauteilen für Verwendungen, bei denen der Ausfall oder die Beeinträchtigung der Funktion des Bauprodukts keinen Einfluss auf die Standsicherheit des Tragwerks oder auf die Dichtheit des Tragwerks bezüglich der Lagerung wassergefährdender Flüssigkeiten hat

D 2.2.1.13

Bentonitmatten als zusätzliche Dichtungsmaßnahme bei Bauteilen aus Beton mit hohem Wassereindringwiderstand

D 2.2.1.14

Spaltenböden aus Kunststoff mit einem lichten Abstand zur tragenden Bodenplatte oder tragenden Decke von ≤ 0,5 m

D 2.2.1.15

Produkte zur Abdichtung von Fugen, Stößen und Anschlüssen von Dampfsperrbahnen und anderen Luftdichtheitsschichten (z.B. Dichtbänder, Klebebänder)

D 2.2.1.16

Trennlagen zwischen schwimmendem Estrich und Trittschalldämmschichten sowie Trennlagen zwischen Bauteilen und Bauteilen zur akustischen Entkopplung

D 2.2.2. Bauprodukte für den Ausbau

D 2.2.2.1

Fassadenelemente (einschließlich ihrer Befestigungen) für Außenwandbekleidungen, die nach allgemein anerkannten Regeln der Technik befestigt werden:

- mit kleinformatigen Fassadenelementen mit ≤ 0,4 m² Fläche und ≤ 5 kg Eigengewicht
- mit brettformatigen Fassadenelementen mit ≤ 0,3 m Breite und Unterstützungsabständen

durch die Unterkonstruktion von ≤ 0,8 m

D 2.2.2.2

Dachelemente (einschließlich ihrer Befestigungen) für Dacheindeckungen, die nach allgemein anerkannten Regeln der Technik befestigt werden:

- mit kleinformatigen Elementen mit ≤ 0,4 m² Fläche und ≤ 5 kg Eigengewicht
- mit anderen Elementen mit einem Unterstützungsabstand durch die Unterkonstruktion

von ≤ 1,0 m, außer aus Glas

D 2.2.2.3

Innentüren einschließlich Zubehör

D 2.2.2.4

Nichttragende und nichtaussteifende Einfassungen von Fenster- und Türöffnungen, Fensterbänke und ihre Befestigungen

D 2.2.2.5

Doppelböden und Hohlraumestriche mit einem lichten Abstand zur tragenden Decke von ≤ 0,5 m

D 2.2.2.6

Außenwandbeschichtungen mit einer Dicke bis 2 cm

D 2.2.2.7

Bodenbeläge, die nicht für die Verwendung in Aufenthaltsräumen vorgesehen sind

D 2.2.2.8

Ausfachungen für Umwehrungen einschließlich Befestigungen:

- plattenförmige Ausfachungen mit Unterstützungsabständen ≤ 1,0 m, mit Ausnahme von solchen aus Glas
- unterhalb eines tragenden Handlaufs oder Brüstungsriegels angebrachte ausfachende Spannseilsysteme mit Spannweiten ≤ 2,0 m

D 2.2.2.9

Randdämmstreifen für Estriche

D 2.2.2.10

Träger und Schürzen für Bade- und Duschwannen

D 2.2.2.11

Abdichtungsstoffe gegen nicht drückendes Wasser bei mäßiger oder geringer Beanspruchung, wie z.B. für die Abdichtung von Balkonen, spritzwasserbelasteten Fußboden- und Wandflächen in Nassräumen bzw. in häuslichen Bädern

D 2.2.2.12

Ringdichtungen für Rohrdurchführungen und Abdichtungen von Schalungsspannstellen bei erdberührten Außenbauteilen, an die hinsichtlich des Brandschutzes keine Anforderungen gestellt werden

D 2.2.2.13

Schneefangvorrichtungen, die nicht Lasten nach DIN EN 1991-1-3:2010, Abschnitt 6.4 sowie DIN EN 1991-1-3/NA:2010, NCI zu 6.4 (1) aufnehmen

D 2.2.2.14

Bauprodukte aus mineralischen Baustoffen sowie Polymerbeton für die Bekleidung von Wänden in Innenräumen

D 2.2.2.15

Keile und Klötze zum Justieren von Bauteilen, die nicht als Lager im Sinne von DIN EN 1337-1 verwendet werden

D 2.2.2.16

Elastische Dehnungselemente für metallische Bauteile im Dach- und Wandbereich

D 2.2.2.17

Haftbrücken für Gipsputzsysteme

D 2.2.2.18

Aussteifungen von Fassadenelementen für Außenwandbekleidungen, wenn diese Aussteifungen nicht für deren Standsicherheit erforderlich sind

D 2.2.2.19

Mobile Trennwände

D 2.2.2.20

Luftdurchlässige Gewebe (Eigenlast ≤ 1,0 kg/m²) einschließlich der Befestigung, angeordnet auf einer für sich standsicheren Unterkonstruktion zur Anordnung als Windnetze an Hallen, als Bedachung an eingeschossigen Gebäuden und baulichen Anlagen oder zum Anbringen an der Außenseite. Die Unterkonstruktion muss in der Lage sein, die unter der Annahme eines luftundurchlässigen Gewebes ausgeübten Lasten sicher abzutragen.

D 2.2.2.21

Befestigungsmittel von an Wänden angebrachten Dämmprodukten im Innenbereich, ausgenommen Klebstoffe auf Kunstharzbasis

D 2.2.2.22

Kleber und/oder Dübel (Verankerungsmittel) von an Decken angebrachten Dämmstoffen im Innenbereich, wenn das Gesamtgewicht aus Wärmedämmung und Beschichtung 15 kg/m² nicht übersteigt; ausgenommen ist die Verwendung von Klebstoffen auf Kunstharzbasis im Innenbereich.

D 2.2.2.23

Einschubtreppen mit Abschluss der Öffnung

D 2.2.3. Bauprodukte der Haustechnik

D 2.2.3.1

Flammenkatalysatoren

D 2.2.3.2

Öl-Nassbrenner

D 2.2.3.3

Lüftungsleitungen einschließlich Zubehör

D 2.2.3.4

Vorgefertigte Installationsschächte und -kanäle einschließlich ihrer Revisionsöffnungen

D 2.2.3.5

Ummantelungen und Verkleidungen von Abgasanlagen zum Freien einschließlich zugehöriger Unterkonstruktionen sowie Abdeckplatten und Fugendichtungen für Mündungen von Abgasanlagen aus nichtbrennbaren Baustoffen nach DIN 4102-4:1994-03, Abschnitt 2

D 2.2.3.6

Nicht abgasberührte untergeordnete Zubehörteile von Abgasanlagen (Bauteile für Kondensatableitung oder Hinterlüftung, Abstandshalter, Wandbefestigungen u.ä.)

D 2.2.3.7

Befestigungsmittel für Rohrummantelungen

D 2.2.3.8

Latent-Wärmespeicherelemente aus gekapseltem Calcium-Chlorid ($CaCl_2 \times 6\ H_2O$) für Fußbodenheizungen, soweit die Kapselung baustoffmäßig für den Verwendungszweck geeignet ist

D 2.2.3.9

Abschlüsse von Öffnungen zur Rauchableitung in notwendigen Treppenräumen, die nicht zur Rauchfreihaltung, sondern der Entrauchung nach Evakuierung dienen, sowie deren Vorrichtungen zum Öffnen

D 2.2.3.10

Heiz- und Kühlflächen an Decken und Wänden

D 2.2.3.11

Heizkörperabdeckungen

D 2.2.3.12

Bauteile, außerhalb von Gebäuden, für die Be- und Entlüftung der Gebäude- und Grundstücksentwässerung (ausgenommen Belüftungsventile nach DIN EN 12380)

D 2.2.3.13

Tageslichtführungssysteme mit Querschnittsflächen $\leq 0{,}4\ m^2$

D 2.2.4. Bauprodukte für Deponien

D 2.2.4.1

Entwässerungsrohre für Deponieabdichtungen

D 2.2.4.2

Dränelemente für Deponieabdichtungen

D 2.2.4.3

Dichtungselemente für Deponieabdichtungen

D 2.2.4.4

Schutzschichten für Deponie-Dichtungselemente

D 2.2.5. Bauprodukte für die Instandsetzung

D 2.2.5.1

Bauprodukte zur Instandsetzung von Bauwerksabdichtungen sowie der zugehörigen Einbauteile, ausgenommen Produkte, die im direkten Kontakt mit Grundwasser oder Boden aushärten

D 2.2.5.2

Bauprodukte zur Instandsetzung von Dachabdichtungen sowie der zugehörigen Einbauteile

D 2.2.6. Andere Bauprodukte

D 2.2.6.1

Bauteile für Wasserbecken mit Inhalten ≤ 100 m^3

D 2.2.6.2

Drucklose Behälter bis 50 m^3 Rauminhalt und bis 3 m Höhe zur Lagerung von Regen- und Trinkwasser

D 2.2.6.3

Muster- und Rastergeber und Abstandhalter für Pflasterungen

D 2.2.6.4

Stützelemente zur Verwendung bei Geländesprüngen bis zu 1,0 m Höhe

D 2.2.6.5

Bauteile aus Kunststoffen für Wasserrutschen bis zu 2,0 m Höhe

D 2.2.6.6

Starre und flexible Schüttgutsilos bis 3 m^3 Rauminhalt und bis 3 m Höhe (Oberkante des Silos über Gelände)

D 2.2.6.7

Nichtbegehbare Abdeckungen für Behälter, unter denen sich keine Verkehrsflächen befinden und die nicht der Standsicherheit von baulichen Anlagen oder deren Teilen dienen. Die Abdeckungen dürfen einem maximalen Innendruck von 50 mbar ausgesetzt sein.

D 2.2.6.8

Bauprodukte für gebäudeunabhängige Solaranlagen im öffentlich unzugänglichen Bereich mit einer Höhe bis zu 3 m

D 3. Technische Dokumentation nach Art. 81a Abs. 2 Nr. 7 BayBO

In Bezug auf die Wesentlichen Merkmale eines Bauproduktes, die von der der CE-Kennzeichnung zugrundeliegenden harmonisierten technischen Spezifikation erfasst sind, ist die CE-Kennzeichnung die einzige Kennzeichnung (Art. 8 Abs. 3 UAbs. 1 EU-BauPVO). Ansonsten sind weitere freiwillige Angaben zu dem Produkt möglich. In diesem Fall ist deren Korrektheit in einer technischen Dokumentation darzulegen. Hierzu kann es je nach Produkt,

Einbausituation und Verwendungszweck erforderlich sein, in der Technischen Dokumentation anzugeben, welche technische Regel der Prüfung zugrunde gelegt wurde sowie ob und welche Stellen eingeschaltet wurden. Zum Beispiel kann es insbesondere sinnvoll sein, eine entsprechend Art. 30 EU-BauPVO qualifizierte Stelle einzuschalten, sofern es keine anwendbare, anerkannte technische Regel gibt oder eine entsprechend Art. 43 EU-BauPVO qualifizierte Stelle, sofern lediglich eine unabhängige Drittprüfung anhand einer anwendbaren technischen Regel durchgeführt werden soll.

Anhänge

Anhang 1

Nachträgliche Bewehrungsanschlüsse mit eingemörtelten Bewehrungsstäben – Anforderung an Planung, Bemessung und Ausführung

Stand: Juni 2016

1. Anwendungsbereich

Diese Technische Regel gilt für Bewehrungsstäbe aus Stahl nach DIN 488 oder nach allgemeiner bauaufsichtlicher Zulassung, die mit Injektionssystemen mit einer Europäischen Technischen Bewertung/Zulassung (ETA) nach EOTA Technical Report TR 023 „Bewertung von nachträglichen Bewehrungsanschlüssen" oder EAD 330087-00-0601 „Systeme für nachträgliche Bewehrungsanschlüsse mit Mörtel" eingemörtelt werden.

Die möglichen Anwendungsbereiche sind im Anhang 1, Bild 1 bis Bild 5 dargestellt.

2. Planung

Die Bewehrungsanschlüsse sind ingenieurmäßig zu planen. Unter Beachtung der nachfolgenden Punkte sind prüfbare Konstruktionszeichnungen anzufertigen.

- Bewehrungsanschlüsse dürfen nur für die Übertragung von Zugkräften in Richtung der Stabachse verwendet werden.
- Die Lage der einbetonierten Bewehrung ist auf Grundlage der Planungsunterlagen und ggf. durch Bewehrungssuchgeräte festzustellen und auf der Betonoberfläche zu kennzeichnen.
- Die Betonfestigkeitsklasse des Verankerungsgrundes ist auf Grundlage der Planungsunterlagen und ggf. durch Bohrkernentnahme festzustellen.
- Die Übertragung von Querkräften zwischen vorhandenem und neuem Beton ist entsprechend DIN EN 1992-1-1/NA:2011-01 nachzuweisen. Die Betonierfugen sind mindestens derart aufzurauen, dass die Zuschlagstoffe herausragen. Anmerkung: In den Konstruktionszeichnungen sind Angaben zu machen, wie (z.B. nach DIN EN 1992-1-1) aufgeraut werden muss.
- Bei einer karbonatisierten Oberfläche des bestehenden Betons ist die karbonatisierte Schicht vor dem Anschluss des neuen Stabes im Bereich des nachträglichen Bewehrungsanschlusses mit dem Durchmesser Φ + 6 cm zu entfernen. Die Tiefe des zu entfernenden Betons muss mindestens der Mindestbetondeckung für die entsprechenden Umweltbedingungen nach DIN EN 1992-1-1 und DIN EN 1992-1-1/NA entsprechen. Dies entfällt bei neuen, nicht karbonatisierten Bauteilen und bei Bauteilen in trockener Umgebung.
- allgemeine Konstruktionsregeln nach Anhang 2
- minimale Betondeckung c_{min} nach Tabelle 1 und minimaler lichter Abstand a nach Tabelle 2
- Bohrverfahren

Tabelle 1: Mindestbetondeckung c_{min} [mm] in Abhängigkeit vom Bohrverfahren, Stabdurchmesser und von der Verwendung einer Bohrhilfe

Bohrverfahren	Stabdurchmesser	Ohne Bohrhilfe	Mit Bohrhilfe
Hammerbohren	$\varphi < 25$ mm	$c_{min} = 30\text{ mm} + 0{,}06\, l_v \geq 2\,\varphi$	$c_{min} = 30\text{ mm} + 0{,}02\, l_v \geq 2\,\varphi$
Hohlbohren	$\varphi \geq 25$ mm	$c_{min} = 40\text{ mm} + 0{,}06\, l_v \geq 2\,\varphi$	$c_{min} = 40\text{ mm} + 0{,}02\, l_v \geq 2\,\varphi$
Diamantbohren	$\varphi < 25$ mm	$c_{min} = 50\text{ mm} + 0{,}08\, l_v$	$c_{min} = 50\text{ mm} + 0{,}02\, l_v$
Pressluftbohren	$\varphi \geq 25$ mm	$c_{min} = 60\text{ mm} + 0{,}08\, l_v \geq 2\,\varphi$	$c_{min} = 60\text{ mm} + 0{,}02\, l_v \geq 2\,\varphi$

Tabelle 2: minimaler lichter Abstand a [mm] in Abhängigkeit von der Verwendung einer Bohrhilfe und vom Stabdurchmesser

Ohne Bohrhilfe	Mit Bohrhilfe
$a = 40\text{ mm} \geq 4\,\varphi$	$a \leq 2\,\varphi$

3. Bemessung

Die Bewehrungsanschlüsse sind ingenieurmäßig zu bemessen. Unter Berücksichtigung der zu verankernden Lasten sind prüfbare Berechnungen anzufertigen.

Die Bemessung der Bewehrungsanschlüsse richtet sich nach DIN EN 1992-1-1 und DIN EN 1992-1-1/NA.

In der Europäischen Technischen Bewertung/Zulassung (ETA) sind die Bemessungswerte der Verbundspannung f_{bd} oder der Abminderungsfaktor für die Bemessungswerte der Verbundspannung k_b angegeben, mit dem der Bemessungswert der Verbundspannung nach DIN EN 1992-1-1 und DIN EN 1992-1-1/NA zu multiplizieren ist.

Für Bewehrungsanschlüsse mit Anforderungen an den Feuerwiderstand ist der Bemessungswert der Verbundspannung unter Brandbeanspruchung $f_{bd,fi}$ gemäß den Bestimmungen der jeweiligen ETA zu ermitteln.

Die minimale Verankerungslänge $l_{b,min}$ und die minimale Übergreifungslänge $l_{0,min}$ entsprechend DIN EN 1992-1-1 und DIN EN 1992-1-1/NA müssen mit dem in der ETA angegebenen Faktor α_{lb} multipliziert werden.

Der Nachweis der unmittelbaren örtlichen Krafteinleitung in den Beton gilt bei Beachtung der Bestimmungen der jeweiligen ETA als erbracht.

Die Weiterleitung der zu verankernden Lasten im Bauteil ist nachzuweisen.

4. Ausführung

4.1. Allgemeines

Die Bewehrungsanschlüsse dürfen nur durch Betriebe ausgeführt werden, die die Anforderungen nach Abschnitt 5 erfüllen.

Die Bewehrungsanschlüsse sind entsprechend den Konstruktionszeichnungen sowie der Montageanweisung (Bohrlochherstellung, Bohrlochreinigung, Vorbereitung des Bewehrungsstabes, Injektion des Verbundmörtels und Setzen des Bewehrungsstabes) des jeweiligen Injektionssystemherstellers auszuführen. Für die Bohrlochherstellung, -reinigung und die Injektion des Mörtels dürfen nur die dafür vorgesehenen Geräte verwendet werden.

4.2. Dokumentation der Ausführung

Für jeden Bewehrungsanschluss ist ein Montageprotokoll über die Ausführung anzufertigen. Die Dokumentation der Ausführung richtet sich nach Tabelle 3. Die Montageprotokolle müssen während der Bauzeit auf der Baustelle bereitliegen. Sie sind ebenso wie die Lieferscheine nach Abschluss der Arbeiten mindestens 5 Jahre vom Unternehmen aufzubewahren.

4.3. Kontrolle der Ausführung

Die ordnungsgemäße Vorbereitung und Ausführung der Arbeiten ist zu überwachen. Dafür ist das erstellte Montageprotokoll zu überprüfen und gegenzuzeichnen. Bei Abweichungen von den Planungsvorgaben ist der verantwortliche Planungsingenieur zu kontaktieren.

Tabelle 3: Montageprotokoll – Prüfungen, Anforderungen und Häufigkeit

Zeile	Gegenstand der Prüfung	Art der Prüfung	Anforderungen	Häufigkeit, Zeitpunkt
	Vorbereitung			
1	Mörtelgebinde	Verpackungsaufdruck	Verfallsdatum nicht abgelaufen	jede Lieferung
		Sichtprüfung	keine auffälligen Veränderungen	laufend
		Lagerungsbedingungen	Vorgaben des Herstellers	bei Ein-/Auslagerung

Zeile	Gegenstand der Prüfung	Art der Prüfung	Anforderungen	Häufigkeit, Zeitpunkt
2	Verarbeitungsgeräte	Funktionskontrolle	einwandfreie Funktion	bei Inbetriebnahme und täglich
3	Arbeitsplan (erstellt aus den Planungsunterlagen)	Anweisung für Herstellen und Verarbeiten	Einhaltung der Vorgaben	vor Beginn der Arbeiten
	Verarbeitung			
4	Witterung	Temperatur (im Verankerungsgrund)	Einhaltung Arbeitsplan und Montageanweisung	vor dem Verfüllen des Bohrloches
		Schutz des Bohrloches vor Wasserzutritt	kein Wasser im Bohrloch	vor dem Verfüllen des Bohrloches
5	Bohrlochherstellung	Überdeckung, Randabstände, Achsabstände	Einhaltung Arbeitsplan und Montageanweisung keine Bewehrungstreffer bei den Bohrarbeiten im Fall von Treffern Planer involvieren	jedes Bohrloch
6	Bohrlochreinigung	Sichtkontrolle und Ausblaskontrolle	staubfrei; saubere Bohrloch-Oberfläche	jedes Bohrloch vor dem Verfüllen
7	Bewehrungsstäbe	Zustand, Markierung, Gängigkeit im Bohrloch	nur Flugrost, Setztiefe markiert, gängig	jeden Stab vor dem Verfüllen des Bohrloches
8	Arbeitssicherheit	Persönliche Schutzausrüstung	geeignete Schutzkleidung, Schutzhandschuhe und Schutzbrille/ Gesichtsschutz tragen	bei der Arbeit mit dem Injektionsmörtel
9	Verfüllung	Mörtel-Füllmarke auf der Mischerverlängerung	entsprechend Arbeitsplan und Montageanweisung	jeden Stab beim Setzen
		hohlraumfrei	kein Rückfedern des Stabes, kein Mörtelspritzen	
10	Eingemörtelte Bewehrungsanschlüsse	Setztiefe	Setzmarkierung am Bohrlochmund	jeden Stab nach dem Setzen
		Verfüllung	Mörtel tritt am Bohrlochmund sichtbar aus	

5. Anforderungen an den Betrieb

5.1. Allgemeines

Der mit der Herstellung des Bewehrungsanschlusses betraute Betrieb muss über

1 einen gültigen Eignungsnachweis entsprechend Abschnitt 6,

2 eine qualifizierte und im Eignungsnachweis benannte Führungskraft,

3 einen verantwortlichen Bauleiter,

4 Baustellenfachpersonal, das für die Ausführung des Bewehrungsanschlusses besonders ausgebildet ist und hierfür eine Bescheinigung über die erfolgreiche Schulungsteilnahme nachweist und

5 die notwendige Geräteausstattung verfügen.

Der Betrieb hat dafür zu sorgen, dass das eingesetzte Baustellenfachpersonal über die Herstellung von nachträglichen Bewehrungsanschlüssen mit eingemörtelten Bewehrungsstäben geschult wird.

5.2. Qualifizierte Führungskraft

Die qualifizierte Führungskraft muss ausreichende Kenntnisse im Stahlbetonbau und Erfahrungen bei der Herstellung von nachträglichen Bewehrungsanschlüssen mit eingemörtelten Bewehrungsstäben haben. Sie muss mindestens die Qualifikation aufweisen, welche zur selbständigen Ausführung von Stahlbetonarbeiten und zur Leitung eines Betriebes in diesem Bereich notwendig ist.

Die qualifizierte Führungskraft ist zuständig und verantwortlich für die Herstellung der Bewehrungsanschlüsse auf der Baustelle.

Zu den Aufgaben der qualifizierten Führungskraft gehören u.a.:

- Beurteilen von Konstruktionszeichnungen im Hinblick auf die Vollständigkeit der Angaben für nachträglich eingemörtelte Bewehrungsstäbe,
- Erstellen und ggf. Prüfen von Leistungsbeschreibungen und Beurteilen der Durchführbarkeit der Bewehrungsanschlüsse,
- Erstellen von Arbeitsplänen (Arbeitsanweisungen),
- Beurteilen der fachlichen Qualifikation des eingesetzten Baustellenfachpersonals,
- Auswertung der Ergebnisse des Montageprotokolls.

5.3. Verantwortlicher Bauleiter

Bei der Herstellung der nachträglichen Bewehrungsanschlüsse mit eingemörtelten Bewehrungsstäben muss ein verantwortlicher und im Eignungsnachweis benannter Bauleiter auf der Baustelle darüber wachen, dass die Bewehrungsanschlüsse mit nachträglich eingemörtelten Bewehrungsstäben entsprechend den Bestimmungen dieser Richtlinie hergestellt werden.

Er hat für die ordnungsgemäße Vorbereitung und Ausführung der Arbeiten zu sorgen und die Ausführung der Arbeiten zu überwachen. Dafür ist das vom Baustellenfachpersonal erstellte Montageprotokoll zu überprüfen und gegenzuzeichnen.

Der Bauleiter muss betontechnische und andere werkstofftechnische Kenntnisse, Fertigkeiten und praktische Erfahrung besitzen. Der Bauleiter muss entweder genauso qualifiziert wie die qualifizierte Führungskraft sein oder wie das Baustellenfachpersonal geschult sein.

5.4. Baustellenfachpersonal

Die Arbeiten müssen von einem im Eignungsnachweis benannten und gemäß Abschnitt 7 geschulten Baustellenfachpersonal ausgeführt werden, das insbesondere handwerklich ausgebildet ist und entsprechende Fertigkeiten und praktische Erfahrung besitzt.

Zu den Aufgaben des Baustellenfachpersonals gehören u.a.:

- praktisches Durchführen der Bohr-, Reinigungs-, Verfüll- und Versetzarbeiten nach Arbeitsplan. Bei Abweichungen ist dies im Montageprotokoll zu dokumentieren und der verantwortliche Bauleiter umgehend zu informieren.
- Führen des Montageprotokolls.

5.5. Geräteausstattung

Für die Herstellung von Bewehrungsanschlüssen mit nachträglich eingemörtelten Bewehrungsstäben müssen auf der Baustelle die in der Montageanweisung genannten Einrichtungen und Geräte vorhanden sein, welche eine fachgerechte Ausführung dieser Arbeiten ermöglichen. Es ist sicherzustellen, dass alle Geräte und Einrichtungen auf der Baustelle einwandfrei funktionieren.

Zu den Geräten und Einrichtungen gehören:

- Geräte für die lagegetreue Durchführung der Bohrung, (Bohrhilfe) Bohrständer für Diamantkernbohrgeräte,
- Geräte für die Reinigung der Bohrlöcher,
- Einrichtungen für die saubere und temperaturgerechte Lagerung des Injektionsmörtels,
- Funktionstüchtige Auspressgeräte und Mischerverlängerungen,
- Kompressor für ölfreie Druckluft von mindestens 6 bar.

6. Eignungsnachweis

Der Eignungsnachweis (siehe MHAVO) wird von einer anerkannten Prüfstelle (siehe PÜZ-Verzeichnis Teil IV) ausgestellt.

Hat diese Prüfstelle festgestellt, dass die Anforderungen an den Betrieb entsprechend Abschnitt 5.1, Ziffern (2) bis (4) erfüllt sind, so stellt sie hierüber einen Eignungsnachweis aus.

Der Eignungsnachweis wird für drei Jahre widerruflich erteilt. Auf Antrag an die Prüfstelle kann die Geltungsdauer des Eignungsnachweises um jeweils drei Jahre verlängert werden.

Vor jeder Verlängerung ist der Prüfstelle darzulegen, dass die o. g. Anforderungen an den Betrieb weiterhin eingehalten werden. Jeder Wechsel des im Eignungsnachweis benannten Personals ist der Prüfstelle anzuzeigen.

7. Schulung und Prüfung des Baustellenfachpersonals

7.1. Allgemeines

Das Baustellenfachpersonal ist gemäß den nachfolgenden Inhalten zu schulen. Nach erfolgter Schulung ist der ausreichende Kenntnisstand durch eine anerkannte Prüfstelle (siehe PÜZ-Verzeichnis Teil IV, lfd. Nr. …) zu überprüfen.

Hat diese Prüfstelle festgestellt, dass die Schulung mit Erfolg durchgeführt wurde, so stellt sie dem Baustellenfachpersonal eine Bescheinigung über die erfolgreiche Schulungsteilnahme aus.

7.2. Inhalt der Schulung

- Sicherheitsvorkehrungen (Schutzbrille, Handschuhe usw.)
- Sicherstellen der Funktion der Geräte (wann ist ein Gerät nicht mehr in Ordnung)
- Bohrmethoden (welche sind für das System gültig und wie funktionieren sie, welche Eigenheiten usw.)
- Verwendung der Bohrhilfe (wann notwendig, warum notwendig, wie anzuwenden)
- Reinigungsmethoden (welche sind für das System gültig und wie funktionieren sie, welche Eigenheiten usw.)

- Spezielle Montagebedingungen (z.B. Überkopf, extreme Temperaturen)
- Arbeitsablauf (Hierarchie und Aufgaben der an der Planung und Herstellung beteiligten Personen; Mindestanforderungen an den Arbeitsplan; durchzuführende Kontrollen während und nach dem Setzvorgang; Verhalten bei Bewehrungstreffern, Fehlbohrungen oder fehlenden Informationen bzw. unvollständigem Arbeitsplan; Anforderungen und Kontrollen an die zusätzlichen benötigten Gerätschaften; Lagerung und Schutz der Gerätschaften und der Injektionsmasse; Führen des Montageprotokolls; Verhalten bei Unterbrechung der Arbeiten)

7.3. Inhalt der theoretischen Prüfung

Im Rahmen der theoretischen Prüfung ist durch das Baustellenfachpersonal in schriftlicher Form nachzuweisen, dass für das jeweilige System ausreichende Kenntnisse über die o.g. Inhalte der Schulung vorliegen.

7.4. Inhalt der praktischen Prüfung

Im Rahmen der praktischen Prüfung für das Baustellenfachpersonal sind folgende Aufgaben durchzuführen:

- Ausführung eines kompletten randnahen Übergreifungsstoßes φ = 12 mm, l_v = 1,0m in bewehrtem Beton nach Konstruktionszeichnungen mit Montageprotokoll
  - Loch bohren mit Bohrhilfe
  - Reinigen des Bohrloches entsprechend Montageanweisung des Herstellers (MPII)
  - Injektion mit akku- oder pneumatisch betriebenen Auspressgeräten
  - Einsetzen des Stabes
  - Schlusskontrolle und Selbstbewertung
- Einmörteln eines Bewehrungsstabes φ = 12 mm im verdeckten, transparenten Schaurohr mit l_v = 60 cm
  - Die benötigte Zeit für die Injektion des Mörtels und das Einsetzen des Stabes ist jeweils zu messen.

Im Rahmen der praktischen Prüfung ist durch das Baustellenfachpersonal nachzuweisen, dass unter anderem ausreichende Kenntnisse zu folgenden Fragestellungen vorliegen:

- Wurde der Arbeitsplan auf die Vollständigkeit aller benötigten Angaben kontrolliert?
- Liegt vor Beginn der Arbeiten ein ausreichendes Verständnis für die auszuführende Arbeit vor?
- Entsprechen die verwendeten Geräte den Anforderungen der Zulassung und werden diese Geräte sicher beherrscht?
- Wird das Bohrloch an der richtigen Stelle gesetzt?
- Wird bei randnahen Bohrungen die Führungseinrichtung sicher gehandhabt?
- Entspricht die Winkelabweichung beim Bohren den zulässigen Toleranzen?
- Erfolgt die Bohrlochreinigung entsprechend den Montageanweisungen?
- Wird die Verankerungslänge des Bewehrungsstabes richtig markiert und die Gängigkeit im Bohrloch kontrolliert?
- Werden die Foliengebinde hinsichtlich Temperatur und Verfallsdatum überprüft?

- Werden die Foliengebinde korrekt aufgebrochen und für den Gebindewechsel vorbereitet?
- Werden die Injektionsgeräte entsprechend den Montageanweisungen gehandhabt? Wird die Füllmarke auf der Mischerverlängerung richtig angebracht?
- Liegt der markierte Bewehrungsstab vor Beginn der Injektion griffbereit?
- Wird die erforderliche Menge Mörtel beim Aufbrechen eines neuen Gebindes verworfen?
- Entspricht die Injektion des Mörtels den Vorgaben der Montageanweisung für ein vollständiges und hohlraumfreies Verfüllen?
- Wird der Bewehrungsstab ordnungsgemäß bis zur Markierung der Verankerungstiefe gesetzt?
- Tritt Mörtel am Bohrlochmund aus?
- Wurde vom Beginn des Injizierens bis zum Setzen des Bewehrungsstabes die zulässige Verarbeitungszeit eingehalten?
- Wurden Mängel während oder nach Herstellung des Bewehrungsanschlusses erkannt und fachgerecht korrigiert?
- Wurde das Montageprotokoll vollständig und richtig geführt?

Anlage 1

– Anwendungsbereiche

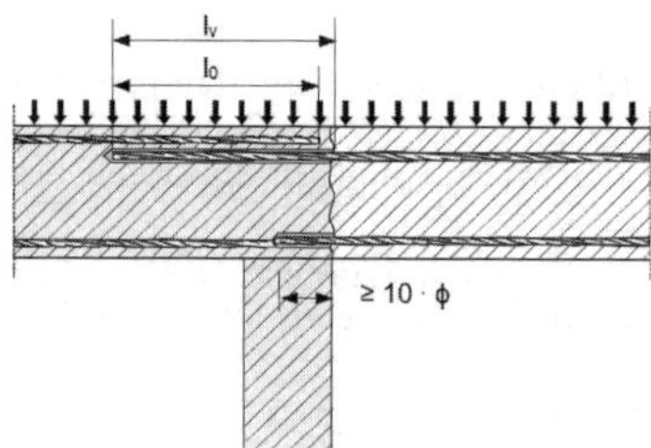

Bild 1: Übergreifungsstoß mit bestehender Bewehrung für Bewehrungsanschlüsse von Platten und Balken

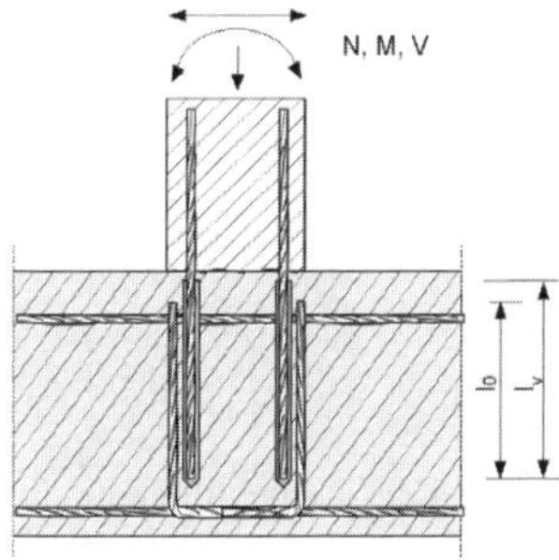

Bild 2: Übergreifungsstoß mit bestehender Bewehrung einer biegebeanspruchten Stütze oder Wand an ein Fundament. Die Bewehrungsstäbe sind zugbeansprucht.

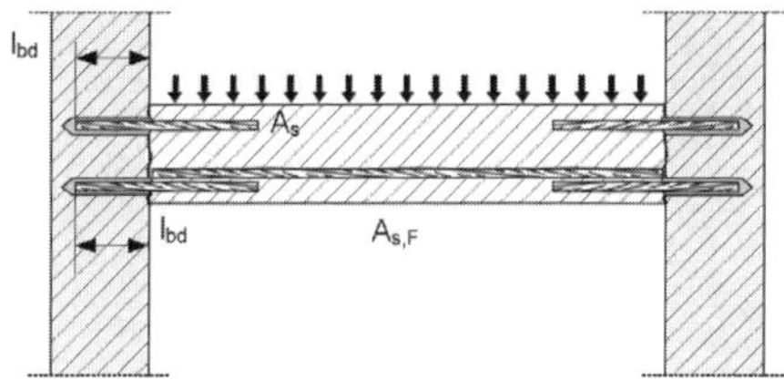

Bild 3: Endverankerung von Platten oder Balken

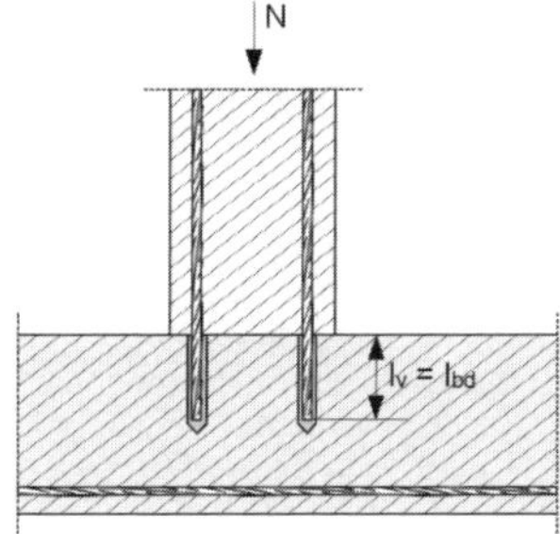

Bild 4: Bewehrungsanschlüsse überwiegend auf Druck beanspruchter Bauteile

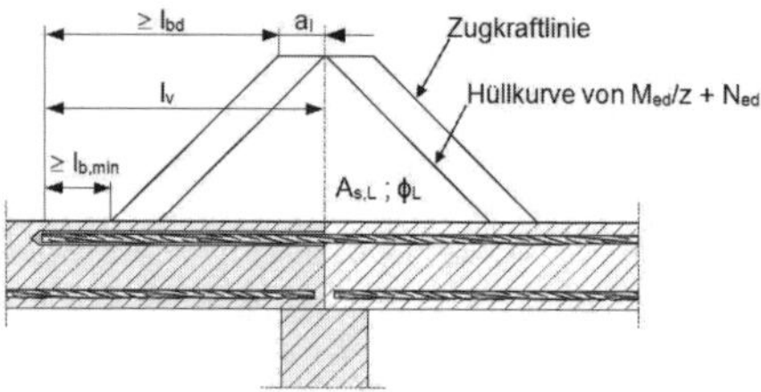

Bild 5: Verankerung von Bewehrung zur Abdeckung der Zugkraftlinie im auf Biegung beanspruchten Bauteil

Bemerkungen:

- In Bild 1 bis Bild 5 ist keine Querbewehrung dargestellt. Die nach DIN EN 1992-1-1:2004+AC:2010 erforderliche Querbewehrung muss vorhanden sein.
- Die Querkraftübertragung zwischen bestehendem und neuem Beton ist gemäß DIN EN 1992-1-1:2004+AC:2010 zu bemessen.

Anlage 2

– Allgemeine Konstruktionsregeln

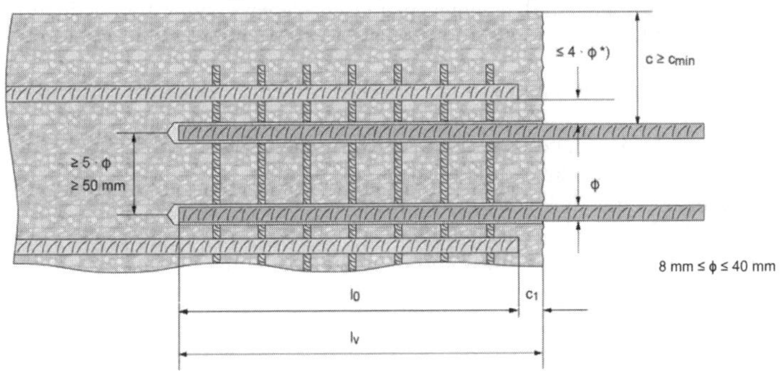

*) Ist der lichte Abstand der gestoßenen Stäbe größer als 4 · φ, so muss die Übergreifungslänge um die Differenz zwischen dem vorhandenen lichten Stababstand und 4 · φ vergrößert werden.

c Betondeckung des eingemörtelten Betonstabs

c_1 Betondeckung an der Stirnseite des einbetonierten Betonstabs

c_{min} Mindestbetondeckung gemäß Tabelle 1 und DIN EN 1992-1-1:2004+AC:2010, Abschnitt 4.4.1.2

φ Durchmesser des Betonstabs

l_0 Länge des Übergreifungsstoßes gemäß der DIN EN 1992-1-1:2004+AC:2010, Abschnitt 8.7.3

l_v Setztiefe $\geq l_0 + c_1$

d_0 Bohrernenndurchmesser

Anhang 2

Verankerungen in Beton mit einbetonierten oder nachträglich gesetzten Befestigungsmitteln – Anforderung an Planung, Bemessung und Ausführung

Stand: Juni 2016

1. Anwendungsbereich

Diese Technische Regel gilt für Verankerungen in Beton, die mit Befestigungsmitteln ausgeführt werden, die eine Europäische Technische Bewertung/Zulassung (ETA) nach folgenden technischen Spezifikationen haben:

- EAD 330008-02-0601 „Ankerschienen“
- EAD 330084-00-0601 „Ankerplatten mit Kopfbolzen“
- EAD 330232-00-0601 „Mechanische Dübel zur Verwendung im Beton“
- EAD 330499-00-0601 „Verbunddübel zur Verwendung im Beton“
- EAD 330747-00-0601 „Dübel zur Verwendung im Beton zur Verankerung von redundanten, nichttragenden Systemen“
- ETAG 001 „Metalldübel zur Verankerung in Beton“
- ETAG 020 „Kunststoffdübel“.

2. Planung

2.1. Allgemeines

Die Verankerungen sind ingenieurmäßig zu planen. Unter Berücksichtigung der zu verankernden Lasten sind prüfbare Konstruktionszeichnungen anzufertigen.

Dabei sind die Bestimmungen der jeweiligen ETA zu beachten. Insbesondere sind dies:

- Unterscheidung in gerissenen oder ungerissenen Beton
- Betonfestigkeitsklasse des Verankerungsgrundes
- minimale Bauteildicke
- minimale Achs- und Randabstände
- Grenzwerte für Umgebungs- und Bauteiltemperaturen.

2.2. Verankerungen von redundanten, nichttragenden (non-structural) Systemen

Redundante, nichttragende (non-structural) Systeme sind wie folgt definiert:

$n_1 \geq 4$; $n_2 \geq 1$ und $n_3 \leq 3{,}0$ kN oder

$n_1 \geq 3$; $n_2 \geq 1$ und $n_3 \leq 2{,}0$ kN.

n_1 = Anzahl von Befestigungsstellen

n_2 = Anzahl von Dübeln je Befestigungsstelle

n_3 = Bemessungswert der Einwirkungen N_{Sd} (kN) einer Befestigungsstelle

2.3. Verankerungen in baulichen Anlagen unter seismischer Einwirkung

Für Verankerungen in baulichen Anlagen unter seismischer Einwirkung dürfen in den Erdbebenzonen Deutschlands alle unter Abschnitt 1 genannten Befestigungsmittel verwendet werden. Die Verankerungen sind entsprechend den in Abschnitt 3 genannten Bemessungsverfahren für statische und quasistatische Einwirkungen zu bemessen.

2.4. Verankerungen in Kernkraftwerken und anderen kerntechnischen Anlagen

Für Verankerungen in Kernkraftwerken und anderen kerntechnischen Anlagen sind die Bestimmungen des DIBt Leitfadens „Dübelbefestigungen in Kernkraftwerken und anderen kerntechnischen Anlagen" zu beachten.

3. Bemessung

3.1. Allgemeines

Die Verankerungen sind ingenieurmäßig zu bemessen. Unter Berücksichtigung der zu verankernden Lasten sind prüfbare Berechnungen anzufertigen.

Abhängig von der Art des Befestigungsmittels sind für die Bemessung der Verankerungen folgende Bemessungsmethoden anzuwenden:

- ETAG 001, Anhang C oder
- DIN SPEC 1021-4 oder
- EOTA TR 029 oder
- ETAG 020, Anhang C.

Eine Vermischung der oben genannten Bemessungsmethoden ist nicht zulässig.

Die für die Bemessung erforderlichen Produktmerkmale (charakteristischen Werte der Tragfähigkeit, Achs- und Randabstände, Montagekennwerte) sind den entsprechenden ETA zu entnehmen.

Der Nachweis der unmittelbaren örtlichen Krafteinleitung in den Beton gilt unter Beachtung der Bestimmungen der jeweiligen ETA als erbracht.

Die Weiterleitung der zu verankernden Lasten im Bauteil ist nachzuweisen.

3.2. Verankerungen in Kernkraftwerken und anderen kerntechnischen Anlagen

Bei der Bemessung von Verankerungen in Kernkraftwerken und anderen kerntechnischen Anlagen sind zusätzlich die Bestimmungen des DIBt Leitfadens „Dübelbefestigungen in Kernkraftwerken und anderen kerntechnischen Anlagen" zu beachten.

3.3. Verankerungen mit Anforderungen an den Feuerwiderstand

Bei der Bemessung von Verankerungen mit Anforderungen an den Feuerwiderstand sind zusätzlich die Bestimmungen des EOTA TR 020 zu beachten.

4. Ausführung

Bezüglich Ausführung sind die Bestimmungen des DIBt-Papiers „Hinweise für die Montage von Dübelverankerungen" vom Oktober 2010 (www.dibt.de) zu beachten.

Anhang 3

Verankerungen in Mauerwerk mit nachträglich gesetzten Befestigungsmitteln – Anforderung an Planung, Bemessung und Ausführung

Stand: Juni 2016

1. Anwendungsbereich

Diese Technische Regel gilt für Verankerungen in Mauerwerk, die mit Befestigungsmitteln ausgeführt werden, die eine Europäische Technische Bewertung/Zulassung (ETA) nach folgenden technischen Spezifikationen haben:

- EAD 330076-00-0604 „Metall-Injektionsdübel zur Verankerung in Mauerwerk"
- ETAG 029 „Metall-Injektionsdübel zur Verankerung in Mauerwerk"
- ETAG 020 „Kunststoffdübel".

2. Planung

Die Verankerungen sind ingenieurmäßig zu planen. Unter Berücksichtigung der zu verankernden Lasten sind prüfbare Konstruktionszeichnungen anzufertigen.

Dabei sind die Bestimmungen der jeweiligen ETA zu beachten. Insbesondere sind dies:

- Unterscheidung der Verankerungsgründe
- Festigkeitsklasse des Verankerungsgrundes
- minimale Bauteildicke

- minimale Achs- und Randabstände
- Grenzwerte für Umgebungs- und Bauteiltemperaturen.

3. Bemessung

Die Verankerungen sind ingenieurmäßig zu bemessen. Unter Berücksichtigung der zu verankernden Lasten sind prüfbare Berechnungen anzufertigen.

Abhängig von der Art des Befestigungsmittels sind für die Bemessung der Verankerungen folgende Bemessungsmethoden anzuwenden:

- ETAG 029, Anhang C oder
- ETAG 020, Anhang C.

Eine Vermischung der oben genannten Bemessungsmethoden ist nicht zulässig.

Die für die Bemessung erforderlichen Produktmerkmale (charakteristischen Werte der Tragfähigkeit, Achs- und Randabstände, Montagekennwerte) sind den entsprechenden ETA zu entnehmen.

Der Nachweis der unmittelbaren örtlichen Krafteinleitung in das Mauerwerk gilt unter Beachtung der Bestimmungen der jeweiligen ETA als erbracht.

Die Weiterleitung der zu verankernden Lasten im Bauteil ist nachzuweisen.

4. Ausführung

Bezüglich Ausführung sind die Bestimmungen des DIBt-Papiers „Hinweise für die Montage von Dübelverankerungen" vom Oktober 2010 (www.dibt.de) zu beachten.

Anhang 4

Bauaufsichtliche Anforderungen, Zuordnung der Klassen, Verwendung von Bauprodukten, Anwendung von Bauarten

Stand: Juni 2016

1. Teile von baulichen Anlagen, an die Anforderungen an das Brandverhalten gestellt werden

1.1. Allgemeines

Zum Nachweis des Brandverhaltens von Teilen baulicher Anlagen nach Technischen Baubestimmungen, die in C 2 genannt sind, oder nach Verwendbarkeitsnachweisen gemäß Art. 17 BayBO, erfolgt die Zuordnung der Baustoffklassen nach DIN 4102-1:1998-05 zu den Anforderungen nach A 2.1.2 in Abschnitt 1.2.

Zum Nachweis des Brandverhaltens von Teilen baulicher Anlagen, bei denen Bauprodukte nach harmonisierten technischen Spezifikationen nach der Verordnung (EU) Nr. 305/2011 verwendet werden, erfolgt die Zuordnung der Klassen nach DIN EN 13501-1:2010-01 zu den Anforderungen nach A 2.1.2 in Abschnitt 1.3.

1.2. Bauaufsichtliche Anforderungen und Baustoffklassen nach DIN 4102-1:1998-05 und weitere Angaben

Tabelle 1.2.1: Bauaufsichtliche Anforderung und Zuordnung der Baustoffklassen nach DIN 4102-1:1998-05 für Baustoffe (einschließlich Bodenbeläge und lineare Rohrdämmstoffe) und weitere Angaben

Bauaufsichtliche Anforderung nach A 2.1.2	**Mindestens geeignete Baustoffklassen nach DIN 4102-1:1998-05 und weitere Angaben**
nichtbrennbar[1]	A2
schwerentflammbar	B1 und begrenzte Rauchentwicklung (I ≤ 400 % × Min. bei Prüfung nach DIN 4102-15:1990-05)
schwerentflammbar und nicht brennend abfallend oder abtropfend	B1 und nicht brennend abfallend oder abtropfend sowie begrenzte Rauchentwicklung (I ≤ 400 % × Min. bei Prüfung nach DIN 4102-15:1990-05)
schwerentflammbar und geringe Rauchentwicklung	B1 und geringe Rauchentwicklung (I ≤ 100 % × Min. bei Prüfung nach DIN 4102-15:1990-05)
schwerentflammbar und nicht brennend abfallend oder abtropfend sowie geringe Rauchentwicklung	B1 und nicht brennend abfallend oder abtropfend sowie geringe Rauchentwicklung (I ≤ 100 % × Min. bei Prüfung nach DIN 4102-15:1990-05)
normalentflammbar nicht brennend abfallend oder abtropfend	B2
normalentflammbar	B2 (auch brennend abfallend oder abtropfend)
[1] ggf. zusätzlich Schmelzpunkt > 1000 °C	Angabe: Schmelzpunkt von mindestens 1000 °C nach DIN 4102-17:1990-12

Für schwerentflammbare und normalentflammbare Bauprodukte – ausgenommen Bodenbeläge – werden bei den Prüfungen nach DIN 4102-1:1998-05 Ergebnisse über das brennende Abtropfen oder das Abfallen brennender Probenteile festgestellt, bei den schwerentflammbaren Bauprodukten außerdem Werte über die Rauchentwicklung. Tritt brennendes Abtropfen/Abfallen auf bzw. wird bei schwerentflammbaren Bauprodukten – ausgenommen Bodenbeläge – der Grenzwert für die Rauchentwicklung überschritten, ist dies zusätzlich zur Baustoffklassifizierung mit dem Ü-Zeichen anzugeben.

1.3. Bauaufsichtliche Anforderungen und Klassen nach DIN EN 13501-1:2010-01

Für die Verwendung in baulichen Anlagen ist für Bauprodukte, einschließlich deren Bestandteile, nach den europäisch harmonisierten Normen, nach den Europäischen Technischen Bewertungen bzw. Europäischen Technischen Zulassungen, die bis zum Zeitpunkt der Bekanntmachung dieser technischen Regel gemäß Verordnung (EU) 305/2011 veröffentlicht sind, die Tabelle 1.3.1 zu beachten.

Tabelle 1.3.1: Bauaufsichtliche Anforderung und Zuordnung der Klassen nach DIN EN 13501-1:2010-01

Bauaufsichtliche Anforderungen, konkretisiert durch A 2.1.2	**Mindestens geeignete Klassen nach DIN EN 13501-1:2010-01**		
	Bauprodukte, ausgenommen lineare Rohrdämmstoffe und Bodenbeläge	lineare Rohrdämmstoffe	Bodenbeläge
nichtbrennbar[1]	A2 – s1,d0	$A2_L$ – s1,d0	$A2_{fl}$ – s1
schwerentflammbar und nicht brennend abfallend oder abtropfend, sowie geringe Rauchentwicklung	C – s1,d0	C_L – s1,d0	–
schwerentflammbar und nicht brennend abfallend oder abtropfend	C – s3,d0	C_L – s3,d0	–
schwerentflammbar und geringe Rauchentwicklung	C – s1,d2	C_L – s1,d2	C_{fl} – s1
schwerentflammbar	C – s3,d2	C_L – s3,d2	C_{fl} – s1
normalentflammbar und nicht brennend abfallend oder abtropfend	E	E_L	–
normalentflammbar	E – d2	E_L – d2	E_{fl}
[1] ggf. zusätzlich Schmelzpunkt > 1000 °C	–	–	–

Erläuterungen zu Tabelle 1.3.1:

Herleitung des Kurzzeichens	**Kriterium**	**Anwendungsbereich**
s (Smoke)	Rauchentwicklung	Anforderungen an die Rauchentwicklung ▪ s1: geringe Rauchentwicklung ▪ s2, s3: begrenzte Rauchentwicklung
d (Droplets)	brennendes Abtropfen/Abfallen	Anforderungen an das brennende Abtropfen/Abfallen ▪ d0: kein brennendes Abtropfen/Abfallen ▪ d1, d2: brennendes Abtropfen/Abfallen
....fl (Floorings)		Brandverhaltensklasse für Bodenbeläge
...L (Linear Pipe Thermal Insulation Products)		Brandverhaltensklasse für Produkte zur Wärmedämmung von linearen Rohren

Bauprodukte können aufgrund von EU-Rechtsvorschriften (Entscheidungen, Delegierte Rechtsakte) ohne weitere Prüfung hinsichtlich des Brandverhaltens klassifiziert werden.

Fundstelle: http://eur-lex.europa.eu, www.dibt.de → Geschäftsfelder → Das DIBt in Europa → Kommission-Brandschutz

2. Elektrische Kabel und elektrische Kabelanlagen

2.1. Elektrische Kabel

2.1.1. Bauaufsichtliche Anforderungen und Baustoffklassen nach DIN 4102-1:1998-05 und weitere Angaben

Zum Nachweis des Brandverhaltens für elektrische Kabel nach Technischen Baubestimmungen oder nach Verwendbarkeitsnachweisen gemäß Art. 17 Bay-

BO können die Zuordnung der Baustoffklassen nach DIN 4102-1:1998-05 zu den Anforderungen nach A 2.1.2 der Tabelle 2.1.1 und weitere Angaben entnommen werden.

Tabelle 2.1.1: Bauaufsichtliche Anforderung und Zuordnung der Baustoffklasse nach DIN 4102-1:1998-05 und weitere Angaben

Bauaufsichtliche Anforderung, konkretisiert durch A 2.1.2	Mindestens geeignete Baustoffklasse nach DIN 4102-1:1998-05 und weitere Angaben
nichtbrennbar	A2
schwerentflammbar	B1 und begrenzte Rauchentwicklung (I ≤ 400 % × Min. bei Prüfung nach DIN 4102-15:1990-05)
schwerentflammbar und mit geringer Rauchentwicklung	B1 und geringe Rauchentwicklung (I ≤ 100 % × Min. bei Prüfung nach DIN 4102-15:1990-05)
normalentflammbar	B2 (auch brennend abfallend oder abtropfend)

2.1.2. Bauaufsichtliche Anforderungen und Klassen nach DIN EN 13501-6:2014-07

Für die Verwendung in baulichen Anlagen ist für elektrische Kabel, nach den europäisch harmonisierten Normen, nach den Europäischen Technischen Bewertungen oder nach den europäischen technischen Zulassungen, die bis zum Zeitpunkt der Bekanntmachung dieser technischen Regel gemäß Verordnung (EU) 305/2011 veröffentlicht sind, die Tabelle 2.1.2 zu beachten.

Tabelle 2.1.2: Bauaufsichtliche Anforderung und Zuordnung der Brandverhaltensklasse nach – DIN EN 13501-6:2014-07

Bauaufsichtliche Anforderung, konkretisiert durch A 2.1.2	Mindestens geeignete Klassen nach DIN EN 13501-6:2014-07 und weitere Angaben
nichtbrennbar	A_{ca}
schwerentflammbar	$B1_{ca}$ – s3
schwerentflammbar und mit geringer Rauchentwicklung	$B1_{ca}$ – s1
normalentflammbar	E_{ca}

2.2. Elektrische Kabelanlagen

Zum Nachweis des Funktionserhalts elektrischer Kabelanlagen unter Brandeinwirkung für Bauarten gemäß Art. 15 BayBO kann die Zuordnung der Funktionserhaltsklassen nach DIN 4102-12:1998-11 zu den Anforderungen nach A 2.1.14 in Verbindung mit der technischen Regel A 2.2.1.8 der Tabelle 2.2.1 entnommen werden.

Tabelle 2.2.1: Bauaufsichtliche Anforderungen und Zuordnung der Funktionserhaltsklasse nach DIN 4102-12:1998-11

Funktionserhalt in Minuten konkretisiert durch A 2.2.1.8	Funktionserhaltsklasse nach DIN 4102-12:1998-11
≥ 30	E 30
≥ 60	E 60
≥ 90	E 90

3. Bedachungen

Zum Nachweis der Eigenschaft einer Bedachung als Teil der baulichen Anlage bei einer Brandbeanspruchung von außen gegen Flugfeuer und strahlende Wärme (harte Bedachung) erfolgt die Zuordnung als widerstandsfähig gegen

Flugfeuer und strahlende Wärme geltende Bedachung nach DIN 4102-7:1987-03 in Verbindung mit DIN SPEC 4102-23:2011-10.

Tabelle 3.1: Bauaufsichtliche Anforderung und Zuordnung der Klasse nach DIN 4102-7:1987-03

Bauaufsichtliche Anforderung	DIN 4102-7:1987-03
Brandbeanspruchung von außen durch Flugfeuer und strahlende Wärme (harte Bedachung)	Widerstandsfähigkeit von Bedachungen gegen Flugfeuer und strahlende Wärme

Zum Nachweis einer harten Bedachung unter Verwendung von Bauprodukten (DIN EN 494, DIN EN 534, DIN EN 13707, DIN EN 13956, DIN EN 14351-1 und DIN EN 14963), die die CE-Kennzeichnung aufgrund der Verordnung (EU) Nr. 305/2011 tragen, ist Tabelle 3.2 zu beachten.

Tabelle 3.2: Bauaufsichtliche Anforderung und Zuordnung der Bauteilklasse nach DIN EN 13501-5:2010-02

Bauaufsichtliche Anforderung	DIN EN 13501-5:2010-02
Brandbeanspruchung von außen durch Flugfeuer und strahlende Wärme (harte Bedachung)	B_{ROOF}(t1)*
* Wenn im Rahmen der CE-Kennzeichnung die Klasse B_{ROOF}(t1), Beanspruchung durch Feuer von außen gemäß DIN EN 13501-5, angegeben wird, gilt diese für die Bedachung nur, wenn die Ausführung der Bedachung den Ausführungen im zugehörigen Klassifizierungsdokument, in delegierten Rechtsakten oder in einer Entscheidung der Europäischen Kommission hinsichtlich des Brandverhaltens entspricht. Ist dies nicht der Fall, bedarf es für die harte Bedachung als Bauart eines allgemeinen bauaufsichtlichen Prüfzeugnisses.	

4. Bauteile

4.1. Tragende Bauteile

Zum Nachweis der Feuerwiderstandsfähigkeit von tragenden Teilen baulicher Anlagen nach Technischen Baubestimmungen, die in C 2 genannt sind, oder nach Verwendbarkeitsnachweisen gemäß Art. 17 BayBO oder für Bauarten gemäß Art. 15 BayBO, kann die Zuordnung der Feuerwiderstandsklassen nach der Normenreihe DIN 4102 zu den Anforderungen A 2.1.3 dem Abschnitt 4.2 Tabelle 4.2.3 entnommen werden.

Zum Nachweis der Feuerwiderstandsfähigkeit von tragenden Teilen baulicher Anlagen für Bauteile und Bauprodukte, nach den europäisch harmonisierten Normen, nach den Europäischen Technischen Bewertungen oder nach den Europäischen Technischen Zulassungen, die bis zum Zeitpunkt der Bekanntmachung dieser technischen Regel gemäß Verordnung (EU) 305/2011 veröffentlicht sind, sind die Tabellen 4.1.1, 4.1.2, 4.2.1 und 4.2.2 zu beachten.

Tabelle 4.1.1: Bauaufsichtliche Anforderung zur Feuerwiderstandsfähigkeit an tragende Teile und die Bemessung nach Eurocode

Bauaufsichtliche Anforderung	Eurocode 1992-1999** rechnerisch ermittelter Wert × bei Einwirkung ETK in Min.***	Anwendungsregel für rechnerisch bemessene Bauarten unter Verwendung bestimmter Baustoffe
feuerhemmend	≥ 30 und < 60	DIN 4102-4:2016-05
feuerhemmend und aus nichtbrennbaren* Baustoffen	≥ 30 und < 60, für Eurocode 1995 nicht ermittelbar (Baustoff)	DIN 4102-4:2016-05
hochfeuerhemmend (tragende Teile brennbar, Dämmstoffe nichtbrennbar* mit brandschutztechnisch wirksamer Bekleidung aus nichtbrennbaren* Baustoffen)	≥ 60 und < 90	–****

Bauaufsichtliche Anforderung	Eurocode 1992-1999** rechnerisch ermittelter Wert × bei Einwirkung ETK in Min.***	Anwendungsregel für rechnerisch bemessene Bauarten unter Verwendung bestimmter Baustoffe
hochfeuerhemmend und in den wesentlichen Teilen aus nichtbrennbaren* Baustoffen hochfeuerhemmend und aus nichtbrennbaren* Baustoffen	≥ 60 und < 90	DIN 4102-4:2016-05
feuerbeständig (tragende und aussteifende Teile nichtbrennbar*) feuerbeständig und aus nichtbrennbaren* Baustoffen	≥ 90	DIN 4102-4:2016-05
Brandwand (feuerbeständig und aus nichtbrennbaren* Baustoffen) Wand anstelle einer Brandwand (hochfeuerhemmend und aus nichtbrennbaren* Baustoffen auch unter zusätzlicher mechanischer Beanspruchung standsicher)	nicht ermittelbar	–
Gebäudeabschlusswände, die jeweils von innen nach außen die Feuerwiderstandsfähigkeit der tragenden und aussteifenden Teile des Gebäudes, mindestens jedoch feuerhemmende Bauteile, und von außen nach innen die Feuerwiderstandsfähigkeit feuerbeständiger Bauteile haben	nicht ermittelbar (aber zulässig, wenn ≥ 90 ermittelt)	–
Feuerwiderstandsfähigkeit 120 Min	≥ 120	–

* Hinsichtlich der Anforderungen gilt Tabelle 1.2.1.

** Die Bemessung nach Eurocode berücksichtigt das Brandverhalten der Baustoffe nicht. Es gilt Tabelle 1.3.1.

*** Die Bemessung nach Eurocode berücksichtigt das Brandverhalten der Baustoffe nicht. Es gilt Tabelle 1.3.1.

**** Für DIN EN 1995 nicht zutreffend.

Tabelle 4.1.2: Bauaufsichtliche Anforderung und Zuordnung von Festlegungen von Klassen gemäß Eurocode DIN EN 1992-1-2:2010-12, DIN EN 1994-1-2:2010-12, DIN EN 1996-1-2/NA:2012-01

Bauaufsichtliche Anforderung	Klassen nach Eurocode**	Festlegungen und Anwendungsregeln unter Verwendung bestimmter Baustoffe***
feuerhemmend	R30	DIN EN 1992-1-2:2010-12, Abschnitt 5 DIN EN 1994-1-2:2010-12, Abschnitt 4 DIN EN 1996-1-2/NA2012-01, zu Anhang B und zusätzlich gilt DIN 4102-4:2016-05
feuerhemmend und aus nichtbrennbaren* Baustoffen	R30	DIN EN 1992-1-2:2010-12, Abschnitt 5 DIN EN 1994-1-2:2010-12, Abschnitt 4 DIN EN 1996-1-2/NA:2012-01, zu Anhang B und zusätzlich gilt DIN 4102-4:2016-05
hochfeuerhemmend (tragende Teile brennbar, Dämmstoffe nichtbrennbar* mit brandschutztechnisch wirksamer Bekleidung aus nichtbrennbaren* Baustoffen)	–	–

Bauaufsichtliche Anforderung	Klassen nach Eurocode**	Festlegungen und Anwendungsregeln unter Verwendung bestimmter Baustoffe***
hochfeuerhemmend und in den wesentlichen Teilen aus nichtbrennbaren* Baustoffen hochfeuerhemmend und aus nichtbrennbaren* Baustoffen	R60	DIN EN 1992-1-2:2010-12, Abschnitt 5 DIN EN 1994-1-2:2010-12, Abschnitt 4 DIN EN 1996-1-2/NA:2012-01, zu Anhang B und zusätzlich gilt DIN 4102-4:2016-05
feuerbeständig (tragende und aussteifende Teile nichtbrennbar*) feuerbeständig und aus nichtbrennbaren* Baustoffen	R90	DIN EN 1992-1-2:2010-12, Abschnitt 5 DIN EN 1994-1-2:2010-12, Abschnitt 4 DIN EN 1996-1-2/NA:2012-01, zu Anhang B und zusätzlich gilt DIN 4102-4:2016-05
Feuerwiderstandsfähigkeit 120 Min	R120	DIN EN 1992-1-2:2010-12, Abschnitt 5 DIN EN 1994-1-2:2010-12, Abschnitt 4 DIN EN 1996-1-2/NA:2012-01, zu Anhang B und zusätzlich gilt DIN 4102-4:2016-05

* Hinsichtlich der Anforderungen gilt Tabelle 1.2.1.

** Die Klasse nach Eurocode berücksichtigt das Brandverhalten der Baustoffe nicht. Es gilt Tabelle 1.3.1.

*** Hinsichtlich der Anforderungen gilt Tabelle 1.2.1 oder Tabelle 1.3.1.

4.2. Raumabschließende Bauteile

Tabelle 4.2.1: Bauaufsichtliche Anforderung zur Feuerwiderstandsfähigkeit an raumabschließende Wände und die Zuordnung von Festlegungen von Klassen gemäß Eurocode

Bauaufsichtliche Anforderung	Klassen nach Eurocode**	Festlegungen und Anwendungsregeln unter Verwendung bestimmter Baustoffe***
feuerhemmend	EI30	DIN EN 1992-1-2:2010-12, Abschnitt 5 DIN EN 1996-1-2/NA:2012-01, zu Anhang B und zusätzlich gilt DIN 4102-4:2016-05
feuerhemmend und aus nichtbrennbaren* Baustoffen	EI30	DIN EN 1992-1-2:2010-12, Abschnitt 5 DIN EN 1996-1-2/NA:2012-01, zu Anhang B und zusätzlich gilt DIN 4102-4:2016-05
hochfeuerhemmend (tragende Teile brennbar, Dämmstoffe nichtbrennbar* mit brandschutztechnisch wirksamer Bekleidung aus nichtbrennbaren* Baustoffen)	–	–
hochfeuerhemmend und in den wesentlichen Teilen aus nichtbrennbaren* Baustoffen hochfeuerhemmend und aus nichtbrennbaren* Baustoffen	EI60	DIN EN 1992-1-2:2010-12, Abschnitt 5 DIN EN 1996-1-2/NA:2012-01, zu Anhang B und zusätzlich gilt DIN 4102-4:2016-05
feuerbeständig (tragende und aussteifende Teile nichtbrennbar*) feuerbeständig und aus nichtbrennbaren* Baustoffen	EI90	DIN EN 1992-1-2:2010-12, Abschnitt 5 DIN EN 1996-1-2/NA2012-01, zu Anhang B und zusätzlich gilt DIN 4102-4:2016-05
Feuerwiderstandsfähigkeit 120 Min	EI120	DIN EN 1992-1-2:2010-12, Abschnitt 5 DIN EN 1996-1-2/NA:2012-01, zu Anhang B und zusätzlich gilt DIN 4102-4:2016-05

* Hinsichtlich der Anforderungen gilt Tabelle 1.2.1.

** Die Klasse nach Eurocode berücksichtigt das Brandverhalten der Baustoffe nicht. Es gilt Tabelle 1.3.1.

*** Hinsichtlich der Anforderungen gilt Tabelle 1.2.1 oder Tabelle 1.3.1.

Tabelle 4.2.2: Bauaufsichtliche Anforderung zur Feuerwiderstandsfähigkeit an tragende und raumabschließende Decken und die Zuordnung von Festlegungen von Klassen gemäß Eurocode

Bauaufsichtliche Anforderung	Klassen nach Eurocode**	Festlegungen und Anwendungsregeln unter Verwendung bestimmter Baustoffe***
feuerhemmend	REI30	DIN EN 1992-1-2:2010-12, Abschnitt 5 und zusätzlich gilt DIN 4102-4:2016-05
feuerhemmend und aus nichtbrennbaren* Baustoffen	REI30	DIN EN 1992-1-2:2010-12, Abschnitt 5 und zusätzlich gilt DIN 4102-4:2016-05
hochfeuerhemmend (tragende Teile brennbar, Dämmstoffe nichtbrennbar* mit brandschutztechnisch wirksamer Bekleidung)	–	–
hochfeuerhemmend und in den wesentlichen Teilen aus nichtbrennbaren* Baustoffen hochfeuerhemmend und aus nichtbrennbaren* Baustoffen	REI60	DIN EN 1992-1-2:2010-12, Abschnitt 5 und zusätzlich gilt DIN 4102-4:2016-05
feuerbeständig (tragende und aussteifende Teile nichtbrennbar*) feuerbeständig und aus nichtbrennbaren* Baustoffen	REI90	DIN EN 1992-1-2:2010-12, Abschnitt 5 und zusätzlich gilt DIN 4102-4:2016-05
Feuerwiderstandsfähigkeit 120 Min	REI120	DIN EN 1992-1-2:2010-12, Abschnitt 5 und zusätzlich gilt DIN 4102-4:2016-05

* Hinsichtlich der Anforderungen gilt Tabelle 1.2.1.

** Die Klasse nach Eurocode berücksichtigt das Brandverhalten der Baustoffe nicht. Es gilt Tabelle 1.3.1.

*** Hinsichtlich der Anforderungen gilt Tabelle 1.2.1 oder Tabelle 1.3.1.

Tabelle 4.2.3: Bauaufsichtliche Anforderungen und Zuordnung der Feuerwiderstandsklassen nach DIN 4102-2:1977-09, -3:1977-09 für tragende Bauteile, Innenwände, Außenwände, selbstständige Unterdecken, Dächer, Treppen, Doppelböden, Brandwände

Bauaufsichtliche Anforderung	Klassen nach DIN 4102-2:1977-09	Kurzbezeichnung nach DIN 4102-2:1977-09
feuerhemmend	Feuerwiderstandsklasse F 30	F 30 – B[1]
feuerhemmend und aus nichtbrennbaren* Baustoffen	Feuerwiderstandsklasse F 30 und aus nichtbrennbaren Baustoffen	F 30 – A[1]
hochfeuerhemmend und in den wesentlichen Teilen aus nichtbrennbaren Baustoffen**	Feuerwiderstandsklasse F 60 und in den wesentlichen Teilen aus nichtbrennbaren Baustoffen	F 60 – AB[2],[3]
hochfeuerhemmend (tragende Teile brennbar, Dämmstoffe nichtbrennbar* mit brandschutztechnisch wirksamer Bekleidung)	–	–
hochfeuerhemmend und aus nichtbrennbaren* Baustoffen	Feuerwiderstandsklasse F 60 und aus nichtbrennbaren Baustoffen	F 60 – A[2],[3]
feuerbeständig (tragende und aussteifende Teile nicht brennbar*)	Feuerwiderstandsklasse F 90 und in den wesentlichen Teilen aus nichtbrennbaren Baustoffen	F 90 – AB[4],[5]
feuerbeständig und aus nichtbrennbaren* Baustoffen	Feuerwiderstandsklasse F 90 und aus nichtbrennbaren Baustoffen	F 90 – A[4],[5]
Brandwand (feuerbeständig und aus nichtbrennbaren* Baustoffen)	Brandwand	–
Wand anstelle einer Brandwand (hochfeuerhemmend und aus nichtbrenn-	hochfeuerhemmende Wand anstelle einer Brandwand und aus nichtbrenn-	–

Bauaufsichtliche Anforderung	Klassen nach DIN 4102-2:1977-09	Kurzbezeichnung nach DIN 4102-2:1977-09
baren* Baustoffen auch unter zusätzlicher mechanischer Beanspruchung standsicher)	baren Baustoffen auch unter zusätzlicher mechanischer Beanspruchung standsicher (Wand anstelle einer Brandwand)	
Gebäudeabschlusswände, die jeweils von innen nach außen die Feuerwiderstandsfähigkeit der tragenden und aussteifenden Teile des Gebäudes, mindestens jedoch feuerhemmende Bauteile, und von außen nach innen die Feuerwiderstandsfähigkeit feuerbeständiger Bauteile haben	Gebäudeabschlusswände, die jeweils von innen nach außen die Feuerwiderstandsfähigkeit der tragenden und aussteifenden Teile des Gebäudes, mindestens jedoch feuerhemmende Bauteile, und von außen nach innen die Feuerwiderstandsfähigkeit feuerbeständiger Bauteile haben	F 30 – B (von innen) und F90 – B (von außen)

[1] Bei nichttragenden Außenwänden auch W 30 zulässig.

[2] Der Nachweis und die Zuordnung erfolgen nach Tabelle 4.3.1.

[3] Bei nichttragenden Außenwänden auch W 60 zulässig.

[4] Bei nichttragenden Außenwänden auch W 90 zulässig.

[5] Tragende Bauteile müssen nach DIN 4102-2:1977-09, Abschnitt 6.2.2.6, unter entsprechender Last geprüft sein.

* Hinsichtlich der Anforderungen gilt Tabelle 1.2.1.

** In Bauteilebene durchgehende Schicht aus nichtbrennbaren Baustoffen.

4.3. Verwendung von Bauprodukten und Bausätzen nach harmonisierten technischen Spezifikationen für tragende und raumabschließende Bauteile

Hinweis:

Die europäische Klassifizierung der Feuerwiderstandsfähigkeit berücksichtigt nicht das Brandverhalten der Teile der baulichen Anlage.

Tabelle 4.3.1: Bauaufsichtliche Anforderungen zur Feuerwiderstandsfähigkeit einschließlich Brandverhalten; Angaben zu (*erforderlichen*) Leistungen von Bauprodukten und Bausätzen nach harmonisierten technischen Spezifikationen, Klassifizierung nach DIN EN 13501-2:2010-02

Bauaufsichtliche Anforderung	Tragende Bauteile		
	ohne Raumabschluss[1]	mit Raumabschluss	Brandverhalten, mindestens geeignete Klassen nach DIN EN 13501-1:2010-01
feuerhemmend	R 30	REI 30	E – d2
feuerhemmend und aus nichtbrennbaren* Baustoffen	R 30	REI 30	A2 – s1,d0**
hochfeuerhemmend (tragende Teile brennbar, Dämmstoffe nichtbrennbar* mit brandschutztechnisch wirksamer Bekleidung)	R 60-$K_2$60	REI 60-$K_2$60	tragende und aussteifende Teile E, im Übrigen A2 – s1,d0**
hochfeuerhemmend und in den wesentlichen Teilen aus nichtbrennbaren* Baustoffen	R 60	REI 60[2]	A2 – s1,d0**
Wand anstelle einer Brandwand (hochfeuerhemmend und aus nichtbrennbaren* Baustoffen auch unter zusätzlicher mechanischer Beanspruchung standsicher)	–	REI 60-M	A2 – s1,d0**
Wand anstelle einer Brandwand (hochfeuerhemmend (tragende		REI 60-M-$K_2$60	tragende und aussteifende Teile E, im Übrigen A2 – s1,d0**

Bauaufsichtliche Anforderung	Tragende Bauteile		
	ohne Raumabschluss[1]	mit Raumabschluss	Brandverhalten, mindestens geeignete Klassen nach DIN EN 13501-1:2010-01
Teile brennbar, Dämmstoffe nichtbrennbar* mit brandschutztechnisch wirksamer Bekleidung) auch unter zusätzlicher mechanische Beanspruchung standsicher)			
feuerbeständig (tragende und aussteifende Teile nicht brennbar*)	R 90	REI 90[2]	A2 – s1,d0**; im Übrigen E
feuerbeständig und aus nichtbrennbaren* Baustoffen	R 90	REI 90	A2 – s1,d0**
Feuerwiderstandsfähigkeit 120 Min. und aus nichtbrennbaren* Baustoffen	R 120	REI 120	A2 – s1,d0**
Brandwand***	–	REI 90-M	A2 – s1,d0**

[1] Für die mit reaktiven Brandschutzsystemen beschichteten Stahlbauteile ist die Angabe IncSlow gemäß DIN EN 13501-2:2010-02 in der Leistungserklärung zusätzlich zu nennen.

[2] Eine in Bauteilebene durchgehende, nichtbrennbare Schicht: A2 – s1,d0**

* Hinsichtlich der Anforderungen gilt Tabelle 1.2.1.

** Hinsichtlich der Anforderungen gilt Tabelle 1.3.1.

*** Die Brandwand muss aus nichtbrennbaren Baustoffen bestehen.

Tabelle 4.3.2: Bauaufsichtliche Anforderungen zur Feuerwiderstandsfähigkeit einschließlich Brandverhalten; Angaben zu (*erforderlichen*) Leistungen von Bauprodukten und Bausätzen nach harmonisierten technischen Spezifikationen, Klassifizierung nach DIN EN 13501-2:2010-02

Bauaufsichtliche Anforderung	Nichttragende Innenwände und deren Brandverhalten	
	mit Raumabschluss	Brandverhalten, mindestens geeignete Klassen nach DIN EN 13501-1:2010-01
feuerhemmend	EI 30	E – d2
feuerhemmend und aus nichtbrennbaren* Baustoffen	EI 30	A2 – s1,d0**
hochfeuerhemmend (tragende Teile brennbar, Dämmstoffe nichtbrennbar* mit brandschutztechnisch wirksamer Bekleidung)[3]	EI 60-$K_2$60	Dämmstoff und brandschutztechnisch wirksame Bekleidung: A2 – s1,d0**, im Übrigen: E
hochfeuerhemmend und in den wesentlichen Teilen aus nichtbrennbaren* Baustoffen (tragende und aussteifende Teile nichtbrennbar)[2,3]	EI 60	Wesentliche Teile: A2 – s1,d0**, im Übrigen: E
hochfeuerhemmend und aus nichtbrennbaren* Baustoffen, auch unter zusätzlicher mechanischer Beanspruchung standsicher (Wand anstelle einer Brandwand)[3,4]	EI 60-M	A2 – s1,d0**
feuerbeständig (tragende und aussteifende Teile nicht brennbar*)[2,3]	EI 90	A2 – s1,d0**, im Übrigen E
feuerbeständig und aus nichtbrennbaren* Baustoffen	EI 90	A2 – s1,d0**
Feuerwiderstandsfähigkeit 120 Min. und aus nichtbrennbaren* Baustoffen	EI 120	A2 – s1,d0**

[2] Eine in Bauteilebene durchgehende, nichtbrennbare Schicht: A2 – s1,d0**

Bauaufsichtliche Anforderung	Nichttragende Innenwände und deren Brandverhalten	
	mit Raumabschluss	**Brandverhalten, mindestens geeignete Klassen nach DIN EN 13501-1:2010-01**

[3] Teile innerhalb des Bauteils zur Gewährleistung der Standsicherheit (Eigengewicht) und Gebrauchstauglichkeit.

[4] Derzeit nur gemäß ETA nach ETAG 003 nachweisbar.

* Hinsichtlich der Anforderungen gilt Tabelle 1.2.1.

** Hinsichtlich der Anforderungen gilt Tabelle 1.3.1.

Tabelle 4.3.3: Bauaufsichtliche Anforderungen zur Feuerwiderstandsfähigkeit einschließlich Brandverhalten; Angaben zu (*erforderlichen*) Leistungen von Bauprodukten und Bausätzen nach harmonisierten technischen Spezifikationen, Klassifizierung nach DIN EN 13501-2:2010-02

Bauaufsichtliche Anforderung	Nichttragende Außenwände	
	mit Raumabschluss	**Brandverhalten, mindestens geeignete Klassen nach DIN EN 13501-1:2010-02**
feuerhemmend	E 30 (i→o) und EI 30-ef (i←o)	E – d2
feuerhemmend und aus nichtbrennbaren* Baustoffen	EI 30	A2 – s1,d0**
hochfeuerhemmend (tragende Teile brennbar, Dämmstoffe nichtbrennbar* mit brandschutztechnisch wirksamer Bekleidung)[3]	E 60 (i→o) und EI 60-$K_2$60-ef (i←o)	Dämmstoff und brandschutztechnisch wirksame Bekleidung: A2 – s1,d0**; im Übrigen: E
hochfeuerhemmend und in den wesentlichen Teilen aus nichtbrennbaren* Baustoffen (tragende und aussteifende Teile nichtbrennbar*)[2],*[3]	E 60 (i→o) und EI 60-ef (i←o)	Wesentliche Teile: A2 – s1,d0**, im Übrigen: E
hochfeuerhemmend und aus nichtbrennbaren* Baustoffen, auch unter zusätzlicher mechanischer Beanspruchung standsicher (Wand anstelle einer Brandwand)[3]	EI 60-M	A2 – s1,d0**
feuerbeständig (tragende und aussteifende Teile nichtbrennbar*)[2],[3]	E 90 (i→o) und EI 90-ef (i←o)	A2 – s1,d0*, im Übrigen: E
feuerbeständig und aus nichtbrennbaren* Baustoffen	EI 90	A2 – s1,d0**
Feuerwiderstandsfähigkeit 120 Min. und aus nichtbrennbaren* Baustoffen	EI 120	A2 – s1,d0**
Brandwand***	EI 90-M	A2 – s1,d0**

[2] Eine in Bauteilebene durchgehende, nichtbrennbare Schicht: A2 – s1,d0**

[3] Teile innerhalb des Bauteils zur Gewährleistung der Standsicherheit (Eigengewicht) und Gebrauchstauglichkeit.

* Hinsichtlich der Anforderungen gilt Tabelle 1.2.1.

** Hinsichtlich der Anforderungen gilt Tabelle 1.3.1.

*** Die Brandwand muss aus nichtbrennbaren Stoffen bestehen.

5. Abschlüsse, Feststellanlagen

5.1. Feuer- und/oder Rauchschutzabschlüsse

5.1.1. Allgemeines

Zum Nachweis der Feuerwiderstandsfähigkeit von baulichen Anlagen bei Verwendung von Feuer- und Rauchschutzabschlüssen nach Verwendbarkeitsnachweisen gemäß Art. 17 BayBO, kann die Zuordnung der Feuerwiderstandsklassen nach der Normenreihe DIN 4102 zu den Anforderungen nach A 2.1.6, A 2.1.7, A 2.1.8, A 2.1.11, A 2.1.12 und A 2.1.13 dem Abschnitt 5.1.2 entnommen werden.

Zum Nachweis der Feuerwiderstandsfähigkeit von baulichen Anlagen bei Verwendung von Feuer- und Rauchschutzabschlüssen, für die harmonisierte technische Spezifikationen nach der Verordnung (EU) Nr. 305/2011 gemäß Amtsblatt der Europäischen Union C 209/03 vom 10. Juni 2016 und C 172/4 vom 13. Mai 2016 vorliegen, kann die Zuordnung der Feuerwiderstandsklassen nach der Normenreihe DIN EN 13501 zu Anforderungen nach A 2.1.6, A 2.1.7, A 2.1.8, A 2.1.11, A 2.1.12 und A 2.1.13 dem Abschnitt 5.1.3 entnommen werden.

5.1.2. Feuer- und Rauchschutzabschlüsse klassifiziert nach DIN 4102-5:1977-05

Tabelle 5.1.2.1: Bauaufsichtliche Anforderungen und Zuordnung der Feuerwiderstandsklassen nach DIN 4102-5 für Feuer- und Rauchschutzabschlüsse, ausgenommen Förderanlagenabschlüsse

Bauaufsichtliche Anforderungen	Produkt	Kurzbezeichnung nach DIN 4102-5	dichtschließend[1]
feuerhemmend selbstschließend dichtschließend	Feuerschutzabschluss	T 30	X
feuerhemmend selbstschließend rauchdicht	Feuerschutzabschluss mit Rauchschutzeigenschaft	T 30-RS	
hochfeuerhemmend selbstschließend dichtschließend	Feuerschutzabschluss	T 60	X
hochfeuerhemmend selbstschließend rauchdicht	Feuerschutzabschluss mit Rauchschutzeigenschaft	T 60-RS	
feuerbeständig selbstschließend dichtschließend	Feuerschutzabschluss	T 90	X
feuerbeständig selbstschließend rauchdicht	Feuerschutzabschluss mit Rauchschutzeigenschaft	T 90-RS	
Feuerwiderstandsfähigkeit 120 Minuten selbstschließend dichtschließend	Feuerschutzabschluss	T 120	X
Feuerwiderstandsfähigkeit 120 Minuten selbstschließend rauchdicht	Feuerschutzabschluss mit Rauchschutzeigenschaft	T 120-RS	
rauchdicht selbstschließend	Rauchschutzabschluss	RS	
[1] Siehe Abschnitt 5.4.			

5.1.3. Feuer- und/oder Rauchschutzabschlüsse nach DIN EN 16034 und Verwendungs- und Ausführungsbestimmungen

Tabelle 5.1.3.1: Zuordnung der Klassifizierungen nach DIN EN 13501-2:2010-02 für Feuer- und Rauchschutzabschlüsse nach DIN EN 16034

Bauaufsichtliche Anforderungen	Feuerschutzabschlüsse		Rauchschutzabschlüsse
	ohne Rauchschutzeigenschaft	mit Rauchschutzeigenschaft	
feuerhemmend, dichtschließend selbstschließend	EI_2 30-S_aC.. [1]		
hochfeuerhemmend, dichtschließend selbstschließend	EI_2 60-S_aC.. [1]		
feuerbeständig, dichtschließend selbstschließend	EI_2 90-S_aC.. [1]		
feuerhemmend, rauchdicht selbstschließend	–	EI_2 30-S_{200}C.. [1]	
hochfeuerhemmend, rauchdicht selbstschließend		EI_2 60-S_{200}C.. [1]	
feuerbeständig, rauchdicht selbstschließend		EI_2 90-S_{200}C.. 1	
rauchdicht und selbstschließend			S_{200}C[1]
dicht- und selbstschließend			S_aC[1]
[1] Festlegungen zur Prüfzyklenanzahl für die Dauerfunktionsprüfungen:			
C5 (200.000 Zyklen) für Feuerschutz-/Rauchschutztüren (Drehflügelabschlüsse)			
C2 (10.000 Zyklen) für sonstige Feuerschutz-/Rauchschutzabschlüsse (z.B. Klappen, Tore)			

Hinsichtlich des Brandverhaltens der Komponenten des Bauproduktes gilt Abschnitt 1.3.

Für die Verwendung von Feuer- und Rauchschutzabschlüssen sowie Feuer- und Rauchschutzvorhängen gelten die folgenden bauaufsichtlichen Verwendungs- und Ausführungsbestimmungen für Feuer- und/oder Rauchschutzabschlüsse nach DIN EN 16034, die die Erfüllung der Bauwerksanforderungen bei der Verwendung dieser Produkte sicherstellen sollen.

Mit Beginn der Koexistenzperiode gemäß der Veröffentlichung der vorgenannten Produktnorm im Europäischen Amtsblatt ist der Weg für die CE-Kennzeichnung von Feuer- und/oder Rauchschutzabschlüssen eröffnet.

5.1.3.2. Verwendungs- und Ausführungsbestimmungen

5.1.3.2.1. Allgemeines

5.1.3.2.1.1. Einbau-, Montage- und Betriebsanleitung

Für Einbau, Montage und Betrieb von Feuer- und/oder Rauschschutzabschlüssen ist eine vom Hersteller oder seinem Vertreter angefertigte, detaillierte Einbau-, Montage- und Betriebsanleitung zur Verfügung zu stellen. Der Hersteller oder sein Vertreter hat darin ausführlich die für Einbau, Inbetriebnahme und Inspektion der Feuer- und Rauschschutzabschlüsse notwendigen Angaben darzustellen.

Im Einzelnen muss diese Einbau-, Montage- und Betriebsanleitung – in Übereinstimmung mit dem Klassifizierungsbericht und den entsprechenden EXAP-Regeln nach DIN EN 15269 – mindestens folgende Angaben enthalten:

- Art, Ausführung und Mindestdicke der Wände, in die das Bauprodukt eingebaut werden darf
- Art, Ausführung und Mindestdicke der Bauteile, an die das Bauprodukt angeschlossen werden darf
- Grundsätze für den Einbau des Bauproduktes und die Ausfüllung der Fugen mit Angaben über die dafür zu verwendenden Baustoffe (z.B. Mörtel)
- Hinweise auf Zargenformen, -dicken und -materialien
- Anleitung zum Zusammenbau von ggf. aus Transportgründen zerlegten Zargen
- Hinweise auf die zu verwendenden Brandschutzscheiben
- Anleitung zum Einbau von ggf. aus Transportgründen getrennt angelieferten feuerwiderstandsfähigen Scheiben
- Hinweise zur Kürzbarkeit und den dazu erforderlichen Randbedingungen
- Hinweise zum Einbau in größerer Höhe
- Hinweise auf zulässige Verankerungsmittel
- Anleitung für die Anwendung mitgelieferter Dübel oder Hinweise zur Verwendung zulässiger Dübel bei Montage mit Zargenankern (z.B. Dübelgrund und Mindestabstände der Dübel)
- Anleitung zum Einziehen von Dichtungs- oder Dämpfungsprofilen sowie dämmschichtbildenden Baustoffen
- Hinweise auf zulässige Zubehörteile (z.B. Konstruktionsbänder, Schlösser, Schließmittel, Drückergarnituren)
- Hinweise auf die Türschließereinstellung/Federbandeinstellung
- Hinweise bezüglich der Verwendung von Feststellanlagen
- Angabe zum Typ einer ggf. bereits herstellerseitig eingebauten Feststellvorrichtung
- Hinweise auf das funktionsgerechte Zusammenspiel aller Teile (z.B. Angaben zu Spaltmaßen)
- Hinweise auf die Reihenfolge der Arbeitsgänge

5.1.3.2.1.2. Wartungsanleitung

Die Brandschutzwirkung der Feuer- und/oder Rauschschutzabschlüsse ist auf Dauer nur sichergestellt, wenn diese stets in ordnungsgemäßem Zustand gehalten werden (z.B. Wartung, Instandhaltung, keine mechanische Beschädigung, keine Verschmutzung).

Für Feuer- und/oder Rauschschutzabschlüsse ist eine vom Hersteller oder seinem Vertreter angefertigte, detaillierte Wartungsanleitung in deutscher Sprache zur Verfügung zu stellen. Der Hersteller oder Vertreter hat darin ausführlich die für Wartung, Instandhaltung sowie Überprüfung der Funktion der Feuer- und/oder Rauschschutzabschlüsse notwendigen Angaben darzustellen. Insbesondere muss ersichtlich sein, welche Arbeiten auszuführen sind, damit sichergestellt ist, dass der eingebaute Feuer- und/oder Rauchschutzabschluss auch nach längerer Nutzung seine Aufgabe erfüllt (z.B. Wartung von Verschleißteilen, Schließmitteln).

5.1.3.2.2. Planung und Bemessung

5.1.3.2.2.1. Angrenzende Wände und Bauteile

Der Feuer- und/oder Rauchschutzabschluss darf nur in Wände eingebaut werden bzw. an Bauteile anschließen, die den Bestimmungen der Einbauanleitung entsprechen.

Beim Einbau des Feuer- und/oder Rauchschutzabschlusses bleiben die Nachweise der Standsicherheit und Gebrauchstauglichkeit der angrenzenden Wände und Bauteile davon unberührt und sind entsprechend zu führen, z.B. nach DIN 4103-1.

Der Feuer- und/oder Rauchschutzabschluss muss mit den angrenzenden Bauteilen so fest verbunden sein, dass die beim selbsttätigen Schließen des Feuer- und/oder Rauchschutzabschlusses auftretenden Kräfte sowie die aus Verformungen beim Brand herrührenden Kräfte auf Dauer von den Verankerungsmitteln aufgenommen werden. Diese Kräfte dürfen die Standsicherheit der angrenzenden Wand nicht gefährden.

Die Sicherheit der baulichen Anlage ist nur gewährleistet, wenn die an den Feuer- und/oder Rauchschutzabschluss angrenzenden Bauteile entsprechend der Feuerwiderstandsfähigkeit des Feuer- und/oder Rauchschutzabschlusses mindestens feuerhemmend, hochfeuerhemmend oder feuerbeständig sind.

Der Sturz/Das Bauteil über dem Feuer- und/oder Rauchschutzabschluss muss statisch und brandschutztechnisch so bemessen werden, dass der Feuer- und/oder Rauchschutzabschluss (außer seinem Eigengewicht) keine zusätzliche Belastung erhält.

Der Boden im Bereich von Feuerschutzvorhängen mit einer Breite ≥ 2,5 m muss nichtbrennbar sein. Werden Feuer- und/oder Rauchschutzabschlüsse in feuerwiderstandsfähige Wände eingebaut, gelten die Erleichterungen hinsichtlich des Einbaus gemäß Art. 27 Abs. 5 BayBO (z.B. feuerbeständige

Wand mit feuerhemmender, dicht- und selbstschließender Tür) grundsätzlich nur für den Abschluss. Die Festlegungen des Art. 33 Abs. 6 Satz 2 BayBO bleiben dabei unberührt.

5.1.3.2.2.2. Einbau in Rettungswegen

Da Schiebe, Hub- oder Rollabschlüsse sowie Feuerschutzvorhänge nicht in Fluchtrichtung öffnen, ist eine Fluchttür ggf. in unmittelbarer Nähe anzuordnen.

5.1.3.2.2.3. Einbau in Außenwände

Wenn der Einbau von Feuer- und/oder Rauchschutzabschlüssen in Außenwänden erforderlich ist, werden die Anforderungen an bauliche Anlagen nur erfüllt, wenn zusätzlich die Leistungsmerkmale nach DIN EN 14351-1 nachgewiesen sind.

5.1.3.2.2.4. Einbau in größerer Höhe

Feuer- und/oder Rauchschutzabschlüssen für den nichtfußbodengleichen Einbau (Höhe > 500 mm über OKF) sind von der Norm nicht erfasst.

5.1.3.2.2.5. Feuerschutzvorhänge

Die Beurteilung eines Feuerschutzvorhangs hinsichtlich

- der Stoßsicherheit gegenüber einstürzenden oder umfallenden Trümmerteilen, Bauteilen oder Gegenständen,

- der Rauchdichtigkeit und
- des Verhaltens bei Druckverhältnissen, die von denen nach DIN EN 1634-1 abweichen,

liegt im Ermessen der zuständigen Bauaufsichtsbehörde.

Das Abrollen des Feuerschutzvorhangs nach Auslösen der Feststellanlage infolge der Wirkung der Schwerkraft ist dauerhaft abzusichern.

Die Funktionsfähigkeit und die Wirksamkeit des Feuerschutzvorhangs dürfen nicht durch abgehängte Deckenkonstruktionen oder andere Einbauten beeinträchtigt werden.

5.1.3.2.2.6. Schiebe-, Hub- und Rollabschlüsse

So genannte Seiten- und/oder Sturzklappen in Verbindung mit Feuer- und/ oder Rauchschutzabschlüssen sind von der Norm nicht erfasst.

5.1.3.2.2.7. Feststellanlagen

Unabhängig von der Deklaration der „Fähigkeit zur Freigabe" des Abschlusses gilt:

Der Feuer- und/oder Rauchschutzabschluss darf mit einer für den Feuer- und/ oder Rauchschutzabschluss geeigneten Feststellanlage ausgeführt werden, deren Anwendbarkeit nachgewiesen ist, z.B. durch eine allgemeine Bauartgenehmigung.

Sofern der Feuer- und/oder Rauchschutzabschluss bereits herstellerseitig mit einer Feststellvorrichtung ausgestattet ist, muss diese den Bestimmungen des Anwendbarkeitsnachweises, z.B. der allgemeinen Bauartgenehmigung der verwendeten Feststellanlage entsprechen.

5.1.3.2.2.8. Weitergehende Anforderungen

Wenn nach bauaufsichtlichen Vorschriften an bauliche Anlagen Anforderungen an den Wärme- und/oder Schallschutz sowie weitergehende Anforderungen an die Gebrauchstauglichkeit und die Dauerhaftigkeit gestellt werden, die auch Abschlüsse von Öffnungen umfassen, sind diese Nachweise für den speziellen Verwendungsfall für die Feuer- und/oder Rauchschutzabschlüsse zu führen.

5.1.3.2.3. Einbau und Errichtung

5.1.3.2.3.1. Übereinstimmungsbestätigung

Der Unternehmer, der den Feuer- und/oder Rauchschutzabschluss bzw. die Feuer- und/oder Rauchschutzabschlüsse eingebaut hat, muss für jedes Bauvorhaben eine Übereinstimmungsbestätigung ausstellen, mit der er bescheinigt, dass der Feuer- und/oder Rauchschutzabschluss bzw. die Feuer- und/oder Rauchschutzabschlüsse hinsichtlich aller Einzelheiten fachgerecht und unter Einhaltung aller Bestimmungen der Montage- und Betriebsanleitung, die der Hersteller des Feuer- und/oder Rauchschutzabschlusses bereit gestellt hat, eingebaut wurde(n). Für diese Bestätigung ist ein Muster (s. unter www.dibt.de) zugrunde zu legen. Diese Bestätigung ist dem Bauherrn zur ggf. erforderlichen Weiterleitung an die zuständige Bauaufsichtsbehörde auszuhändigen.

5.1.3.2.3.2. Schließbereich

Auf beiden Seiten von Schiebe-, Hub- und Rollabschlüssen sowie Feuerschutzvorhängen sind vom Einbauer sichtbare Hinweise anzubringen, dass der

Schließbereich dauerhaft von jeglichen Gegenständen freigehalten werden muss, die den Schließvorgang des jeweiligen Abschlusses behindern könnten.

5.1.3.2.3.3. Feuerschutzvorhänge

Feuerschutzvorhänge dürfen nur von Unternehmen ausgeführt werden, die durch den Hersteller geschult und unterrichtet wurden.

Nach Montage aller Bestandteile ist die einwandfreie Funktion des Feuerschutzvorhangs in Verbindung mit der Feststellanlage durch eine Funktionsprobe (vollständiges Öffnen und Schließen) durch den Einbauer/Errichter zu kontrollieren.

Die für den Feuerschutzvorhang nachgewiesene (z.B. Bauartgenehmigung) Feststellanlage ist nach dem betriebsfertigen Einbau des Feuerschutzvorhangs am Anwendungsort einer Abnahmeprüfung durch eine bauaufsichtlich anerkannte Überwachungsstelle zu unterziehen, mit der die einwandfreie Funktion im Zusammenwirken mit dem Feuerschutzvorhang zu prüfen ist.

5.1.3.2.3.4. Schweißarbeiten

Schweißarbeiten an der Aufhängung dürfen nur von geprüften Schweißern[1] durchgeführt werden.

5.1.3.2.4. Nutzung

5.1.3.2.4.1. Nutzungssicherheit

Ein einmal eingeleiteter Schließvorgang bei einem Feuer- und/oder Rauchschutzabschluss darf nur zum Zwecke des Personenschutzes unterbrochen werden können. Der Schließvorgang muss sich nach Freiwerden des Schließbereichs selbstständig fortsetzen. Weitergehende Anforderungen, insbesondere des Unfall- und Arbeitsschutzes, bleiben unberührt.

5.1.3.2.4.2. Planmäßig offen stehende Schiebe-, Hub- und Rollabschlüsse sowie Feuerschutzvorhänge

Der Betreiber ist vom Hersteller schriftlich darauf hinzuweisen, dass der Abschluss nur im geschlossenen Zustand die Anforderungen erfüllt.

Die Schutzwirkung des Abschlusses ist auf die Dauer nur sichergestellt, wenn dieser stets in ordnungsgemäßem Zustand gehalten wird (z.B. Instandhaltung, Wartung, keine mechanische Beschädigung, keine Verschmutzung).

Der Abschluss muss ständig betriebsfähig gehalten werden.

5.1.3.2.4.3. Einbau von Warnanlagen

Schiebe-, Hub- und Rollabschlüsse sowie Feuerschutzvorhänge sind mit einer akustischen Warnanlage auszurüsten, die das Schließen ankündigt.

Außer der selbsttätigen Auslösevorrichtung muss eine Möglichkeit für die Notauslösung von Hand gegeben sein.

5.2. Feuerschutzabschlüsse im Zuge bahngebundener Förderanlagen

5.2.1. Allgemeines

Zum Nachweis der Feuerwiderstandsfähigkeit von baulichen Anlagen bei Verwendung von Feuerschutzabschlüssen im Zuge bahngebundener Förderanlagen nach Verwendbarkeitsnachweisen gemäß Art. 17 BayBO, kann die Zuordnung

[1] **Amtl. Anm.:** DIN EN ISO 9606-1 – Prüfung von Schweißern; Schmelzschweißen (jeweils geltende Ausgabe)

der Feuerwiderstandsklassen nach der Normenreihe DIN 4102 zu den Anforderungen nach A 2.1.7 und A 2.1.8 dem Abschnitt 5.2.2 entnommen werden.

Zum Nachweis der Feuerwiderstandsfähigkeit von baulichen Anlagen bei Verwendung von Feuerschutzabschlüssen im Zuge bahngebundener Förderanlagen, für die harmonisierte technische Spezifikationen nach der Verordnung (EU) Nr. 305/2011 gemäß Amtsblatt der Europäischen Union C 209/03 vom 10. Juni 2016 und C 172/4 vom 13. Mai 2016 vorliegen, kann die Zuordnung der Feuerwiderstandsklassen nach der Normenreihe DIN EN 13501 zu den Anforderungen nach A 2.1.7 und A 2.1.8 dem Abschnitt 5.2.3 entnommen werden.

5.2.2. Feuerschutzabschlüsse im Zuge bahngebundener Förderanlagen klassifiziert nach DIN 4102-5:1977-05

Tabelle 5.2.2.1: Bauaufsichtliche Anforderung und Zuordnung der Klassifizierungen nach DIN 4102-5 für Feuerschutzabschlüsse im Zuge bahngebundener Förderanlagen

Bauaufsichtliche Anforderung	Feuerschutzabschlüsse in Förderanlagen
feuerbeständig selbstschließend	T 90

5.2.3. Bausätze für Feuerschutzabschlüsse im Zuge bahngebundener Förderanlagen nach harmonisierten technischen Spezifikationen, klassifiziert nach DIN EN 13501-2, und Verwendungs- und Ausführungsbestimmungen

Tabelle 5.2.3.1: Bauaufsichtliche Anforderung und Zuordnung der Klassifizierungen nach DIN EN 13501-2:2010-02 für Feuerschutzabschlüsse im Zuge bahngebundener Förderanlagen

Bauaufsichtliche Anforderung	Feuerschutzabschlüsse in Förderanlagen
feuerhemmend selbstschließend[2]	EI_2 30-C..[1]
hochfeuerhemmend selbstschließend[2]	EI_2 60-C..[1]
feuerbeständig selbstschließend[2]	EI_2 90-C..[1]

[1] Festlegungen zur Prüfzyklenanzahl für die Dauerfunktionsprüfungen:

C5 (200.000 Zyklen) für Feuerschutzabschlüsse im Zuge bahngebundener Förderanlagen als planmäßig geschlossene Abschlüsse

C2 (10.000 Zyklen) für Feuerschutzabschlüsse im Zuge bahngebundener Förderanlagen als planmäßig offene Abschlüsse

[2] Die Eigenschaft „selbstschließend" (Beständigkeit der Selbstschließung) nach DIN EN 13501-2 ist für Feuerschutzabschlüsse für Förderanlagen mit elektromotorischen Antriebssystemen für das Öffnen und Schließen [aufgrund der Zurückziehung der DIN EN 14600] wie folgt zu untersetzen:

Tabelle 5.2.3.2: Elektromotorische Öffnungshilfen für mechanisch schließende Förderanlagenabschlüsse

Lfd. Nr.	Eigenschaft	Anforderung
1	Funktionale Sicherheit der Selbstschließung	Die elektromotorische Öffnungshilfe darf den Schließvorgang (auch bei Ausfall der Öffnungshilfe) nicht behindern • Risikoanalyse zur Möglichkeit der Behinderung des Schließvorganges durch die elektromotorische Öffnungshilfe durch Hersteller und Bewertung der Risikoanalyse durch Prüfstelle • Bei der Verwendung unterschiedlicher Antriebe einer Baureihe für verschiedene Abschlussgrößen ist die höchste Leistungsstufe (am größten Abschluss) zu prüfen. Die Ergebnisse dieser Prüfung sind ggf. auf die Antriebe kleinerer Leistung aber der gleichen Baureihe übertragbar (gutachtliche Stellungnahme der Prüfstelle).

Tabelle 5.2.3.3: Elektromotorische Antriebssysteme zum Öffnen und Schließen von Förderanlagenabschlüssen

Lfd. Nr.	Eigenschaft	Anforderung
1	Elektrische Sicherheit	Erfüllung der 2014/35/EU über folgende Normen ▪ EN 60335-1 ▪ EN 60335-2-103
2	EMV	Erfüllung der 2014/35/EU über folgende Normen ▪ EN 61000-6-2 ▪ EN 61000-6-3 ▪ EN 61000-3-2 ▪ EN 61000-3-3
3	Funktionale Sicherheit ▪ Kompatibilität der Systemteile	Kompatibilität aller zum System gehörigen Geräte ▪ Vergleich der Betriebsbedingungen auf Grundlage der Produktdatenblätter des Herstellers ▪ Stichprobenprüfungen an Gerätekombinationen, die die Prüfstelle aussucht
4	Funktionale Sicherheit ▪ Sicherheitsniveau der Gesamtanlage (siehe Begriffe)	Sicherheitsniveau der Selbstschließung ist PL d nach EN ISO 13849-1 (z.B. überwachte Redundanz mit automatischer Prüfung mindestens alle 24 h)
5	Funktionelle Sicherheit ▪ Methode der Wiederherstellung der Funktionsbereitschaft nach Auslösung	Einfache (aber nicht automatische) Wiederherstellung der Funktionsbereitschaft nach Auslösung (keine Spezialwerkzeuge)
6	Funktionelle Sicherheit ▪ Schließkraft/Schließmoment	Angabe der Schließkraft/des Schließmomentes
7	Funktionelle Sicherheit ▪ Schwankung der Versorgungsspannung	Funktionsfähigkeit bei Schwankung der Versorgungsspannung um ± 15 %
8	Funktionelle Sicherheit, Verhalten <u>ohne Brandalarm</u> bei ▪ Ausfall der öffentlichen Stromversorgung (> 2 s) a) Art der Aktivierung der zweiten Energieversorgung b) Status der Öffnungsbefehlsgeber c) Dauer bis zur Einleitung des Schließvorganges und Status der Schließbereichsüberwachung d) Verhalten bei Auftreffen auf ein Hindernis	a) Automatisches Umschalten auf Akkubetrieb (Bereitschaftsparallelbetrieb), z.B. Energieversorgung nach EN 54-4 b) Öffnungsbefehlsgeber wirkungslos schalten c) Schließvorgang innerhalb von 3 s unter Berücksichtigung der Schließbereichsüberwachung einleiten d) Schließvorgang unterbrechen (Zurückfahren möglich); danach mindestens 5 weitere Schließversuche innerhalb von 120 s Die Energiebilanz ist so auszulegen, dass ▪ bei geringstem betriebsmäßigen Ladezustand der Akkumulatoren[1] und ▪ nach einer 8-stündigen Temperaturbeanspruchung bei der niedrigsten Temperatur des vorgesehenen Anwendungsbereiches gewährleistet ist, dass das Antriebssystem für das bewegliche Element[2] im Falle eines Brandalarmes mindestens 5 Schließversuche (vollständige Öffnungs- und Schließzyklen[3]) innerhalb von 30 min durchführt.

Lfd. Nr.	Eigenschaft	Anforderung
		Die Entladeschlussspannung für die Akkumulatoren darf dabei in keinem Betriebszustand unterschritten werden. Bei Erreichen des geringsten betriebsmäßigen Ladezustandes der Akkumulatoren muss ein Schließvorgang des beweglichen Elementes ausgelöst werden. Bis zum Zeitpunkt der Abschaltung aufgrund des Erreichens der Entladeschlussspannung sind alle benötigten Komponenten des Antriebssystems innerhalb ihrer Versorgungsparameter zu betreiben.
	Störung der 2. Energieversorgung	
	a) Dauer bis zum Erkennen und Anzeige der Störung	a) 15 s
	b) Methode und Zeitabstand für die Überprüfung des Ladezustandes der 2. Energieversorgung	b) Kapazitätsprüfung alle 24 h
	▪ Störung des Antriebssystems und der Überwachung des Antriebssystems	
	a) Dauer bis zum Erkennen und Anzeige der Störung	a) 15 s
	b) Status der Öffnungsbefehlsgeber	b) Öffnungsbefehlsgeber wirkungslos schalten
	c) Dauer bis zur Einleitung des Schließvorganges nach Störungserkennung und Status der Schließbereichsüberwachung	c) Schließvorgang innerhalb von 3 s nach Störungserkennung unter Berücksichtigung der Schließbereichsüberwachung einleiten
	d) Verhalten bei Auftreffen auf ein Hindernis	d) Schließvorgang unterbrechen (Zurückfahren möglich); danach dauerhaft alle 20 s ein Schließversuch
	▪ Störung der Schließbereichsüberwachung (soweit vorhanden)	
	a) Dauer bis zum Erkennen und zur Anzeige der Störung	a) 15 s
	b) Art der Störungsanzeige	b) Optisch (gut sichtbar bei Umgebungsbeleuchtung 500 lx) und akustisch in der Nähe des Abschlusses
	▪ dauerhafter Belegung des Schließbereiches	optische und akustische Anzeige in der Nähe des Abschlusses nach Zeitdauer, die durch zuständige Bauaufsicht im Einzelfall festgelegt wird (u.a. abhängig vom Fördergut)
9	Funktionelle Sicherheit, Verhalten <u>mit Brandalarm</u> ohne Schließbereichsüberwachung (Zwangsschließung nach eingestellter Zeit) bei ▪ Alarmmeldung über Brandmelder, aufgeschaltete Brandmeldeanlage oder durch Betätigung des Handauslösetasters	

Lfd. Nr.	Eigenschaft	Anforderung
	a) Dauer bis zum Erkennen der Störung	a) unverzögert
	b) Status der Öffnungsbefehlsgeber und rauchempfindlichen optischen Sicherheitseinrichtungen	b) wirkungslos schalten
	c) Status der ggf. vorhandenen Schlossfallenentriegelung	c) Türöffner nach dem Arbeitsstromprinzip steht in Sperrwirkung
	d) Dauer bis zur Einleitung des Schließvorganges nach Alarmerkennung	d) Schließvorgang innerhalb der festgelegten Zwangsschließzeit einleiten
	e) Verhalten bei Auftreffen auf ein Hindernis	e) Schließvorgang unterbrechen (Zurückfahren möglich); danach dauerhaft alle 20 s ein Schließversuch
	▪ zusätzlicher Ausfall der öffentlichen Stromversorgung (> 2 s) nach Brandalarmmeldung	
	a) Art der Aktivierung der zweiten Energieversorgung	a) Automatisches Umschalten auf Akkubetrieb (Bereitschaftsparallelbetrieb)
	b) Verhalten bei Auftreffen auf ein Hindernis	b) Schließvorgang unterbrechen (Zurückfahren möglich); danach mindestens 5 weitere Schließversuche innerhalb von 120 s
10	Funktionelle Sicherheit, Verhalten mit Brandalarm mit Schließbereichsüberwachung bei	
	▪ Alarmmeldung über Brandmelder, aufgeschaltete Brandmeldeanlage oder durch Betätigung des Handauslösetasters	
	a) Dauer bis zum Erkennen der Störung	a) unverzögert
	b) Status der Öffnungsbefehlsgeber und rauchempfindlichen optischen Sicherheitseinrichtungen	b) wirkungslos schalten
	c) Status der ggf. vorhandenen Schlossfallenentriegelung	c) Türöffner nach dem Arbeitsstromprinzip steht in Sperrwirkung
	d) Dauer bis zur Einleitung des Schließvorganges nach Alarmerkennung und Status der Schließbereichsüberwachung	d) Schließvorgang erst einleiten, wenn, die Schließbereichsüberwachung den Schließbereich frei gibt
	e) Verhalten bei Auftreffen auf ein Hindernis	e) Schließvorgang unterbrechen (Zurückfahren möglich); danach dauerhaft alle 20 s ein Schließversuch
	▪ zusätzlicher Ausfall der öffentlichen Stromversorgung (> 2 s) nach Brandalarmmeldung	

Lfd. Nr.	Eigenschaft	Anforderung
	a) Art der Aktivierung der zweiten Energieversorgung b) Verhalten bei Auftreffen auf ein Hindernis	a) Automatisches Umschalten auf Akkubetrieb (Bereitschaftsparallelbetrieb) b) Schließvorgang unterbrechen (Zurückfahren möglich); danach mindestens 5 weitere Schließversuche innerhalb von 120 s
11	Branderkennung	▪ Rauchmelder nach EN 54-7 ▪ Wärmemelder nach EN 54 Teil 5 (Melderklasse A1, A1R oder A1S; bei der Verwendung von Wärmemeldern mit höheren Melderklassen sind ggf. Maßnahmen zum thermischen Schutz der Geräte des Antriebssystems erforderlich) ▪ Rauchansaugsysteme nach EN 54-20 ▪ Brandmelder mit Funkübertragung nach EN 54-25
12	Optische Sicherheitseinrichtungen für die Schließbereichsüberwachung	Anforderungen an optische Sensoren: Diese Sensoren müssen bei Schwankungen der Versorgungsparameter so unempfindlich gegen Rauch sein, dass sie bei einem Erprobungstest gemäß DIN EN 54-12 bei keinem der Prüfbrände TF2 bis TF5 klassifiziert werden. Nachweis der Rauchunempfindlichkeit: a) Ermittlung des Ansprechschwellenwertes der optischen Sensoren in Anlehnung an DIN EN 54-12 (je Sensortyp vier Prüflinge) b) Die optischen Sensoren werden in Höhe der Vergleichsmessgeräte installiert. Die Entfernung zwischen Sender und Empfänger bzw. Sender/Empfänger und Reflektor beträgt bei der Prüfung 10 m (kürzere Entfernungen als 10 m können vereinbart werden). c) Ermittlung der Brandempfindlichkeit in Anlehnung an DIN EN 54-12 mit Nennspannung; nach einer Funktionsprobe (Ansprechen der optischen Sensoren bei lichtundurchlässigem Hindernis in der Lichtstrecke) dürfen die optischen Sensoren (je Sensortyp jeweils drei der unter a) genannten vier Prüflinge) bis zum Ende der jeweiligen Prüfbrände TF2 bis TF5 (m = 2 dB/m, bzw. y = 6) <u>nicht</u> ansprechen. d) Prüfung der Empfindlichkeit der optischen Sensoren bei Schwankungen der Versorgungsparameter in Anlehnung an DIN EN 54-12 (je Sensortyp jeweils einer der unter a) genannten vier Prüflinge)

[1] entspricht einem Wert zwischen Betriebsspannung und Entladeschlussspannung der Akkumulatoren; vom Hersteller der Steuerung festzulegen

[2] Ausführung mit maximalem Gewicht und maximaler Lauflänge

[3] Als Schließgeschwindigkeit ist der Mittelwert des im Anwendungsbereich vorgesehenen Schließgeschwindigkeitsbereiches zu wählen.

Hinsichtlich des Brandverhaltens der Komponenten des Bausatzes gilt Abschnitt 1.3.

5.2.3.4. Verwendungs- und Ausführungsbestimmungen

5.2.3.4.1. Allgemeines

Der Feuerschutzabschluss im Zuge bahngebundener Förderanlagen (im Folgenden Förderanlagenabschluss genannt) muss am Verwendungsort zusammengesetzt und eingebaut werden. Der Zusammenbau und Einbau des Förderanlagenabschlusses am Verwendungsort erfolgt i.d.R. durch fachkundiges Personal des Herstellers.

Anderenfalls ist zu beachten, dass Förderanlagenabschlüsse nach dieser Europäischen Technischen Zulassung/Bewertung nur von Unternehmen zusammengesetzt und eingebaut werden dürfen, die ausreichende Erfahrungen auf diesem Gebiet haben, die durch den Zulassungs-/Bewertungsinhaber geschult und unterrichtet wurden und die als Nachweis ihrer Fachkunde vom Zulassungs-/Bewertungsinhaber darüber eine Bestätigung vorlegen können.

5.2.3.4.2. Übereinstimmungsbestätigung für den Einbau des Förderanlagenabschlusses

Der Unternehmer, der den Förderanlagenabschluss/die Förderanlagenabschlüsse eingebaut hat, muss für jedes Bauvorhaben eine Übereinstimmungsbestätigung ausstellen, mit der er bescheinigt, dass die von ihm eingebauten Förderanlagenabschlüsse den Bestimmungen der jeweils geltenden Einbauanleitung entsprechen (ein Muster für diese Bescheinigung s. www.dibt.de). Diese Erklärung ist dem Bauherrn zur ggf. erforderlichen Weiterleitung an die zuständige Bauaufsichtsbehörde auszuhändigen.

5.2.3.4.3. Steuerung von Förderanlagenabschluss und Förderanlage im Schließbereich der Wandöffnung

Durch geeignete Maßnahmen, die mit dem Hersteller der Feststellanlage abgestimmt sein müssen, ist dafür Sorge zu tragen, dass bei Ansprechen der Brandmelder der Fördervorgang unterbrochen wird und im Öffnungsbereich des Förderanlagenabschlusses befindliches Fördergut diesen Bereich verlässt. Beim Ansprechen der Auslösevorrichtung der Feststellanlage durch Feuer oder Rauch bzw. bei Kurzschluss oder Stromausfall muss das Schließen des Förderanlagenabschlusses solange verzögert werden, bis im Öffnungsbereich befindliches Fördergut die Wandöffnung ggf. mit einer unabhängigen Stromversorgung (Notstromanlage) durchfahren hat, bzw. durch eine Abräumvorrichtung, die für das Fördergut geeignet sein muss, aus dem Bereich entfernt worden ist. Anschließend muss der Schließvorgang selbstständig einsetzen und darf nicht unterbrochen werden.

5.2.3.4.4. Abnahmeprüfung

Nach dem betriebsfertigen Einbau des Förderanlagenabschlusses am Verwendungsort ist dessen einwandfreie Funktion im Zusammenwirken mit der Feststellanlage und der Förderanlage durch einen Sachverständigen*13 zu prüfen (Abnahmeprüfung). Auf diese Abnahmeprüfung sind der Unternehmer, der den Förderanlagenabschluss einbaut (Errichter), und der Betreiber der Förderanlage vom Hersteller des Förderanlagenabschlusses hinzuweisen.

---

*13 **Amtl. Anm.:** Als Sachverständige kommen insbesondere Folgende in Betracht:
– VdS Schadensverhütung GmbH, Amsterdamer Straße 174, 50735 Köln
– Jörg Richtermeier, Am Holderbrunnen 1, 74372 Sersheim
– Dietmar Schleicher, Banslebenring 25, 38170 Kneitlingen

Die Abnahmeprüfung ist vom Unternehmer, der den Förderanlagenabschluss eingebaut hat (Errichter), zu veranlassen. Hierauf ist der Unternehmer, der den Förderanlagenabschluss eingebaut hat (Errichter), vom Hersteller des Förderanlagenabschlusses hinzuweisen. Über die Abnahmeprüfung ist ein Abnahmeprotokoll anzufertigen. Eine Ausfertigung ist beim Betreiber aufzubewahren; eine zweite Ausfertigung ist an die Bauaufsichtsbehörde weiterzuleiten.

5.2.3.4.5. Instandhaltung

Wartungsanleitung

Zu jedem Förderanlagenabschluss ist vom Hersteller eine Wartungsanleitung zu liefern. Aus der Wartungsanleitung muss ersichtlich sein, welche Arbeiten auszuführen sind, damit sichergestellt ist, dass der eingebaute Förderanlagenabschluss auch nach längerer Nutzung seine Aufgabe erfüllt (z.B. Angaben über die Wartung von Verschleißteilen und Schließmitteln).

5.3. Fahrschachttüren

Fahrschachttüren für Aufzüge für Fahrschächte mit Wänden der Feuerwiderstandsklasse F 90 nach den technischen Regeln gemäß VV TB Teil C lfd. Nrn. C 2.6.2 bis C 2.6.4 erfüllen die Anforderungen an feuerbeständige Abschlüsse in Fahrschachtwänden.

Fahrschachtabschlüsse mit der Klassifizierung „E 30/60/90" nach DIN EN 81-58 zum Einbau in feuerhemmende, hochfeuerhemmende oder feuerbeständige Fahrschachtwände erfüllen die Anforderungen an den Raumabschluss, eine Übertragung von Wärme (unter Brandeinwirkung) wird nicht behindert; daher sind die Anforderungen nach A 2.1.13 für den Fahrschacht zu beachten.

Hinsichtlich des Brandverhaltens der Komponenten der Fahrschachttüren gilt Abschnitt 1.3.

5.4. Dichtschließende Innentüren

Türen sind dann dichtschließend, wenn sie formstabile Türblätter haben und mit dreiseitig umlaufendem Falz oder dreiseitig umlaufenden dauerelastischen Dichtungen ausgestattet sind.

Türblätter sind dann formstabil, wenn sie geschlossen sind und Verformungen ≤ 2 mm aufweisen.

6. Kabel- und Rohrabschottungen

6.1. Allgemeines

Zum Nachweis der Feuerwiderstandsfähigkeit von baulichen Anlagen, die Kabel- und Rohrabschottungen enthalten, zu deren Errichtung Bauarten mit Anwendbarkeitsnachweisen gemäß Art. 15 BayBO angewendet werden, kann die Zuordnung der Feuerwiderstandsklassen nach der Normenreihe DIN 4102 zu den Anforderungen nach A 2.1.14 dem Abschnitt 6.2 entnommen werden.

Zum Nachweis der Feuerwiderstandsfähigkeit von baulichen Anlagen, die Kabel- und Rohrabschottungen enthalten, zu deren Errichtung Bauprodukte oder Bausätze nach harmonisierten technischen Spezifikationen nach der Verordnung (EU) Nr. 305/2011 gemäß Amtsblatt der Europäischen Union C 209/03 vom 10. Juni 2016 und C 172/4 vom 13. Mai 2016 verwendet werden, kann die Zuordnung der Feuerwiderstandsklassen nach der Normenreihe DIN EN 13501 zu den Anforderungen nach A 2.1.14 dem Abschnitt 6.3 entnommen werden.

Für die Verwendung von Bauprodukten oder Bausätzen, für die harmonisierte technische Spezifikationen nach der Verordnung (EU) Nr. 305/2011 vorliegen, gelten die Anwendungsregeln des Abschnitts 6.3.

6.2. Kabel- und Rohrabschottungen klassifiziert nach DIN 4102-9:1990-05 bzw. DIN 4102-11:1985-12

Tabelle 6.2.1: Bauaufsichtliche Anforderung und Zuordnung der Feuerwiderstandsklassen nach DIN 4102-9 bzw. DIN 4102-11

Bauaufsichtliche Anforderung	**Feuerwiderstandsklasse**	
	Kabelabschottung (DIN 4102-9)	**Rohrabschottung (DIN 4102-11)**
feuerhemmend	S30	R30
hochfeuerhemmend	S60	R60
feuerbeständig	S90	R90
Feuerwiderstandsfähigkeit 120 Minuten	S120	R120

Der Nachweis des Feuerwiderstandes der Abschottung in der baulichen Anlage ist im Rahmen einer Bauartgenehmigung zu führen.

6.3. Kabel- und Rohrabschottungen nach harmonisierten technischen Spezifikationen

6.3.1. Bauaufsichtliche Anforderung und Klassifizierungen

Tabelle 6.3.1: Bauaufsichtliche Anforderung und Zuordnung der Klassifizierungen nach DIN EN 13501-2:2010-02

Bauaufsichtliche Anforderung	**Feuerwiderstandsklasse**		**Brandverhalten, mindestens geeignete Klasse nach DIN EN 13501-1:2010-01**
	Kabelabschottung	**Rohrabschottung**	
feuerhemmend	EI 30	EI 30-U/U[1] EI 30-C/U[2]	E
hochfeuerhemmend	EI 60	EI 60-U/U[1] EI 60-C/U[2]	
feuerbeständig	EI 90	EI 90-U/U[1] EI 90-C/U[2]	
Feuerwiderstandsfähigkeit 120 Minuten	EI 120	EI 120-U/U[1] EI 120-C/U[2]	

[1] Für die Abschottung von brennbaren Rohren oder Rohren mit einem Schmelzpunkt < 1000 °C; für Trinkwasser-, Heiz-und Kälteleitungen mit Durchmessern ≤ 110 mm ist auch die Klasse EI …-U/C zulässig.

[2] Für die Abschottung von Rohrleitungen aus nichtbrennbaren Rohren mit einem Schmelzpunkt ≥ 1000 °C, Ausführung der Rohrleitung ohne Anschlüsse von brennbaren Rohren.

Hinsichtlich des Brandverhaltens der Komponenten des Bauproduktes, des Bausatzes gilt Abschnitt 1.3.

6.3.2. Anwendungs- und Ausführungsbestimmungen

Tabelle 6.3.2: Bauprodukte oder Bausätze nach harmonisierten technischen Spezifikationen nach der Verordnung (EU) Nr. 305/2011

6.3.2.1	Brandschutzprodukte oder Bausätze aus Brandschutzprodukten zum Abdichten und Verschließen von Fugen und Öffnungen und zum Aufhalten von Feuer im Brandfall – Abschottungen	Anwendungs- und Ausführungsbestimmungen 6.3.2.1/1
6.3.2.2	Im Brandfall aufschäumende Produkte für brandabdichtende und brandhemmende Verwendungen	Anwendungs- und Ausführungsbestimmungen 6.3.2.2/1

Anwendungs- und Ausführungsbestimmungen 6.3.2.1/1

Die Anwendung eines Bauproduktes oder Bausatzes mit ETA nach ETAG 026-1 und -2[*14] für Abschottungen in feuerwiderstandsfähigen Bauteilen bedarf einer Bauartgenehmigung nach Art. 15 BayBO.

Für die Anwendung eines Bauproduktes oder Bausatzes mit ETA nach ETAG 026-1 und -2[*15] gilt:

Jede Abschottung ist vom Verarbeiter mit einem Schild dauerhaft zu kennzeichnen, das folgende Angaben enthalten muss:

- Kabel-, Rohr- bzw. Kombiabschottung (wie zutreffend) „…“ der Feuerwiderstandsklasse EI… nach ETA Nr.: …
- Name des Herstellers der Abschottung (Verarbeiter)
- Herstellungsjahr: …

Das Schild ist jeweils neben der Abschottung am Bauteil zu befestigen.

Der Verarbeiter, der die Abschottung ausführt oder Änderungen an der Abschottung vornimmt (Nachbelegung), muss für jedes Bauvorhaben eine Übereinstimmungsbestätigung ausstellen, mit der er bescheinigt, dass die von ihm hergestellte Abschottung den Bestimmungen der ETA entspricht (ein Muster für diese Bestätigung s. unter www.dibt.de). Diese Bestätigung ist dem Bauherrn zur ggf. erforderlichen Weiterleitung an die zuständige Bauaufsichtsbehörde auszuhändigen.

Bei jeder Ausführung der Abschottung hat der Verarbeiter den Bauherrn schriftlich darauf hinzuweisen, dass die Brandschutzwirkung der Abschottung auf die Dauer nur sichergestellt ist, wenn die Abschottung stets in ordnungsgemäßem Zustand gehalten und nach evtl. vorgenommener Belegungsänderung der bestimmungsgemäße Zustand der Abschottung wieder hergestellt wird.

Kombiabschottungen dürfen nur von Unternehmen ausgeführt werden, die durch den Zulassungsinhaber geschult und unterrichtet wurden und die als Nachweis über ihre Fachkunde vom Zulassungsinhaber darüber eine Bestätigung vorlegen können.

Anwendungs- und Ausführungsbestimmungen 6.3.2.2/1

Die Anwendung eines Bauproduktes oder Bausatzes mit ETA nach EAD 13-350005-00-1104, Ausgabe Mai 2015, für Abschottungen in feuerwiderstandsfähigen Bauteilen bedarf einer Bauartgenehmigung nach Art. 15 BayBO.

Ausgenommen davon sind Bauprodukte oder Bausätze:

- nach Verwendungszweck IU 1 (EAD, Abschnitt 1.2.1):
  für Einbausituationen, die den Anwendungen nach A 2.2.1.9 oder den Anwendungen gemäß dem jeweiligen Feuerwiderstandsnachweis nach Fußnote 1 des EAD entsprechen,
- nach Verwendungszwecken IU 2 bis IU 5 (EAD, Abschnitt 1.2.1):
  für Einbausituationen, die dem Bewertungslevel 1 oder 2 (EAD, Abschnitt 2.2.2.1) entsprechen.

[*14] **Amtl. Anm.:** Gilt für Europäische Technische Bewertungen, die nach dem 1.7.2013 erteilt worden sind.

[*15] **Amtl. Anm.:** Gilt für Europäische Technische Zulassungen, die vor dem 1.7.2013 erteilt worden sind.

Für deren Anwendung gilt:

Jede Abschottung ist vom Verarbeiter mit einem Schild dauerhaft zu kennzeichnen, das folgende Angaben enthalten muss:

- Kabel-, Rohr- bzw. Kombiabschottung (wie zutreffend) „…" der Feuerwiderstandsklasse EI… nach ETA Nr.: …
- Name des Herstellers der Abschottung (Verarbeiter)
- Herstellungsjahr: …

Das Schild ist jeweils neben der Abschottung am Bauteil zu befestigen.

Der Verarbeiter, der die Abschottung ausführt oder Änderungen an der Abschottung vornimmt (Nachbelegung), muss für jedes Bauvorhaben eine Übereinstimmungsbestätigung ausstellen, mit der er bescheinigt, dass die von ihm hergestellte Abschottung den Bestimmungen der ETA entspricht (ein Muster für diese Bestätigung s. unter www.dibt.de). Diese Bestätigung ist dem Bauherrn zur ggf. erforderlichen Weiterleitung an die zuständige Bauaufsichtsbehörde auszuhändigen.

Bei jeder Ausführung der Abschottung hat der Verarbeiter den Bauherrn schriftlich darauf hinzuweisen, dass die Brandschutzwirkung der Abschottung auf die Dauer nur sichergestellt ist, wenn die Abschottung stets in ordnungsgemäßem Zustand gehalten und nach evtl. vorgenommener Belegungsänderung der bestimmungsgemäße Zustand der Abschottung wieder hergestellt wird.

Kombiabschottungen dürfen nur von Unternehmen ausgeführt werden, die geschult und unterrichtet wurden und die als Nachweis über ihre Fachkunde darüber eine Bestätigung vorlegen können.

7. Lüftungsanlagen

7.1. Allgemeines

Zum Nachweis der Feuerwiderstandsfähigkeit von baulichen Anlagen bei Verwendung/Anwendung von Bauprodukten oder Bauteilen für Lüftungsanlagen mit Verwendbarkeitsnachweisen gemäß Art. 17 BayBO oder für Bauarten gemäß Art. 15 BayBO, kann die Zuordnung der Feuerwiderstandsklassen nach der Normenreihe DIN 4102 bzw. den Verwendbarkeitsnachweisen zu den Anforderungen nach A 2.1.15 den Abschnitten 7.2 und 7.4 entnommen werden.

Zum Nachweis der Feuerwiderstandsfähigkeit von baulichen Anlagen bei Verwendung von Bauprodukten oder Bausätzen für Lüftungsanlagen, für die harmonisierte technische Spezifikationen nach der Verordnung (EU) Nr. 305/2011 vorliegen, kann die Zuordnung der Feuerwiderstandsklassen nach der Normenreihe DIN EN 13501 zu den Anforderungen nach A 2.1.15 den Abschnitten 7.3 und 7.5 entnommen werden.

Für die Verwendung von Bauprodukten oder Bausätzen, für die harmonisierte technische Spezifikationen nach der Verordnung (EU) Nr. 305/2011 gemäß Amtsblatt der Europäischen Union C 209/03 vom 10. Juni 2016 und C 172/4 vom 13. Mai 2016 vorliegen, gelten die Anwendungsregeln der Abschnitte 7.3 und 7.5.

7.2. Lüftungsleitungen klassifiziert nach DIN 4102-6:1977-09 und DIN V 4102-21:2002-08

Tabelle 7.2.1: Bauaufsichtliche Anforderung und Zuordnung der Feuerwiderstandsklassen nach DIN 4102-6 und DIN V 4102-21

Bauaufsichtliche Anforderung	Feuerwiderstandsklasse
feuerhemmend	L 30
hochfeuerhemmend	L 60
feuerbeständig	L 90
Feuerwiderstandsfähigkeit 120 Minuten	L 120

7.3. Lüftungsleitungen nach harmonisierten technischen Spezifikationen

Tabelle 7.3.1: Bauaufsichtliche Anforderung und Zuordnung der Klassifizierungen nach DIN EN 13501-3:2010-02

Bauaufsichtliche Anforderung	Feuerwiderstandsklasse	Brandverhalten, mindestens geeignete Klassen nach DIN EN 13501-1:2010-01
feuerhemmend	EI 30 ($v_e h_o$ i↔o)S	gemäß A 2.2.1.11, Abschnitt 3.2 C-s3, d2, sonst A2 – s1,d0
hochfeuerhemmend	EI 60 ($v_e h_o$ i↔o)S	A2 – s1,d0
feuerbeständig	EI 90 ($v_e h_o$ i↔o)S	A2 – s1,d0
Feuerwiderstandsfähigkeit 120 Minuten	EI 120 ($v_e h_o$ i↔o)S	A2 – s1,d0

Anwendungsregel

Für Lüftungsleitungen, die feuerwiderstandsfähige Bauteile in baulichen Anlagen durchdringen und die aus Brandschutzprodukten (Brandschutzbekleidungen) nach ETAG 018-1 und -4 vor Ort errichtet werden, gibt es für die Anwendung in mechanischen Lüftungsanlagen keine abschließende technische Regel.

7.4. Brandschutzklappen und Absperrvorrichtungen nach Verwendbarkeitsnachweis

Tabelle 7.4.1: Bauaufsichtliche Anforderung und Zuordnung der Feuerwiderstandsklassen für Brandschutzklappen in Unterdecken

Bauaufsichtliche Anforderung	Feuerwiderstandsklasse nach DIN 4102-6:1977-09 und zusätzliche Bezeichnung für Unterdecke gemäß Verwendbarkeitsnachweis
feuerhemmend	K 30 U
hochfeuerhemmend	K 60 U
feuerbeständig	K 90 U

Tabelle 7.4.2: Bauaufsichtliche Anforderung und Zuordnung der Feuerwiderstandsklassen für Brandschutzklappen in Ab- oder Fortluftleitungen von gewerblichen Küchen

Bauaufsichtliche Anforderung	Feuerwiderstandsklasse nach DIN 4102-6:1977
feuerhemmend	K 30
hochfeuerhemmend	K 60
feuerbeständig	K 90

Tabelle 7.4.3: Bauaufsichtliche Anforderung und Zuordnung der Feuerwiderstandsklassen für Absperrvorrichtungen gemäß MLüAR, Abschnitt 7.2

Bauaufsichtliche Anforderung	Feuerwiderstandsklasse
feuerhemmend	K30-18017
hochfeuerhemmend	K60-18017
feuerbeständig	K90-18017

7.5. Brandschutzklappen nach DIN EN 15650:2010-09, Zuordnung und Verwendungs- und Ausführungsbestimmungen

Tabelle 7.5.1: Bauaufsichtliche Anforderung und Zuordnung der Klassifizierungen nach DIN EN 13501-3:2010-02

Bauaufsichtliche Anforderung	Feuerwiderstandsklasse
feuerhemmend	EI 30 ($v_e h_o$ i↔o)-S
hochfeuerhemmend	EI 60 ($v_e h_o$ i↔o)-S
feuerbeständig	EI 90 ($v_e h_o$ i↔o)-S
Feuerwiderstandsfähigkeit 120 Minuten	EI 120 ($v_e h_o$ i↔o)-S

Hinweis:

Gemäß Anwendungsbereich gilt die Norm nicht für Brandschutzklappen in Atmosphären, die planmäßig oder außerplanmäßig aufgrund chemischer Reaktionen eine schädigende und/oder korrosive Wirkung auf diese ausüben. Dazu gehören Atmosphären in Ab- oder Fortluftleitungen von gewerblichen Küchen.

Die Anforderungen an Lüftungsanlagen in baulichen Anlagen nach A 2.1.15 in Verbindung mit der Technischen Regel A 2.2.1.11 werden bei der Verwendung von Brandschutzklappen nach DIN EN 15650:2010-09 erfüllt, wenn zusätzlich zur Tabelle 7.5.1 folgende Bestimmungen eingehalten werden:

Verwendungs- und Ausführungsbestimmungen

1 Die Anforderungen an bauliche Anlagen werden nur von Brandschutzklappen mit mindestens einseitig angeschlossenen Lüftungsleitungen in mechanischen Lüftungsanlagen erfüllt.

2 Brandschutzklappen mit mechanischem Absperrelement dürfen in Lüftungsleitungen von mechanischen Lüftungsanlagen nur verwendet werden,

- wenn die nach DIN EN 15650:2010-09, Abschnitt 5.2.5, in Verbindung mit ISO 10294-4 nachgewiesene Nennauslösetemperatur der thermischen Auslöseeinrichtung maximal 72 °C oder für Zuluftleitungen in Warmluftheizungsanlagen maximal 95 °C beträgt,
- wenn die Dauerhaftigkeit der Betriebssicherheit für einen bedarfsgemäß und unabhängig von der Schutzfunktion geöffneten oder geschlossenen Betrieb der Brandschutzklappen mit motorischem Antrieb für mindestens 10.000 Betätigungen (Öffnungs- und Schließzyklen) nach DIN EN 15650:2010-09, Abschnitt 5.4.2, in Verbindung mit Anhang C nachgewiesen wurde,
- in der nach DIN EN 1366-2:2015-09 nachgewiesenen Achslage des mechanischen Absperrelements.

3 Brandschutzklappen dürfen zusätzlich zur thermischen Auslösung mit Auslöseeinrichtungen angesteuert werden, die auf Rauch ansprechen (Rauchauslöseeinrichtungen). Die Eignung der Rauchauslöseeinrichtungen muss für den vorgesehenen Verwendungszweck nachgewiesen sein. Sie müssen in Lüftungsleitungen installiert sein.

4 Die detaillierte, den Leistungsnachweisen entsprechende Montageanleitung und die Betriebsanleitung des Herstellers oder seines Vertreters müssen zur Verfügung stehen. Der Hersteller oder sein Vertreter hat schriftlich in der Betriebsanleitung ausführlich die für die Inbetriebnahme, Inspektion, Wartung, Instandsetzung sowie Überprüfung der Funktion der Brandschutzklappe notwendigen Angaben darzustellen.

8. Feuerungsanlagen

8.1. Allgemeines

Feuerungsanlagen (Feuerstätten und Abgasanlagen) müssen so aufgestellt und betrieben werden, dass sie aufgrund ihrer Beschaffenheit betriebs- und brandsicher sind und von ihnen sowie durch ihre Nutzung keine Gefahren oder unzumutbare Belästigungen ausgehen.

Für die Anwendung von Bauprodukten oder Bauteilen, die zur Verwendung in Feuerungsanlagen geeignet sind und für die harmonisierte technische Spezifikationen nach der Verordnung (EU) Nr. 305/2011 vorliegen, sind die technischen Anforderungen A 2.1.16 und den nachfolgenden Regeln der Abschnitte 8.2 bis 8.4 zu entnehmen.

8.2. Feuerstätten

Tabelle 8.2.: Bauprodukte nach harmonisierter technischen Spezifikationen (hEN)

lfd. Nr.	Bauprodukte nach hEN	Planung, Bemessung, Ausführung
8.2.1	Heizkessel für feste Brennstoffe bis 50 kW, für offene Systeme bis max. 2 bar EN 12809:2001+A1:2004, EN 12809:2001/AC:2006 und EN 12809:2001/A1:2004/AC:2007 in Deutschland umgesetzt durch: DIN EN 12809:2005-08 und DIN EN 12809/Berichtigung 1:2008-06	8.2.1/1
8.2.2	Herde für feste Brennstoffe EN 12815:2001+A1:2004, EN 12815:2001/AC:2006 und EN 12815:2001/A1:2004/AC:2007 in Deutschland umgesetzt durch: DIN EN 12815:2005-09 und DIN EN 12815/Berichtigung 1:2008-06	8.2.1/1
8.2.3	Kamineinsätze einschließlich offene Kamine für feste Brennstoffe EN 13229:2001+A1:2003 +A2:2004, EN 13229:2001/AC:2006 und EN 13229:2001/A2:2004/AC:2007 in Deutschland umgesetzt durch: DIN EN 13229:2005-10 und DIN EN 13229/Berichtigung 1:2008-06	8.2.1/1 und/2
8.2.4	Raumheizer für feste Brennstoffe EN 3240:2001+A2:2004, EN 13240:2001/AC:2006 und EN 13240:2001/A2:2004/AC:2007 in Deutschland umgesetzt durch: DIN EN 13240:2005-10 und DIN EN 13240/Berichtigung 1:2008-06	8.2.1/1
8.2.5	Heizöfen für flüssige Brennstoffe mit Verdampfungsbrennern und Schornsteinanschluss EN 1:2007 in Deutschland umgesetzt durch:	8.2.1/3

lfd. Nr.	Bauprodukte nach hEN	Planung, Bemessung, Ausführung
	DIN EN 1:2007-12	
8.2.6	Raumheizer zur Verfeuerung von Holzpellets EN 14785:2006 in Deutschland umgesetzt durch: DIN EN 14785:2006-09 und DIN EN 14785/Berichtigung 1:2007-10	8.2.1/1 und 8.2.1/4
8.2.7	Speicherfeuerstätten für feste Brennstoffe EN 15250:2007 in Deutschland umgesetzt durch DIN EN 15250:2007-06	8.2.1/1

8.2.1/1

Die Verwendung der Feuerstätten ist nur zulässig, wenn der mit der CE-Kennzeichnung angegebene Abstand zu Bauteilen aus brennbaren Baustoffen eingehalten wird und die angrenzenden Bauteile einen Wärmedurchlasswiderstand ≤ 1,2 m²K/W aufweisen.

8.2.1/2

Für die Verwendung der Kamineinsätze in Feuerstätten sind die Bestimmungen der „Fachregel des Ofen- und Luftheizungsbauhandwerks TR-OL 2009, Ausgabe 2010“ zu beachten.

8.2.1/3

Die Verwendung der Feuerstätten ist nur zulässig, wenn der mit der CE-Kennzeichnung angegebene Abstand zu Bauteilen aus brennbaren Baustoffen eingehalten wird und die angrenzenden Bauteile einen Wärmedurchlasswiderstand ≤ 0,127 m²K/W aufweisen.

8.2.1/4

Für die Feuerstätten zur Verfeuerung von Holzpellets gibt es für die Anwendung hinsichtlich Aufstellung und Betrieb keine abschließende technische Regel. Ausgenommen davon sind die Feuerstätten mit automatischer Beschickungseinrichtung, die anschlussfertig sind und ein Verbrennungsluftgebläse haben.

8.3. Abgasanlagen

Für die Ausführung von Abgasanlagen sind die Bestimmungen der Landesbauordnungen und die der Feuerungsverordnungen der Länder zu beachten. Zusätzlich gelten die Anforderungen der DIN V 18160-1:2006-01 mit Ausnahme der Abschnitte 6.2, 6.5, 6.9, 6.10.1 und 6.10.2. Die nachstehenden Abschnitte sind mit folgenden Änderungen und Ergänzungen anzuwenden:

8.3.1. Neufassung des Abschnittes 1 von DIN V 18160-1:2006-01

Diese Norm gilt für die Planung und Ausführung von Abgasanlagen für die Abführung von Abgasen von Feuerstätten, die mit festen, flüssigen oder gasförmigen Brennstoffen betrieben werden, sowie z.B. für die Abführung von Abgasen von Wärmepumpen, Blockheizkraftwerken und ortsfesten Verbrennungsmotoren. Die Norm regelt die Verwendung von Bauprodukten für Abgasanlagen.

Die auf der Basis der EN 13216-1:2004-11 geprüften Bauprodukte für Abgasanlagen sind hinsichtlich des Abstandes zu brennbaren Baustoffen nur in Gebäuden mit angrenzenden Wänden, die einen Wärmedurchlasswiderstand R bis max. 2,7 m^2K/W (entspricht ca. 10 cm Mineralfaser) aufweisen und zu durchdringenden Decken und Dächer, die einen Wärmedurchlasswiderstand R bis max. 5,4 m^2K/W aufweisen, geeignet.

Die Verwendung von Abgasanlagen in Gebäuden mit Wand-, Decken- und Dachkonstruktionen aus oder mit brennbaren Baustoffen, die höhere Wärmedurchlasswiderstände aufweisen, sind in den harmonisierten Produktnormen noch nicht berücksichtigt.

Die Anwendungsnorm gilt nicht für:

Luft-Abgas-Schornsteine, mehrfach belegte Abgasanlagen für raumluftunabhängige Feuerstätten für feste Brennstoffe, Schornsteine im Überdruckbetrieb, Verbindungsstücke für Feuerstätten für feste Brennstoffe im Überdruckbetrieb, freistehenden Abgasanlage (Höhe über der obersten statisch wirksamen Abstützung > 3 m) und Montageabgasanlagen mit einer höheren Temperaturklasse als T400.

8.3.2. Neufassung des Abschnittes 5.2.1 Kennzeichnung von DIN V 18160-1:2006-01

Die Kennzeichnung einer ausgeführten Abgasanlage muss je nach Anwendungsbereich mindestens aus folgenden Leistungskenngrößen bestehen:

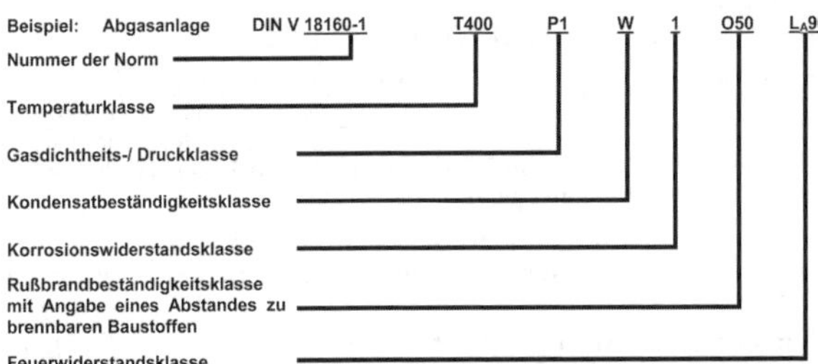

Jeder Zug der Abgasanlage muss gut sichtbar dauerhaft (z.B. Aluminium-Klebschild) mit einer vollständigen Anlagenkennzeichnung versehen werden. Mögliche Stellen für das Anbringen sind die Reinigungsverschlüsse (Türen) im Aufstellraum der Feuerstätte oder an der Stelle des Abgaseintritts in die Abgasanlage.

Jede Leistungskenngröße muss mindestens der geforderten Klasse oder einer höheren Klasse nach folgender Reihenfolge entsprechen:

T600 > T450 > T400 > T300 > T250 > T200 > T160 > T140 > T120 > T100 > T080;

H > P > N; Wx > Dx; D3 > D2 > D1; W3 > W2 > W1; G > O.

Temperaturklasse

Die Temperaturklasse gibt an, bis zu welcher Nennbetriebstemperatur die ausgeführte Abgasanlage einsetzbar ist.

Gasdichtheitsklassen/Druckklasse

Die Gasdichtheitsklasse nach DIN EN 1443/Druckklasse gibt an, für welche Betriebsweise die Abgasanlage geeignet ist.

Kondensatbeständigkeitsklasse

W, für Abgasanlagen, die planmäßig feucht betrieben werden dürfen;

D, für Abgasanlagen, die planmäßig unter Trocken-Bedingungen betrieben werden müssen.

Korrosionswiderstandsklasse

Die brennstoffabhängigen Korrosionswiderstandsklassen für Abgasanlagen sind DIN EN 1443 zu entnehmen.

Rußbrandbeständigkeitsklasse

Oxx für Abgasanlagen ohne Rußbrandbeständigkeit;

Gxx für Abgasanlagen mit Rußbrandbeständigkeit.

Die Bezeichnung des Abstands der äußeren Oberfläche der Abgasanlage zu brennbaren Stoffen erfolgt durch xx, wobei xx der Zahlenwert des Abstandes in gerundeten Millimetern ist.

Feuerwiderstandsklasse

Die Feuerwiderstandklasse LA gibt die Zeitspanne an, der die Abgasanlage bei Brandbeanspruchung (Wirkrichtung von außen nach außen/Raumabschluss und Wärmedämmung) widersteht. Die möglichen Klassen sind in der nachstehenden Tabelle aufgeführt.

Feuerwiderstandsklassen nach DIN 18160-60:2014-02

Bauaufsichtliche Anforderung	Feuerwiderstandsklassen	
feuerhemmend	L_A30*	Feuerwiderstandsdauer ≥ 30 Min
feuerbeständig	L_A90*	Feuerwiderstandsdauer ≥ 90 Min
* **Der angegebene Feuerwiderstand muss entsprechend der gewählten Temperaturklasse (z.B. T400) mit thermischer Vorbehandlung geprüft worden sein.**		

Dabei kann die Abgasanlage selbst den geforderten Feuerwiderstand aufweisen oder die Abgasanlage erfüllt zusammen mit einem Schacht den erforderlichen Feuerwiderstand.

Bei Abgasleitungen mit einer Abgastemperatur ≤ 160 °C kann auf die thermische Vorbehandlung bei der Prüfung des Feuerwiderstands der Schächte verzichtet werden.

8.3.3. Neufassung des Abschnittes 7.2.3 Bauprodukte für die Außenschale von DIN V 18160-1:2006-01

Außenschalen müssen Leistungsmerkmale aufweisen, die mindestens den Leistungsklassen entsprechen, die gleich oder höher sind als für die angestrebte Kennzeichnung der Montageschornsteine erforderlich sind. Dafür dürfen Bauprodukte nach DIN EN 1858, DIN EN 12446, DIN EN 13069 und DIN EN 1806 verwendet werden und müssen mindestens mit T400 und G gekennzeichnet sein. Sofern bei der Verwendung Anforderungen an den Feuerwiderstand gestellt werden, ist dieser nach DIN 18160-60:2014-02 nachzuweisen. Der Nachweis kann für die Außenschale allein oder für mehrschalige Konstruktionen gemeinsam erbracht werden.

Zur Herstellung der Außenschalen aus Mauerwerk dürfen auch verwendet werden:

- Mauerziegel nach EN 771-1 in Verbindung mit DIN 20000-401 oder alternativ DIN 105-100 mit einer Wanddicke ≥ 11,5 cm;
- Hochlochziegel B und C nach DIN EN 771-1 mit einer Wanddicke ≥ 24 cm
- Kalksandsteine nach DIN EN 771-2 in Verbindung mit DIN V 20000-402 oder DIN V 106 mit einer Wanddicke ≥ 11,5 cm;
- Hüttensteine nach DIN 398 mit einer Wanddicke ≥ 11,5 cm
- Porenbeton-Blocksteine nach DIN EN 771-4 in Verbindung mit DIN V 20000-403 oder DIN V 4165-100 mit einer Wanddicke ≥ 10 cm;
- Hohlblocksteine aus Leichtbeton nach DIN 18151 mit einer Wanddicke ≥ 17,5 cm;
- Vollsteine aus Leichtbeton nach DIN EN 771-3 in Verbindung mit DIN V 20000-403 oder DIN V 18152-100:2005-10 mit einer Wanddicke ≥ 11,5 cm gelten als gleichwertig.

Außenschalen aus vorgenanntem Mauerwerk entsprechen der Klassifizierung T400 G50 LA90. Für die Bauart der Außenschale gilt Abschnitt 7.1, Absatz 2, sinngemäß.

8.3.4. Neufassung des Abschnittes 7.2.4 und 8.1.1.4 Bauprodukte für die Dämmschale von DIN V 18160-1:2006-01

Für Montageabgasanlagen dürfen Dämmstoffe nach DIN EN 14303 entsprechend den jeweiligen Anforderungen der vorgesehenen Abgasanlage verwendet werden.

1. Dämmstoffe für Montage-Schornsteine

Die Dämmstoffe für Schornsteine müssen einer Temperatureinwirkung durch Rußbrand widerstehen. Nach DIN EN 14303 ist die Rußbrandbeständigkeit nicht nachweisbar.

Dämmschalen aus Dämmstoffen nach DIN EN 14303 müssen mindestens eine Dicke von 3 cm und mindestens einen Wärmedurchlasswiderstand von 0,4 m^2K/W bei 300 °C aufweisen.

Auf eine Dämmschale kann bei Innenschalen nach DIN EN 1856-1:2009-09 mit einer Wärmedämmung von mindestens 3 cm in Verbindung mit den in 7.2.3 benannten Außenschalen verzichtet werden.

2. Dämmstoffe für Montage-Abgasleitungen

Dämmstoffe nach DIN EN 14303 dürfen für Montage-Abgasleitungen verwendet werden. Die obere Anwendungsgrenztemperatur des Dämmstoffes muss größer oder gleich der benötigten Temperaturklasse der vorgesehenen Abgasanlage liegen.

3. Dämmstoffe für Verbindungsstücke und einschalige metallische Abgasanlagen

Dämmstoffe, die direkt auf den Oberflächen von metallischen Abgasanlagen oder Verbindungsstücken angeordnet sind, müssen nichtbrennbar sein. Die obere Anwendungsgrenztemperatur des Dämmstoffes muss größer oder gleich der benötigten Temperaturklasse der vorgesehenen Abgasanlage liegen.

8.3.5. Brandverhalten von Abgasanlagen

Die Bauteile von Abgasanlagen müssen nach den Landesbauordnungen hinsichtlich ihres Brandverhaltens mindestens normalentflammbar sein.

Sofern Bauteile für Abgasanlagen in die Klasse A1 gemäß Entscheidung 96/602/EG der Kommission (geändert durch Entscheidungen 2000/605/EG und 2003/424/EG der Kommission) eingestuft sind oder wenn diese Bauteile nach DIN 4102-4:2016-05 klassifiziert sind, dürfen sie im Hinblick auf das Brandverhalten ohne zusätzlichen Nachweis entsprechend ihrer Klassifikation verwendet werden.

Tabelle 8.3: Bauprodukte oder Bausätze nach harmonisierten technischen Spezifikationen (hEN)

lfd. Nr.	Bauprodukte nach hEN	Planung, Bemessung, Ausführung
8.3.1	Innenrohre und Verbindungsstücke aus Metall für Abgasanlagen EN 1856-2:2009 in Deutschland umgesetzt durch: DIN EN 1856-2:2009-09	DIN V 18160-1:2006-01 und zusätzlich Beiblatt 1 von DIN V 18160-1:2006-01 und DIN V 18160-1 Beiblatt 1 Berichtigung 1:2007-10 in Verbindung mit 8.3
8.3.2	Betoninnenrohre für Abgasanlagen EN 1857:2010 in Deutschland umgesetzt durch: DIN EN 1857:2010-08	DIN V 18160-1:2006-01 in Verbindung mit 8.3
8.3.3	Betonformblöcke für Abgasanlagen EN 1858:2008+A1:2011 in Deutschland umgesetzt durch: DIN EN 1858:2011-09	DIN V 18160-1:2006-01 in Verbindung mit 8.3
8.3.4	Außenschalen aus Beton für Abgasanlagen EN 12446:2011 in Deutschland umgesetzt durch: DIN EN 12446:2011-09	DIN V 18160-1:2006-01 in Verbindung mit 8.3
8.3.5	Rußbrandbeständige Systemabgasanlagen mit Keramik-Innenrohren EN 13063-1:2005 und EN 13063-1/A1:2007 in Deutschland umgesetzt durch: DIN EN 13063-1:2007-10	DIN V 18160-1:2006-01 in Verbindung mit 8.3
8.3.6	Systemabgasanlagen mit Keramik-Innenrohren EN 13063-2:2005 und EN 13063-2/A1:2007 in Deutschland umgesetzt durch: DIN EN 13063-2:2007-10	DIN V 18160-1:2006-01 in Verbindung mit 8.3 und 8.3.1/1
8.3.7	Keramik-Außenschalen für Systemabgasanlagen EN 13069:2005 in Deutschland umgesetzt durch: DIN EN 13069:2005-12	DIN V 18160-1:2006-01 in Verbindung mit 8.3
8.3.8	Systemabgasanlagen mit Kunststoff-Innenrohren EN 14471:2005 in Deutschland umgesetzt durch: DIN EN 14471:2005-11	DIN V 18160-1:2006-01 in Verbindung mit 8.3
8.3.9	Keramik-Formblöcke für Abgasanlagen EN 1806:2006 in Deutschland umgesetzt durch:	DIN V 18160-1:2006-01 in Verbindung mit 8.3

lfd. Nr.	Bauprodukte nach hEN	Planung, Bemessung, Ausführung
	DIN EN 1806:2006-10	
8.3.10	Aufsätze für raumluftunabhängige Abgasanlagen von Gasgeräten des Typs C6 EN 14989-1:2007 in Deutschland umgesetzt durch: DIN EN 14989-1:2007-05	DIN V 18160-1:2006-01 und zusätzlich Beiblatt 1 von DIN V 18160-1:2006-01 in Verbindung mit 8.3 und 8.3.1/2
8.3.11	Luft-Abgas-Systeme mit Keramik-Innenrohren EN 13063-3:2007 in Deutschland umgesetzt durch: DIN EN 13063-3:2007-10	DIN V 18160-1:2006-01 in Verbindung mit 8.3
8.3.12	Abgas- und Luftleitungen für raumluftunabhängige Feuerstätten EN 14989-2:2007 in Deutschland umgesetzt durch: DIN EN 14989-2:2008-03	DIN V 18160-1:2006-01 sowie zusätzlich Beiblatt 1 von DIN V 18160-1:2006-01 in Verbindung mit 8.3 und 8.3.1/2
8.3.13	Keramik-Innenrohre für Abgasanlagen; – Nassbetrieb – EN 1457-2:2012 in Deutschland umgesetzt durch: DIN EN 1457-2:2012-04	DIN V 18160-1:2006-01 in Verbindung mit 8.3 und 8.3.1/3
8.3.14	Keramik-Innenrohre für Abgasanlagen – Trockenbetrieb – EN 1457-1:2012 in Deutschland umgesetzt durch: DIN EN 1457-1:2012-04	DIN V 18160-1:2006-01 in Verbindung mit 8.3
8.3.15	Bauteile und Abschnitte von System-Abgasanlagen mit Metallinnenrohren EN 1856-1:2009-09 in Deutschland umgesetzt durch: DIN EN 1856-1:2009-09	DIN V 18160-1:2006-01 in Verbindung mit 8.3

8.3.1/1

Systemabgasanlagen mit Keramik-Innenrohren der Klassifizierung W 3 O sind nicht verwendbar.

8.3.1/2

Aufsätze, Bauteile, Abgas- und Luftleitungen aus Metallen nach DIN EN 14989-1:2007-05 und DIN EN 14989-2:2007-05 der Klasse 80 oder 99 müssen der Korrosionsklasse V1, V2 oder V3 nach DIN EN 1856-1:2009-09 entsprechen.

8.3.1/3

Innenrohre nach EN 1457-2 mit der Kondensationsbeständigkeitsklasse WA dürfen nur in einer dauerhaft hinterlüfteten Außenschale gemäß DIN V 18160-1:2006-01, Abschnitt 8.2.1, dritter Spiegelstrich verwendet werden. Für diese Abgasanlagen ist ein Kondensatablauf erforderlich.

Bauarten von Montageschornsteinen mit Innenschalen der Klasse WB, WC oder WD sind für die feuchte Betriebsweise nicht verwendbar.

8.4. Dämmstoffe für Feuerungsanlagen (Feuerstätten und Abgasanlagen)

Tabelle 8.4.: Bauprodukte nach harmonisierten technischen Spezifikationen (hEN)

lfd. Nr.	Bauprodukte nach hEN	Planung, Bemessung, Ausführung
8.4.1	Wärmedämmstoffe für die technische Gebäudeausrüstung und für betriebstechnische Anlagen in der Industrie – werkmäßig hergestellte Produkte aus Mineralwolle (MW) EN 14303 in Deutschland umgesetzt durch: DIN EN 14303:2010-04	Abschnitt 8.3

9. Wärmeabzugsgeräte

Tabelle 9.1: Mindestwerte der wesentlichen Eigenschaften von Wärmeabzugsgeräten nach DIN EN 12101-2:2003-09 zur Verwendung in Dächern gemäß A 2.1.21.3:

DIN EN 12101-2:2003-09	mindestens erforderliche Leistung
4.1	4.1.1a) Thermoelement und Handauslösung
4.2	erfüllt
4.4.	Angabe (m²), Breite ≥ 1,0 m
7.1.1	Re 50
7.1.3	Re 50
7.2.1.1	SL 500
7.3.1	T (0)
7.4.1	WL 1500
7.5.1	B 300
7.5.2	E – d2

Für die Verwendung der Wärmeabzugsgeräte in der Bedachung in Dächern ist A 2.1.9 hinsichtlich der Lage und Anordnung als lichtdurchlässige Flächen einzuhalten, wenn die Leistung nach Abschnitt 7.5.2 der DIN EN 12101-2:2003-09 nicht mit mindestens A2 – s1,d0 erklärt ist; anderenfalls ist bei der Verwendung in der Bedachung für die Bedachung der Nachweis gemäß A 2.1.9 für eine gegen Flugfeuer und strahlende Wärme widerstandsfähige Bedachung zu führen (s. Abschnitt 3, Tabelle 3.2) oder die bauliche Anlage hat die Abstände nach Art. 30 Abs. 2 BayBO einzuhalten. Die Verwendung in lichtdurchlässigen Bedachungen, die schwerentflammbar sein dürfen und nicht brennend abtropfen, ist zulässig, wenn die Leistungsanforderung nach Abschnitt 7.5.2 der DIN EN 12101-2:2003-09 mindestens als C – s3,d0 erklärt ist.

10. Rauchabzugsanlagen

10.1. Allgemeines

Zum Nachweis der Feuerwiderstandsfähigkeit von baulichen Anlagen bei Verwendung von Bauprodukten oder Bauteilen für Rauchabzugsanlagen mit Verwendbarkeitsnachweisen gemäß Art. 17 BayBO oder für Bauarten gemäß Art. 15 BayBO kann die Zuordnung der Feuerwiderstandsklassen nach der Normenreihe DIN 4102 zu den Anforderungen nach A 2.1.21.2 dem Abschnitt 10.4 entnommen werden.

Zum Nachweis der Feuerwiderstandsfähigkeit von baulichen Anlagen bei Verwendung von Bauprodukten oder Bausätzen für Rauchabzugsanlagen, für die harmonisierte technische Spezifikationen nach der Verordnung (EU) Nr. 305/

2011 gemäß Amtsblatt der Europäischen Union C 209/03 vom 10. Juni 2016 und C 179/4 vom 13. Mai 2016 vorliegen, kann die Zuordnung der Feuerwiderstandsklassen nach der Normenreihe DIN EN 13501 zu den Anforderungen nach A 2.1.21.2 den Abschnitten 10.5 und 10.6 entnommen werden.

10.2. Rauchabzugsgeräte nach DIN EN 12101-2:2003-09 in Rauchabzugsanlagen nach Versammlungsstättenverordnung, Verkaufsstättenverordnung und Industriebaurichtlinie gemäß A 2.1.21.2, soweit bauordnungsrechtlich verlangt, Verwendungs- und Ausführungsbestimmungen

Die Anforderungen an die Rauchableitung aus baulichen Anlagen mittels natürlicher Rauchabzugsanlagen gemäß A 2.1.21.2 werden bei Verwendung natürlicher Rauchabzugsgeräte nach DIN EN 12101-2:2003-09 erfüllt, wenn die Mindestwerte der wesentlichen Merkmale der Tabelle 10.2.1 eingehalten und die Rauchabzugsgeräte verwendungsabhängig geplant, bemessen und ausgeführt werden.

Tabelle 10.2.1: Mindestwerte der wesentlichen Eigenschaften von Rauchabzugsgeräten nach DIN EN 12101-2:2003-09 zur Verwendung gemäß A 2.1.21.2

Wesentliche Eigenschaft	Verwendung in	
	notwendigen Treppenräumen Leistungsanforderung	Rauchabzugsanlagen Leistungsanforderung
4.1	Thermoelement und Handauslösung	Thermoelement und Auslöseeinrichtung nach 4.1.1b) oder c) oder d)
4.2	erfüllt	erfüllt
6	Angabe (m^2)	Angabe ≥ 1,5 m^2, für Industriebauten Angabe (m^2)
7.1.1	Re 50	Re 50
7.1.3	Re 50	Re 50
7.2.1.1	SL 500	SL 500
7.3.1	T (–05)	T (–05)
7.4.1	WL 1500	WL 1500
7.5.1	B 300	B 300
7.5.2	E – d2	E – d2

Für die Verwendung der Rauchabzugsgeräte in der Bedachung von Dächern ist A 2.1.9 hinsichtlich der Lage und Anordnung als lichtdurchlässige Flächen einzuhalten, wenn die Leistungsanforderung nach Abschnitt 7.5.2 der DIN EN 12101-2 nicht mindestens als A2 – s1,d0 erklärt ist; andernfalls ist bei der Verwendung in der Bedachung für die Bedachung der Nachweis gemäß A 2.1.9 für eine gegen Flugfeuer und strahlende Wärme widerstandsfähige Bedachung zu führen (s. Abschnitt 3, Tabelle 3.2) oder die bauliche Anlage hat die Abstände nach Art. 30 Abs. 2 BayBO einzuhalten.

10.3. Maschinelle Rauchabzugsgeräte nach DIN EN 12101-3:2015-12 in Rauchabzugsanlagen nach Versammlungsstättenverordnung, Verkaufsstättenverordnung und Industriebaurichtlinie gemäß A 2.1.21.2, Verwendungs- und Ausführungsbestimmungen

Maschinelle Rauchabzugsanlagen müssen so errichtet werden, dass sie den Temperaturen der abzuführenden Brandgase ausreichend lang widerstehen.

In maschinellen Rauchabzugsanlagen sind maschinelle Rauchabzugsgeräte nach DIN EN 12101-3:2015-12 zu verwenden. Für die Verwendung der maschinellen Rauchabzugsgeräte gibt es keine abschließende technische Regel.

Für die Verwendung der maschinellen Rauchabzugsgeräte gelten die Leistungsanforderungen der Tabelle 10.3.1.

Tabelle 10.3.1: Leistungsanforderungen an maschinelle Rauchabzugsgeräte

Wesentliche Eigenschaft	**Verwendung in maschinellen Rauchabzugsanlagen von Räumen**	
	Luftvolumenstrom der Rauchabzugsanlage	
	≤ 40 000 m³/h	> 40 000 m³/h
Temperaturbeständigkeit	≥ 600 °C mindestens 30 Minuten	≥ 300 °C mindestens 30 Minuten

10.4. Entrauchungsleitungen, geprüft und klassifiziert nach DIN V 18232-6:1997-10

Tabelle 10.4.1: Bauaufsichtliche Anforderung und Zuordnung der Feuerwiderstandsklasse nach DIN V 18232-6:1997-10 in Verbindung mit DIN 4102-6:1977-09

Bauaufsichtliche Anforderung	**Feuerwiderstandsklasse, Kategorie, Druckstufe**
feuerhemmend	L 30, Kategorie 3 und Druckstufe 1/2/3[1]
hochfeuerhemmend	L 60, Kategorie 3 und Druckstufe 1/2/3[1]
feuerbeständig	L 90, Kategorie 3 und Druckstufe 1/2/3[1]
[1] je nach erforderlicher Druckstufe	

10.5. Entrauchungsleitungen nach harmonisierten technischen Spezifikationen

Tabelle 10.5.1: Bauaufsichtliche Anforderung und Zuordnung der Klassifizierungen nach DIN EN 13501-4:2010-01

Bauaufsichtliche Anforderung	**Feuerwiderstandsklasse**
feuerhemmend	EI 30 $(v_e - h_o)$ S ★[1] multi
hochfeuerhemmend	EI 60 $(v_e - h_o)$ S ★[1] multi
feuerbeständig	EI 90 $(v_e - h_o)$ S ★[1] multi
Feuerwiderstandsfähigkeit 120 Minuten	EI 120 $(v_e - h_o)$ S ★[1] multi
[1] je nach vorgesehener Verwendung: 500 Pa, 1000 Pa oder 1500 Pa	

Verwendungs- und Ausführungsbestimmungen

Die Anforderungen an die Rauchableitung aus baulichen Anlagen nach A 2.1.21.2 mittels maschineller Rauchabzugsanlagen werden bei der Verwendung von Entrauchungsleitungen aus Entrauchungskanalstücken nach DIN EN 12101-7:2011-08 erfüllt, wenn folgende Anwendungsbestimmungen eingehalten werden:

1 Die Entrauchungsleitungen müssen aus nichtbrennbaren Baustoffen (mindestens Klasse A 2-s1, d0 nach DIN EN 13501-1:2010-01) bestehen.

2 Nach EN 1366-9:2008-09 geprüfte Entrauchungskanalstücke dürfen nur für horizontal angeordnete Entrauchungsleitungen von Rauchabzugsanlagen eines einzelnen Brandabschnitts verwendet werden.

3 Die detaillierte, den Leistungsnachweisen entsprechende Montageanleitung und die Betriebsanleitung des Herstellers oder seines Vertreters müssen zur Verfügung stehen.

Für Entrauchungsleitungen, die feuerwiderstandsfähige Bauteile in baulichen Anlagen durchdringen und die aus Brandschutzprodukten (Brandschutzbekleidungen) nach ETAG 018-1 und -4 vor Ort errichtet werden, gibt es für die Anwendung in Rauchabzugsanlagen keine abschließende technische Regel.

10.6. Entrauchungsklappen nach DIN EN 12101-8:2011-08

Tabelle 10.6.1: Bauaufsichtliche Anforderung und Zuordnung der Feuerwiderstandsklassen nach DIN EN 13501-4:2010-01

Bauaufsichtliche Anforderung	Feuerwiderstandsklasse
feuerhemmend	EI 30 (v_e[1] – h_o[2] – i↔o) S *[3] C_{xx}[4] MA[5] multi
hochfeuerhemmend	EI 60 (v_e[1] – h_o[2] – i↔o) S *[3] C_{xx}[4] MA[5] multi
feuerbeständig	EI 90 (v_e[1] – h_o[2] – i↔o) S *[3] C_{xx}[4] MA[5] multi
Feuerwiderstandsfähigkeit 120 Minuten	EI 120 (v_e[1] – h_o[2] – i↔o) S *[3] C_{xx}[4] MA[5] multi

[1] je nach vorgesehener Verwendung: v_{ew}, v_{edw}, v_{ed}
[2] je nach vorgesehener Verwendung: h_{ow}, h_{odw}, h_{od}
[3] je nach vorgesehener Verwendung: 500 Pa, 1000 Pa oder 1500 Pa
[4] je nach vorgesehener Verwendung: C_{300} oder C_{10000}
[5] für die Verwendung in maschinellen Rauchabzugsanlagen

Verwendungs- und Ausführungsbestimmungen

Die Anforderungen an die Rauchableitung aus baulichen Anlagen nach A 2.1.21.2 mittels maschineller Rauchabzugsanlagen werden bei der Verwendung von Entrauchungsklappen nach DIN EN 12101-8:2011-08 erfüllt, wenn folgende Anwendungsbestimmungen eingehalten werden:

Entrauchungsklappen zur Verwendung in maschinellen Rauchabzugsanlagen eines Brandabschnitts müssen mindestens die Klassifizierung $E_{300}30$(v_e – h_o – i↔o) S500 C_{xx}*[16]MA single nach DIN EN 13501-4:2010-01 aufweisen.

Entrauchungsklappen mit mechanischem Absperrelement dürfen in maschinellen Rauchabzugsanlagen nur verwendet werden,

- wenn die wesentlichen Komponenten aus nichtbrennbaren Baustoffen (mindestens A 2-s1, d0 nach DIN EN 13501-1:2010-01) bestehen,
- in der Achslage des mechanischen Absperrelements, die
  - nach der Feuerwiderstandsprüfung gemäß EN 1366-2:2015-09 für Entrauchungsklappen in Rauchabzugsanlagen für Mehrfachabschnitte bzw.
  - bei der Brandbeanspruchung unter konstanter Temperatur für Entrauchungsklappen in Rauchabzugsanlagen von Einzelabschnitten

  nachgewiesen wurde.

Die detaillierte, den Leistungsnachweisen entsprechende Montageanleitung und die Betriebsanleitung des Herstellers oder seines Vertreters müssen zur Verfügung stehen. Der Hersteller oder sein Vertreter hat schriftlich in der Betriebsanleitung ausführlich die für die Inbetriebnahme, Inspektion, Wartung, Instandsetzung sowie Überprüfung der Funktion der Entrauchungsklappe notwendigen Angaben darzustellen.

11. Druckbelüftungsanlagen (Anlagen zur Rauchfreihaltung)

Druckbelüftungsanlagen müssen automatisch ausgelöst werden. Der notwendige Druckunterschied muss sich spätestens 60 *Sekunden* nach dem Auslösen eingestellt haben.

*[16] **Amtl. Anm.:** je nach Verwendungszweck C_{300} oder C_{1000}

12. Installationskanäle und -schächte, einschließlich der Abschlüsse ihrer Öffnungen

12.1. Allgemeines

Zum Nachweis der Feuerwiderstandsfähigkeit von baulichen Anlagen mit Installationsschächten und -kanälen, einschließlich der Abschlüsse ihrer Öffnungen, mit Verwendbarkeitsnachweisen gemäß Art. 17 BayBO oder für Bauarten gemäß Art. 15 BayBO, kann die Zuordnung der Feuerwiderstandsklassen nach der Normenreihe DIN 4102 zu den technischen Anforderungen nach A 2.1.14 dem Abschnitt 12.2 entnommen werden.

Zum Nachweis der Feuerwiderstandsfähigkeit von baulichen Anlagen mit Installationskanälen, für die harmonisierte technische Spezifikationen nach der Verordnung (EU) Nr. 305/2011 gemäß Amtsblatt der Europäischen Union C 209/03 vom 10. Juni 2016 und C 179/4 vom 13. Mai 2016 vorliegen, kann die Zuordnung der Feuerwiderstandsklassen nach der Normenreihe DIN EN 13501 zu den Anforderungen nach A 2.1.14 dem Abschnitt 12.3 entnommen werden.

12.2. Installationskanäle und -schächte, einschließlich der Abschlüsse ihrer Öffnungen, klassifiziert nach DIN 4102-11:1985-12

Tabelle 12.2.1: Zuordnung der Klassifizierungen nach DIN 4102-11:1985-12

Bauaufsichtliche Anforderung	Installationsschacht und -kanal
feuerhemmend und aus nichtbrennbaren Baustoffen	I 30
hochfeuerhemmend und aus nichtbrennbaren Baustoffen	I 60
feuerbeständig und aus nichtbrennbaren Baustoffen	I 90
Feuerwiderstandsfähigkeit 120 Minuten und aus nichtbrennbaren Baustoffen	I 120

12.3. Bausätze für Installationskanäle aus werkseitig vorgefertigten Formstücken und Zubehörteilen nach harmonisierten technischen Spezifikationen, einer Europäischen Technischen Bewertung (ETA) gemäß EAD 350003.00-1109, klassifiziert nach DIN EN 13501-2:2010-02, und Verwendungs- und Ausführungsbestimmungen

Tabelle 12.3.1: Zuordnung der Klassifizierungen nach DIN EN 13501-2:2010-02 für Installationskanäle

Bauaufsichtliche Anforderung	Installationskanal	Brandverhalten, mindestens geeignete Klassen nach DIN EN 13501-2:2010-01
feuerhemmend und aus nichtbrennbaren Baustoffen	EI 30($v_e h_o$ i↔o)	A2 – s1, d0
hochfeuerhemmend und aus nichtbrennbaren Baustoffen	EI 60($v_e h_o$ i↔o)	
feuerbeständig und aus nichtbrennbaren Baustoffen	EI 90($v_e h_o$ i↔o)	
Feuerwiderstandfähigkeit 120 Minuten	EI 120($v_e h_o$ i↔o)	

13. Brandschutzverglasungen

Zum Nachweis der Feuerwiderstandsfähigkeit von baulichen Anlagen mit Brandschutzverglasungen mit Verwendbarkeitsnachweisen gemäß Art. 17 BayBO oder für Bauarten gemäß Art. 15 BayBO kann die Zuordnung der Feuerwiderstandsklassen nach der Normenreihe DIN 4102 zu den Anforderungen nach A 2.1.6, A 2.1.7, A 2.1.8, A 2.1.9 und A 2.1.12 den nachfolgenden Bestimmungen entnommen werden.

Tabelle 13.1: Zuordnung der Klassifizierungen nach DIN 4102-13:1990-05

Bauaufsichtliche Anforderung	Brandschutzverglasung
feuerhemmend	F 30
hochfeuerhemmend	F 60
feuerbeständig	F 90
Feuerwiderstandsfähigkeit 120 Minuten	F 120

Brandschutzverglasungen der Klassifizierungen G 30, G 60, G 90 oder G 120 nach DIN 4102-13:1990-05 erfüllen nicht die Anforderungen „feuerhemmend“, „hochfeuerhemmend“, „feuerbeständig“ oder „Feuerwiderstandsfähigkeit 120 Minuten“.

Zum Nachweis der Feuerwiderstandsfähigkeit von baulichen Anlagen mit Brandschutzverglasungen, für die als Bausätze für nichttragende innere Trennwände harmonisierte technische Spezifikation nach der Verordnung (EU) Nr. 305/2011 vorliegen, kann die Zuordnung der Feuerwiderstandsklassen nach der Normenreihe DIN EN 13501 zu den Anforderungen nach A 2.1.6, A 2.1.7, A 2.1.8, A 2.1.9 und A 2.1.12 dem Abschnitt 4.3, Tabelle 4.3.1, entnommen werden.

14. Spezielle Brandschutzprodukte

14.1. Feuerschutzmittel

14.1.1. Allgemeines

Zum Nachweis des Brandverhaltens von baulichen Anlagen bei Verwendung von Feuerschutzmitteln nach Verwendbarkeitsnachweisen gemäß Art. 17 BayBO kann die Zuordnung der Brandverhaltensklassen nach der Normenreihe DIN 4102-1 zu den Anforderungen nach A 2.1.2 dem Abschnitt 1.2 entnommen werden.

Zum Nachweis des Brandverhaltens von baulichen Anlagen bei Verwendung von Feuerschutzmitteln, für die harmonisierte technische Spezifikationen nach der Verordnung (EU) Nr. 305/2011 gemäß Amtsblatt der Europäischen Union C 209/03 vom 10. Juni 2016 und C 179/4 vom 13. Mai 2016 vorliegen, kann die Zuordnung der Brandverhaltensklassen nach der Normenreihe DIN EN 13501 zu den technischen Anforderungen nach A 2.1.2 dem Abschnitt 1.3 entnommen werden.

14.1.2. Bauprodukte, die mit Feuerschutzmitteln nach harmonisierten Spezifikationen (ETA) ausgestattet werden

Verwendungs- und Ausführungsbestimmungen

Feuerschutzmittel sind auf Bodenbelägen und/oder Untergründen, die durch Nässe und/oder UV-Bestrahlung beansprucht werden, nicht nachgewiesen.

14.2. Reaktive Brandschutzbeschichtungen auf Stahlbauteilen

14.2.1. Allgemeines

Zum Nachweis der Feuerwiderstandsfähigkeit von baulichen Anlagen bei Verwendung von Reaktiven Brandschutzbeschichtungen auf Stahlbauteilen nach Verwendbarkeitsnachweisen gemäß Art. 17 BayBO kann die Zuordnung der Feuerwiderstandsklassen nach der Normenreihe DIN 4102-2:1977-09 zu den

Anforderungen nach A 2.1.3 und A 2.1.4 den Abschnitten 4.1 und 4.2 entnommen werden.

Zum Nachweis der Feuerwiderstandsfähigkeit von baulichen Anlagen bei Verwendung von Reaktiven Brandschutzbeschichtungen auf Stahlbauteilen, für die harmonisierte technische Spezifikationen nach der Verordnung (EU) Nr. 305/2011 gemäß Amtsblatt der Europäischen Union C 209/03 vom 10. Juni 2016 und C 179/4 vom 13. Mai 2016 vorliegen, kann die Zuordnung der Feuerwiderstandsklassen nach der Normenreihe DIN EN 13501 zu den Anforderungen nach A 2.1.3 und A 2.1.4 dem Abschnitt 4.3 entnommen werden.

14.2.2. Reaktive Brandschutzbeschichtungen auf Stahlbauteilen nach harmonisierten technischen Spezifikationen (ETA)

Verwendungs- und Ausführungsbestimmungen

Für die Verwendung eines Bauproduktes oder Bausatzes nach ETAG 018-1 und -2 / EAD für feuerwiderstandsfähige Bauteile gibt es keine abschließende technische Regel.

14.3. Lineare Fugenabdichtungen

Für die Verwendung von Brandschutzprodukten bzw. Bausätzen aus Brandschutzprodukten zum Abdichten und Verschließen von Fugen und Öffnungen und zum Aufhalten von Feuer im Brandfall als lineare Fugenabdichtungen nach ETAG 026-3 gelten die folgenden bauaufsichtlichen Verwendungs- und Ausführungsbestimmungen, die die Erfüllung der Bauwerksanforderungen bei der Verwendung dieser Produkte sicherstellen sollen:

Fugenabdichtungen dürfen zum Verschließen von konstruktionsbedingten horizontalen und vertikalen linienförmigen Fugen (Anschluss-, Bauwerks- und Bewegungsfugen) in oder zwischen feuerwiderstandsfähigen, raumabschließenden Bauteilen verwendet werden.

Fugen werden bauordnungsrechtlich nicht eigenständig betrachtet.

Die Deklaration des Leistungsmerkmals „Feuerwiderstand" für die Fugenabdichtung ersetzt nicht den notwendigen Nachweis der Feuerwiderstandsfähigkeit des gesamten Bauteils, einschließlich der Fuge(n).

Anlage:

Erläuterungen der Klassifizierungskriterien und der zusätzlichen Angaben zur Klassifizierung

Herleitung des Kurzzeichens	Kriterium	Anwendungsbereich
R (Résistance)	Tragfähigkeit	zur Beschreibung der Feuerwiderstandsfähigkeit
E (Étanchéité)	Raumabschluss	
I (Isolation)	Wärmedämmung (unter Brandeinwirkung)	
W (Radiation)	Begrenzung des Strahlungsdurchtritts	
M (Mechanical)	Mechanische Einwirkung auf Wände (Stoßbeanspruchung)	
S_a (Smoke)	Begrenzung der Rauchdurchlässigkeit (Dichtheit, Leckrate), erfüllt die Anforderungen bei Umgebungstemperatur	dichtschließende Abschlüsse

Herleitung des Kurzzeichens	Kriterium	Anwendungsbereich
S_{200} (Smoke$_{max.\ leakage\ rate}$)	Begrenzung der Rauchdurchlässigkeit (Dichtheit, Leckrate), erfüllt die Anforderungen sowohl bei Umgebungstemperatur als auch bei 200 °C	Rauchschutzabschlüsse (als Zusatzanforderung auch bei Feuerschutzabschlüssen)
S (Smoke)	Rauchdichtheit (Begrenzung der Rauchdurchlässigkeit)	Entrauchungsleitungen, Entrauchungsklappen, Lüftungsleitungen, Brandschutzklappen
C… (Closing)	Selbstschließende Eigenschaft (ggf. mit Anzahl der Lastspiele) einschl. Dauerfunktion	Rauchschutztüren, Feuerschutzabschlüsse (einschließlich Abschlüsse für Förderanlagen)
C_{xx}	Dauerhaftigkeit der Betriebssicherheit (Anzahl der Öffnungs- und Schließzyklen)	Entrauchungsklappen
P	Aufrechterhaltung der Energieversorgung und/oder Signalübermittlung	Elektrische Kabelanlagen allgemein
K_1, K_2	Brandschutzvermögen	Wand- und Deckenbekleidungen (Brandschutzbekleidungen)
I_1, I_2	unterschiedliche Wärmedämmungskriterien	Feuerschutzabschlüsse (einschließlich Abschlüsse für Förderanlagen)
i→o i←o i↔o (in – out)	Richtung der klassifizierten Feuerwiderstandsdauer	Nichttragende Außenwände, Installationsschächte/-kanäle, Lüftungsleitungen/Brandschutzklappen; Entrauchungsklappen, lt. Tab. b)
a↔b (above – below)	Richtung der klassifizierten Feuerwiderstandsdauer	Unterdecken
ve, ho (vertical, horizontal)	für vertikalen/horizontalen Einbau klassifiziert	Lüftungsleitungen, Brandschutzklappen, Entrauchungsleitungen
v_{ew}, h_{ow}	für vertikalen/horizontalen Einbau in Wände klassifiziert	Entrauchungsklappen
v_{ed}, h_{od}	für vertikalen/horizontalen Einbau in Leitungen klassifiziert	Entrauchungsklappen
v_{edw}, h_{odw}	für vertikalen/horizontalen Einbau in Wände und Leitungen klassifiziert	Entrauchungsklappen
U/U (uncapped/uncapped)	Rohrende offen innerhalb des Prüfofens/Rohrende offen außerhalb des Prüfofens	Rohrabschottungen
C/U (capped/uncapped)	Rohrende geschlossen innerhalb des Prüfofens/Rohrende offen außerhalb des Prüfofens	Rohrabschottungen
U/C	Rohrende offen innerhalb des Prüfofens/Rohrende geschlossen außerhalb des Prüfofens	Rohrabschottungen
MA	Manuelle Auslösung	Entrauchungsklappen
multi	Eignung, ein oder mehrere feuerwiderstandsfähige Bauteile zu durchdringen bzw. darin einzubauen	Entrauchungsleitungen, Entrauchungsklappen

Anhang 5

WDVS mit EPS, Sockelbrandprüfverfahren

Stand: Juni 2016

1. Prüfstand

Der Versuchsstand ist vor Witterungseinflüssen zu schützen und besteht aus zwei miteinander verbundenen Wänden, die im rechten Winkel aneinandergrenzen. Die Abmessungen der Wände des Prüfstandes, auf denen der Prüfkörper aufgebaut wird, sind:

- langer Schenkel ist mindestens 4,0 m breit
- kurzer Schenkel ist mindestens 2,0 m breit
- die Höhe des Versuchsstandes beträgt mindestens 9,8 m.

Die Wände des Prüfstandes sind aus ca. 25 cm dicken Porenbetonplansteinen mit einer Rohdichte ≥ 600 kg/m³ herzustellen, die auf der Applikationsfläche für das WDVS mit einem mineralisch gebundenen Putz beschichtet sind.

Die nachfolgende Abbildung zeigt die Ansicht und den Grundriss des Prüfstandes.

Abbildung 1

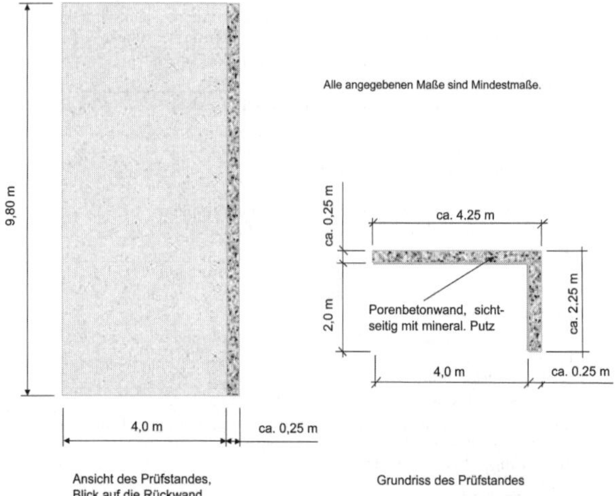

Für die Prüfung von WDVS, die auf Wänden aus Rahmentragwerken (z.B. aus Holz oder Stahl) mit außenseitiger Beplankung appliziert werden sollen, sind gesonderte Festlegungen für den Prüfstand erforderlich.

2. Messtechnische Ausrüstung des Versuchsstandes

Für die Versuchsdurchführung sind der Prüfstand und das applizierte WDVS mit Thermoelementen (Typ K gemäß EN 60684, Ø 3 mm) gemäß Abbildung 2 auszurüsten.

Abbildung 2

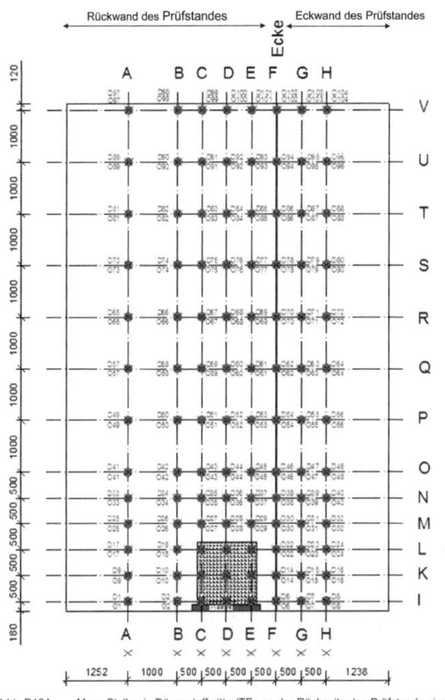

Zudem ist eine Versuchserfassung mit Fotokamera und Videoaufzeichnung (HD-Standard) durchzuführen.

3. Primärbrandquelle

Als Primärbrandquelle für die Prüfung ist eine Holzkrippe aus 200 kg (± 5 kg) Fichtenholz (Rohdichte 475 ± 25 kg/m³) mit einer Grundfläche von ca. 1,1 × 1,1 m zu verwenden. Sie ist aus Holzstäben mit den Abmessungen B × H × L = 40 (± 2) × 40 (± 2) × 1100 (± 10) mm herzustellen.

Die Holzstäbe werden in kreuzweise (90 °) zueinander angeordneten Lagen mit einem Verhältnis Holz : Luft ≈ 1 : 1 aufgestapelt, wobei die unterste Lage parallel zur Rückwand anzuordnen ist. In der obersten Lage der Holzkrippe ist die Zahl der benötigten Holzstäbe ggf. soweit zu verringern und gleichmäßig zu verteilen, dass das o.a. Holzgewicht eingehalten ist. Die Schichten sind untereinander zu vernageln.

Das Holz muss bis zum Erreichen der Gewichtskonstanz in einem Klimaraum im Normalklima nach DIN EN 13238 gelagert und darf erst am Tag vor dem Versuch für den Aufbau der Holzkrippe herausgeholt werden.

Die Unterkante der Holzkrippe soll sich ca. 15–20 cm über dem Fußboden des Prüfraumes befinden, und der Abstand der Holzkrippe zur Oberfläche des applizierten WDVS an Rück- und Eckwand des Versuchsstands muss ca. 10 cm betragen. Für die Zündung sind vier, mit je 400 ml Isopropanol gefüllte Wannen (Breite 25 mm × Länge 1100 mm × Höhe 20 mm) zu verwenden, die über der untersten Lage der Holzstäbe in die Krippe hineingeschoben werden. Als Zündmittel dient eine offene Flamme.

4. Konditionierung der zu prüfenden WDVS

Bei WDVS ist eine Konditionierungszeit des vollständig applizierten Prüfkörpers am Versuchsstand von 21 Tagen erforderlich. Diese Zeit darf unterschritten werden, wenn die Feuchte des Putzsystems einen Wert von 6 % (ca. doppelte Ausgleichsfeuchte) unterschreitet und eine Mindeststandzeit von 14 Tagen eingehalten wird. Die Bestimmung der Feuchte kann an einem Referenzkörper vorgenommen werden, der in gleicher Atmosphäre lagert.

Die Umgebungstemperatur während der Konditionierungszeit muss 1 m vor dem Versuchsstand und in einer Höhe von 1 m über dem Boden des Prüfraumes zwischen 10 °C und 30 °C betragen.

5. Versuchsdurchführung

Vor Beginn der Prüfung muss die Umgebungstemperatur im Prüfraum 1,5 m vor dem Versuchsstand in einer Höhe von 1,5 m über dem Prüfraumboden im Bereich zwischen 5 °C und 30 °C liegen.

Der Abbrand des Prüffeuers als auch der des Prüfkörpers soll unter freiventilierten Lüftungsbedingungen erfolgen. Eine Beeinflussung des Versuchsablaufes durch Wind oder eine maschinelle Rauchabsaugung ist zu vermeiden bzw. auf ein vertretbares Minimum zu reduzieren. Dies kann als sichergestellt gelten, wenn bei der Prüfung mit einem Flügelrad-Anemometer unmittelbar vor Versuchsbeginn im Mittel eine Strömungsgeschwindigkeit von 0,5 m/s – kurzzeitig maximal 1 m/s – mittig in 1 m Höhe über der Oberkante der Holzkrippe und in 100 mm Abstand zur Oberfläche des WDVS nicht überschritten wird.

Alle Änderungen der Abzugsbedingungen während der Prüfzeit sind zu dokumentieren (z.B. Erhöhung der Abzugsgeschwindigkeit bei mechanischer, steuerbarer Rauchabsaugung, Vergrößerung/Verkleinerung der Zuluft-/Abluftöffnungen bei natürlicher Entrauchung).

Die Prüfzeit beträgt mindestens 25 Minuten (eine direkte Brandbeaufschlagung des WDVS ≥ 20 Minuten ist einzuhalten). Sie beginnt mit der Entzündung der Holzkrippe mittels des Isopropanols. Nach Ablauf der Prüfzeit ist die Holzkrippe so abzulöschen, dass der Prüfkörper nicht beeinträchtigt wird. Daran schließt sich eine Beobachtungszeit an, die frühestens 60 Minuten nach Versuchsbeginn beendet werden darf.

Während der Prüfung sind folgende Messdaten zu erfassen:

- Temperaturen vor der Oberfläche des WDVS und in der Mitte der Dämmstoffebene in Zeitintervallen von ≤ 10 Sekunden,
- maximale Flammenhöhen in Zeitintervallen von ≤ 2 Minuten anhand von Messmarken im Abstand von 0,5 m am Prüfstand sowie kontinuierlich mittels der Videoaufzeichnung (der ganze Prüfkörper ist zu filmen),
- kontinuierlich alle relevanten Beobachtungen zum Verhalten des Prüfkörpers infolge der Brandbeanspruchung durch die Primärbrandquelle (s. auch Abschnitt 6).

Nach Versuchsende sind Art und Ausmaß der Brandschädigung am Probekörper zu ermitteln.

Der Versuch darf vorzeitig beendet werden, sofern es zu einem Vollbrand des applizierten WDVS – Brandausbreitung bis zu den seitlichen Rändern und der Oberkante des Prüfkörpers – kommt bzw. ernsthafte Gefahr für die während des Versuchs anwesenden Personen auftritt.

6. Beurteilung

Über die Durchführung und Ergebnisse der Prüfung ist ein Prüfbericht zu erstellen. Der Prüfbericht enthält:

- Name und Adresse der Prüfstelle
- Datum und Registriernummer des Prüfberichtes
- Name und Adresse des Auftraggebers
- Datum der Prüfung
- Beschreibung des angewandten Prüfverfahrens, der verwendeten Brandlast und der Beflammungsdauer
- Beschreibung des applizierten WDVS und seiner Komponenten sowie der berücksichtigten Brandschutzmaßnahmen:
  - Beschreibung des Untergrundes
  - Abmessungen des Prüfkörpers
  - Lage der Brandschutzmaßnahmen
  - ausgeführte Sockelausbildung
  - Systemabschlüsse und -anschlüsse
  - Name und Art der Komponenten des WDVS sowie Angabe der vorliegenden Verwendbarkeitsnachweise
  - Eigenschaften der Komponenten des WDVS (Rohdichte, Flächengewicht, Auftragsmengen bzw. Schichtdicken, Form und Farbe)
  - Brandverhalten (Klassifizierung) der verwendeten eigenständigen Baustoffe, soweit vorhanden
- die Konditionierungszeit und die Konditionierungsbedingungen
- die Prüfbedingungen (Temperatur, relative Luftfeuchte, Luftdruck etc.)
- Strömungsgeschwindigkeit der Luft vor Beginn der Prüfung, mittig in 1 m Höhe über der Oberkante der Holzkrippe und in 100 mm Abstand zur Oberfläche des WDVS und Zeit und Art von Änderungen der Lüftungsbedingungen während der Versuchszeit
- ausführliche Beschreibung des Ablaufs des Versuchs mit allen relevanten Beobachtungen:
  - Zeitpunkt der Beanspruchung des Prüfkörpers durch die Flammen der Holzkrippe

  - Zeitpunkt der Entflammung des Prüfkörpers
  - Flammenausbreitung am oder im Prüfkörper
  - Vergrößerung der Flammen des Prüffeuers durch Pyrolysegase
  - maximale Flammenhöhe in Intervallen von höchstens 2 Minuten
  - Abfallen brennender Teile bzw. brennendes Abtropfen mit Angabe des Zeitpunkts des Auftretens und der Dauer
  - Zeitpunkt, Größe und Dauer eines Sekundärbrandes auf dem Prüfraumboden
  - Abfallen und Abtropfen nicht brennender Teile
  - Veränderungen des Prüfaufbaus, Wölbungen der Oberfläche, Verfärbungen etc.
  - verbale Beschreibung der Rauchentwicklung
- die aufgezeichneten Temperaturverläufe an den Mess-Stellen und deren Auswertung (z.B. in Form von Isothermen-Darstellungen)
- ausführliche Beschreibung des Zustands des WDVS nach Versuchsende, u.a.:
  - Aussehen des Prüfkörpers unmittelbar nach Versuchsende
  - während des Versuchs entstandene Öffnungen an der Prüfkörperoberfläche (Lage und Größe)
  - Art und Ausmaß der Schädigungen (u.a. verbrannte Bereiche der einzelnen Schichten, Verrußungen, Verfärbungen, Gefügeänderungen)
  - ggf. noch vorhandener Verbund zwischen den einzelnen Schichten
  - Zustand der Brandschutzmaßnahmen und deren Befestigung
- eine ausführliche Fotodokumentation, die sowohl die Herstellung des Prüfkörpers als auch den Versuchsablauf und den Zustand nach Versuchsende dokumentiert.

Die Beurteilung der Versuchsergebnisse erfolgt auf der Basis folgender Gesichtspunkte:

- ein Öffnen des applizierten und geprüften WDVS
- die beobachtete Verlängerung der Flammen der Primärbrandquelle vor der Oberfläche des WDVS
- ein Brennen in der Dämmstoffebene
- ein Überspringen von ausgeführten Brandschutzmaßnahmen durch die Flammen in der Dämmstoffebene des WDVS
- die Brandausbreitung auf der Oberfläche des WDVS
- der Zeitpunkt eines etwaigen Versagens der Brandschutzmaßnahmen und ein darauf folgender Abbrand des WDVS
- Gesamtzustand des WDVS nach Beendigung der Prüfung.

Anhang 6

Hinterlüftete Außenwandbekleidungen

Stand: Juni 2016

1. Anwendungsbereich

Bei hinterlüfteten Außenwandbekleidungen, die

- geschossübergreifende Hohl- oder Lufträume haben

oder

- über Brandwände hinweggeführt werden,

sind nach Art. 26 Abs. 4 in Verbindung mit Abs. 5 sowie nach Art. 28 Abs. 7 BayBO besondere Vorkehrungen gegen die Brandausbreitung zu treffen. Nachfolgend werden mögliche Vorkehrungen beschrieben.

2. Begriffe

2.1

Hinterlüftete Außenwandbekleidungen bestehen aus:

- Bekleidungen mit offenen oder geschlossenen Fugen, sich überdeckenden Elementen bzw. Stößen
- Unterkonstruktionen (z.B. Trag- und gegebenenfalls Wandprofilen aus Metall, Holzlatten (Traglatten), Konterlatten (Grundlatten))
- Halterungen (Verankerungs-, Verbindungs-, Befestigungselementen)
- Zubehörteilen (z.B. Anschlussprofile, Dichtungsbänder, thermische Trennelemente)
- Hinterlüftungsspalt
- ggf. Wärmedämmung mit Dämmstoffhaltern.

2.2

Hinterlüftungsspalt ist der Luftraum zwischen der Bekleidung und der Wärmedämmung oder zwischen der Bekleidung und der Wand, soweit keine außenliegende Wärmedämmung vorgesehen ist.

2.3

Brandsperren dienen der Begrenzung der Brandausbreitung im Hinterlüftungsspalt über eine ausreichend lange Zeit durch Unterbrechung oder partielle Reduzierung des freien Querschnitts des Hinterlüftungsspalts.

3. Dämmstoffe, Unterkonstruktionen, Hinterlüftungsspalt

3.1

Abweichend von Art. 26 Abs. 3 Satz 1 BayBO muss die Wärmedämmung nichtbrennbar sein. Die Dämmstoffe sind entweder mechanisch oder mit einem Klebemörtel, der schwerentflammbar ist oder einen Anteil von nicht mehr als 7,5 % an organischen Bestandteilen aufweist, auf dem Untergrund zu befestigen. Stabförmige Unterkonstruktionen aus Holz sind zulässig (Art. 28 Abs. 3 Satz 1, Halbsatz 2 BayBO).

3.2

Die Tiefe des Hinterlüftungsspalts darf nicht größer sein als

- 50 mm bei Verwendung einer Unterkonstruktion aus Holz und
- 150 mm bei Verwendung einer Unterkonstruktion aus Metall.

4. Horizontale Brandsperren

4.1

In jedem zweiten Geschoss sind horizontale Brandsperren im Hinterlüftungsspalt anzuordnen. Die Brandsperren sind zwischen der Wand und der Bekleidung einzubauen. Bei einer außenliegenden Wärmedämmung genügt der

Einbau zwischen dem Dämmstoff und der Bekleidung, wenn der Dämmstoff im Brandfall formstabil ist und einen Schmelzpunkt von > 1.000 °C aufweist.

4.2

Unterkonstruktionen aus brennbaren Baustoffen müssen im Bereich der horizontalen Brandsperren vollständig unterbrochen werden.

4.3

Die Größe der Öffnungen in den horizontalen Brandsperren ist insgesamt auf 100 cm²/lfm Wand zu begrenzen. Die Öffnungen können als gleichmäßig verteilte Einzelöffnungen oder als durchgehender Spalt angeordnet werden.

4.4

Die horizontalen Brandsperren müssen über mindestens 30 Minuten hinreichend formstabil sein (z.B. aus Stahlblech mit einer Dicke von d ≥ 1 mm). Sie sind in der Außenwand in Abständen von ≤ 0,6 m zu verankern. Die Stahlbleche sind an den Stößen mindestens 30 mm zu überlappen.

4.5

Laibungen von Außenwandöffnungen (Türen, Fenster) dürfen integraler Bestandteil von Brandsperren sein, soweit der Hinterlüftungsspalt durch Bekleidung der Laibungen und Stürze der Außenwandöffnungen verschlossen ist; die Bekleidung muss den Anforderungen nach Ziffer 4.4 entsprechen, Unterkonstruktionen und eine ggf. vorhandene Wärmedämmung müssen aus nichtbrennbaren Baustoffen bestehen.

4.6

Horizontale Brandsperren sind nicht erforderlich:

1. bei öffnungslosen Außenwänden,
2. wenn durch die Art der Fensteranordnung eine Brandausbreitung im Hinterlüftungsspalt ausgeschlossen ist (z.B. durchgehende Fensterbänder, geschossübergreifende Fensterelemente) und
3. bei Außenwänden mit hinterlüfteten Bekleidungen, die einschließlich ihrer Unterkonstruktionen, Wärmedämmung und Halterungen aus nichtbrennbaren Baustoffen bestehen, wenn der Hinterlüftungsspalt im Bereich der Laibung von Öffnungen umlaufend im Brandfall über mindestens 30 Minuten formstabil (z.B. durch Stahlblech mit einer Dicke von d ≥ 1 mm) verschlossen ist.

5. Vertikale Brandsperren im Bereich von Brandwänden

Der Hinterlüftungsspalt darf über die Brandwand nicht hinweggeführt werden. Der Hinterlüftungsspalt ist mindestens in Brandwanddicke mit einem im Brandfall formstabilen Dämmstoff mit einem Schmelzpunkt von > 1.000 °C auszufüllen.
Art. 28 Abs. 7 Satz 1 BayBO bleibt unberührt.

Anhang 7

Anforderungen an Feststellanlagen

Stand: Juli 2017

Für bauordnungsrechtliche Anforderungen in dieser Technischen Baubestimmung ist eine Abweichung nach Art. 81a Abs. 1 Satz 2 BayBO ausgeschlossen; eine Abweichung von bauordnungsrechtlichen Anforderungen kommt nur nach Art. 63 BayBO in Betracht. Art. 15 Abs. 2 und Art. 17 BayBO bleiben unberührt.

1. Anwendungsbereich

In diesem Dokument werden die grundsätzlichen allgemeinen bauaufsichtlichen Anforderungen für Feststellanlagen zur Verwendung innerhalb von Gebäuden für Feuerschutzabschlüsse, Rauchschutzabschlüsse und Feuerschutzabschlüsse im Zuge bahngebundener Förderanlagen sowie andere Abschlüsse, die die Eigenschaft „selbstschließend" aufweisen (im Folgenden „Abschlüsse" genannt) konkretisiert.

Die Kompatibilität aller zu einer Feststellanlage gehörenden Geräte ist in einer Bauartgenehmigung nachzuweisen. In der jeweiligen Bauartgenehmigung sind außerdem Festlegungen zur Planung, Bemessung und Ausführung der Feststellanlage zu treffen.

Hinweis:

Kraftbetätigte Abschlüsse müssen bei Ausfall der Energieversorgung oder bei einem anderen Störfall mittels gespeicherter mechanischer Energie sicher geschlossen werden.

Für die Antriebe, Steuerung und Energieversorgung von kraftbetätigten Abschlüssen, die auch elektromotorisch, pneumatisch oder hydraulisch geschlossen werden, sind im bauaufsichtlichen Verfahren auf den Einzelfall abgestimmte Vereinbarungen festzulegen und nachzuweisen.

2. Begriffe

2.1. Feststellanlage

Feststellanlage ist ein System bestehend aus Geräten oder Gerätekombinationen, das geeignet ist, die Funktion von Schließmitteln kontrolliert unwirksam zu machen.

Anmerkung:

Beim Ansprechen der zugehörigen Auslösevorrichtung im Fall eines Brandalarmes, einer Störung oder durch Handauslösung werden offenstehende Abschlüsse selbsttätig durch die Schließmittel geschlossen. Eine Feststellanlage besteht aus mindestens einem Brandmelder, einer Auslösevorrichtung, einer Feststellvorrichtung, einer Energieversorgung, einem Handauslösetaster[*17] und ggf. Sicherheitseinrichtungen.

2.2. Brandmelder

Brandmelder ist das Gerät einer Feststellanlage, das eine geeignete physikalische und/oder chemische Kenngröße zur Erkennung eines Brandes in dem zu über-

[*17] **Amtl. Anm.:** Auf den Handauslösetaster kann unter bestimmten Bedingungen verzichtet werden (s. entsprechende Zustimmungsbescheide)

wachenden Bereich ständig oder in aufeinander folgenden Zeitintervallen misst und bei Überschreitung eines eingestellten Grenzwertes mittels überwachter Übertragungswege eine Meldung an die Auslösevorrichtung leitet.

2.3. Auslösevorrichtung

Auslösevorrichtung ist das Gerät einer Feststellanlage, das die von anderen Geräten dieser Feststellanlage (z.B. Brandmeldern) abgegebenen Signale verarbeitet und bei Erfüllung bestimmter Kriterien die angeschlossene Feststellvorrichtung auslöst*[18].

2.4. Feststellvorrichtung

Feststellvorrichtung ist das Gerät einer Feststellanlage, das die zum Schließen erforderliche Energie in gespeichertem Zustand hält und den Abschluss bei entsprechendem Signal der Auslösevorrichtung oder des Handauslösetasters (der Handauslöseeinrichtung) zum Schließen freigibt.

2.5. Schließmittel

Schließmittel ist das Zubehörteil eines Abschlusses, das bewegliche Abschlüsse mittels gespeicherter Energie*[19] selbsttätig schließt.

2.6. Energieversorgung

Energieversorgung ist das Gerät einer Feststellanlage, das der elektrischen Versorgung von Brandmeldern, Auslösevorrichtungen, Feststellvorrichtungen und ggf. Sicherheitseinrichtungen dient.

2.7. Sicherheitseinrichtungen

2.7.1. Sicherheitseinrichtungen für den Personenschutz an Abschlüssen

Sicherheitseinrichtungen für den Personenschutz an Abschlüssen sind Geräte einer Feststellanlage (Schutzeinrichtungen, die die Anforderungen der geltenden Unfallverhütungsvorschriften erfüllen, z.B. Kontaktleisten nach DIN EN 12978), die im Fall eines Brandalarmes, einer Störung oder einer Handauslösung nicht abgeschaltet werden. Sie müssen Personen oder Gegenstände, die sich im Schließbereich des Abschlusses befinden, vor unzulässigen Krafteinwirkungen bewahren (z.B. durch Unterbrechung des Schließvorganges).

2.7.2. Sicherheitseinrichtungen für die Schließbereichsüberwachung bei Feuerschutzabschlüssen im Zuge bahngebundener Förderanlagen

Sicherheitseinrichtungen für die Schließbereichsüberwachung bei Feuerschutzabschlüssen im Zuge bahngebundener Förderanlagen sind Geräte einer Feststellanlage (geeignete Sensoren, z.B. Lichtschranken), die im Fall eines Brandalarmes, einer Störung oder einer Handauslösung nicht abgeschaltet werden. Sie müssen das Einleiten eines Schließvorganges verzögern oder den eingeleiteten Schließvorgang unterbrechen, wenn sich Gegenstände im Schließbereich des Abschlusses befinden.

---

*[18] **Amtl. Anm.:** Teile einer automatischen Brandmeldeanlage können als Auslösevorrichtung im Rahmen einer Feststellanlage dienen.

*[19] **Amtl. Anm.:** Erfolgt das selbsttätige Schließen eines Feuerschutzabschlusses anders als mit mechanischer Energie, so ist mit dem DIBt die jeweilige Nachweisführung abzustimmen.

2.8. Brandmeldeanlage

Brandmeldeanlage ist eine Gruppe von Bestandteilen nach DIN EN 54-× einschließlich einer Brandmelderzentrale, die bei Anordnung in einer festgelegten Konfiguration in der Lage ist, einen Brand zu erkennen, zu melden und Signale zur Einleitung entsprechender Aktionen abzugeben.

2.9. Störung der Sicherheitseinrichtungen

Störung der Sicherheitseinrichtungen ist die Beeinträchtigung der funktionalen Sicherheit der Schutzfunktion oder der Ausfall der Sicherheitseinrichtung.

2.10. Freigabe des Abschlusses

Freigabe des Abschlusses ist die Aufhebung der Feststellung des Abschlusses, sodass das Schließmittel den Abschluss in Schließrichtung bewegen kann.

Anmerkung:

Die Dauer von der Branddetektion durch die zugehörigen Brandmelder oder dem Auftreten einer Störung oder der Betätigung des Handauslösetasters bis zur Freigabe des Abschlusses setzt sich wie folgt zusammen:

Zeit von der Branddetektion durch die zugehörigen Brandmelder oder dem Auftreten einer Störung oder der Betätigung des Handauslösetasters bis zur Auslösung der Feststellvorrichtung (siehe Abschnitt 3.3.1, max. 10 s).

+

Zeit für die Überwindung der Remanenz in der Feststellvorrichtung bis zur Freigabe des Abschlusses (siehe Abschnitt 3.4.2, max. 3 s).

2.11. Abkürzungen

BM	Brandmelder
BMA	Brandmeldeanlage
FstA	Feststellanlage
FstV	Feststellvorrichtung
HAT	Handauslösetaster
PS	Personenschutz
SBÜ	Schließbereichsüberwachung
SE	Sicherheitseinrichtungen

3. Anforderungen an die Feststellanlage und deren Komponenten

3.1. Feststellanlage

3.1.1. Allgemeines

(1) Jede Gerätekombination einer Feststellanlage muss die Anforderungen der Normen zur Umsetzung der Richtlinie 2006/95/EG (hier DIN EN 60950-1 oder DIN EN 60335-1) und der Richtlinie 2004/108/EG (hier DIN EN 61000-6-2, DIN EN 61000-6-3 und DIN EN 61000-3-2, DIN EN 61000-3-3) erfüllen.

(2) Falls die brandschutz- und/oder sicherheitsrelevanten Funktionen der Feststellanlage, die im Brandfall nicht abgeschaltet werden, mittels Software gesteuert werden, muss diese die Anforderungen nach DIN EN 54-2, Abschnitt 13, sinngemäß erfüllen.

(3) Für jedes Gerät der Feststellanlage muss der Antragsteller Angaben zu den zulässigen Umgebungsbedingungen (mindestens Lufttemperatur und relative Feuchte oder alternativ Klimaklasse nach DIN EN 60721-3-3) während des Betriebes vom jeweiligen Hersteller einholen (sofern er die Geräte nicht

selbst herstellt) und zur Verfügung stellen*[20]. Diese Angaben werden in die Zulassung aufgenommen.

(4) Für jedes Gehäuse der Feststellanlage oder Gehäuse eines Gerätes der Feststellanlage muss der Antragsteller den Schutzgrad nach DIN EN 60529 angeben.

(5) Geräte der Feststellanlage, die unmittelbar auf den Feuerschutzabschluss (einschl. Zarge) montiert werden, müssen durch die Prüfstelle bzgl. der am Montageort im Brandfall zulässigen Oberflächentemperaturen (siehe DIN 4102-5 bzw. DIN EN 1634-1) bewertet werden (Beratung im Zuge der Bauartgenehmigung erforderlich).

3.1.2. Feststellanlagen, die nur in Verbindung mit einer bestimmten Brandmeldeanlage verwendet werden dürfen

Bei diesen Feststellanlagen ist die Auslösevorrichtung Bestandteil einer Brandmeldeanlage. Die Auslösevorrichtung mit den angeschlossenen Brandmeldern wird durch die Energieversorgung der Brandmeldeanlage versorgt. Für die Feststellvorrichtungen ist eine separate Energieversorgung erforderlich.

3.1.3. Feststellanlagen für Abschlüsse, bei denen der Personenschutz im Brandfall berücksichtigt werden muss

Bei Feststellanlagen für Abschlüsse, bei denen der Personenschutz im Brandfall berücksichtigt werden muss, darf der Schließvorgang unterbrochen werden. Nach Freiwerden des Schließbereiches muss sich der Schließvorgang aus jeder Öffnungsstellung selbsttätig fortsetzen.

Diese Feststellanlagen sind mit Sicherheitseinrichtungen nach Abschnitt 2.7.1 auszuführen und müssen mit einer zweiten Energieversorgung nach Abschnitt 3.5.3 ausgestattet sein.

3.1.4. Feststellanlagen für Feuerschutzabschlüsse im Zuge bahngebundener Förderanlagen

Bei Feststellanlagen für Feuerschutzabschlüsse im Zuge bahngebundener Förderanlagen darf die Freigabe des Schließvorganges durch die Feststellvorrichtung verzögert oder der Schließvorgang unterbrochen werden. Nach Freiwerden des Schließbereiches muss sich der Schließvorgang aus jeder Öffnungsstellung selbsttätig fortsetzen. Bei einer dauerhaften Belegung des Schließbereiches über 120 s muss eine Zwangsschließung eingeleitet werden*[21].

Bei planmäßig dauerhafter Belegung der Förderbahn mit Fördergut (z.B. Schüttgüter, Transportgüter, die in dichter Folge transportiert werden) darf bei Brandalarm ohne Verwendung von Sicherheitssensoren eine verzögerte Zwangsschließung nach Freiräumung des Schließbereiches erfolgen.

Diese Feststellanlagen sind mit Sicherheitseinrichtungen nach Abschnitt 2.7.2 auszuführen und müssen mit einer zweiten Energieversorgung nach Abschnitt 3.5.3 ausgestattet sein.

---

*[20] **Amtl. Anm.:** Für den Fall, dass die angegebenen zulässigen Umgebungslufttemperaturen außerhalb des Bereiches „normaler Umgebungsbedingungen“ (+5 °C ≤ t ≤ +40 °C) liegen, ist vom Hersteller das verwendete Nachweisverfahren anzugeben.

*[21] **Amtl. Anm.:** Abweichungen von dieser Zwangsschließzeit können im Einzelfall mit der zuständigen Bauaufsichtsbehörde vereinbart werden.

3.2. Brandmelder

3.2.1. Rauchmelder

Rauchmelder müssen DIN EN 54-7 entsprechen. Andere Rauchmelder sind nach Abstimmung mit dem DIBt in Anlehnung an die v.g. Norm bzgl. der Einhaltung der Anforderungen zu prüfen (siehe auch Abschnitt 3.2.7). Für Melder, die radioaktive Präparate enthalten, muss zusätzlich die Strahlenschutzverordnung beachtet werden.

3.2.2. Wärmemelder

Wärmemelder müssen DIN EN 54-5, Melderklasse A1, A1R oder A1S entsprechen. Bei der Verwendung von Wärmemeldern mit höheren Melderklassen sind ggf. Maßnahmen zum thermischen Schutz der Geräte der Feststellanlage erforderlich.

Andere Wärmemelder sind nach Abstimmung mit dem DIBt in Anlehnung an die v.g. Norm bzgl. der Einhaltung der Anforderungen zu prüfen.

3.2.3. Maßnahmen gegen Verstellen der Melder

Der eingestellte Schwellenwert ist durch entsprechende Maßnahmen gegen fahrlässige Verstellung sowie gegen Eingriffe Unbefugter zu schützen.

3.2.4. Rückstellen der Melder

Nach dem Ansprechen eines Melders muss die Wiederherstellung der Funktionsbereitschaft einfach möglich sein. Eine automatische Rückstellung des Melders ist zulässig.

3.2.5. Rauchansaugsysteme

Rauchansaugsysteme müssen DIN EN 54-20 und den folgenden Anforderungen entsprechen:

- Störungen (u.a. Verstopfungen und Leckagen) im Rauchansaugsystem müssen innerhalb von 100 s erkannt und angezeigt werden sowie zur Auslösung der Feststellvorrichtung führen.
- Die Verstopfung von mindestens einer Ansaugöffnung oder das Auftreten einer Leckage am Rohrsystem muss als Störung erkannt werden und zur Auslösung der Feststellvorrichtung führen.

3.2.6. Rauchmelder in Gehäusen zur Montage an senkrechten Bauteilen

Rauchmelder in Gehäusen zur Montage an senkrechten Bauteilen müssen die Anforderungen nach DIN EN 54-7 bei den vom DIBt festgelegten Prüfbedingungen einhalten.

3.2.7. Verwendung verschiedener Brandmeldertypen (Mischinstallation)

Sollen bei der Ausführung der Feststellanlage verschiedene Brandmeldertypen gleichzeitig in einer Anlage verwendet werden können (Mischinstallation), ist dies für die entsprechenden Brandmelder nachzuweisen und in der Bauartgenehmigung anzugeben.

3.3. Auslösevorrichtung

3.3.1. Allgemeine Anforderungen

(1) Verhalten bei Alarmmeldungen und Störungen

Einwirkung		Anforderung an das Verhalten der Auslösevorrichtung		
lfd. Nr.	**Szenario**	**Anzeige**		**Auslöseverhalten (Zeit vom Beginn der Einwirkung bis zur Auslösung der Feststellvorrichtung)**
		optisch	**akustisch**[*22]	
1	**Alarmmeldungen**			
1a	Branddetektion durch zugehörigen BM	ja	nicht erforderlich	unverzögert (innerhalb 10 s)
1b	Alarmmeldung durch aufgeschaltete BMA (optional)	ja	nicht erforderlich	
1c	Betätigung des HATs	ja	nicht erforderlich	
2	**Störungen**			
2a	Störung eines BMs, mindestens ▪ Drahtbruch/Kurzschluss in den Zuleitungen eines BMs ▪ fehlender BM	nicht erforderlich	nicht erforderlich	unverzögert (innerhalb 10 s)
2b	Störung eines HATs, mindestens ▪ Drahtbruch/Kurzschluss in den Zuleitungen des HATs	nicht erforderlich	nicht erforderlich	
2c	Störung im Programmablauf (analog zu DIN EN 54-2, Abschnitt 13.4)	nicht erforderlich	nicht erforderlich	unverzögert (innerhalb 10 s)
2d	Ausfall der 1. Energieversorgung (öffentliches Stromnetz bzw. interne Energieversorgung)	nicht erforderlich	nicht erforderlich	unverzögert (innerhalb 10 s)

(2) Die Auslösevorrichtung muss das Auslösesignal für die Feststellvorrichtung über mindestens 3 s aufrechterhalten[*23].

(3) Eine Auslösung durch die Brandmelder ist optisch (rotes Leuchtmittel) durch eine Leuchtdiode oder ein anderes Bauteil mit vergleichbarer Zuverlässigkeit anzuzeigen. Die optische Anzeige muss bei einer Umgebungsbeleuchtungsstärke bis 500 lx in einem Abstand von 6 m sichtbar sein.

(4) Unbeabsichtigt leitende Verbindungen[*24] außerhalb von Gehäusen müssen wie eine Störung behandelt werden. Alternativ kann eine getrennte Leitungsführung oder eine Verlegung der Leitungen im Schutzrohr/Kabelkanal in der Zulassung vorgeschrieben werden.

(5) Auslösevorrichtungen unter Verwendung von BUS-Systemen, die brandschutz- und/oder sicherheitsrelevante Funktionen der Feststellanlage, die im Brandfall nicht abgeschaltet werden, umsetzen, müssen

---

[*22] **Amtl. Anm.:** Eine akustische Anzeige während des Schließens des Abschlusses kann aufgrund anderer Vorschriften erforderlich sein.

[*23] **Amtl. Anm.:** Für technische Lösungen, bei denen das Auslösesignal nicht über mindestens 3 s aufrecht gehalten werden kann, muss auf andere Weise nachgewiesen werden, dass eine maximale Betätigungszeit des Handauslösetasters von 500 ms ausreicht, um alle in der Bauartgenehmigung aufgeführten Feststellvorrichtungen sicher auszulösen.

[*24] **Amtl. Anm.:** Als unbeabsichtigt leitende Verbindungen gelten hier Verbindungen zwischen den Leitungen eines geschlossenen Öffnerkontaktes (keine elektrische Potentialdifferenz) mit der Folge, dass ein Öffnen des Öffnerkontaktes wirkungslos ist.

- die Datenpakete richtig und sicher übertragen und
- bei einer Störung der Kommunikation der beteiligten Sender/Empfänger die Feststellvorrichtung auslösen.

(6) Die Wiederherstellung der Funktionsbereitschaft nach dem Ansprechen der Auslösevorrichtung muss einfach und ohne Spezialwerkzeug möglich sein.

(7) Eine automatische Wiederherstellung der Funktionsbereitschaft oder eine Fernrückstellung zur Wiederherstellung der Funktionsbereitschaft ist bei Feststellanlagen für Feuerschutzabschlüsse mit motorischer Öffnungshilfe nicht zulässig.

3.3.2. Auslösevorrichtungen in Brandmeldeanlagen

Die Auslösevorrichtung darf Bestandteil einer vorhandenen automatischen Brandmeldeanlage sein, wenn dies in der allgemeinen Bauartgenehmigung für die Feststellanlage so festgelegt ist und zusätzlich zu den Punkten (2) bis (7) des Abschnittes 3.3.1 folgende Bedingungen erfüllt sind:

- Brandmelder, die der Überwachung von Abschlüssen dienen, müssen so in Meldergruppen zusammengefasst werden, dass bei Alarm- oder Störungsmeldung an der Brandmelderzentrale eine Unterscheidung zwischen Brandmeldern der Feststellanlage und anderen Brandmeldern möglich ist.
- Brandmelder von Feststellanlagen dürfen keine weiterleitenden Alarmierungseinrichtungen (z.B. Übertragungseinrichtungen für Brandmeldungen an die Feuerwehr) ansteuern.
- Die Anzeigeeinrichtungen von Auslösevorrichtungen an der Brandmelderzentrale müssen DIN EN 54-2 entsprechen.
- Die Feststellvorrichtungen dürfen nicht durch die Energieversorgung der Brandmeldeanlage gespeist werden. Hierfür ist eine eigene Energieversorgung notwendig.
- Die Feststellvorrichtungen müssen zusätzlich an der Auslösevorrichtung der Brandmeldeanlage ausgelöst werden können.

Abweichend von Abschnitt 3.3.1 (1) gilt folgendes Verhalten bei Alarmmeldungen und Störungen:

<table>
<tr><th colspan="2">Einwirkung</th><th colspan="3">Anforderung an das Verhalten der Auslösevorrichtung</th></tr>
<tr><th rowspan="2">lfd. Nr.</th><th rowspan="2">Szenario</th><th colspan="2">Anzeige</th><th rowspan="2">Auslöseverhalten</th></tr>
<tr><th>optisch</th><th>akustisch[*25]</th></tr>
<tr><td>1</td><td colspan="4">Alarmmeldungen</td></tr>
<tr><td>1a</td><td>Branddetektion durch zugehörigen BM</td><td>ja</td><td>nicht erforderlich</td><td rowspan="3">gemäß DIN EN 54-2, Abschnitt 7.1</td></tr>
<tr><td>1b</td><td>Alarmmeldung durch aufgeschaltete BMA (optional)</td><td>ja</td><td>nicht erforderlich</td></tr>
<tr><td>1c</td><td>Betätigung des HATs</td><td>ja</td><td>nicht erforderlich</td></tr>
<tr><td>2</td><td colspan="4">Störungen</td></tr>
<tr><td>2a</td><td>Störung eines BMs, mindestens
▪ Drahtbruch/Kurzschluss in den Zuleitungen eines BMs</td><td>nicht erforderlich</td><td>nicht erforderlich</td><td>gemäß DIN EN 54-2, Abschnitt 8.1</td></tr>
</table>

[*25] **Amtl. Anm.:** Eine akustische Anzeige während des Schließens des Abschlusses kann aufgrund anderer Vorschriften erforderlich sein.

Einwirkung		Anforderung an das Verhalten der Auslösevorrichtung		
lfd. Nr.	Szenario	Anzeige		Auslöseverhalten
		optisch	akustisch	
	▪ fehlender BM			
2b	Störung eines HATs, mindestens ▪ Drahtbruch/Kurzschluss in den Zuleitungen des HATs	nicht erforderlich	nicht erforderlich	Auslösung unverzögert (innerhalb 10 s)
2c	Störung im Programmablauf	nicht erforderlich	nicht erforderlich	gemäß DIN EN 54-2, Abschnitt 13.4
2d	Ausfall der 1. Energieversorgung (öffentliches Stromnetz bzw. interne Energieversorgung)	nicht erforderlich	nicht erforderlich	gemäß DIN EN 54-4, Abschnitt 5.4

3.3.3. Auslösevorrichtungen für Feststellanlagen mit Sicherheitseinrichtungen für den Personenschutz

Die Anforderungen der Punkte (2) bis (7) des Abschnittes 3.3.1 sind ebenso zu erfüllen.

Abweichend von Abschnitt 3.3.1 gilt folgendes Verhalten bei Alarmmeldungen, Störungen und besonderen Situationen:

Einwirkung		Anforderung an das Verhalten der Auslösevorrichtung		
lfd. Nr.	Szenario	Anzeige		Auslöseverhalten (u.a. Zeit vom Beginn der Einwirkung bis zur Auslösung der Feststellvorrichtung)
		optisch	akustisch[*25]	
1	**Alarmmeldungen**			
1a	Branddetektion durch zugehörigen BM	ja	nicht erforderlich	unverzögert (innerhalb 10 s) unter Berücksichtigung der SE für den PS
1b	Alarmmeldung durch aufgeschaltete BMA (optional)	ja	nicht erforderlich	
1c	Betätigung des HATs	ja	nicht erforderlich	
2	**Störungen**			
2a	Störung eines BMs siehe Tabelle unter 3.3.1, 2a	nicht erforderlich	nicht erforderlich	unverzögert (innerhalb 10 s) unter Berücksichtigung der SE für den PS
2b	Störung eines HATs siehe Tabelle unter 3.3.1, 2b	nicht erforderlich	nicht erforderlich	
2c	Störung im Programmablauf (analog zu DIN EN 54-2, Abschnitt 13.4)	nicht erforderlich ja	nicht erforderlich ja	unverzögert (innerhalb 10 s) unter Berücksichtigung der SE für den PS ▪ keine Auslösung, wenn die Funktionen der FstA, die im Brandfall nicht abgeschaltet werden, auch weiterhin gewährleistet sind (Redundanz) ▪ Auslösung unter Berücksichtigung der SE für den PS, wenn auch der redundante Pfad ausfällt

[*25] **Amtl. Anm.:** Eine akustische Anzeige während des Schließens des Abschlusses kann aufgrund anderer Vorschriften erforderlich sein.

Einwirkung		Anforderung an das Verhalten der Auslösevorrichtung		
lfd. Nr.	Szenario	Anzeige		Auslöseverhalten (u.a. Zeit vom Beginn der Einwirkung bis zur Auslösung der Feststellvorrichtung)
		optisch	akustisch	
2d	Ausfall der 1. Energieversorgung (öffentliches Stromnetz bzw. interne Energieversorgung)	nicht erforderlich	nicht erforderlich	• automatische unterbrechungsfreie Umschaltung auf die 2. Energieversorgung (Bereitschaftsparallelbetrieb) • Auslösen der FstV nach Erreichen der festgelegten Grenzspannung der 2. Energieversorgung unter Berücksichtigung der SE für den PS
2e	Störung der 2. Energieversorgung • Drahtbruch/Kurzschluss in den Zuleitungen • Ausfall der Akkumulatoren • erhöhter Innenwiderstand der Akkus[*26], (Prüfung alle 4 h) • Unterschreitung der festgelegten Grenzspannung	ja	ja	unverzögert (innerhalb 10 s) unter Berücksichtigung der SE für den PS
2f	Störung der SE für den PS • Drahtbruch/Kurzschluss in den Zuleitungen • Störung der SE • dauerhafte Belegung des Schließbereiches (z.B. verstellte SE)	ja	ja	• keine Auslösung der FstV • bei zusätzlicher Auslösung durch Brandalarm oder HAT oder eine Störung der FstA erfolgt der Schließvorgang ggf. ohne Berücksichtigung der SE für den PS • bei Auftreten einer Störung der SE, nachdem die FstV ausgelöst wurde, wird der Schließvorgang fortgesetzt (ggf. ohne Berücksichtigung der SE für den PS)
3	**Betätigung/Belegung der Sicherheitseinrichtung**			
3a	Betätigung/Belegung der SE, nachdem die FstV ausgelöst wurde			• der Schließvorgang darf unterbrochen werden können • der Schließvorgang muss sich nach Freiwerden des Schließbereiches aus jeder Öffnungsstellung selbsttätig fortsetzen

3.3.4. Auslösevorrichtungen für Feststellanlagen für Feuerschutzabschlüsse im Zuge bahngebundener Förderanlagen (FAA)

Die Anforderungen der Punkte (2) bis (7) des Abschnittes 3.3.1 sind ebenso zu erfüllen. Abweichend von Abschnitt 3.3.1 gilt folgendes Verhalten bei Alarmmeldungen und Störungen:

[*26] **Amtl. Anm.:** Prüfverfahren nach Anhang A, DIN EN 54-4:2006

Einwirkung		Anforderung an das Verhalten der Auslösevorrichtung		
lfd. Nr.	**Szenario**	**Anzeige**		**Auslöseverhalten (u.a. Zeit vom Beginn der Einwirkung bis zur Auslösung der Feststellvorrichtung)**
		optisch	**akustisch**[*27]	
1	**Alarmmeldungen**			
1a	Branddetektion durch zugehörigen BM	ja	nicht erforderlich	unverzögert (innerhalb 10 s) unter Berücksichtigung der SE für die SBÜ
1b	Alarmmeldung durch aufgeschaltete BMA (optional)	ja	nicht erforderlich	
1c	Betätigung des HATs	ja	nicht erforderlich	
2	**Störungen**			
2a	Störung eines BMs siehe Tabelle unter 3.3.1, 2a	nicht erforderlich	nicht erforderlich	unverzögert (innerhalb 10 s) unter Berücksichtigung der SE für die SBÜ
2b	Störung eines HATs siehe Tabelle unter 3.3.1, 2b	nicht erforderlich	nicht erforderlich	
2c	Störung im Programmablauf (analog zu DIN EN 54-2, Abschnitt 13.4)	nicht erforderlich ja	nicht erforderlich ja	unverzögert (innerhalb 10 s) unter Berücksichtigung der SE für die SBÜ ▪ keine Auslösung, wenn die Funktionen der FstA, die im Brandfall nicht abgeschaltet werden, auch weiterhin gewährleistet sind ▪ Auslösung unter Berücksichtigung der SE für die SBÜ, wenn auch der redundante Pfad ausfällt
2d	Ausfall der 1. Energieversorgung (öffentliches Stromnetz bzw. interne Energieversorgung)	nicht erforderlich	nicht erforderlich	▪ automatische unterbrechungsfreie Umschaltung auf die 2. Energieversorgung (Bereitschaftsparallelbetrieb) ▪ Auslösen der FstV nach Erreichen der festgelegten Grenzspannung der 2. Energieversorgung unter Berücksichtigung der SE für die SBÜ
2e	Störung der 2. Energieversorgung ▪ Drahtbruch/Kurzschluss in den Zuleitungen ▪ Ausfall der Akkumulatoren ▪ erhöhter Innenwiderstand der Akkus[*28], (Prüfung alle 4 h) ▪ Unterschreitung der festgelegten Grenzspannung	ja	ja	unverzögert (innerhalb 10 s) unter Berücksichtigung der SE für die SBÜ
2f	Störung der SE für die SBÜ an FAA	ja	ja	▪ keine Auslösung der FstV ▪ bei zusätzlicher Auslösung durch Brandalarm oder HAT oder eine

[*27] **Amtl. Anm.:** Eine akustische Anzeige während des Schließens des Abschlusses kann aufgrund anderer Vorschriften erforderlich sein.

[*28] **Amtl. Anm.:** Prüfverfahren nach Anhang A, DIN EN 54-4:2006

Einwirkung		Anforderung an das Verhalten der Auslösevorrichtung		
lfd. Nr.	Szenario	Anzeige		Auslöseverhalten (u.a. Zeit vom Beginn der Einwirkung bis zur Auslösung der Feststellvorrichtung)
		optisch	akustisch	
	▪ Drahtbruch/Kurzschluss in den Zuleitungen ▪ Dauerhafte Belegung des Schließbereiches (z.B. verstellte SE)			Störung der FstA erfolgt der Schließvorgang ggf. ohne Berücksichtigung der SE für die SBÜ ▪ bei Auftreten einer Störung der SE, nachdem die FstV ausgelöst wurde, wird der Schließvorgang fortgesetzt (ggf. ohne Berücksichtigung der SE für die SBÜ)
3	**Betätigung/Belegung der Sicherheitseinrichtung**			
3a	Betätigung/Belegung der SE für die SBÜ, nachdem die FstV ausgelöst wurde			▪ Unterbrechung des Schließvorganges und Zwangsschließung nach 120 s*[29] ohne Berücksichtigung der SE für die SBÜ

3.4. Feststellvorrichtung

3.4.1. Feststellvorrichtungen für Drehflügeltüren

▪ Feststellvorrichtungen nach DIN EN 1155
Diese Feststellvorrichtungen müssen DIN EN 1155 entsprechen.

▪ Drehflügelantriebe nach DIN 18263-4
Drehflügelantriebe müssen der Norm DIN 18263-4 entsprechen. Bei Brand, Störung oder Handauslösung muss die Feststellung aufgehoben, die Schlossfallenentriegelung (Türöffner nach dem Arbeitsstromprinzip) in Sperrwirkung stehen und alle Öffnungsbefehlsgeber wirkungslos geschaltet werden. Die Drehflügelantriebe dürfen an ein- und zweiflügeligen Türen nur verwendet werden, wenn die Türzarge bzw. der Standflügel zweiflügeliger Türen mit einem elektrischen Türöffner zur Schlossfallenentriegelung und/ oder Entriegelung eines Schnappriegels mit gefederter Falle ausgerüstet ist. Die Verwendbarkeit dieser Türöffner muss bauaufsichtlich nachgewiesen sein. Die zweiflügeligen Türen müssen außerdem mit einem Schließfolgeregler nach DIN EN 1158 ausgerüstet sein. Soll der Drehflügelantrieb auch die Funktion der Auslösevorrichtung und/oder der Energieversorgung für die Feststellanlage übernehmen, so müssen die entsprechenden Anforderungen (Abschnitt 3.3 und/oder 3.5) erfüllt werden.

3.4.2. Feststellvorrichtungen für andere Abschlüsse als nach Abschnitt 3.4.1

Die Feststellvorrichtung muss den festgehaltenen Teil des Abschlusses sicher innerhalb von 3 s freigeben, nachdem die Auslösevorrichtung die Feststellvorrichtung ausgelöst hat.

Ein einmal eingeleiteter Schließvorgang des Abschlusses darf nur dann unterbrochen werden, wenn sich im Schließbereich Personen oder Gegenstände befinden (siehe Abschnitt 3.1.3 und 3.1.4). In diesem Fall muss – nach Freiwerden des Schließbereiches – die Feststellvorrichtung den Abschluss aus jeder

*[29] **Amtl. Anm.:** Zur Zwangsschließzeit eines Abschlusses siehe Abschnitt 3.1.4

Öffnungsstellung selbsttätig für die Fortsetzung des Schließvorganges freigeben können.

Die dauerhafte Funktionsfähigkeit der Feststellvorrichtung muss im Zusammenhang mit einer Dauerfunktionsprüfung nach DIN 4102-18 oder DIN EN 1191 bzw. DIN EN 12605 für einen geeigneten Abschluss über mindestens 10.000 Zyklen (Tore) bzw. 50.000 Zyklen (Türen) nachgewiesen werden. Wenn das Herausziehen des Abschlusses aus der Feststellung per Hand vorgesehen ist, so sind 50 % aller Zyklen in dieser Weise durchzuführen.

Werden Elektromagnete als Feststellvorrichtung verwendet, so müssen die folgenden Anforderungen bei Spannungsschwankungen von ±15 % vom Nennwert erfüllt werden:

(1) Es müssen geeignete Maßnahmen zur dauerhaften Überwindung der Remanenz getroffen werden.

(2) Die Strom- bzw. Leistungsaufnahme und die Gehäusetemperatur dürfen unter Dauerbeanspruchung bei Nennspannung +15 % nach Einstellung eines Beharrungszustandes*[30] die vom Hersteller angegebenen Werte nicht überschreiten. Dazu ist der Verlauf der

- Strom- bzw. Leistungsaufnahme und
- Gehäusetemperatur

aufzuzeichnen.

(3) Die Haltekraft bzw. das Haltemoment bei Nennspannung –15 % muss größer oder gleich der/des vom Hersteller angegebenen Nennhaltekraft/Nennhaltemomentes sein. Die minimalen und maximalen Haltekräfte/Haltemomente sind anzugeben.

3.5. Energieversorgung

3.5.1. Allgemeine Anforderungen

(1) Die Energieversorgungen müssen folgende Anforderungen der DIN EN 54-4 erfüllen:

- Zur Unterstützung der Prüfung der Ausführung muss der Hersteller eine schriftliche Erklärung*[31] abgeben, dass alle Bauteile der Energieversorgung ihrem Verwendungszweck entsprechend ausgesucht wurden und innerhalb ihrer Grenzwerte betrieben werden, wenn die Umgebungsbedingungen außerhalb des Gehäuses der Energieversorgung der Klasse 3k5 nach DIN EN 60721-3-3 entsprechen.
- Alle Bedienelemente, Sicherungen, Einstellelemente und Anschlussklemmen für Kabel müssen deutlich gekennzeichnet sein (z.B. Funktion, elektrische Werte oder Verweis auf entsprechende Zeichnungen).

(2) In der Installationsanleitung der Feststellanlage muss die höchstmögliche Anschlusslast angegeben werden.

(3) Zusätzlich muss die Energieversorgung bei Abweichungen der Eingangsspannung von +10 % bis –15 % (230 V Wechselspannung) folgende Bedingungen erfüllen:

---

*[30] **Amtl. Anm.:** Ob bzw. wann ein Beharrungszustand erreicht ist, entscheidet die Zulassungsprüfstelle. Die Entscheidung ist zu begründen und im Prüfbericht zu dokumentieren.

*[31] **Amtl. Anm.:** Ein Muster für eine Herstellererklärung ist unter www.dibt.de abrufbar.

- Die Ausgangsspannung darf bei Leerlauf und Volllast höchstens um +15 % bis −10 % vom Nennwert (Vorzugswert 24 V Gleichspannung) abweichen.
- Die Energieversorgung darf bei den Betriebszuständen Leerlauf, Volllast und Kurzschluss keine Überlastungs- oder Überhitzungserscheinungen zeigen. Nach einem Kurzschluss muss die Energieversorgung – ggf. nach Auswechseln einer Schmelzsicherung – wieder betriebsbereit sein.

(4) Der ordnungsgemäße Betrieb ist durch eine grüne Leuchtdiode oder ein anderes Bauteil mit vergleichbarer Zuverlässigkeit anzuzeigen.

3.5.2. Energieversorgung ohne Batterien (Netzanschlussbetrieb)

Bei Ausfall des Stromversorgungsnetzes wird die gesamte Feststellanlage spannungslos; die angeschlossenen Feststellvorrichtungen müssen die Abschlüsse freigeben.

3.5.3. Energieversorgung mit wieder aufladbaren Batterien als zweite Energiequelle (Bereitschaftsparallelbetrieb)

(1) In Fällen, in denen eine Verzögerung oder Unterbrechung des Schließvorganges vorgesehen ist (siehe Abschnitt 3.1.2 bis 3.1.4), muss die Energieversorgung für die Feststellanlage mit einer zweiten Energiequelle durch wartungsfreie Bleibatterien, die die Anforderungen der Richtlinie VdS 2102 erfüllen (Zertifikat einer im Zulassungsverfahren für Feststellanlagen benannten Prüfstelle), ausgerüstet werden. Bei Ausfall der 1. Energieversorgung (öffentliches Stromversorgungsnetz) muss eine automatische Umschaltung auf die 2. Energieversorgung (wieder aufladbare Batterien) erfolgen (Bereitschaftsparallelbetrieb).

(2) Die gesamte Energieversorgung muss die Anforderungen der DIN EN 54-4 (ausgenommen die Abschnitte 9.4 bis 9.15) erfüllen.

(3) Die Ausgangsspannungen müssen den Kriterien des Abschnittes 3.5.1 entsprechen, um die verschiedenen Komponenten der Feststellanlage jederzeit innerhalb ihrer Versorgungsparameter betreiben zu können.

(4) Für die Ermittlung der notwendigen Kapazität der wiederaufladbaren Batterien ist durch den Antragsteller eine entsprechende Energiebilanz zu erstellen und der Prüfstelle vorzulegen. Dabei ist die Kapazität der Batterie bei den Umgebungsbedingungen entsprechend Klasse 3k5 gemäß DIN EN 60721-3-3 zu berücksichtigen.

(5) Die ermittelte Kapazität muss bei Maximalausbau der Feststellanlage das kontrollierte Schließen des Abschlusses sicherstellen.

(6) Die Energiebilanz ist so auszulegen, dass die Auslösung der Feststellvorrichtung spätestens dann erfolgt, wenn die zu diesem Zeitpunkt noch vorhandene Batteriekapazität dazu ausreicht eine Verzögerung oder Unterbrechung des Schließvorganges für mindestens 30 Minuten zu gewährleisten (Unterschreitung der durch den Hersteller festgelegten Grenzspannung).

(7) Bis zum Zeitpunkt der Abschaltung aufgrund des Erreichens der Entladeschlussspannung sind alle benötigten Komponenten der Feststellanlage innerhalb ihrer Versorgungsparameter zu betreiben.

Hinweis:

Eine ggf. vorhandene Freiräumeinrichtung gehört in der Regel nicht zur Feststellanlage und wird daher nicht über deren wiederaufladbare Batterien mit

Energie versorgt. Eine Ausnahme bilden ggf. solche Freiräumeinrichtungen, die über die Bauartgenehmigung der Feststellanlage mit beurteilt werden. In diesem Fall ist die Funktion der Freiräumeinrichtung im Rahmen der Nachweisprüfungen zu überprüfen und der Energiebedarf bei der Erstellung der Energiebilanz zu berücksichtigen. Derartige Freiräumeinrichtungen sind im Rahmen einer Dauerfunktionsprüfung für einen Förderanlagenabschluss mit gleicher Zyklenzahl zu prüfen.

3.5.4. Kennzeichnung der Energieversorgung

Die Energieversorgung muss wie folgt gekennzeichnet sein:

- Name des Herstellers
- Typenbezeichnung
- Herstellungsjahr
- Technische Daten: Leistungsabgabe, Stromaufnahme, Ein- und Ausgangsspannung.

Die Kennzeichnung muss auf dem Gehäuse erfolgen und dauerhaft gut lesbar sein.

3.6. Handauslösetaster

3.6.1. Allgemeines

(1) Die Abmessungen des Gehäuses des Handauslösetasters müssen mindestens B × H = 40 mm × 40 mm betragen. Das Betätigungsfeld muss mindestens einen Durchmesser von 15 mm bzw. eine Fläche von B × H = 15 mm × 15 mm aufweisen.
Das Betätigungsfeld des Handauslösetasters muss rot sein. Sein Gehäuse muss die Aufschrift tragen: „Tür schließen“. Für „Tür“ darf auch eine genauere Bezeichnung (z.B. Rolltor) gewählt werden. Die Beschriftung muss gut lesbar sein.

(2) Durch eine kurze Betätigung dieses Tasters (maximal 500 ms) muss der Schließvorgang automatisch eingeleitet werden.

(3) Die Verwendung von Tastern nach DIN EN 54-11 ist nicht zulässig.

3.6.2. Folientaster

(1) Bei Handauslösetastern als Folientaster muss auf der Folie ein vom Untergrund farblich abgehobener Bereich (40 mm × 40 mm) für die Handauslösung markiert werden. Innerhalb dieses Bereiches muss das (aktive) Betätigungsfeld (Durchmesser von 15 mm bzw. eine Fläche von 15 mm × 15 mm) als vollständig begrenzte und deutlich abgehobene rote Fläche angeordnet sein.

(Auf das (aktive) Betätigungsfeld ist durch Symbole aufmerksam zu machen (siehe Bild 1).

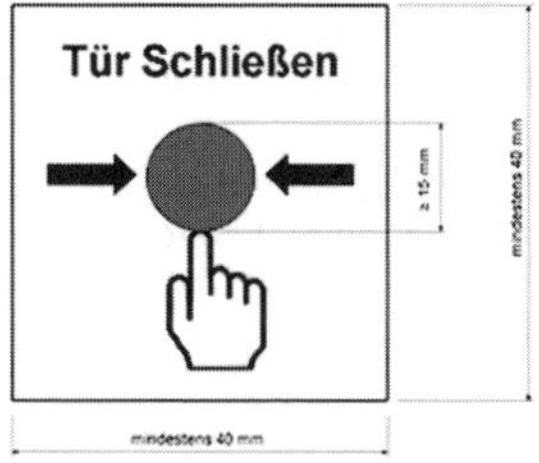

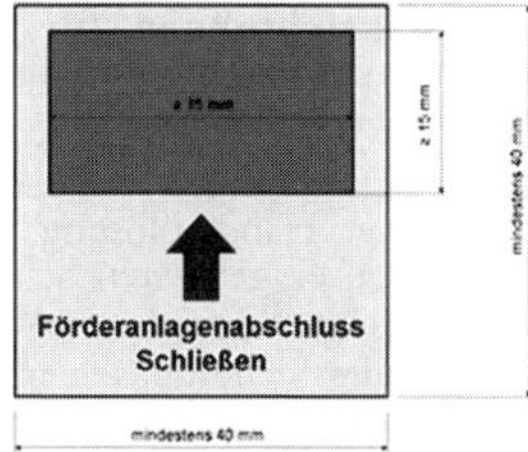

Bild 1: Beispiele für die Gestaltung von Handauslösetastern als Folientaster

Die Beschriftung muss in dem für die Handauslösung markierten Feld, aber nicht zwingend innerhalb des (aktiven) Betätigungsfeldes und nicht über die Begrenzung des (aktiven) Betätigungsfeldes hinaus angeordnet werden. Das Aufbringen von zusätzlichen Symbolen (Flammen) sollte im Sinne der Übersichtlichkeit unterlassen werden.

(2) Die Betätigungskräfte sind wie folgt zu begrenzen:
- kleinste zulässige Betätigungskraft, bei der eine Auslösung erfolgen darf: 1 N
- größte erforderliche Betätigungskraft, bei der eine Auslösung erfolgen muss: 20 N

(3) Die Mindestanzahl der notwendigen Druckpunkte auf dem aktiven Betätigungsfeld beträgt:
- 1 Druckpunkt für das aktive Betätigungsfeld mit Mindestabmessungen (Durchmesser von 15 mm bzw. eine Fläche von 15 mm × 15 mm)
- 1 Druckpunkt je cm^2 für aktive Betätigungsfelder mit größeren Abmessungen.

3.7. Sicherheitseinrichtungen

3.7.1. Sicherheitseinrichtungen für den Personenschutz an Abschlüssen nach Abschnitt 2.7.1

Bei der Ausführung des Abschlusses, der mit der Feststellanlage ausgerüstet werden soll, sind die Anforderungen der geltenden Unfallverhütungsvorschriften zu berücksichtigen. Außerdem gilt Folgendes:

(1) Die Sicherheitseinrichtungen müssen im Fall eines Brandalarmes, einer Störung oder einer Handauslösung den eingeleiteten Schließvorgang unterbrechen, wenn sich Personen oder Gegenstände im Schließbereich des Abschlusses befinden.

(2) Die Sicherheitseinrichtungen und die zugehörigen Zuleitungen müssen auf Störungen überwacht werden. Diese Störungen dürfen nicht dazu führen, dass die Auslösung der Feststellung behindert wird.

(3) Werden zur Unterbrechung des Schließvorgangs optische Sensoren (z.B. Lichtschranken) verwendet, so müssen diese Sensoren bei Schwankungen

der Versorgungsparameter so unempfindlich gegen Rauch sein, dass sie bei einem Erprobungstest in Anlehnung an DIN EN 54-12 bei keinem der Prüfbrände TF2 bis TF5 klassifiziert werden.

3.7.2. Sicherheitseinrichtungen für die Schließbereichsüberwachung bei Feuerschutzabschlüssen im Zuge bahngebundener Förderanlagen nach Abschnitt 2.7.2

(1) Die Sicherheitseinrichtungen müssen im Fall eines Brandalarmes, einer Störung oder einer Handauslösung das Einleiten eines Schließvorganges verzögern oder den eingeleiteten Schließvorgang unterbrechen, wenn sich Gegenstände im Schließbereich des Abschlusses befinden.

(2) Die Zuleitungen der Sicherheitseinrichtungen müssen auf Drahtbruch und Kurzschluss überwacht werden. Diese Störungen dürfen nicht dazu führen, dass die Auslösung der Feststellung behindert wird.

(3) Werden zur Unterbrechung des Schließvorgangs optische Sensoren (z.B. Lichtschranken) verwendet, so müssen diese Sensoren bei Schwankungen der Versorgungsparameter so unempfindlich gegen Rauch sein, dass sie bei einem Erprobungstest gemäß DIN EN 54-12 bei keinem der Prüfbrände TF2 bis TF5 klassifiziert werden.

4. Zitierte Normen, Verordnungen und Richtlinien

DIN EN 54-2	Brandmeldeanlagen; Teil 2: Brandmelderzentralen
DIN EN 54-4	Brandmeldeanlagen; Teil 4: Energieversorgungseinrichtungen
DIN EN 54-5	Brandmeldeanlagen; Teil 5: Wärmemelder – Punktförmige Melder
DIN EN 54-7	Brandmeldeanlagen; Teil 7: Rauchmelder – Punktförmige Melder nach dem Streulicht-, Durchlicht- oder Ionisationsprinzip
DIN EN 54-11	Brandmeldeanlagen; Teil 11: Handfeuermelder
DIN EN 54-12	Brandmeldeanlagen; Teil 12: Rauchmelder – Linienförmige Melder nach dem Durchlichtprinzip
DIN EN 54-20	Brandmeldeanlagen; Teil 20: Ansaugrauchmelder
DIN EN 54-25	Brandmeldeanlagen; Teil 25: Bestandteile, die Hochfrequenz-Verbindungen nutzen
DIN EN 1155	Schlösser und Baubeschläge – Elektrisch betriebene Feststellvorrichtungen für Drehflügeltüren – Anforderungen und Prüfverfahren
DIN EN 1158	Schlösser und Baubeschläge – Schließfolgeregler – Anforderungen und Prüfverfahren
DIN EN 1191	Fenster und Türen – Dauerfunktionsprüfung – Prüfverfahren
DIN EN 1634-1	Feuerwiderstandsprüfungen und Rauchschutzprüfungen für Türen, Tore, Abschlüsse, Fenster und Baubeschläge; Teil 1: Feuerwiderstandsprüfungen für Türen, Tore, Abschlüsse und Fenster
DIN 4102-5	Brandverhalten von Baustoffen und Bauteilen; Teil 5: Feuerschutzabschlüsse, Abschlüsse in Fahrschachtwänden und gegen feuerwiderstandsfähige Verglasungen, Begriffe, Anforderungen und Prüfungen
DIN 4102-18	Brandverhalten von Baustoffen und Bauteilen; Teil 18: Feuerschutzabschlüsse – Nachweis der Eigenschaft „selbstschließend“ (Dauerfunktionsprüfung)
DIN EN 12605	Tore – Mechanische Aspekte – Prüfverfahren
DIN EN 12978	Türen und Tore – Schutzeinrichtungen für kraftbetätigte Türen und Tore – Anforderungen und Prüfverfahren
DIN 18263-4	Schlösser und Baubeschläge – Türschließer mit hydraulischer Dämpfung; Teil 4: Türschließer mit Öffnungsautomatik (Drehflügelantrieb)
DIN EN 60335-1	Sicherheit elektrischer Geräte für den Hausgebrauch und ähnliche Zwecke; Teil 1: Allgemeine Anforderungen
DIN EN 60529	Schutzarten durch Gehäuse (IP-Code)

DIN EN 60721-3-3	Klassifizierung von Umweltbedingungen; Teil 3: Klassen von Umwelteinflussgrößen und deren Grenzwerte, Hauptabschnitt 3: ortsfester Einsatz, wettergeschützt
DIN EN 60950-1	Einrichtungen der Informationstechnik – Sicherheit; Teil 1: Allgemeine Anforderungen
DIN EN 61000-3-2	Elektromagnetische Verträglichkeit (EMV); Teil 3-2: Grenzwerte – Grenzwerte für Oberschwingungsströme (Geräte-Eingangsstrom ≤ 16 A je Leiter)
DIN EN 61000-3-3	Elektromagnetische Verträglichkeit (EMV); Teil 3-3: Grenzwerte – Begrenzung von Spannungsänderungen, Spannungsschwankungen und Flicker in öffentlichen Niederspannungs-Versorgungsnetzen für Geräte mit einem Bemessungsstrom ≤ 16 A je Leiter, die keiner Sonderanschlussbedingung unterliegen
DIN EN 61000-6-2	Elektromagnetische Verträglichkeit (EMV); Teil 6-2: Fachgrundnormen – Störfestigkeit für Industriebereiche
DIN EN 61000-6-3	Elektromagnetische Verträglichkeit (EMV); Teil 6-3: Fachgrundnormen – Störaussendung für Wohnbereich, Geschäfts- und Gewerbebereiche sowie Kleinbetriebe
DIN EN VDE 61032	Schutz von Personen und Ausrüstung durch Gehäuse
VdS 2102	Richtlinien für Gefahrenmeldeanlagen – Wartungsfreie Blei-Batterien – Anforderungen und Prüfmethoden
305/2011/EU	Verordnung (EU) Nr. 305/2011 zur Festlegung harmonisierter Bedingungen für die Vermarktung von Bauprodukten und zur Aufhebung der Richtlinie 89/106/EWG des Rates
2004/108/EG	Richtlinie 2004/108/EG zur Angleichung der Rechtsvorschriften der Mitgliedstaaten über die elektromagnetische Verträglichkeit (EMV-Richtlinie) In Deutschland umgesetzt durch das Gesetz über die elektromagnetische Verträglichkeit von Geräten (EMVG).
2006/95/EG	Richtlinie 2006/95/EG zur Angleichung der Rechtsvorschriften der Mitgliedstaaten betreffend elektrische Betriebsmittel zur Verwendung innerhalb bestimmter Spannungsgrenzen (Niederspannungsrichtlinie) In Deutschland umgesetzt durch das Produktsicherheitsgesetz (ProdSG) und die 1. Verordnung zum Produktsicherheitsgesetz (Verordnung über die Bereitstellung elektrischer Betriebsmittel zur Verwendung innerhalb bestimmter Spannungsgrenzen – 1. ProdSV).
2014/53/EU	Richtlinie 2014/53/EU über die Harmonisierung der Rechtsvorschriften der Mitgliedstaaten über die Bereitstellung von Funkanlagen auf dem Markt und zur Aufhebung der Richtlinie 1999/5/EG

Anhang 8

Anforderungen an bauliche Anlagen bezüglich des Gesundheitsschutzes (ABG)

Stand: Mai 2017

1. Gegenstand und Geltungsbereich

In diesem Dokument werden die allgemeinen Anforderungen an bauliche Anlagen hinsichtlich des Gesundheitsschutzes konkretisiert. Die Luftqualität in Innenräumen spielt dabei eine wesentliche Rolle für die Gesundheit und das Wohlbefinden des Menschen. In zahlreichen wissenschaftlichen Studien ist mittlerweile belegt, dass die Ausbildung von Atemwegserkrankungen, Entzündungsreaktionen und Reizschädigungen am Atemtrakt und den Augen, systemische Schädigungen, Sensibilisierungen/Allergien sowie eine Reihe unspezifischer Symptome (Unwohlsein, Kopfschmerzen, Übelkeit, zentralnervöse Störungen, Schwindel usw.) in direktem Zusammenhang mit der Innenraumluftqualität und Luftverunreinigungen stehen. Unter den gesundheitsschädigenden Wirkungen erfordern karzinogene, mutagene und reproduktionstoxische Auswirkungen eine besondere Beachtung.

Die Gesundheits- und Hygieneanforderungen an bauliche Anlagen leiten sich aus den gesundheitsrelevanten Eigenschaften der verwendeten Bauteile, Bausätze und Baustoffe ab. Diese können in entscheidendem Maß durch Emissionen zu den Raumluftverunreinigungen beitragen und erhebliche Auswirkungen auf die Gesundheit verursachen. Sie müssen daher im Hinblick auf den Gesundheitsschutz Anforderungen an Inhaltsstoffe und an die Freisetzung schädlicher Stoffe erfüllen. Dazu gehören potentielle Emissionen flüchtiger anorganischer und organischer Verbindungen ebenso wie von Partikeln. Zu berücksichtigen sind sowohl bauliche Anlagen, Bauteile und Baustoffe mit direktem als auch indirektem Kontakt zum Innenraum, das heißt auch solche Produkte, die zwar mit anderen Produkten verkleidet oder abgedeckt, aber nicht diffusionsdicht abgeschottet sind. Auch der Gehalt nicht oder wenig flüchtiger chemischer Stoffe ist für die gesundheitliche Bewertung von Bedeutung, da diese z.B. durch das Bearbeiten der Produkte auch in partikel- oder staubgebundener Form freigesetzt und für den menschlichen Körper verfügbar gemacht oder durch direkten Hautkontakt aufgenommen werden können.

2. Anforderungen

2.1. Anforderungen an bauliche Anlagen

- Geltende gesetzliche Regelungen für spezielle Stoffe sind einzuhalten (insbesondere: REACH-Verordnung (EU) Nr. 1907/2006 Anhang XVII, Chemikalienverbotsverordnung, Altholzverordnung).
- Der Einsatz von kanzerogenen (H350; H350i) und mutagenen (H340) Stoffen der Kategorie 1A und 1B nach der CLP-Verordnung (EG) Nr. 1272/2008 ist unzulässig, es sei denn, es ist sichergestellt, dass von ihrer Verwendung keine potentielle Gefährdung für die Gesundheit der Nutzer der baulichen Anlage ausgeht.
- Gemäß den Anforderungen des § 7 Abs. 3 des Kreislaufwirtschaftsgesetzes (KrWG) an die Schadlosigkeit der Abfallverwertung dürfen nach der Beschaffenheit der Abfälle, dem Ausmaß der Verunreinigungen und der Art der Verwertung Beeinträchtigungen des Wohls der Allgemeinheit nicht zu erwarten sein, insbesondere darf keine Schadstoffanreicherung im Wertstoffkreislauf erfolgen. Das heißt, bei der Bewertung von Bauprodukten ist – sofern Abfälle für die Herstellung des Bauproduktes verwendet werden – sicherzustellen, dass es durch den Einsatz belasteter Abfälle nicht zu einer Verschleppung von Schadstoffen in Bauwerke und damit zu einer Schadstoffanreicherung kommt.

2.2. Besondere Anforderungen an Aufenthaltsräume und baulich nicht davon abgetrennte Räume

Da sich in solchen Räumen auch Risikogruppen, wie Kinder, alte Menschen, Schwangere oder (chronisch) kranke Menschen aufhalten können und die gesundheitliche Gefährdung durch einen Stoff von der Exposition, d.h. der Art und Dauer der Aufnahme eines Stoffes abhängt, sind an solche Räume neben den allgemeinen Anforderungen an bauliche Anlagen besondere Anforderungen hinsichtlich der Freisetzung gefährlicher Stoffe zu stellen. Die besonderen

Anforderungen an Aufenthaltsräume und baulich nicht davon abgetrennte Räume werden in Anlage 3 konkretisiert.

Der Einsatz von Stoffen, die nach der CLP-Verordnung (EG) Nr. 1272/2008 in der jeweils aktuell geltenden Fassung als Acute Tox. 1, 2 oder 3, Repr 1A oder 1B sowie STOT SE 1 oder STOT RE 1 klassifiziert werden, ist nur zulässig, wenn sichergestellt ist, dass eine gesundheitsgefährdende Exposition der Gebäudenutzer ausgeschlossen wird.

Die Verwendung von Holzschutzmitteln ist unzulässig, es sei denn es liegt eine Zulassung gemäß der Biozid-Verordnung (EU) Nr. 528/2012 vor.

2.2.1. Anforderungen an Emissionen

Im Folgenden sind die Anforderungen im Hinblick auf die Emissionen flüchtiger organischer Verbindungen sowie von Ammoniak und Nitrosaminen beschrieben.

Generell gilt, dass keine kanzerogenen, mutagenen oder reproduktionstoxischen Stoffe der EU-Kategorie 1A und 1B nach der CLP-Verordnung (EG) Nr. 1272/2008 in Aufenthaltsräume emittiert werden sollen.

2.2.1.1. Anforderungen an VOC-Emissionen

Die Emission flüchtiger organischer Verbindungen wird anhand von Prüfkammertests nach der DIN EN 16516:2018-01 bestimmt.

Als Zielverbindungen (target compounds) sind die in der NIK-Liste in Anlage 2 dieses Dokumentes aufgeführten Substanzen heranzuziehen.

Die zu bestimmenden Parameter sind wie folgt definiert:

- VVOC (leichtflüchtige organische Verbindung, Retentionsbereich < C6): flüchtige organische Verbindung, die aus einer gaschromatographischen Trennsäule (5 % Phenyl-/95 % Methyl-Polysiloxan-Kapillarsäule) vor n-Hexan eluiert.
- VOC (flüchtige organische Verbindung, Retentionsbereich C6 bis C16): flüchtige organische Verbindung, die aus einer gaschromatographischen Trennsäule (5 % Phenyl-/95 % Methyl-Polysiloxan-Kapillarsäule) zwischen und einschließlich n-Hexan und n-Hexadecan eluiert.
- SVOC (schwerflüchtige organische Verbindung, Retentionsbereich > C16 bis C22): flüchtige organische Verbindung, die aus einer gaschromatographischen Trennsäule (5 % Phenyl-/95 % Methyl-Polysiloxan-Kapillarsäule) nach n-Hexadecan eluiert.
- $TVOC_{spez}$ (Summe der flüchtigen organischen Verbindungen): Summe der Konzentrationen der substanzspezifisch quantifizierten Zielverbindungen (NIK-Stoffe) sowie der über das Toluoläquivalent quantifizierten nicht identifizierten und nicht-Zielverbindungen mit jeweils einer Konzentration ab 5 $\mu g/m^3$).
- TSVOC (Summe der Konzentrationen der schwerflüchtigen organischen Verbindungen): Summe der identifizierten und nicht identifizierten und über das Toluoläquivalent quantifizierten SVOC mit einer Konzentration ab 5 $\mu g/m^3$.

Folgende Anforderungen gelten für VOC-Emissionen:

- Kanzerogene Stoffe
  Nach 3 Tagen darf kein Kanzerogen der EU-Kategorie 1A und 1B nach der CLP-Verordnung (EG) Nr. 1272/2008 einen Emissionswert von 0,01 mg/

m^3 übersteigen. Nach 28 Tagen darf kein Kanzerogen der EU-Kategorie 1A und 1B einen Emissionswert von 0,001 mg/m^3 übersteigen. Ausgenommen von dieser Regelung sind definierte, als kanzerogen 1A oder 1B eingestufte Stoffe, für die hinsichtlich des empfindlichsten Endpunktes ein Schwellenwert abgeleitet werden kann, bei dem kein krebserzeugendes Potential mehr anzunehmen ist und für die auf dieser Basis ein NIK-Wert abgeleitet und in Anlage 2 genannt ist. Diese Stoffe werden in gleicher Weise wie andere VOC-Stoffe mit NIK-Werten behandelt (siehe Einzelstoffbewertung).

- $TVOC_{spez}$
  Die Anforderungen sind erfüllt, wenn nach 3 Tagen der $TVOC_{spez}$-Wert bei ≤ 10 mg/m^3 liegt und wenn nach 28 Tagen der $TVOC_{spez}$-Wert bei ≤ 1,0 mg/m^3 liegt.
- TSVOC Summe der schwerflüchtigen organischen Verbindungen
  Die Anforderungen sind erfüllt, wenn die Summe der SVOC in der Kammerluft nach 28 Tagen eine Konzentration von 0,1 mg/m^3 nicht überschreitet. Dies entspricht einem zusätzlichen Beitrag von 10 % der maximal zulässigen $TVOC_{spez}$-Konzentration nach 28 Tagen von 1,0 mg/m^3. In Einzelfällen sind für SVOC NIK-Werte abgeleitet.
  Die SVOC, für die NIK-Werte festgelegt wurden, sind in die R-Wertbildung (siehe unten) und in den TVOC-Werten rechnerisch einzubeziehen und unterliegen nicht mehr dem Summenwert SVOC von 0,1 mg/m^3 nach 28 Tagen.
- Einzelstoffbewertung
  Neben der Bewertung der Emissionen über den Summenwert $TVOC_{spez}$ ist die Bewertung von einzelnen flüchtigen organischen Verbindungen nach 28 Tagen erforderlich. Hierzu werden in der Analyse der Kammerluft zunächst alle Verbindungen, deren Konzentration 1 $\mu g/m^3$ erreicht oder übersteigt, identifiziert und mit der Angabe ihrer CAS-Nummer ausgewiesen sowie je nach Zugehörigkeit quantifiziert.
  - VVOC, VOC und SVOC mit Bewertungsmaßstäben nach NIK/Bildung des R-Werts Für eine Vielzahl von innenraumrelevanten flüchtigen organischen Verbindungen sind in Anlage 2 als gesundheitsbezogene Hilfsgrößen sogenannte NIK-Werte (Niedrigste interessierende Konzentrationen) gelistet. Hier gelistete Stoffe, deren Konzentration in der Prüfkammer ≥ 5 $\mu g/m^3$ beträgt, gehen in die Bewertung nach NIK ein. Ihre Quantifizierung erfolgt substanzspezifisch.

Zur Bewertung wird für jede Verbindung $_i$ das in Gleichung (2) definierte Verhältnis R_i gebildet.

$$R_i = C_i/NIK_i. \qquad (2)$$

Hierin ist C_i die Stoffkonzentration in der Kammerluft. Es wird angenommen, dass keine Wirkung auftritt, wenn R_i den Wert 1 unterschreitet. Werden mehrere Verbindungen mit Konzentrationen ≥ 5 $\mu g/m^3$ festgestellt, so wird Additivität der Wirkungen angenommen und festgelegt, dass R, also die Summe aller R_i, den Wert 1 nicht überschreiten darf

$$R = \text{Summe aller } R_i = \text{Summe aller Quotienten } (C_i/NIK_i) \leq 1 \qquad (3)$$

- VOC ohne Bewertungsmaßstäbe nach NIK

Um zu vermeiden, dass ein Produkt positiv bewertet wird, obwohl es größere Mengen an nicht bewertbaren VOC emittiert, wird für VOC, die nicht identifizierbar sind oder keinen NIK-Wert haben, eine Mengenbegrenzung festgelegt, die für die Summe solcher Stoffe 10 % des zulässigen TVOC-Wertes ausmacht. Die Anforderungen sind erfüllt, wenn die nicht bewertbaren VOC ab einer Konzentration von ≥ 5 µg/m³ in ihrer Summe 0,1 mg/m³ nicht übersteigen.

- Leichtflüchtige organische Verbindungen (VVOC)

Die VVOC-Konzentrationen in der Kammerluft müssen berücksichtigt werden. In Einzelfällen sind für VVOC NIK-Werte abgeleitet. Die VVOC, für die NIK-Werte festgelegt wurden, sind in die R-Wertbildung rechnerisch einzubeziehen, werden aber nicht in der Bildung des TVOC-Wertes berücksichtigt.

2.2.1.2. Anforderungen an Ammoniak-Emissionen

Die Ermittlung der Ammoniak-Emissionen erfolgt entsprechend den gleichen Bedingungen wie in der VOC-Emissionsprüfung (Prüfkammer und Kammerbedingungen nach DIN EN 16516:2018-01).

Die Anforderungen sind erfüllt, wenn in der Emissionsprüfung nach 28 Tagen ein Ammoniak-Wert von ≤ 0,1 mg/m³ eingehalten wird.

2.2.1.3. Anforderungen an Nitrosamin-Emissionen

Die Ermittlung von Nitrosamin-Emissionen erfolgt in Anlehnung an die BGI-Vorschrift (Berufsgenossenschaftliche Information für Sicherheit und Gesundheit bei der Arbeit).

BGI 505-23 ist ein von den Berufsgenossenschaften anerkanntes Analyseverfahren zur Feststellung der Konzentration krebserzeugender Arbeitsstoffe in der Luft in Arbeitsbereichen (Verfahren zur Bestimmung von N-Nitrosaminen).

Die Anforderungen sind erfüllt, wenn in der Emissionsprüfung nach 28 Tagen ein Nitrosamin-Wert von ≤ 0,2 µg/m³ eingehalten ist.

2.2.2. Anforderungen an den Gehalt von PAK, Nitrosaminen und PCP

Im Folgenden sind die Anforderungen im Hinblick auf den Gehalt von PAK, Nitrosaminen und PCP für Bauprodukte beschrieben, die solche Stoffe enthalten oder freisetzen können. Es ist produktspezifisch festzulegen, welche Parameter jeweils relevant sind.

2.2.2.1. PAK

Der analytische Nachweis der PAK erfolgt in Anlehnung an die Methode des AfPS GS 2014:01 PAK unter Verwendung eines internen Standards. Die Anforderungen sind erfüllt, wenn der Gehalt an BaP als Leitsubstanz 5 mg/kg und für 16 PAK nach EPA (Environmental Protection Agency) 50 mg/kg nicht überschreitet. Für verbrauchernahe Verwendungen sind die Anforderungen entsprechend der REACH-Verordnung einzuhalten.

2.2.2.2. Nitrosamine

Der analytische Nachweis der Nitrosamine (gem. TRGS 552) erfolgt nach einer Methode des DIK (Deutsches Institut für Kautschuktechnologie e.V.), veröffentlicht in „Kautschuk Gummi Kunststoffe, Nr. 6/91, pp. 514-521). Die Anforderungen sind erfüllt, wenn der Gehalt an Nitrosaminen 11 µg/kg nicht überschreitet.

2.2.2.3. PCP

Der analytische Nachweis für PCP erfolgt nach CEN/TR 14823. Die Anforderungen sind erfüllt, wenn der Gehalt an PCP 5 mg/kg nicht überschreitet.

2.2.3. Anforderungen an den Gehalt und die Freisetzung weiterer Stoffe

Je nach Produktgruppe kann der Gehalt oder die Freisetzung weiterer Stoffe gesundheitlich relevant sein und sich aus der chemischen Zusammensetzung der Produkte ableiten. In diesen Fällen ist auszuschließen, dass durch die Verwendung solcher Stoffe eine schädliche Wirkung auf die Gesundheit des Menschen entsteht.

Anlage 1 –Normenverzeichnis

DIN EN ISO 16000-9:2008-04	Innenraumluftverunreinigungen – Teil 9: Bestimmung der Emission von flüchtigen organischen Verbindungen aus Bauprodukten und Einrichtungsgegenständen – Emissionsprüfkammer-Verfahren (ISO 16000-9:2006); Deutsche Fassung EN ISO 16000-9:2006
DIN EN ISO 16000-11:2006-06	Innenraumluftverunreinigungen – Teil 11: Bestimmung der Emission von flüchtigen organischen Verbindungen aus Bauprodukten und Einrichtungsgegenständen – Probenahme, Lagerung der Proben und Vorbereitung der Prüfstücke (ISO 16000-11:2006)
DIN EN 16516:2018-01	Bauprodukte – Bewertung der Freisetzung von gefährlichen Stoffen – Bestimmung von Emissionen in die Innenraumluft (CEN/TS 16516:2013)

Anlage 2– NIK-Werte (target compounds)

Die bauaufsichtlich geltenden NIK-Werte werden vom DIBt regelmäßig in aktualisierter Fassung auf der Internetseite des DIBt veröffentlicht und sind in Tabelle 1 abgedruckt. Die jeweilige Fassung gilt ab dem Datum ihrer Bekanntmachung. Die hiermit ersetzte vorherige Fassung gilt ab diesem Datum noch ein Jahr weiter. Alte und neue Fassungen sind jedoch jeweils in sich vollständig zu verwenden, sie dürfen nicht kombiniert werden.

Tabelle 1: NIK-Werte-Liste 2015

1)	**Substanz**	**CAS-Nr.**	**NIK [µg/m³]**	**Bemerkungen**
1	**Aromatische Kohlenwasserstoffe**			
1-1*	Toluol	108-88-3	**2.900**	Übernahme EU-LCI-Wert
1-2*	Ethylbenzol	100-41-4	**850**	Übernahme EU-LCI-Wert
1-3*	Xylol, Gemisch aus den Isomeren o-, m- und p-Xylol	1330-20-7	**500**	Übernahme EU-LCI-Wert
1-4*	p-Xylol	106-42-3	**500**	Übernahme EU-LCI-Wert
1-5*	m-Xylol	108-38-3	**500**	Übernahme EU-LCI-Wert
1-6*	o-Xylol	95-47-6	**500**	Übernahme EU-LCI-Wert
1-7*	Isopropylbenzol	98-82-8	**500**	MAK: 50.000 µg/m³
1-8*	n-Propylbenzol	103-65-1	**950**	Übernahme EU-LCI-Wert

1)	Substanz	CAS-Nr.	NIK [µg/m³]	Bemerkungen
1-9	1-Propenylbenzol (β-Methylstyrol)	637-50-3	**2.400**	Read across von α-Methylstyrol
1-10*	1,3,5-Trimethylbenzol	108-67-8	**450**	Übernahme EU-LCI-Wert
1-11*	1,2,4-Trimethylbenzol	95-63-6	**450**	Übernahme EU-LCI-Wert
1-12*	1,2,3-Trimethylbenzol	526-73-8	**450**	Übernahme EU-LCI-Wert
1-13*	2-Ethyltoluol	611-14-3	**550**	Übernahme EU-LCI-Wert
1-14*	1-Isopropyl-2-methylbenzol (o-Cymol)	527-84-4	**1.000**	Übernahme EU-LCI-Wert
1-15*	1-Isopropyl-3-methylbenzol (m-Cymol)	535-77-3	**1.000**	Übernahme EU-LCI-Wert
1-16*	1-Isopropyl-4-methylbenzol (p-Cymol)	99-87-6	**1.000**	Übernahme EU-LCI-Wert
1-17*	1,2,4,5-Tetramethylbenzol	95-93-2	**500**	Übernahme EU-LCI-Wert
1-18*	n-Butylbenzol	104-51-8	**1.100**	Übernahme EU-LCI-Wert
1-19*	1,3-Diisopropylbenzol	99-62-7	**750**	Übernahme EU-LCI-Wert
1-20*	1,4-Diisopropylbenzol	100-18-5	**750**	Übernahme EU-LCI-Wert
1-21*	Phenyloctan und Isomere	2189-60-8	**1.100**	Übernahme EU-LCI-Wert
1-22*	1-Phenyldecan und Isomere	104-72-3	**1.100**	Read across von Ethylbenzol
1-23*	1-Phenylundecan und Isomere	6742-54-7	**1.100**	Read across von Ethylbenzol
1-24*	4-Phenylcyclohexen (4-PCH)	4994-16-5	**300**	Read across von Styrol
1-25*	Styrol	100-42-5	**250**	Übernahme EU-LCI-Wert
1-26*	Phenylacetylen	536-74-3	**200**	Read across von Styrol
1-27	2-Phenylpropen (α-Methylstyrol)	98-83-9	**2.500**	EU-OEL: 246.000 µg/m³
1-28	Vinyltoluol (alle Isomeren: o-, m-, p-Methylstyrole)	25013-15-4	**4.900**	AGW: 490.000 µg/m³
1-29*	andere Alkylbenzole, sofern Einzelisomere nicht anders zu bewerten sind		**450**	Read across von Trimethylbenzol
1-30	Naphthalin	91-20-3	**5**	AGW: 500 µg/m³
1-31*	Inden	95-13-6	**450**	Übernahme EU-LCI-Wert
2	**Aliphatische Kohlenwasserstoffe (n-, iso- und cyclo-)**			
2-1	3-Methylpentan	96-14-0		VVOC
2-2	n-Hexan	110-54-3	**72**	EU-OEL: 72.000 µg/m³
2-3*	Cyclohexan	110-82-7	**6.000**	Übernahme EU-LCI-Wert
2-4*	Methylcyclohexan	108-87-2	**8.100**	Übernahme EU-LCI-Wert
2-5	–			1)
2-6	–			1)
2-7	–			1)
2-8	n-Heptan	142-82-5	**21.000**	EU-OEL: 2.085.000 µg/m³
2-9	andere gesättigte aliphatische Kohlenwasserstoffe C6 bis C8		**15.000**	AGW: 1.500.000 µg/m³
2-10*	andere gesättigte aliphatische Kohlenwasserstoffe C9 bis C16		**6.000**	Übernahme EU-LCI-Wert
2-11*	andere gesättigte aliphatische Kohlenwasserstoffe C17 bis C22		**1.000**	SVOC Einzelstoffbetrachtung
3	**Terpene**			
3-1*	3-Caren	498-15-7	**1.500**	Übernahme EU-LCI-Wert
3-2*	α-Pinen	80-56-8	**2.500**	Übernahme EU-LCI-Wert
3-3*	β-Pinen	127-91-3	**1.400**	Übernahme EU-LCI-Wert

[1]	Substanz	CAS-Nr.	NIK [µg/m³]	Bemerkungen
3-4*	Limonen	138-86-3	**5.000**	Übernahme EU-LCI-Wert
3-5*	Terpene, sonstige		**1.400**	Übernahme EU-LCI-Wert (zur Gruppe gehören alle Monoterpene und Sesquiterpene und deren Sauerstoffderivate)
4*	**Aliphatische mono-Alkohole (n-, iso- und cyclo-) und Dialkohole**			
4-1	Ethanol	64-17-5		VVOC
4-2	1-Propanol	71-23-8		VVOC
4-3	2-Propanol	67-63-0		VVOC
4-4*	tert-Butanol, 2-Methyl-2-propanol	75-65-0	**620**	Übernahme EU-LCI-Wert
4-5	2-Methyl-1-propanol	78-83-1	**3.100**	AGW: 310.000 µg/m³
4-6*	1-Butanol	71-36-3	**3.000**	Übernahme EU-LCI-Wert
4-7*	Pentanol (alle Isomere)	71-41-0 30899-19-5 94624-12-1 6032-29-7 584-02-1 137-32-6 123-51-3 598-75-4 75-85-4 75-84-3	**730**	Übernahme EU-LCI-Wert
4-8*	1-Hexanol	111-27-3	**2.100**	Übernahme EU-LCI-Wert
4-9*	Cyclohexanol	108-93-0	**2.000**	Übernahme EU-LCI-Wert
4-10*	2-Ethyl-1-hexanol	104-76-7	**300**	Übernahme EU-LCI-Wert
4-11	1-Octanol	111-87-5	**500**	Einzelstoffbetrachtung
4-12*	4-Hydroxy-4-methyl-pentan-2-on (Diacetonalkohol)	123-42-2	**960**	Übernahme EU-LCI-Wert
4-13	andere C4-C10 gesättigte n- und iso-Alkohole		**500**	Read across von 1-Octanol, ausgenommen sind die cyclischen Verbindungen
4-14	andere C11-C13 gesättigte n- und iso-Alkohole		**500**	Read across von 1-Octanol, ausgenommen sind die cyclischen Verbindungen
4-15*	1,4-Cyclohexandimethanol	105-08-8	**1.600**	Einzelstoffbetrachtung
5	**Aromatische Alkohole (Phenole)**			
5-1	Phenol	108-95-2	**10**	Einzelstoffbetrachtung
5-2*	BHT (2,6-di-tert-butyl-4-methyl-phenol)	128-37-0	**100**	Übernahme EU-LCI-Wert
5-3*	Benzylalkohol	100-51-6	**440**	Übernahme EU-LCI-Wert
6	**Glykole, Glykolether, Glykolester**			
6-1	Propylenglykol (1,2-Dihydroxypropan)	57-55-6	**2.500**	Einzelstoffbetrachtung
6-2	Ethylenglykol (Ethandiol)	107-21-1	**260**	AGW: 26.000 µg/m³
6-3*	Ethylenglykolmonobutylether	111-76-2	**1.100**	Übernahme EU-LCI-Wert
6-4*	Diethylenglykol	111-46-6	**440**	Übernahme EU-LCI-Wert
6-5*	Diethylenglykolmonobutylether	112-34-5	**670**	Übernahme EU-LCI-Wert
6-6*	2-Phenoxyethanol	122-99-6	**1.100**	Übernahme EU-LCI-Wert

1)	Substanz	CAS-Nr.	NIK [µg/m³]	Bemerkungen
6-7	Ethylencarbonat	96-49-1	**370**	Read across von Ethylenglykol
6-8	1-Methoxy-2-propanol	107-98-2	**3.700**	AGW: 370.000 µg/m³
6-9*	2,2,4-Trimethyl-1,3-pentandiolmonoisobutyrat	25265-77-4	**600**	Übernahme EU-LCI-Wert
6-10	Glykolsäurebutylester (Hydroxyessigsäurebutylester)	7397-62-8	**550**	Read across von Ethylenglykol
6-11*	Butyldiglykolacetat (Ethanol, 2-(2-butoxyethoxy)acetat, BDGA)	124-17-4	**850**	Übernahme EU-LCI-Wert
6-12*	Dipropylenglykolmonomethylether	34590-94-8	**3.100**	Übernahme EU-LCI-Wert
6-13	2-Methoxyethanol	109-86-4	**3#**	EU-OEL: 3.110 µg/m³
6-14	2-Ethoxyethanol	110-80-5	**8**	EU-OEL: 8.000 µg/m³
6-15*	2-Propoxyethanol	2807-30-9	**860**	Übernahme EU-LCI-Wert
6-16*	2-Methylethoxyethanol	109-59-1	**220**	Übernahme EU-LCI-Wert
6-17*	2-Hexoxyethanol	112-25-4	**1.400**	Read across von Ethylenglykolmonobutylether
6-18	1,2-Dimethoxyethan	110-71-4	**4#**	Read across von 2-Methoxyethanol
6-19	1,2-Diethoxyethan	629-14-1	**10**	Read across von 2-Ethoxyethanol
6-20	2-Methoxyethylacetat	110-49-6	**5**	AGW: 4.900 µg/m³
6-21	2-Ethoxyethylacetat	111-15-9	**11**	EU-OEL: 11.000 µg/m³
6-22	2-Butoxyethylacetat	112-07-2	**1.300**	AGW: 130.000 µg/m³
6-23	2-(2-Hexoxyethoxy)-ethanol	112-59-4	**740**	Read across von Diethylenglykolmonobutylether
6-24*	1-Methoxy-2-(2-methoxyethoxy)- ethan	111-96-6	**28**	Übernahme EU-LCI-Wert
6-25*	2-Methoxy-1-propanol	1589-47-5	**19**	Übernahme EU-LCI-Wert
6-26*	2-Methoxy-1-propylacetat	70657-70-4	**28**	Übernahme EU-LCI-Wert
6-27	Propylenglykoldiacetat	623-84-7	**5.300**	Read across von Propylenglykol
6-28*	Dipropylenglykol	110-98-5 25265-71-8	**670**	Übernahme EU-LCI-Wert
6-29	Dipropylenglykolmonomethyletheracetat	88917-22-0	**3.900**	Read across von Dipropylenglykolmonomethylether
6-30	Dipropylenglykolmono-n-propylether	29911-27-1	**740**	Read across von Dipropylenglykolmonomethylether
6-31	Dipropylenglykolmono-n-butylether	29911-28-2 35884-42-5	**810**	Read across von Dipropylenglykolmonomethylether
6-32	Dipropylenglykolmono-t-butylether	132739-31-2 (Gemisch)	**810**	Read across von Dipropylenglykolmonomethylether
6-33*	1,4-Butandiol	110-63-4	**2.000**	Übernahme EU-LCI-Wert
6-34	Tripropylenglykolmonomethylether	20324-33-8 25498-49-1	**2.000**	Einzelstoffbetrachtung
6-35	Triethylenglykoldimethyether	112-49-2	**7**	Read across von 2-Methoxyethanol
6-36	1,2-Propylenglykoldimethylether	7778-85-0	**25**	Read across von 2-Methoxy-1-propanol
6-37*	2,2,4-Trimethylpentandiol-1,3-diisobutyrat	6846-50-0	**450**	Übernahme EU-LCI-Wert

1)	Substanz	CAS-Nr.	NIK [µg/m³]	Bemerkungen
6-38*	Ethyldiglykol	111-90-0	**350**	Übernahme EU-LCI-Wert
6-39*	Dipropylenglykoldimethylether	63019-84-1 89399-28-0 111109-77-4	**1.300**	Übernahme EU-LCI-Wert
6-40	Propylencarbonat	108-32-7	**250**	Einzelstoffbetrachtung
6-41	Hexylenglykol (2-Methyl-2,4-pentandiol)	107-41-5	**490**	MAK: 49.000 µg/m³
6-42	3-Methoxy-1-butanol	2517-43-3	**500**	Einzelstoffbetrachtung
6-43	1,2-Propylenglykol-n-propylether	1569-01-3 30136-13-1	**1.400**	Einzelstoffbetrachtung
6-44	1,2-Propylenglykol-n-butylether	5131-66-8 29387-86-8 15821-83-7 63716-40-5	**1.600**	Einzelstoffbetrachtung
6-45	Diethylenglykolphenylether	104-68-7	**1.450**	Read across von 2-Phenoxyethanol
6-46	Neopentylglykol (2,2-Dimethylpropan-1,3-diol)	126-30-7	**1.000**	Einzelstoffbetrachtung
7	**Aldehyde**			
7-1*	Butanal	123-72-8	**650**	VVOC Übernahme EU-LCI-Wert
7-2*	Pentanal	110-62-3	**800**	Übernahme EU-LCI-Wert
7-3*	Hexanal	66-25-1	**900**	Übernahme EU-LCI-Wert
7-4*	Heptanal	111-71-7	**900**	Übernahme EU-LCI-Wert
7-5*	2-Ethylhexanal	123-05-7	**900**	Übernahme EU-LCI-Wert
7-6*	Octanal	124-13-0	**900**	Übernahme EU-LCI-Wert
7-7*	Nonanal	124-19-6	**900**	Übernahme EU-LCI-Wert
7-8*	Decanal	112-31-2	**900**	Übernahme EU-LCI-Wert
7-9	2-Butenal (Crotonaldehyd, cis-trans-Gemisch)	4170-30-3 123-73-9 15798-64-8	**1#**	Einzelstoffbetrachtung
7-10	2-Pentenal	1576-87-0 764-39-6 31424-04-1	**12**	Read across von 2-Butenal, aber keine EU-Mutagenitätseinstufung
7-11	2-Hexenal	16635-54-4 6728-26-3 505-57-7 1335-39-3	**14**	Read across von 2-Pentenal
7-12	2-Heptenal	2463-63-0 18829-55-5 29381-66-6	**16**	Read across von 2-Pentenal
7-13	2-Octenal	2363-89-5 25447-69-2 20664-46-4 2548-87-0	**18**	Read across von 2-Pentenal
7-14	2-Nonenal	2463-53-8 30551-15-6 18829-56-6 60784-31-8	**20**	Read across von 2-Pentenal

1)	Substanz	CAS-Nr.	NIK [µg/m³]	Bemerkungen
7-15	2-Decenal	3913-71-1 2497-25-8 3913-81-3	**22**	Read across von 2-Pentenal
7-16	2-Undecenal	2463-77-6 53448-07-0	**24**	Read across von 2-Pentenal
7-17	Furfural	98-01-1	**20**	Einzelstoffbetrachtung
7-18	Glutaraldehyd	111-30-8	**2#**	AGW: 200 µg/m³
7-19	Benzaldehyd	100-52-7	**90**	WEEL (AIHA): 8.800 µg/m³
7-20*	Acetaldehyd	75-07-0	**1.200**	VVOC Übernahme EU-LCI-Wert
7-21	Propanal	123-38-6		VVOC
7-22*	Formaldehyd	50-00-0	**100**	Einzelstoffbetrachtung
8	**Ketone**			
8-1*	Ethylmethylketon	78-93-3	**5.000**	Übernahme EU-LCI-Wert
8-2*	3-Methyl-2-butanon	563-80-4	**7.000**	Übernahme EU-LCI-Wert
8-3	Methylisobutylketon	108-10-1	**830**	AGW: 83.000 µg/m³
8-4*	Cyclopentanon	120-92-3	**900**	Übernahme EU-LCI-Wert
8-5*	Cyclohexanon	108-94-1	**410**	Übernahme EU-LCI-Wert
8-6	2-Methylcyclopentanon	1120-72-5	**1.000**	Read across von Cyclopentanon
8-7*	2-Methylcyclohexanon	583-60-8	**2.300**	Übernahme EU-LCI-Wert
8-8*	Acetophenon	98-86-2	**490**	Übernahme EU-LCI-Wert
8-9	1-Hydroxyaceton (1-Hydroxy-2-propanon)	116-09-6	**2.400**	Read across von Propylenglykol
8-10*	Aceton	67-64-1	**1.200**	VVOC AGW: 1.200.000 µg/m³
9	**Säuren**			
9-1	Essigsäure	64-19-7	**1.250**	Einzelstoffbetrachtung
9-2*	Propionsäure	79-09-4	**310**	Übernahme EU-LCI-Wert
9-3	Isobuttersäure	79-31-2	**370**	Read across von Propionsäure
9-4	Buttersäure	107-92-6	**370**	Read across von Propionsäure
9-5	Pivalinsäure	75-98-9	**420**	Read across von Propionsäure
9-6	n-Valeriansäure	109-52-4	**420**	Read across von Propionsäure
9-7	n-Capronsäure	142-62-1	**490**	Read across von Propionsäure
9-8	n-Heptansäure	111-14-8	**550**	Read across von Propionsäure
9-9	n-Octansäure	124-07-2	**600**	Read across von Propionsäure
9-10*	2-Ethylhexansäure	149-57-5	**150**	Read across von Propionsäure
10	**Ester und Lactone**			
10-1	Methylacetat	79-20-9		VVOC
10-2	Ethylacetat	141-78-6		VVOC
10-3	Vinylacetat	108-05-4		VVOC
10-4*	Isopropylacetat	108-21-4	**4.200**	Übernahme EU-LCI-Wert
10-5*	Propylacetat	109-60-4	**4.200**	Übernahme EU-LCI-Wert

1)	Substanz	CAS-Nr.	NIK [µg/m³]	Bemerkungen
10-6*	2-Methoxy-1-methylethylacetat	108-65-6	**2.700**	Übernahme EU-LCI-Wert
10-7	n-Butylformiat	592-84-7	**2.000**	Read across von Methylformiat (AGW: 120.000 µg/m³)
10-8	Methylmethacrylat	80-62-6	**2.100**	AGW: 210.000 µg/m³
10-9	andere Methacrylate		**2.100**	Read across von Methylmethacrylat
10-10*	Isobutylacetat	110-19-0	**4.800**	Übernahme EU-LCI-Wert
10-11*	1-Butylacetat	123-86-4	**4.800**	Übernahme EU-LCI-Wert
10-12*	2-Ethylhexylacetat	103-09-3	**350**	Read across von 2-Ethyl-1-hexanol
10-13*	Methylacrylat	96-33-3	**180**	Übernahme EU-LCI-Wert
10-14*	Ethylacrylat	140-88-5	**210**	Übernahme EU-LCI-Wert
10-15*	n-Butylacrylat	141-32-2	**110**	Übernahme EU-LCI-Wert
10-16*	2-Ethylhexylacrylat	103-11-7	**380**	Übernahme EU-LCI-Wert
10-17*	andere Acrylate (Acrylsäureester)		**110**	Übernahme EU-LCI-Wert
10-18*	Adipinsäuredimethylester	627-93-0	**50**	Übernahme EU-LCI-Wert
10-19*	Fumarsäuredibutylester	105-75-9	**50**	Übernahme EU-LCI-Wert
10-20*	Bernsteinsäuredimethylester	106-65-0	**50**	Übernahme EU-LCI-Wert
10-21*	Glutarsäuredimethylester	1119-40-0	**50**	Übernahme EU-LCI-Wert
10-22*	Hexandioldiacrylat	13048-33-4	**10**	Übernahme EU-LCI-Wert
10-23*	Maleinsäuredibutylester	105-76-0	**50**	Übernahme EU-LCI-Wert
10-24	Butyrolacton	96-48-0	**2.700**	Einzelstoffbetrachtung
10-25	Glutarsäurediisobutylester	71195-64-7	**100**	Einzelstoffbetrachtung
10-26	Bernsteinsäurediisobutylester	925-06-4	**100**	Einzelstoffbetrachtung
11	**Chlorierte Kohlenwasserstoffe**			
	Derzeit nicht belegt.			
12	**Andere**			
12-1	1,4-Dioxan	123-91-1	**73**	AGW: 73.000 µg/m³
12-2*	Caprolactam	105-60-2	**300**	Übernahme EU-LCI-Wert
12-3	N-Methyl-2-pyrrolidon	872-50-4	**400**	EU-OEL: 40.000 µg/m³
12-4*	Octamethylcyclotetrasiloxan (D4)	556-67-2	**1.200**	Übernahme EU-LCI-Wert
12-5*	Methenamin, Hexamethylentetramin (Formaldehydabspalter)	100-97-0	**30**	Übernahme EU-LCI-Wert
12-6	2-Butanonoxim	96-29-7	**20**	Einzelstoffbetrachtung
12-7	Tributylphosphat	126-73-8		SVOC
12-8	Triethylphosphat	78-40-0	**75**	Read across von Tributylphosphat (MAK: 11.000 µg/m³)
12-9*	5-Chlor-2-methyl-4-isothiazolin-3-on (CIT)	26172-55-4	**1#**	Übernahme EU-LCI-Wert
12-10*	2-Methyl-4-isothiazolin-3-on (MIT)	2682-20-4	**100**	Übernahme EU-LCI-Wert
12-11	Triethylamin	121-44-8	**42**	AGW: 4.200 µg/m³
12-12	Decamethylcyclopentasiloxan (D5)	541-02-6	**1.500**	Read across von Octamethylcyclotetrasiloxan
12-13	Dodecamethylcyclohexasiloxan (D6)	540-97-6	**1.200**	Read across von Octamethylcyclotetrasiloxan

1)	Substanz	CAS-Nr.	NIK [µg/m³]	Bemerkungen
12-14	Tetrahydrofuran	109-99-9	**1.500**	AGW: 150.000 µg/m³
12-15	Dimethylformamid	68-12-2	**15**	AGW: 15.000 µg/m³
12-16*	Tetradecamethylcycloheptasiloxan (D7)	107-50-6	**1.200**	Read across von Octamethylcyclotetrasiloxan
*	Neuaufnahme/Änderungen 2015			
#	Erst ab einer gemessenen Emission von 5 µg/m³ findet eine Bewertung im Rahmen des NIK-Werte-Konzepts statt.			
VVOC	leichtflüchtige organische Verbindungen (englisch, very volatile organic compounds)			
SVOC	schwerflüchtige organische Verbindungen (englisch, semivolatile organic compounds)			
1)	Um die Kompatibilität zur Auswertungsmaske ADAM zu wahren, können vormals belegte laufende Nummern der NIK-Liste bei Wegfall oder Umsortierung von Stoffen oder Stoffgruppen nicht mehr neu belegt werden.			

Anlage 3

Die Innenraumluftzusammensetzung in baulichen Anlagen wird primär von Produkten beeinflusst, die nennenswerte Anteile organischer Natur enthalten und daher zur Freisetzung flüchtiger organischer Verbindungen führen können. Dies sind insbesondere die nachfolgend aufgeführten Produkte:

- Bodenbeläge und -konstruktionen, wie
  - textile Bodenbeläge
  - elastische Bodenbeläge
  - Laminatbodenbeläge
  - Parkette und Holzfußböden
  - Bodenbeschichtungen
  - Kunstharzestriche und -mörtel
  - künstlich hergestellter Stein auf Kunstharzbasis
- Sportböden
- Bodenbelagskleber und Kleber für strukturelle Verbunde
- Verlegeunterlagen
- Oberflächenbeschichtungen für Holzfußböden und elastische Bodenbeläge
- Dekorative Wandbekleidungen und dickschichtige Wandbeschichtungen auf Kunststoffbasis
- Brandschutzbeschichtungen für Stahlbauteile
- Deckenverkleidungen und -konstruktionen mit den oben genannten Eigenschaften
- Dämmstoffe mit den oben genannten Eigenschaften, wie z.B. Phenolharzschäume, UF-Ortschäume
- behandelte oder verklebte Hölzer
- nachträglich aufgebrachte organische Feuerschutzmittel.

Die Liste der genannten Produkte ist nicht abschließend. Neue innovative Produkte oder wissenschaftliche Erkenntnisse zu den Auswirkungen solcher Produkte machen gegebenenfalls Änderungen erforderlich.

Anhang 9

Textile Bodenbeläge

Stand: Mai 2017

1. Gegenstand und Geltungsbereich

Im Dokument „Anforderungen an bauliche Anlagen bezüglich des Gesundheitsschutzes" (ABG) finden sich die allgemeinen Grundlagen für die gesundheitliche Bewertung von baulichen Anlagen, Bauteilen, Bausätzen und Baustoffen, die zur Einhaltung der notwendigen Anforderungen an Gebäude erforderlich sind, während in der technischen Regel „Textile Bodenbeläge" die produktspezifischen Anforderungen an textile Bodenbeläge konkretisiert werden.

Dieses Dokument spezifiziert die Prüfbedingungen (Anforderungen an den Prüfkörper, Beladung der Prüfkammer etc.) sowie die Parameter zur Einteilung von Einzelprodukten in Gruppen und der Auswahl des für die jeweilige Gruppe repräsentativen Produkts (*worst case*).

Diese technische Regel gilt nicht:

- für gewebte textile Bodenbeläge mit einer Nutzschicht auf PVC-Basis
- für textile Bodenbeläge, die Abfälle zur Verwertung enthalten, es sei denn es handelt sich um materialidentische Produktionsabfälle
- für textile Bodenbeläge, welche auch vertikal verwendet werden.

2. Anforderungen

Die Anforderungen, die im Dokument „Anforderungen an bauliche Anlagen bezüglich des Gesundheitsschutzes" (ABG), Kapitel 2, ausgeführt sind, sind einzuhalten. Danach sind die Inhaltsstoffe, die Emissionen flüchtiger organischer Verbindungen sowie Anforderungen an den Gehalt zu bewerten.

2.1. Ermittlung und Bewertung der flüchtigen organischen Emissionen (VVOC-, VOC- und SVOC-Emissionen) sowie ggf. weiterer Emissionen textiler Bodenbeläge

Die Emission gefährlicher Stoffe wird anhand von Prüfkammer-Tests von einer sachverständigen Prüfstelle (siehe Abschnitt 2.4) gemäß ABG, Abschnitt 2.2.1.1, bestimmt und bewertet. Diese Prüfkammertests sind für jedes Einzelprodukt oder für ein repräsentatives Produkt einer Gruppe von chemisch ähnlichen Einzelprodukten entsprechend nachfolgender Gruppenbildungsparameter durchzuführen.

2.1.1. Gruppenbildungsparameter und Auswahl des repräsentativen Produkts (worst case-Szenario)

Einzelne textile Bodenbeläge sind nacheinander entsprechend:

- dem Herstellungsverfahren,
- der chemischen Basis des Polmaterials/der Nutzschicht,
- Klebeschichten/Verfestigung und Rückenbasis sowie
- der chemischen Zusatzausrüstung

in Gruppen einzuteilen (siehe Abbildung 1).

Als repräsentativ für eine Gruppe wird das Produkt angesehen, für welches die höchsten Emissionen zu erwarten sind – in der Regel handelt es sich hierbei um das schwerste und dickste Produkt, wobei im Zweifel das schwerste Produkt auszuwählen ist. Ggf. müssen mehrere Produkte einer Gruppe geprüft werden. Die Werte werden als repräsentativ für die Gruppe angenommen.

2.1.1.1. Einteilung entsprechend dem Herstellungsverfahren

Die Einzelprodukte werden zunächst entsprechend dem Herstellungsverfahren nach DIN EN 1307:2014-07 in:

- getuftet
- gewebt
- genadelt

unterteilt.

2.1.1.2. Einteilung entsprechend der chemischen Basis des Polmaterials/der Nutzschicht

Die nach dem Herstellungsverfahren unterteilten Einzelprodukte werden entsprechend der chemischen Basis des Polmaterials/der Nutzschicht in:

- Polypropylen (PP)
- Polyester (PES)
- Polyamid (PA 6 und PA 6.6, wobei in der worst case-Betrachtung PA 6 auszuwählen ist)
- Wolle
- pflanzliche Naturfasern
- etc.

weiter gegliedert. Bei Materialmischungen ist die chemische Basis des Polmaterials mit mindestens 50 % Gewichtsanteil zur Einteilung ausschlaggebend.

2.1.1.3. Einteilung entsprechend der Klebeschicht/Verfestigung und der Rückenbasis

Die bisher nach Herstellverfahren und Polschicht unterteilten textilen Bodenbeläge werden entsprechend des Rückenmaterials:

- textiler Rücken
- Schaumrücken (gleiche chemische Basis)
- Schwerbeschichtung (gleiche chemische Basis)
- etc.

weiter eingeteilt. Hierbei ist darauf zu achten, dass bei Produkten mit gleichen Rücken auch die Klebeschichten/Verfestigungen jeweils auf gleicher chemischer Basis beruhen müssen, um in dieselbe Gruppe eingeteilt werden zu können.

2.1.1.4. Einteilung entsprechend der chemischen Zusatzausrüstung

Zuletzt werden die textilen Bodenbeläge anhand der chemischen Zusatzausrüstung in:

- ohne oder mit Flammschutzausrüstung (mit gleicher chemischer Basis)
- ohne oder mit antimikrobieller/antifungaler Ausrüstung (mit gleicher chemischer Basis)
- ohne oder mit antistatischer Ausrüstung (mit gleicher chemischer Basis)
- etc.

final unterteilt.

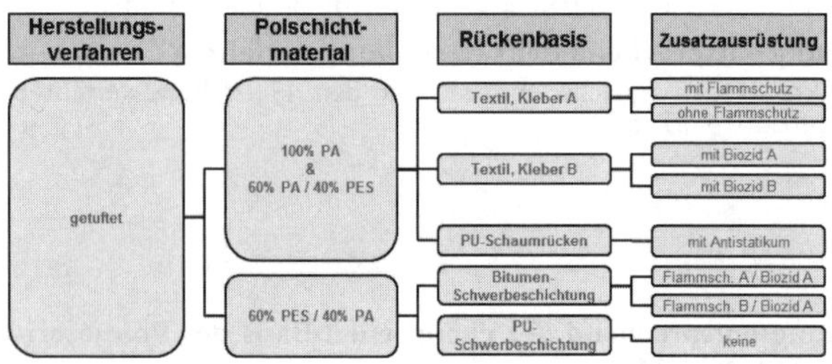

Abbildung 1: Beispiel einer Gruppeneinteilung

Es ist zu beachten, dass Änderungen der chemischen Zusammensetzung eine neue Bewertung der Produkte/der Gruppe erfordert, welche erneute Emissionsprüfungen zur Folge haben kann.

2.1.2. Probenahme des Produkts, Transport und Lagerung der Probe

Die Probenahme, Transport und Lagerung der Probe erfolgt grundsätzlich gemäß DIN EN 16516:2018-01 und CEN/TR 16220:2011. Die Proben sind produktionsfrisch bzw. mit Erreichen der frühesten Handelsfähigkeit zu entnehmen und es ist ein Probenahmeprotokoll mit allen wesentlichen Daten anzufertigen (Beispiel siehe Anlage 1) und der Probe beizufügen.

Grundsätzlich ist zu beachten, dass Einflüsse wie:

- Hitze,
- intensives Licht,
- übermäßige Feuchtigkeit,
- Reinigungsmittel,
- Abgase aus Fahrzeugen oder Maschinen sowie
- Lösemittel aus Farben, Lacken, Treibstoffen bzw. Abgasen u.ä.

das Untersuchungsergebnis verfälschen bzw. die Probe kontaminieren können.

2.1.2.1. Probengröße/Probenahme

Zur Entnahme der Probe bei Rollenware wird ein Meter oder mindestens die äußere Lage der Rolle abgerollt. Von der sich anschließenden Fläche werden 1 bis 1,5 laufende Meter als Probe entnommen. Die Probe sollte in ihrer Breite 2 m möglichst nicht überschreiten. Gegebenenfalls ist die Breite der Probe entsprechend einzukürzen. Nach Entnahme der Probe wird diese quer zur ursprünglichen Rollrichtung mit der Belagsunterseite nach außen aufgerollt. Die Probe ist nach dem Aufrollen mit Klammern oder Kordel, keinesfalls aber mit Klebebändern, gegen Entrollen zu sichern.

Bei der Probenahme von Fliesen textiler Beläge ist eine vollständige Verpackungseinheit zu entnehmen. Ist der Versand der Verpackungseinheit aufgrund ihrer Größe nicht möglich, so sind vier Fliesen (ggf. bei kleinen Fliesen mehr) paarweise – Oberseite auf Oberseite liegend – aus der Mitte einer

Verpackungseinheit zu entnehmen. Textile Fliesenbeläge dürfen nicht gerollt werden.

2.1.2.2. Verpackung

Nach der Gewinnung der Probe muss diese innerhalb einer Stunde in Aluminiumfolie gewickelt und anschließend in einen emissionsarmen Polyethylen-Beutel verpackt und verschlossen werden. Alternativ kann dazu auch aluminiertes Verpackungsmaterial verwendet werden. Um eine Kontamination von außen zu vermeiden, wird die Verpackung entweder mit einem Folienschweißgerät oder mit emissionsarmem Klebeband möglichst luftdicht verschlossen. Verschiedene Proben müssen auch getrennt voneinander verpackt werden.

2.1.2.3. Transport/Versand/Lagerung

Zum Versand können die üblichen Paket- und Kurierdienste beauftragt werden. Beim Transport ist darauf zu achten, dass die Probe nicht in der Nähe von lösemittelhaltigen Stoffen gelagert wird (z.B. Reservekanister).

2.1.3. Herstellung und Vorbereitung des Prüfstücks

Das Prüfstück wird grundsätzlich nach DIN EN ISO 16000-11, Anhang A, hergestellt und vorbereitet. Abweichend von der Norm kann das Prüfstück auch ausgestanzt werden. Eine Kantenabdichtung ist nicht erforderlich, da der Einfluss der Kanten textiler Bodenbeläge auf die Emission vernachlässigbar ist.

Nach der Fertigstellung des Prüfstücks wird dieses sofort in die Emissionsprüfkammer überführt. Dieser Zeitpunkt wird als Startpunkt der Emissionsprüfung (t_0) angesehen.

2.1.4. Prüfkammerbedingungen für Emissionsmessung von textilen Bodenbelagsproben

Auf Basis der Abmessungen des Referenzraums (DIN EN 16516:2018-01) wird für einen textilen Bodenbelag der folgende Beladungsfaktor festgelegt:

- 0,4 m^2/m^3 für Boden.

Entsprechend DIN EN 16516:2018-01 werden für die Emissionsprüfung eine Luftwechselrate von 0,5/h und die klimatischen Bedingungen mit 23 °C ± 1 °C und 50 % ± 5 % relative Luftfeuchte festgelegt. Das Prüfkammervolumen darf 20 l nicht unterschreiten.

2.1.5. Emissionsmessung von textilen Bodenbelagsproben

Die Messung der Emissionen von textilen Bodenbelagsproben erfolgt entsprechend den Bestimmungen der ABG und der Norm DIN EN 16516:2018-01 und ist nach 3 Tagen und 28 Tagen auszuwerten.

Die Emissionsprüfung kann 7 Tage nach Beladung der Prüfkammer vorzeitig beendet werden, wenn die ermittelten Werte unterhalb von 50 % der in den ABG vorgegebenen 28-Tage-Werte liegen und im Vergleich zur Messung am 3. Tag kein signifikanter Konzentrationsanstieg einzelner Substanzen festzustellen ist. Die Erfüllung dieser Kriterien ist durch die Prüfstelle hinreichend zu begründen. Die 50 %-Marke gilt für alle Parameter, somit auch für den R-Wert.

2.2. Bewertung der flüchtigen organischen Emissionen (VVOC-, VOC- und SVOC-Emissionen)

Die Ergebnisse der Emissionsmessungen auf VVOC, VOC und SVOC sind nach ABG, Kapitel 2.2.1.1, zu bewerten und in einem Prüfbericht detailliert anzugeben.

2.3. Bestimmung des Gehaltes von polyzyklischen aromatischen Kohlenwasserstoffen (PAK)

Beim Einsatz von bitumenhaltigen Schwerbeschichtungen ist die Prüfung des PAK-Gehaltes des Bitumens erforderlich. Der analytische Nachweis der PAK erfolgt nach Vorgaben der Environmental Protection Agency (EPA) in Anlehnung an AfPS GS 2014:01 PAK unter Verwendung eines internen Standards. Der Gehalt an BaP als Leitsubstanz wird auf 5 mg/kg und für PAK auf 50 mg/kg beschränkt.

2.4. Anforderungen an die Prüfstellen zur Durchführung von Emissionsprüfungen für textile Bodenbeläge

Prüfstellen für die Emissionsprüfungen müssen folgende Anforderungen erfüllen:

- Unabhängigkeit, d.h. sie müssen frei von wirtschaftlichen Interessen einzelner Hersteller handeln
- akkreditiert nach EN ISO/IEC 17025[*32], einschließlich Prüfkammeruntersuchungen
- notifiziert für CEN/TS 16516[*33] (bis zur Veröffentlichung im europäischen Amtsblatt der EN 16516 ist eine Notifizierung nach CEN/TS 16516:2013 ausreichend)
- Vorhandensein der technischen Ausstattung für die VOC, VVOC und SVOC-Emissionsprüfung nach DIN EN 16516:2018-01
- Vorhandensein der NIK-Substanzen als Standards (ABG Anhang 2)
- Vorhandensein der als kanzerogen 1A und 1B eingestuften Substanzen, welche potentiell von textilen Bodenbelägen emittiert werden können, als Standards. Die „Indicative List of Regulated Dangerous Substances possibly associated with Construction Products under the CPD" (Dokument der European Commission, Enterprise and Industry Directorate-General, Dokumentennummer „DS 041/051" in der jeweils aktuellen Fassung) kann hierfür als Orientierung zu Grunde gelegt werden.
- Mindestens eine Teilnahme pro Jahr an Ringversuchen für VOC Thermodesorptions-Messungen nach DIN EN 16516:2018-01. Es wird die Teilnahme an den von der BAM und dem IFA angebotenen Ringversuchen empfohlen (siehe:
  - http://www.bam.de/de/fachthemen/ringversuche/
  - http://www.dguv.de/ifa/Fachinfos/Ringversuche/index.jsp)

[*32] **Amtl. Anm.:** In Deutschland umgesetzt durch DIN EN ISO/UEC 17025
[*33] **Amtl. Anm.:** In Deutschland umgesetzt durch DIN CEN/TS 16516

Anlage 1:

Probenahmeprotokoll für Emissionsprüfungen von textilen Bodenbelägen

Name des Antragstellers (Adresse/Stempel):		**Produkthersteller** (falls abweichend vom Antragsteller):	
Werk, in dem die Probe entnommen wird:		**Probenehmer** (bitte markieren): Name, Firma, Telefon:	
Produktname:		**Belagstyp** textiler Bodenbelag:	
Modell/Programm/Serie:		**Chargen-Nr.:**	
Artikel-Nr.:		**Datum der Produktion der Charge:**	
Datum der Probenahme:		**Uhrzeit:**	
Probe wird entnommen	□ aus der laufenden Produktion □ aus Lagerbeständen □ aus Rückstellproben	**Wie wurde das Produkt vor Probenahme gelagert?**	□ offen □ verpackt
Ort der Lagerung:		**Verpackungsart und -material:**	
Besonderheiten (mögliche negative Einflüsse durch Emissionen am Probenahmeort, Benzin-Abgase, Lösemittelemissionen aus der Fertigung, Unklarheiten, Fragen, etc.):			
Vorgesehene Prüfungen:			
□ Emissionsprüfung □ Konstruktionsmerkmale □ andere/weitere (PAK, Nitrosamine etc.)			
Bestätigung Hiermit bestätigt der Unterzeichner die Richtigkeit der oben gemachten Angaben. Die Probe wurde eigenhändig gemäß Probenahmeanleitung ausgewählt, entnommen und verpackt.			
Datum:	Unterschrift: (Stempel)		
* Bitte pro Probe ein Probenahmebegleitblatt ausfüllen!			

42 Technische Baubestimmungen

Abkürzungsverzeichnis

ABG	Anforderungen an bauliche Anlagen bezüglich des Gesundheitsschutzes
BAM	Bundesanstalt für Materialforschung
BaP	Benzo(a)pyren
BauPVO	Bauproduktenverordnung
CPD	Construction Product Directive (abgelöst seit 01.07.2013 durch die CPR – Construction Product Regulation)
DIN	Deutsches Institut für Normung
EN	Europäische Norm
EPA	Environmental Protection Agency
IFA	Institut für Arbeitsschutz
LBO	Landesbauordnung
NIK	Niedrigste interessierende Konzentration
PAK	Polyzyklische aromatische Kohlenwasserstoffe
PA 6	Polyamid 6 (Nylon)
PA 6.6	Polyamid 6.6 (Dederon)
PES	Polyester
PP	Polypropylen
prEN	Normentwurf
PVC	Polyvinylchlorid
R-Wert	Summe aller R_i wobei $R_i = c_i/NIK_i$
SVOC	Schwerflüchtige organische Verbindungen
t_0	Beginn der Emissionsmessung
VOC	Flüchtige organische Verbindungen
VVOC	Leichtflüchtige organische Verbindungen

Literatur- und Normenverzeichnis

CEN/TR 16220:2011	Bauprodukte – Bewertung der Freisetzung von gefährlichen Stoffen – Ergänzung zur Probenahme
DIN CEN/TS 16516:2013-12/ DIN SPEC 18023:2013-12	Bauprodukte – Bewertung der Freisetzung von gefährlichen Stoffen – Bestimmung von Emissionen in die Innenraumluft
DIN EN 1307:2014-07	Textile Bodenbeläge – Einstufung
DIN EN 16516:2018-01	Bauprodukte – Bewertung der Freisetzung von gefährlichen Stoffen – Bestimmung von Emissionen in die Innenraumluft
DIN EN ISO 16000-11:2006-06	Innenraumluftverunreinigungen – Teil 11: Bestimmung der Emission von flüchtigen organischen Verbindungen aus Bauprodukten und Einrichtungsgegenständen – Probenahme, Lagerung der Proben und Vorbereitung der Prüfstücke

DIN EN ISO/IEC 17025:2005-08	Allgemeine Anforderungen an die Kompetenz von Prüf- und Kalibrierlaboratorien
AfPS GS 2014:01 PAK	Prüfung und Bewertung von Polyzyklischen Aromatischen Kohlenwasserstoffen (PAK) bei der Zuerkennung des GS-Zeichens

Anhang 10

Anforderungen an bauliche Anlagen bezüglich der Auswirkungen auf Boden und Gewässer (ABuG)

Stand: Juli 2017

1. Gegenstand und Geltungsbereich

Die Bayerische Bauordnung (BayBO) bestimmt in Art. 3, dass Anlagen so anzuordnen, zu errichten, zu ändern und instand zu halten sind, dass die öffentliche Sicherheit und Ordnung, insbesondere Leben, Gesundheit und die natürlichen Lebensgrundlagen, nicht gefährdet werden und sie die Anforderungen u.a. an den Umweltschutz erfüllen.

Zur Erfüllung der in der BayBO formulierten Anforderungen ist bei baulichen Anlagen oder Teilen von baulichen Anlagen, die in Boden und Grundwasser eingebaut bzw. durch Niederschlag beaufschlagt werden, sicherzustellen, dass die verwendeten Bauteile weder eine schädliche Bodenveränderung noch eine Grundwasserverunreinigung hervorrufen können.

In diesem Dokument werden die allgemeinen Anforderungen an bauliche Anlagen hinsichtlich ihrer Auswirkungen auf Boden und Gewässer konkretisiert.

Baulichen Anlagen, deren Bauteilen und den in ihnen verwendeten Bauprodukten, die in Boden und Grundwasser eingebaut bzw. durch Niederschlag beaufschlagt werden, kommt eine besondere Bedeutung hinsichtlich ihrer Auswirkungen auf die Schutzgüter Boden und Wasser zu. Aus ihnen können bei Kontakt mit Wasser Stoffe ausgewaschen werden und in Grundwasser, Meeresgewässer, Oberflächengewässer und/oder in den Boden gelangen, die negative Einflüsse auf deren Beschaffenheit haben und damit zur Gefährdung der natürlichen Lebensgrundlagen beitragen können.

Bauliche Anlagen, deren Bauteile und die in ihnen verwendeten Bauprodukte müssen daher im Hinblick auf den Umweltschutz Anforderungen an Inhaltsstoffe (Art und Menge) und an die Freisetzung gefährlicher Stoffe[*34] erfüllen. Diesbezüglich relevant ist insbesondere eine Bewertung der Freisetzung von Schwermetallen und organischen Stoffen. Zu berücksichtigen ist dabei auch die jeweilige Einbausituation (direkter bzw. indirekter Kontakt zu Boden und Grundwasser). Wenn durch konstruktive Maßnahmen eine Freisetzung von gefährlichen Stoffen ausgeschlossen ist, müssen keine Nachweise über die Freisetzung von gefährlichen Stoffen erbracht werden.

[*34] **Amtl. Anm.:** Der Begriff „gefährliche Stoffe" wird in der Bauproduktenverordnung verwendet und bezeichnet Stoffe, die in Bezug auf Bauprodukte relevant sind und aufgrund des Risikos schädlicher Auswirkungen durch Vorschriften der EU und/oder der Mitgliedstaaten beschränkt oder verboten sind.

Gemäß § 1 Bundes-Bodenschutzgesetz (BBodSchG) sollen bei Einwirkungen auf den Boden, hier bedingt durch bauliche Anlagen oder Teile von baulichen Anlagen, Beeinträchtigungen seiner natürlichen Funktionen sowie seiner Funktion als Archiv der Natur- und Kulturgeschichte so weit wie möglich vermieden werden.

Beim Einsatz von Abfällen in baulichen Anlagen, Bauteilen und den in ihnen verwendeten Bauprodukten dürfen generell (unabhängig vom Kontakt zu Boden, Niederschlag oder Wasser) Beeinträchtigungen des Wohls der Allgemeinheit nicht zu erwarten sein; insbesondere darf keine Schadstoffanreicherung im Wertstoffkreislauf erfolgen.

Der Erlaubnisvorbehalt der zuständigen Wasserbehörden, insbesondere in Wasserschutzzonen, bleibt durch die Regelungen der ABuG unberührt.

Tabelle 1 enthält die Bauteile, die im Kontakt mit Boden, Grundwasser und/oder Niederschlag stehen und für die derzeit die Erfüllung der Anforderungen an den Umweltschutz nach den Landesbauordnungen zu erbringen ist (umweltrelevante Bauteile).

Tabelle 1: Umweltrelevante Bauteile (Bauteile mit Kontakt zu Boden, Grundwasser und/oder Niederschlag)

Bauteile		**Anforderung s. Abschnitt**
Dach	Dachbauteile aus Metall	4.1
	Dachbauteile aus Beton	4.2
	Dachbauteile aus Holz	4.3
	Abdichtungen	4.4
Außenwand einschließlich Träger und Stützen	Bauteile für Außenwände aus Metall	5.1
	Bauteile für Außenwände aus Beton	5.2
	Bauteile für Außenwände aus Holz	5.3
	Abdichtungen	5.4
	Brandschutzprodukte zum Aufhalten von Feuer im Brandfall	5.5
Flächenbeläge	Bauteile für Flächenbeläge aus Beton	6.1
	Bauteile für Flächenbeläge aus Holz	6.2
	Abwasserbehandelte Flächenbeläge	6.3
Gründungen inkl. Pfähle	Injektions- und Verpressmaterialien	7.2
	Bauteile aus Beton	7.3
	Abdichtungen	7.4
Baugrubenabdichtung	Injektions- und Verpressmittel aus Bindemittelsuspensionen oder Einpressmörtel	8.2
	Injektions- und Verpressmittel auf Silikatbasis	8.3
Körnige Schüttungen	Schüttungen unter Verwendung von Abfällen	9.1
	Schaumglasschotter als Schüttung unter Gründungsplatten	9.2
	Filtermaterialien zur Behandlung von Niederschlagsabwasser, das versickert werden soll	9.3
Unterirdische Rohre und Behälter	Unterirdische Behälter und Rohre aus Beton	10.1
	Kanalsanierungsmittel	10.2

2. Anforderungen an den Gehalt an gefährlichen Stoffen

Umweltrelevante Bauteile müssen folgende Anforderungen bezüglich ihres Gehaltes an gefährlichen Stoffen erfüllen:

Geltende gesetzliche Verwendungsverbote und Beschränkungen für spezielle Stoffe sind einzuhalten (z.B. Chemikalienverbotsverordnung, REACH-Verordnung (EU) Nr. 1907/2006 Anhang XVII).

Bei Verwendung von Altholz als Bestandteil von Bauteilen sind die Anforderungen der Altholzverordnung (AltHolzV) zu erfüllen und insbesondere die dort festgelegten stofflichen Grenzwerte einzuhalten.

Es dürfen nur Biozide eingesetzt werden, die gemäß der Anforderungen der Biozid-Verordnung (EU) Nr. 528/2012 und den entsprechenden nationalen Umsetzungsregelungen je nach Einbauszenario in erdberührten und/oder in direkt mit Wasser in Kontakt kommenden Bauteilen verwendet werden dürfen.

Der Einsatz von Stoffen, die nach der CLP-Verordnung (EU) Nr. 1272/2008 in der jeweils aktuell geltenden Fassung mit H400, H410, H411, H300, H301, H310, H311, H370, H372 gekennzeichnet werden müssen, ist zu vermeiden. Sind solche Stoffe technisch unvermeidbar, ist nachzuweisen, dass die genannten Schutzgüter durch den Einsatz in der baulichen Anlage nicht gefährdet werden.

Persistente Stoffe [„Persistent Organic Pollutants (POPs)"] aus der jeweils aktuellen ICCA-Liste[*35] dürfen nicht aktiv[*36] eingesetzt werden.

Karzinogene (H350) und keimzellmutagene (H340) Stoffe gemäß der CLP-Verordnung (EU) Nr. 1272/2008 dürfen nicht aktiv[36] eingesetzt werden, es sei denn, es kann belegt werden, dass sie bei der Herstellung des Bauteils vollständig zu Verbindungen ausreagieren, von denen keine potentielle Gefährdung für Boden und Gewässer ausgeht.

Reproduktionstoxische Stoffe (H360D und/oder H360F) gemäß der CLP-Verordnung (EU) Nr. 1272/2008 dürfen nicht > 0,3 Gew.-% aktiv[36] eingesetzt werden, es sei denn, es kann belegt werden, dass sie bei der Herstellung des Bauteils vollständig zu Verbindungen ausreagieren, von denen keine potentielle Gefährdung für Boden und Gewässer ausgeht.

Gemäß den Anforderungen des § 7 Abs. 3 des Kreislaufwirtschaftsgesetzes (KrWG) an die Schadlosigkeit der Abfallverwertung dürfen nach der Beschaffenheit der Abfälle, dem Ausmaß der Verunreinigungen und der Art der Verwertung Beeinträchtigungen des Wohls der Allgemeinheit nicht zu erwarten sein und insbesondere keine Schadstoffanreicherung im Wertstoffkreislauf erfolgen. Das heißt, bei der Bewertung von Bauprodukten ist – sofern Abfälle für die Herstellung des Bauproduktes verwendet werden – sicherzustellen, dass es durch den Einsatz belasteter Abfälle nicht zu einer Verschleppung von Schadstoffen in Bauprodukte und damit zu einer Schadstoffanreicherung in baulichen Anlagen kommt.

Werden mineralische Abfälle in Bauprodukten eingesetzt, müssen die grundsätzlichen Anforderungen der LAGA-Mitteilung 20 „Anforderungen an die stoffliche Verwertung von mineralischen Abfällen – Technische Regeln" (Stand: 06.11.2003) erfüllt werden. Die Stoffgehalte im Eluat müssen mindestens die Zuordnungswerte Z 2 der jeweiligen abfallspezifischen Technischen

[*35] **Amtl. Anm.:** International Council of Chemical Associations (ICCA) gemäß United Nations Environment Programme-Vereinbarung 2004 (UNEP-Vereinbarung *hhtp://www.pops.int*[richtig wohl:„http://www.pops.int"]).

[*36] **Amtl. Anm.:** Aktiver Einsatz ist der gezielte Einsatz von Stoffen zur Erreichung spezifischer Produkteigenschaften. Als nicht „aktiv eingesetzt" sind Stoffe anzusehen, die als Verunreinigung und/oder als Nebenbestandteil im Produkt vorliegen.

Regeln dieses Regelwerkes einhalten. Wenn für einen Abfall keine abfallspezifische Technische Regel in der LAGA-Mitteilung 20 existiert, sind die Zuordnungswerte Z 2 der Technischen Regel Boden (Stand: 05.11.2004) heranzuziehen. Für die Stoffgehalte im Feststoff sind die Werte der Tabelle A-1 (Anhang A) einzuhalten. Abweichungen sind möglich, wenn die Stoffgehalte im durch den Abfall substituierten, bisher für die Herstellung des Bauproduktes verwendeten Primärrohstoff höher liegen, oder – bei organischen Stoffen – diese Stoffe beim Herstellungsprozess des Bauproduktes soweit zerstört werden, dass die Anforderungswerte der Tabelle A-1 (Anhang A) eingehalten werden.

3. Anforderungen an die Freisetzung gefährlicher Stoffe

Die Konzentration freigesetzter gefährlicher Stoffe aus baulichen Anlagen darf:

- die Gewässer in nur unerheblichem Ausmaß in ihrer chemischen Beschaffenheit verändern,
- keine relevanten ökotoxischen Auswirkungen auf die Gewässer haben und
- die natürlichen Bodenfunktionen, hier vor allem die Funktion des Bodens als Abbau-, Ausgleichs- und Aufbaumedium für stoffliche Einwirkungen auf Grund der Filter-, Puffer- und Stoffumwandlungseigenschaften (Filter- und Pufferfunktion), insbesondere auch zum Schutz des Grundwassers, nicht beeinträchtigen bzw. überanspruchen.

Dies gilt als erfüllt, wenn z.B. die Geringfügigkeitsschwellen*37 sowie die weiteren in diesem Abschnitt aufgeführten Anforderungen eingehalten werden.

Hinweis:

In Laborversuchen ermittelte Stoffkonzentrationen im Eluat sind in der Regel nicht direkt mit den Anforderungswerten am Ort der Beurteilung unter realen Bedingungen vergleichbar. Die Einbausituation und ggf. Transportpfade sind, z.B. mit Übertragungsfunktionen, zu berücksichtigen.

Die Freisetzung von gefährlichen Stoffen aus baulichen Anlagen darf keine dauerhaften Änderungen der elektrischen Leitfähigkeit, des pH-Wertes sowie anderer Veränderungen im Wasser wie Färbung, Trübung, Schaumbildung oder Geruch hervorrufen.

Wenn die Anforderungswerte (Anhang A) bezüglich der Freisetzung gefährlicher Stoffe aus einem bestimmten Bauteil/Bauprodukt – sofern diese explizit angegeben sind – eingehalten werden, gelten diese Anforderungen als erfüllt.

Falls organische Stoffe aus baulichen Anlagen freigesetzt werden können, für die keine Prüfwerte existieren, sind zusätzlich die Anforderungen aus Tabelle 2 einzuhalten.

Tabelle 2: Anforderungen an umweltrelevante Bauteile aus organischen Materialien bezüglich biologischer Auswirkungen im Grundwasser

Parameter	**Prüfung während der Reaktion der Materialien***	**Prüfung von ausreagierten Materialien***
TOC	Angabe in mg/l	Angabe in mg/l
Scenedesmus-Chlorophyll-Fluoreszenztest nach DIN 38412-33	G_A** ≤ 8	G_A** ≤ 4

---

*37 **Amtl. Anm.:** Den in der ABuG aufgeführten Prüfwerten für die Freisetzung gefährlicher Stoffe liegen die Geringfügigkeitsschwellen der LAWA zugrunde: LAWA: „Ableitung von Geringfügigkeitsschwellen für das Grundwasser", Dezember 2004. Erhältlich bei Kulturbuch-Verlag GmbH, Postfach 47 04 49, 12313 Berlin oder herunterzuladen von der LAWA-Homepage: www.lawa.de.

Parameter	Prüfung während der Reaktion der Materialien*	Prüfung von ausreagierten Materialien*
TOC	Angabe in mg/l	Angabe in mg/l
Beweglichkeitshemmtest mit *Daphnia magna Straus* nach DIN 38412-30 bzw. ISO 6341	$G_D \leq 8$	$G_D \leq 4$
Leuchtbakterien-Lumineszenz-Hemmtest mit *Vibrio fischeri* nach DIN EN ISO 11348-1 bis DIN EN ISO 11348-3 oder $G_L > 8$, dann Leuchtbakterien-Zellvermehrungs-Hemmtest nach DIN 38412-37	$G_L \leq 8$ $G_{LW} \leq 2$	$G_L \leq 8$ $G_{LW} \leq 2$
Fischeitest mit *Danio rerio* nach DIN 38415-6	$G_{EI} \leq 6$	$G_{EI} \leq 6$
umu-Test auf erbgutveränderndes Potenzial nach DIN 38415-3	$G_{EU} \leq 1{,}5$	$G_{EU} \leq 1{,}5$
Biologische Abbaubarkeit, wenn TOC > 10 mg/l	„leicht biologisch abbaubar" gemäß OECD 301	„leicht biologisch abbaubar" gemäß OECD 301

* Die Anforderungen beziehen sich auf die Elutionsprüfung des jeweiligen Bauteils/Bauprodukts.

** Gemäß der Prüfvorschrift wird eine Hemmung der Zellvermehrung von Grünalgen von 20 % und mehr als akut toxische Wirkung eingestuft. Die für eine unter 20 %ige Hemmung notwendige Verdünnungsstufe des Originaleluats (Verdünnungsstufe G_A) wird bestimmt. Die weiteren G-Werte sind analog definiert.

4. Anforderungen an Dachbauteile

Für kleinteilige Bauteile, z.B. Befestigungen, Blitzableiter, ist kein Nachweis bezüglich der Freisetzung gefährlicher Substanzen zu erbringen.

4.1. Dachbauteile aus Metall

Hinweis:

Von großflächigen Metallblechen können Umweltbelastungen für Boden und Wasser ausgehen. Für die dezentrale Versickerung von Regenwasser wird auf die planungsrechtlichen und wasserrechtlichen Anforderungen sowie auf andere örtliche Rechtsvorschriften verwiesen, nach denen gegebenenfalls Niederschlagswasser nicht unbehandelt versickert werden darf.

4.2. Dachbauteile aus Beton

Betonausgangsstoffe, die in Dachbauteilen verwendet werden, müssen die in den folgenden Abschnitten aufgeführten Anforderungen erfüllen.

Beim Einsatz von natürlichen Gesteinskörnungen ist kein Nachweis bezüglich der Stoffgehalte und der Freisetzung gefährlicher Substanzen zu erbringen.

Bauprodukte, die unter Einsatz von Bildschirmglas hergestellt wurden, dürfen nicht verwendet werden.

4.2.1. Rezyklierte Gesteinskörnungen

Dachbauteile aus Beton, der unter Verwendung von rezyklierter Gesteinskörnung hergestellt wird, dürfen nur eingebaut werden, wenn die rezyklierte Gesteinskörnung die folgenden Anforderungen erfüllt:

- Als Eingangsmaterialien in einer Bauschuttrecyclinganlage dürfen zur Herstellung der rezyklierten Gesteinskörnung nur Abfälle angenommen werden, die bei Bautätigkeiten (z.B. Rückbau, Abriss, Umbau, Ausbau, Neubau und Erhaltung von Hoch- und Tiefbauten, Straßen, Wegen, Flugplätzen und sonstigen Verkehrsflächen) angefallen sind und zuvor als natürliche oder künstliche mineralische Baustoffe in gebundener oder ungebundener Form im Hoch- und Tiefbau eingesetzt waren. Die Abfälle müssen den in der Tabelle A-2 (Anhang A) genannten Abfallarten entsprechen. Vor Umbau, Rückbau oder Abriss eines Bauwerkes ist zunächst durch Inaugenscheinnahme und Auswertung vorhandener Unterlagen festzustellen, ob mit einer Schadstoffbelastung des dabei anfallenden Materials gerechnet werden muss. Wenn eine Schadstoffbelastung über den in der Tabelle A-3 aufgeführten Parameterumfang hinaus bestehen könnte, ist das Material gesondert abfallrechtlich zu bewerten. Kontaminierte Baustoffe und Bauteile sind während des Rückbaus eines Bauwerks zu separieren und einer geordneten Entsorgung zuzuführen. Dies betrifft insbesondere Brandschutt, Bauteile mit Isolierungen und Anstrichen auf Pechbasis, Innenwandungen von Industrieschornsteinen, asbest- und PCB-haltige Stoffe, mit Schadstoffen kontaminierte Gebäudeteile von Gaswerken, Tankstellen, Galvanikbetrieben und Produktionsanlagen der chemischen Industrie.

- Die Stoffkonzentrationen im Eluat gemäß DIN EN 12457-4 der rezyklierten Gesteinskörnung müssen die Obergrenzen gemäß Tabelle A-3 (Anhang A) einhalten.
- Die Stoffgehalte im Feststoff der rezyklierten Gesteinskörnung müssen die Obergrenzen gemäß Tabelle A-3 (Anhang A) einhalten.
- Für Beton nach DIN 1045-2 muss die stoffliche Zusammensetzung der rezyklierten Gesteinskörnung den Liefertypen gemäß der DAfStb-Richtlinie „Beton nach DIN EN 206-1 und DIN 1045-2 mit rezyklierter Gesteinskörnung nach DIN EN 12620“ entsprechen.

Beim Einsatz von Fehlchargen von Fertigbetonteilen direkt im Herstellwerk als rezyklierte Gesteinskörnung ist kein Nachweis bezüglich der Stoffgehalte und der Freisetzung gefährlicher Substanzen zu erbringen.

4.2.2. Industriell hergestellte Gesteinskörnungen

Dachbauteile aus Beton, der unter Verwendung industriell hergestellter Gesteinskörnungen hergestellt wird, dürfen nur eingebaut werden, wenn die industriell hergestellten Gesteinskörnungen die folgenden Anforderungen einhalten:

- Die Stoffkonzentrationen im Eluat gemäß DIN EN 12457-4 der industriell hergestellten Gesteinskörnung müssen die Obergrenzen gemäß Tabelle A-4 (Anhang A) einhalten.
- Die Stoffgehalte im Feststoff der industriell hergestellten Gesteinskörnung müssen die Obergrenzen gemäß Tabelle A-4 (Anhang A) einhalten.

Beim Einsatz von kristalliner Hochofenstückschlacke, Hüttensand, Schmelzkammergranulat, Blähglimmer (Vermikulit), Blähperlit, Blähschiefer, Blähton, Ziegelsplitt aus ungebrauchten Ziegeln sowie gesinterter Steinkohlenflugasche und Kesselasche (Kesselsand) aus solchen Wärmekraftwerken, in denen nur Kohle und keine Sekundärbrennstoffe mitverbrannt werden, als Gesteinskörnung (oder Gesteinsmehl) in Beton ist kein Nachweis bezüglich der Stoffgehalte und der Freisetzung gefährlicher Substanzen zu erbringen.

Industriell hergestellte Gesteinskörnungen, die weder in dem vorangegangen Absatz noch in der Tabelle A-4 genannt sind, sind für die Verwendung in Beton unzulässig.

4.2.3. Flugaschen

Dachbauteile aus Beton, der unter Verwendung von siliciumreicher Flugasche (i.d.R. Steinkohlenflugasche) hergestellt wird, dürfen nur eingebaut werden, wenn die siliciumreiche Flugasche die folgenden Anforderungen einhält:

- Die Stoffgehalte im Feststoff der siliciumreichen Flugasche müssen die Anforderungen der Tabelle A-5 (Anhang A) einhalten.

Für calciumreiche Flugaschen (i.d.R. Braunkohlenflugasche) für Dachbauteile aus Beton gibt es keine Technischen Baubestimmungen oder allgemein anerkannten Regeln der Technik, nach denen ihre Auswirkungen auf Boden und Gewässer bewertet werden können. Sie sind aber für die Erfüllung der Anforderungen nach Art. 3 BayBO, auch im Hinblick auf ihre Auswirkungen auf Boden und Gewässer, von Bedeutung.

4.3. Dachbauteile aus Holz

Für Dachbauteile (einschließlich Fenstern) dürfen holzschutzmittelbehandelte Holzbauteile nur eingesetzt werden, wenn die Holzschutzmittel (Biozidprodukte) den Anforderungen der Biozid-Verordnung (EU) Nr. 528/2012 entsprechen. Bei der Verwendung von Biozidprodukten sind die in der Zulassung nach Biozid-Verordnung genannten Auflagen gemäß Artikel 22, Absatz 1, der Biozid-Verordnung bzw. national geltende Übergangsvorschriften nach der Verordnung über die Meldung von Biozid-Produkten nach dem Chemikaliengesetz (Biozid-Meldeverordnung) einzuhalten. Holzbauteile, die mit Schutzmitteln gegen biologischen Befall behandelt sind, müssen nach DIN EN 15228:2009, Abschnitt 6, gekennzeichnet sein.

Bei der Verwendung von Dachbauteilen aus Altholz müssen die Anforderungen der Altholzverordnung eingehalten werden.

Holzbauteile für Dachbauteile, die mit Flammschutzmitteln behandelt sind, müssen die Anforderungen aus Abschnitt 2 bezüglich des Gehaltes an gefährlichen Stoffen einhalten. Die im Produkt enthaltenen gefährlichen Stoffe sind zu deklarieren.

4.4. Abdichtungen für Dachbauteile

Abdichtungen für Dachbauteile, die Stoffe enthalten, die eine Durchwurzelung hemmen oder verhindern sollen (Wurzelschutzmittel), dürfen nur eingebaut werden, wenn die Anforderungen gemäß Abschnitt 2 und für die Konzentration des Wurzelschutzmittels im Eluat die Anforderungen gemäß Abschnitt 3 eingehalten werden.

5. Anforderungen an Außenwände (einschließlich Träger und Stützen)

Für kleinteilige Bauteile, z.B. Befestigungen, ist kein Nachweis bezüglich der Freisetzung gefährlicher Substanzen zu erbringen.

Insbesondere für Bauteile für Außenwände aus Natursteinen, Glas oder Keramik ist kein Nachweis bezüglich der Stoffgehalte und der Freisetzung gefährlicher Substanzen zu erbringen.

5.1. Bauteile für Außenwände aus Metall

Hinweis:

Von großflächigen Metallblechen können Umweltbelastungen für Boden und Wasser ausgehen. Für die dezentrale Versickerung von Regenwasser wird auf die planungsrechtlichen und wasserrechtlichen Anforderungen sowie auf andere örtliche Rechtsvorschriften verwiesen, nach denen ggf. Niederschlagswasser nicht unbehandelt versickert werden darf.

5.2. Bauteile für Außenwände aus Beton

Betonausgangsstoffe, die in Bauteilen für Außenwände verwendet werden, müssen die in den folgenden Abschnitten aufgeführten Anforderungen erfüllen.

Beim Einsatz von natürlichen Gesteinskörnungen ist kein Nachweis bezüglich der Stoffgehalte und der Freisetzung gefährlicher Substanzen zu erbringen.

Bauprodukte, die unter Einsatz von Bildschirmglas hergestellt wurden, dürfen nicht verwendet werden.

5.2.1. Rezyklierte Gesteinskörnungen

Bauteile für Außenwände aus Beton, der unter Verwendung von rezyklierter Gesteinskörnung hergestellt wird, dürfen nur eingebaut werden, wenn die rezyklierte Gesteinskörnung die folgenden Anforderungen erfüllt:

- Als Eingangsmaterialien in einer Bauschuttrecyclinganlage dürfen zur Herstellung der rezyklierten Gesteinskörnung nur Abfälle angenommen werden, die bei Bautätigkeiten (z.B. Rückbau, Abriss, Umbau, Ausbau, Neubau und Erhaltung von Hoch- und Tiefbauten, Straßen, Wegen, Flugplätzen und sonstigen Verkehrsflächen) angefallen sind und zuvor als natürliche oder künstliche mineralische Baustoffe in gebundener oder ungebundener Form im Hoch- und Tiefbau eingesetzt waren. Die Abfälle müssen den in der Tabelle A-2 (Anhang A) genannten Abfallarten entsprechen. Vor Umbau, Rückbau oder Abriss eines Bauwerkes ist zunächst durch Inaugenscheinnahme und Auswertung vorhandener Unterlagen festzustellen, ob mit einer Schadstoffbelastung des dabei anfallenden Materials gerechnet werden muss. Wenn eine Schadstoffbelastung über den in der Tabelle A-3 aufgeführten Parameterumfang hinaus bestehen könnte, ist das Material gesondert abfallrechtlich zu bewerten. Kontaminierte Baustoffe und Bauteile sind während des Rückbaus eines Bauwerks zu separieren und einer geordneten Entsorgung zuzuführen. Dies betrifft insbesondere Brandschutt, Bauteile mit Isolierungen und Anstrichen auf Pechbasis, Innenwandungen von Industrieschornsteinen, asbest- und PCB-haltige Stoffe, mit Schadstoffen kontaminierte Gebäudeteile von Gaswerken, Tankstellen, Galvanikbetrieben und Produktionsanlagen der chemischen Industrie.
- Die Stoffkonzentrationen im Eluat gemäß DIN EN 12457-4 der rezyklierten Gesteinskörnung müssen die Obergrenzen gemäß Tabelle A-3 (Anhang A) einhalten.
- Die Stoffgehalte im Feststoff der rezyklierten Gesteinskörnung müssen die Obergrenzen gemäß Tabelle A-3 (Anhang A) einhalten.
- Für Beton nach DIN 1045-2 muss die stoffliche Zusammensetzung der rezyklierten Gesteinskörnung den Liefertypen gemäß der DAfStb-Richtlinie „Beton nach DIN EN 206-1 und DIN 1045-2 mit rezyklierter Gesteinskörnung nach DIN EN 12620“ entsprechen.

Beim Einsatz von Fehlchargen von Fertigbetonteilen direkt im Herstellwerk als rezyklierte Gesteinskörnung ist kein Nachweis bezüglich der Stoffgehalte und der Freisetzung gefährlicher Substanzen zu erbringen.

5.2.2. Industriell hergestellte Gesteinskörnungen

Bauteile für Außenwände aus Beton, der unter Verwendung industriell hergestellter Gesteinskörnungen hergestellt wird, dürfen nur eingebaut werden, wenn die industriell hergestellten Gesteinskörnungen die folgenden Anforderungen einhalten:

- Die Stoffkonzentrationen im Eluat gemäß DIN EN 12457-4 der industriell hergestellten Gesteinskörnung müssen die Obergrenzen gemäß Tabelle A-4 (Anhang A) einhalten.
- Die Stoffgehalte im Feststoff der industriell hergestellten Gesteinskörnung müssen die Obergrenzen gemäß Tabelle A-4 (Anhang A) einhalten.

Für Außenwände aus Beton, der unter Verwendung industriell hergestellter Gesteinskörnungen hergestellt wird, gilt, dass bei Verwendung in Kontakt mit Boden und Grundwasser die Stoffkonzentrationen im Eluat gemäß CEN/TS 16637-2 (an Festbetonprobekörpern) die Obergrenzen gemäß Tabelle A-6 (Anhang A) einhalten müssen.

Der Nachweis, dass die Stoffkonzentrationen im Eluat gemäß CEN/TS 16637-2 die Obergrenzen gemäß Tabelle A-6 (Anhang A) einhalten, entfällt, falls durch konstruktive Maßnahmen ein direkter Kontakt mit Boden oder Grundwasser verhindert wird.

Beim Einsatz von kristalliner Hochofenstückschlacke, Hüttensand, Schmelzkammergranulat, Blähglimmer (Vermikulit), Blähperlit, Blähschiefer, Blähton, Ziegelsplitt aus ungebrauchten Ziegeln sowie gesinterter Steinkohlenflugasche und Kesselasche (Kesselsand) aus solchen Wärmekraftwerken, in denen nur Kohle und keine Sekundärbrennstoffe mitverbrannt werden, als Gesteinskörnung (oder Gesteinsmehl) in Beton ist kein Nachweis bezüglich der Stoffgehalte und der Freisetzung gefährlicher Substanzen zu erbringen.

Industriell hergestellte Gesteinskörnungen, die weder in dem vorangegangen Absatz noch in der Tabelle A-4 genannt sind, sind für die Verwendung in Beton unzulässig.

5.2.3. Flugaschen

Bauteile für Außenwände aus Beton, der unter Verwendung von siliciumreicher Flugasche (i.d.R. Steinkohlenflugasche) hergestellt wird, dürfen nur eingebaut werden, wenn die siliciumreiche Flugasche die folgenden Anforderungen einhält:

- Die Stoffgehalte im Feststoff der siliciumreichen Flugasche müssen die Anforderungen der Tabelle A-5 (Anhang A) einhalten.

Für Außenwände aus Beton, der unter Verwendung von siliciumreicher Flugasche hergestellt wird, gilt, dass bei Verwendung in Kontakt mit Boden und Grundwasser die Stoffkonzentrationen im Eluat gemäß CEN/TS 16637-2 (an Festbetonprobekörpern) die Obergrenzen gemäß Tabelle A-6 (Anhang A) einhalten müssen.

Der Nachweis, dass die Stoffkonzentrationen im Eluat gemäß CEN/TS 16637-2 die Obergrenzen gemäß Tabelle A-6 (Anhang A) einhalten, entfällt, falls durch konstruktive Maßnahmen ein direkter Kontakt mit Boden oder Grundwasser verhindert wird.

Für calciumreiche Flugaschen (i.d.R. Braunkohlenflugasche) für Außenwandbauteile aus Beton gibt es keine Technischen Baubestimmungen oder allgemein anerkannten Regeln der Technik, nach denen ihre Auswirkungen auf Boden und Gewässer bewertet werden können. Sie sind aber für die Erfüllung der Anforderungen nach Art. 3 BayBO, auch im Hinblick auf ihre Auswirkungen auf Boden und Gewässer, von Bedeutung.

5.2.4. Sulfathüttenzement und Calciumaluminatsulfatzement

Bauteile für Außenwände aus Beton, der unter Verwendung von Sulfathüttenzement oder Calciumaluminatsulfatzement hergestellt wird, dürfen in Kontakt mit Boden oder Grundwasser nur eingebaut werden, wenn die Stoffkonzentrationen im Eluat gemäß CEN/TS 16637-2 (an Festbetonprobekörpern) die Obergrenzen gemäß Tabelle A-7 (Anhang A) einhalten.

Der Nachweis dieser Anforderungen entfällt, falls durch konstruktive Maßnahmen ein direkter Kontakt mit Boden oder Grundwasser auszuschließen ist.

5.2.5. Betonzusatzmittel für Außenwände aus Beton

Betonzusatzmittel, die in Beton für Außenwände in Kontakt mit Boden oder Grundwasser eingesetzt werden, und für die es keine Technischen Baubestimmungen oder allgemein anerkannten Regeln der Technik gibt, sind für die Erfüllung der Anforderungen nach Art. 3 BayBO, auch im Hinblick auf ihre Auswirkungen auf Boden und Gewässer, von Bedeutung.

5.3. Bauteile für Außenwände aus Holz

Für Außenwände (einschließlich Fenstern und Türen) dürfen holzschutzmittelbehandelte Holzbauteile nur eingesetzt werden, wenn die Holzschutzmittel (Biozidprodukte) den Anforderungen der Biozid-Verordnung (EU) Nr. 528/2012 entsprechen. Bei der Verwendung von Biozidprodukten sind die in der Zulassung nach Biozid-Verordnung genannten Auflagen gemäß Artikel 22, Absatz 1, der Biozid-Verordnung bzw. national geltende Übergangsvorschriften nach der Verordnung über die Meldung von Biozid-Produkten nach dem Chemikaliengesetz (Biozid-Meldeverordnung) einzuhalten. Holzbauteile, die mit Schutzmitteln gegen biologischen Befall behandelt sind, müssen nach DIN EN 15228:2009, Abschnitt 6, gekennzeichnet sein.

Bei der Verwendung von Altholz für Bauteile für Außenwände müssen die Anforderungen der Altholzverordnung eingehalten werden.

Holzbauteile für Bauteile für Außenwände, die mit Flammschutzmitteln behandelt sind, müssen die Anforderungen aus Abschnitt 2 bezüglich des Gehaltes an gefährlichen Stoffen einhalten. Die im Produkt enthaltenen gefährlichen Stoffe sind zu deklarieren.

5.4. Abdichtungen für Außenwände

Für Schleierinjektionen als nachträgliche Bauwerksabdichtung gibt es keine Technischen Baubestimmungen oder allgemein anerkannten Regeln der Technik, nach denen ihre Auswirkungen auf Boden und Gewässer bewertet werden können. Sie sind aber für die Erfüllung der Anforderungen nach Art. 3 BayBO, auch im Hinblick auf ihre Auswirkungen auf Boden und Gewässer, von Bedeutung.

5.5. Brandschutzprodukte zum Aufhalten von Feuer im Brandfall

Reaktive Brandschutzbeschichtungen auf Stahlbauteilen, Brandschutzputzbekleidungen sowie linienförmige Fugenabdichtungen müssen die Anforderungen aus Abschnitt 2 bezüglich des Gehaltes an gefährlichen Stoffen einhalten. Die im Produkt enthaltenen gefährlichen Stoffe sind zu deklarieren.

6. Anforderungen an Flächenbeläge im Außenbereich

Für kleinteilige Bauteile, z.B. Befestigungen, ist kein Nachweis bezüglich der Freisetzung gefährlicher Substanzen zu erbringen.

6.1. Bauteile für Flächenbeläge im Außenbereich aus Beton

Betonausgangsstoffe, die in Bodenbelägen oder Stufenbelägen verwendet werden, müssen die in den folgenden Abschnitten aufgeführten Anforderungen erfüllen.

Beim Einsatz von natürlichen Gesteinskörnungen ist kein Nachweis bezüglich der Stoffgehalte und der Freisetzung gefährlicher Substanzen zu erbringen.

Bauprodukte, die unter Einsatz von Bildschirmglas hergestellt wurden, dürfen nicht verwendet werden.

6.1.1. Rezyklierte Gesteinskörnungen

Flächenbeläge aus Beton, der unter Verwendung von rezyklierter Gesteinskörnung hergestellt wird, dürfen nur eingebaut werden, wenn die rezyklierte Gesteinskörnung die folgenden Anforderungen erfüllt:

- Als Eingangsmaterialien in einer Bauschuttrecyclinganlage dürfen zur Herstellung der rezyklierten Gesteinskörnung nur Abfälle angenommen werden, die bei Bautätigkeiten (z.B. Rückbau, Abriss, Umbau, Ausbau, Neubau und Erhaltung von Hoch- und Tiefbauten, Straßen, Wegen, Flugplätzen und sonstigen Verkehrsflächen) angefallen sind und zuvor als natürliche oder künstliche mineralische Baustoffe in gebundener oder ungebundener Form im Hoch- und Tiefbau eingesetzt waren. Die Abfälle müssen den in der Tabelle A-2 (Anhang A) genannten Abfallarten entsprechen. Vor Umbau, Rückbau oder Abriss eines Bauwerkes ist zunächst durch Inaugenscheinnahme und Auswertung vorhandener Unterlagen festzustellen, ob mit einer Schadstoffbelastung des dabei anfallenden Materials gerechnet werden muss. Wenn eine Schadstoffbelastung über den in der Tabelle A-3 aufgeführten Parameterumfang hinaus bestehen könnte, ist das Material gesondert abfallrechtlich zu bewerten. Kontaminierte Baustoffe und Bauteile sind während des Rückbaus eines Bauwerks zu separieren und einer geordneten Entsorgung zuzuführen. Dies betrifft insbesondere Brandschutt, Bauteile mit Isolierungen und Anstrichen auf Pechbasis, Innenwandungen von Industrieschornsteinen, asbest- und PCB-haltige Stoffe, mit Schadstoffen kontaminierte Gebäudeteile von Gaswerken, Tankstellen, Galvanikbetrieben und Produktionsanlagen der chemischen Industrie.
- Die Stoffkonzentrationen im Eluat gemäß DIN EN 12457-4 der rezyklierten Gesteinskörnung müssen die Obergrenzen gemäß Tabelle A-3 (Anhang A) einhalten.
- Die Stoffgehalte im Feststoff der rezyklierten Gesteinskörnung müssen die Obergrenzen gemäß Tabelle A-3 (Anhang A) einhalten.
- Für Beton nach DIN 1045-2 muss die stoffliche Zusammensetzung der rezyklierten Gesteinskörnung den Liefertypen gemäß der DAfStb-Richtlinie „Beton nach DIN EN 206-1 und DIN 1045-2 mit rezyklierter Gesteinskörnung nach DIN EN 12620“ entsprechen.

Beim Einsatz von Fehlchargen von Fertigbetonteilen direkt im Herstellwerk als rezyklierte Gesteinskörnung ist kein Nachweis bezüglich der Stoffgehalte und der Freisetzung gefährlicher Substanzen zu erbringen.

6.1.2. Industriell hergestellte Gesteinskörnungen

Flächenbeläge aus Beton, der unter Verwendung industriell hergestellter Gesteinskörnungen hergestellt wird, dürfen nur eingebaut werden, wenn die industriell hergestellten Gesteinskörnungen die folgenden Anforderungen einhalten:

- Die Stoffkonzentrationen im Eluat gemäß DIN EN 12457-4 der industriell hergestellten Gesteinskörnung müssen die Obergrenzen gemäß Tabelle A-4 (Anhang A) einhalten.
- Die Stoffgehalte im Feststoff der industriell hergestellten Gesteinskörnung müssen die Obergrenzen gemäß Tabelle A-4 (Anhang A) einhalten.

Beim Einsatz von kristalliner Hochofenstückschlacke, Hüttensand, Schmelzkammergranulat, Blähglimmer (Vermikulit), Blähperlit, Blähschiefer, Blähton, Ziegelsplitt aus ungebrauchten Ziegeln sowie gesinterter Steinkohlenflugasche und Kesselasche (Kesselsand) aus solchen Wärmekraftwerken, in denen nur Kohle und keine Sekundärbrennstoffe mitverbrannt werden, als Gesteinskörnung (oder Gesteinsmehl) in Beton ist kein Nachweis bezüglich der Stoffgehalte und der Freisetzung gefährlicher Substanzen zu erbringen.

Industriell hergestellte Gesteinskörnungen, die weder in dem vorangegangen Absatz noch in der Tabelle A-4 genannt sind, sind für die Verwendung in Beton unzulässig.

6.1.3. Flugaschen

Flächenbeläge aus Beton, der unter Verwendung von siliciumreicher Flugasche (i.d.R. Steinkohlenflugasche) hergestellt wird, dürfen nur eingebaut werden, wenn die siliciumreiche Flugasche die folgenden Anforderungen einhält:

- Die Stoffgehalte im Feststoff der siliciumreichen Flugasche müssen die Anforderungen der Tabelle A-5 (Anhang A) einhalten.

Für calciumreiche Flugaschen (i.d.R. Braunkohlenflugasche) für Flächenbeläge aus Beton gibt es keine Technischen Baubestimmungen oder allgemein anerkannten Regeln der Technik, nach denen ihre Auswirkungen auf Boden und Gewässer bewertet werden können. Sie sind aber für die Erfüllung der Anforderungen nach Art. 3 BayBO, auch im Hinblick auf ihre Auswirkungen auf Boden und Gewässer, von Bedeutung.

6.2. Flächenbeläge aus Holzbauteilen

Als Flächenbeläge dürfen holzschutzmittelbehandelte Holzbauteile nur eingesetzt werden, wenn die Holzschutzmittel (Biozidprodukte) den Anforderungen der Biozid-Verordnung (EU) Nr. 528/2012 entsprechen. Bei der Verwendung von Biozidprodukten sind die in der Zulassung nach Biozid-Verordnung genannten Auflagen gemäß Artikel 22, Absatz 1, der Biozid-Verordnung bzw. national geltende Übergangsvorschriften nach der Verordnung über die Meldung von Biozid-Produkten nach dem Chemikaliengesetz (Biozid-Meldeverordnung) einzuhalten. Holzbauteile, die mit Schutzmitteln gegen biologischen Befall behandelt sind, müssen nach DIN EN 15228:2009, Abschnitt 6, gekennzeichnet sein.

Bei der Verwendung von Altholz für Flächenbeläge müssen die Anforderungen der Altholzverordnung eingehalten werden.

Holzbauteile für Flächenbeläge, die mit Flammschutzmitteln behandelt sind, müssen die Anforderungen aus Abschnitt 2 bezüglich des Gehaltes an gefährlichen Stoffen einhalten. Die im Produkt enthaltenen gefährlichen Stoffe sind zu deklarieren.

6.3. Abwasserbehandelnde Flächenbeläge

Für wasserdurchlässige Beläge für KFZ-Verkehrsflächen für die Behandlung des Abwassers zur anschließenden Versickerung gibt es keine Technischen Baubestimmungen oder allgemein anerkannten Regeln der Technik, nach denen ihre Auswirkungen auf Boden und Gewässer bewertet werden können. Sie sind aber für die Erfüllung der Anforderungen nach Art. 3 BayBO, auch im Hinblick auf ihre Auswirkungen auf Boden und Gewässer, von Bedeutung.

7. Anforderungen an Gründungen inklusive Pfähle

7.1. Allgemeines

In Injektionsmitteln und Verpressmaterialien, die für Gründungen und Pfähle direkt im Grundwasser eingesetzt werden, dürfen keine rezyklierten oder industriell hergestellten Gesteinskörnungen verwendet werden.

7.2. Injektions- und Verpressmaterialien für Gründungen inklusive Pfähle

7.2.1. Flugasche

Gründungen inklusive Pfähle aus Bindemittelsuspensionen, Einpressmörtel (Zementmörtel) oder Beton, die unter Verwendung von siliciumreicher Flugasche (i.d.R. Steinkohlenflugasche) hergestellt werden, dürfen nur eingebaut werden, wenn die Flugasche die folgenden Anforderungen einhält:

- Die Stoffgehalte im Feststoff der siliciumreichen Flugasche müssen die Obergrenzen gemäß Tabelle A-5 (Anhang A) einhalten.
- Die Stoffkonzentrationen im Eluat gemäß CEN/TS 16637-2 von Mörtel bzw. Beton, der unter Verwendung von siliciumreicher Flugasche hergestellt ist, müssen die Obergrenzen gemäß Tabelle A-6 (Anhang A) einhalten.

Der Nachweis, dass die Stoffkonzentrationen im Eluat gemäß CEN/TS 16637-2 von Mörtel bzw. Beton, der unter Verwendung von siliciumreicher Flugasche hergestellt ist, die Obergrenzen gemäß Tabelle A-5 (Anhang A) einhalten, entfällt, falls durch konstruktive Maßnahmen ein direkter Kontakt mit Boden und/oder Grundwasser auszuschließen ist.

Für calciumreiche Flugaschen (i.d.R. Braunkohlenflugasche) für Gründungen inklusive Pfähle aus Bindemittelsuspensionen, Einpressmörtel (Zementmörtel) oder Beton gibt es keine Technischen Baubestimmungen oder allgemein anerkannten Regeln der Technik, nach denen ihre Auswirkungen auf Boden und Gewässer bewertet werden können. Sie sind aber für die Erfüllung der Anforderungen nach Art. 3 BayBO, auch im Hinblick auf ihre Auswirkungen auf Boden und Gewässer, von Bedeutung.

7.3. Gründungen aus Beton

Betonausgangsstoffe, die in Gründungen verwendet werden, die Kontakt zu Grundwasser oder Boden haben, müssen die in den folgenden Abschnitten aufgeführten Anforderungen erfüllen.

Beim Einsatz von natürlichen Gesteinskörnungen ist kein Nachweis bezüglich der Stoffgehalte und der Freisetzung gefährlicher Substanzen zu erbringen.

7.3.1. Rezyklierte Gesteinskörnungen

Gründungen aus Beton, der unter Verwendung von rezyklierter Gesteinskörnung hergestellt wird, dürfen nur eingebaut werden, wenn die rezyklierte Gesteinskörnung die folgenden Anforderungen erfüllt:

- Als Eingangsmaterialien in einer Bauschuttrecyclinganlage dürfen zur Herstellung der rezyklierten Gesteinskörnung nur Abfälle angenommen werden, die bei Bautätigkeiten (z.B. Rückbau, Abriss, Umbau, Ausbau, Neubau und Erhaltung von Hoch- und Tiefbauten, Straßen, Wegen, Flugplätzen und sonstigen Verkehrsflächen) angefallen sind und zuvor als natürliche oder künstliche mineralische Baustoffe in gebundener oder ungebundener Form im Hoch- und Tiefbau eingesetzt waren. Die Abfälle müssen den in der Tabelle A-2 (Anhang A) genannten Abfallarten entsprechen. Vor Umbau, Rückbau oder Abriss eines Bauwerkes ist zunächst durch Inaugenscheinnahme und Auswertung vorhandener Unterlagen festzustellen, ob mit einer Schadstoffbelastung des dabei anfallenden Materials gerechnet werden muss. Wenn eine Schadstoffbelastung über den in der Tabelle A-3 aufgeführten Parameterumfang hinaus bestehen könnte, ist das Material gesondert abfallrechtlich zu bewerten. Kontaminierte Baustoffe und Bauteile sind während des Rückbaus eines Bauwerks zu separieren und einer geordneten Entsorgung zuzuführen. Dies betrifft insbesondere Brandschutt, Bauteile mit Isolierungen und Anstrichen auf Pechbasis, Innenwandungen von Industrieschornsteinen, asbest- und PCB-haltige Stoffe, mit Schadstoffen kontaminierte Gebäudeteile von Gaswerken, Tankstellen, Galvanikbetrieben und Produktionsanlagen der chemischen Industrie.
- Die Stoffkonzentrationen im Eluat gemäß DIN EN 12457-4 der rezyklierten Gesteinskörnung müssen die Obergrenzen gemäß Tabelle A-3 (Anhang A) einhalten.
- Die Stoffgehalte im Feststoff der rezyklierten Gesteinskörnung müssen die Obergrenzen gemäß Tabelle A-3 (Anhang A) einhalten.
- Für Beton nach DIN 1045-2 muss die stoffliche Zusammensetzung der rezyklierten Gesteinskörnung den Liefertypen gemäß der DAfStb-Richtlinie „Beton nach DIN EN 206-1 und DIN 1045-2 mit rezyklierter Gesteinskörnung nach DIN EN 12620" entsprechen.

Beim Einsatz von Fehlchargen von Fertigbetonteilen direkt im Herstellwerk als rezyklierte Gesteinskörnung ist kein Nachweis bezüglich der Stoffgehalte und der Freisetzung gefährlicher Substanzen zu erbringen.

7.3.2. Industriell hergestellte Gesteinskörnungen

Gründungen aus Beton, der unter Verwendung industriell hergestellter Gesteinskörnungen hergestellt wird, dürfen nur eingebaut werden, wenn die industriell hergestellten Gesteinskörnungen die folgenden Anforderungen einhalten:

- Die Stoffkonzentrationen im Eluat gemäß DIN EN 12457-4 der industriell hergestellten Gesteinskörnung müssen die Obergrenzen gemäß Tabelle A-4 (Anhang A) einhalten.
- Die Stoffgehalte im Feststoff der rezyklierten Gesteinskörnung müssen die Obergrenzen gemäß Tabelle A-4 (Anhang A) einhalten.

- Die Stoffkonzentrationen im Eluat gemäß CEN/TS 16637-2 (an Festbetonprobekörpern) müssen die Obergrenzen gemäß Tabelle A-6 (Anhang A) einhalten.

Der Nachweis, dass die Stoffkonzentrationen im Eluat gemäß CEN/TS 16637-2 die Obergrenzen gemäß Tabelle A-6 (Anhang A) einhalten, entfällt, falls durch konstruktive Maßnahmen ein direkter Kontakt mit Boden und/oder Grundwasser auszuschließen ist.

Beim Einsatz von kristalliner Hochofenstückschlacke, Hüttensand, Schmelzkammergranulat, Blähglimmer (Vermikulit), Blähperlit, Blähschiefer, Blähton, Ziegelsplitt aus ungebrauchten Ziegeln sowie gesinterter Steinkohlenflugasche und Kesselasche (Kesselsand) aus solchen Wärmekraftwerken, in denen nur Kohle und keine Sekundärbrennstoffe mitverbrannt werden, als Gesteinskörnung (oder Gesteinsmehl) in Beton ist kein Nachweis bezüglich der Stoffgehalte und der Freisetzung gefährlicher Substanzen zu erbringen.

Industriell hergestellte Gesteinskörnungen, die weder in dem vorangegangen Absatz noch in der Tabelle A-4 genannt sind, sind für die Verwendung in Beton unzulässig.

7.3.3. Flugaschen

Gründungen aus Beton, der unter Verwendung von siliciumreicher Flugasche (i.d.R. Steinkohlenflugasche) hergestellt wird, dürfen nur eingebaut werden, wenn die Flugasche die folgenden Anforderungen einhält:

- Die Stoffgehalte im Feststoff der siliciumreichen Flugasche müssen die Obergrenzen gemäß Tabelle A-5 (Anhang A) einhalten.
- Die Stoffkonzentrationen im Eluat gemäß CEN/TS 16637-2 (an Festbetonprobekörpern) müssen die Obergrenzen gemäß Tabelle A-6 (Anhang A) einhalten.

Der Nachweis, dass die Stoffkonzentrationen im Eluat gemäß CEN/TS 16637-2 die Obergrenzen gemäß Tabelle A-6 (Anhang A) einhalten, entfällt, falls durch konstruktive Maßnahmen ein direkter Kontakt mit Boden und/oder Grundwasser auszuschließen ist.

Für calciumreiche Flugaschen (i.d.R. Braunkohlenflugasche) für Gründungen aus Beton gibt es keine Technischen Baubestimmungen oder allgemein anerkannten Regeln der Technik, nach denen ihre Auswirkungen auf Boden und Gewässer bewertet werden können. Sie sind aber für die Erfüllung der Anforderungen nach Art. 3 BayBO, auch im Hinblick auf ihre Auswirkungen auf Boden und Gewässer, von Bedeutung.

7.3.4. Sulfathüttenzement und Calciumaluminatsulfatzement

Gründungen aus Beton, der unter Verwendung von Sulfathüttenzement oder Calciumaluminatsulfatzement hergestellt wird, dürfen nur eingebaut werden, wenn die Stoffkonzentrationen im Eluat gemäß CEN/TS 16637-2 (an Festbetonprobekörpern) die Obergrenzen gemäß Tabelle A-7 (Anhang A) einhalten.

Der Nachweis, dass die Stoffkonzentrationen im Eluat gemäß CEN/TS 16637-2 die Obergrenzen gemäß Tabelle A-7 (Anhang A) einhalten, entfällt, falls durch konstruktive Maßnahmen ein direkter Kontakt mit Boden und/oder Grundwasser auszuschließen ist.

7.3.5. Betonzusatzmittel

Betonzusatzmittel, die für Gründungen aus Beton verwendet werden und für die es keine Technischen Baubestimmungen oder allgemein anerkannten Regeln der Technik gibt, sind für die Erfüllung der Anforderungen nach Art. 3 BayBO, auch im Hinblick auf ihre Auswirkungen auf Boden und Gewässer, von Bedeutung.

7.4. Abdichtungen für Gründungen

Für Schleierinjektionen als nachträgliche Bauwerksabdichtung gibt es keine Technischen Baubestimmungen oder allgemein anerkannten Regeln der Technik, nach denen ihre Auswirkungen auf Boden und Gewässer bewertet werden können. Sie sind aber für die Erfüllung der Anforderungen nach Art. 3 BayBO, auch im Hinblick auf ihre Auswirkungen auf Boden und Gewässer, von Bedeutung.

8. Anforderungen an Sohlabdichtungen zur Herstellung von Baugruben

8.1. Allgemeines

In Injektionsmitteln aus Bindemittelsuspensionen oder Einpressmörtel (Zementmörtel), die direkt im Grundwasser eingesetzt werden, dürfen keine rezyklierten oder industriell hergestellten Gesteinskörnungen verwendet werden. Injektionsmittel mit dem Bestandteil bzw. dem Reaktionsprodukt Acrylamid dürfen nicht verwendet werden.

8.2. Injektions- und Verpressmittel für Sohlabdichtungen aus Bindemittelsuspensionen oder Einpressmörtel

8.2.1. Flugasche für zementgebundene Sohlabdichtungen

Injektionsmittel aus Bindemittelsuspensionen oder Einpressmörtel (Zementmörtel), die unter Verwendung von siliciumreicher Flugasche (i.d.R. Steinkohlenflugasche) hergestellt werden, dürfen nur eingebaut werden, wenn die Flugasche die folgenden Anforderungen einhält:

- Die Stoffgehalte im Feststoff der siliciumreichen Flugasche müssen die Obergrenzen der Tabelle A-5 (Anhang A) einhalten.
- Die Stoffkonzentrationen im Eluat gemäß CEN/TS 16637-2 (an Mörtel- bzw. Betonprobekörpern) müssen die Obergrenzen gemäß Tabelle A-6 (Anhang A) einhalten.

Für calciumreiche Flugaschen (i.d.R. Braunkohlenflugasche) für Injektionsmittel aus Bindemittelsuspensionen oder Einpressmörtel (Zementmörtel) gibt es keine Technischen Baubestimmungen oder allgemein anerkannten Regeln der Technik, nach denen ihre Auswirkungen auf Boden und Gewässer bewertet werden können. Sie sind aber für die Erfüllung der Anforderungen nach Art. 3 BayBO, auch im Hinblick auf ihre Auswirkungen auf Boden und Gewässer, von Bedeutung.

8.3. Injektions- und Verpressmittel für Sohlabdichtungen auf Silikatbasis

Für Injektions- und Verpressmittel für Sohlabdichtungen auf Silikatbasis gibt es keine Technischen Baubestimmungen oder allgemein anerkannten Regeln der Technik, nach denen ihre Auswirkungen auf Boden und Gewässer bewertet werden können. Sie sind aber für die Erfüllung der Anforderungen nach Art. 3

BayBO, auch im Hinblick auf ihre Auswirkungen auf Boden und Gewässer, von Bedeutung.

9. Anforderungen an Schüttungen

9.1. Schüttungen unter Verwendung von Abfällen

Schüttungen, die unter Verwendung von Abfällen hergestellt werden, müssen die Anforderungen des Kreislaufwirtschaftsgesetzes, des Bundes-Bodenschutzgesetzes, der Bundes-Bodenschutz- und Altlastenverordnung und des Wasserhaushaltsgesetzes einhalten. Der genaue Prüfumfang ist hierbei je nach Material sowie der Bauweise (wasserundurchlässige/wasserdurchlässige Bauweise) im Einzelfall festzulegen. Bauprodukte, die unter Einsatz von Bildschirmglas hergestellt wurden, dürfen nicht verwendet werden.

9.2. Schaumglasschotter als Schüttungen unter Gründungsplatten

Schüttungen, die aus Schaumglasschotter bestehen, dürfen unterhalb von Gründungsplatten dann eingebaut werden, wenn der Schaumglasschotter die folgenden Anforderungen erfüllt, und die Schüttung oberhalb der gesättigten Bodenzone sowie oberhalb des Kapillarsaumes des Grundwassers (i.d.R. 30 cm über HGW (höchster gemessener Grundwasserstand)) eingebaut ist:

- Die Stoffkonzentrationen im Eluat gemäß DIN EN 12457-4 des Glasmehls, aus dem Schaumglasschotter hergestellt wird, müssen die Obergrenzen gemäß Tabelle A-8 (Anhang A) einhalten.
- Die Stoffgehalte im Feststoff des Glasmehls, aus dem Schaumglasschotter hergestellt wird, müssen die Obergrenzen gemäß Tabelle A-8 (Anhang A) einhalten.

Bauprodukte, die unter Einsatz von Bildschirmglas hergestellt wurden, dürfen nicht verwendet werden.

9.3. Filtermaterialien zur Behandlung von Niederschlagsabwasser, das versickert werden soll

Für Filtermaterialien, die von Niederschlagswasser durchströmt werden, gibt es keine Technischen Baubestimmungen oder allgemein anerkannten Regeln der Technik, nach denen ihre Auswirkungen auf Boden und Gewässer bewertet werden können. Sie sind aber für die Erfüllung der Anforderungen nach Art. 3 BayBO, auch im Hinblick auf ihre Auswirkungen auf Boden und Gewässer, von Bedeutung.

10. Anforderungen an unterirdische Behälter und Rohre

10.1. Unterirdische Behälter und Rohre aus Beton

Betonausgangsstoffe, die in unterirdischen Behältern und Rohren verwendet werden, die Kontakt zu Grundwasser oder Boden haben, müssen die in den folgenden Abschnitten aufgeführten Anforderungen erfüllen.

Beim Einsatz von natürlichen Gesteinskörnungen ist kein Nachweis bezüglich der Stoffgehalte und der Freisetzung gefährlicher Substanzen zu erbringen.

Bauprodukte, die unter Einsatz von Bildschirmglas hergestellt wurden, dürfen nicht verwendet werden.

10.1.1. Rezyklierte Gesteinskörnungen

Unterirdische Behälter und Rohre aus Beton, der unter Verwendung von rezyklierter Gesteinskörnung hergestellt wird, dürfen nur eingebaut werden, wenn die rezyklierte Gesteinskörnung die folgenden Anforderungen erfüllt:

- Als Eingangsmaterialien in einer Bauschuttrecyclinganlage dürfen zur Herstellung der rezyklierten Gesteinskörnung nur Abfälle angenommen werden, die bei Bautätigkeiten (z.B. Rückbau, Abriss, Umbau, Ausbau, Neubau und Erhaltung von Hoch- und Tiefbauten, Straßen, Wegen, Flugplätzen und sonstigen Verkehrsflächen) angefallen sind und zuvor als natürliche oder künstliche mineralische Baustoffe in gebundener oder ungebundener Form im Hoch- und Tiefbau eingesetzt waren. Die Abfälle müssen den in der Tabelle A-2 (Anhang A) genannten Abfallarten entsprechen. Vor Umbau, Rückbau oder Abriss eines Bauwerkes ist zunächst durch Inaugenscheinnahme und Auswertung vorhandener Unterlagen festzustellen, ob mit einer Schadstoffbelastung des dabei anfallenden Materials gerechnet werden muss. Wenn eine Schadstoffbelastung über den in der Tabelle A-3 aufgeführten Parameterumfang hinaus bestehen könnte, ist das Material gesondert abfallrechtlich zu bewerten. Kontaminierte Baustoffe und Bauteile sind während des Rückbaus eines Bauwerks zu separieren und einer geordneten Entsorgung zuzuführen. Dies betrifft insbesondere Brandschutt, Bauteile mit Isolierungen und Anstrichen auf Pechbasis, Innenwandungen von Industrieschornsteinen, asbest- und PCB-haltige Stoffe, mit Schadstoffen kontaminierte Gebäudeteile von Gaswerken, Tankstellen, Galvanikbetrieben und Produktionsanlagen der chemischen Industrie.
- Die Stoffkonzentrationen im Eluat gemäß DIN EN 12457-4 der rezyklierten Gesteinskörnung müssen die Obergrenzen gemäß Tabelle A-3 (Anhang A) einhalten.
- Die Stoffgehalte im Feststoff der rezyklierten Gesteinskörnung müssen die Obergrenzen gemäß Tabelle A-3 (Anhang A) einhalten.
- Für Beton nach DIN 1045-2 muss die stoffliche Zusammensetzung der rezyklierten Gesteinskörnung den Liefertypen gemäß der DAfStb-Richtlinie „Beton nach DIN EN 206-1 und DIN 1045-2 mit rezyklierter Gesteinskörnung nach DIN EN 12620“ entsprechen.

Beim Einsatz von Fehlchargen von Fertigbetonteilen direkt im Herstellwerk als rezyklierte Gesteinskörnung ist kein Nachweis bezüglich der Stoffgehalte und der Freisetzung gefährlicher Substanzen zu erbringen.

10.1.2. Industriell hergestellte Gesteinskörnungen

Unterirdische Behälter und Rohre aus Beton, der unter Verwendung industriell hergestellter Gesteinskörnungen hergestellt wird, dürfen nur eingebaut werden, wenn die industriell hergestellten Gesteinskörnungen die folgenden Anforderungen einhalten:

- Die Stoffkonzentrationen im Eluat gemäß DIN EN 12457-4 der industriell hergestellten Gesteinskörnung müssen die Obergrenzen gemäß Tabelle A-4 (Anhang A) einhalten.
- Die Stoffgehalte im Feststoff der industriell hergestellten Gesteinskörnung müssen die Obergrenzen gemäß Tabelle A-4 (Anhang A) einhalten.

- Die Stoffkonzentrationen im Eluat gemäß CEN/TS 16637-2 (an Festbetonprobekörpern) müssen die Obergrenzen gemäß Tabelle A-6 (Anhang A) einhalten.

Der Nachweis, dass die Stoffkonzentrationen im Eluat gemäß CEN/TS 16637-2 die Obergrenzen gemäß Tabelle A-6 (Anhang A) einhalten, entfällt, falls durch konstruktive Maßnahmen ein direkter Kontakt mit Boden und/oder Grundwasser auszuschließen ist.

Beim Einsatz von kristalliner Hochofenstückschlacke, Hüttensand, Schmelzkammergranulat, Blähglimmer (Vermikulit), Blähperlit, Blähschiefer, Blähton, Ziegelsplitt aus ungebrauchten Ziegeln sowie gesinterter Steinkohlenflugasche und Kesselasche (Kesselsand) aus solchen Wärmekraftwerken, in denen nur Kohle und keine Sekundärbrennstoffe mitverbrannt werden, als Gesteinskörnung (oder Gesteinsmehl) in Beton ist kein Nachweis bezüglich der Stoffgehalte und der Freisetzung gefährlicher Substanzen zu erbringen.

Industriell hergestellte Gesteinskörnungen, die weder in dem vorangegangen Absatz noch in der Tabelle A-4 genannt sind, sind für die Verwendung in Beton unzulässig.

10.1.3. Flugaschen

Unterirdische Behälter und Rohre aus Beton, der unter Verwendung von siliciumreicher Flugasche (i.d.R. Steinkohlenflugasche) hergestellt wird, dürfen nur eingebaut werden, wenn die siliciumreiche Flugasche die folgenden Anforderungen einhält:

- Die Stoffgehalte im Feststoff der siliciumreichen Flugasche müssen die Anforderungen der Tabelle A-5 (Anhang A) einhalten.

Für Bauteile für unterirdische Behälter und Rohre aus Beton, die im Kontakt mit Grundwasser eingebaut werden, gilt:

- Die Stoffkonzentrationen im Eluat gemäß CEN/TS 16637-2 von Festbeton, der unter Verwendung von siliciumreicher Flugasche hergestellt ist, müssen die Obergrenzen gemäß Tabelle A-6 (Anhang A) einhalten.

Der Nachweis, dass die Stoffkonzentrationen im Eluat gemäß CEN/TS 16637-2 die Obergrenzen gemäß Tabelle A-6 (Anhang A) einhalten, entfällt, falls durch konstruktive Maßnahmen ein direkter Kontakt mit Boden und/oder Grundwasser auszuschließen ist.

Für calciumreiche Flugaschen (i.d.R. Braunkohlenflugasche) für unterirdische Behälter und Rohre gibt es keine Technischen Baubestimmungen oder allgemein anerkannten Regeln der Technik, nach denen ihre Auswirkungen auf Boden und Gewässer bewertet werden können. Sie sind aber für die Erfüllung der Anforderungen nach Art. 3 BayBO, auch im Hinblick auf ihre Auswirkungen auf Boden und Gewässer, von Bedeutung.

10.1.4. Sulfathüttenzement und Calciumaluminatsulfatzement

Unterirdische Behälter und Rohre aus Beton, der unter Verwendung von Sulfathüttenzement oder Calciumaluminatsulfatzement hergestellt wird, dürfen in Kontakt mit Boden und/oder Grundwasser nur eingebaut werden, wenn die Stoffkonzentrationen im Eluat gemäß CEN/TS 16637-2 von Festbeton, der unter Verwendung von Sulfathüttenzement oder Calciumaluminatsulfatzement hergestellt ist, die Obergrenzen gemäß Tabelle A-7 (Anhang A) einhalten.

Der Nachweis, dass die Stoffkonzentrationen im Eluat gemäß CEN/TS 16637-2 die Obergrenzen gemäß Tabelle A-7 (Anhang A) einhalten, entfällt, falls durch konstruktive Maßnahmen ein direkter Kontakt mit Boden und/oder Grundwasser auszuschließen ist.

10.1.5. Betonzusatzmittel

Betonzusatzmittel, die in unterirdischen Behältern und Rohren aus Beton in Kontakt mit Grundwasser eingesetzt werden, und für die es keine Technischen Baubestimmungen oder allgemein anerkannten Regeln der Technik gibt, sind für die Erfüllung der Anforderungen nach Art. 3 BayBO, auch im Hinblick auf ihre Auswirkungen auf Boden und Gewässer, von Bedeutung.

10.2. Kanalsanierungsmittel

Für Kanalsanierungsmittel gibt es keine Technischen Baubestimmungen oder allgemein anerkannten Regeln der Technik, nach denen ihre Auswirkungen auf Boden und Gewässer bewertet werden können. Sie sind aber für die Erfüllung der Anforderungen nach Art. 3 BayBO, auch im Hinblick auf ihre Auswirkungen auf Boden und Gewässer, von Bedeutung.

Anhang A – Anforderungswerte

Tabelle A-1: Anforderungswerte an den Feststoffgehalt von Abfällen für den Einsatz in Bauprodukten

	Parameter	Dimension	Obergrenze
Feststoffgehalt	Arsen (As)	mg/kg	150
	Blei (Pb)	mg/kg	700
	Cadmium (Cd)	mg/kg	10
	Chrom, gesamt (Cr)	mg/kg	600
	Kupfer (Cu)	mg/kg	400
	Nickel (Ni)	mg/kg	500
	Quecksilber (Hg)	mg/kg	5
	Thallium (Tl)	mg/kg	7
	Zink (Zn)	mg/kg	1500
	PAK_{16}	mg/kg	30
	PCB_6	mg/kg	0,5

Tabelle A-2: Zulässige Eingangsmaterialien in eine Bauschuttrecyclinganlage zur Herstellung von rezyklierter Gesteinskörnung

1	Beton (Abfallschlüssel 17 01 01 gemäß AVV*)
2	Ziegel (Abfallschlüssel 17 01 02 gemäß AVV*)
3	Fliesen, Ziegel, Keramik (Abfallschlüssel 17 01 03 gemäß AVV*)
4	Gemische aus Beton, Ziegeln, Fliesen und Keramik, die keine gefährlichen Stoffe enthalten (Abfallschlüssel 17 01 07 gemäß AVV*)
5	Bitumengemische mit Ausnahme derjenigen, die unter 17 03 01 fallen (Abfallschlüssel 17 03 02 gemäß AVV*) (hier: Asphalt, teerfrei)
6	Betonabfälle, hier jedoch ohne Betonschlämme (Abfallschlüssel 10 13 14 gemäß AVV*)
7	Boden und Steine, die keine gefährlichen Stoffe enthalten (Abfallschlüssel 17 05 04 gemäß AVV*)
* Verordnung über das Europäische Abfallverzeichnis (AVV) vom 10.12.2001, zuletzt geändert durch Artikel 1 der Verordnung vom 04.03.2016 (BGBl. I S. 382).	

Tabelle A-3: Anforderungswerte an die Eluatkonzentration und die Feststoffgehalte von rezyklierten Gesteinskörnungen

	Parameter	Dimension	Obergrenze
Eluatkonzentration	Arsen (As)	µg/l	50
	Blei (Pb)	µg/l	100
	Cadmium (Cd)	µg/l	5
	Chrom, gesamt (Cr)	µg/l	100
	Kupfer (Cu)	µg/l	200
	Nickel (Ni)	µg/l	100
	Quecksilber (Hg)	µg/l	2
	Zink (Zn)	µg/l	400
	Chlorid (Cl^-)	mg/l	150
	Sulfat (SO_4^{2-})	mg/l	600
	Phenolindex	µg/l	100
	pH-Wert	–	7,0–12*
	Leitfähigkeit	µS/cm	3000*
Feststoffgehalt	Kohlenwasserstoffe	mg/kg	1000**
	PAK_{16}	mg/kg	25
	PCB_6	mg/kg	1

* Überschreitungen stellen kein Ausschlusskriterium dar, wenn der Betonanteil des untersuchten Materials mindestens 60 Masse-% beträgt.

** Überschreitungen, die auf Asphaltanteile zurückzuführen sind, stellen kein Ausschlusskriterium dar.

Tabelle A-4: Anforderungswerte an die Eluatkonzentration und die Feststoffgehalte von industriell hergestellten Gesteinskörnungen

	Parameter	**Dimension**	**Stahlwerksschlacke (SWS)**	**Kesselasche (Kesselsand) aus Steinkohlekraftwerken mit Mitverbrennung**	**Schlacke aus der Kupfererzeugung (CUS/CUG)**	**Gießereisand (Gießereirestsand GRS)**	**Gesteinskörnung aus gebrochenem Altglas**
Eluatkonzentration	Arsen (As)	µg/l		40		60	60
	Blei (Pb)	µg/l			100	200	200
	Cadmium (Cd)	µg/l				10	6
	Chrom, gesamt (Cr)	µg/l	100			150	60
	Kupfer (Cu)	µg/l			100	300	100
	Nickel (Ni)	µg/l				150	70
	Quecksilber (Hg)	µg/l		1			2
	Vanadium	µg/l	250				
	Zink (Zn)	µg/l			200	600	600
	Chlorid (Cl^-)	mg/l		50			
	Sulfat (SO_4^{2-})	mg/l		200			
	Fluorid	mg/l	5			1	
	Phenolindex	µg/l				100	
	DOC	µg/l				20000	
	pH-Wert	–	10–13	8–12	6,0–10	5,5–12	5,5–12
	Leitfähigkeit	µS/cm	1500	1000	700	1000	2000
Feststoffgehalt	Arsen	mg/kg	150	150	150	150	150
	Blei	mg/kg	700	700	700	700	700
	Cadmium	mg/kg	10	10	10	10	10
	Chrom, gesamt	mg/kg	600	600	600	600	600
	Kupfer	mg/kg	400	400	400	400	400
	Nickel	mg/kg	500	500	500	500	500
	Thallium	mg/kg	7	7	7	7	7
	Quecksilber	mg/kg	5	5	5	5	5
	Zink	mg/kg	1500	1500	1500	1500	1500
	Cyanide, gesamt	mg/kg	10	10	10	10	10
	EOX	mg/kg	10	10	10	10	10
	BTX	mg/kg	1	1	1	1	1
	LHKW	mg/kg	1	1	1	1	1
	Benzo(a)pyren	mg/kg	3	3	3	3	3
	Kohlenwasserstoffe	mg/kg	1000	1000	1000	1000	1000
	PAK_{16}	mg/kg	20	20	20	20	20
	PCB_6	mg/kg	0,5	0,5	0,5	0,5	0,5
	TOC	(Masse)%	5	5	5	5	5

Tabelle A-5: Anforderungswerte an die Feststoffgehalte von siliciumreichen Flugaschen für die Verwendung in Beton

	Parameter	Dimension	Obergrenze
Feststoffgehalt	Arsen (As)	mg/kg	150
	Blei (Pb)	mg/kg	700
	Cadmium (Cd)	mg/kg	10
	Chrom, gesamt (Cr)	mg/kg	600
	Kupfer (Cu)	mg/kg	400
	Nickel (Ni)	mg/kg	500
	Quecksilber	mg/kg	5
	Thallium (Tl)	mg/kg	7
	Vanadium (V)	mg/kg	1500
	Zink (Zn)	mg/kg	1500
	PAK_{16}	mg/kg	30
	PCB_6	mg/kg	0,5
	PCDD/PCDF	ng/kg TE	100
	Glühverlust	(Masse-)%	5

Tabelle A-6: Anforderungen an die Stofffreisetzung im Eluat von Festbeton unter Verwendung von siliciumreichen Flugaschen oder industriell hergestellten Gesteinskörnungen

Parameter	Dimension	Obergrenze
Antimon (Sb)	mg/m^2	5,5
Arsen (As)	mg/m^2	11
Barium (Ba)	mg/m^2	375
Blei (Pb)	mg/m^2	7,7
Cadmium (Cd)	mg/m^2	0,56
Chrom VI (Cr)	mg/m^2	6,6
Chrom, gesamt (Cr)	mg/m^2	7,7
Kobalt (Co)	mg/m^2	8,8
Kupfer (Cu)	mg/m^2	15,4
Molybdän (Mo)	mg/m^2	38,6
Nickel (Ni)	mg/m^2	15,4
Quecksilber (Hg)	mg/m^2	0,22
Thallium (Tl)	mg/m^2	0,88
Vanadium (V)	mg/m^2	4,4*
Zink (Zn)	mg/m^2	63,9
Chlorid (Cl^-)	mg/m^2	275515
Fluorid (F^-)	mg/m^2	826
Sulfat (SO_4^{2-})	mg/m^2	264495

* derzeit ausgesetzt

Tabelle A-7: Anforderungen an die Stofffreisetzung im Eluat von Festbeton, der unter Verwendung von Sulfathüttenzement oder Calciumaluminatsulfatzement hergestellt wird

Parameter	Dimension	Obergrenze
Antimon (Sb)	mg/m^2	5,5
Arsen (As)	mg/m^2	11
Barium (Ba)	mg/m^2	375
Blei (Pb)	mg/m^2	7,7
Cadmium (Cd)	mg/m^2	0,56
Chrom VI (Cr)	mg/m^2	6,6
Chrom, gesamt (Cr)	mg/m^2	7,7
Kobalt (Co)	mg/m^2	8,8

Parameter	Dimension	Obergrenze
Kupfer (Cu)	mg/m^2	15,4
Molybdän (Mo)	mg/m^2	38,6
Nickel (Ni)	mg/m^2	15,4
Quecksilber (Hg)	mg/m^2	0,22
Thallium (Tl)	mg/m^2	0,88
Vanadium (V)	mg/m^2	4,4*
Zink (Zn)	mg/m^2	63,9
Chlorid (Cl^-)	mg/m^2	275 515
Fluorid (F^-)	mg/m^2	826
Sulfat (SO_4^{2-})	mg/m^2	264495
* derzeit ausgesetzt		

Tabelle A-8: Anforderungswerte an die Eluatkonzentrationen und die Feststoffgehalte von Glasmehl, für die Herstellung von Schaumglasschotter für Schüttungen

	Parameter	Dimension	Obergrenze
Eluatkonzentration	Arsen (As)	µg/l	20
	Blei (Pb)	µg/l	80
	Cadmium (Cd)	µg/l	3
	Chrom, gesamt (Cr)	µg/l	25
	Kupfer (Cu)	µg/l	60
	Nickel (Ni)	µg/l	20
	Quecksilber (Hg)	µg/l	1
	Zink (Zn)	µg/l	200
Feststoffgehalt	Arsen (As)	mg/kg	45
	Blei (Pb)	mg/kg	210
	Cadmium (Cd)	mg/kg	3
	Chrom, gesamt (Cr)	mg/kg	180
	Kupfer (Cu)	mg/kg	120
	Nickel (Ni)	mg/kg	150
	Quecksilber (Hg)	mg/kg	1,5
	Zink (Zn)	mg/kg	450

Anhang 11

WDVS mit ETA nach ETAG 004

Stand: Februar 2017

1. Geltungsbereich

Der Geltungsbereich bezieht sich auf geklebte oder gedübelte und geklebte Wärmedämm-Verbundsysteme (WDVS) mit einer ETA nach ETAG 004 mit Dämmstoffen aus Polystyrol (EPS) nach DIN EN 13163 oder Mineralwolle (MW) nach DIN EN 13162.

Für die Ausführung des WDVS ist DIN 55699:2005-02 zu beachten, sofern im Folgenden nichts anderes bestimmt ist.

2. Standsicherheit und Gebrauchstauglichkeit

2.1. Allgemeine Voraussetzungen

Der Untergrund, auf dem das WDVS angebracht wird, sind Wände aus Mauerwerk oder Beton mit oder ohne Putz oder mit festhaftenden keramischen Belägen.

Die WDVS dürfen unter den folgenden Randbedingungen verwendet werden.

2.1.1. WDVS mit geklebten Polystyrol-(EPS)-Platten

- Der Untergrund (Wand) weist mindestens eine Abreißfestigkeit von 80 kN/ m^2 auf.
- Die Dicke der EPS-Platten ist nicht größer als 400 mm.
- Die Abreißfestigkeit EPS-Platten/Klebemörtel und EPS-Platten/Unterputz ist mindestens 80 kN/m^2.
- Die EPS-Platten sind so verklebt, dass mindestens 0,03 N/mm^2 horizontale Flächenlast über die Klebung auf den Untergrund abgeleitet wird.
- Bei Dämmstoffdicken über 200 mm beträgt die Gesamtauftragsmenge von Unterputz und Schlussbeschichtung maximal 22 kg/m^2.
- Die Bewehrung des Unterputzes ist ein Textilglas-Gittergewebe.
- Der Winddruck w_e (Windsoglast) überschreitet in Abhängigkeit von der Querzugfestigkeit nicht folgende Werte:

EPS-Platten (Zugfestigkeit senkrecht zur Plattenebene)		**Winddruck w_e (Windsoglast)**
Mittelwert nach Dämmstoff-norm	≥ TR 100	–1,1 kN/m^2

2.1.2. WDVS mit geklebten Mineralwolle-(MW)-Lamellen (Fasern senkrecht zum Untergrund)

- Der Untergrund (Wand) weist mindestens eine Abreißfestigkeit von 80 kN/ m^2 auf.
- Die MW-Lamellen sind nicht dicker als 400 mm und weisen einen Schubmodul von mindestens 1,0 N/mm^2 auf.
- Die Abreißfestigkeit MW-Lamellen/Klebemörtel und MW-Lamellen/Unterputz ist mind. 80 kN/m^2.
- Die MW-Lamellen sind so verklebt, dass mindestens 0,03 N/mm^2 horizontale Flächenlast über die Klebung auf den Untergrund abgeleitet wird; bei Dicken > 200 mm werden mindestens 0,05 N/mm^2 horizontale Flächenlast über die Klebung auf den Untergrund abgeleitet.
- Bei Dämmstoffdicken über 200 mm beträgt die Gesamtauftragsmenge von Unterputz und Schlussbeschichtung maximal 22 kg/m^2 und die Festigkeit der MW-Lamelle ist ≥ TR 100.
- Die Bewehrung des Unterputzes ist ein Textilglas-Gittergewebe.
- Auch bei ausreichender Abreißfestigkeit der Wandoberfläche sind die MW-Lamellen in Abhängigkeit vom Winddruck w_e mit zusätzlichen Dübeln befestigt:

MW-Lamellen mit einer Zugfestigkeit in Faserrichtung ≥ TR 80				
Putzsystem			**Windsoglast w_e [kN/ m^2]**	**Mindestdübelanzahl [Dübel/m^2]**
Dicke [mm]		**Flächengewicht [kg/ m^2]**		
beliebig			< –0,8	0
≤ 10	und	≤ 10	–0,8 bis –1,1	3
> 10	oder	> 10	–0,8 bis –1,1	5

- Die MW-Lamellen sind mit Dübeln nach ETAG 014 (Dübeltellerdurchmesser ≥ 60 mm; Tellersteifigkeit ≥ 0,3 kN/mm; Tragfähigkeit des Dübeltellers ≥ 1,0 kN) befestigt. Der Einbau der Dübel ist oberflächenbündig mit dem

Dämmstoff (Dübelteller liegt auf dem Dämmstoff) erfolgt. Dübel mit einem Tellerdurchmesser < 140 mm sind durch das Bewehrungsgewebe gesetzt worden. Dübel mit einem Tellerdurchmesser ≥ 140 mm können unter dem Bewehrungsgewebe gesetzt sein.

- MW-Lamellen mit Dämmstoffdicken > 200 mm sind wie folgt ausgeführt: Eine ausreichende Montagesicherheit ist durch geeignete Abstützungsmaßnahmen sichergestellt. Die Verlegung der Dämmplatten erfolgt im Verband. An Gebäudeecken sind ausschließlich ganze Dämmplatten in voller Länge angeordnet, soweit die geometrischen Randbedingungen dies erlauben.

In den folgenden Bereichen sind die Dämmplatten mit 3 Dübeln/Dämmplatte bzw. 2,5 Dübeln/m befestigt:

- bei Unterschreitung einer Mindesthöhe einer zu dämmenden Teilfläche von min $H \leq 2 \times d_{Dämmstoff}$
- bei Unterschreitung einer Mindestbreite einer zu dämmenden Teilfläche von min $B \leq 2 \times d_{Dämmstoff}$
- die letzte obere ungestörte Dämmplattenlage (oberer Gebäudeabschluss)
- am seitlichen Gebäudeabschluss, in einem Streifen bis maximal 2 m Breite, ist mindestens eine vertikale Verdübelungsreihe mit 2,5 Dübeln/m anzuordnen.

Eine Sturzhöhe min $H < d_{Dämmstoff}$ ist nicht ohne zusätzliche Auflagerkonstruktionen ausgeführt. Die Feldgrößen ohne Dehnungsfugen betragen

- für Dickschichtsysteme (Unterputz + Schlussbeschichtung = Gesamtputzdicke > 10 mm) 9 m × 9 m bzw. 80 m^2.
- für Dünnschichtsysteme (Unterputz + Schlussbeschichtung = Gesamtputzdicke ≤ 10 mm) 50 m × 25 m.

2.1.3. WDVS mit Polystyrol-(EPS)-Platten oder mit Mineralwolle-(MW)-Platten (Fasern parallel zum Untergrund) oder mit Mineralwolle-(MW)-Lamellen (Fasern senkrecht zum Untergrund), die mit Dübeln mechanisch befestigt und zusätzlich verklebt sind

- Die Dicke des Dämmstoffs hält die folgenden Werte ein:

	EPS-Platten	**MW-Lamellen**	**MW-Platten**
Dämmstoffdicke [mm]	≤ 400	≤ 200	≤ 340

- Bei Dämmstoffdicken über 200 mm beträgt die Gesamtauftragsmenge von Unterputz und Schlussbeschichtung maximal 22 kg/m^2.
- Die Bewehrung des Unterputzes ist ein Textilglas-Gittergewebe.
- Der Dämmstoff ist mit Dübeln nach ETAG 014 (Dübeltellerdurchmesser ≥ 60 mm; Tellersteifigkeit ≥ 0,3 kN/mm; Tragfähigkeit des Dübeltellers ≥ 1,0 kN) befestigt. Der Einbau der Dübel ist oberflächenbündig mit dem Dämmstoff (Dübelteller liegt auf dem Dämmstoff) erfolgt.

Folgende Nachweise nach a) bis c) sind geführt:

a) Der Nachweis der Verankerung der Dübel im Untergrund (Wand):

$$S_d \leq N_{Rd}$$

dabei ist

$S_d = \gamma_F \cdot W_e$
$N_{Rd} = N_{Rk}/\gamma_{M,U}$

mit

S_d	:	Bemessungswert der Windsoglast
N_{Rd}	:	Bemessungswert der Beanspruchbarkeit des Dübels
W_e	:	Einwirkungen aus Wind
N_{Rk}	:	charakteristische Zugtragfähigkeit des Dübels (gemäß Anhang der jeweiligen Dübel-ETA)
γ_F	:	1,5 (Sicherheitsbeiwert für die Einwirkungen aus Wind)
$\gamma_{M,U}$	:	Sicherheitsbeiwert des Ausziehwiderstands der Dübel aus dem Untergrund (s. jeweilige Dübel-ETA)

b) Der Nachweis des WDVS:

$S_d \leq R_d$

dabei ist

S_d = Bemessungswert der Windsoglast

$$R_d = \frac{R_{Fläche} \cdot n_{Fläche} + R_{Fuge} \cdot n_{Fuge}}{\gamma_{M,S}}$$

mit

R_d	:	Bemessungswert des Widerstands des WDVS
R_{Fuge}, $R_{Fläche}$	:	Die aus dem WDVS resultierende Versagenslast (Mindestwert) im Bereich bzw. nicht im Bereich der Plattenfugen (s. jeweilige WDVS-ETA)
n_{Fuge}, $n_{Fläche}$	:	Anzahl der Dübel (je m^2) die im Bereich bzw. nicht im Bereich der Plattenfugen gesetzt werden.
$\gamma_{M,S}$	:	4,0

c) Der Nachweis des Dämmstoffs bei Verdübelung unter dem Bewehrungsgewebe:

$S_d \leq R_d$

dabei ist

S_d = (s. vorstehenden Abschnitt)
$R_d = N_{Rk}/\gamma_{M,D}$

mit

N_{Rk} : Bemessungswert des Widerstands des Dämmstoffs (Platten: Zugfestigkeit senkrecht zur Plattenebene, Lamellen: Zugfestigkeit in Faserrichtung)

$\gamma_{M,D}$: 5,0

Die größere Dübelanzahl ist maßgebend, wobei mindestens 4 Dübel/m² eingebaut sind. Bei MW-Platten mit Dicken > 200 mm sind mindestens 6 Dübel/ m² vorhanden.

3. Brandschutz

Für die nachstehenden bauaufsichtlichen Anforderungen zum Brandverhalten von Außenwänden gemäß Kapitel A 2.1.5 i.V.m. A 2.2.1.2 der Muster-Verwaltungsvorschrift Technische Baubestimmungen (MVV TB) werden für bestimmte WDVS Klassen nach DIN EN 13501-1:2010-01 zugeordnet und Verwendungsregeln angegeben.

3.1. WDVS mit Mineralwolle-(MW)-Dämmstoff nach DIN EN 13162

Bauaufsichtliche Anforderung	Klasse nach DIN EN 13501-1:2010-01	Bestimmungen für die Verwendung
WDVS: nichtbrennbar	A1 A2 – s1,d0	▪ Mineralisch gebundene Unter- und Oberputze (Bindemittel Kalk u./o. Zement) mit ≤ 5 % organische Bestandteile in der Trockenmasse oder ▪ Organisch gebundene Unter- und Oberputze (Bindemittel Kunst- oder Silikonharz bzw. Silikatdispersion) mit Gesamtputzdicke (Unter- und Oberputz) ≤ 10 mm, Gehalt an organischen Bestandteilen in der Trockenmasse von Unter- und Oberputz jeweils ≤ 10 % ▪ PCS-Wert des Unterputzes ≤ 3,0 MJ/kg ▪ PCS-Wert des Oberputzes ≤ 2,6 MJ/kg
Dämmstoff: nichtbrennbar	A1 A2 – s1,d0	
WDVS: schwerentflammbar	C	–
Dämmstoff: schwerentflammbar	C	
WDVS: normalentflammbar	E	–
Dämmstoff: normalentflammbar	E	

3.2. WDVS mit expandiertem Polystyrol-(EPS)-Dämmstoff nach DIN EN 13163

Bauaufsichtliche Anforderung	Klasse nach DIN EN 13501-1:2010-01	Bestimmungen für die Verwendung
WDVS: schwerentflammbar	C	–
Dämmstoff: schwerentflammbar	C	Rohdichte: ≤ 25 kg/m³, Dämmstoffdicke: ≤ 300 mm

Bauaufsichtliche Anforderung	Klasse nach DIN EN 13501-1:2010-01	Bestimmungen für die Verwendung

konstruktive Maßnahmen (Brandriegel): nichtbrennbar, formstabil bis 1000 °C,
Rohdichte
≥ 60 kg/m²,
standsicher, auch im Brandfall:
Querzugfestigkeit ≥ 5 kPa
Mindestabmessungen:
Höhe: ≥200 mm
	A2 – s1,d0	**Brandschutzmaßnahmen gegen Brandeinwirkung von außen:**
		1. ein Brandriegel an der Unterkante des WDVS bzw. maximal 90 cm über Geländeoberkante oder genutzten angrenzenden horizontalen Gebäudeteilen (z.B. Parkdächer u.a.),
		2. ein Brandriegel in Höhe der Decke des 1. Geschosses über Geländeoberkante oder angrenzenden horizontalen Gebäudeteilen nach Nr. 1, jedoch zu dem darunter angeordneten Brandriegel mit einem Achsabstand von nicht mehr als 3 m. Bei größeren Abständen sind zusätzliche Brandriegel einzubauen,
		3. ein Brandriegel in Höhe der Decke des 3. Geschosses über Geländeoberkante oder angrenzender horizontaler Gebäudeteile nach Nr. 1, jedoch zu dem darunter angeordneten Brandriegel mit einem Achsabstand von nicht mehr als 8 m. Bei größeren Abständen sind zusätzliche Brandriegel einzubauen,
		4. weitere Brandriegel an Übergängen der Außenwand zu horizontalen Flächen (z.B. Durchgänge, -fahrten, Arkaden), soweit diese in dem durch einen Brand von außen beanspruchten Bereich des 1. bis 3. Geschosses liegen.
		Weiterhin ist ein Brandriegel (wie vorstehend beschrieben) maximal 1,0 m unterhalb von angrenzenden brennbaren Bauprodukten (z.B. am oberen Abschluss des WDVS unterhalb eines Daches) in der Dämmebene des WDVS anzuordnen.
		Das applizierte WDVS muss von der Unterkante des WDVS bis mindestens zur Höhe des Brandriegels nach Nr. 3 folgende Anforderungen erfüllen:
		▪ Mindestdicke des Putzsystems (Oberputz und Unterputz) 4 mm, bei Ausführung vorgefertigter, klinkerartiger Putzteile („Flachverblender") Dicke des Unterputzes ≥ 4 mm,
		▪ an Gebäudeinnenecken sind in den bewehrten Unterputz Eckwinkel aus Glasfasergewebe, Flächengewicht 280 g/m² und Reißfestigkeit > 2,3 kN/5 cm (im Anlieferungszustand) einzuarbeiten und
		▪ Verwendung eines Bewehrungsgewebes mit einem Flächengewicht von ≥ 150 g/m².
		Brandschutzmaßnahmen bei Brandbeanspruchung aus Außenwandöffnungen, oberhalb des Brandriegels nach Nr. 3:
		1) Dämmstoffdicken d > 100 mm bis d ≤ 300 mm bei geklebten bzw. geklebt-gedübelten WDVS
		Bei Verwendung von:
		▪ ausschließlich mineralisch oder organisch gebundenen Klebemörteln (keine Klebeschäume)
		▪ mineralisch gebundenen Unter- und Oberputzen (Bindemittel Zement/Kalk) mit
		  ▪ Gehalt an organischen Bestandteilen in der Trockenmasse von Unter- und Oberputz jeweils ≤ 5 %,
		  ▪ Nassauftragsmenge jeweils ≥ 2,5 kg/m²,
		  ▪ Gesamtputzdicke (Unter- + Oberputz) ≥ 4 mm
		  ▪ organisch gebundenen Unter- und Oberputz (Bindemittel: Kunstharz-, Silikonharz- oder Silikatdispersion) mit

Bauaufsichtliche Anforderung	Klasse nach DIN EN 13501-1:2010-01	Bestimmungen für die Verwendung
		▪ Gehalt an organischen Bestandteilen in der Trockenmasse von Unter- und Oberputz jeweils ≤ 10 %, ▪ Nassauftragsmenge jeweils 2,5 bis 8 kg/m², ▪ Gesamtputzdicke (Unter- + Oberputz) 4 bis 14 mm sind in folgenden Bereichen Brandschutzmaßnahmen auszuführen: a) Oberhalb jeder Öffnung im Bereich der Stürze, mindestens 300 mm seitlich überstehend (links und rechts der Öffnung) und im Bereich gedämmter Laibungen, b) beim Einbau von Rollladen oder Jalousien unmittelbar oberhalb von Öffnungen bzw. bei der Montage von Fenstern in der Dämmebene sind diese dreiseitig – oberhalb und an beiden Seiten, mindestens 200 mm hoch bzw. breit, wie unter a) beschrieben – zu umschließen. Die Ausführung nach a) und b) darf entfallen, wenn mindestens in jedem 2. Geschoss ein horizontal das Gebäude umlaufender Brandriegel angeordnet wird. Der Brandriegel ist so anzuordnen, dass ein maximaler Abstand von 0,5 m zwischen Unterkante Sturz und Unterkante Brandriegel eingehalten wird. 2) Dämmstoffdicken ≤ 100 mm: Der Einbau der Fenster erfolgt bündig mit oder hinter der Rohbaukante.
WDVS: normalentflammbar	E	–
Dämmstoff: normalentflammbar	E	

4. Schallschutz

Ist kein Nennwert angegeben, so ist das WDVS mit einem Wert von ΔRw = -6 dB beim Nachweis des Schallschutzes in Ansatz zu bringen.

5. Wärmeschutz

Der rechnerische Nachweis des Wärmeschutzes ist mit den Bemessungswerten der Wärmeleitfähigkeit nach DIN 4108-4:2017-03 zu führen.

6. Bescheinigung für den Einbau des WDVS

Der Unternehmer, der das WDVS vor Ort einbaut, muss für jedes Bauvorhaben eine Bescheinigung ausstellen, mit der er bestätigt, dass die von ihm eingebauten Bauprodukte (Komponenten) den Bestimmungen der europäischen technischen Zulassung bzw. der Europäischen Technischen Bewertung sowie der jeweils geltenden Einbauanleitung entsprechen und die Bestimmungen dieser Technischen Regel eingehalten sind; die entsprechenden Einstufungen und Eigenschaften sind darin anzugeben. Diese Bescheinigung ist dem Bauherrn zur ggf. erforderlichen Weiterleitung an die zuständige Bauaufsichtsbehörde auszuhändigen.

Anhang 12

Anwendungsregeln für nicht lasttragende verlorene Schalungsbausätze/-systeme und Schalungssteine für die Erstellung von Ortbeton-Wänden

Stand: Juni 2016

Vorwort

Diese Technische Regel gilt für die Verwendung bzw. Anwendung von Bauprodukten bzw. Bausätzen, die in den folgenden technischen Spezifikationen geregelt sind:

I) nicht lasttragende verlorene Schalungssteine nach ETA erstellt auf der Grundlage von ETAG 009 [1],

II) nicht lasttragende verlorene Schalungssteine aus Normalbeton und Leichtbeton nach DIN EN 15435 [2],

III) nicht lasttragende verlorene Schalungssteine aus Holzspanbeton nach DIN EN 15498 [3].

Gemeinsam ist den o.g. Bauprodukten bzw. Bausätzen, dass sie ein nicht lasttragendes verlorenes Schalungssystem ausbilden, das die Erstellung von Ortbeton-Wänden ermöglicht. Die Schalungssteine bzw. Schalungsbausätze/-systeme nach I), II) und III) – im Weiteren Schalungsbausteine genannt – bleiben nach der Betonage des Kernbetons Bestandteil der Wand.

A. Spezielle Definitionen

Geometrische Ausbildung des tragenden Kernbetons:

Durch die (nicht lasttragenden) Schalungsbausteine und deren Anordnung wird die geometrische Ausbildung des tragenden Kernbetons definiert. Der Betonkörper darf bewehrt sein.

Die Kernbetondicke ist definiert als kleinste über die Wandhöhe durchgehende Dicke der geometrischen Ausbildung des tragenden Kernbetons.

Typen je nach geometrischer Ausbildung des Kernbetons:

1. Scheibenartiger Typ

Der tragende Kernbeton des Scheibenartigen Typs ist eine Betonwand, die nur an einzelnen Stellen von Abstandhaltern punktförmig unterbrochen ist. Die Abstandhalter sind im Allgemeinen regelmäßig angeordnet. Die Summe der Querschnittsflächen der Abstandhalter darf dabei nur maximal 1 % der Wandfläche betragen.

2. Gittertyp

Der tragende Kernbeton des Gittertyps besteht aus Betonstützen, die durch horizontale Beton-Riegel verbunden sind. Die Stützen und Riegel entstehen durch das Ausbetonieren der Hohlräume der Schalungsbausteine. Die vertikalen Stützen verlaufen über die gesamte Höhe der Wand, und zwar ohne Unterbrechung oder Verringerung der Querschnittsfläche.

3. Säulentyp

Der tragende Kernbeton des Säulentyps besteht aus regelmäßig angeordneten Beton-Stützen ohne horizontale Beton-Riegel oder mit Beton-Riegeln, die keine rechnerisch tragende Verbindung zu den Beton-Stützen aufweisen. Die Stützen entstehen durch das Ausbetonieren der vertikalen Hohlräume der Schalungsbausteine. Die vertikalen Stützen verlaufen über die gesamte Höhe der Wand, und zwar ohne Unterbrechung oder Verringerung der Querschnittsfläche.

4. **Sonstige Typen**
   Sämtliche Typen, die vorstehend nicht definiert sind.

B. Standsicherheit und Gebrauchstauglichkeit

B1. Bemessung, Konstruktion und Ausführung

Bemessung, Konstruktion und Ausführung der mit verlorenen Schalungsbausystemen nach o.g. technischen Spezifikationen hergestellten Ortbetonwände erfolgt nach A 1.2.3.1 der MVV TB. Schalungsbausteine dürfen nur trocken verlegt werden.

Außenwände, die mit Schalungsbausteinen errichtet werden, sind durch Putz oder Bekleidungen vor Umwelteinflüssen zu schützen.

Zur Sicherstellung des Verbunds der Betonstabstähle dürfen die Schalungsbausteine nicht auf die Betondeckung angerechnet werden.

Bei Schalungsbausätzen/-systemen nach ETA basierend auf der ETAG 009 [1] sind die Aussagen zum Widerstand gegen den Schalungsdruck und/oder die Aussagen zur maximalen zulässigen Füllhöhe der ETA zu entnehmen. Bei Schalungssteinen nach DIN EN 15435 [2] bzw. DIN EN 15498 [3] sind die Widerstände gegen den Schalungsdruck (charakteristische Zugfestigkeit der Stege, charakteristische Biegezugfestigkeit der Wandungen) der Leistungserklärung bzw. den begleitenden Dokumenten zu entnehmen.

Sofern keine maximal zulässige Füllhöhe angegeben ist, sind geeignete statische Systeme zu wählen, um die Beanspruchungen der Schalung mit den Lastannahmen infolge des Frischbetondrucks aus DIN 18218 [4] realitätsnah zu ermitteln, dabei ist Abschnitt B2 dieser Technischen Regel zu beachten. Für den Nachweis gegen den Schalungsdruck sind die Bemessungswerte der Widerstände (z.B. Stegzugfestigkeit, Biegezugfestigkeit der Wandungen und ggf. Ausreißfestigkeit des Steges aus der Wandung) den Bemessungswerten der Beanspruchungen gegenüberzustellen. Die Teilsicherheitsbeiwerte sind entsprechend DIN EN 1990 [5, 6] festzulegen.

B1.1. Bei der Bemessung und Konstruktion nach DIN EN 1992-1-1 [7] in Verbindung mit DIN EN 1991-1-1/NA [8] einer aus Schalungsbausteinen hergestellten Ortbetonwand des Gittertyps, des Säulentyps bzw. des Sonstigen Typs gilt zusätzlich Folgendes:

1. Es sind nur vorwiegend ruhende Einwirkungen erlaubt. Die Bemessung und Konstruktion von Tragwerken unter Erdbebeneinwirkung sind mit dieser Technischen Regel nicht geregelt.
2. Die Schlankheit der Wand bzw. der Kernbetonstützen darf den Wert $\lambda = 85$ nicht überschreiten.
3. Höhere Betondruckfestigkeitsklassen des Ortbetons als C30/37 bzw. LC30/33 dürfen rechnerisch nicht in Ansatz gebracht werden.

B1.2. Beim Nachweis des Widerstandes gegen horizontale Einwirkungen (*H_{Ed}*) in Wandebene für Wände des Gittertyps und des Säulentyps gilt zusätzlich:

- Die Wände dürfen nach Anlage 1 bemessen werden, wenn der Querschnitt der horizontalen Beton-Riegel zwischen den vertikalen Stützen mindestens 100 cm^2 beträgt, deren kleinste Dicke mindestens dem dreifachen Größtkorndurchmesser entspricht und pro m Wandhöhe mindestens vier solcher Riegel angeordnet sind. Wird diese Bedingung nicht erfüllt, können die Bemessungsmodelle von Anlage 1 nicht verwendet werden. In diesem Fall ist der statische Nachweis des Widerstandes gegen die horizontale Einwirkung in Wandebene so zu führen, als wenn es sich um nebeneinanderstehende Stützen handelte. Die Definition der Stegaussparungen ist der ETA bzw. DIN EN 15435, Abschnitt 3.1.10 [2] bzw. DIN EN 15498, Bild 3.b [3], zu entnehmen.
- Die Querschnittsabmessungen der durchgehenden Stützen bei Wänden des Gitter- und Säulentyps müssen für tragende Wände über die gesamte Wandhöhe in jeder Querschnittsrichtung mindestens 120 mm betragen. Schalungsbausteine, für die diese Bedingung im Endzustand nicht zutrifft, sind damit für tragende Wände ausgeschlossen.
- Die Standsicherheit nichttragender Wände mit Abmessungen kleiner 120 mm in einer Querschnittsrichtung ist nach DIN 4103-1 [9] nachzuweisen.
- Für die Bemessung der Wände bei Querkraftbeanspruchung des Gittertyps in Wandebene gilt Anlage 1 dieser Technischen Regel.
- Bei Beanspruchungen senkrecht zur Wandebene müssen Wände des Gitter- und Säulentyps immer zweiseitig gehalten sein, d.h. sie dürfen in der Regel nur in Bauwerken verwendet werden, in denen die Decken als Scheiben wirken.
- Es dürfen folgende Bewehrungen angeordnet werden:
  - in jedem Beton-Riegel der Systeme des Gittertyps maximal 2 Betonstäbe
  - in jeder Stütze der Systeme des Gitter- oder Säulentyps je Seite des Betonquerschnitts ein Vertikalstab oder zu einer Matte zusammengefasste Vertikalstäbe oder für den ganzen Betonquerschnitt ein Bewehrungskorb.
- Bei der Planung und Ausführung der Bewehrung ist Folgendes zu beachten:
  - Die horizontalen Abmessungen der Bewehrungsmatten und -körbe für die vertikale Bewehrung müssen einschließlich Abstandhalter um ein geeignetes Maß kleiner als die entsprechenden minimalen Abmessungen des Betonkerns sein.
  - Für die Betondeckungen gilt DIN EN 1992-1-1 [7] in Verbindung mit DIN EN 1992-1-1/NA [8].
  - Für den Abstand der Bewehrungsstäbe untereinander gelten die Regelungen nach DIN EN 1992-1-1 [7] in Verbindung mit DIN EN 1992-1-1/NA [8].
  - Wird mehr als ein Betonstabstahl auf einer Seite des Betonquerschnitts der Stütze angeordnet, sind diese zu einer Matte zu verbinden (z.B. durch aufgeschweißte oder angebundene Querstäbe).
  - Die Vertikalbewehrung darf nur statisch angerechnet werden, wenn sie den zugehörigen Bewehrungs- und Konstruktionsregeln für normalkraft- und/

oder biegebeanspruchte Balken oder Stützen nach DIN EN 1992-1-1 [7] in Verbindung mit DIN EN 1992-1-1/NA [8] entspricht.

B2. Zusätzlich zu DIN EN 1992-1-1 [7] in Verbindung mit DIN EN 1992-1-1/NA [8] gilt Folgendes:

1.

Die mindestens einzuhaltende Ausbreitmaßklasse und das Größtkorn der Gesteinskörnung des verwendeten Frischbetons müssen für alle Systeme (auch für Systeme des scheibenartigen Typs) den Angaben der folgenden Tabelle 1 entsprechen.

Tabelle 1

	1	2	3
	Mindestabmessung des Füllbereichs	Größtkorn der Gesteinskörnung	Ausbreitmaßklasse
1	< 120 mm	≤ 16 mm	F5
2	120 bis 140 mm	≤ 16 mm	≥ F3
3	≥ 140 mm	≤ 32 mm	≥ F2

Die maximale Ausbreitmaßklasse darf F5 nicht überschreiten.

Frischbeton im unteren Bereich der Ausbreitmaßklasse F3 und darunter muss durch Rütteln verdichtet werden.

Frischbeton im oberen Bereich der Ausbreitmaßklasse F3 und darüber darf durch Stochern verdichtet werden.

Die Festigkeitsentwicklung des Frischbetons muss „mittel" bis „schnell" nach DIN EN 206-1 [10] in Verbindung mit DIN 1045-2 [11], Tabelle 12 sein.

2.

Waagerechte Arbeitsfugen sind vorzugsweise in Höhe der Geschossdecken anzuordnen. Sofern darüber hinausgehende Arbeitsunterbrechungen nicht vermieden werden können, sind vertikale Betonstabstähle (Steckeisen) in den Arbeitsfugen wie folgt anzuordnen:

- Die Steckeisen müssen zueinander versetzt sein und der Abstand voneinander darf nicht größer als 500 mm sein.
- Der Gesamtquerschnitt muss mindestens 1/2000 der Querschnittsfläche des anzuschließenden Betonkerns betragen, jedoch sind je Meter Wandlänge mindestens zwei Betonstabstähle B500 Φ 8 mm (oder gleichwertig) anzuordnen.
- Die Steckeisen müssen jeweils mindestens 200 mm in die miteinander zu verbindenden Betonschichten reichen.

3.

Der Beton darf frei nur bis zu einer Höhe von 2 m fallen, darüber hinaus ist der Beton durch Schüttrohre oder Betonierschläuche von maximal 100 mm Durchmesser zusammenzuhalten und bis kurz vor die Einbaustelle zu führen. Schüttkegel sind durch kurze Abstände der Einfüllstellen zu vermeiden.

Es muss genügend Zwischenraum in der Bewehrung für Schüttrohre oder Betonierschläuche vorgesehen werden. Das DBV-Merkblatt „Betonierbarkeit von Bauteilen aus Beton und Stahlbeton" [12] ist zu beachten.

4.

Die Wände dürfen nach dem Betonieren nicht mehr als 5 mm pro laufendem Meter Wandhöhe von der Lotrechten abweichen, ab einer Wandhöhe von 3 m allerdings insgesamt maximal 15 mm, und müssen den Ebenheitstoleranzen für Wandoberflächen nach DIN 18202, Tabelle 3, Zeile 6 [13], entsprechen.

C. Brandschutz

C1. Feuerwiderstand

Bei tragenden Wandkonstruktionen, die unter Verwendung von vorher genannten Schalungssteinen oder Schalungsbausätzen/-systemen erstellt werden, kann der Feuerwiderstand hinsichtlich der Standsicherheit (Tragfähigkeitskriterium R) für die i.d.R. innenliegende, tragende Betonkonstruktion nach DIN EN 1992-1-2 [14] unter Berücksichtigung von DIN EN 1992-1-2/NA [15] erfolgen, wenn der Nachweis der Standsicherheit unter normalen Temperaturen auf Grundlage von DIN EN 1992-1-1 [7] unter Berücksichtigung von DIN EN 1992-1-1/NA [8] vollumfänglich möglich ist. In welchem Rahmen eine Beurteilung des Feuerwiderstandes hinsichtlich Raumabschluss und Isolation (EI) oder Tagfähigkeit, Raumabschluss und Isolation (REI) möglich ist, hängt von den entsprechenden dazu erforderlichen Randbedingungen der Nachweisführung nach DIN EN 1992-1-2 [14] unter Berücksichtigung von DIN EN 1992-1-2/NA [15] ab.

Für den prüftechnischen Nachweis gibt es keine abschließende technische Regel.

C2. Brandverhalten

Für nicht lasttragende verlorene Schalungsbausteine, die aus expandiertem Polystyrol-(EPS)- Dämmstoff nach DIN EN 13163 [16] hergestellt werden, ist hinsichtlich der Zuordnung der Klassifizierung nach DIN EN 13501-1:2010-01 [17] zu den bauaufsichtlichen Anforderungen die TR „WDVS mit ETA nach ETAG 004" (Juni 2016) Abschnitt 3.2[*38] sinngemäß anzuwenden.

D. Schallschutz

Werden Schalungsbausteine in Fällen verwendet, in denen Anforderungen an den Schallschutz bestehen, ist der Nachweis des Schallschutzes nach DIN 4109-1 [18] und DIN 4109-32 [20] zu führen.

E. Wärmeschutz

Der auf Basis der o.g. technischen Spezifikationen nach [1], [2] und [3] angegebene Nennwert des Wärmedurchlasswiderstandes des Schalungsbausteins ist für den Nachweis des Wärmeschutzes in einen Bemessungswert umzurechnen. Der Bemessungswert ist gleich dem Nennwert dividiert durch einen Sicherheitsbeiwert = 1,2.

[*38] **Amtl. Anm.:** Bei der sinngemäßen Anwendung der TR „WDVS mit ETA nach ETAG 004" bzgl. des Brandverhaltens von verlorenen Schalungsbausätzen aus Polystyrol ist zu beachten, dass nach der BayBO „schwerentflammbar" nur für die Oberflächen von Außenwänden der Gebäude nach den Gebäudeklassen 4 und 5 gefordert wird. Für Gebäudeklassen 1 bis 3 reicht „normalentflammbar" aus.

Für Schalungsbausteine darf der Nachweis des Wärmeschutzes alternativ mit den Bemessungswerten der Wärmeleitfähigkeit der einzelnen Komponenten nach DIN 4108-4 [21] geführt werden.

Als integrierte Wärmedämmung – das sind Wärmedämmstoff-Einlagen im Inneren des Schalungsbausteins, die direkt dem Frischbetondruck ausgesetzt sind – dürfen nur Dämmstoffe verwendet werden, deren Druckspannung bei 10 % Stauchung mindestens der Stufe ≥ 100 kPa [16] entspricht.

Literatur

[1]	ETAG 009:2002-06	Nicht lasttragende verlorene Schalungsbausätze/-systeme bestehend aus Schalungs-/Mantelsteinen oder -elementen aus Wärmedämmstoffen und – mitunter – aus Beton
[2]	DIN EN 15435:2008-10	Betonfertigteile – Schalungssteine aus Normal- und Leichtbeton – Produkteigenschaften und Leistungsmerkmale
[3]	DIN EN 15498:2008-08	Betonfertigteile – Holzspanbeton-Schalungssteine – Produkteigenschaften und Leistungsmerkmale
[4]	DIN 18218:2010-01	Frischbetondruck auf lotrechte Schalungen
[5]	DIN EN 1990:2010-12	Eurocode: Grundlagen der Tragwerksplanung; Deutsche Fassung EN 1990:2002
[6]	DIN EN 1990/ NA:2010-12	Nationaler Anhang – National festgelegte Parameter – Eurocode: Grundlagen der Tragwerksplanung
[7]	DIN EN 1992-1-1:2011-01	Eurocode 2: Bemessung und Konstruktion von Stahlbeton- und Spannbetontragwerken – Teil 1-1: Allgemeine Bemessungsregeln und Regeln für den Hochbau; Deutsche Fassung EN 1992-1-1:2004 + AC:2010
	DIN EN 1992-1-1/ A1:2015-03	
[8]	DIN EN 1992-1-1/ NA:2013-4	Nationaler Anhang – National festgelegte Parameter – Eurocode 2: Bemessung und Konstruktion von Stahlbeton- und Spannbetontragwerken – Teil 1-1: Allgemeine Bemessungsregeln und Regeln für den Hochbau
	DIN EN 1992-1-1/ NA/A1:2015-12	
[9]	DIN 4103-1:2015-06	Nichttragende innere Trennwände – Teil 1: Anforderungen und Nachweise
[10]	DIN EN 206-1:2001-07	Beton – Teil 1: Festlegung, Eigenschaften, Herstellung und Konformität; Deutsche Fassung EN 206-1:2000
	DIN EN 206-1/ A1:2004-10	
	DIN EN 206-1/ A2:2005-09	
[11]	DIN 1045-2:2008-08	Tragwerke aus Beton, Stahlbeton und Spannbeton – Teil 2: Beton – Festlegung, Eigenschaften, Herstellung und Konformität – Anwendungsregeln zu DIN EN 206-1
[12]	DBV-Merkblatt	„Betonierbarkeit von Bauteilen aus Beton und Stahlbeton“ – 01/2014
[13]	DIN 18202:2013-04	Toleranzen im Hochbau – Bauwerke

[14]	DIN EN 1992-1-2:2010-12	Bemessung und Konstruktion von Stahlbeton- und Spannbetontragwerken – Teil 1-2: Allgemeine Regeln – Tragwerksbemessung für den Brandfall; Deutsche Fassung EN 1992-1-2:2004 + AC:2008
[15]	DIN EN 1992-1-2/NA:2010-12	Nationaler Anhang – National festgelegte Parameter – Eurocode 2: Bemessung und Konstruktion von Stahlbeton- und Spannbetontragwerken – Teil 1-2: Allgemeine Regeln – Tragwerksbemessung für den Brandfall
[16]	DIN EN 13163:2015-04	Wärmedämmstoffe für Gebäude – Werkmäßig hergestellte Produkte aus expandiertem Polystyrol (EPS) – Spezifikation; Deutsche Fassung EN 13163:2008
[17]	DIN EN 13501-1:2010-01	Klassifizierung von Bauprodukten und Bauarten zu ihrem Brandverhalten – Teil 1: Klassifizierung mit den Ergebnissen aus den Prüfungen zum Brandverhalten von Bauprodukten; Deutsche Fassung EN 13501-1:2007+A1:2009
[18]	DIN 4109-1:2016-07	Schallschutz im Hochbau – Teil 1: Mindestanforderungen
[19]	DIN 4109-2:2016-07	Schallschutz im Hochbau – Teil 2: Rechnerische Nachweise der Erfüllung der Anforderungen
[20]	DIN 4109-32:2016-07	Schallschutz im Hochbau – Teil 32: Daten für die rechnerischen Nachweise des Schallschutzes (Bauteilkatalog) – Massivbau
[21]	DIN 4108-4:2017-03	Wärmeschutz und Energie-Einsparung in Gebäuden – Teil 4: Wärme- und feuchteschutztechnische Bemessungswerte

Anlage 1

Nachweis des Widerstandes gegen horizontale Einwirkungen (H_{Ed}), in Wandebene für Wände des Gittertyps und des Säulentyps, ausgenommen Einwirkungen aus Erdbeben

Die Ermittlung des Bemessungswiderstandes ist unter Wahl eines zutreffenden Modells (siehe nachfolgend, hier: Abb. a, b oder c) und des verwendeten Betons (Normalbeton oder Leichtbeton) vorzunehmen. Bei der Ermittlung der relevanten Einwirkungen ist DIN EN 1992-1 1 [7] in Verbindung mit DIN EN 1992-1-1/NA [8] zu berücksichtigen.

Die Teilsicherheitsbeiwerte für die „außergewöhnliche Bemessungssituation" sind entsprechend denen für die „ständige und vorübergehende Bemessungssituation" zu wählen.

Dabei können drei statische Modelle gemäß Abb. 1 angewandt werden:

a) Rahmenmodell (unbewehrter Beton)

b) Modell mit durchgehenden Streben (unbewehrter Beton)

c) Balkenmodell (bewehrter Beton)

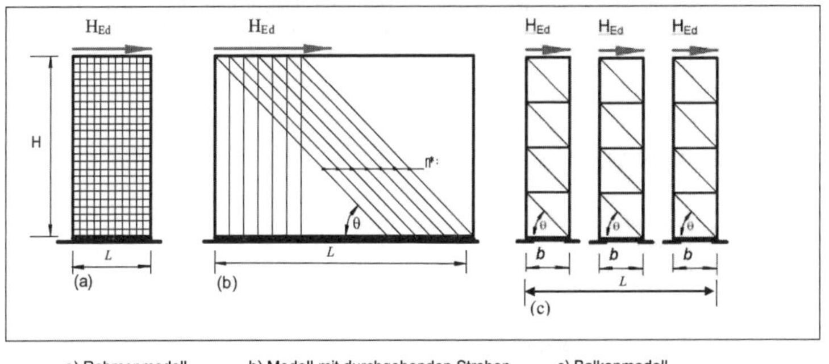

Abb. 1: Statische Modelle für horizontale Scherkräfte H_{Ed}

Der Nachweis von Horizontalkräften in Wandlängsrichtung (Scherkräften) H_{Ed} ist wie folgt zu führen:

$H_{Ed} \leq H_{Rd,i}$ mit i = 1 bis 3 *(Bemessungswiderstände der u.g. einzelnen Modelle)*

Unter der kombinierten Einwirkung von horizontalen und vertikalen Lasten müssen die Beton-Stützen in Zustand I bleiben, d.h. es darf keine Zugspannung auftreten, andernfalls muss der Planer in den Stützen vertikale Bewehrung zur Deckung der Zugkräfte anordnen.

Die Nachweise $H_{Ed} \leq H_{Rd,i}$ der vorgeschlagenen statischen Modelle dürfen mittels folgender Ansätze geführt werden:

42 Technische Baubestimmungen

A. Rahmenmodell

Der Bemessungswiderstand $H_{Rd,l}$ des Rahmenmodells hängt von der Zugfestigkeit der Beton-Riegel ab. Nimmt man eine parabolische Schubflussverteilung über die Wandlänge L gemäß der Balkentheorie und einen Nullpunkt des Moments in der Mitte der Beton-Riegel an, so ist die Tragfähigkeit eines Beton-Riegels erreicht, wenn die Zugspannung auf Grund des maximalen Biegemoments am Schnittpunkt Riegel/Stütze die Zugfestigkeit des Betons überschreitet. Der maximale Wert der Schubbeanspruchung H_{Ed} ergibt sich aus Gleichung (1):

$$\max H'_{\mathrm{Ed}} = \frac{3}{2}\frac{H_{\mathrm{Ed}}}{L} \tag{1}$$

und führt so zu einer maximalen Schubkraft $\max V_{\mathrm{Ed,r}}$ in einem Beton-Riegel von

$$\max V_{\mathrm{Ed,r}} = \max H'_{\mathrm{Ed}} h_{\mathrm{s}} = \frac{3}{2}\frac{H_{\mathrm{Ed}}}{L} h_{\mathrm{s}} \tag{2}$$

Das anliegende maximale Biegemoment $\max M_{\mathrm{Ed,r}}$ in einem Beton-Riegel ist

$$\max M_{\mathrm{Ed,r}} = \max V_{\mathrm{Ed,r}} \frac{l_r}{2} = \frac{3}{4}\frac{H_{\mathrm{Ed}}}{L} h_{\mathrm{s}} l_r \tag{3}$$

Mit einem vorgegebenen Widerstandsmoment Z_{r} des Beton-Riegels und einer charakteristischen Betonzugfestigkeit $f_{\mathrm{ctk;0,05}}$ ergibt sich für eine Wand folgender Bemessungswiderstand:

$$H_{\mathrm{Rd,l}} = \frac{4}{3}\frac{L}{h_{\mathrm{s}}}\frac{Z_{\mathrm{r}}}{l_{\mathrm{r}}}\frac{f_{\mathrm{ctk;0,05}}}{\gamma_{\mathrm{ct}}} \tag{4}$$

In Gleichung (4) gelten folgende Bezeichnungen (vgl. Bild 2):

$H_{\mathrm{Rd,l}}$	Bemessungsscherfestigkeit gemäß Rahmenmodell;		
L	Wandlänge;		
h_{s}	Abstand zwischen den Achsen der Beton-Riegel;		
l_{r}	lichte Länge des Beton-Riegels;		
Z_{r}	Widerstandsmoment des Beton-Riegels;		
$f_{\mathrm{ctk;0,05}}$	charakteristische Betonzugfestigkeit; $f_{\mathrm{ctk;0,05}} = \eta_1 \cdot 0{,}7 \cdot 0{,}3 \cdot f_{\mathrm{ck}}^{2/3} = \eta_1 \cdot 0{,}21 \cdot f_{\mathrm{ck}}^{2/3}$ [MN/m²];		
f_{ck}	charakteristische Druckfestigkeit des Betons (Zylinder);		
γ_{ct}	mit	1,5	Teilsicherheitsbeiwert für die Betonzugfestigkeit des Ortbetons;
ε_1	mit	1,0	für Normal-Ortbeton;
		0,40 + 0,60 · ρ/ 2200	für Ortbeton aus Leichtbeton mit einem Rechenwert der Trockenrohdichte ρ in [kg/m³].

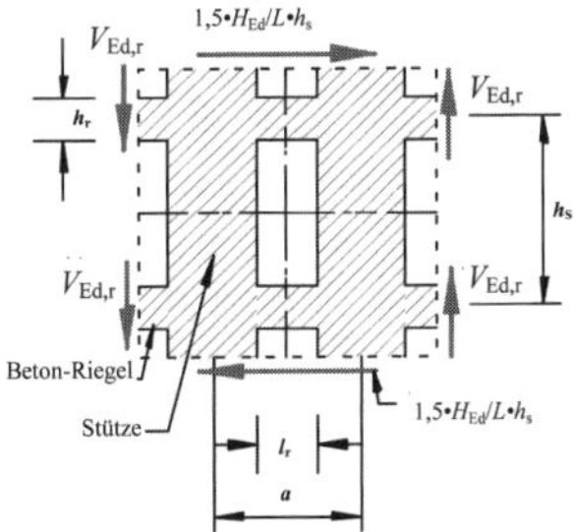

Abb. 2: Bezeichnungen

B. Modell mit durchgehenden Druck-Streben

Der Bemessungswiderstand $H_{Rd,2}$ des Modells mit durchgehenden Streben hängt von der Festigkeit der n Streben ab, die durchgehend von einem Geschoss zum nächsten durch die Wand verlaufen (vgl. Abb. 1 und 3).

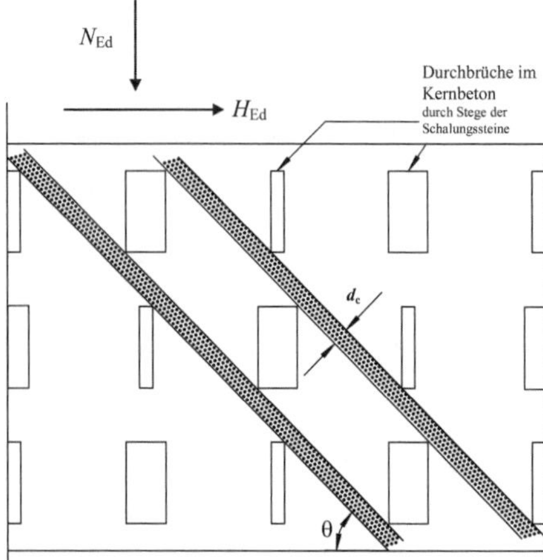

Abb. 3: Höhe d_c einer durchgehenden Strebe

Der Bemessungswiderstand einer Strebe wird gemäß Gleichung (5) ermittelt. Der Neigungswinkel θ der Streben ergibt sich aus Abb. 3.

Der Bemessungswiderstand $H_{Rd,2}$ ergiebt sich aus Gleichung (5):

$$H_{Rd,2} = n^* \cdot \nu \cdot f_{cd} \cdot b_c \cdot d_c \cdot \cos\theta \leq N_{Ed} \cdot \cot\theta \quad (5)$$

mit

$H_{Rd,2}$	= Bemessungswiderstand gemäß dem Modell mit durchgehenden Streben;
n^*	= Anzahl der durchgehenden Streben in einer Wand;
f_{cd}	= Bemessungswert der Druckfestigkeit des Betons;
ν	= 0,6 (1 − f_{ck}[MN/m²/250]) (entspricht Gleichung 6.6N in [8] bzw. [9]);
b_c	= Dicke der Strebe;
d_c	= Höhe der Strebe (mindestens 70 mm);
θ	= Neigungswinkel der Streben 30 ° ≤ θ ≤ 60 °;
N_{Ed}	= Bemessungswert der einwirkenden Normalkraft.

C. Balkenmodell

Der Bemessungswiderstand $H_{Rd,3}$ gemäß dem Balkenmodell kann mit Hilfe der Bemessungsregeln bestimmt werden, die für Stahlbetonbalken gelten. Dabei verläuft die Beton-Druckstrebe nicht über das ganze Geschoss, sondern nur innerhalb der Beton-Stütze. Die Beton-Druckstrebe wird dabei mit Hilfe der Bewehrung zurückgehängt. Diese „Rückhänge-Bewehrung" wird dabei durch horizontale Betonstabstähle gebildet, die innerhalb der Beton-Riegel des Stützen/Riegel-Systems verlaufen. Eine ausreichende Endverankerung der horizontalen Stäbe – z.B. durch Schlaufen der Bewehrung – ist gemäß DIN EN 1992-1-1 [7] in Verbindung mit DIN EN 1992-1-1/NA [8], Abschnitt 8, sicherzustellen.

Der Bemessungswiderstand $H_{Rd,3a}$ der Rückhänge-Bewehrung ergibt sich aus Gleichung (6):

$$H_{Rd,3a} = \min(A_{sh,r} \cdot f_{yd}; A_{sv,r} \cdot f_{yd} \cdot \frac{H}{b}) \tag{6}$$

mit

$H_{Rd,3a}$	=	Bemessungswiderstand der Rückhänge-Bewehrung gemäß dem Balkenmodell;
$A_{sh,r}$	=	Querschnitt der horizontalen Rückhänge-Bewehrung;
$A_{sv,r}$	=	Querschnitt der vertikalen Betonstab-Bewehrung;
b	=	Breite der betrachteten Beton-Stütze;
f_{yd}	=	Bemessungswert der Festigkeit des Stahls der Rückhänge-Bewehrung.

Der Bemessungswiderstand $H_{Rd,3b}$ der Druckstrebe ergibt sich in Analogie zu (5) aus Gleichung (7):

$$H_{Rd,3b} = n^* \cdot \nu \cdot f_{cd} \cdot b_c \cdot d_c \cdot \cos\theta \tag{7}$$

mit

n^*	=	1;
θ	=	Neigungswinkel der Strebe $30° \leq \theta \leq 60°$.

Der Bemessungswiderstand $H_{Rd,3}$ des Balkenmodells nach Abb. 1c) ergibt sich nach Gleichung (8):

$$H_{Rd,3} = \min(H_{Rd,3a}; H_{Rd,3b}) \tag{8}$$

Anhang 13

Richtlinie über Rollladenkästen (RokR)

Stand: Juli 2016

1. Geltungsbereich

Diese Richtlinie gilt für werkmäßig hergestellte Rollladenkästen (einschließlich Rollladenkastendeckel), an die Anforderungen hinsichtlich des Wärme- oder Schallschutzes gestellt werden.

Die Bestandteile des Rollladenkastens müssen aus mindestens normalentflammbaren Baustoffen bestehen.

Für werkmäßig hergestellte Rollladenkästen mit statisch tragender Funktion im Bauwerk ist zusätzlich die in Abschnitt C 2 bekannt gemachte technische Regel für das jeweilige Bauprodukt zu beachten.

2. Wärmeschutz

2.1. Anforderungen an den Mindestwärmeschutz

Es werden Anforderungen an die Begrenzung des Wärmedurchgangs sowie an die Oberflächentemperatur gestellt.

Der Rollladenkasten muss die Anforderung des Mindestwärmeschutzes nach DIN 4108-2:2013-02, Abschnitt 5.1.3, erfüllen.

Diese Anforderung gilt als erfüllt, wenn der nach Abschnitt 2.2 berechnete oder der nach Abschnitt 2.3 gemessene Wärmedurchgangskoeffizient U_{sb} des Rollladenkastens $U_{sb} \leq 0{,}85$ W/(m² · K) und der nach Abschnitt 2.2 berechnete Temperaturfaktor $f_{Rsi} \geq 0{,}70$ beträgt.

2.2. Berechnung des Wärmedurchgangskoeffizienten U_{sb} und des Temperaturfaktors f_{Rsi}

Der Wärmedurchgangskoeffizient U_{sb} des Rollladenkastens ist zweidimensional nach DIN EN ISO 10077-2:2012-06 zu berechnen und auf zwei Wert anzeigende Ziffern zu runden. Die Berechnung ist mit einem Blendrahmen mit 60 mm Bautiefe, der für die Zwecke dieser Richtlinie als adiabat zu betrachten ist, durchzuführen. Der Blendrahmen ist bündig mit der Außenseite des tatsächlichen oder geplanten Fensterrahmens anzusetzen, unabhängig von dessen Breite.

Bei der zweidimensionalen Berechnung ist die Wärmestromdichte auf die maßgebliche Höhe b_{sb} nach DIN EN ISO 10077-2:2012-06 zu beziehen.

Der Temperaturfaktor f_{Rsi} des Rollladenkastens ist zweidimensional nach DIN EN ISO 10211:2008-04 in Verbindung mit DIN EN ISO 10077-2:2012-06 zu berechnen und auf zwei Wert anzeigende Ziffern zu runden. Die Berechnung ist mit einem Blendrahmen mit 70 mm Bautiefe aus Holz der Wärmeleitfähigkeit $\lambda = 0{,}13$ W/(m · K) unter den Randbedingungen aus DIN 4108-2:2013-02 durchzuführen. Für die Übergangswiderstände sind die Randbedingungen nach Beiblatt 2 zu DIN 4108:2006-03 anzusetzen. Der obere Baukörperanschluss wird für die Zwecke dieser Richtlinie als adiabat betrachtet.

Für die Bestandteile des Rollladenkastens sind bei den Berechnungen die jeweiligen Bemessungswerte der Wärmeleitfähigkeit nach DIN EN ISO 10456:2010-05, DIN EN ISO 10077-2:2012-06 oder DIN 4108-4:2017-03 anzusetzen. Für eingeschäumte Dämmschichten aus Polyurethan-Schaum ist als

Bemessungswert der Wärmeleitfähigkeit $\lambda = 0{,}035$ W/(m · K) anzusetzen. Die äquivalente Wärmeleitfähigkeit des Rollraums ist nach DIN EN ISO 10077-2:2012-06 zu bestimmen. Geeignete Dichtungen, z.B. Bürstendichtungen, dürfen zur Verringerung der Schlitzbreite in Ansatz gebracht werden.

2.3. Messung des Wärmedurchgangskoeffizienten U_{sb}

Der Wärmedurchgangskoeffizient U_{sb} des Rollladenkastens ist nach DIN EN 12412-4:2003-11 zu bestimmen.

3. Schallschutz

Sollen für den Rollladenkasten schalldämmende Eigenschaften ausgewiesen werden, so ist der zugehörige Rechenwert für das bewertete Schalldämm-Maß entweder:

- aufgrund seiner konstruktiven Merkmale nach DIN 4109-35:2016-07, Tabelle 6, oder
- durch Messung nach DIN EN ISO 10140-1:2012-05, DIN EN ISO 10140-2, -4 und -5:2010-12 und Bewertung nach DIN EN ISO 717-1:2013-06 und DIN 4109-2:2016-07, Abschnitt 4.4.2,

zu ermitteln.

Prüfberichte nach DIN EN 20140-3:1995-05 und DIN EN ISO 140-3:2005-03 in Verbindung mit DIN EN ISO 717-1:1997-01, DIN EN ISO 717-1:2006-11 bzw. DIN EN ISO 717-1:2013-06, die vor dem Inkrafttreten dieser Ausgabe der Verwaltungsvorschrift Technische Baubestimmungen erstellt wurden, dürfen weiterhin verwendet werden.

4. Wesentliche Merkmale für das Ü-Zeichen

Im Ü-Zeichen eines Rollladenkastens, der den Anforderungen der Abschnitte 1 und 2 entspricht, ist als wesentliches Merkmal der Wärmedurchgangskoeffizient U_{sb}, bei Rollladenkästen mit schalldämmenden Eigenschaften nach Abschnitt 3 zusätzlich das bewertete Schalldämm-Maß „R_W = …“ anzugeben.

Zu den im Ü-Zeichen anzugebenden wesentlichen Merkmalen gehört auch die Angabe, für welche Kombination von Rollladenkasten mit Rollladenkastendeckel diese wesentlichen Merkmale gelten.

Für Rollladenkästen mit statisch tragender Funktion im Bauwerk sind die Regelungen zur Kennzeichnung gemäß der in Bezug genommenen Technischen Regel zusätzlich zu beachten.

42 Technische Baubestimmungen

Bezugsquellennachweis

In den BayTB wird neben den aufgelisteten Anhängen 1 bis 13 auf folgende Sonderbauverordnungen, -vorschriften und Technische Regeln Bezug genommen (Bezugsquellennachweis):

Muster-Verwaltungsvorschrift Technische Baubestimmungen (MVV TB) Ausgabe August 2017, veröffentlicht in den Mitteilungen des DIBt vom 31. August 2017, einschließlich Berichtigungsblatt vom 11. Dezember 2017

Normen (DIN, DIN V, DIN V ENV, DIN EN, DIN EN ISO, DIN CEN/TS, DIN SPEC, Eurocode), AD-Merkblätter,
DIN-Fachberichte
Beuth Verlag GmbH
Burggrafenstraße 6
10787 Berlin

EADs (European Assessment Documents)
Amtsblatt der Europäischen Union
eur-lex.europa.eu

ETAGs (European Technical Approvals Guidelines)
www.eota.eu

Anpassungsrichtlinie Stahlbau mit Änderung und Ergänzung
Ausgabe Dezember 2001
DIBt Mitteilungen, Sonderheft Nr. 11, Nov. 2002
Deutsches Institut für Bautechnik (DIBt)
Kolonnenstraße 30 B
10829 Berlin

Bau- und Prüfgrundsätze Beschichtungen von Auffangräumen
Ausgabe Februar 2009
Deutsches Institut für Bautechnik (DIBt)

Prüfgrundsätze für Schornsteinreinigungsverschlüsse und Rußabsperrer
Ausgabe November 2012
Deutsches Institut für Bautechnik (DIBt)

Bauaufsichtliche Richtlinie über die Lüftung fensterloser Küchen, Bäder und Toilettenräume in Wohnungen
Ausgabe April 2009
www.is-argebau.de

DAfStb-Richtlinie Beton nach DIN EN 206-1 und DIN 1045-2 mit rezyklierten Gesteinskörnungen nach DIN 4226 100; Teil 1 – RBrezG/1
Ausgabe September 2010
Beuth Verlag GmbH

DAfStb-Richtlinie Betonbau beim Umgang mit wassergefährdenden Stoffen – BUmwS
Ausgabe März 2011
Deutscher Ausschuss für Stahlbeton e.V. – DAfStb
Beuth Verlag GmbH

DAfStb-Richtlinie für Beton mit verlängerter Verarbeitbarkeitszeit (Verzögerter Beton)
Ausgabe November 2006
Deutscher Ausschuss für Stahlbeton e.V. – DAfStb
Beuth Verlag GmbH

DAfStb-Richtlinie für die Herstellung und Verwendung von Trockenbeton und Trockenmörtel (Trockenbeton-Richtlinie) – TrBMR
Ausgabe Juni 2005
Beuth Verlag GmbH

DAfStb-Richtlinie für die Herstellung und Verwendung von zementgebundenem Vergussbeton und Vergussmörtel – VeBMR
Ausgabe November 2011
Beuth Verlag GmbH

DAfStb-Richtlinie Massige Bauteile aus Beton
Ausgabe April 2010
Deutscher Ausschuss für Stahlbeton e.V. – DAfStb
Beuth Verlag GmbH

DAfStb-Richtlinie Schutz und Instandsetzung von Betonbauteilen (Instandsetzungsrichtlinie)
Ausgabe Oktober 2001
Teil 1: Allgemeine Regelungen und Planungsgrundsätze
Teil 2: Bauprodukte und Anwendung einschl. 2. Berichtigung 2005-12
Teil 3: Anforderungen an die Betriebe und Überwachung der Ausführung
Teil 4: Prüfverfahren
sowie 2. Berichtigung 2005-12
und 3. Berichtigung 2014-09
Beuth Verlag GmbH

DAfStb-Richtlinie Selbstverdichtender Beton – SVBR

Ausgabe September 2012
Beuth Verlag GmbH

DAfStb-Richtlinie – Stahlfaserbeton
Ergänzungen und Änderungen zu DIN EN 1992 1 1/NA, DIN EN 206-1 in Verbindung mit DIN 1045-2 und DIN EN 13670 in Verbindung mit DIN 1045-3, Teil 1 bis 3
Ausgabe November 2012
Deutscher Ausschuss für Stahlbeton e.V. – DAfStb
Beuth Verlag GmbH

DAfStb-Richtlinie Vorbeugende Maßnahmen gegen schädigende Alkalireaktion im Beton (Alkali-Richtlinie)
Ausgabe Oktober 2013
Deutscher Ausschuss für Stahlbeton e.V. – DAfStb
Beuth Verlag GmbH

DASt-Richtlinie 021
Schraubenverbindungen aus feuerverzinkten Garnituren M39 bis M72 entsprechend DIN EN 14399 4, DIN EN 14399-6
Ausgabe September 2013
Stahlbau Verlags- und Service GmbH

DASt-Richtlinie 022
Feuerverzinken von tragenden Stahlbauteilen
Ausgabe August 2009
Stahlbau Verlags- und Service GmbH

DVS-Richtlinie DVS 1708:2009-09
Beuth Verlag GmbH

Empfehlungen für den Entwurf und die Berechnung von Erdkörpern mit Bewehrungen aus Geokunststoffen – EBGEO
Deutsche Gesellschaft für Geotechnik
Ausgabe 2010
Ernst & Sohn Verlag für Architektur und technische Wissenschaften GmbH & Co. KG

ETB-Richtlinie „Bauteile, die gegen Absturz sichern“
Ausgabe Juni 1985
Mitteilungen IfBt Heft 2/1987
Deutsches Institut für Bautechnik (DIBt)

ETB-Richtlinie zur Begrenzung der Formaldehydemission in die Raumluft bei Verwendung von Harnstoff-Formaldehydharz-Ortschaum
Ausgabe April 1985
Beuth Verlag GmbH

Fachregel des Ofen- und Luftheizungsbauhandwerks – TR-OL 2009
Ausgabe 2010
Zentralverband Sanität Heizung Klima
Rathausallee 6
53757 St. Augustin

Hinweise für die Montage von Dübelverankerungen
Ausgabe Oktober 2010
Deutsches Institut für Bautechnik (DIBt)

Lehmbau Regeln
Ausgabe Februar 2008
Dachverband Lehm e.V.

Verordnung über den Bau und Betrieb von Garagen sowie über die Zahl der notwendigen Stellplätze (Garagen- und Stellplatzverordnung – GaStellV) vom 30. November 1993 (GVBl. S. 910, BayRS 2132-1-4-B), zuletzt geändert durch § 3 der Verordnung vom 7. August 2018 (GVBl. S. 694)

Verordnung über den Bau von Betriebsräumen für elektrische Anlagen (EltBauV) vom 13. April 1977 (BayRS 2132-1-8-B)

Feuerungsverordnung (FeuV) vom 11. November 2007 (GVBl. S. 800, BayRS 2132-1-3-B), zuletzt geändert durch § 2 der Verordnung vom 7. August 2018 (GVBl. S. 694)

Bauprodukte- und Bauartenverordnung (BauPAV) vom 20. September 1999 (GVBl. S. 424, BayRS 2132-1-23-B), zuletzt geändert durch § 1 Nr. 181 der Verordnung vom 22. Juli 2014 (GVBl. S. 286)

Richtlinie über brandschutztechnische Anforderungen an Leitungsanlagen (Leitungsanlagen-Richtlinie – LAR):2015-02, Redaktionsstand 5. April 2016
www.is-argebau.de

Richtlinie über brandschutztechnische Anforderungen an Lüftungsanlagen – LüAR
Ausgabe Dezember 2015
www.is-argebau.de

Richtlinie über brandschutztechnische Anforderungen an Systemböden – SysBöR
Ausgabe September 2005
www.is-argebau.de

Richtlinie über die bauaufsichtliche Behandlung von Hochhäusern (HHR), Bekanntmachung vom 21. April 2015 (AllMBl. S. 274)

Richtlinie über den baulichen Brandschutz im Industriebau – IndBauRL
Ausgabe Juli 2014
www.is-argebau.de

Richtlinie über den Brandschutz bei der Lagerung von Sekundärstoffen aus Kunststoff – KLR
Ausgabe Juni 1996
www.is-argebau.de

Richtlinien über Flächen für die Feuerwehr
Ausgabe Oktober 2009
www.is-argebau.de

Verordnung über den Bau und Betrieb von Beherbergungsstätten (Beherbergungsverordnung – BStättV) vom 2. Juli 2007 (GVBl. S. 538, BayRS 2132-1-19-B), zuletzt geändert durch § 7 der Verordnung vom 7. August 2018 (GVBl. S. 694)

Verordnung über den Bau und Betrieb von Verkaufsstätten (Bayerische Verkaufsstättenverordnung – BayVkV) vom 6. November 1997 (GVBl. S. 751, BayRS 2132-1-6-B), zuletzt geändert durch Verordnung vom 11. Dezember 2017 (GVBl. S. 595)

Verordnung über den Bau und Betrieb von Versammlungsstätten (Versammlungsstättenverordnung – VStättV) vom 2. November 2007 (GVBl. S. 736, BayRS 2132-1-5-B), zuletzt geändert durch § 4 der Verordnung vom 7. August 2018 (GVBl. S. 694)

Prüfgrundsätze zur Erteilung von allgemeinen bauaufsichtlichen Prüfzeugnissen für Abdichtungen im Verbund mit Fliesen- und Plattenbelägen
Teil 1: Flüssig zu verarbeitende Abdichtungen – PG AIV-F
Ausgabe Mai 2014
Teil 2: Bahnenförmige Abdichtungen – PG AIV-B
Ausgabe Mai 2014
Teil 3: Plattenförmige Abdichtungen – PG AIV-P
Ausgabe August 2012
Deutsches Institut für Bautechnik (DIBt)

Prüfgrundsätze zur Erteilung von allgemeinen bauaufsichtlichen Prüfzeugnissen für Bauwerksabdichtungen mit Flüssigkunststoffen – PG-FLK
Ausgabe Juni 2010
Deutsches Institut für Bautechnik (DIBt)

Prüfgrundsätze zur Erteilung von allgemeinen bauaufsichtlichen Prüfzeugnissen für Bauwerksabdichtungen mit mineralischen Dichtungsschlämmen – PG-MDS
Ausgabe Januar 2014
Deutsches Institut für Bautechnik (DIBt)

Prüfgrundsätze zur Erteilung von allgemeinen bauaufsichtlichen Prüfzeugnissen für Fugenabdichtungen in Bauteilen aus Beton mit hohem Wassereindringwiderstand im erdberührten Bereich – PG-FBB
Teil 1: Abdichtungen für Arbeitsfugen und Sollrissquerschnitte
Ausgabe Oktober 2012
Deutsches Institut für Bautechnik (DIBt)

Prüfgrundsätze zur Erteilung von allgemeinen bauaufsichtlichen Prüfzeugnissen für Übergänge von Bauwerksabdichtungen auf Bauteile aus Beton mit hohem Wassereindringwiderstand – PG-ÜBB
Ausgabe September 2010
Deutsches Institut für Bautechnik (DIBt)

Prüfplan für Beschichtungs- und Einhausungssysteme zur Sanierung Pentachlorphenol(PCP)-belasteter Holzbauteile
Stand: Januar 2006
Deutsches Institut für Bautechnik (DIBt)

Richtlinie für den Nachweis der Standsicherheit von Metall-Kunststoff-Verbundprofilen
Ausgabe August 1986
Mitteilungen IfBt Heft 6/1986
Deutsches Institut für Bautechnik (DIBt)

Richtlinie für die Bewertung und Sanierung PCB-belasteter Baustoffe und Bauteile in Gebäuden
Ausgabe September 1994
Mitteilungen DIBt Heft 2/1995
Deutsches Institut für Bautechnik (DIBt)

Richtlinie für die Bewertung und Sanierung PCP-belasteter Baustoffe und Bauteile in Gebäuden
Ausgabe Oktober 1996

Mitteilungen DIBt Heft 1/1997
Deutsches Institut für Bautechnik (DIBt)

Richtlinie für die Bewertung und Sanierung schwach gebundener Asbestprodukte in Gebäuden
Ausgabe Januar 1996
Mitteilungen DIBt Heft 3/1996
Deutsches Institut für Bautechnik (DIBt)

Richtlinie für die Herstellung und Verwendung von Trockenbeton und Trockenmörtel – TrBMR
Ausgabe Juni 2005
Deutscher Ausschuss für Stahlbeton e.V. – DAfStb
Beuth Verlag GmbH

Richtlinie für die Überwachung von Wand-, Decken- und Dachtafeln für Holzhäuser in Tafelbauart nach DIN 1052 Teil 1 bis Teil 3
Fassung Juni 1992
Mitteilungen IfBt Heft 1/1993
Deutsches Institut für Bautechnik (DIBt)

Richtlinie für Standardisierung des Oberbaues von Verkehrsflächen – RStO 01
FGSV Verlag GmbH
Wesselinger Str. 17
50999 Köln

Richtlinie für Windenergieanlagen
Einwirkungen und Standsicherheitsnachweise für Turm und Gründung
Fassung Oktober 2012, Korrigierte Fassung März 2015
Deutsches Institut für Bautechnik (DIBt)

Richtlinie über automatische Schiebetüren in Rettungswegen – AutSchR
Ausgabe Dezember 1997
www.is-argebau.de

Richtlinie über brandschutztechnische Anforderungen an hochfeuerhemmende Bauteile in Holzbauweise – HFHHolzR
Fassung Juli 2004
www.is-argebau.de

Richtlinie über die Anforderungen an Auffangwannen aus Stahl mit einem Rauminhalt bis 1000 Liter – StawaR
Ausgabe September 2011
Deutsches Institut für Bautechnik (DIBt)

Richtlinie über elektrische Verriegelungssysteme von Türen in Rettungswegen – EltVTR
Ausgabe Dezember 1997
www.is-argebau.de

Richtlinie zur Bemessung von Löschwasser-Rückhalteanlagen beim Lagern wassergefährdender Stoffe – LöRüRL
Ausgabe August 1992
www.is-argebau.de

Stahl-Eisen-Werkstoffblätter (SEW) des Vereins Deutscher Eisenhüttenleute (Stahlinstitut VDEh)
SEW 400, 7. Ausgabe, Februar 1997
Verlag Stahleisen GmbH
Sohnstraße 65
40237 Düsseldorf

Technische Lieferbedingungen/Technische Prüfvorschriften für Baustoffe zur Herstellung von Brückenbelägen auf Beton mit einer Dichtungsschicht aus Flüssigkunststoff
(TL/TP BEL-B, Teil 3)
Ausgabe 1995
Bundesministerium für Verkehr, Abteilung Straßenbau
Verkehrsblatt-Verlag Borgmann GmbH & Co KG
Schleefstraße 14
44287 Dortmund

Technische Lieferbedingungen/Technische Prüfvorschriften für Oberflächenschutzsysteme (TL/TP OS)
Ausgabe 1996
Verkehrsblatt-Verlag Borgmann GmbH & Co KG

Technische Regeln für brennbare Flüssigkeiten (TRbF)
UWS Umweltmanagement GmbH
Grotendonker Str. 61
47626 Kevelaer
www.umwelt-online.de

Verzeichnis der Prüf-, Überwachungs- und Zertifizierungsstellen nach den Landesbauordnungen (PÜZ-Verzeichnis)
Deutsches Institut für Bautechnik (DIBt)

Sachverzeichnis

Die fetten Zahlen bedeuten die Ordnungsnummern der Gesetze und Verordnungen, die mageren Zahlen die Paragraphen bzw. Artikel.